PRÉCIS
DE
DROIT ADMINISTRATIF
ET
DE DROIT PUBLIC

À L'USAGE DES ÉTUDIANTS EN LICENCE (2ᵉ ET 3ᵉ ANNÉES)
ET EN DOCTORAT ÈS SCIENCES POLITIQUES

PAR

MAURICE HAURIOU

PROFESSEUR DE DROIT PUBLIC A L'UNIVERSITÉ DE TOULOUSE
DOYEN DE LA FACULTÉ DE DROIT

DIXIÈME ÉDITION

LIBRAIRIE
DE LA SOCIÉTÉ DU
RECUEIL SIREY
ANC. Mᴹᴱ LAROSE ET FORCEL
LÉON TENIN, Directeur
22, Rue Soufflot, PARIS 5ᵉ

1921
Tous droits réservés

PRÉCIS
DE
DROIT ADMINISTRATIF
ET
DE DROIT PUBLIC

Copyright by Recueil Sirey 1921

PRÉCIS
DE
DROIT ADMINISTRATIF
ET
DE DROIT PUBLIC

A L'USAGE DES ÉTUDIANTS EN LICENCE (2ᵉ ET 3ᵉ ANNÉES)
ET EN DOCTORAT ÈS-SCIENCES POLITIQUES

PAR

MAURICE HAURIOU

PROFESSEUR DE DROIT PUBLIC A L'UNIVERSITÉ DE TOULOUSE
DOYEN DE LA FACULTÉ DE DROIT

DIXIÈME ÉDITION

LIBRAIRIE
DE LA SOCIÉTÉ DU
RECUEIL SIREY
Aⁿᶜ Mᵒⁿ LAROSE ET FORCEL
LÉON TENIN, Directeur
22, Rue Soufflot, PARIS-5ᵉ

1921
Tous droits réservés.

Bordeaux, Imprimerie Cadoret, 17, rue Poquelin-Molière

PRÉFACE

LA CENTRALISATION FRANÇAISE

La forte centralisation administrative de la France constitue l'une de ses chances, car elle s'avère pièce essentielle du mécanisme de la défense militaire, comme aussi de la défense de la paix sociale.

I. D'abord, la centralisation administrative est indispensable à la défense militaire, laquelle, plus que jamais, demeure nécessaire. Ne nous leurrons pas des illusions du pacifisme ni des espoirs de la Société des Nations, ne nous fions ni aux alliances, ni aux ententes. Comprenons que le fait certain est l'avènement en Europe de nombreuses démocraties nationales qui nous encerclent. Elles sont animées d'ambitions impérialistes ou d'esprit mercantile et, au milieu d'elles, notre idéalisme politique nous laisse moralement isolés. Cette situation tragique ne doit pas nous effrayer, mais nous faire réfléchir. Nous restons pour longtemps condamnés à la paix armée, c'est-à-dire à une organisation militaire calculée en vue d'une prompte mobilisation.

Or, une organisation défensive basée sur la mobilisation rapide de plusieurs millions d'hommes, avec les cadres qu'elle exige, avec la préparation énorme de matériel qu'elle suppose, avec la conscription et l'instruction des hommes qu'elle entraîne, ne peut se concevoir qu'appuyée sur une centralisation administrative qui, d'avance, dans une certaine mesure, tienne dans sa main la population civile.

Les Anglais et les Américains le savent. Parce qu'ils ne veulent pas de la centralisation administrative et de l'espèce de sujétion qu'elle fait peser sur les citoyens, ils renoncent à l'organisation permanente de la mobilisation. Après la paix de 1918, on les a vus, avec une hâte singulière, supprimer la conscription et tout l'appareil de la mobilisation péniblement instauré pendant la guerre. Cela leur est loisible parce qu'ils ne sont pas exposés au premier choc de l'ennemi. Nous ne sommes pas dans une situation aussi favorable, et comme nous savons, par leur expérience, que la levée en masse de la nation ne s'improvise pas, nous sommes bien obligés de vouloir conserver notre centralisation administrative afin de pouvoir conserver l'appareil de notre mobilisation.

II. D'autres considérations, tirées de la situation intérieure des États modernes et des conditions de la paix sociale à l'aube de l'âge industriel et syndical dans lequel nous entrons, doivent nous confirmer dans cette volonté. Notre centralisation administrative nous sera, là encore, d'un grand secours.

Les démocraties sont plongées dans cette contradiction d'être travaillées par un ardent désir de liberté et d'être continuellement menacées d'oppression par des organisations puissantes enfantées par la liberté. Seul, un État fortement centralisé paraît capable de lutter avec succès contre les puissances intérieures qui, nées de la liberté, se dressent l'une après l'autre pour l'étouffer.

La liberté du travail, du commerce et de l'industrie, combinée avec celle des sociétés et associations, a enfanté des compagnies et des trusts qui cherchent à monopoliser les grandes entreprises. Ce que l'exécution de pareilles affaires par des organismes doués d'une pareille ambition peut comporter de brutalités, de vexations, de passe-droits, nous le voyons de près par l'exemple des entreprises de transport d'énergie qui établissent leurs installations avec le plus profond mépris de la propriété privée. Ce qu'ont d'insuffisant les remèdes légaux et judiciaires, nous le voyons aussi par la conduite des grandes compagnies qui possèdent un service du contentieux et se font un jeu de traîner le petit plaideur dans le maquis de la procédure jusqu'à ce que, découragé, il jure de ne plus essayer de se faire rendre justice. Enfin, ce que devient la libre concurrence dans cette atmosphère de monopole, ce que deviennent les petites affaires étouffées par les grosses, les nouvelles entreprises étranglées par les anciennes, nous le savons par le cri d'alarme jeté par le président Wilson dans son livre *La nouvelle liberté*. Il constate que la démocratie américaine est menacée d'un nouvel esclavage par l'oligarchie des rois du charbon, du fer, de l'acier, du blé, du pétrole, de la finance et du crédit et par la coalition de ces magnats avec les agents électoraux ; ils ont subalternisé le Congrès, lequel, à son tour, a subalternisé, l'exécutif, et les voilà les maîtres.

Or, le remède de la loi et de la répression judiciaire n'est pas suffisant, il faut une entente directe entre le peuple et l'exécutif pour briser le nouvel esclavage et fonder la nouvelle liberté : c'est-à-dire qu'il faut une forte centralisation exécutive qui puisse exercer une action préventive, grâce à l'omniprésence de sa police et, au besoin, grâce à une participation directe dans les entreprises si, par quelque côté, elles sont d'intérêt public. De même que le roi de France n'est pas venu à bout des barons féodaux uniquement par ses ordonnances et ses justices, mais parce que lui-même était le premier des barons et qu'il usait de ses droits de suzeraineté, de même, pour venir à bout de la moderne féodalité industrielle, il faut que l'État moderne soit lui-même un puissant baron administratif.

La liberté d'association a fait se lever encore une autre puissance qui est le syndicat. Celle-ci peut être bienfaisante, car elle est une force sociale, elle tend à recréer, pour les masses populaires, des cadres sociaux qui remplaceront ceux des anciennes classes dirigeantes, désormais disparus. Mais elle peut aussi être malfaisante et dangereuse, car elle s'avère insuffisamment éclairée et brutale, elle méconnaît la réalité nationale et verse dans la chimère révolutionnaire de la lutte des classes ; elle aussi aspire au monopole, à la domination absolue et à la destruction des autres formes de liberté. Il s'agit de canaliser cette force, de telle sorte qu'elle n'aboutisse pas à la constitution de corporations fermées dont on connaît les inconvénients par l'histoire des anciens corps de métiers. Or, ici encore, il n'y a qu'une administration fortement centralisée qui, par la vigilance de sa police, par l'exercice d'un continuel droit de regard, au besoin en s'affiliant les organisations principales, puisse réellement tenir ouvertes les corporations.

Ainsi, à cause de la paix armée dont on ne voit pas encore la fin, à cause de la paix sociale et du contrôle incessant que demandent les puissances privées nées des organisations économiques et syndicales, la centralisation administrative demeurera la condition indispensable de la liberté.

Corrigeons donc notre centralisation, perfectionnons-la, combinons-la avec des décentralisations partielles, affranchissons-la des ingérences électorales et parlementaires qui la faussent, mais ne la détruisons pas, car elle est la pièce essentielle de notre armure et de notre armature.

PRÉCIS
DE
DROIT ADMINISTRATIF
ET DE DROIT PUBLIC GÉNÉRAL

LIVRE PREMIER

LE RÉGIME ADMINISTRATIF FRANÇAIS

CHAPITRE PREMIER

LA DÉFINITION DU RÉGIME ADMINISTRATIF, DE L'ADMINISTRATION PUBLIQUE ET DU DROIT ADMINISTRATIF

I. *Le régime administratif.* — Un État est sous le régime administratif lorsque le gouvernement, ayant achevé la centralisation politique de la nation, en tant qu'elle est nécessaire à la conduite des affaires extérieures et à la paix publique, aborde la centralisation des services qui peuvent être rendus au public et assume l'entreprise de ces services dans un but de police.

Il y a des quantités de services qui peuvent être rendus au public, tels que de lui procurer de bonnes routes, des moyens de transport, des édifices publics, de l'instruction, etc. Ces services peuvent être organisés par des entreprises privées, comme aussi par des autorités locales. Mais le gouvernement de l'État peut aussi faire l'entreprise de les centraliser et de les gérer par l'intermédiaire d'un corps administratif central.

L'idée de « l'entreprise administrative » comme élément juridique essentiel du régime administratif. — D'un point de vue politique et historique, le régime administratif est, ainsi que nous venons de le dire, le résultat d'une centralisation progressive de la nation par le gouvernement central de l'État. C'est exclusivement sur cet aspect de la question qu'insistent les publicistes (V. par exemple, Dupont-White, *La centralisation*). D'un point de vue juridique, le régime administratif est le résultat d'une *entreprise de centralisation*. Comprenons bien la différence. La notion politique de centralisation est phénoméniste et fataliste, la centralisation s'établit comme un fait inévitable qui n'entraîne aucune responsabilité, et par suite aucune conséquence juridique; au contraire, la notion « d'entreprise de centralisation » évoque immédiatement l'idée d'une responsabilité chez celui qui assume l'entreprise, et c'est là une racine juridique susceptible de beaucoup de développements.

D'ailleurs, le régime d'État lui-même, vu dans une perspective juridique, n'est pas autre chose *qu'une entreprise de centralisation politique d'une nation assumée par un gouvernement central*. Le pouvoir de l'État est un pouvoir d'entreprise avant d'être un pouvoir de domination et c'est par là qu'il se justifie, car la centralisation politique d'une nation devient, à un certain moment de l'histoire, une œuvre légitime, à la condition d'être entreprise sous une responsabilité.

De même, la centralisation administrative, lorsqu'elle vient à son heure historique, est juridiquement légitimée par la responsabilité de l'État qui en assume l'entreprise.

L'idée de l'entreprise administrative en tant qu'assumée par des « corps intermédiaires ». — Il est remarquable que l'entreprise administrative, quoique assumée en principe par le gouvernement central de l'État, soit en fait gérée par un corps intermédiaire ou plus exactement par un ensemble de corps intermédiaires distincts du gouvernement, à moitié centralisés, à moitié décentralisés, administrations de l'État, administrations locales (départements et communes), administrations spéciales (établissements publics).

Il y a dans ce fait du *corps intermédiaire* deux éléments à éclaircir : l'élément de l'*intermédiaire* et l'élément du *corps*.

1° D'abord, les corps administratifs sont *des intermédiaires*.

Cette particularité s'explique par le fait que les services publics qu'il s'agit de gérer sont à la nation avant d'être au gouvernement central de l'État et qu'ils constituent en somme un champ de bataille où la centralisation, qui est la force propre du gouvernement de l'État, et la décentralisation, qui est la force propre de la nation, luttent continuellement l'une contre l'autre. Le résultat de cette lutte perpétuelle est que les rouages administratifs, avec un fond d'autonomie qui varie d'une catégorie à l'autre, sont cependant toujours plus ou moins soumis à la direction ou au contrôle du gouvernement central. Cela en fait des corps intermédiaires entre le gouvernement central et les citoyens.

Comme le gouvernement central comprend le pouvoir législatif et la loi, il se trouve que les corps administratifs sont, dans une certaine mesure, des corps intermédiaires entre les citoyens et la loi et que l'un des principaux services qu'ils peuvent rendre est justement de faciliter aux citoyens la connaissance et l'exécution volontaire des lois, tout au moins des lois du droit public ; ils jouent ainsi le rôle d'*hommes d'affaires* pour la vie publique et administrative et c'est dans ce rôle que l'on dit de l'administration qu'elle est *pour assurer l'application des lois*, ce qui doit s'entendre uniquement de l'application volontaire des lois rendue plus ou moins difficile par la multiplication des lois et par leur complication croissante.

Mais il y a une grande différence entre les corps administratifs considérés comme hommes d'affaires de la vie publique et les hommes d'affaires de la vie privée auxquels les citoyens ont également recours pour l'application des lois du droit privé.

Les hommes d'affaires de la vie privée, même ceux qui ont qualité d'officiers ministériels, tels que les notaires et les avoués, n'agissent jamais d'office dans l'intérêt de leurs clients, il faut que le client leur donne mandat d'agir dans chaque affaire. Au contraire, les corps administratifs sont des intermédiaires et des hommes d'affaires qui agissent d'office, sans aucun mandat du client, comme s'ils avaient reçu mandat du gouvernement central ; ils agissent d'office au nom de la puissance publique comme le ministère public agit d'office auprès des tribunaux. Ils agissent, d'ailleurs, *dans l'intérêt du public* et non pas dans l'intérêt d'un individu déterminé ;

2° Ensuite, les rouages administratifs sont des *corps*, c'est-à-dire des organismes collectifs : l'entreprise administrative n'est pas assumée par chacun des agents pris individuellement, mais par la collectivité des agents, par l'administration de l'État, par le département, la commune, etc. C'est la collectivité qui assume la responsabilité de l'entreprise administrative et, en principe, cette responsabilité du corps couvre la responsabilité personnelle de l'agent.

C'est là une conséquence du régime administratif qui est essentiellement personnifiant, à raison de l'espèce d'activité propre qu'il donne à l'entreprise administrative.

Dans les pays anglo-saxons, où le régime administratif ne s'est pas développé, la personnalité corporative de l'État et des autres administrations publiques ne s'est pas développée non plus, et, bien loin que la responsabilité du corps couvre la responsabilité des agents, c'est au contraire la responsabilité des agents qui couvre celle du corps.

Conséquences pratiques du régime administratif. — En combinant tous les éléments dégagés par notre analyse, les corps administratifs, leur nature corporative, leur qualité d'intermédiaires pour les affaires de la vie publique, leur pouvoir d'action d'office, leur qualité de représentants de la puissance publique, on arrive à s'expliquer les conséquences suivantes du régime administratif, il entraîne en effet :

1° Au profit des corps administratifs, un pouvoir propre d'action d'office et, par suite, un pouvoir de commandement ; de plus, au profit des fonctionnaires qui composent les corps administratifs, une *garantie administrative* qui limite leur responsabilité personnelle et y substitue, partiellement au moins, la responsabilité du corps administratif, parce que les gérants véritables de l'entreprise administrative sont les *corps administratifs* et *non pas des individus* ;

2° Une séparation entre deux espèces de lois, celles du droit privé qui restent directement applicables aux citoyens sous leur propre responsabilité et celles du droit public, du moins celles pour l'exécution desquelles il a été organisé des services publics, qui ne s'appliquent plus que par l'intermédiaire des corps administratifs et sous leur responsabilité ;

3° Une séparation entre deux espèces de juridictions, le juge ordinaire pour le contentieux de la vie privée et le juge administratif pour le contentieux de la vie publique, du moins lorsqu'il y a eu acte ou opération de la puissance publique. Pour régler les conflits d'attribution entre les deux ordres de juridictions, un tribunal des conflits (1).

Tous les pays de l'Europe continentale sont en plein dans le régime administratif, quoique à des degrés inégaux. La France paraît être le pays où l'administration a le plus de pouvoir et d'autonomie, le plus de retentissement sur la vie générale et où, en même temps, l'organisation du régime est le plus perfectionnée. On peut dire qu'en France le droit administratif est, avec le droit civil, le droit national par excellence. Au contraire, dans les pays anglo-saxons, spécialement en Angleterre et aux États-Unis d'Amérique, bien qu'il existe des services administratifs nombreux, il n'y a pas encore de régime administratif, c'est-à-dire que : 1° l'administration n'est pas une institution publique autonome centralisée, constituant dans

---

(1) On remarquera que notre définition de l'administration comme corps intermédiaire rappelle d'assez près celle que Rousseau a donnée du gouvernement, dans le *Contrat social*, liv. III, chap. 1 : « Qu'est-ce donc que le gouvernement ? Un corps intermédiaire établi entre les sujets et le souverain pour leur mutuelle correspondance, chargé de l'exécution des lois et du maintien de la liberté tant civile que politique ». Le rapprochement s'explique d'autant mieux que Rousseau n'avait l'intention de définir là que le gouvernement exécutif et que, pour lui, ce gouvernement exécutif n'était qu'un commis du peuple souverain. Ce n'est pas ici le lieu de discuter cette conception en ce qui concerne sa portée constitutionnelle. J'ai restreint la notion du corps intermédiaire assez pour que le pouvoir exécutif n'y soit plus envisagé que dans son rôle administratif.

l'État un corps intermédiaire entre les sujets et la loi ordinaire ni entre les sujets et le juge ordinaire ; 2° il n'y a ni juridiction administrative à compétence large, ni garantie administrative pour les fonctionnaires : ceux-ci sont responsables devant le juge ordinaire et devant la loi comme n'importe quel citoyen pour l'exercice de n'importe quelle profession ; 3° la prérogative d'action d'office n'est pas organisée au profit des corps administratifs, elle reste liée à une sorte de juridiction d'office des tribunaux ordinaires.

Le système anglo-saxon, qui avait été celui de l'ancienne France avant la centralisation monarchique du xvi° siècle, peut s'appeler système de *l'administration judiciaire*, tandis que le système continental s'appelle le *régime administratif* (1).

(1) Cf. Dicey, *Introduction à l'étude du droit constitutionnel*, traduct. franç., 1902, p. 163 et s., 285 et s., 150 et s., 462 et s. M. Dicey déclare même qu'un Anglais a peine à comprendre ce que nous entendons par droit administratif.
Les Américains, quoique ne possédant pas de juridiction administrative, ont mieux le sentiment de ce qu'est le droit administratif. — Cf. Frank Goodnow, *Comparative administrative law*, 2 vol., New-York, 1893 ; Edm. M. Parker, dans *Harward law review*, 1905, p. 335 ; Goodnow, *Les principes du droit administratif des États-Unis*, traduct. franç., 1907, chap. I. M. Dicey, lui-même, dans sa septième édition anglaise de 1908, a corrigé en partie ses jugements (chap. xii, *Rule of law compared with droit administratif*, p. 324 et s.).

Histoire de la formation du régime administratif en France. Substitution du régime administratif au système de l'administration judiciaire. — Il faut nous reporter au xv° siècle, sous le règne de Charles VII, à la fin de cette guerre de Cent ans où l'histoire de la France et de l'Angleterre sont si mêlées, où les deux pays se donnent l'un à l'autre des secousses si violentes, où le sentiment national français s'éveille définitivement, où le roi de France est obligé d'établir les premiers services publics permanents, l'armée et l'impôt. Jusqu'à ce moment, les deux pays ont sensiblement les mêmes institutions, c'est-à-dire un gouvernement politique dont le pouvoir est limité par les restes de la décentralisation féodale, un droit national qui n'est pas unifié et enfin une administration judiciaire.

Les services publics sont rudimentaires ; ce qui en existe est rattaché à la justice. Dans l'organisation féodale, tout ce qui subsistait de l'ancienne puissance publique romaine s'était groupé autour de la justice, pouvoir social primordial. Les justices royales se sont modelées sur les justices seigneuriales.

Au moyen âge, avant la poussée de centralisation qui a accompagné la Renaissance, on ne voit que justices et l'on peut dire que l'administration est « au greffe ».

Non seulement le contentieux de l'administration royale est du ressort de cours de justice qui sont judiciaires ou en forme judiciaire (parlements, cours des aides, tables de marbre, bureaux de finances, élections, etc.). Mais l'activité de cette administration ne se dégage pas de ce contentieux. Il y a des juridictions ; elles ont des attributions réglementaires qui dépassent le contentieux ; elles interviennent dans l'administration active, et, en dehors d'elles, il semble qu'il n'y ait point d'autorités administratives proprement dites. D'ailleurs, en dehors de la justice et des finances, il y a très peu de services royaux, c'est encore l'organisation féodale qui assure les services locaux ou bien ce sont les anciennes communes autonomes, et quant aux grands services généraux de l'armée permanente, de la voirie, de la poste, ils ne sont pas encore créés.

Au xv° siècle s'affirme, en France comme en Angleterre, la conception d'un État

II. *L'administration publique.* — Dans un régime administratif, l'administration est publique, c'est-à-dire que l'activité de ce corps national armé de la souveraineté et de la puissance publique, conception qui succède à celle de la royauté féodale.

La conception de l'État puissance publique, que les légistes ressuscitent en la puisant dans le droit romain, se caractérise par la notion absolue de la souveraineté, par le principe de l'unité du droit et par celui de la police. Le caractère absolu de la souveraineté correspond à une centralisation de la nation qui va grandissant et qui transforme celle-ci en un État considéré comme la personnification morale de la nation, la souveraineté étant comme la volonté de cette personne morale. L'unité du droit, qui va se manifester par le règne de la loi, est une conséquence de ce que la volonté de l'État doit être une et en même temps de ce que cette volonté s'exprime sous forme de commandements juridiques. Enfin, le principe de la police est encore une conséquence de la conception de la souveraineté comme volonté de personne morale. En effet, le caractère essentiel d'une volonté individuelle, c'est la prévision; le règlement de l'avenir; « vouloir, c'est prévoir », pourrait-on dire. Du moment que l'État veut, il prévoit et il doit avoir des pouvoirs et des organes de prévision.

Bien entendu, la nouvelle conception de l'État puissance publique va engendrer les organisations nécessaires pour se réaliser : ou bien elle adaptera les organes anciens en les transformant, ou bien elle se créera des organes nouveaux.

C'est ici que va se produire la divergence historique entre la France et l'Angleterre. Il est évident que l'appareil judiciaire pouvait être adapté au nouveau régime de la puissance publique, il suffisait que les cours de justice développassent, dans la mesure nécessaire, leur intervention préventive et leurs attributions de police; que, particulièrement, elles pussent édicter des règlements et sommer les agents de l'administration d'avoir à prendre sous leur responsabilité les mesures nécessaires pour les exécuter. Toutefois, cette administration judiciaire ne pourrait marcher qu'à deux conditions : la première était que les cours de justice fussent énergiquement centralisées afin que l'unité de vue fût assurée dans l'administration; la seconde était que le gouvernement ne s'occupât pas lui-même du détail des affaires courantes, qu'il continuât de l'abandonner à des rouages décentralisés, que l'administration courante continuât de s'exécuter par le système des offices, des fermes et des entreprises et ne devînt pas une régie avec des fonctionnaires.

En Angleterre, ces conditions furent remplies. D'une part, les cours de justice furent énergiquement centralisées avec plénitude de juridiction; dès lors, elles purent assurer la centralisation du droit et le règne de la loi, elles purent même résoudre le problème de la transformation des coutumes médiévales en lois de l'État sous le nom de *common law* à côté de la *statute law;* d'autre part, les officiers de la couronne et les autorités locales qui assuraient les services courants, sous le contrôle des cours de justices, furent conservés. Ce régime a jusqu'ici satisfait l'Angleterre, en ce qui concerne l'administration locale (car les services intérieurs et extérieurs des ministères sont organisés d'après le système de la régie).

En France, au contraire, les conditions qui auraient pu maintenir l'ancien régime de l'administration judiciaire n'ont pas été remplies. D'une part, à partir du xve siècle, les cours de justice n'ont pas été centralisées, la royauté adopta la politique de la multiplication des parlements judiciaires. La faute fut définitivement commise sous Charles VII. Jusque-là, le Parlement de Paris avait été, selon les termes des anciennes ordonnances, *la seule justice capitale et souveraine du royaume;* le 11 octobre 1444, le Parlement de Toulouse fut définitivement constitué; les autres suivirent rapidement : Grenoble, 1453; Bordeaux, 1462; Dijon, 1476; Rouen, 1499; Aix, 1501; Rennes, 1453; Pau, Metz, Besançon, Douai, Nancy furent constitués de 1620 à 1775. Au total, douze parlements régionaux avec des magistrats propriétaires de leurs offices

intermédiaire qui s'occupe de faire les affaires du public par l'exécution des lois du droit public et par la satisfaction des intérêts

et avec toute une basoche. C'est contre cette décentralisation formidable que la royauté vint buter quand elle voulut centraliser le droit et l'administration. Sans doute, il y eut le correctif de la juridiction du conseil du roi, mais ce correctif fut insuffisant parce que le conseil du roi ne fut jamais une cour centrale de droit commun pour tout le ressort de la France ; il ne procéda que par évocations, ce qui rendit toujours sa juridiction exceptionnelle. Les véritables rouages de la justice furent les Parlements de Paris et de province avec la multiplicité de leurs ressorts et la variété de leurs jurisprudences. Ces cours de justice ne purent même pas assurer l'unité du droit ; à plus forte raison, n'assuraient-elles point l'unité de l'administration, malgré leurs arrêts de règlement et leurs injonctions. Il n'est pas surprenant, dès lors, que le gouvernement royal ait cherché, en dehors des cours de justice, des instruments nouveaux plus centralisés qui pussent assurer l'unité du droit et de l'administration. Ces instruments nouveaux furent le conseil du roi et les intendants qui apparaissent dès le xvɪᵉ siècle et qui représentent le pouvoir de police en tant que séparé de la justice. La centralisation administrative fut le remède au défaut de centralisation judiciaire.

D'autre part, en France, on n'était pas satisfait du système de l'exécution des services publics courants par des offices, des fermes ou des entreprises. A cette conception purement gouvernementale d'un pouvoir qui ne s'occupe que des grandes affaires exceptionnelles ou qui, dans les affaires courantes, ne connaît pas de l'exécution de ses propres décisions, s'en substituait graduellement une autre qui était celle de l'exécution en régie, c'est-à-dire celle d'un pouvoir qui s'occupe des affaires courantes et qui pousse la précaution jusqu'à connaître lui-même de l'exécution de ses décisions. Les intendants avec leurs commis formèrent le noyau d'un nouveau personnel de fonctionnaires de régie qui, peu à peu, se substituèrent aux anciens officiers ministériels de la couronne.

Ainsi se trouva constitué dans l'État un nouveau pouvoir qui apparut à la Révolution avec son véritable caractère, à la fois gouvernemental et administratif, et avec son véritable titre de *pouvoir exécutif*. Ce pouvoir se caractérise en ce qu'il tend à assurer à la fois l'ordre public et le règne de la loi par des moyens de police et aussi en ce qu'il est un pouvoir qui passe lui-même à l'exécution de ses propres décisions, c'est-à-dire qu'en somme c'est un pouvoir qui, en vue de la police, a centralisé la décision, l'exécution et la contrainte. Il a tellement centralisé l'exécution et la contrainte qu'il les a monopolisées : aucun autre pouvoir de l'État ne peut passer à l'exécution de ses propres décisions, ni le pouvoir législatif, ni le pouvoir judiciaire, ni le pouvoir électif ; toute mesure d'exécution, toute mise en mouvement de la force publique exigent l'intervention du pouvoir exécutif.

Pour assurer l'exécution de ses décisions par ses propres moyens, c'est-à-dire l'exécution en régie, le pouvoir exécutif a développé considérablement le personnel des fonctionnaires et il les a organisés par la hiérarchie, de telle sorte que les autorités supérieures seules prennent des décisions et ont à compter avec la loi, tandis que la masse des agents inférieurs n'étant que des agents d'exécution et marchant d'après les instructions de leurs chefs, n'ont pas à se préoccuper directement de la loi.

Mais ce qui caractérise surtout le régime administratif français, c'est la tournure qu'a prise le problème des rapports du nouveau pouvoir administratif avec l'ancien pouvoir de la justice. Cette tournure des choses a été influencée par des événements historiques, et notamment par la lutte acharnée qui s'est poursuivie au xvɪɪᵉ et au xvɪɪɪᵉ siècles entre les intendants et le conseil du roi, d'une part, qui s'efforçaient de constituer le nouveau pouvoir, et, d'autre part, les parlements judiciaires qui résis-

généraux, constitue un mode de la vie publique plutôt que de la vie privée.

D'ailleurs, cette administration est d'origine publique, ce sont les organes gouvernementaux qui, à un moment donné, ont fait l'entreprise d'ajouter à leur action politique cette action d'intermédiaire officieux pour faire les affaires du public, et qui, en conséquence, ont centralisé les organisations privées ou judiciaires existant antérieurement.

Ce caractère public de l'administration entraîne un certain nombre de conséquences :

1° l'administration publique ne se borne pas à proposer ses bons offices, elle les impose dans la grande majorité des cas ; l'administration publique n'est donc pas seulement l'accomplissement d'une fonction, elle est avant tout et surtout la manifestation d'un pouvoir et le résultat d'une entreprise. Elle est dans l'intérêt du pouvoir gouvernemental autant que dans l'intérêt du public et cet intérêt du pouvoir est l'une de ses limites ;

2° l'administration publique s'effectue avec publicité ;

---

taient de toutes leurs forces contre ce qu'ils considéraient comme des empiétements sur leurs anciennes attributions administratives. Mais, outre les circonstances accidentelles, le problème est dominé par des nécessités : si la police est enlevée aux anciennes cours de justice, il faut cependant que les contestations soulevées par l'activité du nouveau pouvoir de police puissent être soumises à un juge.

Sans doute, le pouvoir exécutif aurait pu ne prendre pour lui que la décision et l'exécution, et le contentieux aurait pu être laissé aux anciennes cours de justice, c'est-à-dire aux tribunaux ordinaires ; c'est le système qui a prévalu dans un certain nombre de pays du continent, particulièrement en Belgique. Mais en France, dans l'atmosphère de lutte où s'est opérée la séparation de l'administration et de la justice, on est allé aux extrêmes. La Révolution a franchement adopté le régime administratif comme étant un élément du nouveau régime opposé à l'ancien régime dont elle avait horreur, et alors, non seulement elle a interdit aux tribunaux judiciaires de s'immiscer dans l'administration active, mais elle leur a interdit aussi de connaître du contentieux soulevé par cette administration. C'est ce que l'on appelle le principe de la séparation du pouvoir administratif et de l'autorité judiciaire.

Il est résulté de là que, comme les litiges suscités par l'activité administrative ne pouvaient pas rester sans juge, il a fallu reconnaître au pouvoir administratif lui-même un droit de juridiction et organiser une juridiction administrative distincte de la juridiction ordinaire.

Ainsi, le pouvoir exécutif ou administratif, qui avait déjà la décision et l'exécution, recevait en outre la juridiction. Il acquérait de la sorte tous les pouvoirs nécessaires pour organiser un monde juridique complet qui se juxtaposerait ou se superposerait au monde juridique de la vie ordinaire. C'est, en effet, ce qui n'a pas manqué de se produire et c'est ce qui fait la très grande importance du droit administratif français. Bien entendu, la coexistence de deux mondes juridiques hétérogènes dans le même État ne peut pas aller sans des frictions qui se traduisent par des conflits de compétence entre la juridiction ordinaire et l'administration. L'organisation du système se complète donc logiquement par l'institution d'un tribunal des conflits chargé de régler les conflits d'attribution entre les deux pouvoirs.

LES DÉFINITIONS.

3° l'administration publique est à base de communauté territoriale, c'est-à-dire que les corps administratifs sont, comme l'État lui-même, à base de circonscription territoriale et de communauté établie entre les habitants; les services sont organisés également par tout le territoire et entretenus par une bourse commune alimentée par les impôts; par conséquent, en principe, et sauf exception, il n'est pas perçu de redevance spéciale à l'occasion d'un service;

4° l'administration publique est à la fois préventive et exécutive, elle prévoit et elle agit d'office par elle-même, rapidement (1).

(1) En combinant ces critériums, on constate qu'il y a des degrés dans le caractère public des organisations administratives.

Au premier rang, se placent l'État et les diverses administrations territoriales contenues dans l'État, départements et communes, avec leurs services publics, parce que, d'une part, ce sont des entreprises gouvernementales (encore, à ce point de vue, conviendrait-il de faire des réserves au moins en ce qui concerne les communes), qu'à raison de cela elles font de la réquisition et de la contrainte, parce que le communisme impliqué par ces organisations est rigoureusement territorial, parce que, d'autre part, leur but n'est pas lucratif;

Au second rang, se placent les établissements publics qui sont rattachés à l'administration de l'État, dont les services ne sont point lucratifs, mais ne présentent plus le caractère d'être communs à tous les habitants d'une même circonscription territoriale, et qui ne font plus que très exceptionnellement de la réquisition et de la contrainte parce qu'ils ne présentent plus autant le caractère d'entreprises gouvernementales;

Au troisième rang, se placent les établissements d'utilité publique et ceux qui ont été reconnus d'intérêt public, comme les sociétés de secours mutuels, les caisses d'épargne ordinaires, etc., le lien qui les unit à l'État est plus lâche, ce ne sont plus des entreprises gouvernementales, ce sont des organisations de la vie privée qui n'ont plus du tout de prérogatives, mais dont le but reste non lucratif et qui, à ce titre, méritent certaines faveurs administratives, qui aussi peuvent collaborer avec l'administration publique. Il ne faut pas céder à la tentation de croire que l'administration publique, telle que nous la connaissons aujourd'hui, ait toujours existé, ou encore il ne faut pas croire que des services ne puissent être rendus aux individus que par le moyen d'une administration publique. En réalité, sous tous les régimes politiques et dans tous les états sociaux, sauf dans ceux qui furent tout à fait rudimentaires, il y a eu des services rendus aux individus, mais ils ne l'étaient pas à la manière actuelle. Il y a eu, par exemple, la manière féodale; elle se caractérisait par ce fait que le service n'était pas rendu au nom d'une communauté, mais au nom d'un seigneur, et par cet autre fait que le service, étant l'occasion de la perception de certaines redevances, se présentait sous une forme impérative et fiscale. — Il y a eu l'administration royale primitive qui était essentiellement judiciaire, confiée aux justices royales avec les formes de procédure et les moyens de contrainte judiciaires. Il y a eu aussi, à la fin de l'ancien régime, la manière administrative des communautés d'habitants dans les paroisses rurales ; ici, aucun droit de contrainte, mais un organisme commun qui se constitue pour gérer des intérêts communs; quelque chose de purement économique et d'assez semblable à ce que serait aujourd'hui une association syndicale volontaire de propriétaires, créée pour accomplir des travaux d'intérêt collectif; cet organisme fonctionne comme une association privée et relève du droit privé. Il est resté pendant bien longtemps des traces de cet état de choses dans notre administration municipale, même depuis la Révolution; pendant toute la première moitié du XIX⁰ siècle,

III. *Le droit administratif.* — Dans un régime administratif, le droit administratif est cette branche du droit public qui règle l'administration publique en tant qu'elle est l'entreprise d'institutions administratives autonomes douées de prérogatives.

Autrement dit : le droit administratif est *celle branche du droit public qui règle : 1° l'organisation de l'entreprise de l'administration publique et des diverses personnes administratives en lesquelles elle s'est incarnée ; 2°, les pouvoirs et les droits que possèdent ces personnes*

elle n'a été que la gestion d'une sorte de syndicat d'intérêts privés et ce n'est que depuis l'introduction du suffrage universel que la politique, y ayant pénétré peu à peu, y a introduit avec elle les méthodes publiques de l'administration centrale (V. Henrion de Pansey, *De l'autorité municipale*).

Ainsi, à ne considérer que l'histoire de France, nous voyons que l'administration a pu y être féodale, qu'elle a pu y être judiciaire, qu'elle a pu y être purement privée, au moins en ce qui concerne les services locaux. Si l'on pouvait parcourir l'histoire des autres pays, on constaterait que l'administration a revêtu les formes les plus diverses, ce qui n'a rien de surprenant étant donné que « le corps intermédiaire », qui fait le fond de l'administration, est en soi ce qu'il y a au monde de plus souple.

Mais quand l'État se centralise et que l'administration devient publique parce qu'elle devient une entreprise du gouvernement, cela se marque, d'abord, dans l'administration centrale, puis le caractère public gagne les administrations locales, telles que les départements et les communes; puis ce même caractère gagne les établissements publics, c'est-à-dire les rouages spéciaux chargés de services spéciaux. Une décision du tribunal des conflits du 9 décembre 1899, *Canal de Gignac* (S., 1900. 3. 19, et la note), a décidé, à propos des associations syndicales, que les établissements publics ne pouvaient pas être contraints de payer leurs dettes par les voies d'exécution du droit commun, pas plus que les grandes administrations publiques, ce qui est une immunité ou une prérogative caractéristique de la nature publique. Une série de décisions du tribunal des conflits de l'année 1903 ont décidé que la matière de la responsabilité des départements, des communes, des établissements publics, pour faute de service de leurs agents, devait être traitée administrativement comme celle de la responsabilité de l'État. Cons. d'Ét., 29 fév. 1908, *Feutry* (S., 1908. 3. 97 et la note); 11 avril 1908, *de Fons-Colombe*, 23 mai 1903, *Joullié* (S., 1909. 3. 49 et la note). Sans doute, il reste, sous le nom d'établissements d'utilité publique, de fondations ou d'associations, des organisations privées rendant des services au public, et l'on peut affirmer qu'il y a, pour l'initiative privée, liberté du bien public; mais on peut affirmer aussi que, dans un pays centralisé où le régime administratif est développé, la masse des organisations de services publics l'emporte de beaucoup sur celle des organisations de services privés ; de plus, elle constitue un centre d'attraction et les organisations privées d'intérêt public sont obligées, plus ou moins, d'accepter la tutelle de l'administration publique.

Ce que la centralisation a fait, la décentralisation peut le défaire. La centralisation a fait de l'administration, c'est-à-dire de l'activité des intermédiaires et des hommes d'affaires, une entreprise gouvernementale; elle a enlevé dans une large mesure ce mode d'activité à la vie privée et à la vie judiciaire pour le transporter dans la vie publique; ce mode d'activité pourrait être restitué en partie à la vie privée et judiciaire. Décentraliser ce n'est pas seulement répartir l'activité administrative entre plusieurs rouages publics et gouvernementaux, c'est aussi faire repasser une partie de cette activité à des rouages de la vie privée. Nous retrouverons ces vues à propos de la *décentralisation* et à propos de l'*administration d'intérêt public*.

LES DÉFINITIONS   11

administratives pour actionner les services publics; 3° *l'exercice de ces pouvoirs et de ces droits par la prérogative, spécialement par la procédure d'action d'office, et les conséquences contentieuses qui s'ensuivent.*

Cette définition appelle les observations suivantes :

1° Elle fait du droit administratif une branche du droit public. D'abord, une branche du droit, c'est-à-dire un corps de droit alimenté par une matière spéciale, par des lois spéciales et par une jurisprudence spéciale. Ensuite, une branche du droit public. Cela sépare le droit administratif du droit privé et cela est accentué en France par la séparation fondamentale qui existe entre l'autorité administrative et l'autorité judiciaire qui représente le droit privé. Au reste, la situation exacte du droit administratif au regard du droit privé qui demeure le droit commun, sera établie plus loin au chapitre III ;

2° Cette définition est subjective en ce sens qu'elle part du fait de la personnification des diverses entreprises de l'institution administrative, État, départements, communes, colonies, établissements publics et qu'elle analyse la trame des relations administratives en des pouvoirs et des droits de ces personnes administratives qui sont des personnages puissants ;

3° Elle met en évidence la *prérogative*, c'est-à-dire les droits exorbitants et les procédures exceptionnelles dont bénéficie l'action des personnes administratives. Non seulement la prérogative est le caractère le plus remarquable du droit administratif, mais en plus d'une occasion elle est sa limite (1).

(1) La définition du droit administratif basée sur *les pouvoirs et les droits des personnages puissants que sont les administrations publiques* n'est pas encore très répandue. Non seulement elle est subjective, c'est-à-dire à base de personnalité juridique, mais elle incorpore à la personnalité juridique des administrations les droits de puissance publique.

Sur les origines de cette conception, cf. Bouchené-Lefer, *Quel est le véritable objet du droit administratif? Revue pratique.* 1864, t. XVII, p. 104. — Pour M. Aucoc, (*Conférences sur le droit administratif*, 3ᵉ édit., 1885, p. 15), « le droit administratif détermine : 1° la constitution et les rapports des organes de la société chargés du soin des intérêts collectifs qui font l'objet de l'administration publique, *c'est-à-dire des diverses personnifications de la société*, dont l'État est la plus importante ; 2° les rapports des autorités administratives avec les citoyens.

La plupart des auteurs du droit administratif français font prédominer le point de vue objectif, et par suite le droit réglementaire ; le droit administratif consiste essentiellement, pour eux, « dans l'organisation des autorités administratives et dans celle des services publics » ; la place qu'ils font à la personnalité juridique et à la responsabilité subjective est très petite, elle ne dépasse pas la gestion du domaine privé des administrations et ne pénètre pas dans la gestion des services publics qui suppose l'emploi de la prérogative. On a dit en ce sens du droit administratif : qu'il est *l'ensemble des règles qui président à l'organisation et au fonctionnement des services publics* (F. Laferrière, *Cours de droit administratif*, 1860, 1. 334); qu'il est *l'ensemble des principes et des règles qui résultent des lois d'intérêt général et de celles* qui *président au fonctionnement de tous les organes non judiciaires du pouvoir exécutif chargés de leur application* (Ducrocq, 7e édit., t. I, p. 3); ou encore celui qui règle *l'action et la compétence de l'administration centrale, des administrations locales et de la juridiction administrative* (H. Berthélemy, *Traité élémentaire du droit administratif*, 2e édit., 1902, p. 1); ou encore celui qui a pour objet le *fonctionnement de la machine gouvernementale* (id., 7e édit., 1912, p. 2). Quant à la place occupée par la personnalité juridique, dans la théorie des auteurs qui admettent ces définitions. V. Ducrocq, t. IV, p. 5 et s.; Berthélemy, 3e édit., p. 22, modifications dans 7e édit., p. 39 et s.

Du moins, toutes ces définitions, quoique purement réglementaires, procédaient de l'idée que l'objet du droit administratif est de régler le pouvoir administratif. L'école de M. Duguit a changé cela : l'objet du droit administratif est désormais uniquement de régler les services publics. Voici la définition de M. Jèze (*Principes généraux du droit administratif*, 2e édit., p. 1) : « le droit public et administratif est l'ensemble des règles relatives aux services publics ». Elle tend à subordonner l'élément pouvoir à l'élément fonction (V. *infra*).

CHAPITRE II

LES ÉLÉMENTS DU RÉGIME ADMINISTRATIF
L'INSTITUTION ADMINISTRATIVE. LE POUVOIR ADMINISTRATIF
LA FONCTION ADMINISTRATIVE

SECTION I. — L'INSTITUTION ADMINISTRATIVE.

Les éléments du régime administratif peuvent être ramenés à trois : l'institution administrative, le pouvoir administratif, la fonction administrative.

I. *L'institution administrative.* — C'est l'entreprise de l'administration publique organisée en un ensemble d'institutions corporatives. L'idée de l'entreprise de l'administration publique consiste essentiellement à charger des corporations publiques, telles que l'État ou la commune, de rendre aux habitants des services qui soient également à la disposition de tous, qui soient alimentés par des caisses publiques et qui soient exécutés par des procédures publiques, le tout dans une pensée de police et de prévision.

Cette idée, qui fait partie d'un ensemble d'idées plus vaste relatives au régime d'État, se fait jour en France dès que commence la réaction contre le régime féodal avec la monarchie capétienne, avec le mouvement d'affranchissement de communes, avec la résurrection du droit romain. Elle est en contradiction avec les idées de la seigneurie féodale qui sont exclusives de toute communauté et de toute corporation publique, qui n'admettent que des services organisés par le seigneur lui-même, trop souvent dans un but de fiscalité, et, d'ailleurs, sans esprit de suite, ni véritable pensée de prévision. L'idée de l'administration publique gagne du terrain à partir du xve siècle, grâce à la centralisation croissante du pouvoir royal et à l'assimilation des populations ; elle finit par devenir la base d'une organisation et d'une institution.

Aujourd'hui, il existe une institution administrative française qui est l'ensemble des entreprises corporatives organisées pour réaliser l'idée de l'administration publique. Elle constitue dans l'État une société douée d'une certaine autonomie. Cette institution administrative a son personnel dirigeant constitué par les autorités administratives et les fonctionnaires et son personnel de sujets constitué par le public des administrés. Le personnel dirigeant est fortement organisé et centralisé par les ressorts de la hiérarchie et de la garantie administrative ; cependant, en même temps, il est décentralisé dans une certaine mesure par l'intervention du corps électoral dans la nomination de certaines autorités locales, de telle sorte qu'il y a, au moins pour les affaires locales, administration du pays par le pays ; cette décentralisation réalise comme une organisation constitutionnelle de l'institution administrative, en même temps qu'elle détermine une multiplication de rouages autonomes dont chacun s'oriente vers la personnification juridique (État, départements, communes, colonies, établissements publics). Cette institution administrative a son droit à elle, édicté en grande partie par le pouvoir administratif sous forme de règlements et de circulaires et, en outre, elle possède une juridiction à elle pour juger les litiges soulevés par les relations spécialement administratives. L'existence de cette juridiction administrative, soigneusement séparée de la juridiction ordinaire, constitue la meilleure preuve de ce que la société administrative est une société particulière à l'intérieur de l'État, et en même temps de ce qu'elle est *une institution*, c'est-à-dire une organisation dans laquelle le pouvoir est subordonné à sa fonction et dans laquelle se sont dégagés des principes de droit tirés tant du milieu juridique externe que de l'idée mère que l'organisation s'efforce de réaliser.

L'existence de l'institution administrative ne manque pas, en effet, de peser sur le pouvoir administratif pour lui imposer l'observation de règles fondamentales tirées de l'idée de la fonction, c'est-à-dire de la bonne administration publique. Cette action s'est exercée en France par le moyen d'un recours contentieux, très célèbre dans le monde entier, qui s'appelle le recours pour excès de pouvoir : c'est un recours en annulation que tout intéressé peut porter au Conseil d'État contre toute décision exécutoire de l'administration par laquelle certaines règles fondamentales de la bonne administration publique, dégagées par la jurisprudence du Conseil d'État lui-même, auraient été violées. Ces règles sont les suivantes : 1° les compétences des diverses autorités telles qu'elles résultent, non seulement des règlements, mais de l'idée de la bonne administration publique doivent être respectées dans chaque décision ; 2° les formes et formalités accompagnant les actes telles qu'elles résultent, non seulement des textes, mais de l'idée de la bonne administration publique doivent être respectées dans chaque décision ; 3° les buts de l'administration tels qu'ils résultent des textes et de l'idée même de la bonne administration doivent être respectés dans chaque décision ; 4° les règles générales posées, soit par la loi, soit par les règlements administratifs, doivent être respectées dans chaque décision particulière (1).

Nous verrons plus tard longuement l'organisation de l'institution administrative (personnification des corps administratifs, centralisation, décentralisation, organisation de l'administration de l'État, de l'administration départementale et communale, etc.). Ce sera l'objet du livre II. Nous verrons aussi la juridiction administrative au livre III.

(1) Il faut voir, dans cette conception de l'institution administrative, une application particulière d'une théorie générale de l'institution. Une institution sociale est une entreprise dont l'idée domine tellement le personnel des agents qu'elle est devenue pour eux une œuvre à accomplir plutôt qu'un pouvoir à exercer ou un intérêt à réaliser.

Le phénomène de l'institution se décompose en un certain nombre de phases : 1° Une idée d'œuvre ou d'entreprise sociale est lancée par un ou plusieurs individus ; 2° cette idée se propage et il se constitue un groupe de gens qui, après se l'être assimilée, aspirent à sa réalisation ; 3° dans ce groupe, il s'élève un pouvoir qui s'empare de la domination pour réaliser l'entreprise ; 4° un débat historique interne s'engage pour astreindre ce pouvoir à l'accomplissement des fonctions nécessaires à la réalisation de l'entreprise ; la conclusion de ce débat est l'organisation représentative et constitutionnelle du groupe, laquelle a pour résultat d'approprier les organes dirigeants par l'idée maîtresse de l'œuvre et par les règles statutaires qui se dégagent d'elle. Elle est aussi que l'institution se trouve désormais assez bien organisée, pour fonctionner avec un minimum de contrainte et pour que l'adhésion des intéressés l'ait rendue plus volontaire que coercitive ; 5° un autre débat historique s'engage encore, externe celui-là, pour que l'organisation nouvelle s'adapte aux principes généraux du droit ; 6° à l'issue de ces débats historiques, lorsque l'organisation a duré *en paix* pendant un temps assez long, l'organisation de l'entreprise est devenue une institution, à la fois par une sorte de conversion morale de son pouvoir de gouvernement et par une réaction du groupe des intéressés sur ce pouvoir de gouvernement. En même temps, cette institution devient candidate à la personnalité morale, car la théorie de l'institution est en même temps une théorie de la personnification, ainsi qu'il apparaîtra plus loin.

La théorie de l'institution a été aperçue en Allemagne par Gierke et par Behrend (Cf. Ferrara, *Le persone giuridiche*, dans le *Traité de droit civil* de Pasquale Fiore, part. II, vol. VII, p. 202-204-315 et s.), mais elle y est restée matérialisée parce qu'elle n'y a été conçue que comme une façon d'organiser l'élément du pouvoir grâce au seul facteur historique de la durée. Cette théorie doit être spiritualisée. D'une part, l'élément de la durée n'a par lui-même aucune signification si on ne lui ajoute pas la condition de la durée *en paix* qui seule peut faire présumer l'accord établi entre l'organisation nouvelle et les principes généraux du droit existant autour d'elle ; d'autre part, il est nécessaire qu'il y ait, dans l'institution, un élément spirituel interne existant dès le début auquel le pouvoir soit obligé de s'approprier et dont puissent être déduites les règles statutaires. Cet élément, c'est l'idée de l'œuvre ou de l'entreprise, qui précède historiquement l'organisation du pouvoir de réalisation. Ainsi, le fait de la durée perd de sa vertu mystérieuse ; il n'agit plus que pour donner à l'idée le temps de s'approprier le pouvoir de réalisation. En outre, toute organisation ne pourra pas être transformée en institution, même par la durée ; il faudra examiner en elle-même l'idée de l'entreprise ou de l'œuvre. Si l'idée est en soi mauvaise, il ne sera pas possible que l'organisation créée sur cette base devienne une institution. J'ai organisé la théorie de l'institution dans mes *Principes de droit public*, 1re et 2me éditions. Elle a été adoptée par Santi Romano, *L'ordinamento giuridico*, 1918, et par Cino Vitta, *Gli atti collegiali*, 1920.

Section II. — L'élément du pouvoir administratif.

I. *Le régime administratif comporte un pouvoir administratif ou exécutif doué d'autonomie.* — Ce pouvoir organise l'entreprise administrative, imprime une direction aux services publics, assure l'exécution des lois. Il édicte des dispositions réglementaires ou prend des décisions exécutoires particulières qui ont une valeur juridique par cela même qu'elles sont l'œuvre d'un pouvoir collectif légitime ; par conséquent, il crée du droit gouvernemental (1).

Assurément, ce pouvoir administratif a des fonctions à remplir et il est désirable qu'il soit assujetti, dans une large mesure, à l'accomplissement de ces fonctions ; c'est par des perfectionnements d'organisation et de structure qu'on y arrive, par exemple, par l'organisation représentative et constitutionnelle ; mais il n'est ni possible ni désirable que le pouvoir administratif soit entièrement subordonné à la fonction administrative ; d'une part, parce que la fonction administrative ne peut être définie elle-même exactement que par le pouvoir administratif ; d'autre part, parce qu'elle ne peut être bien exécutée que si on laisse au pouvoir administratif une certaine marge d'appréciation qui exige une réserve indispensable de pouvoir discrétionnaire (V. *infra*, liv. III, chap. I).

Assurément encore, ce pouvoir administratif doit être subordonné à la loi et nous verrons plus tard comment. Mais il n'est pas possible qu'il soit entièrement subordonné en ce sens que l'exécution provisoire d'aucun commandement du pouvoir administratif ne pourrait avoir lieu, si la légalité en était discutée. Notre Droit admet la discussion préalable de la légalité des règlements administratifs, tout au moins des règlements de police (art. 471, n° 15, du C. pén.), mais il n'admet pas la discussion préalable de la légalité des décisions exécutoires particulières ; au contraire, ces décisions administratives s'exécutent d'office, nonobstant toutes voies d'opposition ou de recours. C'est en cela, d'ailleurs, que le pouvoir administratif, qui n'est qu'une branche du pouvoir exécutif, s'interpose entre la loi et les citoyens ; et c'est une conséquence de la centralisation administrative.

II. *Le pouvoir administratif et la centralisation.* — Le régime administratif est une centralisation en ce qu'il concentre aux mains de l'État une quantité de pouvoirs qui, sans cela, appartiendraient

---

(1) Toutes les questions théoriques relatives au pouvoir, à son fondement, à sa vertu juridique, etc., doivent être traitées en droit constitutionnel où elles sont à leur véritable place. Faisons simplement observer ici que l'administration publique, étant en réalité une entreprise d'administration, exige, comme toute entreprise, un pouvoir de réalisation, lequel se trouve justifié pourvu qu'il soit doublé d'une responsabilité.

à des intermédiaires privés, à des hommes d'affaires; en ce qu'il fait de tous ces pouvoirs privés un pouvoir public et en ce qu'il fait pénétrer l'action de ce pouvoir public, non seulement dans toutes les parties du territoire, mais dans une foule de circonstances de la vie de chacun des habitants. Chacun des habitants est ainsi relié au pouvoir central d'une façon directe et, dans l'ensemble, les habitants sont encadrés. Nous reviendrons plus loin sur la centralisation et sur sa combinaison pratique avec la décentralisation (V. *infra*, liv. II).

III. *L'amalgame du gouvernement et de l'administration dans le pouvoir administratif.* — Le pouvoir qui fait le fond du régime administratif est qualifié souvent de *pouvoir exécutif*, ou, du moins, il est qualifié de *puissance publique* et celle-ci est considérée comme étant une branche du pouvoir exécutif. Il importe de s'éclairer sur cette parenté de la puissance publique et du pouvoir exécutif.

Le pouvoir exécutif est en soi un pouvoir gouvernemental et constitutionnel. Il se définit par rapport à l'unité politique qu'il est chargé de sauvegarder et par rapport à la loi dont il est chargé d'assurer l'application par une action d'office.

La puissance publique est un pouvoir administratif chargé d'assurer le maintien de l'ordre public et la gestion des services publics, dans la mesure des affaires courantes du public, le tout également par une action d'office.

Ces deux formes du pouvoir se ressemblent et se confondent en ce qui concerne leur mode d'action, puisque toutes les deux se caractérisent par l'action d'office; elles ne diffèrent qu'en ce qui concerne leur mission ou leur fonction et encore les mêmes organes cumulent-ils souvent les deux fonctions (1).

---

(1) 1º Dans l'organisation du pouvoir central, le chef de l'État, les ministres, le Conseil d'État sont à la fois des organes gouvernementaux et des organes administratifs; 2º dans le gouvernement régional et dans l'administration locale, même amalgame. Le préfet dans le département, le maire dans sa commune, sont des agents du gouvernement en même temps que des administrateurs; le préfet surtout est à la fois un gouverneur civil de province et un administrateur, deux fonctions qui, dans beaucoup de pays, sont séparées. Il n'est pas, jusqu'aux assemblées électives, telles que les conseils généraux de département ou les conseils municipaux, qui ne reçoivent de leur origine une teinte gouvernementale, car le suffrage a dans toutes les élections la même valeur de manifestation de la souveraineté; 3º la politique gouvernementale et la politique électorale ont largement pénétré dans l'administration; il n'y a point de preuve plus forte de son importance gouvernementale; 4º en effet, il n'est pas douteux que l'organisation administrative et le fonctionnement des services ne constituent une source importante de pouvoir politique, par les nominations à des emplois, par les faveurs nombreuses que, par la force des choses, il y a possibilité de distribuer. Par conséquent, chez nous, l'amalgame du gouvernement et de l'administration est très intime.

D'ailleurs, le régime administratif n'a pu se former que de cette façon. Ce sont des

Il n'est pas dit que l'amalgame du pouvoir gouvernemental et du pouvoir administratif soit la meilleure des organisations possibles. Il a le grand inconvénient de tirer du côté du gouvernement le corps intermédiaire qu'est l'administration et d'y introduire la politique au détriment de la bonne gestion des services; cet inconvénient s'est produit dans la libre Amérique aussi bien que dans nos vieux États centralisés d'Europe; il a même pris là la forme particulièrement répugnante du *spoil system*, c'est-à-dire du sacrifice périodique du personnel administratif à chaque changement des partis au pouvoir. Il ne paraît pas facile de réaliser la séparation du gouvernement et de l'administration, il paraît plus pratique de remédier par des mesures de détail aux inconvénients de l'amalgame. C'est ainsi que chez nous nous ayons évité le *spoil system* et obtenu la fixité du personnel administratif, d'abord en n'introduisant pas l'élection pour le recrutement du personnel des agents d'exécution, ensuite en admettant le principe de l'indemnité pour renvoi injustifié et pour brusque renvoi (1).

organes gouvernementaux qui ont assumé l'entreprise administrative, qui se sont mis à administrer par eux-mêmes au lieu de laisser administrer sous leurs yeux des autorités locales ou des corps judiciaires. C'est le conseil du roi, organe du gouvernement central, qui s'est mis à administrer par lui-même, d'abord les affaires centrales en se transformant peu à peu en un conseil d'État et en un conseil des ministres, et ensuite les affaires locales, en départissant dans les provinces des maîtres des requêtes qui devinrent les intendants. Les intendants supplantèrent les gouverneurs de province, parce que ceux-ci ne s'occupaient par eux-mêmes d'aucune affaire, tandis que les intendants avec leurs commis mirent la main à la pâte.

Bien entendu, ce parti pris par les organes gouvernementaux d'administrer par eux-mêmes fut le signal d'une nouvelle centralisation, parce que les affaires dont ils s'emparèrent ainsi avaient été gérées jusque-là par des rouages très décentralisés.

(1) La définition exacte et la distinction du gouvernement et de l'administration constituent une des grandes difficultés du droit public. D'un point de vue purement descriptif et organique, M. Esmein dit : « La société politique est comme une machine puissante et compliquée; le gouvernement est le moteur, les fonctionnaires de l'administration sont les organes de transmission et les rouages de la machine. » Il observe, d'ailleurs, à la suite de M. Ducrocq, que l'organisation administrative est plus stable que l'organisation gouvernementale : « à chacune de nos nombreuses révolutions, la forme du gouvernement a changé; parfois même on n'a plus eu, pendant un temps plus ou moins long, de gouvernement légal, mais seulement un gouvernement provisoire et de fait; cependant le fonctionnement de l'administration n'a pas été interrompu un seul jour... le moteur était changé, mais la machine n'en continuait pas moins sa marche régulière ». Il observe encore que, dans des pays où le personnel administratif était particulièrement instable jusqu'à ce jour, comme par exemple aux États-Unis, on commence à se rendre compte que c'est un inconvénient et que l'on tend à la permanence de la force administrative, à la constitution d'un *substratum* administratif, véritable sécurité de la société civile (*Op. cit.*, 5e édit., p. 20-23, avec les citations de M. Francis Newton Thorpe, *Recent constitution making in the United States*. M. Thorpe appelle l'administration un quatrième pouvoir. « En politique, dit-il, la reconnaissance de ce quatrième pouvoir trouve son expression dans le service civil dont la réforme implique une administration fixe des affaires », p. 49).

Ces vues descriptives contiennent une grande part de vérité. La comparaison du

IV. Le pouvoir administratif est essentiellement un pouvoir d'action d'office. — Il ne faut pas confondre la question du pouvoir administratif avec celle des droits régaliens de l'État. Tous les États ont les mêmes droits régaliens, aussi bien ceux qui n'ont pas le régime administratif que ceux qui le possèdent. Par exemple, l'État anglais a, aussi bien que l'État français, des droits de police, justice et finances, le droit de battre monnaie, un droit d'enseignement public, etc., etc., et c'est en vertu de ces droits que les services publics sont organisés. Mais les droits régaliens ou les droits de puissance publique, qui sont établis par la législation, ne suffisent pas par eux-mêmes à constituer un régime administratif, pas plus d'ailleurs que l'existence de services publics organisés. Ce qui constitue le régime administratif, c'est l'espèce de pouvoir au moyen duquel les droits de puissance publique de l'État sont exercés et au moyen duquel les services publics sont gérés.

Ainsi, le pouvoir administratif est exclusivement relatif au mode d'exercice des droits régaliens de l'État et au mode d'exécution des services.

« moteur » est peut-être ce qu'il y a de moins exact, du moins dans une administration décentralisée, car nous verrons que l'administration décentralisée possède un mouvement autonome, et que le gouvernement se cantonne de plus en plus dans le contrôle. Mais deux idées précieuses sont à retenir, celle de la régularité, de la continuité et de la stabilité de l'action administrative, et celle que l'administration est un *substratum* de la société civile et, par conséquent, appartient à la nation gouvernée autant qu'au gouvernement.

D'un point de vue historique, il convient de rappeler la tentative faite sous le premier Empire pour séparer le gouvernement de l'administration : Napoléon Ier gouvernait avec son conseil d'État en ce sens qu'il puisait dans le conseil des délégués pour les grandes affaires, en même temps que le conseil délibérait en corps sur les décisions de principe. Les ministres n'étaient, dans cette conception, que des autorités chargées des affaires courantes. En somme, c'est la distinction entre les affaires exceptionnelles et les affaires courantes qui avait servi de base et le conseil d'État était devenu l'organe spécial du gouvernement. — Cette tentative de séparation fut brisée par le retour au régime parlementaire en 1815, le pouvoir gouvernemental passa au conseil des ministres et s'amalgama de nouveau avec les affaires administratives courantes.

Ces indications ont une grande valeur, surtout si on les rapproche d'autres renseignements historiques qui nous montrent les rois ou les gouverneurs de province, à l'époque où il n'y avait pas de régime administratif, ne s'occupant par eux-mêmes que des grandes affaires et laissant les affaires courantes aux soins d'organismes très décentralisés qu'ils ne contrôlaient même pas toujours.

En faisant bloc de ces indications on peut arriver aux définitions suivantes :
La fonction administrative consiste essentiellement à faire les affaires courantes du public.

La fonction gouvernementale consiste à solutionner les affaires exceptionnelles qui intéressent l'unité politique et à veiller aux grands intérêts nationaux.

Les intérêts du public et les intérêts nationaux ne se confondent pas toujours, car le public est une formation individualiste dont les besoins, quoique satisfaits par une organisation collective, sont individualistes, tandis que la nation est une collectivité organique dont les intérêts sont en eux-mêmes collectifs.

C'est un *pouvoir d'action d'office* et il faut bien comprendre ce que cela signifie. D'une façon générale, cela veut dire que le pouvoir administratif est essentiellement exécutif, c'est-à-dire qu'il prend lui-même l'initiative des décisions et passe lui-même à l'exécution de ces décisions par ses propres agents d'exécution. Mais cette première définition est incomplète en ce qu'elle ne fait pas sa place à la question du juge. Prendre des décisions et les exécuter soi-même, cela ne soulève aucune difficulté lorsque ni les décisions ni surtout leur exécution ne risquent de causer du tort à des tiers; telles sont pas exemple les décisions qu'un propriétaire prend et exécute dans la culture de son propre domaine. Mais, dès qu'il s'agit de décisions et de mesures d'exécution qui risquent de causer du tort à un tiers, le droit privé de notre époque pose en principe qu'il y a là une question susceptible de devenir contentieuse et que, nul n'ayant le droit de se faire justice soi-même, avant toute mesure d'exécution, le poursuivant doit obtenir, ou bien le consentement de son adversaire, ou bien une sentence du juge. Par conséquent, en droit privé, l'intervention du juge est préalable à toute mesure d'exécution qui risque de causer du tort à un tiers.

Ce qui caractérise le pouvoir d'action d'office de l'administration dans le régime administratif, c'est que l'intervention du juge n'est point préalable à la décision ni à la mesure d'exécution, même lorsque ces mesures risquent de causer du tort à des tiers. C'est que les décisions d'autorités administratives, qui par elles-mêmes n'ont aucun caractère juridictionnel, s'exécutent d'office par les soins du personnel administratif, nonobstant toute opposition, et c'est que, même lorsque des recours contentieux ont été formés contre une décision, ces recours, en principe, ne sont pas suspensifs de l'exécution de la décision. Les seules atténuations à cette règle sont : 1° que le juge administratif saisi d'un recours pour excès de pouvoir contre une décision administrative qui n'est pas encore exécutée, peut ordonner le sursis à l'exécution ; 2° que, lorsqu'un recours contentieux a été formé contre une décision non encore exécutée, si l'administration passe outre à l'exécution avant d'attendre la sentence du juge, elle agit *à ses risques et périls* (Cons. d'Ét., 27 fév. 1903, *Zimmermann*, S., 1905. 3. 17 et ma note).

Ainsi, non seulement le juge ordinaire n'intervient pas dans les opérations administratives, mais le juge administratif lui-même n'intervient qu'après coup lorsque la décision est devenue exécutoire. Alors, sans doute, il peut rétablir le droit et réparer les torts par des compensations pécuniaires, mais il ne peut pas, en principe, détruire la situation de fait que l'exécution administrative aura créée.

Le pouvoir d'action d'office de l'administration moderne apparaît ainsi très différent de ce qu'étaient les pouvoirs des administrateurs de l'ancien régime judiciaire qui ne pouvaient marcher qu'en vertu d'ordonnances préalables du juge.

Section III. — L'élément de la fonction administrative. Les services publics.

La fonction administrative a pour objet de *gérer les affaires courantes du public en ce qui concerne l'exécution des lois du droit public et la satisfaction des intérêts généraux, le tout par des moyens de police et par l'organisation de services publics, dans la limite des buts du pouvoir politique qui a assumé l'entreprise de la gestion administrative*.

C'est ici qu'il faut nous rappeler que l'administration publique est un corps intermédiaire entre le souverain et le public; qu'elle se substitue à des intermédiaires, à des hommes d'affaires à caractère privé ou à caractère judiciaire; que ce rôle d'intermédiaire est nécessaire dans un état de civilisation où il y a trop de lois à observer et trop d'intérêts généraux à satisfaire pour que l'initiative privée puisse se charger de toute la besogne (V. *supra*, p. 3).

Notre définition met en relief les éléments suivants :

I. *L'objet essentiel de la fonction administrative est une gestion d'affaires*. — L'administration est le gérant d'affaires du public pour les mesures destinées à faciliter *l'exécution volontaire des lois, du droit public* et aussi pour les mesures destinées à assurer la satisfaction des intérêts généraux (1).

La fonction administrative envisagée comme ayant pour objet une gestion d'affaires apparaît comme éminemment pratique; bien que des moyens juridiques doivent nécessairement être employés, comme dans toute gestion d'affaires, c'est-à-dire que le but pratique est au premier plan; il s'agit de gérer l'affaire, d'assurer l'exécution d'une loi, de faire faire une élection, de faire ouvrir et construire un chemin, de rétablir l'ordre public, etc. Le moyen juridique est au second plan, il consistera à prendre un règlement complémentaire de la loi, à prendre une décision pour convoquer les électeurs, pour classer le chemin ou fixer sa largeur, à prendre un arrêté de police, etc.

---

(1) De ce point de vue, la mesure administrative présente une certaine ressemblance avec l'acte de commerce, en ce qu'elle est un *acte d'entremise*, mais tout de suite il faut signaler des différences essentielles : d'abord, elle est un acte d'entremise sans but lucratif; ensuite elle présente un caractère impératif, parce que l'administration est un gérant d'affaires qui s'impose, et cela se marque en ce que l'opération de gestion, qui est en soi une opération du commerce juridique, est accompagnée de décisions exécutoires en qui se manifeste spécialement le caractère impératif de la puissance publique (bien que l'opération de gestion en retienne aussi quelque chose). Cf. mon opuscule de 1900, *La gestion administrative*.

Par conséquent, il faut écarter l'idée que la fonction administrative serait essentiellement juridique, qu'elle consisterait avant tout à créer des situations juridiques par les décisions exécutoires de ses organes. Sans doute, l'administration crée beaucoup de situations juridiques et nous insisterons sur ce côté avantageux du régime administratif qui multiplie les biens et les emplois, mais il ne faut pas oublier que la création de ces situations juridiques n'est et ne doit être que la conséquence d'aménagements pratiques utiles au pays; il serait désastreux que des emplois fussent créés qui ne répondraient pas à des besoins pratiques.

L'administration ne se borne pas à prendre des décisions, elle les exécute elle-même en régie par toutes les opérations techniques qu'exigent les services publics, qui sont des services pratiques: Elle pousse l'exécution jusqu'au fait. Il n'y a donc pas seulement à se préoccuper des questions de droit soulevées par les décisions, mais aussi des questions soulevées par les opérations et l'exécution.

Or, de même que dans la vie privée les résultats de fait sont au premier plan et les moyens juridiques au second plan, de même dans la vie administrative : l'important c'est l'exécution des services. Par conséquent, l'opération d'exécution, à la fois juridique et technique, comportant des questions de fait et des questions de droit, sera considérée comme plus importante que la décision exécutoire qui ne comporte que des questions de droit. Le contentieux de la pleine juridiction, qui vise l'exécution des opérations et des services, sera qualifié de contentieux ordinaire, tandis que celui de l'excès de pouvoir, qui vise seulement la validité des décisions juridiques, sera qualifié d'exceptionnel.

Ainsi, la fonction administrative, bien qu'étant à la fois juridique et pratique, est encore plus pratique que juridique parce qu'elle suppose la satisfaction d'un besoin pratique par une exécution poussée jusqu'au fait (1).

---

(1) M. Duguit est partisan du but purement juridique de l'administration. Dans son *Manuel de droit constitutionnel* (t. I, p. 181 et s.), il a essayé d'acclimater la définition suivante : « La fonction administrative est cette fonction de l'État qui consiste à faire des actes juridiques, et l'acte juridique est une manifestation de volonté faite uniquement dans le but de créer une situation de droit subjectif. »

Cette définition est la conséquence d'un certain nombre de postulats qui sont particuliers à M. Duguit : le premier et le plus important est que, dans les définitions juridiques, on ne doit pas faire apparaître le but pratique des choses, mais seulement leur but juridique; c'est pourquoi la fonction administrative ne sera pas caractérisée par son but pratique qui est de pourvoir aux besoins publics par la gestion des services publics, mais seulement par son but juridique qui serait de faire des actes juridiques.

Nous devons régler tout de suite la question de savoir si, oui ou non, dans une définition juridique, on doit faire apparaître le but pratique des choses.

Il n'est pas difficile de montrer que, si on ne le fait pas, ou bien on est incomplet,

LA FONCTION ADMINISTRATIVE

II. *La fonction administrative a pour objet la gestion des affaires courantes du public, la satisfaction des besoins publics courants, des*

ou bien on ne recule que pour mieux sauter, c'est-à-dire pour être obligé de rétablir plus loin le but pratique.

Reprenons la définition de M. Duguit : « La fonction administrative est cette fonction de l'État qui consiste à faire des actes juridiques » ; est-elle suffisamment complète pour ne s'appliquer qu'aux seuls actes d'administration, c'est-à-dire *soli definito?* M. Duguit a-t-il songé que sa définition s'appliquerait aussi bien à la conclusion des traités internationaux? On ne peut cependant pas annexer le droit international au droit administratif. D'une façon plus générale, elle s'appliquerait aussi à la catégorie des actes dits de gouvernement qui, si elle est difficile à définir, n'en existe pas moins (V. *infra*). Alors, comment limiter la sphère de l'administration sans faire apparaître le but pratique de celle-ci, les services publics?

D'ailleurs, d'où vient cette préoccupation d'éliminer du droit tout élément technique? C'est la grande erreur de l'école allemande du droit public, de l'école de Jellinek et de Laband dont M. Duguit a combattu les doctrines relatives à la personnification et dont, par une singulière inconséquence, il admet ici le postulat fondamental : « S'enfermer absolument dans un cercle de données juridiques, n'admettre aucune transition des données pratiques aux données juridiques. » Comme si, dans la réalité des choses, le droit n'était pas fait pour la pratique. Sans doute, il *informe* cette pratique par des principes qui lui sont propres, mais il ne saurait en être séparé sous peine de n'être qu'une forme vide.

Nous ne saurions mieux faire ici que d'établir une comparaison entre le droit administratif et le droit commercial ; elle est d'autant plus fondée que l'administrateur est, comme le commerçant, un intermédiaire.

Or, comment le droit commercial définit-il l'acte de commerce? Est-ce d'une façon purement juridique, comme un acte juridique créant des situations subjectives? Non, il le définit d'une façon qui est à la fois juridique et technique, il l'appelle : *un acte d'entremise*. Je prétends tout simplement qu'on doit définir de même l'acte d'administration *un acte de service*. Je concéderai, si l'on veut, que la fonction administrative consiste à faire des *actes d'administration* ; mais il sera entendu que l'acte d'administration n'est pas un acte juridique pur, mais un acte juridique dans lequel apparaît le but technique qui est de pourvoir à la gestion des services publics, et donc qu'il est *un acte de service*, c'est-à-dire un bon office rendu au public (avec cette observation qu'il est rendu par la puissance publique).

Autre considération : Si nous envisageons les attributions des autorités administratives ou des corps administratifs, autrement dit leur compétence, nous constatons que cette compétence est à la fois juridique et technique ; la compétence technique n'est pas cantonnée dans les agents d'exécution, ni dans les agents de préparation, bureaux ou conseils, les autorités administratives prétendent en avoir et c'est la raison d'être de l'envoi par les ministres à leurs agents subalternes des instructions ministérielles ou circulaires qui sont presque toujours techniques, bien qu'ayant aussi une valeur juridique disciplinaire. Or, il est bien évident que les attributions des administrateurs correspondent à leur fonction administrative et qu'un ministre est dans sa fonction, aussi bien quand il envoie une circulaire technique dans l'intérêt du service, que lorsqu'il liquide une dette de l'État.

Des auteurs nombreux et non des moindres, ont beaucoup appuyé sur le but pratique de la fonction administrative : Cf. Posada, *Revue du droit public*, 1896, I, p. 299 ; Longo, *eod.*, 1894, II, p. 425 ; Otto Mayer, *Droit administratif allemand*, édit. franç., I, p. 13. On peut se demander comment M. Duguit lui-même accorde sa définition purement juridique de la fonction administrative avec sa définition du Droit administratif qui serait « l'ensemble des règles relatives aux services publics », formule singulièrement pratique.

intérêts généraux permanents et ordinaires. — La fonction administrative n'a point pour objet ce qui est exceptionnel, extraordinaire, accidentel.

Nous avons déjà vu que l'exceptionnel et l'accidentel dans les affaires publiques relevaient plutôt de la fonction gouvernementale (V. *supra*, p. 19).

Ce qu'il y a d'exceptionnel ou d'extraordinaire ou d'anormal dans certaines entreprises privées empêche aussi que ces entreprises puissent être transformées en services publics. C'est ainsi que toute la catégorie des entreprises d'amusement, théâtres, concerts, casinos, etc., etc., tout ce qui est pour la vie facile et oisive, peut et doit être considéré comme étant trop exceptionnel, dans notre civilisation fondée sur le travail et la vie sérieuse, pour être du domaine de la fonction administrative (Cf. sur cette question ma note dans S., 1916. 3. 39, sous Cons. d'Ét., 7 avril 1916, *Astruc*). Si des administrations font des entreprises de cette nature, ce ne peut être qu'à titre privé.

Enfin, les affaires dont se charge l'administration sont celles *du public*. Il ne faut pas confondre les intérêts du public avec les intérêts *nationaux*. Le public se rend assez mal compte des grands intérêts nationaux, par exemple de l'intérêt qu'il y a pour un pays à avoir une forte marine marchande. C'est au gouvernement à veiller aux grands intérêts nationaux. L'administration se cantonne dans les intérêts du public et dans la satisfaction des besoins que ressent le public. — Il ne faut pas non plus confondre les intérêts du public avec les intérêts *individuels*. Ce qui est public, c'est ce qui est commun, et ce qui, dans l'intérêt individuel, dépasse la mesure de l'intérêt commun n'est pas représenté par l'administration.

III. *Les moyens à employer par la fonction administrative sont la police et le service public*. — Il faut entendre ici par police tout un système préventif qui cherche à assurer la gestion d'affaires de l'administration par une réglementation préalable et l'organisation d'un ensemble de moyens et de services de prévision, dont la police chargée de la surveillance des lieux publics n'est qu'un exemple.

On a dit fort justement que *administrer c'est prévoir*. Les organes administratifs sont des organes de prévision, alors que les cours de justice sont essentiellement des organes de répression. La faiblesse d'une administration confiée au pouvoir judiciaire, ce qui est le cas pour l'administration anglaise, ce qui était le cas pour l'administration française de l'ancien régime, c'est que des cours de justice spécialisées dans la répression ne peuvent avoir que des préoccupations de prévision intermittentes. Au contraire, des administrations spécialisées dans la prévision ont une grande suite dans les idées à cet égard, aussi bien dans la gestion des affaires que dans la police.

D'abord, la prévision envahit chacun des services administratifs pris en particulier en ajoutant les préoccupations d'avenir aux préoccupations présentes, par exemple, la voirie d'une ville sera bien mieux administrée s'il est établi par avance des plans d'alignement prévoyant l'ouverture de rues futures en même temps que l'amélioration des rues existantes.

Ensuite, la prévision provoque la création de services nouveaux et la coordination des services existants, parce que l'opération d'esprit de la prévision est inséparable de l'établissement d'un plan d'ensemble. C'est donc le caractère préventif et prévisionnel de l'administration qui est responsable du grand développement des services publics dans les pays à régime administratif et aussi de leur coordination harmonieuse, spécialement de leur coordination financière, par le moyen des budgets *états de prévision*, tandis que, dans les pays sans régime administratif, les services publics sont plus rares et plus incoordonnés.

Les services publics. — La gestion des affaires du public que vise la fonction administrative s'obtient surtout par le moyen de services publics. On peut définir le service public « un service technique rendu au public d'une façon régulière et continue pour la satisfaction de l'ordre public et par une organisation publique ».

Cela fait cinq éléments : le service technique, le service régulier, le service rendu au public, l'ordre public, l'organisation publique.

1° *Le service technique.* — Tout service public, au sens administratif du mot, implique une part de métier : ainsi dans le service des postes il y a une part de métier, la manipulation des correspondances ; dans le service militaire, dans l'enseignement, dans les services financiers, partout il y a du métier, partout il y a une technique. Sans doute, une activité juridique est associée à l'activité technique, mais elle ne fait point disparaître celle-ci, du moins dans les services administratifs. Là où l'activité juridique n'est pas au service d'une activité technique, là où elle est uniquement pour le service du droit, comme dans la législation, ou dans la juridiction, alors on n'est plus en présence d'une activité administrative, mais d'une activité purement politique et gouvernementale (V. *supra*, p. 19).

2° *Le service continu et régulier.* — La continuité et la régularité des services publics dans un pays centralisé revêtent un caractère impressionnant ; le service des postes et celui des transports fonctionnent tous les jours et, même, nuit et jour aux mêmes heures, la police veille et les armées sont toujours prêtes à la mobilisation, les chemins et les routes sont toujours entretenus, les phares sont allumés tous les soirs sur les côtes, etc. Cette continuité et cette régularité ne font que rendre plus sensible un caractère que présente déjà, à elle seule, l'idée du service, à savoir qu'il s'agit de rendre au public ou à la nation un service courant, de lui procurer un avantage ou une commodité usuels. L'importance de ces notions et leur nouveauté relative apparaîtront si l'on réfléchit que, pendant bien longtemps, les gouvernements se sont attachés à pressurer les populations pour leur faire payer la paix et la sécurité très relatives qu'ils leur procuraient, sans se soucier le moins du monde de leur fournir des services positifs. Le service public, et par conséquent le régime administratif, sont un fruit tardif de la civilisation (1).

3º *Le service rendu au public pour la satisfaction des intérêts généraux.* — Le service administratif est rendu au public, c'est-à-dire à l'ensemble des habitants du pays considérés d'une façon égale dans leurs intérêts communs. Cette égalité du service est, en même temps que sa régularité, la grande raison d'être de l'organisation des services publics. Des entreprises privées pourraient rendre la plupart des services, s'il ne s'agissait pas de les faire pénétrer également partout. Des compagnies privées feraient des routes, elles feraient des chemins de fer, elles assureraient même la police ; seulement elles ne le feraient que là où elles auraient chance de trouver une rémunération. Elles ne feraient pas de chemins de fer fonctionnant à perte, ce que réalise l'administration publique, parce qu'elle ne part pas de l'idée du gain, mais au contraire du désir de satisfaire également tout le public.

Les intérêts généraux, dont il est si souvent question en administration, les intérêts des diverses circonscriptions administratives, ceux d'un département, d'un arrondissement, d'un canton, ce sont les intérêts communs de la généralité des individus habitant ce département, cet arrondissement, ce canton. Ce ne sont pas des intérêts individuels.

(1) Mais, du moment que des services publics sont établis et fonctionnent régulièrement depuis un certain temps dans un pays, ils deviennent un élément de la vie civile, c'est-à-dire que les habitants prennent l'habitude de compter sur le service et, en revanche, se déshabituent de pourvoir par eux-mêmes à des besoins auxquels, primitivement, ils pourvoyaient. Quand une force armée est organisée, les citoyens cessent de veiller par eux-mêmes à leur propre sécurité, et même ils perdent l'habitude du maniement des armes ; quand une région est sillonnée de chemins de fer et de tramways, bien des habitants vendent leurs chevaux et leurs voitures qui leur sont devenus inutiles ; la régularité du service de la poste a fait disparaître la préoccupation, autrefois très absorbante, de se procurer des commissionnaires pour une quantité de démarches et d'envois. Non seulement les individus sont déchargés de soins qui leur incombaient et, par conséquent, leur activité se trouve libérée d'autant pour de nouvelles entreprises, mais ces entreprises sont facilitées par la commodité que l'ensemble des services fournit pour les relations sociales et par la sécurité dont il les entoure.

Ainsi, le service public continu et régulier et le régime administratif dont il fait le fond apparaissent comme un grand bienfait.

4° *Le service public comme facteur de l'ordre public.* — L'ordre public éveille l'idée d'une paix publique à maintenir. Il s'ensuit que *les services administratifs sont une forme de la police*. La police ne s'obtient pas seulement d'une façon directe par le règlement et par le gendarme, elle s'obtient d'une façon indirecte en satisfaisant les populations par de bons services bien organisés, en leur construisant de bonnes routes, qui leur permettent de faire commodément leurs affaires, en les instruisant, etc. Sans compter que la plupart des services publics, tout en procurant aux particuliers des satisfactions, facilitent aussi la surveillance du gouvernement ou l'emploi qu'il pourrait faire de la force publique. Les routes et les chemins de fer permettent de promptes mobilisations, l'éclairage des rues des villes facilite la surveillance, etc.

Ce but des services publics implique une limite de la fonction administrative, sur laquelle nous aurons à revenir : s'ils sont pour créer de l'ordre public, ils ne sont pas pour créer de la richesse économique, parce que la richesse n'est pas un besoin public, mais au contraire un besoin privé (1).

5° *Le service public est assuré par une organisation publique.* — Bien des caractères secondaires sont sous la dépendance de ce caractère principal :

a) Si l'organisation qui assure le service est publique, elle est rattachée au gouvernement de l'État qui est le centre du régime public ; par suite, tous les services publics, même ceux des administrations décentralisées, sont rattachés au gouvernement par un lien plus ou moins étroit et au moins par le contrôle du gouvernement ; même les services des établissements d'utilité publique, qui ne sont pas complètement publics, sont l'objet d'une certaine surveillance gouvernementale ;

b) Si l'organisation qui assure le service est publique, elle est par là même entretenue par la communauté et alimentée par un fonds commun, car le régime public est d'un communisme limité qui se concilie très bien avec la propriété privée, mais d'un communisme qui dans sa sphère est réel (2). C'est-à-dire que des ressources sont mises en commun pour que des services soient rendus également et gratuitement à tous. De là vient le caractère *non lucratif* des services publics, qui est leur trait saillant dans le régime d'État ; alors que, dans le régime féodal, les quelques services qui étaient organisés

---

(1) V. mes *Principes de droit public*, 2ᵉ édit., p. 368 et s. Cela écarte aussi du service public des entreprises qui, au point de vue de la morale publique, ne méritent pas d'être considérées comme répondant à un besoin d'ordre public, par exemple les entreprises de spectacle ou de théâtres (V. sur cette question ma note dans S., 1916. 3. 49, sous Cons. d'Ét., 7 avril 1916, *Astruc*).

(2) *Ibid.*, p. 352 et s.

étaient l'occasion de perceptions fiscales, au contraire, en principe, les services de l'État ne sont l'occasion d'aucune perception fiscale directe. Les services qui font exception, tels que ceux des postes, des chemins de fer, de l'éclairage, etc., constituent une catégorie à part sous le nom de *services industriels* et cette catégorie est exceptionnelle : les grands services de la protection militaire, de la police, de l'état civil, de l'instruction primaire, sont gratuits.

La communauté tire ses ressources de l'impôt qui est bien, si l'on veut, une contre-partie des services, mais une contre-partie dissociée et établie d'après des bases indépendantes de celles du service.

Par un second corollaire, le service public contient, au profit des habitants pauvres, une forte dose d'assistance, car, du moment que les bases du service sont dissociées de celles de l'impôt et que le service est rendu également à tous, tandis que l'impôt est proportionnel aux facultés des contribuables, les gros contribuables entretiennent les services au profit des petits.

Les services rendus par les départements ou les communes ou les établissements publics relèvent d'organisations communautaires plus petites, mais qui sont du même ordre que la grande communauté nationale. Les services rendus au public par des établissements d'utilité publique ne semblent pas, au premier abord, relever de l'organisation communautaire, mais, en réalité, ils s'y rattachent eux aussi. En fait, ils sont tous œuvres de fondations ou d'associations, ou de syndicats, ou de sociétés de secours mutuels. Or, le patrimoine des fondations, celui des associations, des syndicats, des sociétés de secours mutuels, s'il reste distinct de celui de l'État, est séparé aussi de celui des particuliers, il est comme celui de l'État, dominé par le but de l'œuvre sociale à laquelle il est affecté, c'est-à-dire qu'autour du communisme officiel et rigidement réglementé de l'État, il y a un autre communisme non officiel, plus libre et plus souple, provenant de l'initiative individuelle, mais très voisin de l'autre.

Il est clair qu'à l'inverse, les services des sociétés commerciales ou industrielles, qui sont pour celles-ci et pour leurs actionnaires une occasion de lucre, sont étrangers à la notion de l'administration publique. Tout le contact qu'il peut y avoir, c'est que, pour l'exploitation de certains services publics donnant lieu à la perception de redevances, tels que les services de transport ou d'éclairage, par le système de la concession, l'administration s'associe des compagnies cherchant dans cette exploitation une source de bénéfices ; encore, ce procédé de la concession, qui a succédé à celui de la ferme, est-il vraisemblablement appelé à disparaître devant celui de la régie directe ou, tout au moins, de la régie intéressée (ex. municipalisation du gaz et des tramways ; rachat des chemins de fer), etc.) (1).

(1) *Observations complémentaires sur les services publics.* — 1° Certains services

IV. *Les limites de la fonction administrative.* — A prendre la fonction administrative uniquement dans sa notion de gestion d'affaires peuvent être gérés, non par une administration publique, mais par un concessionnaire de celle-ci, par exemple le service des chemins de fer, celui des eaux, celui de l'éclairage public et privé, etc.; ils n'en sont pas moins des services publics, et cela est incontestable lorsqu'ils ont été créés par l'administration publique avant d'être concédés pour l'exploitation à une compagnie concessionnaire. Mais quelquefois le cas paraît douteux parce qu'il s'agit d'une entreprise nouvelle dont le concessionnaire fait tous les frais; dans ce cas, l'objet de la concession constitue un service public lorsque la concession est temporaire et qu'à l'expiration l'exploitation doit faire retour à l'administration;

2° Toute espèce de service ou d'exploitation peut être, en principe, érigée en service public, même une exploitation commerciale ou industrielle. On peut, au point de vue du rôle administratif de l'État, discuter l'opportunité qu'il y a pour lui à s'engager dans des exploitations commerciales ou industrielles; on peut instituer la même discussion à propos des municipalités. La question se dédouble : 1° est-il bon que l'administration enlève à l'industrie privée des entreprises pour les ériger en services publics; 2° une fois l'entreprise érigée en service public, est-il bon que celui-ci soit exploité en régie par l'administration et ne convient-il pas, tout au moins, d'en laisser l'exploitation à l'industrie privée par le procédé de la concession? — Quoi qu'il en soit de ce problème sur lequel nous reviendrons à propos de l'organisation municipale, ce qui est sûr c'est qu'à un point de vue formel, toute exploitation, même commerciale ou industrielle, peut devenir service public, c'est ainsi que l'exploitation commerciale des postes est devenue service public; de même que l'exploitation industrielle des poudres, des tabacs, des allumettes chimiques. Il est non moins sûr que toutes les fois que le service public est exploité en régie par l'administration, il perd son caractère commercial ou industriel. A ce point de vue, c'est tout à fait par exception et en vertu d'une loi (l. 18 mai 1878) que l'exploitation des chemins de fer du réseau de l'État est restée commerciale vis-à-vis du public; *elle doit être traitée comme administration publique sur tous les points où les lois et décrets qui la régissent n'imposent pas une autre solution* (Chavegrin, note sous Cass., 18 nov. 1895, Pierre, S., 98. 1. 385). Notons toutefois une tendance à imposer à la patente les services municipaux productifs de revenus (Cons. d'Ét., 3 fév 1911, *Commune de Mesle-sur-Sarthe*);

3° Bien qu'en général un service public constitue un monopole, cette condition n'est pas essentielle (Ainsi le service des colis postaux n'est pas érigé en monopole, pas plus que celui de la Caisse d'épargne postale, etc. Le service de l'enseignement n'est pas un monopole, etc.)

4° Un service public est une institution qui se compose en général de quatre éléments permanents : une circonscription territoriale qui détermine une population d'habitants à laquelle est destiné le service (V. une curieuse application de la territorialité du service public dans Cons. d'Ét., 11 janv. 1895, *Ville de Limoges*, S., 96. 3. 129 et la note). Il n'est pas dit, d'ailleurs, qu'un service public s'adresse à toute la population d'une circonscription, il peut très bien ne s'adresser qu'à une partie de cette population; un personnel de fonctionnaires ou employés; des moyens matériels, bâtiments, mobilier, approvisionnements, etc.; des moyens financiers pour subvenir aux dépenses du personnel et du matériel. En sa qualité d'institution organisée, tout service public tend naturellement à conquérir une individualité autonome et devient candidat à la personnalité morale (V. *infra*, liv. II, chap. 1).

5° Services généraux, services locaux, services spéciaux. — Il est des services qui intéressent à un même degré tous les habitants du pays et qui doivent être confiés nécessairement à l'État, si du moins l'on veut maintenir l'unité politique; ils prennent

des intérêts du public, on risquerait de ne pas lui apercevoir de limites. Où s'arrêtent les intérêts généraux du public? La notion

le nom de services *généraux* ; tels sont la défense militaire, les relations extérieures, la législation, la justice, et, à notre époque où il s'agit de maintenir une certaine unité morale, l'instruction publique, etc. Il est d'autres services qui n'intéressent à un degré égal que les habitants de telle ou telle région ; on les confie, sous le nom de services *locaux*, aux départements, communes, colonies, si du moins cette décentralisation n'est pas de nature à mettre en péril l'unité politique, par exemple certains services de voirie. Enfin, il est une troisième espèce de services, très différents des précédents, qui ne s'adressent pas également à tous les habitants d'une circonscription, mais seulement à une partie d'entre eux, qui par conséquent ne sont pas communs au même degré, tel est le service de l'assistance publique, puisque toute la population n'est pas assistée ; ces services sont appelés *spéciaux* et confiés aux établissements publics (On dit souvent que les services des établissements publics sont spéciaux, en ce sens qu'un établissement public ne rend qu'un seul service, ce n'est ni suffisant ni exact ; d'une part, il est des établissements publics qui rendent plusieurs services (syndicats de commune, bureaux d'assistance) ; d'autre part, il ne s'agit pas de définir le service spécial par l'établissement public, mais au contraire l'établissement public par le service spécial ; il faut donc en venir à la définition plus haut donnée).

6° Services obligatoires, services facultatifs. — Cette distinction n'existe pas pour les services d'État, mais seulement pour les services départementaux, communaux ou coloniaux. L'État ne peut pas être contraint juridiquement à organiser un service, même si une loi en prescrit l'organisation, c'est pour lui un cas de morale juridique purement disciplinaire. Il n'en est pas de même des départements, des communes ou des colonies. L'organisation d'un service peut être obligatoire pour eux vis-à-vis de l'État et l'exécution de l'obligation être juridiquement assurée ; par exemple, si le service se traduit par une dépense, celle-ci peut être inscrite d'office au budget du département, de la commune ou de la colonie, par les représentants de l'État ; dès lors, il y a lieu de distinguer entre les services obligatoires et les services facultatifs (V. pour le département, L. 10 août 1871, art. 61, et pour la commune, L. 5 avril 1884, art. 136 et 149).

7° Concours des diverses administrations à un même service. — Il y a des services d'État, de département, de commune, de colonie et d'établissement public. On peut en faire le triage. Cependant, ce triage n'est pas aisé, sauf en ce qui concerne les établissements publics, chargés chacun d'un seul service ou de quelques services. Cela tient à ce que rarement un service déterminé est à la charge d'une seule administration publique. Le plus souvent, il y a concours d'administrations différentes à un même service : ou bien par l'apport d'un bâtiment destiné à loger le service (casernes, hôtels des postes, palais pour certains fonctionnaires fournis par les communes), ou bien par une contribution en argent. Le concours est obligatoire ou facultatif. Lorsqu'il est obligatoire, on emploie l'expression de *contribution* ou de *contingent* ; c'est ainsi que les communes paient leur contingent aux dépenses du service vicinal, lequel est départemental. Lorsqu'il est facultatif, on emploie le mot de *subvention*. Il y a peu de services vraiment utiles qui ne reçoivent des contingents ou des subventions. Ce concours presque constant des trois administrations publiques à un même service correspond à une grande réalité, c'est que, malgré la décentralisation, départements et communes sont membres d'un même corps qui est l'institution de l'État, c'est que les besoins locaux sont généraux, en même temps que les besoins généraux sont locaux. Malgré le concours des administrations publiques à un même service, il peut cependant y avoir intérêt à désigner l'administration vraiment maîtresse (par exemple au point de vue de la responsabilité en cas d'accident. V. Trib. du Havre, 7 mai 1896, *Houlbièque*, Rev. d'adm., 1897, t. II, p. 444). A notre avis, c'est celle qui vote le

économique du service public et la catégorie des services économiques qui peuvent être rendus au public paraissent illimitées. Sans doute, c'est faire intervenir l'État dans les relations de la vie privée, mais le service des postes et quantité de services de transports n'ont-ils pas déjà été conquis par l'administration au détriment d'entreprises privées?

Heureusement, il y a un autre aspect de la fonction administrative. Celle-ci n'est pas seulement dans l'intérêt du public, elle est aussi dans l'intérêt du pouvoir gouvernemental. C'est le moment de nous souvenir de l'existence du pouvoir et de ce fait que l'administration publique est une entreprise du pouvoir, lequel poursuit ici des buts propres, notamment un but de police et d'ordre public. D'autre part, le pouvoir gouvernemental n'abandonne à l'administration que la gestion des affaires courantes et celle des affaires exceptionnelles conserve un caractère gouvernemental.

A. *Limites de la fonction administrative déduites des buts propres du pouvoir politique qui a assumé l'entreprise.* — De ce point de vue apparaissent trois grandes causes de limitation de la fonction administrative :

a) Les services publics sont au fond des moyens de police et des façons d'assurer l'ordre public, leur organisation n'est donc légitime que dans la mesure où ils contribuent à l'ordre; elle serait illégitime s'ils n'étaient créés que pour la production collective de la richesse (V. ce qui sera dit plus loin des associations syndicales);

b) Les services publics ne peuvent pas être gérés sous la sanction de la responsabilité pécuniaire personnelle de l'administrateur parce que cette espèce de responsabilité ne s'accorde pas avec les mœurs politiques qui n'admettent que la responsabilité politique, c'est-à-dire la perte du pouvoir. Il s'ensuit que les entreprises qui ne sont susceptibles de réussir que sous l'aiguillon de la responsabilité pécuniaire personnelle du gérant ne peuvent pas pratiquement être érigées en services publics (V. *infra*, question des services industriels municipalisés) (1);

---

budget général du service et qui, en même temps, le dirige. Ainsi, le service vicinal chargé de la construction et de l'entretien des chemins vicinaux de grande communication et d'intérêt commun est certainement départemental, parce que c'est le conseil général qui règle le budget de ce service et qui le dirige; et cependant la majeure partie des fonds est fournie par les communes, et cependant ces chemins sont des dépendances du domaine public communal, et cependant ce sont les communes qui sont déclarées responsables des accidents parce qu'elles sont propriétaires des chemins et que le département est censé ne se charger du service qu'en leur nom. Cons. d'Ét., 7 août 1909, *Préfet de la Creuse*, S., 11. 2. 81, et ma note.

(1) Les services publics ne peuvent être gérés que par des procédures automatiques dans lesquelles la responsabilité de tous les individus qui participent à la gestion disparaît. Il est à remarquer, en effet, que l'administration des services publics est une

c) Une troisième cause de limitation de la fonction administrative se révèle si l'on se pénètre de cette idée politique que l'État est un régime essentiellement équilibré, dans lequel toute carrière ne doit

sorte de procédure enchevêtrée et compliquée. Cette procédure assure une certaine régularité par le contrôle réciproque des participants, mais en même temps elle alourdit considérablement l'opération, parce que le contrôle ne peut être assuré que par la lenteur de la procédure et la multiplication des formalités. Il manque, dans la procédure des services publics, des responsabilités et par conséquent des initiatives personnelles. Personne n'est responsable sur son propre patrimoine, ni l'autorité qui prend la décision, ni l'agent qui l'exécute plus ou moins bien ; nous verrons que, pour que la responsabilité personnelle d'une autorité administrative ou d'un fonctionnaire puisse être engagée à propos d'un acte de leur fonction, il faut que le personnage ait commis un délit de droit commun ou du moins un fait personnel ; la plupart des erreurs ou des négligences, quoique pouvant faire un tort considérable à la gestion des services, sont innocentées sous le nom de *fautes de service.* Cette irresponsabilité des agents est une fatalité des entreprises collectives anonymes et on en constate les effets fâcheux, aussi bien dans la gestion des sociétés anonymes du commerce et de l'industrie que dans celle de la société anonyme de l'État.

Et l'irresponsabilité personnelle entraîne le défaut d'initiative, car la responsabilité est remplacée par des formalités et des surveillances qui empêchent d'agir ; la souplesse de direction dans une entreprise et la hardiesse des initiatives sont fonction de la responsabilité personnelle du directeur et d'une responsabilité personnelle qu'il soit le seul en droit d'apprécier. Sous sa responsabilité, il simplifie et il ose. Un fonctionnaire lié par des règlements, surveillé par des chefs, ne peut ni simplifier, ni oser, car du peu de responsabilité qu'il a, il n'en est pas l'arbitre. S'il en était l'arbitre, le succès de son entreprise le justifierait, car il aurait risqué sa fortune et il l'aurait sauvée. Mais il n'en est pas le maître, ce n'est pas sa fortune qu'il a risquée, c'est la fortune publique ; la hiérarchie administrative lui ferait payer son audace par une disgrâce, même en cas de succès, pour le seul fait de n'avoir pas suivi les procédures et, alors, il n'ose pas, il ne risque pas, toutes les initiatives sont paralysées.

Ainsi, il y a une limite au développement de la fonction administrative dans l'infirmité des procédures du service public ou, si l'on veut, dans le défaut d'adaptation de l'opération technique qu'il s'agirait d'accomplir à la procédure des services.

Assurément, cette limite est mobile : d'une part, l'administration s'assouplit, des types de gestion industrielle se créent ; d'autre part, les opérations techniques de l'industrie et du commerce, une fois franchie la période des débuts, se régularisent et s'automatisent, deviennent mûres pour le service public. Par conséquent, on ne peut planter de poteaux séparatifs, c'est affaire de moment et d'opération particulière ; chaque cas doit être discuté.

Surtout, il ne faut pas se leurrer de formules telles que celles-ci : l'administration publique ne peut pas se charger d'une opération économique ou commerciale ou industrielle ; ou encore : l'administration publique ne doit pas intervenir dans le domaine économique. Il y a beau temps que l'administration est intervenue dans le domaine économique et qu'elle gère des services qui, au fond, sont des entreprises commerciales ou industrielles, par exemple les entreprises des postes ou des chemins de fer.

Ce que l'on doit examiner, c'est si l'opération technique dont il s'agit, qu'elle soit d'ailleurs commerciale ou industrielle, est susceptible d'être bien gérée par la procédure du service ou si la procédure du service peut être assouplie. Et c'est, au fond, ce que l'on discute dans chaque cas particulier, par exemple à propos de la question de la municipalisation des services de tramways ou d'éclairage au gaz que nous rencontrerons en temps et lieu.

pas être laissée à une seule force, mais où, au contraire, des forces opposées doivent se faire contrepoids. L'un des équilibres les plus fondamentaux est celui des forces collectives et des forces individuelles, des services publics et des services des entreprises privées, de la vie publique et de la vie privée ; il existe une sorte d'équilibre de masse à maintenir entre le volume ou l'importance des services publics et le volume et l'importance des entreprises privées. Le volume des entreprises privées ne doit pas être réduit au delà d'un certain point, sous peine de ruiner le marché intérieur incorporé à l'institution politique, et dont celle-ci vit elle-même par les prélèvements qu'opèrent les impôts. De ce point de vue, on conçoit que la création d'un service public nouveau qui, en général, est l'annexion administrative d'entreprises existant déjà et soutenues par l'initiative privée, apparaisse toujours comme une chose grave. La nationalisation des chemins de fer, la municipalisation des tramways, la nationalisation des opérations d'assurance, etc., tout cela se traduit par des ruptures d'équilibre, cela augmente la masse de ce qui est public au détriment de la masse de ce qui est privé. Ce ne sont pas seulement les bénéfices de ces entreprises qui seront perdus pour la vie privée, ce sont tous les agents de l'exploitation qui étaient des employés de la vie privée et qui vont devenir des fonctionnaires publics.

Cette limite de la fonction administrative a toujours été instinctivement sentie, mais le moment est venu d'utiliser une vue plus directe des choses. Il faut se pénétrer de la nécessité de l'équilibre entre la masse des services publics et celle des entreprises privées et serrer de près les conditions de cet équilibre ; je suis persuadé qu'on arriverait à évaluer en fractions la proportion respective des deux masses nécessaire pour que l'organisme social soit en bonne santé, à poser, par exemple, que les services publics ne doivent pas représenter plus du dixième ou plus du vingtième ou plus du centième de la masse des entreprises privées.

B. *Limite de la fonction administrative tirée de la notion de l'affaire courante du public*. — Il faut qu'un service administratif puisse devenir un service régulier et continu. Toute activité publique qui n'est pas susceptible de s'organiser ainsi relève plutôt de la fonction gouvernementale que de la fonction administrative (V. *supra*).

CHAPITRE III

LES LIMITES DU RÉGIME ADMINISTRATIF DU COTÉ DE LA VIE PRIVÉE SON CARACTÈRE EXCEPTIONNEL PAR RAPPORT AU DROIT COMMUN

§ 1. — Caractère limité des droits de l'administration. La voie de fait. La réserve des droits des tiers. L'atteinte au droit de propriété. La voie de droit.

Caractère limité des droits de l'administration. — Nous savons déjà que la fonction de l'administration publique est limitée par le but de police qui domine tous les services (V. *supra*). Les droits de l'administration sont plus limités encore, parce que les droits ne sont que des moyens licites pour accomplir des fonctions ou réaliser des intérêts et tous les moyens ne sont pas licites.

Il serait très commode de poser en principe que les droits de l'administration sont limités, en ce sens qu'elle n'aurait que ceux qui lui seraient formellement accordés par des textes légaux, mais cette attitude est inadmissible pour deux raisons : d'abord, dans notre régime administratif, le pouvoir administratif possède une autonomie qui se manifeste par le pouvoir réglementaire; dans une certaine mesure, l'administration définit par ses propres règlements ses droits et l'exercice de ses droits; il ne serait donc pas exact d'avancer que l'administration n'a que les droits qui lui sont concédés par des textes légaux : tout ce que l'on peut dire, c'est qu'elle n'a que les droits qui ont été *réglementés*, en ajoutant que les règlements administratifs ne peuvent pas aller contre les lois, mais qu'ils peuvent aller tant qu'ils ne sont pas arrêtés par les lois.

Ensuite, il serait fâcheux d'admettre que les lois puissent arbitrairement délimiter le domaine des droits de l'administration, il doit y avoir un domaine normal qui s'impose même au législateur, et qui permette la critique des lois.

Il faut donc poser des principes.

Le principe fondamental, qu'il faut considérer comme étant de droit naturel et comme la pierre angulaire de la liberté, c'est que la vie publique et tout ce qui la concerne, l'organisation de l'État et tout ce qui s'ensuit, c'est-à-dire l'entreprise du gouvernement central et celle de l'administration publique, sont choses secondaires et exceptionnelles par rapport à la vie privée qui est la réalité première, parce que la vie civile est la vie normale de la nation et que la nation, dont l'État n'est qu'une forme, constitue la réalité sociale essentielle. Les droits de l'État, et particulièrement ceux de l'administration, bien qu'à certains égards ils puissent comporter des prérogatives de domination, de réquisition et de contrainte, n'en sont pas moins inférieurs aux droits privés, en ce sens qu'ils ne représentent que la réaction exceptionnelle de l'unité publique sur la masse des intérêts de la vie privée. Il suit de là une série de règles importantes :

I. *Les droits des administrations publiques ne se présument pas ; ils doivent avoir été établis et réglementés dans leur exercice par une autorité compétente (loi ou règlement).*

La sanction de ce principe consiste dans ce qu'on appelle la *voie de fait* :

1° L'administration commet une *voie de fait* ou une *usurpation de pouvoir* si elle use d'un droit qui n'a pas été, au préalable, formellement réglementé (Confl., 22 avril 1910, *Préfet de la Côte-d'Or*, S., 10. 3. 129 et la note); (Cf. L. 23 octobre 1919 relative à l'organisation municipale) (1);

2° L'administration commet encore une *voie de fait* ou une *usurpation de pouvoir* (2) si elle use d'un droit qu'elle possède réellement, mais sans observer les procédures protectrices des intérêts des tiers qui lui sont imposées.

Dans ces deux hypothèses, la victime de la voie de fait ou de l'usurpation de pouvoir peut poursuivre la réparation du dommage qui lui a été causé devant les tribunaux judiciaires, et cela soit à l'encontre de l'agent, soit à l'encontre de l'administration elle-même ; les tribunaux judiciaires sont compétents par cela même qu'on se trouve en présence d'une *voie de fait* et non pas d'une opération administrative. Il n'y a opération administrative que dans l'exercice d'un droit qui a été réglementé, au profit de l'administration avec emploi de la procédure réglementée (3).

(1) Remarquons que le règlement, bien qu'émanant d'un pouvoir réglementaire autonome de l'administration, est subordonné à la masse des lois et à la masse des libertés individuelles réglées par les lois, de telle sorte que l'obligation de la réglementation préalable à toute mesure de l'administration équivaut à l'obligation de ne rien faire contre la légalité.

(2) Il ne faut pas confondre *l'usurpation de pouvoir* avec *l'excès de pouvoir* V. *infra*, note suivante.

(3) *Théorie de la voie de fait.* — Il y a deux espèces de voies de fait : celle par manque de droit et celle par manque de procédure.

1° *Voie de fait par manque de droit.* — En dehors du droit d'expropriation ou du

II. *Les opérations administratives sont faites sous réserve des droits des tiers.* — Les droits de l'administration sont strictement limités à ce qui est nécessaire pour l'exécution des opérations administratives; quand cette exécution se heurte aux droits privés d'administrés qui

droit de réquisition militaire, l'administration n'a aucun pouvoir de s'emparer d'une chose appartenant à un particulier, spécialement elle n'a point le droit de confiscation; elle n'a pas le droit de réquisitionner des hommes sous forme de corvée en dehors du service militaire et des prestations vicinales. Elle n'a pas le droit de maintenir en prison un citoyen sans jugement, par mesure de police (Cass., 3 août 1874, *Haas c. Valentin*), ni d'expulser de France un Français par mesure administrative, etc., ni de procéder à une saisie administrative (V. en matière de saisie administrative la décision du Cons. d'Ét., 9 mai 1867, *Michel Lévy*, affaire de la saisie et de la confiscation de l'ouvrage du duc d'Aumale, *Histoire des princes de Condé*. V. article Reverchon, *Revue pratique*. 1867, t. XXIV, p. 1, *De la saisie administrative*. Cf. Laferrière, *op. cit.*, t. 1, p. 479. Confl. 10 déc. 1910, *Merot*, recépage d'arbres accrus sur le talus d'un chemin vicinal).

2° *La voie de fait par manque de procédure.* — D'un autre côté, pour exercer les pouvoirs de l'administration, la puissance publique est tenue d'observer des procédures consacrées, et si elle exerce des pouvoirs, même légaux, en dehors de toute espèce de procédure ou avec des procédures qui ne soient pas reconnues être à son service, c'est comme si elle agissait sans pouvoirs (V. à ce sujet, à l'occasion des *scellés administratifs*, la note dans Sirey, 1904. 3. 17, sous Confl., 2 déc. 1902, *Société immobilière de Saint-Just*. Cf. Cons. d'Ét., 19 fév. 1904, *Bernier*; Confl., 19 mars 1904, *Awaro*).

Dans un cas comme dans l'autre, qu'il y ait opération en dehors des pouvoirs ou opération en dehors des procédures, l'acte de la puissance publique doit être qualifié de *voie de fait*, parce qu'il n'est plus administratif.

L'autorité judiciaire devient compétente pour restituer dans le droit et allouer des indemnités, s'il y a lieu (Confl., 2 juill. 1898, *Trani*), et même pour empêcher la voie de fait de s'accomplir, par une décision en référé (Confl., 28 janv. 1899, *maire de Périgueux*).

La voie de fait par *manque de procédure* existe dans deux séries de cas : 1° si l'acte a été accompli par un agent qui n'avait pas délégation régulière de la puissance publique. Cas de l'entrepreneur de travaux publics qui s'empare d'un terrain en vue d'une occupation temporaire sans autorisation du préfet, L. 29 déc. 1892, art. 16 (Cons. d'Ét., 31 juill. 1903, *Armelin*; 16 mai 1904, *Lascostes*); 2° si l'acte, quoique accompli par un agent administratif ayant délégation régulière, l'est en dehors des procédures légales de l'administration. Par exemple, si un entrepreneur de travaux publics départementaux commençait à construire, sur la place publique d'une ville, sans qu'il y ait eu entre les deux administrations entente amiable ou sans qu'il y ait eu procédure d'expropriation (espèce de la décision *maire de Périgueux*), ou s'emparait d'un terrain privé avant l'expropriation (Cons. d'Ét., 16 fév. 1906, *Sauvelet*). Par exemple, encore, dans le cas de démolition d'un édifice menaçant ruine sans observation de la procédure de la loi du 21 juin 1898. Il ne suffirait pas qu'il y eût une irrégularité ou une omission dans une procédure, il faut qu'il y ait une absence totale de toute procédure.

Dans le cas de la voie de fait, il y aura fréquemment *fait personnel* d'un fonctionnaire, mais la responsabilité de celui-ci ne fait pas obstacle à ce que l'intéressé poursuive directement, à l'encontre de l'administration, le redressement de son droit.

D'autre part, la voie de fait ne saurait être confondue avec le *fait de service*, préjudice causé par une faute dans le service administratif, qui donne lieu à une réclamation devant les tribunaux administratifs (V. *infra*); la voie de fait n'est pas un fait de

n'ont pas été parties dans l'opération, ces administrés, pris individuellement, sont pour l'administration *des tiers;* l'opération administrative est, vis-à-vis d'eux, *res inter alios acta* et ils ne doivent pas plus en souffrir qu'en droit privé des tiers n'ont à souffrir d'une opération privée exécutée entre deux parties. L'administration accomplit *seule* son opération, l'administré n'y est pas partie, il est *un tiers*. Sans doute, l'administration fait une gestion d'affaires, mais c'est la gestion des affaires *du public;* le maître de l'affaire est l'entité collective, le *public*, c'est-à-dire M. Tout-le-Monde. Chacun des administrés pris individuellement, en tant que l'opération administrative le touche spécialement dans ses intérêts privés, est un tiers (1).

III. *Toute atteinte à la propriété ou à la possession résultant d'une opération de l'administration entraîne la compétence judiciaire pour l'action en restitution ou en indemnité qui est considérée comme une voie de droit, c'est-à-dire comme la mise en mouvement du droit lui-même.*

service, puisqu'elle est totalement en dehors des pouvoirs de l'administration ou de ses procédures, et par conséquent en dehors de l'exécution des services. La voie de fait ne doit pas non plus être confondue avec l'acte entaché d'*excès de pouvoir* : un acte entaché d'excès de pouvoir n'en reste pas moins administratif (Cons. d'Ét., 5 mai 1877, *Laumonnier-Carriol*). Il convient de remarquer que la voie de fait par manque de droit confine à l'excès de pouvoir pour incompétence, mais c'est une incompétence qui va jusqu'à l'*usurpation de pouvoir*, il n'y a aucune apparence de compétence (Cf. Laferrière, t. II, 497); de même, la voie de fait par manque de procédure confine à l'excès de pouvoir par violation des formes, mais c'est une violation des formes qui va jusqu'à l'absence totale de formes.

(1) Le décret du 21 février 1852 sur la délimitation des rivages de la mer et l'article 36 de la loi du 8 avril 1898 relatif à la délimitation des fleuves navigables contiennent formellement cette réserve des droits des tiers; mais elle n'a pas besoin d'être exprimée, elle est de droit après que l'obéissance provisoire à la mesure administrative a été assurée. C'est ainsi, par exemple, que, lors de la laïcisation des écoles primaires, après les lois scolaires, des instituteurs publics laïques avaient été installés par la voie administrative dans des locaux privés qui avaient été affectés à des instituteurs congréganistes. Cela s'était fait en violation du droit des propriétaires, mais il est clair que cette violation du droit de propriété ne pouvait être que provisoire et qu'elle devait prendre fin dès que le service scolaire avait pu être installé dans un autre local. Mêmes observations en ce qui concerne la fermeture des établissements congréganistes et l'apposition des scellés pour l'exécution des lois contre les congrégations; une fois assurée la dissolution de la congrégation, les scellés devaient être levés. Sans doute, on ne peut pas empêcher l'exécution de la mesure; mais une fois la mesure exécutée il se pose des questions de restitution ou de réparation (Cf. Confl., 2 nov. 1902, *Société immobilière de Saint-Just*, S., 1904. 3. 17, conclusions de M. Romieu et ma note; et, d'ailleurs, cf. ce qui sera dit plus loin de l'exécution des lois par la voie administrative).

Il faut rattacher au principe de la *réserve des droits des tiers* le point de départ de la jurisprudence sur la réparation des *dommages causés sans faute* (V. *infra*).

Il y faut rattacher aussi la jurisprudence du Conseil d'État relative aux décisions administratives *qui ne font pas obstacle* à ce que l'intéressé poursuive la réalisation de son droit par toutes les voies de droit. Cf. P. Dareste, *Les voies de recours contre les actes de la puissance publique*, 1914, p. 169.

Il y a atteinte au droit de propriété entraînant compétence judiciaire dans trois hypothèses : 1° dans le cas de dépossession définitive d'un objet de propriété résultant indirectement d'une opération administrative qui, par elle-même, ne devait rien entraîner de semblable (délimitation du rivage de la mer entraînant une emprise ; ouvrage public mal planté ; atteinte portée à un brevet industriel, Cons. d'Ét., 31 juill. 1896, *Carré*) ; par conséquent, la théorie de l'atteinte au droit de propriété, qui se confond avec celle de l'expropriation indirecte quand il s'agit d'immeubles, est susceptible d'une extension très intéressante quand il s'agit de formes de propriétés spéciales telles que la propriété industrielle, à laquelle ne peut pas être étendue l'expropriation indirecte ; 2° dans le cas de dépossession provisoire occasionnée sans cause légitime, par exemple prise de possession administrative d'un immeuble menaçant ruine pour le démolir, lorsque ensuite l'arrêté du maire est annulé (Confl., 29 juill. 1876, *Lecoq;* 12 nov. 1881, *Pezet;* 19 mars 1904, *Maudière;* Cass., 17 déc. 1895, *Ville de Toulouse* c. *Gratian*) trouble à la possession (Confl., 10 déc. 1910, *Mérot*) ; 3° dans le cas de dépossession provisoire opérée même avec cause légitime, s'il s'agit de demander la restitution de la possession de l'immeuble avec l'exécution de l'opération administrative qui a entraîné la dépossession.

Observation. — Par la théorie de l'atteinte au droit, le droit de propriété violé poursuit par lui-même la réparation, sans qu'il y ait lieu de tenir compte de la nature de l'opération qui a entraîné le dommage. Mais, en revanche, *cette voie de droit judiciaire est le privilège exclusif de la propriété; les violations des autres libertés individuelles ne donnent lieu qu'à des recours contentieux en indemnité qui, en principe, sont de la compétence des tribunaux administratifs*, parce que l'indemnité a pour fondement, non plus la restitution du droit, mais la responsabilité pour faute (1).

(1) L'excellent traité de M. Ferdinand Sanlaville, *De l'occupation définitive sans expropriation*. Paris, 1890; Cass., 12 fév. 1901, *Martel :* « Attendu que toute violation du droit de propriété rentre en principe, dans le domaine exclusif de l'autorité judiciaire ».

En restreignant à la dépossession d'un objet de propriété la théorie de l'atteinte au droit ou de la voie de droit avec la compétence judiciaire qu'elle entraîne, je me sépare de beaucoup d'auteurs considérables qui ont manifesté l'intention de l'étendre à toutes les atteintes portées à tous les droits individuels (Ducrocq, 7ᵉ édit., t. II, p. 13; Aucoc, *Conférences de droit administratif*, t. I, n° 289; E. Laferrière, *Traité de la juridiction administrative*, t. I, 478 et s., 529, 544). Mais, d'une part, il est certain que la législation, par les dispositions relatives à l'expropriation pour cause d'utilité publique, fait une place privilégiée à la propriété et lui donne, vis-à-vis de l'administration, des prérogatives que n'ont pas les autres droits individuels. D'autre part, le droit de propriété est le seul qui puisse subir ce préjudice spécial qui s'appelle la dépossession, préjudice qui est suffisamment injuste par lui-même pour justifier une indemnité à la charge du détenteur qui n'est pas en faute. Enfin l'extension de la théorie de *l'atteinte*

IV. *En certains cas, l'administré lésé dans son droit par un acte administratif illégal peut considérer cet acte comme inexistant ou non avenu et agir en conséquence, c'est-à-dire, soit faire valoir son droit en justice devant le juge compétent, comme si l'acte en question n'avait jamais été pris, soit enfreindre l'acte illégal ou refuser d'y obéir et, en cas de poursuite, exciper de cette illégalité. Ce procédé peut être qualifié « voie de droit »* (Cf. P. Dareste, *Les voies de recours contre les actes de la puissance publique*, 1914, p. 122).

Ce procédé peut être employé contre les délibérations des conseils municipaux *nulles de droit* (art. 65, l. 5 avril 1884) ; contre les règlements de police *illégaux* (art. 471, n° 15, C. pén.) ; contre les actes *inexistants* qui n'ont même pas l'apparence extérieure d'un acte régulier. Mais on ne peut pas dire, comme le prétend M. P. Dareste (*op. cit.*, p. 147), que le procédé de la voie de droit soit ouvert *en principe*, et sauf exception résultant de la loi positive, dans tous les cas d'acte illégal ou irrégulier. Le principe, au contraire, est que l'illégalité d'un acte administratif est une simple ouverture à annulation par le recours pour excès de pouvoirs ou par le recours en appréciation de validité, qui sont des recours contentieux administratifs très spéciaux (Cf. Alcindor, *Essai d'une théorie des nullités en droit administratif*, 1912).

§ 2. — La vie privée des administrations publiques.

L'une des preuves les plus convaincantes de la supériorité de la vie privée sur la vie publique, c'est que les administrations publiques elles-mêmes, qui sont pourtant des organismes de la vie publique, sont considérées comme ayant de plein droit une vie privée.

La mesure dans laquelle existe cette vie privée des administrations publiques sera déterminée par les règles suivantes :

I. *En tout ce qui ne concerne pas la réglementation et les décisions de principe et en tout ce qui ne concerne pas l'exécution des services publics, les administrations publiques sont traitées comme des personnes privées.* — Cela revient à dire que les administrations publiques ont un domaine privé et que, pour les mesures d'exécution relatives à la gestion de ce domaine privé, elles emploient des moyens de droit privé et sont soumises à la compétence des tribunaux judiciaires (1).

---

au droit à toutes les libertés individuelles serait inconciliable avec la jurisprudence sur la responsabilité de l'administration pour faute de service : car là, on ne peut pas dire que les deux actions, la voie de droit judiciaire et le recours contentieux administratif en indemnité, coexistent, il n'existe que le recours contentieux administratif. (Cfr. Pierre Dareste, *Les voies de recours contre les actes de la puissance publique*, 1914, p. 272 et s.

(1) Il est, en effet, admis que les administrations publiques, outre leur domaine

II. *En tout ce qui concerne la réglementation et les décisions de principe et en ce qui concerne les mesures d'exécution des services publics, les administrations publiques sont traitées comme des personnes publiques et leur activité relève du droit administratif.* — Il y a des services publics dont la gestion a été pendant longtemps considérée comme une opération privée ; il y a aussi des services publics qui peuvent comporter exceptionnellement des modes d'exécution privés ; mais le principe qui tend à s'établir de plus en plus est que les mesures d'exécution des services publics sont des opérations administratives et que la gestion de tout service public est, dans son ensemble, une opération administrative. Nous formulerons donc les deux règles suivantes : 1° En principe, l'exécution de tout service public est une opération administrative ; 2° en principe, les procédés d'exécution des services publics sont administratifs, sauf exception, lorsque l'administration emploie volontairement les procédés de la vie ordinaire, ou est obligée par la loi à les employer (1). Reprenons :

a) *En principe, l'exécution de tout service public est une opération administrative.* Ce sont les exceptions qu'il importe de signaler. Or, pendant longtemps, l'exécution des services des départements, des communes et des établissements publics n'a pas été considérée en principe comme administrative, c'est-à-dire que les services publics de ces administrations n'étaient pas assimilés à ceux de l'État. On estimait qu'ils ne nécessitaient pas au même degré l'emploi des prérogatives de la puissance publique et puis, aussi, il y avait en ce sens une forte tradition historique ; mais depuis le milieu du xixe siècle, une évolution s'est dessinée (2).

public et leurs services publics, ont un domaine privé et des intérêts privés ; ainsi les forêts de l'État sont dans son domaine privé ; les communes ont également dans leur domaine privé des bois, des maisons, des terrains ; les actes de gestion de ce domaine privé, les ventes, les baux, les travaux exécutés, sont en principe des opérations de droit commun soumises au droit civil et relevant de l'autorité judiciaire, *avec cette observation, cependant, que les décisions ou délibérations de l'autorité administrative qui statuent en principe sur les opérations à exécuter, demeurent des actes administratifs* ; ne tombent dans le droit commun que les actes d'exécution. Il convient aussi d'ajouter que la responsabilité encourue par les administrations publiques à raison de leur domaine privé, par exemple à propos d'un accident occasionné par un bâtiment qui s'écroule, est une responsabilité civile pour laquelle les tribunaux civils sont compétents (Confl., 30 mai 1894, *Linas*). Mais il faut pour cela que le bâtiment ne soit pas affecté à un service public et que la responsabilité ne puisse pas être rattachée justement à l'affectation du bâtiment au service, car, alors, les tribunaux administratifs redeviendraient compétents, ou ne serait plus dans le domaine des opérations privées (Cons. d'Ét., 14 juin 1907, *Villeminot*).

(1) Le principe de la séparation des pouvoirs a été établi par les lois de la Révolution, aussi bien pour *l'exécution des opérations* que pour les décisions exécutoires (Cf. L. 16-24 août 1790, t. II, art. 13 : « les juges ne pourront, à peine de forfaiture, troubler de quelque manière que ce soit *les opérations* des corps administratifs » ».

(2) Les administrations départementales et communales sont entamées par la gestion

b) *En principe, tous les procédés d'exécution des services publics sont administratifs, sauf exception, lorsque l'administration est autorisée à employer les procédés de la vie ordinaire, ou est obligée par la loi à les employer.*

Il n'est pas plus surprenant de voir des opérations administratives spéciales que des opérations commerciales spéciales, telles que la lettre de change. Ajoutons que, le plus souvent, en la forme, ces opérations sont réglementées par des lois et règlements qui sont spéciaux et c'est un signe extérieur auquel la jurisprudence s'est souvent attachée.

Mais le principe comporte des exceptions. Et, d'abord, la loi peut elle-même, soit imposer à l'administration d'employer des moyens de droit commun, soit transformer plus ou moins en moyens de droit commun les procédés administratifs. C'est ainsi que l'expropriation pour cause d'utilité publique comporte normalement une procédure de cessions amiables et que l'expropriation forcée n'inter-

administrative des services plus qu'on ne se le figure. Déjà, les rapports de ces administrations avec leurs employés ont été déclarés administratifs (Confl., 27 déc. 1879, *Guidét*; 4 juill. 1896, *Bergeon*. Cf. Laferrière, t. I, p. 620). Déjà aussi, depuis longtemps, les travaux publics départementaux et communaux sont des opérations administratives, au même titre que ceux de l'État; et cela est grave parce que les travaux publics sont le type de l'opération administrative; les impôts directs départementaux et communaux sont perçus administrativement comme ceux de l'État; les marchés de fournitures sont eux-mêmes entamés. Voilà qu'ils ne seront plus des contrats privés s'ils sont passés pour des services en coadministration avec l'État (V. Confl., 28 janv. 1899, *Lagauche*; 11 mai 1901, *Casadavant*, S., 1901. 3. 113 et la note); d'ailleurs, l'adjudication est en soi un acte administratif qui donne lieu à des décisions purement administratives et dont la juridiction administrative peut connaître, même pour un marché de fournitures communal, et la juridiction ordinaire n'est guère compétente que pour l'exécution du marché (Cf. Cons. d'Ét., 28 avril 1899, *Barralis*; Aucoc, *Conférence administrative*, t. II, n° 637, mais V. Cons. d'Ét., 31 juill. 1912, *Société des granits porphyroïdes des Vosges*, Lebon, 1912, avec les conclusions de M. Blum). Les engagements qui se concluent par simple ouverture de crédits budgétaires sont considérés comme administratifs (Cons. d'Ét., 6 fév. 1903, *Terrier*, S., 1903. 3. 25). Enfin, par un revirement de jurisprudence récent, quoique préparé par un long travail antérieur, la responsabilité des départements, des communes et des établissements publics, à raison des faits de services de leurs agents ou employés, a été déclarée une responsabilité administrative relevant de la compétence des tribunaux administratifs, alors que jusque-là, elle était traitée comme une responsabilité civile (Confl., 29 fév. 1908, *Feutry*, Recueil Lebon, p. 208, avec les conclusions de M. le Commissaire du gouvernement Teissier, S., 1908. 3. 97 et la note; Confl., 11 avril 1908, *de Fons-Colombe*; 23 mai 1908, *Joullié*, S., 1909. 3. 49 et la note). La compétence judiciaire ne subsiste bien nettement que pour le contentieux des emprunts et pour celui du paiement des dettes, parce que la liquidation administrative n'existe pas au même titre que dans la comptabilité de l'État.

Quant à l'exécution des services publics des colonies, dès maintenant elle s'opère comme celle de l'État par des opérations spécialement administratives, dont le contentieux appartient au conseil du contentieux de la colonie (Cf. Laferrière, t. I, p. 384 et s.; Cons. d'Ét., 20 juill. 1877, *Garnier*; 28 juill. 1882, *Rampant*).

vient qu'à leur défaut, l'expropriation est, d'ailleurs, une procédure en grande partie judiciaire ; c'est ainsi que le recouvrement des contributions indirectes s'opère par des moyens judiciaires, ainsi encore que les relations des expéditeurs avec l'administration des chemins de fer de l'État sont régies par les lois commerciales, etc.

Une autre exception doit être admise dans une certaine mesure qui est affaire d'appréciation : dans de certaines opérations, il est reçu que l'administration soit laissée libre d'user, pour obtenir un certain résultat, soit des moyens, spécialement administratifs, soit des moyens civils ou commerciaux (1).

III. *Développements sur la nature des actes et des opérations de la gestion privée.* — Les actes et contrats que passent les administrations pour leur domaine privé, ou même pour ceux de leurs services qui sont gérés d'une façon domaniale, tels que ventes, achats, baux à ferme, dons et legs, emprunts des départements et des communes, marchés de fournitures des mêmes, etc., sont traités en principe d'après les règles du droit civil (2) ; ils donnent lieu à des situations contentieuses civiles d'où naissent, non point des recours conten-

---

(1) Ainsi, les marchés de gré à gré qui peuvent intervenir dans tous les services pour des fournitures ou des travaux de faible importance n'ont pas le même caractère administratif que les marchés par adjudication. Ainsi encore, il a été reconnu que, pour le transport maritime d'un certain matériel, le ministre avait pu procéder par affrètement commercial au lieu d'user du marché administratif de fournitures (Cons. d'Ét., 6 juill. 1883, *Ministre du Commerce*). M. le Commissaire du gouvernement Romieu a fort bien dégagé ce point dans ses conclusions sous l'affaire Cons. d'Ét., 6 fév. 1903, *Terrier* (S., 1903. 3. 25), et il a fait de l'emploi du procédé administratif un des caractères de la gestion administrative, ce qui est exact, à la condition d'ajouter que l'emploi du procédé administratif est en principe obligatoire pour l'administration et que celle-ci ne peut que très exceptionnellement user des moyens du droit commun.

(2) Encore faut-il observer qu'il y a une *forme administrative* pour passer ces contrats, et qu'au fond la pratique administrative modifie singulièrement les règles du droit civil, par exemple dans la matière des dons et legs.

Forme dite administrative. — Les contrats de gré à gré peuvent être passés dans la forme notariée ou dans la forme dite administrative. La forme dite administrative confère l'authenticité sans qu'on ait besoin de recourir au ministère d'un notaire. Les actes sont simplement dressés sur papier libre ou sur imprimé, et signés par l'administrateur compétent et les parties, si elles savent le faire ; si elles ne savent signer, il faut l'attestation de deux témoins. La question de savoir si ces actes doivent être ensuite timbrés et enregistrés est réglée par les articles 78 à 80 de la loi du 15 mai 1818, les actes portant transmission de propriété et d'usufruit, les adjudications ou marchés de toute nature, les cautionnements relatifs à ces actes, sont soumis à l'enregistrement et au timbre, les autres en sont dispensés. Passés au nom de l'État et des départements, ces actes entraînent exécution parée ; au nom des communes, ils ont tous les caractères des actes authentiques, sauf l'exécution parée (Circ. min. du 19 mai 1840, et jurisprudence) ; même chose *a fortiori* pour les établissements publics. Ils peuvent contenir constitution d'hypothèque conventionnelle. Un décret du 12 août 1807 recommandait aux hospices l'acte notarié, mais des instructions récentes pres-

tieux administratifs, mais des actions judiciaires portées devant les tribunaux civils. Les opérations de la gestion privée n'ont donc plus grand'chose d'administratif, et cependant il convient de faire deux réserves :

1° Les actes de la vie civile des administrations sont *subordonnés* à des décisions exécutoires de principe qui pourront en être isolées et qui pourront être l'objet de recours pour excès de pouvoir ; beaucoup sont précédés de décisions d'assemblées délibérantes, conseils municipaux, conseils généraux ; beaucoup doivent être approuvés par des décisions de l'autorité supérieure, de telle sorte que leur validité dépend souvent de celle de décisions administratives auxquelles ils sont subordonnés (validité qui ne saurait être appréciée que par le juge administratif) (1) ;

2° Les actes de la vie civile sont *conditionnés*, au point de vue de leur exécution, par les règles de la comptabilité publique qui s'appliquent absolument à toutes les opérations des administrations ; de telle sorte que l'*exécution financière des contrats de la vie civile* est subordonnée à des décisions prises par la voie budgétaire (inscriptions au budget, inscriptions d'office, ordonnancement, etc.).

Contentieux de la gestion privée. — Le contentieux du fond de ces affaires est judiciaire, il donne lieu à des actions civiles portées devant les tribunaux ordinaires. Cependant ces actions sont soumises à certaines formalités : il y a, pour certaines d'entre elles, obligation de déposer un mémoire préalable, entre les mains de l'autorité administrative ; de plus, un certain nombre d'affaires sont jugées

crivent au contraire l'acte en la forme administrative. Sur la question de l'adjudication pour les baux, V. *infra*, V. *baux à ferme.*

Timbre et enregistrement. — L. 15 mai 1818, art. 80 : « Tous les actes, arrêtés, décisions des autorités administratives non dénommés dans l'article 78 sont exempts de timbre sur la minute et de l'enregistrement, tant sur la minute que sur l'expédition. Toutefois, aucune *expédition* ne pourra être délivrée aux parties que sur papier timbré, si ce n'est à des individus indigents, à la charge d'en faire mention dans l'expédition. » Les actes dénommés dans l'article 78 sont des actes de gestion translatifs de droits réels ; ils sont soumis au timbre et à l'enregistrement. De même, toutes les demandes faites à l'administration sont assujetties au timbre (L. 19 brum. an VII), sauf les pétitions au corps législatif, demandes de secours, lettres de rappel, communications dans l'intérêt de la chose publique.

(1) Pendant longtemps, le Conseil d'État a estimé que la décision exécutoire accompagnée d'un acte de la vie ordinaire s'incorporait à cet acte et ne pouvait pas être l'objet d'un recours pour excès de pouvoir ; il opposait la fin de non-recevoir tirée de l'existence d'un recours parallèle ; il fallait attaquer au civil l'opération entière, sauf à faire apprécier la validité de la décision exécutoire par le Conseil d'État, grâce à une question préjudicielle. Par des décisions récentes, il a renoncé à cette jurisprudence. Désormais, le cas échéant, la décision exécutoire sera annulée sur recours pour excès de pouvoir et le juge civil, saisi ensuite d'une action en nullité de la convention, aura à tenir compte de la chose jugée au Conseil d'État (V. *infra, Recours pour excès de pouvoir, recours parallèle,* Cons. d'Ét., 4 avril 1905, *Martin*).

sommairement et avec certaines particularités de procédure (V. *infra*, contentieux).

§ 3. — **Conséquences du caractère exceptionnel du régime administratif en ce qui concerne le droit administratif et la compétence de la juridiction administrative.**

Il résulte de tout ce qui précède que le droit administratif, bien qu'autonome, est exceptionnel par rapport au droit civil qui est le droit commun.

La combinaison du droit commun et des droits exceptionnels s'établit par rapport à la loi et à la juridiction. La loi commune, qui est la loi civile, est celle à laquelle on est soumis de plein droit, à moins que, par exception et par un privilège qui a besoin d'être justifié, on ne soit soumis à une autre loi. Le juge de droit commun, qui est le juge civil, est celui devant lequel il faut comparaître, à moins que, par exception et par privilège, on ne puisse comparaître devant un autre juge.

Mais la question du droit commun se pose pratiquement à propos du juge plus encore qu'à propos de la loi. Si un corps de droit est composé de règles spéciales exceptionnelles par rapport à la loi civile commune, mais si ce droit spécial continue à être appliqué par le juge du droit commun, il ne sera considéré que comme une branche du droit commun, il ne s'opposera pas au droit commun, il ne sera pas autonome par rapport au droit commun. Telle est, par exemple, la situation du droit commercial ou, même celle du droit pénal (1). Si, au contraire, un corps de droit est appliqué par une juridiction qui soit complètement séparée du juge de droit commun, alors même qu'il ne serait pas entièrement composé de règles spéciales, il sera, lui aussi, séparé du droit commun et, dans une certaine sphère, entièrement autonome. A la vérité, il ne cessera pas d'être exceptionnel par rapport au droit commun, mais il sera exceptionnel avec autonomie dans la sphère qui lui est dévolue. Telle est la situation de notre droit administratif par rapport à la loi civile et au juge civil, et elle est due beaucoup moins à la spécialité des lois et règlements administratifs, bien qu'ils y jouent leur rôle, qu'au principe de la séparation des pouvoirs qui a érigé une barrière infranchissable entre l'autorité judiciaire, juge de droit commun, et les matières administratives.

Mesure dans laquelle notre droit administratif est indépendant du droit commun. La prérogative et son étendue. — La juridiction admi-

---

(1) Les juridictions consulaires et les juridictions répressives, malgré certains détails de leur organisation, font partie du juge de droit commun parce qu'elles sont soumises à la Cour de cassation, suprême régulateur de cette juridiction.

nistrative ne supplante le juge de droit commun que dans la mesure de la prérogative, parce que les prérogatives de la puissance publique sont la cause première de l'indépendance du droit administratif. Cette mesure de la prérogative est arbitrée souverainement par le Tribunal des conflits chargé d'opérer le partage des compétences entre les deux ordres de juridictions, par interprétation des lois et règlements. Comme ce haut tribunal est composé en fait, par égales parties, de membres de la Cour de cassation et de membres du Conseil d'État, juridictions également souveraines et indépendantes l'une de l'autre, *les limites du droit administratif résultent finalement d'une sorte d'accord pratique des deux juridictions en présence, représentant la tendance du droit commun et celle de la prérogative, sous réserve d'une intervention formelle du législateur qui se produit de temps à autre et sous réserve aussi des spéculations de la théorie.*

Ajoutons, d'ailleurs, que les barrières pratiques qui séparent le droit administratif du droit commun ne l'empêchent pas de subir l'influence des principes du droit commun autant qu'ils peuvent s'adapter à ses exigences particulières.

APPENDICE.

I. *Caractères spécifiques du droit administratif français.* — Il ne suffit pas d'établir que notre droit administratif est, par rapport au droit commun, un droit exceptionnel autonome, il convient encore de dégager ses caractères spécifiques. Ils sont au nombre de trois : c'est un droit d'équité fait par le juge ; c'est un droit qui se place au point de vue de l'exercice des droits des administrations publiques et qui, par suite, est fondé sur la théorie de l'acte et sur celle de l'opération, parce que les droits s'exercent par des actes et par des opérations ; c'est un droit créateur de situations juridiques qui se surajoutent à celles de la vie civile :

1° Que notre droit administratif soit un droit d'équité fait par le juge, c'est une observation dont l'importance nous est révélée par la comparaison avec le système du droit anglais, lequel est constitué, lui aussi, par la juxtaposition d'un droit commun (common law) et d'un droit d'équité. A la vérité, le droit d'équité anglais n'est pas un droit administratif, mais il a eu pour origine la prérogative de la couronne, comme notre droit administratif a eu pour origine la prérogative de la puissance publique et il a été fait par le juge (*judge made*), comme notre droit administratif l'a été par la jurisprudence du Conseil d'État. Des deux côtés, un travail analogue s'est accompli au cours du temps, la prérogative, exclusivement arbitraire au début, s'est spontanément assujettie à des règles qu'elle s'est créées elle-même et a donné naissance à un droit d'équité très supérieur, en certains points, au droit commun, qui, dans tous les cas, se surajoute à celui-ci et détermine un élargissement final de l'empire du droit.

La comparaison de notre droit administratif français avec le droit d'équité anglais et de notre Conseil d'État avec une juridiction d'équité n'est pas neuve. Nous la trouvons courante sous le second Empire : « On dit souvent, rapporte Aucoc, que le Conseil d'État délibérant au contentieux est une juridiction d'équité... » et, plus loin, il fait la comparaison avec les cours d'équité d'Angleterre (Conclusions sous Cons. d'Ét., 14 janv. 1865, *Ville de Marseille*; Rec. Lebon). Elle a été reprise récemment avec une grande autorité par M. Dicey dans son *Introduction à l'étude du droit constitutionnel* (traduct. franç., 1902, p. 163 et s., 285 et s., 450 et s., 462 et s.). Ce qui appartient en propre à M. Dicey, c'est la remarque que le droit administratif français est fondé sur la « prérogative de l'administration ». Quant au rapprochement des deux idées, droit d'équité et droit fondé sur la prérogative, il n'en a peut-être pas vu lui-même toute la force en ce qu'il n'a pas accordé une réalité suffisante au contenu juridique de notre droit.

Il n'est pas douteux que le droit administratif ne constitue un élargissement de l'empire du droit et ne résolve des questions que ne résout pas le droit commun. Cela est sensible dans la question des indemnités pour préjudice causé dans l'exécution des services publics. Notre droit administratif a pu assujettir l'État français à payer des indemnités, parce que l'État a paru se condamner lui-même volontairement. En Angleterre, le droit commun n'a pas pu assujettir l'État à payer des indemnités. Il y a là une lacune considérable qui a apparu dans des affaires de navires coulés par l'abordage de bâtiments de guerre. C'est ce qui nous fait dire que le régime du droit commun assujettit l'administration jusqu'à un certain point au delà duquel il la laisse hors du droit. Le droit administratif spécial va plus loin ;

2° Le droit administratif français se place au point de vue de l'exercice des droits, tandis que le droit civil se place plutôt au point de vue de la jouissance des droits. Cela tient à ce que les administrations publiques exerçant elles-mêmes leurs droits par la procédure de l'action d'office, cet exercice des droits apparaît comme plus important que la jouissance du droit; au contraire, dans le droit civil, les particuliers n'exerçant en principe leurs droits que par le moyen de l'action en justice, cet exercice des droits a pu être séparé de la jouissance des droits et relégué dans le Code de procédure, le droit civil ne retenant que le point de vue de la jouissance des droits. En somme, on peut dire que, dans le droit administratif, le point de vue des règles de fond et celui des procédures d'exécution ne sont pas encore séparés, tandis qu'ils le sont dans le droit civil.

Cette particularité n'est pas sans présenter des avantages pour le droit administratif. Elle a permis de décomposer l'exercice des droits en deux théories, celle de l'acte administratif et celle de l'opération administrative; si la seconde théorie entraîne des responsabilités subjectives, la première n'en entraîne pas, et cependant elle a permis d'organiser un contrôle juridique d'autant plus sérieux.

Le droit administratif français a inséré sa racine juridique dans l'acte d'administration et s'y est solidement implanté. Ç'a été, dès le début, l'acte qui s'est trouvé l'objet des réclamations et des recours. Pour des raisons politiques, ce n'est pas le fonctionnaire qui a été directement responsable, c'est l'acte considéré en soi qui a répondu de sa validité; on a fait le procès à l'acte comme le moyen âge faisait le procès au cadavre. Ç'a été d'abord une sorte de droit disciplinaire, car l'*excès de pouvoir* est un vice et comme une faute de l'acte, c'est l'acte qui est vitupéré et amendé au nom de la moralité administrative, l'annulation ou l'anéantissement de l'acte sont comme des pénalités.

Tout de suite, cependant, à côté de la question du vice de l'acte, s'est posée celle de la responsabilité d'un patrimoine, à propos de l'opération, c'est-à-dire à propos de l'exécution de l'acte, mais il est bien remarquable que la solution n'a pas été cherchée du côté de la responsabilité du fonctionnaire qui a réellement accompli l'opération, ces poursuites de fonctionnaires ayant toujours eu chez nous des allures de représailles politiques et ayant toujours été entravées; c'est la personne morale administrative, pour le compte de laquelle l'opération avait été accomplie, qui fut considérée comme débitrice des dommages. Ainsi s'organisèrent parallèlement deux espèces de recours dont l'un, rigoureusement objectif, n'atteint que l'acte, dont l'autre, à travers l'opération, c'est-à-dire à travers l'exécution de l'acte, atteint la personne morale responsable. Le premier, qui est le recours pour excès de pouvoir, a pris pour domaine l'examen de la validité *des décisions exécutoires*, affaire à propos de laquelle la puissance publique entend demeurer irresponsable; l'autre, le recours contentieux ordinaire, s'est établi dans la région des *opérations* ou *mesures d'exécution* des décisions, où la puissance publique accepte une responsabilité.

L'acte, ainsi suivi de l'opération, est devenu le pivot de toute l'action administrative, l'administration s'est astreinte à marcher à pas comptés dans ses procédures, d'acte en acte et d'opération en opération, ne posant un acte nouveau que lorsque l'effet de l'acte précédent était produit, que les délais s'étaient écoulés sans réclamations ou que les réclamations étaient jugées. Tout s'est concentré sur l'acte et sur l'opération, même les prérogatives de l'administration qui, à bien considérer les choses, se ramènent au privilège de l'exécution préalable, par lequel se manifeste la vertu exécutoire de l'acte et de l'opération, et au privilège de juridiction pour le contentieux créé.

Les avantages de cette construction juridique sont évidents : a) sur le terrain neutre de l'acte et de l'opération, toutes les défiances, toutes les susceptibilités, tous les amours-propres ont été désarmés; les fonctionnaires et les gouvernants, tranquillisés sur les conséquences fâcheuses de leurs décisions, puisque c'est l'acte lui-même ou le patrimoine administratif engagé dans l'opération qui les supportent, ont laissé se développer les recours contentieux contre tous leurs actes, même les plus discrétionnaires; ils se sont dérobés derrière leurs actions. On aurait pu croire que cette irresponsabilité pratique des fonctionnaires aurait indéfiniment encouragé les excès de pouvoir; en réalité, elle a très promptement tourné au profit du droit, justement parce que les excès de pouvoir ont été plus facilement réprimés sur les actes que sur les fonctionnaires. La grande divergence entre le droit anglais et le droit administratif français résulte de ce qu'en droit anglais, le fonctionnaire a toujours été responsable des violations du droit individuel qu'il pouvait commettre, tandis qu'en droit administratif français, au début il ne l'a pas été. Sans doute, depuis l'abolition de l'article 75 de la Constitution de l'an VIII, le fonctionnaire est chez nous responsable dans une certaine mesure, mais cette réforme s'est produite trop tard, le pli était pris, tout le besoin de représailles avait trouvé sa satisfaction dans le recours contre l'acte et dans les actions en indemnité contre l'administration. Historiquement, l'article 75 de la Constitution de l'an VIII et la garantie des fonctionnaires sont cause, au moins autant que le principe de la séparation des pouvoirs, de la canalisation de notre droit administratif dans la théorie de l'acte. Je ne crois point que cela ait été si fâcheux. Pour son développement théorique, notre droit y a certainement gagné; au point de vue pratique, je ne sais pas si nous y avons perdu. Je considère la responsabilité des fonctionnaires, telle qu'elle est organisée en Angleterre, comme une bonne garantie constitutionnelle, mais comme un mauvais recours administratif, parce qu'elle est une trop lourde machine à remuer; elle peut servir à éviter les gros abus de pouvoir, mais elle ne vaut rien contre les bévues journalières de l'administration, c'est-à-dire qu'elle laisse sans sanction l'excès de pouvoir proprement dit et la faute de service. C'est donc une garantie constitutionnelle qui a été nuisible au développement des garanties administratives. — Notre droit, au contraire, a su engendrer des garanties administratives pour la bonne gestion des affaires; il est vrai qu'il nous laisse exposés à quelques abus de pouvoir; mais nous verrons plus loin que l'on pourrait facilement remédier à ce défaut, et il faut bien savoir aussi que, dans une administration très développée, les bévues journalières sont un mal qui, si on le laissait devenir chronique, serait très pénible.

b) le contentieux de l'excès de pouvoir a astreint les décisions exécutoires à des conditions étroites de légalité et de moralité, il a organisé en des constructions savantes l'observation des compétences, celle de la loi, la déontologie de la fonction; de plus, il a frayé la voie au contentieux des indemnités, car il a lentement établi cette conviction que l'administration pouvait être en faute. Sans doute, il la montrait en faute vis-à-vis d'elle-même, mais de là à la reconnaître en faute vis-à-vis des tiers, il n'y avait qu'un pas à franchir; la grande affaire était de ruiner le faux dogme de l'infaillibilité administrative, le reste dépendait de la variété des situations, un jour ou l'autre il devait se trouver des tiers dans des situations particulièrement favorables qui acquerraient des droits à indemnité ; le développement des services publics, l'importance prise dans la vie moderne par la régularité de leur exécution, le fait que les administrés sont en droit de compter sur cette régularité, devait finalement amener la création de cette situation favorable aux indemnités dans de nombreuses hypothèses.

C'est ainsi, par exemple, que des indemnités pour avaries aux navires, résultant de fausses manœuvres des officiers de police des ports, ont été accordées d'abord à des *étrangers*, par suite évidemment de considérations de politique commerciale, puis étendues à nos nationaux.

3º Le droit administratif français est créateur de situations juridiques, c'est-à-dire de situations stables qui deviennent des biens et qui se surajoutent aux biens de la vie civile (état du concessionnaire du domaine public, état du fonctionnaire, état du retraité, état de l'indigent secouru, situation légale de l'usine dont le barrage est autorisé, etc.). Ces statuts se résolvent, ou bien en des droits administratifs ou bien en des intérêts légitimes à ce que la situation ne soit pas modifiée, que nous retrouverons dans la théorie du recours pour excès de pouvoir et qui constituent tout un monde juridique nouveau surajouté au monde juridique du droit commun. Par-là, le droit administratif est appelé à jouer un rôle social considérable, car il n'est pas douteux que l'État moderne n'ait pour tâche de créer des situations juridiques avantageuses et de nouvelles formes de biens, au profit des individus qui ne peuvent accéder aux anciennes formes de propriété, et ces situations juridiques seront forcément administratives. Dans un pays où le régime administratif n'est pas développé, il n'y a qu'une petite quantité de biens, presque tous corporels, les objets mobiliers, la terre, les métaux précieux, les fonds de commerce et les fonds d'industrie. Le régime administratif fait surgir toute une nouvelle catégorie de biens, qui sont les fonctions, les professions et les emplois : non seulement les fonctions publiques, mais même les professions du commerce et de l'industrie, les emplois des employés et des ouvriers. Parce que le régime administratif est essentiellement stabilisateur, il fait pénétrer partout les idées de situation acquise, il les fait pénétrer jusque dans le monde du travail, entraînant l'intervention de l'État, soit sous forme de législation, soit sous forme de création d'institutions, telles que l'inspection du travail, la police du repos hebdomadaire, le service des retraites, etc., et toutes ces interventions de l'État finissent par rendre administrative dans une certaine mesure la situation de l'ouvrier, par lui donner une certaine stabilité, par en faire un bien susceptible d'une certaine forme de propriété.

Or, rien n'est plus important que de procurer aux travailleurs l'accession à une certaine forme de propriété, car c'est par le même coup que l'on rendre accessible la vie civile, qui repose essentiellement sur le faire-valoir d'une propriété (Sur cette affirmation, V. mes *Principes de droit public*, 2ᵉ édit., p. 388 et s.).

Le régime administratif a commencé par organiser des services publics nombreux et par gérer régulièrement des intérêts collectifs ; ce n'est pourtant pas cette gestion, quelque importante qu'elle soit, qui constituera une somme suffisante d'avantages, car elle ne profite pas à tous également, mais seulement aux citoyens qui possèdent d'avance des biens.

Le régime administratif a fait mieux : par le domaine collectif considérable qu'il a créé, par le budget formidable qu'il prélève tous les ans sur les fortunes privées, par la masse des fonctions qu'il a centralisées, par la sécurité que sa législation et ses services publics méthodiquement organisés ont établie partout, il a constitué à l'État une substance réelle et nourrissante qui va se distribuant automatiquement aux citoyens sous forme *de biens*, de telle sorte que chacun en ait un peu. Dans la période de conquête des libertés politiques, l'État avait multiplié et augmenté les citoyens ; maintenant il multiplie et augmente les biens. Sans doute, des biens peuvent exister sous les régimes politiques les plus rudimentaires ; la possession de la terre et celle de quelques objets mobiliers peuvent être garanties dans les états sociaux inférieurs, mais l'État administratif seul, dans son atmosphère saturée de sécurité et de stabilité, peut favoriser le développement de biens d'une nature moins grossièrement corporelle, les valeurs mobilières, la propriété industrielle et littéraire, les fonctions publiques et les professions commerciales, les brevets de pension pour la vieillesse, les livrets d'épargne et de prévoyance, les secours de l'assistance publique. L'État contemporain crée des biens fiduciaires comme il crée de la monnaie de papier; ils viennent augmenter le stock des biens naturels comme les billets de banque augmentent celui du numéraire, et ainsi ils assurent une circulation des biens suffisante pour que chacun puisse en prendre sa part.

Quand on dit de nos contemporains qu'ils voudraient être « tous fonctionnaires », on exprime au fond cette idée que tous voudraient retirer de leur profession les mêmes avantages certains que le fonctionnaire public retire de sa fonction et qui font de celle-ci un bien. En un certain sens, en effet, toutes les professions sociales, même celles des travailleurs manuels, sont des fonctions. Or, par des combinaisons d'assurance et d'institutions de prévoyance, par un bon aménagement du travail, l'État peut augmenter la valeur et la certitude de toutes les professions de façon à faire apparaître en elles des biens; il peut, en garantissant ces biens contre les exactions de la concurrence économique et contre le chômage, qui actuellement les empêchent de se constituer, les faire surgir.

Au xie siècle de notre ère, lorsque les habitants des villes s'armaient et s'insurgeaient au cri de « communion, communion ! », ce qu'ils demandaient au régime communal c'était, en les libérant des exactions des seigneurs et en assurant la liberté de leur négoce, de leur permettre l'acquisition des biens de bourgeoisie. De fait, le régime municipal entraîna la création de nouvelles espèces de biens, boutiques de marchands, maîtrises, charges lucratives, etc. Quand les ouvriers du xxe siècle, ou même les employés et sous-agents de l'administration, font grève en criant « syndicat, syndicat ! », ce qu'ils demandent au régime syndical, une fois incorporé à l'État, c'est de leur assurer de nouveaux biens; c'est, en les libérant de la concurrence ou du chômage ou de la tyrannie de l'agent électoral, de leur garantir à l'usine, à l'arsenal ou au bureau la tranquille possession d'une place dont ils seront titulaires.

Ainsi, à chaque crise du développement de l'État correspond la création de nouveaux biens; le phénomène n'est pas nouveau, il se manifeste seulement aujourd'hui avec plus d'intensité.

Ce point de vue réaliste n'est pas le moins du monde collectiviste. D'une part, tous les biens engendrés dans l'atmosphère du régime administratif sont destinés à la propriété individuelle. D'autre part, le régime administratif engendre *des biens* et non pas *des richesses*. Il ne faut pas confondre : les richesses sont des valeurs économiques non attribuées et non garanties; les biens sont des valeurs juridiques attribuées, en ce sens que leurs modes d'acquisition sont déterminés, et des valeurs garanties. Tout bien est une richesse, mais toute richesse n'est pas un bien, tant que l'État n'a pas organisé la garantie systématique de sa possession.

Or, les richesses seront toujours produites par l'initiative et le risque individuel, le régime administratif ne vise qu'à tirer des richesses produites un plus grand nombre de biens.

Les inventions industrielles et les œuvres littéraires ont été des richesses sans constituer des biens au profit des inventeurs et des auteurs, tant que la protection minutieuse des brevets d'invention et des droits d'auteurs n'a pas été organisée par l'État. Maintenant qu'elle est organisée d'une façon administrative, ce sont des biens de grande valeur. La production littéraire et l'invention industrielle n'en restent pas moins œuvres d'initiative et de risque individuel. La part contributive que les travailleurs manuels retirent dans la répartition des richesses, tant qu'elle ne leur était servie que sous la forme d'un salaire journalier instable, ne représentait pas un bien à leur profit, mais quand l'État leur aura garanti la possession de leur emploi, sauf destitution, quand il aura prélevé sur la richesse produite des sommes suffisantes pour alimenter, de concert avec le patron, des caisses d'assurance et des caisses de retraite, les traitements, les livrets et les brevets individuels qui résulteront de ces institutions, constitueront des biens. La production individuelle n'en restera pas moins œuvre d'initiative et de risque individuel entre les mains du patron, seulement le risque ne sera que pour celui à qui va le profit.

II. *Valeur pratique du droit administratif français.* — Je n'oserais dire que, de tous les droits administratifs fondés sur la « prérogative », le droit administratif français soit le plus avantageux au point de vue pratique ; en cette matière, les comparaisons sont difficiles, car, suivant les mœurs des pays, les institutions ont des rendements très différents ; mais ce qu'on peut, je crois, avancer, c'est que du moins il réalise le type technique le plus pur de cette espèce de droits. Il est reconnu à peu près unanimement qu'aucune juridiction administrative spéciale n'est aussi fortement organisée que notre Conseil d'État, qu'aucune institution ne pénètre l'action administrative, pour y porter la lumière de l'examen contentieux, aussi profondément que le fait notre recours pour excès de pouvoir. Je crois bien aussi qu'en aucun pays la responsabilité administrative ne s'est autant développée et n'a permis d'organiser, après un aussi efficace contrôle de la légalité, une assurance aussi large d'indemnités pécuniaires. Il y a deux correctifs de la prérogative de l'administration réclamés par l'instinct populaire, dont on peut formuler le sentiment à l'égard de la puissance publique en ces deux brocards : « qu'elle fasse, mais qu'elle obéisse à la loi — qu'elle fasse, mais qu'elle paie le préjudice ». On ne saurait satisfaire plus directement ni plus complètement à ce double désir de justice que n'y a réussi notre droit administratif français.

Cette construction juridique, si remarquable au point de vue technique et strictement administratif, que vaut-elle pour la liberté ? Vaut-elle le régime anglais où il n'y a pas de droit administratif spécial ni de juridiction administrative, où l'administration est soumise au droit commun, autant du moins qu'elle est soumise au droit ? Question grave et à laquelle, au premier abord, la réponse paraît peu satisfaisante. Une puissance publique armée de prérogatives légales qui exécute toutes ses volontés d'une façon préalable, les réclamations des administrés n'intervenant que contre l'acte accompli sans pouvoir en arrêter l'exécution ; ces réclamations portées devant un juge spécial qui appartient à l'administration, au moins d'une façon latérale, et qui applique des règles posées en grande partie par des règlements administratifs ; tout cela ressemble singulièrement au régime du bon plaisir ou du bon Tyran. Où est là dedans le droit individuel opposable et que devient la liberté ? Ce juge administratif qui ne peut même pas contraindre l'administration à exécuter ses jugements n'est pas un juge, ce droit concédé n'est pas un droit, ce citoyen français qui, dans la vie privée, a des droits opposables, n'en a point dans la vie administrative et, là, n'est pas encore affranchi du servage. Ainsi raisonnent les constitutionnels.

Avant de discuter directement leurs griefs, observons de plus près les faits. En réalité, sauf certains ennuis provenant de la complication des compétences et des embûches des conflits, qu'il serait facile de faire disparaître, les Français, pour le train ordinaire des choses, ne souffrent point de leur régime administratif ; ils n'ont point le sentiment que le Conseil d'État ne soit pas un juge, ou que les droits à indemnité qu'on leur reconnaît soient moins bons parce qu'on les leur concède. Je sais bien qu'il y a des peuples qui sont dans les fers « et qui ne s'en doutent pas », mais il y a aussi des jurisconsultes du droit constitutionnel qui raffinent sur la liberté et se persuadent aisément qu'il n'existe qu'une espèce de garantie, alors qu'il y en a de beaucoup de sortes. Les Français sont très sensibles aux principaux avantages de leur système ; il leur plaît de pouvoir attaquer au contentieux tous les actes de l'administration sans exception, leur satisfaction est grande quand ils peuvent en faire annuler un et, d'ailleurs, il convient de reconnaître que, sans pouvoir y être juridiquement contrainte, l'administration s'incline toujours spontanément devant l'autorité de la chose jugée ; les Français ne dédaignent pas non plus les larges indemnités pécuniaires par lesquelles se compensent beaucoup des inconvénients de la puissance publique ; enfin il faut bien noter que l'on a admis, à la prérogative de l'administration, l'exception qu'il fallait pour la faire accepter d'une nation de petits propriétaires, la prérogative administrative cède devant la propriété privée, au moins quand il s'agit de dépossession définitive, le préalable passe ici du côté de la propriété et la juridiction administrative s'efface devant le juge de droit commun ; on est aussi protégé contre l'arbitraire des règlements de police par cette règle que les tribunaux de droit commun, chargés d'en assurer l'application, ont le droit d'en apprécier la légalité ou l'illégalité. Il faut tenir compte de ces côtés pratiques du système, ils ont pour nous plus d'importance que le plus ou moins de liberté avec lequel on peut poursuivre le fonctionnaire (lequel, d'ailleurs, est parfaitement poursuivable) puisque le fonctionnaire n'est rien et que son acte est tout.

CHAPITRE IV

LE RÉGIME ADMINISTRATIF ET LA LÉGALITÉ

§ 1. — La légalité, la loi et le règlement.

Article I. — *La légalité.*

Le régime administratif n'est pas seulement exceptionnel par rapport au droit commun de la vie privée et soumis par là à des limites, il est, en outre, subordonné à la légalité.

En France, la légalité s'entend de l'ensemble des lois et règlements : elle se compose donc de deux éléments, les lois, d'une part, les règlements de l'autre, qui sont deux sources du droit différentes, mais coordonnées par le double principe que les règlements servent à assurer l'application des lois et que, en même temps, ils sont subordonnés aux lois. Dans la légalité ainsi comprise, la coutume n'a à peu près aucune place (1).

(1) *En ce qui concerne la coutume*, la loi, dans notre droit français, se l'est subordonnée en la frappant d'inefficacité devant le juge. D'une part, une coutume ne peut ni abroger la loi ni y déroger, autrement dit, les lois ne tombent pas en désuétude ; d'autre part, la coutume ne peut fonder, en dehors de la loi, aucune règle qui soit invocable devant le juge (sauf cependant en matière commerciale). Il y a des dispositions de loi qui se réfèrent à des usages, alors ces usages peuvent être appliqués par le juge, mais en vertu de la loi. Si l'on ne pose pas la question de l'application par le juge, la coutume conserve une valeur. Elle joue un rôle considérable dans la vie des institutions, des associations, corporations, corps administratifs ; elle occupe une place dans la vie constitutionnelle ; nos lois constitutionnelles ont reçu d'elle un complément fort utile ; dans la constitution anglaise, Dicey a pu faire le départ entre ce qui est légal et ce qui est dû à ce qu'il appelle les « conventions de la constitution », c'est-à-dire les usages non sanctionnés par le juge, et la part de ces pratiques est considérable. Mais c'est pour la coutume une infirmité que de ne pouvoir être invoquée devant le juge, elle ne constitue plus qu'une morale juridique institutionnelle et non pas un droit de nature publique. On saisit là sur le fait l'étroite alliance qu'il y a entre le juge public et la loi. Cf. Geny, *op. cit.*, p. 216 et s. — A noter que l'Allemagne, soit dans la rédaction de son nouveau Code civil, soit dans celle de son nouveau Code de commerce, a voulu laisser un certain jeu à la coutume. Geny, *op. cit.*, p. 384 et s. ; Baudry-Lacantinerie et Houques-Fourcade, *Traité de droit civil*, t. I, n° 20. — Quant à l'Angleterre, elle met la coutume sur le même pied que la loi, à la condition que la coutume soit

Il convient d'ajouter : 1° qu'il y a deux catégories de lois, celles du droit privé pour l'application desquelles le règlement n'a presque aucun emploi, et celles du droit public pour lesquelles, au contraire, il a beaucoup d'emplois ; 2° que la sanction des lois et des règlements est en principe, et sauf exception très rare, juridictionnelle, mais qu'elle est, selon les cas, confiée à des juges différents à raison de la séparation que le régime administratif a établie entre les tribunaux ordinaires et la juridiction administrative.

Le régime administratif est soumis à la légalité par les règles suivantes :

1° Toute décision exécutoire prise par une autorité administrative est entachée de nullité si elle est prise en violation d'une loi ou d'un règlement, et cette nullité ouvre un recours pour excès de pouvoir dirigé uniquement contre l'acte ;

2° Il y a voie de fait et usurpation de pouvoir de la part de l'administration à prendre des décisions exécutoires particulières sur une matière donnée avant que cette matière n'ait été l'objet, au préalable, d'une réglementation (Confl., 22 avril 1910, *Préfet de la Côte-d'Or*, S., 10. 3. 129 et la note. — Cf. L. 23 oct. 1919, org. munic).

3° Dans l'exécution des décisions, toute mesure prise en violation de la loi entraîne la responsabilité personnelle de l'agent d'exécution s'il y a eu de sa part *fait personnel* ou la responsabilité de l'administration s'il y a eu *faute de service*, la première responsabilité poursuivie devant les tribunaux ordinaires, la seconde poursuivie devant les tribunaux administratifs (1).

---

admise par le juge ; la coutume porte même le nom de loi, elle est la *Common law*, tandis que la loi écrite est la *Statute law*.

L'inefficacité de la coutume enlève de l'intérêt au parallèle que l'on pourrait établir entre elle et la loi. Bien entendu, la coutume n'est pas écrite comme la loi, c'est-à-dire rédigée officiellement ; elle n'est pas non plus générale comme la loi, elle est volontiers locale et il est à remarquer que, dans les rares occasions où la loi y renvoie, il s'agit toujours d'usages locaux (C. civ., art. 590, 593, 663, 671, 674, 1135, 1159, 1160, 1648 ; L. 7 juin 1845, art. 4 ; L. 8 avril 1898, art. 19 et s., etc.) ; elle est également volontiers spéciale à de certaines institutions, auquel cas elle n'est pas territoriale, ainsi en est-il des principes constitutionnels ou des pratiques des assemblées délibérantes ; enfin elle s'inspire du passé, tandis que la loi statue pour l'avenir.

Il ne faut pas confondre avec la question de savoir si la coutume peut fonder une règle de droit, celle de savoir si elle peut fonder un titre particulier ; notre droit administratif admet le titre fondé sur l'usage immémorial (Cons. d'Ét., 22 fév. 1907, *Fabre*, association syndicale fonctionnant depuis 1456 et ayant, de ce fait, une *situation légale*).

(1) La légalité, au sens de la soumission des institutions et des pouvoirs sociaux à l'ensemble des règles contenues dans le bloc légal, est susceptible de trois degrés :

1° Dans un pays donné, des institutions autonomes peuvent ne pas être soumises à la légalité, c'est-à-dire qu'il n'y a pas *unité du droit*. Ce fut l'état de l'ancienne France avant que la législation royale ne se fût superposée aux ordonnances des grands

Article II. — *La distinction de la loi et du règlement.*

Y a-t-il lieu de faire cette distinction ?
On remarque, dans la littérature française contemporaine, une tendance à nier la diversité des sources des règles de droit et à les

féudataires, au droit canonique et aux coutumes locales ; le premier progrès consistera à établir l'unité du droit sous la domination de la loi ;

2° Les institutions autonomes sont soumises à la loi, mais le gouvernement et l'administration de l'État ne se considèrent pas, quant à eux, tenus à la même soumission ; un second progrès du droit sera de les convaincre de la nécessité de cette soumission, et spécialement de subordonner, d'abord, les actes particuliers de l'administration à une réglementation administrative (V. Confl., 22 avril 1910, *Préfet de la Côte-d'Or*, S., 10.3.129 et la note) ; ensuite, la réglementation administrative à la loi. C'est à quoi le droit public s'est employé au xixe siècle dans tous les pays civilisés et à quoi ont servi en France le recours pour excès de pouvoir, aussi bien que l'article 471, n° 15, C. pén. (Cf. Ihering, *Zweck im recht*, traduct. franç., sous le titre : *L'évolution du droit*, p. 228 et s. ; Otto Mayer, *Le droit administratif allemand*, édit. franç., t. I, p. 64 et s.) ;

3° A un troisième point de vue, dont l'intérêt nous est révélé par la comparaison avec les pays anglo-saxons, où n'est pas établi le même régime administratif que chez nous, il est bon de savoir si l'État soumet son activité propre à la loi commune, ou bien s'il ne la soumet pas plutôt à des lois spéciales, dites administratives. Dans les pays anglo-saxons, Angleterre et États-Unis d'Amérique, il n'y a point de lois administratives ; les rapports de l'État ou des fonctionnaires avec les particuliers sont régis par la loi ordinaire ; il n'y a pas non plus de juridiction administrative, les fonctionnaires et leurs actes sont justiciables des tribunaux ordinaires. Au contraire, dans les pays de l'Europe continentale et tout spécialement en France, les rapports de l'État et des particuliers sont régis par des lois administratives et les actes de l'administration ne peuvent être attaqués que devant une juridiction administrative (Cf. Dicey, *Introduction à l'étude du droit constitutionnel*, traduct. Jèze, 1902, p. 163 et s., le règne de la loi, p. 285, le règne de la loi en Angleterre comparé avec le droit administratif en France). — On ne saurait trop admirer la pénétration avec laquelle M. Dicey a établi cette comparaison qui, pour nous Français, éclaire d'un jour si nouveau nos propres institutions. Théoriquement, je le reconnais, l'avantage semble être du côté du système de la légalité anglaise, mais au point de vue pratique il est permis de conserver des doutes. Pour juger la valeur du système français, il convient de ne pas oublier deux choses : 1° les recours contentieux dirigés contre les actes de l'administration, et particulièrement le recours pour excès de pouvoir, permettent d'atteindre les violations de la loi ordinaire aussi bien que celles de la loi administrative ; 2° le maniement de ces recours est facile, rapide, peu coûteux, tandis que le maniement de la procédure anglaise a la réputation d'être difficile et coûteux. Il est vrai que le système d'une législation administrative spéciale et d'une juridiction administrative est lié chez nous à l'existence de prérogatives de l'administration, tandis que le système du droit commun est lié en Angleterre à l'absence de ces mêmes prérogatives. Mais si la liberté individuelle anglaise est par là sauvegardée, ne serait-ce point au détriment du bon aménagement administratif du pays ? Et si, chez nous, le bon aménagement administratif est accompagné d'un peu de privilège (dont il ne faut pas s'exagérer l'importance et qui se ramène en fait au privilège de l'action d'office, V. *infra*) ; M. Dicey ne signale-t-il pas lui-même, en un autre chapitre tout aussi suggestif, l'évolution probable de cette prérogative en un droit d'équité supérieur à la loi commune (p. 462, comparaison entre le développement du droit administratif et le développement du droit anglais, spécialement, p. 469) ?

ramener toutes à une seule qui serait la loi, et encore la loi entendue, au sens français, comme règle écrite (car, au sens anglais, la loi n'est pas nécessairement une règle écrite). D'une part, en France, la coutume n'a presque plus aucun emploi et, par conséquent, n'est presque plus une source vivante du droit ; d'autre part, on a perdu le sens de la distinction entre la loi et le règlement, à tel point que les règlements passent pour être des lois secondaires n'ayant pas le même degré d'efficacité, mais ayant la même nature que les lois proprement dites (1).

Cette tendance confusionniste ne répond pas à la réalité des choses. D'une part, elle ne tient pas compte de l'histoire. L'ordonnance royale, qui était un règlement, est bien antérieure à la loi votée par des représentants de la nation. Lorsque la loi eut fait son apparition, l'ordonnance n'a pas disparu et une lutte s'est engagée entre les deux sources du droit — lutte constitutionnelle, c'est-à-dire lutte entre deux pouvoirs : le pouvoir législatif et l'exécutif. — En Angleterre, dès 1610, il est entendu que les proclamations royales n'ont, en aucun sens, force de loi et ne peuvent que rappeler la loi à l'attention du public (Dicey, *Introduction*, p. 51) ; en France, la Constitution de 1791 permettait au roi de faire des *proclamations* au sens anglais et l'Assemblée Constituante fit elle-même, sous le nom d'*instructions*, les règlements pour l'exécution des principales lois organiques qu'elle vota ; puis, peu à peu, le *pouvoir réglementaire* fut restitué au pouvoir exécutif par les constitutions ultérieures, sous la réserve de la subordination à la loi.

D'autre part, la subordination des règlements à la loi se traduit par le fait de *l'illégalité des règlements*. Du moment que des règlements peuvent être déclarés illégaux, c'est qu'ils ne sont pas des lois, car des lois ne sauraient être illégales (2).

(1) Cette thèse sur l'identité de nature entre la loi et le règlement est celle de M. Moreau dans son ouvrage sur le *Règlement administratif*; de M. Geny, dans son ouvrage *Méthode d'interprétation en droit privé*, p. 215 ; enfin de M. Duguit, *Manuel de droit constitutionnel*, t. I, p. 191 et s., lequel affirme, en conséquence, que si les règlements sont en la forme des actes administratifs, en la matière, ils sont des actes législatifs.

On pourrait rechercher la filiation de cette doctrine et on lui trouverait des partisans à l'étranger, par exemple Rosin, *Verordnungsrecht*, 2e édit., 1895, quoique la doctrine classique en Allemagne soit d'admettre la différence fondamentale de la loi et du règlement (Jellinek, *Gesetz und Verordnung*, 1887 ; Laband, *Le droit public de l'empire allemand*, traduct. franç., t. II, p. 260 et tous les auteurs qu'il cite).

(2) A la vérité, on pourrait soutenir que la cassation des règlements pour illégalité est un moyen par lequel des lois de seconde classe sont subordonnées à des lois de première classe, et l'on pourrait remarquer qu'il en est de *l'illégalité des règlements* comme de l'*inconstitutionnalité des lois*. Les lois constitutionnelles étant considérées comme des lois de première classe par rapport aux lois ordinaires qui seraient de seconde classe, dans les pays où l'inapplication des lois ordinaires pour inconstitu-

Article III. — La loi.

La loi peut être définie *une règle générale, écrite à la suite d'une opération à procédure faisant intervenir des représentants de la nation,*

tionnalité est organisée; ce seraient donc des lois de seconde classe qui seraient ainsi subordonnées à des lois de première classe.

Mais, justement, cette comparaison fait apparaître le vice du raisonnement. D'une part, il n'est pas sûr du tout que les lois constitutionnelles aient la même nature que les lois ordinaires, même dans les pays à constitutions écrites, les lois constitutionnelles sont essentiellement des *statuts* et il n'est pas dit que les statuts soient des lois, il y a là une notion qui n'est pas encore suffisamment étudiée.

D'autre part, quand une disposition de loi ordinaire est infirmée pour inconstitutionnalité, c'est pour avoir touché à un objet quelconque dans un esprit qui n'est pas conforme à *l'esprit de la constitution*. De même, quand un règlement est annulé pour illégalité, c'est pour avoir touché à un objet quelconque dans un esprit qui n'est pas celui de la loi. Il y a donc un *esprit de la loi;* il y a aussi, sans doute, un *esprit du règlement*.

Il ne nous en faut pas davantage pour établir la nécessité de la distinction de la loi et du règlement. S'ils n'ont pas même esprit, ils n'ont rien de commun, car ils n'ont pas non plus même forme et ceci n'est contesté par personne puisqu'ils n'émanent pas du même pouvoir.

Or, ils n'ont pas même esprit, la loi est une règle de droit établie dans un esprit de liberté et c'est pour cela qu'elle est rédigée avec participation des représentants de la nation; le règlement est une règle de droit établie dans un esprit d'autorité gouvernementale, car elle est rédigée sans participation des représentants directs de la nation.

L'opposition entre l'esprit de la loi et l'esprit du règlement n'empêche point que les deux sources du droit ne puissent servir à consacrer des droits au profit des individus, contrairement à l'opinion de certains auteurs allemands qui pensent que la loi seule peut consacrer des droits subjectifs (Jellinek, *Gesetz und Verordnung;* Laband, *Droit public de l'Empire allemand,* t. II, p. 260 et s.). Un règlement, quoique fait dans un esprit d'autorité, peut consacrer des droits subjectifs, par exemple un décret peut, en organisant le statut d'un corps de fonctionnaires, leur reconnaître certains droits; à l'inverse, une loi, quoique faite pour la garantie de la liberté, peut ne consacrer aucun droit subjectif, par exemple les lois organiques des pouvoirs publics, cette circonstance n'empêchera point le règlement de rester règlement, ni la loi de rester loi.

La seule différence qu'on pourra relever, c'est que les droits subjectifs consacrés par la loi seront plus stables, plus acquis, plus définitifs que ceux consacrés par un simple règlement. Et il ne faut pas entendre par là simplement que le règlement qui a consacré le droit peut être, en la forme, plus facilement modifié ou rapporté que la loi; il faut entendre aussi que les droits subjectifs consacrés par la loi sont *naturellement perpétuels* parce que la loi est naturellement définitive, tandis que les droits subjectifs consacrés par un règlement sont *naturellement révocables* parce que le règlement est naturellement provisoire. Aussi ne trouve-t-on des droits subjectifs consacrés par des règlements que dans le domaine de la vie administrative, qui est le domaine du provisoire, du révocable et du viager; on n'en trouve guère dans le domaine de la vie civile, qui est, au contraire, le domaine du perpétuel et du définitif. Spécialement, si le statut de certains fonctionnaires est établi par simple règlement et si, en somme, il n'y a pas grand intérêt, en cette matière, à procéder par la loi plutôt que par le règlement, c'est que du statut des fonctionnaires il ne peut jamais résulter que des droits viagers, révocables sous certaines conditions.

Sur le caractère provisoire et révocable des droits individuels administratifs, Cf. ce

qui déclare obligatoires des rapports sociaux découlant de la nature des choses en les interprétant du point de vue de la liberté.

On distingue ordinairement dans la loi des éléments de forme et des éléments de fond.

I. *Éléments formels de la loi*. — Ce sont les suivants :

1° La loi est une règle *écrite*, c'est-à-dire formulée expressément comme un ordre de l'autorité gouvernementale ;

2° Elle est écrite à la suite d'une *opération à procédure* mettant en mouvement plusieurs pouvoirs publics, principalement le pouvoir législatif, composé de représentants de la nation, et accessoirement le pouvoir exécutif.

Le pouvoir législatif délibère la loi et la vote ; le pouvoir exécutif intervient dans la délibération et promulgué la loi, c'est-à-dire la rend exécutoire. Cette procédure fait présumer l'adhésion et l'obligation de la nation, et c'est ce qui fait que la loi est *obligatoire* (1) ;

3° Enfin, la sanction de la loi suppose normalement l'intervention du juge pour ce qui est de l'exécution forcée ; la loi est déclarée *obligatoire* sous réserve d'appréciation par le juge. C'est un point sur lequel nous reviendrons, mais auquel il doit être fait allusion ici, car on doit être frappé du lien étroit qu'établit le droit anglais entre la loi et le juge public, la loi étant, d'après nos voisins, « ce qui est appliqué par le juge public » (Cf. Dicey, *op. cit.*, introd., p. 1 et 5) (2).

---

qui sera dit plus loin, v° *Domaine public*, à propos des droits réels de jouissance des concessionnaires du domaine public, et V. note dans S., 1908. 3. 65, sous Cons. d'Ét., 25 mars 1906, *Ministre du Commerce*.

(1) D'abord, parce que le corps législatif, issu de l'élection, représente de près la nation, ensuite parce que la publicité des débats et leur répétition dans deux assemblées est de nature à avertir suffisamment l'opinion publique et, par suite, la volonté commune du pays. Néanmoins, dans cet ordre d'idées, d'autres garanties pourraient être cherchées, notamment du côté du *referendum*, et il convient d'observer que les lois, quoique votées en principe *à toujours*, sont aussi toujours *revisables* et *reformables* et que leur revision est fatale dans un délai plus ou moins long, lorsqu'elles ne sont pas réellement conformes à la volonté commune, étant donné que la procédure parlementaire de votation des lois fonctionne continuellement.

(2) Sans aller aussi loin que le droit anglais qui met sur le même rang la loi écrite (*Statute law*) et la loi non écrite (*Common law*) et qui, par conséquent, admet la loi non écrite pourvu qu'elle soit appliquée par le juge, tout en maintenant la condition de la loi écrite, nous pourrions, en France, faire jouer au juge le rôle qui lui revient, en nous orientant résolument vers la sanction de la loi par le juge public et rien que par le juge, c'est-à-dire que nous pourrions et devrions renoncer à la tradition de la sanction des lois par la voie administrative, toutes les fois du moins qu'elles imposent des obligations à d'autres qu'à l'administration (V. *infra*, Exécution forcée des lois). Cf. à propos des scellés apposés par voie administrative, Confl., 2 nov. 1902, *Société immobilière de Saint-Just*, S., 1904. 3. 17, note et conclusions de M. Romieu ; Chavegrin, note dans S., 1904. 1. 57 ; Berthélemy, *Revue de droit public*, 1904, p. 318 ; Duguit, *Manuel*, t. I, p. 682.

On peut dire, en effet, que la loi est sous condition d'application par le juge public,

11. Éléments matériels de la loi. — Au point de vue matériel, une loi est *une règle générale déclarative des rapports découlant de la nature des choses et de leur caractère obligatoire, avec orientation vers la liberté.*

Les éléments matériels de la loi sont donc les suivants :

1° *Le caractère déclaratif de la règle.* — La loi est, par nature, déclarative plutôt que constructive; le contenu des règles légales est pris dans la nature des choses, c'est du droit tiré de l'expérience, observé *a posteriori*, envisagé du point de vue des opérations sociales. Sans doute, la loi ne se modèle pas sur les faits d'aussi près que la coutume, cependant les enquêtes, les discussions, les délibérations qui précèdent le vote des lois ont pour résultat de renseigner le législateur sur la façon *dont les choses se passent* et le plus souvent, en effet, les lois sont faites pour régler des relations sociales déjà établies. Ainsi, toute la législation ouvrière qui se fait en ce moment-ci tend à résoudre des questions qui sont posées par l'industrie moderne déjà depuis plus d'un siècle et qui ont déjà reçu des solutions pratiques. Observons que la loi est déclarative des rapports qui découlent de la nature des choses *en tant qu'ils doivent être obligatoires* et qu'ainsi le caractère obligatoire de la loi résulte de la nature des choses autant que du *jussus* gouvernemental ou du *consensus* de la nation (1).

---

de même qu'à l'inverse le juge public est sous condition de règles légales à appliquer. Historiquement, il y a synchronisme entre l'institution du juge public et l'apparition des lois; les premières procédures judiciaires de Rome portent le nom d'*actiones ex lege*; ces prétendues lois n'étaient sans doute que des coutumes, mais elles jouaient le rôle de la *Common law* anglaise, c'étaient des lois non écrites. Cf. P.-F. Girard *Histoire de l'organisation judiciaire chez les Romains.*

(1) On peut se poser la question de savoir si la loi est une *manifestation de volonté de l'État.* On peut admettre l'affirmative en théorie, et c'est ce qu'ont fait largement les doctrines métaphysiques révolutionnaires sur la loi *expression de la volonté générale*, mais il est à remarquer qu'en pratique le droit ne traite en aucune façon la loi comme une manifestation de volonté. Les règlements administratifs sont traités en manifestations de volonté en ce qu'ils peuvent être annulés par des moyens juridiques lorsqu'ils sont entachés de certains vices. Les lois ne sont jamais annulées. Même dans les pays où règne le principe de l'inconstitutionnalité des lois, les dispositions légales inconstitutionnelles ne sont point annulées, elles restent simplement privées de la sanction juridictionnelle. La conception de notre constitution consulaire, d'après laquelle un Sénat conservateur devait casser les lois inconstitutionnelles, n'a point fait fortune.

Pour expliquer que les lois ne soient point annulables, on invoque d'ordinaire leur caractère d'acte de souveraineté; il semble qu'on pourrait invoquer aussi qu'elles ne sont point des manifestations de volonté.

Sans doute, elles sont le résultat d'une délibération du Parlement qui est un *acte* aussi bien que la délibération d'un conseil municipal ; sans doute, les Anglais appellent leurs lois des *acts* du Parlement; sans doute encore, elles sont promulguées par un acte du chef de l'État, mais cela ne prouve rien quant au contenu de la règle. La règle de droit contenue dans la loi peut avoir donné lieu à des actes pour sa votation

2° *Le caractère de règle générale.* — Que la loi soit une règle générale, cela signifie plusieurs choses : d'abord, qu'elle s'adresse également à tous, à ce point de vue, elle entraîne le corollaire de l'égalité devant la loi ; ensuite, qu'elle s'applique aussi bien aux temps à venir qu'au temps présent, ce qui fonde la stabilité des situations légales ; enfin cela signifie ou peut signifier que la loi ne doit viser que des relations sociales d'ordre général et envisagées d'une façon abstraite, qu'elle n'est point faite pour les cas particuliers et concrets. Cela serait la condamnation des lois individuelles ou lois *d'espèces.* Cela tendrait à différencier les lois et les statuts constitutionnels, car les constitutions sont les règles d'organisation d'un être très particulier. Ce n'est pas ici le lieu de discuter ces questions. Ce qui est certain, c'est qu'il y a réellement dans la loi un penchant à l'abstraction, à la généralisation et à l'idéologie qui constitue son danger et qui aurait besoin d'être corrigé par des jurisprudences coutumières.

3° *L'esprit de liberté.* — D'un autre côté, le caractère d'abstraction et de généralisation de la règle légale est ce qui permet l'action de l'idéal de la liberté ; le contenu des règles légales, quoique pris dans la nature des choses, n'est pas transcrit dans la loi tel que le fournit la réalité brute, il est retouché et orienté dans un sens voulu qui est celui de la liberté, dont l'idéal s'impose au régime public de l'État.

Domaine de la loi. — Dans un pays où il y a à la fois des lois et des règlements et où règne une légalité constitutionnelle (il y a lieu sur ce point de distinguer le territoire métropolitain et les possessions coloniales), la nature de la loi entraîne logiquement un certain domaine de la loi, parce que la loi devient la garantie suprême des libertés. Si l'on tient compte de l'ensemble des considérations précédentes, on aboutit à cette formule pratique : est et doit être du domaine de la loi *toute condition nouvelle imposée à l'exercice d'une liberté et toute organisation de l'État importante pour la garantie d'une liberté* (Cf. Romieu, sous Cons. d'Ét., 4 mai 1906, *Babin*, Lebon, p. 362) (1).

et pour sa promulgation ; elle peut avoir été accompagnée de manifestations de volonté accessoires auxquelles est attachée son émission, et, prise en elle-même, elle peut n'être pas une manifestation de volonté de l'État. Comment le serait-elle en effet, puisqu'elle est essentiellement déclarative de la nature des choses ? Elle n'est pas plus une manifestation de volonté de l'État que le jugement d'un juge. Tout ce qui est purement déclaratif n'est pas une manifestation de volonté, car la manifestation de volonté est essentiellement constructive. La loi, comme le jugement, sont le résultat non pas d'une opération de la volonté, mais d'une opération de l'intelligence et toutes les deux sont des formes du jugement psychologique. Même pour la part d'abstraction et d'idéal qu'elle contient, la loi est œuvre d'interprétation et de jugement plus que de volonté.

(1) On considère généralement comme étant du domaine de la loi, à raison de leur

Influence de la forme de loi sur la force exécutoire de l'acte. — Tout acte en forme de loi s'exécute comme une loi, alors même qu'il ne contiendrait pas matière de loi, c'est-à-dire alors même qu'il contiendrait matière réglementaire ou matière de délibération administrative. En conséquence : 1° Un acte en forme de loi ne saurait être abrogé que par un autre acte en forme de loi, il ne saurait l'être ni par un règlement, ni par une délibération administrative (Cons. d'Ét., 22 juin 1906, *Joussot*) ; 2° un acte en forme de loi ne saurait être l'objet d'un recours contentieux en annulation ; 3° un acte en forme de loi est toujours obligatoire pour le pouvoir exécutif et pour l'administration.

Article IV. — *Le règlement* (1).

Le règlement peut être défini *une manifestation de volonté sous forme de règle générale, émise par une autorité ayant le pouvoir réglementaire, qui tend à l'organisation et à la police de l'État dans un esprit à la fois constructif et autoritaire* (2).

Il y a lieu de distinguer, comme pour la loi, le point de vue formel et le point de vue matériel.

1. *Les éléments formels du règlement.* — Au point de vue formel, un règlement est une disposition édictée par une autorité administrative

---

importance pour la liberté : les règles organiques des grands pouvoirs publics [à ce point de vue, il est fâcheux que l'organisation centrale des ministères soit établie par de simples règlements] ; les règles de décentralisation administrative ; les règles organiques des libertés individuelles, y compris celles qui organisent les transactions privées (droit civil, droit commercial) ; les règles pénales ; les actes qui organisent des juridictions nouvelles (Cf. Pierre, *Traité de droit politique*, 1893, p. 56 et ss.) ; il convient d'y ajouter les actes qui organisent des autorités administratives nouvelles pouvant prendre des décisions exécutoires opposables aux individus (Cons. d'Ét., 19 fév. 1904, *Chambre syndicale des fabricants de matériel des chemins de fer, affaire des conseils du travail*) ; ceux qui prononcent des incapacités électorales, le règlement pouvant tout au plus créer une incompatibilité qui ne porte pas atteinte au droit (Cons. d'Ét., 25 fév. 1905, *Élection d'Onnaing*).

(1) *Bibliographie* : Isambert, *Essai sur les limites qui séparent le pouvoir législatif du pouvoir réglementaire*, 1825 ; Camille Bazille, *Du pouvoir réglementaire*, Revue générale d'administration, 1881, t. 1, p. 271 et s. ; Jean-Dejamme, *Du pouvoir réglementaire*, eod., 1892, t. III, p. 257 et s. ; H. Berthélemy, *Le pouvoir réglementaire du président de la République*, Revue politique et parlementaire, 1898 ; Tcheruoff, *Le pouvoir réglementaire des maires* ; Mme Balakowski-Petil, *Du pouvoir réglementaire dans les pays où la séparation des pouvoirs n'existe pas*, 1901 ; Moreau, *Le règlement administratif*, 1902 ; Jèze, *Le règlement administratif*, Revue d'administration, 1902, t. II, p. 5 ; A Mestre, *Compte rendu de Moreau*, Revue de droit public, 1904, p. 623 ; G. Cahen, *La loi et le règlement*, 1903 ; Esmein, 5° édit., p. 610 et s.

(2) La conséquence de ce point de vue autoritaire est qu'en principe le règlement, en prescrivant le but à atteindre, ne laisse pas le choix des moyens. — Dans la matière de la police, la lutte entre la tendance autoritaire du règlement qui exclut le choix des moyens et la tendance libérale de la loi qui laisse le choix des moyens est très intéressante. V. *infra*, *Les droits de la police*.

ayant le pouvoir réglementaire et en vue d'exercer ce pouvoir sans se préoccuper de l'adhésion des sujets. Il n'est pas, comme la loi, le résultat d'une opération à procédure mettant en jeu plusieurs pouvoirs qui participent à la décision et surtout il ne met pas en jeu des représentants directs de la nation (1).

De l'origine du pouvoir réglementaire. — Les autorités administratives tiennent leur pouvoir réglementaire formellement de la Constitution et de l'organisation administrative (2) et, par delà, de la nature même des choses, le gouvernement et l'administration étant impossibles sans l'*imperium*, et l'*imperium* comprenant à la fois le pouvoir de donner des ordres et celui de les faire exécuter. C'est-à-dire qu'il y a dans le pouvoir politique ou dans le gouvernement un *principe d'autorité*.

Chacun des grands pouvoirs publics a le pouvoir de régler ; là où ce pouvoir ne fonctionne pas, c'est qu'il a été supprimé, mais là où il fonctionne, ce n'est pas en vertu d'une délégation de la loi, c'est par sa propre vertu (3).

Il faut considérer comme fausse la théorie d'après laquelle le pouvoir réglementaire serait une délégation du pouvoir législatif ; elle est fausse parce que le pouvoir réglementaire est spontané et historiquement antérieur au pouvoir législatif, et encore parce que, dans un pays à constitution écrite et à séparation des pouvoirs, le pouvoir législatif ne se délègue pas (4).

---

(1) Sans doute, les règlements doivent être pris quelquefois après avis d'un corps consultatif ou sauf approbation de l'autorité supérieure, mais il est de principe que les corps consultatifs ne participent pas à la décision et que l'autorité qui donne son approbation n'y participe pas davantage. V. *infra*, le cas du règlement d'administration publique qui fait participer à la décision le pouvoir législatif et le pouvoir exécutif.

(2) Sur l'histoire constitutionnelle du pouvoir réglementaire, V. Esmein, *éléments de droit constitutionnel*, 6e édit., p. 675 et s.

(3) Le pouvoir réglementaire qu'exerçaient les Parlements sous l'ancien régime était naturel ; si les tribunaux modernes ne l'exercent plus, c'est que les arrêts de règlement leur ont été formellement interdits et c'est une conséquence de la séparation des pouvoirs (art. 5 G. civ.). Le pouvoir réglementaire qu'exerçaient les lieutenants de police était naturel (édit de mars 1667, Saint-Germain-en-Laye). La constitution de 1875, art. 3, consacre le pouvoir réglementaire du président de la République en ces termes : « Il surveille et *assure* l'exécution des lois », le sens de ces expressions est d'ailleurs éclairé par la charte de 1830, art. 13, par la constitution de 1848, art. 49, et par la loi du 31 août 1871, art. 2 ; l'indépendance constitutionnelle du pouvoir réglementaire du chef de l'État est donc certaine en principe (Cons. d'Ét., 19 fév. 1904, *Affaire des conseils du travail*, précitée ; 4 mai 1906, *Babin*, conclusions de M. Romieu), mais les considérations précédentes serviront à établir cette indépendance dans tous les cas, et à l'établir également au sujet des règlements faits par les autres autorités administratives. M. Moreau est partisan déterminé du caractère spontané du pouvoir réglementaire, *op. cit.*, p. 164 et s.

(4) V. Esmein, *De la délégation du pouvoir législatif*, Revue politique et parle-

Des autorités qui ont le pouvoir réglementaire. — Il y a en cette matière à éviter une confusion. S'il s'agit d'actes qui ne sont réglementaires qu'à un point de vue d'organisation administrative, la plupart des autorités ont le pouvoir d'accomplir de ces actes ; s'il s'agit des règlements de police territoriale qui sont *sources du droit pour tous*, et qui s'adressent *au public*, le nombre des autorités ayant le pouvoir d'en faire est beaucoup plus restreint. En ce dernier sens, le pouvoir réglementaire appartient à des autorités ayant des pouvoirs de police, telles que le chef de l'État et le préfet dans l'État, telle que le maire dans la commune et il s'exerce au nom de ces administrations (1).

Spécialement, le maire de la commune, quand il prend des arrêtés réglementaires, ne représente pas l'État, mais agit à titre autonome au nom de la commune (2).

mentaire, août 1894, et *Droit constitutionnel*, 5ᵉ édit., p. 474 et 610. Tout ce que l'on peut dire, c'est que la loi fournit aux règlements leur sanction (V. *infra*, p. 78).

(1) D'après M. Moreau, le département a le pouvoir réglementaire de police comme la commune et il l'exerce par son conseil général : il faut avouer que nombre de lois de police nouvelles peuvent être invoquées en ce sens (LL. 15 juill. 1893, 15 fév. 1902, etc.). V. *op. cit.*, p. 455 et s.

(2) Cela avait été reconnu nettement par les lois révolutionnaires. L. 14 déc. 1879, art. 49 : « Les corps municipaux auront deux espèces de fonctions à remplir, les unes propres au pouvoir municipal, les autres propres à l'administration générale de l'État et déléguées par elle aux municipalités ». Art. 50 : « Les fonctions propres au pouvoir municipal, sous la surveillance et l'inspection des assemblées administratives, sont... de faire jouir les habitants des avantages d'une bonne police, notamment de la propreté, de la salubrité, de la sûreté et de la tranquillité dans les rues, lieux et édifices publics ». L. 16-24 août 1790, tit. 11, art. 1ᵉʳ : « Les corps municipaux veilleront et tiendront la main, dans l'étendue de chaque municipalité, à l'exécution des lois et des règlements de police ». Art. 3 : « Les objets de police confiés à la vigilance et à l'*autorité* des corps municipaux sont... » V. encore L. 19-22 juill. 1791, art. 471, n° 15, C. pén., et encore par la loi du 18 juill. 1837. Art. 10, L. 18 juill. 1837 : « Le maire est chargé, *sous la surveillance* de l'administration supérieure, de la police municipale, de la police rurale, etc. » ; et cela s'oppose à l'art. 9 : « Le maire est chargé sous l'*autorité* de l'administration supérieure », etc. ; lors de la discussion de la loi du 5 avril 1884, cela fut contesté par suite des craintes que faisait naître la nomination des maires désormais abandonnée au conseil municipal ; l'article 91 relatif aux pouvoirs de police du maire fut placé à part, entre ceux qui traitent du maire comme délégué de l'administration centrale et ceux qui traitent du maire comme représentant autonome de la commune ; il faut conclure de là qu'il y a eu intention de centraliser la police et le pouvoir réglementaire, mais que cette intention n'a pas complètement abouti, que le pouvoir réglementaire du maire est devenu une matière mixte ; il y a autorité de l'administration centrale en ce sens que les arrêtés du maire peuvent être annulés (art. 95), mais il y a encore autonomie en ce sens que l'arrêté est exécutoire par lui-même au bout d'un certain délai (art. 95). D'ailleurs, l'article 91 a conservé les expressions traditionnelles « sous la surveillance de l'administration supérieure ». V. en ce sens, Morgan, *Loi municipale*, sous l'art. 91, et Cons. d'Ét., 6 avril 1900, *Commune de Jargeau*. — La loi du 21 juin 1898 sur la police rurale et celle du 15 février 1902 sur la santé publique ont restreint sur nombre de points les pouvoirs de police du maire.

Des différents règlements faits au nom de l'État. — Il faut distinguer les règlements faits par le chef de l'État, ceux faits par les ministres et ceux faits par les préfets :

a) *Règlements faits par le chef de l'État.* — Ce sont des décrets réglementaires, car tous les actes du chef de l'État portent le nom générique de décrets. Ils sont, ou bien pour assurer l'application des lois, ou bien pour créer des organisations administratives nouvelles, ou bien pour régler des matières de police spéciale (car la police administrative générale n'appartient pas au chef de l'État, mais seulement aux préfets). Ils se divisent en trois catégories : les règlements d'administration publique, ceux qui sont « en forme de règlement d'administration publique » et les règlements ordinaires.

Les règlements *d'administration publique* présentent les trois caractères suivants : 1° ils sont obligatoirement délibérés en assemblée générale du Conseil d'État; 2° la rédaction en a été prescrite par une loi ; 3° ils sont pour compléter la loi qui en a prescrit la rédaction.

Les règlements *en forme de règlement d'administration publique* sont délibérés par l'assemblée générale du Conseil d'État, leur rédaction peut avoir été prescrite par une loi, bien que ce n'ait pas toujours lieu, mais ils ne sont pas le complément de cette loi (1).

Les règlements *ordinaires* ne sont pas soumis à l'assemblée générale du Conseil d'État, mais peuvent avoir été délibérés par telle ou telle section du conseil, ou par des conseils techniques, comme le conseil des ponts et chaussées, le conseil supérieur de l'instruction publique, etc., ou être simplement pris sur le rapport d'un ministre.

b) *Règlements faits par les ministres.* — Il est de doctrine courante que le pouvoir réglementaire des ministres est exceptionnel; cette absence de pouvoir réglementaire des ministres s'explique par ce fait qu'ils disposent dans une large mesure du pouvoir réglementaire du chef de l'État avec qui ils travaillent; les règlements du chef de l'État sont à moitié ministériels (2). Cependant, cette opinion

---

(1) Le meilleur exemple qui puisse en être donné est celui des règlements organisant l'administration centrale des ministères ; il a été prescrit par l'article 16 de la loi de finances du 29 décembre 1882 qu'ils seraient rédigés en forme de règlements d'administration publique, mais ils ne sont point soudés à cet article de loi pour le compléter. Il semble, d'ailleurs, que le gouvernement puisse spontanément donner cette forme à des règlements, car les ministres ont le droit de « renvoyer les affaires importantes à l'examen de l'assemblée générale du conseil » (Décr. 3 avril 1886, art. 7, n° 27). M. Moreau, p. 145, critique cette définition des règlements en forme de R. d'A. P., mais sans en donner une plus satisfaisante ; il paraît croire qu'il n'est fait en forme de R. d'A. P. que des actes individuels et non des règlements; mais les exemples abondent ; indiquons encore les *règlements d'eau* qui sont en forme de règlements d'administration publique (L. 8 avril 1898, art. 9).

(2) La loi du 7 avril 1917 sur la mise en culture des terres abandonnées (art. 7) : « des décrets rendus *sur la proposition* du ministre de l'Agriculture et *contresignés*

est peut-être un peu absolue et une distinction me paraît nécessaire entre, les règlements *de police*, qui s'adressent au public, pour lesquels le ministre n'a qu'une compétence exceptionnelle, et les règlements *organiques*, pour lesquels il a une compétence normale (1).

c) *Règlements faits par les préfets*. — Ils peuvent être faits : 1° pour des objets spéciaux, par délégation du chef de l'État (par exemple, pour le détail de certains règlements d'eau) ; 2° pour des objets spéciaux, en vertu d'un pouvoir propre (police de la chasse, de la pêche, de l'écoulement des eaux) ; 3° pour la police administrative générale, et alors, soit pour tout le territoire d'un département, soit pour le territoire de plusieurs communes. Quant au cas où le préfet fait un règlement applicable à une seule commune en se conformant aux formalités de l'article 99 de la loi municipale du 5 avril 1884, c'est un cas où il fait un règlement au nom de la commune, non point au nom de l'État, car il se substitue au maire (V. *infra*, organisation administrative, pouvoirs du maire).

Confection des règlements. — Pour les règlements, il n'y a pas à distinguer la confection et la promulgation, les deux opérations se

---

par le ministre des Finances détermineront les conditions d'application de la présente loi ».

(1) Le ministre est le chef de la hiérarchie administrative ; il l'est non seulement au regard du personnel des fonctionnaires, mais au regard des recours des particuliers, puisque les recours hiérarchiques s'arrêtent à lui, et encore au regard de la procédure des affaires administratives, pour laquelle toute impulsion part des bureaux du ministère. Cette situation me paraît engendrer un pouvoir réglementaire qui se traduira par des règlements *organiques*, tant pour l'organisation hiérarchique des fonctionnaires (toutes les fois que des décrets du chef de l'État ne seront pas emparés de la matière) que pour la détermination des règles de procédure à suivre dans telle ou telle affaire administrative. Spécialement, le ministre de l'Intérieur me paraît avoir été compétent pour déterminer, par l'arrêté du 1er juillet 1901, les justifications essentielles à l'instruction des demandes d'autorisation formées par les congrégations religieuses.

Quant à la compétence *de police* du ministre, elle est exceptionnelle. Quoi qu'il en soit, lorsque le ministre fait des règlements de police, ils sont contenus dans des *arrêtés réglementaires*. Les exemples les plus remarquables de ces arrêtés ministériels réglementaires territoriaux sont : 1° les règlements faits pour la police des gares et de la voie, ainsi que pour la composition et la marche des convois de chemins de fer, par le ministre des Travaux publics, en vertu de l'ordonnance du 15 novembre 1846, modifiée par le décret du 1er mars 1901, articles 1-44 ; 2° les homologations des tarifs de transports faites par le même ministre en vertu de l'article 44, même ordonnance. Les tarifs, une fois homologués, deviennent de véritables règlements, ce ne sont point des conventions passées entre la compagnie et le public pour la rémunération d'un louage de services ; « ils sont comme des lois ». La jurisprudence a successivement déduit toutes les conséquences de cette idée ; il en résulte notamment qu'une fois les conditions de publicité remplies, nul n'est censé ignorer l'existence d'un tarif ; que l'interprétation du tarif par le juge doit être littérale ; qu'on ne saurait, par des conventions particulières, déroger à un tarif, etc. (Cass., 25 janv. 1898 ; *Bonne*, S., 98. 1. 361).

confondent, étant l'œuvre de la même autorité administrative. Rien d'essentiel dans la forme des décrets et arrêtés réglementaires, si ce n'est la signature et aussi la date, afin que l'on puisse vérifier la qualité de l'autorité qui a signé, mais il y a une forme habituelle : 1° visa des textes, motifs sous forme de considérants; 2° dispositif par articles; 3° date et signature; de plus, les actes délibérés en Conseil d'État portent la mention de cette délibération.

Après la signature, les décrets réglementaires et les arrêtés des préfets sont exécutoires par eux-mêmes; il en est autrement des arrêtés réglementaires des maires, du moins de ceux qui portent règlement permanent; ils ne deviennent exécutoires qu'un mois après la remise de l'ampliation au préfet ou au sous-préfet, constatée par certificat; néanmoins, en cas d'urgence, le préfet peut autoriser l'exécution immédiate (art. 95, L. 5 avril 1884).

Pour la publication, il faut distinguer entre les décrets réglementaires, d'une part, et, d'autre part, les arrêtés préfectoraux et municipaux (1).

II. *Matière des règlements.* — Au point de vue de sa matière, un règlement est une *manifestation de volonté, sous forme de règle générale, qui tend à l'organisation et à la police de l'État dans un esprit à la fois constructif et autoritaire.* Les éléments matériels du règlement sont donc les suivants :

1° Le caractère de *règle générale* (sur ce point le règlement ressemble à la loi);

2° Le caractère de *manifestation de volonté constructive tendant à l'organisation et à la police de l'État* (ici se marque une première divergence avec la loi, qui n'est pas une manifestation de volonté et

---

(1) Les décrets réglementaires importants sont insérés au *Journal officiel* (Décr. 5 nov. 1870, art. 2), par suite ils sont censés connus à Paris un jour franc après celui de l'insertion au *Journal officiel*, c'est-à-dire le surlendemain; partout ailleurs, dans l'étendue de chaque arrondissement, un jour franc après que le *Journal officiel* qui contient l'insertion sera arrivé au chef-lieu d'arrondissement, c'est-à-dire encore le surlendemain. Les décrets de moindre importance sont insérés seulement au *Bulletin des lois* et restent sous l'empire de l'ordonnance du 27 nov. 1816 et du 18 janv. 1817. Pour les arrêtés réglementaires préfectoraux et municipaux, la Cour de cassation admet que l'arrêté est censé connu du jour même de la publication. Quant au fait même de la publication, pour les arrêtés préfectoraux pas de règles; pour les arrêtés municipaux (art. 96, L. 5 avril 1884), publication et affichage, ces deux faits réalisés conformément aux usages; seulement il faut que la date de la publication soit constatée; aussi la loi du 5 avril 1884 a-t-elle exigé que la publication fût certifiée par une déclaration écrite du maire, et pour plus de sûreté, même, l'arrêté doit être transcrit en entier sur le registre de la mairie (art. 96 *in fine*), et tout habitant est autorisé à en prendre copie (art. 58). Il peut d'ailleurs être suppléé à ces moyens de preuve légaux par tous autres moyens (Cass., 5 août 1899, *Léautaud* et autres; *Hurtault* et autres, S., 1901. 1. 430).

Les événements qui peuvent enlever aux règlements leur force sont les suivants : a) *L'abrogation.* — Un règlement ne peut être abrogé que par un autre règlement

qui n'est pas constructive). La preuve que le règlement est une manifestation de volonté, c'est qu'il est traité par le droit administratif comme une décision exécutoire et soumis au recours pour excès de pouvoir à la suite duquel il peut être annulé, même le règlement d'administration publique.

Du moment qu'il est une manifestation de volonté, il est constructif et le but de la construction est, soit l'organisation d'un service, soit la police de l'ordre public ;

3° Le caractère *autoritaire*. Non seulement le règlement est souvent inspiré dans ses dispositions d'un esprit d'autorité se préoccupant surtout de développer l'action du pouvoir gouvernemental et administratif, mais, en outre, la valeur obligatoire du règlement est

émané de la même autorité ou d'une autorité plus haute, si elle est compétente, rendu dans la même forme ou dans une forme plus relevée. Ainsi un décret réglementaire simple peut être abrogé par un règlement d'administration publique, mais l'inverse n'est pas possible (Cons. d'Ét., 30 janv. 1903, *Sauvage*) ; un décret ne peut être modifié par un arrêté de préfet (Cons. d'Ét., 25 mai 1906, *Lagrange*). Un règlement peut encore être abrogé par une loi, puisque le règlement est essentiellement subordonné à la loi. Mais l'abrogation d'une loi ancienne, sur laquelle sont appuyés d'anciens règlements, ne fait pas tomber ces règlements, alors surtout que, en vertu de la loi nouvelle, l'autorité administrative conserve les mêmes pouvoirs (Cons. d'Ét., 11 fév. 1907, *Ministre de l'Agriculture*) ;

b) *La rétractation.* — Les règlements peuvent être rapportés ou rétractés par l'autorité qui les a faits et par un acte dressé en la même forme. La rétractation diffère de l'abrogation en ce sens que la disposition nouvelle se borne à détruire les dispositions anciennes, sans rien y substituer ;

c) *L'annulation.* — Les règlements peuvent, suivant les cas, être annulés, soit par décision administrative d'une autorité supérieure, soit par décision juridictionnelle :

1° Les règlements de police des maires peuvent être annulés administrativement par le préfet, soit spontanément, soit sur recours gracieux des parties lésées dans leurs intérêts. Cette annulation peut intervenir à un moment quelconque, alors même que l'arrêté est devenu exécutoire, c'est-à-dire même après l'expiration du délai d'un mois depuis le dépôt de l'ampliation ; l'administration n'est pas liée par son silence, elle ne le serait même pas par une approbation antérieure qui aurait été donnée formellement. L'annulation doit être prononcée par arrêté ; elle peut être motivée par la simple inopportunité de l'acte. Les actes accomplis en exécution de l'arrêté municipal jusqu'au moment de l'annulation restent valables (art. 95, L. 5 avril 1884).

Les mêmes arrêtés peuvent être annulés juridictionnellement par le Conseil d'État à la suite d'un recours pour excès de pouvoir fondé sur l'incompétence, la violation des formes, le détournement de pouvoir, la violation de la loi et des droits acquis, recours ouverts aux parties intéressées ;

2° Les arrêtés réglementaires des préfets peuvent être *annulés* ou *réformés* administrativement par le ministre compétent, soit spontanément, soit sur le recours gracieux des parties intéressées, pour simple inopportunité (Décr. 25 mars 1852, art. 6). Ils peuvent être également annulés juridictionnellement par le Conseil d'État, à la suite d'un recours pour excès de pouvoir ;

3° Les décrets réglementaires de toute espèce, même les règlements d'administration publique, peuvent être annulés juridictionnellement pour excès de pouvoir (Cons. d'Ét., 6 déc. 1907, *Chemin de fer de l'Est*, S., 1908. 3. 1 et la note).

d) *L'illégalité* (V. *infra*.)

tirée exclusivement du *jussus* gouvernemental et non pas d'une nature des choses qui serait obligatoire par elle-même ou d'un *consensus* de la nation. C'est une seconde différence avec la loi qui, d'une part, est conçue dans un esprit de liberté et qui, d'autre part, tire en partie son caractère obligatoire de la nature des choses et du *consensus* de la nation.

Domaine des règlements. — Dans ces conditions, le domaine d'application des règlements est tout indiqué ; ce sont les matières où il y a beaucoup d'organisations publiques à créer et où, d'ailleurs, ces organisations ont chance d'être provisoires, telle est l'organisation des services publics nouveaux dans la métropole et telle est l'organisation de tout le régime public dans les colonies : telles sont encore les matières de police où il s'agit de parer rapidement aux dangers sans cesse renouvelés qui menacent l'ordre public.

§ 2. — Les relations de la loi et du règlement.

ARTICLE I. — *La subordination des règlements aux lois.*

Les relations des lois avec les règlements sont d'un caractère très complexe : d'une part, les règlements sont subordonnés aux lois, mais, d'autre part, les règlements servent à assurer l'application des lois.

La centralisation des sources du droit sous la domination de la loi. — La loi est essentiellement centralisatrice et cela se marque dans trois phénomènes : la codification, l'emprise de la loi sur l'avenir, la subordination à la loi des autres sources du droit.

Sur les deux premiers phénomènes, V. mes *Principes de droit public*, 2ᵉ édit., p. 236 et s. Nous n'étudions ici que le troisième.

La loi centralise les autres sources du droit auxquelles historiquement elle s'est superposée et qui sont, d'une part, la coutume, d'autre part, le règlement ou l'ordonnance ; elle les centralise en ce sens qu'elle se les subordonne, les éliminant en partie, les utilisant sous son contrôle pour ce qu'elle en laisse subsister, constituant ainsi ce qu'on peut appeler le bloc de *la légalité*, bloc en partie hétérogène, mais où domine incontestablement la loi.

Nous avons déjà signalé (*supra*, p. 32) la subordination de la coutume à la loi et son rôle effacé. Ce n'est pas ici le lieu d'y insister.

La question de la subordination du règlement est plus intéressante dans notre droit que celle de la coutume, en ce sens que les règlements administratifs peuvent être appliqués par le juge et, par suite, sont doués d'efficacité publique, en ce sens aussi que la France de l'ancien régime a vécu sous le régime des ordonnances royales qui étaient plutôt des règlements que des lois, avant que les garanties du régime d'État moderne fussent développées. Même dans la France actuelle, on sait que si la métropole est sous la garantie des lois, les colonies sont sous l'empire du règlement. Enfin, dans la métropole, il y a toute une catégorie de citoyens qui sont sous l'empire du règlement, ce sont les fonctionnaires. Pour tout ce qui concerne leur situation personnelle et leur dépendance vis-à-vis de l'administration, ils constituent comme une « colonie à l'intérieur, soumise au régime du décret », et c'est pourquoi ils demandent un statut légal, que d'ailleurs on se prépare à leur donner. Ainsi le règlement est une source du droit vivante qu'il importe de situer.

Sa situation par rapport à la loi se traduit en une subordination, mais avec des réserves et des nuances.

Rappelons, d'abord, que si le règlement est subordonné à la loi, il n'en est pas moins une source du droit autonome. C'est-à-dire que les autorités gouvernementales ou administratives qui édictent des règlements n'agissent point par délégation du législateur, mais en vertu d'un pouvoir autonome (1). Cela dit, l'effet du règlement est bridé par la loi.

Théorie de l'illégalité des règlements. — Le règlement est bridé par la loi en ce sens que toute disposition réglementaire en contradiction, soit avec les termes d'une loi, soit avec *l'esprit de la loi*, soit avec une liberté *définie* consacrée par une loi (2) est frappée d'illégalité si, d'ailleurs, elle n'a pas été prise en vertu d'une autre disposition de loi. Pour faire valoir cette illégalité, il y a deux moyens :

1° L'annulation du règlement par le Conseil d'État sur recours pour excès de pouvoir ; ce moyen s'applique absolument à tous les règlements, mais il a un inconvénient, c'est que le recours pour excès de pouvoir est enfermé dans un délai très court, deux mois à compter

---

(1) Ce point a été nettement établi par M. Moreau, *Le règlement administratif*, p. 164 et s. D'ailleurs, la théorie de la délégation supposerait que le règlement est un acte législatif, car le pouvoir législatif ne pourrait déléguer que le pouvoir de faire des actes législatifs (Cf. Esmein, *Revue politique et parlementaire*, 1894, *De la délégation du pouvoir législatif*) ; or, il est de plus en plus certain que les règlements sont des actes administratifs. Cela vient d'être reconnu, même pour les règlements d'administration publique (Cons. d'Ét., 6 déc. 1907, *Chemin de fer de l'Est*, S., 1908. 3.1 ; 7 juill. 1911, *Decugis*). — *Adde* les intéressantes observations de M. J. Barthélemy sur *La liberté du gouvernement à l'égard des lois dont il est chargé d'assurer l'application*, Revue du droit public, 1907, p. 295 et s.

(2) Il faut entendre par liberté *définie* une liberté dont on ne s'est pas borné à poser le principe, mais dont on a défini les limites. En ce sens, les libertés proclamées dans la Déclaration des droits de l'homme et qui n'ont pas été organisées par des textes ultérieurs ne sont pas définies. La liberté de conscience n'est définie que depuis la loi du 9 décembre 1905 sur la séparation des Églises et de l'État : la liberté de la circulation sur la voie publique est très peu définie et nous verrons que la réglementation de la police a vis-à-vis d'elle de grands pouvoirs.

du jour où le règlement a été porté à la connaissance de l'intéressé (V. *infra*, *Recours pour excès de pouvoir*) (1);

2° La déclaration d'illégalité prononcée par le juge, quel qu'il soit, saisi d'un procès, dans lequel est invoqué un règlement, quel qu'il soit; car il faut admettre que tout juge puise, dans le principe de la supériorité de la loi, le droit de refuser d'appliquer un règlement illégal (Cf. Moreau, *Le règlement administratif*, p. 260 et s., et ma note dans S., 17. 3. 1, sous confl., 29 juill. 1916, *Chemin de fer du Nord*).

Spécialement, le juge saisi d'une poursuite en contravention à l'occasion de la violation d'un règlement de police, juge qui est, soit le juge de simple police, soit même le juge de police correctionnelle, a le droit d'apprécier la légalité du règlement qu'on lui demande de sanctionner et de refuser de l'appliquer (2).

La théorie de l'illégalité des règlements appliquée tantôt par la voie du recours pour excès de pouvoir, tantôt par celle de l'exception d'illégalité, est utilisée fréquemment à propos des dispositions réglementaires des arrêtés de police (3). Elle peut être invoquée aussi à

---

(1) Cependant, il faut tenir compte de la jurisprudence favorable sur les décisions *faisant application*. V. v° *Application*.

(2) Article 471, n° 15, du Code pénal : « Seront punis d'amende... ceux qui auront contrevenu aux règlements *légalement faits* par l'autorité administrative ». Pour ce qui est du juge de police correctionnelle, V. Cons. d'Ét., 14 mars 1884, *Morphy*, p. 214. Cette compétence du juge ordinaire pour déclarer l'illégalité des règlements de police, lorsqu'il est saisi d'une contravention, est un des correctifs du système administratif français qu'il ne faut pas perdre de vue. L'administration relève du juge ordinaire pour les règlements de police qu'elle fait ; le droit réglementaire de police, qui est une bonne partie du droit administratif, conduit devant le juge ordinaire et non pas devant le juge administratif.

(3) De ce que les lois relatives à la police confèrent aux autorités compétentes le pouvoir d'assurer par des mesures convenables le maintien du bon ordre ou la sécurité publique ou la salubrité publique, ces autorités concluent trop souvent qu'elles ont le droit d'édicter des règlements qui, restreignant des libertés consacrées par les lois, interdisent certains actes, soumettent d'autres actes au régime de l'autorisation préalable, ou prescrivent des précautions détaillées. C'est une erreur, en présence des libertés consacrées par les lois, les droits de la police se bornent en principe à la faculté d'imposer aux particuliers l'obligation d'assurer par eux-mêmes, par des abstentions ou par des actes dont ils conservent le libre choix et la responsabilité, le maintien de l'ordre. La police a le droit de prescrire *la fin* non *les moyens* (Jouarre, *Des pouvoirs de l'autorité municipale en matière de salubrité*, Paris, 1899, p. 54). L'effet normal de ces prescriptions est de mettre les particuliers en état de contravention et d'engager leur responsabilité civile, soit s'il se produit un accident, soit si la sécurité ou le bon ordre ou la salubrité ne sont pas assurés.

Pour donner aux magistrats chargés de la police le droit d'interdire ou de prescrire des actes déterminés, il faut des dispositions de lois spéciales.

C'est ainsi qu'avant la loi du 16 juillet 1856, l'administration ne pouvait pas imposer, par mesure de police, la servitude *nec fodiendi* aux propriétaires voisins des sources minérales (Cass. crim., 13 avril 1844, *Brusson*). En cas d'épizootie, avant la loi du

propos de taxes qui seraient imposées par un règlement et dont le principe ne se trouverait pas dans une loi (1) ou ne serait pas conforme au principe de la loi (2), parce que cette taxe est une restriction à la liberté qui est « matière de loi ».

Elle peut être invoquée encore à propos de pénalités qui seraient établies par des règlements et dont le principe ne se trouverait pas dans une loi, parce que toute pénalité est « matière de loi » (3).

Encore, à propos des organisations de juridictions, s'il s'agit de la création d'une juridiction nouvelle qui, certainement, intéresse la liberté et par suite ne saurait être l'œuvre d'un simple règlement (Berthélemy, *op. cit.*). Mais, d'un autre côté, des extensions de compétence de juridictions existantes peuvent résulter de certaines organisations de service (Cf. Cass., 30 déc. 1897, *Mouton-Labastide*; Cons. d'Ét., 4 mai 1906, *Babin*).

Encore, à propos de la création d'autorités administratives qui auraient vis-à-vis du public des pouvoirs de décision exécutoire, c'est-à-dire le pouvoir de créer des situations de droit opposables, cela n'est pas possible sans une loi (Cons. d'Ét., 19 fév. 1904, *Affaire des conseils du travail précitée*).

Exception à la théorie de l'illégalité des règlements. Les décrets-lois. — Dans les périodes anormales au point de vue constitutionnel, soit aux époques de coups d'État, soit aux moments de révolution, l'organe exécutif ayant en fait accaparé le pouvoir législatif, il a été rendu des décrets sur des matières qui étaient du domaine de la loi; la légalité de ces décrets aurait pu être contestée, en fait, elle a été acceptée et on les appelle des *décrets-lois* (4).

21 juillet 1881, bien des mesures de précautions ne pouvaient être prises. En matière d'assainissement, avant la loi du 15 février 1902, aucun mode particulier ne pouvait être imposé (Cass., 28 juill. 1873, *Carré*; 26 nov. 1887, *Puisards de Caen*).

Ou bien encore, il faut qu'il s'agisse de libertés qui ne sont pas bien nettement déterminées par la loi et il y a à ce point de vue des distinctions à faire (V. *infra*, *Police*).

(1) La maxime que les taxes ne peuvent être établies que par la loi est traditionnelle chez nous, l'article 8 de la loi du 24 février 1875 y fait une allusion en réglant les attributions des deux Chambres dans le vote des lois de finances. Il arrive cependant que, par permission expresse de la loi, le chef de l'État peut déterminer une taxe; ainsi la loi du 21 mars 1878, article 2, l'autorise à fixer par décret le tarif des taxes télégraphiques ou téléphoniques, encore n'est-ce que provisoirement et sous réserve d'approbation par la prochaine loi de finances. V. encore l. 23 octobre 1919, art. 644, c. d'instr. crim., frais de just. crim. déterminés par règlement d'administration publique.

(2) V. Cass., 24 juill. 1900, *Rey*, illégalité d'un arrêté du préfet de la Seine établissant des taxes de remplacement de l'octroi dans des conditions contraires au principe de la loi, *Revue d'administration*, oct. 1900, p. 178.

(3) V. Berthélemy, *op. cit.*

(4) 1° Il y a eu à diverses reprises, sous les gouvernements autoritaires, empiétement du pouvoir exécutif sur le législatif, et des règlements sont intervenus, là où il

ARTICLE II. — *Emploi du règlement pour assurer l'application volontaire des lois.*

De la mission générale du pouvoir exécutif en ce qui concerne l'application des lois. — La loi est en grande partie obligatoire par elle-même, et cela pour deux raisons : 1° parce qu'elle est essentiellement déclarative de rapports sociaux qui, au point de vue de la raison, sont obligatoires ; 2° parce que l'opération à procédure par laquelle elle a été rédigée est conçue de telle façon qu'elle fait présumer l'acceptation de la loi par le peuple et l'obligation assumée par le peuple de lui obéir. Par la loi le peuple s'oblige.

Il suit de là que, si l'on envisage la masse des sujets, on est en droit de compter sur l'obéissance à la loi du plus grand nombre ; l'obéissance volontaire à la loi devient la règle, l'exécution forcée de la loi, conséquence des résistances à la loi, est l'exception.

Toutefois, pour que ce résultat soit réellement obtenu, des précautions sont nécessaires — surtout à mesure que les lois s'accumulent. — L'obéissance volontaire suppose que les lois sont connues et qu'elles sont bien comprises. Notre droit pose le principe que « nul n'est censé ignorer la loi », mais si c'est là une présomption nécessaire, il ne faut pas se dissimuler que ce sera souvent une pré-

---

aurait fallu des lois. Ces décisions réglementaires ont été acceptées malgré tout, et tiennent encore la place de lois. Nombre de ces décisions sont l'œuvre de Napoléon Ier, qui avait été entraîné vers le pouvoir absolu, (notamment, Décr. du 16 déc. 1811 sur les routes impériales, créant des servitudes pour les riverains). La légalité de ces décrets n'avait pas été contestée sous son règne, elle le fut sous la Restauration ; la Cour de cassation les a maintenus sous prétexte que le Sénat, qui avait un délai pour les casser pour inconstitutionnalité, ne l'avait pas fait; des avis du Conseil d'État approuvés par l'empereur et publiés depuis le 16 septembre 1807 jusqu'en 1814 sont dans le même cas ;

2° A chaque changement de régime, avant que les autorités nouvelles ne fussent régulièrement constituées, les gouvernements provisoires ont exercé à la fois le pouvoir législatif et le pouvoir exécutif et ont fait, eux aussi, des *décrets-lois*. Il y a eu de ces actes en 1830 et 1848, ils n'ont plus qu'un intérêt historique; mais il y en a eu en 1852 et 1870, qui sont encore en vigueur. Décrets rendus par le prince-président depuis le 2 décembre 1851, époque de la dissolution de l'Assemblée nationale, jusqu'au 29 mars 1852, époque de la réunion des nouvelles Chambres, notamment : Constitution du 14 janvier 1852; Décr. du 25 mars 1852 dit de déconcentration ; Décr. du 26 mars 1852 sur les rues de Paris, etc. (Cf. S., 1903. 2. 97 et la note).

L'article 58 de la Constitution du 14 janvier 1852 dit formellement que tous les décrets rendus pendant cette période auront force de loi ; ce n'est pas exact, cela dépend de leur objet, il en est qui, ne contenant que de la simple organisation, sont de simples décrets modifiables par décret. — Même observation pour les décrets rendus par le gouvernement de la Défense nationale ; Décr. du 5 nov. 1870 sur *La publication des lois*, etc. Mais on ne saurait distinguer dans un même décret-loi des dispositions législatives et d'autres simplement réglementaires, car une fois un décret-loi reconnu comme tel à raison de ses dispositions principales, il forme bloc.

somption contraire à la réalité des choses : il y a trop de lois, elles sont modifiées trop souvent, elles n'ont pas le temps de devenir coutumières, elles sont d'une rédaction trop touffue et d'un caractère trop abstrait pour être toutes connues et toutes comprises. Ajoutons que le mode de publication des lois lui-même ne leur donne qu'une publicité fictive. La réalité des choses, c'est l'ignorance des lois par la masse de la nation : les lois ne sont connues et comprises que d'une minorité de spécialistes.

Dans ces conditions, il eût été souverainement impolitique et injuste de passer sans précautions à l'exécution forcée des lois par des mesures répressives. On eût soulevé l'indignation des populations et les plus graves désordres s'en seraient suivis, ou bien on eût provoqué la création d'une classe d'hommes d'affaires servant d'intermédiaires pour la pratique des lois.

Cette situation devait logiquement susciter une fonction gouvernementale qui aurait pour objet d'assurer par des mesures préventives *l'application volontaire des lois*. Nul, en effet, n'était plus intéressé que le gouvernement à ce résultat et nul n'était mieux placé que lui pour l'obtenir : de là l'organisation de la fonction exécutive et du pouvoir exécutif qui sont pour assurer une sorte de service public d'exploitation des lois, parce que beaucoup de lois sont, comme les voies ferrées, des lignes sur lesquelles le public est incapable de circuler tout seul. La loi constitutionnelle du 25 février 1875 consacre ce pouvoir exécutif en insérant parmi les attributions du chef de l'État celle-ci : « il surveille et assure l'exécution des lois » (art. 3, § 1).

Insistons en terminant sur cette idée que la mission essentielle du pouvoir exécutif est d'assurer *l'application volontaire* des lois. Il y a une autre question qui est celle de l'exécution forcée des lois, en cas de résistance ; elle doit être soigneusement séparée et nous l'examinerons au paragraphe suivant.

Il y a plusieurs modalités dans l'action préventive du pouvoir exécutif — en vue de l'application volontaire des lois. — On en peut distinguer trois principales qui sont : 1° la création de services publics destinés à faciliter l'application des lois; 2° l'emploi des règlements pour rappeler aux citoyens les lois existantes; 3° l'emploi des règlements pour l'interprétation et le complément des lois.

I. *Création de services publics destinés à faciliter l'application des lois.* — Il est voté des lois qui ouvrent aux citoyens certains modes d'activité ou qui créent certaines institutions de prévoyance ou seulement certaines institutions de progrès agricole ou autres; mais on redoute, ou bien il est constaté, que les citoyens ne se hâtent pas de profiter de ces créations ou bien s'y prennent mal pour s'en servir. Alors, l'administration prête ses bons offices et organise un service destiné à faciliter l'usage de la loi en se chargeant de certaines opérations.

L'exemple le plus typique de ce mode d'intervention administrative dans l'application des lois est fourni par les matières électorales. Ce sont les citoyens électeurs qui sont appelés à voter en vertu des lois électorales, mais l'administration se charge d'organiser à leur place toute l'opération de l'élection, elle se charge du service de la liste électorale, elle convoque les électeurs, elle leur fournit le local et le bureau de vote, elle se charge du calcul des voix, etc. Pour ce qui est des élections politiques, on pourrait croire que c'est par pur intérêt politique que l'administration a assumé cette gestion, mais à propos des élections des délégués à la sécurité des ouvriers mineurs l'expérience a été faite, on a essayé de laisser les intéressés organiser l'opération tout seuls, il a fallu en venir à l'intervention de l'administration (1).

Il faut considérer que lorsque le chef de l'État est chargé par la loi elle-même de déterminer par décret *les conditions d'application de la loi*, cela comporte la faculté pour lui de créer un service d'exploitation de la loi. C'est ainsi que la loi du 7 avril 1917 sur la mise en culture des terres abandonnées, ayant, dans son article 7, employé cette formule, un décret du 6 mai 1917, article 1er, en a déduit la création d'un service. Mais il faut considérer aussi que, même en l'absence d'une disposition spéciale d'une loi spéciale, le chef de l'État tire de l'article 3, § 1, de la loi constitutionnelle du 25 février 1875 le droit de créer des services d'exploitation pour les lois (sauf, bien entendu, le contrôle budgétaire du Parlement) (2).

(1) Autre exemple. La loi du 21 juin 1865 a créé un type d'association syndicale de propriétaires très avantageux pour l'exécution des travaux d'intérêt collectif, desséchement de marais, travaux d'irrigation, etc... L'utilisation de cette loi par les intéressés a marché si lentement que le ministère de l'Agriculture a fini par créer un service des *améliorations agricoles* destiné à provoquer et à faciliter la formation des associations syndicales.

Autre exemple encore. La loi du 5 avril 1910 sur les retraites ouvrières et paysannes, malgré les avantages qu'elle présente pour les intéressés, n'a pu être mise à exécution, et encore d'une façon bien imparfaite, que grâce aux efforts du ministère du Travail, des préfectures et des mairies, et encore est-il à prévoir qu'il sera nécessaire de créer un service spécial.

(2) Il ne faudrait pas conclure des observations qui précèdent que tous les services publics sans exception sont créés pour assurer l'exécution de certaines lois. Il y a des services qui sont faits pour des lois, et nous venons d'en voir des exemples, mais il y a bien plus encore des lois qui sont faites pour des services. C'est-à-dire que la grande majorité des services sont nécessaires à raison de la nature des choses et non pas parce qu'ils ont été réglementés par une loi. On ne mettra pas en doute, par exemple, que les services des affaires étrangères, ou les services de l'armée, ou les services de la justice, ou ceux des finances ne soient nécessaires par eux-mêmes. Cette observation signifie que l'on ne saurait définir complètement le pouvoir exécutif en disant qu'il est chargé d'assurer l'application des lois; il est encore bien plus chargé d'assurer les

II. *L'emploi des règlements pour rappeler aux citoyens les lois existantes*. — Les lois ne sont portées à la connaissance des citoyens qu'au moment de leur promulgation par une insertion au *Journal officiel* et quelquefois, en outre, par un affichage éphémère dans chaque commune ; de plus, un certain nombre de lois restent inappliquées pendant de longues années. Dans ces conditions, les citoyens perdent la mémoire des lois ; bien mieux, il se crée des situations de fait contraires à certaines lois qui sont de nature à faire croire aux intéressés que le gouvernement a renoncé à faire appliquer ces lois ou que, tout au moins, elles sont abrogées soit par le non-usage, soit par toute autre cause. La doctrine du pouvoir exécutif en France est que le chef de l'État peut, à n'importe quelle époque, prendre des décrets pour rappeler aux intéressés le caractère obligatoire de ces lois qui *sont toujours existantes* et leur impartir un délai pour se mettre en règle avec elles *sous peine d'application des lois en vigueur;* par conséquent, la doctrine française admet que la non-application de certaines lois, même pendant plus de trente ans, n'entraîne pas leur abrogation, soit par le non-usage, soit par le principe *rebus sic non stantibus* (1).

Il faut admettre aussi que toute autorité chargée de la police admi-

services essentiels de l'État, même dans ceux de leurs détails qui n'ont pas été prévus par les lois. Il faut dire que le pouvoir exécutif est chargé d'une fonction gouvernementale qui est d'assurer l'application des lois et aussi d'une fonction administrative qui est d'assurer à la fois l'ordre public et les services publics indispensables à cet ordre public — qu'il y ait ou qu'il n'y ait pas de lois.

(1) La doctrine que les lois ne s'abrogent point par le non-usage, ni par l'application de la clause *rebus sic non stantibus* ; la doctrine que le pouvoir exécutif peut à son gré appliquer ou ne pas appliquer des lois de police spéciale, comme les lois révolutionnaires sur les congrégations, laisser s'établir, par une inertie et une tolérance que l'on peut prendre pour une renonciation, des situations de fait contraires à la loi, puis brusquement venir balayer ces situations de fait par une subite évocation de la loi ; toutes ces doctrines sont confirmées par l'histoire des décrets du 29 mars 1880 sur les congrégations et par la jurisprudence qui les a suivis (Cf. *Consultation sur les décrets du 29 mars 1880 contre les associations religieuses*, Paris, 1880, 2ᵉ édit., Pedone-Lauriel) ; néanmoins le sentiment public fut tellement choqué par l'application de ces doctrines, il y eut de telles manifestations (consultation Rousse, adhésion de Demolombe renouvelant la consultation de Vatimesnil et Berryer de 1845 ; 1.200 adhésions des sommités de tous les barreaux de France, nombreuses démissions dans la magistrature) que le triomphe de la doctrine fut une victoire à la Pyrrhus ; on jugea nécessaire de faire une nouvelle loi sur les congrégations pour remplacer les lois révolutionnaires qui décidément n'étaient plus assez existantes, ce fut la loi du 1ᵉʳ juillet 1901.

Sur les libertés que prend le pouvoir exécutif dans l'application des lois, V. Jean Cruet, *Étude sur l'arbitraire gouvernemental et administratif*, 1906 ; *La vie du droit et l'impuissance des lois*, 1908 ; J. Barthélemy, *De la liberté du gouvernement à l'égard des lois dont il est chargé d'assurer l'application*, R. D. P., 1907, p. 295 ; *De l'obligation de faire en droit public*, eod., 1912 ; *Le droit public en temps de guerre*, eod., 1915.

nistrative générale, par exemple les préfets ou les maires, peuvent, lorsqu'ils le jugent opportun, prendre des arrêtés pour publier à nouveau le texte de lois de police générale qui sont certainement existantes, mais qu'ils jugent avoir été perdues de vue par la population ; mais il ne semble pas qu'ils aient le droit d'impartir un délai aux intéressés pour se mettre en règle avec la loi, passé lequel délai ils seraient soumis à la rigueur des lois. Cette procédure de mise en demeure paraît réservée au chef de l'État et, d'ailleurs, ne devrait être employée que pour des lois de police spéciales dont l'existence peut paraître douteuse parce qu'elles n'ont été appliquées que par intermittence.

III. *L'emploi des règlements pour interpréter et compléter les lois.* — Les lois sont des règles générales abstraites. D'une part, leur rédaction abstraite laisse place à une interprétation destinée à les rendre plus intelligibles ; d'autre part, leur caractère de généralité fait qu'elles ne règlent que les grandes lignes des objets auxquels elles touchent et qu'elles exigent des règles complémentaires plus détaillées. C'est encore le rôle du règlement d'interpréter et de compléter les lois.

En somme, l'expérience prouve que les lois ne peuvent s'appliquer sans être l'objet d'un travail d'adaptation qui porte le nom générique de *glose*. Dans notre système juridique, il y a trois espèces de gloses. La plus importante, qui s'établit *a posteriori* et qui s'enrichit continuellement à mesure que la loi s'applique, est la *glose de la jurisprudence*. Mais il y a deux autres espèces de gloses qui sont préventives, dont l'une est pour la gouverne des seuls fonctionnaires et qui est constituée par les *circulaires* ou *instructions ministérielles*; l'autre est pour les citoyens autant que pour les fonctionnaires, elle est constituée par les *règlements* rendus pour l'exécution de la loi. En fait, la législation sur une matière donnée se compose des quatre éléments suivants : le texte de la loi, les règlements annexes, les circulaires ministérielles, la jurisprudence.

Mettre le règlement au service de la loi pour l'interpréter et la compléter, cela se fait de deux façons :

a) L'autorité administrative emploie, de sa propre initiative, son pouvoir ordinaire de police pour assurer l'exécution d'une loi qui a posé des principes nouveaux. Dans cette hypothèse, le principe est que l'autorité administrative ne peut pas dépasser ses pouvoirs ordinaires (V. *infra*, note 1).

b) L'autorité administrative est chargée par la loi elle-même de compléter les dispositions de celle-ci.

Règlement d'administration publique. — Il est bon de savoir que cet emploi du règlement ne se produit que dans l'hypothèse du *règlement d'administration publique*, lequel présente les caractères suivants : 1° il est fait par le chef de l'État après délibération en assemblée générale du Conseil d'État; 2° la rédaction en a été prescrite par une loi; 3° il est pour compléter cette loi. Au fond, le règlement d'administration publique se caractérise par ce fait qu'au lieu de statuer seul et de sa propre initiative, dans la mesure de ses pouvoirs propres de police ou d'organisation, le chef de l'État statue, sur la réquisition du législateur et dans la mesure de cette réquisition, et entre ainsi dans une « opération à procédure qui entraîne participation du législateur ».

Aucune autre autorité administrative que le chef de l'État ne peut faire ainsi des règlements qui s'appuieraient sur la prétention de compléter une loi en vertu d'une « opération à procédure » entraînant participation du législateur (1). Le chef de l'État lui-même n'a qualité pour en faire de semblables que si cela lui est prescrit par la loi et dans la mesure où cela lui est prescrit (2).

Comment faut-il interpréter la nature du règlement d'administration publique ? C'est une question fort discutée (3).

(1) Spécialement le préfet de la Seine, n'ayant que des pouvoirs de police municipale, n'est aucunement qualifié pour prescrire par un arrêté toutes les mesures d'exécution d'une loi, fût-elle relative à l'organisation d'un service municipal (dans l'espèce, le tout à l'égout). Ce faisant, il empiète sur les attributions du chef de l'État en essayant de suppléer à l'absence d'un règlement d'administration publique (Cons. d'Ét., 1er mai 1896, *Boucher d'Argis*. V. note dans S., 1901. 3. 1; Cons. d'Ét., 13 mai 1898, *Gay*).

(2) Dans l'affaire du tout à l'égout, la loi du 10 juillet 1894 ayant omis de prescrire la rédaction d'un règlement d'administration publique, le chef de l'État et le Conseil d'État estimèrent ne pas pouvoir en faire un malgré qu'il fût très nécessaire (arrêt et note précités). — M. Moreau, *op. cit.*, p. 158 et s., n'exprime pas formellement ces réserves; je crois qu'elles sont dans les tendances de la jurisprudence et que, d'ailleurs, elles marquent bien la nature propre du règlement.

(3) La jurisprudence de la Cour de cassation et celle du Conseil d'État ont pendant longtemps interprété la situation en disant que le règlement d'administration publique était fait *par délégation du pouvoir législatif*. (Cass., 22 avril 1903, *Fougue*. V. en ce sens, Batbie, t. III, p. 69; Aucoc, *Conférences*, 3e édit., t. I, p. 124, n° 54; Ducrocq, 7e édit., t. I, p. 95; Laferrière, t. II, p. 10; Moreau, *op. cit.*, p. 138). Les auteurs du droit constitutionnel voyaient à cela des objections théoriques, à raison du principe que le pouvoir législatif ne se délègue pas. (V. Esmein, *Droit constitutionnel*, 5e édit. p. 616; Berthélemy, *op. cit.*). La formule de la jurisprudence entraînait les conséquences suivantes : 1° un recours en annulation ne pouvait pas être dirigé contre un règlement de ce genre, parce qu'il n'était qu'une forme de la loi (Cons. d'Ét., 20 déc. 1872, *Fresneau*); 2° un pareil règlement ne pouvait être taxé d'illégalité devant l'autorité judiciaire que s'il contenait des dispositions de nature législative excédant visiblement les limites de la délégation (Cons. d'Ét., 13 mars 1872, *Brac de la Perrière*; Confl., 11 janv. 1873, *Coignet*; Cons. d'Ét., 26 janv. 1900, *Malivert*. Cf. Laferrière, 2e édit., t. II, p. 9; Cass., 22 avril 1902, *Fougue*).

Si l'on veut échapper à la théorie de la *délégation législative* et cependant préciser la valeur pratique des règlements d'administration publique, il faut avoir recours à la théorie de la participation législative dont nous avons parlé. Le règlement d'administration publique serait le résultat d'une décision administrative à laquelle le Parle-

§ 3. — La sanction ou l'exécution forcée des lois et règlements.

Il faut bien se garder de confondre cette matière avec la précédente. La mission du pouvoir exécutif d'assurer par lui-même et d'une façon préventive l'application des lois ne concerne que l'exécution volontaire des lois par les citoyens et les moyens de la faciliter. Mais, si l'on pose la question de l'exécution forcée des lois et règlements par des voies d'exécution sur la personne ou sur les biens, la situation change du tout au tout.

Ici, l'on ne peut plus dire que l'exécution forcée soit du ressort du pouvoir exécutif. Au contraire, il faut poser en principe qu'elle est du ressort de l'autorité judiciaire, soit parce qu'elle doit être précédée de condamnations judiciaires sur le fond de l'infraction à la loi, soit, tout au moins, parce qu'elle doit être obtenue par des voies d'exécution qui, en elles-mêmes, constituent des procédures judiciaires. Ce principe se déduit de la conception même de la loi qui est une règle naturellement sanctionnée par le juge.

Il est vrai que ce principe ne paraît pas, au premier abord, s'imposer avec la même rigueur en ce qui concerne la sanction des règlements qu'en ce qui concerne celle des lois. Si l'on s'en référait aux origines romaines, on serait tenté de dire qu'au contraire le règlement est sanctionné normalement par la *coercitio* du magistrat sans l'intervention d'aucun juge et l'on pourrait invoquer aussi en ce sens la législation sur les délits d'indigénat en Algérie où les pénalités sont appliquées séance tenante par l'administrateur lui-même, aussitôt qu'il a été désobéi à ses ordres par les indigènes.

ment participerait par cela même qu'il l'aurait sollicitée ; on aboutirait tout naturellement aux résultats suivants : 1° le recours en annulation serait possible contre le règlement d'administration publique, puisque celui-ci aurait forme administrative ; 2° on pourrait discuter, aussi bien devant les tribunaux judiciaires que devant le Conseil d'État, la question de savoir si le chef de l'État s'est tenu dans la compétence déterminée par la réquisition à laquelle il a adhéré.

Que le Conseil d'État ait ou non entrevu cette théorie de la simple *participation législative* à un acte administratif, le fait certain est qu'il vient de déclarer le recours pour excès de pouvoir recevable contre le règlement d'administration publique et, par conséquent, de reconnaître sa forme administrative (Cons. d'Ét., 6 déc. 1907, *Chemin de fer de l'Est*, S., 1908. 3. 1 et la note ; 7 juill. 1914, *Decugis*). M. Esmein, 5e édit., p. 617, aboutit à peu près à la même théorie. A noter que dans la rédaction de l'arrêt *Decugis*, le Conseil d'État a évité tout ce qui aurait pu rappeler l'ancienne théorie de la délégation législative. Il dit simplement que le règlement contient une disposition contraire à celle de la loi.

Ajoutons que, si le gouvernement bénéficie d'une certaine latitude en ce qui concerne le moment où il promulgue les règlements d'administration publique (Cf. l'article de M. Barthélemy, *supra* à la p. 68), en revanche, la loi s'applique valablement avant la rédaction du règlement, à moins qu'il n'en ait été autrement ordonné (Cons. d'Ét., 30 nov. 1906, *Jacquin*, et les conclusions de M. Romieu, Lebon, p. 870 ; Cons. d'Ét., 22 fév. 1907, *Angot*).

Mais il est visible que notre droit s'est écarté, même en ce qui concerne le règlement, des idées de sanction par la *coercitio* du magistrat. D'une part, la législation de l'indigénat est considérée comme très exceptionnelle; d'autre part, l'article 471, n° 15, du Code pénal a posé le principe que les règlements de police sont sanctionnés par des contraventions qui entraînent la compétence du juge de simple police (1).

Ainsi, pour les règlements, comme pour les lois, le principe est que la sanction doit être obtenue par des procédés judiciaires.

Toutefois, il ne suffit pas de poser ce principe pour faire disparaître toute difficulté. Lorsque la sanction judiciaire doit consister en l'application d'une pénalité, fût-ce une simple amende, le principe est *nulla pœna sine lege*. Or, en fait, il est des lois qui ont établi des prescriptions ou émis des injonctions et qui ont omis de prononcer des pénalités à la charge de ceux qui n'obéiraient pas. Ces lois sont imparfaites, en ce sens que la sanction judiciaire ne saurait être mise en mouvement à raison de la maxime *nulla pœna sine lege*. Quelle va en être la sanction? Il y aurait bien eu un moyen détourné de leur procurer la sanction judiciaire et pénale. Un règlement aurait pu intervenir pour assurer l'application de la loi et ce règlement eût été sanctionné par une infraction. Mais la jurisprudence de la Cour de cassation est malheureusement très étroite en ce qui concerne

(1) Cette disposition sanctionne les règlements faits au nom du chef de l'État aussi bien que ceux faits au nom des maires (Cass., 9 mars 1901; *Bersaut*, infraction au Décr. 15 oct. 1810 sur les établissements insalubres).

Mais elle ne sanctionne que les règlements territoriaux qui contiennent disposition de police; de ce chef il y a des règlements administratifs sans sanction pénale, ce sont : a) les règlements organiques; b) les règlements qui se bornent à publier les lois existantes pour les remettre en vigueur; si ces lois sont par elles-mêmes sans sanction, le règlement qui les publie ou qui renouvelle leur disposition ne leur ajoute aucune sanction (Cass., 22 mai 1901, *commissaire de Saint-Étienne*; 6 mai 1899, *curé de Versailles*); c) les règlements que les maires feraient, moins pour la police proprement dite que pour la conservation du domaine public communal (Cass., 1er mars 1902, *maire de Saint-Cassien*) ou du domaine privé (Cons. d'Ét., 6 juin 1913, *Étienne*); d) les règlements pris par l'autorité militaire sous le régime de l'état de siège où seraient prévues des mesures dépassant les pouvoirs de l'autorité municipale, par exemple la fermeture des débits de boissons sous l'empire de la loi du 17 juillet 1880 (Cass., 20 avril 1916, *demoiselle Malherbe*, S., 17. 1. 25, note Roux). Sur ces limitations de l'article 471, n° 15, consulter conclusions Romieu, dans S., 1904. 3. 17.

En revanche, il convient d'observer que bien des actes contiennent règlement de police, qui, au premier abord, n'en ont pas l'air; ainsi les actes de classement d'un chemin sont règlements de police en ce sens qu'ils sont la base de la protection du chemin par la police de la voirie (Cons. d'Ét., 11 janv. 1907, *Gouinaud*); de même, les autorisations d'établissements insalubres (Cass. crim., 28 oct. 1899, *Desmarais*, S., 1902. 1. 430).

Exceptionnellement, certaines dispositions réglementaires sont sanctionnées par des peines correctionnelles, par exemple l'arrêté d'expulsion pris contre des étrangers.

l'application de l'article 471, n° 15, du Code pénal, et ne permet pas ce détour (V. note page précédente).

Alors, la loi va-t-elle rester sans sanction ou bien quelle sera la sanction? Des voies d'exécution administratives ne pourront-elles pas être substituées aux voies d'exécution judiciaires (1)?

Sur cette question, il y avait une doctrine ancienne et il y a une doctrine nouvelle.

D'après la doctrine ancienne, les voies d'exécution administratives, bien qu'exceptionnelles, devaient être employées toutes les fois que des voies d'exécution judiciaires étaient impossibles *parce que force doit toujours rester à la loi* (2).

D'après la doctrine nouvelle, la maxime « force doit rester à la loi » n'a d'application que *dans les cas d'urgence* où pour l'application des *lois de police et de sûreté* qui bénéficient d'une présomption d'urgence. Cette nouvelle théorie, née à propos de l'exécution d'office des règlements (Cons. d'Ét., 19 avril 1907, *Suremain*, conclusions Romieu, Lebon, p. 316; 11 juill. 1913, *Lapau*; 5 juill. 1913, *Fatou*; 6 fév. 1914, *Rieunier*; 7 nov. 1913, *Société française d'industrie*

---

(1) Notons, d'ailleurs, pour bien circonscrire la question, qu'il ne s'agit point de voies d'exécution administratives sur la personne du contrevenant, ni même de voies d'exécution sur l'ensemble de ses biens, mais de voies d'exécution sur un bien déterminé destinées strictement à assurer l'exécution de telle ou telle mesure prescrite par la loi, fermeture d'un local, apposition de scellés administratifs pour empêcher la réouverture du local, expulsions administratives d'un local, etc.

(2) Il n'y a pas très longtemps que la question s'est posée en doctrine, c'est à propos des campagnes de dissolution des congrégations, de laïcisation des écoles, de séparation des Églises et de l'État qui se sont poursuivies depuis 1880. L'administration a été amenée, pour l'exécution des lois de laïcisation, à expulser des congréganistes par la voie administrative, à poser des scellés sur des immeubles, à inventorier de force les meubles des églises, à expulser des desservants de leur presbytère, etc.; les tribunaux administratifs ont été saisis de recours et la question a été étudiée.

On ne saurait mieux faire, pour se rendre compte de la jurisprudence qui s'est établie sur ce point, que de se reporter aux conclusions de M. le commissaire du gouvernement Chardenet, formulées à propos d'un arrêt du Conseil d'État du 12 mars 1909, *Commune de Triconville*, rendu dans une affaire où il y avait eu expulsion du desservant qui, de concert avec la municipalité, continuait à jouir gratuitement du presbytère malgré la loi du 9 décembre 1905, et apposition de scellés sur la porte du presbytère, *Recueil Lebon*, p. 275. En résumé, l'exécution forcée par la voie administrative ne sera possible et légale que si certaines conditions sont remplies, et voici ces conditions :

1° Il faut, en premier lieu, que l'opération administrative, pour laquelle l'exécution est nécessaire, ait sa source dans un texte de loi. Il faut qu'il y ait un texte imposant une obligation ou portant une interdiction;

2° Il faut qu'il y ait lieu à exécution forcée, c'est-à-dire qu'il y ait, soit désobéissance, soit résistance caractérisée à la prescription légale;

3° Il faut, en troisième lieu, qu'il n'y ait pas de sanction judiciaire et qu'ainsi l'exécution, par la voie administrative, soit rendue nécessaire;

4° Il faut, enfin, que les mesures d'exécution forcée tendent uniquement à assurer l'obéissance à la loi;

5° Ajoutons que ces mesures d'exécution sont de la compétence exclusive du préfet

chimique, S., 16. 3. 1 et la note) doit être étendue aux lois. V. à propos de la loi sur l'état de siège, considérée comme loi de police et de sûreté, et de la question de la fermeture des débits de boissons par la voie administrative, ma note dans S., 16. 3. 9, sous Cons. d'État., 6 août 1915, *Delmotte* (1).

APPENDICE. — *Légalité dans les possessions coloniales.
Recueils des textes du droit administratif.*

Pour la *légalité dans les possessions coloniales*, lesquelles sont en principe soumises au régime du décret avec de nombreuses exceptions, V. Mérignhac, *Précis de législation coloniale*, 1912, p. 272 et s.

Textes ou recueils de textes officiels dans lesquels se trouvent les lois, règlements, décisions, etc. — Une première remarque à faire, c'est qu'il n'y a pas de Code des lois administratives, c'est-à-dire de corps de lois méthodiquement ordonné, comme le Code civil, etc. Il y a simplement des recueils chronologiques dans lesquels on trouve à leur place les différentes lois.

Une seconde remarque, c'est qu'il n'y a de recueil officiel, et par conséquent de véritable monument du droit, que pour les lois et les règlements émanés du chef de l'État (le *Journal officiel* et le *Bulletin des lois* sur lesquels nous allons revenir), mais qu'il n'y en a ni pour les *règlements préfectoraux* ni pour les *règlements municipaux*. Il existe bien, dans chaque préfecture, un recueil des actes administratifs, dont la publication a été prescrite par une circulaire du ministre de l'Intérieur du 21 septembre 1815, et dont les exemplaires devaient être envoyés gratuitement aux communes, mais ces publications laissent beaucoup à désirer et n'ont pas valeur de texte officiel.

De même, dans les mairies, la loi du 5 avril 1884 prescrit la tenue d'un registre de la mairie, sur lequel les arrêtés doivent être transcrits à leur date (art. 96), mais ce n'est également qu'une mesure d'ordre. Quelques grandes villes ont pris l'initiative de publier de petits codes de leurs règlements municipaux ; ces codes ne sont pas officiels, mais au moins sont-ils commodes pour les administrés.

Bulletin des lois. — Depuis la loi du 14 frimaire an II qui l'a créé, jusqu'au décret du 5 novembre 1870 qui lui a substitué en partie le *Journal officiel*, le *Bulletin des lois* a été l'unique recueil officiel (pour la période de 1789 à l'an II, il a été fait en 1806 une publication officielle sous le nom de *Lois et actes du gouvernement*). Ce fut un recueil à périodicité irrégulière, imprimé et géré par l'Imprimerie nationale. Il paraît par fascicules. Les articles insérés sont numérotés, les fascicules le sont aussi. Le *Bulletin des lois* se divise en séries successives, suivant les gouvernements dont émanent les actes : 1° convention, 2° directoire, 3° consulat, 4° empire, 5° première restauration, 6° Cent-Jours, etc. De plus, depuis 1836, le *Bulletin* est divisé en deux parties, l'une principale, l'autre supplémentaire pour les actes d'intérêt local. La loi de 1837 avait obligé les communes à s'y abonner, un décret du 12 février 1852 a restreint cette obligation aux chefs-lieux de canton, et créé pour les communes rurales le *Bulletin des communes*. Tout cela a été confirmé par l'article 136, n° 2, L. 5 avril 1884. Ce *Bulletin des lois* était une publication mal faite. Il eût fallu s'astreindre à insérer chaque loi à la date de sa promulgation ; quelquefois il y avait des années de retard;

représentant là puissance publique (Cf. Cons. d'Ét., 17 mars 1911, *Abbé Rouchon*, et les conclusions de M. Blum, Lebon, p. 349)].

(1) Cf. sur toute cette question : Confl., 2 nov. 1902, *Société immobilière de Saint-Just*, S., 1904. 3. 17, conclusions de M. Romieu et ma note ; Chavegrin, note dans S., 1904. 1. 57; Berthélemy, *Revue du droit public*, 1904, p. 318; Duguit, *Manuel*, t. I, p. 682.

alors on ne sait où chercher. Deux décrets du 14 mai 1908 et du 30 décembre 1908 l'ont réorganisé de façon qu'il soit mieux tenu à jour.

Journal officiel. — Le *Journal officiel* n'est devenu un monument du droit que depuis le décret du 5 novembre 1870, mais il existait depuis longtemps et déjà publiait les actes législatifs. Il commença de paraître le 5 mai 1789, jour de l'ouverture des États généraux, sous le nom de *Moniteur universel* ou *Gazette nationale*, il devint officiel le 7 nivôse an VIII. En 1869, il prit le nom de *Journal officiel*, fut in-folio jusqu'en avril 1871, époque où il est devenu in-4°. Depuis le décret du 5 novembre 1870, le *Journal officiel* est le recueil officiel de toutes les lois et de tous les règlements d'intérêt général ; il a le grand avantage sur le *Bulletin des lois* d'être quotidien et beaucoup mieux tenu à jour au point de vue chronologique, les lois étant publiées très peu après leur promulgation. Des tables annuelles facilitent les recherches.

— Les collections officielles, quelque bien ordonnées qu'elles soient, auront toujours l'inconvénient d'être trop volumineuses et peu maniables. Il a été fait des compilations privées infiniment plus commodes, notamment la *Collection Duvergier*, qui contient, en plus du texte, l'analyse des débats parlementaires sur chaque loi et des références ; elle ne contient que les actes principaux, mais à la fin de chaque volume il y a une table de tous les actes du bulletin.

— Les arrêts du Conseil d'État et ceux du Tribunal des conflits se trouvent, accompagnés d'ailleurs des arrêts de la Cour des comptes et de ceux du tribunal des prises maritimes, dans un recueil intitulé *Recueil des arrêts du Conseil d'État* fondé en 1821 par Maçarel, continué actuellement par M. Panhard et que nous citons, conformément à l'usage, sous le nom de *Recueil Lebon*. Les arrêts antérieurs à 1821 se trouvent en partie dans un recueil de quatre volumes in-4° publiés en 1818 par Sirey.

LIVRE II

L'ORGANISATION DE L'INSTITUTION ADMINISTRATIVE

TITRE PREMIER

L'ORGANISATION GÉNÉRALE ET LA CONDITION JURIDIQUE DES ADMINISTRATIONS PUBLIQUES

CHAPITRE PREMIER

LE CARACTÈRE INSTITUTIONNEL DE L'ADMINISTRATION PUBLIQUE LA MULTIPLICITÉ DES ROUAGES ET LEUR PERSONNIFICATION JURIDIQUE

SECTION I. — LE CARACTÈRE INSTITUTIONNEL DE L'ADMINISTRATION ET LA MULTIPLICITÉ DES ROUAGES AUTONOMES.

I. *Le caractère institutionnel de l'administration publique.* — Ainsi que nous l'avons vu *supra*, p. 1 et s., l'un des caractères essentiels du régime administratif est l'existence d'une vaste entreprise administrative qui, par sa centralisation, sa hiérarchie, sa bureaucratie, est l'un des éléments les plus résistants de l'édifice de la vie publique. Cette entreprise administrative est, d'abord, une organisation aux rouages compliqués avec un nombreux personnel dirigeant d'administrateurs et de fonctionnaires, avec la population assujettie des administrés qui n'est autre que celle des sujets de l'État ; mais, en outre, cette organisation est une *institution* et il s'agit de savoir ce que cela signifie.

Une organisation sociale quelconque est instituée lorsque le pouvoir de réalisation qu'il y a en elle est soumis, dans une certaine mesure, à l'idée mère de l'entreprise et, par là, à sa fonction, par des règles de droit établies et par des moyens efficaces. Les éléments de l'institution sont donc au nombre de trois : 1° la soumission partielle du pouvoir à l'idée de l'entreprise et à la fonction, lesquelles sont présumées bonnes ; 2° des règles de droit établies à ce sujet ; 3° des moyens de sanction efficaces.

L'organisation administrative, dans le régime administratif français que nous prenons comme exemple, réunit ces trois conditions : 1° les pouvoirs y sont partiellement subordonnés à l'idée de l'entreprise ; en effet, des postes de service sont créés qui sont des centres permanents des fonctions de l'entreprise, et auxquels sont attachés des pouvoirs ou des compétences sous le nom d'attributions, tels sont les postes des préfectures, tels sont même les ministères. Ces compétences régulières sont attribuées au poste ou à la fonction plutôt qu'à la personne du fonctionnaire, qui a ainsi peu de pouvoir personnel. Il ne faudrait pas croire cependant que, dans une organisation ainsi instituée, l'élément du pouvoir fût entièrement subordonné à celui de la fonction ; ce serait une erreur. D'abord, si les compétences sont groupées autour d'une fonction sous le nom d'attributions, cela ne signifie pas que les compétences ne dominent pas la fonction. Ensuite, il y a une espèce de pouvoir qui se cantonne dans le personnel des agents et dans l'organisation de ce personnel, de telle sorte qu'il y a lieu de distinguer deux séries d'organisations : l'organisation des fonctions, des postes, des emplois, dans laquelle les compétences sont particulièrement subordonnées à la fonction, et l'organisation du personnel des agents, dans laquelle il subsiste du pouvoir indépendant, de l'autonomie, et ce que l'on appelle du pouvoir discrétionnaire.

Le pouvoir dont dispose le personnel des agents est celui d'exercer ou de ne pas exercer les attributions régulières de la fonction selon l'opportunité des circonstances, ou bien de les exercer seulement jusqu'à un certain point ; en d'autres termes, le personnel possède l'exercice des attributions de la fonction et de tous les pouvoirs que comporte cet exercice.

2° La seconde condition de l'institution administrative, c'est l'existence de règles de droit établies, particulièrement en ce qui concerne la subordination partielle du pouvoir aux fonctions. Il faut entendre par règles établies, non pas seulement des lois positives votées, mais des lois positives dont les dispositions et les principes soient devenus coutumiers à la suite d'une certaine durée paisible qui fait légitimement présumer l'adhésion des sujets. Il n'est pas douteux que les règles de notre organisation administrative de l'an VIII n'aient pendant longtemps présenté ce caractère de droit établi ; à peine sur certains points commencent-elles à être discutées et encore ces discussions n'ont-elles atteint le grand public ;

3° La troisième condition de l'institution administrative sera l'existence de ressorts objectifs à elle propres, par lesquels cette institution maintiendra dans son propre sein l'esprit institutionnel, c'est-à-dire la subordination partielle du pouvoir à l'idée fondamentale de l'entreprise et à la fonction. Ces moyens sont multiples dans l'administration française. En ce qui concerne l'organisation du personnel des agents, on peut signaler le ressort de la hiérarchie et celui du sentiment professionnel des corps constitués ; mais ces ressorts ne jouent qu'à l'intérieur du personnel des agents ; il est remarquable que le régime administratif ait intéressé les administrés eux-mêmes, c'est-à-dire les sujets, au contrôle de l'administration et qu'ainsi il ait utilisé le ressort puissant de l'intérêt personnel et du ressentiment contentieux pour le tort causé. Cette utilisation s'est faite par le procédé des réclamations contentieuses grâce à l'organisation d'une juridiction administrative. L'existence de la juridiction administrative est, à elle seule, la preuve la plus décisive du caractère institutionnel de l'administration publique, puisque la conduite de cette administration est soumise à un juge et en même temps, comme ce juge est spécial, elle est la preuve de l'individualité spéciale de cette institution.

Ce n'est pas ici le lieu de développer l'action de la juridiction administrative en ce qui concerne le contrôle de l'administration, nous devons cependant signaler le contentieux de l'excès de pouvoir qui pénètre au delà de la légalité positive et fait respecter par les agents ce qu'on pourrait appeler les idées fondamentales ou les principes fondamentaux de toute entreprise d'administration publique (V. supra, p. 14).

II. *La multiplicité des rouages autonomes de l'administration publique.* — L'institution administrative est à la fois une et complexe, c'est-à-dire, qu'elle consiste en un complexe de rouages coordonnés dont l'ensemble est une institution globale, et dont chacun constitue une institution élémentaire, sous les noms variés de *administrations publiques, établissements publics, corps constitués, fonctions publiques.*

Les *administrations publiques* sont les institutions administratives qui centralisent les services communs à tous les habitants d'une circonscription : État, départements, communes, colonies ;

Les *établissements publics* sont ceux qui centralisent des services spéciaux pour certains habitants, par exemple les services d'assistance pour les indigents ;

Les *corps constitués* sont les organes collectifs chargés d'exercer les attributions de certaines administrations publiques, tels les conseils généraux de département, les conseils municipaux.

Enfin, les *fonctions publiques* sont les postes de service organisés en institutions, lorsque l'exercice des attributions est confié à un agent isolé, telle une préfecture, une sous-préfecture, etc.

Il faut considérer que c'est l'atmosphère intérieure de l'institution administrative globale et, par son intermédiaire, l'atmosphère de l'institution de l'État qui provoquent la germination des institutions particulières et élémentaires, en ce sens qu'elles déterminent la combinaison spéciale qui, pour chaque rouage, établit une certaine investiture de la fonction sur le pouvoir et en fait, par là même, un centre autonome. Il est à remarquer, en effet, que, dans un milieu qui lui-même est équilibré et réglé, l'équilibre entre le pouvoir et la fonction, qui donne la maîtrise de soi-même, est la condition de l'autonomie des rouages particuliers.

Les rouages autonomes de l'institution administrative ne sont pas complètement séparés les uns des autres. — Une observation s'impose à notre attention, c'est que tous les rouages de l'institution administrative, même ceux qui ont une part d'autonomie, ne sont pas complètement séparés les uns des autres et qu'ils ont, au contraire, des éléments communs. Ainsi, par exemple, la population des circonscriptions communales d'un département est en même temps population de la circonscription du département, la population des circonscriptions départementales de la France est en même temps population de la circonscription de l'État français; le même individu est à la fois contribuable et électeur dans la commune, dans le département et dans l'État. Donc, les trois administrations publiques ont comme population les mêmes individus, se rejoignent et se soudent les unes aux autres dans les individus. D'autre part, un certain nombre de personnages officiels sont à la fois organes de deux administrations publiques et en leur personne s'établit une articulation quasiment physique entre les deux administrations; c'est ainsi que le préfet est à la fois agent de l'État dans le département et agent de l'administration locale du département. Le maire joue dans la commune les deux mêmes rôles. D'autre part, encore, les administrations publiques ont pour leur alimentation des services communs, par exemple le service de la Trésorerie, celui des impôts directs (impôts de l'État, des départements, des communes établis et perçus ensemble par le même service). Enfin la puissance publique, c'est-à-dire la force publique centralisée, est un pouvoir unique mis à la disposition des diverses administrations.

Cette espèce de soudure qui existe entre les divers rouages de l'institution administrative provient de ce que tous sont membres de la même nation et aussi de ce que tous sont soumis au même gouvernement central de l'État. Elle résulte donc du jeu combiné de la centralisation étatique et de la décentralisation nationale (V. *infra*).

D'ailleurs, il existe une séparation indéniable entre les divers rouages d'administration dans la mesure où ils sont personnifiés, car la personnification est un grand agent de distinction et de séparation.

SECTION II. — LA PERSONNIFICATION DES ADMINISTRATIONS PUBLIQUES.

C'est un fait que la plupart des administrations publiques ont une personnalité morale et juridique reconnue : l'État, les départements, les communes, les colonies, des quantités d'établissements, sont dans ce cas; c'est un autre fait que, continuellement, de nouveaux rouages administratifs ou de nouveaux services publics sont admis au bénéfice de la personnalité juridique, soit par une disposition formelle de la loi, soit par la jurisprudence (Cons. d'Ét., 20 janv. 1905, *Pater noster*). Il se produit donc dans l'institution administrative un irrésistible mouvement de personnification qui, comme une nature des choses, agit à la fois sur le législateur et sur le juge. Il sera intéressant d'observer les conditions de ce phénomène et la nature des personnes juridiques administratives.

Faisons remarquer, tout d'abord, que le phénomène de la personnification est un fait qui relève de la psychologie positive et qui ne présente aucun caractère métaphysique (1).

De ce point de vue, une personne morale est essentiellement *une entreprise collective organisée corporativement qui, s'étant approprié par l'élément de son groupe des associés, le capital de compétence et du pouvoir accumulé dans ses organes, a acquis à la fois le sens propre et la liberté intérieure et ainsi est devenue un sujet* (2).

---

(1) L'erreur de beaucoup de partisans de la théorie de la personnalité juridique comme aussi de beaucoup de ses adversaires, tel, par exemple, M. Duguit, a été de croire que le problème de la personnification ne pouvait être posé que sur le terrain de la métaphysique, c'est-à-dire sur le terrain de la *substance*; mais il peut être posé aussi sur le terrain du *phénomène psychique* et sa réalité de phénomène peut être démontrée par les procédés d'observation de la psychologie positive. Il est vrai que la psychologie positive est une science récente, mais elle a acquis droit de cité après les travaux des Th. Ribot, Paul Janet, Binet, Paulhan, Dwelshauwers et, depuis vingt-cinq ans déjà, Gabriel Tarde en a appliqué avec succès les principes à la science sociale; quant à la réalité substantielle et métaphysique des personnes morales, la théologie elle-même la désavoue.

(2) Le manque de place nous interdit de reproduire ici au texte les développements que nécessiterait cette définition de la personne morale. Jusqu'à ce que je puisse les reproduire ailleurs, on voudra bien se reporter à la neuvième édition de ce précis, p. 123 et suivantes.

Au reste, pour en donner au moins une idée, nous maintenons une note relative à l'histoire des efforts qui ont été faits en France depuis une vingtaine d'années pour réorganiser une doctrine française de la personnalité.

A la fin du xix⁰ siècle régnait une théorie que les Allemands avaient poussée jusqu'à ses extrêmes limites et qui plaçait le sujet de la personne morale dans la puissance de sa volonté (*Willensmacht*). Appliquée à la personne morale État, cette théorie était essentiellement gouvernementale et, dans un pays dynastique et militariste comme l'Allemagne, elle devait conduire à la conception absolutiste de l'État, et même, certaines idées métaphysiques y aidant, à la divinisation de l'État. Nous avons eu le spectacle des conséquences de ces imaginations.

En France, la théorie de la puissance de la volonté n'avait jamais été qu'une curiosité

I. *Acquisition de la personnalité juridique.* — En fait, un rouage de l'administration, quand il n'a pas reçu de la loi d'une façon directe la personnalité juridique, peut être considéré comme l'ayant acquise de la littérature juridique; elle ne répondait pas à notre tempérament national et, d'ailleurs, le problème de la structure des personnes morales n'avait pas encore préoccupé les esprits, car, vivant depuis longtemps sous l'empire de la doctrine de la fiction, on ne croyait pas à leur réalité.

Aux environs de 1900, deux faits importants se produisirent :

D'une part, Léon Duguit lançait sa théorie du droit objectif accompagnée d'une critique pénétrante et violente de la doctrine allemande des personnes morales et il concluait à la suppression radicale de la notion de personnalité dans le droit public (*L'État, le droit objectif et la loi positive*, 1901).

D'autre part, Léon Michoud commençait de publier son ouvrage classique sur les personnes morales dans lequel il prenait le parti de placer le sujet de la personne morale non plus dans la puissance de volonté, mais dans le *centre d'intérêts* (*La théorie des personnes morales*, t. I, 1900).

Ce double effort permettait d'édifier une théorie française des personnes morales, car la théorie allemande était par terre et l'idée essentielle était trouvée pour la remplacer, elle consistait à placer le sujet *ailleurs que dans la puissance de la volonté*; le « centre d'intérêts » était même bien choisi, à la condition d'en élargir et d'en modifier quelque peu la notion.

Quelques années plus tard, en 1910, Saleilles publiait ses *Leçons sur la personnalité morale* qui passaient en revue tous les systèmes, qui éveillaient beaucoup d'idées et, surtout, qui appelaient l'attention sur les affinités profondes de la théorie de la propriété et de celle de la personnalité. Cela était très important parce que cela éloignait encore le sujet moral de la région du pouvoir de domination où l'avait maintenu la doctrine allemande de la *Willensmacht*.

Personnellement, je n'avais pas encore abordé de front le problème de la personnalité morale, et tout ce que j'ai pu en dire avant 1910, de côté ou d'autre, ne reflète pas d'idées personnelles (sauf un travail paru dans le *Revue générale du droit* en 1899, *La personnalité comme élément de la réalité sociale*, mais qui ne visait que la question de la réalité ou de la fiction). En 1910, j'arrivais avec des préoccupations bien différentes de celles de Michoud et de Saleilles. Saleilles avait fait œuvre d'historien des doctrines ; Michoud avait construit la personne morale en se servant uniquement des éléments fournis par l'analyse des droits subjectifs dont elle est le sujet, c'est-à-dire par une méthode qui n'utilisait que des matériaux subjectifs. Préparé par ma *Théorie de l'institution*, organisée dès 1906, j'étais persuadé que le problème de la personne morale devait être abordé en utilisant à la fois des matériaux objectifs et subjectifs et en faisant marcher devant la construction objective ; je posais en principe que toute institution sociale organisée et formant corps était candidate à la personnalité morale, mais qu'elle constituait d'abord une individualité objective à laquelle il fallait rattacher tous les éléments réels de la personnalité, spécialement les organes et, par conséquent, la *puissance de volonté*, puis que cette même individualité objective se transposait en un sujet moral par une sorte de parallélisme. Telle fut la thèse que je soutins dans la première édition de mes *Principes de droit public* en 1910, et que je repris dans mon étude de la *Souveraineté nationale*, en 1912. Sous cette première forme, la théorie était dans la bonne voie en ce qu'elle posait le principe de la séparation du sujet et de la puissance de volonté, mais elle était incomplète en ce qu'elle ne réservait aucun *substratum* réel au sujet moral; faire passer tous les éléments réels du côté de l'individualité objective, c'était réduire le sujet moral à une pure entité juridique et, d'une certaine façon, revenir à la fiction.

Un second effort était nécessaire pour déterminer un *substratum* réel du sujet

indirectement s'il détient des biens qui puissent être envisagés comme lui étant propres. C'est ainsi que le Conseil d'État, par son arrêt du 20 janvier 1905, *Paternoster*, avait reconnu la personnalité juridique

moral. Il fut fourni dans la deuxième édition de mes *Principes de droit public* en 1916. J'avais eu le tort, en 1910, de faire passer du côté de l'individualité objective ce que Michoud avait appelé le *centre d'intérêts*. Je repris cet élément, je remarquai qu'il se confondait avec le groupe des intéressés et que celui-ci se confondait avec le groupe des gens pénétrés de *l'idée de l'entreprise ou de l'œuvre* que poursuit la personne morale, *le tout en tant que le groupe n'est pas organisé pour le gouvernement* (ici, la distinction que mes études constitutionnelles m'avaient conduit à faire, dès 1910, entre la nation sujette et son gouvernement, me fut d'une grande utilité). J'organisai donc le sujet moral sur cette notion complexe *du groupe des intéressés à l'idée de l'entreprise* et je le posai en regard de l'individualité objective réduite à n'être plus que l'ensemble des organes de gouvernement. Mais les relations entre le sujet moral et les organes de gouvernement demeuraient encore mal établies. On voyait bien comment le sujet moral obéissait au pouvoir de domination de ses organes de gouvernement, mais on voyait moins bien comment il pouvait exercer sur ceux-ci une réaction cependant nécessaire. La question est, d'ailleurs, très difficile, car il ne faut pas que la réaction du sujet sur le gouvernement soit destructrice de la sujétion, et cela rappelle le problème de la quadrature du cercle.

C'est pourtant la solution de ce problème que je crois avoir trouvée cette fois-ci par un troisième effort. Elle consiste à analyser en une *appropriation* la réaction exercée par le sujet sur ses organes. Le sujet, c'est toujours le groupe des intéressés à l'entreprise, ils sont intéressés, non seulement parce qu'ils adoptent l'idée de l'entreprise, *mais parce qu'ils participent au gouvernement de celle-ci* (par ce nouveau développement, deux éléments sont ajoutés au « centre d'intérêts » de Michoud, l'élément spirituel de l'idée et l'élément de causalité et de vie signifié par la participation au pouvoir de direction. Appliquée à la personne morale État, cette analyse interprète la souveraineté nationale en une appropriation exercée par la nation sujet moral sur les organes du gouvernement. Ainsi, les relations entre le sujet moral et les organes sont réciproques, les organes exercent un pouvoir de domination sur le sujet; celui-ci réplique par une appropriation des organes et ce phénomène d'appropriation interne est la base de son sens propre; il y a de nombreuses conséquences de cette nouvelle perspective. Ici, je me bornerai à indiquer comment j'y ai été conduit. Il me paraît que c'est par une triple voie : déjà, en 1910, dans la première édition de mes *Principes de droit public*, j'avais analysé la réaction de la nation sur le gouvernement en une *investiture*, c'était le premier pas sur le chemin de l'appropriation. Vers la même époque, les *Leçons sur la personnalité* de Saleilles m'avaient suggéré l'idée d'un fait intérieur de propriété ou d'appropriation et m'avaient rappelé une intuition de Gabriel Tarde : « Être, c'est avoir »; mais restait à organiser ces idées. Je devais en trouver le moyen dans des études sur la centralisation administrative considérée comme une capitalisation des compétences et des pouvoirs de volonté emmagasinés dans les attributions légales et dans l'organisation bureaucratique des organes. Ces études (que j'avais annoncées dans la deuxième édition de mes *Principes de droit public* en 1916) devaient me permettre de considérer les organes constitués des personnes morales comme des sortes de choses, car un capital de compétences et de pouvoirs se présente avec le caractère d'automatisme des choses et, dès lors, il devenait admissible que les institutions organiques et gouvernementales pussent être appropriées par le groupe des sujets.

Je n'ai pas la *prétention* que la théorie soit définitive, mais, dès maintenant, elle est très satisfaisante, car elle fournit des doctrines cohérentes, sur la structure des per-

de l'administration des chemins de fer de l'État, avant qu'elle ne fût consacrée par la loi du 21 mars 1905; de même, les départements, dont la personnalité juridique fut contestée pendant longtemps, furent unanimement considérés comme en étant doués après la loi du 10 mai 1838 sur les attributions des conseils généraux, dont l'article 4 portait que le conseil délibère : sur les acquisitions, aliénations et échanges des *propriétés* départementales, etc., et déjà, auparavant, pour la même raison qu'ils possédaient des biens, le Conseil d'État l'avait affirmée (Cons. d'Ét., 27 juin 1834, *Préfet du Bas-Rhin*).

II. *Étendue de la personnalité juridique des administrations publiques.* — Il ne faut pas croire que toutes les personnalités juridiques soient égales entre elles. Sans doute, elles sont toutes des sujets de droits, mais les droits subjectifs ne sont eux-mêmes que des pouvoirs destinés à satisfaire des intérêts, lorsque ces pouvoirs ont subi l'appropriation du sujet. Or, les entreprises n'ont pas toutes les mêmes intérêts, ni les mêmes pouvoirs, et elles n'approprient pas toutes également les pouvoirs de leurs organes (1).

Il faut partir de là que toute personnalité administrative contient, d'abord, la personnalité de droit commun qui correspond sensiblement à la sphère des droits patrimonialisés; c'est pour cela que la personnification d'un rouage administratif est décelée par l'acquisition de biens. Mais, ensuite, la personnalité administrative se dilate

sonnes morales, sur leurs organes, sur le droit de propriété, sur le patrimoine, le tout sans parler de ses répercussions constitutionnelles. De ce point de vue, il est évident que ce n'est plus une doctrine gouvernementale prête à justifier tous les despotismes comme la doctrine allemande de la puissance de volonté, mais au contraire une doctrine de souveraineté nationale et de liberté. Je crois aussi que la théorie de l'*appropriation* des organes par la nation et de la *participation à la souveraineté* que cette appropriation entraîne, remplace avantageusement celle de la *délégation de la souveraineté*.

J'espère enfin que cette construction positive mettra en évidence ce que la théorie de la personnalité juridique a de profondément naturel et qu'elle fera réfléchir tous ceux qui, sous le prétexte qu'elle ne serait qu'une des inventions de la technique, avaient pris le parti, ruineux pour l'avenir du système juridique, d'en faire bon marché.

(1) Dans la sphère du droit privé, le régime d'État moderne a supprimé les privilèges, par conséquent, toutes les entreprises ont mêmes pouvoirs, mêmes droits et même personnalité. Mais dans la sphère du droit public, il n'en est pas de même, les entreprises du droit public sont privilégiées, elles ont des pouvoirs de puissance publique exorbitants du droit commun; lorsque les pouvoirs exercés par leurs organes sont en outre appropriés par le sujet, ils deviennent des droits de puissance publique et rien ne s'oppose à ce que ces droits, devenus subjectifs, ne figurent dans la personnalité juridique des administrations publiques. La personnalité des administrations publiques est donc inégale à celle des particuliers et, de plus, comme toutes les administrations publiques n'ont pas les mêmes pouvoirs, leurs personnalités sont inégales entre elles, celle de l'État étant, par exemple, plus riche que celle des départements et des communes, à cause de tous les droits régaliens qu'elle contient.

plus ou moins dans la sphère des droits de puissance publique non patrimonialisés. Sans doute, alors, elle ne se manifeste pas par le signe de la propriété, mais elle se manifeste par celui des responsabilités encourues à la suite de l'exercice des droits; la responsabilité subjective étant, aussi bien que la capacité d'acquérir, un critérium de la personnalité (1).

(1) Il y a un parti dans la doctrine qui s'obstine à restreindre la personnalité administrative au seul domaine de la personnalité civile ou personnalité privée. Ainsi entendue, la personnalité juridique ne servirait aux administrations qu'à avoir un domaine privé. C'est la thèse de Ducrocq, soutenue par lui avec vigueur (*Cours de droit administratif*, 7º édit., t. IV) et admise après lui par un certain nombre d'autres auteurs, notamment par M. Berthélemy (*Traité élémentaire de droit administratif*, 5º édit., p. 42). D'après cette thèse, les droits et pouvoirs de la puissance publique, grâce auxquels marchent les services, n'intéresseraient en rien la personnalité juridique, il faudrait opposer l'État personne juridique à l'État puissance publique (Berthélemy, *op. cit.*, p. 44). Cependant notre collègue, sous la pression de la jurisprudence, a été obligé de reconnaître que la gestion des services publics intéressait la personnalité juridique, tout au moins pour la responsabilité (*op.cit.*, 7º édit., p. 39 et s.).

C'est qu'en effet la doctrine de Ducrocq s'arrête à une vue superficielle des choses. Sans doute, la personnalité juridique ne naît qu'à l'occasion de l'acquisition des biens, et je suis d'accord que le point d'attache de la personnalité juridique des administrations publiques est dans leur capacité d'acquérir; mais, une fois constituée, cette personnalité ne demande qu'à s'étendre par le principe de la responsabilité subjective, qui est un attribut de la personnalité tout aussi essentiel que la capacité d'acquérir. Indirectement, par les responsabilités pécuniaires qu'elle peut entraîner, toute la gestion des services publics l'intéresse. Or, la gestion des services publics, qu'on y fasse attention, c'est l'exercice même des droits de puissance publique; par exemple, la gestion du service de police, c'est l'exercice même des droits de police. Nous verrons, plus tard, que la jurisprudence administrative est arrivée à condamner l'État à des indemnités pécuniaires pour fautes commises dans le service de la police des ports, ou dans le service des crues, ou dans le service de la police tout court (V. *infra*, *Fautes de service*); donc, d'une certaine façon, la personnalité juridique de l'État est engagée dans l'exercice des pouvoirs de la puissance publique qui, par là même, deviennent des droits de puissance publique.

Les partisans de l'opposition entre l'État personne juridique et l'État puissance publique n'ont pas fait attention à ce mouvement tournant de la responsabilité pécuniaire, mais, aujourd'hui que le mouvement est tout à fait prononcé, leur position est devenue intenable, et ils devront convenir que, d'une certaine façon, la personnalité juridique des administrations publiques envahit le domaine de la puissance publique, tout au moins en ce qui concerne l'administration (car je fais des réserves en ce qui concerne la législation et la justice), qu'elle comporte la jouissance des droits exorbitants, tels que les droits de police et finances, le droit de disposer de la force armée, de battre monnaie, de conférer des grades, de lever l'impôt, mais aussi une responsabilité pécuniaire lorsque, ces droits étant exercés pour l'exécution des services publics, des dommages sont causés et des fautes sont commises.

Sur ce point, la doctrine du droit administratif s'est laissée distancer par celle du droit international public, pour laquelle les États ont une personnalité publique destinée aux relations extérieures, en laquelle résident leur souveraineté et leur responsabilité et, en outre, une capacité privée (Cf. S., 1904, t. IV, p. 16, la note et les autorités citées). Ce n'est, d'ailleurs, point dans un stérile esprit de symétrie que l'on institue

Limites de la personnalité administrative. — Il y a des limites de deux espèces; tantôt les administrations publiques n'ont pas les pouvoirs nécessaires pour donner par elles-mêmes satisfaction à leurs intérêts, et ceux-ci ne sont pas des droits; tantôt les organes des administrations ont les pouvoirs nécessaires, mais ces pouvoirs ne sont pas appropriés par le sujet et, pour cette raison, ne font encore pas figure de droits subjectifs.

On peut, en effet, donner des droits subjectifs la définition suivante : ce sont *des pouvoirs destinés à la satisfaction des intérêts du sujet, appropriés par le sujet*.

L'État, étant souverain, a toujours les pouvoirs nécessaires pour assurer la satisfaction de ses intérêts légitimes. Aussi, de ce chef, il n'y a point de limites à ses droits, ni à sa personnalité. Il n'en est pas de même des autres administrations publiques, elles ont fréquemment des intérêts pour la satisfaction desquels il leur manque des pouvoirs; cette limite à leur personnalité se reconnaît à ce que, en ces matières, leurs organes ne peuvent pas prendre de décisions exécutoires, mais ont seulement la faculté d'émettre des vœux.

Plus souvent encore, les organes des administrations publiques ont les pouvoirs nécessaires pour réaliser leurs intérêts, mais ces pouvoirs des organes ne sont pas appropriés par le sujet et demeurent des pouvoirs objectifs sans prendre la figure de droits subjectifs. C'est ainsi, par exemple, que la façon objective dont est organisé le contentieux de l'excès de pouvoir, c'est-à-dire le contentieux de l'annulation des décisions exécutoires des autorités administratives, semble prouver que le pouvoir de décision des organes, considéré dans son élément discrétionnaire, n'est pas approprié par la personne morale (laquelle n'aurait approprié que les compétences et les pouvoirs réduits en attributions légales) (1).

---

une capacité publique des administrations; il y a les avantages suivants : 1° il est essentiel que les prérogatives de la puissance publique soient analysées en des droits, afin d'abord d'en éliminer l'arbitraire, afin aussi d'éveiller, si possible, une responsabilité à l'occasion de leur exercice; ces droits et cette responsabilité ne sauraient exister sans une personne juridique qui en soit le sujet (V. *infra*, toute la théorie des indemnités); 2° il importe de retenir dans la catégorie de la puissance publique certains droits de nature pécuniaire qui, si l'on n'admet pas la personnalité publique, devront être rattachés à la personnalité privée et la transformeront en une dangereuse personnalité fiscale.

M. Michoud s'est prononcé en faveur de la double capacité administrative privée et publique, telle que nous la présentons ici (*La théorie de la personnalité morale*, t. I, p. 271. M. Esmein également (*Droit constitutionnel*, p. 1 et s.); de même, M. Brémond (*Revue critique de législation*, 1901, p. 313) et M. H. Ripert (*Des rapports entre les pouvoirs de police et les pouvoirs de gestion*, Paris, 1905).

(1) Il est indispensable, si l'on veut réserver la part d'autonomie nécessaire au pouvoir de domination, d'admettre cette limite à l'appropriation des organes par le sujet. Ces observations nous fournissent, d'ailleurs, une théorie très satisfaisante du pouvoir

Développements sur la jouissance des droits et la capacité chez les personnes administratives. — a) La jouissance des droits (1). — Nous savons déjà que les personnes administratives ont la jouissance de deux catégories de droits fort différents : 1° les droits de *puissance publique*, qui se justifient par les besoins spéciaux des entreprises administratives, et qui ont pour caractéristique d'imposer aux citoyens des obligations, à la propriété privée des servitudes exceptionnelles. Ces droits ne sont point semblables aux droits des particuliers, bien qu'ils ne soient pas sans parenté avec eux. Ce sont, par exemple, les droits de police, les droits relatifs au domaine public, les modes d'acquérir tels que l'expropriation, les impôts, etc. ; 2° les droits de *personne privée*, droits semblables à ceux des particuliers que l'on trouve dans le Code civil ou même dans le Code de commerce ; ces droits s'exercent dans des matières où l'utilité publique n'est pas au même degré en cause et n'entraînent que des obligations ordinaires ; ce sont, par exemple, les droits relatifs au domaine privé, et les modes d'acquérir qui ne supposent pas la puissance publique, ventes, échanges, dons ou legs, etc.

Les personnes administratives ont la jouissance de ces deux espèces de droits, mais dans une mesure qui demande à être déterminée :

1° *Droits de personne privée.* — Pour ce qui est des droits de personne privée, on peut admettre que les personnes administratives en jouissent sans avoir besoin d'une concession spéciale de la part de l'État et toutes de la même façon, quelle que soit l'étroitesse de leur spécialité administrative. La jouissance de ces droits est impliquée par la notion même de la personnalité juridique. La capacité de

---

discrétionnaire. Ce n'est pas le pouvoir de volonté des autorités administratives en tant qu'il n'est pas lié par le droit ; c'est, avant tout et surtout, le pouvoir de volonté des organes en tant qu'il n'est pas approprié par le sujet et qu'il ne peut pas l'être parce qu'il représente l'acte même de décider et qu'un organe où l'acte de décider ne serait pas libre, ne serait plus un organe. Pratiquement, le pouvoir discrétionnaire ou l'autonomie dans l'acte de décider se réfugie dans ce que l'on appelle la *question d'opportunité*. Cf. Michoud, *Étude sur le pouvoir discrétionnaire*, qui ne se place qu'au point de vue extérieur de la légalité.

(1) Il ne s'agit ici que de la jouissance des droits au profit des personnes administratives françaises ; quant à la question de savoir si les États étrangers et les diverses personnes administratives étrangères jouissent en France de certains droits, notamment de celui de recevoir des libéralités, nous estimons qu'elle relève du droit international (V. Merlin, *Répertoire*, v° *Gens de mainmorte*, § VII, n°s 1 et 2 ; Lainé, *Des personnes morales en droit international privé*; L. Renault ; *Journal de droit international privé*, 1875, p. 428 ; Weiss, *Traité international de droit privé*, 2° édit., p. 695 ; Ducrocq, *De la personnalité civile en France du Saint-Siège*, Revue de droit public, 1894, p. 47 ; Th. Tissier, *Traité des dons et legs*, n°s 220 et s.).

Un avis du Conseil d'État du 12 janvier 1853 a posé le principe de la capacité des établissements publics étrangers pour recevoir des libéralités, et ce principe a reçu de nombreuses applications. V. Th. Tissier, *loc. cit.*

recevoir des libéralités, notamment, existe de plein droit au profit de toutes les personnes administratives, même au profit des établissements publics, et, en soi, n'est point restreinte aux libéralités qui rentrent dans leur spécialité (V. *infra, Établissements publics*). Quant au droit de faire des libéralités, il n'existe que sous la forme de droit à faire des subventions budgétaires qui n'ont pas le caractère des libéralités du droit civil (V. *infra, Subventions*).

Les personnes administratives, en principe, ne font pas des actes de commerce et n'acquièrent pas la qualité de commerçant ; par exception, l'Administration des chemins de fer de l'État, qui est un établissement public (V. *infra*), fait des actes de commerce (Cass., 8 juill. 1889, S., 90. 1. 473) et acquiert jusqu'à un certain point la qualité de commerçant (1).

Un droit privé avait été pendant longtemps refusé à l'État considéré comme administration, c'était le droit de compromettre, de nommer des arbitres ; l'État pouvait bien se soumettre à un arbitrage dans les litiges internationaux, mais non pas dans les litiges nationaux, car là il a des juges à lui et on estimait qu'il ne devait pas leur donner une preuve de défiance (Cons. d'Ét., 17 mars 1893, *Compagnie des chemins de fer*). Ces considérations sentimentales ont fini par céder devant les avantages pratiques de l'arbitrage expérimenté à titre officieux à propos de l'Exposition universelle de 1900 (Cf. Cons. d'Ét., 16 janv. 1904, *Ducastaing*). La loi du budget du 17 avril 1906, article 69, a renversé le droit existant par les dispositions suivantes : « pour la liquidation de leurs dépenses de travaux publics et de fournitures, l'État, les départements et les communes pourront recourir à l'arbitrage tel qu'il est réglé par le livre III du Code de procédure civile. En ce qui concerne l'État, il ne pourra être procédé à l'arbitrage qu'en vertu d'un décret rendu en conseil des ministres et contresigné par le ministre compétent et le ministre des Finances. En ce qui concerne les départements, le recours à l'arbitrage devra

(1) Il ne faut pas en cette matière confondre deux questions : il y a celle de savoir si les administrations publiques peuvent transformer en des services publics des entreprises qui, si elles restaient privées, auraient le caractère commercial, c'est la question du rôle économique de l'État, il en a été parlé p. 29 ; il y a aussi cette autre question : une fois une entreprise industrielle ou commerciale érigée en service public, l'administration ne devrait-elle pas accepter la qualité de commerçant et être soumise aux lois et usages du commerce ? On trouvera cette question très complètement étudiée dans le *Traité élémentaire de droit commercial* de M. Thaller, 3ᵉ édit., p 112 et s. Il semble que la nature de l'État répugne à la qualité de commerçant, outre les raisons de détail que M. Thaller relève, telles que les règles spéciales sur la responsabilité de l'État, sur la comptabilité publique, sur la compétence administrative, il me paraît y avoir une raison de principe. Le commerce est essentiellement circulation et mouvement, l'État est essentiellement institution, c'est-à-dire stabilité. Néanmoins, le Code de commerce italien, article 7, admet que l'État, les provinces et les communes puissent se soumettre par leurs actes aux lois commerciales.

faire l'objet d'une délibération du conseil général approuvée par le ministre de l'Intérieur. En ce qui concerne les communes, la délibération du conseil municipal décidant l'arbitrage devra être approuvée par le préfet » (1).

2° *Droits de puissance publique.* — Pour les droits de puissance publique, la question est plus délicate. Faut-il considérer que les personnes administratives, étant au fond des membres de l'État, ont de plein droit la jouissance des droits de puissance publique, à l'exception de certains droits *régaliens* qui seraient réservés à l'État? Faut-il faire une distinction entre les personnes administratives ayant des services multiples, ayant besoin, par conséquent, de plus de droits, comme le département ou la commune, et les établissements publics qui ne gèrent qu'un seul service? Faut-il, au contraire, considérer que les droits de puissance publique sont une concession de l'État, et que, par conséquent, ils peuvent être concédés à toutes les personnes administratives, mais inégalement? La discussion approfondie de cette question très théorique, serait déplacée ici; bornons-nous à constater que, à raison de notre grande centralisation, tout se passe pratiquement comme si ces droits étaient une concession de l'État.

Il y a des droits qui, en fait, n'appartiennent qu'à l'État, tel le droit d'avoir une force armée. La commune a des droits de police sur les citoyens. Les établissements publics ont tous le droit de faire des opérations de travaux publics, mais ils n'ont pas tous le droit d'exproprier. Il y a donc la plus grande bigarrure.

b) *De la capacité d'exercer les droits et de l'incapacité des administrations publiques.* — Il faut distinguer deux espèces d'incapacités des administrations publiques : celle dont toutes sont frappées en leur qualité de personnes morales et parce qu'elles ne peuvent agir que par représentants; celle dont sont frappées les administrations secondaires à raison de la tutelle administrative qui retient sur elles l'État :

1° En leur qualité de personnes morales, les administrations publiques ne peuvent agir que par représentants, et elles ne sont pleinement capables que lorsqu'elles sont pleinement, c'est-à-dire régulièrement représentées. Si elles n'ont pas été régulièrement représentées à un acte, elles sont comme un mineur qui n'a pas été régulièrement représenté par son tuteur; elles peuvent, par la suite, invoquer leur incapacité pour faire annuler l'acte au civil. Leur

---

(1) Il ne faut pas confondre la transaction avec le compromis ; les personnes administratives ont toujours pu transiger ; les ministres le peuvent au nom de l'État (Cons. d'Ét., 17 mars 1893, *Compagnie de chemins de fer contre ministre de la Guerre*), les conseils généraux au nom du département (L. 10 août 1871, art. 46, n° 16), les conseils municipaux au nom de la commune (L. 5 avril 1884, art. 68, n° 4).

consentement n'est pas inexistant (à moins cependant que le personnage qui s'est présenté pour traiter en leur nom ne fût pas du tout leur représentant), mais leur consentement est vicié par les irrégularités que leurs représentants ont commises. Par exemple, pour une affaire intéressant une commune, le maire, qui a passé le contrat, ne s'est pas conformé à la délibération du conseil municipal selon laquelle le contrat devait être passé; la commune ne pouvait être valablement représentée que par l'accord établi entre ses deux représentants, le conseil municipal et le maire; le désaccord fait qu'elle n'a pas été valablement représentée. Elle est comme un mineur qui n'a pas été valablement représenté; elle peut faire annuler le contrat par une action en nullité fondée sur l'article 1305 C. Civ., prescriptible dans un délai de dix ans, dont le point de départ sera ici le jour même du contrat. Il faudra, bien entendu, que cette action soit valablement intentée par l'accord du conseil municipal et du maire qui, dans l'intervalle, auront pu être renouvelés (Cass., 8 janv. 1895, S., 95. 1. 278; Cons. d'Ét., 8 avril 1911, *commune de Oussé-Suzan*, S., 13. 3. 49 et ma note; cf. Cons. d'Ét., 9 août 1912, *commune de Saint-Thibaud*, 7 avril 1916, *Collaz*). De ce point de vue, on peut répéter avec nos anciens auteurs que les administrations publiques sont de perpétuelles mineures.

2° A raison de la tutelle administrative, toutes les administrations publiques autres que l'État sont encore des incapables. Ici, leur situation se rapproche de celle du mineur émancipé. D'abord, le régime auquel elles sont soumises ressemble à celui de la curatelle, bien qu'on l'appelle dans la pratique tutelle administrative; en effet, les personnes administratives agissent par elles-mêmes comme le mineur émancipé, seulement, elles ont besoin pour certains actes de l'autorisation d'un curateur qui est le plus souvent l'État. De plus, les actes pour lesquels il leur faut l'autorisation sont à peu près les mêmes que pour le mineur émancipé. Elles ne peuvent ni aliéner leurs immeubles, ni emprunter sans autorisation, sauf de rares exceptions; elles jouissent de plus de liberté au point de vue des actes qui sont d'administration pure; ainsi le département peut passer des baux d'une durée indéterminée, la commune des baux de dix-huit ans, les hôpitaux et hospices de même; mais elles disposent de leurs revenus avec moins d'indépendance que le mineur émancipé, à cause de la nécessité de pourvoir dans leur budget aux dépenses obligatoires et, d'une façon générale, à cause des règles de la comptabilité publique.

Il y a, cependant, des exemples de services d'administrations locales entièrement gérés par une administration tutrice. Ainsi en est-il du service des chemins vicinaux de grande communication et d'intérêt commun entièrement géré par le département, alors que ces chemins appartiennent aux communes et que la responsabilité des dommages qu'ils peuvent entraîner est laissée aux communes (1).

(1) La théorie de l'incapacité en matière administrative est difficile à construire, parce qu'il y a des différences considérables entre la capacité des départements, celle des communes et celle des différents établissements publics. Certains détails seront donnés dans notre étude de l'organisation administrative, à propos des attributions des différents organes, conseil général, conseil municipal, etc.

Il est légitime d'étendre par analogie aux incapables du droit administratif les règles du Code civil sur les incapacités, mais il faut procéder avec la plus grande circonspection. On ne saurait, par exemple, admettre au profit des départements ou des communes la règle de l'article 2252 sur la suspension de la prescription au profit des mineurs. La minorité des départements ou des communes durant perpétuellement, cette suspension équivaudrait à une suppression de la prescription. Or, l'article 2227 soumet formellement les personnes administratives à la prescription. On doit admettre, en revanche, que, lorsqu'une personne administrative incapable a été engagée en dehors des formes et des autorisations requises, il existe à son profit une action en nullité, analogue à celle de l'article 1305. Alors, par analogie, on doit exiger la preuve de la lésion, *minor restituitur non tanquam minor sed tanquam læsus*. Rien ne s'oppose à l'application de cette maxime très sage. Aussi, lorsque l'administration incapable a reçu exactement la contre-partie stipulée à son profit dans une convention passée de bonne foi, elle n'est pas recevable à se prévaloir d'un défaut d'approbation de délibération dont l'omission n'est imputable qu'à sa propre négligence (Cons. d'Ét., 15 janv. 1909, *Bouffet*). On applique, d'ailleurs, la prescription de dix ans de l'article 1304, mais on est obligé de modifier le point de départ du délai, il est ici le jour de l'acte attaqué (Cons. d'Ét., 15 juin 1877, *Ville de Chambéry*, Dijon, 5 juin 1884, *Gérard*, S., 86. 2. 196. Cass., 18 mai 1886, *Ville de Corte*, S., 90. 1. 514. Caen, 5 fév. 1902, *Commune de Coutainville-Agon*. Douai, 25 fév. 1903, *Hospices de Lille*).

CHAPITRE II

LA CENTRALISATION ET LA DÉCENTRALISATION ADMINISTRATIVES

Section I. — La centralisation administrative.

§ I. — **Caractères généraux de la centralisation.**

Observation préliminaire. — La matière de la centralisation et de la décentralisation est dominée par une idée essentielle, à savoir qu'il faut distinguer soigneusement deux éléments dans un État, le gouvernement central et la nation : la nation étant par elle-même essentiellement décentralisée et la forme État lui étant imposée par la centralisation que lui fait subir le gouvernement central. La centralisation est ainsi la force propre du gouvernement de l'État et la décentralisation est la force propre par laquelle la nation réagit contre le gouvernement de l'État.

On s'explique, dans ces conditions, que ces deux forces soient antagonistes, elles ne sont pas du même ordre; la centralisation est une force autoritaire et administrative, la décentralisation est une force libérale et constitutionnelle ; le mouvement de décentralisation n'apparaît, d'ailleurs, qu'avec le mouvement constitutionnel.

1. *Définitions.* — La centralisation est l'élément capital de l'organisation administrative; c'est grâce à elle que cette organisation constitue un corps cohérent doué d'unité, animé de l'esprit étatique, et c'est grâce à elle aussi que s'est produite, dans les centres d'administration, cette capitalisation du pouvoir et de la compétence qui a préparé la personnification morale des rouages.

Il y a deux espèces de centralisations : la centralisation politique ou gouvernementale qui, en fait, conduit à l'unité du droit ou de la loi, la centralisation administrative qui conduit à l'unité dans l'exécution des lois et aussi dans la gestion des services. La centralisation administrative elle-même peut être envisagée à deux points de vue, celui de la centralisation des affaires, c'est-à-dire de la mainmise de l'administration de l'État sur un nombre plus ou moins grand d'affaires nationales ou de services nationaux, et celui de la centralisation dans l'organisation des services. C'est surtout de la centralisation dans l'organisation des services et dans leurs modes d'exécution que nous allons nous occuper ici.

En ce sens, on peut définir la centralisation, *la création d'un centre de coordination et d'unification dans l'administration de l'État, grâce à l'existence d'un personnel dévoué et hiérarchisé*. Pour comprendre la portée de cette définition, il faut se représenter du point de vue historique la bizarrerie et le défaut de coordination qu'il y avait dans un pays comme la France avant la centralisation administrative qui se produisit à la fin de l'ancien régime. Il y avait des services publics gérés par les seigneurs féodaux, d'autres gérés par les municipalités, d'autres gérés par les justices royales; les circonscriptions étaient enchevêtrées, les diverses autorités étaient sans relations entre elles, leurs procédés étaient différents, elles n'avaient point toutes la conception de la chose publique, bref c'était le désordre et l'incohérence (1). La centralisation a créé un centre unique d'administration qui, peu à peu, s'est subordonné tous les autres centres, les a coordonnés, leur a imposé les mêmes procédés, leur a insufflé le même esprit. Ce centre d'administration a été l'*administration centrale de l'État*, représentée primitivement par le conseil du roi et qui a rayonné sur les provinces par les intendants, représentée actuellement par les organisations centrales des ministères qui rayonnent sur les départements, soit par les préfets, soit par les multiples agents de leurs services extérieurs.

Par la centralisation, l'administration centrale de l'État se subordonne, soit les *administrations locales* telles que les départements et les communes, soit les *administrations spéciales* telles que les services de l'assistance publique, qu'ils soient ou non érigés en établissements publics.

II. *Procédés par lesquels s'est réalisée la centralisation.* — Ils sont au nombre de trois : la concentration de la puissance publique, la concentration du choix des agents, la concentration du pouvoir de décision et de la compétence technique.

1° *La concentration de la puissance publique* aux mains de l'administration centrale de l'État est un phénomène saisissant. En soi, elle consiste dans la concentration du droit de rendre les décisions *exécutoires* et de les faire exécuter par la procédure d'action d'office. Elle suppose, au préalable, la concentration de la force publique, laquelle a été la condition de la suppression des guerres privées et de l'établissement de la paix intérieure; le premier objectif des rois de

---

(1) Dans Paris, « l'île était à l'évêque, la rive droite était au prévôt des marchands, la rive gauche au recteur (de l'Université). Le prévôt de Paris, officier royal et non municipal, sur le tout » (Victor Hugo, *Notre-Dame de Paris*, liv. III, chap. ii). La centralisation a remplacé tout cela par l'unique préfecture de police.

France, dans leur lutte contre la féodalité, a été la suppression des bandes armées des seigneurs, et, de nos jours, toutes les lois militaires conservent la trace de la préoccupation de ne laisser subsister dans la nation aucune force armée qui ne soit rattachée à ce qu'on pourrait appeler l'armée centrale (L. 21 mars 1905, art. 8); même les forces civiles des polices communales, même les corps de sapeurs-pompiers sont l'objet d'une centralisation progressive (Décr. 10 nov. 1903);

2° *Concentration du choix des agents.* — Au lieu de laisser le choix des agents à des organisations locales, ou à des corps spéciaux, ou à l'élection des populations, il est possible de le concentrer aux mains du gouvernement central dont procéderont toutes les nominations. De plus, les nominations pourront être précaires, les agents ne seront plus des officiers publics plus ou moins propriétaires de leurs offices, ils ne seront que des commis qui pourront être révoqués ou déplacés pour les besoins du service et qui, ainsi, seront tenus de prendre le mot d'ordre de l'administration centrale;

3° *Concentration du pouvoir de décision et de la compétence technique.* — La concentration du pouvoir de décision est un autre phénomène très curieux de l'organisation de l'État; elle suppose, au préalable, une différenciation et une séparation opérées entre la décision, d'une part, et, d'autre part, la préparation ou l'exécution de la décision. Si le même organe est chargé de préparer les décisions, de les prendre et de les exécuter, le temps matériel lui manquera pour en prendre beaucoup; mais si un organe est déchargé des soins multiples que demandent la préparation des affaires et leur exécution, il aura matériellement le temps de prendre beaucoup de décisions. Ainsi, à la condition de fournir à un administrateur tel qu'un ministre ou un préfet, des bureaux pour la préparation des affaires et des agents d'exécution en nombre suffisant, on pourra concentrer, entre les mains de ce ministre ou de ce préfet, les pouvoirs de décision pour une quantité d'affaires et, comme les affaires ne peuvent pas marcher sans que la décision soit prise, par ce détour on concentrera aux mains du ministre ou du préfet toutes les affaires.

La concentration de la contrainte et celle du pouvoir de décision se comprennent facilement; on conçoit moins celle de la compétence technique, car, par sa nature, cette compétence paraît être individuelle et, par conséquent, répartie entre les agents de préparation et les agents d'exécution. Le régime d'État a cependant réalisé, dans une certaine mesure, la centralisation de la compétence technique, grâce à l'organisation des bureaux et des conseils des ministères qui élaborent des procédures techniques et les font imposer aux agents d'exécution et grâce aux instructions hiérarchiques, sur lesquelles nous aurons l'occasion de revenir.

La délégation de la puissance publique. — Il s'est établi une théorie pour expliquer l'origine des pouvoirs des divers agents ou fonctionnaires qui exercent au nom de l'administration centrale ; cette théorie porte le nom de délégation de la puissance publique et elle consiste à imaginer que les pouvoirs de chaque agent lui ont été transmis par le chef de l'État ou par les ministres et ont été puisés par ceux-ci dans une sorte de réservoir commun de pouvoirs qui serait le réservoir de la puissance publique ou puissance de l'État.

Cette théorie n'est évidemment pas entièrement conforme à la réalité en ce qui concerne la compétence technique et le pouvoir de décision ; malgré les instructions des chefs hiérarchiques, les agents subordonnés conservent une compétence technique propre et un pouvoir propre d'appréciation dans la décision, qui leur réservent une part d'autonomie; mais la théorie est exacte en ce qui concerne le pouvoir de rendre exécutoires les décisions par l'emploi de la procédure d'action d'office et par conséquent par l'emploi de la contrainte. Ainsi que nous l'avons observé plus haut, ce pouvoir-là est fortement concentré et il ne se communique que par une délégation qui est bien la délégation de la puissance publique (1).

III. *Raisons d'être de la centralisation administrative.* — La centralisation administrative s'est établie et se maintient pour bien des raisons : 1° le pouvoir politique y trouve un moyen de s'affermir et de s'étendre; 2° les administrés y trouvent de grandes commodités, par suite de l'amélioration des services — la centralisation est le seul moyen d'assurer certains services très généraux en en répartissant les charges sur l'ensemble du pays, c'est ce que dans la mutualité on appelle la loi des grands nombres —; par la hiérarchie, elle assure une grande régularité et une grande moralité de l'administration, elle réalise de la justice; selon une expression de Dupont-White, la centralisation est *impartiale comme la loi*, parce que l'administration centrale voit les choses de haut et de loin et qu'elle ne s'embarrasse pas des querelles de clocher; elle réalise des économies, elle est une

---

(1) La loi pénale a prévu et puni les outrages et les violences commis à l'encontre des fonctionnaires ayant délégation de la puissance publique ou des citoyens chargés d'un ministère de service public et ces dispositions ont été interprétées comme visant tous les agents qui ont *autorité sur le public* par le maniement de la contrainte, que ce soit dans la décision ou dans l'exécution.
Pour la rébellion, V. art. 279 et s. C. pén.; pour les outrages, V. art. 222 et s. C. pén.; pour les diffamations et injures, V. L. 29 juill. 1881, art. 26, 29, 31, 33, § 1; 35, etc.; pour les violences, V. art. 228 et s, 262 et s. C. pén. — La qualité du fonctionnaire doit être appréciée spécialement pour chacun de ces délits. Cf. *Répertoire* Béquet-Laferrière, v° *Fonctionnaire*, n°s 326 et s.; et sur le sens de l'expression *citoyen investi d'un ministère de service public*, notion importante en matière de diffamation, note de M. Roux dans S., 1897. 1. 473; H. Nézard, *apud Revue d'administration*, 1904, III, 144, 257.

pépinière d'administrateurs habiles et probes. Enfin, l'uniformité des procédés administratifs, la simplification des rouages, leur coordination, la concentration des affaires, font que les administrés, en s'adressant à la mairie, à la préfecture ou au ministère, sont assurés d'être mis sur la bonne piste, ce qui leur économise les démarches.

Cependant, ces premières raisons d'être apparaissent secondaires si on les compare aux suivantes :

3° A mesure que, dans les États modernes, des armées permanentes centralisées ont été créées, il a été nécessaire, pour conserver au pouvoir civil sa suprématie sur le pouvoir militaire, de centraliser aussi l'administration civile; en face des commandants de corps d'armée, des préfets sont indispensables; la centralisation administrative a donc été une condition du régime civil dans un pays à service militaire permanent;

4° Elle est devenue aussi une condition d'existence du régime démocratique; une grande nation ne peut pas vivre sans cadres sociaux; une fois détruits les cadres qu'avaient fournis les régimes aristocratiques, et puisque, dans une atmosphère d'égalité absolue, ils ne pouvaient pas se reconstituer, il fallait les remplacer par des cadres administratifs; mais, pour ce faire, il fallait que la centralisation pénétrât tout le pays par une hiérarchie possédant des représentants dans les plus petites circonscriptions. Ç'a été un trait de génie de Napoléon Iᵉʳ d'avoir compris en l'an VIII que l'aristocratie de l'ancien régime ne pouvait être remplacée que par celle des préfets et sous-préfets aux costumes chamarrés. Cette nécessité subsiste; plus que jamais les masses démocratiques ont besoin d'être encadrées, plus que jamais elles le sont par l'administration; la seule modification qui se soit produite, c'est que les administrateurs ont perdu de leur prestige personnel et que les administrations, comme personnes morales, en ont gagné. Aujourd'hui, l'État, les départements, les communes constituent une sorte d'aristocratie de personnes morales puissantes.

IV. *La crise de la centralisation administrative et les réformes possibles.* — Ces raisons d'être assurent à la centralisation administrative un long avenir, d'autant que ni l'obligation des armées permanentes, ni le régime démocratique, ni la nécessité de cadres fortement organisés ne paraissent sur le point de prendre fin. Il y avait eu avant la guerre, « sur les transformations du droit public », des illusions que, sans doute, les événements auront détruites (1).

(1) On n'entendait parler que de la disparition prochaine de l'État puissance publique (L. Duguit, *Le droit social*, 2ᵉ édit., 1911, p. 156 : « l'État (régalien, jacobin et napoléonien) est mort ou sur le point de mourir »; M. Berth, *Mouvement socialiste*, 1907, I, p. 314 : « cette chose énorme, cet événement de portée incalculable, la mort de cet être fantastique, prodigieux, qui a tenu dans l'histoire une place si colossale, l'État est

Toutefois, il ne faut pas se dissimuler que la centralisation avait subi, dans ces dernières années, une forte crise et qu'elle ne durera dans de bonnes conditions que si des réformes opportunes sont opérées (1).

mort »; M. Chardon s'attaquait aux préfets et au ministère de l'Intérieur, *Les travaux publics. Essai sur le fonctionnement de nos administrations*, 1904 ; *Le ministère de l'Intérieur*, broch., 1910 ; *Le pouvoir administratif*, 1911).

(1) La crise était due à des motifs administratifs et à des motifs politiques :

1º Les griefs purement administratifs que l'on formulait contre la centralisation sont ceux que, périodiquement, on a toujours allégués contre elle, l'engorgement des ministères et des préfectures, les retards apportés à la solution des affaires, les pérégrinations interminables des dossiers, la paperasserie, la routine des bureaux, etc. Il y a du vrai dans ces récriminations, mais il est excessif d'en conclure qu'il faille supprimer les ministères et les préfectures, il suffirait de prendre des mesures efficaces pour décongestionner les centres trop encombrés et pour simplifier les procédures. Nous aurons l'occasion de revenir souvent sur cette idée que, jusqu'ici, lorsqu'on a fait des réformes de décentralisation ou de déconcentration, on n'a jamais songé qu'aux pouvoirs de décision et l'on a toujours oublié les procédures d'exécution. Or, il ne suffit pas de donner à un préfet des pouvoirs de décision si, ensuite, il se heurte, dans l'exécution, à la nécessité d'obtenir le concours d'un ministre, ou d'un conseil, ou d'un office qui dépend d'un ministère ; il faudra en venir à donner au préfet des pouvoirs efficaces d'exécution là où il a des pouvoirs de décision, alors on aura vraiment décongestionné les ministères ; le seul principe à poser est : celui qui a le pouvoir de décision dans une affaire doit avoir aussi les pouvoirs d'exécution nécessaires pour la réalisation de l'affaire ;

2º Mais la centralisation administrative a surtout été faussée par l'intrusion de la politique, depuis l'avènement du régime parlementaire et depuis le suffrage universel et, de ce côté, les remèdes sont plus difficiles à appliquer. Il faut distinguer les inconvénients du parlementarisme et ceux du régime électoral, bien que, souvent, les deux causes se combinent pour produire les mêmes effets qui sont la désorganisation de la hiérarchie, l'introduction du favoritisme dans la solution des affaires par suite de l'intervention des membres du Parlement ou des électeurs influents, l'incompétence de beaucoup de fonctionnaires qui ont été mal choisis, la diminution dans le rendement du travail parce que les bons fonctionnaires ne sont plus ceux qui avancent, l'incoordination croissante, parce que chacun des ministères va de son côté et qu'il n'y a plus véritablement d'impulsion gouvernementale centrale et unique, etc.

Bien des gens ont remarqué l'espèce d'incompatibilité qu'il y a entre notre centralisation administrative et nos assemblées parlementaires, mais la plupart ont conclu que c'était à la centralisation administrative à disparaître, parce que « les nations modernes ont mis leur confiance dans les assemblées ». Je ne sais pas si cet aphorisme est exact, mais je sais bien que la centralisation administrative doit être conservée malgré l'existence du Parlement. Par conséquent, les relations entre le pouvoir exécutif et le Parlement devront être remaniées jusqu'à ce que la centralisation administrative soit mise à l'abri des ingérences parlementaires incoordonnées. Il y a plusieurs moyens d'arriver à ce résultat :

1º Le premier qui a fait ses preuves en Angleterre est l'institution dans chaque ministère d'un secrétaire permanent qui soit le véritable ministre d'affaires et le véritable chef du personnel, le ministre politique n'exerçant qu'une direction extrêmement générale. Ce n'est pas ici le lieu de développer les conséquences de cette institution, qui sont surtout d'ordre constitutionnel. Cf. Lawrence Lowell, *Le gouvernement de l'Angleterre*, t. I, p. 210 et s. de la traduction française. A remarquer

§ 2. — La hiérarchie (1).

La centralisation administrative entraîne, dans l'organisation du personnel administratif, l'institution de la hiérarchie.

Hiérarchie signifie, en soi, superposition de degrés dans une organisation autoritaire des agents, de telle sorte que les agents inférieurs n'accomplissent pas leurs fonctions sous l'obligation directe et unique d'observer la loi, mais l'accomplissent sous l'obligation d'obéir au chef qui s'interpose entre eux et la loi (ce qui, d'ailleurs, pose le problème délicat de l'obéissance passive pour les ordres qui paraissent contraires à la loi) (2). En outre, les agents hiérarchisés, même ceux de degré égal, ne forment pas une agence collective, ils ne forment bloc que dans l'autorité du chef auquel chacun d'eux est relié individuellement; la hiérarchie est donc un procédé de groupement radicalement opposé au syndicalisme.

La hiérarchie est une institution très forte et engendre, par suite, une forte discipline qui porte le nom de pouvoir hiérarchique.

Le pouvoir hiérarchique s'analyse en une autorité absolue du chef

---

cet aphorisme : « l'association d'un supérieur non professionnel avec un subordonné professionnel est une coutume anglaise ». M. H. Chardon, dans son livre *Le pouvoir administratif*, s'est rallié à cette solution ;

2° Il n'est pas non plus de l'essence du régime parlementaire que chacune des organisations centrales des ministères devienne une sorte de baronie féodale indépendante se préoccupant de sa seigneurie particulière et non plus des intérêts nationaux. Si le régime parlementaire ne trouve pas le moyen de développer l'institution de la présidence du conseil de façon à en faire un rouage du gouvernement central coordonnant tous les ministères dans l'intérêt national, alors c'est que ce régime sera incompatible avec la démocratie : ce n'est pas la centralisation qui devra disparaître, c'est lui ;

3° Enfin, au lieu d'une ingérence incoordonnée exercée par des interventions personnelles des hommes politiques dans les bureaux, ou par des questions ou interpellations portées à la tribune, le parlement français pourrait exercer sur l'administration une action coordonnée par le moyen de ses commissions permanentes qui se tiendraient constamment en relations avec les bureaux des ministères.

C'est vers cette triple réforme, des secrétaires généraux des ministères, de l'organisation de la présidence du conseil, de l'action continue des commissions permanentes, qu'il convient de s'orienter.

(1) Cf. Giriodi, dans le grand traité d'Orlando, *I publici ufficii e la gerarchia amministrativa*, p. 221 et s.

(2) L'obéissance passive due par le subordonné à son chef hiérarchique cesse-t-elle si celui-ci lui demande de commettre des illégalités ? On prétend généralement que le fonctionnaire est couvert par le supérieur hiérarchique et que celui-là seul est responsable (Chante-Grellet et Pichat, *Répertoire*, Béquet, v° *Fonctionnaire*, n° 255. Cf. art. 114 C. pén.; Cass., 25 juin 1836, P., 37. 1. 14). Cf. en sens contraire, Duguit, *L'État, les gouvernants et les agents*, p. 621 et s., et voyez mon article *Les idées de M. Duguit, Recueil de législation de Toulouse*, 1911, p. 6 et s. Le Conseil d'État a décidé « qu'il n'appartenait pas au maire d'apprécier la régularité des actes qu'il était chargé de publier », Cons. d'Ét., 13 mars 1908, *Commune de Boutevillers*.

sur le subordonné, au point de vue de ce qui intéresse l'exécution de la fonction, et, par suite, en une responsabilité politique entière du chef pour toutes les fautes commises par ses subordonnés. Dans notre régime parlementaire, qui est combiné avec l'organisation hiérarchique, il est entendu que le ministre, politiquement responsable devant le Parlement, couvre ses subordonnés et est responsable de leurs actes. L'autorité du ministre engendre sa responsabilité, mais, réciproquement, sa responsabilité est invoquée pour justifier son autorité et souvent pour l'accroître. Toujours est-il que l'autorité hiérarchique est, en principe, absolue, le chef donne des instructions à son subordonné et celui-ci doit les suivre à la lettre. Le chef fait ainsi exécuter par ses subordonnés des actes qu'il n'accomplirait pas lui-même, soit parce qu'il n'en aurait pas le loisir, soit parce qu'il n'aurait pas la compétence technique nécessaire ; la hiérarchie est donc un moyen *d'exiger des autres ce qu'on ne ferait pas soi-même*.

A un point de vue plus juridique, le pouvoir hiérarchique se décompose en les éléments suivants : 1° la *procuration d'action*, c'est-à-dire le fait d'actionner les subordonnés en leur détaillant des instructions ; 2° le *contrôle hiérarchique* sur les actes accomplis par eux (V. *infra*) ; 3° le *pouvoir disciplinaire* sur la personne des subordonnés (V. *infra, Fonctions publiques*) ; 4° l'*avancement hiérarchique*, qui permet aux agents subalternes de s'élever eux-mêmes dans les degrés de la hiérarchie.

Quant au fonctionnaire subordonné, il a ou il n'a pas *une délégation de la puissance publique* suivant la nature de la fonction dont il est chargé (V. *supra*, p. 100).

En tout cas, dans la perspective de la hiérarchie, le fonctionnaire *n'a pas de pouvoirs propres de décision* pour l'accomplissement de sa fonction. Le principe est l'absence de pouvoirs propres, alors le fonctionnaire est entièrement sous l'autorité de son chef. Exceptionnellement, la loi peut lui conférer des pouvoirs propres pour l'exercice desquels il n'est plus sous l'autorité du chef, mais sous son contrôle. C'est la situation actuelle des préfets, ils ont reçu des pouvoirs propres (notamment par les décrets du 25 mars 1852 et du 13 avril 1861) et ils sont, pour l'exercice de ces pouvoirs, sous le contrôle du ministre.

Pour la situation personnelle des fonctionnaires (V. *infra, Recrutement des fonctionnaires*).

La hiérarchie et les cadres régionaux dans l'administration de l'État. — Dans l'administration de l'État, la hiérarchie prend une importance considérable, à raison du grand nombre des agents d'exécution et à raison de ce fait qu'étant disséminés sur de grandes étendues de territoire, ils doivent être organisés en des cadres régionaux qui, superposés les uns aux autres, constituent des degrés (1).

Les agents d'exécution qui dépendent du pouvoir central sont rattachés aux différents ministères, ils sont fort nombreux, il faut qu'ils soient encadrés, il est besoin d'intermédiaires entre le ministre et eux.

La hiérarchie des agents de l'État s'arrête au ministre en ce qui concerne le contrôle des actes et, à ce point de vue, il y a autant de hiérarchies que de ministères, et même, en réalité, beaucoup plus, car il y en a autant que de *directions* des ministères, ainsi au ministère des Finances, direction des contributions directes, des contributions

(1) Il y a, en effet, des services d'État qui doivent pénétrer dans toutes les communes, par exemple le service de l'instruction primaire, la perception des impôts directs, etc. Il faut bien que l'instituteur réside dans la commune, le percepteur doit se transporter dans la commune. Beaucoup d'autres services doivent être tout au moins à portée des habitants de chaque commune, par conséquent les agents doivent être placés dans des centres bien choisis avec une circonscription dans laquelle ils auront compétence; c'est ainsi qu'il y a un juge de paix dans chaque canton, etc.

Le ministre ne peut pas correspondre directement avec tous pour plusieurs raisons : *a)* parce que, ces agents étant trop nombreux, le ministre ne pourrait pas arriver à les connaître individuellement et qu'il faut cependant qu'un subalterne soit connu individuellement de ses chefs; *b)* parce qu'il faudrait leur donner des instructions très détaillées et que le ministre n'en aurait pas le loisir. De là, la nécessité des *cadres régionaux*. Entre les agents d'exécution et le ministre, s'étagent un certain nombre de fonctionnaires qui constituent les cadres. Un premier fonctionnaire dirige tous les agents subalternes d'un même service dans une même région; ce fonctionnaire, avec ses collègues du même rang, est dirigé à son tour par un fonctionnaire supérieur qui a compétence dans une région plus étendue, et ainsi de suite, jusqu'à ce qu'on arrive à un fonctionnaire régional qui soit directement en rapport avec le ministre et qu'on appelle *chef de service*. C'est ainsi, par exemple, que dans l'enseignement primaire, es instituteurs de tout un département sont dirigés par l'inspecteur d'académie, que tous les inspecteurs de l'académie sont à leur tour dirigés par le recteur, lequel est directement en rapport avec le ministre de l'Instruction publique. Chacun de ces fonctionnaires interposés dans la hiérarchie connaît personnellement ses subordonnés immédiats et leur détaille les instructions; c'est un relai d'énergie qui permet à l'impulsion gouvernementale d'arriver entière jusqu'en bas. L'idée de la hiérarchie n'est pas nécessairement liée aux cadres régionaux, par exemple la hiérarchie militaire en est jusqu'à un certain point indépendante. Cependant, en principe, il y a liaison; autrement dit, la hiérarchie est liée au poste. Quelques-uns des cadres régionaux se confondent avec la circonscription du département; par exemple, il y a dans chaque département un directeur des contributions directes, un des contributions indirectes, et ces directeurs sont des chefs de service. Mais un certain nombre de ces cadres régionaux sont bien plus vastes que le département, et en contiennent plusieurs dans leur sein. Tels sont les ressorts des corps d'armée, des cours d'appel, des académies, des directions régionales des postes. Les commandants de corps d'armée, les présidents de cours d'appel et les procureurs généraux, les recteurs, sont de *grands chefs de service*.

Les chefs de service ont sur leurs subordonnés des pouvoirs de direction considérables en fait, bien qu'en théorie les décisions soient prises par les ministres. La décision directe peut même leur être déléguée pour certaines affaires ou pour certaines nominations.

indirectes, des douanes, de l'enregistrement et des domaines, etc. ; mais, en ce qui concerne le pouvoir disciplinaire sur les personnes, la hiérarchie remonte jusqu'au chef de l'État, lequel nomme et révoque les ministres et beaucoup d'autres fonctionnaires.

Le contrôle hiérarchique d'office sur les actes des agents et le recours hiérarchique. — Le contrôle hiérarchique des actes appartient aux ministres et non pas au chef de l'État (1). Il convient de faire sur ce contrôle les observations suivantes : 1° Le contrôle s'exerce en principe sur les actes de tous les agents de l'État ; il n'y a point de service de l'État qui, à ce point de vue, soit en dehors de la hiérarchie, sauf le Parlement, qui d'ailleurs n'est pas un service (2) ;

2° Le contrôle hiérarchique s'exerce sur les actes non pas sur les agents, il s'exerce sur tous les actes administratifs de quelque espèce qu'ils soient, c'est-à-dire sur toute manifestation de l'activité d'un agent administratif dans l'exercice de ses fonctions, pourvu qu'il appartienne à la hiérarchie. Il s'exerce aussi bien sur les simples agissements qui ne sont pas susceptibles de produire par eux-mêmes d'effets juridiques que sur de véritables décisions exécutoires qui produisent des effets juridiques. Ainsi, par exemple, si un agent voyer fait arbitrairement détruire un pont jeté sur le fossé d'une route, le préfet, son chef hiérarchique, peut être saisi d'un recours ;

3° Le pouvoir de contrôle s'exerce d'office et par des décisions, il comporte en principe : α) des prescriptions ou instructions adressées par le supérieur à l'inférieur par lettre-circulaire, etc. ; β) des autorisations ou des approbations d'actes ; γ) des annulations et des réformations d'actes ; δ) des ordres donnés d'avoir à réparer les conséquences d'un acte ; ε) des substitutions d'action ; η) des confirmations d'actes ;

4° Le contrôle hiérarchique s'exerce par échelons en remontant les degrés de la hiérarchie, depuis l'agent qui a fait l'acte jusqu'au ministre, mais les échelons sont constitués uniquement par les agents qui ont la qualité d'autorités administratives, c'est-à-dire entre les mains de qui a été centralisé le pouvoir de prendre des décisions exécutoires produisant des effets de droit (maire, préfet,

---

(1) Il avait appartenu au chef de l'État en vertu de la Constitution du 3 sept. 1791, t. III, chap. IV, sect. II, art. 5 et 6 ; dans la Constitution du 5 fructidor an III, art. 196, il appartenait encore au Directoire concurremment avec les ministres, chacun dans leur département (art. 193-194). La compétence exclusive du ministre s'affirme à partir de la Constitution du 22 frimaire an VIII, art. 59 ; V. Décr. 25 mars 1852 art. 6 ; Décr. 13 avril 1861, art. 7.

(2) Ce principe fut notamment affirmé à l'occasion de la Chancellerie de la Légion d'honneur qui fut déclarée rattachée au ministère de la Justice (Cons. d'Ét., 15 fév. 1872, *Darnis*, S., 73. 2. 239 ; 1er mai 1874, *Lezeret de la Maurimie* ; 26 mai 1876, *Lefebvre-Duruflé* ; Laferrière, *Juridiction administrative*, 2e édit., t. I, p. 448).

ministre). La hiérarchie étant une institution, ce contrôle disciplinaire est déjà juridique ;

5° Les décisions explicites ou implicites par lesquelles les autorités administratives statuent pour exercer le pouvoir hiérarchique, soit qu'elles annulent, ou réforment, ou confirment l'acte du subordonné, constituent des décisions exécutoires produisant effet de droit et sont, par suite, susceptibles de recours contentieux. — Cette proposition, combinée avec celle énoncée au n° 2, à savoir que le chef hiérarchique peut être saisi d'un recours contre de simples agissements, montre que le contrôle hiérarchique peut servir à étendre la sphère d'action du contentieux de l'annulation (1).

Du recours hiérarchique. — Le contrôle hiérarchique s'exerce en principe spontanément et d'office, mais il peut aussi être provoqué par les réclamations des intéressés, ces réclamations portent le nom de recours hiérarchique (2). Le recours hiérarchique doit être distingué, d'une part du recours gracieux, et d'autre part du recours contentieux :

1° Il ne faut pas confondre *recours hiérarchique* avec *recours gracieux*, du moins au point de vue de la théorie. Le recours hiérarchique est une réclamation formée par l'intéressé contre l'acte d'un agent subordonné, et portée devant le chef hiérarchique pour mettre en mouvement le contrôle hiérarchique ; il a déjà un caractère juridique, et l'autorité saisie de la réclamation est tenue de prendre une décision en réponse. On doit entendre par recours gracieux la réclamation adressée à une autorité pour lui demander de faire un acte nouveau, ou bien à l'autorité qui a fait un acte pour la prier de rapporter *elle-même* son acte. La voie gracieuse ressemble à la voie hiérarchique en ce qu'elle est administrative, mais elle en diffère en ce qu'elle n'éveille pas l'idée d'un contrôle, elle ne donne pas lieu à un recours proprement dit, mais plutôt à une *démarche* ou à une *pétition*. Il faut avouer que cette différence théorique entre le recours hiérarchique et le recours gracieux a pratiquement perdu

---

(1) En effet, le contentieux de l'annulation ne s'exerce pas contre les simples agissements, parce qu'on ne peut pas annuler un agissement qui n'est qu'une sorte de fait ; on ne peut annuler que des actes juridiques. Le recours hiérarchique fait pour ainsi dire *endosser* l'agissement du subordonné par la décision que le supérieur hiérarchique est obligé de rendre sur le recours qu'on a porté devant lui et le transforme, par le moyen de cette décision exécutoire, en un acte juridique susceptible d'annulation.

(2) Il peut arriver que le contrôle hiérarchique ait moins d'étendue quand il s'exerce d'office que lorsqu'il s'exerce sur recours. Ainsi en est-il, d'après les décrets du 25 mars 1852 et du 13 avril 1861, du contrôle du ministre sur les actes des préfets et de celui des préfets sur les actes des sous-préfets. — D'office, les actes des préfets ou sous-préfets ne peuvent être annulés ou réformés que s'ils sont contraires aux lois et règlements. Sur recours, ils peuvent être annulés ou réformés pour tous motifs (art. 6, Décr. 25 mars 1852 ; art. 7, Décr. 13 avril 1861).

beaucoup de son importance depuis que la loi du 17 juillet 1900 a assimilé à une décision de rejet le silence gardé par les autorités administratives sur toute espèce de réclamations et a ainsi permis de lier le contentieux même à la suite d'une réclamation gracieuse (V. *infra, Liaison du contentieux*);

2° Il ne faut pas confondre non plus *recours hiérarchique* avec *recours contentieux*; l'un met en mouvement la hiérarchie administrative, l'autre la juridiction administrative, et ces deux organisations n'ont rien de commun (1). Lorsque, contre un acte d'administration, il existe *de plano* un recours contentieux, le recours hiérarchique n'en subsiste pas moins à côté; les deux recours sont distincts et indépendants, la partie intéressée n'est point obligée d'intenter d'abord le recours hiérarchique, l'existence de celui-ci ne constitue point une fin de non-recevoir pour le recours contentieux (Cons. d'Ét., 24 juin 1881, *Bougard*; 13 avril 1881, *Bansais*; 14 janv. 1887, *Union des gaz*); mais la partie intéressée peut aussi commencer par le recours hiérarchique; si cependant elle use de cette faculté, il lui faut faire attention à ne pas perdre le droit au recours contentieux par expiration des délais (V. *infra, Recours pour excès de pouvoir : fin de non-recevoir tirée des délais*).

Les règles du recours hiérarchique font d'ailleurs ressortir les différences qui le séparent du recours contentieux : 1° Il peut être formé contre les simples agissements, au contraire, le recours contentieux ne peut être formé que contre des décisions exécutoires; 2° il est formé devant l'autorité immédiatement supérieure, avec faculté de remonter par échelons jusqu'au ministre (Cons. d'Ét., 31 juill. 1903, *Picard*); 3° il n'y a pas de délai; 4° le recours est recevable pour simple intérêt froissé, et il peut être motivé au fond pour simple inopportunité de l'acte; 5° aucune formalité de procédure, simple requête sur papier timbré; il est délivré aux parties qui le demandent un récépissé constatant la date de la réception de la réclamation; pour la décision, simple forme administrative (2); 6° si l'autorité saisie du recours ne garde pas le silence, sa décision est, ou bien une confirmation, ou bien une annulation, ou bien une réformation de l'acte; si elle garde le silence pendant plus de quatre mois, comme ce silence est assimilé à un rejet de la réclamation, il équivaut à confirmation de l'acte (3); 7° tant que la déci-

---

(1) Cette confusion a été commise pendant longtemps, à l'époque où régnait la doctrine du ministre-juge (V. *infra, Contentieux*).

(2) Lorsqu'un recours hiérarchique est formé devant le ministre, sur une affaire susceptible de donner lieu à un recours contentieux, le ministre doit statuer par *décision spéciale* (Décr. 2 nov. 1864, art. 6); il y a discussion sur le point de savoir si cela veut dire décision motivée.

(3) Dans le cas d'annulation ou de réformation, il y a une décision de l'autorité supé-

sion sur recours hiérarchique n'a pas servi de fondement à une opération, elle peut être reprise et refaite, c'est-à-dire qu'il n'y a pas autorité de la chose jugée ni fixité de la chose jugée.

Section II. — La décentralisation administrative.

§ 1. Caractères généraux de la décentralisation.

Définition. — La décentralisation administrative, qui constitue le contrepoids de la centralisation, est, avons-nous dit, un mouvement d'origine nationale et constitutionnelle; il tend à restituer à la nation les organes de l'administration locale et des administrations spéciales; pour ce faire, tout en laissant subsister un contrôle du gouvernement central de l'État, il tend à la création de *centres d'administration publique autonomes où la nomination des agents provient du corps électoral de la circonscription et où ces agents forment des agences collectives ou des assemblées participant au pouvoir exécutif.*

Ainsi l'autonomie des administrations décentralisées est assurée par deux moyens, la *nomination des agents à l'élection* et leur *groupement en des agences collectives qui sont des assemblées participant au pouvoir exécutif*. Par exemple, la décentralisation communale a été assurée par la nomination à l'élection des membres de la municipalité et par le groupement de ces membres en un conseil municipal qui prend des délibérations, *par lesquelles il participe à l'administration exécutive*. Comme les agences collectives ou assemblées ne peuvent fonctionner que par le procédé de la délibération, on peut remarquer que la décentralisation comporte l'application des principes de l'élection et de la délibération.

Ce sont des principes inverses de ceux de la centralisation, laquelle repose sur la nomination des agents par le pouvoir central et sur leur groupement par la hiérarchie. (V. *supra*, p. 103). Comme le résultat de la décentralisation administrative est d'éloigner du gouvernement central les centres décentralisés et de les rapprocher de la nation, on dit souvent qu'elle réalise « l'administration du pays par le pays » ou le *self government* qui est essentiellement la *participation du pays au gouvernement*.

Limites de la décentralisation administrative. — D'abord, il ne faut pas confondre la décentralisation administrative avec la décentrali-

---

rieure qui détruit l'acte primitif. On se trouve donc en présence d'un nouvel acte d'administration qui peut à son tour être attaqué, soit encore par le recours hiérarchique si on n'a pas épuisé la hiérarchie, soit par le recours contentieux. Dans le cas de confirmation définitive par le ministre, l'acte primitif demeure intact, la décision confirmative, s'il en est survenu une, s'incorpore à lui, et c'est cet acte primitif qu'il faudra maintenant attaquer par la voie du recours contentieux, si l'on est encore dans les délais primitifs.

sation politique ou le fédéralisme. La décentralisation politique supposerait brisée dans le pays l'unité du droit. Les circonscriptions locales, qui seraient des provinces ou des États secondaires, se feraient une législation spéciale, l'État deviendrait fédéral. La décentralisation administrative respecte l'unité de la loi, les assemblées décentralisées n'ont point de pouvoirs législatifs, elles n'ont que des pouvoirs administratifs.

Elles n'ont même pas tous les pouvoirs administratifs, car elles n'ont pas la libre disposition d'une force publique à elles. La force publique reste centralisée aux mains du gouvernement; elles n'ont, en somme, que des pouvoirs de décision et les pouvoirs d'exécution qui ne supposent pas l'emploi de la force publique.

D'autre part, la décentralisation administrative ne détruit pas la centralisation, elle se combine avec elle pour lui faire contrepoids; il subsiste donc une administration centrale de l'État; non seulement elle subsiste au centre sous la forme des ministères, mais elle conserve des agents sur tout le territoire, qui vivent à côté des administrations décentralisées, les agents du service extérieur des ministères et surtout les préfets. Non seulement l'administration centrale subsiste, mais elle conserve un contrôle étendu sur les administrations décentralisées, contrôle qui porte le nom de tutelle administrative. Ainsi on peut dire que la centralisation reste la règle et que la décentralisation est l'exception.

Enfin la décentralisation ne détruit ni l'unité, ni même l'uniformité de l'administration publique; elle n'est qu'une modalité de l'administration publique étatique dont elle conserve la physionomie générale; elle n'est point un retour à la variété et au disparate qui régnaient avant le développement de la centralisation administrative. Les procédés de l'administration restent les mêmes et la coordination subsiste au point que la plupart des services publics sont tenus en coadministration par l'administration centrale et par les administrations décentralisées.

Raisons de la décentralisation administrative. — Elles ne sont point d'ordre administratif, mais bien d'ordre constitutionnel. S'il ne s'agissait que du point de vue administratif, la centralisation assurerait au pays une administration plus habile, plus impartiale, plus intègre et plus économe que la décentralisation. Mais un pays n'a pas besoin seulement d'une bonne administration, il a besoin aussi de liberté politique. Or, la liberté politique est liée à la décentralisation politique du gouvernement, laquelle à son tour est liée à la décentralisation administrative. D'une part, la décentralisation politique suppose une large participation du peuple au gouvernement par le moyen des élections politiques et des assemblées politiques; d'autre part, les électeurs et les membres des assemblées ne peuvent faire leur éducation politique que dans les élections locales et dans les assemblées locales. Il ne faut donc point voir dans la décentralisation administrative un mouvement d'ordre administratif, jamais ce mouvement ne fût né sans une poussée constitutionnelle.

La décentralisation administrative engendre des personnes morales. — Il est à remarquer que les rouages administratifs décentralisés deviennent des personnes morales sous les noms variés de départements, communes, établissements publics. Cela tient à ce que la décentralisation, venant après la centralisation, réalise l'équilibre interne nécessaire à toute personne morale. La centralisation développe l'élément des organes de gouvernement, la décentralisation développe l'emprise du groupe sur les organes de gouvernement, ce qui réalise l'appropriation de ceux-ci par le sujet (V. *supra*, p. 88).

§ 2. — **Applications de la décentralisation administrative.**

1. *La décentralisation des administrations locales.* — Ces administrations sont, dans la France métropolitaine, les départements et les communes. Complètement centralisées dans l'organisation administrative de l'an VIII, parce que les conseils généraux et les conseils municipaux avaient cessé d'être électifs, et n'avaient pas ou presque pas de pouvoirs de décision, ces administrations locales ont bénéficié d'une décentralisation croissante à partir de 1830. Les conseils municipaux et les conseils généraux ont été rendus électifs en 1831 et 1833 ; il s'agissait à ce moment-là d'un suffrage restreint, mais en 1848, le suffrage universel y était appliqué. En 1837 et 1838, les attributions de ces conseils étaient développées et ils recevaient des pouvoirs de décision qui furent progressivement augmentés, par des lois successives, jusqu'à devenir le droit commun dans les lois du 10 août 1871 et du 5 avril 1884. Sauf un contrôle de tutelle énergique et qui se localise surtout, ainsi que nous le verrons plus loin, dans les procédures d'exécution des opérations administratives, les conseils généraux et les conseils municipaux règlent aujourd'hui avec autonomie les affaires départementales et communales (1).

Il semble qu'on ne puisse plus guère augmenter l'autonomie de ces rouages locaux, d'autant qu'ils risqueraient de fonctionner à vide,

---

(1) Sur l'état actuel de la question de la décentralisation départementale et communale, consulter le rapport de M. Morlot présenté au nom de la commission de décentralisation le 6 décembre 1902 ; le rapport de M. Lallemand sur la réorganisation administrative présenté au nom de la commission interministérielle, Berger-Levrault, 1910; le rapport de M. J. Barthélemy au Congrès international des sciences administratives de Bruxelles, 1910, sur *Les tendances actuelles de la législation et de l'opinion française en ce qui concerne l'organisation administrative*, Goemaere, éditeur, Bruxelles; le rapport présenté par M. le député Bellet au nom de la commission de décentralisation en 1920.

beaucoup de leurs objets d'administration étant maintenant réglés (chemins vicinaux, maisons d'écoles, travaux d'outillage des villes, voirie départementale, services d'assistance départementale) et l'État ne pouvant guère se décharger à leur profit de services plus importants à raison de leurs faibles ressources. Une décentralisation plus grande ne pourrait être cherchée que par la création de régions territoriales groupant plusieurs départements et reconstituant des provinces, réforme dont il sera question plus loin.

II. *La décentralisation des administrations spéciales.* — Au premier abord, cette rubrique ne semble viser que l'organisation plus ou moins décentralisée des établissements publics chargés de services spéciaux et, en effet, c'est un premier aspect intéressant du sujet. Il n'est pas indifférent, par exemple, que les commissions administratives des hôpitaux et hospices, établissements publics communaux, soient composées en majorité de délégués du préfet, selon la loi actuelle du 5 août 1879, ou qu'au contraire elles soient composées en majorité de délégués du conseil municipal.

Mais il y a un autre aspect du sujet encore plus intéressant; il s'agit de savoir si des services actuellement confondus parmi les services généraux de l'administration de l'État, ne devraient pas être érigés en établissements publics et, par conséquent, si la création des établissements publics, indépendamment de la question de leur organisation plus ou moins élective, ne constitue pas, par elle-même, une décentralisation. Et il paraît bien qu'elle en constitue une, si l'on réfléchit qu'elle s'accompagne nécessairement d'une répartition du pouvoir de décision. Dans l'établissement public, le pouvoir de décision vient s'unir à la compétence technique des membres de l'établissement et, par ce fait, en général, il est enlevé au pouvoir central. Quand les facultés et universités de l'enseignement supérieur ont été constituées en établissements publics, cela a signifié qu'une bonne partie du pouvoir de décision, qui était au ministre, allait passer aux conseils de l'université et aux assemblées de faculté et allait là rejoindre la compétence technique. Ainsi, la dissociation du pouvoir de décision et de la compétence technique, que nous avons vue être un des procédés favoris de la centralisation, fait place, dans l'établissement public, au remembrement du pouvoir de décision et de la compétence technique, au projet des agents techniques, et c'est en quoi il y a décentralisation.

Le mouvement de transformation des services techniques de l'administration de l'État en établissements publics est à peine lancé, tous les ans, dans la loi du budget, on en voit apparaître quelques nouveaux échantillons; il s'agit encore surtout de services d'enseignement ou de musées; à noter, toutefois, l'érection en établissement public de l'importante administration des chemins de fer de l'État.

et la création, dans les administrations centrales des ministères, de nombreux *offices*, tels que l'*office du tourisme*, l'*office de la navigation intérieure*, etc. Ce mouvement doit fatalement s'accentuer, la preuve en est dans la tendance syndicaliste qui emporte les fonctionnaires eux mêmes. J'ai montré ailleurs que le *syndicalisme des fonctionnaires* ou la *syndicalisation des fonctions publiques*, dans ce qu'ils ont de sérieux, se ramènent à l'aspiration qu'ont les agents d'exécution à conquérir des pouvoirs de décision, c'est-à-dire à réunir en leurs groupements à la fois le pouvoir de décision et la compétence technique, et j'ai montré, en même temps, que, par la force des choses, si des syndicats de fonctionnaires étaient organisés légalement et régulièrement, ils ne seraient que des espèces d'établissements publics (1).

III. *La question des grandes régions.* — Elle est née de la constatation de ce fait que les grands travaux et l'organisation des services relatifs aux intérêts économiques régionaux débordent les cadres des départements et que ces matières seraient mieux réglées par des administrations locales à circonscription plus vaste s'étendant à des régions économiques naturelles et qui seraient dénommées *régions*.

Pour l'organisation de ces régions, plusieurs solutions peuvent être proposées :

Il y en a une d'abord, qu'il convient d'écarter, c'est celle qui tendrait à créer des assemblées régionales délibérantes ayant des pouvoirs de décision et constituées exclusivement sur la base de la représentation des intérêts économiques. La représentation des intérêts, dans une assemblée délibérante douée d'une autorité administrative et pouvant imposer ses décisions, constituerait un contresens politique. La représentation des intérêts n'est possible que dans des assemblées consultatives ; dans des assemblées délibérantes, elle aboutirait fatalement à la constitution d'une majorité formée par un consortium d'intérêts économiques qui écraseraient les autres intérêts.

Cette solution écartée, il en reste deux autres :

Ou bien la création d'assemblées régionales délibérantes sans représentation des intérêts ou avec une faible représentation des intérêts combinée avec la représentation territoriale qui ne seraient que de grands conseils généraux, avec, à côté d'eux, des préfets régionaux ;

---

(1) V. mes *Principes de droit public*, 2ᵉ édit., p. 739. Cf. sur la question, Maxime Leroy, *Les transformations de la puissance publique ; Les syndicats de fonctionnaires*, Paris, 1907 ; *Syndicats et services publics*, 1909 ; P. Boncour, *Les syndicats de fonctionnaires*, 1906 ; Demartial, *Le statut des fonctionnaires*, 1907 ; Bouglé, *Les syndicats de fonctionnaires et les transformations de la puissance publique*, Revue de métaphysique et de morale, 1908 ; articles de Demartial, Berlod et F. Faure, dans la *Revue politique et parlementaire* (mars 1905, mars 1906, juin 1907), etc.

H. — Pr.

Ou bien l'organisation de syndicats de départements analogues aux syndicats de communes, introduits par la loi du 22 mars 1890, analogues aussi à la *mancommunitad* espagnole (Cfr. H. Puget, *Le gouvernement local en Espagne*, 1920).

La solution qui a le plus de chances d'être adoptée est celle qui comportera la création de grands conseils généraux régionaux, et de préfets régionaux, avec la mission de délibérer sur toutes les questions d'intérêt régional : canaux, voies ferrées, œuvres d'assistance, enseignement, etc. (1).

(1) Commission d'administration générale : conclusions, journaux du 6 juin 1918 ; Ch. Bellet, rapport précité, 1920. En tout cas, la région devrait être préparée par une refonte des cadres régionaux actuels de nos grands services. Si le même groupe de départements faisait partie à la fois d'un même corps d'armée, d'une même cour d'appel, d'une même académie, tous les grands chefs de service étant réunis au même chef-lieu, ce cadre commun pour les grands services publics créerait une vie commune. En fait, les grands ressorts régionaux ne concordent pas, ils ne le peuvent pas, ils sont en nombre inégal. Il y a, dans la métropole, vingt corps d'armée, vingt-cinq cours d'appel, seize académies. Un département dépend, en général, d'une grande ville pour le corps d'armée, d'une autre pour la cour d'appel, d'une autre pour l'académie.

Les conditions dans lesquelles pourra être organisé un régionalisme administratif sont d'ailleurs compliquées par un certain nombre de circonstances de fait qui sont :

1° Le régime spécial de l'Alsace et de la Lorraine ;

2° Le régime temporaire des régions libérées ;

3° La création par le ministre Clémentel des *régions économiques* et des *groupements de chambres de commerce*, qui ont succédé aux *comités consultatifs d'action économique*. Voici, en abrégé, l'histoire de cette création. Au cours de la guerre, il avait été créé, sous la pression des nécessités, des *comités consultatifs d'action économique*, dans chacun des corps d'armée, sous la direction d'un délégué du ministre de la Guerre, mais sous la présidence du préfet du chef-lieu de la région ; ces comités comprenaient, entre autres membres, des représentants des chambres de commerce de la région ; ils avaient pour but de coordonner les efforts en vue des mesures urgentes à prendre pour la vie économique du pays pendant la guerre et même pour l'après-guerre (Décr., 25 oct. 1915. — V. le rapport de M. le contrôleur général Chappuis, 1917). Ces comités d'action économique rendirent des services, mais ils avaient le défaut d'être purement consultatifs. Le ministre du Commerce Clémentel pensa qu'en utilisant l'article 18 de la loi du 9 avril 1898, qui prévoit entre chambres de commerce « des ententes sur les objets rentrant dans leurs attributions et intéressant à la fois leurs circonscriptions respectives », on pourrait constituer des organismes régionaux possédant des pouvoirs de décision ; dès l'année 1918, il suscita des groupements régionaux de chambres de commerce autorisés par des arrêtés ministériels ; il fut admis, d'ailleurs, qu'une même chambre de commerce pourrait s'affilier à deux groupements. Actuellement, cette organisation couvre la France, il y a vingt groupements régionaux. Le groupement régional est administré par un *comité régional* qui possède un semblant de pouvoir de décision ; les décisions sont prises à la majorité des voix, mais elles ne lient pas la minorité, une chambre de commerce peut toujours refuser de s'associer à une décision du comité. En somme, le *comité régional* est du type de la conférence intercamérale et non point du type du syndicat intercaméral. Il n'y a pas eu et il ne pouvait pas y avoir création par simple arrêté ministériel d'une autorité administrative nouvelle ni d'une nouvelle espèce de décisions exécutoires, toutes choses qui ne peuvent résulter que d'une loi ; toute cette organisation

IV. La question des pouvoirs d'exécution des autorités décentralisées.
— Au reste, quelles que soient les réformes faites pour assurer une décentralisation régionale, elles resteront lettre morte si l'on ne se décide pas à comprendre que l'autonomie des administrations régionales ne comporte pas seulement des pouvoirs de décision, mais qu'elle doit comporter aussi des pouvoirs corrélatifs d'exécution, de telle sorte que ce qui a pu être décidé par une autorité locale puisse être exécuté par cette même autorité ; jusqu'ici on peut dire que notre décentralisation a été fictive, les autorités locales peuvent prendre des décisions sur une quantité d'affaires, mais elles ne peuvent faire aboutir ces décisions qu'avec le concours du préfet et du ministre; le préfet lui-même ne peut à peu près rien faire exécuter sans le concours d'un ministre ou d'un organisme ministériel. Ainsi, la décentralisation des décisions se heurte à une centralisation persistante des moyens d'exécution (V. *infra, Tutelle administrative*).

ne marche que par la bonne volonté des chambres participantes et par celle du ministère du Commerce (Arrêtés ministériels, 12 avril 1919, 18 août 1919, 21 juin 1920).

On a, d'ailleurs, fait bénéficier les groupements régionaux de la succession des comités consultatifs d'action économique ; un décret du 28 février 1919 a rattaché les comités au ministère du Commerce et il est entendu qu'ils continueront d'exister à côté des comités régionaux à titre de conseils consultatifs.

Cette initiative du ministère du Commerce a certainement déterminé un mouvement de régionalisme économique intéressant, mais si un régionalisme politico-administratif est réalisé, il ne paraît pas que le groupement régional des chambres de commerce puisse subsister auprès du groupement régional des conseils généraux, du moins avec des pouvoirs de décision. Ce serait un double emploi et une source de conflits : il faudra fusionner les deux organisations ;

4° La création, par la loi du 25 octobre 1919, de chambres départementales et de chambres régionales d'agriculture ; le but de cette loi a été d'organiser la représentation *professionnelle* de l'agriculture, mais ce but a été manqué à raison du mode de composition et d'élection que l'on a adopté. Au lieu d'établir des élections professionnelles à base de collèges syndicaux, on a pensé pouvoir réaliser des élections professionnelles à base territoriale, comme pour les chambres de commerce. Mais l'on n'a pas réfléchi que si les commerçants patentés, électeurs commerciaux, sont toujours une minorité dans une circonscription ; au contraire, les agriculteurs et propriétaires agricoles constituent, dans les circonscriptions rurales, la très grande majorité. De telle sorte que le corps électoral agricole se confondra, en fait, avec le corps électoral politico-administratif, que la chambre d'agriculture départementale deviendra une rivale politique et administrative du conseil général du département et que la chambre syndicale régionale damera le pion au conseil général régional ; maintenir un pareil dualisme serait proprement de l'anarchie administrative.

Au reste, la loi du 25 octobre 1919 n'a pas encore été appliquée, les élections ont été ajournées, les chambres d'agriculture ne sont pas constituées ; une campagne est commencée pour obtenir une modification du système électoral et pour qu'il soit établi à base syndicale. Cela seul rendra viables les chambres départementales d'agriculture et leurs unions régionales.

§ 3. — La tutelle administrative.

Les départements, les communes et toutes les administrations décentralisées sont, d'abord, soumises à une sujétion vis-à-vis de l'État qui se traduit par des prescriptions législatives. C'est ainsi que la loi du 9 décembre 1905 sur la séparation des Églises et de l'État a imposé la séparation aux communes et leur a interdit toute espèce de subvention aux cultes. C'est ainsi encore que les lois scolaires ont dépouillé les communes de tout droit sur la direction du service de l'enseignement primaire ordinaire.

Outre cette sujétion législative, les administrations décentralisées sont soumises à un contrôle administratif du pouvoir central qui porte le nom de *tutelle administrative*, bien qu'il n'ait que de lointains rapports avec la tutelle du droit privé (1).

Il est à remarquer que cette tutelle est en principe exercée directement par le pouvoir central sur toutes les administrations décentralisées, lesquelles sont *immédiatisées*, c'est-à-dire que la tutelle ne s'exerce pas *par échelons* (la commune étant sous le contrôle du département et celui-ci sous le contrôle de l'État). Il y a bien, entre le département et l'État, un certain partage de la tutelle des communes, mais la plus grosse partie reste directement à l'État. (2).

I. *Procédés de la tutelle administrative.* — Il s'est produit avec le temps, dans les procédés de la tutelle administrative, une évolution marquée. Dans les débuts, le contrôle de l'administration centrale s'exerçait à la fois sur les décisions des administrations locales et sur leur exécution, toutes les délibérations des conseils généraux ou des conseils municipaux étaient soumises à approbation et, bien entendu, l'approbation n'était donnée qu'après un examen sévère et minutieux ; puis, peu à peu, les lois départementales et communales accordèrent aux assemblées locales des pouvoirs de décision autonome, dits pouvoirs *réglementaires* : la délibération ne doit plus être approuvée par le pouvoir central, elle devient exécutoire par elle-même, néanmoins elle est toujours envoyée au préfet et celui-ci a des délais variés, soit pour l'annuler lui-même, soit tout au moins pour en provoquer l'annulation. Nous en sommes là, mais, visiblement, l'examen du préfet est de moins en moins approfondi, la preuve en est que les intéressés sont obligés de remédier à l'insuffi-

---

(1) La tutelle administrative n'est pas, en principe, une action d'office du tuteur comme la tutelle civile, mais une intervention *a posteriori* par des autorisations, approbations ou annulations (Cons. d'Ét., 17 janv. 1913, *Sœurs de Saint-Régis*, Conclusions, Corneille). Elle ressemblerait plutôt à la curatelle du mineur émancipé.

(2) A noter que la loi récente sur les syndicats de communes, du 13 nov. 1917, fait jouer un rôle important aux conseils généraux dans la création de ces organisations. V. *infra*.

sance du contrôle qui devrait être exercé sur les délibérations, par des actions en nullité portées devant les juridictions contentieuses. Ainsi, le contrôle de l'administration centrale s'est graduellement désintéressé des délibérations et laisse, de plus en plus, libre jeu à l'autonomie du pouvoir de décision des administrations locales. Ce désintéressement a plusieurs causes; il s'explique notamment par des motifs politiques, mais, s'il a pu se produire sans grands inconvénients, c'est que la tutelle administrative a trouvé des ressources suffisantes dans une seconde ligne de défense sur laquelle elle s'est repliée, dont primitivement l'importance n'apparaissait pas, et cette seconde ligne de tranchées, ce sont les procédures d'exécution des opérations administratives dont, forcément, doivent être suivies les délibérations prises par les assemblées locales (1).

(1) En effet, le tout n'est pas de prendre une décision de principe qui engage une affaire, il s'agit ensuite de passer à l'exécution ; le tout n'est pas, par exemple, pour un conseil municipal, de décider la construction d'une mairie, il s'agit de réaliser la construction, par conséquent d'exproprier le terrain nécessaire, de se procurer les fonds par un emprunt gagé sur des centimes additionnels, de faire ouvrir au budget les crédits, de mettre en adjudication les travaux. Si l'administration centrale est embusquée dans la procédure de toutes ces opérations d'exécution, dans la procédure de l'expropriation, dans celle du budget, dans celle de l'adjudication des travaux, il est clair que l'exécution ne marchera que du consentement de cette administration centrale. C'est, en effet, ce qui arrive; le préfet, et le ministre derrière lui, interviennent dans toutes les procédures d'exécution et rien ne peut se faire sans eux. En réalité, les décisions exécutoires prises par les assemblées locales ne sont que des projets. Désormais, si l'on voulait rendre plus effective la décentralisation, ce ne sont pas les pouvoirs de décision des autorités locales qu'il faudrait augmenter, ils sont suffisants, il faudrait porter la hache dans les procédures d'exécution, pour y supprimer l'intervention du préfet et du ministre ; il faudrait que certaines expropriations pussent être prononcées sans arrêté de cessibilité du préfet, que certaines adjudications pussent être faites sans l'approbation du préfet, que le percepteur pût payer des mandats du maire sur des crédits qui n'auraient pas eu besoin d'être approuvés par le préfet, etc.

— Dans l'ensemble des moyens d'action que le pouvoir central s'est réservés sur l'exécution des opérations administratives, il n'y en a pas de plus importants que ceux qui concernent la comptabilité et le budget. Toutes les délibérations des assemblées locales relatives au budget doivent être approuvées, ce qui signifie qu'aucun crédit ne peut être ouvert sans approbation et comme ensuite l'ordonnateur ne peut mandater aucune dépense que sur un crédit régulièrement ouvert, cela signifie, indirectement, qu'aucune dépense ne peut être payée sans l'approbation de l'autorité supérieure. Et, sans doute, nous verrons qu'il y a des règles légales et que l'autorité supérieure ne peut pas toujours refuser son approbation des crédits, mais elle peut toujours demander des justifications, créer des difficultés, retarder les affaires.

Non seulement la procédure budgétaire permet à l'administration centrale d'intervenir dans l'exécution de toutes les affaires décidées par les administrations locales, mais elle lui permet de contraindre celles-ci à exécuter des choses auxquelles elles aimeraient mieux se soustraire, à assurer le fonctionnement de certains services, à exécuter certaines obligations, et notamment à acquitter leurs dettes exigibles. Ceci s'obtient par le procédé de l'*inscription d'office des dépenses obligatoires au budget*. Dans de certaines conditions réglées par la loi et pour certaines dépenses que la loi

II. *Du contrôle de tutelle sur les décisions exécutoires.* — Bien que ce contrôle ait beaucoup perdu de son importance pratique, ainsi elle-même a déclarées obligatoires (V. art. 136, L. 5 avril 1884 et nouvel art. 61, L. 10 août 1871 résultant de la revision de la loi du 30 juin 1907), les crédits peuvent être inscrits d'office au budget et même les ressources pour y faire face peuvent être créées par imposition spéciale. — Cette procédure de l'inscription d'office au budget est devenue tellement fondamentale dans la tutelle administrative, que le Conseil d'État a déclaré qu'elle existait de plein droit, sans texte de loi, au moins pour assurer le paiement des dettes exigibles (Cons. d'Ét., 20 nov. 1908, *Chambre de commerce de Rennes*, S., 10. 3. 17 et la note). Et le fait est que les administrations publiques, ayant toutes le privilège de ne pouvoir être poursuivies pour leurs dettes par les voies d'exécution du droit commun, il faut bien, en revanche, que toutes puissent être contraintes de payer par le procédé administratif de l'inscription d'office. Le préfet jouit, en principe, d'un certain pouvoir d'appréciation pour le maniement de ce pouvoir d'inscription d'office (Cons. d'Ét., 26 juin 1908, *Daraux*, S., 1909. 3. 129 et la note; cependant, cela n'est pas toujours vrai (Cons. d'Ét., 24 juin 1910, *Pille*).

— Un autre procédé de la tutelle administrative, qui s'est beaucoup développé dans ces dernières années, consiste à obliger les départements et les communes, si ces administrations font certaines opérations, à les faire d'une certaine manière, ou, si elles organisent certains services, à les organiser sur certains types et, par là, c'est le pouvoir de décision dont l'autonomie se trouve restreinte. C'est ainsi que les chemins de fer d'intérêt local prévus par la loi du 11 juin 1880 ne pouvaient être exécutés que par le système de la concession et que les départements ou les communes étaient obligés d'adopter le cahier des charges type dressé par règlement (V. maintenant L. 31 juill. 1913); même chose pour les réseaux de tramways; même chose pour les réseaux de distribution d'énergie électrique, en vertu de la loi du 15 juin 1906 et du cahier des charges type annexé. Si les communes veulent organiser un service public contre l'incendie, elles sont obligées d'adopter le type de service des sapeurs-pompiers qui, d'ailleurs, surtout depuis le décret du 10 novembre 1903, est complètement centralisé (Cons. d'Ét., 22 fév. 1907, *Commune de Saint-Galmier*, 22 mars 1907, *Ville de Brest*). Les communes peuvent cependant échapper à l'organisation du corps de sapeurs-pompiers en achetant un matériel d'incendie et en subventionnant une société privée de sauveteurs, parce qu'alors elles n'organisent pas un service public (Cons. d'Ét., 4 déc. 1909, *Commune de la Bassée*, S., 10, 4. 49 et la note). — Ce procédé a été étendu aux règlements de police municipaux pris en matière sanitaire, en exécution de la loi du 15 février 1902 sur la santé publique; ils doivent être calqués sur des règlements types élaborés par le conseil supérieur d'hygiène. V. également l. 23 octobre 1919 sur le règlement relatif à la situation des employés municipaux.

Si ce procédé de type uniforme se développe davantage, la décentralisation ne présentera bientôt plus aucun intérêt, car elle ne sera accompagnée d'aucune variété, elle aura la même uniformité que la centralisation.

— A noter enfin la pratique des subventions largement organisée dans le budget de l'État et qui attache les départements et les communes par le lien des bienfaits, surtout lorsque la subvention est régulière et permanente, ainsi qu'il en a été organisé pour les constructions scolaires, pour les chemins vicinaux, pour l'assistance médicale à domicile, pour l'assistance aux vieillards, pour le service de la santé publique, pour les adductions d'eau potable, sous le nom de *subventions proportionnelles* ou *inversement proportionnelles au centime*. Ici, nous sommes en présence, non seulement d'un procédé de tutelle, mais d'un procédé de centralisation par l'assistance des petites communes par les grandes: il s'agit de rétablir une certaine bourse commune, un certain fonds commun, malgré la décentralisation (Cf. Virenque, *Les subventions proportionnelles au centime*, thèse Toulouse, 1912).

que nous l'avons observé, il conserve une importance juridique qui nous oblige à lui consacrer quelques développements.

Il y a lieu de distinguer des décisions soumises à approbation et des décisions réglementaires, c'est-à-dire exécutoires par elles-mêmes.

1° En ce qui concerne la première catégorie, notons que lorsque l'administration centrale est amenée à donner son approbation ou son autorisation à une décision prise par une autorité locale, cette approbation ou autorisation ne devient pas partie intégrante de la décision ; elle n'est qu'une formalité extérieure, elle vient lever un obstacle qui s'opposait à la vertu exécutoire de la décision, mais elle ne lui confère pas cette force exécutoire ; elle n'est, suivant une locution administrative énergique, qu'un simple *je n'empêche* (1) ;

2° Lorsque l'acte de l'autorité autonome est exécutoire par lui-même, mais peut être annulé par le pouvoir central, il faut distinguer trois hypothèses :

a) L'acte peut être annulé d'office sans cause déterminée. — Par conséquent, il peut être annulé non seulement pour excès de pouvoir ou illégalité, mais simplement parce qu'il est jugé inopportun. Sont dans ce cas, par exemple : les arrêtés de police des maires (art. 95); L. 5 avril 1884), qui peuvent être en tout temps suspendus ou annulés par arrêté du préfet; les délibérations du conseil général sur les objets énoncés à l'article 48 de la loi du 10 août 1871, qui peuvent être suspendues par décret motivé du chef de l'État, mais à la condition que le décret intervienne dans les trois mois à partir de la clôture de la session (art. 49);

b) L'acte peut être annulé d'office pour cause déterminée. — Sont dans ce cas, par exemple : les délibérations prises par les conseils généraux dans une réunion illégale, elles peuvent être à toute époque annulées par le préfet lui-même (art. 34); les délibérations réglementaires des conseils municipaux qui constituent le droit commun, elles peuvent être annulées à toute époque par le préfet, en conseil de préfecture, dans le cas de réunion illégale, d'incompétence, de violation de la loi ou d'un règlement (art. 63, 65); les mêmes délibérations peuvent être annulées de la même manière, mais seulement dans un certain délai, dans le cas des articles 64 et 66, loi municipale. On remarquera que ce sont des cas d'illégalité ;

---

(1) Il suit de là que, si une délibération soumise à approbation doit être attaquée par une voie de nullité, il faut qu'elle le soit en elle-même et non pas dans l'acte d'approbation et que, si l'acte d'approbation est attaqué, ce ne peut être qu'en lui-même pour des vices qui lui seraient propres et non pas pour ceux de la délibération (Cons. d'Ét., 29 déc. 1905, *Petit*; 6 avril 1906, *Camul*, 1re espèce, et *Balliman*, 2e espèce; 7 août 1911, *Cossec*. V. *infra*, recours pour excès de pouvoir. Cf. l'excellent ouvrage de G. de Bezin, *Autorisations et approbations de tutelle*, Toulouse, 1906).

c) L'acte peut être annulé sur recours et pour cause déterminée. — Ces recours sont quasi contentieux ou même contentieux. C'est un point où le contrôle administratif cède la place à un contrôle juridictionnel. D'ailleurs, logiquement, la décentralisation doit aboutir à ce résultat que, dans certains cas, le contrôle administratif de l'État sur les actes des administrations inférieures disparaisse, pour ne plus laisser qu'une surveillance du juge; l'autonomie de ces personnes administratives le demande (1).

III. *De l'incapacité civile qu'entraîne la tutelle administrative.* — Cette matière a été traitée p. 95, notons seulement ici que le Conseil d'État semble admettre que les administrations locales peuvent stipuler conventionnellement des aggravations à leur incapacité, en ce sens que certains actes, que d'ordinaire elles font seules, seraient soumis à approbation dans telle affaire déterminée (Cons. d'Ét., 13 fév. 1914, *de la Haye et Bunetier*).

---

(1) Ce sont : 1° le recours du préfet contre les délibérations des conseils généraux; les délibérations des conseils généraux sur les objets énoncés dans les articles 42, 43 et 46 de la loi du 10 août 1871 peuvent être annulées pour excès de pouvoir ou pour violation d'une disposition de la loi ou d'un règlement d'administration publique, par décret en Conseil d'État, sur recours du préfet intenté dans les vingt jours à partir de la clôture de la session (art. 47). Bien que ce recours soit appelé *administratif*, et qu'il soit jugé par l'assemblée générale du Conseil d'État, non pas par la section du contentieux (Décr. 2 août 1879, art. 7, n° 8), il est bien difficile de ne pas avouer qu'il est au fond quasi contentieux; la meilleure preuve serait que le décret survenu à la suite du recours ne pût pas à son tour être déféré au Conseil d'État. Cette solution n'est cependant pas certaine. Sans doute, le conseil général ne peut pas lui-même former un recours pour excès de pouvoir contre le décret d'annulation (Cons. d'Ét., 2 avril 1897, *Côtes-du-Nord*); mais il semble qu'un tiers le puisse (Cons. d'Ét., 30 juill. 1909, *Pommiès*);

2° La voie de nullité organisée par les articles 63 et suivants de la loi du 5 avril 1884 contre les délibérations des conseils municipaux, qui commence par une réclamation administrative devant le préfet, mais qui se continue par un recours *en la forme du recours pour excès de pouvoir* contre la décision du préfet (art. 67). Ce recours est en la forme du recours pour excès de pouvoir, en ce qu'il est jugé au contentieux par le Conseil d'État, qu'il tend à l'annulation et qu'il est dispensé du ministère de l'avocat; l'existence de cette voie de nullité s'oppose, d'ailleurs, à ce que l'on puisse intenter le véritable recours pour excès de pouvoir (Cons. d'Ét., 1er avril 1898, *Pillon de Saint-Philbert*); la différence avec le véritable recours pour excès de pouvoir est dans les ouvertures, qui sont celles des articles 63 et 64 de la loi du 5 avril 1884; à noter qu'ici toute violation de la loi ou d'un règlement d'administration publique est une ouverture au recours, sans qu'on exige la condition du droit acquis. — Cette voie de nullité est destinée à se rapprocher du recours pour excès de pouvoir et, en attendant, elle influe sur lui; c'est à son occasion qu'a été rendue la décision *Casanova*, 29 mars 1901, admettant le recours du simple contribuable (V. pour plus de détails, deux notes dans S., 1901. 3. 41, et 1904. 3. 137);

3° Enfin le préfet, à défaut d'autre moyen d'action, est parfaitement recevable à intenter, contre la décision de l'autorité locale, le recours pour excès de pouvoir (Cons. d'Ét., 24 nov. 1911, *commune de Saint-Blancard*, S., 1912. 3. 1, et ma note).

Section III. — L'administration exécutive. — L'administration délibérante et l'administration consultative.

L'administration *exécutive* est celle où une même autorité prend une décision exécutoire et passe elle-même à l'exécution de cette décision, cumulant ainsi le pouvoir de décision et le pouvoir d'exécution (plus ou moins complètement);

L'administration *délibérante* est celle où une autorité, qui est forcément une assemblée, prend par délibération une décision exécutoire, mais n'a pas le pouvoir de passer elle-même à l'exécution;

L'administration *consultative* est celle où une assemblée délibère sur une décision à prendre, mais sans pouvoir exprimer autre chose qu'un avis. Le principal organe de l'administration consultative est le Conseil d'État.

En réalité, ces trois modes d'administration sont combinés d'une certaine façon, et cela aussi bien dans les administrations décentralisées que dans l'administration centrale. La combinaison se présente ainsi : 1° des assemblées délibérantes prennent les décisions les plus importantes et les plus générales sur les affaires autres que la police et l'organe exécutif est chargé d'exécuter ces décisions (1); 2° l'organe exécutif, assisté de conseils consultatifs, prend et exécute des décisions sur des affaires moins importantes et dirige la police (2).

A noter l'infirmité des assemblées, qui ne peuvent pas exécuter elles-mêmes leurs délibérations.

Il existe une autre différence remarquable entre les assemblées délibérantes et les organes exécutifs : les assemblées délibérantes ne siègent pas en permanence, mais seulement pendant certaines périodes

---

(1) On peut dire qu'il est de la nature de l'organe délibérant de prendre des décisions générales, et de la nature de l'organe exécutif de prendre des décisions individuelles. Ce principe tend à s'affirmer d'une façon positive dans l'administration départementale. Là, en effet, le conseil général et le préfet n'ayant pas la même origine, il était à prévoir que des conflits se produiraient qui feraient préciser leurs pouvoirs. Il résulte, par exemple, de nombreux décrets d'annulation de décisions des conseils généraux, que ceux-ci, s'ils peuvent voter des fonds pour subvention, doivent réserver au préfet la répartition individuelle (Décr. 9 nov. 1903, *Conseil général de l'Aveyron*, *Revue administrative*, 1903. 3. 433); qu'en matière de pension, ils ne peuvent pas prendre de décision spéciale à un employé déterminé, etc. (V. Décr. Cons. d'Ét., 15 mars 1873, 15 avril 1873, 8 nov. 1873, 18 mars 1874, etc.; Avis Cons. d'Ét., 17 nov. 1891). Le même principe pourrait être invoqué en cas de conflit entre le conseil municipal et le maire.

(2) L'association d'un organe exécutif et d'un conseil est une tradition de l'administration romaine, dans laquelle le magistrat était assisté d'un *consilium*.

D'une certaine façon, c'est l'association d'un non-professionnel (car l'organe exécutif est le plus souvent un homme politique) et d'un conseil professionnel.

Il pourrait y avoir avantage à remplacer, en certains cas, la collaboration du conseil consultatif par celle d'un secrétaire professionnel.

de temps déterminées par la loi et qui s'appellent sessions; au contraire, les organes exécutifs sont en fonction d'une façon permanente, non seulement il n'y a pas de sessions qui limitent leur compétence, mais il n'y a pas de jours fériés, il n'y a même pas à distinguer la nuit du jour (1).

Le caractère intermittent des manifestations des assemblées délibérantes, comparé au caractère permanent de l'activité des organes exécutifs, suffirait à lui seul à révéler que ces derniers ont une importance plus grande pour la vie pratique. Les organes délibérants peuvent être d'un degré plus haut dans l'échelle, en ce qui concerne les lumières, mais ils sont certainement d'un degré plus bas en ce qui concerne l'efficacité pratique. D'ailleurs, délibérer sans pouvoir exécuter soi-même est une infirmité, tandis qu'exécuter, même sans avoir délibéré, est une *force* (2).

(1) Cette permanence des fonctions de l'organe exécutif se traduit par certaines règles positives, par exemple par l'obligation de la résidence, par l'obligation au remplacement en cas d'absence (remplacement du préfet par le secrétaire général de la préfecture ou par un conseiller de préfecture, du maire par l'adjoint et, par conséquent, justification de l'institution des secrétaires généraux et des adjoints); elle se traduit encore par le fait de la transmission des pouvoirs : un préfet appelé à d'autres fonctions transmet les affaires à son successeur, des ministres démissionnaires assurent l'expédition des affaires courantes jusqu'à la nomination de leurs successeurs et leur transmettent les affaires, le maire non réélu conserve cependant l'expédition des affaires courantes jusqu'à l'installation du nouveau conseil municipal (art. 81, L. 5 avril 1884), etc.

La permanence de l'organe exécutif se rattache visiblement à celle de la police et des services, c'est la même idée d'une mécanique sociale devenue indispensable à la vie civile et qui ne doit pas s'arrêter. D'ailleurs, en fait, la permanence n'est obtenue que par un système de suppléants largement établi; au commissariat de police, on ne trouve le plus souvent que le secrétaire du commissaire et, à la mairie, on ne trouve que des employés de bureau; mais, en administration comme dans la vie ordinaire, les trois quarts des affaires sont traitées d'une façon fiduciaire et tous ces suppléants, quoique n'ayant pas qualité pour prendre des décisions, suffisent à donner les satisfactions demandées. Si une décision est nécessaire, on obtient l'assurance qu'elle sera prise par qui de droit en temps voulu.

(2) Mais, d'un autre côté, la division du pouvoir de décision entre ces deux organes, le délibérant et l'exécutif, constitue un équilibre dont les mérites doivent être recherchés. On les découvrira si l'on rapproche cette organisation différenciée, d'une part, de celle des agences collectives de l'époque révolutionnaire qui étaient à la fois délibérantes et exécutives, d'autre part, de celle de l'administrateur unique chargé à la fois de délibérer et d'exécuter, avec la seule garantie d'un *consilium*.

Au fond, la constitution des organes délibérants répond à cette idée qu'il convient que les agents qui délibèrent sur une mesure aient la responsabilité de la décision et l'autorité que donne cette responsabilité. Quand un administrateur unique est chargé d'une administration avec un *consilium*, en fait, c'est ce conseil purement consultatif qui prend les décisions les plus importantes et qui les prend sans aucune responsabilité; il vaut mieux qu'il en ait la responsabilité; en même temps, comme l'administrateur unique restera chargé de l'exécution, la séparation des pouvoirs amènera un

Section IV. — L'ORGANISATION ÉLECTIVE (1).

§ 1. — Le droit de suffrage (2).

L'organisation élective est celle par laquelle se réalise la participation du corps électoral tiré du sein de la nation au gouvernement et à l'administration, sous la forme de nomination de représentants par le procédé du scrutin. Son étude comporte celle du droit de suffrage, des élections et des assemblées délibérantes élues.

Pratiquement, dans notre organisation actuelle, qui est représentative, le droit de suffrage apparaît sous forme de deux droits corrélatifs l'un de l'autre, le *droit de vote* ou droit de nommer des représentants, le *droit d'éligibilité* ou droit d'être nommé représentant, le tout par le moyen de l'opération que l'on appelle *élection* (3).

Il est indispensable d'étudier séparément le droit de vote et le droit d'éligibilité.

Article I. — Le droit de vote.

I. — *Principe de la capacité électorale.*

La capacité électorale se compose : 1° de la jouissance du droit de vote ; 2° de l'âge requis pour l'exercice de ce droit, qui est en principe 21 ans.

La capacité électorale appartient en principe à tout citoyen français, mais elle n'appartient qu'au *citoyen français*, or tout sujet de la France n'est pas sujet français et tout sujet français n'est pas citoyen. Le citoyen est le *sujet français du sexe masculin* (en principe, il n'y a pas lieu de distinguer, pour le droit de vote, selon que la qualité de Français est due à l'origine, au bénéfice de la loi ou à la natura-

---

équilibre et une modération du pouvoir, sans cependant entraver la marche des affaires.

Quant à supprimer l'organe exécutif et à confier à la fois l'exécution et la délibération à des agences collectives, l'expérience en a été faite sous la Révolution avec les directoires de département et de district ; elle n'a pas réussi en ce sens que, pour les moindres mesures d'exécution, il devenait nécessaire de réunir l'agence collective, ce qui est impraticable dans une administration tant soit peu chargée. On en a conclu que, si *délibérer est le fait de plusieurs, exécuter est le fait d'un seul*.

(1) Bibliographie : E. Pierre, *Traité de droit politique, électoral et parlementaire*, Paris, 2e édit., 1902 ; Esmein, *op. cit.*, p. 252 et s. ; Villey, *Législation électorale comparée des principaux pays d'Europe*, Paris, 1900.

(2) Lois organiques du droit de suffrage : L. 15 mai 1849 ; L. 31 mars 1850 ; Décr. 25 mars 1852 ; L. 17 juill. 1874 ; 30 nov. 1875 ; 5 avril 1884 ; 29 juill. 1913 ; 31 mars 1914.

(3) Le droit de suffrage pourrait s'exercer aussi par le plébiscite ou le *referendum*. Sur le *referendum* en matière administrative, V. Ramalho, *Revue d'administration*, 1892, t. III, p. 129-287.

lisation) (V. L. 7 avril 1915 sur les retraits de la naturalisation). Le droit de vote n'appartient, par conséquent, ni à l'étranger qui n'est pas sujet de la France, ni à l'indigène des colonies et de l'Algérie non naturalisé (1), qui est sujet de la France, mais qui n'est pas sujet français; ni à la femme française, qui a bien la qualité de sujet français, mais qui n'a pas celle de citoyen français (2).

I. L'exclusion de l'étranger se comprend, l'État qui représente l'unité politique doit avoir une vie propre; il ne doit pas être, même pour une part minime, exposé à subir l'influence d'un membre d'un État étranger;

II. L'exclusion de la femme prête à plus de discussions. Ce n'est pas que, chez nous, la femme ait jamais eu dans le passé le droit de suffrage, mais la question se pose pour l'avenir (3);

III. L'exclusion des indigènes de l'Algérie et des colonies non naturalisés n'est pas absolue, il faut distinguer (4).

(1) Sur la naturalisation des indigènes de l'Algérie, V. L. 4 fév. 1919.

(2) Cass., 5 mars 1885, *Barberousse*; 21 mars 1893, *Vincent*. — Cependant la femme française tend à prendre peu à peu la qualité de citoyenne, elle conquiert des droits civiques; L. 9 décembre 1897, lui conférant le droit d'être témoin dans les actes instrumentaires; L. 28 janvier 1898, lui conférant l'électorat dans les élections consulaires; avis Cons. d'Ét., 28 janvier 1898, l'admettant aux commissions administratives des établissements charitables; L. 1er décembre 1900, l'admettant à la profession d'avocat; L. 27 mars 1907 et L. 15 novembre 1908 lui conférant l'électorat et l'éligibilité aux conseils de prud'hommes, l. 25 octobre 1919, aux chambres d'agriculture.

(3) Déjà, la loi du 27 février 1880 a conféré aux femmes fonctionnaires dans l'enseignement primaire l'électorat pour la constitution des conseils de l'instruction publique, la loi du 28 janvier 1898 confère aux femmes commerçantes l'électorat pour les élections consulaires, les lois des 27 mars 1907 et 15 novembre 1908 leur confèrent l'électorat et l'éligibilité aux conseils de prud'hommes. La loi du 25 octobre 1919 sur les chambres d'agriculture confère l'électorat et l'éligibilité aux femmes propriétaires ou agriculteurs, articles 8 et 17. L'extension du suffrage aux femmes, pour les élections politiques et administratives, apparaît comme un de ces événements possibles qui viendraient diminuer la valeur du suffrage universel des hommes et lui faire contrepoids. Il convient, en effet, de noter l'extrême différence qui existe entre l'homme et la femme au point de vue psychologique; le même droit, étendu de l'un à l'autre, ne tarderait pas à produire des effets dissemblables. C'est dans les pays où l'évolution démocratique est le plus avancée que les partisans du suffrage des femmes sont le plus nombreux. — En Norvège, les femmes ont voté pour la première fois aux élections législatives de 1909; sur les résultats de cette expérience, V. le *Correspondant* du 10 janvier 1910. Elles votent maintenant au Danemark, dans un assez grand nombre d'États de l'Amérique du Nord et en Angleterre (depuis 1918. — Cf. J. Barthélemy, *Le vote des femmes*, Alcan, 1920.

(4) a) *Algérie*. — 1° *Élections législatives*. Les indigènes israélites qui sont descendants de ceux résidant en Algérie, lors de la conquête, en 1830, ont été naturalisés collectivement par le décret Crémieux du 24 octobre 1870 combiné avec le décret restrictif du 7 octobre 1871, ils jouissent donc du droit de suffrage, les autres indigènes israélites n'en jouissent pas (Cass., Ch. civ., 18 avril 1896), ni les indigènes musulmans, à moins d'être naturalisés individuellement; 2° *Élections locales algériennes* (L. 4 fév. 1919, art. 12). — Les indigènes musulmans algériens qui n'ont

II. — *Les incapacités électorales.*

Tous les citoyens français qui ont la jouissance du droit de vote en ont l'exercice à 21 ans; à ce moment ils sont, ou plutôt ils peuvent être *électeurs*, à la condition d'être inscrits sur une liste électorale; seulement, il faut se préoccuper des incapacités dont ils peuvent être individuellement frappés.

L'incapacité électorale résulte, soit de la privation de la jouissance du droit de vote, soit de la privation de l'exercice de ce droit. L'effet de l'incapacité est le même dans les deux cas, il consiste en ce que l'incapable ne doit pas être inscrit sur la liste électorale ou doit être rayé s'il a été inscrit, ou s'il a été inscrit et s'il a voté, en ce que son vote, qui d'ailleurs constitue un délit, peut être en certains cas défalqué des suffrages exprimés, ce qui, en modifiant la majorité, peut entraîner après coup l'annulation de l'élection (V. *infra*, Contentieux électoral).

A. *Incapacité électorale résultant de la privation de la jouissance du droit de vote.* — Il est des événements qui font perdre la jouissance du droit de vote; ce sont des sentences judiciaires : 1° toutes les condamnations criminelles et certaines condamnations correctionnelles; 2° certaines déclarations de faillite; 3° certaines destitutions d'emploi. En somme, des faits qui portent atteinte à l'honorabilité

pas réclamé la qualité de citoyen français sont représentés dans toutes les assemblées délibérantes de l'Algérie (délégations financières, conseil supérieur de gouvernement, conseils généraux, conseils municipaux, commissions municipales; djemaas de douars) par des membres élus, siégeant au même titre et avec les mêmes droits que les membres français, sous réserve des dispositions de l'article 11 de la loi organique du 2 août 1875.

Dans les assemblées où siègent en même temps des membres indigènes nommés par l'administration, ceux-ci ne peuvent pas être en nombre supérieur aux membres élus.

Les conseillers municipaux indigènes participent, même s'ils ne sont pas citoyens français, à l'élection des maires et adjoints.

Il est statué par des décrets spéciaux sur la composition du corps électoral indigène et sur le mode d'élection des représentants des indigènes dans chaque assemblée.

b) *Colonies.* — Il y a des colonies dont tous les habitants, même de couleur, ont le droit de cité française et par conséquent le droit de vote, telles sont la Martinique, la Guadeloupe, la Réunion et les établissements de l'Inde. Dans l'Inde, les indigènes sont unanimement considérés comme citoyens, même les non-renonçants, ils jouissent donc des droits politiques. Seulement, au moins pour les élections locales, ils sont inscrits sur les listes différentes selon qu'ils sont renonçants ou non-renonçants à leur statut personnel (V. Décr. 10 sept. 1899) et ils élisent des mandataires séparés. Il y a, au contraire, des colonies et des possessions dans lesquelles les habitants indigènes n'ont aucun droit de cité. Enfin, il y a des colonies où les indigènes ont un droit de cité indigène. Ainsi, en Cochinchine, les indigènes sont électeurs et éligibles aux fonctions municipales des villages annamites, au conseil d'arrondissement, au conseil colonial. Ce suffrage est à base censitaire. Les communes de Saïgon et de Cholon sont organisées d'une façon particulière.

de l'individu. Les droits publics, quels qu'ils soient, ne doivent appartenir qu'à ceux qui ont un minimum de moralité, à plus forte raison le droit de suffrage qui est un pouvoir dans l'État. Le texte fondamental, en la matière, est le décret organique du 2 février 1852 modifié par un certain nombre de lois postérieures, notamment les lois du 24 janvier 1889, du 4 mars 1889, du 15 juillet 1889, du 10 mai 1898, du 23 mars 1908; par sa nature même, d'ailleurs, cette matière est exposée à des remaniements fréquents.

Observation. — Il est indispensable de tenir compte en cette matière des *lois d'amnistie* qui, périodiquement, viennent restituer le droit électoral à une foule d'électeurs condamnés; la dernière en date est celle du 24 octobre 1919.

a) *Condamnations criminelles et correctionnelles*. — L'énumération de ces condamnations se trouve dans un tableau inséré au *Bulletin du ministère de l'Intérieur*, 1885, p. 288, mais quelques observations générales sont nécessaires : 1° Les condamnations criminelles, quelles qu'elles soient, emportent privation du droit de vote, qu'elles soient prononcées pour crime politique ou pour crime de droit commun, par un tribunal d'exception ou par une juridiction ordinaire. La privation est toujours perpétuelle; 2° il n'y a, au contraire, que certaines condamnations correctionnelles qui entraînent perte du droit; tantôt c'est à raison de la nature du délit quelle que soit la peine, tantôt la gravité du délit se mesure à la peine. Enfin, bien qu'en principe la privation soit perpétuelle, il est des cas où elle est temporaire et ne dure que cinq ans à partir de l'expiration de la peine; ce dernier système semble même avoir une tendance à se généraliser; 3° les complices sont frappés aussi bien que les auteurs; 4° les condamnations encourues pendant la minorité enlèvent le droit, les condamnations encourues à l'étranger ne l'enlèvent pas; 5° la réhabilitation et l'amnistie restituent le droit, en principe; 6° si le condamné ne subit pas la peine, la déchéance commence du jour où il a acquis la prescription ou a été gracié (Cass., 16 mai 1865).

b) *Déclaration de faillite*. — D'après l'article 15, n° 17, du décret du 2 février 1852, la déclaration de faillite entraînait perte du droit de vote d'une façon définitive et sans aucune distinction tirée des conditions de la faillite; la loi du 4 mars 1889 apporta une première atténuation en séparant de la faillite une procédure de liquidation judiciaire qui n'entraîne pas perte du droit de vote; la loi du 23 mars 1908 en a apporté une autre en distinguant la faillite de la banqueroute; la banqueroute, simple ou frauduleuse, continue seule à entraîner la perte définitive du droit de vote; quant aux simples faillis ou petits faillis, ils ne sont privés de l'inscription sur la liste électorale que pendant trois ans à partir de la déclaration de faillite.

c) *Destitution d'emploi* (art. 15, n° 8, modifié par la loi du 10 mai

1898). — Il ne faut pas confondre la destitution d'emploi avec la simple révocation des fonctionnaires; ce qui fait sa gravité, c'est qu'elle résulte d'un jugement. Perdent le droit de vote, les notaires et officiers ministériels destitués, lorsqu'une disposition formelle du jugement ou arrêt de destitution les aura déclarés déchus des droits de vote, d'élection et d'éligibilité ; les greffiers destitués, lorsque cette déchéance aura été expressément provoquée, en même temps que la destitution, par une décision judiciaire (1).

Mesure d'ordre. — Un casier judiciaire spécial est tenu à jour dans toutes les sous-préfectures pour les condamnations entraînant perte du droit de vote pour tous les individus nés dans l'arrondissement. Les renseignements sont fournis par les ministres de la Justice, de l'Intérieur, de la Guerre et de la Marine. Les maires, pour l'établissement de la liste électorale, peuvent demander communication de ce casier.

B. *Incapacité électorale résultant de la privation de l'exercice du droit.* — Certains faits entraînent privation de l'exercice du droit de vote et par conséquent incapacité électorale, ce sont la minorité et l'interdiction :

La *majorité* est chez nous de 21 ans pour les élections politiques et administratives, dans beaucoup de pays elle est de 24 à 25 ans, dans certains de 17. La majorité est encore de 21 ans pour les élections consulaires ; elle est de 25 ans pour les élections au conseil des prud'hommes (L. 1er juin 1853) et pour celles aux chambres d'agriculture (L. 25 oct. 1919, art. 8).

La *minorité* est bien une cause d'incapacité qui n'atteint que l'exercice du droit, le droit lui-même existe. Il est vrai que le mineur ne peut pas exercer son droit par représentant, mais si, en fait, un mineur a été inscrit sur une liste électorale, le bureau ne peut pas refuser de recevoir son vote et le juge de l'élection ne doit point retrancher son suffrage des voix obtenues par les candidats élus (Cons. d'Ét., 1er juill. 1893, *Criquebœuf*, et 8 fév. 1896, *Masseubes*) (2). Mêmes réflexions à propos de l'*interdiction*. Le décret de 1852 l'a fait figurer parmi les faits qui privent du droit, mais elle n'atteint que l'exercice du droit (3).

---

(1) La différence de rédaction entre le cas des greffiers et celui des autres officiers ministériels provient de ce qu'en vertu de la même loi du 10 mai 1898, combinée avec les textes extérieurs, tous les autres officiers ministériels sont destitués par jugement du tribunal civil, tandis que les greffiers sont destitués par décision du chef de l'État; sur la situation antérieure à la loi du 10 mai 1898, V. Cass., 20 juin 1890, *Bouyssou*.

(2) D'ailleurs, les condamnations encourues pendant la minorité entraînent perte du droit de vote, c'est donc qu'il existait (V. *supra*).

(3) Ne devrait-on pas ajouter d'autres causes de privation d'exercice du droit de vote ? 1° Le fait d'être pourvu d'un conseil judiciaire, celui qui ne sait pas diriger ses propres affaires ne doit pas être admis à diriger celles des autres, déjà la loi du

III. — *Des conditions d'exercice du droit de vote.*

Le droit de vote s'exerce dans les élections; il ne suffit pas au citoyen pour voter d'avoir la capacité électorale, il lui faut encore être *électeur*, c'est-à-dire remplir les formalités et conditions exigées pour l'opération du vote. Il y a deux conditions : la première est positive, il faut être inscrit sur la liste électorale de la commune où l'on vote ; la seconde est négative, il faut n'être pas soldat présent au corps, ni interné dans un asile d'aliénés, car il y a impossibilité de fait à voter dans ces conditions.

A. *Inscription sur la liste électorale.* — *Législation de la liste électorale* (Décr. 2 fév. 1852, L. 17 juill. 1874, 30 nov. 1875, 5 avril 1884, L. 29 juill. 1913, L. 31 mars 1914) (1-2). — L'élection est une opération communale, en principe, du moins dans la métropole (3). Les élections à la Chambre des députés, au conseil général, au conseil d'arrondissement, se font par communes ou par sections électorales de communes. Cette opération importante a besoin d'être conduite avec beaucoup de méthode. Une des premières mesures d'ordre prises a été la liste électorale communale. La liste électorale est le *catalogue par ordre alphabétique des électeurs d'une commune ou d'une section électorale de commune*. Elle sert : 1° au moment où elle est dressée ou revisée, à faire, parmi les habitants de la commune, le triage de ceux qui sont électeurs et de ceux qui, pour une cause quelconque, ne le sont pas. Il y a là une censure qui s'exerce facilement à l'intérieur de chaque commune par des relations de voisinage, et qui serait beaucoup plus difficile si la liste devait être dressée pour une circonscription plus vaste ; 2° au moment du scrutin, à constater l'identité de l'individu qui se présente pour voter, elle est en effet

---

10 août 1871 en fait une cause d'inéligibilité, de même la loi du 5 avril 1884 ; 2° le fait d'être indigent assisté, même raison, n'a pas su faire ses affaires (Autriche, Prusse) ; 3° le fait de ne pas savoir lire ou écrire, présomption d'ignorance ; 4° le fait d'être au service d'autrui, cette cause d'incapacité existe dans beaucoup de législations étrangères (Cf. Villey, *op. cit.*, p. 69 et s.).

(1) *Bibliographie*, Daure, *Manuel pratique de la revision des listes électorales*, 1898, et pour la législation comparée, Villey, *op. cit.*, p. 203 et s. — Nous ne tenons pas compte de la législation spéciale de la guerre. — V. cep. l. 18 oct. 1919 sur les régions libérées et sur le vote des réfugiés.

(2) Il s'agit uniquement de la liste électorale pour les élections politiques et administratives, il y a des listes spéciales pour les élections des juges consulaires et des membres des conseils de prud'hommes (V. L. 8 déc. 1883 et L. 1er juin 1853) ; pour celles des délégués mineurs (L. 8 juill. 1890 ; pour celles des membres du conseil d'administration des caisses de secours des mineurs (L. 29 juin 1894) ; pour celles des chambres d'agriculture (L. 25 oct. 1919), etc.

(3) La liste électorale est difficile à organiser dans les territoires coloniaux où il n'y a pas de communes de plein exercice. V., à titre d'exemple, le décret du 5 janv. 1910 pour les territoires du Sénégal.

déposée sur le bureau et le nom de chaque votant y est émargé ; 3° à déterminer le nombre des électeurs inscrits, ce qui est indispensable pour le calcul de la majorité au premier tour. Il faut, en effet, pour être élu, entre autres conditions, que le candidat réunisse les voix du quart des électeurs inscrits.

Il n'y a, à l'heure actuelle, depuis la loi du 5 avril 1884, qu'une seule liste électorale dans chaque commune ou section électorale de commune qui sert à toutes les élections politiques et administratives générales ou locales (1). Cette liste est permanente, une fois dressée dans une commune ou une section électorale de commune (2). Elle est soumise à une révision annuelle. La liste révisée sert de base aux élections depuis le 31 mars d'une année jusqu'au 31 mars de l'année suivante.

Il y a lieu d'étudier : 1° les conditions requises pour être inscrit sur la liste ; 2° l'établissement et la revision annuelle de la liste :

1° Conditions requises pour être inscrit sur la liste électorale d'une commune. — Ces conditions sont : 1° d'avoir la capacité électorale, c'est un délit de réclamer son inscription en dissimulant une incapacité (art. 31, Décr. org., 2 fév. 1852) ; 2° d'avoir avec la commune une *attache légale* résultant de l'un ou l'autre des faits suivants, qui se ramènent presque tous au fait de l'habitation (L. 5 avril 1884, art. 14) : *a)* Domicile réel établi dans la commune avant le 31 mars ; *b)* Résidence de six mois accomplie dans la commune avant le 31 mars ; *c)* Résidence établie avant le 4 février des fonctionnaires publics, lorsque cette résidence est obligatoire dans la commune. La résidence est censée établie du jour de la nomination (3) ; *d)* Rési-

(1) Pendant une certaine période, depuis la loi du 14 avril 1871 jusqu'à celle du 5 avril 1884, il y eut deux listes, l'une pour les élections législatives, l'autre pour les élections locales (conseil municipal, d'arrondissement, conseil général)... La seconde liste exigeait des conditions plus sévères de domicile. On était parti, pour établir cette dualité, d'une idée de décentralisation et l'on pouvait invoquer l'exemple des pays étrangers où presque partout la dualité existe. Mais nous n'aimons en France ni les inégalités, ni les complications. Sous le prétexte que l'établissement de ces deux listes créait de grands ennuis aux municipalités, et qu'une statistique avait démontré que sur 10.171.000 électeurs, on n'en écartait des élections locales que 257.566, la seconde liste fut supprimée (L. 5 avril 1884).

(2) Le principe de la liste permanente a été posé dans la loi du 2 juillet 1828 ; jusque-là, les listes étaient dressées à l'occasion de chaque élection, ce qui donnait lieu aux plus grands abus. Le progrès de la permanence des listes n'est pas réalisé encore dans tous les pays ; même en France, il n'y a pas longtemps qu'il est réalisé pour certaines élections, ainsi pour les élections des prud'hommes, l'administration faisait encore dresser la liste à la veille de l'élection et elle estimait par là se conformer au droit commun ; c'est la loi du 27 mars 1907, article 10, qui a introduit la permanence de cette liste et sa revision annuelle.

(3) La qualification de fonctionnaire public comprend ici tous les citoyens investis d'un caractère public et chargés d'un service permanent d'utilité publique, qu'ils soient ou non rétribués sur les fonds de l'État. La jurisprudence est très large. — Si les

dence établie dans la commune, avant le 31 mars, d'un contribuable inscrit au rôle de l'année pour l'une des contributions directes ou pour la prestation en nature, à la condition que cette inscription figure pour la cinquième fois sans interruption (L. 31 mars 1914, art. 2); *e)* Demande d'inscription faite par un contribuable non résident, lorsqu'il est inscrit au rôle de l'année dans la commune pour l'une des quatre contributions directes ou pour la prestation en nature, à la condition que cette inscription figure pour la cinquième fois sans interruption (*ibid.*); *f)* Les citoyens français établis à l'étranger et immatriculés au consulat de France conserveront le droit d'être inscrits, s'ils le demandent, sur la liste électorale de la commune où ils ont satisfait à la loi sur le recrutement de l'armée et rempli leurs obligations militaires (*ibid.*) (1).

Tous ces faits, d'où résulte l'attache à la commune, opèrent de plein droit et doivent entraîner l'inscription d'office, à l'exception de ceux indiqués sous les lettres *e* et *f* qui supposent une demande de l'intéressé (2).

Des doubles inscriptions. — Il est facile de voir qu'un même électeur peut avoir une attache légale avec plusieurs communes. Il peut avoir son domicile dans l'une, une résidence de six mois dans une autre, payer des impôts directs dans une troisième; il a été pris des précautions pour empêcher les inscriptions sur plusieurs listes afin que chaque électeur ne puisse exercer son droit de vote que dans une seule commune pour une même élection (3).

---

fonctionnaires sont dispensés des six mois de résidence, ils restent soumis aux formalités de l'inscription; ils peuvent être inscrits d'office jusqu'au 15 janvier et réclamer leur inscription jusqu'au 4 février (Cass., 25 mai 1887, *Laffon;* circ. Intérieur, 6 mars 1908).

(1) Néanmoins, les électeurs déjà inscrits sans remplir la condition des cinq ans devront être maintenus d'office ou pourront se faire réintégrer (*ibid.*).

(2) Lorsque ces faits sont connus ou prévus avant le 4 février, époque où expire le délai pour les réclamations contre l'opération de revision, l'inscription se fait normalement soit d'office, soit sur réclamation. Lorsque le fait se produit entre le 4 février et le 31 mars, l'électeur a encore le droit de se faire inscrire, l'article 14 est formel; bien que la commission municipale ait terminé l'examen des réclamations, il doit s'adresser à elle, car elle subsiste jusqu'au 31 mars; si elle refuse ou néglige de répondre, il peut faire appel devant le juge de paix. Le juge de paix est seulement juge d'appel des décisions de la commission, mais on admet que l'omission de statuer *même involontaire* de la commission équivaut à décision de rejet et autorise l'appel (Cass., 30 juin 1885, *Leonetti*, S., 86. 1. 318; 2 mai 1892, S., 83. 1. 206).

(3) La matière a été complètement renouvelée par la loi du 29 juillet 1913, article 1er, complétée par la loi du 31 mars 1914, article 1er. Jusque-là on avait surtout cherché à empêcher le fait du double vote, ces nouveaux textes cherchent à empêcher le fait de la double inscription sur la liste. Voici l'analyse de ces dispositions : 1° Nul ne peut être inscrit sur plusieurs listes électorales; 2° toute personne qui aura réclamé et obtenu une inscription sur deux ou plusieurs listes sera punie des peines prévues par l'article 36 du décret organique du 2 février 1852; 3° toute demande de change-

2° *Établissement et revision annuelle de la liste électorale.* — L'établissement, pour la première fois, de la liste électorale dans une commune ou dans une section électorale de commune est un fait assez exceptionnel pour lequel on se reportera au texte (L. 8 juill. 1874, art. 1er). Au contraire, la revision annuelle est un fait d'importance capitale qui demande des développements. La revision de la liste électorale commence, dans chaque commune, le 1er janvier de chaque année et se termine le 31 mars. Elle suppose trois opérations : une opération administrative de revision accomplie par une commission ; des réclamations formées par les intéressés contre cette opération et le jugement de ces réclamations ; la clôture de la revision de la liste par la commission administrative.

a) *Opération administrative de revision* (1). — Une commission dite *administrative* est organisée dans chaque commune ou section électorale de commune, elle est composée de trois membres : le maire, un délégué du préfet, un délégué du conseil municipal (2).

Du 1er au 10 janvier, cette commission procède aux inscriptions et aux radiations d'office. Elle ajoute les électeurs qui ont acquis ou qui acquerront les conditions requises avant le 31 mars, et retranche les décédés, les incapables, les indûment inscrits ; l'électeur dont l'inscription a été discutée est averti sans frais par le maire et convoqué pour présenter ses observations. — Un tableau indiquant les inscriptions et les retranchements opérés est déposé le 15 janvier

ment d'inscription devra être accompagnée d'une demande en radiation de la liste du domicile électoral antérieur (toute fraude dans la délivrance ou la production d'un certificat d'inscription ou de radiation des listes électorales sera punie des peines portées à l'article 12 de la présente loi, amende de 100 à 500 francs, emprisonnement d'un mois à un an) ; 4° si, en fait, un citoyen est inscrit sur plusieurs listes électorales, le maire, ou, à son défaut, tout électeur porté sur l'une de ces listes, peut exiger devant la commission de revision des listes électorales, huit jours au moins avant leur clôture, que ce citoyen opte pour son maintien sur l'une seulement de ces listes ; à défaut de son option dans les huit jours de la notification de la mise en demeure faite par lettre recommandée, il restera inscrit dans la commune où il réside depuis six mois et il sera rayé des autres listes. Les réclamations et contestations à ce sujet sont jugées et réglées par les commissions et juges de paix compétents pour opérer les revisions de la liste électorale sur laquelle figure l'électeur qui réclame l'option ; 5° c'est un délit de voter dans plusieurs communes pour des élections de même nature ou des élections de même année (Décr. org. 1852, art. 34. Cass., 8 juill. 1881, S., 81. 1. 437, rapport de M. le conseiller Sallantin. Cf. Cass., 28 mars 1892, S., 93. 1. 95 et 13 janv. 1900, *Nicolini*), et même au second tour de scrutin dans une commune, alors que le premier tour dans l'autre n'a donné aucun résultat (Cass. crim., 21 janv. 1897). Mais on peut voter la même année dans deux communes différentes pour des élections différentes (Cons. d'Ét., 10 mars 1889, *Élections de Saint-Pé*; 21 mai 1903, *Alzi*).

(1) Depuis la guerre de 1914, les opérations de revision des listes électorales ont été ajournées tous les ans par des lois successives. V. L. 14 mars 1917 ; L. 1er janv. 1918.

(2) Pour une section électorale, le maire peut être remplacé par un adjoint ou un conseiller municipal ; pour Paris et Lyon, règles spéciales (L. 7 juill. 1874, art. 1er).

au secrétariat de la mairie et affiché le même jour, il est transmis au préfet (Décr. org. 1852, art. 2 et 3) (1). — Un délai de vingt jours à partir de l'affichage du tableau est ouvert pour les réclamations, ce délai expire le 4' février.

b) *Réclamations.* — Elles peuvent être faites, soit par l'électeur intéressé, soit par des tiers électeurs qui représentent ici la collectivité du corps électoral, soit par le préfet ou le sous-préfet (Décr. org. 1852, art. 19) (2). Elles doivent être formées dans les vingt jours à compter de la publication des listes (Décr. R. 1852, art. 5; Décr. 13 janv. 1866; L. 7 juill. 1874, art. 2). — La demande en inscription ou en radiation n'est soumise à aucune forme particulière, il suffit d'une lettre missive adressée au maire. Celui-ci doit donner récépissé. S'il s'y refusait, le déclarant réitérerait sa demande par exploit d'huissier, ce qui suffirait à constater le refus, et ce refus, étant assimilé à une décision de rejet de la commission, donne droit à l'appel devant le juge de paix (Cass., 25 juin 1884, *Sahut et de Fulcrand*; 28 mai 1895, *Ciavatti*). L'électeur intéressé peut donner mandat à un tiers de faire la réclamation en son nom, et il n'est pas nécessaire que le mandataire soit lui-même électeur, ce peut être une femme ou un mineur.

Jugement des réclamations. — Le contentieux des réclamations est organisé d'une façon judiciaire, il appartient en premier ressort à une *commission municipale*, et en appel au juge de paix avec possibilité de pourvoi à la Cour de cassation (3). Cela prouve que la

(1) Si le préfet estime que les formalités et les délais prescrits par la loi n'ont pas été observés dans les opérations antérieures au 15 janvier, il devra, dans les deux jours de la réception du tableau, déférer les opérations de la *commission administrative* au conseil de préfecture du département qui statuera dans les trois jours et fixera, s'il y a lieu, le délai dans lequel les opérations annulées devront être refaites (art. 4). Cette décision est contentieuse et appel peut être porté au Conseil d'État (Cons. d'Ét., 22 mai 1887, *Ville de Lyon*). Quant aux opérations postérieures au 15 janvier, leur régularité ne peut être discutée que devant le juge de paix (Cons. d'Ét., 3 mai 1912, *Saint-Pierre-de-l'Isle*).

(2) Le contrôle de la liste électorale intéresse l'ordre public, de là le droit du préfet à former des réclamations, de là aussi le droit des tiers électeurs.

Les tiers électeurs sont tous les électeurs inscrits sur l'une des listes de la *circonscription électorale*, ce ne sont donc pas seulement les électeurs de la même commune, mais tous ceux qui, éventuellement, sont appelés à participer à une même élection, et il faut prendre la circonscription la plus grande; actuellement, elle se rencontre pour les élections législatives, c'est le département. Il faut donc admettre qu'un électeur inscrit sur une liste communale quelconque du département a le droit de contrôler les autres listes (Cass., 22 mars 1899, *Manteau*); il y a là ce que quelques arrêts appellent une *action publique,* plus exactement, c'est une action *popularis* (Cass., 28 juin 1893, S., 93. 1. 527); la conséquence est que la question se trouve jugée avec un contradicteur légal, c'est-à-dire vis-à-vis de tous.

(3) La commission municipale est elle-même une juridiction judiciaire (Confl. 22 juill. 1905, *Baillé*).

réclamation est interprétée, non pas comme un moyen d'attaquer l'opération administrative de revision de la liste électorale — cette opération ne peut être attaquée que par le préfet et devant le conseil de préfecture (V. p. précédente) — mais comme un moyen de faire valoir le droit individuel de suffrage. Ce contentieux des réclamations est, en outre, organisé de façon à être très rapide et sans frais, les actes judiciaires sont dispensés du timbre et enregistrés gratis (Décr. org. 1852, art. 24). Nous verrons plus tard que le contentieux des élections est, lui aussi, jugé rapidement et sans frais.

De la commission municipale de jugement. — Elle est simplement la commission administrative transformée. Elle est composée : 1° des membres de la commission administrative qui a préparé la liste (1); 2° de deux autres délégués du conseil municipal (2). Cette commission se trouve donc composée de cinq membres, et de ce qu'elle est une véritable juridiction, la Cour de cassation a conclu qu'elle ne peut statuer valablement que si elle est au complet de ces cinq membres, la loi n'en ayant pas autrement ordonné (Cass., 11 avril 1888, *Santigny*, S., 90. 1. 351 ; 13 avril 1899, *Carton*). La loi du 15 mars 1849, article 8, recommande de statuer dans un délai de cinq jours (3). Ni la procédure, ni la forme des décisions ne sont réglées par la loi, mais il faut, autant que possible, appliquer les règles de la procédure contentieuse ; par suite, les décisions doivent être écrites en minute et motivées. Les décisions doivent être notifiées dans les trois jours aux parties intéressées, par écrit et à domicile, par les soins de la municipalité (L. 1874, art. 4, § 2).

De l'appel devant le juge de paix (Décr. org. 1852, art. 21 ; L. 1874, art. 4, § 2). — Appel peut être formé devant le juge de paix du canton, soit des décisions de la commission municipale, soit des omissions de statuer qui résultent du fait de l'administration et qui, dès lors, sont assimilables à une décision de rejet (Cass., 30 juin 1885, *Leonetti*, S., 86. 1. 318 ; 2 mai 1892, S., 93. 1. 206, Cass., 20 mai 1895).

— L'appel doit être formé par les *parties en cause* dans le délai de cinq jours à partir de la notification, il est formé par simple déclaration au greffe. Le mot « déclaration » signifie que l'appelant doit comparaître en personne ou par un fondé de pouvoir spécial, une lettre missive serait insuffisante.

(1) La commission administrative continue d'exister jusqu'au 31 mars et c'est elle qui doit clôturer la liste.
(2) A Paris et à Lyon, ces délégués sont remplacés par deux électeurs, domiciliés dans le quartier ou la section et désignés par la commission administrative elle-même (L. 7 juill. 1874, art. 2, §§ 2 et 3).
(3) Il est douteux que ce texte soit encore en vigueur (D., *Code administratif*, v° *Élection*, n°s 3996 et s.).

— L'appel peut être formé, en outre, par les *parties intéressées*. Ce sont : 1° L'électeur dont l'inscription ou la radiation sont poursuivies, alors même que la réclamation devant la commission municipale n'aurait pas été formée par lui; 2° Les tiers électeurs de la même circonscription électorale, alors même qu'ils n'auraient pas été parties devant la commission municipale, ni même réclamants (Cass., 2 mai 1892, S., 93. 1. 206). Pour ceux-là, le délai est de vingt jours à compter de la décision qu'ils entendent critiquer, qu'ils l'aient en fait connue ou non (Cass., 20 avril 1892, S., 93. 1. 206. Cass., 14 nov. 1892, S., 93. 1. 151, etc.). Même solution pour le préfet et le sous-préfet (1).

— « Le juge de paix statuera dans les dix jours, sans frais ni formes de procédure, et sur simple avertissement donné trois jours à l'avance à toutes les parties intéressées » (Décr. org. 1852, art. 22). Il faut entendre ici par *parties intéressées*, d'une part, l'électeur dont l'inscription ou la radiation sont demandées, d'autre part, les *réclamants* (2).

Du pourvoi en cassation. — La décision du juge de paix est en dernier ressort, mais elle peut être déférée à la Cour de cassation. Le pourvoi n'est recevable que s'il est formé dans les dix jours de la notification de la décision (3), il n'est pas suspensif. Il est formé par simple requête dénoncée aux défendeurs par lettre recommandée dans les dix jours qui suivent. Il est dispensé de l'intermédiaire d'un avocat à la cour et jugé d'urgence sans frais ni consignation d'amende. Les pièces et mémoires fournis par les parties sont transmis sans frais par le greffier de la justice de paix au greffier de la Cour de cassation; la chambre des requêtes de la Cour de cassation statue définitivement sur le pourvoi (Décr. org. 2 fév. 1852, art. 23; L. 6 fév. 1914; L. 31 mars 1914, art. 7). Si la décision du juge de paix est cassée, l'affaire est renvoyée devant le juge d'un autre canton.

Peuvent former le pourvoi : 1° l'électeur intéressé, alors même

---

(1) Les parties intéressées qui veulent faire appel, sans avoir figuré, c'est-à-dire sans avoir été parties devant la commission municipale, ont besoin de connaître la décision de cette commission; elles doivent la demander et elle ne peut pas leur être refusée. En cas de refus, le délai pour l'appel courrait du 31 mars. Pour éviter toute difficulté à ce sujet, une circulaire ministérielle du 25 janvier 1888 a invité les maires à rendre publiques immédiatement les décisions de la commission municipale de jugement.

(2) Les questions d'État, les questions d'interprétation d'actes administratifs, les questions subordonnées au résultat de poursuites criminelles ou correctionnelles, forment question préjudicielle devant le juge de paix et doivent être renvoyées par lui devant l'autorité compétente, si elles sont vraiment relatives à l'affaire et susceptibles de donner lieu à un débat sérieux.

(3) Le délai court du jour même de la prononciation du jugement lorsque le demandeur en cassation n'a pas eu de contradicteur devant le juge de paix, parce qu'alors il n'y a pas de notification (Cass., 29 mars 1893, *Boucheret*).

qu'il n'aurait pas été partie devant le juge de paix, alors même qu'il n'aurait pas la qualité de réclamant; 2° le tiers électeur, le préfet et le sous-préfet, à la condition qu'ils aient été parties (Cass., 7 juill. 1902, *Latuleigne*) (1).

c) *Clôture des listes électorales.* — Le 31 mars de chaque année, la commission administrative opère toutes les rectifications résultant de la revision d'office de janvier et non modifiées par jugement, toutes les rectifications régulièrement ordonnées par jugement; elle opère de même d'office toutes les rectifications résultant de faits évidents produits depuis la revision d'office avant le 31 mars (2) et elle arrête la liste électorale de la commune (D. R. 1852, art. 7, L. 7 juill. 1874, art. 1er) (3).

Permanence de la liste. Rectifications au cours de l'année. — « La liste électorale reste jusqu'au 31 mars de l'année suivante telle qu'elle a été arrêtée, sauf néanmoins les changements qui y auraient été ordonnés par décision du juge de paix (4) et sauf aussi la radiation des noms des électeurs décédés (5) ou privés des droits civils ou politiques par jugement ayant force de chose jugée » (D. R. 1852, art. 8). Le maire doit faire afficher le tableau des radiations et des changements avant toute élection (6) (7).

---

(1) Contre les décisions du juge de paix rendues contradictoirement, il n'y a point d'autre voie de recours que le pourvoi en cassation. On s'accorde à reconnaître que la tierce opposition et la requête civile sont impossibles. Si la décision du juge de paix a été rendue par défaut, les principes conduisent à admettre la voie de l'opposition, et même, dans ce cas, le pourvoi en cassation ne serait pas recevable.

(2) C'est-à-dire les radiations provenant de décès ou de condamnations, les inscriptions des électeurs ayant établi leur domicile réel avant le 31 mars ou ayant accompli les six mois de résidence avant cette date ou des fonctionnaires à résidence obligatoire ayant réclamé avant le 4 février.

(3) Dans le cas où l'inscription ordonnée par la commission du jugement ne serait pas effectuée réellement avant le 31 mars, dans les vingt jours qui suivent le 31 on peut faire appel devant le juge de paix aux fins de rétablissement du nom (Cass., 16 août 1882, S., 84. 1. 437). Même faculté au cas d'omission d'inscription, à la double condition que le nom prétendu omis ait figuré sur la liste de l'année précédente et qu'il n'ait pas été indiqué au tableau des radiations (Cass., 7 juill. 1902, *Latuleigne*).

(4) Il s'agit des décisions rendues tardivement par le juge de paix, mais sur des appels formés dans les délais (V. toutefois p. 130, à propos des faits qui surviennent entre le 4 février et le 31 mars).

(5) Le nom doit être rayé aussitôt que l'acte de décès a été dressé. Tout électeur de la commune a le droit d'exiger cette radiation (L. 31 mars 1914, art. 8).

(6) Il ne commet pas *un fait personnel* en mentionnant la cause de la radiation, même si c'est une condamnation (Confl., 26 juin 1897, *Préfet de la Haute-Garonne*), mais si à cette mention il ajoute des faits de polémique, il commet un fait personnel (Confl., 4 déc. 1897, *Préfet de la Gironde*).

(7) *Tableau récapitulatif des délais. Bulletin du ministère de l'Intérieur*, 1885, p. 287. — Les délais imposés aux parties pour réclamation, appel, pourvoi en cassation, sont seuls prescrits à peine de nullité; les délais imposés aux autorités et juridictions,

Conservation et communication des listes électorales. — « Les minutes des listes électorales sont réunies en un registre et conservées dans les archives de la commune. Tout électeur pourra en prendre communication et copie » (L. 7 juill. 1874, art. 4, § 3). Copie est déposée au secrétariat général de la préfecture.

B. *Impossibilité de fait.* — Les militaires et assimilés de tous grades et de toutes armes des armées de terre et de mer ne prennent part à aucun vote quand ils sont présents à leur corps, à leur poste ou dans l'exercice de leurs fonctions (L. 21 mars 1905, art. 9) (1).

Ceux qui, au moment de l'élection, se trouvent en *résidence libre* (2), en *non-activité* ou en *congé* (3), les officiers et assimilés qui sont en *disponibilité* ou dans le *cadre de réserve* peuvent voter dans la commune sur la liste de laquelle ils sont régulièrement inscrits. Le fait d'être soldat présent au corps n'empêche pas, en effet, d'être inscrit sur la liste ; il empêche de voter, quoique inscrit.

Les individus actuellement détenus, même pour des condamnations n'entraînant pas perte du droit électoral, ne peuvent point voter ; il

sont purement réglementaires. S'ils ne sont pas observés, ils entraînent des retards. Mais, dans tous les cas, la date de la clôture est immuable, sauf rectification pour les solutions retardées.

OPÉRATIONS	NOMBRE de jours	TERME normal des délais
Opération de rectification..................................	10	10 janvier.
Préparation du tableau rectificatif.........................	4	14 —
Publication de ce tableau.................................	1	15 —
Délai ouvert aux réclamations.............................	20	4 février.
— pour décision des commissions municipales............	5	9 —
— pour notification desdites.............................	3	12 —
— appel devant le juge de paix..........................	5	17 —
— pour décision dudit...................................	10	27 —
— pour notification du jugement dudit...................	3	2 mars ou 1er
— pour pourvoi en cassation.............................	10	12 — ou 11.
Clôture définitive..	»	31 mars.

(1) Les assimilés sont les non-combattants qui font cependant partie de l'armée : pour l'armée de terre, fonctionnaires de l'intendance, officiers d'administration, médecins, pharmaciens et vétérinaires militaires, chefs de musique, adjoints du génie et gardes d'artillerie, archivistes d'état-major, interprètes militaires, etc. ; pour l'armée de mer, corps du génie maritime, ingénieurs hydrographes, corps du commissariat de la marine, etc.

(2) Cette situation est spéciale au corps de la marine.

(3) Le congé est une permission d'absence de plus de trente jours (Décr. 1er mars 1890, art. 27), en quoi il se distingue de la simple permission. Un soldat en simple permission, fût-ce un réserviste, ne peut voter, alors même que la permission aurait été donnée collectivement (Cons. d'Ét., 8 juill. 1893, *du Bourg* ; 6 mars 1907, *Élection de Vitry*).

en est de même des individus internés dans un asile d'aliénés, mais non interdits, et des accusés contumaces (D. R. 1852, art. 18).

Article II. — *Le droit d'éligibilité.*

1° De la jouissance du droit d'éligibilité.

D'ordinaire, on étudie le droit d'éligibilité à propos de chaque espèce d'élection ; sans renoncer à cette méthode, nous ajoutons ici une étude d'ensemble ; il y a lieu de se préoccuper, pour le droit d'éligibilité, des trois mêmes questions que pour le droit de vote, de la jouissance du droit, de l'incapacité ou inéligibilité qui résulte de la perte de la jouissance ou de l'exercice du droit, et des conditions d'exercice du droit.

La jouissance du droit d'éligibilité appartient en principe à tous ceux qui ont le droit de vote, l'un emporte l'autre ; quand on est *électeur*, on est *éligible* ; cependant, il faut signaler le cas de l'étranger naturalisé qui acquiert immédiatement le droit de vote et n'acquiert le droit d'éligibilité aux Chambres que dix ans après le décret de naturalisation (L. 26 juin 1889, art. 3). A part cette restriction, le droit d'éligibilité appartient à tout individu mâle, Français d'origine, ou par le bénéfice de la loi ou par la naturalisation ; ni les étrangers ni les femmes françaises ne sont éligibles. Quant aux indigènes d'Algérie et des colonies, ils sont éligibles dans la mesure où ils sont électeurs (V. plus haut, p. 124) (1).

2° De l'incapacité ou inéligibilité.

L'inéligibilité provient soit de la perte de la jouissance, soit de la perte de l'exercice du droit. Dans les deux cas, elle produit le même résultat : si la cause d'inéligibilité existe au moment de l'élection, celle-ci doit être *annulée* ; si elle survient après l'élection, l'élu doit être *exclu* de l'assemblée dont il a été nommé membre (Décr. 2 fév. 1852, art. 28 ; L. 10 août 1871, art. 18 ; L. 5 avril 1884, art. 36). On comprendrait mal, en effet, que celui-ci continuât à siéger, qui, si l'élection était faite au moment même, serait inéligible. Lorsque l'exclusion est motivée par une condamnation entraînant perte de la jouissance du droit, on dit qu'il y a *indignité*.

A. *Inéligibilité par suite de privation de la jouissance du droit.* — Ceci se rencontre dans le cas de condamnation criminelle ou correctionnelle, déclaration de faillite ou liquidation judiciaire, destitution

---

(1) L'éligibilité n'est pas, comme l'électorat, sous la protection de l'autorité judiciaire ; c'est le juge de l'élection, le juge administratif, par conséquent, qui est compétent pour les questions d'éligibilité ; mais cela n'empêche point l'éligibilité d'être un droit au même titre que l'électorat.

d'emploi. Il faut se reporter à ce qui a été dit du droit de vote (p. 125). En principe, tout jugement qui fait perdre le droit de vote fait perdre, et dans la même proportion, le droit d'éligibilité. Il faut ajouter seulement l'indication de certains cas où le droit d'éligibilité est perdu, alors que le droit de vote ne l'est pas (1) et il convient d'observer que, d'après la loi du 23 mars 1908, la réhabilitation des faillis simples leur restitue l'éligibilité (En ce qui concerne l'amnistie, V. l'observation de la p. 126).

B. *Inéligibilité par suite de privation de l'exercice du droit.* — Les causes d'inéligibilité sont ici les suivantes : minorité, interdiction, demi-interdiction, secours reçus de l'assistance publique, fait d'être domestique attaché à la personne, fait d'être investi d'une fonction publique. Ces causes n'opèrent pas toutes pour toutes les élections, les exceptions seront indiquées : a) *Minorité.* — Pour tous les mandats électoraux, la majorité est, en principe, fixée à 25 ans (Chambre des députés, conseil général, conseil d'arrondissement, conseil municipal). Exceptionnellement, pour le Sénat elle est fixée à 40 ans. La majorité doit être acquise le jour de l'élection; b) *Interdiction.* — L'interdiction civile est certainement une cause d'inéligibilité pour toutes les élections (Arg. Décr. 2 fév. 1852, art. 15); c) *Demi-interdiction.* — Cette cause d'inéligibilité n'existe que pour le conseil général (L. 10 août 1871, art. 7) et pour le conseil municipal (L. 5 avril 1884, art. 32); elle n'existe ni pour la Chambre des députés et le Sénat, ni pour le conseil d'arrondissement, et c'est fâcheux; d) *Assistance publique.* — Cette cause d'inéligibilité n'existe que pour le conseil municipal (L. 5 avril 1884, art. 32); elle ne saurait être invoquée pour une élection au conseil général (Cons. d'Ét., 6 nov. 1907, *Élection de Toulon*). Il y a deux catégories : 1° ceux qui sont dispensés de subvenir aux charges communales; il faut qu'il soit intervenu une décision du conseil municipal établissant la dispense (L. 21 avril 1832, art. 18); en outre, il faut qu'il s'agisse de

---

(1) 1° Depuis la loi du 4 mars 1889, article 21, les liquidés judiciaires sont déclarés inéligibles, alors qu'ils peuvent voter; 2° les membres des familles ayant régné en France ont été frappés d'inéligibilité, mais peuvent voter (V. L. 22 juin 1886); 3° sont inéligibles au conseil général pendant trois ans les conseillers généraux condamnés pour avoir pris part à une réunion illégale du conseil ou à une conférence interdépartementale dissoute (L. 10 août 1871, art. 34, § 2, et 91, § 2); au conseil municipal, les conseillers municipaux condamnés pour avoir pris part à une conférence intercommunale dissoute (L. 5 avril 1884, art. 148). — De même, est inéligible au conseil général pendant un an, le conseiller général déclaré démissionnaire pour avoir refusé, sans excuse valable, de remplir une fonction qui lui avait été dévolue par la loi; inéligibilité de même ordre pour le conseiller d'arrondissement et pour le conseiller municipal dans les mêmes conditions (L. 7 juin 1873); 4° les personnages condamnés pour actes de corruption dans les opérations électorales sont inéligibles pendant deux ans (L. 31 mars 1914, art. 9).

charges exclusivement communales, comme les prestations en nature ; 2° ceux qui sont secourus par les bureaux de bienfaisance, il suffit que le secours existe au moment de l'élection (1) ; e) *Fait d'être domestique exclusivement attaché à la personne.* — Toutes nos lois municipales, depuis celle du 22 décembre 1789, ont contenu une disposition analogue, mais celle du 5 avril 1884, article 32, l'a mieux précisée, elle a ajouté le mot *exclusivement*. On n'a jamais considéré comme inéligibles les régisseurs, intendants, contremaîtres, précepteurs, secrétaires, etc. Cette cause d'inéligibilité n'existe que pour les élections municipales ; f) *Fonctions publiques*. — L'inéligibilité résultant de la fonction est, comme l'incompatibilité que nous rencontrerons plus loin, la marque d'une séparation que le régime d'État démocratique s'efforce de réaliser entre le personnel des fonctionnaires publics que les Anglais appellent le *service civil* et celui des hommes politiques : il est désirable, en effet, pour le bien de l'État, que le personnel du service civil demeure éloigné de la politique qui est nécessairement mêlée à toutes les fonctions électives, comme le personnel militaire en est déjà éloigné. Cela importe à la sincérité des élections et à l'accomplissement impartial des fonctions ; qui dit élection dit parti politique et le fonctionnaire civil devrait être affranchi de l'esprit de parti pour se consacrer tout entier à sa fonction.

L'inéligibilité peut être de deux sortes : elle peut être *absolue*, c'est-à-dire rendre le fonctionnaire inéligible dans toutes les circonscriptions ; elle peut être simplement *relative*, c'est-à-dire rendre le fonctionnaire inéligible seulement dans la circonscription où il exerce sa fonction :

1° *Inéligibilité absolue résultant de la fonction frappant les fonctionnaires militaires*. — Il n'y a qu'une inéligibilité absolue de cette espèce, c'est celle qui résulte de la qualité de *militaire en activité de service*. Elle a pour but d'écarter la politique de l'armée, elle est corrélative à l'impossibilité de voter que nous avons vue plus haut (p. 136) (2) ; elle ne frappe que les militaires en *activité de service* (3) ;

(1) Mais il ne suffit pas d'être porté sur la liste d'assistance médicale gratuite, ni d'avoir reçu des secours médicaux (Cons. d'Ét., 5 août 1910, *Pruès*).
(2) Cette cause d'inéligibilité existe actuellement pour toutes les élections : pour la Chambre des députés (L. 30 nov. 1785, art. 7) ; pour le Sénat (L. 9 déc. 1884, art. 5), mêmes dispositions, sauf que sont exceptés les maréchaux de France et les amiraux ; pour le conseil municipal (L. 5 avril 1884, art. 31) ; pour le conseil général et celui d'arrondissement (L. 23 juill. 1891).
(3) Par conséquent, elle ne frappe ni ceux qui sont dans la réserve, ni ceux qui sont dans la territoriale. Elle ne frappe pas non plus les officiers placés dans la seconde section du cadre de l'état-major général, ni ceux qui ont cessé d'être employés activement tout en étant maintenus dans la première section pour avoir commandé en chef

2° *Inéligibilité relative résultant de la fonction, frappant les fonctionnaires civils.* — Cette matière de l'inéligibilité relative se trouve disséminée dans des textes nombreux (1). Il n'est cependant pas impossible d'indiquer quelques lignes générales. Il faut partir de cette idée très simple qu'un fonctionnaire ne doit pas pouvoir être élu dans une circonscription, lorsque sa fonction lui donne une autorité sur les électeurs de cette circonscription. Seulement, on ne tient compte que des influences vraiment sérieuses. Il y a aussi une différence à noter entre l'effet de la fonction quand il s'agit d'élections à la Chambre des députés ou au Sénat, et son effet dans les élections départementales ou communales ; dans le premier cas, l'inéligibilité se prolonge pendant six mois au delà de la cessation de la fonction (L. 2 août 1875, art. 21 ; L. 30 nov. 1875, art. 12) ; dans le second cas, elle cesse avec la fonction (2).

devant l'ennemi ; ni les officiers renvoyés dans leurs foyers en attendant la liquidation à laquelle ils ont droit. Elle frappe les militaires en disponibilité ou en non-activité.

(1) Pour le Sénat, L. 2 août 1875, art. 21 ; pour la Chambre des députés, L. 30 nov. 1875, art. 12, modifiée par L. 30 mars 1902, art 2 ; pour les conseils généraux, L. 10 août 1871, art. 8 ; pour les conseils d'arrondissement, L. 22 juin 1833, art. 5, et décr. 9 juill. 1848 combinés ; pour les conseils municipaux, L. 5 avril 1884, art. 33. Du rapprochement de ces textes, qui, jusqu'à présent, semble n'avoir pas été fait, il résulte des incohérences fâcheuses ; la loi du 23 juillet 1891 et celle du 30 mars 1902 en ont fait disparaître quelques-unes, mais pas toutes ; la matière aurait évidemment besoin d'une refonte législative. En attendant, l'interprète est lié par les textes, car les incapacités sont de droit étroit.

(2) Voici une sorte de tableau des principaux cas d'inéligibilité relative résultant de la fonction publique :

1° *Fonctionnaires régionaux.* — Les fonctionnaires régionaux sont ceux qui ont autorité sur plusieurs départements. Rigoureusement, ces fonctionnaires devraient être inéligibles à toutes les élections, quelles qu'elles fussent, faites dans la région ; on verra qu'il y a quelques exceptions. — Premiers présidents des cours d'appel, présidents de chambre, membres des parquets des cours d'appel : inéligibilité universelle depuis la loi du 23 juillet 1891. — Recteurs d'académie : inéligibilité universelle, sauf pour conseils d'arrondissement et conseils municipaux, car, dans ce dernier cas, on ne peut pas les comprendre sous l'expression *instituteurs publics* de l'article 33, n° 6, de la loi du 5 avril 1884. — Conservateurs et inspecteurs des forêts : inéligibilité universelle. — Ingénieurs des mines : inéligibilité au conseil général seulement.

2° *Fonctionnaires départementaux ou coloniaux.* — Préfets, sous-préfets, secrétaires généraux, conseillers de préfecture, gouverneurs, directeurs de l'intérieur et secrétaires généraux des colonies : inéligibilité universelle. Notez que les sous-préfets et les conseillers de préfecture sont inéligibles dans tout le département où ils exercent leurs fonctions, ils sont identifiés avec le préfet. Les membres du conseil privé dans les colonies sont inéligibles aux fonctions municipales. — Inspecteurs d'académie : inéligibilité universelle, sauf conseil d'arrondissement et conseil municipal. — Ingénieurs départementaux : inéligibilité universelle. — Agents voyers en chef : inéligibles au Sénat, à la Chambre des députés et au conseil municipal. — Directeurs des contributions directes et indirectes, de l'enregistrement et des domaines, des postes, trésoriers-payeurs généraux : inéligibilité universelle, sauf élections municipales. — Directeurs des manufactures de tabacs : inéligibles au conseil général. — Employés

APPENDICE. — *L'incompatibilité.*

La théorie de l'incompatibilité est assez difficile à construire. L'incompatibilité constitue un empêchement juridique à l'élection ou, plutôt, *à la conservation du mandat après l'élection, si une certaine situation de fait est maintenue* et si l'intéressé ne tranche pas la difficulté par une option *entre deux situations incompatibles.* Il y a grande parenté avec l'inéligibilité. C'est le même résultat pratique obtenu par un autre moyen juridique. Cette parenté est tellement grande que le même fait est envisagé par la loi tantôt comme inéligibilité, tantôt comme incompatibilité; ainsi le fait d'être employé salarié de la commune est considéré comme une cause d'inéligibilité par la loi municipale, tandis que le fait d'être employé salarié du département n'est envisagé par la loi départementale que comme une cause d'incompatibilité. D'autre part, la sanction de l'incompatibilité, lorsque

de préfecture et de sous-préfecture : inéligibles aux élections communales et au conseil d'arrondissement. — Directeurs des services agricoles et professeurs d'agriculture : inéligibles aux élections départementales et législatives ou sénatoriales dans le département où ils exercent; cette inéligibilité cesse un an après la fonction (L. 21 août 1912, art. 10).

3° *Fonctionnaires d'arrondissement.* — Les présidents, vice-présidents, juges titulaires, juges d'instruction et membres du parquet des tribunaux de première instance : inéligibilité universelle, sauf pour le conseil d'arrondissement. — Les inspecteurs de l'enseignement primaire : inéligibilité universelle, sauf pour conseil d'arrondissement et conseil municipal. — Les ingénieurs d'arrondissement : inéligibilité universelle. — Les agents voyers : inéligibilité universelle, sauf au conseil général et au conseil d'arrondissement. — Receveurs particuliers des finances, agents de tous ordres employés à l'assiette, à la perception et au recouvrement des contributions directes ou indirectes et au paiement des dépenses publiques de toute nature : inéligibilité universelle, sauf pour conseil municipal. — Vérificateurs des poids et mesures : inéligibilité au conseil général seulement.

4° *Fonctionnaires cantonaux.* — En principe, il n'y a pour eux inéligibilité ni à la Chambre ni au Sénat. — Juge de paix (l'incapacité ne frappe pas les suppléants) : inéligibles seulement à la Chambre des députés (L. 30 mars 1902), au conseil général et aux élections communales. — Commissaires de police et agents de police : ne sont inéligibles qu'au conseil général et au conseil municipal. — Les agents voyers : inéligibles au conseil municipal seulement. — Les agents des eaux et forêts : inéligibles au conseil général seulement. — Les agents d'assiette, de perception ou de recouvrement des impôts directs ou indirects, percepteurs, contrôleurs, employés des droits réunis : inéligibles au conseil général et au conseil d'arrondissement seulement, avec cette observation que le percepteur est inéligible au conseil municipal dans les communes où il fait fonction de receveur municipal.

5° *Fonctionnaires communaux.* — Ils sont inéligibles seulement aux élections communales. — Instituteurs publics. — Comptables des deniers communaux. — Agents salariés de la commune, parmi lesquels ne sont pas compris ceux qui, étant fonctionnaires publics ou exerçant une profession indépendante, ne reçoivent une indemnité de la commune qu'à raison des services qu'ils lui rendent dans l'exercice de cette profession : médecins, avoués, avocats, architectes de la commune : il y avait discussion avant la loi de 1884 (art. 38 *in fine*).

l'option qu'elle impose n'a pas été effectuée dans le délai, est la nullité de l'élection, elle est donc la même que la sanction de l'inéligibilité, avec cette différence que l'obstacle s'apprécie, non pas au moment de l'élection comme au cas de l'inéligibilité, mais au moment où expire le délai de l'option (Cons. d'Ét., 25 fév. 1905, *Élection de Luc-en-Diois*; eod., *Élection de la Baroche*; 3 mars 1905, *Élection de Saint-Loubouer*; 27 janv. 1905, *Élection de Gidy*).

En revanche, l'incompatibilité diffère de l'inéligibilité : 1° en ce qu'elle n'opère qu'après l'élection ; 2° en ce que, au moment où elle opère, elle ne fait pas perdre de plein droit le mandat électoral, elle fait cesser une situation de fait fâcheuse, mais pas nécessairement par la perte du mandat; ainsi, dans le cas spécial où l'incompatibilité résulte d'une fonction publique, son effet est de mettre le fonctionnaire élu dans l'obligation d'opter, dans un certain délai, entre son mandat et sa fonction ; 3° en ce que, ne touchant pas au fond du droit et à la capacité, l'incompatibilité peut être créée par un simple règlement tandis qu'une inéligibilité ne pourrait être créée que par une loi (Cons. d'Ét., 25 fév. 1905, *Élection d'Onnaing*).

Les incompatibilités sont de droit étroit (Cons. d'Ét., 17 janv. 1913, *Laporte*).

Les causes d'incompatibilité sont les suivantes : cumul du mandat électif avec une fonction publique ; cumul de plusieurs mandats électifs ; relations de parenté ou d'alliance entre plusieurs coélus (1).

---

(1) A. *Cumul du mandat électif avec une fonction publique.* — On a vu plus haut que la fonction publique est parfois une cause d'inéligibilité. Dans le cas où le fonctionnaire n'est pas inéligible, il peut se faire qu'une fois élu il ne puisse conserver à la fois sa fonction et son mandat, qu'il y ait incompatibilité. L'incompatibilité entre la fonction publique et le mandat électif paraît fondée sur le manque d'indépendance du fonctionnaire. Il est à remarquer, en effet : 1° que l'incompatibilité n'existe que dans le cas de fonction *salariée*, non point dans celui de fonction gratuite, le salaire augmente la dépendance (L. 30 nov. 1875, art. 8 ; L. 10 août 1871, art. 10) ; 2° que l'incompatibilité n'existe, en principe, qu'entre la fonction d'État et le mandat aux assemblées électives d'État, entre la fonction départementale et le mandat aux assemblées électives départementales (conseil général et d'arrondissement) ; parce qu'en effet la dépendance du fonctionnaire d'État n'existe point hors de l'État, ni celle du fonctionnaire départemental hors du département. Cependant, les préfets, sous-préfets, secrétaires généraux, conseillers de préfecture, commissaires de police, agents de police, étant des fonctionnaires de l'État particulièrement dépendants, leur fonction est incompatible même avec des mandats électifs départementaux et communaux ; 3° que, par exception, certaines fonctions sont compatibles avec le mandat électif parce qu'elles présentent des garanties spéciales d'indépendance (V. *infra*, art. 8 et 9, L. 30 nov. 1875).

a) *Élections d'État.* — *Chambre des députés.* — La matière est réglée par la loi du 30 novembre 1875, articles 8-11. Le principe est l'incompatibilité entre le mandat de député et l'*exercice de toute fonction publique rétribuée sur les fonds de l'État*, mais il faut tenir compte des deux observations suivantes : 1° Par exception, il y a des fonctions *compatibles*, ce sont celles de ministre, — sous-secrétaire d'État, —

3° Conditions d'exercice du droit d'éligibilité.

Les conditions d'exercice du droit d'éligibilité s'apprécient, bien entendu, uniquement au moment de l'élection, leur absence entraîne la nullité de celle-ci.

ambassadeur, — ministre plénipotentiaire, — préfet de la Seine, — préfet de police, — premier président de la Cour de cassation, — premier président de la Cour des comptes, — président de la Cour d'appel de Paris, — professeur titulaire de chaire, donnée au concours ou sur la présentation des corps où la vacance s'est produite (L. 30 nov. 1875, art. 8 et 9) ; 2° Il ne faut pas confondre avec la fonction publique la *mission temporaire*, même rétribuée ; cette mission est compatible avec le mandat de député, à la condition de ne pas dépasser six mois (art. 9), elle est renouvelable.

L'incompatibilité opère de deux façons différentes, suivant qu'il s'agit d'un fonctionnaire qui devient député, ou bien, au contraire, d'un député qui devient fonctionnaire : 1° s'il s'agit d'un fonctionnaire qui devient député, ce qui suppose qu'il était *éligible*, l'élu doit faire connaître son option dans les huit jours qui suivent la vérification des pouvoirs, sinon il est présumé accepter le mandat électoral et il est remplacé dans sa fonction. La question de savoir comment il pourra être remis en activité à l'expiration de son mandat et comment seront conservés ses droits à la pension de retraite est réglée à l'article 10, modifié par la loi du 29 mars 1897, article 29; 2° s'il s'agit, au contraire, d'un député nommé ou promu à une fonction publique salariée, ce représentant cesse d'appartenir à la Chambre du jour de son acceptation, et cela est vrai alors même que la fonction serait *compatible*. Seulement, dans ce dernier cas, le député nommé fonctionnaire peut se présenter devant les électeurs et être valablement réélu (art. 11). Les députés nommés ministres ou sous-secrétaires d'État ne sont pas soumis à la réélection (art. 11).

Tout député qui, au cours de son mandat, accepterait les fonctions d'administrateur d'une compagnie de chemin de fer, serait, par ce seul fait, considéré comme démissionnaire et soumis à la réélection (L. 20 nov. 1883). V. aussi L. 25 juin 1883 ; L. 17 nov. 1897 et L. 8 juill. 1898, établissant des incompatibilités entre le mandat de député et la qualité d'administrateur de certains établissements ou de certaines compagnies concessionnaires.

Sénat. — La situation au Sénat est depuis longtemps provisoire, on attend une loi générale sur les incompatibilités parlementaires. En attendant, après être parti de l'idée que les incompatibilités devaient être restreintes, on s'est rapproché du système de la Chambre par des lois transitoires dont la dernière est en date du 27 décembre 1887. Cette loi déclare applicables les articles 8 et 9 de la loi du 30 novembre 1875. Par conséquent, la règle est l'incompatibilité de toute fonction salariée sur les fonds de l'État, et les exceptions sont celles indiquées plus haut. Seulement, comme l'article 11 n'a pas été déclaré applicable, il faut en conclure que lorsqu'un sénateur est nommé à une fonction compatible, il n'est pas, comme le député, tenu de se représenter devant ses électeurs. — Les sénateurs sont dans la même situation que les députés au sujet des incompatibilités créées par les lois de 1883, 1897, 1898.

b) *Élections aux assemblées locales.* — Il y a des incompatibilités *absolues*, c'est-à-dire s'appliquant à toutes les circonscriptions de France ; elles sont en principe les mêmes pour le conseil général, le conseil d'arrondissement et le conseil municipal ; elles concernent les fonctions de préfet, sous-préfet, secrétaire général, conseiller de préfecture, commissaire de police et agent de police. Il faut ajouter, au moins pour le conseil municipal, les fonctions de gouverneur et membre du conseil privé des colonies (L. 10 août 1871, art. 9; L. 22 juin 1833, art. 5, et Décr. 3 juill. 1848, art. 14; L. 5 avril 1884, art. 34).

Il y a aussi des incompatibilités *relatives*, c'est-à-dire restreintes à une seule

— Une condition commune à toutes les fonctions publiques, même électives, est d'avoir satisfait aux obligations de la loi du recrutement (L. 21 mars 1905, art. 7).

— Pour le mandat de sénateur, il n'y a pas de condition particulière d'éligibilité. Par cela seul qu'on a la jouissance du droit de suffrage et qu'on n'est frappé d'aucune des incapacités que nous

circonscription, mais seulement en matière d'élection au conseil général dans le cas d'agents salariés ou subventionnés sur les fonds départementaux et dans le cas d'entrepreneurs de services départementaux (L. 10 août 1871, art. 10, modifié par L. 8 juill. 1901), et aussi en matière d'élection au conseil d'arrondissement dans le cas d'ingénieurs des ponts et chaussées, d'architectes du département, d'agents forestiers (L. 22 juin 1833, art. 5). Pour le conseil municipal, il n'y a point d'incompatibilité *relative* résultant de fonctions communales ou d'entreprises, pour la bonne raison que ces faits constituent des cas d'inéligibilité.

Quant à l'effet de l'incompatibilité dans les assemblées locales, il faut distinguer : 1° S'il s'agit d'un fonctionnaire qui est élu, la loi municipale seule prévoit la solution : dans un délai de dix jours à partir de la proclamation du résultat de l'élection, l'élu doit faire son option. S'il garde le silence, par une présomption inverse de celle qui existe pour la Chambre des députés, il est censé opter pour la conservation de son emploi, il est alors déclaré démissionnaire de son mandat par le préfet (L. 5 avril 1884, art. 34 et 36). La loi du 10 août 1871 sur les conseils généraux de département ne prévoit pas de délai d'option, ni d'autorité qui puisse déclarer l'élu démissionnaire ; en fait, il semble résulter de plusieurs décisions du Conseil d'État que celui-ci est disposé, lorsqu'il est saisi du contentieux d'une élection départementale, à considérer les cas d'incompatibilité comme des cas d'inéligibilité viciant l'élection (Cons. d'Ét., 3 déc. 1886 ; 1ᵉʳ avril 1887) ; 2° S'il s'agit d'un conseiller général ou d'un conseiller municipal nommé après coup à une fonction publique incompatible, après son acceptation, il doit être déclaré démissionnaire de son mandat, le conseiller général par le conseil général lui-même (L. 10 août 1871, art. 18), le conseiller municipal par le préfet, sauf recours (L. 5 avril 1884, art. 36).

B. *Cumul des mandats électifs.* — Le cumul des mandats électifs *similaires* est impossible. Ainsi : nul ne peut être membre de plusieurs conseils généraux (L. 1871, art. 11) ; nul ne peut être membre de plusieurs conseils d'arrondissement (L. 22 juin 1833, art. 14) ; nul ne peut être membre de plusieurs conseils municipaux (L. 1884, art. 35). Il y a un délai pour l'option. La raison est que les sessions de tous ces conseils de même ordre sont simultanées et que le conseiller n'aurait pas le don d'ubiquité. Nul ne peut être à la fois sénateur et député. La raison ici est dans le principe constitutionnel de la dualité des Chambres, il n'y aurait pas en réalité deux Chambres si le personnel des membres était le même dans les deux.

Mais le cumul des mandats électifs *non similaires* est possible, sauf pour le Conseil général et le conseil d'arrondissement (L. 22 juin 1833, art. 14) ; ainsi on peut être à la fois conseiller municipal, conseiller général et député. On a demandé fréquemment que des incompatibilités soient créées.

C. *Parenté ou alliance entre plusieurs coélus.* — Cette cause d'incompatibilité est spéciale aux conseils municipaux, et encore ne s'applique-t-elle que dans les communes de plus de cinq cents habitants. Dans ces communes, les ascendants et les descendants, les frères et alliés au même degré, ne peuvent être simultanément membres du même conseil municipal. On procède à l'élimination d'après l'ordre du tableau (L. 3 avril 1884, art. 35 *in fine*). Et si cette élimination n'est pas opérée spontanément, le préfet défère l'élection au conseil de préfecture pour en faire prononcer la nullité (Cons. d'Ét., 5 fév. 1900, *Élection de Soleymieux*).

venons d'étudier, on est éligible. Pas n'est besoin, par exemple, d'être inscrit sur une liste électorale quelconque, ni d'avoir des attaches de domicile ou autres avec la circonscription. Le suffrage pour ces grandes élections va chercher son candidat où il lui plaît. Il en est de même, en principe, pour le mandat de député ; cependant, ici, la loi du 17 juillet 1889 a introduit la *déclaration de candidature* (V. *infra*).

— Pour les élections locales, la législation est plus sévère ; il y a quelques conditions d'éligibilité (1).

§ 2. — Théorie générale des élections (2).

Définition. — L'élection est une opération administrative, par laquelle une majorité de votants, parmi les électeurs inscrits dans une

---

(1) Pour le conseil général (L. 10 août 1871, art. 6) et pour le conseil d'arrondissement (Décr. 9 juill. 1848, art. 14), il y a deux conditions cumulées : 1° être inscrit sur une liste d'électeurs n'importe où, ou justifier qu'on devait y être inscrit avant le jour de l'élection ; 2° avoir une *attache légale*, avec le département pour le conseil général, avec l'arrondissement pour le conseil d'arrondissement. Cette attache est établie : soit par le domicile, soit par l'inscription au rôle d'une des contributions directes au 1er janvier de l'année dans laquelle se fait l'élection, ou justification qu'on devrait y être inscrit ; soit par l'héritage depuis le 1er janvier d'une propriété foncière dans le département (cette cause n'existe pas pour le conseil d'arrondissement). Toutefois, le nombre des conseillers généraux non domiciliés ne pourra pas dépasser le quart du nombre total dont le conseil doit être composé, sinon élimination par voie de tirage au sort. Cette dernière règle n'existe pas pour le conseil d'arrondissement. L'élu qui, postérieurement à l'élection, perd son attache légale, ne doit pas pour cela être déclaré démissionnaire (Cons. d'Ét., 29 juin 1906, *Bahi-Saya*).

Pour le conseil municipal, il eût été simple d'admettre les mêmes règles, cependant on n'exige plus que le fait de l'attache à la commune ; pas n'est besoin d'être inscrit sur une liste électorale quelconque (L. 1884, art. 31, arg. mot *citoyen*, au lieu d'électeur). L'attache résulte : soit du fait de l'inscription sur la liste électorale, soit de l'inscription au rôle d'une des quatre contributions directes, ou de la justification que cette inscription devait être faite au 1er janvier de l'année de l'élection. Rien pour l'héritage. Les conseillers non domiciliés ne doivent pas dépasser le quart ; l'élimination se fait suivant l'ordre du tableau (art. 31, § 2, et art. 59).

(2) *Bibliographie* : E. Pierre, *Droit politique* ; Dalloz, *Code administratif*, v° *Élections*.

Nous ne possédons pas de loi générale sur les élections, sauf le Décr. org. et le D. R. 2 février 1852 et la loi du 29 juillet 1913 sur le secret du vote ; la loi du 20 mars 1914 sur l'affichage, les deux lois du 31 mars 1914, l'une sur la corruption électorale, l'autre modifiant la loi du 29 juillet 1913. Cette théorie générale des élections est faite avec les règles communes aux élections à la Chambre des députés, aux conseils généraux, aux conseillers d'arrondissement et aux conseils municipaux, les élections au Sénat sont trop particulières pour y entrer (L. 22 juin 1883 ; L. 5 mai 1885 ; L. 10 août 1871 ; L. 17 juill. 1874 ; L. const. de 1875 ; L. 2 août 1875 ; L. 30 nov. 1875 ; L. 5 avril 1884 ; L. 4 août 1884 ; L. 9 déc. 1884 ; L. 16 juin 1885 ; L. 13 fév. 1889 ; L. 17 juill. 1889 ; L. 2 avril 1903, etc...). Il y a bien d'autres élections encore, ainsi que nous l'avons signalé à propos de la liste électorale.

H. — Pr.

circonscription formant collège électoral, nomme un ou plusieurs représentants par la voie du scrutin.

1° L'élection est une *opération administrative*, non pas quant au fond, parce que le vote accompli au nom du corps électoral exprime la seule volonté des électeurs, mais dans sa forme et dans sa procédure, parce que l'administration prête son concours pour l'organisation de l'élection, parce qu'elle convoque les électeurs, parce qu'elle fournit le bureau électoral qui présidera, etc. Ce caractère d'*opération* entraîne d'ailleurs un contentieux de la pleine juridiction et non pas de l'annulation (V. *infra, Distinction des contentieux*);

2° La *circonscription formant collège électoral* est un certain territoire dont tous les électeurs sont appelés à faire le choix simultané des représentants. Le collège électoral est l'assemblée des électeurs; ils sont tous attachés à un territoire par le mécanisme de la liste électorale. La circonscription est toujours une division administrative : pour le Sénat, le département; pour la Chambre des députés, le département ou une section de départements; pour le conseil général et pour le conseil d'arrondissement, le canton; pour le conseil municipal, la commune ou la section électorale decommune (1);

3° La *majorité* qui nomme le représentant est une collectivité contenant une certaine quote-part des électeurs de la circonscription, déterminée par les règles qu'on verra plus loin, ce n'est pas l'unanimité. La chose était impossible; dès qu'une association devient un peu considérable, l'unanimité dans l'action est irréalisable et, comme il faut vivre, il faut se contenter de la majorité. C'est une manifestation de la contrainte politique qu'il y a dans l'État, avec cette particularité que la volonté contraignante n'est pas la volonté d'un seul, ni même la volonté d'une minorité, mais celle d'une majorité. Cela ne veut pas dire que le pouvoir réside dans le nombre, car le pouvoir réside, au contraire, plutôt dans les minorités, mais cela signifie que pour obtenir efficacité, une minorité est obligée d'entraîner l'adhésion et la participation d'une collectivité supplémentaire assez nombreuse pour qu'avec cet appoint elle devienne majorité. La condition de la majorité est donc, en réalité, une limitation du pouvoir réel des minorités agissantes et par là une garantie de la liberté (2);

(1) La circonscription électorale ne se confond pas avec la circonscription de la personne administrative dont il s'agit de représenter les intérêts, cette confusion n'existe en fait que pour la commune et encore pas toujours. Ainsi, pour le Sénat et la Chambre des députés, la circonscription dont il s'agit de représenter les intérêts, c'est la France entière; les représentants sont choisis par le département. On a émis maintes fois le vœu que les deux circonscriptions fussent confondues, que, par exemple pour les élections législatives, la France formât un collège unique; c'est un souhait platonique de publiciste.

(2) C'est de ce point de vue de la participation de la nation au pouvoir par la forma-

4° Le *scrutin* ou vote est une opération écrite qui consiste essentiellement dans le dépôt entre les mains de l'autorité, par les électeurs, de bulletins écrits et enfermés sous enveloppe contenant le nom ou les noms des représentants choisis. On distingue le *scrutin de liste* et le *scrutin uninominal*. Il y a scrutin de liste, lorsqu'un même collège électoral ayant à choisir simultanément plusieurs représentants, le bulletin de chaque électeur contient une liste de noms. Il y a scrutin uninominal, lorsque le collège électoral n'ayant à choisir qu'un seul représentant, le bulletin de chaque électeur ne porte qu'un seul nom (1);

5° Il y a des élections *générales* et des élections *partielles* ou *complémentaires* : a) Il y a élection *générale* lorsque tous les membres qui composent une assemblée sont soumis en même temps à l'élection, soit que l'assemblée soit arrivée à la fin de son mandat, soit qu'il y ait eu dissolution. Si l'assemblée ne se renouvelle pas intégralement, mais par séries, comme le conseil général, par exemple, qui est renouvelable par moitié de trois ans en trois ans, l'élection d'une série mérite encore le nom d'élection générale; b) Il y a élection *partielle* ou *complémentaire* lorsqu'il s'agit uniquement de remplacer un ou plusieurs membres de l'assemblée considérés individuellement;

6° Les élections sont périodiques, les fonctions électives étant de courte durée; elles sont multiples, il y a des élections politiques ou législatives pour la nomination des députés et sénateurs et des élections locales pour la nomination des conseillers généraux et conseillers municipaux. En France, les élections diverses sont séparées, afin de tenir constamment le corps électoral en haleine (2).

tion des majorités qu'il faut envisager la *représentation proportionnelle*; le véritable but de cette réforme est de dégager dans une même circonscription électorale plusieurs majorités différentes relatives à des opinions différentes (au lieu d'une *seule*) afin de mieux faire participer la nation à l'opération électorale.

(1) Les élections communales se font actuellement au scrutin de liste. Les élections au conseil général se font au scrutin uninominal. Les élections à la Chambre des députés ont eu sur ce point des vicissitudes sans nombre; elles ont été faites tantôt au scrutin de liste avec le département pour circonscription, tantôt au scrutin uninominal avec l'arrondissement pour circonscription. La question de savoir lequel est préférable de ces deux modes de scrutin relève du droit constitutionnel. Actuellement la Chambre est élue au scrutin de liste avec représentation proportionnelle (L. 12 juill. 1919).

(2) D'après la loi du 18 oct. 1919 : Chambre des députés, 16 nov. 1919; conseils municipaux, 30 nov. 1919; conseils généraux et conseils d'arrondissements, 14 déc. 1919; Sénat, série B et C, 11 janv. 1920; Sénat, série A, janv. 1921; conseils généraux, 1re série, juill. 1922; Sénat, série B, janv. 1924; Chambre des députés, mai 1924; conseils municipaux, 1er dimanche de mai 1925; conseils généraux et d'arrondissements, 2e série, juill. 1925; Sénat, série C, janv. 1927. En Amérique, on préfère accumuler toutes les élections d'un même cycle le même jour, de façon à ne pas mettre en mouvement fréquemment le corps électoral.

ARTICLE I. — *Formalités antérieures au scrutin.*

Il y a lieu de se préoccuper : 1° de la détermination de la circonscription électorale ; 2° de la convocation des électeurs ; 3° de la période électorale et des événements qui peuvent s'y produire.

A. *Détermination de la circonscription électorale.* — Les circonscriptions électorales sont en général déterminées par la loi d'une manière permanente (1). Cependant, en matière d'élection législative, l'augmentation ou la diminution de la population d'un département peuvent amener des modifications qui sont faites par une loi spéciale (2), et, en matière d'élection communale, la circonscription normale, qui est la commune, peut être modifiée assez subitement au moyen de ce qu'on appelle le sectionnement électoral (3) (Renvoi à l'organisation communale).

B. *Convocation des électeurs.* — Le scrutin doit avoir lieu à un jour fixé, et les électeurs doivent en être avertis. A cet effet, ils sont convoqués par un acte de l'autorité (4). Cet acte est un décret pour les élections au Sénat et à la Chambre des députés, au conseil général et au conseil d'arrondissement (5) ; un arrêté du préfet pour les élections municipales (6) et même, en cas de second tour de scrutin, un arrêté de publication du maire suffit pour les élections municipales, car l'assemblée des électeurs se trouve convoquée de droit (L. 5 avril 1884, art. 30).

Mais il est clair que l'autorité qui fait la convocation est elle-même astreinte par la loi à la faire pour une date fixe, ou tout au moins pour une date comprise dans un certain intervalle de temps. Il n'y a qu'un seul cas où la loi désigne une date fixe, c'est celui des élections municipales. Celles-ci devaient avoir lieu à perpétuité le premier dimanche de mai, de quatre ans en quatre ans, à partir de l'année 1884, désormais ce sera à partir de l'année 1925 ; alors même que des conseils municipaux seraient dissous, cela ne porte pas atteinte à la périodicité ; les conseils élus après dissolution achèvent simplement la période de quatre ans commencée (7). Pour toutes les autres élections, la loi se borne à dire que la convocation devra être faite un certain laps de temps avant l'expiration des pouvoirs.

---

(1) Pour les élections au Sénat, V. L. 9 déc. 1884, art. 1er ; à la Chambre, V. L. 13 fév. 1889, art. 2 ; L. 22 juill. 1893 ; au conseil général, V. L. 10 août 1871, art. 4 ; au conseil municipal, V. L. 5 avril 1884, art. 11.
(2) L. 12 juill. 1919, art. 2 et 3.
(3) L. 5 avril 1884, art. 11 et 12.
(4) Une élection faite sans convocation de l'autorité est nulle (Cons. d'Et., 16 déc. 1908, *Fléché et autres*, S., 1909. 3. 65 et ma note).
(5) L. 2 août 1875, art. 1er ; Décr. org. 2 fév. 1852, art. 4 ; L. 10 août 1871, art. 12.
(6) L. 5 avril 1884, art. 15.
(7) L. 5 avril 1884, art. 41.

de l'assemblée (1), ou bien, s'il y a eu dissolution, qu'elle devra être faite dans un certain délai après la dissolution (2). Dans le cas où l'assemblée achève son mandat, il faut donc calculer la durée de ses pouvoirs pour savoir quand la convocation devra être faite. On verra, à propos de chaque assemblée, les règles qui lui sont propres. Dans les limites où le pouvoir exécutif peut se mouvoir, il est entièrement libre.

Pour les élections partielles, il y a aussi des règles particulières à chaque assemblée (3).

C. *De la période électorale et des événements qui peuvent s'y produire.* — La période électorale est le temps qui s'écoule entre le jour de la date de l'acte qui convoque les électeurs et le jour du scrutin ; la date de l'acte de convocation est constatée par l'insertion au *Journal officiel*, s'il s'agit d'un décret, et de toute autre manière s'il s'agit d'un arrêté du préfet ; il n'y a pas à tenir compte du jour de la publication dans la commune (Cons. d'Ét., 12 fév. 1904, *Oletta*; 3 mars 1905, *Élection de Lori*).

La durée minima de la période électorale est fixée par la loi ainsi qu'il suit : Sénat, six semaines (L. 2 août 1875, art. 1er) ; — Chambre des députés, vingt jours (Décr. org. 1852, art. 4) ; — Conseil général, quinze jours (L. 10 août 1871, art. 12) ; — Conseil d'arrondissement, quinze jours (L. 10 août 1871, art. 12) ; — Conseil municipal (L. 5 avril 1884, art. 15). Les événements qui peuvent se produire au cours de la période électorale sont des candidatures, des faits de presse, des réunions électorales :

1° *Des candidatures* (4). — Le candidat est un individu désigné aux suffrages des électeurs avant le jour du scrutin, la candidature est le fait d'être candidat. Juridiquement, la candidature est le fait auquel va adhérer le consentement des électeurs qui, ainsi, prendra la valeur d'un pacte. Politiquement, la candidature est nécessaire, les électeurs nomment un représentant en vue de faire prévaloir telle ou telle aspiration, ils ont besoin de savoir quels représentants sont en

---

(1) L. 16 juin 1885, art. 6.

(2) L. 25 fév. 1875, art. 5, modifié par L. 14 août 1884 ; L. 2 août 1875, art. 35 et 36 ; L. 5 avril 1884, art. 45.

(3) Sénat, L. 2 août 1875, art. 23, modifié par L. 9 déc. 1884 ; Chambre des députés, L. 30 nov. 1875, art. 16 ; L. 12 juill. 1919, art. 16 ; Conseil général, L. 10 août 1871, art. 22 ; Conseil municipal, L. 5 avril 1884, art. 42.

(4) Cette expression nous vient des mœurs romaines. Toutes les toges de cérémonie des citoyens étaient blanches, mais celle des candidats était rendue plus brillante par de la craie, *candidata, cretata* (Tite-Live, 4, 25, 13 ; Isidore, *Orig.*, 19, 24, 6 ; Mommsen, *Droit public*, traduct. II, p. 125). On commençait à faire campagne pour une magistrature (*petere*) à peu près un an avant l'élection. Il avait là *prensatio*, distribution de poignées de mains, et toute la brigue (*ambitio*), Mommsen, *ibid.*, p. 124 et s.

communion d'idées avec eux, la candidature est le seul moyen pratique de provoquer un échange de vue entre leur futur représentant et eux, de là ces programmes et ces professions de foi par lesquels les candidats affirment leur candidature. Chose curieuse, la candidature, fait si nécessaire dans une élection, n'est pas réglementée en principe par le droit, excepté pour les élections à la Chambre des députés (L. 17 juill. 1889 et L. 12 juill. 1919). De sorte que, pour toutes les autres élections : 1° Il peut n'y avoir pas de candidature déclarée, les électeurs voteront spontanément pour tel ou tel nom, le premier tour de scrutin dans ces conditions ne donnera probablement pas de résultat, le second tour en donnera forcément; 2° la candidature, si elle se produit, n'est soumise à aucune formalité, c'est un pur fait (1). Elle peut être lancée par le candidat lui-même ou par un tiers (2).

2° *Des faits de presse.* — Les candidatures sont lancées d'ordinaire et discutées par des moyens qui constituent des faits de presse, il y a quelques règles destinées à faciliter les candidatures, elles sont relatives : 1° aux formalités de l'impression, de l'affichage et du colportage des écrits électoraux (V. L. 29 juill. 1881 sur la liberté de la presse, art. 16 et 17; L. 20 mars 1914 réglementant l'affichage électoral) (3); 2° à l'affranchissement du timbre des affiches et circulaires (4); 3° à l'interdiction de l'ingérence administrative (5).

3° *Des réunions électorales.* — Depuis la loi du 28 mars 1907, qui a supprimé pour toutes les réunions publiques la formalité de la déclaration préalable, les réunions électorales ne se distinguent plus en fait des réunions publiques ordinaires (Cf. Esmein, *op. cit.*, p. 1057).

---

(1) Cf. L. 9 déc. 1884, art. 4; L. 10 août 1871, art. 6; L. 5 avril 1884, art. 31, avec les termes de l'article 2 de la loi du 17 juillet 1889.

(2) Seulement, le tiers doit s'assurer du consentement du candidat, il n'a pas le droit de disposer sans cela de son nom; le faire serait s'exposer à l'application de l'article 1382 du Code civil (Nancy, 8 mars 1893, *Bony*; Cass., 24 mars 1896; Tours, 6 juill. 1898).

(3) Emplacements réservés dans chaque commune avec surface égale pour chaque candidat; nombre d'emplacements corrélatif au chiffre des élections, cinq au minimum pour les communes ayant 500 électeurs ou moins; tout affichage relatif à l'élection même par affiches timbrées est interdit en dehors de ces emplacements ou sur l'emplacement réservé aux autres candidats. Droit pour le préfet de substituer son action à celle du maire; pénalités.

(4) « Sont affranchies du timbre les affiches électorales d'un candidat contenant sa profession de foi, une circulaire signée de lui, ou seulement son nom » (L. 11 mai 1868, art. 3, § 3). Il n'en serait pas de même des affiches émanées d'un tiers qui voudrait soutenir la candidature. Les affiches tricolores sont interdites (L. 30 mars 1902, art. 44).

(5) « Il est interdit à tout agent de l'autorité publique ou municipale de distribuer des bulletins de vote, professions de foi et circulaires de candidats » (L. 30 nov. 1875, art. 3, § 3).

ARTICLE II. — *Opération du scrutin.*

Premier et second tour du scrutin, majorité requise. — Dans toute élection autre que celles qui sont faites par le procédé de la représentation proportionnelle, il peut y avoir deux tours de scrutin, et cela est lié aux règles sur la détermination de la majorité. Au premier tour, on cherche à obtenir une *forte majorité*; au second, on se contente d'une *faible majorité*. Il n'y a élection au premier tour de scrutin qu'aux deux conditions suivantes : 1° le candidat a obtenu la *majorité absolue* des suffrages exprimés, c'est-à-dire plus de la moitié (1) ; 2° le nombre des suffrages qu'il a obtenus est égal ou supérieur au quart des électeurs inscrits (2).

S'il n'y a pas eu élection au premier tour de scrutin, et que cependant le scrutin ait fonctionné (3), il y a lieu à un second tour. Il y a toujours élection au second tour, pourvu qu'il y ait eu au moins deux suffrages exprimés. Il suffit, en effet, qu'un candidat ait obtenu la majorité relative, ce qui suppose non seulement plus de voix que ses concurrents, mais pluralité de voix (4). En cas d'égalité de suffrages, le plus âgé est élu (L. 5 avril 1884, art. 30 ; L. 2 août 1875, art. 15 ; L. 19 août 1871, art. 14).

La raison d'être des deux scrutins est, en outre, de permettre aux électeurs de même opinion de se compter. Aussi sont-ils séparés par un intervalle fixé par la loi. Le second tour a lieu : pour le conseil général et le conseil d'arrondissement, le dimanche qui suit celui du premier scrutin (L. 10 août 1871, art. 12, § 2) ; pour le conseil municipal, même chose (L. 5 avril 1884, art. 10) ; par exception, pour le Sénat, il peut y avoir trois tours de scrutin le même jour, dans le collège réuni au lieu désigné, le premier de 8 heures du matin à midi, le second de 2 heures à 5 heures, le troisième de 7 heures à 10 heures du soir (L. 2 août 1875 modifiée par la L. 9 déc. 1884,

---

(1) V. L. 2 août 1875, art. 15 ; L. 30 nov. 1875, art. 18 ; L. 10 août 1871, art. 14 ; L. 5 avril 1884, art. 30 ; L. 16 juin 1885, art. 5. — Dans les cas où le nombre des suffrages exprimés est impair, le chiffre de la majorité absolue est déterminé en prenant la moitié du chiffre pair immédiatement inférieur et en y ajoutant une unité (Cons. d'Ét.; 16 déc. 1881, *Élections de Méracq*; 28 janv. 1887; *Élections d'Haussonvillers*; 16 mars 1894, *Élection de Fort-de-l'Eau*).

(2) Il s'agit du quart des électeurs inscrits sur la liste close au 31 mars, déduction faite des décédés (Cons. dÉt., 21 avril 1913, *Élection de Bastia*; 1er août 1913, *Élection de Lamentin*).

(3) S'il n'y a pas eu, en réalité, scrutin au premier tour, c'est-à-dire si les électeurs ne se sont pas présentés et que le bureau n'ait pas été constitué, il n'y a pas premier tour et tout est à recommencer (Cons. d'Et., 23 mars 1907, *Élection de la Tour d'Aignes*).

(4) Il n'y a pas élection à une voix (Cons. d'Ét., 13 juin 1891, *Montluçon, conseil de prud'hommes*), le procédé majoritaire suppose pluralité.

art. 14). Pour la Chambre des députés, le second tour est désormais très exceptionnel.

Jour et heure du scrutin. — Chaque scrutin ne dure qu'un jour (1), ce jour doit être un dimanche. Pour la Chambre des députés, on suit la disposition du décret réglementaire de 1852 qui conseille de choisir le dimanche (2). Pour le conseil général, le conseil d'arrondissement, le conseil municipal, c'est une obligation légale de choisir le dimanche (3).

Pour la Chambre des députés, le conseil général, le conseil d'arrondissement, le scrutin est clos à 6 heures du soir (4). Il ouvre tantôt à 8 heures, tantôt à 7 heures du matin. Pour le conseil municipal, pas de fixation dans la loi, c'est l'arrêté du préfet qui fixe, mais le scrutin doit avoir été ouvert pendant six heures au moins (5).

Lieu du scrutin. — Le vote a lieu au chef-lieu de la commune (6). Néanmoins, chaque commune peut être divisée, par un arrêté du préfet, en plusieurs centres de vote que l'on appelle *sections de vote* (7), en vue d'éviter l'encombrement dans le lieu du scrutin (L. 30 nov. 1875, art. 4; L. 5 avril 1884, art. 13); cet arrêté doit être notifié au maire avant l'ouverture de la période électorale. (L. 20 mars 1914, art. 5).

C'est au maire qu'appartient la désignation des locaux, sauf pour les élections municipales où l'arrêté de convocation du préfet fixe le local où le scrutin sera ouvert (L. 5 avril 1884, art. 15).

Du bureau électoral. — L'autorité à qui sont remis les bulletins de vote porte le nom de bureau électoral. C'est une véritable autorité administrative temporaire. Les décisions qu'il prend sur les difficultés qui s'élèvent touchant les opérations du scrutin, sur la question de

---

(1) L. 30 nov. 1875, art. 4; L. 10 août 1871, art. 12; L. 5 avril 1884, art. 20.
(2) D. R., 2 fév. 1852, art. 9.
(3) L. 10 août 1871, art. 12, § 2; L. 5 avril 1884, art. 12, § 2.
(4) D. R., 2 fév. 1852, art. 25; L. 10 août 1871, art. 12.
(5) L. 5 avril 1884, art. 15, art. 26. — Le décret du 1er mai 1869 relatif à l'élection des députés et rendu applicable à celle des conseillers généraux et conseillers d'arrondissement par la loi du 4 février 1909 permet aux préfets d'avancer l'heure du scrutin dans certaines communes, après avis des maires, par un arrêté qui devra être publié et affiché cinq jours au moins avant l'élection. En aucun cas, le scrutin ne pourra être ouvert avant 5 heures du matin et l'heure de clôture ne pourra être modifiée (sur la L. du 4 fév. 1909, V. les observations de M. Ebren, dans la *Revue du droit public*, 1909).
(6) L. 10 août 1871, art. 5; L. 30 nov. 1875, art. 4.
(7) Il ne faut pas confondre la *section de vote* avec la *section électorale*; la section de vote est une mesure d'ordre qui n'affecte que le scrutin, elle ne constitue pas une circonscription électorale. La section électorale, au contraire, qui d'ailleurs ne présente d'intérêt qu'au point de vue des élections municipales, affecte l'opération électorale tout entière, elle fait qu'il y a dans la commune plusieurs circonscriptions électorales dont chacune élit sa liste de conseillers municipaux.

savoir qui doit voter, comment doivent être comptés les bulletins, etc., sont provisoirement exécutoires, elles doivent d'ailleurs être motivées (D. R. 2 fév. 1852, art. 16; L. 5 avril 1884, art 21) (1).

— Le bureau de chaque section de vote est composé d'un président, de quatre assesseurs et d'un secrétaire (D. R. 1852, art. 12). Les assesseurs doivent être électeurs (Cons. d'Ét., 19. fév. 1905, *Élections de Layrac*).

— « Les bureaux de vote sont présidés par le maire, les adjoints, les conseillers municipaux dans l'ordre du tableau et, en cas d'empêchement, par des électeurs désignés par le maire » (L. 1884, art. 17. V. D. R. 1852, art. 13). — Pour les élections municipales, les deux plus âgés et les deux plus jeunes des électeurs présents à l'ouverture de la séance, sachant lire et écrire, remplissent les fonctions d'assesseurs (L. 1884, art. 19), et ce à peine de nullité (Cons. d'Ét., 3 mars 1913, *Élections d'Évenos*). Pour les autres élections, les assesseurs sont pris suivant l'ordre du tableau parmi les conseillers municipaux sachant lire et écrire; à leur défaut, les deux plus âgés et les deux plus jeunes électeurs sachant lire et écrire (D. R. 1852, art. 12 et s.).

« Le secrétaire est désigné par le président et par les assesseurs; dans les délibérations du bureau, il n'a que voix consultative. »

« Trois membres du bureau, au moins, doivent être présents pendant tout le cours des opérations » (L. 1884, art. 16. V. D. R. 1852, art. 14 et 15) (2).

Le président du bureau a la police de l'assemblée et il l'a seul. Nulle force armée ne peut, sans son autorisation, être placée dans la salle des séances ni aux abords, les autorités militaires sont tenues de déférer à ses réquisitions (D. R. 1852, art. 11; L. 5 avril 1884, art. 18).

Du vote. — a) *Qui peut voter* : « Pendant toute la durée des opérations, une copie de la liste des électeurs, certifiée par le maire, contenant les nom, domicile, qualification de chacun des inscrits, reste

(1) Mais, d'autre part, le bureau électoral, comme les commissions de recensement dont il sera parlé plus loin, fonctionne uniquement pour assurer l'opération matérielle du scrutin, il n'est pas en principe juge de l'éligibilité des candidats ni des questions d'incompatibilité (Cons. d'Ét., 27 fév. 1882, *Élections d'Aguessac*; 23 avril 1883, *Élections de Quaix*; 10 fév. 1904, *Élections de Felleries*; 6 juin 1913, *Élections d'Ardres*). Cependant la loi du 17 juillet 1889, article 5, déclarant que les bulletins au nom d'un citoyen dont la candidature est posée en violation de la loi n'entrent pas en compte, il s'ensuit que le bureau doit refuser de compter les bulletins d'un candidat qui a fait une déclaration irrecevable parce qu'il est inéligible, et qu'il devient ainsi juge de l'inéligibilité, mais seulement pour les élections à la Chambre des députés (Affaire Boulanger-Joffrin).

(2) Si le maire s'absente régulièrement, l'assesseur le plus âgé prend la présidence, mais si le maire s'en va en déclarant l'assemblée électorale dissoute, l'élection ne doit pas continuer (Cons. d'Ét., 25 juin 1913, *Élection de Sari-d'Orcino*).

déposée sur la table autour de laquelle siège le bureau « (L. 1884, art. 22. V. D. R., art. 17).

— Nul ne peut être admis à voter s'il n'est inscrit sur cette liste. « Toutefois, seront admis à voter, quoique non inscrits, les électeurs porteurs d'une décision du juge de paix ordonnant leur inscription, ou d'un arrêt de la Cour de cassation annulant un jugement qui aurait prononcé leur radiation » (L. 1884, art. 23. V. D. R. 1852, art. 19). — A l'inverse, tout individu inscrit sur la liste doit être admis au vote, à l'exception des personnes suivantes : les détenus, les accusés contumaces, les personnes non interdites, mais retenues en vertu de la loi du 30 juin 1838 dans un établissement public d'aliénés (D. R. 1852, art. 18), les militaires et assimilés de tous grades des armées de terre et de mer quand ils sont présents au corps (V. p. 199) (1).

b) *Opération du vote.* — (D. R. 1852, art. 21-24; L. 1884, art. 25). Elle consiste en ce que les électeurs viennent un à un apporter leur bulletin de vote au bureau (2).

Le vote est secret (L. 30 nov. 1875, art. 4, § 2). Ce principe a été organisé et assuré, après un long intervalle, par la formalité du vote sous enveloppe préparée dans un isoloir, introduite par la loi du 29 juillet 1913, modifiée par la loi du 31 mars 1914 dont nous donnons en note les dispositions (3).

L'électeur fait constater au président du bureau qu'il n'est porteur

---

(1) Si un individu inscrit sur la liste a subi, depuis la clôture de celle-ci, une condamnation entraînant déchéance, et s'il n'a pas été rayé d'office, il peut voter; mais, d'une part, en votant il commet un délit (Décr. org. 1852, art. 32), d'autre part, le juge du contentieux de l'élection pourra annuler son vote.

(2) Par conséquent, malgré certains souvenirs de la période révolutionnaire, le vote n'a pas lieu en assemblée, du moins pour les élections politiques et administratives ordinaires. Par exception, pour les élections des commissions d'associations syndicales, il est voté en assemblée à peine de nullité (Cons. d'Ét., 28 janv. 1907, *Association du bas de la plaine*).

(3) Art. 3 de la loi du 29 juillet 1913, *ainsi modifié par la loi du 31 mars 1914.* — Dans toutes les élections, le vote a lieu sous enveloppes.

Ces enveloppes sont fournies par l'administration préfectorale.

Elles seront opaques, non gommées, frappées du timbre à date des préfectures ou des sous-préfectures, et de type uniforme pour chaque collège électoral.

Elles seront envoyées dans chaque mairie, cinq jours au moins avant l'élection, en nombre égal à celui des électeurs inscrits.

Le maire devra immédiatement en accuser réception.

Le jour du vote, elles seront mises à la disposition des électeurs dans la salle de vote.

Avant l'ouverture du scrutin, le bureau devra constater que le nombre des enveloppes correspond exactement à celui des électeurs inscrits.

Si, par suite d'un cas de force majeure, du délit prévu à l'article 12, ou pour toute autre cause, ces enveloppes réglementaires font défaut, le président du bureau électoral est tenu de les remplacer par d'autres d'un type uniforme, frappées du timbre de

que d'une seule enveloppe : le président le constate *sans toucher l'enveloppe*, que *l'électeur introduit lui-même dans l'urne* (art. 4) (1). A ce moment, le vote est consommé. Le nom de l'électeur est émargé sur une liste d'émargements qui restera déposée pendant huitaine à la mairie et sera communiquée à tout électeur requérant (D. R. 2 fév. 1852, art. 23-1° et 26; L. municip., art. 25; L. 30 nov. 1875, art. 5).

Nul électeur ne peut entrer dans le lieu du scrutin s'il est porteur d'armes quelconques (D. R. 1852, art. 20; L. 5 avril 1884, art. 24; L. 22 juin 1833, art. 38).

Dépouillement du scrutin. — (D. R. 2 fév. 1852, art. 27; L. municip., art. 27; L. 29 juill. 1913, art. 8). En principe, le dépouillement du scrutin doit avoir lieu immédiatement; cependant, s'il y a impossibilité, on doit suivre les formalités de l'article 41 de la loi du

la mairie et de procéder au scrutin conformément aux dispositions de la présente loi. Mention est faite de ce remplacement, au procès-verbal, et cinq des enveloppes dont il a été fait usage y sont annexées.

Art. 4, *ainsi modifié par la loi du 31 mars 1914.* — A son entrée dans la salle du scrutin, l'électeur, après avoir fait constater son identité suivant les règles et usages établis (c'est-à-dire au moyen de la carte électorale, l'établissement des cartes électorales est obligatoire dans toutes les communes, art. 13, § 2, L. 5 avril 1884, et l'omission de cette formalité a fait annuler une élection dans une commune de 19 électeurs, Cons. d'Ét., 19 janv. 1906, *Élection d'Echenans*, mais les municipalités ne sont pas tenues de faire distribuer les cartes à domicile, Cons. d'Ét., 9 déc. 1910, *Mayet de Montagne*); ou après avoir fait la preuve de son droit de voter par la production de la décision ou de l'arrêt mentionné à l'article 23 de la loi municipale du 5 avril 1884, prend lui-même une enveloppe. Sans quitter la salle du scrutin, il doit se rendre isolément dans la partie de la salle aménagée pour le soustraire aux regards pendant qu'il met son bulletin dans l'enveloppe; il fait ensuite constater au président qu'il n'est porteur que d'une seule enveloppe; le président le constate sans toucher l'enveloppe, que l'électeur introduit lui-même dans l'urne.

Dans chaque section de vote, il y aura un isoloir par 300 électeurs inscrits ou par fraction.

Les isoloirs ne devront pas être placés de façon à dissimuler au public les opérations électorales.

Art. 5, *ainsi modifié par la loi du 31 mars 1914.* — L'urne électorale, n'ayant qu'une ouverture destinée à laisser passer l'enveloppe contenant le bulletin de vote, devra, avant le commencement du scrutin, avoir été fermée à deux serrures dissemblables, dont les clefs restent, l'une entre les mains du président, l'autre entre les mains de l'assesseur le plus âgé.

Si, au moment de la clôture du scrutin, le président n'a pas les deux clefs à sa disposition, il prendra toutes les mesures nécessaires pour procéder immédiatement à l'ouverture de l'urne.

Art. 6. — Tout électeur atteint d'infirmités certaines et le mettant dans l'impossibilité d'introduire son bulletin dans l'enveloppe et de glisser celle-ci dans la boîte du scrutin est autorisé à se faire assister par un électeur de son choix.

Art. 7. — Les frais de fourniture des enveloppes et ceux qui entraînent l'aménagement spécial de l'isoloir seront à la charge de l'État.

(1) Modification de la législation antérieure qui évitera bien des fraudes.

5 mai 1855. Après la clôture du scrutin, il sera procédé au dépouillement de la manière suivante : la boîte du scrutin est ouverte et le nombre des enveloppes est vérifié. Si ce nombre est plus grand ou moindre que celui des émargements, il en est fait mention au procès-verbal. Le bureau désigne parmi les électeurs présents un certain nombre de scrutateurs sachant lire et écrire, lesquels se divisent par tables de quatre au moins (1). Si plusieurs candidats ou plusieurs listes sont en présence, il leur sera permis de désigner respectivement les scrutateurs, lesquels devront être répartis également autant que possible par chaque table de dépouillement. Dans ce cas, les noms des électeurs proposés seront remis au président une heure avant la clôture du scrutin pour que la liste des scrutateurs par table puisse être établie avant le début du dépouillement. Le président répartit entre les diverses tables les enveloppes à vérifier. A chaque table, l'un des scrutateurs extrait le bulletin de chaque enveloppe et le passe déplié à un autre scrutateur; celui-ci le lit à haute voix : les noms portés sur les bulletins sont relevés par deux scrutateurs au moins sur des listes préparées à cet effet. Si une enveloppe contient plusieurs bulletins, le vote est nul quand ces bulletins portent des listes et des noms différents; ils ne comptent que pour un seul quand ils désignent la même liste ou le même candidat (art. 8).

Bulletins irréguliers. — Il n'y en a plus qu'une seule catégorie, ceux qui *n'entrent pas en compte* pour le calcul des suffrages exprimés et par conséquent de la majorité. Sont dans cette catégorie : les bulletins blancs ou illisibles, ceux ne contenant pas une désignation suffisante ou dans lesquels les votants se font connaître ; pour les élections législatives, les bulletins portant le nom de candidats qui ne se sont pas conformés à la loi sur les candidatures multiples ou dont la déclaration était irrecevable (D. R. 1852, art. 30 ; L. 5 avril 1884, art. 28 ; L. 17 juill. 1889, art. 5), les bulletins trouvés dans la boîte sans enveloppe ou dans des enveloppes non réglementaires, les bulletins écrits sur papier de couleur, les bulletins ou enveloppes portant des signes intérieurs ou extérieurs de reconnaissance, les bulletins ou enveloppes portant des mentions injurieuses pour les candidats ou pour des tiers, ainsi que les enveloppes non réglementaires. — Chacun de ces bulletins annexés et contresignés par les membres du bureau devra porter mention des causes de l'annexion. — Si l'annexion n'a pas été faite, cette circonstance n'entraînera

---

(1) La législation antérieure ne prévoyait des scrutateurs que dans les sections où il s'est présenté plus de 300 votants. — Au-dessous de ce chiffre, les membres du bureau procédaient eux-mêmes au dépouillement. On a voulu donner aux partis en présence la possibilité de désigner respectivement les scrutateurs ; c'est un commencement de reconnaissance officielle des partis et un acheminement vers la représentation proportionnelle.

l'annulation des opérations qu'autant qu'il sera établi qu'elle aura eu pour but et pour conséquence de porter atteinte à la sincérité du scrutin (art. 9, L. 29 juill. 1913).

Proclamation. — Immédiatement après le dépouillement, le résultat du scrutin est rendu public et les bulletins autres que ceux qui doivent être annexés au procès-verbal sont brûlés en présence des électeurs (D. R. 1852, art. 31; L. 1884, art. 29) (1). Pour les élections municipales, cette proclamation du résultat est une décision qui produit immédiatement son effet. Cet effet ne peut être anéanti que si l'opération est annulée par la juridiction chargée du contentieux de l'élection. Pour toutes les autres élections, le résultat de chaque commune n'est qu'un élément de décision pour la commission de recensement qui proclamera le résultat de toute la circonscription.

Procès-verbaux des opérations électorales. — Les procès-verbaux des opérations électorales de chaque commune sont rédigés en double. L'un de ces doubles reste déposé au secrétariat de la mairie, l'autre, en ce qui concerne les élections législatives, sera déposé de suite à la poste sous pli scellé et recommandé à l'adresse du préfet pour être remis à la commission de recensement » (art. 10, *ibid.*); pour les élections au conseil général et au conseil d'arrondissement, le procès-verbal doit être porté au chef-lieu de canton par deux membres du bureau (L. 10 août 1871, art. 13). En fait, l'administration les fait prendre par la gendarmerie.

Recensement général des votes. — Le recensement général des votes est une opération qui s'impose dans toutes les élections autres que les élections municipales. En effet, le scrutin étant une opération communale, toutes les fois que la circonscription électorale comprend plusieurs communes, il faut bien centraliser les résultats de toutes les communes. Pour les élections législatives, le recensement général des votes se fait pour toute circonscription électorale au chef-lieu du département en séance publique, au plus tard le mercredi qui suit le scrutin. — « Il est opéré par une commission composée du président du tribunal civil, président, et des quatre membres du conseil général non candidats, qui y compteront la plus longue durée de fonctions; en cas de durée égale, le plus âgé se trouvera désigné ». — « Si le président du tribunal civil se trouve empêché, il est remplacé par le vice-président et, à son défaut, par le juge le plus ancien. Les conseillers sont eux-mêmes, en cas d'empêchement, remplacés suivant l'ordre d'ancienneté ». — « L'opération du recensement est cons-

---

(1) Pour les collèges divisés en plusieurs sections de vote, le dépouillement du scrutin se fait dans chaque section. Le résultat est immédiatement arrêté et signé par le bureau; il est ensuite porté par le président au bureau de la première section qui, en présence des présidents des autres sections, opère le recensement général des votes et en proclame le résultat (D. R. art. 32; L. 22 juin 1833, art. 46).

tatée par un procès-verbal. » (L. 12 juill. 1919, art. 15). Le président de la commission proclame les députés élus (D. R. 1852, art. 35). Pour le conseil général et le conseil d'arrondissement, le recensement se fait immédiatement au chef-lieu de canton par le bureau de ce chef-lieu ; le résultat est proclamé par le président de ce bureau (1).

La commission de recensement qui fonctionne pour les élections législatives, le bureau électoral du chef-lieu de canton qui fait fonction de commission de recensement pour les élections au conseil général et au conseil d'arrondissement, sont des *autorités administratives temporaires.* La proclamation du résultat faite par eux est une décision qui s'exécute provisoirement, jusqu'à ce que la juridiction compétente se soit prononcée sur les réclamations formées contre l'élection. Si d'après cette proclamation le premier tour de scrutin n'a pas donné de résultat, il y a lieu de procéder à un second tour, et on y procédera alors même que, en fait, la commission se fût trompée dans ses calculs. A l'inverse, si la commission du recensement proclame élu un candidat, provisoirement ce candidat bénéficiera de la situation, alors même que, en fait, la commission se fût trompée dans calculs.

Les pouvoirs de la commission de recensement, en matière d'élection législative, ne se bornent pas à un calcul numérique des voix, ils vont jusqu'à lui permettre de reviser l'attribution des bulletins irréguliers qui ont dû lui être transmis annexés aux procès-verbaux de chaque commune (Avis Cons. d'Ét., 8 avril 1886) (2).

Article III. *Le contentieux électoral* (3).

Contentieux électoral et vérification des pouvoirs. — L'élection est une opération administrative dont la validité peut être contestée. Seulement, selon les cas, cette validité sera appréciée par deux voies différentes, par la voie contentieuse ou par celle de la vérification des pouvoirs.

La voie contentieuse est le mode ordinaire de contestation des opérations administratives. Elle suppose des réclamations ou recours

---

(1) L. 10 août 1871, art. 13.

(2) Mais ils ne vont pas jusqu'à la rendre juge de l'éligibilité du candidat, car il s'agit uniquement d'accomplir l'opération du calcul des voix. Sauf dans le cas d'incapacité résultant de la violation de la loi sur les candidatures multiples où la commission de recensement a autant de pouvoirs que le bureau de vote. Le bureau du chef-lieu de canton, faisant fonction de commission de recensement pour les élections au conseil général et au conseil d'arrondissement, doit avoir les mêmes pouvoirs, bien qu'une circulaire ministérielle ne lui reconnaisse que le droit de vérification numérique (Circ. Int., 10 juill. 1886).

(3) *Bibliographie* : Laferrière, *Juridiction administrative*, 2e édit., t. II, p. 321 et s., E. Pierre, *Traité de droit politique*, 1893, p. 533 et s.

devant un juge : d'une part, le juge n'examine que les élections qui ont été l'objet de réclamations; d'autre part, l'affaire se déroule devant lui comme un véritable procès. Les élections d'assemblées délibérantes, qui donnent ainsi lieu à un véritable contentieux, sont celles des conseils généraux de département, des conseils d'arrondissement, des conseils municipaux, des conseils généraux des colonies (L. 10 août 1876, art. 16; L. 31 juill. 1875; L. 5 avril 1884, art. 38) (1).

Théorie générale du contentieux électoral. — Il y a lieu de se préoccuper des vices qui peuvent entacher l'élection, des limites de la compétence du juge, des pouvoirs du juge, de la procédure.

A. *Des vices de l'élection.* — Il faut distinguer l'opération de l'élec-

(1) La voie de la vérification des pouvoirs est réservée aux élections à la Chambre des députés et au Sénat. Le droit de vérification des pouvoirs constitue une prérogative constitutionnelle des deux Chambres. V. L. const. 16 juill. 1875, art. 10. Il consiste essentiellement en ceci qu'à l'intérieur de chaque Chambre les membres vérifient réciproquement leurs pouvoirs, c'est-à-dire apprécient réciproquement la validité de leurs élections. D'une part, toutes les élections doivent être vérifiées, même celles qui n'ont été l'objet d'aucune protestation; la vérification est comme une précaution que prennent des mandataires qui vont traiter ensemble et qui examinent la valeur de leurs titres; cela remonte historiquement aux réunions des États généraux où les députés arrivaient porteurs de véritables procurations. Brissaud, *Manuel d'histoire du droit*, p. 803. Le conseil du roi se prononçait sur les questions de droit. D'autre part, la vérification se fait, non point en la forme d'un procès, mais suivant une procédure parlementaire établie par le règlement intérieur de chaque Chambre (V. Règl. Sénat, 10 juin 1876, art. 8 à 10 inclus. — Règl. Ch. dép., 16 juin 1876, art. 4 à 7). — En fait, le système de la vérification des pouvoirs tend à se rapprocher de celui du contentieux, parce que les élections contestées sont seules examinées; pour celles qui n'ont été l'objet d'aucune contestation, la vérification est devenue une simple formalité, c'est un contentieux porté devant un tribunal politique, auquel s'appliquent, en principe, les règles formulées au texte. Il est possible qu'au point de vue constitutionnel, le système de la vérification des pouvoirs soit actuellement une nécessité. Nous ne possédons pas, d'ailleurs, dans notre organisation juridictionnelle, de cour assez haute pour qu'on lui confie le contentieux de l'élection des Chambres. Mais un moment viendra peut-être où l'on organisera des juridictions ayant une portée constitutionnelle. Ce jour-là, le système de la vérification des pouvoirs aura vécu, car au point de vue du droit, il est inférieur à celui du contentieux; il permet à la majorité d'abuser de sa force au détriment de la minorité (L'Angleterre, L. 12 juin 1868 et L. 15 août 1879, certains États d'Amérique, le Japon, la Hongrie, la Grèce, ont déjà renoncé au système de la vérification des pouvoirs).

En attendant : 1° il faut bien se garder d'étendre le système de la vérification des pouvoirs aux assemblées délibérantes locales : la loi du 10 août 1871, article 16, avait commis cette faute en accordant la vérification des pouvoirs aux conseils généraux des départements; c'était un recul au lieu d'un progrès; on s'en aperçut bien vite, d'autant mieux que sur ce point les délibérations des conseils n'étaient pas susceptibles de recours (Cons. d'Ét., 25 juill. 1875, *Élection de Montpezat*); la loi du 31 juillet 1875 réorganisa un contentieux qui fut confié au Conseil d'État; 2° les Chambres ont le devoir de se considérer comme un véritable tribunal, d'assimiler autant que possible leur vérification des pouvoirs à un contentieux et, bien qu'elles soient souveraines, de se conformer aux règles du droit.

tion et celle du calcul des voix. L'opération de l'élection comprend tout ce qui a pu influer sur la manifestation de volonté des électeurs ; l'opération du calcul des voix, étant postérieure à l'élection, ne peut avoir aucune influence sur cette manifestation de volonté.

a) *Élection*. — L'opération de l'élection est consensuelle, on y retrouve par suite tous les éléments des pactes consensuels, la capacité des parties, le consentement, les formes.

1° L'élément de *capacité* doit s'apprécier dans l'élu et dans les électeurs. Dans l'élu, l'incapacité résulte soit de l'inéligibilité, soit de l'absence des conditions d'exercice du droit, telles que l'attache à la circonscription par le domicile, ou par le paiement d'une contribution. Dans les électeurs, l'incapacité résulte soit de la perte de la jouissance du droit de vote, soit du fait qu'on n'est pas inscrit sur la liste, soit du fait que, tout en étant inscrit, on ne peut pas voter (militaires présents au corps).

Bien entendu, l'incapacité de tel ou tel votant n'a d'intérêt que si l'annulation du vote peut modifier la majorité, car il s'agit de savoir s'il y a une majorité de capables ;

2° L'élément de *consentement* doit être apprécié au point de vue de la liberté et de la sincérité du vote, de sorte que le juge doit tenir compte des faits de pression (violence), de manœuvres électorales (dol, erreur), de corruption. Il n'est pas nécessaire d'établir que ces faits ont en réalité déterminé des votes, la preuve serait difficile à administrer, il suffit qu'ils aient été de nature à en déterminer. D'autre part, il faut qu'ils aient été assez graves pour modifier la majorité (Cf. Cons. d'Ét., 12 mai 1893, S., 95. 3. 17 et la note) ;

3° L'élément de *formes* comprend une grande quantité d'actes et de faits, l'acte de convocation des électeurs, la durée de la période électorale, la formation du bureau électoral, l'ouverture et la fermeture du scrutin, etc., tous les actes et tous les faits qui, de près ou de loin, servent à préparer ou à réaliser la manifestation de volonté des électeurs. Ces formes ne sont essentielles qu'en tant qu'elles importent à la liberté et à la sincérité du vote, et, d'un autre côté, il n'y a intérêt à examiner la régularité de l'opération que si l'irrégularité a été de nature à influer sur le résultat du scrutin, c'est-à-dire si la majorité est faible (Cons. d'Ét., 3 juill. 1896, *Bagnères-de-Bigorre ;* 28 janv. 1899, *Élections du Blanc*). Si l'on se montrait trop sévère, peu d'élections échapperaient à l'annulation (Cf. Laferrière, *op. cit.*, t. II, p. 344).

b) *Calcul des voix*. — Tous les actes qui sont uniquement relatifs au calcul des voix, proclamation du bureau électoral, proclamation de la commission de recensement, ne font plus, à proprement parler, partie de l'élection ; ils ne peuvent avoir une influence sur le vote puisque le vote est terminé. Ils pourront être annulés ou réformés, mais pour une tout autre raison, parce qu'ils sont matériellement inexacts. Cela a son importance au point de vue des pouvoirs du juge.

B. *Des limites de la compétence du juge.* — Le juge de l'élection est indépendant, voilà le principe, il apprécie librement tous les éléments de l'opération ; il a le devoir de tenir compte de tous les faits, même des plus lointains, de telle sorte que le contentieux des élections est des plus compréhensifs. Ainsi, à propos d'élections municipales contestées, le juge a le devoir de tenir compte de ce fait qu'un sectionnement électoral, opéré au préalable par le conseil général, est dénoncé comme illégal ; cela peut entraîner la nullité de l'élection (1). De même, le juge a le devoir de tenir compte de la capacité des électeurs inscrits sur la liste électorale ; il peut constater qu'un individu régulièrement inscrit sur la liste n'avait cependant pas le droit de voter, par exemple, parce que depuis il avait subi une condamnation. Cependant il doit respecter la compétence de certaines autres juridictions. Il se présente à cet égard des questions intéressantes, en matière d'éligibilité des candidats et de capacité des électeurs :

1° En matière d'éligibilité, le juge de l'élection peut constater la capacité électorale, alors même que le candidat ne serait pas inscrit sur la liste électorale ; il n'empiète pas sur le contentieux de la liste électorale, car sa décision ne conférera point le droit de vote (Cons. d'Ét., 15 mars 1878, *Élection de Moyenneville* ; 26 nov. 1892, *Élection de Rougemontot*) (2) ;

2° En matière de capacité des électeurs, en principe, le juge de l'élection est lié par les énonciations de la liste électorale, c'est-à-dire qu'il ne peut pas retrancher les votes d'individus inscrits sous le prétexte qu'ils seraient indûment inscrits. Mais à ce principe, il y a des exceptions : *a)* le juge a le droit de retrancher le vote d'individus qui, aux termes de la loi elle-même, ne doivent pas voter quoique inscrits ; tels sont les militaires en activité de service, les citoyens inscrits sur plusieurs listes électorales, les condamnés qui n'ont pas

---

(1) Cons. d'Ét., 23 nov. 1889, *Élection d'Ardres* ; 19 juin 1893, *Élection de Puech* ; 18 janv. 1905, *Élection de Tourzel-Ronzière* ; — en conséquence, le Conseil d'État déclarait non recevable le recours pour excès de pouvoir directement formé devant lui contre un sectionnement électoral irrégulier, parce qu'on pouvait obtenir justice en faisant annuler l'élection (Cons. d'Ét., 27 juin 1884, *Luchetti*, 8 août 1888, *Gapail*) ; il a renoncé à cette jurisprudence (Cons. d'Ét., 24 juill. 1903, *Mussal* ; 7 août 1903, *Chabot*, S., 1904. 3. 1, et la note).

(2) En tant que l'éligibilité dépend de questions d'état, de domicile, de nationalité, de parenté ou d'alliance, d'interdiction, de faillite, de dation d'un conseil judiciaire, de condamnation pénale douteuse, le juge de l'élection doit renvoyer l'examen de la difficulté au tribunal judiciaire, à titre de question préjudicielle (Cf. Laferrière, *op. cit.*, t. II, p. 338 ; Cons. d'Ét., 5 fév. 1906, *Élection de Soleymieux*).

H. — Pr.

été rayés, etc. (1); *b*) le juge de l'élection a le droit de déclarer *indûment* inscrits sur la liste électorale des électeurs qui n'y auraient été inscrits qu'en vertu d'une *manœuvre électorale* (Jurisprudence parlementaire; Cons. d'Ét., 9 déc. 1893, *Élection de Paris, faubourg Montmartre;* 4 mai 1906, *Élection de Saint-Jean-des-Mauvrets*).

C. *Des pouvoirs du juge.* — Il faut distinguer suivant que les vices entachent l'opération de l'élection considérée comme manifestation de la volonté des électeurs, ou seulement l'opération matérielle du calcul des voix : 1° Dans le premier cas, le juge n'a qu'un pouvoir d'annulation. Ainsi, s'il y a incapacité de l'élu ou bien faits de pression, le juge ne peut que casser l'élection, il ne pourrait point proclamer élu un autre candidat; 2° en ce qui concerne l'opération du calcul des voix, le juge a un pouvoir de réformation, en ce sens qu'il peut réformer les décisions des autorités administratives qui ont proclamé les résultats du scrutin, si ces décisions sont erronées (2).

Cette différence de pouvoirs, tantôt d'annulation, tantôt de réformation, s'explique facilement. Dans l'hypothèse où l'opération du calcul des voix seule est viciée, la volonté des électeurs reste certaine, ce sont de pures opérations administratives qui avaient été mal faites, il est naturel qu'elles soient refaites. Au contraire, toutes les fois que le vice touche à l'élection même, le juge ne peut substituer sa décision à celle du corps électoral, il ne peut que provoquer une nouvelle consultation. On sait bien que la volonté des électeurs a été viciée, mais on ne sait pas ce qu'elle eût été si elle n'eût pas été viciée.

D. *De la procédure.* — Des réclamations doivent être formées, elles sont portées devant certaines juridictions et jugées suivant certaines formes.

a) *Des réclamations électorales.* — Le droit de former une réclamation appartient : 1° à tous les électeurs de la circonscription (3);

---

(1) Il n'en serait pas de même, d'après Laferrière (*op. cit.*, t. II, p. 332), des mineurs, des étrangers, des personnes non domiciliées dans la commune, indûment inscrits « parce qu'aucune disposition de loi ne leur défend de voter et ne contredit à leur égard la présomption de capacité qui résulte de leur inscription sur la liste ».

(2) Il faut cependant distinguer les hypothèses : — *a*) La commission de recensement avait proclamé X..., alors que, vérification faite, c'est Y... qui a la majorité; le juge réformera la décision et proclamera élu Y...; — *b*) La commission de recensement avait déclaré qu'il n'y avait pas élection au premier tour et fait procéder à un second tour, alors qu'en réalité il y avait élection au premier tour; le juge annulera le second tour de scrutin et proclamera élu le candidat qui avait obtenu la majorité au premier tour; — *c*) La commission de recensement avait déclaré à tort qu'il y avait élection au premier tour; le juge annulera complètement l'élection, il ne se bornera pas à prescrire un second tour; en effet, le second tour de scrutin n'a de sens que s'il suit à une courte distance le premier tour; or, ici, à raison des lenteurs de la procédure, il s'est forcément écoulé un long intervalle (Cons. d'Ét., 25 oct. 1878, 9 nov. 1883).

(3) L. 10 août 1871, art. 15, modifié par L. 31 juill. 1875, al. 1; L. municip., art. 37, al. 1.

2° aux candidats, même s'ils ne sont pas électeurs (Cons. d'Ét., 23 fév. 1906, *Élection de Travinch*); 3° aux membres de l'assemblée élue, sauf pour les élections au conseil d'arrondissement (1); 4° au gouvernement, représenté soit par le préfet, soit par le ministre ou même par un délégué spécial pour les élections législatives. La réclamation gouvernementale ne peut s'appuyer que sur l'inobservation des formes et conditions légales (2). Les réclamations ou protestations peuvent être formées au moment même du vote, et alors elles sont inscrites au procès-verbal du scrutin (3); elles peuvent aussi être formées après coup. Pour les élections législatives il n'y a point de délai, elles peuvent être formées tant qu'il n'a pas été statué. Pour les élections au conseil général, délai de dix jours, le préfet a un délai de vingt jours depuis le moment où il a reçu les procès-verbaux (4). Pour les élections au conseil d'arrondissement, délai de cinq jours (5), le préfet a quinze jours depuis la réception des procès-verbaux (6). Pour les élections au conseil municipal, mêmes délais (7).
— Les réclamations sont affranchies du timbre et de l'enregistrement; il n'y a aucune forme imposée; elles doivent être seulement signées; il n'est pas nécessaire que la signature soit légalisée (Cons. d'Ét., 27 fév. 1905, *Élections de Saint-Donnat*) (8).

b) *Des juridictions compétentes.* — Pour les élections au conseil général du département, la juridiction compétente est le Conseil d'État en premier et en dernier ressort (L. 31 juill. 1875). Pour les élections au conseil d'arrondissement, c'est le conseil de préfecture avec appel au Conseil d'État dans le délai de deux mois (L. 22 juin 1833, art. 50-54; L. 22 juill. 1889, art. 57). Pour les élections au conseil municipal, c'est également le conseil de préfecture avec appel au Conseil d'État dans le délai d'un mois (L. 5 avril 1884, art. 37 et s.). Pour les élections aux conseils généraux des colonies et aux conseils municipaux des communes coloniales, c'est le conseil du contentieux de la colonie avec appel au Conseil d'État (9).

Formes de procédure. — Pour les conseils généraux, voir la loi du

(1) L. 22 juin 1833, art. 51; L. 10 août 1871, art. 15.
(2) L. 10 août 1871, art. 15 *in fine*, modifié par L. 31 juill. 1875; L. municip., art. 37, al. 3; D. R. 2 fév. 1852, art. 16; L. 22 juin 1933, art. 51.
(3) L. municip., art. 31 et 37.
(4) L. 10 août 1871, art. 15, modifié par L. 31 juill. 1875.
(5) L. 22 juin 1833, art. 51.
(6) L. 22 juin 1833, art. 50.
(7) L. 5 avril 1884, art. 37.
(8) A noter que chacun des griefs invoqués doit l'être dans le délai (Cons. d'Ét., 31 janv. 1914, *Élection de Fournes*).
(9) Pour les élections des délégués à la sécurité des ouvriers mineurs, le conseil de préfecture, L. 8 juill. 1890; pour les élections des délégués à la caisse de secours des mineurs, le juge de paix, L. 29 juin 1894, etc.

31 juillet 1875. — Pour les conseillers d'arrondissement, voir la loi du 22 juin 1833, articles 50-54. — Pour les élections municipales, voir la loi du 5 avril 1884, articles 37 et s. — Le caractère général de ces procédures est que l'affaire se juge d'urgence et sans frais (1).

Observation. — C'est un principe universellement admis que *l'exercice provisoire demeure à ceux dont l'élection est attaquée* (L. 15-27 mars 1792, art. 9). En conséquence, les membres des assemblées dont l'élection est contestée doivent être convoqués aux sessions, prendre part aux délibérations, toucher l'indemnité s'il y en a une. Mais dès que l'annulation de l'élection est définitive, ayant été prononcée par le Conseil d'État, ils ne doivent plus participer à aucune délibération, alors même que l'annulation ne leur aurait pas encore été notifiée (Cons. d'Ét., 9 fév. 1912, *Gonod*).

ARTICLE IV. — *Les crimes et délits électoraux.*

Décret organique du 2 février 1852; loi du 30 mars 1902; loi du 29 juillet 1913; loi du 31 mars 1914 (2).

---

(1) L. 10 août 1871, art. 16, modifié par la L. 31 juill. 1875; L. 22 juin 1883, art. 53; L. 5 avril 1884, art. 40, al. 6. On trouvera une théorie générale du contentieux électoral au point de vue de la procédure, dans Laferrière, *Juridiction administrative*, II, p. 349 et s.

(2) Ces crimes et délits sont relatifs : 1° aux inscriptions frauduleuses sur la liste électorale (Décr. org. 1852, art. 31; L. 7 juill. 1874, art. 6); 2° à l'exercice illégal du droit de vote (Décr. org. 1852, art. 23, 33, 34); 3° à la violation des collèges ou des urnes (Décr. org. 1852, art. 37, 41, 45, 46, 47); 4° aux soustractions, additions, altérations de bulletins (Décr. org. 1852, art. 35, 36); 5° à la corruption ou à la contrainte électorale (Décr. org. 1852, art. 38, 39; L. 2 août 1875, art. 19; L. 30 nov. 1875, art 3; L. 31 mars 1914); 6° aux fausses nouvelles, manœuvres et diffamations (Décr. org. 1852, art. 40; L. 29 juill. 1881, art. 27); 7° aux falsifications du scrutin (L. 30 mars 1902).

Les crimes et délits électoraux donnent lieu à une action publique et à une action civile qui peut être mise en mouvement par tous les électeurs de la circonscription (L. 15 mars 1849, art. 123; action publique et action civile sont prescrites par trois mois à partir du jour de la proclamation du résultat de l'élection, même en cas de crime (Décr. org 1852, art. 50).

Dispositions de la loi du 29 juillet 1913. — Art. 12. — En dehors des cas spécialement prévus par les dispositions des lois et décrets actuellement en vigueur, quiconque, soit dans une commission administrative ou municipale, soit dans un bureau de vote ou dans les bureaux des mairies, des préfectures ou sous préfectures, avant, pendant ou après un scrutin, aura, par inobservation volontaire de la loi ou des arrêtés préfectoraux, ou par tous autres actes frauduleux, violé ou tenté de violer le secret du vote, porté atteinte ou tenté de porter atteinte à sa sincérité, empêché ou tenté d'empêcher les opérations du scrutin, ou qui en aura changé ou tenté de changer le résultat, sera puni d'une amende de cent francs à cinq cents francs (100 fr. à 500 fr.) et d'un emprisonnement d'un mois à un an ou de l'une de ces deux peines seulement. Le délinquant pourra, en outre, être privé de ses droits civiques pendant deux ans au moins et cinq ans au plus. — Si le coupable est fonctionnaire de l'ordre administratif,

§ 3. — Exercice de la fonction élective. Théorie générale des assemblées délibérantes administratives.

Les représentants investis par l'élection sont des membres d'assemblées délibérantes. L'exercice de leur fonction les conduit à constituer ces assemblées et à prendre part à leurs travaux, c'est donc la théorie générale des assemblées délibérantes administratives qui doit être faite ici. Elle sera construite avec les règles communes au Sénat, à la Chambre des députés, aux conseils généraux de département, aux

ou judiciaire, agent ou préposé du gouvernement ou d'une administration publique, ou chargé d'un ministère de service public, la peine sera portée au double. — L'article 463 du Code pénal est applicable aux dispositions ci-dessus.

Art. 13. — Les dispositions de l'article 50 du décret organique du 2 février 1852 sont applicables à l'action publique et à l'action civile intentées en vertu de la présente loi.

Art. 14. — Les articles 479 à 503 du Code d'instruction criminelle seront désormais inapplicables aux crimes et aux délits ou à leurs tentatives, qui auront été commis dans le but de favoriser ou de combattre une candidature de quelque nature qu'elle soit.

Loi réprimant les actes de corruption dans les opérations électorales (31 mars 1914). — Article premier. — Quiconque, par des dons ou libéralités en argent ou en nature, par des promesses de libéralités, de faveurs, d'emplois publics ou privés ou d'autres avantages particuliers, faits en vue d'influencer le vote d'un ou de plusieurs électeurs, aura obtenu ou tenté d'obtenir leur suffrage, soit directement, soit par l'entremise d'un tiers ; quiconque, par les mêmes moyens, aura déterminé ou tenté de déterminer un ou plusieurs d'entre eux à s'abstenir, sera puni de trois mois à deux ans d'emprisonnement et d'une amende de cinq cents francs à cinq mille francs (500 fr. à 5.000 fr.).

Seront punis des mêmes peines ceux qui auront agréé ou sollicité les mêmes dons, libéralités ou promesses.

Art. 2. — Ceux qui, soit par voies de fait, violences ou menaces contre un électeur, soit en lui faisant craindre de perdre son emploi ou d'exposer à un dommage sa personne, sa famille ou sa fortune, l'auront déterminé ou auront tenté de le déterminer à s'abstenir de voter, ou auront influencé ou tenté d'influencer son vote, seront punis d'un emprisonnement d'un mois à deux ans et d'une amende de deux cents francs à cinq mille francs (200 fr. à 5.000 fr.).

Art. 3. — Quiconque, en vue d'influencer le vote d'un collège électoral ou d'une fraction de ce collège, aura fait des dons ou libéralités, des promesses de libéralités ou de faveurs administratives, soit à une commune, soit à une collectivité quelconque de citoyens, sera puni d'un emprisonnement de trois mois à deux ans et d'une amende de cinq cents francs à cinq mille francs (500 fr. à 5.000 fr.).

Art. 4. — Dans les cas prévus aux articles précédents, si le coupable est fonctionnaire public, la peine sera double.

L'article 463 du Code pénal est applicable aux condamnations prononcées en vertu de la présente loi.

Art. 5. — Lorsque la Chambre des députés ou le Sénat auront annulé une élection, la question leur sera posée de savoir si le dossier de l'élection doit être renvoyé au ministre de la Justice. Si la réponse est affirmative, le dossier sera transmis dans les vingt-quatre heures.

Art. 6. — En cas de condamnation par application des articles 1er, 2 et 3 de la

conseils d'arrondissement, aux conseils municipaux, aux conseils de colonies, et ces règles seront puisées dans les lois organiques diverses, car il n'y a pas de loi générale sur la matière (1).

Définition. — Caractères. — Les assemblées délibérantes sont des autorités administratives composées de plusieurs membres élus formant corps, dont la fonction est de prendre des délibérations à la majorité des voix.

Les assemblées délibérantes sont des agences collectives et des corps constitués doués d'une individualité administrative très forte. Les Chambres législatives ont même une dotation en propriété (Cf. note dans S., 1899. 3. 145, sous Cons. d'Ét., *Jolly*); les conseils généraux et les conseils municipaux sont admis à ester en justice devant le Conseil d'État (Cons. d'Ét., 8 août 1872, *Laget*; L. 5 avril 1881, art. 67). Cette individualité corporative assure aux assemblées délibérantes une existence continue; elles ne siègent point d'une façon permanente, mais, même quand elles ne sont pas en session, l'administration quotidienne est faite sous leur influence (Instr. de l'Ass. nat., 8 janv. 1790).

présente loi contre le député ou le sénateur invalidé, celui-ci sera de plein droit inéligible pendant une période de deux ans à dater de son invalidation.

Art. 7. — Le dernier paragraphe de l'article 22 de la loi du 2 août 1875 sur les élections des sénateurs est ainsi modifié :

« Dans le cas d'invalidation d'une élection, il est pourvu à la vacance par le même corps électoral et dans le délai de trois mois. »

Art. 8. — En cas d'invalidation avec renvoi au ministre de la Justice, conformément aux dispositions de l'article 5, la nouvelle élection ne pourra avoir lieu avant un mois à dater de l'invalidation. Si, dans ce mois, une instruction est ouverte contre le sénateur ou le député invalidé, le délai de trois mois, prévu par la loi du 30 novembre 1875, sur l'élection des députés, et par l'article 7 de la présente loi, pour l'élection des sénateurs, ne commencera à courir qu'à partir du jour où il aura été définitivement statué sur la poursuite. Dans le cas contraire, l'élection sera faite dans les trois mois à dater de l'invalidation.

Art. 9. — Les dispositions des articles 1er, 2, 3, 4, 10 et 11 de la présente loi sont applicables à toutes les élections. Les condamnations prononcées en vertu des articles 1er, 2, 3 et 4, contre tous autres que ceux dont il s'agit à l'article 6, entraîneront l'inéligibilité pour une durée de deux ans.

Sont abrogés les articles 38 et 39 du décret organique du 2 février 1852, 19 de la loi du 2 août 1875, le § 4 de l'article 3 de la loi du 30 novembre 1875 et le dernier paragraphe de l'article 14 de la loi du 5 avril 1884, mais seulement en tant qu'il se réfère au § 4 de l'article 3 de la loi du 30 novembre 1875, ainsi que toutes autres dispositions qui seraient contraires à la présente loi.

Art. 10. — Aucune poursuite contre un candidat, en vertu des articles 1er et 3 de la présente loi, ne pourra être exercée, aucune citation directe à un fonctionnaire ne pourra être donnée en vertu de l'article 14 de la loi du 29 juillet 1913, avant la proclamation du scrutin.

Art. 11. — Le délai de prescription des actions prévues par les articles 1er, 2 et 3 de la présente loi est fixé à six mois, partant du jour de la proclamation du scrutin.

Art. 12. — La présente loi est applicable à l'Algérie et aux colonies.

(1) Bien entendu, chaque assemblée délibérante sera étudiée de nouveau à sa place.

A. *L'organisation des assemblées délibérantes.* — Il y a pluralité de membres. Le nombre des membres dont une assemblée délibérante doit être composée est fixé par la loi. En général, il est en rapport avec la population de la circonscription représentée (1). Selon que les communes sont plus ou moins peuplées, elles ont plus ou moins de conseillers municipaux (2). Il n'en est pas de même pour les conseillers généraux, leur nombre n'est pas directement en rapport avec le chiffre de la population du département, il dépend du nombre des cantons; chaque canton n'élit qu'un conseiller, quelle que soit sa population (3).

Les membres des assemblées délibérantes sont nommés pour un certain intervalle de temps; en général assez court, après lequel ils doivent être renouvelés. Pour les unes, le renouvellement est intégral, comme pour la Chambre des députés et les conseils municipaux (4); pour les autres, il est par séries, comme pour le Sénat où il y a trois séries renouvelables de trois en trois ans; comme pour les conseils généraux et les conseils d'arrondissement où il y a deux séries renouvelables également de trois ans en trois ans (5) (6).

Les membres d'une assemblée peuvent être indéfiniment réélus à cette même assemblée (L. 10 août 1871, art. 21).

En principe, une assemblée délibérante doit toujours être au complet. Si donc il se produit quelque vide par suite du décès ou de la démission de quelque membre ou de quelque autre cause, il doit être procédé, dans la circonscription dont le représentant a disparu, à une élection complémentaire, à moins que l'on ne soit à la veille d'un renouvellement intégral ou du renouvellement d'une série (V. *Règles particulières à chaque assemblée*) (7).

Toutes les assemblées délibérantes autres que le Sénat peuvent

---

(1) L. 9 déc. 1884, art. 1er, pour le Sénat; L. 12 juill. 1919, art. 2 et 3, pour la Chambre des députés.

(2) L. 5 avril 1884, art. 10.

(3) L. 10 août 1871, art. 4.

(4) L. 30 nov. 1875, art. 15; L. 5 avril 1884, art. 41.

(5) L. 9 déc. 1884, art. 7; L. 10 août 1871, art. 21.

(6) Le renouvellement par série assure davantage la permanence de l'assemblée; on peut dire que le Sénat est toujours le même ou du moins se modifie très lentement, tandis qu'une Chambre nouvellement élue peut ne pas ressembler à sa devancière. Le renouvellement intégral assure mieux la représentation de l'opinion. Au fond, il est bon que les deux systèmes soient employés concurremment dans les deux Chambres.

(7) V. pour le Sénat, L. 2 août 1875, art. 22, modifié par L. 9 déc. 1884; pour la Chambre des députés, L. 12 juill. 1919, art. 16 et 17; pour le conseil général, L. 10 août 1871, art. 22. Par exception au principe, on ne procède à des élections complémentaires pour le conseil municipal que lorsqu'il manque le quart des conseillers, ou même, si l'on se trouve dans les six mois qui précèdent le renouvellement intégral, lorsqu'il en manque plus de la moitié (L. 5 avril 1884, art. 42), à moins qu'il n'y ait à élire un maire ou un adjoint, etc.

être dissoutes par le pouvoir exécutif : la Chambre par un décret appuyé d'un vote du Sénat (1), les conseils généraux, les conseils d'arrondissement, les conseils municipaux par des décrets individuels rendus avec des formalités diverses (2). La loi prescrit des délais pour les élections nouvelles (3).

B. *Le fonctionnement des assemblées délibérantes.* — I. *Des sessions.* — Les assemblées délibérantes ne sont pas en permanence, leur fonctionnement intermittent est réglé de la façon suivante : elles ont des *sessions*, pendant lesquelles elles tiennent des *séances* consacrées à des *délibérations*.

La session est un certain intervalle de temps pendant lequel une assemblée peut légalement tenir une série de séances. Il ne faut pas confondre session avec séance, malgré l'ambiguïté du mot *réunion* par lequel la loi désigne souvent les deux. Ainsi, la règle qui permet de déclarer démissionnaire le conseiller municipal qui a manqué à trois convocations successives ne s'applique qu'aux convocations à trois sessions successives. Ainsi encore, le droit du préfet d'annuler les délibérations du conseil général prises en réunion illégale (art. 34, L. 1871) ne s'applique pas aux irrégularités des séances, par exemple au défaut de *quorum* (Cons. d'Ét., 8 août 1872, *Laget*), mais seulement aux sessions tenues en dehors des conditions régulières. Toutes les assemblées ont des sessions, attendu qu'aucune ne siège en permanence, à l'inverse des organes exécutifs qui, eux, fonctionnent en permanence.

On distingue des sessions ordinaires et des sessions extraordinaires. Les sessions *ordinaires* se reproduisent tous les ans à des époques déterminées par la loi et pour toutes les assemblées de même catégorie à la fois. Dans ces sessions, les assemblées délibèrent, en principe, sur toutes les affaires de la circonscription et sont maîtresses de leur ordre du jour. La session ordinaire des Chambres commence le second mardi de janvier (4). Les conseils généraux ont deux sessions ordinaires, l'une qui s'ouvre le premier lundi qui suit le 15 août, l'autre le second lundi qui suit le jour de Pâques (5); les conseils d'arrondissement ont une session unique en août (6). Les

(1) L. const. 25 fév. 1875, art. 5.
(2) L. 10 août 1871, art. 35, 36; L. 5 avril 1884, art. 43. Ces décrets doivent être individuels; il ne saurait y avoir, par voie de mesure générale, dissolution de tous les conseils généraux ou de tous les conseils municipaux de France. L. 10 août 1871, art. 36, § 3; L. 5 avril 1884, art. 49 pr. : « un conseil municipal ».
(3) V. les textes cités, notes 1 et 2; L. 5 avril 1884, art. 45.
(4) L. const. 16-18 juill. 1875, art. 1er.
(5) L. 10 août 1871, art. 23. Pour la session d'août, la loi du 9 juillet 1907 a autorisé les conseils généraux à en opérer eux-mêmes le déplacement, sous certaines conditions qui seront examinées *infra*, Organisation du département, v° *Conseils généraux*.
(6) L. 10 mai 1838, art. 39.

conseils municipaux ont quatre sessions ordinaires en février, mai, août, novembre ; dans chacun de ces mois, le préfet, par un arrêté, fixe le point de départ de la session (1). Si l'une de ces sessions est retardée par les événements, elle ne cesse pas pour cela d'avoir le caractère de session ordinaire (Cons. d'Ét., 5 avril 1895, *Commune de Milianah*). La durée de ces sessions ordinaires est en général fixée. Pour celle de la Chambre, il y a un minimum, cinq mois au moins (2) ; pour les autres assemblées délibérantes, un maximum ; pour le conseil général, la session d'août ne doit pas excéder un mois, la session d'avril quinze jours (3). Les sessions des conseils municipaux ne doivent pas non plus, en principe, excéder quinze jours ; exceptionnellement, la session où est discuté le budget peut durer six semaines (4) ; les conseils généraux doivent discuter le budget et les comptes à la session d'août, les conseillers municipaux à la session de mai.

Il peut y avoir autant de sessions *extraordinaires* que les besoins l'exigent. Ces sessions sont provoquées par le gouvernement, ou bien dues à l'initiative de l'assemblée elle-même (5). Pour les assemblées locales, la différence entre la session ordinaire et la session extraordinaire est que, dans la session ordinaire, les assemblées sont maîtresses de leur ordre du jour, ce qui veut dire que toute affaire intéressant la circonscription peut être introduite, tandis que dans la session extraordinaire elles ne peuvent délibérer que sur l'objet pour lequel elles ont été convoquées et l'objet doit être mentionné sur la lettre de convocation, en ce qui concerne les conseils municipaux, à peine de nullité de la délibération (Cons. d'Ét., 16 nov. 1906, *Marié* ; 23 juin 1911, *Arnal* ; 21 nov. 1913, *commune de Dury*). Cependant elles peuvent aussi délibérer sur les affaires urgentes (Cons. d'Ét., 25 avril 1913, *Le Moign*) (6).

Du moment qu'il existe des sessions d'une certaine durée, il y a lieu de se préoccuper de leur ouverture et de leur clôture. Lorsque l'ouverture de la session ordinaire est fixée à une date déterminée par la loi, il n'y a point d'acte de convocation. Il en est besoin lorsque la date n'est pas fixée, notamment pour les sessions extraordinaires (7).

---

(1) L. 5 avril 1884, art. 46.
(2) L. const. 16-18 juill. 1875, art. 1er, al. 2.
(3) L. 10 août 1871, art. 23 *in fine*.
(4) L. 5 avril 1884, art. 46.
(5) V. L. const. 16-18 juill. 1875, art. 2 ; L. 10 août 1871, art. 24 ; L. 5 avril 1884, art. 47 ; il faut, en principe, demande écrite de la majorité des membres en exercice ; pour le conseil général, demande écrite des deux tiers. Par exception, les conseils d'arrondissement ne peuvent pas se réunir spontanément (L. 22 juin 1833, art. 27).
(6) Quant aux Chambres législatives, elles sont toujours maîtresses de leur ordre du jour.
(7) Les Chambres sont convoquées par décret ; les conseils généraux par arrêté du

La clôture de la session des Chambres est prononcée par décret (1).

Pour toutes les autres assemblées, c'est le président de l'assemblée qui la prononce ; au reste, les réunions seraient illégales si elles se prolongeaient au delà du délai maximum et il y a des sanctions énergiques : annulation des délibérations prises ; poursuites possibles contre les membres (L. 10 août 1871, art. 34).

Le chef de l'État peut ajourner les Chambres par décret en cas de conflit ; l'ajournement ne peut excéder le terme d'un mois, ni avoir lieu plus de deux fois dans la même session (L. const. 16 juill. 1875, art. 2). Cet ajournement interrompt la session (2). Les autres assemblées électives ne sont pas ajournées, car le gouvernement a un droit plus fort ; il peut suspendre ou dissoudre le corps lui-même, ce qui entraîne évidemment ajournement de la session.

Les assemblées ont le droit d'ajourner elles-mêmes leurs séances à l'intérieur de la session.

II. *Des séances.* — *Les séances sont les réunions des membres de l'assemblée tenues en vue de délibérer dans une session régulière.* — Elles doivent être tenues en un certain lieu, il y faut la présence d'un certain *quorum*, un bureau qui dirige, l'observation d'une certaine procédure :

1° *Lieu de la séance.* — Toutes les assemblées délibérantes ont un siège légal. Depuis la loi du 22 juillet 1879, le siège des deux Chambres est à Paris ; le Palais-Bourbon est affecté à la Chambre des députés, le Palais du Luxembourg au Sénat ; néanmoins, chacune des deux Chambres demeure maîtresse de fixer, dans la ville de Paris, le palais qu'elle veut occuper. — Le siège du conseil général est une des salles de l'hôtel de la préfecture. — Celui du conseil d'arrondissement, une des salles de l'hôtel de la sous-préfecture. — Le siège du conseil municipal, une des salles de la maison commune, ou tout au moins une chambre commune bâtie ou louée à cet effet. Cependant, la loi gardant le silence, la réunion peut avoir lieu dans une maison particulière, s'il n'y a point de chambre commune. Mais il est indispensable que ce soit au chef-lieu de la commune (Cons. d'Ét., 9 déc. 1898, *Saint-Léger des Fourches*. Cf. 29 avril 1904, *Messé*).

2° *Du nombre des membres présents nécessaire pour qu'une assemblée*

---

préfet, lorsque la convocation émane de l'initiative de l'assemblée (L. 10 août 1871, art. 24) ; les conseils d'arrondissement par arrêté du préfet. Les conseils municipaux sont convoqués par le maire, non pas par arrêté, mais par lettres individuelles adressées à chaque conseiller ; trois jours francs au moins avant celui de la réunion (L. municip., art. 48).

(1) L. const. 16 juill. 1875, art. 2, al. 1.

(2) Il ne faut pas confondre cet ajournement avec celui que les Chambres peuvent décider elles-mêmes et qui ne consiste qu'en une interruption des séances. Un ajournement semblable est de tradition à Pâques, pendant la session des conseils généraux. Comme la Chambre reste libre de se réunir, la session n'est pas interrompue.

puisse valablement délibérer. — La règle est la même pour toutes les assemblées et, en principe, elle est rigoureuse, il doit y avoir en séance, au commencement de chaque délibération, plus de la moitié des membres (Cons. d'Ét., 25 avril 1913, *commune de Brion*, commission cantonale d'assistance; 10 janv. 1913, *Vincent*, commission administrative d'hospice) (1). C'est ce qu'on appelle le *quorum*. Mais sur quel nombre total calcule-t-on cette majorité? Dans les deux Chambres, et pour les conseils généraux et d'arrondissement, on prend pour point de départ le nombre légal des sièges, peu importe que dans le moment il y ait des sièges non pourvus (2). Pour les conseils municipaux, la règle est différente, on calcule sur les membres *en exercice* (L. 5 avril 1884, art. 50) (3).

Il fallait prévoir le cas où, par négligence ou par abstention systématique de certains membres, les assemblées ne se réuniraient pas en nombre; leur travail devait-il être indéfiniment empêché? Des dispositions ont été prises pour la plupart des assemblées, elles se ramènent à ceci, qu'après une convocation à une nouvelle séance, le *quorum* n'est plus nécessaire (4).

(1) C'est au moment où une proposition est mise en délibération, ou bien où l'on va procéder à une élection, que le *quorum* doit être atteint. Une fois la délibération commencée ou le scrutin ouvert, les membres qui quittent la salle des séances sont assimilés à des abstentionnistes. Mais à chaque opération nouvelle de l'assemblée dans une même séance, la question du *quorum* se pose à nouveau au commencement de l'opération (Cons. d'Ét., 18 janv. 1905, *Élection d'Alçay*; 10 mars 1911, *Bonvin*). Cependant, le *quorum* nécessaire pour l'élection du maire ne l'est plus pour celle des adjoints lorsqu'elle a lieu dans la même séance (Cons. d'Ét., 13 juin 1913, *Carticasi*).

(2) L. 10 août 1871, art. 30; Règl. Ch., art. 95; Règl. Sénat, art. 60.

(3) Cette modification était nécessaire; les conseils municipaux ne sont pas complétés à chaque vacance, il n'y a à l'élection complémentaire que lorsqu'il manque le quart des conseillers; dans ces conditions, un conseil réduit n'aurait pu que très difficilement satisfaire à la règle du *quorum* telle qu'elle est posée pour les autres assemblées. Il faut même admettre qu'un conseil municipal peut valablement délibérer lorsqu'il y a en séance plus de la moitié des membres en exercice, alors même que le conseil est réduit au-dessous des trois quarts ou de la moitié, suivant les distinctions de l'article 42, loi municipale (Cons. d'Ét., 31 déc. 1878, *Guillouet*).

(4) Pour la Chambre des députés et pour le Sénat, l'absence des membres en séance n'a pas souvent d'inconvénient, par suite de l'habitude qui s'est établie et [qui est considérée comme un droit, de voter par mandataire. On ne s'aperçoit que le *quorum* n'est pas atteint que lorsqu'il y a demande de scrutin public à la tribune par appel nominal. Alors, à la séance suivante, le vote est valable quel que soit le nombre des présents (Règl. Ch. dép., art. 95; Sénat, art. 60).

Pour les conseils généraux, une loi a été votée le 31 mars 1886 : 1° Si, au jour fixé par la loi ou le décret de convocation, le conseil n'est pas en nombre, la session sera renvoyée de plein droit au lundi suivant; une convocation spéciale sera faite d'urgence par le préfet; la durée légale de la session courra à partir du jour fixé pour la seconde réunion. Les délibérations alors seront valables, quel que soit le nombre des membres présents; 2° lorsqu'en cours de session, à une séance, il n'y aura pas le *quorum*, la

3° *Du bureau.* — Les assemblées délibérantes ont besoin d'un organe de direction. En principe, c'est un bureau composé d'un président, d'un ou plusieurs vice-présidents, d'un ou plusieurs secrétaires, quelquefois de questeurs, comme à la Chambre et au Sénat. Ce bureau est élu par les assemblées, annuellement, à la première séance de l'année (1).

Le président de l'assemblée dirige les débats, veille à la police de la séance, à la sûreté intérieure et extérieure de l'assemblée (2). Les présidents de la Chambre des députés et du Sénat ont le droit de réquisition directe de la force armée (L. 22 juill. 1879, art. 5). Le président du conseil général ne l'a pas; il doit s'adresser au préfet (Avis Cons. d'Ét., 3 déc. 1874). Le maire l'a comme maire, mais non comme président du conseil municipal.

4° *Ordre du tableau.* — Il n'y a pas d'ordre particulier établi entre les membres d'une assemblée; en principe, ils se classent d'après les

---

délibération sera renvoyée et, après ce renvoi, sera valable, quel que soit le nombre des votants. Dans les deux cas, les noms des absents seront inscrits au procès-verbal (V. L. 10 août 1871, art. 30, al. 2, ajouté par la loi de 1886). Un avis du Conseil d'État, 18 mars 1897, décide que ces deux dispositions ne peuvent être appliquées cumulativement dans la même session, mais il est critiqué dans la *Revue d'administration*, 97, III, 173.

Pour les conseils municipaux, l'article 50 de la loi municipale dispose ainsi : quand, après deux convocations successives à trois jours au moins d'intervalle et dûment constatées, le conseil municipal ne s'est pas réuni en nombre suffisant, la délibération prise après la troisième convocation sera valable, quel que soit le nombre des membres présents (V. Cons. d'Ét., 10 déc. 1890, *Alliet*).

Ces dispositions, prises pour assurer le *quorum* ou remédier à son absence, sont de droit étroit et ne sauraient être étendues aux autres assemblées (Cons. d'Ét., 19 mai 1911, *Béchon*; 10 janv. 1913, *Vincent*, commission administrative des hôpitaux).

(1) A la Chambre des députés et au Sénat, le bureau est élu dès le début de la session ordinaire en janvier. Règl. Sénat, art. 1er à 5; Règl. Ch., art. 10. Et même quand à la suite de l'élection d'une chambre nouvelle, il y a élection d'un bureau, celui-ci n'est que provisoire (Règl. Sénat, art. 3; Règl. Ch. dép., art. 2). Pour les conseils généraux, c'est à l'ouverture de la session d'août, qui est considérée comme la première session de l'année (L. 10 août 1871, art. 5). Pour les conseils d'arrondissement, au début de la session annuelle unique (L. 27 juill. 1870). Les conseils municipaux sont encore ici un peu à part; ils ont un bureau composé d'un président et d'un ou plusieurs secrétaires, mais le président n'est pas élu, si ce n'est dans une hypothèse très exceptionnelle, dans les séances où les comptes d'administration du maire sont discutés (L. 5 avril 1884, art 52); à l'ordinaire, le conseil municipal est présidé par le maire ou, à son défaut, par les adjoints dans l'ordre des nominations, et, à défaut d'adjoints, par un conseiller municipal désigné par le conseil, sinon pris dans l'ordre du tableau (art. 52 et 84). La séance dans laquelle il est procédé à l'élection du maire est présidée par le plus âgé. Au début de chaque session et pour sa durée, le conseil municipal nomme un ou plusieurs de ses membres pour remplir les fonctions de secrétaire. Il peut leur adjoindre des auxiliaires pris en dehors de ses membres, qui assisteront aux séances mais sans participer aux délibérations (art. 53).

(2) L. 10 août 1871, art. 29; L. municip., art. 55; Règl. de la Chambre, art. 97; Règl. du Sénat, art. 29.

partis politiques. Mais, pour le conseil municipal, il y a un ordre spécial, l'ordre du tableau qui, tous les quatre ans, est revisé et sert dans diverses circonstances. L'ordre du tableau est déterminé : 1° par la date la plus ancienne des nominations; 2° entre conseillers élus le même jour, par le plus grand nombre de suffrages obtenus; 3° à égalité de date et de voix, par la priorité d'âge (L. municip., art. 49).

5° *Procédure des séances. Règlements.* — La procédure des séances est en partie réglée par la loi, en partie par le règlement intérieur de chaque assemblée. Toute assemblée délibérante a le droit de se faire un règlement intérieur. La Chambre des députés et le Sénat ont le leur (16 juin 1876 et 10 août 1876). Les conseils généraux doivent en avoir un (L. 10 août 1871, art. 26); il est facultatif pour les conseils d'arrondissement (L. 23 juill. 1870), et aussi pour les conseils municipaux (1).

Publicité des séances. — Les séances de certaines assemblées délibérantes sont publiques (2). En certains cas, le huis clos peut être prononcé. Pour les chambres législatives, la publicité remonte à la Révolution. Pour les conseils généraux, elle avait été établie une première fois par le décret du 3 juillet 1848, puis supprimée; elle a été rétablie par la loi de 1871, article 28. Pour les conseils municipaux, elle a été établie seulement par la loi de 1884. Cette publicité des séances doit être considérée comme d'exception; elle n'existe point sans texte; par conséquent, elle n'existe ni pour les conseils d'arrondissement, ni pour les commissions départementales, ni pour les commissions administratives d'établissements charitables, etc.

Immunités de délibération. — Les membres des assemblées délibérantes, en traitant les questions d'intérêt général, sont appelés à formuler au sein même de l'assemblée, sur des tiers, des opinions qui peuvent être jugées injurieuses ou diffamatoires. La séance d'une assemblée délibérante, au moins quand elle est publique, ou bien quand le compte rendu est publié par les journaux, donne à ces opinions exprimées le caractère de publicité qui les fait tomber sous le coup de la loi sur la presse. Faut-il admettre, dans l'intérêt de la liberté des discussions et de la gestion des intérêts généraux, qu'il n'y aura pas délit ?

Pour les assemblées législatives, le principe est posé; il n'y a point délit et cela constitue l'*immunité parlementaire* : « Aucun membre

---

(1) La violation du règlement de l'assemblée ne donne pas ouverture à recours pour excès de pouvoir pour violation de la loi et des règlements, sous le prétexte que ce n'est qu'un règlement intérieur de l'institution (Cons. d'Ét., 2 fév. 1914, *Turruel*. V. cep. ma note dans S., 13. 3. 105).

(2) Chambre, L. const. 16-18 juill. 1875, art. 5; L. 10 août 1871, art. 28; L. municip., art. 54.

des deux Chambres ne peut être poursuivi et recherché à l'occasion des opinions ou des votes émis par lui dans l'exercice de ses fonctions » (L. const. 16 juill. 1875, art 13). Cette disposition est complétée par l'article 41 de la loi du 29 juillet 1881, qui déclare non susceptibles d'ouvrir une action en justice « les discours tenus dans le sein des deux Chambres, ainsi que les rapports et toutes autres pièces imprimées par l'ordre de l'une des deux Chambres ». Mais ce principe ne s'étend pas aux autres assemblées délibérantes. Les membres des conseils généraux, des conseils d'arrondissement, des conseils municipaux (1), sont responsables de leurs propos et de leurs votes injurieux ou diffamatoires. Cette responsabilité est poursuivie devant les tribunaux judiciaires suivant le droit commun, mais le conflit pourra être élevé par le préfet s'il y a lieu (2).

Ordre du jour. — L'ordre du jour est de tradition dans toutes les assemblées délibérantes. C'est la liste arrêtée à l'avance des questions qui doivent être traitées dans une séance. L'ordre du jour est en général fixé par l'assemblée elle-même (Règl. du Sénat, art. 46; Règl. de la Chambre, art. 111). Rappelons que les assemblées locales ne sont maîtresses de leur ordre du jour que dans les sessions ordinaires (V. p. 169).

Le procès-verbal et sa publicité. — Il doit être dressé procès-verbal de toute séance d'une assemblée délibérante. Ce procès-verbal est dressé par les soins du bureau, il est adopté par l'assemblée dans la séance suivante, avec les rectifications s'il y a lieu; il est signé du président et des secrétaires (3). Par exception, celui du conseil municipal est signé de tous les membres présents à la séance; cependant le défaut de cette formalité n'entraîne pas la nullité de la délibération (Cons. d'Ét., 8 avril 1911, *Lecomte*) (4). Le procès-verbal est à la disposition des électeurs et contribuables qui peuvent en prendre connaissance sur place, en prendre copie et la publier (5); les procès-verbaux du

---

(1) Pour les membres des conseils municipaux, la question avait fait doute, à cause du recours spécial qui existe devant le préfet; elle est tranchée aujourd'hui (Trib. confl., 13 déc. 1879, *Anduze*).

(2) Pour les délibérations des conseils municipaux, il existe en outre un recours devant le préfet, aux termes de l'article 60 de la loi du 14 décembre 1789. Le préfet, après avoir pris l'avis du sous-préfet (Cons. d'Ét., 5 janv. 1906, *Commune de Pont-Audemer*), peut censurer la délibération diffamatoire, prescrire une réunion du conseil municipal où la censure sera lue, la faire inscrire en marge de la délibération censurée (Cons. d'Ét., 1er mars 1895, *Cardinal Langénieux*); la décision du préfet est elle-même susceptible d'un recours contentieux (Cons. d'Ét., 14 juin 1901, *Doinel*).

(3) L. 10 août 1871, art. 32, al. 1; Règl. de la Chambre, art. 98; Règl. du Sénat, art. 30.

(4) L. 5 avril 1884, art. 57. L'assemblée est maîtresse de la rédaction du procès-verbal, sous réserve de la mention des motifs pour lesquels tel ou tel conseiller n'a pas voulu signer le procès-verbal (Cons. d'Ét., 3 mars 1905, *Papot*; 7 août 1906, *Ferré*).

(5) L. 10 août 1871, art. 32, al. 2; L. municip., art. 58.

conseil général sont publiés en volumes, ceux des conseils municipaux sont transcrits sur un registre de la mairie par ordre de date (1).

III. *Des délibérations* (2). — *La délibération est l'acte par lequel une assemblée délibérante prend une résolution collective à la majorité des voix sur un objet d'administration.* Cet acte juridique, qui produit effet de droit, peut être ou une décision sur une affaire, ou une nomination, ou une simple manifestation d'opinion (avis, vœu, réclamation). — Il y a lieu de se préoccuper de la procédure des délibérations et de leur caractère juridique :

a) *Procédure des délibérations.* — La délibération est une opération à procédure qui comporte une préparation préalable des affaires, des débats collectifs en assemblée et un vote à la majorité sur des propositions de résolution :

1° *De la préparation des délibérations.* — Les affaires sur lesquelles il doit être pris des délibérations arrivent en général aux assemblées délibérantes préparées et instruites par l'organe exécutif, lequel présente un rapport, mais il faut songer : 1° qu'il y a des affaires soumises directement à l'assemblée par l'initiative de ses membres et qui ne passent point par le préliminaire de l'instruction par l'organe exécutif, à moins que l'assemblée ne les y renvoie par une décision formelle. Les conseils généraux de département, seuls, sont tenus de renvoyer au préfet pour l'instruction toutes les affaires (L. 10 août 1871, art. 3) (3) ; 2° que, même pour les affaires instruites par l'organe exécutif, il faut une étude préparatoire au sein de l'assemblée, ne fût-ce que pour prendre connaissance du dossier ; elle se fait en général par des commissions d'étude qui présentent un rapport et formulent des propositions de résolution (4).

---

(1) De plus, des comptes rendus sont publiés. Les comptes rendus *in extenso* des séances des Chambres sont publiés au *Journal officiel*. Un compte rendu sommaire et officiel de chaque séance du conseil général est tenu à la disposition des journaux du département dans les quarante-huit heures et est inséré au recueil des actes du département (Cons. d'Ét., 27 janv. 1911, *Richemond*, (L. 1871, art. 31, § 1). Un compte rendu de chaque séance du conseil municipal est, dans la huitaine, affiché par extraits à la porte de la mairie (L. 1884, art. 56), mais l'absence de cette formalité n'entraîne pas la nullité de la délibération (Cons. d'Ét., 8 avril 1911, *Lecomte*). Les conseils d'arrondissement n'ont pas de compte rendu.

(2) Décr. 24-27 juin 1790, art. 1er : « Nul corps administratif ne pourra employer dans l'intitulé et dans le dispositif de ses délibérations l'expression de décret consacré aux actes du corps législatif, il doit employer le terme de *délibération*. »

(3) Cette obligation a été étendue aux conseils généraux des colonies. Décr. en Cons. d'Ét., 25 nov. 1897, *Revue administrative*, 1897, t. III, p. 419 ; Cons. d'Ét., 24 nov. 1900, *sieur Jean*.

(4) *Commissions d'étude.* — On s'est aperçu depuis longtemps que l'étude préparatoire d'une affaire ne peut pas être faite avec fruit par une assemblée nombreuse. On ne peut pas commodément mettre les documents à la disposition de tous les membres,

2° *Procédure des débats et vote des délibérations.* — Le vote est précédé d'une discussion orale, sauf pour les nominations qui ne sont pas, à proprement parler, une manifestation du pouvoir délibérant. Le débat oral a lieu sous la direction du président et conformément au règlement intérieur de l'assemblée. On passe au vote lorsque la discussion est close par un vote de l'assemblée, il se fait sur des propositions de résolutions qui sont mises aux voix par le président (1).

Il y a lieu d'établir, entre les diverses propositions, un ordre de priorité qui est d'ordinaire le suivant : 1° la proposition due à un membre de l'assemblée; 2° la proposition de la commission; 3° celle de l'organe exécutif (Cf. Pierre, *Droit politique*, p. 938). Les propositions mises aux voix doivent être éminemment simples; toutes les fois qu'une proposition est divisible, la division est de droit; en ce cas, après le vote sur les parties divisées, il y a lieu à un vote sur l'ensemble (2). — Des modifications à la proposition peuvent être présentées sous forme d'amendements écrits déposés au bureau (3); tous les membres ont actuellement dans toutes les assemblées le droit d'amendement. Les amendements sont mis aux voix avant la proposition principale (4).

Le vote a lieu par oui ou non sur la proposition mise aux voix, et cela de trois façons : 1° par geste, par assis ou levé ou à main levée;

---

la discussion devient confuse, etc. De là, l'idée, très ancienne dans le régime parlementaire, des commissions. Une commission est une petite assemblée délibérante, constituée au sein de la grande assemblée, de membres élus par celle-ci; la commission étudie l'affaire et fait un rapport. Le système des commissions est aujourd'hui commun à toutes les assemblées délibérantes, même aux conseils municipaux (L. 5 avril 1884, art. 59).

On conçoit deux espèces de commissions : 1° des commissions temporaires nommées pour une affaire déterminée; 2° des commissions permanentes nommées avec compétence pour toute une catégorie d'affaires, commissions des travaux publics, des douanes, etc.

Les conseils municipaux ne peuvent pas nommer de commissions permanentes, leurs commissions ne peuvent en effet être saisies que de questions soumises au conseil (L. municip., art. 56; avis min. Int., 24 fév. 1892). En principe, les commissions peuvent siéger dans l'intervalle des sessions; il en est ainsi pour les Chambres législatives et pour les conseils municipaux (art. 59). On s'accorde généralement à reconnaître qu'il n'en est pas de même pour les commissions du conseil général, lequel est déjà représenté dans l'intersession par sa commission départementale (Décr. 2 avril 1892; *Conseil général du Jura, Revue administrative*, II, p. 53; Avis min., 29 avril 1899, *Revue administrative*, 1899, t. II, p. 327; Décis. min., 8 août 1903, *Revue administrative*, 1904, t. I, p. 80).

(1) Le refus du maire de mettre aux voix une proposition, si le conseil passe outre, n'entraîne pas la nullité de la délibération (Cons. d'Ét., 14 déc. 1906, *Guyot*).
(2) Règl. du Sénat, art. 63; Règl. de la Chambre, art. 93.
(3) Règl. du Sénat, art. 68; Règl. de la Chambre, art. 51.
(4) Règl. du Sénat, art. 62; Règl. de la Chambre, art. 92.

2° au scrutin public par bulletin de couleur ; 3° au scrutin secret, sauf à la Chambre des députés où le scrutin secret a été supprimé par une résolution du 2 février 1885 et n'est plus employé que pour les nominations (1). — Les décisions sont prises, dans toutes les assemblées, à la majorité absolue des suffrages exprimés, c'est-à-dire lorsqu'il y a dans un sens plus de la moitié des voix. Il ne peut d'ailleurs pas y avoir de majorité relative, car il n'y a jamais que deux opinions en présence, oui, ou non, et l'une des deux réunit plus de la moitié des voix, à moins qu'il n'y ait partage. Lorsqu'il y a partage, et toutes les fois que le scrutin n'est pas secret, la voix du président est prépondérante (2). Les abstentions ne comptent pas comme suffrages exprimés, de sorte qu'un vote peut être décidé par un très petit nombre de suffrages. Rigoureusement, il suffit de deux suffrages exprimés dans le même sens, à la condition, bien entendu, que l'assemblée ait été malgré cela en nombre pour délibérer (3).

b) *Du caractère juridique et de la validité des délibérations.* — Toute délibération est un acte juridique, il faut bien comprendre en quel sens. C'est un acte juridique complexe, c'est-à-dire une opération à procédure une cérémonie juridique, et la preuve, c'est que cette cérémonie est consignée dans un procès-verbal qui en constitue la narration (4). Dans ces conditions, la forme de la délibération a une valeur juridique indépendante de son contenu, telle fut en droit romain la *stipulatio*. Peu importe qu'une délibération ne contienne qu'un simple avis ou un simple vœu, elle est un acte juridique aussi bien que lorsqu'elle contient une décision ; elle est soumise à des conditions juridiques de fond et de forme, elle devient en soi exécu-

---

(1) Aux Chambres, le scrutin public se fait, en principe, par bulletin pris sur place, par bulletin à la tribune avec appel nominal, lorsqu'un certain nombre de membres le demandent. Au conseil général, les votes sont recueillis au scrutin public, toutes les fois que le sixième des membres présents le demande ; néanmoins, les votes sur les nominations ont toujours lieu au scrutin secret (L. 1871, art. 30, §§ 2 et 3). Au conseil municipal, le vote a lieu au scrutin public sur la demande du quart des membres présents : les noms des votants, avec la désignation de leurs votes, sont insérés au procès-verbal. Il est voté au scrutin secret toutes les fois que le tiers des membres présents le réclame, ou qu'il s'agit de procéder à une nomination ou présentation. Dans ces derniers cas, après deux tours de scrutin secret, si aucun des candidats n'a obtenu la majorité absolue, il est procédé à un troisième tour de scrutin, et l'élection a lieu à la majorité relative ; à égalité de voix, l'élection est acquise au plus âgé (L. 5 avril 1884, art. 51).

(2) L. 10 août 1871, art. 30, al. 4 ; L. municip., art. 51. Il n'appartient pas au président du conseil municipal de donner ou d'ôter à son vote le caractère de prépondérance que la loi y attache en cas de partage (Avis Cons. d'Ét., 18 janv. 1894).

(3) Il n'est pas nécessaire que le nombre des suffrages obtenus par une opinion soit égal au quart des membres en exercice.

(4) Sur les actes complexes interprétés comme des opérations à procédure, V. mes *Principes de droit public*, 2ᵉ édit., p. 137 et s.

toire et peut être annulée juridiquement; c'est ainsi que sont annulées les délibérations des conseils généraux contenant des vœux politiques, par application de l'article 51, § 3, de la loi du 10 août 1871.

Force exécutoire. — La délibération est un acte doué d'une force exécutoire particulière qui se fait sentir dans les rapports de l'organe délibérant et de l'organe exécutif; la délibération peut contenir une décision qui s'oppose à des tiers; mais, par elle-même, elle tend à s'imposer à l'organe exécutif; à ce point de vue sa force exécutoire est susceptible de degrés, il faut distinguer trois hypothèses : 1° l'assemblée délibérante est simplement *consultée* par l'organe exécutif qui n'est pas tenu de suivre son avis; dans ce premier cas, la force exécutoire de la délibération se limite à ceci que l'avis doit être transmis à l'autorité qui l'a demandé; 2° le pouvoir central est obligé d'obtenir *l'avis conforme* de l'assemblée délibérante pour les mesures dont il a pris l'initiative, le pouvoir de décision sur le fond de l'affaire est partagé et l'assemblée délibérante, dont l'assentiment doit être obtenu, devient déjà une demi-autorité; c'est *la délibération proprement dite* et il est de la nature de cette opération, d'essence supérieure par les discussions qu'elle implique, que l'avis délibéré soit obligatoire; 3° l'assemblée prend à elle seule la *décision* sur le fond, avec pouvoir réglementaire, c'est-à-dire avec le pouvoir d'obliger à exécuter; elle la rend exécutoire, sauf à ne pas l'exécuter elle-même; elle devient une autorité complète, parce qu'elle a l'initiative et le pouvoir réglementaire et même elle se subordonne l'organe exécutif qui est obligé à exécuter. Ces trois modes d'activité de l'organe délibérant (délibération consultative, délibération proprement dite, délibération réglementaire) se sont réalisés successivement pour les assemblées départementales et communales, qui avaient à se prononcer sur les affaires locales, de concert avec des organes de l'administration centrale (1).

(1) Ainsi, jusqu'à la loi du 10 mai 1838, les conseils généraux du département n'eurent que des attributions consultatives; la loi de 1838 leur accorda des attributions délibératives pour une certaine liste d'affaires départementales qui, désormais, ne purent être réglées que par le concert de l'autorité centrale et du conseil général; la loi du 18 juillet 1866 leur conféra pour la première fois des pouvoirs de décision réglementaire pour quelques affaires; enfin la loi du 10 août 1871, article 48, fit des délibérations réglementaires le droit commun, en les assujettissant, il est vrai, à un contrôle de tutelle énergique qui porte non seulement sur la légalité, mais sur l'opportunité.

Les conseils municipaux eurent dès le début des pouvoirs plus étendus que les conseils généraux; il est d'ailleurs dans la tradition française d'accorder plus d'autonomie à la commune qu'au département. Ils eurent, dès le commencement du siècle, des attributions délibératives pour certaines affaires; la loi du 18 juillet 1837 leur reconnut le droit de prendre des délibérations réglementaires dans quatre cas : la loi du 24 juillet 1867 augmenta le nombre de ces délibérations réglementaires et enfin la loi du 5 avril 1884, articles 61 et suivants, en fit le droit commun, en les assujettissant à un contrôle

Validité des délibérations. — Dans les deux premières situations, la question de la validité des délibérations n'a aucune importance juridique, elle reste une pure affaire administrative qui se règle dans les bureaux (1). Mais dans la troisième situation, avec les délibérations réglementaires où l'organe exécutif est obligé d'exécuter, la question change d'aspect ; l'administration centrale, n'ayant plus d'approbation à donner, ne peut plus faire recommencer la délibération ; quel procédé va-t-on employer pour assurer le contrôle au point de vue de la régularité ? — Remarquons que la question est d'importance majeure à l'heure actuelle, car il résulte des dernières lois départementales et communales que le droit commun des délibérations des assemblées locales est la délibération réglementaire (L. 10 août 1871, art. 48 ; L. 5 avril 1884, art. 61).

Deux procédés sont employés qui, tous les deux, sont juridiques :

1° Le premier consiste à retarder l'exécution de la délibération en introduisant un délai pendant lequel la délibération, quoique parfaite comme œuvre de l'autorité locale, ne s'exécute pas encore, et pendant lequel l'administration centrale l'examine ; elle a le pouvoir de l'annuler ou de la suspendre avec des procédures variées, non seulement en cas d'illégalité, mais même, parfois, pour simple inopportunité administrative de la mesure (2) ;

2° Ce premier procédé ne serait pas suffisant, on a enfermé l'examen de l'administration centrale dans des délais trop courts. Un

---

de tutelle plus modéré que celui qui pèse sur les délibérations des conseils généraux, parce qu'il n'est qu'un contrôle de légalité.

(1) Dans le cas de délibération consultative, l'administration centrale peut demander à l'assemblée locale une seconde délibération si la première n'est pas régulière ; il en est de même dans le cas de délibération proprement dite, puisque les deux autorités en présence ne peuvent rien l'une sans l'autre ; l'administration centrale retournera à l'assemblée locale les délibérations que celle-ci lui envoie jusqu'à ce que la délibération soit parfaitement régulière.

(2) Cela se rapproche de l'ancien pouvoir qu'avait l'administration centrale de faire recommencer la délibération irrégulière, car, bien entendu, une fois la délibération annulée, il faudra la recommencer ; mais cependant cela est très différent et plus respectueux de l'indépendance de l'assemblée locale ; d'abord, il y a des délais très courts, obligation pour l'administration supérieure de se hâter dans son examen (vingt jours ou trois mois pour certaines délibérations du conseil général ; — un mois pour les délibérations du conseil municipal simplement annulables) (L. 10 août 1871, art. 47, 49 ; L. 5 avril 1884, art. 68 *in fine*) ; ensuite, il y a, pour la plupart des délibérations, limitation des cas où elles peuvent être annulées, elles ne peuvent plus l'être que pour cause déterminée ; enfin des formes sont introduites pour l'annulation qui se rapprochent des formes juridictionnelles, l'affaire ne se traite plus uniquement dans les bureaux de la préfecture ou du ministère ; si le préfet annule les délibérations réglementaires des conseils municipaux, c'est en conseil de préfecture (L. 5 avril 1884, art. 65 et 66) ; si les délibérations des conseils généraux sont annulées ou suspendues, c'est tantôt par décret motivé du chef de l'État (L. 10 août 1871, art. 49) ; tantôt, même, par décret en Conseil d'État sur recours du préfet (L. 10 août 1871, art. 47).

second procédé s'est introduit à côté du premier en même temps que lui, dès la loi municipale du 21 mars 1831, c'est *la nullité juridique pour illégalité*. Puisque la délibération est un acte juridique astreint à des conditions légales et que c'est, d'ailleurs, un acte *cérémoniel* et par conséquent *solennel*, il est naturel que l'absence des conditions requises frappe cette délibération d'une nullité qui pourra être, soit proposée devant un juge par les intéressés, soit opposée par eux à titre d'exception. Voilà l'idée. Restait à organiser des voies de nullité, car on sait qu'elles ne se suppléent pas. Il en fut organisé d'abord dans deux cas, celui des délibérations d'un conseil municipal ou d'un conseil général sur des objets hors de leur compétence et celui de délibérations prises par ces deux conseils hors de leurs sessions légales (1) ; ces deux cas ont toujours persisté à travers les lois successives et se retrouvent dans les lois actuelles (2). Mais il reste bien d'autres cas d'illégalité.

La loi du 5 avril 1884 a réalisé un progrès remarquable ; elle a organisé une nullité pour toute violation de la loi ou d'un règlement d'administration publique, nullité qui est absolue ; d'abord, elle est proposable et opposable, c'est-à-dire qu'elle peut être invoquée par voie d'action ou d'exception ; par voie d'action elle est portée devant le préfet en conseil de préfecture avec recours au Conseil d'État *en la forme du recours pour excès de pouvoir* contre la décision du préfet ; ensuite elle n'est enfermée dans aucun délai, elle peut être invoquée à toute époque (Cons. d'Ét., 12 juin 1896, *Marchand*) ; enfin elle peut être invoquée par toute partie intéressée ou prononcée d'office par le préfet (art. 63 et 65). On ne saurait imaginer de nullité plus absolue (3). Une nullité aussi générale et aussi absolue n'a point été organisée par la loi du 10 août 1871 pour les délibérations des conseils généraux ; cette loi en est restée aux deux seuls cas d'incompétence et de session illégale organisés en 1833 (4).

(1) L. 21 mars 1831, art. 28 et 29 ; L. 22 juin 1833, art. 14 et 15.
(2) L. 10 août 1871, art. 33 et 34 ; L. 5 avril 1884, art. 63.
(3) Sur cette voie de nullité, V. *infra*, *Organisation communale*, et, pour plus de détails, la note dans S., 1904. 3. 137. V. aussi Moreau, *Les caractères de la nullité de plein droit*, Revue de droit public, 1912, p. 231 et s. Nous ne parlons pas ici de la nullité relative des articles 64 et 66, établie pour le cas tout spécial où un conseiller municipal intéressé à l'affaire a pris part à la délibération. Elle ne saurait être étendue aux autres assemblées (Cons. d'Ét., 8 mars 1912, *Servant*).
(4) On ne peut point suppléer la nullité générale, au moins en tant qu'elle serait proposée par voie d'action, puisque l'action n'est pas créée (Cons. d'Ét., 23 mars 1880, *Conseil général de la Côte d'Or*). V. *Les conseils généraux*, Berger-Levrault, éditeur, t. II, p. 222 et s., et Jèze, article, *Revue d'administration*, 1895, t. III, p. 40. Mais ne peut-on pas dès maintenant opposer la nullité de la délibération par voie d'exception ? Nous penchons pour l'affirmative. Les nullités n'ont besoin d'être organisées expressément que s'il s'agit de les faire valoir par voie d'action ; par voie d'exception, elles existent de droit dans le cas d'illégalité, car toutes les lois adminis-

C. *Condition personnelle des membres des assemblées délibérantes.* —
1° En tant qu'ils prennent part aux travaux de l'assemblée, ils ont des droits ou prérogatives qui doivent être respectés, par exemple le droit d'être convoqués aux séances, le droit de prendre la parole aux débats, etc., et la violation de ces droits motive un recours pour excès de pouvoir (Cons. d'Ét., 1er mai 1903, *Bergeon*, S., 1005. 3. 1 et la note; 4 août 1905, *Martin*, avec conclusions Romieu dans Lebon, p. 750; 9 nov. 1906, *Taudière*; 10 mars 1911, *Brasseur*);

2° En dehors de leur participation aux travaux de l'assemblée, ils ont quelques attributions personnelles qui sont aussi des droits ; ainsi les conseillers généraux ont droit à faire partie du conseil de revision dans un canton ou dans un autre (Cons. d'Ét., 22 juill. 1910, *de Framont* (1).

Il est bon de noter aussi qu'ils sont protégés, dans l'exercice de leurs fonctions, contre les outrages et les actes de violence par les articles 224 à 230 du Code pénal, contre la diffamation et l'injure par

tratives sont d'ordre public. Cela semble être le sentiment du Conseil d'État, d'après une décision relative à une délibération irrégulière de conseil municipal, prise sous l'empire des lois antérieures à celle de 1884 qui n'avaient point organisé de nullité générale (Cons. d'Ét., 24 fév. 1893, *Commune d'Orches*).

Pour les délibérations contre lesquelles aucune voie de nullité n'a été organisée, par exemple celles des commissions administratives des hôpitaux, le recours pour excès de pouvoir est recevable, à la condition que les réclamants aient qualité et que la délibération contienne décision exécutoire (Cons. d'Ét., 2 août 1889, *Casse*; 6 avril 1900, *Du Bouays*).

(1) 1° Les députés et sénateurs ont le droit de prendre part aux élections sénatoriales dans leur département; ils ont l'aptitude à être nommés ministres ; ils peuvent faire partie de certaines commissions ou de certains comités de surveillance où leur présence est exigée par la loi : par exemple, la commission du contrôle des ordonnateurs, la commission de surveillance de la Caisse des dépôts et consignations, qui comprend deux sénateurs et deux députés élus par leurs collègues (L. 6 août 1876), etc. ;

2° Les conseillers généraux ont le droit de prendre part aux élections sénatoriales dans leur département (L. 9 déc. 1884, art. 6) ; ils peuvent être appelés à suppléer des conseillers de préfecture (Arr. 19 fruct. an IV), ou le sous-préfet (Ord. 29 mars 1821) ; deux membres du conseil général doivent faire partie du conseil académique (L. 17 fév. 1880, art. 9); quatre membres doivent faire partie du conseil départemental de l'instruction primaire (L. 30 oct. 1886, art. 44) ; un membre doit faire partie du conseil de revision dans chaque canton ; deux membres font partie des comités départementaux relatifs à la protection des enfants en bas âge (L. 23 déc. 1874) ; des membres font partie du comité d'hygiène départemental et des commissions sanitaires instituées par la loi du 15 février 1902, etc. ;

3° Les conseillers d'arrondissement ont le droit de prendre part aux élections sénatoriales ; ils peuvent remplacer le sous-préfet (Ord. 29 mars 1821) ; un membre fait partie du conseil de revision.

4° Les conseillers municipaux peuvent faire partie des commissions administratives de certains établissements publics, tels qu'hôpitaux, hospices, bureaux de bienfaisance et des commissions de surveillance de certains établissements d'utilité publique, tels que les monts-de-piété ; ils font partie des commissions administratives chargées de reviser les listes électorales ; ils peuvent être chargés de présider un bureau de vote, etc.

les articles 31 et 33 de la loi du 20 juillet 1881 ; par la procédure du conflit, s'ils sont poursuivis en responsabilité personnelle (V. *infra*).

Les événements qui mettent fin à leur mandat sont : la mort, l'expiration de la durée normale du mandat, la dissolution de l'assemblée, l'acceptation de fonctions incompatibles avec le mandat, la déchéance, la démission volontaire ou forcée (1).

Les fonctions électives des membres d'assemblées sont les unes gratuites, les autres rémunérées par une indemnité (2).

---

(1) *Démission volontaire.* — Tout représentant élu peut toujours donner sa démission. A la Chambre des députés et au Sénat, les démissions sont adressées au président. Au conseil général, elles sont adressées au président du conseil ou à celui de la commission départementale, qui doit immédiatement avertir le préfet (L. 10 août 1871, art. 20). Au conseil municipal, elles sont adressées au préfet. La démission doit être acceptée par l'autorité à qui elle est adressée ; il peut se faire en effet qu'il y ait lieu de la refuser, et de prononcer à la place une déchéance ou une invalidation. Les démissions des conseillers municipaux sont censées acceptées lorsque le préfet a envoyé un accusé de réception, ou bien, à défaut, un mois après un nouvel envoi de la démission constaté par lettre recommandée (L. 1884, art. 60).

Démission forcée. — La démission forcée ne s'applique pas dans les Chambres législatives (remplacée par la déchéance). Au conseil général, elle est tantôt un moyen de faire respecter les règles sur l'inéligibilité et sur les incompatibilités, sur la perte du droit de suffrage, le tout survenant après l'élection, alors elle est prononcée par le conseil général lui-même (L. 1871, art. 18) ; tantôt une sanction de l'obligation d'assister aux séances, soit du conseil général, soit de la commission départementale, alors elle est déclarée par le conseil ou la commission (art. 19 et 74) ; tantôt une sanction du refus d'accomplir une fonction dévolue par la loi, alors elle est prononcée par le Conseil d'État (L. 7 juin 1873). Au conseil d'arrondissement, elle est une sanction de l'obligation d'assister aux séances (L. 22 juin 1833, art. 7), et une sanction du refus d'accomplir une fonction dévolue par la loi, dans ce cas elle est prononcée par le Conseil d'État (L. 7 juin 1873).

Au conseil municipal, elle est une sanction des règles sur l'exclusion et l'incompatibilité (art. 36), de l'obligation d'assister aux sessions (art. 60), dans ces cas elle est prononcée par le préfet avec recours au conseil de préfecture et au Conseil d'État, et une sanction du refus d'accomplir une fonction dévolue par la loi, dans ce cas elle est dévolue par le Conseil d'État (L. 7 juin 1873).

(2) *Pour les conseils généraux*, il n'avait jamais été question, même dans la loi du 10 août 1871, de salarier les conseillers (D., 3 fév. 1896, *Conseil général de la Seine*; D., 9 mars 1886, *Conseil des Bouches-du-Rhône*). Il n'en avait pas été de même pour la commission départementale, le projet comportait une indemnité, on faisait observer qu'il y avait des déplacements fréquents ; malgré cela (art. 75), le principe de la gratuité l'avait emporté. Cf. Roussel, *De l'indemnité des conseillers généraux*, Revue de droit public, 1900, II, 5. — Cette législation a été modifiée par la loi du 27 février 1912, article 28, suivie du décret du 25 mai 1912 : 1° Une indemnité de déplacement pourra être accordée aux conseillers généraux, conseillers d'arrondissement, membres des commissions départementales, lorsque le déplacement dépasse 2 kilomètres ; elle est de 0 fr. 10 par kilomètre parcouru, tant au retour qu'à l'aller, à raison d'un voyage par session ; 2° une indemnité de séjour pourra également être accordée ; elle est, pour chaque journée de présence, de 20 francs à Paris, de 18 francs dans les villes de 100.000 habitants et au-dessus, de 15 francs dans les villes de 40.000 à 100.000, de

12 francs dans les autres. Les fonds seront pris sur les ressources ordinaires du budge départemental.

Pour les conseils municipaux, ce fut assez vivement discuté, mais le principe de la gratuité l'emporta, sauf l'exception de l'article 74 de la loi du 5 avril 1884, pour les frais de missions spéciales. Ces frais ne peuvent pas être réglés par abonnement, car ils deviendraient en fait de véritables traitements, mais chaque fois sur état (Avis min. Int., 29 juill. 1892). Pour le conseil municipal de Paris, la loi du 8 avril 1914 a fait fléchir le principe: Les membres du conseil municipal de Paris peuvent recevoir, sur les ressources ordinaires du budget municipal, une indemnité annuelle ne dépassant pas six mille francs (6.000 francs); ils ont droit, en outre, au remboursement des frais que nécessite l'exécution de mandats spéciaux.

Une indemnité peut aussi être allouée au président du conseil municipal pour frais de représentation.

Les *membres de la Chambre des députés et du Sénat* touchent une *indemnité fixe* (L. 30 nov. 1875, art. 17; L. 2 août 1875, art. 26). Cette indemnité, réglée primitivement par les articles 96 et 97 de la loi du 15 mars 1849 et par les dispositions de la loi du 17 février 1872, était fixée à 9.000 francs par an; elle a été portée à 15.000 francs par la loi du 23 novembre 1906 et *une indemnité mensuelle* de 1.000 francs y a été ajoutée par la loi du 27 mars 1920. Les représentants envoyés des colonies reçoivent, en outre, l'indemnité de passage pour l'aller et le retour. L'indemnité fixée pour les représentants pourra être saisie, même en totalité. La loi du 16 février 1872 règle, au point de vue de l'indemnité, la situation des fonctionnaires nommés députés, et *vice versa*. Il y a interdiction du cumul du traitement et de l'indemnité; cette règle s'applique au Sénat depuis la loi du 31 mars 1903, article 103.

Titre II

L'ORGANISATION DES ADMINISTRATIONS PUBLIQUES

SECTION I. — L'ORGANISATION ADMINISTRATIVE DE L'ÉTAT.

§ 1. — Le territoire de l'État, sa personnalité, ses services publics.

Dans une étude méthodique de l'organisation administrative, on doit distinguer des *administrations publiques* qui individualisent des groupes territoriaux de population, avec l'ensemble de leurs besoins administratifs, et des *établissements publics* qui individualisent seulement certains services ou certaines fonctions techniques (1).

Il y a quatre catégories d'administrations publiques qui sont : l'administration centrale de l'État, que, pratiquement, on appelle simplement l'État, et plusieurs catégories d'administrations locales, les régions, comme l'Alsace-Lorraine, les départements, les communes et les colonies. Ces administrations publiques ont une assiette territoriale et, dans leur circonscription, elles ont une compétence générale pour organiser au profit de tous les habitants, sans distinction, des services communs. Chacune d'elles, d'ailleurs, gère des services multiples. Les habitants de la circonscription font *bourse commune* dans leur budget.

Par ces caractères, les administrations publiques se distinguent des *établissements publics* qui seront étudiés au chapitre suivant. Ceux-ci gèrent des services qui sont considérés comme techniques, plutôt que comme communs à tous les habitants d'une circonscription, et, en conséquence, tous les habitants de la circonscription ne font pas *bourse commune* dans leur budget.

Le territoire de l'État. — L'État étant la première des circonscriptions administratives, il y a lieu de signaler l'existence de son territoire, car toutes les circonscriptions administratives sont territoriales ;

---

(1) A une certaine époque, l'expression *Établissement public* avait été détournée de sa signification et on l'employait comme synonyme de personne morale ; en ce sens, on a dit que les départements étaient des établissements publics, cela signifiait simplement qu'ils étaient des personnes morales. On a renoncé aujourd'hui à cette terminologie.

mais les faits qui déterminent les limites du territoire de l'État sont d'ordre international, ce sont des faits d'occupation ou des traités de paix, leur étude relève du droit international public. Ce territoire est subdivisé en une quantité de circonscriptions administratives intérieures, dont les unes, comme les régions, les départements, les communes, les colonies, sont le siège d'une personnalité administrative locale, dont les autres ont uniquement pour objet de déterminer le ressort des agents administratifs de l'État. L'établissement des ressorts administratifs est, en principe, de la compétence du chef de l'État chargé d'organiser les services (V. Décr. 11 juill. 1895, créant des directions régionales des postes). Pour l'établissement des circonscriptions servant de base à une personnalité administrative locale, il y a des règles spéciales (1).

La personnalité juridique de l'État. — L'État considéré comme administration est doué de la personnalité juridique (2).

Cette personnalité est une, malgré que l'exercice des droits soit partagé entre plusieurs ministères ou plusieurs grandes directions de ces ministères, et qu'en fait des masses de biens distinctes soient confiées à la garde des grands services publics ; il y a là une organisation objective qui ne morcelle ni la personnalité juridique de l'État ni son patrimoine (3).

Les services publics de l'État. — Théoriquement, les services publics d'État devraient être seulement les services généraux par opposition aux services locaux ou spéciaux, c'est-à-dire : 1° ceux qui intéressent également tous les sujets de l'État ; 2° ceux qui intéressent l'unité politique. Pratiquement, il est bien difficile d'opérer cette détermination, car, suivant la façon dont on les envisage, beaucoup de services peuvent être considérés comme généraux ou comme locaux ; pour des raisons historiques et parce qu'en France le

---

(1) V. *infra, Départements, communes*, etc.
(2) V. *supra*, p. 86, et dans le *Cours de droit administratif* de Ducrocq, 7e édit. t. IV, p. 12, une série de textes consacrant cette personnalité de l'État.
(3) Cf. Th. Tissier, *Traité des dons et legs*, n° 92. En sens contraire, MM. Marquès, dit Braga, et Camille Lyon, dans leur *Traité de la comptabilité de fait*, n° 172, enseignent que l'État est un être composé, qui renferme dans son sein autant de personnes morales que de services publics généraux ; que, par exemple, le Trésor, le domaine national, les grandes régies financières, etc., ont la personnalité. Observons d'abord que, quand même cela serait, cela n'empêcherait point une personnalité globale de l'État : l'État est divisé en départements qui ont la personnalité, cela n'empêche point l'État d'avoir une personnalité globale qui ne se confond pas avec la collection des personnalités départementales. Mais il n'est même pas exact de dire que les grands services publics aient une personnalité, ils n'ont qu'une individualité administrative, ils ne peuvent recevoir de libéralité qu'en empruntant la personnalité de l'État (Note de la sect. de l'Int. du 13 mars 1889, *Richaud* ; *id.*, 12 avril 1892, *Boileau*. Cf. Tissier, *loc. cit.* ; L. 4 fév. 1901, art. 1-4 ; Aucoc, sur cette loi, *Revue critique*, 1901, p. 167 ; Ducrocq, 7e édit., t. IV, n° 1380).

régime d'État ne s'est établi que grâce à une extrême centralisation, on peut dire que tous les services publics sont en principe d'État, à l'exception de ceux qui ont été expressément répartis entre les administrations locales ou spéciales par les lois et règlements (et de ceux qui intéressent les agglomérations bâties, qui sont certainement municipaux). C'est-à-dire qu'au point de vue du droit positif, la centralisation des services est le principe, la décentralisation, l'exception.

§ 2. — **L'organe exécutif de l'État** (1).

ARTICLE I. — *Le pouvoir central.*

N° 1. — La présidence de la République.

Les organes de l'État qui ont l'action administrative sont les mêmes que ceux qui ont l'action gouvernementale et politique.

Dans l'administration de l'État, l'organe exécutif joue le rôle prépondérant; le Parlement, qui représente l'organe délibérant, bien qu'il ait à voter certaines lois d'affaires, ne fait guère qu'assurer le contrôle.

L'organe exécutif comporte une organisation centrale et une organisation régionale, que l'on appelle plutôt le *pouvoir central* et le *pouvoir régional*. Le pouvoir central se compose : 1° de la présidence de la République; 2° des ministères; 3° des conseils administratifs; 4° des agents d'exécution du service extérieur.

La présidence de la République se compose : 1° du président de la République; 2° d'une maison civile et militaire qui a pour mission de fournir un travail de bureau et de représenter le chef de l'État dans les cérémonies.

A. *L'organisation de la présidence.* — Il y a un président de la République, il n'y a pas de vice-président. En cas de vacance de la présidence, le conseil des ministres est provisoirement investi du pouvoir exécutif (L. const. 25 fév. 1874, art. 7).

Le président de la République est élu par les deux Chambres réunies en Assemblée nationale (L. const. 25 fév. 1875, art. 2, § 1). L'assemblée se tient à Versailles (L. 22 juill. 1879, art. 3) (2). Tout

---

(1) L'organe délibérant de l'administration de l'État est le Parlement, Chambre des députés et Sénat. Bien que le Parlement vote des *lois d'affaires*, lois du budget, lois d'intérêt local autorisant des travaux ou des modifications au territoire des circonscriptions, etc., nous ne traiterons pas ici de l'organisation de la Chambre des députés et du Sénat: d'une part, elle intéresse avant tout le droit constitutionnel; d'autre part, les Chambres, quand elles votent des lois d'affaires, n'agissent pas en qualité d'autorités administratives, puisqu'elles ne font pas des actes administratifs, mais des lois, la matière de ces dispositions est bien administrative, mais leur forme est législative.

(2) L'article 3 de la loi constitutionnelle du 16 juillet 1875 fixe le moment où l'élection doit avoir lieu en distinguant deux hypothèses, le cas de terme légal des pouvoirs

citoyen est éligible, à l'exception des membres des familles ayant régné sur la France (L. 25 fév. 1875, art. 8, modifiée par L. 14 août 1884). — Le président de la République est nommé pour sept ans, il est rééligible (L. const. 25 fév. 1875, art. 2, § 2). Cette période est personnelle à chaque président, c'est-à-dire qu'il l'accomplit alors même que, par suite de décès ou de démission, son prédécesseur ne serait pas allé jusqu'au bout de la sienne. — Le président de la République reçoit une indemnité de 600.000 francs par an, plus 1.400.000 francs de frais de maison et de frais de représentation. L'Élysée national est affecté à son logement. — Il y a une responsabilité pénale du président limitée au cas de haute trahison. Dans ce cas unique, la Chambre des députés accuse, le Sénat juge (1). Il n'y a ni responsabilité civile, ni responsabilité politique pour les nombreux décrets qu'il signe. L'irresponsabilité politique du président sera étudiée à propos de la responsabilité ministérielle.

B. *Les attributions administratives du président de la République.* — Les attributions du chef de l'État ne sont pas toutes d'ordre administratif ; il en est de gouvernementales ou constitutionnelles, telles, par exemple, que la nomination des ministres qui, cependant, intéresse déjà le droit administratif. Notons que, quelles que soient les attributions du chef de l'État, il ne les exerce jamais qu'avec le concours d'un de ses ministres, puisque sa signature doit toujours être contresignée.

Le chef de l'État nomme les ministres (L. 31 août, 3 sept. 1791) et il peut de même les révoquer (2). Théoriquement, il les choisit où il veut, même en dehors du Parlement, mais les traditions du régime parlementaire, le fait que les ministres sont responsables devant la majorité des Chambres et doivent se retirer devant un vote de blâme, le forcent pratiquement à les prendre dans la majorité parlementaire. En fait, le chef de l'État ne choisit personnellement que le pré-

---

et le cas de décès ou de démission : 1° « au moins un mois avant le terme légal des pouvoirs du président de la République, les Chambres devront être réunies en Assemblée nationale pour procéder à l'élection du nouveau président. A défaut de convocation, cette réunion aura lieu de plein droit le quinzième jour avant l'expiration de ses pouvoirs » ; — 2° « en cas de décès ou de démission du président de la République, les deux Chambres se réunissent immédiatement et de plein droit ». — Dans le cas où, par application de l'article 5 de la loi du 25 février 1875, la Chambre des députés se trouverait dissoute au moment où la présidence de la République deviendrait vacante, les collèges électoraux seraient aussitôt convoqués et le Sénat se réunirait de plein droit.

(1) Mais la question se pose de savoir s'il s'agit seulement de cas de trahison prévus et punis par les textes de lois, ou bien si la Chambre des députés a le droit d'incriminer elle-même les actes du chef de l'État. — V. Esmein, *Éléments de droit constitutionnel*, 5ᵉ édit., p. 709.

(2) Le gouvernement de la Restauration en a donné un exemple en révoquant M. de Chateaubriand, et le maréchal de Mac-Mahon en révoquant Jules Simon.

sident du conseil, celui-ci choisit les autres ministres, sauf son agrément (1).

Au point de vue strictement administratif, voici les principales attributions du chef de l'État : 1° il a la disposition de la force armée et de la force publique pour assurer la paix, le maintien de l'ordre et l'exécution des lois (L. 25 fév. 1875, art. 3, § 3); 2° « il nomme à tous les emplois civils ou militaires » (L. 25 fév. 1875, art. 3) (2); 3° il organise, en principe, les services publics (3); l'organisation centrale des ministères, en particulier, est réglée par des décrets délibérés en Conseil d'État (L. 29 déc. 1882, art. 16); 4° il exerce certains droits de tutelle sur les administrations subordonnées à l'État, ce qui entraîne le droit de révocation ou de dissolution de certaines autorités locales, révocation du maire, dissolution du conseil général, du conseil municipal; le droit d'annuler certains actes d'administration, de suspendre par décret certaines délibérations du conseil général, le droit d'en approuver d'autres, etc.; 5° il exerce certains droits de police sur les individus, soit par des mesures géné-

---

(1) *Autres attributions constitutionnelles.* — Le président de la République convoque les Chambres et prononce la clôture de leurs sessions; il peut les ajourner; toutefois, l'ajournement ne peut excéder le terme d'un mois, ni avoir lieu plus de deux fois dans la même session (L. const. 16 juill. 1875, art. 2, § 2); il peut, sur l'avis conforme du Sénat, dissoudre la Chambre des députés avant l'expiration légale de son mandat; en ce cas, les collèges électoraux sont réunis pour de nouvelles élections dans le délai de deux mois et la Chambre dans les dix jours qui suivent la clôture des opérations électorales (L. const. 25 fév. 1875 modifiée par L. const. 14 août 1884, art. 5, § 2).

C'est auprès de lui que sont accrédités les agents diplomatiques étrangers et c'est en son nom que les agents diplomatiques français sont envoyés auprès des puissances étrangères; le chef de l'État n'exerce pas le droit de déclarer la guerre, cela est réservé aux Chambres (L. const. 16 juill. 1875, art. 9), mais il a la direction de la guerre si elle est déclarée, en vertu de son droit de disposer de la force armée. Il a, en principe, le droit de conclure les traités, sauf à en donner connaissance aux Chambres. Il est vrai qu'à ce droit de conclure seul les traités, il y a des exceptions considérables : les traités de paix, de commerce, les traités qui engagent les finances de l'État, ceux qui sont relatifs à l'état des personnes et aux droits de propriété des Français à l'étranger, ne sont définitifs qu'après avoir été votés par les deux Chambres. Nulle cession, nul échange, nulle adjonction de territoire ne peut avoir lieu qu'en vertu d'une loi (L. const. 16 juill. 1875, art. 8).

On peut citer, parmi les traités qui sont valables sous la seule signature du chef de l'État, les traités d'alliance en tant qu'ils n'engagent pas par eux-mêmes les finances de l'État; les traités de protectorat passés avec des chefs de peuplades, etc.

(2) Le droit de nomination entraîne celui de révocation; cette prérogative n'est constitutionnelle qu'en ce qui concerne les conseillers d'État (L. const. 25 fév. 1875, art. 4); des lois ordinaires pourraient enlever au chef de l'État la nomination de certains fonctionnaires pour la confier au ministre ou à d'autres autorités; elles peuvent aussi créer des fonctions électives. — D'un autre côté, le chef de l'État peut déléguer son droit de nomination (V. sur tous ces points, Esmein, *op. cit.*, p. 623 et s.).

(3) Donc ceux-ci ne sont pas organisés, en principe, par des lois et c'est une des garanties de l'autonomie constitutionnelle du pouvoir exécutif.

rales dans des règlements, soit par des mesures individuelles (V. Cons. d'Ét., 2 déc. 1892, *Mogambury*, S., 94. 3. 97 ; 29 mars 1901, *Grimaux*, S., 1903. 3. 126) ; 6° le chef de l'État fait certains actes intéressant le domaine public de l'État, décrets de délimitation du rivage de la mer, décrets déclarant l'utilité publique d'un travail, etc. ; 7° enfin, certaines ventes des biens de l'État, certaines concessions sur le domaine privé sont décidées par lui.

C. *Les actes du chef de l'État et les voies de recours.* — Les actes du chef de l'État sont généralement des décisions exécutoires de principe ; il en prend très peu qui puissent être considérées comme des mesures d'exécution ; cependant, il faut signaler les décrets concédant des pensions à des fonctionnaires qui sont des mesures d'exécution par rapport à la décision d'admission à la retraite, etc. — Les actes du chef de l'État, en principe, sont en forme de *décrets*. Le décret est un acte écrit, qui comporte des considérants avec visa des textes, un dispositif généralement par articles ; la date et la signature du chef de l'État toujours accompagnée du contreseing d'un ministre, le chef de l'État ne peut pas déléguer sa signature pour les décrets. Le décret est toujours publié au *Journal officiel* ou au *Bulletin des lois*. On distingue des *décrets réglementaires et des décrets individuels* (pour les décrets réglementaires, V. *supra*, p. 63). Les décrets individuels sont rendus dans l'une des formes suivantes : 1° sur le rapport d'un ministre ; 2° en conseil des ministres ; 3° en assemblée générale du Conseil d'État, alors ils s'appellent *décrets en forme de règlements d'administration publique* ; 4° en section du Conseil d'État.

Il y a cependant *de simples décisions*, quand le chef de l'État se borne à approuver la proposition d'un ministre (Cons. d'Ét., 29 mars 1901, *Grimaux*, S., 1903. 3. 126 ; Aucoc, *Conférences*, 3° édit., I, n° 56).

Voies de recours. — On recourt contre les décisions du chef de l'État : 1° par la voie gracieuse au chef de l'État lui-même ; 2° par la voie contentieuse : *a*) par le recours pour excès de pouvoir contre les décrets qui contiennent des décisions exécutoires considérées comme indépendantes de toute opération, ou comme détachables des opérations dont elles font partie ; *b*) par le recours contentieux ordinaire, devant le Conseil d'État, contre les décrets qui contiennent des décisions considérées comme n'étant point détachables des opérations dont elles font partie (par exemple décrets concédant pension, à la fin de l'opération de liquidation de la pension) (1).

(1) Nous verrons plus loin, à propos de l'*administration et des recours contentieux*, que le contentieux de l'annulation, dont fait partie le recours pour excès de pouvoir, est le contentieux de la décision exécutoire prise en soi et considérée comme détachable des opérations administratives accomplies pour la gestion des services publics ; au contraire, le contentieux de la pleine juridiction est celui de l'opération administra-

N° 2. — Les ministères (1).

I. *Le conseil des ministres, les ministres, les sous-secrétaires d'État.*
— Un ministère ou département ministériel est une certaine branche de l'administration centrale, déléguée par le chef de l'État d'une façon permanente à un ministre. L'organisation de chaque ministère comporte une administration centrale et des services extérieurs ; l'administration centrale d'un ministère comprend : 1° un ministre ; 2° quelquefois un ou plusieurs sous-secrétaires d'État ; 3° le cabinet du ministre ; 4° les bureaux du ministère.

On admet que le nombre des ministères est réglé par décret du chef de l'État, sauf le contrôle du Parlement qui peut s'exercer par voie budgétaire (2). En fait, le nombre en a souvent varié. Il n'avait été créé que six ministères par la Constituante (L. 25-27 avril 1791) : Justice, Intérieur, Finances, Guerre, Marine, Affaires étrangères ; il y en a maintenant douze, parce que du ministère de l'Intérieur se sont détachés ceux du Commerce, de l'Agriculture, des Travaux publics, de l'Instruction publique, que du ministère de la Marine s'est détaché celui des Colonies et qu'un douzième ministère a été créé de toutes pièces par le décret du 25 octobre 1906, sous le nom de ministère du Travail et de la Prévoyance sociale, sans parler des ministères spéciaux créés pendant la guerre ou à sa suite et qui seront éphémères (Régions libérées et Reconstitution nationale, etc.).

Les ministres réunis en conseil constituent un organe politique et

---

tive elle-même. Le premier contentieux se meut dans la sphère du pouvoir de domination, le second dans la sphère du commerce juridique.

Mais ce qu'il faut bien comprendre, c'est que, pour une décision exécutoire donnée, il se pose une question de vue ; comme une décision exécutoire est toujours plus ou moins relative à une opération de gestion des services publics, il s'agit de savoir si elle sera considérée comme détachable ou comme non détachable de cette opération.

(1) V. les études de M. H. Chardon sur *Le ministère des Travaux publics*, Paris 1904, *Le ministère de l'Intérieur*, Revue politique et littéraire, fév. 1910, *L'administration de la France, Le ministère de la Justice*, 1907 ; *Le pouvoir administratif* 1911 ; Henri Noëll, *Les ministères*, 1911 ; G. Demartial, *La réforme administrative*, 1911.

(2) C'est une conséquence du principe posé à la page précédente. Le ministère des Colonies a été créé par une loi du 20 mars 1894, mais les droits du chef de l'État ont été formellement réservés : le ministère du Travail et de la Prévoyance sociale a été créé par décret du 25 octobre 1906 ; la répartition des affaires entre ministères est également réglée par décret. V. Décr. 31 oct. 1906 intervenu entre le département de la Marine et celui du Commerce ; Décr. 3 nov. 1906, déterminant les attributions du ministre du Commerce en ce qui concerne les agents du corps consulaire ; Décr. 3 nov. 1906, déterminant les attributions du ministre du Commerce en matière de tarifs de chemins de fer. Pendant la guerre et à sa suite, de nouveaux ministères ont été créés par décrets, ministères de l'Armement, des Régions libérées, de la Reconstitution nationale, tous par décret.

gouvernemental qui prend le nom de *conseil des ministres*. Le conseil des ministres n'est pas une autorité administrative proprement dite, en ce sens qu'il ne prend pas en son propre nom des décisions exécutoires ; il s'y fait surtout des échanges de vues, à la suite desquels les mesures nécessaires sont prises par le ministre compétent, soit seul, soit avec le concours du chef de l'État. Cependant certains décrets doivent être, de par la loi, délibérés en conseil des ministres et en porter la mention (1). Exceptionnellement, en cas de vacance de la présidence, le conseil des ministres deviendrait une autorité administrative et rendrait de véritables décrets, car il serait *investi du pouvoir exécutif* (L. const. 26 fév. 1875, art. 7) (2).

Le conseil des ministres peut être présidé soit par le chef de l'État, soit par le *président du conseil* qui est le ministre auquel le chef de l'État a confié le soin de former le cabinet. Dans le premier cas, on dit qu'il y a *conseil des ministres*, dans le second qu'il y a *conseil de cabinet*.

Présidence du conseil. — Pendant la guerre, la présidence du conseil a assumé un rôle de coordination pour les affaires interministérielles et cela s'est révélé fort utile. Ce rôle tend à se consolider et se traduit par la création d'un organe spécial qui a été d'abord un sous-secrétariat d'État et qui deviendra une organisation de bureaux (3).

A. *Les ministres.* — *Règles d'organisation.* — Les ministres sont des hommes politiques nommés fonctionnaires par décret du chef de l'État ; ils peuvent être révoqués par lui, quoique dans la pratique il use peu de ce droit (V. p. 187) ; ils peuvent aussi donner leur démission, laquelle doit être acceptée par le chef de l'État ; ils touchent un traitement fixe de 80.000 francs sans retenues et peuvent bénéficier d'une pension de retraite après trente ans de service et à 60 ans d'âge (L. 22 août 1790 ; L. 16 juin 1871, art. 26). Ils sont logés et meublés aux frais de l'État (L. 10 vendém. an IV, art. 17).

La responsabilité ministérielle. — On appelle de ce nom la respon-

---

(1) Décrets de nomination et de révocation des conseillers d'État (L. const. 25 fév. 1875, art. 4) ; décret convoquant la Haute-Cour de justice (L. const. 16 juill. 1875, art. 12) ; décret ouvrant des crédits extraordinaires ou supplémentaires (L. 14 déc. 1879, art. 4 et 5) ; décret établissant l'état de siège (L. 3 avril 1878, art. 2 et 3) ; décret interdisant le territoire à des membres des familles ayant régné sur la France (L. 22 juin 1886) ; décret de dissolution d'un conseil municipal (L. 5 avril 1884, art. 43) ; décret prononçant la dissolution de certaines associations (L. 1er juill. 1901, art. 12) ; décret prononçant la dissolution d'une congrégation religieuse autorisée ou la fermeture d'un de ses établissements (*eod.*, art. 3).

(2) L'existence officielle du conseil des ministres est liée à celle du régime parlementaire dont il est l'organe essentiel et où il constitue le *gouvernement de cabinet*.

(3) Cf. Paul Dubois, *Organisation des services de la présidence du conseil*, Revue de droit public, 1919, et le décret au *Journal officiel* du 31 janvier 1920 fixant les attributions du sous-secrétaire d'État à la présidence du conseil.

sabilité *politique* que les ministres encourent à raison de leurs actes. Cette responsabilité consiste en ce qu'un vote de blâme de l'une des deux chambres, surtout de la Chambre des députés, peut les contraindre à donner leur démission. Lorsque l'acte est l'œuvre d'un ministre isolé, la responsabilité est individuelle; elle est collective, lorsque l'acte est l'œuvre du cabinet tout entier ou lorsque le président du conseil solidarise le cabinet avec le ministre interpellé (1).

La responsabilité criminelle des ministres. — Les ministres peuvent être mis en accusation par la Chambre et jugés par le Sénat en cas de *crimes* commis dans l'exercice de leurs fonctions (L. const. 16 juill. 1875, art. 12, § 2) (2).

La responsabilité civile des ministres vis-à-vis des particuliers lésés par leurs actes ou vis-à-vis de l'État. — Comme cette matière n'est qu'un cas particulier de la *responsabilité des fonctionnaires*, nous la renvoyons au livre III où elle sera traitée.

B. *Les attributions des ministres.* — Les ministres ont le *contreseing* et des *pouvoirs administratifs propres* (3) :

Le contreseing (L. 25 fév. 1875, art. 3, § 6). — Le contreseing, que les ministres apposent sur les actes du chef de l'État, les fait participer à ces actes et signifie qu'ils travaillent avec le président de la République. Il a une double utilité : 1° il engage la responsabilité du ministre qui contresigne ; 2° il certifie la signature du chef de l'État, et, en même temps, il constate que l'acte est conforme aux règles d'administration du service afférent, qu'il est passé par les bureaux du ministère. A raison de cette seconde utilité, le contre-

(1) Cette responsabilité des ministres, jointe à l'irresponsabilité du chef de l'État, est l'institution essentielle du régime parlementaire. Il s'agissait de donner la haute main au Parlement dans la direction des affaires, d'établir sa suprématie sur le pouvoir exécutif, sans toutefois affaiblir par trop ni déconsidérer celui-ci. Le résultat est obtenu en ce sens que le chef de l'État, en qui est incarnée la majesté du pouvoir exécutif, en lui-même est inattaquable, mais les ministres, en qui réside le pouvoir exécutif, sont sous le contrôle du Parlement. Or, la responsabilité des ministres est engagée pour le moindre acte du pouvoir exécutif, grâce à la règle qui veut que chacun des actes du président de la République soit contresigné par un ministre (L. const. 25 fév. 1875, art. 3, § 6).

(2) 1° L'expression *crime* comprend ici certainement les crimes et les délits; 2° on s'était demandé s'il s'agit seulement des crimes et délits prévus au Code pénal, ou bien si la Chambre peut incriminer des actes politiques; depuis l'affaire *Malvy*, de 1918, la question est résolue par l'affirmative; 3° pour les crimes et délits de droit commun, la compétence du Sénat n'exclut pas celle des tribunaux répressifs (Cf. Cass., 24 fév. 1893, S., 93. 1. 217. V. Esmein, *op. cit.*, p. 760 et s.).

(3) On reconnaissait autrefois au ministre une troisième espèce d'attributions qui étaient des attributions contentieuses; on en faisait un juge dans certains cas de contentieux administratif, et même un juge de droit commun. Nous verrons, v° *Contentieux*, que cette opinion est abandonnée et que le ministre n'est plus du tout considéré comme un juge.

seing a été maintenu sous des régimes qui n'avaient rien de parlementaire, par exemple sous le régime de 1852 (1).

Les pouvoirs propres d'administration. — Les ministres ont, en matière administrative, des attributions considérables, surtout pour la gestion des affaires, plus encore que pour la police. Il y a lieu de passer en revue les matières suivantes :

1° Police des autorités administratives et des agents de l'État. — Les ministres, chefs de la hiérarchie, ont un droit de *contrôle* sur les actes des préfets considérés comme autorités administratives régionales de l'État. En vertu de ce droit, tantôt ils ont à approuver formellement certains actes, tantôt ils sont appelés à les annuler ou à les réformer après coup (V. Décr. de déconcentration, 25 mars 1852, art. 6, et 13 avril 1861, art. 7).

Les ministres ont la nomination et la révocation de beaucoup d'agents; quelquefois ils ont la révocation de fonctionnaires nommés par le préfet; ils ont la présentation des fonctionnaires de leur département nommés par le chef de l'État. Dans l'armée, cette opération très importante et très réglementée prend le nom de classement, ils ont un pouvoir disciplinaire. Ils sont les supérieurs hiérarchiques de tous les fonctionnaires de leur département; à ce titre, ils reçoivent leurs rapports et stimulent leur activité, leur donnent l'impulsion, le tout au moyen de ce qu'on appelle la *correspondance*; ils envoient à leurs subordonnés des *instructions* qui prennent le nom de *circulaires* quand elles sont adressées à toute une classe de fonctionnaires. Ces instructions obligatoires pour les fonctionnaires n'ont qu'une autorité doctrinale vis-à-vis des citoyens, parce qu'elles ne représentent que le droit disciplinaire interne de l'institution de la hiérarchie;

2° Tutelle des autorités administratives inférieures. — Le ministre étant le supérieur hiérarchique du préfet, et le préfet ayant des droits de tutelle importants, soit sur le conseil général du département, soit sur les autorités communales, il se trouve qu'indirectement et par ses instructions, le ministre a une part d'action très grande dans la tutelle départementale ou communale. Aussi existe-t-il au ministère de l'Intérieur, une direction *des affaires départementales et com-*

---

(1) Le contreseing remonte à la L. 25 mai 1791, art. 24, et à la Const. 3-14 sept. 1791, tit. III, chap. II, sect. IV, art. 4; puis Const. 22 frimaire an VIII, art. 55; L. 31 août 1871, art. 1. Les deux plus anciens textes disent que le contreseing est donné par chacun des ministres pour les affaires de son département. Cette disposition n'est pas reproduite dans les textes postérieurs, mais elle est devenue traditionnelle; par conséquent, le contreseing n'est pas indivisible. Serait-ce donc un vice de forme, si le contreseing était donné par un ministre incompétent ? On peut citer en ce sens un arrêt du Cons. d'Ét., 22 janv. 1892, *Frères de Saint-Joseph du Mans*, S., 1893, III, p. 145 et la note.

H. — Pr. 13

munales. Le ministre de l'Intérieur peut porter à trois mois le temps de suspension des maires et adjoints, lorsqu'ils ont été suspendus par arrêté du préfet (L. 5 avril 1884, art. 86, modifié par L. 9 juill. 1908). Ce ministre a aussi la nomination et la révocation de quelques fonctionnaires départementaux ou communaux ;

3° Police des individus. — Les ministres n'ont pas, en principe, le pouvoir réglementaire vis-à-vis du public (V. *supra*, p. 63), ils n'ont pas non plus la réquisition de la force armée, mais ils prennent quelques décisions particulières opposables aux individus, expulsion d'étrangers, autorisation d'agences d'émigration (L. 18 juill. 1860) (1);

4° Gestion publique et privée. — Au contraire, dans la gestion, les ministres ont des attributions importantes; ils sont, à ce point de vue, les principaux représentants de l'État (2). Ils passent les marchés ou les traités avec les fournisseurs pour assurer les divers services compris dans leur département. Ils font les liquidations et les règlements de comptes qui terminent ces marchés. Ils ont le droit de transiger (Cons. d'Ét., 23 déc. 1887, *Évêque de Moulins*), celui de compromettre (V. p. 93), mais ils n'ont pas celui d'accorder des indemnités à titre gracieux (Cons. d'Ét., 17 mai 1877, *Banque de France*), ni celui de faire des remises (arg. L. 8 juill. 1901). Ils ordonnancent les dépenses que l'État doit faire pour la marche des services. Ils plaident au nom de l'État, devant le Conseil d'État seulement, chacun pour les affaires de son département.

C. *Les actes des ministres et les voies de recours.* — Les ministres, considérés comme autorités administratives, prennent des décisions exécutoires. Ces actes affectent la forme d'*arrêtés* ou celle de simples *décisions*. Les simples décisions sont des lettres missives ou bien des annotations signées mises au bas des rapports; les arrêtés comportent le visa des textes, des considérants, un dispositif par articles, la date et la signature. Les cas dans lesquels le ministre doit statuer par arrêté ne semblent pas bien définis. Quelques auteurs disent que l'arrêté seul est opposable à un particulier, ce n'est pas le sentiment de la jurisprudence, qui admet le recours contentieux aussi bien contre les simples décisions que contre les arrêtés.

Les recours contre les actes des ministres sont les suivants : 1° recours gracieux au ministre lui-même; 2° par la voie contentieuse, recours pour excès de pouvoir contre les décisions exécutoires consi-

---

(1) En somme, au point de vue de la police, les ministres prennent par eux-mêmes peu de décisions. Leur rôle est surtout de préparer les décisions du chef de l'État et de contrôler celles des préfets.

(2) Sauf en ce qui concerne le domaine public, auquel cas ce sont surtout les préfets. Les actes intéressant le domaine privé de l'État sont passés par les préfets, mais l'administration de ce domaine est régie par une direction du ministère des Finances, celle de l'enregistrement et des domaines.

dérées comme indépendantes de toute opération administrative ou comme détachables des opérations dont elles font partie; recours contentieux ordinaire contre les décisions exécutoires qui constituent des mesures d'exécution ou sont considérées comme faisant partie d'opérations dont elles ne sont pas détachables (1).

Les sous-secrétaires d'État. — Les sous-secrétaires d'État peuvent être adjoints aux ministres pour renforcer le cabinet au point de vue politique. Ils sont placés à la tête d'une division importante d'un ministère, qui, à la rigueur, pourrait être détachée et former un ministère à part. Ainsi les postes et télégraphes ont été, tour à tour, simple direction de ministère, secrétariat d'État, ministère (2).

Les sous-secrétaires d'État sont nommés par décret, leur traitement n'est pas établi par une loi organique, les lois de finances leur accordent une indemnité de 40.000 francs. Leurs attributions sont fixées par le décret qui les institue, le chef de l'État peut leur déléguer le droit de décision dans certaines affaires, ils peuvent donc être et sont, en principe, des autorités administratives (3).

Le cabinet du ministre. — L'habitude s'est établie, sous la troisième République, que le ministre se constitue un cabinet indépendant des bureaux du ministère. Il nomme un chef de cabinet et des attachés au cabinet. Cet organe nouveau répond aux préoccupations de politique électorale qui se mêlent de plus en plus à l'administration. Les bureaux du ministère restent chargés de la préparation des affaires administratives proprement dites; le cabinet du ministre s'occupe des affaires politiques et de la correspondance non officielle (4).

---

(1) V. *supra*, la note de la p. 189.

(2) La question de savoir par quoi, en droit constitutionnel, les sous-secrétaires d'État se distinguent des ministres est délicate. A notre avis, c'est parce qu'ils ne travaillent pas avec le chef de l'État, qu'ils n'ont pas le contreseing des actes de celui-ci et que, par suite, ils ne peuvent pas engager leur responsabilité pour les décrets sans engager en même temps celle de leur ministre. Ils ont entrée à la Chambre et au conseil de cabinet, mais, en principe, ils n'assistent pas au conseil des ministres.

(3) Cons. d'Ét., 2 déc. 1892, *Mogambury*, décision implicite. — V, Décr. 27 oct. 1906 fixant les attributions du sous-secrétaire d'État à la guerre (*Journal officiel*, 29 oct.). L'ordonnance du 9 mai 1816 a introduit pour la première fois les sous-secrétaires d'État : il en fut créé trois, à l'intérieur, à la justice, aux finances. Leur existence fut intermittente sous la monarchie; ils cessèrent d'exister sous l'Empire et ne reparurent qu'après 1870. — La loi du 30 novembre 1875, article 8, constate incidemment leur existence à l'occasion des exceptions aux incompatibilités parlementaires, mais aucun texte législatif ne définit leur situation légale.

(4) Le cabinet du ministre, organisation éphémère, disparaît avec le ministre qui l'a constitué; chaque nouveau ministre se compose un nouveau cabinet. Les attachés sont, en général, des jeunes gens qui se destinent à des carrières administratives et font ainsi un premier stage très profitable. Ont-ils la qualité de fonctionnaires publics? Dans le sens de l'affirmative (Cour d'appel de Paris, 12 mai 1885, *Lutaud c. Rigol-*

II. *Les bureaux du ministère* (L. 30 déc. 1882, art. 16 ; L. 13 avril 1900, art. 35 ; L. 30 mars 1902, art. 79 ; L. 30 déc. 1903, art. 20 pour le résumé de toute cette législation. V. Cons. d'Ét., 11 juill. 1913, *Barberet*). — Il y a des bureaux dans chaque ministère. Ce sont des agglomérations d'employés qui ont pour mission de préparer les éléments des décisions administratives des ministres, et de dresser les actes pour la signature. Les bureaux sont chargés de l'administration proprement dite, dans ce qu'elle a d'officiel, de technique et de formel ; ils sont l'appareil régulateur de la machine administrative, ils possèdent la tradition, ils fonctionnent toujours à la même allure ; aux époques où la direction politique manque, ils y suppléent ; aux époques où elle se manifeste avec excès, ils la modèrent.

Depuis la loi du 30 décembre 1882, article 16, l'organisation centrale de chaque ministère est réglée par un décret rendu dans la forme des règlements d'administration publique, inséré au *Journal officiel*, et aucune modification ne pourrait être apportée que dans la même forme et avec la même publicité. Chaque administration centrale de ministère se divise en directions ; ainsi, au ministère des Finances, il y a la direction des contributions directes, celle des contributions indirectes, celle de l'enregistrement, etc. Chaque direction comporte un certain nombre de bureaux groupés en divisions et comprend la hiérarchie suivante : directeur général, directeurs, chefs de division, chefs de bureau, sous-chefs, commis expéditionnaires ; les directeurs généraux sont de très grands fonctionnaires, ils ont la réalité du pouvoir administratif, le ministre n'exerçant guère qu'un contrôle politique (V. Cons. d'Ét., 11 juill. 1913, *Barberet*). — Cette organisation est défectueuse en ce qu'elle n'est pas réellement centralisée ; au-dessus des directeurs généraux, il devrait y avoir dans chaque ministère un *secrétaire général* permanent qui coordonnerait tous les bureaux et traiterait toutes les affaires avec le ministre. Cette institution existe en Angleterre où elle rend les plus grands services au

---

loi) ; dans le sens de la négative (Cass., 31 juill. 1885, *Lutaud*, et Cons. d'Ét., 1ᵉʳ juin 1906, *Alcindor et autres*, espèce *Landrut*).

Enfin la loi du 13 juillet 1911 est venue apporter les dispositions suivantes : Est nulle de plein droit toute nomination à une fonction publique ou toute promotion d'une personne attachée sous une dénomination quelconque au cabinet d'un ministre ou d'un sous-secrétaire d'État si elle n'est pas insérée au *Journal officiel* antérieurement à la démission du ministre ou du sous-secrétaire d'État qui l'a contresignée (art. 141). Dans le délai de six mois à dater de la promulgation de la présente loi, un décret portant règlement d'administration publique déterminera le nombre et la nature des emplois à prévoir pour chaque cabinet de ministre et sous-secrétaire d'État. Les agents appartenant à une administration publique et appelés à faire partie d'un cabinet de ministre ou de sous-secrétaire d'État ne peuvent recevoir d'avancement qu'en conformité des règlements qui régissent l'administration à laquelle ils appartiennent (art. 142) (V. en effet, D., 13 fév. 1912. *Adde* Cons. d'Ét., 15 mars 1912, *Geubel de la Ruelle*).

point de vue administratif (Cf. L. Lowell, *Le gouvernement de l'Angleterre*, t. I, p. 210 et s.) (1).

III. *Les services extérieurs du ministère.* — Chaque ministère a des agents d'exécution répandus sur le territoire ; quelques-uns de ces agents d'exécution ont, en outre, des pouvoirs propres de décision. Nous ne pouvons entrer dans le détail de ces agents dont la compétence technique varie avec chaque ministère ; ils constituent les diverses hiérarchies, ils sont les combattants, et, comme il arrive toujours, ils dépendent des non-combattants, c'est-à-dire des bureaux.

N° 3. — Les conseils administratifs. Le Conseil d'État.

L'administration consultative. — Dans l'organisation de l'an VIII, ce fut un principe de placer auprès des organes du pouvoir exécutif des conseils qu'ils devaient ou pouvaient consulter et qui les éclaireraient de *leurs avis* ; on appela cela l'*administration consultative* et on considéra que c'était le complément nécessaire de l'administration active. La création de ces conseils répondait à une double préoccupation :

1° On voulait placer à côté des administrateurs et de leurs bureaux des corps où les mesures d'administration pussent être *délibérées* par des gens compétents, sans que cependant l'administrateur eût les mains liées ; les bureaux ne font que préparer un peu hiérarchiquement les affaires, ils ne délibèrent pas ; l'administrateur, quant à lui, n'est généralement pas compétent, surtout le ministre sous le régime parlementaire : en instituant des conseils délibératifs et consultatifs, on profitait des avantages de la délibération, sans avoir les inconvénients du partage de pouvoir qu'elle entraîne lorsqu'elle est confiée à des assemblées délibérantes électives (2) ;

(1) Les décrets rendus depuis 1882 sur l'organisation centrale des ministères ont augmenté peu à peu les garanties du personnel des bureaux jusqu'à lui constituer une sorte d'État. D'un autre côté, ce personnel aggloméré était dans de bonnes conditions pour mettre à profit les idées nouvelles d'association entre fonctionnaires de même catégorie. Il est résulté de ce double mouvement une tendance marquée des bureaux vers la corporation ; on en trouvera une preuve dans les nombreux recours pour excès de pouvoir formés par quelques-uns des employés, dans l'intérêt corporatif, contre des nominations ou des promotions faites en dehors des règles (V. surtout les affaires *Altindor*, Cons. d'Ét., 1ᵉʳ juin 1906, et *infra*, v° *Recours pour excès de pouvoir*). Cette organisation corporative n'exclut pas la hiérarchie, mais à mesure qu'elle se marquera davantage, elle rapprochera nos bureaux des ministères des *scrinia* du *sacrum palatium* du Bas-Empire. Sur la tendance récente à détacher certains services des administrations centrales en les confiant à des offices spéciaux rattachés au cabinet du ministre et érigés en établissements publics, V. *infra*, v° *Établissements publics, Offices.*

(2) C'est par la délibération consultative que les conseils administratifs se distinguent des bureaux, car les bureaux ne délibèrent pas, et c'est par l'absence d'origine élective qu'ils se distinguent des assemblées délibérantes.

2° On voulait aussi que certains de ces conseils constituassent une sorte de représentation purement consultative des *intérêts professionnels*. Il est à remarquer, en effet, que les intérêts agricoles, commerciaux, industriels, etc., n'ont pas de représentation politique dans l'État, tel qu'il est conçu depuis la Révolution ; la représentation politique n'est que pour les intérêts communs. Cela est parfaitement prémédité, c'est le principe même de l'État puissance publique, mais si on excluait les intérêts professionnels de l'organisation politique, on songeait à leur donner une représentation purement administrative et consultative, de façon qu'ils fissent entendre leur voix *sans aucun pouvoir*.

De là deux catégories de conseils : les uns purement administratifs, Conseil d'État, conseils de préfecture, conseil technique des ponts et chaussées, etc., les autres professionnels, tels que les conseils supérieurs du commerce, du travail, de l'instruction publique, etc.

L'organisation consultative a résisté, quoique le développement des pouvoirs des assemblées politiques délibérantes l'ait certainement affaiblie ; le Conseil d'État, considéré comme conseil administratif, a perdu en fait la préparation des lois, mais il prend sa revanche du côté de la préparation des règlements d'administration publique qui deviennent de plus en plus nombreux et qui influent tellement sur l'application des lois ; de plus, il continue à émettre des avis précieux sur les points d'administration douteux, et le seul regret que l'on puisse exprimer, c'est que ses avis ne soient pas régulièrement recueillis et publiés comme le sont ses arrêts au contentieux. Les conseils de préfecture ont été relégués au second plan par les conseils généraux. Les conseils tout à fait techniques et spéciaux se sont maintenus et même se sont multipliés (1).

Le Conseil d'État. — Le Conseil d'État est le conseil du pouvoir

(1) Dans tous les ministères, il y a des comités dont les ministres prennent les avis ; quelquefois ils sont tenus de prendre ces avis, quelquefois même ils sont tenus de les suivre. Quelques-uns de ces conseils sont en même temps des juridictions disciplinaires, par exemple le conseil supérieur de l'instruction publique. La liste de ces conseils ou comités est considérable, on la trouvera à l'*Almanach national*. V. aussi Noël, *Les ministères*.

Un fait intéressant à signaler, c'est qu'il y a tendance à changer le mode de recrutement de ces conseils. Autrefois, ils avaient quelque chose d'immobile, ils étaient composés uniquement de fonctionnaires de l'administration centrale qui y demeuraient longtemps. Actuellement, il y a tendance à y introduire des fonctionnaires régionaux assez fréquemment renouvelés, et aussi des personnes étrangères à l'administration. Ils ont des sessions périodiques qui deviennent ainsi plus vivantes (conseil supérieur du commerce, conseil supérieur de l'assistance publique, conseil supérieur du travail, etc. Les conseils ou comités de la guerre ont été aussi très renouvelés). La plupart des membres de ces conseils sont nommés par les ministres ; il est cependant des conseils où certains des membres sont élus par les intéressés, par exemple le conseil supérieur de l'instruction publique (L. 27 fév. 1880).

central; il est à compétence universelle. Il a conservé de l'importance parce que l'administration de l'État est restée essentiellement exécutive et qu'il y remplit un rôle d'assemblée délibérante consultative. C'est de la délibération sans pouvoir de décision, mais de la délibération quand même et qui ne porte pas ombrage aux autorités exécutives. Au reste, le Conseil d'État est une institution nécessaire à tout régime d'administration régulière; il représente à la fois la science et la conscience morale administrative, et, comme toute conscience morale, il conseille et il juge. Notre Conseil d'État actuel remonte visiblement à celui des dernières années de l'ancien régime, et de là, sous des noms divers, au Conseil d'État de l'empire romain (1). A toutes les époques, le Conseil d'État présente un caractère singulier, toujours le même, qui est d'être d'une très grande plasticité : 1° le Conseil d'État a toujours eu des attributions multiples; actuellement, il est à la fois conseil administratif et tribunal administratif; à la fin de l'ancien régime, il était tout cela, et, en plus, il jouait le rôle de conseil des ministres; au XIII° siècle, il était toute l'administration et aussi toute la juridiction, puisque de son sein sont sortis la Cour des comptes et le Parlement de Paris, etc.; 2° le Conseil d'État a toujours eu une part de personnel flottant; sous l'ancien régime, il y a eu pendant longtemps un Conseil d'État sans qu'il y eût de conseillers attitrés, et, plus tard, outre les conseillers réguliers, il y a eu des personnages qui venaient siéger extraordinairement; à l'inverse, les membres du Conseil d'État étaient délégués dans des fonctions d'administration active, les maîtres des requêtes étaient fréquemment commissaires départis ou intendants. A l'heure actuelle, la fixité dans le personnel tend à s'établir, cependant il y a encore des personnages qui ont entrée sans être conseillers, par exemple les ministres qui ont rang et séance au conseil à des titres divers : le ministre de la Justice, garde des Sceaux, a même le titre de président du Conseil d'État et peut présider effectivement en matière administrative (2);

(1) Le Conseil d'État de l'ancien régime avait été supprimé pendant la Révolution. Le Conseil d'État moderne date de la constitution du 12 frimaire an VIII, article 52. Nous verrons, dans la partie du contentieux, quel fut son rôle comme juridiction; comme conseil administratif, son importance a varié avec les régimes, elle a toujours été plus grande sous les régimes de pouvoir personnel que sous les régimes parlementaires; d'abord les régimes de pouvoir personnel donnent tous leurs soins à l'administration, de plus, le gouvernement ayant seul l'initiative des lois fait préparer celles-ci par le Conseil d'État. Il serait à souhaiter que, sous le régime parlementaire, on suivît sur ce point les mêmes errements.

(2) Des personnages ayant des connaissances spéciales peuvent être appelés à prendre part aux séances avec voix consultative (L. 1872, art. 14); les conseillers, maîtres des requêtes et auditeurs de première classe, actuellement délégués dans les fonctions publiques, aux termes de l'article 3 de la loi du 13 juillet 1879, ont cependant entrée au conseil (R. 2 août 1879, art. 3).

en sens inverse, des membres du Conseil d'État, sont détachés en mission; 3° le Conseil d'État fonctionne sous ce que nous appellerons les *formations* les plus diverses, tantôt en sections, tantôt en assemblée générale, tantôt en assemblée du contentieux, etc. Cette plasticité du Conseil d'État est une nécessité, elle répond à ce qu'il y a de varié, d'imprévu, de complexe dans le gouvernement quotidien.

Le personnel du Conseil d'État (L. 3 mars 1849; Décr. org. 24 janv. 1852; L. 24 mai 1872; L. 25 fév. 1875; L. 13 juill. 1879; D. R. 2 août 1879; L. 1er juill. 1887; L. 30 nov. 1895; L. 13 avril 1900; Décr. 30 mars 1897, modifié par Décr. 11 mai 1900 et 7 août 1900; L. 8 avril 1910, art. 96 et 97). — Il faut distinguer l'organisation générale du personnel et l'organisation en vue du travail, ce que nous appellerons les *formations* du conseil.

A. *Organisation générale du personnel du Conseil d'État.* — Il se subdivise en un personnel de carrière dit *ordinaire* et un personnel *extraordinaire.*

Le personnel ordinaire comprend : 1° un vice-président nommé par décret et choisi parmi les conseillers en service ordinaire; un secrétaire général placé à la tête des bureaux du conseil, ayant rang et titre de maître des requêtes; un secrétaire spécial attaché au contentieux ayant également rang de maître des requêtes; 2° trois catégories de membres, des *conseillers d'État* en service ordinaire, des *maîtres des requêtes,* des *auditeurs* (1). Il y a 35 conseillers en service ordinaire; 37 maîtres des requêtes (2); 18 auditeurs de première classe et 22 de seconde classe (3); total : 112 membres du personnel ordinaire.

Quant au personnel *extraordinaire,* il se compose uniquement de vingt-trois conseillers d'État (4). Ce sont de hauts fonctionnaires de l'administration active, généralement de grands directeurs des ministères, qui reçoivent l'entrée au Conseil d'État et assurent ainsi la

---

(1) Il faut observer que cette division des membres du conseil en catégories, qui est d'ailleurs très ancienne, correspond à une division du travail. On peut dire sommairement que les conseillers d'État formulent les délibérations, tandis que les maîtres des requêtes et les auditeurs préparent les affaires. Il faut observer, en outre, qu'il n'y a pas dans ces trois classes un avancement hiérarchique régulier. Le chef de l'État n'est tenu de prendre qu'un conseiller d'État sur deux parmi les maîtres des requêtes; il n'est tenu de prendre les maîtres des requêtes parmi les auditeurs de première classe que jusqu'à concurrence des trois quarts des places. On saisit là la préoccupation de conserver une certaine mobilité, même au personnel fixe du conseil (L. 13 avril 1900, art. 24 et L. 8 avril 1910, art. 97).

(2) La loi du 8 avril 1910, article 97, a porté le nombre des conseillers en service ordinaire de 32 à 35; la loi du 13 avril 1900 avait porté le nombre des maîtres des requêtes de 30 à 32; celle du 8 avril 1910, article 97, l'a porté de 32 à 37.

(3) La loi du 13 avril 1900 a porté le nombre des auditeurs à 40, dont 18 de première classe.

(4) L. 29 déc. 1919, art. 25.

liaison entre les bureaux et le conseil. Les conseillers d'État en service extraordinaire sont nommés par décret simple; ils perdent leur titre de plein droit dès qu'ils cessent d'appartenir à l'administration active. (L. 1872, art. 5, § 1) (1).

Conseillers d'État en service ordinaire. — Ils sont nommés et révoqués par décret rendu en conseil des ministres (L. 25 fév. 1875, art 4). Ils doivent avoir 40 ans accomplis (L. 13 juill. 1911, art. 90), aucune autre condition de capacité. Le chef de l'État est tenu de prendre un conseiller sur deux parmi les maîtres des requêtes (L. 13 avril 1900, art. 24).

Maîtres des requêtes. — Les maîtres des requêtes, le secrétaire général et le secrétaire spécial du contentieux sont nommés par décret du président de la République sur présentation du vice-président et des présidents de section; ils ne peuvent être révoqués que par un décret individuel, après avis des présidents (art. 5, §§ 2, 3 et 4). Age minimum, 30 ans (L. 13 juill. 1911, art. 90); trois sur quatre sont pris parmi les auditeurs de première classe (L. 8 avril 1910, art. 97); ceux qui ne sont pas pris parmi les auditeurs de première classe *en exercice* doivent justifier de dix ans de services civils ou militaires (L. 13 juill. 1911, art. 90), la moitié des places de conseillers leur est réservée.

Auditeurs. — Les auditeurs de *première classe* sont choisis exclu-

(1) *Organisation corporative du conseil.* — Le personnel ordinaire du Conseil d'État est organisé d'une façon très particulière en ce sens que trois catégories de membres, les conseillers, les maîtres des requêtes, les auditeurs, sont associés au même travail, tout en étant séparés par la triple différence de l'âge, du traitement et des attributions. De ces différences, la plus importante est celle de l'âge; les conseillers sont d'un âge plus mûr que les maîtres des requêtes et les auditeurs sont des jeunes gens. Le Conseil d'État bénéficie ainsi de la collaboration d'hommes qui sont aux différents âges de la vie, de l'expérience des uns, de l'ardeur au travail des autres, de l'émulation que provoque chez tous le rapprochement des générations échelonnées. Il est un microcosme, il rappelle en petit les conditions ordinaires de la collaboration sociale. De plus, il se recrute lui-même, en ce sens que les auditeurs de seconde classe y font leur entrée à la suite d'un concours dont le jury est puisé dans son sein. Cette heureuse organisation se trouve reproduite à la Cour des comptes où il y a aussi des conseillers maîtres, des référendaires et des auditeurs; elle se retrouve aussi, avec des variantes, dans les Facultés et Universités de l'enseignement supérieur où collaborent des professeurs titulaires, des agrégés, des chefs de travaux, des préparateurs recrutés par des concours universitaires, etc. Si l'on va au fond des choses, cette organisation est d'essence corporative, et sans doute l'ancien régime l'avait-il empruntée aux maîtrises et jurandes qui comptaient dans leur sein des maîtres qui se recrutaient entre eux, des compagnons et des apprentis. Toujours est-il qu'elle se révèle féconde et qu'elle devrait être appliquée à toutes les grandes institutions. Si, par exemple, on compare au Conseil d'État la Cour de cassation, uniquement composée de magistrats au terme de leur carrière, on ne peut pas ne pas être frappé de la différence de rendement des deux institutions. Sans doute, si la corporation était fermée, cela constituerait un gros danger, mais elle est ouverte, ainsi qu'il sera facile de s'en rendre compte par les règles indiquées au texte.

sivement parmi les auditeurs de seconde classe actuellement en exercice, ou parmi les anciens auditeurs sortis du conseil qui comptent quatre années d'exercice soit de leurs fonctions, soit des fonctions publiques auxquelles ils auraient été appelés. Ils sont nommés par décret du président de la République. Le vice-président et les présidents de section sont appelés à faire des présentations (L. 13 juill. 1879, art. 2). Ils ne doivent avoir ni moins de 25 ans, ni plus de 34 ans au 1er janvier de l'année de leur nomination (L. 1er juill. 1887, modifiée par L. 31 janv. 1907, art. 80). La durée de leurs fonctions n'est pas limitée. Les trois quarts au moins des places de maîtres des requêtes leur sont réservées (L. 8 avril 1910, art. 97).

Les auditeurs de *deuxième classe* sont nommés au concours dans les formes et aux conditions déterminées dans un règlement que le Conseil d'État est chargé de faire (V. Décr. 30 mars 1897, modifié par Décr. 11 mai 1900 et 7 août 1900). Nul ne peut être nommé s'il n'a eu, au 1er janvier de l'année du concours, 21 ans au moins et 26 ans au plus (1), s'il n'est Français, jouissant de ses droits, et s'il ne justifie avoir satisfait aux obligations du recrutement; certains diplômes sont exigés. Les auditeurs de deuxième classe ne restent en fonctions que pendant huit ans (L. 1er juill. 1887; L. 13 avril 1900, art. 24) (2).

Les auditeurs, tant de seconde que de première classe, ne peuvent être révoqués que par des décrets individuels et après avoir pris l'avis du vice-président du Conseil d'État délibérant avec les présidents de section (L. 1872, art. 5, § 12) (3).

---

(1) Cette limite d'âge sera abaissée à 25 ans pour les candidats qui ne justifient pas d'un an de présence sous les drapeaux. V. la L. 17 oct. 1919 portant la limite d'âge à 30 ans jusqu'au concours de 1921.

(2) Chaque année, le gouvernement fait connaître par une décision prise en conseil des ministres et insérée au *Journal officiel*, les fonctions qui seront mises à la disposition des auditeurs de deuxième classe qui auront au moins quatre ans de service. Ces fonctions sont les suivantes : commissaire du gouvernement près le conseil de préfecture de la Seine; secrétaire général d'une préfecture de première ou de deuxième classe; sous-préfet de première ou de deuxième classe; substitut dans un tribunal de deuxième classe.

(3) *Incompatibilités.* — Les fonctions de conseiller *en service ordinaire*, de maître des requêtes et d'auditeurs sont incompatibles avec toute fonction publique salariée. Et même avec certaines fonctions privées, telles que celles d'administrateurs de toute compagnie privilégiée et subventionnée (L. 1872, art. 7, § 3). Mais il y a deux séries d'exceptions : certains fonctionnaires peuvent être détachés au Conseil d'État en service ordinaire. Les officiers généraux ou supérieurs de l'armée de terre ou de mer, les inspecteurs et ingénieurs des ponts et chaussées, des mines et de la marine, les professeurs de l'enseignement supérieur peuvent être détachés au Conseil d'État en service ordinaire. Ils conservent, pendant la durée de leurs fonctions, les droits attribués à leur position, sans pouvoir toutefois cumuler les traitements (L. 1872, art. 7, §§ 1 et 2). — En sens inverse, les conseillers d'État en service ordinaire, maîtres des requêtes et auditeurs de première classe, après trois années depuis leur entrée au

B. *Les différentes formations du Conseil d'État* (L. 13 juill. 1879; D. R. 2 août 1879; L. 8 avril 1910, art. 96). — Le Conseil d'État a des formations administratives et des formations contentieuses. Il ne sera traité ici que des formations administratives qui sont *les sections, les sections réunies, l'assemblée générale*. Dans toutes ces réunions purement administratives, les séances du Conseil d'État ne sont pas publiques (1).

a) *Formation du conseil en sections administratives*. — Le Conseil d'État est divisé en quatre sections administratives où les affaires sont réparties par ministères : 1° législation, justice et affaires étrangères; 2° intérieur, instruction publique et beaux-arts; 3° finances, guerre, marine, colonies; 4° travaux publics, postes et télégraphes, agriculture, commerce, industrie, travail et prévoyance sociale (Décr. 24 nov. 1906 modifiant l'art. 1er du décr. 2 août 1879 portant règlement intérieur du Conseil d'État). (2).

Les sections administratives sont composées de cinq conseillers d'État en service ordinaire et d'un président, à l'exception de la section de législation qui ne se compose que de quatre conseillers et d'un président (Décr. 11 fév. 1908). Les conseillers en service extraordinaire qui ne peuvent pas être attachés « à la section du

Conseil d'État, peuvent, sans perdre leur rang au conseil, être nommés à des fonctions publiques, pour une durée qui n'excédera pas trois ans. Le nombre des membres du conseil, ainsi nommés à des fonctions publiques, ne pourra excéder le cinquième du nombre des conseillers, maîtres des requêtes et auditeurs. Pendant ces trois années, ils ne seront pas remplacés. Les traitements ne pourront être cumulés (L. 13 juill. 1879, art. 3).

Traitements. - Les traitements des membres du Conseil d'État sont fixés ainsi qu'il suit (L. 6 oct. 1919, art. 2) :

DÉSIGNATION	TRAITEMENTS	OBSERVATIONS
	francs.	
Vice-président	35.000	
Présidents de section	30.000	
Conseillers	25.000	
Secrétaire général	20.000	Après 5 ans de fonctions.
	18.000	Avant 5 ans de —
Maîtres des requêtes	20.000	Après 10 ans de —
	17.000	Après 5 ans de —
	14.000	Avant 5 ans de —
Auditeurs de 1re classe	12.000	Après 3 ans de —
	11.000	Avant 3 ans de —
Auditeurs de 2e classe	10.000	Après 3 ans de —
	8.000	Avant 3 ans de —

(1) Les formations contentieuses du Conseil d'État, qui trouvent leur origine dans le *comité du contentieux* créé en 1806, comprennent actuellement des *sections* et *sous-sections du contentieux*, plus une *assemblée du Conseil d'État statuant au contentieux*. — V. *infra*, partie du contentieux.

(2) Il y a en outre, depuis l'article 96 de la loi du 8 avril 1910, deux sections du contentieux qui se divisent en sous-sections.

contentieux » peuvent, au contraire, être attachés aux sections administratives. Le ministre de la Justice a le droit de présider toutes les sections, à l'exception de celle du contentieux. Les autres ministres n'ont pas entrée dans les sections (L. 24 mai 1872, art. 10, § 4). Les maîtres des requêtes et les auditeurs sont en outre répartis entre les diverses sections (1).

Les sections administratives ne peuvent délibérer valablement que si trois conseillers en service ordinaire sont présents. En cas de partage, la voix du président est prépondérante (L. 24 mai 1872, art. 12, § 2). Quelquefois les sections délibèrent définitivement, mais le plus souvent elles ne font qu'arrêter un projet d'avis qui sera porté à l'assemblée générale du Conseil d'État (2).

b) *Formation en réunion de sections.* — Certaines affaires peuvent concerner plusieurs sections qu'il serait utile de réunir. Cela peut être fait par le ministre de la Justice ou le vice-président du Conseil d'État (R. 2 août 1879, art. 2). La présidence appartient, en l'absence du ministre de la Justice, au vice-président ou à celui des présidents de ces sections qui est le premier dans l'ordre du tableau. Dans certains cas, les réunions de sections délibèrent définitivement sur les affaires qui leur sont soumises, mais le plus souvent elles ne font qu'arrêter un projet d'avis et préparer un rapport qui sera porté à l'assemblée générale du Conseil d'État. Les décrets rendus après délibération d'une ou plusieurs sections mentionnent que ces sections ont été entendues (L. 1872, art. 13, § 2).

c) *Formation en assemblée générale du Conseil d'État.* — L'assemblée générale du Conseil d'État se compose : du garde des Sceaux, ministre de la Justice ; du vice-président, des ministres, des conseillers d'État en service ordinaire, des conseillers d'État en service extraordinaire, des maîtres des requêtes, des auditeurs et du secrétaire général. Elle est présidée par le ministre de la Justice, et, en son absence, par le vice-président du Conseil d'État ; en l'absence des deux, par le plus ancien des présidents de section dans l'ordre du tableau (L. 24 mai 1872, art. 4).

Le Conseil d'État en assemblée générale ne peut délibérer si seize au moins des conseillers en service ordinaire ne sont présents. En cas de partage, la voix du président est prépondérante (L. 1879,

---

(1) Tous les trois ans, il peut être procédé à une nouvelle répartition des conseillers d'État et des maîtres des requêtes entre les diverses sections ; tous les ans pour les auditeurs. Cette répartition est faite par décret en ce qui concerne les conseillers d'État, et par arrêté du ministre de la Justice en ce qui concerne les maîtres des requêtes et les auditeurs.

(2) Un décret du 11 août 1914 a permis d'affecter aux sections administratives des membres de la section du contentieux parce que les séances au contentieux avaient été temporairement suspendues.

art. 6). Les décrets rendus après délibération de l'assemblée générale mentionnent que le Conseil d'État a été entendu et constituent toujours, soit des *règlements d'administration publique*, soit des *décrets en forme de règlement d'administration publique* (L. 1872, art. 13, § 1). — Certaines affaires sont nécessairement portées à l'assemblée générale, les autres n'y sont portées qu'autant que le renvoi à cette assemblée a été ordonné par les présidents de section. Il faut voir à ce sujet le règlement du 2 août 1879, modifié par celui du 3 avril 1886 et pris en exécution de la loi du 24 mai 1872, article 10, § 4 (1).

C. *Les attributions du Conseil d'État.* — Le Conseil d'État a des attributions administratives et des attributions contentieuses. On dit quelquefois qu'il en a de législatives ; il en a eu sous certains régimes, mais il n'en a plus, son intervention dans la confection de la loi n'est plus nécessaire ; quand il intervient en fait, c'est qu'il est consulté à titre administratif. — Pour les attributions *contentieuses*, renvoi au contentieux. Quant aux attributions *administratives*, elles consistent uniquement *à émettre des avis* dont le gouvernement reste libre de s'écarter. L'intervention du Conseil d'État est tantôt facultative, tantôt nécessaire. Elle est nécessaire quand la loi dit qu'il sera statué par *règlement d'administration publique* ou par *décret en forme*

(1) Nomenclature complète d'après le décret du 3 avril 1886 : 1° les projets et les propositions de lois renvoyés au Conseil d'État : 2° les projets de règlement d'administration publique ; 3°-6° affaires ecclésiastiques supprimées par la loi du 9 décembre 1905 ; 7° l'autorisation d'accepter les dons et legs excédant 50.000 francs lorsqu'il y a opposition des héritiers ; 8° l'annulation des délibérations prises par les conseils généraux de département dans les cas prévus par les articles 33 et 47 de la loi du 10 août 1871 ; 9° les impositions d'office établies sur les départements dans les cas prévus par l'article 61 de la loi du 10 août 1871 ; 10° les traités passés par la ville de Paris pour les objets énumérés dans l'article 16 de la loi du 24 juillet 1867 ; 11° les changements apportés à la circonscription territoriale des communes ; 12° la création des octrois ; 13° la création des tribunaux de commerce et des conseils de prud'hommes ; la création ou la prorogation des chambres temporaires dans les cours ou tribunaux ; 14° la création des chambres de commerce ; 15° la naturalisation des étrangers accordée à titre exceptionnel ; 16° les prises maritimes ; 17° la délimitation des rivages de la mer ; 18° les demandes en concession des mines en France ou en Algérie ; 19° l'exécution des travaux publics à la charge de l'État qui peuvent être autorisés par décret ; 20° l'exécution des tramways ; 21° la concession de dessèchement de marais, les travaux d'endiguement et ceux de redressement des cours d'eau non navigables ; 22° l'approbation des tarifs des ponts à péage ; 23° l'établissement des droits de tonnage dans les ports maritimes ; 24° l'autorisation des sociétés d'assurance sur la vie, des tontines ; 25° la suppression des établissements dangereux, incommodes et insalubres dans les cas prévus par le décret du 15 octobre 1810 ; 26° toutes les affaires non comprises dans cette nomenclature sur lesquelles il doit être statué en vertu d'une disposition spéciale par décrets rendus en la forme des règlements d'administration publique ; 27° enfin les affaires qui, à raison de leur importance, sont renvoyées à l'examen de l'assemblée générale, soit par les ministres, soit par le président de la section d'office ou sur la demande de la section.

de règlement d'administration publique ou que le *Conseil d'État sera consulté* et, d'ailleurs, dans tous les cas visés par le décret du 3 avril 1886. Dans ces cas, l'absence de l'avis du Conseil d'État constituerait un vice de forme du décret (1).

Article II. — *Le pouvoir régional.*

N° 1. — Les préfectures.

Le pouvoir régional, c'est le haut-commissaire de l'Alsace-Lorraine, ce sont les préfets (avec les sous-préfets et les maires en tant qu'ils agissent sous l'autorité des préfets); dans les possessions coloniales, ce sont les gouverneurs. Le pouvoir régional répond à cette nécessité que, dans les diverses régions d'un pays étendu, il faut que le pouvoir central soit représenté de place en place *dans son unité*. Sans doute, des agents des services extérieurs des ministères sont répandus dans tout le pays, mais ils sont très spécialisés, l'un est militaire, l'autre agent d'une régie financière, l'autre ingénieur des ponts et chaussées; aucun d'eux ne représente le pouvoir central dans son unité. Il faut aussi un représentant du pouvoir central pour tenir en respect les administrations locales et même les citoyens. Il le faut encore pour maintenir l'harmonie entre les divers services administratifs de la hiérarchie qui, à cause de leur spécialisation et de leur esprit de corps, ne sont que trop disposés à se contrecarrer au grand détriment des affaires de l'État.

Les préfets ont à la fois un caractère politique et gouvernemental et un caractère administratif. Ce sont à la fois des gouverneurs civils de province et des administrateurs, c'est-à-dire que ce sont des gouverneurs qui se mêlent d'administration. Il convient de remarquer que, sous notre régime parlementaire, l'unité du pouvoir central est

---

(1) Mais quand le Conseil d'État doit être consulté pour accorder une autorisation demandée au gouvernement et que celui-ci décide de refuser l'autorisation, la décision de refus n'a pas besoin d'être appuyée d'un avis du Conseil d'État (Cons. d'Ét., 10 mars 1905. Mac Donnel).

Rôle des divers membres du Conseil d'État. — *Garde des Sceaux, ministre de la Justice*, présidence facultative de l'assemblée générale et des sections administratives, avec voix délibérative. — *Ministres autres que le garde des Sceaux*, voix délibérative à l'assemblée générale, chacun pour les affaires de son département; peuvent toujours faire venir une affaire en assemblée générale. — *Conseillers en service ordinaire*, voix délibérative quelle que soit la formation du Conseil d'État. — *Conseillers en service extraordinaire*, n'ont entrée qu'à l'assemblée générale et aux sections administratives, voix délibérative dans les affaires qui ressortent à leur département ministériel, voix consultative dans les autres. — *Maîtres des requêtes*, voix délibérative dans les affaires dont ils ont fait le rapport, voix consultative dans les autres, aussi bien à l'assemblée générale que dans les sections. — *Auditeurs*, n'ont d'opinion à émettre que sur les affaires dont ils ont fait le rapport, voix délibérative dans leur section, consultative à l'assemblée générale.

représentée avec beaucoup plus d'énergie dans les préfectures, où le préfet est réellement le seul maître, qu'elle ne l'est à Paris, où le président de la République, partageant son pouvoir avec douze ministres, ne peut pas réellement assurer l'unité gouvernementale. Pour cette raison, les adversaires de la centralisation administrative attaquent violemment les préfets, qu'ils considèrent, à juste titre, comme étant les piliers du régime (1); pour cette même raison, les partisans de la centralisation dont nous sommes, pour les motifs donnés plus haut (V. p. 100), doivent les défendre et souhaiter que le gouvernement central lui-même se resserre pour revenir à une plus forte unité, dans l'intérêt des services nationaux essentiels.

Il ne faut pas confondre le pouvoir régional avec les administrations décentralisées. Les pouvoirs décentralisés ne sont pas exercés au nom de l'État, mais au nom de personnes administratives locales, telles que les départements ou les communes. La cause de confusion est que ces différents pouvoirs s'exercent concurremment dans les mêmes circonscriptions; c'est aussi que les mêmes autorités représentent parfois le pouvoir régional de l'État et le pouvoir départemental ou communal; en effet, le préfet, par exemple, est une autorité régionale de l'État et en même temps une autorité départementale; le maire, qui est avant tout une autorité communale, est, à certains égards, une autorité régionale de l'État. Ces causes de confusion sont faciles à éviter.

Organisation d'une préfecture. (2). — La préfecture est le rouage essentiel du pouvoir régional dans la métropole, il y en a une par département; elle se compose : 1° du préfet; 2° du cabinet du préfet; 3° du secrétaire général et des bureaux; 4° du conseil de préfecture.

A. *Le préfet.* — I. *Règles d'organisation relatives au préfet.* — Il y a un préfet dans chaque département (L. 28 pluv. an VIII, art. 2) (3). Toutes les règles d'organisation que nous allons étudier sont inspirées par une même pensée, faire que les préfets soient absolument dans la main du gouvernement et que, cependant, les avantages de leur situation soient assez grands pour attirer dans la carrière des hommes de valeur.

(1) V. Henri Chardon, dans son étude précitée sur *Le ministère de l'Intérieur*, Paris, fév. 1910, et dans son livre *Le pouvoir administratif*, Paris, 1911.
(2) Le haut-commissaire sera étudié à propos de l'Alsace-Lorraine et les gouverneurs de colonies à propos des colonies.
(3) Par exception, dans le département de la Seine, il y en a deux qui se partagent les attributions et qui cumulent d'ailleurs la qualité de maire de Paris avec celle de préfet : le préfet de police et le préfet de la Seine. Dans le territoire de Belfort, il y a un *administrateur*.

Nomination. — Les préfets sont nommés et révoqués par décrets du chef de l'État, proposés et contresignés par le ministre de l'Intérieur. La qualité de citoyen français suffit, c'est-à-dire l'âge de 21 ans et la jouissance des droits civils et politiques, à la condition d'avoir satisfait aux obligations du recrutement militaire.

Traitements. Classes territoriales. — Il y avait, avant 1908, une réglementation des traitements des préfets qui prenait pour base une division des préfectures en trois classes territoriales, à raison de l'importance du département. Trois décrets du 1er avril 1908, du 15 juin 1908 et du 22 janvier 1909 avaient rompu avec le système des classes territoriales, mais un décret du 19 octobre 1911, modifié par un décret du 8 janvier 1920, y est revenu. — Préfecture de la Seine, traitement, 50.000 francs ; préfecture de police, préfectures de l'Aisne, des Ardennes, Marne, Meurthe-et-Moselle, Meuse, Nord, Oise, Pas-de-Calais, Somme et Vosges, traitement de 40.000 francs ; préfectures de première classe, traitement de 35.000 francs ; aux préfectures de deuxième classe est attaché un traitement de 30.000 francs et à celles de troisième classe un traitement de 24.000 francs. Enfin, l'administrateur du territoire de Belfort a 18.000 francs.

Les préfets de 3e et de 2e classes pourront, après quatre années de services dans une classe, recevoir, à titre de classe personnelle, le traitement immédiatement supérieur. Il en sera de même pour les secrétaires généraux de préfecture, les sous-préfets et conseillers de préfecture de 2e et 3e classes.

Outre leur traitement, les préfets ont un fonds d'abonnement destiné partie aux frais de bureaux, partie aux frais de représentation (Décr. 16 juin 1806 ; Ord. 22 fév. 1822), et ils sont logés (1).

---

(1) *Pension et traitement de non-activité.* — Les préfets ont droit à une pension au bout de trente ans de service et à 60 ans d'âge, mais comme ils peuvent être révoqués *ad nutum,* on ne leur a pas fait subir de retenue sur le traitement (L. 22 août 1790). De plus, afin que le gouvernement puisse les mettre en disponibilité librement sans être arrêté par des considérations d'humanité, dans le cas où ils n'ont pas encore droit à la retraite, ils peuvent recevoir un traitement de *disponibilité.* Ce traitement, qui ne peut pas dépasser 6.000 francs par an, ni la moitié du traitement moyen de la dernière année, ne constitue pas un droit, il ne peut durer plus de six ans, et sa durée ne peut excéder la moitié des services civils rendus à l'État, il ne peut être cumulé avec aucun traitement ni aucune pension payés sur les fonds du Trésor ; le préfet en disponibilité conserve ses droits à la retraite (L. 25 fév. 1901, art. 42).

Résidence, remplacement temporaire. — Le préfet doit résider au chef-lieu de son département ; il ne peut s'absenter du département sans la permission du ministre de l'Intérieur (Arr. 27 vent. an VIII). Le préfet peut déléguer ses fonctions à un conseiller de préfecture ou au secrétaire général de la préfecture. La délégation n'a pas besoin d'être approuvée par le ministre de l'Intérieur, si le préfet ne sort pas du département (Ord. 19 mars 1821, art. 1er). En cas de vacance de la préfecture ou d'absence sans délégation, le premier conseiller de préfecture dans l'ordre du tableau prend de droit l'administration du département ; toutefois, si, avant la vacance de la préfecture,

II. *Attributions du préfet comme représentant de l'État* (1). — Le préfet est avant tout représentant de l'État, mais il l'est aussi du département; il s'agit ici uniquement de ses attributions comme représentant de l'État.

Le préfet est chargé : 1° de l'*exécution* des décisions du chef de l'État ou des ministres ; 2° de la *surveillance des services de l'État* en tant qu'ils fonctionnent dans son département (2); 3° d'un service général d'*informations* au profit du pouvoir central, tant au point de vue de la statistique que de la police ; 1° de la *transmission* des réclamations des particuliers au pouvoir central; 4° le préfet a la *direction* des sous-préfets et des maires de son département, considérés comme autorités administratives régionales de l'État; 6° il a, dans une certaine mesure, la *police des fonctionnaires* et spécialement celle des instituteurs; 7° il exerce, dans une certaine mesure, la *police ou tutelle sur les administrations locales* (3) ; 8° il exerce, dans une certaine mesure, la *police sur les individus*. D'abord, il a le *pouvoir réglementaire* (4), et aussi le droit de donner des *autorisations indivi-*

l'administration a été déléguée, celui qui a reçu cette délégation continue d'exercer jusqu'à ce qu'il en soit autrement ordonné par le ministre de l'Intérieur (*Eod.*, art. 2).

(1) Nous ne faisons pas état des attributions exceptionnelles que les préfets ont exercées pendant la guerre pour le ravitaillement des populations ; que l'organisme des préfectures ait pu se plier tant bien que mal à ce rôle économique, cela prouve tout de même la robustesse et la souplesse du mécanisme de la centralisation (Cf. L. 16 oct. 1915 et 25 avril 1916 sur le blé et les farines; L. 20 avril 1916 sur la taxation et la réquisition du sucre, du café et autres denrées; L. 22 avril 1916 sur la taxation et la réquisition des charbons, etc.).

(2) Cette surveillance était facilitée autrefois, par ce fait qu'une bonne partie de la correspondance officielle des chefs de service, avec leurs ministres respectifs, devait passer par les bureaux de la préfecture; mais la plupart des services se sont affranchis de cette servitude et ont conquis la correspondance directe avec leurs ministres respectifs.

(3) Vis-à-vis du *département*, il a le droit d'annuler en certains cas les délibérations du conseil général (L. 1871, art. 34) ; il est chargé de former recours devant le chef de l'État statuant en Conseil d'État contre les délibérations dites définitives (L. 1871, art. 47) et de dénoncer au chef de l'État les délibérations soumises à suspension (L. 1871, art. 48, 49). — Vis-à-vis des *communes*, il a le droit de suspendre pendant un mois un conseil municipal (L. municip., art. 43), de suspendre pour le même temps un maire ou un adjoint (art. 86, *ibid.*), à la condition de suivre la procédure de la loi du 8 juillet 1908; il a le droit d'approuver certaines délibérations des conseils municipaux, le droit d'annuler leurs délibérations réglementaires lorsqu'elles renferment quelque cause de nullité (art. 65 et 66); il a le droit d'annuler ou de suspendre les arrêtés de police des maires (art. 95); le droit, après avoir mis le maire en demeure, de substituer son action à la sienne, aux termes des articles 85 et 99 ; il révoque les gardes champêtres (art. 102). — Vis-à-vis des *établissements publics*, il exerce des droits considérables; pour les établissements charitables, il nomme une partie des commissions administratives, il approuve les délibérations de ces commissions, etc.

(4) Ce pouvoir réglementaire, la jurisprudence le puise dans la loi des 22 décembre 1789, janvier 1790, section III, article 2, qui a constitué les administrations départe-

duelles, par exemple l'autorisation d'ouvrir des établissements insalubres de 1re et de 2e classes, etc.; 9° le préfet participe à la police du domaine public de l'État, notamment à celle des fleuves et rivières navigables ou flottables; 10° il intervient dans la perception des impôts directs en rendant exécutoires les rôles; 11° il intervient dans l'expropriation pour cause d'utilité publique, soit dans les enquêtes, soit par l'arrêté de cessibilité; il autorise certaines adjudications de travaux publics; il liquide et ordonnance certaines dépenses, etc.; 12° le préfet est le représentant de l'État dans un certain nombre de contrats qui intéressent le domaine privé, les aliénations (sauf exception), les baux, etc.; 13° il est le représentant en justice de l'État devant tous les tribunaux de son département.

Degré d'autonomie du préfet vis-à-vis du ministre. — Force exécutoire de ses décisions. — Décrets de déconcentration. — En tant que le préfet prend des décisions, il est intéressant de savoir jusqu'à quel point il est une autorité administrative indépendante des ministres, si ces actes ont force exécutoire par eux-mêmes, ou bien s'ils ne l'ont que lorsqu'ils sont revêtus de l'approbation ministérielle. A l'heure actuelle, depuis la réforme opérée par les décrets du 25 mars 1852 et du 13 avril 1861 (1), on peut poser les règles suivantes :

mentales; elle a tiré notamment des §§ 5, 6, 9 de cet article le droit pour le préfet de faire des règlements relatifs à la conservation des propriétés publiques; à celle des forêts, rivières (L. 8 avril 1898), chemins et autres choses communes, au maintien de la sûreté, de la salubrité et de la tranquillité publiques. De plus, des lois spéciales ont reconnu au préfet le pouvoir réglementaire en matière de chasse (L. 3 mai 1844); de pêche (L. 15 avril 1829); de chemins vicinaux (L. 21 mai 1836); de police rurale (L. 21 juin 1898); d'hygiène publique (L. 15 fév. 1902). Ce pouvoir réglementaire s'exerce par des arrêtés qui doivent être publiés par voie d'affiche dans les communes où leur exécution est réclamée (Avis Cons. d'Ét., 25 prair. an XIII; Cass., 12 avril 1861). En matière de sûreté générale, salubrité, tranquillité, les pouvoirs du préfet entrent en conflit sur le territoire de chaque commune avec les pouvoirs du maire. Nous examinerons ce conflit plus loin (*Infra*, v° *Police municipale*).

(1) *Histoire de la réforme.* — De la loi des 22 décembre 1789, janvier 1790, qui avait institué les directoires de département auxquels les préfets ont succédé en l'an VIII, il résultait (sect. VIII) que sur « tous les objets qui intéressaient le régime de l'administration générale du royaume ou sur des entreprises nouvelles et travaux extraordinaires » les arrêtés des administrations départementales devaient être soumis à l'approbation du roi; mais que, sur les autres objets, ils auraient force exécutoire par eux-mêmes, sauf le droit du roi de les annuler ou réformer. Il y avait donc des actes des directoires qui étaient exécutoires par eux-mêmes. Le principe est resté le même pour les préfets; l'article 3 de la loi du 28 pluviôse an VIII, « le préfet sera seul chargé de l'administration », n'a rien changé aux attributions. Seulement, en fait, comme les expressions « objets qui intéressent le régime de l'administration générale du royaume » étaient très élastiques, la tendance centralisatrice en profita pour soumettre à la nécessité de l'approbation ministérielle tous les actes des préfets, à l'exception de quelques-uns nommément indiqués par la loi du 22 décembre 1789, par exemple les arrêtés réglementaires de police.

Il résultait de cette approbation ministérielle, indispensable pour la plus petite

a) Les actes des préfets ont force exécutoire par eux-mêmes : 1° en matière de règlement de police (L. 22 déc. 1789) ; 2° dans les matières contenues aux tableaux de 1852 et 1861, notamment en tout ce qui concerne la tutelle des départements et des communes. Quelquefois le préfet est tenu de prendre l'avis du conseil de préfecture ; quelquefois il est tenu de prendre celui de certains chefs de service. Ces actes peuvent être réformés ou annulés par le ministre : d'office, en cas de violation des lois et règlements ; sur recours des parties intéressées, pour toute espèce de motifs ;

b) Les actes des préfets sont soumis à l'approbation ministérielle : 1° dans certains cas exceptés par les décrets de 1852 et 1861 eux-mêmes ; 2° dans les matières qui intéressent l'administration générale du pays, par exemple dans la délivrance des permis de stationnement sur les dépendances de la grande voirie (Cass. Chambres réunies, 13 déc. 1900, *Compagnie générale de navigation*) (1).

Nature et forme des actes. — Voies de recours. — La forme régulière des actes du préfet est l'arrêté, mais il peut aussi prendre de simples décisions sous forme de lettre ou d'annotation au bas d'un rapport. Dans tous les cas, il faut la signature du préfet.

---

affaire, une paperasserie et des lenteurs contre lesquelles les réclamations étaient unanimes. On connaît l'exemple cité par J.-B. Say dans son cours d'économie politique : La commune de Motteville, près d'Yvetot, avait une église qui menaçait ruine. Elle entreprit les formalités nécessaires pour la réparer, mais, avant qu'elles ne fussent terminées, l'église s'écroula. La commune fit alors une demande en réédification, et afin de ne pas perdre de temps, en attendant d'être autorisée à rebâtir, elle fit couper des bois pour la charpente. Quand l'autorisation arriva, les bois étaient pourris. Le gouvernement de 1852, qui se proposait d'être avant tout un régime administratif, donna satisfaction à ces réclamations par les deux décrets du 25 mars 1852 et du 13 avril 1861. Ces deux décrets, sans toucher au principe établi dans la loi du 22 décembre 1789, contiennent, soit dans leurs articles, soit dans des tableaux annexés, la liste d'une foule de cas où, désormais, les préfets pourront statuer sans l'approbation du ministre, sauf le pouvoir pour celui-ci d'annuler ou de réformer après coup leurs actes.

(1) *Première observation* : Les tableaux des décrets de 1852 et de 1861 doivent être lus actuellement avec beaucoup de précautions, parce qu'en vertu des lois du 10 août 1871 et du 5 avril 1884, un certain nombre d'actes ne sont plus dans les attributions du préfet, étant passés dans celles du conseil général ou de la commission départementale.

Deuxième observation : Les décrets de 1852 et de 1861 ont été appelés, par le gouvernement impérial, décrets de *décentralisation* ; ils ne méritaient évidemment pas ce nom, puisqu'ils faisaient passer des attributions du pouvoir central, non pas à des autorités administratives décentralisées, départementales ou communales, mais à des autorités régionales de l'État lui-même ; on les a appelés plus exactement décrets de *déconcentration*. Cependant il est juste de reconnaître que si ces décrets n'ont pas fait par eux-mêmes de la décentralisation, ils l'ont facilitée pour plus tard. Il est plus facile d'enlever une attribution au préfet, pour la faire passer au conseil général du département, que de l'enlever au ministre. Les décrets de 1852 et 1861 ont rendu possible la loi du 10 août 1871.

On peut recourir contre les actes des préfets : 1° par la voie hiérarchique, devant le ministre ; 2° par la voie contentieuse : par recours pour excès de pouvoir, contre les décisions considérées comme indépendantes de toute opération administrative ou comme détachables des opérations dont elles font partie ; par recours contentieux ordinaire, contre les décisions qui font partie d'opérations dont elles ne sont pas considérées comme détachables ; et cela *omissio medio*, c'est-à-dire sans avoir besoin de saisir d'abord le ministre par un recours hiérarchique (V. *infra*, v° *Recours pour excès de pouvoir*. (1).

B. *Le cabinet du préfet*. — Les préoccupations électorales et politiques, qui ont pris sous la troisième République une importance si grande en administration, ont amené dans les préfectures comme dans les ministères l'apparition d'un organe nouveau, le cabinet du préfet (2).

C. *Le secrétaire général de la préfecture et les bureaux*. — Il y a un secrétaire général de préfecture par département à côté du préfet (L. 21 juin 1865, art. 3). Les secrétaires généraux ont été plusieurs fois supprimés et rétablis depuis la loi du 28 pluviôse an VIII, qui les avait institués. La raison d'être de l'institution a été singulièrement modifiée. Primitivement, le préfet choisissait son secrétaire général et pouvait en faire son confident, c'était une sorte de chef de cabinet, mais peu à peu, la carrière de secrétaire général s'étant régularisée, les nécessités de l'avancement ont fait qu'on a imposé aux préfets des secrétaires généraux qui n'étaient point de leur choix ; les préfets se sont alors créé des confidents dans leur *cabinet*, le secrétaire général a été relégué dans l'administration pure, tandis que le préfet et son cabinet s'orientaient de plus en plus vers l'action politique. Si ce mouvement s'accentuait, le préfet deviendrait un gouverneur politique, tandis que le secrétaire général deviendrait le

---

(1) Cette jurisprudence a été le complément des décrets de 1852 et de 1861 sur l'autonomie donnée aux préfets.

Une décision récente permet aux préfets de prendre comme chefs de cabinet des sous-préfets.

(2) Hier encore pure organisation de fait qui n'était régie par aucun texte, les cabinets des préfets viennent d'être visés par la loi du 1er avril 1920 et classés en tête du personnel des bureaux de la préfecture. Cela tranche par l'affirmative la question de savoir si les attachés du cabinet sont des fonctionnaires publics. Le chef et, éventuellement, le chef adjoint au sous-chef du cabinet ne sont pas soumis à l'obligation du recrutement par la voie du concours. Ils ne peuvent être nommés ou promus à aucun emploi des bureaux qu'en satisfaisant aux conditions légales et réglementaires. Leurs fonctions, mal définies, sont surtout confidentielles ; elles consistent dans un service d'audience et de correspondance personnelle, dans des notes politiques à donner, non seulement aux fonctionnaires du département, mais encore aux électeurs influents. Tout ce qui est faveur administrative, tout ce qui, par conséquent, peut être utilisé dans un but politique, tout cela est préparé dans le cabinet du préfet.

préfet administratif. Cette combinaison réaliserait quelque chose de ce que nous avons préconisé pour les ministères (V. *supra*, p. 196); alors il vaudrait mieux que le secrétaire général ne changeât pas de département. Jusqu'à présent le secrétaire général était un futur préfet, mais il ne serait pas impossible que dans l'avenir la fonction ne devînt une carrière fermée. Les secrétaires généraux sont nommés et révoqués par décret. Aucune condition spéciale exigée, si ce n'est la qualité de citoyen (1).

Le secrétaire général a des attributions administratives et des attributions contentieuses. Au point de vue contentieux, il joue le rôle de commissaire du gouvernement devant le conseil de préfecture statuant au contentieux. Au point de vue administratif, il a en premier lieu cette fonction vague, mais très importante, d'être celui qui peut le mieux être délégué en cas d'empêchement du préfet (2); en second lieu, il a la surveillance des bureaux; enfin, il a la garde des papiers, la signature des expéditions délivrées aux parties, la responsabilité des registres, des arrêtés et décisions du préfet et des délibérations du conseil de préfecture (L. 28 pluv. an VIII, art. 7; Ord. 9 août 1817).

Les bureaux. — Il y a à la préfecture des bureaux pour la préparation administrative des affaires; le personnel en a été déterminé par la loi du 1ᵉʳ avril 1920; il est exclusivement recruté au concours, en dehors des cas prévus par la loi sur le recrutement de l'armée; les employés y sont répartis, comme dans les ministères, en divisions et en bureaux, ils sont nommés et révoqués par le préfet et payés par lui sur les fonds d'abonnement. Ces bureaux préparant les affaires soumises au conseil général et à la commission départementale, reçoivent du conseil général un supplément de traitement.

D. *Les conseils de préfecture.* — Les conseils de préfecture, de même que le Conseil d'État, sont à la fois des conseils administratifs et des tribunaux administratifs; on les envisagera ici uniquement comme conseils, tout en reconnaissant que leur qualité de juridiction est celle qui prend le plus d'importance et qui tend à influer le plus

---

(1) Le secrétaire général de la préfecture de la Seine a 23.000 francs, celui de la préfecture de police, 20.000 francs; pour les départements, trois classes : Traitement de la première classe, 15.000 francs; de la seconde, 12.000 francs; de la troisième, 10.000 francs (D. 8 janv. 1920. Pour les classes personnelles, v. *supra*, p. 208). Ils ont une pension de retraite sans retenues, et peuvent obtenir un traitement de non-activité. Le secrétaire général absent, empêché ou chargé par délégation des fonctions de préfet, est remplacé dans ses fonctions par le conseiller de préfecture, le dernier dans l'ordre du tableau.

(2) Sur les conditions de cette délégation et, d'ailleurs, sur toute l'histoire des secrétaires généraux, V. conclusions sous Cons. d'Ét., 28 avril 1882, *Ville de Cannes* dans Lebon.

sur leur organisation (renvoi au contentieux). Les conseils de préfecture ont été créés par la loi du 28 pluviôse an VIII; depuis ils ont été remaniés par la loi du 21 juin 1865, et l'on a constamment demandé de nouveaux remaniements (1).

Il y a un conseil de préfecture dans chaque département; il est composé du préfet, président, et, suivant l'importance du département, de trois ou quatre conseillers (2). Le conseil ne peut prendre aucune délibération si les membres présents ne sont au moins au nombre de trois. Le préfet, lorsqu'il assiste à la séance, compte pour compléter le nombre nécessaire; il a voix prépondérante en cas de partage (Arr. 19 fruct. an IX). La présidence du préfet est très critiquable, surtout dans les affaires contentieuses. En fait, le préfet préside rarement, et la loi du 21 juin 1865 consacre cet état de fait, en décidant que chaque année un des conseillers est désigné par décret pour présider en son absence, mais il continue à pouvoir présider; il est fortement question de lui enlever ce droit.

Les conseillers de préfecture sont nommés et révoqués par décret. Il y a, depuis la loi du 21 juin 1865, quelques conditions de capacité (3).

Le conseil de préfecture, au point de vue administratif, n'a que des attributions consultatives, il donne des avis au préfet, quelquefois même au chef de l'État. Le plus souvent ces avis sont facultatifs, quelquefois, ils sont obligatoires; des lois assez nombreuses ont imposé au préfet de statuer en conseil de préfecture, notamment en matière de tutelle départementale ou communale; même lorsque le préfet est tenu de prendre l'avis, il n'est pas tenu de le suivre. L'arrêté mentionne que le préfet siégeait en conseil de préfecture, mais il est signé du préfet seul.

---

(1) De nombreux projets ont été déposés (V. *Revue politique*, 1897, article de M. Michoud, t. XII, p. 267; *Revue générale d'administration*, 1901, III, 5, article de M. Albert Lavallée, sur une proposition de suppression des conseils de préfecture. En juillet 1920, il a été question à la Chambre des députés de les remplacer par des tribunaux administratifs régionaux.

(2) Dans le département de la Seine, le conseil de préfecture se compose de neuf membres, y compris le président.

(3) « Nul ne peut être nommé conseiller de préfecture s'il n'est âgé de 25 ans accomplis, s'il n'est, en outre, licencié en droit, ou s'il n'a rempli, pendant dix ans au moins, des fonctions rétribuées dans l'ordre administratif ou judiciaire, ou bien s'il n'a été, pendant le même espace de temps, membre d'un conseil général ou maire » (art. 2). « Il y a incompatibilité légale entre les fonctions de conseiller de préfecture et tout autre emploi public ou l'exercice d'une profession » (art. 3). — Pour les traitements : première classe, 9.000 francs; seconde classe, 7.000 francs; troisième classe, 6.000 francs (Décr. 8 janv. 1920); pour les classes personnelles, v. *supra*, p. 208. Pension de retraite sans retenue; traitement de non-activité.

N° 2. — Les sous-préfectures et les mairies.

A. *Les sous-préfectures.* — La sous-préfecture se compose du sous-préfet et des bureaux. Il y en a une par arrondissement. Il a été bien des fois question de les supprimer, car elles ont trop peu d'importance administrative, mais elles ont beaucoup d'importance au point de vue politique et électoral et c'est ce qui a jusqu'ici assuré leur maintien (V. cependant un vote de principe de la Chambre des députés pour la suppression, le 2 juillet 1920). — Il y a un sous-préfet dans chaque arrondissement, excepté dans celui du chef-lieu du département où le préfet en remplit les fonctions (L. 28 pluv. an VIII, art. 8 et 11). Les sous-préfets sont nommés et révoqués par décret. Aucune condition spéciale de capacité, la qualité de citoyen suffit (1).

Les attributions du sous-préfet (2). — L'arrondissement n'ayant pas la personnalité administrative, le sous-préfet n'a pas à le représenter, il n'a donc pas, comme le préfet, un double caractère, il est uniquement représentant de l'État : *a*) Il est avant tout un agent de transmission, il fait parvenir aux municipalités les ordres du préfet et au préfet les réclamations que les municipalités adressent, au nom des habitants, à l'administration supérieure; il use de certains pouvoirs d'information et de surveillance, car il doit assurer l'exécution des ordres du préfet et donner son avis sur les réclamations des habitants; *b*) le sous-préfet a peu de pouvoirs de décision, cependant le décret du 13 avril 1861 les a augmentés dans son article 6 : Nomination des répartiteurs des impôts directs sur une liste dressée par le conseil municipal. — Autorisation des établissements insalubres de troisième classe. — Délivrance de permis de chasse. — Nomination des préposés d'octrois, etc.

Force exécutoire des décisions du sous-préfet. — Dans tous les cas où les sous-préfets ont le droit de décision, leurs décisions sont exécutoires par elles-mêmes. Elles peuvent être annulées ou réformées par le préfet d'office, pour violation de la loi ou des règlements.

Forme des actes et voies de recours. — La forme régulière est celle de l'arrêté. On peut recourir contre les actes des sous-préfets qui

---

(1) Le traitement des sous-préfets a suivi les mêmes vicissitudes que celui des préfets; il est réglé actuellement par le décret du 8 janvier 1920. Il est de 15.000 francs pour la première classe, de 12.000 pour la seconde, de 10.000 pour la troisième. Pour les classes personnelles, v. *supra*, p. 208. Il existe une pension sans retenue et un traitement de disponibilité comme pour les préfets. Les sous-préfets ne doivent pas s'absenter sans congé accordé par le préfet, à moins de circonstances urgentes. Le préfet désigne pour les remplacer, soit un conseiller général, soit un conseiller d'arrondissement, soit un conseiller de préfecture (Arr. 27 vent. an VIII, art. 7; Ord. 29 mars 1821, art. 3).

(2) *Bibliographie*: Albert Bluzet, *Les attributions des sous-préfets*, Berger-Levrault, 1902.

contiennent décision exécutoire : 1° par la voie hiérarchique devant le préfet avec la faculté de remonter jusqu'au ministre; 2° par la voie contentieuse, par recours pour excès de pouvoir contre les décisions considérées comme indépendantes de toute opération administrative ou comme détachables de l'opération dont elles font partie; par recours contentieux ordinaire, contre les décisions qui ne sont pas considérées comme détachables de l'opération dont elles font partie.

B. *Les mairies.* — Le maire est représentant de l'État en même temps que de la commune. Comme représentant de l'État, le maire est chargé sous l'autorité du préfet : 1° de la publication et de l'exécution des lois et règlements; 2° de l'exécution des mesures de sûreté générale; 3° des fonctions spéciales qui lui sont attribuées par les lois (L. 5 avril 1884, art. 92). — Par les mairies, l'action du pouvoir régional pénètre dans toutes les communes (Renvoi à l'organisation municipale).

SECTION II. — L'ADMINISTRATION LOCALE. L'ORGANISATION DE L'ALSACE ET DE LA LORRAINE.

L'Alsace et la Lorraine ont été « réintégrées dans l'unité française » par la convention d'armistice du 11 novembre 1918 et par le Traité de paix de Versailles du 28 juin 1919. Elles n'y ont pas été réintégrées purement et simplement dans la condition où elles s'y trouvaient avant 1870, c'est-à-dire morcelées en les trois départements du Bas-Rhin, du Haut-Rhin et de la Moselle; il a fallu tenir compte du fait historique consistant en ce que, pendant près d'un demi-siècle, sous la domination allemande, ces territoires avaient constitué, avec des fortunes diverses, une région administrative douée d'une certaine unité et d'une certaine autonomie et en ce que les populations avaient pris goût à ce régionalisme.

Il serait difficile de dire, à l'heure actuelle, si le régionalisme alsacien et lorrain sera transitoire ou bien s'il sera définitif; il y a fort à parier qu'avec un caractère provisoire il durera jusqu'à ce qu'un régionalisme analogue soit institué dans toute la France, auquel cas l'uniformité administrative sera rétablie non pas sur la base de l'organisation départementale, mais sur celle de l'organisation régionale.

Déjà deux organisations successives ont été créées depuis novembre 1918, dont la première, qui n'a duré que quelques mois, était moins régionaliste que la seconde :

I. *Organisation de novembre 1918* (Décr. 15 nov. et 26 nov. 1918). — Il y avait à distinguer une organisation locale sur place et une organisation centrale à Paris.

L'organisation locale et sur place consistait en la création de trois commissaires de la République, respectivement chargés des territoires de Lorraine, Basse-Alsace et Haute-Alsace exerçant, sous l'autorité du président du conseil, l'ensemble des pouvoirs administratifs et spécialement ceux qui appartenaient aux présidents de districts.

Le commissaire de Basse-Alsace à Strasbourg assurait en même temps les services communs aux trois territoires et portait le titre de *haut-commissaire*.

Dans chaque territoire, le commissaire de la République disposait d'une mission militaire administrative au moyen de laquelle il était pourvu aux emplois d'administrateurs de cercles (Décr. 15 nov. 1918).

L'organisation centrale à Paris au service général d'Alsace et de Lorraine était constituée à la présidence du conseil sous l'autorité du sous-secrétaire d'État à la présidence; elle consistait en un organisme bureaucratique assisté, à titre consultatif, d'un *conseil supérieur d'Alsace et de Lorraine* composé administrativement (Décr. 26 nov. 1918).

Toute cette organisation sentait d'une façon excessive la centralisation et le rattachement. Le haut-commissaire de Strasbourg n'était, en réalité, que le préfet du Bas-Rhin; vis-à-vis de ses collègues de Colmar et de Metz, il n'était qu'un *primus inter pares*; il ne représentait pas avec une autorité suffisante les intérêts communs aux trois territoires, c'est-à-dire l'unité régionale. D'autre part, le *service général* envoya dans les divers postes des fonctionnaires beaucoup trop imbus de l'esprit centralisateur. Des maladresses furent commises et il y eut une crise.

II. *Organisation de mars et octobre 1919.* — Un décret du 21 mars 1919 mit fin à cette crise en organisant la fonction de haut-commissaire, en la dégageant complètement de l'organisation départementale, et en lui restituant sa signification régionale.

Le commissaire général de la République à Strasbourg est chargé d'exercer, sous l'autorité directe et par délégation permanente du président du conseil, l'administration générale des territoires, il réunit sous son autorité tous les services afférents à cette administration.

Trois commissaires de la République résidant à Strasbourg, Metz et Colmar assurent *sous son autorité* l'administration des territoires de la Basse-Alsace, de la Lorraine et de la Haute-Alsace.

Le commissaire général de la République réside à Strasbourg : *il a entrée au conseil des ministres* pour les affaires d'Alsace et de Lorraine; *il pourvoit à tous les emplois*.

Il est assisté d'un conseil régional consultatif constitué administrativement.

Par ailleurs, le *service général* siégeant à Paris à la présidence du conseil est conservé comme précédemment.

Loi du 17 octobre 1919 relative au régime transitoire de l'Alsace et de la Lorraine. — Cette loi est la première qui se soit occupée de l'organisation de l'Alsace et de la Lorraine réglée jusque-là par simple décret, elle prend les dispositions suivantes :

1° Elle maintient les territoires d'Alsace et de Lorraine sous l'autorité du président du conseil des ministres jusqu'à une loi définitive sur l'organisation des services publics ;

2° Elle maintient à titre temporaire le commissaire général de la République et le conseil supérieur d'Alsace et de Lorraine avec leurs attributions actuelles, en principe du moins ;

3° Elle maintient les circonscriptions administratives existant actuellement. Toutefois, les districts de Basse-Alsace, de Haute-Alsace et de Lorraine redeviennent respectivement les *départements* du Bas-Rhin, du Haut-Rhin et de la Moselle ; les cercles reprennent les noms d'*arrondissements* ;

4° Une disposition insérée dans la prochaine loi de finances fixera les conditions dans lesquelles sera préparé, délibéré et arrêté *le budget des dépenses et des recettes d'Alsace et de Lorraine.* Jusqu'au vote de cette disposition, ledit budget sera préparé par le commissaire général de la République, soumis pour avis au conseil supérieur et arrêté par un décret contresigné par le président du conseil et le ministre des Finances ;

5° La *représentation aux assemblées législatives françaises* est rétablie et il sera procédé aux élections *sénatoriales, législatives, départementales et communales* d'après les lois électorales françaises.

Le département du Bas-Rhin élira 5 sénateurs et 9 députés ; le département du Haut-Rhin, 4 sénateurs et 7 députés ; le département de la Moselle, 5 sénateurs et 8 députés ;

6° Des mesures sont prises relativement à la réintroduction progressive de la législation française en matière civile, fiscale, etc., avec des ménagements et des tempéraments.

Ces mesures sont certainement insuffisantes ; à la séance du 3 juin 1920 de la Chambre des députés, l'abbé Wetterlé a demandé que le budget d'Alsace et de Lorraine fût voté *avec le concours des représentants du peuple* et que le commissaire général ait la situation de *ministre responsable devant le Parlement.*

SECTION III. — L'ADMINISTRATION LOCALE (suite). L'ORGANISATION DU DÉPARTEMENT (L. 10 août 1871) (1).

§ 1. — Le territoire, la personnalité, les services, l'histoire de l'organisation du département (2).

A. *Les règles relatives au territoire.* — La division de la France en départements, la subdivision des départements en districts, celle des districts en cantons, ont été décidées, en principe, par la loi des 22 décembre 1789-janvier 1790 ; elles ont été exécutées par la loi des 15 janvier-16 février 1790 qui contient un tableau annexé ; enfin, elles ont été reproduites par la loi du 28 pluviôse an VIII.

Départements. — Actuellement, les circonscriptions des départements ne pourraient être modifiées que par une loi. Quant aux chefs-lieux, la loi de 1790 avait décidé que, dans un certain nombre de départements, il y aurait un alternat entre plusieurs villes ; cette règle, peu pratique, fut abrogée, et une loi du 12 décembre 1791 fixa définitivement les chefs-lieux ; il semblerait en résulter qu'à l'avenir les chefs-lieux ne pourraient être modifiés que par une loi ; cependant, sous le premier et le second Empire, des changements ont été opérés par décret. Le conseil général doit être appelé à donner son

---

(1) *Bibliographie* : Dalloz, *Les lois administratives annotées*, v° *Organisation départementale;* Bouffet et Périer, *Répertoire du droit administratif* Béquet-Laferrière, v° *Département;* Liégois, *De l'organisation départementale*, 1873 ; Charles Constant, *Code départemental*, 1880 ; Marie, *De l'administration départementale*, 1882 ; Monnet, *Histoire de l'administration départementale et communale en France;* Leroy-Beaulieu, *L'administration locale en France et en Angleterre,* article Boutmy, *Annales de l'école libre des sciences politiques*, avril 1886 ; Edward Jenks, *Essai sur le gouvernement local en Angleterre*, traduct. franç., collection Jèze, 1902 ; Posada, *Evolucion legislativa del regimen local en Espana*, Madrid, 1910 ; Lefur, *La protection juridictionnelle des franchises locales*, Berger-Levrault, 1911 ; Gascon y Marin, *Tratado de derecho administrativo*, 1917 ; Proposition de loi Louis Martin sur *L'administration départementale et communale,* commission nommée au Sénat le 14 juin 1910. V. *infra,* conseil général et commission départementale.

(2) Il y a maintenant dans la France continentale 89 départements, y compris la Corse, plus le territoire de Belfort. Les territoires d'Alsace et de Lorraine réintégrés dans l'unité française par la convention d'armistice du 11 novembre 1918 et le traité de paix du 28 juin 1919, et qui avaient porté sous la domination allemande la qualification de districts de Basse-Alsace, de Haute-Alsace et de Lorraine, redeviennent respectivement les départements du Bas-Rhin, chef-lieu Strasbourg ; du Haut-Rhin, chef-lieu Colmar ; et de la Moselle, chef-lieu Metz (L. 17 oct. 1919, art. 1er et 2). Aux départements de la France continentale, il faut ajouter les trois départements algériens. Il y a eu quelques modifications à la liste des départements, résultant d'événements purement intérieurs. C'est ainsi que le département du Rhône et celui de la Loire, d'abord réunis, furent divisés par la loi du 29 brumaire an II ; que le département de Tarn-et-Garonne fut formé par un sénatusconsulte du 4 novembre 1808 avec des cantons pris aux départements voisins.

avis sur les modifications à apporter à la circonscription, ou sur les changements de chef-lieu (L. 10 août 1871, art. 50) (1).

B. *La personnalité départementale* (2). — Les départements ont été créés comme circonscriptions administratives et dotés d'organes par la loi des 22 décembre 1789-janvier 1790, mais leur personnalité morale n'a été reconnue que bien plus tard. Le Code civil ne les nomme pas, alors qu'il parle de l'État, des communes et des établissements publics (art. 2121, 2227). D'une part, ils n'avaient point encore de biens qui fussent clairement à eux, et par conséquent pas de patrimoine; des biens leur furent enfin donnés par deux décrets du 9 avril et du 16 décembre 1811 (3). D'autre part, leurs représentants perdirent en l'an VIII le droit de prendre des décisions exécutoires. Aussi leur personnalité ne fut-elle hors de doute qu'après la loi du 10 mai 1838, dont l'article 4 restituait au conseil général des pouvoirs de décision dans la gestion du patrimoine départemental (V. cep. Cons. d'Ét., 21 juin 1834, *Préfet du Bas-Rhin*). — Les *arrondissements* et les *cantons* n'ont pas de personnalité (4).

C. *Les services départementaux.* — Il convient de ne considérer comme vraiment départementaux que les services publics qui rentrent dans les attributions du conseil général ou de la commission

(1) *Arrondissements.* — Les districts avaient été supprimés par la Constitution de l'an III, la loi de pluviôse an VIII les a rétablis sous le nom d'arrondissements. La circonscription des arrondissements ne peut être modifiée que par une loi, mais, d'après une pratique constante, le chef-lieu peut être déplacé par décret. Dans l'un ou l'autre cas, le conseil d'arrondissement et le conseil général du département doivent être consultés (L. 10 mai 1838, art. 41; L. 10 août 1871, art. 50). — *Cantons.* — La circonscription des cantons ne peut être modifiée que par une loi; le chef-lieu de canton peut être déplacé par décret. Dans l'un ou l'autre cas, le conseil d'arrondissement et le conseil général doivent être consultés (*Eod*).

(2) A consulter sur ce point : Dufour, *Droit administratif*, VIII, p. 163; Sanlaville, article dans *Revue générale d'administration*, 1899, II, 129 et 273.

(3) Par le premier, l'État leur fit cadeau de la pleine propriété des édifices et bâtiments nationaux occupés par le service des cours et tribunaux, à la charge de supporter à l'avenir les grosses et menues réparations. Par le second, il leur abandonnait les routes nationales de dernière classe et constituait ainsi un domaine public départemental.

(4) Pour l'arrondissement, la question a pu paraître douteuse jusqu'à la loi de 1838. Certains textes lui donnaient un patrimoine; la loi du 22 décembre 1790 lui accordait un procureur syndic; de plus, il avait et il a encore une représentation locale, le conseil d'arrondissement. La loi de 1838 a tranché la question, car deux articles du projet qui consacraient cette personnalité furent rejetés. D'ailleurs, le conseil d'arrondissement ne prend pas de décisions exécutoires qui soient relatives aux affaires de l'arrondissement. Quant au canton, la question ne saurait faire doute. Il eut un instant la personnalité sous la Révolution, à titre de grande commune, mais elle a disparu sans retour. Par intervalles, on a proposé de la faire revivre, il est à supposer que la création des syndicats de communes mettra fin à ces tentatives, en permettant d'organiser très simplement les quelques services que l'on eût pu confier au canton, notamment les services intercommunaux d'assistance.

départementale. Quant à ceux qui sont sous l'autorité du préfet seul, bien que s'accomplissant dans la circonscription du département, ils doivent être présumés services d'État; en effet, d'après la loi du 10 août 1881, article 3, le préfet ne cesse de représenter l'État que lorsqu'il exécute les décisions du conseil général. En conséquence, le service de la police départementale, qui fonctionne sous l'autorité du préfet seul, est un service de l'État.

Outre la gestion du patrimoine et des finances départementales et une tutelle assez étendue sur les communes, les principaux services que gèrent le conseil général et la commission départementale sont : 1° celui de la voirie, qui comprend les routes départementales, les chemins vicinaux de grande et de moyenne communication, les chemins de fer et les tramways départementaux; 2° celui de l'assistance publique qui comprend, à titre obligatoire, l'assistance des aliénés (L. 30 juin 1838), celle des enfants assistés (L. 27 juin 1904), celle des malades à domicile (L. 15 juill. 1893), celle des vieillards, infirmes et incurables (L. 14 juill. 1905) ; à titre facultatif, toutes les institutions d'assistance publique que le conseil général voudra créer (L. 10 août 1871, art. 46, n° 20) (1) ; 3° le service de l'hygiène publique depuis la loi du 15 février 1902; 4° le service de l'enseignement agricole. Enfin, le budget départemental contient une foule de subventions aux œuvres locales les plus diverses. Par la force des choses, le département est prédestiné aux services de bienfaisance et aux entreprises d'intérêt public. En effet, les services généraux indispensables sont à l'État, les services locaux indispensables à la commune ; le département, organisation intermédiaire, était primitivement un peu vide, il pourrait se hausser jusqu'aux grands travaux publics dont, en bien des cas, il déchargerait l'État, si l'on entrait dans la voie du *syndicat de départements*, dont nous avons parlé *supra*, p. 114, et qui a réussi en Catalogne sous le nom de *mancomunidad* (2).

(1) Dans la Marne et dans la Meuse, il a été fait une tentative intéressante, sinon d'assistance départementale à proprement parler, du moins de mutualité : il a été créé des assurances départementales mutuelles sous la surveillance du conseil général. D'ailleurs, dans plusieurs pays étrangers, la question des assurances provinciales est à l'ordre du jour.

(2) *Histoire de l'organisation départementale. Ancien régime.* — A la veille de la Révolution, la France était divisée en trente-quatre généralités, dans chacune desquelles se trouvait un intendant. Dans les pays d'élection, la généralité était subdivisée en élections où l'intendant avait un subdélégué. Dans les pays d'État (six généralités seulement), elle était subdivisée en bailliages ou vigueries sous l'autorité des États.

Les intendants étaient tout-puissants, même dans les pays d'États : « Sachez, dit Law à d'Argenson, que le royaume de France est gouverné par trente intendants; que vous n'avez ni États, ni Parlements, ni gouverneurs, ce sont trente maîtres des requêtes commis aux provinces de qui dépendent le malheur ou le bonheur de ces

§ 2. — L'organe exécutif du département. Le préfet.

L'organe exécutif du département est le préfet. Comme le préfet est un fonctionnaire de l'État, il y a là une mainmise énergique de l'État

provinces, leur abondance ou leur stérilité. » L'intendant avait, en effet, beaucoup plus de pouvoirs que nos préfets d'aujourd'hui; il s'appelait intendant de *justice, police* et *finance*. Tout ce que le roi lui-même avait le droit de faire, il le faisait par délégation. C'était la centralisation absolue, tempérée par l'absence de moyens de communication. En même temps, au milieu de cette centralisation administrative extrême, il subsistait une grande variété de mœurs et d'institutions secondaires, tenant à la vieille division ethnique des provinces englobées dans les généralités.

Organisation de 1790. — L'assemblée nationale voulut-elle détruire la centralisation de l'ancien régime? Est-ce pour cela qu'elle supprima les généralités et les intendants, procéda à une division administrative et donna aux départements une organisation qui devait réveiller la vie locale? La chose est discutée (V. sur ce point, Aucoc, *Controverses sur la décentralisation administrative, Revue politique et parlementaire*, avril et mai 1895; Laferrière, *Traité de la juridiction administrative*, 2ᵉ édit., I, p. 184). Ce qui est sûr, c'est qu'elle a voulu détruire les vieilles institutions particularistes des provinces. Elle a voulu peut-être qu'il y eût une vie locale, mais elle a voulu certainement que partout cette vie locale fût menée par les mêmes Français, non pas par des Bretons à l'Ouest, des Provençaux au Midi, etc. C'est pour cela que les départements morcèlent les provinces. La première organisation des départements date de 1790, dans la loi même qui portait leur création territoriale, elle est aussi éloignée que possible de l'organisation des généralités : 1° le système de la collégialité absolue fut substitué au système de l'unité absolue. Dans la généralité, il y avait un intendant qui faisait tout; dans le département, il y eut un conseil de département et un directoire, en tout trente-six membres (dont huit pour le *directoire*). Dans l'élection, il y avait un subdélégué ; dans le district, il y eut un conseil et un directoire ; 2° l'intendant et le subdélégué étaient des agents du pouvoir central, sans aucune attache dans la région ; les directoires de département et de district furent élus par la circonscription. Ils furent, d'ailleurs, sous les ordres de conseils élus qui se réunissaient une fois par an, comme de petits États et dans le sein desquels ils rentraient momentanément ; 3° les directoires recueillirent la plupart des attributions des intendants. Ils furent chargés de l'impôt, de la justice administrative (L. 11 sept. 1790, tit. XIV) où ils eurent les attributions qui seront plus tard confiées aux conseils de préfecture : de l'aliénation des biens nationaux ; de la tutelle des communes, car le roi ne correspondait pas directement avec celles-ci. Ils eurent, sauf pour les objets les plus importants, un pouvoir de décision propre ; leurs décisions pouvaient bien être annulées par le roi, mais il n'y avait auprès d'eux aucun représentant du roi pour faire obéir son autorité. Il n'y avait qu'un procureur syndic, sorte de ministère public chargé de faire respecter la loi, mais nommé lui aussi à l'élection et sans action efficace. Ce fut bientôt l'anarchie. Les vices de cette organisation étaient : 1° l'excès du principe de la collégialité, il fallait, pour le moindre acte, la signature de tous les membres présents du directoire ; 2° la complication des rouages, à cause des directoires de district ; 3° l'absence de lien et d'articulation avec le pouvoir central ; 4° la confusion de l'action, de la délibération, de la juridiction.

Organisation de l'an III. — Dans l'organisation du 5 fructidor an III, la deuxième organisation révolutionnaire qui ait fonctionné, on s'efforça de faire disparaître les deux derniers inconvénients : 1° on supprima les directoires de district et on tâcha de faire l'économie du rouage intermédiaire entre le département et les communes, par une organisation toute spéciale du canton. Il y avait dans chaque commune rurale

sur le département et une autonomie de celui-ci bien moindre que celle des communes qui élisent leur maire.

Il n'y a pas lieu de revenir sur les règles d'organisation relatives au préfet (V. p. 207), il faut se préoccuper seulement de ses attributions.

Les attributions du préfet comme autorité administrative départementale. — Le préfet, en cette qualité, n'a que deux attributions : la préparation des décisions du conseil général et de la commission départementale; l'exécution de ces décisions (L. 10 août 1871, art. 3).

deux officiers municipaux, et la réunion au chef-lieu de chaque canton de ces officiers des communes rurales formait la municipalité de canton qui gérait les intérêts communs de tout le canton ; 2° on tâcha de relier davantage les administrations des départements au pouvoir central, par l'institution de *commissaires* nommés par le directoire exécutif auprès du directoire de département et de la municipalité de canton. Ces commissaires n'avaient pas voix délibérative, mais ils étaient chargés de surveiller et de requérir l'exécution des lois. On respecta le principe de la collégialité et le principe de l'élection des membres des directoires et municipalités de canton, seulement il est à remarquer que les conseils adjoints aux directoires ont disparu (sur l'organisation des municipalités de canton de l'an III, V. Vergues, thèse de Toulouse, 1902).

Organisation de l'an VIII. — Avec l'organisation de l'an VIII, nous sommes rejetés tout à fait vers le système des intendants : 1° action confiée à un seul homme, le préfet, suppression de la collégialité à ce point de vue ; 2° le préfet nommé par le pouvoir central et en correspondance constante avec lui ; 3° suppression de toute élection locale. En même temps, rétablissement du district sous le nom d'arrondissement et suppression des municipalités de canton. Toutefois, l'influence de la collégialité ne devait pas complètement disparaître, on donnait comme auxiliaires aux préfets deux conseils : l'un, le conseil de préfecture, devait être son auxiliaire dans l'intérêt de l'État et recevait en même temps les attributions juridictionnelles qui avaient appartenu aux directoires ; l'autre, le conseil général, devait être l'auxiliaire du préfet dans l'intérêt du département. Mais ce n'étaient que des conseils non élus et sans pouvoirs propres, on peut dire qu'il n'y avait dans le département qu'un seul organe, le préfet.

Organisation actuelle datant des lois du 22 juin 1833, du 10 mai 1838 et du 10 août 1871. — Actuellement, il y a dans le département deux organes : le préfet, organe exécutif nommé par l'État; le conseil général, organe délibérant élu (complété, depuis 1871, par une délégation permanente, appelée commission départementale) : 1° Cette organisation nouvelle est le résultat d'une transaction entre le principe de la collégialité et celui de l'administrateur unique, analogue à celle qui a triomphé dans l'organisation de l'État et dans celle de la commune. Les décisions de principe doivent être prises par une agence collective, mais l'exécution doit être confiée à un administrateur agissant seul; 2° il y a décentralisation, parce que le conseil général est élu par la population du département. Historiquement, ce double résultat provient d'une transformation du conseil général de l'an VIII. Ce conseil, qui n'était au début qu'un auxiliaire du préfet dont les membres étaient désignés par le pouvoir central et qui n'avait pas de pouvoirs propres, a été rendu électif en 1833, et a reçu en 1838 des pouvoirs de délibération. Ses attributions ont été encore augmentées par les lois de 1866 et de 1871, qui lui ont donné la décision dans un grand nombre d'affaires. Dès lors, au lieu d'être un auxiliaire, le conseil général est devenu une autorité parallèle et même, en certains cas, supérieure au préfet.

Les bienfaits de cette organisation nouvelle sont assez évidents pour frapper les esprits les plus prévenus. Depuis la loi du 10 août 1871, grâce surtout à la création de

En dehors de ces deux cas, même quand avec un pouvoir de décision propre, il exerce quelque droit qui semble être départemental, il est représentant de l'État (V. nombreux exemples dans Décr. 25 mars 1852, tableau A). A plus forte raison, quand il contrôle le conseil général ou la commission départementale.

1° *Instruction préalable des affaires.* — Toutes les affaires soumises au conseil général ou à la commission départementale doivent être instruites par le préfet, c'est-à-dire que le préfet doit donner son avis préalable à peine de nullité (Décr. 27 fév. 1874; Décr. 5 nov. 1905. Cf. pour les conseils coloniaux, Cons. d'Ét., 23 nov. 1900, *sieur Jean*). Ceci est encore une forme de tutelle et de mainmise de l'État sur les affaires départementales, un souvenir atténué de l'époque où le préfet avait l'initiative de toutes les délibérations; il n'a plus l'initiative, mais il a l'instruction préalable. Pour faire connaître au conseil général les résultats de son étude préalable, le préfet rédige des rapports qui sont imprimés et distribués à tous les membres, huit jours au moins avant l'ouverture de la session; à la session d'août, il doit joindre au rapport sur les affaires spéciales un rapport complet sur la situation générale du département (L. 1871, art. 56). Pour les affaires soulevées en cours de session, le rapport du préfet peut être fait séance tenante (Cons. d'Ét., 4 août 1905, *Martin*). Cette préparation des affaires se fait dans les bureaux de la préfecture, aussi les conseils généraux votent-ils des fonds pour contribuer au traitement des employés.

2° *Exécution des décisions.* — L'exécution des décisions du conseil général ou de la commission départementale peut être obtenue par de simples mesures de fait, mais elle peut aussi demander des décisions exécutoires. Dans tous les cas, c'est le préfet qui exécute : *a*) il fait les nominations aux emplois créés par le conseil général; *b*) il passe les contrats et les marchés *sur avis conforme de la commission départementale* (art. 54); *c*) il représente le département en justice, à moins que le litige ne se soit élevé entre le département et l'État,

la commission départementale, la vie locale s'est éveillée dans le département. Quarante années de fonctionnement régulier ont donné aux conseils généraux le sentiment de leur pouvoir en même temps que celui de leur responsabilité. Ils ont bien géré les services départementaux. Ils ont fait des créations et commencé des réformes... ils ont créé des chemins de fer d'intérêt local, des institutions d'assistance, l'enseignement agricole, etc. Partout ils ont mis à l'étude l'importante question de la refonte de la voirie départementale. La lecture de leurs procès-verbaux, qui sont publiés tous les ans, ou simplement celle des *Annales des assemblées départementales*, résumé de leurs travaux que M. de Crisenoy et, après lui, M. Rabany ont publié depuis 1886, laisse une impression de satisfaction. C'était à prévoir, d'ailleurs. Une assemblée départementale est à l'abri des grandes agitations de la politique, l'atmosphère y est plus calme qu'au Parlement; d'un autre côté, il y a plus de lumières et moins d'esprit de coterie que dans un conseil municipal. On pourra étendre encore dans l'avenir les attributions des conseils généraux et par conséquent augmenter les droits du département.

auquel cas il représente l'État, le département étant alors représenté par un membre de la commission départementale désigné par celle-ci ; il intente les actions en vertu de la décision du conseil général ; il défend aux actions sur avis conforme du conseil général ou de la commission départementale en cas d'urgence ; il fait seul tous les actes conservatoires et interruptifs de déchéance (art. 54) ; *d*) il répartit les crédits votés toutes les fois que ce droit n'a pas été réservé à la commission départementale par la loi (1) et il a l'*ordonnancement* des dépenses (2).

Force exécutoire des actes du préfet. — Pour savoir quelle est la force exécutoire des actes du préfet dans sa mission d'organe exécutif du département, il faut consulter les décrets du 25 mars 1852 et du 13 avril 1861 ; en général, il a des pouvoirs propres.

Il est surveillé par le conseil général et surtout par la commission départementale. Ces assemblées peuvent agir contre lui en adressant directement des réclamations au ministre, ou bien en provoquant un conflit politique, ou bien en faisant annuler pour excès de pouvoir le refus d'exécution du préfet, lorsqu'il s'obstinera à ne pas exécuter une de leurs délibérations, ce qui est une conséquence inattendue de la loi du 17 juillet 1900, car presque toujours le refus d'exécution sera implicite et résultera seulement du silence du préfet gardé pendant quatre mois (arg. tiré de Cons. d'Ét., 4 mai 1906, *Conseil général de la Loire-Inférieure*).

§ 3. — L'organe délibérant du département. Conseil général et commission départementale (3).

ARTICLE I. — *Le conseil général* (4).

N° 1. — Règles d'organisation.

A. *Règles générales de composition.* — Il y a un conseil général par département. Le conseil général est une assemblée délibérante composée de représentants élus au suffrage universel direct, à raison de un par canton, quelle que soit la population du canton. Les conseils

---

(1) V. sur ce point ce qui a été dit p. 121 sur le partage des pouvoirs entre l'organe exécutif et l'organe délibérant.

(2) Le décret du 12 juillet 1893, article 84, pose le principe de la responsabilité *personnelle* du préfet s'il engageait des dépenses sans crédit régulièrement ouvert.

(3) L. 10 août 1871 ; L. 15 fév. 1872 ; L. 7 juin 1873 ; L. 21 juill. 1875 ; L. 12 août 1876 ; L. 19 sept. 1876 ; L. 16 sept. 1879 ; L. 31 mars 1886 ; L. 23 juill. 1891 ; L. 16 juill. 1892 ; L. 9 juill. 1907.

(4) *Bibliographie* : *Les conseils généraux*, Recueils de décisions, Berger-Levrault, 2 vol. ; de Crisenoy et Rabany, *Annales des assemblées départementales* depuis 1886. V. p. 219 la bibliographie sur l'organisation départementale et *infra* celle de la commission départementale.

généraux sont renouvelables par moitié de trois ans en trois ans, ce qui porte à six ans la durée du mandat de chaque conseiller. Le roulement régulier des séries est établi à l'heure actuelle par la loi du 18 octobre 1919, article 3 (1).

Le conseil général doit toujours être au complet ; lorsqu'un membre disparaît, il y a lieu à élection complémentaire. Toutefois, si le renouvellement légal de la série à laquelle appartient le siège vacant doit avoir lieu avant la prochaine session ordinaire du conseil général, l'élection partielle se fera à la même époque (art. 22).

B. *Les élections au conseil général*. — *Électeurs*. — Ce sont les électeurs ordinaires (V. p. 123 et s.).

Éligibles. — Sont éligibles tous les citoyens âgés de 25 ans accomplis qui réunissent les conditions suivantes : 1° inscription sur une liste électorale quelconque, ou justification du droit à être inscrit avant le jour de l'élection ; 2° attache légale avec le département établie par l'un ou l'autre des faits suivants : *a*) domicile ; *b*) inscription au rôle d'une des contributions directes au 1er janvier de l'année dans laquelle se fait l'élection, ou justification du droit à y être inscrit ; *c*) héritage d'une propriété foncière fait depuis le 1er janvier dans le département. Toutefois, le nombre des conseillers généraux non domiciliés ne pourra pas dépasser le quart du nombre total dont le conseil doit être composé, sinon il y aura élimination par voie de tirage au sort (L. 10 août 1871, art. 6 et 17) (2).

(1) Après la guerre, le renouvellement général des deux séries des conseils généraux et des conseils d'arrondissement a été fixé au dimanche 14 décembre 1919, la première série sera renouvelable en juillet 1922, et la seconde série en juillet 1925. Mais il peut se faire qu'un conseil soit dissous ; à la suite de la dissolution, le roulement sera interrompu, car il y aura eu élection intégrale ; alors, pour rétablir le roulement, à la session qui suivra cette élection, le conseil général divisera les cantons en deux séries en répartissant, autant que possible, dans une proportion égale les cantons de chaque arrondissement dans chacune des séries et il procédera à un tirage au sort entre les deux séries pour régler l'ordre du renouvellement (art. 21) ; la première série sortante ne fera que le temps restant à courir des trois ans.

(2) *a*) Il y a des *inéligibilités*. — I. Les unes résultent de la privation de la jouissance du droit par suite de certaines condamnations (V. p. 125). A signaler seulement certaines inéligibilités temporaires : est inéligible pendant trois ans le conseiller général condamné pour avoir pris part à une réunion illégale du conseil ou à une conférence interdépartementale dissoute (L. 1871, art. 34 et 91) ; est inéligible pendant un an le conseiller déclaré démissionnaire pour refus d'accomplir une fonction légale (L. 7 juin 1873). II. D'autres inéligibilités résultent de la privation de l'exercice du droit. Sont inéligibles : *a*) les interdits (Décr. 1852) ; *b*) les demi-interdits (L. 1871, art. 7) ; *c*) les fonctionnaires énumérés dans l'article 8 de la loi de 1871 ; il est à remarquer que toutes ces inéligibilités de l'article 8 sont relatives, à l'exception de celle qui frappe *les militaires en activité de service* qui a été rendue absolue par une loi du 23 juillet 1891.

b) Il y a des *incompatibilités*. — Il y a des incompatibilités résultant du cumul du mandat avec une fonction publique : 1° d'une façon *absolue* dans le cas de fonction de

Convocation des électeurs. — Les collèges électoraux sont convoqués par décret (art. 12). Toutefois, le décret est lancé pour le département tout entier, les cantons où doit avoir lieu l'élection sont ensuite désignés par arrêté du préfet (1).

Période électorale. — La durée de la période électorale est de quinze jours francs, entre la date du décret de convocation et le jour de l'élection. Pour les faits de presse et les réunions électorales, règles ordinaires, V. p. 150.

Scrutin. — Il peut y avoir deux tours de scrutin. Le premier doit toujours avoir lieu un dimanche, le second, s'il est nécessaire, a lieu le dimanche suivant (art. 12). Le scrutin est ouvert à 7 heures du matin et clos le même jour à 6 heures du soir (2).

Pour toute la procédure du scrutin, règles ordinaires, V. p. 151

préfet, sous-préfet, secrétaire général, conseiller de préfecture, commissaire et agent de police ; 2° d'une façon *relative* dans le cas d'agents salariés sur les fonds départementaux (L. 1871, art. 9 et 10). « Ne sont pas considérés comme salariés et compris dans les cas spécifiés au paragraphe précédent les médecins chargés, dans leur canton ou les cantons voisins, des services de protection de l'enfance et des enfants assistés, non plus que des services des épidémies, de la vaccination, ou tous autres services analogues ayant un caractère de philanthropie. La même exception s'applique aux vétérinaires chargés dans les mêmes conditions du service des épizooties » (L. 8 juill. 1901, complétant l'art. 10, L. 10 août 1871). A signaler aussi l'article 34 de la loi du 15 juillet 1893 : « Les médecins du service de l'assistance médicale gratuite ne pourront être considérés comme *inéligibles* au conseil général ou au conseil d'arrondissement à raison de leur rétribution sur le budget départemental. » On a oublié dans cette loi qu'il ne s'agissait que d'une incompatibilité. Il y a encore incompatibilité dans le cas de cumul de deux mandats de conseiller général (art. 11) et dans celui du cumul du mandat de conseiller général avec le mandat de conseiller d'arrondissement (L. 22 juin 1833, art. 14, sauf l'exception de Belfort).

(1) S'il s'agit de fixer la date pour laquelle la convocation doit être faite, il faut distinguer trois hypothèses : 1° en cas de renouvellement normal des séries, la seule règle est celle qui résulte de la durée du mandat de chaque série. Le mandat ne peut pas durer plus de six ans, par conséquent les électeurs doivent être convoqués avant l'expiration des six ans. Ils ne doivent pas, non plus être convoqués trop tôt, le pouvoir exécutif ne doit pas pouvoir abréger le mandat ; cependant, à cet égard, il n'y a pas de règle et le chef de l'État jouit d'une certaine latitude (art. 12). En réalité, il a, comme latitude, de la session d'avril à la session d'août ; il suffit que chaque série des conseillers ait pu siéger à douze sessions ordinaires en six ans ; 2° en cas d'élection générale après dissolution, l'élection doit avoir lieu le quatrième dimanche qui suit le décret de dissolution, à moins qu'une loi ne soit intervenue pour fixer une autre date, ce qui a lieu toutes les fois que les Chambres sont en session au moment de la dissolution (art. 35-36) ; 3° en cas d'élection complémentaire par suite de décès, option, démission, vacance d'un siège ou pour toute autre cause, l'élection doit avoir lieu dans le délai de trois mois (art. 22).

(2) Cependant, par application du décret du 1er mai 1869, le préfet peut, après avis du maire, prendre un arrêté pour que le scrutin soit ouvert plus tôt ; dans aucun cas, il ne pourra être ouvert avant 5 heures du matin et l'heure de la clôture ne pourra être modifiée ; l'arrêté doit être publié et affiché dans la commune cinq jours au moins avant le jour du scrutin (L. 5 fév. 1909, complétant l'art. 12, L. 10 août 1871).

et s. Le recensement général des voix est fait par le bureau du chef-lieu de canton, auquel les procès-verbaux de chaque commune sont portés immédiatement (art. 13).

Contentieux électoral. — Le contentieux des élections appartient au Conseil d'État (L. 31 juill. 1875). Peuvent former des réclamations : 1° les électeurs du canton, les candidats, les conseillers généraux pour toute espèce de motifs ; 2° le préfet pour inobservation des conditions et formalités prescrites, mais ces expressions sont interprétées largement. Les réclamations des particuliers doivent être formées dans les dix jours qui suivent l'élection. Pour le préfet, le délai est de vingt jours, à partir du jour de la réception des procès-verbaux des opérations électorales (1).

C. *Le fonctionnement des conseils généraux.* — Les conseils généraux ont des sessions, pendant lesquelles ils tiennent des séances consacrées à la préparation et au vote de délibérations.

Sessions. — Les conseils généraux ont deux sessions *ordinaires* par an, l'une qui commence le second lundi après le jour de Pâques et qui ne peut excéder quinze jours, l'autre qui normalement commence le premier lundi qui suit le 15 août et ne peut excéder un mois (art. 23) (2). Une loi du 9 juillet 1907 a donné aux conseils généraux le pouvoir de modifier eux-mêmes la date de la session d'août. L'article 1er de cette loi est ainsi conçu :

« Dans leur première session annuelle, les conseils généraux pourront fixer l'ouverture de la deuxième session à une date postérieure à celle prévue par l'article 23 de la loi du 10 août 1871, sans dépasser cependant le 1er octobre. La session ajournée pourra avoir la durée fixée par la loi du 10 août 1871 pour la session d'août. Elle devra toutefois être terminée le 8 octobre au plus tard. »

La session ainsi déplacée produit tous les effets de la session d'août et permet les mêmes opérations (art. 2).

Les conseils généraux peuvent avoir des sessions *extraordinaires* : 1° sur convocation du chef de l'État ; 2° sur convocation du préfet lorsque les deux tiers des membres ont adressé une demande écrite au président. La durée des sessions extraordinaires ne doit pas excéder huit jours (L. 1871, art. 23-24 ; L. 12 août 1876). — Toute réunion tenue par le conseil en dehors des sessions, ou dans une session prolongée au delà de son terme, est illégale, la délibération est nulle, les membres du conseil sont passibles des peines de l'article 258 du Code pénal (art. 34).

Séances. — Pour tout ce qui concerne les séances, le *quorum* néces-

(1) Laferrière, *Juridiction administrative*, t. II, p. 349.
(2) Pour le conseil général de la Corse, cette session commence le deuxième lundi de septembre (L. 31 juill. 1875).

saire pour délibérer, le bureau, la publicité des séances, les commissions d'étude, etc., V. la théorie générale des assemblées délibérantes (p. 165 et s.). Il faut ajouter seulement que le préfet a entrée au conseil, qu'il assiste aux délibérations, qu'il est entendu quand il le demande; il se retire lorsqu'il s'agit de l'apurement de ses comptes (art. 2).

Conférences interdépartementales et institutions communes. — Les conseils généraux peuvent correspondre entre eux et même débattre des intérêts communs dans des conférences interdépartementales. A ces conférences, chaque conseil général est représenté, soit par sa commission départementale, soit par une commission spéciale. Les préfets peuvent toujours assister à ces conférences, et ils devraient les dissoudre si des questions étrangères au but étaient mises en discussion. Les décisions prises ne sont exécutoires qu'après avoir été ratifiées par les conseils intéressés (art. 89-91).

Ces ententes entre départements peuvent aboutir à la gestion d'institutions d'utilité commune et, par suite, à une véritable association permanente entre départements. — Exemple, les écoles professionnelles de pupilles de l'assistance publique imposées par l'article 3 de la loi du 28 juin 1904. Il est à remarquer que ces associations ne sont point des syndicats de départements et, par conséquent, ne constituent pas des établissements publics doués du pouvoir de décision et de la personnalité, à la différence des *syndicats de communes* dont il sera question plus loin (Cf. ce qui a été dit de l'utilité que présenteraient des syndicats de départements, *supra*, p. 114).

Dissolution des conseils généraux. — Il est nécessaire que le chef de l'État ait le droit de dissoudre les conseils généraux, mais il faut prendre garde qu'il n'en abuse. Ce droit est soigneusement réglementé dans les articles 35 et 36. La première règle qui ressort de ces textes est que les conseils généraux ne peuvent pas être dissous tous à la fois par mesure générale; on a voulu éviter le retour d'une mesure aussi regrettable que le fut le décret du 16 décembre 1870. Un conseil général peut être dissous par mesure spéciale. Si les Chambres sont en session, le chef de l'État leur rend compte immédiatement, une loi spéciale fixe la date de l'élection et décide en même temps si la commission départementale reste en fonctions, ou si une commission administrative est nommée; si elles ne sont pas en session, le décret doit être motivé et contenir en même temps convocation des électeurs pour le quatrième dimanche (1).

---

(1) *Les événements qui mettent fin à la fonction de conseiller général sont*: 1º l'expiration des pouvoirs ou la dissolution de l'assemblée ; 2º le décès; 3º la démission volontaire, elle doit être adressée au président du conseil général ou de la commission départementale, qui avertit le préfet (art. 20); elle est acceptée par le conseil général ; 4º la démission forcée, qui est tantôt un moyen de sanction des règles

N° 2. — Les attributions du conseil général.

Les conseils généraux n'ont ni attributions législatives, ni attributions juridictionnelles (1), ils n'ont que des attributions d'ordre administratif (2). Elles sont de deux espèces : 1° le conseil général prend des délibérations qui contiennent, soit des décisions sur des affaires, soit des nominations, soit des avis, des propositions, des vœux, des réclamations sur des objets d'intérêt départemental ; 2° il exerce un contrôle sur les actes du préfet et sur ceux de la commission départementale.

A. *Les délibérations du conseil général.* — I. *Condition juridique des délibérations.* — a) *Au point de vue de l'acquisition de la force exécutoire* (3). D'après la loi du 10 août 1871, il n'en faut pas distinguer

---

sur l'inéligibilité et sur les incompatibilités, alors elle est prononcée par le conseil général lui-même (art. 18) (Cons. d'Ét., 11 juill. 1913, *Boursin*) ; tantôt une sanction de l'obligation d'assister aux séances du conseil ou de la commission départementale, alors elle est prononcée par le conseil ou la commission (art. 19 et 74) ; tantôt enfin une sanction de l'obligation d'accomplir une fonction dévolue par la loi, alors elle est prononcée par le Conseil d'État (L. 7 juin 1873).

Les caractères généraux de la fonction. — Sur la rémunération des fonctions, sur la protection du représentant, sur la protection des tiers contre les propos diffamatoires du représentant, sur les fonctions individuelles auxquelles il peut être appelé, V. p. 181.

(1) A moins qu'il ne s'agisse d'un contentieux de l'interprétation d'actes dont ils seraient les auteurs, en vertu de la règle *ejus est interpretari cujus est condere* (Cons. d'Ét., 27 juill. 1877, *Bréant*; 2 avril 1897, *Commune de Mosset*).

(2) Il importe de signaler cependant une attribution exceptionnelle d'ordre constitutionnel. Aux termes de la loi du 15 février 1872 (loi Tréveneuc), si l'Assemblée était illégalement dissoute ou empêchée de se réunir, les conseils généraux se réuniraient de plein droit, pourvoiraient dans chaque département au maintien de l'ordre et nommeraient chacun deux délégués de façon à reconstituer provisoirement une représentation nationale (V. le texte). A la vérité, Esmein, *Éléments de droit constitutionnel*, 5e édit., p. 860, considère cette loi comme abrogée par les lois constitutionnelles de 1875, mais son argumentation ne me paraît pas convaincante ; de ce qu'un ordre régulier a été fondé, il ne s'ensuit pas qu'il n'y ait pas à prévoir la suspension de cet ordre régulier (Cf. Simon, *La loi Tréveneuc et ses précédents*, 1911).

(3) Nous savons déjà qu'une délibération d'assemblée est une forme juridique qui a par elle-même une force exécutoire consistant en ce que l'organe exécutif est obligé de prendre les mesures d'exécution que comporte la délibération, mesures évidemment très variables selon le contenu de celle-ci ; ainsi une délibération de conseil général contenant un simple vœu sera exécutoire en ce sens que le préfet sera obligé de transmettre le vœu à qui de droit. C'est pour cela qu'il y a intérêt à faire annuler les délibérations contenant des vœux politiques interdits par l'article 51 de la loi du 10 août 1871 ; sans doute ces vœux sont platoniques, mais il ne faut pas que le préfet ait l'obligation juridique de les transmettre. Lorsque la délibération contient de simples manifestations d'opinion comme des vœux, des réclamations, des avis, des propositions, il ne se produit pas d'autre effet exécutoire que celui qui vient d'être défini. Lorsque la délibération contient une décision sur l'exercice des droits du département, il se produit un autre effet exécutoire qui est relatif à l'effet que l'exercice du droit départemental peut produire au regard des tiers.

La loi n'a pas distingué ces deux effets exécutoires, celui de la délibération et celui

moins de quatre catégories dont les trois premières sont réglementaires, c'est-à-dire deviennent exécutoires par elles-mêmes sous des conditions variées, et dont la quatrième seule est soumise à l'approbation de l'autorité supérieure. — Cette classification est plus compliquée que celle adoptée par la loi du 5 avril 1884 sur les délibérations des conseils municipaux, qui ne distingue plus que deux catégories, celle des délibérations réglementaires et celle des délibérations soumises à approbation. Nous allons adopter la classification de la loi de 1884, sauf à subdiviser la classe des délibérations réglementaires :

1° *Les délibérations réglementaires* : il y en a trois catégories, les délibérations *souveraines*, les *définitives* et celles qui sont *soumises à suspension* (1) :

Les *délibérations souveraines* sont exécutoires immédiatement sans contrôle préalable de tutelle, elles sont relatives à l'assiette et à la répartition de certains impôts directs (art. 37, § 1, 37, § 2, et 38, 40, §§ 1 et 2, 40, § 3, 42, § 1, L. 10 août 1871; art. 10, L. 21 avril 1832 (2);

Les *délibérations définitives* sont exécutoires de plein droit vingt jours après la clôture de la session, si dans ce délai le préfet n'en a pas demandé l'annulation pour excès de pouvoir ou pour violation d'une disposition de loi ou de règlement d'administration publique, par un recours formé devant le chef de l'État statuant en assemblée générale du Conseil d'État. Ce recours doit être notifié au président du conseil général et à celui de la commission départementale; si, dans le délai de deux mois à partir de la notification, l'annulation n'a pas été prononcée, la délibération devient exécutoire. L'annulation ne peut être prononcée que par un décret en forme de règlement

---

de la décision, ils sont liés en ce sens que la décision contenue dans une délibération devient exécutoire en même temps que celle-ci et, finalement, il n'y a lieu de se préoccuper que de la force exécutoire des délibérations, à la condition de se souvenir que si la délibération contient décision, cette décision devient exécutoire en même temps que la délibération.

(1) Les conseils généraux n'ont eu que très tard des pouvoirs de *délibération exécutoire*, seulement depuis la loi du 18 juillet 1866; la loi de 1838 ne leur avait donné que des pouvoirs de *délibération simple*, c'est-à-dire le pouvoir de prendre des délibérations conformes sans lesquelles le préfet ne pouvait rien faire, mais qui ne pouvaient pas s'exécuter par elles-mêmes.

(2) Sont-elles souveraines encore en cet autre sens qu'elles résulteraient d'une délégation législative et échapperaient à toutes sortes de voies de nullité ? La question est discutée. V. G. Jèze, *Observations critiques sur les décisions dites souveraines des conseils généraux*, Revue d'administration, 1897, I, p. 129. Mais V. Cons. d'Ét., 13 mars 1903, *Aldy*, et les références, Lebon, p. 214. Cons. d'Ét., 29 oct. 1898, *Fauchoux*; 7 déc. 1908, *Dumaine-Noizet*, 11 août 1916, *commune de Bressuire*, 6ᵉ espèce, admettant la fin de non-recevoir, ce qui paraît injustifiable, puisque la théorie de la délégation législative a été condamnée en ce qui concerne les règlements d'administration publique.

d'administration publique, c'est-à-dire rendu en assemblée générale du Conseil d'État (art. 47). Ces délibérations sont énumérées aux articles 43, 46, 85, 88 de la loi du 10 août 1871.

Les *délibérations soumises à suspension* sont exécutoires de plein droit trois mois « après la clôture de la session », si dans ce délai un décret motivé, mais qui n'est pas rendu en Conseil d'État, et qui ne suppose pas de recours proprement dit du préfet, n'en a pas suspendu l'exécution. La suspension peut être prononcée pour simple inopportunité de la mesure. La suspension prononcée dure indéfiniment (art. 48-49) (1).

2° *Les délibérations soumises à approbation.* — Ces délibérations ne deviennent exécutoires qu'après l'approbation d'une autorité supérieure (Parlement ou chef de l'État), cependant elles restent l'œuvre du conseil général, parce qu'en principe l'autorité qui approuve ne peut pas modifier le fond (Budgets, comptes, certains emprunts et certains impôts) (art. 57, 66, 40-41).

b) *Après l'acquisition de la force exécutoire. — La valeur juridique des délibérations du conseil général et les voies de recours.* — Les délibérations du conseil général sont des actes juridiques; elles sont soumises à toutes les conditions de fond et de forme qui ont été étudiées à propos de la théorie des assemblées délibérantes. Elles doivent être prises dans une session légale, dans une séance régulière, avec le *quorum* nécessaire pour délibérer, en observant les règles du scrutin, et être constatées régulièrement au procès-verbal (V. p. 175 et s.). Elles peuvent être attaquées à deux titres différents :

1° *A titre de délibération*, soit qu'elles contiennent une décision exécutoire, soit qu'elles contiennent seulement un vœu, une réclamation ou un blâme à l'administration ou une nomination. Sans doute, la loi du 10 août 1871 ne renferme aucune disposition analogue à celle de l'article 63 de la loi municipale, qui déclare frappées d'une

---

(1) *Observation.* — Parmi ces diverses catégories, il y en a une qui forme le droit commun des délibérations du conseil général, c'est la catégorie des décisions soumises à suspension pour simple inopportunité, dans un délai de trois mois à compter de la clôture de la session. Cela résulte de l'article 48 qui dit, après avoir énuméré quelques hypothèses, que ce sont là les pouvoirs du conseil général « sur tous les autres objets sur lesquels il est appelé à délibérer par les lois et règlements, et généralement sur tous les objets d'intérêt départemental dont il est saisi, soit par une proposition du préfet, soit par l'initiative d'un de ses membres ». — A ce point de vue, les conseils généraux ont moins de pouvoirs que les conseils municipaux. En effet, le droit commun des délibérations des conseils municipaux est la délibération réglementaire, exécutoire de plein droit un mois après réception de la copie à la préfecture, à moins que l'annulation n'en ait été prononcée, et elle ne peut l'être que pour violation de certaines conditions légales (V. *infra*). Il est vrai que la catégorie des *décisions définitives*, exécutoires si l'annulation n'en a pas été demandée dans les vingt jours à compter de la clôture de la session et seulement pour violation de la loi ou excès de pouvoir, comprend des attributions très importantes pour les conseils généraux.

nullité radicale, invocable à toute époque et par tout intéressé, les délibérations des conseils municipaux qui sont prises en violation d'une loi ou d'un règlement d'administration publique, ni à l'article 65 qui organise une voie de nullité, mais il y a toujours bien voie de nullité contre les délibérations des conseils généraux dans les deux cas prévus aux articles 33 et 34 de la loi du 10 août 1871 : *a*) La délibération a été prise en dehors des réunions, c'est-à-dire des sessions régulières, elle est nulle de droit, le préfet prononce cette nullité par arrêté motivé (art. 34); *b*) La délibération est relative à un objet qui n'est pas de la compétence du conseil, alors, sur la demande du préfet, elle est annulée par décret rendu en la forme des règlements d'administration publique, c'est-à-dire en assemblée générale du Conseil d'État (art. 33); une application de cette nullité est faite aux vœux politiques interdits au conseil par l'article 51 (1).

Dans ces deux cas, la nullité est absolue, peut être déclarée à toute époque, et, qu'elle ait été déclarée ou non, est invocable par toute partie intéressée (Avis Cons. d'Ét., 6 mars 1873). L'action en nullité n'existe que dans ces deux cas parce que les voies de nullité ne se suppléent point (2), mais, dans tous les autres cas où la délibération du conseil général est irrégulière, par défaut du *quorum*, par violation des règles sur le vote, etc., ne peut-on pas soutenir au moins que la nullité est opposable par voie d'exception ? Nous avons adopté l'affirmative dans notre théorie des assemblées délibérantes (V. p. 177 et s.) (3).

2° *A titre de décision exécutoire;* lorsque la délibération contient une décision, elle peut être attaquée directement devant le Conseil d'État par la partie intéressée (Arg. art. 86 et 87, L. 10 août 1871). Et ce sera tantôt par le recours pour excès de pouvoir, tantôt par le recours contentieux ordinaire, suivant que la délibération contiendra une décision de principe ou bien une de ces décisions qui sont déjà

---

(1) Cette nullité pour incompétence portée devant le Conseil d'État semble une variété de l'excès de pouvoir, elle est fort étendue ; il ne faut pas entendre l'incompétence seulement par rapport aux objets d'intérêt départemental, mais aussi par rapport aux attributions du conseil; elle a été appliquée au pouvoir qu'a le conseil général de déléguer certaines de ses attributions à la commission départementale ; le conseil général excède ses pouvoirs à ce sujet s'il fait une délégation générale pour toute une catégorie d'affaires, car il n'est compétent que pour faire des délégations spéciales d'affaires déterminées (Décr. Cons. d'Ét., 26 janv. 1896).

(2) D'ailleurs, la loi ayant organisé le contrôle administratif, qui doit se produire dans les vingt jours de la clôture de la session pour les délibérations définitives, dans les trois mois pour les délibérations soumises à suspension, il est à présumer qu'elle compte sur la vigilance du préfet pour ne laisser échapper à l'annulation administrative aucune délibération irrégulière.

(3) V. également G. Jèze, *Notions sur le contrôle des délibérations des assemblées délibérantes, Revue d'administration*, 1895, t. III, p. 39.

des mesures d'exécution (Cons. d'Ét., 2 fév. 1906, *Commune de Malbo*).

II. *Les objets des délibérations*. — Le conseil général délibère les affaires départementales, sauf à respecter les attributions du préfet pour la préparation et l'exécution des délibérations, et aussi les attributions de la commission départementale pour certaines affaires déterminées (1). Voici un aperçu de ces affaires :

1° *Droits financiers*. — *Budget* (2). — Le département est tenu d'avoir un budget et des comptes. Il est intéressant de savoir, tout d'abord, quels sont les pouvoirs du conseil général en ces matières, parce que de ces pouvoirs dépendent en un certain sens tous les autres, tout acte d'administration devant se traduire par une dépense et toute dépense devant figurer au budget. — Le budget départemental est dressé tous les ans par les soins du préfet, voté par le conseil général dans sa session d'août et réglé par décret (art. 57). Il se décompose en un budget ordinaire et un budget extraordinaire. Les recettes du budget ordinaire sont celles qui ont le caractère de revenus réguliers, y compris le produit des centimes ordinaires ; les

(1) La loi du 10 mai 1838 et celle du 18 juillet 1866 ne l'appelaient à délibérer que sur *les objets prévus par les lois et les règlements* (art. 4, L. 1838) ; la loi du 10 août 1871, article 48 *in fine*, l'appelle à délibérer *sur tous les objets d'intérêt départemental*. Il semble qu'il y ait un progrès très considérable, mais il ne faut pas confondre délibérer avec décider ; en réalité, le conseil général ne peut décider que là où le département a de véritables droits à exercer et ces droits n'existent que s'ils sont consacrés par les lois, les règlements ou la jurisprudence, de sorte que, pour ce qui est des décisions, la nouvelle formule n'ajoute rien à l'ancienne, si ce n'est qu'elle ouvre un certain pouvoir à la jurisprudence. Ce qui est vrai, c'est que le conseil général prendra librement des délibérations pour émettre des *vœux* sur tous les objets où le département a des *intérêts* (art. 51) ou pour voter des subventions à des œuvres d'intérêt local, mais les vœux ou les subventions ne sont pas la même chose que les décisions sur les affaires propres, les intérêts ne sont pas la même chose que les droits ; les droits sont justement les intérêts sur lesquels il peut être pris des décisions exécutoires.

(2) Cette matière a été l'objet de remaniements importants par suite du vote de la loi du 30 juin 1907 modifiant les articles 40, 41, 58, 59, 60, 61 et 62 de la loi du 10 août 1871.

Art. 58. Les recettes du budget ordinaire se composent : — 1° Du produit des centimes ordinaires additionnels, sans affectation spéciale, dont le maximum est fixé annuellement par la loi de finances ; — 2° Du produit des centimes pour insuffisance de revenus ordinaires votés annuellement par le conseil général, dans les limites déterminées par la loi de finances ou autorisées par décret ; — 3° Du produit des centimes spéciaux autorisés pour les dépenses des chemins vicinaux, dont le maximum est fixé annuellement par la loi de finances ; — 4° Du produit des centimes spéciaux affectés à la confection du cadastre par la loi du 2 août 1829 ; — 5° Du produit du centime spécial pour le renouvellement, la revision et la conservation du cadastre, prévu par la loi du 17 mars 1898 ; — 6° Du revenu et du produit des propriétés départementales ; — 7° Du produit des expéditions d'anciennes pièces ou d'actes déposés aux archives ; — 8° Du produit du droit de péage des bacs et passages d'eau sur les routes

dépenses du budget ordinaire sont les dépenses annuelles et permanentes d'utilité départementale, obligatoires et facultatives. Les recettes du budget extraordinaire sont celles qui ont le caractère d'un capital ou bien qui proviennent des centimes extraordinaires ; les dépenses du budget extraordinaire sont les dépenses accidentelles ou temporaires, obligatoires ou facultatives (art. 60) (1).

Du moment que le budget est réglé par décret, il rentre dans cette catégorie de délibérations du conseil qui ont besoin de l'approbation du chef de l'État, catégorie inférieure. Il semble donc que le conseil général n'ait qu'un faible pouvoir sur son budget, ce qui entraînerait faible pouvoir pour tout le reste. Mais il faut faire attention que si l'approbation du chef de l'État est nécessaire, d'un autre côté, celui-ci *est obligé de la donner et qu'il ne peut pas modifier les dépenses facultatives.* Il peut tout au plus y avoir un retard amenant des négociations. L'examen auquel se livre le chef de l'État n'a qu'un but, c'est de lui permettre de voir si un certain nombre de dépenses déclarées par la loi *obligatoires* figurent au budget. Ces dépenses, dont l'énumération avait été très réduite par les articles 60 et 61 de la loi du 10 août 1871, ont été l'objet d'une énumération plus explicite dans le nouvel article 61 résultant de la revision de la loi du 30 juin 1907 (2).

---

et chemins à la charge du département, des autres droits de péage et de tous autres droits concédés au département par des lois ; — 9° De la part allouée au département sur le fonds inscrit annuellement au budget du ministère de l'Intérieur et réparti conformément à un tableau annexé à la loi de finances, entre les départements qui, en raison de leur situation financière, doivent recevoir une allocation sur les fonds de l'État ; — 10° Des contingents de l'État et des communes pour le service des aliénés et des enfants assistés, et des contingents des familles pour l'entretien des aliénés ; — 11° De la contribution de l'État aux dépenses du service de la protection des enfants du premier âge ; — 12° De la contribution de l'État et du contingent des communes aux dépenses des services de l'assistance médicale gratuite, de la santé publique et l'assistance aux vieillards, infirmes et incurables privés de ressources ; — 13° Du contingent des communes et autres ressources éventuelles pour les dépenses annuelles du service vicinal ; — 14° Des ressources éventuelles du service des chemins de fer d'intérêt local, des tramways départementaux et des voitures automobiles ; — 15° Des subventions de l'État et des contributions des communes et des tiers pour les dépenses annuelles et permanentes d'utilité départementale ; — 16° Des remboursements d'avances effectués sur les ressources du budget ordinaire.

(1) *Art.* 59. Les recettes du budget extraordinaire se composent : 1° Du produit des centimes extraordinaires votés annuellement par le conseil général, dans les limites déterminées par la loi de finances, ou autorisés par décrets spéciaux en vue de dépenses extraordinaires ; — 2° Du produit des emprunts ; — 3° Des subventions de l'État et des contributions des communes et des tiers aux dépenses extraordinaires ; — 4° Des dons et legs ; — 5° Du produit des biens aliénés ; — 6° Du remboursement des capitaux exigibles et des rentes rachetées ; — 7° De toutes autres recettes accidentelles.

(2) L'énumération du nouvel article 61 n'est que la codification de diverses dispositions votées depuis 1871. Voici cette énumération :

Art. 61. Sont obligatoires pour le département les dépenses ci-après : 1° Le loyer,

Si un conseil général omet ou refuse d'inscrire au budget un crédit suffisant pour le paiement des dépenses obligatoires ordinaires ou extraordinaires ou par l'acquittement des dettes exigibles, le crédit nécessaire est inscrit d'office au budget, soit ordinaire, soit extraordinaire, par un décret rendu dans la forme des règlements d'administration publique et inséré au *Journal officiel* et au *Bulletin des lois* (1).

Aucune autre dépense ne peut être inscrite d'office au budget et les allocations qui y sont portées par le conseil général ne peuvent être ni changées, ni modifiées par le décret qui règle le budget (nouvel art. 62). Donc, en réalité, le conseil est maître de son budget ; des dépenses aussi importantes que celles du service des aliénés sont facultatives (V. *Revue de droit public*, 1902. 1. 473, art. Roussel) ; il a la ressource d'un budget rectificatif ; il peut même voter un crédit pour dépenses imprévues (art. 63 remanié par L. 29 juin 1899). Toutefois, le conseil général est gêné par l'abus du principe de l'imputation des dépenses sur ressources spéciales, qui fait qu'il n'y a presque pas de fonds libres (2).

le mobilier et l'entretien des hôtels de préfecture et sous-préfecture ; — 2º Les dépenses mises à la charge du département par les articles 1er et 2 de la loi du 9 août 1879 sur les écoles normales primaires ; — 3º Les dépenses relatives à l'instruction primaire mises à la charge des départements par l'article 3 de la loi du 19 juillet 1889 modifié par la loi du 25 juillet 1893 ; — 4º La moitié du traitement et des frais de tournée des inspectrices départementales des écoles maternelles mises à la charge des départements par l'article 25 de la loi du 8 août 1895 ; — 5º Le casernement ordinaire des brigades de gendarmerie ; — 6º Les loyers, entretien mobilier et menues dépenses des cours d'assises, tribunaux civils et tribunaux de commerce et menues dépenses des justices de paix ; — 7º Les frais de confection, d'impression et de publication des listes pour les élections consulaires, les frais d'impression des cadres pour la formation des listes électorales et des listes du jury ; — 8º Les charges résultant pour le département des articles 1er, 3, 4, 6 et 7 de la loi du 4 février 1893 relative à la réforme des prisons pour courtes peines ; — 9º Les frais du service départemental des épizooties ; — 10º Les dépenses des comités de conciliation et d'arbitrage en cas de différends collectifs entre patrons et ouvriers ou employés ; — 11º Celles des dépenses ordinaires et extraordinaires que déclarent obligatoires pour le département les lois des 15 juillet 1893 sur l'assistance médicale gratuite, 15 février 1902 sur la protection de la santé publique, 27 et 28 juin 1904 sur les enfants assistés et 14 juillet 1905 sur l'assistance des vieillards, des infirmes et des incurables privés de ressources ; — 12º Les dettes exigibles.

(1) Il est pourvu au paiement des dépenses inscrites d'office au moyen de prélèvements effectués soit sur les excédents de recettes, soit sur le crédit pour dépenses imprévues, et, à défaut, au moyen d'une contribution spéciale portant sur les quatre contributions directes et établie par le décret d'inscription d'office, si elle est dans la limite du maximum fixé annuellement par la loi de finances, ou par une loi si elle doit excéder ce maximum.

(2) Quant au compte d'exécution du budget rendu par le préfet ordonnateur des dépenses du département, il est provisoirement arrêté par le conseil général et réglé également par décret, après observations envoyées directement par le président du

Impôts. — Les seuls impôts départementaux ont été pendant longtemps les *centimes additionnels* aux quatre anciennes contributions directes de l'État (impôt foncier, cote personnelle-mobilière, portes et fenêtres, patentes) qui ont été maintenues fictivement à cet effet (LL. 8 août 1890, 29 mars 1914, 31 juill. 1917) (1). La loi du 25 juin 1920 y a ajouté un prélèvement de un trentième sur l'impôt du chiffre d'affaires.

Emprunts. — Les départements, comme les communes, ne peuvent faire que des emprunts amortissables : le conseil général statue définitivement sur les emprunts remboursables dans un délai de trente années sur les ressources ordinaires et extraordinaires ; au delà de cette limite, il faut autorisation par décret en Conseil d'État (nouveaux art. 40, 41).

Finalement, le conseil général peut librement se procurer les moyens financiers pour les opérations qu'il entreprend, à la condition que les impôts qu'il établit ne dépassent pas le maximum de centimes fixé par la loi et à la condition que les emprunts qu'il fait soient amortissables en trente ans (et que l'amortissement soit gagé) ; il peut aussi librement établir son budget, à la condition que les dépenses obligatoires soient pourvues. Ces libertés financières donnent une réalité aux décisions exécutoires qu'il prend sur les affaires (2) ;

2° *Organisation des services.* — Le conseil a l'organisation générale des services qu'il crée avec des fonds départementaux et même avec des fonds communaux, tels que service de la voirie, école pratique d'agriculture, service des aliénés, des enfants assistés, secours médicaux à domicile (L. 15 juill. 1893), service départemental de l'hygiène publique (L. 15 fév. 1902), assistance aux vieillards, aux infirmes et aux incurables (L. 14 juill. 1905), institutions variées d'assistance.

---

conseil général au ministre de l'Intérieur (Pour la comptabilité, V. Décr., 12 juill. 1893).

(1) Il y a des centimes *ordinaires* et des centimes *spéciaux*, dont le maximum est fixé une fois pour toutes par la loi ; le conseil général les vote dans la limite du maximum, il peut voter aussi des centimes pour insuffisance de revenus ordinaires dans la limite du maximum fixé annuellement par la loi de finances (nouvel art. 40).

Il y a aussi des centimes *extraordinaires* correspondant aux besoins accidentels, dont le maximum est fixé annuellement par la loi de finances ; le conseil les vote dans la limite du maximum.

Au delà de toutes ces limites, il faut autorisation par décret en Conseil d'État (nouvel art. 41). Un centime additionnel est la centième partie de chaque franc du principal d'un impôt payé à l'État. On sait, dans chaque département, la somme que produit un centime additionnel aux quatre contributions directes, on appelle cela la valeur du centime. Dans la Haute-Garonne, la valeur du centime est approximativement de 50.000 francs ; pour le département de la Seine, elle est de 640.000 francs.

(2) Mais V. p. 117 et s., les observations sur la revanche que prend l'administration centrale dans *l'exécution* des opérations *décidées* par les administrations locales.

La nomination des fonctionnaires appartient au préfet, mais le conseil général fixe les cadres généraux, les règles du service, les conditions d'aptitude auxquelles les candidats doivent satisfaire. Il n'y a d'exception que pour les archivistes-paléographes qui doivent être choisis parmi les élèves de l'École des Chartes, si le conseil général décide qu'il y aura un fonctionnaire de cet ordre dans le département (art. 45).

3° *Tutelle des communes*. — Le conseil général a, dans une certaine mesure, la tutelle des communes, il a sur ce point enlevé au préfet quelques-unes de ses attributions; il avait même été question, en 1871 et en 1884, d'aller plus loin encore dans cette voie, mais on s'est sagement arrêté. C'est ainsi que les conseils municipaux, comme assemblées, ne sont pas soumis au contrôle du conseil général : celui-ci n'a que des attributions spéciales (1).

4° *Droits relatifs au domaine public départemental*. — Le domaine public inaliénable des départements ne se compose guère, d'après l'opinion courante, que des voies de communication et surtout des

---

(1) Ainsi : 1° il arrête chaque année à sa session d'août, dans les limites fixées annuellement par la loi de finances, le maximum des centimes extraordinaires que les conseils municipaux sont autorisés à voter pour en affecter le produit à des dépenses extraordinaires d'utilité communale. Si le conseil général se sépare sans l'avoir arrêté, le maximum fixé pour l'année précédente est maintenu jusqu'à la session d'août de l'année suivante (art. 42) ; 2° il statue définitivement sur les objets ci-après :
— Changements à la circonscription des communes d'un même canton et désignation de leurs chefs-lieux, lorsqu'il y a accord entre les conseils municipaux (art. 46, n° 26) ;
— Sectionnement électoral des communes (art. 43 ; L. 5 avril 1884, art. 12) ; — Établissement, suppression ou changement de foires et marchés (L. 16 sept. 1879 ; L. 5 avril 1884, art. 68) ; — Chemins vicinaux de grande communication et d'intérêt commun. Le conseil a ici de grands pouvoirs, bien que ces chemins n'appartiennent pas au département, étant la propriété des communes : d'abord il classe et déclasse les chemins, en détermine la largeur, opère la reconnaissance des chemins anciens ; ensuite il en prescrit l'ouverture ou le redressement, décisions qui produisent les effets spécifiés aux articles 15 et 16 de la loi du 21 mai 1836, c'est-à-dire qui entraînent des attributions de propriété par voie d'alignement. Ces décisions, que dans la pratique on appelle *fixations de tracé*, peuvent être attaquées par les communes si elles leur imposent des dépenses auxquelles elles n'ont pas consenti. Enfin il règle les voies et moyens pour l'exécution et l'entretien des chemins, il répartit les subventions accordées sur fonds d'État ou sur fonds départementaux, il désigne les services auxquels sera confiée l'exécution des travaux, il fixe le prix des journées de prestation, etc. (art. 46, n°s 7 et 8) ; 3° le conseil général donne son avis sur l'application des dispositions de l'article 90 du Code forestier relatives à la soumission au régime forestier des bois taillis ou futaies appartenant aux communes et à la conversion en bois de terrains de pâturages ; sur les délibérations des conseils municipaux relatives à l'aménagement, au mode d'exploitation, à l'aliénation et au défrichement des bois communaux (art. 50). Il a aussi de nombreux avis à donner en matière d'octrois municipaux. Sur ce point, les pouvoirs du conseil général ont été diminués par la loi du 5 avril 1884 ; il ne donne plus que des avis là où, d'après la loi de 1871, il avait un pouvoir de décision (L. 5 avril 1884, art. 137); etc.

routes départementales. Les conseils généraux ont le droit de les classer et de les déclasser (art. 46, 6° et 8°, décisions définitives). Jusqu'à présent, ils ont surtout usé du droit de déclasser (1).

5° *Travaux publics départementaux.* — Le conseil général décide en matière de travaux départementaux, car il statue définitivement sur les objets suivants : projets, plans et devis de tous travaux à exécuter sur les fonds départementaux et désignation des services auxquels ces travaux sont confiés; offres faites par les communes, les associations ou les particuliers pour concourir à des dépenses d'intérêt départemental; concessions à des associations, à des compagnies ou à des particuliers de travaux d'intérêt départemental; part contributive du département aux dépenses de travaux qui intéressent à la fois le département et les communes (L. 1871, art. 46, §§ 9, 10, 11, 22). Mais, lorsqu'il y a lieu de procéder à une expropriation pour cause d'utilité publique, ce n'est pas lui, en principe, qui déclare l'utilité publique du travail.

6° *Domaine privé.* — Pour la gestion du domaine privé du département et l'exercice des droits qui s'y rattachent, le conseil général jouit de grands pouvoirs aux termes de l'article 46 de la loi de 1871 (2).

---

(1) A l'heure actuelle, beaucoup de départements ont déclassé leurs routes départementales pour en faire des chemins vicinaux de grande communication. Le but était l'unification du service de la voirie départementale qui ne comprenait plus ainsi que des chemins vicinaux (de grande et de moyenne communication). Le résultat était de faire passer ces routes dans le domaine public communal et d'en mettre l'entretien à la charge des communes traversées (V. S., *Lois annotées*, 1908, p. 604, rapport Gourju au Sénat du 11 déc. 1906). Les communes intéressées ont vivement réclamé, des recours pour excès de pouvoir ont été formés par elles; d'abord rejetés, ils ont fini par réussir et désormais cette opération est condamnée comme illégale. Cons. d'Ét., 12 déc. 1913, *Ville de Blois*, S., 15. 3. 1 et ma note.

Il faut placer ici la question de l'affectation aux services publics et de la désaffectation des bâtiments départementaux. Ces bâtiments sont-ils ou ne sont-ils pas dépendances du domaine public ? C'est un point contesté, on le verra plus loin (*Domaine public*). Toujours est-il que le conseil général statue définitivement sur les changements de destination des propriétés et des édifices départementaux, autres que les hôtels de préfecture et de sous-préfecture, les locaux affectés aux cours d'assises, aux tribunaux, aux écoles normales, au casernement de la gendarmerie et aux prisons (art. 46, n° 4).

(2) Le conseil général statue *définitivement* sur les objets ci-après désignés, savoir : 1° acquisition, aliénation et échange des propriétés départementales mobilières ou immobilières, quand ces propriétés ne sont pas affectées à l'un des services énumérés au n° 4 (hôtels de préfecture, sous-préfecture, palais de justice, etc.); 2° mode de gestion des propriétés départementales; 3° baux de biens donnés ou pris à ferme ou à loyer, quelle qu'en soit la durée; 5° acceptation de dons et legs faits au département, quand ils ne donnent lieu à aucune réclamation et refus dans tous les cas (L. 4 fév. 1901, art. 2);... 14° assurance des bâtiments départementaux; 15° actions à intenter ou à soutenir au nom du département, sauf les cas d'urgence dans lesquels la commis-

7° *Nominations*. — La plus importante des nominations auxquelles procède le conseil général est celle de la commission départementale (V. *infra*). Mais il peut avoir aussi à nommer une commission pour une conférence interdépartementale, à désigner des conseillers généraux qui remplissent des fonctions individuelles, par exemple ceux qui siègent au conseil départemental et au conseil académique, etc., etc. (1).

8° *Manifestations d'opinion*. — Les manifestations d'opinion sont des *avis*, des *propositions*, des *réclamations* et des *vœux*, elles sont relatives à de simples *intérêts départementaux*. En principe, elles n'ont d'autre force exécutoire que celle d'obliger le préfet à transmettre. Les réclamations et les vœux, ne sont pas nécessairement suivis d'effet. Les avis, le gouvernement est quelquefois tenu de les prendre, mais il n'est jamais tenu de les suivre. Il n'en est pas tout à fait de même des propositions : parfois elles lient en un certain sens le gouvernement. — Ainsi en est-il dans le cas de certains secours à distribuer sur fonds d'État, le gouvernement, qui doit demander des propositions au conseil général, n'est pas lié quant au chiffre des sommes, mais quant à l'ordre de distribution : « les secours généraux à des établissements et institutions de bienfaisance ; les subventions aux communes pour acquisition, construction et réparations de maisons d'école et de salles d'asile ; les subventions aux comices et associations agricoles ne pourront être alloués par les ministre compétent que sur la proposition du conseil général, qui dressera un tableau collectif des propositions, en les classant par ordre d'urgence » (L. 10 août 1871, art. 68) (2).

B: *Les attributions de contrôle du conseil général*. — Le contrôle exercé par le conseil sur les actes de la commission départementale sera étudié à propos de cette commission. Quant à celui sur les actes du préfet, il est exercé au moyen des comptes rendus que le préfet est tenu de faire ; au moyen de renseignements demandés aux chefs de service du département (art. 52) ; enfin, au moyen d'enquêtes que des membres du conseil général peuvent ouvrir sur place (art. 51) ; tout cela est sanctionné par le droit qu'ont les conseils généraux de correspondre avec le ministre par l'intermédiaire de leur président et de lui adresser des réclamations (art. 52).

---

sion départementale pourra statuer ; 16° transaction concernant les droits du département ».

(1) La question de savoir à quelle catégorie de délibérations appartiennent celles qui contiennent nomination est assez épineuse. — V. *infra*, commission départementale.

(2) De son côté, le conseil général n'a pas le droit de consulter spontanément les conseils municipaux (Décis. min., 4 juill. 1903, *Revue administrative*, 1904. 1. 79).

ARTICLE II. — *La commission départementale* (1).

N° 1. — L'organisation de la commission départementale.

Cette commission est une seconde assemblée délibérante départementale élue par le conseil général, prise dans le sein de celui-ci, et chargée de le suppléer dans une certaine mesure dans l'intervalle des sessions.

C'est donc encore un organe délibérant. Elle a été créée en 1871, mais l'idée n'en est pas neuve en France ; quelques-uns de nos anciens États provinciaux avaient des délégations, et les directoires de l'organisation révolutionnaire n'étaient autre chose qu'une délégation permanente des conseils généraux. A l'étranger, il existe dans l'organisation provinciale des comités permanents un peu partout, en Belgique, en Prusse, en Autriche-Hongrie, en Italie, en Espagne, etc. La commission départementale a été organisée de telle sorte qu'elle ne puisse pas devenir plus importante que le conseil général et qu'elle ne puisse pas annihiler le préfet (d'autant qu'elle n'est pas une commission exécutive) (2).

A. *La composition de la commission départementale.* — « La commission départementale est élue par le conseil général et parmi ses membres chaque année, à la fin de la session d'août ; elle se compose de quatre membres au moins et de sept au plus (3), et elle comprend un membre choisi autant que possible parmi les conseillers élus ou domiciliés dans chaque arrondissement. Les membres de la commission sont indéfiniment rééligibles »(art. 69). Les fonctions de membre de la commission départementale sont incompatibles avec celles de maire du chef-lieu du département et avec celles de député ou de sénateur (art. 70, remanié par L. 19 déc. 1876). Le vote a lieu au scrutin secret (art. 39, § 3). — Accidentellement, un conseil général peut avoir à élire sa commission départementale à une autre époque : 1° s'il a été dissous aussitôt après la réélection (art. 35, 36) ; 2° s'il y

---

(1) *Bibliographie ;* Félix Jacquelin, *La commission départementale,* 1887 ; Weisgeiler, *De la commission départementale,* 1889 ; Flourens, *Organisation administrative de la France et de la Belgique* (V. p. 219 et p. 225).

(2) Il a été pris en ce sens un certain nombre de précautions : 1° la commission départementale est renouvelable tous les ans ; 2° elle ne siège pas en permanence ; 3° le conseil général peut la révoquer si elle est en conflit avec le préfet ou si elle outrepasse ses attributions ; 4° les sénateurs, les députés du département, le maire du chef-lieu ne peuvent pas en faire partie ; 5° ses séances ne sont pas publiques et ses procès-verbaux ne sont communiqués qu'aux membres du conseil général. On avait pris une précaution de plus, qui a été supprimée depuis, on avait décidé que la commission départementale n'aurait pas de président élu. V. *infra.*

(3) Dans les limites de ce minimum et de ce maximum, le conseil détermine lui-même le nombre des membres de sa commission.

H. — PR.

a conflit entre la commission départementale et le préfet et que le conseil juge à propos de nommer une nouvelle commission (art. 85).

— Les protestations contre l'élection des membres de la commission départementale sont portées au Conseil d'État (Cons. d'Ét., 17 fév. 1911, *Nègre*, S., 11. 3. 153 et la note) (1).

B. *Le fonctionnement de la commission départementale.* — La commission départementale est une assemblée délibérante qui tient des sessions et des séances en vue de prendre des délibérations. — Elle tient une session ordinaire par mois, dont elle fixe elle-même l'époque et le nombre de jours (2). Le préfet et le président de la commission peuvent la convoquer en session extraordinaire (art. 73). — *Règles des séances*. « La commission départementale élit son président et son secrétaire, elle siège à la préfecture et prend, sous l'approbation du conseil général et avec le concours du préfet, toutes les mesures nécessaires pour assurer son service » (art. 71 modifié par L. 8 juill. 1899) (3) : « Tout membre de la commission départementale qui s'absente des séances pendant deux mois consécutifs, sans excuse légitime admise par la commission, est réputé démissionnaire. Il est pourvu à son remplacement à la plus prochaine session du conseil général » (art. 74). « Sur la rémunération des membres de la commission départementale », V. L. 27 fév. 1912, art. 28, *supra*, p. 182. « Le préfet ou son représentant assistent aux séances de la commission ; ils sont entendus quand ils le demandent » (art. 76, § 1). — *Règles des délibérations.* « La commission départementale ne peut délibérer si la majorité de ses membres n'est présente. Les décisions sont prises à la majorité absolue des voix calculée sur le nombre des membres présents. Ainsi quand quatre membres sont présents, les décisions doivent être prises par trois voix (cette règle, qui ne permet pas les abstentions, est exceptionnelle). En cas de partage, la voix du

---

(1) C'est un revirement de jurisprudence, car, en 1885, le Conseil d'État avait refusé de statuer sur des réclamations contre l'élection de la commission départementale et l'on avait pu en conclure, à bon droit, qu'il n'y voyait pas une élection, mais une simple nomination (Cons. d'Ét., *Lépiney et autres*).

Sur les motifs de ce revirement qui sont surtout tirés du développement progressif du régime représentatif, V. ma note précitée dans l'affaire *Nègre*.

L'important est de retenir que la commission départementale n'est pas un préposé du conseil général, ainsi qu'on aurait pu le croire à un moment donné, mais bien un organe représentatif du département.

(2) Elle ne pourrait pas indirectement se constituer en permanence en décidant que la session durera tout le mois, ce serait contraire à l'esprit de la loi, et même au texte qui suppose des sessions extraordinaires et par conséquent des intervalles.

(3) Primitivement, le président de la commission départementale n'était pas élu ; on avait craint qu'un président de la commission départementale élu par ses collègues ne devînt le véritable maître du département et ne réduisît à néant l'autorité du préfet. En Belgique, même, c'est le gouverneur de la province qui est président de la députation permanente.

président est prépondérante. Il est tenu procès-verbal des délibérations. Les procès-verbaux font mention du nom des membres présents. » (art. 72). Étant donné le silence de la loi, les séances ne sont pas publiques et les procès-verbaux ne sont pas publiés, ils peuvent seulement être expédiés sous pli cacheté aux membres du conseil général (1).

Instruction des affaires. — La commission peut s'entourer de renseignements : « Les chefs de service des administrations publiques dans le département sont tenus de fournir, verbalement ou par écrit, tous les renseignements qui leur seraient réclamés par la commission départementale sur les affaires placées dans leurs attributions. » (art. 76, § 2). L'article 84 ajoute : « La commission départementale peut charger un ou plusieurs de ses membres d'une mission relative à des objets compris dans ses attributions. » Mais cela n'empêche point que l'instruction préalable n'appartienne au préfet; la commission ne pourrait statuer valablement sans son avis.

N° 2. — Les attributions de la commission départementale.

La commission départementale a des attributions qui lui sont déléguées par le conseil général et d'autres qui lui sont propres :

A. *Les attributions déléguées.* — La commission départementale a des attributions qui lui sont déléguées par le conseil général. Les conseils généraux ne doivent pas abuser de cette faculté de délégation, car il est de principe que la puissance publique ne se délègue pas ; ils doivent observer les règles suivantes : 1° Ils ne doivent déléguer que pour des affaires spéciales, non point pour des catégories d'affaires (Avis Cons. d'Ét., 13 mars 1873, *Bouches-du-Rhône*) (2); 2° Même pour des affaires spéciales, le conseil ne peut pas déléguer la décision à sa commission si l'affaire est trop importante (Avis Cons. d'Ét., 26 fév. 1874) (3). — Lorsque la commission départementale statue par délégation, ses délibérations ont la force exécutoire qu'auraient eue celles du conseil général lui-même sur les mêmes affaires ; par suite, elles peuvent, suivant les cas, être attaquées

---

(1) Il faut considérer en effet que la publicité des séances est d'exception (V. p. 173).

(2) Ainsi la délégation générale donnée par le conseil général à sa commission départementale de statuer sur la liquidation des pensions de retraite des employés départementaux excède les pouvoirs du conseil général et peut être annulée en vertu de l'article 33 de la loi du 10 août 1871 (Décr. en Cons. d'Ét., 26 janv. 1896; Cf. circ. int. 13 avril 1881).

(3) Il y a ici une question d'appréciation. Ainsi il a été décidé que le conseil peut déléguer le droit de statuer sur le tracé d'un chemin d'intérêt commun (Décr. 27 déc. 1878), sur une question de tramway (Avis min. 17 août 1886), mais qu'il ne peut pas déléguer le droit de dresser des tableaux de proposition pour la répartition des secours sur fonds d'État (Avis min. 29 août 1887).

directement devant le Conseil d'État dans le délai de vingt jours à compter de la clôture de la session, ou suspendues par décret dans le délai de trois mois (Décr. Cons. d'Ét., 7 mai 1875).

B. *Les attributions propres de la commission départementale.* — La commission départementale a en outre des attributions propres, c'est-à-dire qui lui ont été données directement par la loi. La plupart ont été enlevées au préfet. Ces attributions sont de deux espèces : 1° elle prend des *délibérations ;* 2° elle fait des *actes de contrôle.*

I. *Délibérations. Force exécutoire.* — Toutes les délibérations prises en vertu des pouvoirs propres de la commission départementale sont de la même catégorie, elles sont exécutoires par elles-mêmes immédiatement, seulement, c'est le préfet qui doit exécuter, et il peut s'y refuser : il en résultera un désaccord ou un conflit et l'affaire sera portée devant le conseil général, aux termes de l'article 85 que nous étudierons plus loin.

Objet des délibérations. — 1° La commission départementale exerce quelques attributions dans l'intérêt de l'État ; par exemple, lors de la confection d'un cadastre, elle approuve le tarif des évaluations cadastrales (art. 87, § 1) ;

2° Tutelle des communes, hospices, etc. « La commission départementale, après avoir entendu l'avis ou les propositions du préfet, répartit les subventions diverses portées au budget départemental et dont le conseil général ne s'est pas réservé la distribution, les fonds provenant des amendes de police correctionnelle, et les fonds provenant du rachat des prestations en nature sur les lignes que ces prestations concernent » (art. 81). « Elle prononce, sur l'avis des conseils municipaux, la déclaration de vicinalité, le classement, l'ouverture et le redressement des chemins vicinaux ordinaires, la fixation de la largeur et de la limite desdits. Elle exerce à cet égard les pouvoirs conférés au préfet par les articles 15 et 16 de la loi du 21 mai 1836. Elle approuve les abonnements relatifs aux subventions industrielles pour la dégradation des chemins vicinaux » (L. 1871, art. 86). Mêmes attributions en matière de chemins ruraux (L. 20 août 1881, art. 4) ;

3° « La commission départementale détermine l'ordre de priorité des travaux du département, lorsque cet ordre n'a pas été fixé par le conseil général ; elle fixe l'époque de l'adjudication des travaux » (art. 81), etc. ;

4° « La commission départementale autorise le préfet à passer les contrats au nom du département et à défendre aux actions *en cas d'urgence* » (1). L'article 54 dit, en effet, que le préfet doit faire ces

---

(1) Il y a ici une petite conciliation à opérer entre l'article 16, n° 15, qui confie au conseil général le droit d'autoriser le préfet à intenter les actions *ou à les soutenir,*

deux espèces d'actes de la vie civile du département sur *avis conforme*. Un avis, auquel on est tenu de se conformer, équivaut à une autorisation ;

5° « La commission départementale assigne à chaque membre du conseil général et du conseil d'arrondissement le canton pour lequel il devra siéger dans le conseil de revision » (art. 82). Cette disposition se complète par celle de l'article 18 de la loi du 15 juillet 1889, qui prescrit de choisir des membres autres que ceux qui sont élus dans le canton où la revision a lieu (1) ;

6° La commission départementale donne des avis au préfet, ils sont tantôt *facultatifs*, tantôt *nécessaires* (art. 77) ; même quand le préfet est tenu de les prendre, en principe, il n'est pas tenu de les suivre ; en certains cas, cependant, il est obligé de s'y conformer, par exemple en matière de *défense aux actions* intentées contre le département et de *passation de contrats* au nom du département (art. 54).

Valeur juridique des délibérations de la commission départementale prises en vertu de ses pouvoirs propres ; voies de recours et voies de nullité. — Les *délibérations* de la commission départementale prises en vertu de ses pouvoirs propres sont des actes juridiques, elles sont soumises aux conditions ordinaires de forme et de fond et susceptibles de recours :

1° *Nullité résultant des articles 33 et 34 de la loi de 1871.* — Pour les délibérations ordinaires, qu'elles contiennent un vœu, une proposition, un avis ou une décision, le Conseil d'État admet que les articles 33 et 34 s'appliquent à la commission départementale aussi bien qu'au conseil général, par conséquent : les délibérations prises par la commission irrégulièrement réunie sont annulées par le préfet ; les délibérations portant sur des objets pour lesquels la commission est incompétente sont annulées par décret en Conseil d'État sur la demande du préfet (avis 13 mars et 31 mai 1873). Mais il n'y a pas plus de voie de nullité générale que pour les délibérations du conseil général ;

2° *Recours au conseil général dans le cas spécial des articles 86 et 87.* — Dans les cas prévus par les articles 86 et 87, c'est-à-dire en

---

et notre article 54 qui confie à la commission départementale le droit d'autoriser le préfet à *défendre*; mais l'article 46 indique lui-même la conciliation par l'idée d'urgence.

(1) La commission départementale désigne aussi les deux conseillers généraux qui, aux termes de l'article 24 de cette dernière loi, sont adjoints au conseil de revision réuni au chef-lieu du département pour prononcer sur les demandes de dispenses pour soutien de famille et sur les demandes de sursis d'appel. Dans le cas où le département a subventionné une association syndicale, elle nomme des membres de la commission syndicale (art. 87, § 2), etc.

matière d'*ouverture* et de *classement des chemins vicinaux ordinaires*, de tarif des évaluations cadastrales, et en matière de nomination des membres des commissions syndicales, la délibération peut être frappée de recours au conseil général, par le préfet, par les conseils municipaux et par toute partie intéressée (1);

3° Les décisions exécutoires contenues dans les délibérations de la commission départementale peuvent être attaquées soit par le *recours contentieux ordinaire*, soit par le *recours pour excès de pouvoir*; il est à remarquer que, dans le cas des articles 86, 87, 88 : *a*) le recours ouvert devant le conseil général ne fait pas obstacle au recours pour excès de pouvoir; *b*) le recours pour excès de pouvoir est toujours suspensif de l'exécution, ce qui est exceptionnel.

II. *Les attributions de contrôle de la commission départementale*. — La commission départementale est chargée de veiller à ce que les élections complémentaires au conseil général soient faites dans les délais fixés (art. 22, § 3) : « Le préfet est tenu d'adresser à la commission départementale, au commencement de chaque mois, l'état détaillé des ordonnances de délégation qu'il a reçues et des mandats de paiement qu'il a délivrés pendant le mois précédent concernant le budget départemental. La même obligation existe pour les ingénieurs en chef, sous-ordonnateurs délégués » (art. 78). « A l'ouverture de chaque session ordinaire du conseil général, la commission lui fait un rapport sur l'ensemble de ses travaux et lui soumet toutes les propositions qu'elle croit utiles. A l'ouverture de la session d'août, elle lui présente dans un rapport sommaire ses observations sur le budget proposé par le préfet. Ces rapports sont imprimés et distribués, à moins que la commission n'en décide autrement » (art. 79). Chaque année, à la session d'août, la commission départementale présente au conseil général le relevé de tous les emprunts communaux et de toutes les contributions extraordinaires communales qui ont été votés depuis la précédente session d'août, avec indication du chiffre total des centimes extraordinaires et des dettes dont chaque commune est grevée (art. 80). La commission départementale vérifie

(1) Ce recours purement administratif et de nature hiérarchique est formé pour cause d'inopportunité ou de fausse appréciation des faits. Il est notifié au président de la commission dans le délai d'un mois à partir de la communication de la décision. Le conseil général statue *par décision définitive* à sa plus prochaine session, mais il peut ajourner à une autre session pour plus ample informé (Cons. d'Ét., 26 avril 1901, *Defougères*) ; il peut d'ailleurs évoquer l'affaire et statuer au fond à la place de la commission départementale. (Cons. d'Ét., 18 janv. 1907, *Commune de Bousgarber*). D'ailleurs, pour la procédure de ce concours, V. Cons. d'Ét., 22 mars 1912, *Pourché*.

Il peut ensuite être formé recours pour excès de pouvoir contre les décisions du conseil général (Cons. d'Ét., 25 mai 1898, *Benoist*). En vue de faire courir les délais du recours, les décisions doivent être communiquées au préfet, aux conseils municipaux et aux autres parties intéressées (art. 88).

l'état des archives et celui du mobilier appartenant au département » (art. 83).

N° 3. — Du désaccord et du conflit avec le préfet. Du cas où la commission excède ses attributions. Contrôle du conseil général.

Si la commission départementale et le préfet sont en désaccord ou entrent en conflit, le conseil général peut être saisi de l'affaire, soit par le préfet, soit par la commission. Dans le cas de simple désaccord, l'affaire est renvoyée à la plus prochaine session du conseil; en attendant, le préfet sursoit à l'exécution. Dans le cas de conflit, le conseil doit être convoqué extraordinairement. La distinction entre le désaccord et le conflit est une question de fait. Si la commission excède ses attributions, le préfet peut encore faire convoquer extraordinairement le conseil pour le saisir de l'incident.

Dans tous les cas, le conseil général évoque à lui l'affaire qui a provoqué l'incident et statue à la place de la commission départementale; en outre, il peut, s'il le juge convenable, révoquer sa commission départementale et en nommer une autre (art. 85) (1). La délibération du conseil général sur ce point est de la catégorie des décisions définitives, dont l'annulation peut être demandée dans les vingt jours de la clôture de la session (Décr. Cons. d'Ét., 9 juill. 1874, *Ain*) (2).

(1) Si c'est un cas où la commission refuse de statuer, le conseil pourrait statuer à sa place, à la condition que ce ne fût pas dans une matière où elle a un pouvoir propre (V. Avis min., 24 mars 1883).

(2) L'*organisation spéciale du département de la Seine* (V. articles Albert Lavallée, *Revue générale d'administration*, 1900 et 1901). — Le département de la Seine est dans une situation toute particulière, à raison de ce fait que la ville de Paris couvre presque en entier son territoire et contient presque toute sa population, ce qu'elle n'absorbe pas forme la banlieue. La conséquence est que les organes d'administration de la ville de Paris et ceux du département de la Seine ont été en partie confondus. — Il y a, dans le département de la Seine, deux préfets : le préfet de police et le préfet de la Seine, l'un chargé de la police et l'autre de la gestion administrative. Ces deux préfets constituent l'organe exécutif du département, mais, en même temps et surtout, ils constituent l'organe exécutif de la ville et jouent le rôle de maire. — Il y a, dans le département de la Seine, un conseil général, organe délibérant, composé de cent un membres. Mais ce conseil n'est autre que le conseil municipal de la ville de Paris, au nombre de quatre-vingts membres, auxquels viennent s'ajouter vingt et un membres élus par la banlieue. La loi du 10 août 1871 ne s'est pas appliquée au conseil général de la Seine, il en résulte que ce conseil n'a pas de commission départementale. La loi du 16 septembre 1871, prorogée depuis par diverses lois, et notamment par celle du 19 mars 1875, indique les textes qui sont en vigueur. — Pour les sessions, le titre II de la loi du 22 juin 1833 est applicable : il n'y a qu'une session ordinaire par an. La loi du 5 juillet 1896 a rendu publiques, à la fois, les séances du conseil général et celles du conseil municipal. — Les attributions sont celles des lois du 10 mai 1838 et du 18 juillet 1866, sauf modifications. V. par exemple, L. 30 juin 1907, art. 2. — Dans

APPENDICE. — *L'organisation de l'arrondissement.*

L'arrondissement n'a pas ou n'a plus la personnalité administrative. Cependant, dans cet arrondissement dont la personnalité a disparu il subsiste des organes, nous ne parlons pas du sous-préfet qui est uniquement un agent de l'État, mais du conseil d'arrondissement, assemblée élue qui semble être un organe délibérant de l'arrondissement lui-même. Il y a là une anomalie. En 1871, il a été question de supprimer ces conseils et la loi du 10 août ne les nomme pas, ils sont demeurés, il faut en dire un mot en appendice à l'organisation départementale (1).

les arrondissements de Saint-Denis et Sceaux, il n'y a plus de sous-préfet, il y a des conseils d'arrondissement.

Les départements algériens. — L'Algérie est divisée en trois départements : Alger, Oran et Constantine, ils sont organisés comme les départements français : 1º Ils sont divisés en arrondissements et en circonscriptions qui remplacent les cantons sans en porter le nom; 2º il y a deux organes : le préfet, organe exécutif, le conseil général complété par une commission départementale, organe délibérant. A. Le préfet est assisté d'un secrétaire général et d'un conseil de préfecture. Il a les mêmes attributions qu'un préfet de France, mais il est sous l'autorité du gouverneur général. B. Le conseil général est formé de membres français et de membres indigènes. Les membres français sont nommés au suffrage universel par les électeurs français, à raison d'un par circonscription cantonale. Les membres indigènes sont élus à un suffrage spécial, V. *supra*, p. 124. — Les conseillers sont nommés pour six ans et renouvelables par moitié. Le conseil a deux sessions ordinaires par an, en octobre et avril. Les attributions du conseil général, le degré d'autorité de ses décisions, les objets dont il s'occupe sont les mêmes qu'en France. La commission départementale suit aussi les mêmes règles qu'en France (il doit y avoir des assesseurs indigènes qui ne peuvent être d'ailleurs présidents. V. pour tous ces points, Décr. 23 sept. 1875, qui reproduit presque textuellement la loi de 1871, complété par Décr. 6 juin 1901, Décr. 24 juin 1901 et Décr. 24 sept. 1908). Dans les arrondissements, des sous-préfets qui ont des pouvoirs propres un peu plus étendus qu'en France et pas de conseil d'arrondissement.

(1) *Les conseils d'arrondissement*. — Comme on ne s'est pas occupé d'eux en 1871, la législation n'est pas codifiée, il faut remonter aux lois antérieures (L. 28 pluv. an VIII, art. 10, 11, 19; L. 22 juin 1833, art. 20, 21, 25, 28; L. 23 juill. 1870; L. 10 mai 1838, art. 29 à 47) auxquelles il faut ajouter la loi du 23 juin 1892 et celle du 14 avril 1892.

I. *Organisation*. — Les conseils d'arrondissement sont composés d'autant de conseillers qu'il y a de cantons dans l'arrondissement, mais il ne peut y en avoir moins de neuf. Si ce chiffre n'est pas atteint, un décret désignera les cantons les plus peuplés pour nommer chacun deux conseillers. Les membres du conseil d'arrondissement sont élus pour six ans et renouvelés par moitié. La loi du 23 juin 1892 a pris des dispositions pour que, dans aucun canton, il n'y ait à nommer en même temps le conseiller général et le conseiller d'arrondissement, bien que la durée des mandats et la périodicité des renouvellements soient les mêmes. Le résultat sera que tous les trois ans chaque canton aura à voter tantôt pour son conseiller général, tantôt pour son conseiller d'arrondissement. Sur les dates des élections depuis la guerre. V. *supra*, p. 226. Pour les conditions d'éligibilité et pour les élections, renvoi (V. p. 137 et s.). Pour les élections complémentaires, la loi du 14 avril 1892 est venue modifier l'article 11 de la loi du 22 juin 1833, ainsi qu'il suit « En cas de vacance par option, décès, démission, perte des droits

Section IV. — L'administration locale (suite). L'organisation de la commune (L. 5 avril 1884) (1).

§ 1. — Le territoire et la personnalité, les services, l'histoire de l'organisation de la commune.

Il n'y a, dans la France métropolitaine, qu'une seule espèce de communes ; à peine peut-on signaler l'exception de la ville de Paris qui

civils et politiques, l'assemblée électorale qui doit pourvoir à la vacance sera réunie dans le délai de deux mois. Toutefois, si le renouvellement légal de la série à laquelle appartient le siège vacant doit avoir lieu avant la prochaine session ordinaire du conseil d'arrondissement, l'élection partielle se fera à la même époque. » Le conseil d'arrondissement a une seule session annuelle partagée en deux séances, l'une avant la session d'août du conseil général, l'autre après. Il élit son bureau, mais il n'y a pas publicité des séances ni des procès-verbaux.

II. *Attributions*. — *Répartition des impôts*. — Le conseil d'arrondissement répartit entre les communes les contributions directes, ce qui ne concerne plus que les impositions locales (art. 45, L. 10 mai 1838). — « Le conseil est tenu de se conformer, dans la répartition de l'impôt, aux décisions rendues par le conseil général sur les réclamations des communes. Faute par le conseil d'arrondissement de s'y être conformé, le préfet, en conseil de préfecture, établit la répartition d'après lesdites décisions » (art. 46). « Si le conseil d'arrondissement ne se réunissait pas, ou s'il se séparait sans avoir arrêté la répartition des contributions, les mandements des contingents assignés à chaque commune seraient délivrés par le préfet, d'après les bases de la répartition précédente, sauf les modifications à apporter dans les contingents en exécution des lois » (art. 47).

Défense des intérêts de l'arrondissement par des avis et des vœux. — L'administration peut demander l'avis du conseil d'arrondissement toutes les fois qu'elle le juge utile ; dans certains cas, elle est obligée de le demander, l'énumération de ces cas se trouve dans l'article 41 de la loi du 10 mai 1838 : 1° Changements proposés à la circonscription du territoire de l'arrondissement, des cantons et des communes, et à la désignation de leurs chefs-lieux ; 2° classement et direction des chemins vicinaux de grande communication ; 3° établissement et suppression ou changement des foires et marchés ; 4° réclamations élevées au sujet de la part contributive des communes respectives, dans les travaux intéressant à la fois plusieurs communes ou les communes et le département, et généralement tous les objets sur lesquels il est appelé à donner son avis en vertu des lois et règlements. De plus, le conseil d'arrondissement peut donner spontanément son avis *sur tous les objets d'utilité publique intéressant l'arrondissement*, soit que la décision doive être prise par le conseil général, soit qu'elle doive l'être par le pouvoir central : 1° Sur les travaux de routes, de navigation et autres objets d'utilité publique qui intéressent l'arrondissement ; 2° sur le classement et la direction des routes départementales qui intéressent l'arrondissement ; 3° sur les acquisitions, aliénations, échanges, constructions et reconstructions des édifices et bâtiments destinés à la sous-préfecture, au tribunal de première instance, à la maison d'arrêt ou à d'autres services publics spéciaux à l'arrondissement, ainsi que sur les changements de destination de ces édifices ; 4° et généralement sur tous les objets sur lesquels le conseil général est appelé à délibérer, en tant qu'ils intéressent l'arrondissement (art. 42). Quant aux vœux, aux termes de l'article 44, le conseil d'arrondissement peut en formuler *sur les besoins des différents services publics en ce qui touche l'arrondissement*, ce qui exclut les vœux sur l'administration départementale, sur l'administration générale et les vœux politiques.

(1) L'organisation communale est actuellement régie par la loi du 5 avril 1884, qui

est soumise à un régime entièrement spécial et celle des villes de Lyon et de Marseille qui sont soumises à un régime particulier en ce qui concerne la police de la tranquillité et de la sécurité. A part ces exceptions notables, les villes de 200.000 habitants sont soumises au même régime légal que les communes de 200 habitants, l'organisation est la même, sauf le nombre des conseillers municipaux et celui des adjoints au maire, qui sont dans un certain rapport avec la population ; partout il y a conseil municipal et mairie centrale, c'est-à-dire organisation élective et représentative ; nulle part, même dans les communes de 50 habitants (il y en a), on n'a fait l'économie de cette organisation représentative pour s'en tenir à l'administration directe par l'assemblée des habitants, ou à des commissions syndicales analogues à celle des établissements publics. D'autre part, la compétence des conseils municipaux et des maires est la même dans toutes les communes.

Il est bon de savoir que la France est à peu près le seul pays à avoir adopté une législation uniforme aussi peu en rapport avec la réalité des choses. Dans la plupart des pays, on distingue plusieurs catégories de communes. En Angleterre, dans l'Amérique du Nord, en Allemagne, il y a une distinction fondamentale entre les communes urbaines et les communes rurales (1).

est un code complet. Elle a abrogé expressément, dans son article 168, toutes les lois antérieures et les modifications ultérieures se sont produites sous forme d'additions ou de remaniements d'articles. V. par exemple, L. 22 mars 1890, sur les syndicats de communes ; L. 5 juin 1915, modifiant les art. 39 et 50 ; L. 23 oct. 1919, modifiant l'art. 88, etc. — *Bibliographie* : Morgand, *La loi municipale*, dernière édit. ; Béquet et Roussel, *Répertoire du droit administratif*, v° *Commune* ; Dalloz, *Code annoté des lois administratives*, v° *Organisation municipale* ; Juillet Saint-Lager, *Élections municipales* ; Daure, *Les élections municipales*, Alan, 1900 (Haute-Garonne) ; *La vie municipale*, journal hebdomadaire ; Leroy-Beaulieu, *L'administration locale en France et en Angleterre* ; de Ferron, *Institutions municipales et provinciales comparées* ; Vauthier, *Le gouvernement local de l'Angleterre*, 1895 ; Ramalho, *Des villes, bourgs et villages*, Revue d'administration, 1901. 1. 129-284 ; *Une ville de province au XVIIIe siècle*, eod., 1901. 3. 415 ; Edward Jenks, *Essai sur le gouvernement local en Angleterre*, traduct. franç., 1902 (collection Jèze) ; Orlando, *Trattato amministrativo completo* ; Gascon y Marin, *Tratado admin.*

(1) *Statistique*. — Il y avait en France, en 1914, 36.229 communes ; en l'absence d'un nouveau recensement et malgré la rentrée dans l'unité française des communes d'Alsace et de Lorraine, nous sommes obligés de maintenir provisoirement cette statistique. La superficie territoriale de ces communes, leur population, leurs ressources sont très inégales.

Superficie. — La superficie moyenne est de 1.457 hectares. Il y a des régions entières où toutes les communes sont au-dessous de cette moyenne. La plus petite commune de France est celle de Vaud'herland, en Seine-et-Oise, qui n'a que 9 hectares ; la plus grande, celle d'Arles, qui en a 103.000. Paris a 7.802 hectares.

Population. — Le chiffre de la population des communes importe à bien des égards : pour la fixation du nombre des conseillers municipaux ; pour la question de savoir si des parents ou alliés peuvent faire partie du même conseil municipal, ils le peuvent

A. *Du nom et du territoire des communes.* — La Révolution n'a point touché au nom ni au territoire des communes, elle les a respectées telles qu'elles avaient été lentement formées par l'histoire. Mais il faut prévoir des modifications volontaires, soit au nom, soit au territoire, soit au chef-lieu.

a) *Changement de nom.* — Chaque commune est propriétaire de son nom. Le changement de nom d'une commune est décidé par décret, sur la demande du conseil municipal, le conseil général consulté et le Conseil d'État entendu (art. 2) (1);

b) *Modifications au territoire.* — Ces modifications peuvent être de

dans les communes qui ont moins de 500 habitants; pour la question de savoir comment est réglée la police, dans les villes au-dessus de 40.000 habitants, elle est réglée par décret du chef de l'État. Cela importe aussi pour certains impôts, notamment pour celui des patentes, etc.

Communes au-dessous de 500 habitants		18.502
— de 501 à 1.500 —		13.181
— de 1.501 à 2.500 —		2.534
— de 2.501 à 3.500 —		878
— de 3.501 à 10.000 —		828
— de 10.001 à 20.000 —		146
— au-dessus de 20.000 —		123
dont 15 au-dessus de 100.000		

Dans ce tableau, il faut surtout remarquer le nombre considérable des communes qui ont moins de 500 habitants. Plus de 18.000 sont dans ce cas. Il y en a même plus de 5.000 qui ont moins de 200 habitants, 137 ont moins de 50 habitants. Ces communes n'ont évidemment pas les ressources suffisantes pour une bonne administration (dans 1.697 communes, la valeur du *centime* est de 10 francs; dans 5.061, elle est de 10 à 20 francs; dans 5.610, elle est de 20 à 30 francs; dans 4.880, elle est de 30 à 40 francs; dans 4.015, elle est de 40 à 50 francs; au total, dans 21.263 communes, elle est inférieure à 50 francs et, dans 10.000 de plus, elle est inférieure à 100 francs), et cependant, par le principe de la subvention de l'État inversement proportionnelle au centime introduit dans toutes les lois d'assistance, l'administration pousse très imprudemment à la fragmentation des communes.

Ressources et situation financière (d'après la situation financière de 1910). Les budgets des communes, Paris compris, s'élèvent en recettes ordinaires à 975 millions dont 400 millions pour Paris et les communes de la Seine et 575 millions pour les autres communes. La dette de Paris et des communes du département de la Seine atteint 2.531.000.000 de francs et celle des autres communes 1.633.000.000 de francs, au total 4.164.000.000 de francs. La moyenne des impôts communaux connus sous le nom de centimes additionnels est de 63 centimes. Il y a 3.022 communes imposées de moins de 15 centimes; 5.621 de 15 à 30 centimes; 8.305 de 31 à 50 centimes; 12.835 de 51 à 100 centimes et enfin 6.432 communes où le chiffre de 100 centimes est dépassé. Le chiffre des centimes communaux varie beaucoup selon les régions. La Corse a une moyenne de 272 centimes communaux; la Haute-Saône n'a qu'une moyenne de 15 centimes. Près de 12.000 communes possèdent des bois à titre de biens communaux. Ces bois couvrent plus de 2 millions d'hectares, le quart de la propriété boisée. 1.522 communes ont des octrois qui ont produit 269.912.130 francs.

(1) Ramalho, *Changement de nom des communes, Revue d'administration*, 1896, 3. 5.

sortes très différentes : fusion de plusieurs petites communes en une seule, division d'une grande commune en plusieurs petites, rattachement d'une fraction de commune à une autre commune, déplacement d'un chef-lieu. Ce que la loi voit avec le plus de faveur, c'est la fusion de plusieurs petites communes en une grande. Malheureusement, l'attachement au clocher rend ce phénomène bien rare (1).

Procédure à suivre. — Les autorités compétentes pour statuer varient suivant les cas (art. 5 et 6) : 1° Pour la création des communes nouvelles et pour les autres modifications, si elles entraînent changement à la circonscription du département, d'un arrondissement ou d'un canton, il est statué par une loi, le conseil général et le Conseil d'État entendus ; 2° Pour les simples modifications, lorsque les communes sont situées dans le même canton et que la modification projetée réunit, quant au fond et quant aux conditions de la réalisation, l'adhésion des conseils municipaux et des commissions syndicales des sections intéressées (Cf. Cons. d'Ét., 25 avril 1913, *Flour et Jauffret*), il est statué définitivement par le conseil général si celui-ci approuve le projet ; 3° Dans tous les autres cas, il est statué par décret en Conseil d'État, le conseil général entendu (2).

Conséquences des modifications territoriales. — Les modifications au territoire des communes entraînent presque toujours des conséquences patrimoniales ; en effet, les communes ont un patrimoine, les sections de commune aussi ; bien que ces patrimoines appartiennent à l'être moral de la commune ou de la section de commune, les habitants y ont un certain droit, ils profitent de l'actif et souffrent des dettes ; faire changer de commune les habitants d'un certain territoire, c'est modifier leur situation à ce point de vue, les priver de la jouissance de certains biens communaux, de certains édifices

---

(1) À noter le phénomène extrêmement rare de la suppression pure et simple d'une commune, événement qui s'est réalisé pour Saint-Pierre de la Martinique à la suite de la catastrophe de 1902 et qui a nécessité une loi spéciale du 15 février 1910.

(2) Avant que la question ne soit soumise à la décision des autorités compétentes, les formalités suivantes auront dû être remplies (art. 3 et 4) : 1° Initiative de la mesure prise, soit d'office par le préfet, soit sur la demande du conseil municipal de la commune, soit sur la demande du tiers des électeurs inscrits de la commune ou de la fraction qui demande à se séparer ; 2° Enquêtes *de commodo et incommodo* prescrites par le préfet sur le projet de modification ; 3° Toutes les fois que le projet intéresse une fraction de commune, nomination d'une commission syndicale chargée de donner son avis. Un arrêté du préfet décide la création de cette commission, détermine le nombre de ses membres et la date de l'élection ; sont électeurs seulement les électeurs domiciliés dans la fraction de commune à l'exception de ceux qui seraient propriétaires sans être domiciliés (Cons. d'Ét., 5 janv. 1906, *Élection syndicale de Passy*). L'élection se fait suivant les règles des élections municipales ; 4° Avis des conseils municipaux, des commissions syndicales et des conseils d'arrondissement. — Observons qu'en définitive la modification peut être opérée contre l'avis des populations directement intéressées.

publics qu'ils ont contribué à faire construire, etc. Ces conséquences de l'opération méritent d'être réglées par un véritable traité que l'on a quelquefois comparé, soit à un *contrat de mariage*, soit à une *séparation de biens*, mais qui présente bien plus de rapports avec les *traités internationaux* contenant cession de territoires. L'article 7 de la loi se préoccupe de ces traités (1).

B. *De la personnalité des communes.* — La personnalité morale des communes remonte fort loin. Le droit romain reconnaissait la personnalité des municipes et des *civitates*, et au moyen âge, lorsque les communes se réorganisèrent sous la forme de villes de consulat, ou de communes proprement dites, partout où elles formèrent *corps*, il fut admis qu'elles avaient une personnalité. Elles conservèrent cette personnalité jusqu'à la Révolution. Mais il faut songer que les communes datant du moyen âge, n'étaient que des îlots au milieu du territoire ; les communes rurales n'existaient pas, elles sont sorties lentement de la paroisse à partir du XVIe siècle. Sous le nom de communautés rurales, elles aussi, à la fin de l'ancien régime, avaient conquis la personnalité. On les admettait à plaider par leurs syndics, on les rendait responsables de l'impôt en la personne de leurs collecteurs, etc. La Révolution ne toucha pas à la personnalité morale

---

(1) De cet article, interprété par un important avis du Conseil d'État du 5 juin 1891, résultent les règles suivantes :

1° Le traité réglant les conséquences pécuniaires de l'opération doit être incorporé à l'acte qui statue sur la modification ; 2° Un certain nombre de solutions sont indiquées par la loi elle-même et l'on ne pourrait y déroger ; ainsi : — la commune réunie à une autre commune conserve (à titre de section de commune) la propriété des biens qui lui appartenaient, à l'exception des édifices et autres immeubles servant à un usage public qui deviennent la propriété de la nouvelle commune ; il en est de même pour les biens d'une section de commune réunie à une autre commune. Les habitants du territoire annexé conservent la jouissance des biens communaux dont les fruits sont perçus en nature, etc. Et ce, alors même que ces biens seraient situés sur le territoire de la commune dont la section est distraite. Cass., 3 fév. 1897, *Commune de Marennes*, S., 97. 1. 311 ; 3° En dehors de ces solutions indiquées par la loi, l'acte statue sur les questions que l'autorité a jugé utile de trancher, il n'est pas dit que l'acte doive trancher toutes les questions qui peuvent être soulevées ; 4° Là où l'acte n'a pas déterminé de solution particulière, il faut appliquer les règles des cessions de territoire en droit international, c'est-à-dire que, par une sorte de *postliminium*, les habitants du territoire rattaché à une commune sont censés avoir toujours fait partie de cette commune, par conséquent doivent immédiatement prendre leur part de ses charges (V. cependant un cas de partage des dettes par eux entre les habitants, dans Cons. d'Ét., 22 mai 1908, *Commune de Colombe*, et 10 janv. 1913, *Id.*), etc. (s'étendent même les anciens usages en matière de trottoirs, pavages, etc. ; Cons. d'Ét., 3 déc. 1897, *Pouchard*), et les habitants des territoires détachés cessent d'être assujettis aux charges de leur ancienne commune (Cons. d'Ét., 24 fév. 1905, *Commune de Neuilly*) ; 5° L'interprétation du traité appartient au Conseil d'État (Cons. d'Ét., 8 juill. 1904, *Saint-Martin-du-Var*). — Enfin une dernière conséquence : « Dans tous les cas de réunion ou de fractionnement de communes, les conseils municipaux sont dissous de plein droit. Il est procédé immédiatement à des élections nouvelles. »

des communes qui perdirent seulement leurs privilèges féodaux dans la nuit du 4 août (1).

C. *Des services publics communaux.* — Il y a des services communaux sous l'autorité exclusive du maire, par exemple le service de la police municipale (2); il en est d'autres qui sont à la fois sous l'autorité du conseil municipal et du maire (3).

La commune peut, en principe, organiser toute espèce de service public local utile aux habitants (Cf. Cons. d'Ét., 24 déc. 1909, *Commune de la Bassée*, S., 10. 3. 49 et ma note; Cons. d'Ét., 11 fév. 1916, *Commune de Saint-Marc*) sous les réserves suivantes : 1° respecter les interdictions légales, par exemple l'interdiction de subventionner aucun service du culte (L. 9 déc. 1905); 2° respecter les services monopolisés par l'État, par exemple le service de l'enseignement primaire ordinaire (4); 3° au point de vue budgétaire, les allocations aux services facultatifs créés ont besoin d'être approuvées par l'autorité supérieure dès que les ressources dites ordinaires ne suffisent pas pour faire face à la dépense (V., *infra*); la commune n'est donc complètement maîtresse d'organiser le service que si elle peut le payer sur ces ressources ordinaires (toutes dépenses obligatoires pourvues); 4° si le service constitue une exploitation industrielle ou commerciale, il faut, pour qu'il puisse être érigé en service public municipal, ou bien qu'il soit prévu par une loi, ou bien qu'il présente un intérêt de police urgent (5); 5° enfin, il faut distinguer la question

---

(1) La personnalité des communes est consacrée par les articles 910, 937, 2121 n° 2, 2227 du Code civil, sans compter de nombreux textes administratifs.

(2) Le conseil municipal n'intervient dans le service de la police qu'au point de vue budgétaire (V. cep. L. 15 fév. 1902, sur la santé publique, art. 1er).

(3) Dans la plupart des communes, il n'y a pour ainsi dire point de services communaux, car il faut songer que le service de l'état civil, celui de l'instruction primaire, sont des services d'État ; que le service des chemins vicinaux de grande et de moyenne communication est départemental ou que du moins il est géré par le département, ainsi que le service de l'assistance médicale gratuite et celui de l'assistance aux vieillards, que le service de la liste électorale et des élections est dans l'intérêt de l'État et du département autant que de la commune. Les seuls services communaux qui se trouvent dans toutes les communes sont : celui des chemins ruraux et des rues urbaines, celui des chemins vicinaux ordinaires, celui de la police ; encore toutes les communes n'ont-elles pas un garde champêtre.

C'est dans les grandes villes qu'apparaissent les services communaux dans toute leur complexité, services de l'eau, de l'éclairage, du balayage, des halles et marchés couverts, des omnibus et tramways, etc.

(4) Mais les communes peuvent créer des écoles primaires supérieures, des écoles professionnelles, etc.; elles ne peuvent pas subventionner des écoles libres pour faire concurrence aux écoles de l'État (Cons. d'Ét., 20 fév. 1891, *Ville de Vitré et ville de Nantes*);

(5) La question de l'organisation en services publics communaux d'entreprises industrielles ou commerciales est complexe. Elle l'est même de deux façons :

D'une part, l'érection du service communal ne se présente pas toujours d'une façon

de la création du service et celle de l'exploitation en régie. De ce qu'un service municipal a pu être créé, il ne s'ensuit pas nécessaire-

franche, elle se déguise sous des concessions de travaux publics ou sous des subventions. Ainsi un gazier se présente et offre d'organiser l'éclairage public des rues de la ville pourvu qu'on lui assure le monopole de l'éclairage privé pendant un certain nombre d'années, un traité est passé ; il semble qu'il n'y ait là qu'une entreprise privée, mais en réalité c'est un service public d'éclairage qui est créé; la preuve, c'est que l'opération prend le caractère d'une concession de travaux publics, que la canalisation deviendra la propriété de la ville à l'expiration de la concession, que le concessionnaire est soumis au pouvoir de police du maire pour l'exécution de son service, etc. Ainsi encore, un conseil municipal subventionne une boulangerie coopérative. Cette subvention, si elle devient permanente, va transformer réellement la boulangerie coopérative en boulangerie municipale et créer un service communal de la panification (Cf. Cons. d'Ét., 26 janv. 1901, *Boulangers de Poitiers*, S., 1901. 3. 41 et la note).

D'autre part, la question est complexe encore parce qu'elle ne peut pas être tranchée d'une façon absolue par la négative ni par l'affirmative, c'est affaire d'espèce. En réalité, c'est affaire d'équilibre entre la vie publique et la vie privée (V. sur ce point, *supra*, la *fonction administrative*, p. 33). Il s'agit de ne pas compromettre cet équilibre par un développement exagéré des services publics. Le *critérium* le plus sûr est de se demander, dans chaque cas particulier, si le service à créer répond à un besoin de police urgent, bien qu'étant en soi une exploitation industrielle, ou bien s'il tend principalement à intervenir dans la lutte économique, soit pour y jeter le poids de la richesse collective, soit pour créer directement de la richesse collective. D'après ce *critérium*, les services d'éclairage ou les services de tramways méritent parfaitement d'être érigés en services publics parce qu'ils sont avant tout pour la police, pour la commodité publique, et que les bénéfices financiers qu'ils procurent ne sont qu'un accessoire; au contraire, on est allé jusqu'à l'extrême limite du possible en incorporant à l'administration publique, à titre d'établissements publics, les associations syndicales de propriétaires lorsqu'elles sont autorisées administrativement : en effet, le but principal de ces établissements est de créer, par des travaux d'intérêt collectif, des plus-values, c'est-à-dire de la richesse collective, et cela ne devrait pas être l'objectif d'un service public (Cf. sur ce point les observations consignées dans ma note sous Confl., 9 déc. 1899, *Syndicat du canal de Gignac*, S., 1900. 3. 49).

Pour ce qui est des entreprises industrielles ou commerciales à ériger en services municipaux, il est clair que cela ne peut pas être radicalement interdit. D'abord, l'État aurait mauvaise grâce à refuser aux communes la faculté de faire ce qu'il a fait lui-même en érigeant en services publics l'entreprise des postes ou celle des chemins de fer. Ensuite, la question n'est pas entière : il y a des services municipaux d'éclairage, des services municipaux de tramways, des abattoirs municipaux (L. 8 janv. 1905), des services municipaux de distribution d'eau et même des services municipaux de distribution de force motrice (Grenoble). Aussi le Conseil d'État, consulté par le gouvernement sur des cas nouveaux, se montre-t-il hésitant. Après avoir écarté, pour des raisons spéciales tirées de la législation en vigueur, un projet de pharmacie municipale (Avis, 3 août 1896, *Roubaix*), dans un avis des 1er et 15 mars 1900, *Ville de Lille*, tout en refusant d'approuver la création d'un service municipal de vidanges, il est obligé de reconnaître que le principe n'est pas absolu, qu'il comporte des exceptions et, en effet, le *tout à l'égout* de Paris ne constitue-t-il pas un service municipal de vidanges?

La vérité est dans la distinction pratique que nous avons établie plus haut entre le but de police et le but économique et c'est bien en ce sens que se prononce M. Teissier, commissaire du gouvernement, dans une affaire de bains-douches (Cons. d'Ét., 2 fév. 1906, *Chambre syndicale des établissements de bains de Paris*) : cette affaire

ment qu'il puisse être exploité en régie, il se peut qu'il doive être concédé; cela dépend de la question de savoir si l'exploitation serait soulevait la question de la création de services économiques, et, en outre, celle de la légalité de la régie directe.

Le conseil municipal de Paris pouvait-il intervenir pour encourager des bains populaires? La jurisprudence du Conseil d'État est arrêtée en ce sens, ainsi que l'a fait remarquer le commissaire du gouvernement, que l'action économique d'une commune n'est pas licite quand elle constitue une intervention ayant pour effet de porter une atteinte volontaire et systématique à la liberté du commerce et de l'industrie. La commune ne peut jeter dans la lutte industrielle le poids de la richesse collective; elle ne peut modifier artificiellement les conditions économiques résultant du régime de la libre concurrence. Mais il ne faut pas oublier que les décisions du Conseil d'État ont toujours réservé les hypothèses où, soit des circonstances exceptionnelles, soit un intérêt social primordial, soit une autorisation explicite ou implicite du législateur, légitimeraient une intervention des pouvoirs publics locaux.

C'est ainsi que les grandes agglomérations, soumises à des dangers spéciaux d'épidémie, peuvent être amenées à intervenir dans l'intérêt de l'hygiène publique pour assurer la création ou l'organisation de certaines industries, qui seraient peu rémunératrices si on les appliquait à des prix abordables dans les milieux populaires. Une loi du 3 février 1851 avait même permis l'allocation de subventions de l'État aux communes qui prendraient l'initiative de la création d'établissements modèles pour bains et lavoirs publics gratuits ou à prix réduits.

M. Georges Teissier a donc demandé au Conseil d'État de décider que l'intervention du conseil municipal était légale. Mais cette intervention pouvait-elle se manifester, non sous la forme d'une subvention et d'un encouragement, mais d'une régie directe?

La jurisprudence administrative du Conseil d'État est, en principe, défavorable à cette municipalisation. Mais cette règle ne peut être rigide, et il peut y être dérogé si, pour assurer le fonctionnement d'une entreprise indispensable à la vie sociale d'une ville, il n'est pas possible de laisser agir l'industrie privée. Or, à Paris, peut-on avoir l'espérance d'assurer un pareil service de bains quasi gratuits autrement que par voie de régie directe? Quel stimulant pourrait pousser un concessionnaire à entreprendre un pareil service, qui est nécessaire à l'hygiène d'une grande ville, mais n'a aucune chance de procurer un bénéfice?

En conséquence, le commissaire du gouvernement a été d'avis que la ville, en établissant des bains-douches, s'est bornée à assurer un service d'ordre hygiénique comme l'est celui des étuves municipales ou des voitures d'ambulance, qu'il ne viendra à l'idée de personne de critiquer comme portant atteinte à l'industrie des désinfecteurs ou des voituriers. De plus, ce service s'adresse, en réalité, à une clientèle tout autre que celle des établissements de bains.

En concluant au rejet du pourvoi, le commissaire du gouvernement a d'ailleurs fait remarquer que Reims, Roubaix, Lille et Montpellier exploitent déjà en régie des bains municipaux et, de plus, qu'à Paris les frais pour la ville seraient couverts par la location du linge. Conformément à ces conclusions, le Conseil d'État a rejeté le pourvoi.

Après avoir constaté que ces bains sont gratuits sous la seule réserve d'une redevance de 10 centimes pour la location du linge, l'arrêt porte que, dans ces conditions, ils ne peuvent être considérés comme faisant l'objet d'un commerce ou d'une industrie. Il ajoute que « l'installation de cet établissement ne constitue qu'une amélioration apportée dans le fonctionnement du service public et général de l'hygiène ».

En conséquence, la chambre syndicale a été déclarée non fondée à prétendre que la création de l'établissement municipal est entachée d'illégalité.

— La jurisprudence du Conseil d'État statuant au contentieux est la même dans la

possible et avantageuse avec les procédures rigides du service public (1).

question des médecins communaux. Certaines communes subventionnent des médecins ou même les salarient entièrement, non pas seulement pour le service de l'assistance médicale aux indigents, mais pour un service médical gratuit à fournir à tous les habitants de la commune. Le Conseil d'État, saisi de recours contre les délibérations du conseil municipal, a parfois reconnu valable la création de ce service médical lorsque, à raison des circonstances locales, il était évident que des médecins ne seraient pas venus s'établir dans la région sans subvention et, d'ailleurs, il n'y voit pas toujours un service public (Cons. d'Ét., 16 janv. 1914, *Rochette*); mais toutes les fois que la libre concurrence des médecins pouvait suffire aux besoins de la clientèle, il a annulé les délibérations créant le service (Cons. d'Ét., 29 mars 1901, *Casanova*, S., 1901. 3. 73 et ma note; 9 juill. 1909, *Commune de Septèmes*) : « considérant que si les conseils municipaux peuvent, dans des circonstances exceptionnelles, intervenir pour assurer des soins médicaux aux habitants qui en sont privés, et si la subvention dont s'agit a pu être justifiée à l'époque où la commune de Septèmes se trouvait isolée des communes avoisinantes, il résulte de l'instruction que cette circonstance n'existe plus aujourd'hui, qu'en effet des moyens de communication rapides et peu coûteux relient à la ville de Marseille la commune de Septèmes, etc. ».

(1) On confond souvent la question de l'exploitation en régie des services industriels avec celle de l'érection des entreprises industrielles en services publics. Les deux questions sont cependant très différentes, la preuve en est que les entreprises industrielles d'éclairage au gaz et de transports en commun par tramways sont depuis longtemps érigées en services publics et que la question se pose actuellement de savoir si elles peuvent être exploitées en régie par les municipalités. Une des raisons de la confusion est l'expression à la mode *municipalisation des services*; cette expression est ambiguë en ce qu'elle peut viser à la fois la création de nouveaux services et l'exploitation en régie de services anciens. Une autre raison de la confusion c'est qu'en effet, tant qu'un service public n'est pas géré en régie, tant qu'il est exploité par un concessionnaire ou par un fermier, son caractère de service public est moins accentué, il semble qu'il ne soit public qu'à moitié, son exploitation reste une affaire privée entreprise par des capitaux privés, gérée par des agents qui n'ont pas qualité de fonctionnaires publics et, dès lors, quand on substitue le système de la régie à celui de la concession, on renforce en réalité le service public et c'est un peu comme si on le créait.

Depuis quelques années, la *municipalisation des services*, entendue comme exploitation en régie de services primitivement affermés ou concédés, a pris un grand développement, principalement en Angleterre et en Italie (loi de mars 1903) et elle a provoqué une littérature considérable.

Bibliographie : Weber, *Le socialisme communal* (Revue socialiste), 1893; des Cilleuls, *Le socialisme municipal* (Réforme sociale), 1895; Eustache Pilon, *Les monopoles communaux*, 1898; Achard, *Les services industriels de la ville de Genève* (Revue d'économie politique), 1899; *L'Œuvre des municipalités socialistes*; Dijon; Paris, Roubaix (Mouvement socialiste), 1900; Roger, *Le domaine industriel des municipalités*, thèse, 1901; H. Nézard, *La municipalisation du service de l'éclairage public et la ville de Paris*, 1905; Jaray, article dans les Annales des sciences politiques, 1904, p. 311 et s., sur le *Socialisme municipal en Italie*; Lucien Petit, *L'extension du domaine économique des communes* (Revue politique et parlementaire), 1905, t. XLVI, p. 468 et s.; M. Bourguin, *Les systèmes socialistes*, 2ᵉ édit., 1906, annexe VIII; Brés, *Les régies communales en Belgique*, avec l'analyse des enquêtes parlementaires anglaises de 1900 et 1903; Boverat, *Le socialisme municipal en Angleterre et ses résultats*; Montet, *Étude sur le socialisme municipal anglais*,

D. *Histoire de l'organisation municipale* (en note (1) page suivante).

Paris, 1901; E. Bouvier, *La municipalisation des services publics* (*Bulletin de l'association pour l'avancement des sciences*), 1907; *Les régies municipales* (*Encyclopédie scientifique*), 1910; H. Capitant, *L'exploitation municipale des services de distribution de l'eau, du gaz et de l'énergie électrique à Grenoble*, Grenoble, 1904; Bussy, *La municipalisation des tramways*, thèse de Lyon, 1909; André Mater, *Le socialisme conservateur ou municipal*, avec bibliographie, Paris, 1909. Pour l'Italie, V. Umberto Borsi, *Le Funzioni del comune Italiano*, extrait du grand traité d'Orlando, p. 278 et s., avec bibliographie, 1909. V. en outre sur le développement du service électrique à Grenoble, Cons. d'Ét., 29 juill. 1910, *Cadré*. Et enfin, V. depuis 1910, *Les annales de la régie directe*, publiées par Edgard Milhaud, Genève.

Les motifs qui poussent les administrations municipales à réclamer l'exploitation en régie des services industriels, particulièrement des distributions d'éclairage et des tramways, sont à la fois d'ordre financier et d'ordre politique; il s'agit de trouver des ressources en dehors des impôts qui commencent à être lourds, et on espère en trouver dans les exploitations industrielles devenues des monopoles productifs; d'un autre côté, le personnel des agents des compagnies concessionnaires, s'il était transformé en personnel municipal, deviendrait un corps électoral précieux; ce personnel de son côté désire se fonctionnariser pour accroître les garanties de son statut.

Les inconvénients et les dangers de l'opération sont également d'ordre financier et d'ordre politique : d'ordre financier, parce que la gestion des exploitations industrielles est pleine d'aléas; d'ordre politique, parce qu'il y a inconvénient à augmenter la masse des fonctionnaires municipaux; sans doute, ils constituent un corps électoral important, mais en même temps un corps électoral exigeant, ils sont avec les candidats dont ils espèrent le plus pour l'amélioration de leur situation personnelle, et le grand danger est la formation d'un syndicat d'exploitation des ressources municipales constitué par les agents des régies municipales et un parti de politiciens. Ce danger a été signalé aux États-Unis où l'exploitation des fonctions électives est un mal déjà ancien. Ce mal pourrait très bien s'étendre en France et il y en a déjà des symptômes. On a proposé des remèdes qui ne sont pas suffisamment rassurants. On peut, sans doute, organiser les régies municipales de façon à les séparer de l'organisme politique qu'est le conseil municipal, à les rendre relativement indépendantes, à les monter, comme on dit, industriellement, avec un directeur technique et une sorte de conseil d'administration : on ne peut pas, malgré tout, supprimer tout lien de dépendance, sinon, il n'y aurait pas régie. Du moment qu'il y aura lien de dépendance entre le bureau d'administration de la régie et le conseil municipal, le bureau de la régie ne se désintéressera pas de l'organisation électorale et même il cherchera à la diriger. L'organisation industrielle des régies peut être une réponse aux objections techniques provenant de l'incompétence des assemblées municipales ou du défaut de souplesse des procédures administratives ordinaires, elle n'en est pas une en ce qui concerne le danger du syndicat d'exploitation politique et électoral, destiné à réaliser sournoisement le partage des bénéfices de la régie (Cf. Décr. 8 oct. 1917, autorisant la régie municipale pour la distribution de l'énergie électrique. V. *infra*, v° *Énergie électrique*).

Quant à nous, il est une solution que nous croyons plus sage et tout aussi avantageuse que la régie directe. C'est la solution de la *régie intéressée* qui a finalement été admise, après de longues discussions, pour le service de la distribution du gaz à Paris (Décr. 20 juill. 1907). L'avantage de la régie intéressée, c'est qu'elle comporte un partage des bénéfices réglé par contrat entre l'administration de la régie et la caisse municipale. Le partage des bénéfices étant réglé d'avance et par contrat, la formation du syndicat d'exploitation dont nous parlions ne présente plus assez d'intérêt pour être à redouter, puisqu'en définitive le syndicat d'exploitation ne viserait qu'à ce même

§ 2. — L'organe exécutif de la commune.

Article I. — *Le maire et les adjoints.*

N° 1. — Règles d'organisation.

L'organe exécutif de la commune se compose : 1° *d'une autorité administrative*, le maire ; 2° d'un ou plusieurs *assesseurs* du maire, le ou les adjoints ; 3° de *simples agents*.

partage des bénéfices. — Un autre procédé, lorsque l'entreprise concessionnaire est sous forme de société par actions, consiste en ce que la ville prend une quantité considérable d'actions et devient ainsi principal actionnaire.

(1) *Histoire de l'organisation municipale. Organisation de 1790.* — Les communes, à la fin de l'ancien régime, n'avaient plus de vie locale véritable, malgré la survivance des organes municipaux du moyen âge ; elles bénéficiaient du zèle rénovateur de l'Assemblée constituante. Il n'est que juste de dire, d'ailleurs, que déjà l'édit de 1787 instituant les assemblées provinciales avait ouvert la voie ; il réorganisait les municipalités et en remettait la tutelle aux assemblées provinciales. Mais il y avait la plus grande bigarrure comme partout dans l'ancien régime : villes, bourgs, paroisses ou communautés se juxtaposaient avec les organes et les privilèges les plus divers.

L'Assemblée constituante fit une double besogne (L. 14 déc. 1879) ; elle ramena tous les types de communes à l'unité, et elle donna à la commune une organisation autonome, malheureusement un peu compliquée. Il y avait dans chaque commune trois organes : 1° le maire, qui pouvait être seul ou assisté d'un ou plusieurs assesseurs suivant la population ; dans le dernier cas, il y avait bureau municipal, agence collective ; 2° un conseil municipal ; 3° un *conseil général* composé de notables en nombre double. Tous les membres de ces conseils et le maire étaient nommés directement à l'élection par tous les citoyens actifs de la commune. La tutelle était confiée au directoire du département et au directoire du district. Il n'y avait pas de représentant du pouvoir central ; des *procureurs syndics* étaient bien chargés d'une mission de surveillance, mais ils étaient élus, eux aussi, par les citoyens actifs de la commune. Les lois des 16 août 1790 et 22 juillet 1791 conférèrent aux corps municipaux des pouvoirs de police et même certains pouvoirs de juridiction. Le pays n'était plus « qu'une fédération de quarante mille communes ». Ce fut bientôt l'anarchie.

Organisation de fructidor an III. — L'anarchie fut un peu bridée par l'énergie des représentants en mission envoyés par la Convention, qui remplacèrent les *procureurs syndics* par des *agents nationaux* sous leurs ordres. Cependant la Constitution de fructidor an III essaya d'en empêcher légalement le retour, en superposant aux communes rurales six mille municipalités de canton avec un commissaire du gouvernement à côté. Mais ce régime arbitraire, qui comprimait la commune rurale, ne pouvait durer (Cf. Vergues, *Les municipalités de canton*, thèse Toulouse, 1902).

Organisation de l'an VIII. — La Constitution de l'an VIII allait rétablir l'égalité entre les communes par un régime de centralisation à outrance, qui jusque-là n'avait jamais existé en France. Elle plaça dans la commune un maire nommé tantôt par le chef de l'État, tantôt par le préfet, assisté d'un conseil municipal dont les membres furent choisis par le préfet et qui n'eut aucune initiative.

Ainsi, après dix ans d'agitation, on était retombé plus bas que le point de départ. Non pas ici qu'on eût abusé de l'organisation collégiale, beaucoup de communes étaient administrées par le maire, magistrat unique, mais parce qu'on avait donné brusquement trop d'autonomie, et que le pouvoir modérateur de la tutelle avait été confié au directoire de département, incapable à ce moment-là de l'exercer. Il faut tenir compte aussi des temps troublés au milieu desquels s'était fait cet essai de liberté, de la crise

Observation. — Il y a lieu de réunir, pour les étudier, le maire et les adjoints : 1° les règles d'organisation sont les mêmes; 2° les adjoints n'ont pas d'attributions propres, jamais l'adjoint n'agit qu'en faisant fonction de maire, entièrement ou partiellement; dans les villes, l'adjoint est appelé couramment « monsieur le maire »; leurs seules prérogatives sont : *a)* de remplacer provisoirement le maire en cas d'empêchement et sans délégation (art. 84); *b)* d'avoir un droit de priorité lorsque le maire délègue ses fonctions (art. 82) (1).

agraire des biens nationaux, de la proscription des ci-devant nobles, de la guerre civile, de la guerre étrangère, des réquisitions continuelles du pouvoir central, de la dépréciation du papier-monnaie. Pendant toute la Révolution, on voit la plupart des petites municipalités uniquement occupées d'une chose, assurer la subsistance. L'essai avait été fait dans de mauvaises conditions, il était à recommencer. Malheureusement, les communes avaient perdu dans la tourmente des richesses qu'elles ne devaient plus retrouver, leurs biens communaux, que les lois du 14 août 1792 et du 10 juin 1793 prescrivaient de partager entre les citoyens (vente arrêtée seulement en l'an IV).

Depuis 1830. — Le désir de rentrer dans la voie de la décentralisation se manifesta dès la chute de l'Empire, et même pendant les Cent-Jours. Cependant la Restauration ne fit guère que présenter des projets qui n'aboutirent pas; le plus important fut le projet Martignac (9 fév. 1829) dont le rejet entraîna la chute du cabinet. C'est le Gouvernement de Juillet qui devait, ici encore, comme pour l'organisation départementale, donner satisfaction aux tendances décentralisatrices, par les lois du 21 mars 1831 et du 18 juillet 1837. Le mouvement, arrêté un instant sous le Second Empire par les lois du 7 juillet 1852 et du 5 mai 1855, reprend avec la loi du 14 juillet 1867 pour aboutir à un résultat très satisfaisant avec la loi du 5 avril 1884 : *a)* Le premier point obtenu fut le retour à l'élection pour la nomination du conseil municipal. Cela fut réalisé du premier coup, en 1831; il n'y eut de modification ultérieure que celle résultant de l'établissement du suffrage universel en 1848. Le maire et les adjoints devaient être choisis par le chef de l'État ou par le préfet dans le conseil municipal. C'était une bonne solution. Depuis, il y en a eu de très variées : la nomination par le conseil municipal dans les petites communes et par le gouvernement dans les grandes; la nomination par le gouvernement dans toutes les communes d'un maire, pris en dehors du conseil; enfin la nomination par le conseil municipal dans toutes les communes. Ce dernier mode, consacré pour la première fois par la loi du 28 mars 1882, est maintenu par la loi de 1884; *b)* le second point fut le pouvoir propre donné aux conseils municipaux; il y eut en 1837 quatre cas seulement où le conseil prenait des décisions réglementaires. Ce nombre a été successivement augmenté jusqu'à la loi de 1884, où la décision réglementaire est devenue le droit commun; *c)* enfin, un troisième point fut de savoir à qui, dans les cas où elle était maintenue, on confierait la tutelle de la commune. En 1837, on la laissa au préfet représentant l'État; mais, depuis, l'opinion s'est développée de la confier au conseil général représentant le département. En 1871, en 1884, cette opinion fut vigoureusement soutenue; elle n'a pas triomphé complètement, cependant il y a déjà beaucoup de cas où le conseil général et la commission départementale sont appelés à donner des autorisations. Ainsi, par un progrès lent et mesuré, on aura réalisé les réformes que la Révolution avait voulu faire brusquement; il est à croire que cette fois ce sera durable.

(1) En fait, dans les grandes communes, les adjoints exercent tous d'une façon continue des fonctions déléguées; de plus, les résolutions importantes qui doivent être prises sous la responsabilité du maire sont arrêtées en conseil, par le maire et les adjoints d'un commun accord. La réunion du maire et des adjoints forme alors ce qu'on peut appeler le *bureau municipal* ou *bureau d'administration*; mais ce bureau

Le maire et les adjoints sont élus par le conseil municipal et pris dans le sein de celui-ci (L. 28 mars 1882; L. 5 avril 1884, art. 73).

A. *L'élection du maire et des adjoints.* — *Nombre des adjoints.* — Il n'y a jamais qu'un maire dans une commune, mais le nombre des adjoints dépend de la population. Il est d'un dans les communes de deux mille cinq cents habitants et au-dessous, de deux dans celles de deux mille cinq cent un à dix mille. Dans les communes de population supérieure, il y aura un adjoint de plus par chaque excédent de vingt-cinq mille, sans que le nombre des adjoints puisse dépasser douze, sauf en ce qui concerne la ville de Lyon, où le nombre sera porté à dix-neuf (L. 8 mars 1912) (1).

Règle d'après laquelle le conseil municipal doit être au complet. — Au moment où il procède à l'élection du maire ou à celle d'un adjoint, le conseil municipal, qui joue le rôle d'un collège électoral, doit être au complet de ses membres (2). Par conséquent, s'il s'est produit des vacances, il faut procéder à des élections complémentaires avant la nomination du maire ou de l'adjoint (art. 77). Cette règle, relativement nouvelle, n'avait été introduite d'abord que pour l'élection du maire (L. 22 juill. 1870), la loi de 1884 l'a étendue à l'élection des adjoints (3).

n'a pas d'existence légale, ou tout au moins ne constitue pas une autorité administrative distincte, à la différence de ce qui existe en certains pays, en Italie par exemple, sous le nom de *junte municipale*. Et, assurément, ce serait une réforme à faire, si l'on voulait renoncer à la très contestable habitude que nous avons en France d'assimiler toutes les communes, que d'établir que, dans les villes d'une certaine importance, le bureau municipal aura certains pouvoirs de décision.

(1) *Adjoints spéciaux*, article 75 : « Lorsqu'un obstacle quelconque ou l'éloignement rend difficiles, dangereuses ou momentanément impossibles les communications entre le chef-lieu et une fraction de commune, un poste d'adjoint spécial peut être institué sur la demande du conseil municipal par un décret rendu en Conseil d'État. — Cet adjoint, élu par le conseil, est pris parmi les conseillers, et, à défaut d'un conseiller résidant dans cette fraction de commune, ou, s'il est empêché, parmi les habitants de la fraction. Il remplit les fonctions d'officier de l'état civil et il peut être chargé de l'exécution des lois et des règlements de police dans cette partie de la commune. — Il n'a pas d'autres attributions. »

(2) Toutefois, après un renouvellement intégral du conseil, si des vacances se produisent avant la nomination du maire et des adjoints, on ne procède pas à des élections complémentaires (Cons. d'Ét., 13 fév. 1885, *Saint-Pierre-de-Cole*; 15 mai 1885, *Villefloure*; 11 avril 1913, *Élection de Clichy*, etc.).

(3) Il faut tout prévoir. Cette règle très raisonnable, que le conseil doit être complété, pourrait servir d'arme à un parti obstructionniste pour empêcher l'élection d'un maire; il suffirait qu'à peine des élections complémentaires faites, des conseillers donnassent leur démission, tout serait à recommencer. Cette manœuvre a été déjouée par l'article 77 : « Si, après les élections complémentaires, de nouvelles vacances se produisent, le conseil municipal procédera néanmoins à l'élection du maire et des adjoints, à moins qu'il ne soit réduit aux trois quarts de ses membres. En ce cas, il y aura lieu de recourir à de nouvelles élections; il y sera procédé dans le délai d'un mois à dater de la dernière vacance » (art. 77, §§ 2 et 3). S'il est réduit aux trois quarts

Éligibilité. — Tout conseiller est en principe éligible aux fonctions de maire ou d'adjoint, mais il y a des inéligibilités : aux termes de l'article 86, § 2, les maires et adjoints révoqués sont inéligibles pendant un an, à moins qu'il ne soit procédé auparavant au renouvellement général des conseils municipaux. Le fait d'être illettré ne constitue pas une incapacité (Cons. d'Ét., 23 mai 1901, *Élection de Chauvigny*). — Il y a également des incompatibilités (1) : 1° « Ne peuvent être maires ou adjoints, ni en exercer même temporairement les fonctions, les agents et employés des administrations financières, les trésoriers-payeurs généraux, les receveurs particuliers et les percepteurs, les agents des forêts, ceux des postes et des télégraphes, ainsi que les gardes des établissements publics et des particuliers » (art. 80, § 1); 2° les agents salariés du maire ne peuvent être ses adjoints) (art. 80, § 2) (2).

Date de l'élection. — En cas de renouvellement général du conseil municipal, l'élection du maire et des adjoints a lieu à la première séance de la session, aussitôt après l'installation du conseil (Circ. int. 10 avril 1884) (3).

Convocation du conseil. — Pour toute élection du maire et des adjoints, les membres du conseil municipal sont convoqués dans les formes et délais prévus par l'article 48, trois jours francs au moins avant celui de la réunion : la convocation contiendra la mention spéciale de l'élection à laquelle il devra être procédé. Après un renouvellement général et pour la première réunion, la convocation est faite par l'ancien maire qui n'a pas encore remis le service. Si le maire n'est pas élu à la première réunion, la convocation sera faite ensuite par les conseillers dans l'ordre du tableau (art. 81). On applique les règles ordinaires sur le *quorum* nécessaire pour délibérer plus de la moitié des membres en exercice; il peut y avoir lieu à trois convocations successives aux termes de l'article 50.

Formes de l'élection. — Le conseil municipal élit le maire et les

---

de ses membres, il faut absolument procéder à l'élection complémentaire, alors même qu'il y aurait manœuvre (Cons. d'Ét., 25 janv. 1907, *Élections de la Ricamarie*).

(1) Par deux arrêts en date du 9 juin 1893, *Élection de Woincourt* et *Élection de Vilray-sous-Brezolles*, le Conseil d'État a décidé que l'article 80 ne visait que des incompatibilités, après toutefois plusieurs revirements.

(2) Cette disposition a surtout en vue les régisseurs, intendants, secrétaires, chefs et contremaîtres de fabrique, employés de commerce, etc.; mais elle ne s'étend ni au fermier, qui est un véritable entrepreneur d'industrie, ni même au colon partiaire.

(3) Lorsque l'élection est annulée, ou que, pour toute autre cause, le maire ou les adjoints ont cessé leurs fonctions, il y a deux hypothèses à distinguer : 1° Si le conseil est au complet, il est convoqué pour procéder au remplacement dans le délai de quinzaine; 2°, s'il y a lieu de compléter le conseil, et s'il s'agit du remplacement du maire, il sera procédé aux élections complémentaires dans la quinzaine qui suivra. S'il ne s'agit que du remplacement d'un adjoint, il ne paraît pas que la loi ait prescrit aucun délai (art. 79, §§ 2 et 3).

adjoints par des scrutins isolés, au scrutin secret et à la majorité absolue. Si, après deux tours de scrutin, aucun candidat n'a obtenu la majorité absolue, il est procédé à un troisième tour de scrutin et l'élection a lieu à la majorité relative. En cas d'égalité de suffrages, le plus âgé est déclaré élu (art. 76), alors même qu'il refuserait (Cons. d'Ét., 10 mars 1913, *Teyjat*). Ainsi, on procède d'abord à l'élection du maire, puis à celle de l'adjoint ou des adjoints (1). Lorsque la commune a droit à plusieurs adjoints, il n'y a pas scrutin de liste ; chacun d'eux est nommé par un vote distinct, de sorte qu'il y a un premier adjoint, un second adjoint, etc. Ce rang entre les adjoints sert, d'ailleurs, dans diverses circonstances. « La séance dans laquelle il est procédé à l'élection du maire est présidée par le doyen d'âge des membres du conseil municipal » (art. 77, § 1) ; mais une fois élu, le maire prend la présidence du conseil pour l'élection des adjoints. Les nominations sont rendues publiques dans les vingt-quatre heures de leur date, par voie d'affiche à la porte de la mairie ; elles sont, dans le même délai, notifiées au sous-préfet (art. 78).

Réclamations contre l'élection. — Un contentieux est organisé pour les élections du maire et des adjoints ; il suit les règles de celui des élections au conseil municipal et, par conséquent, il est porté devant le conseil de préfecture (V. *infra*). Peuvent former des réclamations : 1° tout conseiller municipal et tout électeur de la commune dans un délai de cinq jours qui commence à courir vingt-quatre heures après l'élection ; 2° le préfet dans le délai de la quinzaine à dater de la réception du procès-verbal.

B. *La suspension et la révocation des maires et adjoints.* — Les maires ne peuvent pas être révoqués par les conseils municipaux, mais ils sont sous l'autorité et sous la tutelle du pouvoir central. En conséquence : « Les maires et adjoints, après avoir été entendus ou invités à fournir des explications écrites sur les faits qui leur seraient reprochés, peuvent être suspendus par un arrêté du préfet pour un temps qui n'excédera pas un mois et qui peut être porté à trois mois par le ministre de l'Intérieur » (2). — « Ils ne peuvent être révoqués que par décret du président de la République. — Les arrêtés de suspension et les décrets de révocation doivent être motivés. Le recours sera jugé comme affaire urgente et sans frais ; il est dispensé du timbre et du ministère d'un avocat. — La révocation emporte, de plein droit, l'inéligibilité aux fonctions de maire et à celles d'adjoint, pendant une année, à dater du décret de révocation, à moins qu'il

(1) En aucun cas, il ne doit procéder à l'élection de l'adjoint avant celle du maire (Cons. d'Ét., 23 mai 1913, *Roz-Landrieux*).
(2) C'est la première suspension d'un mois qui peut être *portée à trois mois* ; aussi lorsque le délai d'un mois est expiré, le ministre de l'Intérieur ne peut plus porter la suspension à trois mois (Cons. d'Ét., 13 mars 1909, *Sauquet*).

ne soit procédé auparavant au renouvellement général des conseils municipaux » (1) (nouvel art. 86 remanié par L. 8 juill. 1908) (2).

C. *Le remplacement provisoire du maire.* — Le maire est perpétuellement en fonctions : 1° En cas d'absence, de suspension, de révocation, ou de tout autre empêchement, le maire est provisoirement remplacé dans la plénitude de ses fonctions par un adjoint dans l'ordre des nominations, et, à défaut d'adjoint, par un conseiller municipal désigné par le conseil, sinon pris dans l'ordre du tableau (art. 84) (3); 2° dans les cas où les *intérêts du maire se trouvent en opposition avec ceux de la commune*, le conseil municipal désigne un autre de ses membres pour représenter la commune, soit en justice, soit dans les contrats (art. 83).

D. *La durée des fonctions du maire et des adjoints.* — Les événements qui mettent fin aux fonctions du maire et des adjoints sont les suivants :

1° Cessation des fonctions du conseil municipal par suite d'expiration normale des pouvoirs, démission collective, dissolution ou annulation totale des opérations électorales (les pouvoirs du maire ne peuvent pas survivre en effet à ceux du conseil qui l'a nommé) (4); 2° révocation ou suspension (la suspension n'entraîne qu'une interruption); 3° inéligibilité ou indignité résultant d'événements postérieurs à la nomination et atteignant l'élu dans sa capacité d'être

---

(1) Dans les colonies régies par la présente loi, la suspension peut être prononcée par arrêté du gouverneur pour une durée de trois mois. Cette durée ne peut être prolongée par le ministre. Le gouverneur rend compte immédiatement de sa décision au ministre des Colonies (art. 86).

(2) Les remaniements portent sur le droit du maire ou de l'adjoint d'être entendu avant d'être frappé de suspension, sur l'obligation pour l'autorité administrative de motiver l'arrêté de suspension et le décret de révocation, ce qui donne prise au Conseil d'État pour apprécier ces motifs, au moins pour y découvrir les détournements de pouvoir, et enfin sur la dispense des frais et le caractère urgent du recours pour excès de pouvoir. Un arrêt du Conseil d'État du 21 mai 1909, *Bouvier*, dit bien que l'appréciation des motifs de la suspension et de la révocation n'est pas susceptible d'être soumise au Conseil d'État statuant au contentieux, mais il ne faut pas entendre cette proposition dans un sens absolu et cela signifie simplement qu'en l'espèce on ne relevait pas de détournement de pouvoir.

Les maires ou adjoints peuvent être suspendus ou révoqués aussi bien pour les actes accomplis en qualité d'officiers de police judiciaire ou d'officiers de l'état civil que pour les actes administratifs (Cons. d'Ét., 18 mars 1910, *Delaunay*); les formalités de la loi de 1908 doivent être suivies même quand il y a eu condamnation judiciaire (Cons. d'Ét., 29 juill. 1910, *Olivier*). Le maire n'a pas droit à la communication du dossier de l'enquête, l'article 65 de la loi du 22 avril 1905 est ici inapplicable (Cons. d'Ét., 30 janv. 1914, *Claverie*).

(3) Sur les difficultés auxquelles donne lieu le remplacement des maires par l'adjoint et sur la signification de l'*absence* du maire, V. ma note dans S., 12. 3. 105, sous Cons. d'Ét., 22 déc. 1911, *Legrand*.

(4) Principe discutable, si l'on réfléchit que le maire est en somme l'élu de la commune par un suffrage à deux degrés.

conseiller municipal, et par suite maire ou adjoint (1); 4° annulation de l'élection; 5° décès; 6° démission.

Règles de la démission. — Les maires et adjoints peuvent donner *leur démission*, non pas au conseil municipal, mais à l'administration centrale; elle doit être adressée au sous-préfet; elle est définitive à partir de son acceptation par le préfet ou, à défaut de cette acceptation, un mois après un nouvel envoi de la démission constaté par lettre recommandée (nouvel art. 81 remanié par L. 8 juill. 1908). Le remaniement porte sur la faculté de forcer la main à l'administration en renouvelant la démission.

Remise du service. — Autant que possible, il ne doit pas y avoir d'interruption dans l'exercice du pouvoir municipal. Aussi, en principe, les officiers municipaux conservent-ils l'exercice de leurs fonctions jusqu'à *l'installation de leurs successeurs* (art. 81, § 2). Cette règle est traditionnelle depuis la loi du 14 décembre 1789, mais il y a tant d'exceptions que la règle en est presque détruite. En effet, les magistrats municipaux cessent immédiatement leurs fonctions dans les cas suivants : 1° lorsque, après sa nomination, un maire ou un adjoint a été nommé à une fonction ou à un emploi que la loi déclare incompatible (art. 80-81); 2° lorsqu'ils sont suspendus ou révoqués (art. 81-86); 3° lorsque le conseil municipal étant dissous ou démissionnaire, il a été nommé une délégation provisoire (art. 81-87); 4° lorsque l'élection du maire a été annulée soit comme maire, soit comme conseiller municipal (Avis Cons. d'Ét., 14 mars 1890, *Louzolles*); 5° enfin, en cas de renouvellement intégral du conseil municipal, les maires et adjoints continuent leurs fonctions jusqu'à l'installation du nouveau conseil, mais non pas jusqu'à celle de leurs successeurs (art. 81).

Gratuité des fonctions. — Les fonctions de maire ou d'adjoint sont gratuites comme celles de conseiller municipal. A plusieurs reprises, et notamment en 1884, la question de la rétribution a été agitée, mais on a reculé devant l'immense armée de fonctionnaires rétribués que cela eût créés. Seulement, il y a remboursement des frais nécessités par l'exécution des mandats spéciaux (2) et, de plus, les conseils

---

(1) Ce sont, par conséquent, des incapacités électorales générales. On ne voit pas en effet, que des incapacités *spéciales* d'être maire ou adjoint puissent surgir, après la nomination, de façon à mettre fin aux fonctions. Les faits prévus par l'article 86 n'entraînent que l'incompatibilité; quant à l'incapacité de l'article 86, elle résulte de la révocation, elle n'apparaît par conséquent que lorsque les fonctions ont déjà pris fin. Les maires ou adjoints qui tombent ainsi dans un cas d'exclusion ou d'incapacité doivent être déclarés démissionnaires; la loi ne détermine pas les formes, les préfets doivent appliquer par analogie les dispositions de l'article 36 relatif aux conseillers municipaux qui se trouvent dans le même cas.

(2) Les frais des missions spéciales doivent être réglés sur état et non par abonnement (Avis min. Int., 29 juill. 1892).

municipaux peuvent voter, sur les ressources ordinaires de la commune, des indemnités au maire pour frais de représentation (art. 74).

N° 2. — Les attributions du maire.

Le maire a des attributions en vertu d'une double qualité, puisqu'il est à la fois représentant de l'État, à titre d'autorité du pouvoir régional, et organe exécutif de la commune. Il faut distinguer soigneusement ces deux qualités (1) :

A. *Attributions du maire considéré comme représentant de l'État* (2). — En cette qualité, le maire a les attributions les plus variées ; il en a qui ne sont pas d'ordre administratif, ainsi il est *officier de police judiciaire* et *officier de l'état civil*. Nous ne nous occuperons que des attributions d'ordre administratif : *a*) Le maire exerce, au nom de l'État et sous l'autorité de l'administration supérieure, certains droits de police ; il est chargé, aux termes de l'article 92, d'assurer dans sa commune : 1° la publication des lois et règlements ; 2° l'exécution des lois et règlements ; 3° l'exécution des mesures de sûreté générale. Pour ces trois objets, le maire peut être amené à prendre des décisions exécutoires qui seront, dans l'espèce, des *arrêtés de police* et à user du droit de *réquisition de la force armée* (3) ; *b*) Il est chargé en outre, et là il exerce le droit de certifier et d'authentiquer qui est un droit de l'État, de délivrer une foule de certificats de bonnes vie et mœurs, de bonne conduite, d'indigence, de résidence, etc., d'une façon générale, tous les certificats destinés à attester la réalité d'un fait qui intéresse un citoyen dans sa vie publique ou civile ; *c*) Le maire joue, dans une certaine mesure, le rôle de simple agent : 1° il exécute des décisions prises par l'autorité supérieure, ainsi il fait afficher le texte des lois et des décisions de l'autorité supérieure (4), il notifie certaines décisions aux particuliers, il dirige le recensement de la population dans sa commune (L. 19 juill. 1791, tit. I, art. 1er) ; en matière militaire, il dresse la liste des conscrits, il intervient dans la procédure des réquisitions militaires et

---

(1) Elles se marquent dans la loi municipale par des différences d'expressions qui sont traditionnelles depuis l'instruction législative des 12-20 août 1790 et depuis la loi de 1837 : lorsque le maire agit comme représentant de l'État, les textes disent qu'il est *sous l'autorité* de l'administration supérieure, article 92 ; lorsqu'il agit comme représentant de la commune, il est *sous la surveillance* de l'administration supérieure (art. 90).

(2) Ugo Forti, *Sulle attribuzioni del sindaco come ufficiale del governo*, 1905, *Giurisprudenzia italiana*, vol. LVII.

(3) Et comme il agit en exécution d'une décision du préfet, il devient compétent pour des matières qui sont de la compétence du préfet (Cons. d'Ét., 1er fév. 1907, *Régnault*) ; cela ressemble assez à une délégation.

(4) Et il n'a pas à en apprécier la légalité (Cons. d'Ét., 13 mars 1908, *Commune de Boutevilliers*).

du ravitaillement, etc. ; 2° il fournit des éléments d'information aux autorités supérieures, une foule de renseignements de statistique lui sont demandés ; 3° il exerce une surveillance sur les prisons, sur les écoles primaires, sur les établissements privés d'aliénés, etc. ; 4° il est un agent de transmission entre l'autorité supérieure et certains fonctionnaires ou même les particuliers.

B. *Attributions du maire considéré comme organe exécutif de la commune.* — I. *Pouvoirs propres du maire.* — Le maire, agent de la commune, est toujours une autorité administrative ; il exerce, par des décisions exécutoires, les pouvoirs suivants qui sont essentiellement des pouvoirs de police :

1° Le maire a l'organisation des services municipaux qui sont des applications de la police municipale, par exemple, service d'inspection des denrées, service des communications à la presse, etc. ; il crée ces services par des arrêtés réglementaires organiques ;

2° Le maire à la police des fonctionnaires de la commune. « Le maire nomme à tous les emplois communaux pour lesquels les lois, décrets et ordonnances, actuellement en vigueur, ne fixent pas un mode spécial de nomination. Il suspend et révoque les titulaires de ces emplois. Il peut faire assermenter et commissionner les agents nommés par lui, mais à la condition qu'ils soient agréés par le préfet ou le sous-préfet » (art. 88). Les lois et règlements apportent, dans un intérêt général, des restrictions au droit de nomination et surtout au droit de révocation du maire. C'est ainsi que les agents de la police et le garde champêtre, nommés par le maire, ne peuvent être révoqués que par le préfet (art. 102, 103. V. *infra*, v° *Situation du garde champêtre*). Le droit de nomination et de révocation entraîne forcément l'action disciplinaire (1) ;

3° Il exerce sur les citoyens les droits que comporte la police municipale et rurale (2). Dans son objet général, la police a pour but d'assurer le maintien de l'ordre public, c'est-à-dire la tranquillité, la sécurité et la salubrité, à la ville et aux champs (art. 91, 97 et s. ;

---

(1) Dans l'exercice de ce pouvoir disciplinaire sur les employés communaux, les arrêtés du maire ne peuvent pas être annulés par le préfet, parce qu'ils ne rentrent pas dans les termes de l'article 95 (Cons. d'Ét., 8 avril 1892, *Maire de Rennes*; 30 juill. 1915, *commune de Villeveyrac*). Mais V. *infra*, v° *Simples agents de la commune*, les dispositions de la loi du 23 octobre 1919, modifiant l'article 88 et restreignant les pouvoirs du maire par un règlement municipal délibéré par le conseil municipal.

(2) En principe, le conseil municipal ne participe pas au pouvoir réglementaire du maire ; non seulement il ne délibère pas les règlements, mais même il n'a pas à adresser au maire d'injonctions d'avoir à prendre tel ou tel règlement ; s'il le faisait, sa délibération devrait être annulée, mais il peut émettre un vœu ou même un avis (Cons. d'Ét., 25 juill. 1887, *Chandenay*; 28 juin 1912, *Guislain*). Nous verrons plus tard l'exception des règlements sanitaires (*infra*, v° *Droits de police*) et celle des règlements sur les employés de la mairie.

L. 5 avril 1884; L. 21 juin 1898). Cela entraîne d'abord pour le maire le droit de faire des règlements de police généraux; ces règlements ne sont valables que dans le territoire de la commune, et ils n'ont d'autre sanction que celle de l'article 471, n° 15, du Code pénal, c'est-à-dire une amende de 1 à 5 francs. Cela entraîne, en outre, le droit de prendre des mesures de police individuelles, pourvu que ce soit dans un intérêt général; ces mesures sont des injonctions, ou des défenses, ou des autorisations. Exemple : injonction de clore un terrain en bordure de la voie publique, défense d'établir un dépôt d'immondices, autorisation d'établir un dépôt de matériaux, etc.; comme complément de tous ces pouvoirs de police, le maire a la direction de la force de police municipale et la réquisition de la force armée;

4° Le maire a la police du domaine public de la commune; c'est ainsi qu'il délivre certains alignements le long des voies communales, ainsi encore qu'il prend des arrêtés pour empêcher que les édifices communaux ne soient détériorés. Il a spécialement la police des cimetières (Déc. 23 prair. an XII). Les arrêtés qu'il prend, en ces matières, ne sont pas toujours sanctionnés par l'amende de l'article 471, n° 15, du Code pénal, quelquefois ils ne donnent lieu qu'à une action civile (Cass., 23 mai 1846);

5° Le maire est chargé, en vertu de son pouvoir propre et sans avoir besoin de faire intervenir le conseil municipal, de l'administration des biens du domaine privé de la commune dans la limite des actes conservatoires (art. 90-1°); spécialement, il peut accepter provisoirement les dons et legs et former, avant l'autorisation, toute demande en délivrance (art. 113); il peut faire tous actes conservatoires ou interruptifs de déchéance (art. 122), introduire une demande en référé, etc.

II. *Le maire exécuteur des décisions du conseil municipal*. — Le maire est chargé d'exécuter les décisions du conseil municipal (art. 90, n° 10). Il est à remarquer que la loi ne le charge pas d'une manière générale de la préparation des décisions, elle ne parle que de la préparation du budget (art. 90, n° 3). Il en résulte qu'en toute autre matière, le conseil municipal peut délibérer sans que l'affaire ait été étudiée par le maire, à la différence du conseil général, qui ne peut jamais délibérer que sur des affaires préparées par le préfet (1).

---

(1) En sa qualité d'exécuteur des décisions du Conseil municipal, le maire a les attributions qui suivent :

1° Il exécute le budget communal à titre d'ordonnateur et il surveille la comptabilité (art. 90, n°s 2 et 3); 2° il passe les marchés et les contrats (art. 90, n°s 6 et 7). Pour les adjudications publiques, il lui est adjoint deux membres du conseil municipal désignés par le conseil ou, à défaut, désignés dans l'ordre du tableau, et le rece-

C. *De la force exécutoire des actes du maire.* — Toutes les fois que le maire prend une décision en qualité d'autorité administrative, soit comme agent de l'État, soit comme agent de la commune, cette décision est exécutoire par elle-même. En principe, elle est exécutoire immédiatement; par exception, les arrêtés réglementaires de police portant règlement permanent ne deviennent exécutoires qu'un mois après que copie en a été envoyée au préfet (art. 95), mais celui-ci peut en autoriser l'exécution immédiate (art. 95, § 4, Cons. d'Ét., 1er juin 1900. *Serpillon*). Ces arrêtés réglementaires peuvent après coup être suspendus ou annulés par le préfet, mais ils n'ont pas besoin d'être approuvés par lui (art. 95) (1).

D. *Le contrôle des actes du maire par le préfet.* — Le maire est contrôlé dans son administration à la fois par le préfet représentant l'État et par le conseil municipal représentant la commune.

Le contrôle du préfet sur le maire et sur ses actes est à la fois dans l'intérêt de l'État et dans celui de la commune, de sorte que c'est un contrôle hiérarchique en tant que le maire est agent de l'État, et un contrôle de tutelle en tant qu'il est agent de la commune. Il y a cette différence que l'action hiérarchique entraîne naturellement le pou-

---

voir municipal (art. 89). Tous ces marchés ou contrats ont été, au préalable, décidés par le conseil municipal. Pour les travaux publics et les fournitures, les adjudications et les marchés de gré à gré sont approuvés par le préfet (Ord. 14 nov. 1837, art. 2 et 10); 3° il représente la commune en justice, soit en demandant, soit en défendant, mais, en principe, toutes les décisions sur la question de l'action à intenter ou à défendre sont prises par le conseil municipal. Dans le cas où les intérêts du maire se trouvent en opposition avec ceux de la commune, le conseil municipal désigne un autre de ses membres pour représenter la commune, soit en justice, soit dans les contrats ; 4° le maire dirige les travaux communaux, et il pourvoit aux mesures relatives à la voirie municipale au point de vue de la viabilité des chemins (art. 90, nos 4 et 5); 5° il organise tous les services dont la création est décidée par le conseil municipal; 6° d'une façon générale, il pourvoit aux mesures individuelles rendues nécessaires par les décisions de principe du conseil municipal. V. ce qui a été dit p. 184 sur le partage d'attributions entre l'organe exécutif et l'organe délibérant. — Si le maire exécute dans des conditions autres que celles fixées par le conseil municipal, il excède ses pouvoirs (Cons. d'Ét., 8 avril 1911, *Commune de Oussé-Suzan*). S'il refuse d'exécuter, V. *infra* substitution d'action du préfet.

(1) La forme normale des décisions exécutoires du maire est l'*arrêté*; cela résulte de l'article 94, mais comme la loi n'assujettit à aucune formule obligatoire les arrêtés municipaux, il faut décider qu'il suffit qu'ils soient écrits, datés et signés.

« Les arrêtés du maire ne sont obligatoires qu'après avoir été portés à la connaissance des intéressés par voie de publication et d'affiches toutes les fois qu'ils contiennent des dispositions générales, et dans les autres cas par voie de notification individuelle. — La publication est constatée par une déclaration certifiée par le maire. La notification est établie par le récépissé de la partie intéressée, ou, à son défaut, par l'original de la notification conservé dans les archives de la mairie. Les arrêtés, actes de publication et de notification sont inscrits à leur date sur le registre de la mairie » (art. 96). Pour les actes qui sont des contrats, ils sont passés d'ordinaire *en la forme administrative* (V. *supra*, p. 42).

voir de réformation et d'annulation des actes, tandis que le contrôle de tutelle n'entraîne que le pouvoir d'annulation, et encore lorsqu'il est formellement stipulé. Le contrôle est d'ailleurs très énergique ; à certains points de vue, il a été aggravé par la loi de 1884, et c'est un peu la conséquence de ce que le maire n'est plus choisi par le gouvernement, il faut bien assurer d'une façon ou de l'autre la subordination de la commune à l'État (1).

1° *Droits du préfet sur les actes du maire.* — Pour ce qui est des actes accomplis par le maire *dans l'exercice de son pouvoir municipal* : *a)* le préfet peut *suspendre* ou *annuler* les arrêtés réglementaires de police, il ne peut pas les *réformer*. Cette mesure peut être prise à toute époque, même contre les règlements permanents, alors que ces règlements sont devenus exécutoires par l'expiration du délai d'un mois. Le fait que le préfet aurait d'abord approuvé l'acte ne l'empêcherait pas de l'annuler par la suite (art. 95) ; *b)* le préfet ne peut pas annuler les contrats passés par le maire, ni les arrêtés qui ne sont pas réglementaires (Cons. d'Ét., 8 avril 1892, *Maire de Rennes* ; 24 nov. 1911, *Commune de Saint-Blancard* ; 11 avril 1913, *Commune de Grabels* (2).

Pour ce qui est des actes accomplis par le maire *comme représentant de l'État*, le préfet peut les annuler ou les réformer (Cf. Laferrière, *Juridiction administrative*, II, p. 513).

2° *Droit du préfet de substituer son action à celle du maire* (art. 85 et 99). — Il ne fallait pas prévoir seulement l'hypothèse où le maire agirait incorrectement, mais aussi celle où il refuserait ou négligerait d'agir. La loi a pourvu à ce danger en permettant au préfet de substituer son action à la sienne (3) ; il faut distinguer deux hypothèses : *a)* Le maire néglige de faire un règlement de police indis-

(1) Des pouvoirs directs de tutelle seraient préférables à des moyens détournés. Dans les communes dont les maires n'ont pas la confiance du gouvernement, l'administration préfectorale semble avoir pris l'habitude de se constituer un agent occulte ; cet agent est le *délégué de l'administration*, c'est-à-dire le délégué choisi annuellement par le préfet pour participer à la revision de la liste électorale et qui est ordinairement un conseiller municipal. Ce délégué de l'administration, investi en fait d'une mission permanente, est chargé de renseigner la sous-préfecture qui correspond régulièrement avec lui ; il apostille les demandes de secours et c'est par lui que s'obtiennent les faveurs. Il est à peine besoin de faire remarquer combien ces moyens détournés faussent le jeu normal des institutions, combien ce pouvoir occulte est irritant pour les municipalités et combien obliquement il ramène à la solution de 1837 le maire choisi par le gouvernement dans le sein du conseil municipal.

(2) Il ne peut pas annuler un arrêté réglementaire par lequel le maire en retire un autre (Cons. d'Ét., 16 déc. 1910, *Commune de Saint-Marc* ; 12 déc. 1913, *Balayé*) ; il lui faudrait employer la procédure de l'article 99 pour substituer son action à celle du maire et reprendre à sa place l'arrêté primitif (*eod.*).

(3) Notons que le préfet n'a pas le droit de substituer son action à celle du conseil municipal (Cons. d'Ét., 25 janv. 1907, *Commune de Blanzy*).

pensable, le préfet, après *une mise en demeure*, fera *lui-même* le règlement de police à sa place (art. 99 *in fine*) (1); *b*) le maire refuse ou néglige de faire un des actes qui lui sont prescrits par la loi, le préfet, après l'avoir requis, ce qui équivaut à la mise en demeure de tout à l'heure, y procède d'office *par lui-même ou par un délégué spécial* (art. 85). La différence entre les deux hypothèses gît en ce que, dans la deuxième, le préfet peut employer un délégué (V. Cons. d'Ét., 8 mars 1901, *Nougues et Sécail*, installation d'une institutrice laïque) (2). *Adde* L. 20 mars 1914, art. 2, sur l'affichage électoral).

E. *Le contrôle des actes du maire par le conseil municipal.* — Ce contrôle s'exerce directement au point de vue financier, en ce sens que tous les ans, avant le vote du budget, le maire doit présenter son compte d'administration pour l'exercice clos; le conseil municipal peut refuser de l'approuver (art. 151). Sur tous les autres objets, le conseil municipal n'exerce qu'un contrôle indirect, en ce sens qu'il ne peut agir que par des ordres du jour de blâme destinés à amener la démission volontaire du maire, ou par des démarches auprès du préfet; mais le maire n'est pas obligé par les mœurs à donner sa démission; il n'y a pas régime parlementaire, mais au contraire *régime présidentiel* (Cf. note dans Lebon, 1905, p. 741).

F. *Les voies de recours contre les actes du maire.* — Les particuliers lésés par un acte du maire peuvent former les recours suivants :
1° un recours administratif adressé au préfet, afin que celui-ci use de son pouvoir de réformation ou d'annulation, s'il y a lieu (3);
2° des recours contentieux : soit le recours pour excès de pouvoir contre les décisions exécutoires qui sont considérées comme indé-

---

(1) Cette disposition est nouvelle, ce cas de substitution avait été formellement exclu dans la discussion de l'article 15 de la loi du 18 juillet 1837.

(2) Le texte de l'article 85 est très général, il s'applique aussi bien aux actes que le maire accomplit sous la simple surveillance de l'administration, c'est-à-dire comme agent de la commune, qu'à ceux qu'il accomplit sous l'autorité de l'administration, c'est-à-dire comme agent de l'État. Par conséquent, il doit s'appliquer même aux mesures de police, même lorsque le maire refuse d'exécuter une décision du conseil municipal. La seule condition exigée est que l'acte *soit prescrit par la loi*. Cette interprétation large s'appuie sur les observations suivantes : 1° l'article 85 est placé en tête de tous les articles qui énumèrent les attributions du maire ; 2° l'article 152 applique la règle au cas particulier où le maire est ordonnateur du conseil municipal ; 3° l'article 98 *in fine* va jusqu'à l'appliquer dans un cas où il s'agit d'un acte discrétionnaire de police municipale. Il est vrai que l'article 85 ne fait que reproduire l'article 15 de la loi du 18 juillet 1837 et que le Conseil d'État, dans un arrêt du 20 avril 1883, *de Bastard*, avait décidé que ce texte ne s'appliquait qu'aux actes accomplis sous *l'autorité* de l'administration. Cela veut dire simplement que la loi n'a pas confirmé cette jurisprudence et qu'elle devra être abandonnée. Cf. Morgand, *Loi municipale*, sous l'art. 85; Laferrière, *Juridiction administrative*, 2ᵉ édit., p. 512.

(3) Ce recours ne peut pas être qualifié de *hiérarchique* dans tous les cas; lorsque le maire agit au nom de la commune, c'est un recours *de tutelle*.

pendantes de toute opération administrative ou comme détachables de l'opération dont elles font partie; soit le recours contentieux ordinaire, contre les décisions qui ne sont pas considérées comme détachables de l'opération administrative dont elles font partie. — Enfin, rappelons que les citoyens poursuivis devant l'autorité judiciaire pour infraction à un règlement de police du maire peuvent soutenir que ce règlement est illégal (C. pén., art. 471, n° 15).

G. *La délégation des pouvoirs faite par le maire.* — Le maire est seul chargé de l'administration, mais il peut, sous sa surveillance et sa responsabilité, déléguer une partie de ses fonctions (1).

Article II. — *Les simples agents de la commune.*

Les simples agents de la commune peuvent être : 1° des *employés de bureaux*, parmi lesquels il faut signaler le *secrétaire de la mairie* qui, dans la presque totalité des communes rurales, constitue à lui seul le personnel de bureau, qui est souvent l'instituteur primaire, mais qui peut être librement choisi par le maire, et dont le traitement constitue d'ailleurs une dépense obligatoire, au même titre que les autres frais de bureau (art. 136, n° 2) (2); 2° des *agents d'exécution* d'espèces très variées, receveur municipal (V. L. 23 fév. 1901, art. 50), conducteurs de travaux, agents de la police (3), employés de

(1) Cette délégation est soumise aux règles suivantes : 1° Elle ne peut porter que sur une partie des fonctions; 2° elle doit être faite par arrêté; 3° le maire doit choisir les délégués dans l'ordre suivant : parmi les adjoints, puis parmi les conseillers municipaux; mais il n'est astreint à suivre ni l'ordre de nomination des adjoints, ni l'ordre du tableau; 4° la délégation peut être rapportée; elle subsiste jusqu'à ce qu'elle ait été rapportée, à moins que le maire lui-même ne cesse ses fonctions (art. 82).

(2) Les lois du 18 septembre 1789 et du 19 vendémiaire an III avaient fait du secrétaire de la mairie un fonctionnaire public et lui avaient conféré le droit de certifier sous sa signature les actes de la mairie. Ce caractère public a disparu et aujourd'hui le secrétaire ne peut plus faire aucun acte en son nom personnel.

Néanmoins les fonctions de secrétaire de la mairie sont incompatibles avec un certain nombre d'autres fonctions. V. Morgand, *Loi municipale*, n° 724.

Le cumul des fonctions d'instituteur avec celles de secrétaire de la mairie doit lui-même être autorisé par le conseil départemental (L. 30 oct. 1886, art. 25).

(3) *Les agents de la police.* — Ces agents sont le garde champêtre, les agents de police, les commissaires de police.

Gardes champêtres. — Toute commune peut avoir un ou plusieurs gardes champêtres. Les gardes champêtres sont : 1° des officiers de police judiciaire chargés de rechercher et de constater les délits et contraventions en matière de police rurale et de police municipale. Ils dressent, pour constater ces contraventions, des procès-verbaux qui font foi en justice (C. instr. crim., art. 9 et 16; art. 102, L. 1884); 2° ce sont encore des agents de la police administrative qui prennent, sous les ordres du maire, des mesures de précaution ou d'exécution. Les communes sont libres de décider qu'elles auront ou n'auront pas de garde champêtre. La création du poste est du ressort du conseil municipal; mais une fois le poste créé et un garde nommé, la dépense devient obligatoire (art. 136, n° 6). La nomination appartient au maire. Les gardes

l'octroi, sapeurs-pompiers (en note (1) page suivante), etc. — Tous les personnages rémunérés par la commune ne doivent pas, d'ailleurs,

champêtres doivent, en outre, être agréés et commissionnés par le sous-préfet, et celui-ci doit faire connaître son agrément ou son refus dans le délai d'un mois. Les gardes champêtres peuvent être suspendus par le maire pour une durée qui ne peut excéder un mois. Le préfet seul peut les révoquer (art. 102). Il résulte de cette combinaison de règles diverses que, lorsque le poste de garde champêtre a été créé par le conseil municipal et que le maire a nommé un garde, rigoureusement, le conseil municipal ne pourrait plus s'en débarrasser qu'avec le concours du préfet ; en effet, il ne peut pas refuser de voter la dépense du traitement, car c'est une dépense obligatoire ; on peut soutenir aussi qu'il ne peut pas voter la suppression du poste, car ce vote serait considéré comme une fraude à la loi, comme un moyen d'arriver à une révocation déguisée du garde en fraude des droits du préfet. Sur cette question de la révocation déguisée, la jurisprudence du Conseil d'État s'est d'abord montrée sévère (V. avis Cons. d'Ét., 30 juill. 1884, *Revue d'administration*, III, 326; Cons. d'Ét., 7 déc. 1888, *Marcillac-Lanville*; 8 avril 1892, *Monflanquin*; 1er juill. 1892, *Commune de Quarante*, S., 94. 3. 65 et ma note ; 17 nov. 1893, *Commune de Lavardin*, S., 95. 3. 73 et ma note. Cf. art. dans *Revue d'administration*, avril 1902). Depuis, il s'est relâché de sa sévérité, et maintenant, c'est affaire de circonstances dont le Conseil d'État est juge (Cons. d'Ét., 16 janv. 1914, *Merlin*).

Agents de police (sergents de ville. gardiens de la paix). — Ce sont seulement des agents de la police administrative, et non pas des officiers de police judiciaire. Ils concourent à la constatation et à la répression des délits, mais pas de la même façon que les gardes champêtres : leurs procès-verbaux ne font pas foi en justice, et ils ne peuvent agir spontanément qu'en cas de flagrant délit, dans les mêmes conditions qu'un citoyen ordinaire. Dans les autres cas, ils sont simplement à la disposition des officiers de police judiciaire, commissaires de police, procureurs de la République, etc., etc. Dans les villes de plus de quarante mille âmes, l'organisation de tout ce personnel de police est réglée sur l'avis du conseil municipal par décret ; pour les villes ayant moins de quarante mille habitants, le système est le même que pour les gardes champêtres (art. 103). Les agents de police sont embrigadés, soumis à une discipline, ils ont une tenue, etc.

Commissaires de police ordinaires. — Les commissaires de police sont à la fois des officiers de police judiciaire et des agents de la police administrative, comme les gardes champêtres, avec cette différence que le commissaire de police a une plus haute situation comme officier de police judiciaire, qu'il a mission de constater tous les crimes et tous les délits, et qu'il peut requérir les agents de la force publique. Ce n'est pas tout : comme agents de la police administrative, les commissaires de police ont un caractère mixte, ils sont à la fois agents de l'État et de la commune. Agents de l'État. — Ils sont nommés par l'État, ils correspondent avec les préfets et sous-préfets, à qui ils doivent faire des rapports sur les objets de police d'État. Agents de la commune. — Ils sont payés par la commune, leur traitement est une dépense obligatoire, au moins dans les communes de plus de cinq mille âmes (art. 136, n° 6, combiné avec la loi du 29 pluv. an VIII; Arr. Cons. d'Ét., 26 déc. 1885, *Commune de Saint-Junien*; 16 juill. 1886, *ville de Mamers*). Ils sont placés sous les ordres du maire et mis à la tête du personnel de la police municipale. On peut même dire qu'ils sont plutôt agents de la commune que de l'État. La loi du 28 pluviôse an VIII a institué les commissaires de police, en même temps que les magistrats municipaux (tit. II, art. 13). Il y a un commissaire par ville de cinq mille à dix mille habitants, un commissaire de plus pour chaque fraction en plus de dix mille habitants. Beaucoup de villes n'atteignant pas cinq mille habitants n'auraient pas de commissaire de police à ce compte. Dans un certain nombre d'entre elles, le gouvernement en a placé dont le

être considérés comme fonctionnaires ou employés de celle-ci ; l'article 33 *in fine* indique une exception relative « à ceux qui, étant fonctionnaires publics ou exerçant une profession indépendante, ne reçoivent une indemnité de la commune qu'à raison de services qu'ils lui rendent dans l'exercice de cette profession ». Cela est particulièrement vrai de l'avocat de la ville ou du médecin de la ville (intérêt au point de vue de l'éligibilité) (V. p. 141).

traitement est payé par l'État (Décr. 23 déc. 1883 relatif aux commissaires spéciaux). D'autres communes contribuent dans une certaine mesure (le décret de 1852 avait rendu le traitement obligatoire). Dans les villes où il y a plusieurs commissaires de police, un décret du 22 mars 1854 leur a donné un chef sous le nom de commissaire central. La nomination est régie par le décret du 28 mars 1852, article 6 : les commissaires de police des villes de six mille âmes et au-dessous sont nommés par les préfets sur une liste de trois candidats arrêtée par l'inspecteur général du ministère de l'Intérieur ; la révocation, pour être définitive, doit être approuvée par le ministre ; les commissaires de police des villes au-dessus de six mille âmes sont nommés par le chef de l'État sur la proposition du ministre de l'Intérieur.

(1) Les sapeurs-pompiers sont organisés militairement, avec quelques allures de garde nationale (personnel marié, incomplètement enlevé à la vie civile ; élection des membres du conseil d'administration). Leur organisation est très fortement centralisée et le décret du 10 novembre 1903 qui la régit actuellement n'a fait qu'aggraver sur ce point le décret du 29 décembre 1875. — Les corps de sapeurs-pompiers sont spécialement chargés du service des secours contre les incendies ; ils peuvent être appelés, en cas de sinistre autre que l'incendie, à concourir à un service d'ordre ou de sauvetage et exceptionnellement à fournir des escortes dans les cérémonies publiques (art. 1er). — Les corps de sapeurs-pompiers, même lorsqu'ils ont reçu des armes de l'État, relèvent du ministère de l'Intérieur et, toutefois, ils ne peuvent prendre les armes qu'avec l'autorisation du général commandant le corps d'armée si la réunion doit avoir lieu dans les limites du commandement ou du ministre de la Guerre si elle doit avoir lieu au dehors (art. 2). — Ils sont organisés par communes ou par groupes de communes, après entente entre celles-ci, en vertu d'arrêtés préfectoraux, après justification que les communes possèdent un matériel de secours suffisant ou qu'elles sont en mesure de l'acquérir, après justification de ressources annuelles affectées à l'entretien du corps ou, à défaut, après engagement de subvenir *pendant quinze années* aux dépenses d'entretien énumérées à l'article 36 du décret (art. 3). — Les corps de sapeurs-pompiers sont dissous par décret du chef de l'État sur la proposition du préfet (art. 4). — Les officiers sont nommés pour cinq ans par le président de la République sur la proposition du préfet ; ils peuvent être choisis parmi les personnes étrangères au corps, ils peuvent être suspendus par le préfet et révoqués par décret (art. 5). — Les sous-officiers et caporaux sont nommés par le chef de corps (art. 6). — Quant aux simples sapeurs, ils sont recrutés par le système des engagements de cinq ans qu'ils sont admis à contracter par le conseil d'administration du corps (composé d'officiers et de membres élus par les hommes) (art. 21). — Le service est réglé dans chaque commune par un arrêté municipal pris sur la proposition du chef de corps et soumis à l'approbation du préfet (art. 22).

Cette organisation, qui a peut-être du bon dans les très grandes villes, soulève les plus vives critiques dans les communes de moyenne importance ; les sapeurs-pompiers sont devenus un personnel préfectoral payé par la commune, sur lequel la commune n'a plus aucune action et qui, au contraire, peut être utilisé par le préfet pour contrecarrer des municipalités n'ayant pas la même politique électorale que lui. De plus, les dépenses mises par l'article 36 à la charge des communes sont fort lourdes, et l'enga-

Garanties de stabilité données aux employés communaux des villes de plus de 5.000 habitants par la loi du 23 octobre 1919, modifiant l'article 88 de la loi municipale. — Pour soustraire les employés communaux aux fluctuations de la politique, les dispositions suivantes sont édictées par la loi :

1° Une délibération du conseil municipal, soumise à l'approbation préfectorale, et pour laquelle, d'ailleurs, un règlement type sera établi par le Conseil d'État, déterminera les règles concernant *le recrutement, l'avancement et la discipline* des *titulaires des* emplois communaux ;

2° Les peines comportant la *suspension* ou la *révocation* ne pourront être prononcées par le maire qu'après *avis motivé* d'un conseil de discipline dont la composition sera déterminée par ladite délibération du conseil municipal et où le personnel sera représenté (1).

gement d'y subvenir pendant quinze années a paru excessif. Il ne faut pas s'étonner, dès lors, de voir des communes avisées chercher à s'assurer des secours contre l'incendie par des organisations autres que celle des sapeurs-pompiers devenue déplaisante et onéreuse par excès de centralisation. C'est ainsi que certaines communes ont pris le parti de se procurer un matériel d'incendie et d'allouer des subventions à des sociétés privées de sauveteurs. Cette pratique a été reconnue légale par le Conseil d'État dont on ne saurait trop louer en cette occasion le libéralisme ; dans un arrêt du 24 décembre 1909, *Commune de La Bassée*, il constate que, s'il est vrai que les communes ne peuvent organiser un *service public d'incendie* qu'en se conformant au décret du 10 novembre 1903, en subventionnant des sociétés purement privées de sauveteurs, elles ne créent point un service public d'incendie ; qu'en votant cette subvention, comme en votant l'acquisition d'un matériel d'incendie, le conseil municipal ne fait qu'user de ses pouvoirs légaux. — Voilà de la bonne décentralisation (Cf. ma note dans S. 1910. 3. 49), arrêt confirmatif, 15 mars 1912, *Commune de Corent*.

(1) *Observations*. — Ce statut ne s'applique qu'aux *titulaires des emplois communaux*, par conséquent pas aux stagiaires ; il ne s'applique pas d'ailleurs aux employés qui ont déjà un statut, par conséquent ni au personnel de la police, ni aux sapeurs-pompiers.

Le conseil de discipline n'est consulté que pour les peines de la *suspension* et de la *révocation*; il donne un *avis motivé*, mais que le maire n'est pas obligé de suivre.

Ces garanties sont d'ailleurs complétées par celles que fournit la jurisprudence du Conseil d'État en allouant des indemnités aux employés congédiés brusquement ou révoqués injustement (V. *infra*, v° *Fonctionnaires*).

La loi contient des règles de procédure au sujet de l'élaboration de ce statut : D'abord, la délibération du conseil municipal devra être prise dans le délai de six mois (à compter du 23 oct. 1919).

Ensuite, la délibération sera exécutoire dans le délai de deux mois, si le préfet, par arrêté motivé, n'a pas refusé de l'approuver. Si le préfet refuse son approbation, le conseil municipal peut, dans le délai d'un mois, se pourvoir devant le Conseil d'État, qui statue selon la forme administrative, et dans le délai de deux mois.

Faute par le conseil municipal d'avoir délibéré dans le délai de six mois à partir de la promulgation de la loi ou de la création des emplois, il sera statué d'office par un arrêté préfectoral, qui rendra applicable dans la commune un règlement-type établi par le Conseil d'État.

§ 3. — L'organe délibérant. — Le conseil municipal.

Article I. — *Les règles d'organisation.*

A. *Les règles générales de composition* (1). — Il y a un conseil municipal dans chaque commune. Le conseil municipal est une assemblée délibérante composée de représentants, élus au suffrage universel direct par les électeurs de la commune. Le nombre des conseillers municipaux est en raison de la population de la commune. Il ne peut pas être inférieur à dix, ni supérieur à trente-six, sauf pour la ville de Paris qui a un régime spécial, et pour la ville de Lyon qui est divisée en six mairies et, pour ce fait, a quatre conseillers de plus pour chaque mairie, ce qui porte le chiffre à cinquante-trois (art. 10).

Les conseillers municipaux sont élus au scrutin de liste par la commune entière, qui, en principe, forme une seule circonscription. Cependant, exceptionnellement, une commune peut être sectionnée au point de vue des élections municipales. Chaque section forme alors une circonscription qui élit une partie de la liste des conseillers. Les conseils municipaux sont renouvelés intégralement tous les quatre ans à une date fixe, la même pour toute la France, le premier dimanche du mois de mai, alors même qu'ils ont été élus dans l'intervalle (art. 41) (2).

A la différence des autres assemblées délibérantes, il n'est pas nécessaire que les conseils municipaux soient toujours au complet de leurs membres. Pour éviter des élections trop multipliées, on a posé les règles suivantes : 1° En temps ordinaire, il n'y a lieu à des élections complémentaires que lorsque le conseil est réduit *aux trois quarts de ses membres* ; 2° dans les six mois qui précèdent le renouvellement intégral, il n'y a lieu à des élections complémentaires que si le conseil est réduit *au-dessous de la moitié* ; 3° dans les communes divisées en sections, il y a toujours lieu à des élections complémentaires lorsque la section a perdu la moitié de ses conseillers (art. 42).

— Toutefois, lorsqu'il y a lieu de procéder à la nomination d'un maire ou d'un adjoint, le conseil municipal doit, au préalable, être complété (art. 77).

B. *Les élections au conseil municipal* (3). — I. *Du sectionnement électoral.* — La circonscription électorale est, en principe, la commune

---

(1) V. *Théorie générale des assemblées délibérantes*, p. 165 et s.
(2) En vertu de la loi du 18 octobre 1919, article 2, les pouvoirs des conseils municipaux élus le 20 novembre 1919 expireront le premier dimanche de mai 1925, et, ainsi, désormais, les renouvellements auront lieu tous les quatre ans, à compter de 1925, c'est-à-dire premier dimanche de mai 1929, 1933, 1937, etc.
(3) V. Juillet Saint-Lager, *Élections municipales*, 4e édit.; Daure, *Élections municipales, op. cit.*; Chardenet, Panhard et Gérard, *Les élections municipales, jurisprudence du Conseil d'État*.

entière, mais, exceptionnellement, un sectionnement électoral peut être demandé. Cette opération a pour but de diviser la commune en deux ou plusieurs circonscriptions électorales, dont chacune élit une partie des conseillers municipaux. Cela suppose que chacune des sections électorales constitue une région territoriale ayant des intérêts distincts à défendre dans les conseils de la commune et que, pour la défense de ces intérêts, elle a besoin qu'on lui assure une représentation distincte. Le sectionnement électoral est en soi une chose excellente, mais dont il est facile d'abuser dans un but politique; aussi la loi de 1884, plus précise sur ce point que les lois antérieures, l'a-t-elle entouré de précautions minutieuses (1).

(1) *Conditions du sectionnement.* — a) Le sectionnement ne peut avoir lieu que dans deux cas : 1° Quand la commune se compose de plusieurs agglomérations d'habitants distinctes et séparées (quelle que soit la population totale de la commune;— sur les conditions des agglomérations distinctes et séparées, V. Cons. d'Ét., 26 janv. 1906, *Rigal*); dans ce cas, aucune section ne peut avoir moins de deux conseillers à élire, 2° quand la population agglomérée de la commune est supérieure à 10.000 habitants (ce qui intéresse 270 communes au plus, d'après la statistique de la page 330); dans ce cas, même s'il n'y a pas plusieurs agglomérations séparées, le sectionnement est possible; aucune des sections ne peut avoir moins de quatre conseillers à élire; b) de plus, dans tous les cas où le sectionnement est autorisé : 1° chaque section doit être composée de territoires contigus; 2° les fractions de territoire ayant des biens propres ne peuvent être divisées en plusieurs sections électorales. Ces fractions de territoire ayant des biens propres sont des *sections de commune*, établissements publics qu'il ne faut pas confondre avec les sections électorales ; 3° la section ne peut être formée de fractions de territoire appartenant à des cantons ou à des arrondissements municipaux différents; 4° les limites des sections doivent être tracées en tenant compte de la disposition naturelle des lieux (Cons. d'Ét., 10 nov. 1911, *Commune du Val-d'Ajol*).

Chaque section électorale élit un nombre de conseillers proportionnel au chiffre des électeurs inscrits (art. 11) (V. sur tous ces points, étude jurisprudentielle de M. Rabany, dans la *Revue d'administration*, 1900, I, p. 5 et s.; 1903, III, p. 429). Un sectionnement primitivement régulier peut devenir irrégulier parce que le mouvement de la population fait que la section n'a plus droit au minimum de deux ou de quatre conseillers (Cons. d'Ét., 23 fév. 1906, *Élection de Lacaze*), alors il doit être revisé.

Procédure du sectionnement. — « Le sectionnement est fait par le conseil général sur l'initiative, soit de l'un de ses membres, soit du préfet, soit du conseil municipal ou d'électeurs de la commune intéressée » (art. 12, § 1). « Aucune décision en matière de sectionnement ne peut être prise qu'après avoir été demandée avant la session d'avril, ou au cours de cette session au plus tard. Dans l'intervalle, entre la session d'avril et la session d'août, une enquête est ouverte à la mairie de la commune intéressée et le conseil municipal est consulté par les soins du préfet » (art. 12, § 2). Chaque année, ces formalités étant observées, le conseil général, dans sa session d'août, prononce sur les projets dont il est saisi. Les sectionnements ainsi opérés subsistent jusqu'à une nouvelle décision. Le tableau de ces opérations *est revisé chaque année* par le conseil général dans sa session d'août, ce tableau sert pour les élections intégrales à faire dans l'année. Les revisions et les suppressions de sectionnement comportent la même procédure que l'établissement premier (Cons. d'Ét., 20 avril 1912, *Martin*). Le tableau est publié dans les communes intéressées avant la convocation des électeurs par les soins du préfet qui détermine, d'après le chiffre des

II. *Les Électeurs.* — Ce sont les électeurs ordinaires (V. p. 123 et s.).

III. *Les Éligibles.* — Sont éligibles tous les citoyens âgés de 25 ans accomplis, qui ont avec la commune une attache légale réalisée par l'un des deux faits suivants : 1° inscription sur la liste électorale de la commune ou justification qu'on devait y être inscrit; 2° inscription au rôle des contributions directes au 1er janvier de l'année de l'élection ou justification qu'on devait y être inscrit (art. 31) (1). Il n'y a pas de condition de résidence dans la commune; toutefois, le nombre des conseillers qui ne résident pas *au moment de l'élection* ne peut pas excéder le quart des membres du conseil; s'il dépasse ce chiffre, les non-résidents sont éliminés dans l'ordre du tableau (art. 31) (2).

Il y a des *inéligibilités.* — Les unes résultent de la privation de la jouissance du droit par suite de condamnation (V. p. 137); à signaler seulement l'inéligibilité temporaire qui frappe le conseiller municipal

électeurs inscrits dans chaque section, le nombre des conseillers que la loi attribue. Le sectionnement adopté par le conseil général sera représenté par un plan déposé à la préfecture et à la mairie de la commune intéressée. Tout électeur pourra le consulter et en prendre copie. Avis de ce dépôt sera donné aux intéressés par voie d'affiche à la porte de la mairie » (art. 12, §§ 3, 6).

Recours contre le sectionnement. — Les délibérations du conseil général relatives au sectionnement deviennent définitives, si l'annulation n'en a pas été demandée par le préfet dans les vingt jours de la clôture de la session (art. 43 et 47, L. 10 août 1871, interprétés par Cons. d'Ét., 26 mars 1897, *Rochette*). Pendant longtemps, le recours pour excès de pouvoir intenté par les électeurs contre la délibération du conseil n'était pas recevable, car tant qu'il n'y avait pas d'élection faite sur la base du sectionnement prétendu irrégulier, ils n'étaient pas considérés comme ayant intérêt à l'annulation du sectionnement (Cons. d'Ét., 27 juin 1884, *Luchetti*; 8 août 1888, *Gapail*). On leur répondait qu'après des élections, le sectionnement irrégulier deviendrait un vice de l'élection qui pourrait être invoqué devant le conseil de préfecture (Cons. d'Ét., 23 nov. 1889, *Élection d'Ardres*; 10 juin 1893, *Élection de Puech*). Mais le Conseil d'État a abandonné cette jurisprudence qui présentait de nombreux inconvénients. En effet, le contentieux de l'élection n'aboutit pas à l'annulation du sectionnement (Cons. d'Ét., 23 fév. 1906, *Élection de Maureilhan*); et le préfet ne commet pas un excès de pouvoir en convoquant les électeurs pour une seconde élection, après l'annulation de la première, sur la base de l'ancien sectionnement (Cons. d'Ét., 5 mai 1911, *Lacan*), parce que « les sectionnements opérés subsistent jusqu'à une nouvelle décision du conseil général » (L. 5 avril 1884, art. 12). Dans ces conditions, il fallait trouver un moyen d'annuler directement le sectionnement. Maintenant, les recours pour excès de pouvoir sont directement recevables contre la délibération du conseil général (Cons. d'Ét., 7 août 1903, *Chabot*, S., 1904. 3. 1 et ma note. Cf. *Revue d'administration*, 1904, II, p. 5, sur vingt-cinq décisions rendues par Cons. d'Ét., 25 mars 1904). Lorsqu'un sectionnement illégal n'a pas fait l'objet d'un décret d'annulation ou d'un recours en temps utile, il y a moyen de poser à nouveau la question si le conseil général, saisi d'une demande régulière de suppression, déclare maintenir l'ancien sectionnement (Décr. Cons. d'Ét., 3 nov. 1897, *Hérault*; id., *Lot*).

(1) Il n'est donc pas nécessaire, pour être éligible, d'être électeur dans la commune.
(2) La résidence n'a pas besoin d'être continuelle et le principal établissement n'a pas besoin d'être dans la commune (Cons. d'Ét., 1er fév. 1907, *Élections de Myans*).

déclaré démissionnaire par le Conseil d'État pour avoir refusé d'accomplir une fonction légale, il est inéligible pendant un an (L. 7 juin 1873); et cette autre inéligibilité temporaire qui frappe les conseillers municipaux condamnés pour avoir pris part à une conférence intercommunale dissoute, ils sont inéligibles pendant trois ans (L. municip., art. 118). D'autres inéligibilités résultent de la privation de l'exercice du droit. Sont inéligibles : 1° les interdits (Décr. 1852); 2° les demi-interdits (art. 33, L. municip.); 3° ceux qui sont dispensés de subvenir aux charges communales et ceux qui sont secourus par les bureaux de bienfaisance (*id.*); 4° les domestiques attachés *exclusivement* à la personne (*id.*); 5° certains fonctionnaires. Ici, il faut distinguer entre une inéligibilité *absolue* qui frappe les militaires et employés des armées de terre et de mer en activité de service (art. 31) et une inéligibilité *relative* qui frappe certains autres fonctionnaires énumérés dans l'article 33 et qui les rend inéligibles seulement dans le ressort où ils exercent leurs fonctions (1).

IV. *La convocation des électeurs.* — L'assemblée des électeurs est convoquée par arrêté du préfet pour le premier tour de scrutin; le second tour ayant lieu de plein droit le dimanche suivant, il suffit d'une publication faite par le maire (art. 15 et 20) (2).

V. *La période électorale.* — Il doit y avoir quinze jours francs entre

---

(1) Il y a aussi des *incompatibilités*. — 1° Ne peuvent cumuler le mandat de conseiller municipal avec leurs fonctions, les préfets, sous-préfets, secrétaires généraux de préfecture, commissaires et agents de police; le gouverneur, secrétaire général et les membres du conseil privé dans les colonies. Les fonctionnaires de cet ordre qui seraient élus membres d'un conseil municipal ont un délai de dix jours pour opter. A défaut de déclaration expresse, ils sont réputés avoir opté pour la conservation de leur emploi (art. 34); 2° Nul ne peut être membre de plusieurs conseils municipaux. Un délai de dix jours, à partir de la proclamation des résultats du scrutin, est accordé au conseiller municipal nommé dans plusieurs communes pour faire sa déclaration d'option. Cette déclaration est adressée aux préfets des départements intéressés. Si, dans ce délai, le conseiller élu n'a pas fait connaître son option, il fait partie de droit du conseil de la commune où le nombre des électeurs est le moins élevé (art. 35); 3° *Dans les communes de cinq cent un habitants et au-dessus, les ascendants et descendants, les frères et les alliés au même degré ne peuvent être simultanément membres du même conseil municipal.* Si des coélus se trouvent parents ou alliés au degré prohibé, on procède à des éliminations dans l'ordre du tableau (art. 35).

(2) 1° En cas de renouvellement normal des conseils municipaux, la date pour laquelle la convocation doit être faite est fixée par la loi : c'est le premier dimanche de mai, de quatre ans en quatre ans, à partir de 1884; 2° au cas de dissolution ou de démission collective d'un conseil municipal, ou lorsqu'il y a impossibilité de le constituer, ou lorsque les élections ont été annulées en tout ou en partie, il doit y avoir réélection dans le délai de deux mois à partir de la dissolution ou de la dernière démission, etc. (art. 45); 3° en cas d'élection complémentaire par suite de la nécessité de combler les vacances, le délai est de deux mois à partir de la dernière vacance (art. 42); 4° en cas d'élection complémentaire, pour compléter le conseil avant l'élection du maire ou d'un adjoint, le délai est de quinze jours depuis la vacance du poste de maire ou d'adjoint (art. 79).

la date de l'arrêté de convocation dans la commune et le jour du scrutin. Pour les faits de presse et les réunions électorales, V. p. 216.

VI. *Le scrutin.* — Il peut y avoir deux tours de scrutin. Le premier a toujours lieu un dimanche et le second le dimanche suivant (art. 15 et 30). L'arrêté de convocation fixe le local, l'heure de l'ouverture et celle de la fermeture (art. 15). Chaque scrutin ne doit durer qu'un jour (art. 20). Pour toute la procédure du scrutin, formation du bureau, réception des votes, dépouillement, recensement des voix, etc. V. p. 151 et s. (1).

VII. *Le contentieux électoral.* — Le contentieux des élections appartient au conseil de préfecture en première instance et au Conseil d'État en appel. Peuvent former des réclamations : 1° tout électeur de la commune et tout éligible, c'est-à-dire tout citoyen âgé de 25 ans et inscrit au rôle d'une des contributions directes alors même qu'il n'est pas candidat (2) et pour toute espèce de motifs; les réclamations peuvent être formulées immédiatement et consignées au procès-verbal du scrutin, ou bien déposées dans les cinq jours qui suivent le jour de l'élection au secrétariat de la mairie, ou à la sous-préfecture, ou à la préfecture, à peine de déchéance ; 2° le préfet, « pour inobservation des conditions et formalités prescrites par les lois » (3) dans le délai de quinzaine à dater de la réception du procès-verbal (art. 37). Pour la procédure, V. l'article 17 *in fine* et les articles 38 à 40 (4).

Le pourvoi devant le Conseil d'État peut être formé par *les parties intéressées* (art. 40), c'est-à-dire que tous les électeurs de la commune ont qualité pour se pourvoir contre l'arrêté qui annule une élection, alors même qu'ils ne sont pas intervenus pour la défendre (Cons. d'Ét., 16 janv. 1885, *élection de Cormières*; 10 juill. 1893, *élection de*

---

(1) Pour les élections municipales dans les régions libérées, V. L. 18 oct. 1919.

(2) La loi du 31 juillet 1875, sur le contentieux des élections au conseil général, admet le recours du *candidat*, mais non pas de tout éligible.

(3) Ces expressions ne visent pas seulement des conditions de forme, mais des conditions de fond, telles que les questions d'éligibilité, etc. Si le recours du préfet est moins étendu que celui de l'électeur, c'est en ce qui concerne la moralité de l'élection.

(4) A signaler particulièrement : 1° la disposition de l'article 38 destinée à accélérer la procédure ; le conseil de préfecture doit statuer dans le délai de deux mois en cas de renouvellement général, dans le délai d'un mois dans toutes les autres hypothèses : faute par le conseil d'avoir statué dans ces délais, la réclamation est considérée comme rejetée ; le préfet informe la partie intéressée, qui n'a qu'un délai de cinq jours pour former recours au Conseil d'État, tandis qu'en cas de décision du conseil de préfecture le délai est d'un mois; 2° la disposition finale de l'article 40 aux termes de laquelle « les conseillers municipaux proclamés restent en fonctions jusqu'à ce qu'il ait été définitivement statué sur les réclamations », c'est-à-dire jusqu'à ce que le Conseil d'État ait statué sur le pourvoi lorsque l'appel a été formé. Cet effet suspensif du pourvoi, qui se produit contrairement à la règle ordinaire, a eu pour résultat d'augmenter beaucoup le nombre des pourvois formés et n'est pas sans inconvénients.

Sartène); les candidats dont l'élection se trouve annulée par voie de conséquence, les élus dont le rang au tableau se trouve modifié, enfin l'administration représentée par le préfet ou par le ministre, ont encore qualité (1).

C. *Le fonctionnement des conseils municipaux.* — Les conseils municipaux ont des sessions, pendant lesquelles ils tiennent des séances, consacrées à la préparation et au vote de délibérations.

I. *Les sessions.* — Les conseils municipaux ont quatre sessions ordinaires par an, en février, mai, août et novembre. La durée de chaque session est de quinze jours, elle peut être prolongée avec l'autorisation du sous-préfet. La session pendant laquelle le budget est discuté peut durer six semaines. Pendant les sessions ordinaires, le conseil municipal peut s'occuper de toutes les questions qui rentrent dans ses attributions (art. 46) Il peut y avoir des sessions *extraordinaires* : 1° sur l'ordre du préfet ou du sous-préfet ; 2° sur l'initiative du maire ; 3° sur l'initiative des membres du conseil, quand la demande motivée en est faite par la majorité des membres en exercice (art. 47). Dans ces deux derniers cas, il n'y a point à demander l'autorisation préalable au préfet. Le maire convoque purement et simplement ; il doit seulement (en même temps) donner avis au préfet ou au sous-préfet de la réunion et des motifs qui la rendent nécessaire (art. 47) (2). Cette faculté donnée aux conseils municipaux de se réunir spontanément est une des innovations les plus libérales de la loi de 1884. En cas de session extraordinaire, la convocation contient l'indication des objets spéciaux et déterminés pour lesquels le conseil doit s'assembler, et le conseil ne peut s'occuper que de ces objets. D'un autre côté, la session se prolonge jusqu'à ce que l'ordre du jour soit épuisé.

De la convocation. — Toute convocation est faite par le maire par lettre individuelle signée ou tout au moins revêtue d'une griffe (Cons. d'Ét., 9 déc. 1910, *Caval*). Elle est mentionnée au registre des délibérations, affichée à la porte de la mairie et adressée à domicile trois jours francs au moins avant celui de la réunion. En cas d'urgence, le délai peut être abrégé par le sous-préfet (art. 48). Il faut bien remarquer qu'il n'y a de convocation qu'au début des sessions ordinaires ou extraordinaires, il n'y en a point pour chacune des séances tenues à l'intérieur de ces sessions ; lorsque le conseil doit tenir plusieurs séances, c'est lui qui s'ajourne. Il ne faut pas se laisser tromper par ce fait, très fréquent dans les petites communes, qu'il n'y a qu'une séance par session (Cons. d'Ét., 22 mars 1907, *Magenthies*).

---

(1) V. pour les détails : Laferrière, *Juridiction administrative*, t. II, p. 349 et s.
(2) Si l'avis n'était pas donné « en même temps », la session serait illégale (Cons. d'Ét., 3 fév. 1911, *Commune de Sauvelade*).

II. *Les séances.* — Les conseillers municipaux prennent rang à la séance dans l'ordre du tableau (art. 49). Le conseil ne peut délibérer que lorsque la majorité de ses membres en exercice assiste à la séance. Quand, après deux convocations successives à trois jours au moins d'intervalle et dûment constatées, le conseil ne s'est pas réuni en nombre suffisant, la délibération prise après la troisième convocation est valable, quel que soit le nombre des membres présents (art. 50). Pour les autres règles des séances, la présidence et la police, la publicité des séances, les comptes rendus, V. la théorie générale des assemblées délibérantes, p. 165 et s., et les articles 51-58 (1).

III. *La préparation et le vote des délibérations.* — Pour les commissions d'études, les règles sur le vote, etc., V. p. 175 et les articles 51-59.

IV. *Les conférences intercommunales.* — Aux termes des articles 116 et 118, deux ou plusieurs conseils municipaux peuvent provoquer entre eux, par l'entremise de leurs présidents et après en avoir averti les préfets, une entente sur les objets d'utilité communale compris dans leurs attributions et qui intéressent à la fois leurs communes respectives; ils peuvent faire des conventions à l'effet d'entreprendre ou de conserver, à frais communs, des ouvrages ou des institutions d'utilité commune (2).

V. *Les syndicats de communes.* — Non seulement les communes peuvent réaliser entre elles des ententes passagères, mais elles peu-

---

(1) L. 5 juin 1915 modifiant la loi municipale : « L'article 50 de la loi du 5 avril 1884 est complété par les dispositions suivantes :

« § 3. En cas de mobilisation générale, le conseil municipal délibère valablement » après une seule convocation, lorsque la majorité de ses membres non mobilisés » assiste à la séance.

» § 4. Toutefois, lorsque, du fait de la mobilisation, le conseil municipal est réduit » au tiers de ses membres en exercice, les délibérations par lesquelles il statue défini-» tivement ne sont exécutoires que si, dans le délai d'un mois à partir du dépôt qui » en est fait à la préfecture ou à la sous-préfecture, le préfet n'en a pas suspendu » l'exécution par un arrêté motivé. En cas d'urgence, le préfet peut en autoriser l'exé-» cution immédiate. » Cf. Avis Cons. d'Ét., 8 août 1914, et arrêt Cons. d'Ét., 22 nov. 1918.

(2) Les questions d'intérêt commun seront débattues dans des conférences où chaque conseil municipal sera représenté par une commission spéciale nommée à cet effet et composée de trois membres nommés au scrutin secret. Les préfets et les sous-préfets des départements et arrondissements comprenant les communes intéressées pourront toujours assister à ces conférences. Les décisions qui y seront prises ne seront exécutoires qu'après avoir été ratifiées par tous les conseils municipaux intéressés et sous réserve des approbations budgétaires. Si des questions autres que celles que prévoit la loi étaient mises en discussion, le préfet du département où la conférence a lieu déclarerait la réunion dissoute. Toute délibération prise après cette déclaration donnerait lieu à l'application des dispositions et pénalités énoncées à l'article 34 de la loi du 10 août 1871.

vent s'associer d'une façon durable pour gérer des institutions intercommunales. Leur association constitue un établissement public avec une organisation permanente et un budget (V. *infra*).

VI. *Les commissions syndicales de biens indivis.* — Les communes possèdent parfois des biens indivis; elles peuvent partager ces biens, mais elles peuvent aussi demeurer dans l'indivision (1). Aux termes des articles 161-163, lorsque plusieurs communes possèdent des biens ou des droits indivis, un décret instituera, si l'une d'elles le réclame, une *commission syndicale* composée de délégués des conseils municipaux (2).

Aux termes de l'article 72, il est interdit à tout conseil municipal, hors les cas prévus par la loi, de se mettre en communication avec un ou plusieurs conseils municipaux, ce qui est une précaution contre le fédéralisme communal; la nullité des actes et des délibérations prises en violation de cet article est prononcée dans les formes indiquées aux articles 63 et 65 de la présente loi.

D. *La suspension et la dissolution des conseils municipaux.* — « Un conseil municipal ne peut être *dissous* que par *mesure individuelle*, par *décret motivé* du président de la République *rendu au conseil des ministres* et publié au *Journal officiel*, et dans les colonies réglées par la présente loi, par arrêté du gouverneur en conseil privé, inséré au *Journal officiel* de la colonie (3). — S'il y a urgence, il peut être

---

(1) La question de savoir si la propriété est indivise est du ressort des tribunaux judiciaires, comme toutes les questions de propriété (Cons. d'Ét., 9 fév. 1906, *Commune de Prunières*); quant aux difficultés auxquelles peut donner lieu le partage, elles sont de la compétence du conseil de préfecture (L. 28 pluv. an VIII; 9 vent. an XII et 11 juin 1793).

(2) Chacun des conseils élira dans son sein, au scrutin secret, le nombre de délégués qui aura été déterminé par le décret du président de la République. La commission syndicale sera présidée par un syndic élu par les délégués et pris parmi eux. Elle sera renouvelée après chaque renouvellement des conseils municipaux. Les délibérations sont soumises à toutes les règles établies pour les délibérations des conseils municipaux. Les attributions de la commission syndicale et de son président comprennent l'administration des biens et des droits indivis et l'exécution des travaux qui s'y rattachent; ces attributions sont les mêmes que celles des conseils municipaux et des maires en pareille matière; mais les ventes, échanges, partages, acquisitions, transactions, demeurent réservés aux conseils municipaux qui pourront autoriser le président de la commission à passer les actes qui y sont relatifs. La répartition des dépenses votées par la commission syndicale est faite entre les communes intéressées par les conseils municipaux (V. la suite à l'art. 163). Ces commissions syndicales intercommunales ne doivent pas être confondues avec les syndicats de communes; sans doute, elles impliquent association permanente des communes, mais c'est pour l'administration de biens privés indivis et non pas pour la gestion de services publics intercommunaux; elles n'ont pas de budget.

(3) Les motifs les plus habituels de la dissolution d'un conseil municipal sont : 1° l'impossibilité de délibérer par suite de partage égal des voix; l'impossibilité de procéder à la nomination du maire ou de l'adjoint; 3° l'annulation en première instance des élections municipales; mais lorsque les élections ont été définitivement annulées,

suspendu par arrêté motivé du préfet qui doit en rendre compte immédiatement au ministre de l'Intérieur. La durée de la suspension ne peut excéder un mois. Dans les colonies ci-dessus spécifiées, le conseil municipal peut être suspendu par arrêté motivé du gouverneur. La durée de la suspension ne peut excéder un mois. Le gouverneur rend compte immédiatement de sa décision aux ministres des Colonies (art. 43). — Si les arrêtés ou les décrets qui prononcent la suspension ou la dissolution, n'étaient pas motivés, il y aurait vice de forme et ouverture à recours pour excès de pouvoir.

De la délégation spéciale. — « En cas de dissolution d'un conseil municipal ou de démission de tous ses membres en exercice, et lorsqu'aucun conseil municipal ne peut être constitué, une délégation spéciale en remplit les fonctions (1). Il est procédé à la réélection du conseil municipal dans les deux mois à dater de la dissolution ou de la dernière démission. Les fonctions de la délégation spéciale expirent de plein droit dès que le conseil municipal est reconstitué (art. 45).

E. *Les événements qui mettent fin aux fonctions de conseiller municipal.* — Ces événements sont : 1° le décès; 2° l'expiration des pouvoirs ou la dissolution du conseil; 3° la démission volontaire : « Les démissions sont adressées au sous-préfet, elles sont définitives à partir de l'accusé de réception par le préfet et, à défaut de cet accusé de réception, un mois après le nouvel envoi de la démission constaté par lettre recommandée « (art. 60, § 2); 4° la démission d'office (2).

---

il n'y a plus lieu à dissolution (Cons. d'Ét., 27 nov. 1891, *Saint-Louis du Sénégal*). Une dissolution du conseil municipal motivée sur ce que celui-ci était dans l'impossibilité d'assurer l'ordre public a été annulée parce que le maintien de l'ordre public n'est pas de la compétence du conseil (Cons. d'Ét., 27 mars 1914, *Hugot*).

(1) Dans les huit jours qui suivent la dissolution ou l'acceptation de la démission, ou le second tour de scrutin resté sans résultat, cette délégation spéciale est nommée par décret du président de la République, et, dans les colonies, par arrêté du gouverneur. Le nombre des membres qui la composent est fixé à trois dans les communes où la population ne dépasse pas trente-cinq mille habitants; ce nombre peut être porté jusqu'à sept dans les villes d'une population supérieure. Le décret ou l'arrêté qui l'institue en nomme le président et au besoin le vice-président. Les pouvoirs de cette délégation spéciale sont limités aux actes de pure administration conservatoire urgente. En aucun cas, il ne lui est permis d'engager les finances municipales au delà des ressources disponibles de l'exercice courant; elle ne peut ni préparer le budget communal, ni recevoir les comptes du maire ou du receveur, ni modifier le personnel ou le régime de l'enseignement public (art. 44).

(2) Cette démission est déclarée soit par le préfet, soit par le Conseil d'État dans les hypothèses suivantes : a) « Tout conseiller municipal qui, *pour une cause survenue postérieurement à sa nomination*, se trouve dans un cas d'exclusion ou d'incompatibilité prévue par la présente loi est immédiatement déclaré démissionnaire par le préfet, sauf réclamation au conseil de préfecture dans les dix jours de la notification et sauf recours au Conseil d'État, conformément aux articles 38, 39 et 40 » (art. 36); addition de la loi du 5 juin 1915 : « Toutefois, en cas de mobilisation générale, ces

Article II. — *Les attributions du conseil municipal.*

Le conseil municipal est un organe délibérant qui règle avec autonomie les affaires de la commune, mais qui, en principe, n'a pas la police ni la responsabilité de l'ordre public (V. note p. 267) : 1° il doit régler lui-même les affaires de la commune; il est à observer que le conseil municipal ne peut déléguer aucune de ses attributions à aucune commission (Cons. d'Ét., 4 fév. 1898, *Maire de Dijon*), par conséquent rien d'analogue à la commission départementale; il ne peut pas non plus organiser de *referendum* parmi la population de la commune, ce qui serait inconstitutionnel (Cons. d'Ét., 7 avril 1905, *Commune d'Aigre*; 15 janv. 1909, *Commune de Brugnens*); 2° le conseil municipal n'est plus jamais complété par l'adjonction des plus imposés (1).

Son mode de procéder le conduit à prendre des délibérations; il y a lieu de distinguer la condition juridique de ces délibérations et les voies de recours qui existent contre elles, puis les objets sur lesquels elles portent.

I. *La condition juridique des délibérations.* — A. *Comment elles acquièrent la force exécutoire; contrôle de tutelle.* — A ce point de vue, il n'y a que deux catégories, les délibérations réglementaires et celles soumises à approbation :

a) *Délibérations réglementaires.* — Les délibérations réglementaires sont exécutoires par elles-mêmes, un mois après le dépôt de la copie de la délibération à la préfecture ou à la sous-préfecture. Cependant, lorsque quinze jours se sont écoulés, le préfet, par un arrêté, peut déclarer qu'il ne s'oppose pas à l'exécution (art. 66 *in fine*, 68 *in fine*).

Pendant ce délai et avant, par conséquent, que la délibération ne

---

dispositions ne sont pas applicables au dernier alinéa de l'article 31 », c'est-à-dire aux militaires en activité de service »; — *b*) « Tout membre du conseil municipal qui, *sans motifs reconnus légitimes par le conseil*, a manqué à *trois convocations successives*, peut être, après avoir été admis à fournir ses explications, déclaré démissionnaire par le préfet, sauf recours dans les dix jours de la notification devant le conseil de préfecture » (art. 60, § 1). Les trois convocations successives doivent être entendues de convocations à des sessions différentes et non pas de convocations à des séances d'une même session (Cons. d'Ét., 11 nov. 1887, *Daunes*; 17 fév. 1888, *Andrecci*; *c*) La démission est déclarée par le Conseil d'État, quand, sans excuse valable, un conseiller municipal refuse de remplir une fonction qui lui est dévolue par la loi (L. 7 juin 1873).

(1) Sur l'institution des *plus imposés* supprimée par la loi du 5 avril 1882, V. L. 15 mai 1818, art. 15-17; L. 18 juill. 1837, art. 2, 3, 4 et 42; L. 28 juill. 1860, art. 3; L. 24 juill. 1867, art. 6; L. 27 mars 1906; Cons. d'Ét., 14 août 1865, *Beaumont-en-Véron*. La vraie cause de la suppression des plus imposés paraît avoir été leur inutilité; adjoints, par intervalle, à un corps permanent, ils n'avaient pas d'influence réelle.

soit devenue exécutoire, elle peut être annulée pour des causes qui entachent sa validité juridique ; mais ces causes de nullité sont exactement les mêmes que celles qui peuvent être invoquées après que la délibération est devenue exécutoire ; elles sont d'ailleurs limitées et l'annulation ne peut être prononcée que moyennant une procédure qui comporte des garanties (V. *infra*, p. suivante). Comme ces délibérations réglementaires constituent le droit commun des décisions des conseils municipaux, il en résulte que ces conseils rendent exécutoire leur volonté plus facilement que les conseils généraux, dont les délibérations *ordinaires* peuvent être suspendues pour simple inopportunité et par un simple décret (1) ;

b) *Délibérations soumises à approbation.* — Ces délibérations, aujourd'hui l'exception, sont énumérées dans les articles 68, 115, 121 et s., et 140, mais il faut dire qu'elles sont relatives aux actes les plus graves de la vie communale (V. art. 68). En principe, l'approbation émane du préfet (2).

B. *La validité juridique des délibérations devenues exécutoires, les recours et voies de nullité* (3). — Les délibérations sont soumises à toutes les conditions de fond et de forme qui ont été étudiées à propos de la théorie des assemblées délibérantes (V. p. 175 et s.).

Qu'elles contiennent ou non décision, même si elles ne contiennent qu'une réclamation, un vœu ou une nomination, elles peuvent être

---

(1) Toutefois, il convient de ne pas se faire illusion sur l'efficacité de ces délibérations réglementaires des conseils municipaux ; elles ne constituent jamais que des décisions de principe qui *engagent des affaires*, mais, pour l'exécution de ces affaires, il faudra soit des décisions budgétaires, soit des décisions sur des opérations de gestion où la tutelle de l'administration locale reprendra ses droits. Ainsi le conseil municipal décide des travaux publics sous de certaines conditions, mais : 1° il y a la question budgétaire ; 2° l'expropriation des terrains, si elle est nécessaire, demandera l'intervention de l'administration supérieure ; 3° l'adjudication des travaux doit être approuvée par le préfet. V. *supra* les observations de la p. 116.

(2) « Les délibérations des conseils municipaux sur les objets énoncés à l'article précédent sont exécutoires sur l'approbation du préfet, sauf les cas où l'approbation par le ministre compétent, par le conseil général, par la commission départementale, par un décret ou par une loi, est prescrite par des lois et règlements. Le préfet statue en conseil de préfecture dans les cas prescrits aux n°s 1, 2, 4, 6 de l'article 68 (baux de plus de dix-huit ans, aliénations ou échanges de propriétés communales, transactions, vaine pâture).

» Lorsque le préfet refuse son approbation ou qu'il n'a pas fait connaître sa décision dans le délai d'un mois à partir de la date du récépissé, le conseil municipal peut se pourvoir devant le ministre de l'Intérieur » (art. 69) et même directement devant le Conseil d'État par le recours pour excès de pouvoir (Cons. d'Ét., 10 mars 1911, *Commune de Boujailles*, S., 12. 3. 41, et ma note). Cette solution constitue un revirement de jurisprudence ; primitivement, il fallait absolument commencer par recourir au ministre (Cons. d'Ét., 21 déc. 1906, *Commune de Doméral*).

(3) F. Moreau, *Les caractères de la nullité de plein droit des articles 63-65 de la loi du 5 avril 1884*, Revue de droit public, 1912.

attaquées par la même voie de nullité spéciale qui s'ouvrait avant qu'elles ne fussent devenues exécutoires :

a) Elles peuvent être arguées de nullité, soit parce qu'elles portent sur un objet étranger aux attributions du conseil ou qu'elles ont été prises hors des réunions légales, soit pour cause de violation de la loi ou d'un règlement d'administration publique. La nullité est déclarée par le préfet en conseil de préfecture; elle peut être soit prononcée d'office par le préfet, soit proposée ou opposée par les parties à toute époque (art. 63-65);

b) Elles peuvent encore être arguées de nullité pour participation de conseillers municipaux intéressés à l'affaire; dans cette deuxième hypothèse, la voie de nullité, enfermée dans des délais très courts, aboutit encore à une décision du préfet en conseil de préfecture (art. 64 et 66) (1).

Après la décision du préfet, la voie de nullité suit, dans les deux hypothèses, la même procédure: toute partie intéressée peut se pourvoir contre l'arrêté du préfet devant le Conseil d'État; le pourvoi est introduit et jugé dans les formes du recours pour excès de pouvoir (art. 67) (2);

II. *Le contenu des délibérations.* — Les délibérations des conseils municipaux contiennent des décisions sur des affaires de la commune, des nominations, des manifestations d'opinion ou des actes de contrôle.

A. *Décisions sur les affaires de la commune.* — Le conseil municipal, par ses décisions, exerce les droits de la commune dans la mesure suivante :

a) En matière de finances : 1° *Budget.* — La commune est moins maîtresse de son budget que le département, le conseil municipal a moins de pouvoirs que le conseil général; voici, en effet, la situation : La délibération du conseil sur le budget est soumise à l'approbation tantôt du préfet, tantôt du chef de l'État (lorsque le revenu est de trois millions de francs); la portée de cette approbation, et par conséquent les pouvoirs du conseil municipal, seront précisés par les règles suivantes :

---

(1) Elle peut être provoquée d'office par le préfet dans un délai de trente jours à partir du dépôt du procès-verbal de la délibération à la sous-préfecture; elle peut aussi être demandée par tout intéressé et par tout contribuable de la commune. — Dans ces derniers cas, la demande en annulation doit être déposée, à peine de déchéance, à la sous-préfecture ou à la préfecture, dans un délai de quinze jours à partir de l'affichage à la porte de la mairie; le préfet statuera dans un délai d'un mois. Passé le délai de quinze jours sans qu'aucune demande ait été produite, le préfet peut déclarer qu'il ne s'oppose pas à l'exécution (art. 66).

La nullité n'est d'ailleurs prononcée que si la présence du conseiller intéressé a pu influer sur le vote (Cons. d'Ét., 19 juill. 1912, *Commune de Lombers*).

(2) Sur cette voie de nullité très intéressante, V. *infra, Recours en annulation*, et ma note sous Cons. d'Ét., 4 déc. 1903, *Barthe*, S., 1904. 3. 137.

1° Sont rétablis d'office les crédits qui n'auraient pas été inscrits pour les dépenses *obligatoires*, opération prévue par l'article 149 (1).

2° Pour les dépenses *facultatives*, le conseil municipal n'a pleine liberté qu'à une double condition : qu'il ait pourvu à toutes les dépenses obligatoires ; qu'il n'ait employé, pour les dépenses obligatoires ou facultatives, ordinaires ou extraordinaires, aucune *ressource extraordinaire* (V. pour la distinction des ressources ordinaires et extraordinaires, les art. 133 et 134) (2).

3° Enfin, les conseils municipaux peuvent porter au budget un crédit pour les *dépenses imprévues*, mais cette somme peut être réduite ou rejetée si les revenus ordinaires, une fois les dépenses obligatoires payées, ne permettent pas d'y faire face (art. 147). Ce crédit est employé par le maire, qui en rend compte.

En somme, le droit du conseil municipal se borne à être maître de son budget pour les dépenses facultatives et pour les dépenses imprévues *dans la limite des ressources ordinaires*. Et il est d'autant plus maître à ce double point de vue que les ressources ordinaires sont plus abondantes et plus libres, ce qui constitue une prime à la bonne administration. Il faudra tenir compte de ce correctif à propos de toutes les mesures d'administration dont le conseil semble décider (3).

2° *Impôts.* — V. *infra, Finances publiques, Impôts communaux.* Indiquons seulement ici la mesure dans laquelle les conseils munici-

---

(1) Notons que le conseil municipal est spécialement appelé à délibérer avant que le crédit ne soit rétabli, que l'inscription d'office ne peut être faite qu'au moment de l'approbation du budget, qu'elle ne saurait l'être par acte séparé après l'approbation (Cons. d'Ét., 22 fév. 1901, *Commune de Monticello*, S., 1902. 3. 57 et ma note), et enfin que la loi annuelle de finances limite le nombre des centimes qui peuvent être imposés d'office à dix, à moins qu'il ne s'agisse de l'acquit de dettes résultant de condamnations judiciaires, auquel cas il pourra être élevé jusqu'à vingt (L. 19 juill. 1905, art. 16). Jusqu'ici, rien que de conforme à ce qui se passe pour le département, en apparence du moins, mais la liste des dépenses obligatoires est infiniment plus longue, elle comprend presque tous les actes de la vie communale ordinaire (V. art. 136) ; et, parmi ces dépenses obligatoires, il en est qui confèrent au préfet un pouvoir redoutable, par exemple celles relatives au déplacement du cimetière, à la confection du plan d'alignement et de nivellement (nos 13 et 14) ; il dépend du préfet d'imposer à une commune ces opérations dans de certaines circonstances légales ; il est juge de l'opportunité et maître de l'heure, et s'il a pris la décision imposant l'opération, la dépense devient obligatoire.

(2) Si l'une de ces deux conditions n'est pas remplie, et cela arrivera fréquemment pour la seconde, l'autorité supérieure peut rejeter ou réduire la dépense (Cons. d'Ét., 20 fév. 1891, *Muret*), elle ne peut pas l'augmenter (art. 145, § 2, et 148 combinés). Le conseil général, lui, a pleine liberté, pourvu, bien entendu, qu'il y ait des ressources ordinaires ou extraordinaires.

(3) A certains points de vue, le budget communal présente plus d'élasticité que le budget départemental : parce que les ressources communales sont plus variées (il y a beaucoup plus d'impôts communaux que d'impôts départementaux ; il suffit de citer les octrois), et parce qu'il y a moins d'imputations de dépenses sur ressources spéciales.

paux peuvent voter des centimes additionnels (1) et la question des octrois.

Octrois. — Les octrois sont établis, sur l'initiative du conseil municipal, par décret en Conseil d'État. Les conseils municipaux votent seuls la prorogation pour cinq ans des taxes existantes, ils peuvent augmenter pendant le même temps les taxes, pourvu qu'ils restent dans les limites du tarif général (art. 139). Ils peuvent, avec l'approbation du préfet et après avis de la commission départementale, voter la suppression ou la diminution des taxes (art. 138). Pour tout le reste, établissement premier de l'octroi, établissement de taxes nouvelles, augmentation pour plus de cinq ans, modifications au périmètre, etc., etc., il faut intervention d'un décret en Conseil d'État ou d'une loi, après avis du conseil général ou de la commission départementale (art. 137) (2).

3° *Emprunts.* — Le conseil municipal règle seul les emprunts remboursables sur les centimes qu'il peut voter seul, ou bien sur les ressources ordinaires et dont l'amortissement n'excédera pas trente ans. Pour les emprunts qui dépassent ces limites, autorisation du préfet, en principe, et du chef de l'État par décret en Conseil d'État lorsque l'amortissement dépasse trente ans, ou bien lorsque la somme à emprunter dépasse un million, ou si, réunie au chiffre d'autres emprunts non encore remboursés, elle dépasse un million, quelle que soit d'ailleurs la durée de l'amortissement (art. 142-143, L. municip. modifiés par L. 7 avril 1902).

b) *Droits de police et de tutelle.* — Le conseil municipal exerce une tutelle sur un certain nombre d'établissements publics, les bureaux de bienfaisance, les hôpitaux et hospices, la caisse des écoles primaires. Lorsqu'un hospice, un hôpital ou un établissement de bienfaisance veut faire un emprunt dont la somme ne dépasse pas le chiffre de ses revenus ordinaires, et que le remboursement doit être opéré dans le délai de douze années, le conseil municipal donne son

---

(1) Ils votent seuls les centimes additionnels dont la perception est autorisée par les lois — ils peuvent aussi voter trois centimes extraordinaires, exclusivement affectés aux chemins vicinaux ordinaires (de 3° catégorie) et trois centimes extraordinaires affectés aux chemins ruraux reconnus — ils peuvent, en outre, voter des centimes *pour insuffisance de revenu* appliqués à des dépenses ordinaires ou des centimes destinés à des dépenses extraordinaires, dans la limite du maximum fixé chaque année par le conseil général. — Ils votent, sauf approbation du préfet, les contributions pour insuffisance de revenu ou pour dépenses extraordinaires qui dépassent le maximum fixé par le conseil général. — Toute contribution établie pour plus de trente ans est autorisée par décret rendu en Conseil d'État (art. 141-143, L. municip. modifiés par L. 7 avril 1902).

(2) V. LL. 29 déc. 1897, 9 mars 1898, 29 juin 1899 et 31 déc. 1900, *suppression facultative des droits d'octroi sur les boissons hygiéniques* et remplacement par des taxes locales. Cf. L. 17 avril 1906, art. 67.

H. — P$_R$.

avis auquel le préfet est obligé de se conformer, en ce sens qu'il ne peut pas autoriser si le conseil désapprouve (art. 119). Le conseil municipal exerce encore les droits de police suivants : il décide l'établissement des simples marchés d'approvisionnement et il vote, sauf approbation, l'établissement ou la suppression des autres marchés (art. 68, n° 13); enfin, nous verrons qu'il intervient dans la rédaction des règlements sanitaires (*infra, police sanitaire*) et nous avons vu qu'il intervient dans la rédaction du statut réglementaire des employés municipaux (*supra*, p. 275).

c) *Droits relatifs au domaine public.* — Le classement, le déclassement, le redressement ou le prolongement, l'élargissement, la suppression, la dénomination des rues et des places publiques, la création et la suppression de promenades, squares ou jardins publics, champs de foire, de tir ou de courses, l'établissement des plans d'alignement et de nivellement des voies publiques municipales, les modifications à des plans d'alignement adoptés, sont des décisions du conseil municipal soumises à l'approbation (art. 68, n° 7) (1).

d) *Travaux publics.* — Le conseil municipal décide seul les travaux publics, lorsque les dépenses, totalisées avec les dépenses de même nature pendant l'exercice courant, ne dépassent pas la limite des ressources qu'il peut créer seul; au delà, il faut autorisation, encore est-il bon d'observer que si une expropriation est nécessaire, l'utilité publique du travail doit être déclarée par une autorité supérieure, et que, s'il y a adjudication, celle-ci doit être autorisée par le préfet.

e) *Droits de gestion privée.* — Le conseil municipal peut faire seul les actes de libre administration (2). Le conseil municipal ne peut pas décider seul, il ne fait que délibérer avec nécessité de l'approbation de l'autorité supérieure dans les cas suivants : baux de plus de dix-huit ans; aliénations et échanges des biens des communes (art. 68, n° 2); acquisitions lorsque les dépenses dépassent les limites des ressources ordinaires et extraordinaires; transactions, acceptations

---

(1) Il faut rapprocher de cette matière celle de l'affectation des bâtiments à un service public. Le conseil municipal peut affecter librement les propriétés communales qui ne sont pas déjà affectées. Il ne peut pas changer l'affectation, ni désaffecter, sans l'autorisation de l'autorité supérieure (art. 68, n° 5).

(2) Baux jusqu'à une durée de dix-huit ans, aussi bien comme bailleur que comme preneur (art. 68, n° 1); acquisitions d'objets mobiliers (*eod.*, n°s 2 et 3); acquisitions d'immeubles, quand la dépense, totalisée avec les dépenses de même nature pendant l'exercice courant, ne dépasse pas les limites des ressources ordinaires et extraordinaires que les communes peuvent se créer sans autorisation spéciale; acceptations de dons et legs lorsqu'il n'y a pas de réclamation de la part des familles, et alors même qu'il y aurait des charges; en toute hypothèse, refus des dons et legs, sauf droit du préfet de demander une seconde délibération (art. 68, n°s 8, 111 et 112, modifiés par L. 4 fév. 1901, art. 3).

de dons et legs lorsqu'ils donnent lieu à des réclamations de la part des familles (art. 68, n° 8, 111 et 112, modifiés par L. 4 fév. 1901, art. 3).

B. *Les nominations et élections.* — Le conseil municipal nomme ou élit le maire, le ou les adjoints, les délégués sénatoriaux, certains membres des commissions administratives des hospices et des bureaux de bienfaisance, les membres des commissions des listes électorales, les membres des comités des syndicats de communes, des conférences intercommunales, des commissions syndicales intercommunales, etc. (1).

C. *Les manifestations d'opinion.* — Le conseil défend les intérêts de la commune par des vœux, « qui doivent avoir pour objet l'intérêt local » (art. 61), par des réclamations, des avis et des propositions.

Avis. — Le conseil municipal ne peut pas émettre spontanément des avis à l'adresse de l'administration supérieure (Cons. d'Ét., 13 nov. 1903, *Ville de Cette*, conclusions Romieu), mais : *a*) Le préfet est toujours libre [de consulter un conseil municipal; *b*) Le conseil municipal est nécessairement appelé à donner son avis sur un certain nombre d'objets (2); *c*) En règle générale, ces avis sont purement consultatifs, cependant l'article 119 contient un cas où le préfet ne peut agir sans l'avis conforme; *d*) Lorsque le conseil municipal régulièrement convoqué refuse ou néglige de donner son avis, il peut être passé outre.

D. *Les actes de contrôle.* — « Le conseil municipal délibère sur les comptes d'administration qui lui sont annuellement présentés par le maire, conformément à l'article 151 de la présente loi. Il entend, débat et arrête les comptes de deniers des receveurs, sauf règlement définitif, conformément à l'article 157 de la présente loi » (art. 71).

---

(1) Les nominations du maire, des adjoints, des délégués sénatoriaux sont seules de véritables élections ayant un contentieux organisé; les autres désignations ne sont que des nominations qui ne peuvent être attaquées que par les voies de nullité communes à toutes les délibérations du conseil municipal, mais qui constituent des délibérations exécutoires immédiatement.

(2) 1° Les circonscriptions relatives à la distribution des secours publics; 2° les projets d'alignement et de nivellement de grande voirie dans l'intérieur des villes, bourgs et villages; 3° la création des bureaux de bienfaisance; 4° les budgets et les comptes des hospices, hôpitaux et autres établissements de charité et de bienfaisance; les autorisations d'acquérir, d'aliéner, d'emprunter, d'échanger, de plaider ou transiger, demandées par les mêmes établissements; l'acceptation des dons et legs qui leur sont faits; 5° enfin tous les objets sur lesquels les conseillers municipaux sont appelés par les lois et règlements à donner leur avis (art. 70).

Appendice.

Le régime spécial de Paris, Lyon, Marseille et Toulon (1).

1° Régime municipal de Paris. — Nous savons déjà qu'à Paris il y a une confusion presque complète entre la ville de Paris et le département de la Seine, Paris est un département autant qu'une commune.

Paris a deux organes municipaux : un organe exécutif et un délibérant. L'organe exécutif est constitué par deux préfets nommés par le chef de l'État, le préfet de police et le préfet de la Seine. Ils jouent le rôle de maire et sont en même temps organes exécutifs du département de la Seine. Le partage des attributions est fait entre eux par un décret du 10 octobre 1859. L'organe délibérant est constitué par un conseil municipal, composé de quatre-vingts membres nommés au scrutin uninominal à raison d'un par quartier. Ce conseil municipal, légèrement modifié par l'adjonction de conseillers de la banlieue, devient le conseil général de la Seine. La loi du 5 avril 1884 ne s'est pas appliquée au conseil municipal de Paris ; il faut se reporter, pour l'organisation, aux lois des 16 septembre 1871, 19 mars 1875 ; cependant la loi du 5 juillet 1886 a rendu publiques les séances du conseil municipal, ainsi que celles du conseil général de la Seine ; pour les attributions, à la loi du 24 juillet 1867. La ville de Paris est, en outre, divisée en vingt arrondissements municipaux, circonscriptions créées uniquement par mesure d'ordre pour un certain nombre de services. Dans ces arrondissements sont des maires et des adjoints nommés par le chef de l'État, qui tiennent certains pouvoirs de la loi et des règlements. Le principal de ces pouvoirs est celui d'officier de l'état civil. Le personnel des fonctionnaires subordonnés se partage entre les deux préfets ; celui de la police est, bien entendu, sous la direction de la préfecture de police.

La situation ambiguë de la ville de Paris tient, non seulement à la coïncidence géographique de la circonscription du département et de celle de la ville, qui est presque complète, non seulement à son énorme population, mais à ce qu'elle est le siège du gouvernement et des principaux services publics. Le maintien de l'ordre y intéresse la France entière ; de là la mainmise de l'État sur la mairie et sur la police municipale. Dans l'avenir, la situation de Paris pourra se déterminer dans deux sens bien différents : ou bien dans le sens municipal, il y aurait alors une mairie centrale, ou bien dans le sens départemental ; Paris pour tous les services communs ne serait plus qu'un département, et il y aurait, pour la gestion des services locaux, plusieurs communes dont les arrondissements actuels formeraient le cadre.

Banlieue de Paris. — Ajoutons que le préfet de police de Paris exerce une bonne partie des attributions de la police municipale, toutes celles qui intéressent la sécurité : 1° dans toutes les communes du département de la Seine (L. 10 juin 1853) ; 2° dans certaines communes du département de Seine-et-Oise, Saint-Cloud, Meudon, Sèvres et Enghien (Arr. 3 brum. an IX ; 10 juin 1853), en somme, dans toute la banlieue, laissant aux maires de ces communes le surplus de la police, c'est-à-dire les n°s 1, 4, 5, 6, 7, 8, article 97, de la loi du 5 avril 1884.

2° Lyon et l'agglomération lyonnaise. — A raison de sa nombreuse population et pour des raisons politiques, la ville de Lyon a été, à diverses reprises, soumise au même régime que Paris, en ce sens que le préfet du Rhône devenait maire de Lyon. La dernière période fut de la loi du 4 avril 1873 à celle du 21 avril 1881. Depuis cette dernière date, il y a un maire élu à Lyon. Cependant, il reste quelques traces du régime précédent. Le préfet du Rhône est encore investi, dans la ville de Lyon et dans

---

(1) V. Alb. Lavallée, *Le régime administratif du département de la Seine et de la ville de Paris*, 1901 ; Massat, *Manuel de législation administrative spécial à la ville de Paris* ; H. de Pontich, *Organisation administrative de la ville de Paris*.

les communes de la banlieue, des pouvoirs de la police municipale, que le préfet de police exerce dans les communes suburbaines de la Seine en vertu de l'arrêté du 3 brumaire an IX et de la loi du 10 juin 1853, laissant le reste aux maires (L. 5 avril 1884, art. 104; L. 13 avril 1900, art. 8, § 3; L. 8 mars 1908 remaniant l'art. 104). Une application de ces règles exceptionnelles avait été faite par la loi de sûreté générale du 5 mai 1855 dans toutes les villes chef-lieu de département dont la population excédait 40.000 âmes. Le préfet était chargé d'une bonne partie de la police municipale, à peu près dans les conditions des communes suburbaines de la Seine.

Ces dispositions ont été abrogées par la loi du 24 juillet 1867, article 23, il en reste ceci que, dans les villes de plus de 40.000 âmes, l'organisation de la police est réglée par le chef de l'État sur délibération du conseil municipal, et que la dépense en est obligatoire (art. 103 L. 5 avril 1884 ; Cf. L. 19 avril 1900, art. 8). D'autre part, Lyon est divisé comme Paris, en arrondissements municipaux; il y en a sept (L. 8 mars 1912), mais au lieu de maires fonctionnaires, ils sont administrés par des adjoints, deux par arrondissement. Ces adjoints sont chargés de la tenue des registres de l'état civil et des autres attributions déterminées dans un règlement d'administration publique du 11 juin 1881.

3° *Marseille et Toulon.* — Le régime de la ville de Marseille est normal, sauf en ce qui concerne la police; la loi du 8 mars 1908 a institué la police d'État, c'est-à-dire que, désormais, le préfet des Bouches-du-Rhône exerce dans la commune de Marseille les mêmes attributions que celles exercées par le préfet de police dans les communes suburbaines de la Seine et par le préfet du Rhône dans la commune de Lyon. Cette opération de transfert du service de la police à l'État a nécessité des stipulations financières et des stipulations dans l'intérêt du personnel qu'il est bon de signaler comme exemple des complications pratiques inhérentes à toute réforme et des *accords administratifs* qu'elle nécessite. Loi du 8 mars 1908 : Art. 2. Les frais de la police marseillaise sont inscrits, en totalité, au budget de l'État. — Jusqu'à concurrence de deux millions huit cent quatre-vingt mille francs (2.880.000 francs) à inscrire au budget du ministère de l'Intérieur, le remboursement à effectuer par la commune de Marseille est fixé à la somme de seize cent mille francs (1.600.000 francs) ; le complément des dépenses représente la contribution de l'État. — Au cas d'augmentation ultérieure du crédit, la dépense excédant les 2.880.000 francs sera remboursée par la commune de Marseille dans la proportion de cinquante pour cent (50 p. 100). — Art. 3 : Par dérogation à la loi du 9 juin 1853, tous les agents de police en fonctions à Marseille, lors de la promulgation de la présente loi, resteront tributaires de la caisse municipale de retraites. — Il sera dérogé également à la loi du 9 juin 1853 en ce qui concerne les chefs et employés du bureau d'administration de la police à la préfecture des Bouches-du-Rhône, qui seront soumis au même régime de retraites que les autres employés de la préfecture.

Le même régime a été appliqué à la ville de Toulon.

Les communes d'Algérie et des colonies.

Il existe, en Algérie et dans plusieurs colonies, trois catégories de communes qui toutes sont douées de la personnalité administrative, mais qui n'ont pas la même organisation : 1° Les communes de plein exercice où domine la population européenne. Sur les communes de plein exercice, V. article Cuttoli, *Revue d'administration*, 1912. III. 5: 129 ; 2° Les communes mixtes où la population est mélangée ; 3° Les communes indigènes situées en territoire militaire. Pour la colonie de Madagascar et dépendances, le gouverneur général, par arrêté pris en conseil d'administration et approuvé par le ministre des Colonies, peut ériger en communes les principaux centres de population. Ces communes, qui se rapprochent du type mixte, ont pour maire l'administrateur civil et une simple commission consultative (Décr. 2 fév. 1899). — V. pour le Sénégal règle analogue (Décr. 13 déc. 1891). — Organisation municipale de

Saïgon (Décr. 8 janv. 1877 et 29 avril 1881), etc. — Organisation municipale dans les établissements de l'Inde (Décr. 12 mars 1880, 13 août 1883, 26 fév. 1884, 5 sept. 1887, 29 avril 1889); Congo français, 12 août 1909. Les communes mixtes et les communes indigènes ne sont pas décentralisées, c'est-à-dire que les administrateurs y sont nommés par le gouverneur et qu'ils ont, à côté d'eux une commission administrative qui, suivant les cas, a voix délibérative ou consultative et dont les membres sont désignés par le gouverneur; ce sont, d'ailleurs, des territoires plutôt que des communes.

Les communes de plein exercice de l'Algérie ont été soumises à la loi du 5 avril 1884 par cette loi elle-même, avec des réserves (art. 164). Pour les communes de la Martinique, de la Guadeloupe et de la Réunion, qui sont toutes de plein exercice, mê ne solution (V. art. 165).

Il existe aussi des groupements pour lesquels on a laissé aux indigènes leurs usages; tels sont les douars d'Algérie administrés par une *djemmâa* (conseil) et par un caïd; les douars doivent être considérés comme des sections de communes; tels sont les villages annamites, etc.

Section V. — L'organisation des colonies. (1).

La possession coloniale et la métropole. — La possession coloniale est à la fois une administration locale de l'État français et un embryon d'État indépendant. Elle présente ceci de particulier que, tout en étant dans l'État à de certains égards, à d'autres égards elle

---

(1) *Bibliographie* : Arthur Girault, *Principes de législation coloniale*, 2ᵉ édit. ; Petit, *Législation coloniale* ; Dislère, *Répertoire de droit administratif*, vº Colonies; Mérignhac, *Précis de législation et d'économie coloniale*, 1912.

Colonies françaises et pays de protectorat en 1913 : I. Colonies : 1º Amérique : Saint-Pierre-et-Miquelon ; les Antilles (Martinique, Guadeloupe et ses dépendances, la Désirade, Marie-Galante, les Saintes, Saint-Barthélemy, les deux tiers de Saint-Martin); la Guyane française; 2º *Afrique*; le gouvernement général de l'Algérie avec le Sud-Oranais ; le gouvernement général de l'Afrique occidentale (Dakar) comprenant : le Sénégal, la Guinée française, la Côte d'Ivoire, le Dahomey avec le protectorat du Fouta-Djallon, le Haut-Sénégal et Niger avec Zinder, la Mauritanie; le gouvernement général de l'Afrique équatoriale française (Congo, Gabon, Oubanghi-Chari et territoire du Tchad) (Décr. 15 janv. 1910); la Réunion; le gouvernement général de Madagascar et ses dépendances (Madagascar, Sainte-Marie, Nossi-Bé, Iles Glorieuses, Saint-Paul, Amsterdam et Mayotte) (Décr. 9 avril 1908), Grande-Comore, Mohéli, Anjouan (L. 25 juill. 1912); la côte des Somalis (Obock, Djibouti, Cheick-Saïd, Doumeirah); 3º, *Asie et Océan Indien* : les îles Kerguelen; les établissements français de l'Inde (Pondichéry, Karikal, Yanaon, Mahé, Chandernagor); le gouvernement général de l'Indo-Chine mélangé de colonies et de protectorats (Cochinchine, Tonkin, Annam, Laos, Cambodge) ; 4º *Océanie* : Nouvelle-Calédonie et dépendances (Calédonie, îles des Pins, archipel Loyalty, Huon et Chesterfield, Wallis); établissements français de l'Océanie (Tahiti, etc., Marquises, Tuamotu, Gambier, Tubuai et Rapa). II. *Protectorats* : 1º Tunisie ; 2º Maroc (L. 15 juill. 1912). III. *Sphères d'influence* : Nouvelles-Hébrides (Océan Pacifique).

Les conséquences du traité de Versailles du 28 juin 1919 ne sont pas encore complètement réglées en ce qui concerne les possessions coloniales. On sait cependant qu'il nous a restitué la partie du Congo cédée à l'Allemagne par l'arrangement du 4 novembre 1911; qu'il nous vaudra la majeure partie du Cameroun et du Togo, plus le mandat pour la Syrie.

est hors de l'État, puisqu'elle est hors de la métropole qui est le territoire propre de l'État. Si l'on serre de près ce problème, on s'aperçoit que la possession coloniale est soumise au pouvoir de domination de l'État, mais qu'elle ne fait pas partie du « pays légal » organisé pour résister à ce pouvoir de domination et pour y participer, les habitants ne jouissant pas des mêmes droits constitutionnels ni de la même légalité (1). Au fond, la possession coloniale fait partie de l'État sans faire partie de la nation, d'autant que les indigènes des colonies ne sont pas de même nationalité ; c'est un cas où l'État déborde la nation.

Ce n'est point que dans la possession coloniale il ne puisse pas y avoir un certain pouvoir de réaction contre la domination de l'État et un certain droit de cité des habitants, mais ils ne sont pas les mêmes que dans la métropole et ils contiennent moins de garanties. La métropole est donc le territoire où se trouvent réunis, à la fois, l'empire gouvernemental et ce que les Romains appelaient le *droit de cité* le plus haut : la possession coloniale est un territoire soumis à l'empire gouvernemental, mais où il n'y a point de droit de cité, ou bien où il n'y a qu'un droit de cité inférieur ; finalement, la distinction de la métropole et des possessions coloniales doit être tirée du *droit de cité* (2).

Lorsque les possessions coloniales ont un droit de cité, c'est ou bien un droit de cité indigène ou un droit de cité français. Ont un droit de cité indigène : 1° les pays de protectorat, pour la bonne raison que le pays protégé conserve son caractère d'État distinct, aussi bien au point de vue du droit de cité interne qu'au point de vue des relations internationales ; 2° les pays de conquête auxquels l'autorité militaire laisse en fait leur constitution locale. Mais presque toujours le droit de cité indigène se trouve compliqué d'éléments français qui s'introduisent progressivement ; c'est ainsi que l'organisation de la propriété a été remaniée dans des pays de pro-

---

(1) On sait que les possessions coloniales sont soumises au régime du décret.

(2) Si la possession coloniale est essentiellement un régime d'État différent de celui de la métropole, il n'est pas étonnant qu'elle ait tendance à devenir un État séparé plus ou moins complet ; ce n'est pas seulement dans les colonies anglo-saxonnes que ce phénomène se manifeste, mais dans toutes les colonies et particulièrement dans les nôtres ; on s'aperçoit bien vite que nos colonies sont très différentes de nos départements métropolitains. A signaler à ce point de vue : 1° le principe que la colonie a des finances complètement distinctes et doit se suffire au point de vue financier, les colonies françaises n'ont jamais payé les impôts métropolitains ; la loi du 13 avril 1900, article 33, met à leur charge toutes les dépenses qu'elles occasionnent ; elles ont ainsi un organisme financier séparé, tandis que les populations des départements font bourse commune dans le budget métropolitain ; 2° des rudiments de pouvoir législatif, par exemple le droit de déterminer l'*assiette* des impôts coloniaux, droit qui est d'essence législative (V. *infra*, Impôts) et que n'ont point les départements ni les communes. Cpr. Bouys, *Le régime d'État dans les colonies intertropicales*, 1920.

tectorat. En général, on laisse aux indigènes leur statut personnel (sauf abolition de l'esclavage), la liberté de leur culte, leur propriété (sauf à en modifier la réglementation), leurs municipalités indigènes, leurs juridictions, sauf à leur offrir le choix de la juridiction française (1).

Les possessions coloniales sont constituées par deux faits, l'annexion du territoire et le régime civil :

1° L'*annexion du territoire* transforme en une possession coloniale proprement dite un pays de protectorat ou une possession mal définie; elle peut être opérée par une loi avant même que le régime civil ne soit établi (2) : *a*) elle entraîne pour les habitants ou bien l'acquisition de la nationalité française (3), ou bien l'indigénat; *b*) l'annexion produit aussi des effets au point de vue du sol qui devient terre française (4), une des conséquences est la constitution sur ce territoire d'un domaine de l'État français (5), une autre conséquence est de donner à la réglementation française l'assiette territoriale indispensable à toute réglementation;

2° *Le régime civil*, qui constitue la *colonie* proprement dite, s'établit par la nomination d'un *gouverneur* (6). En soi, l'établissement du régime civil et sa substitution au régime militaire suffit à la constitution du droit de cité local, et cela prouve combien sont fondamentales dans le régime de l'État la séparation et la subordination de l'élément militaire; mais ce régime civil, à partir de ce minimum, est susceptible de degrés (7), il y a lieu de distinguer les garanties de législation et les garanties politiques et administratives : *a*) les

---

(1) L'indigénat est un statut variable suivant les colonies, mais ce qui est certain, c'est que l'indigène est sujet français, que, par conséquent, il n'est pas étranger et que des procédés spéciaux de naturalisation lui permettent d'acquérir la nationalité française; il diffère du citoyen français en ce qu'il est soumis à un certain pouvoir disciplinaire des administrateurs civils (Cf. Vernier de Byans, *Condition juridique et politique des indigènes dans les possessions coloniales*, Paris, 1905). L. 15 juill. 1914 et L. 4 fév. 1919 sur l'indigénat en Algérie.

(2) Madagascar a été annexé par la loi du 6 août 1896 et le gouverneur civil n'y a été institué que par le décret du 30 juillet 1897; Tahiti a été annexé par la loi du 30 décembre 1880; les îles Sous-le-Vent de Tahiti par celle du 19 mars 1898.

(3) Les anciens sujets du roi de Tahiti ont acquis de plein droit la nationalité française par la loi du 30 décembre 1880.

(4) C. 4 nov. 1848, art. 109 : « Le territoire de l'Algérie et des colonies est déclaré territoire français et sera régi par des lois particulières jusqu'à ce qu'une loi spéciale le place sous le régime de la présente constitution. »

(5) V. Décr. 16 juill. 1897 — détermination du domaine public à Madagascar.

(6) Les colonies ont droit à un gouverneur faisant partie du personnel d'administration des colonies et même à un gouverneur d'une classe plus ou moins élevée (V. Décr. 2 fév. 1890, 14 mars 1893).

(7) Il n'est d'ailleurs pas égal pour tous les habitants de la colonie, tant qu'il subsiste des indigènes non naturalisés, et c'est encore une différence avec le régime d'État métropolitain.

garanties de législation que possèdent certaines colonies contre le régime du décret ont été indiquées, *supra*, p. 80 ; *b*) les garanties politiques et administratives consistent : 1° en institutions locales, telles que le conseil général de la colonie qui n'existe pas nécessairement (V. *infra*), telles que les communes françaises de plein exercice, mixtes ou indigènes (V. p. 293) ; 2° en la représentation de la colonie, soit au conseil supérieur des colonies (1) siégeant en la métropole, soit au Parlement français (2) ; 3° en l'institution d'une inspection administrative très sérieuse (L. 25 fév. 1901, art. 54 ; L. 21 mars 1903, art. 80 ; Décr. 15 sept. 1904, *sur l'organisation du corps de l'inspection des colonies* (3).

(1) Le conseil supérieur des colonies a été créé par le décret du 19 octobre 1883, modifié par plusieurs autres textes (Décr. 29 mai 1890, 13 juill. 1894, 19 sept. 1896, 28 mai 1905) : a) *Composition* : Ministre des Colonies, président ; sénateurs et députés des colonies, 12 délégués élus pour trois ans, à raison de 1 pour chacune des colonies suivantes : Nouvelle-Calédonie, — Établissements français d'Océanie, — Saint-Pierre-et-Miquelon, — Guinée française, — Côte d'Ivoire, — Dahomey et dépendances, — Congo français, — Mayotte et dépendances, — Nossi-Bé et dépendances, — Madagascar, — Annam-Tonkin, — Cambodge (n'ont pas de représentant : le Soudan, le Gabon, l'Oubanghi, Obock, l'archipel de Wallis, etc.) : 21 membres de droit pris dans le Conseil d'État et parmi les hauts fonctionnaires des différents ministères ; des membres en nombre illimité désignés par le ministre pour leur compétence, les présidents des Chambres de commerce de Paris, — Lyon, — Marseille, — Bordeaux, — Rouen, — Le Havre, — Nantes, — Lille, ou leurs délégués ; le directeur général de la Caisse des dépôts et consignations, le gouverneur du Crédit foncier, le directeur du Comptoir d'escompte et celui de la Banque d'Indo-Chine, le chef d'état-major du ministère de la Marine, le chef d'état-major du ministère de la Guerre, le directeur du commerce au ministère du Commerce, le secrétaire général du ministère des Colonies, les directeurs du ministère des Colonies, l'inspecteur général des travaux publics au ministère des Colonies. Le conseil supérieur se divise en quatre sections : Colonies d'Amérique et Réunion, Continent africain, Indo-Chine, autres colonies. — Une commission permanente du conseil supérieur des colonies a été créée par le décret du 19 septembre 1896 (2° de cette date), se composant : du ministre des Colonies, président ; deux sénateurs et deux députés coloniaux désignés par le ministre, les présidents des Chambres de commerce, le directeur du commerce au ministère du Commerce, le secrétaire général du ministère des Colonies, les directeurs du ministère des Colonies, l'inspecteur général des travaux publics au ministère des Colonies. b) *Attributions* : Le conseil supérieur des colonies est purement consultatif ; il donne son avis sur les questions qui lui sont soumises par le ministre des Colonies. Chaque année, il doit présenter au ministre un rapport sur ses travaux. La *commission permanente* « donne son avis sur toutes les questions intéressant l'expansion commerciale et industrielle de la France dans ses colonies. » — *Nota*. — A signaler comme une tendance vers un Conseil d'État colonial, le Comité consultatif du contentieux des colonies créé par le décret du 17 juillet 1894, appelé à « donner son avis sur les questions de droit ainsi que sur les affaires contentieuses qui sont renvoyées à son examen par le ministre des Colonies ». — Composition (Décr. 9 mars 1896). — Auditeurs près du Comité consultatif (Décr. 30 janv. 1897).

(2) Sénateurs : Martinique, 1 ; Guadeloupe, 1 ; Réunion, 1 ; Inde française, 1. — Députés : Martinique, 2 ; Guadeloupe, 2 ; Réunion, 2 ; Inde française, 1 ; Guyane, 1 ; Sénégal, 1 ; Cochinchine, 1.

(3) *L'avenir de l'empire colonial*. — L'empire colonial peut évoluer dans deux

Organisation administrative des colonies. — Les colonies proprement dites, c'est-à-dire les possessions coloniales dotées du régime civil et d'un gouverneur, ont une personnalité administrative reconnue depuis les ordonnances du 26 janvier 1825 et du 27 août 1826 : elles ont un domaine, un budget, des services multiples. Elles ont, en principe, un organe exécutif et un organe délibérant. Elles restent soumises au contrôle de la métropole.

L'organisation est la même, en principe, pour les *gouvernements généraux de colonies* et pour les colonies simples. Mais, assurément, la situation des colonies subordonnées à un gouvernement général sera modifiée si cette combinaison se maintient. C'est le gouvernement général qui deviendra la véritable colonie et les colonies subordonnées n'en formeront plus que des subdivisions analogues à des départements. Déjà, dans la répartition des ressources, on s'aperçoit de l'existence de la *bourse commune*; les colonies subordonnées versent au gouvernement général des contributions qui ne leur reviennent pas toutes pour être dépensées chez elles (sur les gouvernements de colonies, personnes morales. V. *Recueil Lebon*, 1913, p. 64).

A. L'*organe exécutif* se compose : 1° du gouverneur; 2° d'un secré-

directions opposées, ou bien les possessions coloniales tendront à s'assimiler de plus en plus à la métropole, à acquérir le même droit de cité et elles seront finalement des provinces ou des départements de la métropole; ou bien elles tendront au contraire à développer leur droit de cité local, en même temps que leur autonomie, elles deviendront alors des États indépendants, elles ne seront plus rattachées à la métropole que par une sorte de fédération impérialiste. Le type fédéral s'est accentué dans l'empire colonial de la Grande-Bretagne, plusieurs des colonies y sont émancipées au point de posséder un Parlement et une législation locale et, par conséquent, de mériter le titre d'États; la guerre de 1914 a consacré la forme fédérale de l'empire, ce type a l'avantage de tenir compte à la fois du caractère lointain des possessions, de la discontinuité territoriale, et aussi de la diversité des nationalités. Le type centralisateur et assimilateur se concevrait au contraire pour un pays dont les possessions ne présenteraient aucune discontinuité territoriale. Les possessions de la France sont toutes, sinon très lointaines, du moins séparées du territoire métropolitain; il serait prudent de prévoir des tendances séparatistes lorsque les colonies seront développées et outillées, et de préparer dès maintenant un certain relâchement des liens. Un projet de loi avait été *déposé par le gouvernement* le 23 juin 1891 pour assimiler les Antilles et la Réunion à des départements! Comme symptômes de tendances opposées, à signaler la récente organisation de l'Algérie (*infra*), le régime financier consacré par la loi du 13 avril 1900, article 33, pour les colonies et le système actuel des *gouvernements de colonies*.

— Après la guerre, il faut prévoir des réformes, d'autant que notre empire colonial nous aura procuré des ressources considérables en hommes et en denrées de toutes sortes. V. Biard d'Aunet, *La réorganisation de notre système colonial, Correspondant*, janv. 1916 : 1° donner une charte à chaque colonie; 2° centraliser tout le contrôle au ministère des Colonies, renoncer au dualisme des colonies et des pays de protectorat qui a fait son temps; 3° spécialiser le personnel administratif dans les colonies de langues similaires; 4° adopter franchement la politique d'autonomie et d'association des indigènes à l'administration, mais en renonçant à les assimiler.

taire général et de directeurs ; 3° du conseil privé ; 4° d'agents d'exécution.

Le *gouverneur* est nommé par le chef de l'État, aucune condition particulière n'est exigée ; le décret du 2 février 1890 a établi, comme pour les préfets, un système de classes et une situation de disponibilité.

Il a comme le préfet un double caractère, il est à la fois agent de l'État et agent de la colonie. En sa qualité d'agent exécutif de la colonie, il exécute les décisions du conseil colonial ; comme agent de l'État, ses pouvoirs dépendent des délégations qu'il a reçues. Ils sont en général très étendus ; il a, vis-à-vis du conseil colonial et des conseillers municipaux, des pouvoirs de dissolution qui, dans la métropole, n'appartiennent qu'au chef de l'État. Il a un pouvoir réglementaire qu'il exerce par des arrêtés ; il a même quelquefois des pouvoirs diplomatiques.

Le secrétaire général et les directeurs. — Le décret du 21 mai 1898 a établi dans la plupart des colonies des secrétaires généraux qui n'ont pas de pouvoirs propres, en remplacement des directeurs de l'intérieur qui avaient des pouvoirs propres et dont la fonction est supprimée. Le gouverneur de colonie désormais administre par lui-même comme un préfet, tandis qu'auparavant il planait au-dessus de l'administration et ressemblait un peu à un chef d'État. Le secrétaire général de la colonie ressemble au secrétaire général de la préfecture, sa fonction principale est de remplacer le gouverneur empêché. Il subsiste des *directeurs* de la justice et des forces militaires.

Le *conseil privé* est un corps purement consultatif, le gouverneur peut être tenu de prendre son avis, non de le suivre. Il se compose du gouverneur, des chefs de services et de notables désignés administrativement. Sa composition est d'ailleurs variable d'une colonie à l'autre. Grâce à l'adjonction de quelques magistrats, ce conseil se transforme en tribunal administratif sous le nom de *conseil du contentieux*.

B. *L'organe délibérant* est tantôt un *conseil d'administration* composé administrativement par l'adjonction au conseil privé de quelques notables (V. Décr. 25 juin 1897, *Saint-Pierre-et-Miquelon*), tantôt un conseil élu qu'on appelle *conseil général* (1). Les conseils géné-

---

(1) Les conseils électifs ne réussissent pas partout : Saint-Pierre-et-Miquelon avaient un conseil général depuis 1885, il a fallu le supprimer et revenir à un conseil d'administration (Décr. 25 juin 1897). — Dans les Antilles, la situation électorale est faussée par la haine des races noire et blanche. Aux Antilles et à la Réunion, l'organisation du conseil colonial date du sénatusconsulte du 4 juillet 1866. Dans les autres colonies, elle est plus récente : Guyane (Décr. 23 sept. 1878) ; Sénégal (Décr. 4 fév. 1879) ; Inde (Décr. 25 janv. 1879) ; Cochinchine (Décr. 8 fév. 1880) ; Nouvelle-Calédonie (Décr.

raux de colonie se rapprochent des conseils généraux de département, ils sont complétés, comme ceux-ci, par une commission coloniale tirée de leur sein et jouant le rôle de la commission départementale.

Dans les colonies à conseils généraux électifs, les indigènes sont représentés. Ainsi en est-il dans l'Inde et en Cochinchine. Partout on a découpé dans le territoire des circonscriptions équivalentes au canton. Il y a un conseiller par circonscription. Partout le conseil est divisé en deux séries et renouvelable par moitié; la durée du mandat est tantôt de six ans, tantôt de quatre. Partout on a organisé le système des sessions à époque fixe, tantôt deux, tantôt une, la commission coloniale siégeant dans l'intervalle.

Les attributions de ces conseils coloniaux sont les mêmes en principe que celles des conseils généraux de département : — Au point de vue de l'autorité des décisions, il en est de définitives, de soumises à annulation par décret suivant des formes et des délais variables; il est de simples délibérations soumises à approbation; — Au point de vue des objets des décisions : vote du budget et exercice des droits de la colonie; mais la colonie a plus de droits que le département, le budget notamment est plus important que celui du département : 1° parce que les habitants de la colonie ne payant pas d'impôts d'État, celle-ci a établi pour son compte presque tous les impôts intérieurs qui existent en France; 2° parce que la colonie, étant pays isolé, peut établir des droits de douane ou d'octroi de mer (1). Le budget

---

2 avril 1885); Océanie (Décr. 28 déc. 1885). La commission coloniale a été établie dans les Antilles et à la Réunion par le décret du 12 juin 1879; à la Guyane par le décret du 27 avril 1882; au Sénégal par le décret du 12 août 1885. — Cf. Boulard, Les conseils généraux des colonies, thèse Toulouse, 1902.

(1) Sur le régime douanier des colonies, V. L. 11 janv. 1892. — Le régime financier des colonies a été gravement modifié par la loi de finances du 13 avril 1900, article 33, dont voici la teneur : « Art. 33, § 1. Toutes les dépenses civiles et de gendarmerie sont supportées en principe par le budget des colonies. — Des subventions peuvent être accordées aux colonies sur le budget de l'État. Des contingents peuvent être imposés à chaque colonie jusqu'à concurrence du montant des dépenses militaires qui y sont effectuées; § 2. Les dépenses inscrites au budget des colonies pourvues de conseils généraux sont divisées en dépenses obligatoires et en dépenses facultatives (suit l'indication des dépenses obligatoires); § 3. Les conseils généraux des colonies délibèrent sur le mode d'assiette, les tarifs et les règles de perception des contributions et taxes autres que les droits de douanes qui restent soumis aux dispositions de la loi du 11 janvier 1892; ces délibérations ne seront applicables qu'après avoir été approuvées par des décrets en Conseil d'État. — Il y a lieu de remarquer : 1° l'application progressive du principe que chaque colonie doit suffire à ses propres dépenses, principe qui se trouve posé, non plus seulement pour les dépenses civiles, mais aussi pour les dépenses militaires; 2° le droit reconnu aux conseils généraux des colonies de délibérer sur le mode d'assiette des contributions locales, qui est une véritable attribution législative très différente du simple pouvoir administratif d'établir le *quantum* de l'imposition, seule attribution des conseils généraux des départements et des conseils municipaux (V. *infra*, v° *Impôts*).

est définitivement réglé par arrêté du gouverneur, mais celui-ci n'a pas plus de pouvoirs que le chef de l'État; vis-à-vis des conseils généraux, il se borne à pourvoir aux dépenses obligatoires, il ne peut pas modifier les dépenses facultatives.

C. *Contrôle de la métropole.* — Il ne s'exerce pas seulement par l'intermédiaire du gouverneur de la colonie, mais aussi par le moyen du corps des *inspecteurs des colonies* réorganisé par la loi du 25 février 1901, article 54. L'inspection des services par des envoyés directs du ministre existe aussi dans la métropole, mais démembrée entre les divers services spéciaux. Ce qui fait l'importance des inspecteurs des colonies, c'est que l'inspection de tous les services est concentrée entre leurs mains; il a pour objet de « sauvegarder les droits des personnes, les intérêts du Trésor et de constater dans tous les services l'observation des lois ». On peut beaucoup attendre, pour l'amélioration de l'administration coloniale, de cette institution du contrôle (Décr. org. 15 sept. 1904).

Établissement de l'Algérie. — L'Algérie est dans une situation à part. Pendant longtemps, la tendance avait été à la considérer comme un prolongement pur et simple du territoire métropolitain : c'est dans cet ordre d'idées qu'on l'a divisée en départements semblables à ceux de France; il avait bien subsisté un gouverneur général, mais il n'avait pas autorité sur les préfets algériens, on avait graduellement diminué ses pouvoirs et des *décrets de rattachement*, en 1881, avaient décidé qu'il n'agissait que par délégation du ministre. En outre, l'Algérie n'avait jamais eu d'autonomie financière, son budget était rattaché pour ordre au budget de l'État. Enfin elle n'avait pas de domaine et pas de représentation élue prenant des décisions exécutoires, par conséquent elle n'avait pas de personnalité administrative.

Depuis 1898, une politique plus raisonnable a prévalu et l'Algérie s'oriente vers le type de la colonie ou du gouvernement général de colonies (1).

(1) *a)* Un décret du 22 février 1898 a placé les préfets d'Algérie sous l'autorité du gouverneur général, des décrets du 23 août 1898 et du 27 juin 1901 ont augmenté les attributions de celui-ci et en ont fait vraiment le chef responsable de l'administration locale ; *b)* de plus, deux décrets du 23 août 1898 complétés par le décret du 4 janvier 1900 ont ébauché l'organisation d'une représentation de la colonie par assemblées délibérantes. Cette représentation est confiée à deux organes : 1° les *délégations financières algériennes* (V. article Thomas, *Les délégations financières algériennes et le droit public*, Revue de droit public, 1890, II, p. 52), qui représentent auprès du gouvernement général les différentes catégories de contribuables français ou sujets français (colons, contribuables autres que les colons, indigènes musulmans) et qui procèdent de l'élection ; 2° le *conseil supérieur du gouvernement*, qui contient des membres de droit, mais aussi des membres élus par les délégations financières et par les conseils généraux du département et qui délibère sur toutes les questions intéres-

sant l'Algérie qui lui sont soumises par le gouverneur. Ces deux assemblées ont une session ordinaire par an (Une loi du 9 juillet 1907 a autorisé, pour des circonstances exceptionnelles, une session extraordinaire des délégations financières à tenir après le 30 juin et dont la durée ne pourra excéder quinze jours), celle du conseil supérieur suivant immédiatement celle des délégations ; elles ont réellement des pouvoirs de délibération, car leurs délibérations peuvent être annulées (art. 12 et 13, Décr. relatif aux délégations ; art. 10, Décr. relatif au conseil supérieur) ; c) enfin la loi du 19 décembre 1900 reconnaît formellement la personnalité morale de l'Algérie et la dote d'un budget propre. Sur la personnalité juridique de l'Algérie, V. Cons. d'Ét., 10 déc. 1915, *Hoor*. Ce budget, délibéré par les délégations financières, est approuvé ou rejeté par le conseil supérieur du gouvernement et réglé par décret. La tutelle de la métropole s'affirme par l'existence de nombreuses dépenses obligatoires ; mais, en revanche, dans le vote de l'impôt, les conseils de l'Algérie ont le droit de déterminer l'assiette de celui-ci, ce que nous considérons comme un véritable droit législatif.

Une première opération, d'importance capitale, a été la constitution d'un réseau de chemins de fer algériens dans lequel sont entrés tous les chemins déjà construits, tout en continuant de faire partie du domaine national (*L*. 23 juill. 1904. Cf. *Année administrative*, 1904, p. 62).

CHAPITRE III

L'ADMINISTRATION SPÉCIALE. LES ÉTABLISSEMENTS PUBLICS (1)

Section I. — Définition, personnalité, énumération des établissements publics.

A. *La définition de l'établissement public.* — L'établissement public est un *service public spécial personnifié.* Il y a, entre les établissements publics et les grandes administrations publiques, deux différences essentielles : 1° l'établissement public n'a pas à pourvoir à l'ensemble des besoins d'une circonscription ; 2° il n'a pas non plus la police d'une circonscription. Il y a dans la définition de l'établissement public trois idées importantes, celle du *service spécial*, celle du *service public*, celle de la *personnification*.

I. La première est celle du service *spécial.* Cela doit s'entendre dans le sens de service qui, à raison de son caractère technique, mérite d'être séparé des services généraux d'une administration publique (2).

---

(1) Pierre Avril, *Histoire de la distinction des établissements publics et des établissements d'utilité publique*, Paris, 1900 ; Aucoc, *Les établissements publics et la loi du 4 février 1901*, Revue critique, 1901, 158 ; Ducrocq et Barilleau, 7ᵉ édit., t. VI, p. 81 et s. ; Michoud, *Théorie de la personnalité morale*, t. I, p. 200 et s. ; 324 et s., t. II, chap. *De la spécialité* ; H. Ripert, *Le principe de la spécialité*, broch. 1906.

(2) On l'a entendu pendant longtemps en un sens plus étroit, à savoir qu'un établissement public donné ne gérerait qu'un seul service qui constituerait sa spécialité administrative ; par exemple, un hôpital ne ferait qu'hospitaliser des malades, un bureau de bienfaisance ne ferait que distribuer des secours aux indigents valides, etc. Cette unité de service établirait une opposition facile entre les établissements publics et les autres administrations, départements, communes, etc., qui sont au contraire chargées de services multiples ; seulement, cette unité de service n'existe pas toujours, il y a des établissements publics chargés de plusieurs services connexes. Il a été créé des catégories nouvelles d'établissements publics, à services multiples : 1° les syndicats de communes, un même syndicat de communes peut être chargé de plusieurs services intercommunaux, tels que hospices, hôpitaux, bureaux de bienfaisance (art. 176 ; L. 5 avril 1884, addition de la loi du 22 mars 1890) ; 2° les chambres de commerce, réorganisées par la loi du 9 avril 1898 (V. art. 11, 14, 15) ; 3° les chambres climatiques (L. 13 avril 1910) ; 4° les ports maritimes autonomes (L. 5 janv. 1912).

D'autre part, il existe des écoles primaires annexées aux établissements de bienfaisance et d'assistance (Décr. 4 nov. 1894). M. H. Ripert, *op. cit.*, p. 34, reconnaît qu'on

II. La seconde idée importante de la définition est que l'établissement public gère *un service public*, c'est-à-dire un service qui pourrait, à la rigueur, être confié à une administration publique proprement dite.

A raison de cette circonstance, l'établissement public est affilié à l'organisation générale des administrations publiques à base de circonscriptions; il est un membre de l'État et participe plus ou moins aux droits de puissance publique (Cass., 28 oct. 1885, S., 86. 1. 136, *Chambre de commerce;* avis Cons. d'Ét., 17 mai 1900, *Caisse des écoles, Revue d'administration*, 1901. 1. 301). C'est par là que l'établissement public se distingue de l'*établissement d'utilité publique*, avec lequel il présente, par ailleurs, de telles ressemblances que la distinction n'était faite, ni dans notre ancien droit, ni même au commencement du xixe siècle. La distinction s'est faite cependant

ne peut maintenir la conception de l'unité de service, il y substitue celle de la détermination limitative des services. Il convient donc de se replier sur l'idée du service technique et spécial. D'ailleurs, nous avions déjà remarqué (*supra*, p. 112) que, si l'établissement public est un instrument de décentralisation, c'est parce qu'il sert à rapprocher le pouvoir de décision de la compétence technique; il faut donc que, dans sa définition juridique, nous retrouvions trace de son caractère technique.

On pourrait entendre la notion du service spécial en un autre sens. Si l'on part de cette idée que les services sont, en principe, communs à tous les habitants d'une circonscription et que les administrations de l'État, des départements, des communes, sont pour la gestion de ces services, on remarquera qu'il reste à pourvoir à d'autres services qui ne sont point communs à tous les habitants d'une circonscription, mais qui sont au contraire spéciaux à quelques habitants; c'est ainsi que les services variés de l'assistance publique, ne s'adressant qu'aux indigents de la circonscription, ne sont point communs à tous les habitants. — L'établissement est chargé de ces services *spéciaux*, en effet, en tant qu'ils s'opposent aux services publics *communs*. Il suit de là que tous les habitants de la circonscription ne font pas *bourse commune* dans le budget de l'établissement, c'est-à-dire ne sont pas, au moins directement, *ses contribuables*. Si l'établissement a des contribuables, ce ne seront que des habitants d'une certaine catégorie, les patentables pour les chambres de commerce, les propriétaires du périmètre pour les associations syndicales. Mais, le plus souvent, il n'y a pas de contribuables directs, le budget de l'établissement est alimenté autrement.

M. Michoud admet cette définition de la spécialité des services des établissements publics *op. cit.*, p. 325); M. Aucoc la croit inutile (*op. cit.*, p. 171). En ce qui me concerne, je lui avais donné dans mes précédentes éditions plus d'importance que je ne crois devoir lui en accorder aujourd'hui. Elle aurait l'inconvénient de limiter par trop le champ d'action des établissements publics et d'enrayer la très intéressante décentralisation qu'ils peuvent réaliser. Déjà, d'ailleurs, elle serait dépassée par les faits. L'administration des chemins de fer de l'État a été érigée en un établissement public (Cons. d'Ét., 20 janv. 1900, *Paternoster;* L. 21 mars 1905; L. 13 juill. 1911), or le service des chemins de fer est un service commun. Le jour où, dans l'administration des postes, il serait créé des établissements publics, ils géreraient bien aussi un service commun.

Tout compte fait, il n'y a que l'idée du caractère technique du service qui fournisse une base solide.

après de longues controverses dont l'intérêt a disparu, elle est aujourd'hui universellement admise (1).

Mais la question de savoir si un établissement donné est incorporé à l'administration publique, et par conséquent chargé d'un véritable service public, peut être en certains cas très douteuse, si elle n'est pas tranchée par la loi elle-même. A quels signes reconnaîtra-t-on l'incorporation à l'administration publique ? Il n'est guère de formule satisfaisante. C'est une question à régler en fait par l'appréciation du juge (2).

---

(1) D'une part, l'établissement d'utilité publique gère un service spécial tout comme l'établissement public, d'autre part, des textes comme les articles 910 et 937 du Code civil employaient l'expression « établissement d'utilité publique » dans un sens général qui confondait les deux catégories d'établissements, si bien que toutes les deux furent également soumises à la nécessité de l'autorisation pour l'acceptation des dons et legs. Sur la distinction des établissements publics et d'utilité publique, V. Pierre Avril, *op. cit*; Ducrocq et Barilleau, *Cours de droit administratif*, 7e édit., t. VI, p. 81; Aucoc, *Conférences*, n°⁸ 198 et s.; Block, *Dictionnaire*, v° *Établissements publics*; Th. Tissier, *Traité des dons et legs*, n°⁸ 60 et s., etc.; Michoud, *op. cit.*, p. 205 et s.; la loi elle-même a consacré la distinction (V. L. 20 fév. 1862, relative au Crédit foncier ; L. 14 avril 1893 qui a créé toute une nouvelle catégorie d'établissements d'utilité publique, les sociétés indigènes de prévoyance d'Algérie; L. 30 nov. 1894 sur les comités des habitations à bon marché). — Les principaux intérêts pratiques de la distinction sont les suivants : 1° l'établissement public a une hypothèque légale sur les biens de son comptable (art. 2121-C. civ.) ; 2° l'établissement public n'est pas soumis pour ses dettes aux voies d'exécution du droit commun ; 3° les décisions exécutoires des organes de l'établissement public sont susceptibles de recours pour excès de pouvoir ; l'établissement public est obligé de verser ses fonds disponibles au Trésor et ne peut pas les placer dans une banque privée (Décr. 21 sept. 1911 relatif aux *caisses des écoles*). L'établissement d'utilité publique ne présente aucun de ces caractères.

(2) Ce juge peut être la Cour de cassation si, par exemple, un établissement donné prétend avoir sur les biens de son comptable l'hypothèque légale que l'article 2121 du Code civil a certainement réservée aux seuls établissements publics (Cass., Ch. req., 5 mars 1856, S., 56. 1. 317) ; ce peut être aussi le Conseil d'État (Cons. d'Ét., 13 juill. 1899, *Syndicat des marais du Petit-Poitou*; 20 janv. 1905, *Paternoster*, décision relative à l'administration des chemins de fer de l'État) ; ce peut être enfin le Tribunal des conflits. Exemple : Confl., 9 déc. 1899, *Canal de Gignac*, décision rendue sur la question des voies d'exécution du droit commun.

Le juge pourrait s'inspirer des considérations suivantes : Dans le doute, on doit présumer le caractère privé de l'établissement. Ce caractère privé subsiste notamment dans deux hypothèses :

1° Lorsque le service dont est chargé l'établissement n'apparaît pas comme pouvant, au cas de suppression de l'établissement, retomber à la charge d'une circonscription. Le meilleur exemple qu'on puisse citer est celui des caisses de pensions établies pour les anciens députés ou sénateurs par les résolutions de la Chambre du 23 décembre 1904 et du Sénat du 28 janvier 1905. La loi du 9 février 1905 a habilité ces caisses à recevoir des dons et legs. On peut se demander si elle en a fait des établissements publics ou de simples établissements d'utilité publique. Nous penchons pour la seconde opinion, parce que les pensions de retraites des députés et sénateurs ne se présentent pas comme un service intéressant la circonscription de l'État, mais

III. La troisième idée importante est que l'établissement public est doué de la *personnalité morale*, est un service public *personnifié*. C'est par là que l'établissement public se distingue de certains centres de services publics qui font incontestablement partie de l'administration publique, qui fonctionnent avec une autonomie apparente, mais qui ne sont pas doués d'une personnalité séparée, telles, par exemple, les directions des ministères, spécialement, les régies financières, la direction de l'enregistrement ou celle des douanes, etc. (1).

comme un service intérieur de l'institution des Chambres législatives (la résolution du Sénat stipule, art. 1er, qu'il ne pourra jamais être fait appel aux fonds de l'État);

2° Lorsque le service n'est pas entièrement *entretenu* par les ressources de l'administration publique, c'est-à-dire lorsqu'elle n'a pas la charge des trois éléments qui constituent un service public (personnel, matériel, moyens financiers) ; si donc le personnel de l'établissement ne paraît pas absorbé dans le personnel administratif ; ou bien si les ressources pécuniaires de l'établissement n'ont pas un caractère public, il n'est pas possible qu'il y ait établissement public. Sans doute, quand la loi déclare elle-même qu'il y a établissement public, par voie de conséquence, le service devient public dans tous ses éléments, le personnel devient administratif, les deniers deviennent publics ; mais, lorsque la loi ne se prononce pas, le processus est inverse et ce n'est que si le service est devenu public dans tous ses éléments que l'on peut dire qu'il y a établissement public. Cela d'autant mieux que, dans le doute, il convient de se prononcer en faveur de la liberté corporative, c'est-à-dire pour le caractère privé de l'établissement (Cf. en ce sens Cons. d'Ét., 21 juin 1911, *Pichot*, et Confl., 31 mai 1913, *Pichot*). Loi du 30 octobre 1886, article 2 : « Les établissements d'enseignement primaire de tout ordre peuvent être publics, c'est-à-dire fondés et *entretenus* par l'État, le département ou les communes, ou privés, c'est-à-dire fondés et entretenus par des particuliers ou des associations » ; je crois que le fait de la fondation doit être mis hors de cause, car un établissement fondé comme privé peut ensuite être pris en charge par l'administration (École Monge, École Sainte-Barbe, etc.), il n'y a donc à retenir que le fait de l'*entretien*. M. Michoud trouve ce critérium étroit, mais il ne lui en substitue aucun autre (*op. cit.*, p. 219). Il résulte de ces principes qu'on ne saurait considérer comme suffisant à classer un établissement parmi les établissements publics : ni la mainmise de l'État caractérisée par l'inspection des finances, etc., car ce n'est qu'un fait de tutelle ; ni, au contraire, la concession de droits de puissance publique faite par l'État à l'établissement, parce que l'État peut concéder des droits de ce genre même à des particuliers ; ni, enfin, le fait que l'administration interviendrait dans la création de l'établissement. Les caisses d'épargne ordinaires sont le plus souvent fondées par les communes et cependant ne sont que des établissements d'utilité publique. Même solution pour les caisses de secours des ouvriers mineurs ; bien que leur constitution soit obligatoire, aux termes de la loi du 29 juin 1894, bien que l'administration fasse procéder à l'élection des délégués par les ouvriers et qu'il soit organisé un contentieux de cette élection, ces caisses ne sont point incorporées à l'administration publique, d'autant qu'elles représentent un service d'institution plus qu'un service de circonscription, et la loi elle-même les rapproche des sociétés de secours mutuels (art. 20). — Sur la question des anciennes *caisses de secours diocésaines*, V. Cons. d'Ét., 21 déc. 1908, *Caisse diocésaine de Gap*, conclusions de M. le Commissaire du gouvernement Saint-Paul.

(1) La question de savoir si un centre d'administration a reçu la personnalité morale séparée est très délicate.

Bien entendu, si la loi reconnaît elle-même cette personnalité, il n'y a pas de difficulté.

Il est admis également que des services publics peuvent individuellement être éri-

L'ORGANISATION DES ÉTABLISSEMENTS PUBLICS

— La personnalité juridique des établissements publics est en soi la même pour tous, quelle que soit leur spécialité ; en ce qui concerne les droits civils, elle contient pour tous les mêmes capacités ; si l'exercice de certains de ces droits se trouve entravé, ce ne peut être qu'en vertu d'un obstacle purement extérieur provenant de la tutelle administrative (1). En ce qui concerne les droits de puissance publique, il y a une très grande variété.

gés en établissements publics par décret en Conseil d'État ; il y a ainsi une *reconnaissance d'établissement public* analogue à la reconnaissance d'utilité publique qui se produit pour les établissements d'utilité publique et qui a le même effet de créer la personnalité ; les musées départementaux et communaux peuvent de cette façon être reconnus en qualité d'établissements publics (L. 16 avril 1895, art. 52 ; Règl. du 30 sept. 1906) ; il y a aussi une reconnaissance implicite et une existence légale qui résultent du temps immémorial, par exemple en matière d'associations syndicales (Cons. d'Ét., 22 fév. 1907, *Fabre*).

Mais, là où la question devient délicate, c'est lorsqu'il n'y a pas eu cette reconnaissance directe par décret en Conseil d'État et lorsqu'il n'y a pas existence immémoriale. La solution pratique est que la jurisprudence peut déduire des faits l'existence de la personnalité morale d'une nouvelle catégorie d'établissement ; elle peut la déduire, notamment, de l'existence d'organes prenant des décisions exécutoires sur des moyens d'administration propres au service (Cf. Cons. d'Ét., 20 janv. 1905, *Paternoster*).

(1) C'est ainsi que les établissements publics ont tous également le droit de recevoir des libéralités, quelles que soient les charges imposées à ces libéralités, seulement l'acceptation étant subordonnée à l'autorisation du gouvernement, il dépend de celui-ci de mettre des conditions à cette autorisation ; en fait, le gouvernement n'autorise que les libéralités dont les charges ne tendent pas à faire sortir l'établissement de sa spécialité administrative. La nécessité administrative de l'autorisation pour l'acceptation des dons et legs a été transformée, par les articles 910 et 937 du Code civil, en une règle d'incapacité dont il faut bien comprendre la portée : il ne s'agit pas pour l'établissement d'une incapacité d'être institué, mais seulement d'une incapacité de recueillir sans autorisation. C'est-à-dire que cette législation oblige à reproduire la distinction que faisaient les Romains entre la *factio testamenti* et le *jus capiendi*. La liberté de la personnalité juridique étant le principe, l'incapacité n'étant établie que sur le fait de l'acceptation, la capacité subsiste pour le fait de l'institution. Je reviendrai, dans la matière des *dons et legs*, sur cette question de l'incapacité de recueillir et sur le principe de la spécialité, mais je saisis l'occasion qui se présente ici d'affirmer que la personnalité juridique des établissements est en soi toujours la même, quelle que soit leur spécialité administrative, car il serait dangereux de la croire *a priori* limitée par cette spécialité :

a) Observons d'abord, en ce qui concerne les individus physiques, que la personnalité juridique est la même pour tous, c'est le principe fondamental de notre droit public, tous les hommes sont égaux en droits, c'est le principe même de l'égalité civile ; pourtant, considérés comme individus, les hommes sont profondément différents et il est certain d'avance qu'ils se serviront très inégalement de cette personnalité juridique uniforme qui est mise à leur disposition ; mais c'est là justement la raison d'être du régime d'État, créer autour des individus, quelque différents qu'ils soient, une atmosphère mettant à la disposition de tous les mêmes virtualités, et en somme la même bonne volonté du milieu. Il n'y a aucune raison pour qu'il n'en soit pas de même au profit des personnes morales. Ces personnes cachent des individualités profondément différentes, répondant à des systèmes d'intérêts très divers, mais

B. *Énumération des principaux établissements publics.* — Les établissements publics peuvent être rattachés soit à l'État, soit aux départements, soit aux communes, en ce sens que, s'ils étaient supprimés, les services qu'ils gèrent retomberaient à la charge tantôt de l'État, tantôt des départements, tantôt des communes. Mais il y a aussi des établissements publics subordonnés à d'autres établissements publics (1).

I. *Les établissements publics d'État.* — Les principaux établissements publics qui gèrent des services d'État sont les suivants :

1° Les établissements hospitaliers de l'État (Ord. 21 fév. 1841);

2° Les établissements d'instruction publique (L. 10 mai 1806; Décr. 17 mars 1808; L. 7 août 1850, art. 15) (2).

3° Les établissements relatifs à l'agriculture et au commerce : chambres d'agriculture (Décr. 25 mars 1852, art. 10, et L. 25 oct. 1919; Institut national agronomique (L. 25 fév. 1901, art. 57); chambres de commerce (L. 28 vent. an IX; Décr. 23 sept. 1806; L. 23 juill. 1820; Décr. 3 sept. 1851; L. 9 avril 1898, L. 19 fév. 1908); ports maritimes autonomes (L. 5 janv. 1912; L. 12 juin 1920);

au service de ces individualités différentes, caractérisées par leurs statuts ou par leurs charges administratives, il est conforme aux principes de notre droit public de mettre une personnalité juridique égale;

b) La personnalité juridique est, en soi, une organisation rationnelle des individus qui les rend aptes à participer à la vie civile; il est donc naturel qu'elle soit la même pour tous les individus.

Dans le sens de l'égalité foncière de capacité de tous les établissements publics et du caractère purement objectif du principe de la spécialité. V. H. Ripert, *Le principe de la spécialité,* 1906, p. 18 et s., et Michoud, *Théorie de la personne morale,* t. II, p. 149 et s.

(1) Cette classification est confirmée par la loi du 4 février 1901. V. Aucoc, *op. cit.* — A consulter sur l'énumération des établissements publics, Ducrocq, *Cours de droit administratif,* 7e édit., t. VI; Marquès di Braga et Camille Lyon, *Comptabilité de fait,* n°s 172 et s.; Tissier, *Traité des dons et legs,* n°s 144 et s.; Michoud, *op. cit.,* p. 221.

(2) Rentrent dans cette catégorie l'Institut et les différentes Académies qui le composent (L. 5 fruct. an III; L. 3 brum.; 15 germ. an IV; L. 11 flor. an X, etc.); l'Académie de médecine (L. 14 janv. 1821); le Collège de France, les Facultés d'enseignement supérieur (Décr. 25 juill. 1885); les Universités (L. 27 avril 1893 et L. 10 juill. 1896). V. L. 30 déc. 1909 pour l'Université d'Alger; les lycées et les collèges d'enseignement secondaire (Décr. 17 mars 1808, art. 5; L. 15 mars 1850, art. 71); les écoles normales d'instituteurs (L. 19 juill. 1889, art. 47) (les écoles primaires communales ne constituent pas des établissements publics); l'École polytechnique (L. 26 déc. 1908, art. 51); le Conservatoire national des arts et métiers, et l'École nationale supérieure des mines (L. 13 avril 1900, art. 32 et 34 et L. 25 fév. 1901, art. 58); l'École des mines de Saint-Étienne (L. 22 avril 1905, art. 63; L. 30 janv. 1907, art. 76); la Caisse des musées nationaux (L. 16 avril 1895, art. 52 et L. 30 janv. 1907, art. 69); la Caisse des recherches scientifiques (L. 14 juill. 1901); le musée Gustave Moreau (L. 30 mars 1902, art. 72); les écoles françaises de Rome et d'Athènes (L. 31 mars 1903, art. 71); le musée Guimet (L. 8 avril 1910, art 112); la Caisse des monuments historiques et préhistoriques (L. 10 juill. 1914); etc., etc.

4° Les établissements relatifs aux travaux publics, c'est-à-dire les associations syndicales autorisées (Confl., 9 déc. 1899, *Canal de Gignac*); l'administration des chemins de fer de l'État (L. 21 mars 1905; L. 13 juill. 1911, art. 41 et s.); l'Office national du tourisme créé par la loi du 8 avril 1910, article 123; l'Office national de la navigation (L. 27 fév. 1912, art. 67; D. R., 23 sept. 1912);

5° Les établissements relatifs à un service de banque et de gérance :

a) La Caisse des dépôts et consignations (L. 28 avril 1816; Ord. 22 mai 1816; L. 6 avril 1876; Cass., 22 fév. 1893, S., 93. 1. 529) (1);

b) Les caisses administrées par la Caisse des dépôts et consignations : Caisse des offrandes nationales en faveur des armées de terre et de mer (L. 28 nov. 1872; Décr. 9 janv. 1873); Caisse des retraites pour la vieillesse (L. 18 juin 1850; L. 12 juin 1861; Décr. 27 juill. 1861; L. 20 juill. 1886; note de la section des travaux publics, 13 déc. 1876, *Thierry*); Caisse d'assurance en cas de décès, et en cas d'accidents résultant des travaux agricoles et industriels (L. 11 juill. 1868);

c) Les caisses qui doivent verser leurs fonds à la Caisse des dépôts : Caisse d'épargne postale (L. 9 avril 1881; L. 29 juill. 1881, art. 34; L. 30 déc. 1883) (2);

---

(1) V. Bornot, *La Caisse des dépôts et consignations;* G. Jèze, *Science des finances,* 4ᵉ édit., p. 515-524; Gilbert Flandin, *Annales des sciences politiques,* nov. 1902 et mars 1903. La Caisse des dépôts et consignations est un établissement d'une importance considérable. Elle fait valoir un capital de 5 milliards au moins, qui lui est confié à des titres divers : les dépôts et consignations d'abord, la Caisse est le seul dépositaire légal; les cautionnements des fonctionnaires et officiers ministériels; les fonds des diverses caisses administrées par elle : ceux de la caisse d'épargne postale; ceux des départements, des communes et des établissements publics; ceux même de certains établissements d'utilité publique qui ont le privilège de verser, comme les caisses d'épargne privées, les sociétés de secours mutuels, le fonds des retraites ouvrières et paysannes. — Si la Caisse des dépôts n'était pas érigée en établissement public, tous ces fonds seraient versés directement au Trésor, ce qui serait une source dangereuse de la dette flottante. Ce qui est sûr, c'est que la Caisse est autonome sous le contrôle du pouvoir législatif. La Caisse est bien en compte courant avec le Trésor, mais le montant de ce compte a été progressivement restreint. Une autre conséquence de la personnalité de la Caisse, c'est qu'elle peut acheter de la rente française sans que la dette de l'État soit éteinte par confusion. Elle est le plus gros acheteur de la rente française. — La personnalité de la Caisse des dépôts n'est pas admise par tout le monde. En notre sens : Aucoc, *Conférences,* I, n° 207, II, n° 604; *Répertoire de droit administratif,* vᵒ *Caisse des dépôts,* n° 52; Marquès di Braga, n° 183; Albert Wahl, note dans S., 93. 1. 529; Mestre, note dans S., 1901. 1. 137; Jèze, *op. cit.;* plus une décision du Conseil d'État au contentieux (Cons. d'Ét., 29 juin 1906, *Lurton*); — en sens contraire : Ducrocq, 7ᵉ édit., VI, p. 560; Tissier, *Dons et legs,* n° 97; Michoud, *La théorie de la personnalité morale,* I, p. 364.

(2) D'après l'article 73 de la loi du 8 avril 1910, la Caisse nationale d'épargne est autorisée à employer le cinquième de sa dotation à acquérir, approprier ou construire des immeubles dans lesquels seront installées ses succursales ou qui seront donnés à bail en totalité ou en partie à l'Administration des postes et télégraphes pour l'instal-

d) Les caisses indépendantes de celle des dépôts et consignations : Établissements des invalides de la marine, Caisse des prises, Caisse des gens de mer (L. 13 mai 1791; Ord. 12 mai et 17 juill. 1816; Décr. 30 nov. 1887; Décr. 7 mars 1900); Caisse de prévoyance des marins français (L. 21 avril 1898);

6° L'ordre de la Légion d'honneur (L. 29 flor. an X; Arr. des 13 et 29 mess. an X; Ord. 26 mars 1816; Décr. 16 mars 1852);

7° L'office de législation étrangère établi au ministère de la Justice (L. 27 fév. 1912, art. 26, D. R., 22 août 1912) (1).

II. *Les établissements publics départementaux.* — Le département a peu d'établissements publics. On peut cependant lui attribuer l'*asile public d'aliénés*, là où le département a un asile à lui, et il pourra y avoir des musées départementaux en vertu de la loi du 16 avril 1895, article 52 (2).

III. *Les établissements publics communaux.* — Ce sont : 1° Les hôpitaux et hospices (L. 16 vend. an V; L. 4 vend. an IX; Arr. 7 mess. an IX et 14 niv. an XI; L. 22 janv., 8 avril, 7 août 1851) (Cons. d'Ét., 21 janv. 1910, *Leplat*); 2° Les bureaux de bienfaisance (L. 7 frim. an V; 30 vent. an V; Décr. 17 juin 1852); 3° Les bureaux d'assistance créés par la loi du 15 juillet 1893 en vue de l'assistance médicale gratuite; 4° Les caisses des écoles primaires (L. 10 avril 1867, art. 15; L. 28 mars 1882, art. 17) (avis Cons. d'Ét., 17 mai 1900,

---

lation des services locaux des postes, des télégraphes et des téléphones. Ceci est marque de personnalité. V. aussi Cons. d'Ét., 24 déc. 1909, *Coste*.

(1) *Observations sur les offices.* — Depuis quelques années, il se produit, dans les administrations centrales des ministères, un mouvement curieux qui est celui de la création *d'offices*; on désigne ainsi des services qui sont distraits de la compétence générale des bureaux pour être confiés à des organismes spéciaux rattachés au cabinet du ministre. En fait, ces offices sont institués d'abord par arrêté ministériel, puis le législateur intervient pour leur reconnaître la personnalité civile. (Cf. Rolland, *Chronique administrative*, *Revue de droit public*, 1912, p. 480). C'est un procédé intéressant de centralisation des agents d'exécution.

(2) Certains asiles d'aliénés sont autonomes et reconnus par des décrets spéciaux (Cons. d'Ét., 3 déc. 1886, *Nord*; 11 juill. 1890, *Asile de Bassens*). Pour les autres, la question est discutée (V. avis Cons. d'Ét., 6 avril 1842, corrigé il est vrai par l'avis du 23 mars 1880). V. en notre sens une excellente dissertation dans Th. Tissier, *Traité des dons et legs*, n° 153. Cf. sur la situation du service des aliénés, un article de M. Roussel dans *Revue de droit public*, 1902. 1. 473.

Les autres institutions d'assistance départementale n'ont pas, en principe, la qualité d'établissement public; ainsi en est-il du service des enfants assistés et des institutions variées qui peuvent être créées par le conseil général en vertu de l'article 46, n°s 20 et 21, de la loi du 10 août 1871. Cependant, il est admis que ces dernières institutions peuvent individuellement recevoir la personnalité par décret en Conseil d'État, par une sorte de reconnaissance d'établissement public. Cf. Th. Tissier, *op. cit.*, n° 154. Parmi ces institutions se trouvent les *dépôts de mendicité*, primitivement établissements d'État (Décr. 5 juill. 1808, Décr. 22 déc. 1808), actuellement départementaux de la catégorie de l'article 46, n° 20, de la loi de 1871. V. *infra*, *Offices d'habitations à bon marché* et *dispensaires d'hygiène sociale*. Id., ibid., n° 155.

Revue d'administration, 1901. 1. 301) (1); 5° Les sections de commune (L. 10 juin 1793, art. 1er; Code forestier, art. 1er et 72; L. 18 juill. 1837, art. 3, 5, 6, 56 à 58) (2); 6° Les syndicats de communes (L. 22 mars 1890 et 17 nov. 1917); 7° Les bourses du travail (Cons. d'Ét., 23 déc. 1904, *Syndicat des femmes typographes*); 8° Les musées communaux, s'ils ont été reconnus par décret (L. 16 avril 1895, art. 52); 9° Les chambres d'industrie thermale ou climatique, qui peuvent être instituées par décret en Conseil d'État dans les stations hydrominérales ou climatiques créées par la loi du 13 avril 1910 et par celle du 24 sept. 1919) (3); 10° Les offices d'habitations à bon marché (L. 23 déc. 1912); 11° Les dispensaires d'hygiène sociale et de préservation antituberculeuse (L. 15 avril 1916); 12° Les monts-de-piété ou caisses de crédit municipal (Cons. d'Ét., 20 juin 1919, *Brincat*) (4).

IV. *Les établissements d'établissement public.* — Jusqu'à présent, le

(1) Il convient de remarquer que l'école primaire, en elle-même, n'est pas un établissement public, à la différence des lycées et collèges d'enseignement secondaire et des Facultés ou Universités de l'enseignement supérieur. La caisse des écoles primaires est destinée à suppléer en partie à cette lacune. Elle existe virtuellement dans toutes les communes depuis la loi du 28 mars 1882, mais n'est pas en fait organisée partout. Liberté a d'ailleurs été laissée pour cette organisation qui n'est pas uniforme et qui résulte d'une délibération du conseil municipal approuvée par le préfet; la caisse est gérée gratuitement par le percepteur. Un avis du Conseil d'État du 11 juin 1894. (*Revue d'administration*, 1894, t. II, p. 307) a déclaré qu'elle était exclusivement destinée à faciliter la fréquentation de l'école par des récompenses aux élèves assidus et des secours aux élèves indigents. V. art. Beurdelay, *Revue politique et parlementaire*, juill. 1896; l'avis du 17 mai 1900 déclare qu'elle peut acquérir des immeubles pour organiser des colonies de vacances; trois arrêts du 22 mai 1903, Caisse du VIe arrondissement, etc. (S., 1905. 3. 33 et ma note), ont confirmé son caractère d'établissement public et en ont conclu que les secours ne pouvaient être distribués qu'aux enfants des écoles publiques et que les souscripteurs n'avaient aucun droit à diriger le fonctionnement de la caisse.

(2) V. Aucoc, *Les sections de commune*, 2e édit.

(3) Aux termes de ces lois, les villes de bains (communes, groupes de communes ou fractions de communes) peuvent être érigées administrativement en stations hydrominérales ou climatiques, ce qui leur permettra de percevoir une cure-taxe dont le produit servira à faire des travaux d'assainissement et d'embellissement; la chambre d'industrie thermale ou climatique pourra être déclarée concessionnaire des travaux.

(4) Les *monts-de-piété*, primitivement caisses de prêts sur gages et maintenant *caisses de crédit municipal* (L. 16 pluv. an XI; L. 24 juin 1851; L. 16 oct. 1919), sont restés longtemps dans une condition juridique indécise, considérés par les uns comme des établissements publics et par les autres comme de simples établissements d'utilité publique (V. mes éditions antérieures); l'arrêt *Brincat* les range définitivement dans la catégorie des établissements publics, et cela correspond d'ailleurs à leur évolution vers le rôle de caisses de crédit municipal.

Bibliographie : Blaize, *Des monts-de-piété et des banques de prêts sur gages*, 2 vol. in-8°, 1866; Claveau, *Rapports et documents présentés au ministre de l'Intérieur*, Paris, Imprimerie nationale, 1876; C. Duval, *Manuel de législation, d'administration*, etc., *du mont-de-piété de Paris*, 1885; Plytas, *Nature juridique des monts-de-piété* (*Revue d'administration*, 1912, II, p. 7).

seul exemple de cette combinaison nous est donné par les établissements publics intercommunaux créés par les syndicats de communes, hôpitaux, hospices, bureaux de bienfaisance intercommunaux (V. art. 176, L. 5 avril 1884). Mais il nous paraît qu'elle pourrait se généraliser.

SECTION II. — L'ORGANISATION DES ÉTABLISSEMENTS PUBLICS.

L'établissement public est, par lui-même, un procédé de décentralisation, en ce sens qu'un service spécial doué d'autonomie est moins centralisé que les services généraux d'un ministère ou d'une préfecture ou d'une mairie. Mais, en outre, au point de vue de leur organisation, il y a des établissements publics décentralisés, d'autres qui ne le sont pas. Nous entendons par organisation décentralisée une organisation fondée en tout ou en partie sur l'élection. Sont donc décentralisés les établissements publics dont les organes sont constitués en tout ou en partie par le suffrage direct ou indirect; sont centralisés, au contraire, ceux dont les organes sont constitués par le pouvoir central. Sont décentralisés, à ce titre, les établissements suivants : hospices et hôpitaux, bureaux de bienfaisance, bureaux d'assistance (élection partielle par le conseil municipal); chambres de commerce (élections par les commerçants ou industriels); syndicats de communes (élection par les conseils municipaux); sections de commune (élection dans les cas où il est formé des commissions syndicales); universités (élection du conseil de l'Université par les membres des Facultés) (1).

Le manque d'espace ne nous permettant pas d'étudier l'organisation de tous les établissements publics que nous avons énumérés, nous nous occuperons seulement des établissements communaux de bienfaisance, hôpitaux, hospices, bureaux de bienfaisance, bureaux d'assistance et des syndicats de communes (2).

(1) Il est à remarquer que, pour tous les établissements décentralisés, la législation a une tendance à se rapprocher de la législation communale pour les règles des délibérations des conseils, pour la force exécutoire des délibérations, pour l'organisation de la tutelle que conserve l'État, pour les règles de la comptabilité, etc. On peut faire d'autres remarques : il est des établissements publics, comme les sections de commune, qui n'ont qu'une organisation intermittente; à l'ordinaire, leurs intérêts sont gérés par le conseil municipal et le maire de la commune, ce n'est qu'en cas d'opposition d'intérêts avec la commune qu'il est organisé une commission syndicale; il en est où l'on ne trouve qu'un seul organe, une agence collective qui cumule les fonctions délibérantes et les exécutives, ainsi en est-il des chambres de commerce, des hôpitaux et hospices; tandis que, dans d'autres, on trouve un organe exécutif et un conseil délibérant, ainsi en est-il dans les Facultés d'enseignement supérieur, les Universités, etc.

(2) L'organisation nouvelle des chambres de commerce est tellement détaillée dans

N° 1. — Les établissements communaux de bienfaisance.

A. *De la coexistence, dans une même commune, d'hôpitaux, d'un bureau de bienfaisance et d'un bureau d'assistance.* — Il peut y avoir, dans une même commune, à la fois des hôpitaux ou hospices en nombre illimité, un bureau de bienfaisance et un bureau d'assistance ; dans toute commune, il y a au moins un bureau d'assistance qui assure le service de l'assistance médicale gratuite (L. 15 juill. 1893, art. 10) (1). Chacun de ces établissements a son patrimoine distinct ; seulement, l'administration des fondations, dons et legs qui ont été faits aux pauvres ou aux communes, en vue d'assurer l'assistance médicale, est dévolue au bureau d'assistance (L. 15 juill. 1893, art. 11, § 4, et les communes, les départements, les bureaux de bienfaisance et les établissements hospitaliers possédant, en vertu d'actes de fondation, des biens dont le revenu a été affecté par le fondateur à l'assistance médicale des indigents à domicile, sont tenus de contribuer aux dépenses du service de l'assistance médicale jusqu'à concurrence dudit revenu (art. 30, *eod.*).

B. *Des commissions administratives de ces établissements* (Décr.

---

la loi du 9 avril 1898 qu'il suffit de lire le texte. On peut en dire autant de l'organisation des chambres d'agriculture et de la loi du 25 octobre 1919 complétée par le décret réglementaire du 3 février 1920. Il sera parlé des associations syndicales en appendice aux travaux publics.

(1) L'existence du bureau d'assistance ne fait aucun obstacle à celle des hôpitaux et hospices. Au contraire, elle la suppose, car il faut que les malades qui ne peuvent pas être soignés à domicile puissent être hospitalisés ; d'ailleurs, la loi du 15 juillet 1893, articles 3 et 4, etc., exige formellement que chaque commune soit rattachée à un hôpital, si elle n'en possède pas un sur son territoire ; l'article 26, parmi les dépenses extraordinaires du service de l'assistance médicale, prévoit les constructions d'hôpitaux, etc.

Au premier abord, il semble que l'existence du bureau d'assistance exclut la création de bureaux de bienfaisance, du moins dans les communes qui n'en possédaient pas lors de la mise à exécution de la loi du 15 juillet 1893 ; en effet, l'article 10 *in fine* s'exprime ainsi : « Le bureau d'assistance possède, outre les attributions qui lui sont dévolues par la présente loi, tous les droits et attributions qui appartiennent au bureau de bienfaisance. » Il semble donc que le bureau d'assistance tienne lieu du bureau de bienfaisance et que, dans l'avenir, il n'y ait plus à créer de bureaux de bienfaisance. Telle n'a pas été cependant l'interprétation du Conseil d'État. D'après lui, la création de bureaux de bienfaisance peut être autorisée comme précédemment, quand il y a des ressources suffisantes, et ces ressources sont fixées à 300 francs de revenu au moins (Avis Cons. d'Ét., 28 fév. 1894, *Sirey* ; avis de la section de l'intérieur, 6 août 1895, *Chapelain* ; avis Cons. d'Ét., 9 et 30 mai 1895, *Commune de Pontgouin*. V. *Revue d'administration*, janv. 1896). D'ailleurs, la spécialité du bureau de bienfaisance est la distribution à domicile des secours aux indigents valides (Cons. d'Ét., 11 fév. 1916, *Commune de Saint-Marc*).

C'est-à-dire que le bureau d'assistance, dont le service d'assistance médicale constitue la spécialité, peut suppléer le bureau de bienfaisance, mais ne l'exclut pas et sert surtout de lien entre tous les établissements d'assistance.

23 mars 1852; L. 15 juill. 1893). — Ces divers établissements charitables sont gérés par des commissions administratives d'après les règles suivantes : 1° quel que soit le nombre des hôpitaux et hospices dans une commune, il n'y a qu'une commission administrative dite des hôpitaux ; 2° il y a une autre commission administrative pour le bureau de bienfaisance, s'il en existe un ; 3° si dans la commune il n'y a que le bureau d'assistance, on lui constitue une commission administrative ; 4° s'il y a déjà dans la commune une commission des hôpitaux ou bien une commission du bureau de bienfaisance, elle sert en même temps d'organe au bureau d'assistance ; 5° s'il y a déjà dans la commune une commission des hôpitaux et une commission du bureau de bienfaisance, la réunion de ces deux commissions administratives devient l'organe du bureau d'assistance (L. 15 juill. 1893, art. 10).

C. *Organisation, fonctionnement et attributions des commissions administratives* (Décr. 23 mars 1852 ; L. 21 mai 1873 ; L. 5 août 1879 ; L. 15 juill. 1893). — Les commissions administratives des établissements charitables sont composées de sept membres, le maire membre de droit et six membres renouvelables (1). Deux des membres de chaque commission sont élus par le conseil municipal ; les quatre autres membres sont nommés par le préfet (L. 5 août 1879, art. 1er) (2). Le nombre des membres renouvelables peut, en raison de l'importance des établissements et de circonstances locales, être augmenté par un décret spécial rendu sur l'avis du Conseil d'État. Dans ce cas, « l'augmentation aura lieu par nombre pair, afin que le droit de

---

(1) Aux termes d'un avis du Conseil d'État du 28 juillet 1898, les femmes peuvent être nommées membres de ces commissions par le préfet et, aux termes d'une circulaire ministérielle du 9 septembre 1898, elles peuvent même être élues par les conseils municipaux. A Paris, le décret du 15 novembre 1885 porte dans son article 4 : « Les femmes peuvent être nommées administratrices du bureau de bienfaisance. »

(2) Cette organisation des commissions administratives des établissements charitables pouvait être bonne en 1852 et même en 1879, époque où il n'y avait pas dans toutes les communes un bureau d'assistance et où les préoccupations électorales n'avaient pas pris pour les préfets l'importance qu'elles ont actuellement ; l'organisation est devenue mauvaise et appelle une réforme depuis que certains préfets se sont servis systématiquement des commissions administratives comme d'un organe politique destiné à combattre la municipalité. Non seulement les municipalités ont le droit de n'avoir pas la même politique électorale que le préfet, mais surtout les commissions administratives des établissements charitables, dont la mission est par définition étrangère à la politique, ne doivent pas être transformées en instruments de parti politique. Il est devenu urgent de modifier une organisation qui donne la majorité, au sein de la commission, aux délégués du préfet (Cf. Cons. d'Ét., 21 nov. 1913, *Commune de Dury*). — Notons que le maire, agissant soit comme membre de la commission administrative, soit comme maire autorisé par le conseil municipal, est recevable à déférer au Conseil d'État l'arrêté par lequel le préfet a nommé un membre de la commission administrative (Cons. d'Ét., 2 nov. 1888, *Greteau* ; 22 mars 1910, *Leplat*).

nomination s'exerce, dans une proportion égale, par le conseil municipal et par le préfet » (art. 2) (1).

« La *présidence* appartient au maire ou à l'adjoint, ou au conseiller municipal remplissant dans leur plénitude les fonctions de maire. Le président a voix prépondérante en cas de partage. — Les commissions nomment tous les ans un vice-président. En cas d'absence du maire et du vice-président, la présidence appartient au plus ancien des membres présents, et à défaut d'ancienneté, au plus âgé. Les fonctions de membre des commissions sont gratuites. » (L. 21 mai 1873, art. 3). La commission administrative du bureau d'assistance se réunira quatre fois par an au moins, un mois avant chaque session du conseil municipal. (L. 15 juill. 1893, art. 12). — « Les commissions peuvent être dissoutes et leurs membres révoqués par le ministre de l'Intérieur. » (2).

Attributions des commissions administratives (L. 7 août 1851; L. 5 avril 1884, art. 119 et 120). Les commissions administratives prennent des *délibérations* qui contiennent soit des *décisions* relatives à l'exercice des droits de l'établissement, soit des *nominations* ou présentations. Elles pourvoient aussi elles-mêmes à l'*exécution* de leurs décisions.

Au point de vue de leur force exécutoire, les délibérations des commissions administratives sont de deux classes, comme celles des

(1) « Les délégués du conseil municipal suivent le sort de cette assemblée quant à la durée de leur mandat. Ils sont renouvelés au renouvellement général du conseil, mais non pas en cas de renouvellement partiel (Cons. d'Ét., 21 janv. 1912, *Picot*). En cas de suspension ou de dissolution du conseil municipal, leur mandat est continué jusqu'au jour de la nomination des délégués par le nouveau conseil municipal. — Les autres membres renouvelables sont nommés pour quatre ans. Chaque année, la commission se renouvelle par quart. — Les membres sortants sont rééligibles. — Si le remplacement a lieu dans le cours d'une année, les fonctions du nouveau membre expirent à l'époque où auraient cessé celles du membre qu'il a remplacé. Ne sont pas éligibles ou sont révoqués de plein droit les membres qui se trouveraient dans un des cas d'incapacité prévus par les lois électorales. — L'élection des délégués du conseil municipal a lieu au scrutin secret, à la majorité absolue des voix. Après deux tours de scrutin, la majorité relative suffit, et en cas de partage, le plus âgé des candidats est élu » (art. 4).

(2) « En cas de dissolution ou de révocation, la commission sera remplacée ou complétée dans le délai d'un mois. — Les délégués des conseils municipaux ne pourront, s'ils sont révoqués, être réélus pendant une année. — En cas de renouvellement total ou de création nouvelle, les membres que l'article 1er laisse à la nomination du préfet seront, sur sa proposition, nommés par le ministre de l'Intérieur. — Le renouvellement par quart sera déterminé par le sort à la première séance d'installation ». (L. 5 août 1789, art. 5).

« Les *receveurs* des établissements charitables sont nommés par les préfets sur la présentation des commissions administratives. En cas de refus motivé par le préfet, les commissions sont tenues de présenter d'autres candidats. Le receveur peut cumuler ses fonctions avec celles de secrétaire de la commission ; il ne peut être révoqué que par le ministre de l'Intérieur » (L. 1873, art. 6).

conseils municipaux : 1° délibérations réglementaires exécutoires par elles-mêmes si, trente jours après la notification officielle, le préfet ne les a pas annulées, soit d'office pour violation de la loi ou d'un règlement d'administration publique, soit sur la réclamation de toute partie intéressée (art. 8) (1) ; 2° délibérations soumises à approbation (2). Comme voie de recours, il n'existe pas de voie de nullité spéciale, mais seulement le recours pour excès de pouvoir. (Cons. d'Ét., 2 août 1889, *Casse*; 6 avril 1900, *du Bouays*).

(1) Dans le cas de réclamation de la partie intéressée, l'annulation peut être prononcée pour toute espèce de motifs, même pour inopportunité, différence avec les délibérations des conseils municipaux (V. L. 5 avril 1884, art. 63 et 65).

Au point de vue de l'objet des décisions réglementaires, la loi pose les règles suivantes : « La commission règle par ses délibérations les objets suivants : — le mode d'administration des biens et revenus des établissements hospitaliers ; — les conditions des baux à ferme de ces biens, lorsque leur durée n'excède pas dix-huit ans pour les biens ruraux et neuf ans pour les autres ; le mode et les conditions des marchés pour fournitures et entretien dont la durée n'excède pas une année ; — les travaux de toute nature dont la dépense ne dépasse pas 3.000 francs. — La commission arrête, mais avec l'approbation du préfet, les règlements du service tant intérieur qu'extérieur et de santé, et les contrats à passer pour le service avec les congrégations religieuses » (art. 8).

(2) « La commission délibère sur les objets suivants : — les budgets, comptes, et en général toutes les recettes et dépenses des établissements ; — les acquisitions, échanges, aliénations des propriétés de ces établissements, leur affectation au service, et en général tout ce qui intéresse leur conservation et leur amélioration ; — les projets des travaux pour constructions, grosses réparations et démolitions dont la valeur excède 3.000 francs ; — les conditions ou cahier des charges des adjudications de travaux et marchés pour fournitures ou entretien dont la durée excède une année ; — les actions judiciaires et transactions ; — les placements de fonds et emprunts ; — les acceptations des dons et legs » (art. 9). — « Les délibérations comprises dans l'article précédent sont soumises à l'avis du conseil municipal et suivent, quant aux autorisations, les mêmes règles que les délibérations de ce conseil. Néanmoins, l'aliénation des biens immeubles formant la dotation des hospices et hôpitaux ne peut avoir lieu que sur l'*avis conforme* du conseil municipal » (art. 10). — Les délibérations des commissions administratives des hospices, hôpitaux et autres établissements charitables communaux concernant un emprunt, sont exécutoires en vertu d'un arrêté du préfet, sur *avis conforme* du conseil municipal, lorsque la somme à emprunter ne dépasse pas le chiffre des revenus ordinaires de l'établissement et que le remboursement doit être effectué dans un délai de douze années. Si la somme à emprunter dépasse ledit chiffre ou si le délai de remboursement excède douze années, l'emprunt ne peut être autorisé que par un décret du président de la République. Le décret est rendu au Conseil d'État si l'avis du conseil municipal est contraire, ou s'il s'agit d'un établissement ayant plus de 100.000 francs de revenus. L'emprunt ne peut être autorisé que par une loi, lorsque la somme à emprunter dépasse 500.000 francs ou lorsque ladite somme, réunie au chiffre d'autres emprunts non remboursés, dépasse 500.000 fr. » (L. 5 avril 1884, art. 119). — Pour les affectations de locaux, V. L. 5 avril 1884, art. 120.

N° 2. — Les syndicats de communes (art. 169-180, L. 5 avril 1884; L. 22 mars 1900, L. 13 nov. 1917) (1).

Les syndicats de communes ont été créés en vue de permettre l'organisation de services intercommunaux, notamment de services d'assistance (mais ce n'est là qu'une indication), un décret du 22 décembre 1905 a autorisé la constitution d'un syndicat de communes pour l'exécution du service extérieur des pompes funèbres (*Revue d'administration*, 1906. 1. 83) et d'autres ont suivi pour des objets divers.

I. Ce qu'il faut d'abord bien comprendre, c'est que le syndicat de communes n'est qu'un établissement public subordonné aux communes qui l'ont constitué, que ce n'est pas du tout une circonscription administrative qui se superposerait aux communes. Il est vrai que, en fait, il pourra être formé des syndicats de communes à territoires contigus, ayant une circonscription analogue à celle du canton, mais : 1° le syndicat est constitué dans ses organes par des délégués des conseils municipaux *dont les pouvoirs tombent avec ceux de ces conseils* (art. 171); 2° il peut être créé à temps, il peut être dissous; 3° il peut être formé de communes non contiguës, etc. Ce n'est donc qu'un établissement public, mais d'un caractère nouveau et qui pourrait bien influer sur les autres; il n'est pas soumis à la règle, admise jusqu'ici par la jurisprudence, de la *spécialité* des services, au moins en ce sens qu'il peut cumuler plusieurs services.

II. Les syndicats de communes ne doivent être confondus, ni avec les conférences intercommunales, ni avec les commissions syndicales intercommunales, ni avec les associations syndicales (2).

---

(1) *Bibliographie* : article de M. Ramalho, dans la *Revue d'administration*, 1895; Régismanset, *Les syndicats de commune*, Aix, 1897; Fayolles, *Id.*, Lyon, 1908.

(2) Les conférences intercommunales, prévues par les articles 116-118 de la loi du 5 avril 1884, ont pour objet « d'entreprendre ou de conserver à frais communs des ouvrages ou des institutions d'utilité commune », tandis que les syndicats de communes sont « une association en vue d'une œuvre d'utilité intercommunale » (art. 169). La différence semble résider dans la continuité de collaboration que suppose une œuvre entreprise en commun, dans le cas du syndicat, et qui ne se retrouve pas dans le cas de la conférence intercommunale où il s'agit d'une entente momentanée. L'administration aura donc à faire la distinction de la collaboration continue et de la collaboration momentanée, pour autoriser soit le syndicat de communes, soit la conférence intercommunale.

Les commissions syndicales, prévues par les articles 161 et suivants de la loi du 5 avril 1884, sont relatives à l'administration des biens et droits indivis entre plusieurs communes: leur mission est donc très déterminée et aucune confusion n'est possible avec celle des syndicats de communes qui suppose œuvre entreprise, c'est-à-dire service public.

Les associations syndicales de propriétaires peuvent présenter beaucoup d'analogie en certains cas avec les syndicats de communes. Que plusieurs communes forment un

III. Les œuvres intercommunales ou services intercommunaux que les syndicats de communes peuvent entreprendre sont du même ordre que les services communaux. Le syndicat de communes peut faire « plus grand » que la commune, il ne saurait faire « autre chose ». Cette idée a été appliquée aux services qui supposeraient gestion industrielle. Nous avons vu que les communes ne peuvent point, en principe, gérer de ces services (V. p. 254), ils sont interdits également aux syndicats de communes (Lettre ministérielle du 21 août 1894, *Revue générale d'administration*, 1895, t. I, p. 467) (1).

Création et organisation des syndicats de communes. — Nous donnons en note le texte de la loi du 17 novembre 1917 qui a profondément modifié le mode de création et l'organisation. On remarquera :

1° Que la création du syndicat est désormais autorisée par le préfet *sur l'avis du conseil général* (au lieu d'être autorisée par décret du chef de l'État comme précédemment), et qu'un recours pour excès de pouvoir est ouvert aux conseils municipaux intéressés contre les refus du préfet;

2° Que l'administration du syndicat comprendra non seulement un *comité* composé de délégués des conseils municipaux intéressés, mais un *bureau* élu annuellement par le comité et auquel celui-ci peut renvoyer et déléguer le règlement de certaines affaires, ce qui pourrait être un jalon intéressant posé dans la direction de la création du bureau municipal (2).

---

syndicat pour entreprendre des travaux de défense contre un fleuve, on se demandera si ce n'était pas plutôt le cas de constituer tous les propriétaires de ces communes en association syndicale autorisée. L'administration s'est attachée ici à une distinction raisonnable. Il s'agit de savoir si les travaux sont entrepris en vue de donner de la plus-value à des terrains, alors il y a lieu à association syndicale de propriétaires; ou bien s'ils sont entrepris dans un intérêt de sécurité et pour protéger même les habitants non propriétaires; alors on peut admettre le syndicat de communes (Décr. 12 janv. 1894, *Lamothe et Mondragon, Revue d'administration*, 1894. 1. 293).

(1) Quant aux établissements d'assistance ou autres, que le syndicat pourra fonder, ils seront administrés par des commissions de surveillance et des gérants que le comité choisira, soit dans son sein, soit au dehors. Ils constituent eux-mêmes des établissements publics s'ils appartiennent à une classe connue d'établissements (art. 176, arg. du mot *Établissements*); par conséquent un hospice intercommunal est un établissement public. Le syndicat de communes, qui présente déjà cette première singularité de gérer à la fois plusieurs services, quoique étant un établissement public, présente donc en outre cette seconde particularité d'être un établissement public principal qui dirige des établissements publics subsidiaires.

(2) Art. 169. — Lorsque les conseils municipaux de deux ou plusieurs communes d'un même département ont fait connaître, par des délibérations concordantes, leur volonté d'associer les communes qu'ils représentent pour des œuvres d'utilité intercommunale, et qu'ils ont décidé de consacrer à cette œuvre les ressources suffisantes,

les délibérations prises sont soumises au préfet, qui, sur l'avis du conseil général, décide s'il y a lieu d'autoriser, dans le département, la création du syndicat.

En cas de refus, la décision du préfet peut être déférée au Conseil d'État par les conseils municipaux intéressés.

Des communes du même département, autres que celles primitivement associées, peuvent être admises, avec le consentement de celles-ci, et suivant les règles ci-dessus prescrites, à faire partie de l'association qui prend le nom de syndicat de communes.

D'autres communes appartenant à des départements limitrophes peuvent, par un décret rendu en Conseil d'État, être admises, du consentement des communes associées, à faire partie du syndicat.

Art. 170. — Sans changement.

Art. 171. — Le syndicat est administré par un comité. A moins de dispositions contraires, confirmées par la décision d'institution, ce comité est constitué d'après les règles suivantes. Les membres sont élus par les conseils municipaux des communes intéressées. Chaque commune est représentée dans le comité par deux délégués. Le choix du conseil municipal peut porter sur tout citoyen réunissant les conditions requises pour faire partie d'un conseil municipal. Les délégués sont élus au scrutin secret et à la majorité absolue; si, après deux tours de scrutin, aucun candidat n'a obtenu la majorité absolue, il est procédé à un troisième tour, et l'élection a lieu à la majorité relative. En cas d'égalité des suffrages, le plus âgé est déclaré élu. Les délégués du conseil municipal suivent le sort de cette assemblée quant à la durée de leur mandat; mais, en cas de suspension, de dissolution du conseil municipal ou de démission de tous les membres en exercice, ce mandat est continué jusqu'à la nomination des délégués par le nouveau conseil. Les délégués sortants sont rééligibles. En cas de vacances parmi les délégués, par suite de décès, démission ou toute autre cause, le conseil municipal pourvoit au remplacement dans le délai d'un mois. Si un conseil, après mise en demeure du préfet, néglige ou refuse de nommer les délégués, le maire et le premier adjoint représentent la commune dans le comité du syndicat.

Art. 172. — La commune siège du syndicat est fixée sur la proposition des communes syndiquées par la décision prise dans les conditions de l'article 169. Les règles de la comptabilité des communes s'appliquent à la comptabilité des syndicats. A moins de dispositions contraires confirmées par la décision d'institution, les fonctions de receveur du syndicat sont exercées par le receveur municipal de la commune siège du syndicat.

Art. 173. — Le comité tient chaque année deux sessions ordinaires, un mois avant les sessions ordinaires du conseil général.

Il peut être convoqué extraordinairement par son président, qui devra avertir le préfet trois jours au moins avant la réunion.

Le président est obligé de convoquer le comité, soit sur l'invitation du préfet, soit sur la demande de la moitié au moins des membres du comité.

Le comité élit annuellement, parmi ses membres, les membres de son bureau.

Il peut renvoyer au bureau le règlement de certaines affaires, et lui conférer, à cet effet, une délégation dont il fixe les limites. A l'ouverture de chaque session ordinaire du comité, le bureau lui rend compte de ses travaux.

Pour l'exécution de ses décisions et pour ester en justice, le comité est représenté par son président, sous réserve des délégations facultatives autorisées par l'article 175.

Le préfet et le sous-préfet ont entrée dans le comité, et, le cas échéant, au bureau. Ils sont toujours entendus quand ils le demandent. Ils peuvent se faire représenter par un délégué.

Art. 174. — Les conditions de validité des délibérations du comité, et, le cas échéant, du bureau, procédant par délégation du comité, de l'ordre et de la tenue des séances, sauf en ce qui concerne la publicité, les conditions d'annulation de ses délibérations, de nullité de droit et de recours, sont celles que fixe la loi du 5 avril 1884 pour les conseils municipaux.

Art. 175 (ancien art. 176). — Sans changement.

Art. 176. — Le budget du syndicat pourvoit aux dépenses de création et d'entretien des établissements ou services pour lesquels le syndicat est constitué.

Les recettes de ce budget comprennent :

1° La contribution des communes associées. Cette contribution est obligatoire pour lesdites communes pendant la durée de l'association et dans la limite des nécessités du service telle que les délibérations initiales des conseils municipaux l'ont déterminée.

Les communes associées pourront affecter à cette dépense leurs ressources ordinaires ou extraordinaires disponibles.

Elles sont, en outre, autorisées à voter, à cet effet, 5 centimes spéciaux ;

2° Le revenu des biens, meubles ou immeubles, de l'association ;

3° Les sommes qu'elle reçoit des administrations publiques, des associations, des particuliers en échange d'un service rendu ;

4° Les subventions de l'État, du département et des communes ;

5° Les produits des dons ou legs.

Copie de ce budget et des comptes du syndicat sera adressée chaque année aux conseils municipaux des communes syndiquées.

Les conseillers municipaux de ces communes pourront prendre communication des procès-verbaux des délibérations du comité et de celles du bureau.

Art. 177. — Le syndicat peut organiser des services intercommunaux autres que ceux prévus à la décision d'institution, lorsque les conseils municipaux des communes associées se sont mis d'accord pour ajouter ces services aux objets de l'association primitive. L'extension des attributions du syndicat doit être autorisée par décision rendue dans la même forme que la décision d'institution.

Art. 178. — Le syndicat est formé, soit à perpétuité, soit pour une durée déterminée, par la décision d'institution. Il est dissous, soit de plein droit par l'expiration du temps pour lequel il a été formé ou par la consommation de l'opération qu'il avait pour objet, soit par le consentement de tous les conseillers municipaux intéressés. Il peut être dissous, soit par décret, sur la demande motivée de la majorité desdits conseils et l'avis de la commission départementale, soit d'office, par un décret rendu sur l'avis conforme du conseil général et du Conseil d'État. Le décret de dissolution détermine, sous la réserve des droits des tiers, les conditions dans lesquelles s'opère la liquidation du syndicat.

Art. 179. — Les dispositions du présent titre sont applicables à l'Algérie et aux colonies.

Les attributions exercées en France et en Algérie par les préfets seront, dans les colonies, conférées aux gouverneurs.

CHAPITRE IV

L'ADMINISTRATION D'INTÉRÊT PUBLIC

§ 1. — Généralités.

Il convient de poser ici les principes suivants :
1° L'administration publique n'a pas le monopole du bien public ;
2° La souveraineté individuelle des sujets se manifeste d'une façon tangentielle à la souveraineté gouvernementale en ce sens que, soit les individus, soit les associations qu'ils forment librement, ont le droit de faire, sous le contrôle du gouvernement, des entreprises privées d'intérêt public ;
3° Il est désirable que l'administration publique et les entreprises privées d'intérêt public entrent en collaboration pour la plus grande satisfaction du bien public. Mais cela n'est évidemment possible que si ces entreprises sont animées du même esprit de paix sociale et du même esprit national que l'administration publique.

Cette collaboration serait particulièrement intéressante en ce qui concerne les syndicats professionnels, tout spécialement les syndicats ouvriers. Malheureusement, ce qui a fait obstacle jusqu'ici à cette collaboration, ce sont les deux doctrines dominantes des organisations ouvrières; la lutte des classes et l'internationalisme ; tant que le syndicalisme n'aura pas renoncé à ces deux tendances, sa participation officielle à la vie nationale sera impossible et, cependant, il y a là une force considérable et des compétences précieuses qu'il est regrettable de voir inemployées. Espérons que, sur ce point, les leçons de la guerre et de l'après-guerre ne seront pas perdues.

Du moment que des entreprises privées se juxtaposent à l'administration publique, il y a à régler entre elles et celle-ci des rapports juridiques, tout au moins des relations de voisinage.

Il y a lieu, tout d'abord, de répartir et de classer les organisations qui se font les auxiliaires de l'administration publique. Nous devons indiquer deux grandes catégories, selon que l'aide est fournie à l'administration pour la gestion des services publics créés, ou bien sous la forme d'entreprises d'intérêt public non érigées en services publics.

I. *Les auxiliaires de l'administration publique pour la gestion des services publics créés.* — Dans cette catégorie se rangent : 1° les entreprises concessionnaires de services publics qui se chargent de gérer et exploiter des services nécessitant des travaux publics, tels que services de tramways, de chemins de fer, d'éclairage au gaz ou à l'électricité, de distribution d'eau, etc. ; 2° les entrepreneurs de travaux publics qui, sans se charger de l'exploitation d'un service, assument tout au moins la tâche de construire un ouvrage public pour le compte de l'administration ; 3° les fermiers des droits de place dans les marchés communaux ou les fermiers de l'octroi, qui ne sont pas des concessionnaires parce qu'ils n'exécutent aucune espèce de travail public, mais qui n'en assurent pas moins la gestion d'un service public. Nous aurons plus tard l'occasion de donner des détails sur l'entreprise et sur la concession de travaux publics (*infra*, v° *Travaux publics*). Nous n'insistons donc pas ici sur cette première catégorie. Observons seulement que l'administration publique s'attache ces auxiliaires par la perspective d'un gain, que par conséquent il s'agit d'organisations qui ne sont pas désintéressées, et que, si elles ont forme d'association, ce sont des sociétés ou des compagnies commerciales ; mais observons aussi que l'administration accepte la collaboration de ces entreprises commerciales, ce qui est visible surtout dans le procédé de la concession de travaux publics.

II. *Les organes de l'administration d'intérêt public pour des œuvres non érigées en services publics.* — Dans une seconde catégorie se rangent des organisations privées qui gèrent des entreprises d'intérêt public non érigées en services publics. Ces organisations peuvent être le fait de certains particuliers, mais le plus souvent elles sont le fait d'associations ou de fondations, et alors elles se distinguent des compagnies concessionnaires en ce qu'elles sont sans but lucratif. Comme elles ne sont pas seulement chargées de l'exploitation matérielle du service, mais de sa direction totale et de ses destinées, elles subissent l'influence du but de tout service d'intérêt public qui est un but désintéressé, elles sont forcées d'être elles-mêmes désintéressées.

Nous ne donnerons pas ici de détails sur la législation générale des associations et fondations, c'est une matière que nous avons fait passer dans nos *Principes de droit public* où elle est mieux à sa place ; nous nous bornerons à des indications sur quelques associations ou institutions particulièrement intéressantes pour le droit administratif, telles que les sociétés de secours mutuels, les caisses d'épargne ordinaires, les monts-de-piété, les syndicats professionnels.

En ce qui concerne cette catégorie d'institutions, la question la plus intéressante est, d'ailleurs, celle des rapports qu'elles soutiennent avec l'administration publique. Ces rapports sont de nature très variée :

1° Il y a, d'abord, certains rapports de dépendance établis soit sous la forme d'un contrôle financier (caisses d'épargne ordinaires), soit sous la forme de menues faveurs accordées et qui pourraient être retirées (faculté de verser les fonds à la Caisse des dépôts et consignations, remise de frais funéraires aux sociétés de secours mutuels, admission à la bourse du travail pour les syndicats professionnels, etc.); c'est un fait d'expérience que les faveurs qui peuvent être retirées sont un gage de fidélité et constituent une des formes les plus simples de la surveillance;

2° La capacité juridique des institutions privées sans but lucratif est elle-même surveillée; on n'accordera pas à toutes la même personnalité; notamment, la capacité d'acquérir des biens à titre gratuit sera parcimonieusement mesurée et réservée aux seules institutions reconnues d'utilité publique, parce que, dit-on, il faut veiller à ce que les biens de mainmorte ne s'accumulent pas au point de mettre en péril l'équilibre de l'État;

3° Ces précautions prises, l'administration publique veut bien accepter d'entrer en collaboration avec les institutions privées à but non lucratif et cette collaboration se manifeste de deux façons;

Ou bien l'institution privée a créé un service qu'elle gère et l'administration publique lui vient en aide par une subvention, c'est le procédé le plus ancien et le plus fréquent;

Ou bien, pour la gestion d'un de ses services publics, l'administration publique fait appel au concours de l'institution privée. Ce procédé est nouveau, il n'apparaît que dans la loi du 5 avril 1910 sur les retraites ouvrières et paysannes, où l'administration accepte les versements faits par l'intermédiaire des sociétés de secours mutuels, des caisses patronales ou syndicales de retraites, des caisses de retraite des syndicats professionnels (art. 14). Il a fallu longtemps pour que l'État avouât ainsi qu'il avait besoin du concours de l'initiative privée dans la gestion d'un service public; sans doute, il acceptait depuis longtemps le concours des entrepreneurs et concessionnaires de travaux publics, mais ce concours il le payait en argent, et, comme on dit, « quand on a payé on est quitte »; tandis que la collaboration désintéressée d'une institution sans but lucratif lui paraissait devoir être pour celle-ci une dangereuse source d'influence et de pouvoir. L'étendue grandissante de la tâche à accomplir et peut-être aussi un certain affaiblissement des susceptibilités de la puissance publique ont fini par triompher de ces résistances. Saluons l'innovation de la loi du 5 avril 1910 et souhaitons que ce précédent se répète (1).

---

(1) Il pourrait notamment se répéter dans la matière de l'assistance publique où les

Nous étudierons successivement : 1° la reconnaissance d'utilité publique et les précautions prises contre la mainmorte; 2° les subventions aux institutions privées ; 3° quelques institutions privées, telles que les caisses d'épargne ordinaires, les sociétés de secours mutuels, les monts-de-piété, les syndicats professionnels.

Quant à l'innovation de la loi du 5 avril 1910, nous la retrouverons plus tard, à propos du service des retraites ouvrières et paysannes.

§ 2. — La reconnaissance d'utilité publique et les autres formes de la personnalité des institutions privées. La mainmorte.

I. *La petite personnalité et la mainmorte.* — Depuis la loi du 1er juillet 1901, qui a reconnu à toutes les associations déclarées la personnalité de plein droit, du moins une certaine personnalité limitée, depuis les lois sur les sociétés de secours mutuels, sur les associations cultuelles, etc., qui ont aussi reconnu à ces associations spéciales une certaine personnalité, on doit poser en principe que notre droit distingue, en matière d'institutions et établissements, une petite et une grande personnalités.

La petite personnalité, dont le type est donné par l'article 6 de la loi du 1er juillet 1901 relatif aux associations déclarées, comporte le droit d'ester en justice, d'acquérir à titre onéreux, de posséder et administrer des cotisations et, par suite, des valeurs mobilières, le local destiné à l'association, les immeubles strictement nécessaires à l'accomplissement du but (Cf. art. 15 *in fine* L. 1er avril 1898 pour les sociétés de secours mutuels; art. 19 L. 9 déc. 1905 pour les associations cultuelles). Elle ne comporte ni la capacité d'acquérir des immeubles à titre onéreux au delà des besoins, ni celle de recevoir des libéralités. Cette petite personnalité est acquise de plein droit ou par une simple déclaration à tous les établissements qui sont à base d'association (1).

Cette petite personnalité représente, au profit des établissements autonomes, toute la capacité d'acquisition que l'État français croit compatible avec la préoccupation qu'il a d'empêcher l'accroissement des biens de mainmorte (2).

institutions privées d'assistance pourraient être associées à la tâche, d'après ce qu'on appelle le système d'*Elberfeld.* — V. *infra*, v° *Services d'assistance publique.* Cf. L. 15 avril 1916 sur les dispensaires d'hygiène sociale et de préservation antituberculeuse, associant les dispensaires mutualistes et même les dispensaires privés; la loi du 27 février 1912 sur la répression des fraudes (art. 65) accepte la collaboration des agents des syndicats professionnels. Est-il besoin de rappeler aussi la collaboration réalisée entre le Service de Santé de l'armée et les sociétés d'assistance aux blessés ? D. R. 2 mai 1913.

(1) Sur la petite personnalité, Cf. Michoud, *Théorie des personnes morales*, I, 140.
(2) C'est une vieille préoccupation qui provient d'une réaction contre l'ancien régime

II. *La reconnaissance d'utilité publique.* — Le gouvernement se réserve, pour des institutions ou établissements qui lui paraissent spécialement intéressants ou qui lui inspirent particulièrement confiance, d'opérer, par la reconnaissance d'utilité publique, la reconnaissance d'une personnalité plus complète qui comprend notamment la capacité de recevoir des libéralités, sauf autorisation pour l'acceptation de celles-ci.

Cette faveur établit un lien spécial entre l'établissement et l'État.

III. *Les établissements d'utilité publique.* — Ce sont ceux auxquels la loi ou des actes du pouvoir exécutif reconnaissent la personnalité juridique la plus complète en motivant expressément cette reconnaissance par l'utilité publique, sans cependant en faire des organes de l'administration publique. Ils se distinguent, d'une part, des institutions libres douées de personnalité, d'autre part, des établissements publics :

où les biens de mainmorte s'étaient multipliés d'une façon excessive. L'édit d'août 1749 marqua les débuts de la réaction législative et la Révolution marcha dans cette voie d'une façon radicale, par la suppression de tous les gens de mainmorte, c'est-à-dire de tous les corps et communautés laïques ou ecclésiastiques et la nationalisation de tous leurs biens. Depuis la Révolution, la peur de la mainmorte a paralysé toutes les réformes législatives relatives à la reconstitution des groupements, associations et fondations. On voudrait bien des groupements, on en sent maintenant la nécessité, mais on ne voudrait pas qu'ils pussent accumuler des biens. De là, l'incapacité absolue de recevoir des libéralités qui caractérise la petite personnalité ; de là, la nécessité de l'autorisation du gouvernement pour l'acceptation des libéralités lorsque la grande personnalité donne capacité pour les recevoir. De là aussi des précautions fiscales, la *taxe des biens de mainmorte* qui frappe tous les établissements, le droit d'accroissement et la taxe sur le revenu qui frappent spécialement les congrégations et associations religieuses.

Il y a du vrai dans la préoccupation de la mainmorte, mais il y a aussi de l'exagération. Il ne faut pas que la sécurité politique et la prospérité économique de l'État soient compromises par le développement du patrimoine corporatif ; mais, d'un autre côté, les associations et établissements ne peuvent remplir leur rôle social nécessaire et seconder l'État dans l'administration d'intérêt public sans un patrimoine convenable. C'est affaire de transaction et de juste milieu.

Une idée nous paraît capitale en cette matière, c'est la distinction des valeurs mobilières et des immeubles. La mainmorte dangereuse pour l'État, ce sont seulement les propriétés immobilières. La fortune mobilière est tenue de s'employer dans l'organisation capitalistique, en placements industriels ou en fonds publics ; toute valeur mobilière employée est prise dans l'engrenage de la finance qui, si elle n'est pas complètement sous la dépendance de l'État, est dans tous les cas son alliée intime. Loin donc d'être pour la corporation un élément d'indépendance, la fortune mobilière est une cause de dépendance : « Qui a terre a guerre », disait-on autrefois ; « qui a finance dépend de la cote », peut-on dire aujourd'hui. Or, la cote, le crédit public, tout cela postule la stabilité de l'État. Au contraire, les possessions territoriales sont un élément d'indépendance et une menace directe pour l'État. L'État n'a qu'un faible pouvoir territorial et pourtant son assiette est territoriale ; il a besoin que les habitants d'un territoire donné ne soient pas soumis à un pouvoir plus fort que le sien. Si les corporations pouvaient indéfiniment accroître leurs possessions territoriales, des

1° Les établissements d'utilité publique se distinguent des institutions libres douées de personnalité, en ce que leur utilité publique a été formellement constatée et a été le motif de la reconnaissance de la personnalité qui leur a été faite; cet élément de la reconnaissance d'utilité publique manque pour les institutions libres. Elles ont, elles aussi, leur utilité publique sans doute, mais elle n'a pas été formellement reconnue. Telle me paraît être, par exemple, la situation des sociétés de secours mutuels libres, puisque à côté d'elles la loi du 1er avril 1898 distingue des sociétés de secours mutuels reconnues d'utilité publique; telle me paraît être également la situation des syndicats professionnels (V. en ce sens, Bry, *Législation industrielle*, 5e édit., p 542); telle est la situation des associations simplement déclarées d'après la loi du 1er juillet 1901;

2° Les établissements d'utilité publique se distinguent des établissements publics en ce que, malgré leur utilité publique déclarée, en fait, ils ne sont pas rattachés à l'administration publique, tandis

circonscriptions administratives entières ne tarderaient pas à échapper à l'action de l'État, parce qu'elles seraient, sous celle beaucoup plus directe de la corporation propriétaire.

On tolère que des étrangers possèdent une grande partie de la rente française, des valeurs industrielles françaises, on ne tolérerait pas que des étrangers possédassent des étendues du territoire français, (Cf. L. 29 août 1905 sur la vente des îles, îlots, forts, châteaux forts ou batteries du littoral déclassés).

Le danger de la mainmorte territoriale apparaît surtout si l'on se place au point de vue de la durée. Le régime d'État suppose circulation des biens et mobilité des fortunes; le régime d'État est l'opposé de l'immobilité féodale; le régime d'État est trop fragile par lui-même, trop délicat, pour supporter à côté de lui des forces territoriales qui se perpétuent; il ne persiste que si autour de lui tout le reste est éphémère. Or, dans les fortunes individuelles, la propriété territoriale est éphémère, elle change de mains et de direction à chaque génération, elle se morcelle, elle s'effrite; au contraire, dans les patrimoines corporatifs, la propriété territoriale et le pouvoir qu'elle donne sont immuables, les corporations n'aliènent pas, elles ont la mainmorte pour aliéner.

Cette raison politique de prohiber la mainmorte territoriale est la plus profonde, mais il y a aussi des raisons économiques plus connues. Les territoires de mainmorte, généralement mal cultivés, sont peu productifs; cet inconvénient ne se présente pas pour les capitaux de mainmorte qui sont forcés de s'employer dans des opérations productives, etc.

Le législateur a bien eu le sentiment du danger spécial de la mainmorte territoriale : la loi du 21 mars 1884, article 6, interdisait aux syndicats professionnels de posséder d'autres immeubles que ceux nécessaires aux réunions, aux bibliothèques, aux cours d'instruction professionnelle; interdiction analogue dans la loi du 30 novembre 1894 pour les comités des habitations à bon marché; la loi du 1er avril 1898 sur les sociétés de secours mutuels pose la même règle pour les sociétés libres, article 15, §.5; et, si elle admet que les sociétés approuvées ou celles reconnues comme établissements d'utilité publique peuvent acquérir plus largement des immeubles, c'est parce qu'elles sont plus étroitement liées à l'administration. La loi du 1er juillet 1901 établit aussi de sévères précautions pour l'acquisition des immeubles par les associations. Mais, en ce qui concerne les associations cultuelles, on a établi pour l'acquisition de la fortune mobilière des limitations qui sont excessives.

que des établissements publics sont des organes de l'administration publique (Cass., 28 oct. 1885, S., 86. 1. 436); à cette distinction se rattachent un certain nombre d'intérêts pratiques (V. *supra*, v° *Établissement public*, p. 305).

En principe, la reconnaissance d'utilité publique d'un établissement résulte d'un décret, qui était autrefois rendu en assemblée générale du Conseil d'État (Règl. 2 août 1879, art. 7, § 4), qui maintenant peut être rendu simplement en section, à moins qu'il ne s'agisse d'un établissement ecclésiastique (Règl. 2 août 1879, modifié par Règl. 3 avril 1886); mais les congrégations religieuses ne pourraient être reconnues que par une loi (L. 1er juill. 1901, art. 13), de même les établissements d'enseignement supérieur libre (L. 18 mars 1880, art. 7) (1).

Condition générale des établissements d'utilité publique. — Cette condition est assez particulière : dans son fond, l'établissement d'utilité publique est une institution privée dont l'activité est désintéressée, en principe donc cette institution doit être libre (2); mais, d'autre part, puisque l'établissement a été l'objet d'une reconnaissance d'utilité publique, c'est que l'administration, tout en ne le rattachant pas à ses services, désire se l'attacher ; il y a donc à prévoir une sorte de juxtaposition de l'établissement d'utilité publique à l'administration d'où il résultera pour lui à la fois des restrictions de capacité et des privilèges (3).

(1) On trouve dans la catégorie des établissements d'utilité publique : 1° des institutions charitables, telles que les sociétés de charité maternelle, les œuvres du prêt gratuit, des orphelinats, des asiles, etc. ; 2° des sociétés amicales, associations d'anciens élèves de lycées, etc. ; 3° des sociétés savantes, académies, sociétés d'archéologie, etc. ; 4° des ligues, comme la ligue de l'enseignement, la ligue maritime ; de véritables établissements d'enseignement, comme l'école libre des sciences politiques, l'école des hautes études, etc. ; 5° des comices agricoles, etc., et enfin les congrégations religieuses reconnues, les caisses d'épargne ordinaires, certaines sociétés de secours mutuels, les comités d'habitations à bon marché, etc.

(2) L'interprétation des statuts d'un établissement d'utilité publique appartient à l'autorité judiciaire (Cons. d'Ét., 27 janv. 1911, *Laléchère*).

(3) 1° En ce qui concerne la capacité, la situation est celle-ci : les établissements d'utilité publique peuvent faire tous les actes de la vie civile qui ne leur sont pas interdits par leurs statuts, mais ils ne peuvent posséder ou acquérir d'autres immeubles que ceux nécessaires au but qu'ils se proposent, toutes leur valeurs mobilières doivent être placées en titres nominatifs, ils peuvent recevoir des dons et legs dans les conditions prévues par l'article 910 du Code civil et l'article 5 de la loi du 4 février 1901. Les immeubles compris dans un acte de donation ou dans une disposition testamentaire, qui ne seraient pas nécessaires au fonctionnement de l'établissement, sont aliénés dans les délais et la forme prescrits par le décret ou l'arrêté qui autorise l'acceptation de la libéralité ; le prix en est versé à la caisse de l'établissement. — Ils ne peuvent accepter une donation mobilière ou immobilière avec réserve d'usufruit au profit du donateur (Cf. L. 1er juill. 1901, art. 11). — De plus, il en est qui, à raison de l'importance des services qu'ils rendent au public, sont soumis à une tutelle spé-

§ 3. — Du procédé de la subvention budgétaire aux institutions et entreprises privées.

Les administrations publiques dépensent tous les ans des sommes considérables en subventions inscrites à leurs budgets. Sans doute, toutes les subventions ne vont pas à des œuvres privées, les administrations publiques se subventionnent entre elles pour des entreprises publiques, c'est une des formes que prend ce que nous avons appelé la coadministration. Mais les subventions vont aussi beaucoup aux établissements privés ou aux entreprises privées d'intérêt public; il suffit de parcourir un budget départemental pour en acquérir la preuve. Ce procédé de la subvention appelle un certain nombre d'observations :

1° En soi, il constitue pour les administrations publiques une liberté précieuse; il leur permet, en s'intéressant aux initiatives

ciale, surtout financière ; tel est le cas des caisses d'épargne, des monts-de-piété, etc. La condition des congrégations religieuses reconnues avant la loi du 1ᵉʳ juillet 1901 est réglée par les lois du 2 janvier 1817 et du 24 mai 1825, celle des congrégations reconnues en vertu de la loi du 1ᵉʳ juillet 1901 sera réglée par la loi d'autorisation.

2° N'étant pas membres de l'État, les établissements d'utilité publique ne jouissent, en principe, d'aucun droit de puissance, à moins qu'il ne leur ait été spécialement concédé; ils n'ont ainsi ni le droit d'exproprier, ni le bénéfice d'aucun impôt, ni l'hypothèque légale sur les biens de leurs comptables que l'article 2121 du Code civil accorde aux établissements publics ; ils ne sont pas soustraits aux voies d'exécution du droit commun et ils n'ont pas le bénéfice de la procédure d'office par décision exécutoire pour l'exercice de leurs droits. Mais ils ont de menus privilèges, tels que le droit de verser leurs fonds à la Caisse des dépôts et consignations ;

3° L'établissement disparaît si l'association qui sert de support à sa personnalité se dissout. De plus, sa personnalité peut être supprimée, c'est-à-dire que l'État, qui avait reconnu la personnalité par la reconnaissance d'utilité publique, peut retirer cette reconnaissance. En principe, la personnalité peut être retirée par un acte de même nature que celui qui l'avait reconnue (Cons. d'Ét., 20 mars 1908, *Société de Marie*). Dans les deux cas, il s'agit de régler la dévolution des biens. Le principe posé par la loi du 1ᵉʳ juillet 1901, article 9, complétée par le règlement du 16 août 1901, article 14, est que les statuts règlent cette dévolution ou, à défaut de statuts, une assemblée générale des associés. Cette solution libérale, en contradiction avec l'ancien principe de l'attribution à l'État des biens vacants et sans maître (art. 539 et 713 C. civ.), avait été préparée par un certain nombre de textes spéciaux (V. L. 15 juill. 1850, art. 10, sociétés de secours mutuels ; L. 24 mai 1825, art. 7, congrégations religieuses de femmes ; L. 12 juill. 1875, art. 12, établissements d'enseignement supérieur ; L. 30 nov. 1894, art. 2, comité des habitations à bon marché).

Dans notre théorie de la personnalité juridique, elle s'appuie sur ce fondement d'importance capitale, à savoir que, par-dessous la personnalité juridique des établissements, il y a une institution corporative, dont les parties composantes, qui sont des individus, n'ont jamais été complètement étrangères aux biens, et que, dès lors, la suppression de la personnalité ne suffit pas à rendre les biens vacants et sans maître. Cf. sur ce point l'important chapitre de Michoud sur la suppression des personnes morales, *Théorie de la personnalité morale*, t. II, p. 410 et s.

particulières, de ne pas s'isoler du monde extérieur ; il établit un pont entre le domaine de la vie publique et celui de la vie privée ; au geste des hommes dévoués qui entreprennent une œuvre d'intérêt général, il permet de répondre par un geste d'approbation et d'encouragement. A elle seule, la pratique des subventions suffirait à démontrer que l'administration publique n'est pas un organisme égoïste, enfermant en soi-même jalousement toute la préoccupation du bien public, mais qu'elle est bien plutôt un centre d'activité suscitant et soutenant autour d'elle d'autres activités qu'elle invite à collaborer avec elle à une tâche qui, par son ampleur, dépasse ses propres forces (1).

2° La subvention, pour conserver son caractère de pure opération budgétaire, doit être renouvelable tous les ans. Si une administration prenait l'engagement de verser une subvention pendant un nombre d'années déterminé à une entreprise déterminée, on ne serait plus dans les termes d'une simple subvention, on serait en présence d'un traité ferme qui mériterait une autre qualification et qui exigerait chez l'assemblée délibérante d'autres pouvoirs que les simples pouvoirs budgétaires ; on estime, dans les tractations administratives, que la promesse de subvention dégénère en un engagement lorsqu'elle est limitée à un certain chiffre et à un certain nombre d'années (Cons. d'Ét., 3 avril 1903, *Ville d'Alger*) ;

3° A titre de dépenses publiques, les subventions des assemblées locales sont astreintes aux conditions de validité des délibérations de ces assemblées, c'est-à-dire qu'elles peuvent être annulées si elles sortent de la légalité et des bornes de la compétence (2).

---

(1) Quelquefois, d'ailleurs, une administration publique pourra bénéficier elle-même, d'une façon très directe, d'une œuvre privée qu'elle subventionne, en ce sens que l'existence de cette œuvre pourra la dispenser d'organiser un service public analogue. C'est ainsi, par exemple, que si une commune veut organiser, sous forme de service public, des secours contre l'incendie, elle sera obligée d'adopter le service des sapeurs-pompiers qui est très centralisé et très coûteux (V. *supra*, p. 275), mais que, s'il existe sur son territoire une société privée de sauveteurs, la même commune pourra obtenir satisfaction à moindres frais, elle n'aura qu'à acquérir un matériel d'incendie et à voter une subvention à la société de sauveteurs, subvention qui est évidemment sous la condition que ladite société s'emploiera à combattre les incendies. Cons. d'Ét., 24 déc. 1909, *Commune de la Bassée*, S., 10. 3. 49 et ma note. On verra dans cette note à quelles conditions cette combinaison ne pourra être critiquée comme contenant une fraude à la loi en ce qui concerne l'organisation des sapeurs-pompiers et aussi quels sont les services facultatifs auxquels il pourrait être suppléé par une combinaison du même genre ; arrêt confirmatif, 15 mars 1212 (*Commune de Corent*).

(2) Une application de cette idée a été faite aux subventions votées en faveur des écoles libres. Des avis du Conseil d'État du 19 juillet 1888 et du 13 novembre 1888 ont déclaré qu'il y avait, dans ces subventions, violation de la loi du 30 octobre 1886, l'article 2, qui ne reconnaît que deux catégories d'écoles, les écoles publiques entretenues par l'État, les départements ou les communes et les écoles privées entretenues

§ 4. — **De quelques établissements et associations d'intérêt public.**

1. *Les caisses d'épargne ordinaires* (1). — Les caisses d'épargne sont des établissements destinés à faciliter la formation du capital; elles reçoivent en dépôt les sommes, même les plus minimes, en assurent la conservation et leur font produire des intérêts. — Il y a une caisse nationale d'épargne ou caisse postale organisée par la loi du 9 avril 1881 qui a la qualité d'établissement public, et des caisses *ordinaires* qui ont la qualité d'établissements d'utilité publique (Cass., 5 mars 1856, S., 56. 1. 517).

Il y avait, avant la guerre, 550 caisses ordinaires ouvrant 2.077 bureaux et recevant en dépôt trois milliards huit cents millions. Un pareil mouvement de fonds appartenant à la petite épargne justifie des mesures de précaution et une tutelle sérieuse de l'État; la loi organique est celle du 5 juin 1835 modifiée par de nombreuses dispositions (L. 31 mars 1837; L. 30 juin 1851; L. 7 mai 1853 et enfin L. 20 juill. 1895). Deux objets sollicitent le législateur en cette matière; il faut, d'une part, établir de solides garanties pour les déposants; d'autre part, trouver l'emploi le plus profitable des énormes sommes déposées. Jusqu'ici, c'est la première préoccupation qui a dominé d'une façon excessive, il en est résulté un mode d'emploi fâcheux; tous les fonds des caisses d'épargne sont versés à la Caisse des dépôts et consignations, c'est-à-dire dans un établissement d'État, qui lui-même ne peut les employer qu'en achat de valeurs publiques, fonds d'État, emprunts départementaux, communaux, etc., c'est donc la *centralisation* absolue des fonds, c'est l'épargne locale drainée, ne s'employant pas sur place, allant procurer du crédit au loin, on ne sait où; sans compter la responsabilité de l'État gravement engagée.

par des particuliers ou des associations; la subvention publique à une école privée eût créé une troisième catégorie d'écoles non prévue par la loi. Il y a eu des annulations nombreuses de décisions de conseils généraux et de délibérations de conseils municipaux (Cons. d'Ét., 20 fév. 1891, *Ville de Vitré et ville de Nantes*, etc.). Cependant on a vu poindre une distinction entre la *subvention à l'école* qui demeurerait interdite, et la subvention, à titre de secours, *aux enfants pauvres* qui deviendrait permise (Cons. d'Ét., 6 août 1897, *Ville de Dax*; 21 nov. 1902, *Commune de Daon*). Et cette distinction a été consacrée; la subvention à titre de secours aux enfants pauvres est maintenant permise par le Conseil d'État (Cons. d'Ét., 24 mai 1912, *Commune de Manigod*; 11 fév. 1916, *Commune de Saint-Marc*). Mais, en sens inverse, le conseil municipal n'est pas obligé de voter une subvention égale aux enfants des écoles libres et à ceux de l'école publique, car il s'agit d'une matière de faveur où l'égalité n'est pas de droit (Cons. d'Ét., 26 janv. 1917, *Chevassus*).

(1) *Bibliographie* : Rouquet, *Les caisses d'épargne*, Paris, 1896; on trouvera dans cet ouvrage une bibliographie assez complète; Rostand, *La réforme des caisses d'épargne*, Revue parlementaire, août 1914; Baratier, *Régime financier des caisses d'épargne*, Revue parlementaire, août 1894.

Aussi, depuis un certain nombre d'années déjà, préconise-t-on une *décentralisation de l'emploi;* les caisses d'épargne ne devraient pas être forcées de verser les fonds à la Caisse des dépôts et consignations, elles devraient pouvoir les employer sur place en des œuvres locales et en des placements locaux. La caisse d'épargne locale deviendrait ainsi un des rouages de l'organisme du crédit local, agricole ou industriel; son activité serait liée à celle des sociétés coopératives, des sociétés de crédit agricole; des sociétés de construction des maisons à bon marché, etc. C'est un beau et séduisant programme, déjà appliqué dans certains pays étrangers dont la législation admet le libre emploi (Allemagne, Autriche-Hongrie, Suisse, Hollande, Danemark, Suède, Norvège, États-Unis, Canada, Australie), mais qui a paru inquiéter le législateur français; après de longues discussions, la loi du 20 juillet 1895 n'en a réalisé qu'une faible partie en autorisant l'emploi local de la fortune personnelle des caisses (186 millions) mais non pas celui des dépôts (1).

II. *Les sociétés de secours mutuels* (L. 1er avril 1898; L. 2 juill. 1904) (2). — Non seulement les sociétés de secours mutuels rendent

(1) Les caisses d'épargne ordinaires sont autorisées par décret en Conseil d'État; la demande doit être faite par les conseils municipaux et ceux-ci doivent délibérer sur les statuts. Aux termes de l'article 22 de la loi de 1895, « à l'avenir, l'existence d'une caisse d'épargne ordinaire ou d'une succursale, dans une commune, fera obstacle à l'ouverture dans cette même commune d'une autre caisse d'épargne ou d'une succursale relevant d'une autre caisse » (V. un complément de ce texte dans une loi du 22 juillet 1912 et, comme application, Cons. d'Ét., 16 juill. 1915, *Caisse d'épargne de Civray*). Les caisses d'épargne ordinaires sont donc en partie municipales, ce qui ne les empêche point d'être de simples établissements d'utilité publique. Il y a des statuts-types de 1854 applicables à toutes les caisses d'épargne ordinaires, à l'exception de celles de Paris.

La tutelle porte sur l'organisation, sur la gestion de la fortune personnelle de la caisse dont les éléments ont été modifiés et simplifiés par la loi nouvelle; mais elle a surtout pour objectif le contrôle des opérations de dépôt. Sur ce point elle est relative : 1° au montant minimum ou maximum des dépôts; 2° à des facilités particulières données aux dépôts des femmes mariées ou des mineurs, ou des sociétés de secours mutuels ou autres; 3° à la clause de sauvegarde qui permet à la caisse de ne rembourser le dépôt que par acomptes et par quinzaine dans le cas de force majeure; 4° au versement que les caisses doivent faire de leurs dépôts à la Caisse des dépôts et consignations, à l'emploi que cette caisse doit en faire, à l'intérêt qu'elle doit servir et à celui que doivent servir ensuite les caisses d'épargne à leurs déposants; 5° à la comptabilité à laquelle les caisses sont soumises, à la surveillance financière.

Enfin la loi nouvelle, dans son article 11, organise, auprès du ministre du Commerce, une commission supérieure qui se réunit au moins une fois par an pour donner son avis sur les questions concernant les caisses d'épargne; cette commission, dont font partie des délégués élus par les caisses, pourra préparer de nouvelles modifications législatives.

(2) *Bibliographie* : Barberet, *Commentaire de la loi de 1898 sur les sociétés de secours mutuels.*

Statistique. Il y a 18.175 sociétés d'adultes, dont 14.998 appouvées et 3.177 libres :

par elles-mêmes des services d'intérêt public, mais elles commencent à collaborer avec l'administration publique à certains services, par exemple à celui des *retraites ouvrières et paysannes*, à celui des *dispensaires antituberculeux* (V. ces matières à la Table).

Les sociétés de secours mutuels sont des associations de secours fondées sur le principe de la mutualité :

1° Ce sont des associations de secours (1), elles se proposent d'atteindre un ou plusieurs des buts suivants : « Assurer à leurs membres participants et à leurs familles des secours en cas de maladie, blessures ou infirmités, leur constituer des pensions de retraite, contracter à leur profit des assurances individuelles ou collectives en cas de vie, de décès ou d'accidents, pourvoir aux frais des funérailles et allouer des secours aux ascendants, aux veufs, veuves ou orphelins des membres participants décédés; elles peuvent en outre, accessoirement, créer au profit de leurs membres des cours professionnels, des offices gratuits de placement et accorder des allocations en cas de chômage, à la condition qu'il soit pourvu à ces trois ordres de dépenses au moyen de cotisations ou de recettes spéciales » (art. 1er de la loi) (2).

2° Elles sont fondées sur le principe de la mutualité; or la mutualité se caractérise par trois idées : une cotisation fournie par les membres; l'égalité de tous les membres devant les services rendus par la société (3); leur désintéressement absolu, c'est-à-dire la pros-

---

le nombre total des membres participants est de 3.500.000; l'avoir des sociétés est de 256.800.000 : au total, il y a 75.000.000 de recettes annuelles dont 64.000.000 pour les sociétés approuvées et 11.000.000 pour les sociétés libres.

(1) L'expression *association de prévoyance*, employée par la loi (art. 1er), est trop large, car il y a des associations de prévoyance fondées sur la mutualité qui ne sont pas des sociétés de secours mutuels; je fais allusion aux coopératives mutuelles. V. aussi avis Cons. d'Ét., 5 août 1901, *Dotation de la jeunesse de France, Revue d'administration*, 1902. 1. 418. Cf. Aug. Deschamps, *Les caractères juridiques fondamentaux de la mutualité*, 1911, extrait de la *Revue critique*.

(2) Composées primitivement de petites gens des villes appartenant à des professions variées et semblables par là aux *collegia tenuiorum* de la fin de la République romaine, les sociétés de secours mutuels paraissent destinées à s'absorber dans les syndicats professionnels, maintenant que ceux-ci sont reconstitués. Il est naturel, en effet, que la solidarité professionnelle, une fois réveillée, fournisse à la fois l'organisation de la défense des intérêts et celle de la prévoyance. Ainsi se recréent peu à peu dans notre régime individualiste, sous la pression des besoins, les membres épars de la corporation qui est à la fois pour la défense des intérêts professionnels et pour la prévoyance. Ces *disjecta membra* n'auront guère de peine à se rejoindre. Notons que la loi du 29 juin 1894, en créant des *caisses de retraite et de secours pour les ouvriers mineurs* qui ne sont que des espèces de sociétés de secours mutuels, a donné l'exemple de la mutualité professionnelle, et, qui plus est, obligatoire. Notons enfin que la loi du 21 mars 1884, article 6, § 3, autorise les syndicats professionnels à constituer entre leurs membres des sociétés de secours mutuels.

(3) La loi elle-même insiste sur le caractère d'égalité : « Ne sont point considérées

cription de toute espèce de bénéfices réalisés par les membres sur les opérations de la société (1).

Les sociétés de secours mutuels se constituent librement, elles sont seulement assujetties à une déclaration à la sous-préfecture; l'article 5 détermine les questions que les statuts doivent régler; l'accès de ces sociétés est facilité aux mineurs et aux femmes mariées; elles peuvent se dissoudre volontairement dans de certaines conditions; elles peuvent aussi être dissoutes, mais la dissolution ne peut être prononcée que par le tribunal civil de l'arrondissement (art. 10) et seulement si la société est détournée de son but.

Les sociétés se divisent en trois catégories : 1° les sociétés *libres* qui ne jouissent que de la petite personnalité, restreinte au droit d'ester en justice et à la jouissance des droits mobiliers, mais qui peuvent recevoir des dons et legs mobiliers (art. 13 et 15) et qui n'ont aucun privilège administratif (2); 2° les sociétés *approuvées*, c'est-à-dire dont les statuts ont été approuvés par arrêté ministériel (ministère du Travail), qui ont une personnalité plus étendue et une certaine jouissance des droits mobiliers (art. 17), qui, de plus, profitent de privilèges administratifs tels que le versement des fonds à la Caisse des dépôts et consignations, une remise des deux tiers de la taxe municipale des convois funéraires dans les villes où elles existent, le droit d'exiger des municipalités un local pour les réunions, des livres et registres pour la comptabilité (art. 18) (3); 3° les sociétés *reconnues*

comme sociétés de secours mutuels les associations qui, tout en organisant sous un titre quelconque tout ou partie des services prévus à l'article précédent, créent au profit de telle ou telle catégorie de leurs membres et au détriment des autres des avantages particuliers. Les sociétés de secours mutuels sont tenues de garantir à tous leurs membres participants les mêmes avantages, sans autre distinction que celle qui résulte des cotisations fournies et des risques supportés » (art. 2).

Le principe d'égalité n'empêche pas que la société de secours mutuels ne puisse compter des membres honoraires à côté des membres participants (art. 3); les membres honoraires paient, il est vrai, une cotisation et ne participent pas aux services de la société, mais c'est en vertu d'une renonciation volontaire qui ne fait pas échec au principe.

(1) Le caractère désintéressé va de soi dans la société de secours mutuels proprement dite qui ne fait pas d'opérations d'argent; dans la coopérative mutuelle qui, elle, au contraire, est appelée à faire des opérations commerciales et dont tous les bénéfices doivent être transformés en des économies réalisées par les associés, V. S., 99. 3. 73, la note et Deschamps, *op. cit.*

(2) Ces sociétés, quoique libres, sont soumises à l'autorisation administrative pour l'acceptation des dons et legs mobiliers (art. 15, § 2), elles sont donc elles-mêmes sous le régime des établissements d'utilité publique, à plus forte raison les sociétés approuvées et les sociétés reconnues d'utilité publique.

(3) Il est à remarquer que l'approbation ne peut être refusée aux sociétés qui la demandent que dans des cas déterminés par la loi et que la décision de refus peut être attaquée devant le Conseil d'État par un recours dispensé des frais et du ministère de l'avocat (art. 16); les sociétés ont donc une sorte de droit à être approuvées. Cf. sur

comme *établissements d'utilité publique* par décret rendu en assemblée générale du Conseil d'État, dont la personnalité plus étendue encore est déterminée par le décret (1).

— L'article 8 prévoit l'organisation d'*unions de sociétés de secours mutuels* qui peuvent être composées de sociétés libres ou, d'une façon mixte, de sociétés libres et approuvées, qui seront elles-mêmes libres, approuvées ou reconnues d'utilité publique et qui auront le degré de personnalité correspondant à chacune de ces situations (art. 15, 16, 32); elles ont pour but l'admission des membres participants qui ont changé de résidence et l'organisation de services communs pour les retraites ou les assurances.

Les sociétés ou unions de sociétés de secours mutuels, libres ou approuvées, qui auraient été préalablement agréées à cet effet par décret rendu sur la proposition du ministre du Travail et du ministre des Finances, sont admises à assurer directement, pour leurs sociétaires, les retraites ouvrières et paysannes (art. 17, L. 5 avril 1910). Pour plus de détails, V. *infra*, v° *Retraites ouvrières*.

— Pour la gestion des sociétés et le détail de leurs opérations, voir le texte de la loi du 1ᵉʳ avril 1898 et les commentaires spéciaux.

III. *Les syndicats professionnels* (2) (L. 21 mars 1884; L. 12 mars 1920).

---

tous ces points la note dans S., 12. 3. 15, sous Cons. d'Ét., 3 fév. 1911, *de Hillerin*. Il résulte notamment de la jurisprudence très libérale du Conseil d'État que le ministère du Travail ne peut pas se servir du prétexte de l'approbation des statuts pour obtenir la laïcisation de ces statuts, qu'ainsi les sociétés de secours mutuels ont leur liberté de conscience et qu'elles peuvent faire dire des messes (Cons. d'Ét., 28 nov. 1913, *La Mâconnaise*).

(1) La reconnaissance d'utilité publique n'est pas, comme l'approbation, l'objet d'un droit pour la société, il n'y a pas de recours contre la décision de refus.

(2) *Bibliographie* : Hubert-Valleroux, *Corporations et syndicats*; Maheim, *Étude sur l'association professionnelle*; Boullay, *Code des syndicats professionnels*; Veyan, *Loi sur les syndicats professionnels*; Ledru et Worms, *Les syndicats professionnels*; Glotin, *Étude sur les syndicats professionnels*; Ch. Constant, *Les syndicats professionnels et le contrat de louage de services*; Boullaire, *Les syndicats agricoles*; Gain, *Les syndicats agricoles*; Comte de Rocquigny, *Les syndicats agricoles*; Ch. Cézar-Bru, *La personnalité des syndicats*; Sauzel, *Personnalité des syndicats*; Jay, *Personnalité des syndicats, organisation du travail par les syndicats* (*Revue d'économie politique*, avril 1894); Lavollée, *Les classes ouvrières en Europe*; Comte de Paris, *Les associations professionnelles en Angleterre*; Howel, *Le passé et l'avenir des trade-unions*, traduit par Lecour-Grandmaison; Ch. Demangeat, *Les lois industrielles de l'Autriche*; Brelay, *Les chevaliers du travail*; *l'Annuaire des syndicats professionnels*, publication de l'Office du travail; Bry, *Législation industrielle*, 5ᵉ édit., p. 511 et s.; Paul Pic, *Traité élémentaire de législation industrielle*; Maurice de Launoy, *Les unions de syndicats agricoles*, Paris, 1900; Gairal, *Les droits et les devoirs des syndicats agricoles*, Paris, 1900; Paul Boncour, *Le fédéralisme économique*, étude sur le syndicat obligatoire, Paris, 1901; Barthou, *L'action syndicale*, 1904; P. Boncour, *Les syndicats de fonctionnaires*, 1906; *Rapports au conseil supérieur du travail de MM. Keufer et Touron*, Imprimerie nationale, 1910; Capitant,

— Les syndicats professionnels sont des associations ayant pour but la défense des intérêts professionnels d'hommes que le travail rapproche les uns des autres, soit qu'ils aient la même profession, soit qu'ils aient des professions similaires ou connexes.

Ainsi, ce qui pousse les hommes au groupement, ici, ce n'est pas le voisinage sur un même territoire, c'est le fait que la division du travail les a placés dans le même compartiment professionnel. Le besoin de groupements de ce genre est aussi ancien que la division du travail elle-même; l'ancien régime les avait connus sous le nom de *maîtrises et jurandes* ou de *métiers*; la Révolution de 1789 avait bien pu les faire disparaître momentanément, au nom du faux dogme de l'individu isolé en présence de l'État, ils devaient se reformer dès que des modifications dans la situation économique en feraient de nouveau sentir la nécessité. La constitution de la grande industrie s'en chargea bientôt (1).

La réforme de la loi du 21 mars 1884, extrait du *Bulletin de la Société d'études législatives*, 1911.

(1) La loi des 14-17 juin 1791 avait prohibé toute association volontaire entre gens de la même profession. Art. 1er. L'anéantissement de toutes les espèces de corporations des citoyens du même état et profession étant une des bases fondamentales de la Constitution française, il est défendu de les rétablir de fait sous quelque prétexte et quelque forme que ce soit. — Art. 2. Les citoyens d'un même état ou profession... ne pourront, lorsqu'ils se trouveront ensemble, se nommer ni présidents, ni secrétaires, ni syndics, tenir des registres, prendre des arrêtés ou délibérations, former des règlements sur leurs prétendus intérêts communs. Dès 1808, les maîtres charpentiers de Paris formaient une chambre syndicale qui, peu à peu, groupait toutes les industries du bâtiment; en 1859, se constituait l'*Union nationale du commerce et de l'industrie* qui servait de lien à une cinquantaine de chambres syndicales des industries autres que celle du bâtiment; ces organisations étaient illégales et même illicites, car la loi de 1791 édictait des amendes, mais le gouvernement les tolérait et même en usait pour leur demander des avis. C'étaient des chambres syndicales de patrons. Les ouvriers avaient conservé les anciens compagnonnages qui leur servaient à accomplir le tour de France, mais, peu à peu, ces compagnonnages perdirent de leur importance, ils n'existaient, d'ailleurs, que pour les anciens métiers; la population ouvrière employée aux industries nouvelles, celle des charbonnages et des manufactures, se trouvait en dehors de cette organisation; l'idée de l'association syndicale ouvrière vint, semble-t-il, par imitation des *trade-unions* anglaises beaucoup plus anciennes; des chambres syndicales ouvrières et même des chambres syndicales mixtes de patrons et d'ouvriers se formèrent à partir de 1862. Elles vivaient sous le régime du bon plaisir administratif, tantôt tolérées, tantôt dissoutes; il fallait sortir de ce régime bâtard.

La loi du 21 mars 1884, qui, avec la loi du 30 juin 1881 sur les réunions publiques, celle du 29 juillet 1881 sur la presse et celle du 1er juillet 1901 sur les associations, est une des lois libérales de la troisième République, est venue rendre licites et même organiser les associations professionnelles. Elle commence par abroger la loi des 14-17 juin 1791, spéciale aux associations professionnelles; puis elle déclare inapplicables les articles 291 et suivants du Code pénal et la loi du 10 avril 1834 qui, comme on le sait, constituaient le droit commun en matière d'association et n'eussent pas été moins répressifs que la loi de 1791; enfin, elle abroge l'article 416 du Code pénal, non pas que cet article fût un obstacle à la constitution des associations professionnelles,

Nous ne pouvons entrer sur les syndicats professionnels dans des explications détaillées; elles sont d'ailleurs plutôt du ressort des traités de législation industrielle, nous donnerons seulement quelques indications (1) :

I. Il y a syndicat professionnel aux deux conditions suivantes : 1° lorsque les syndiqués exercent la même profession ou des professions similaires, comme celles de restaurateurs, hôteliers, limonadiers, ou des professions connexes concourant à la création de produits déterminés comme les industries du bâtiment; 2° lorsque le syndicat a pour objet l'étude et la défense des intérêts professionnels, c'est-à-dire des intérêts économiques ou techniques du groupe, qui peuvent prendre le caractère d'intérêts industriels, commerciaux, agricoles, etc. (art. 2 et 3).

Les principales difficultés qui se soient élevées sont relatives :

1° A la question de savoir quelles sont les professions qui justifient le syndicat professionnel. La Cour de cassation avait commencé par vouloir étroitement enfermer les syndicats dans les professions relatives à l'industrie, au commerce et à l'agriculture, en s'appuyant sur les termes de l'article 3; cela excluait les professions libérales (Cass., 17 juin 1885). Mais cette jurisprudence est désormais condamnée par la loi du 12 mars 1920.

La grosse difficulté est celle du *syndicat de fonctionnaires*. Après les événements de 1920, qui ont mis en relief l'antagonisme du syndicalisme révolutionnaire et du régime d'État, il semble que l'on s'oriente résolument vers l'interdiction. La loi du 12 mars 1920 avait réservé la question à une loi spéciale qui fixerait le statut des fonctionnaires (art. 4). Ce projet de loi a été déposé par le gouvernement le 2 juin suivant; il dénie le droit syndical aux fonctionnaires, tout en le reconnaissant aux ouvriers de l'État;

2° A la question de savoir quels sont les membres participant à la profession ou étrangers à la profession. Un syndicat ne doit comprendre que des membres participant à la profession; mais en quoi doit consister la participation? Il est admis que les propriétaires non exploitants peuvent faire partie d'un syndicat agricole, parce qu'ils ont intérêt à la conservation et à l'amélioration de la terre qu'ils

---

mais punissant « tous ouvriers, patrons et entrepreneurs d'ouvrages qui, à l'aide d'amendes, défenses, proscriptions, interdictions prononcées par suite d'un plan concerté, auront porté atteinte au libre exercice de l'industrie et du travail », et les syndicats devant plus d'une fois concerter des mesures de ce genre, ce texte eût servi en pratique à étrangler les syndicats. Ensuite, la loi détermine les conditions de formation des syndicats et les limites de leur personnalité civile. Elle a été complétée sur ce point par la loi du 12 mars 1920.

(1) Ces indications ne porteront ni sur les formalités auxquelles sont astreints les syndicats, ni sur leur dissolution et ses conséquences.

fournissent aux fermiers, métayers, etc., et que, par là, ils participent à l'agriculture (1);

3° A la question de savoir si les membres ayant participé autrefois à la profession, mais ayant cessé d'y participer, peuvent cependant demeurer dans le syndicat. La loi du 12 mars 1920 l'admet, à la condition qu'on ait appartenu à la profession pendant un an.

II. La grande personnalité est reconnue aux syndicats : « ils ont le droit d'ester en justice et d'acquérir sans autorisation, à titre gratuit ou à titre onéreux, des biens meubles ou immeubles;

» Ils ont devant toutes les juridictions l'*action syndicale*, sorte d'action de partie civile relativement aux faits qui portent préjudice à l'intérêt collectif de la profession (2).

» Ils peuvent créer entre leurs membres des sociétés de secours mutuels et d'autres œuvres, subventionner des coopératives, faire des achats pour leurs membres, pourvu qu'ils ne réalisent pas de bénéfices; déposer des marques syndicales, fournir des avis contentieux, etc... (art. 5).

» Ils peuvent se concerter librement et constituer des unions syndicales pour la défense des intérêts professionnels — les unions jouissent de la même personnalité et des mêmes droits que les syndicats » (art. 6).

III. Le principe de la liberté du travail reste posé. Le syndicat n'est pas obligatoire : tout membre d'un syndicat peut se retirer à tout instant nonobstant toute clause contraire et sans cesser de faire partie de la société de secours mutuels du syndicat (art. 7) (3).

---

(1) V. G. Bry, *op. cit.* Cf. *Examen doctrinal de jurisprudence*, par M. Brémond, *Revue critique*, 1899, p. 138 et s. Comme exemple de syndicat dissous à raison de la présence de personnes étrangères à la profession, V. Cass., 18 fév. 1893, *Affaire des patrons du Nord*.

(2) Sur l'action syndicale, V. Cass., Ch. réunies, 5 avril 1913; Cass. civ., 28 nov. 1916 et 5 nov. 1918 (S., 1920. 1, 49, conclusions Falcimaigne et note Mestre).

(3) Mais les syndicats feront tous leurs efforts pour empêcher le patron d'employer des ouvriers non syndiqués. Il faut distinguer selon qu'il y a ou non contrat collectif de travail.

S'il n'y a pas contrat collectif de travail depuis un arrêt de Cass. (Ch. civ., 22 juin 1892, S., 93. 1. 41), la jurisprudence est fixée dans le sens suivant : les menaces de grève adressées sans violences ni manœuvres frauduleuses par un syndicat à un patron sont licites quand elles ont pour objet la défense des intérêts professionnels, elles ne le sont pas lorsqu'elles ont pour but d'imposer au patron le renvoi d'un ouvrier parce qu'il s'est retiré de l'association ou qu'il refuse d'y rentrer; dans ce cas, il y a une atteinte au droit d'autrui qui, si ces menaces sont suivies d'effet, rend le syndicat passible de dommages-intérêts envers l'ouvrier congédié. *Adde* Chambéry, 14 mars 1893, S., 93. 2. 139; Lyon, 2 mars 1894, S., 94. 2. 306; 15 mai 1895, S., 96. 2. 30. En sens contraire : Grenoble, 23 oct. 1890, rapporté avec Cass., 22 juin 1892 et la note de M. R. Jay sous cet arrêt.

S'il y a contrat collectif de travail, la Cour de cassation admet que le patron peut valablement s'interdire l'emploi d'ouvriers non syndiqués, du moins si le contrat de

IV. Les immeubles et objets mobiliers nécessaires aux réunions des syndicats, à leurs bibliothèques et à leurs cours d'instruction professionnelle seront insaisissables : il en sera de même des fonds de leurs caisses de secours mutuels et de retraites dans les limites déterminées par l'article 12 de la loi du 1er avril 1898 sur les sociétés de secours mutuels (art. 5).

Cette insaisissabilité diminue dans une large mesure la portée pratique de la responsabilité des syndicats professionnels, mais elle en laisse subsister le principe.

V. Il ne faut pas confondre les unions de syndicats ou *fédérations*, lesquelles sont corporatives et se forment d'ordinaire entre syndicats de la même profession répartis sur le territoire de toute la France, avec les *bourses du travail* qui groupent des syndicats appartenant à des professions diverses, mais établis dans les mêmes lieux, et qui sont essentiellement des locaux où les syndicats ouvriers peuvent se réunir et où se tient un marché du travail; comme certains services sont indispensables au fonctionnement des bourses du travail, celles-ci peuvent elles-mêmes recevoir la personnalité, mais alors à titre d'établissements publics (V. pour la Bourse du travail de Paris, Décr. 17 juill. 1900 et Cons. d'Ét., 23 déc. 1904, *Syndicat des femmes typographes*) (1).

---

travail a été conclu pour rétablir la paix sociale et si l'engagement est temporaire (Cass., 24 oct. 1916, *Raquel*, S., 20. 1. 17).

(1) Quant à la *Confédération générale du travail*, qui est à la fois une union des fédérations et des bourses du travail, son existence est, en principe, conforme à la loi quand elle se renferme dans le rôle de tous les syndicats qui est la défense des intérêts professionnels; mais quand elle sort de ce rôle pour faire de la politique révolutionnaire, elle devient illégale et peut être dissoute par autorité de justice.

LIVRE III

L'EXERCICE DES DROITS DES ADMINISTRATIONS PUBLIQUES PAR LA PUISSANCE PUBLIQUE

CHAPITRE PREMIER

LA GESTION D'OFFICE DE L'ADMINISTRATION. LES PRÉROGATIVES QU'ELLE IMPLIQUE ET LES RESPONSABILITÉS QU'ELLE ENTRAINE

SECTION I. — LA GESTION D'OFFICE ET SES PRÉROGATIVES.

§ 1. — L'administration comme exercice de pouvoirs juridiques et de droits en vue de l'entreprise de police et gestion.

L'administration est un exercice de pouvoirs juridiques et de droits, opéré par les administrations publiques en vue de l'accomplissement de l'entreprise de police et gestion qu'elles ont assumée. Deux idées sont à développer, celle de l'exercice des droits et celle de l'entreprise de police et gestion.

1. *L'administration publique est un exercice de pouvoirs juridiques et de droits.* — Cette notion est capitale dans la conception juridique du droit administratif. Envisagée du point de vue des sciences politiques, qui est purement technique, l'administration est simplement « le fait de pourvoir aux besoins des services publics et à l'exécution générale des lois » (Vivien, *Études administratives*, t. 1, p. 2). Mais, du point de vue du droit administratif, qui est à la fois juridique et technique, il est essentiel de remarquer qu'il est pourvu aux besoins des services publics par des mesures constituant l'exercice de certains pouvoirs juridiques et de certains droits. C'est en tant qu'exercice de pouvoirs juridiques et de droits que l'administra-

tion publique devient un phénomène juridique, au même titre que toute administration (1).

De ce point de vue, on conçoit que l'administration publique constitue une procédure ou une série de procédures soigneusement réglementées par le droit ; d'abord, parce qu'en effet, le droit réglemente d'ordinaire avec soin l'exercice des droits des personnes qui ne peuvent agir que par représentants, ce qui est le cas des administrations publiques (Cf. administration des biens du mineur par le tuteur, administration des biens de la femme par le mari, etc.) ; ensuite, parce que l'exercice de ces droits exorbitants est particulièrement dangereux pour le public.

II. *L'entreprise administrative de police et gestion* (2). — Pour bien comprendre ce qu'est l'entreprise administrative au point de vue juridique, rappelons les définitions que nous en avons déjà données. Dès le début de cet ouvrage, pour caractériser le régime administratif, nous avons déclaré que l'administration publique est un corps intermédiaire établi entre le souverain et le public pour faire les affaires de celui-ci en ce qui concerne l'exécution des lois du droit public et la satisfaction des intérêts généraux ; qu'elle est, en somme, un corps d'hommes d'affaires publics substitués aux hommes d'affaires privés qui n'auraient pas manqué de s'établir d'eux-mêmes parce que, dans notre civilisation compliquée, il y a trop de lois à observer, et trop d'intérêts généraux à satisfaire pour que les citoyens, occupés par ailleurs à leurs affaires particulières, puissent, par eux-mêmes, veiller à toutes ces formalités et à tous ces intérêts publics ; qu'en conséquence, l'objet de la fonction administrative est essentiellement *une gestion d'affaires*, entreprise, d'ailleurs, par le gouvernement de sa

(1) Il est à remarquer, en effet, que l'administration d'un domaine qui, du point de vue technique, est l'exercice d'une compétence agricole, du point de vue juridique est l'exercice du droit de propriété ou de la liberté des contrats ; de même l'administration d'une compagnie de chemin de fer qui, du point de vue technique, est l'exercice d'une compétence, à la fois commerciale et mécanique, du point de vue juridique, est l'exercice des droits d'un concessionnaire du domaine public combinés avec la liberté du commerce et de l'industrie et justifie l'existence d'un service juridique dénommé service du contentieux.

Il faut partir de là que les diverses administrations publiques jouissent d'un certain nombre de droits dont plusieurs sont de puissance publique; c'est-à-dire sont exorbitants du droit commun, et que c'est l'exercice de ces droits qui fait marcher les services publics : le droit de guerre, le droit de justice, le droit d'impôt, le droit d'enseignement, le monopole des postes et télégraphes, les droits de voirie, le droit d'expropriation, les divers droits de police, sont les principaux spécimens de ces droits. Nous n'avons pas, pour l'instant, à étudier ces divers droits, mais nous avons à étudier la façon dont ils sont exercés, au nom des administrations publiques, par leurs représentants, parce que cet exercice de droits constitue à proprement parler *l'administration*.

(2) Cf. mon ouvrage *La gestion administrative*, 1900.

propre autorité et dans son propre intérêt politique autant que dans l'intérêt du public (V. *supra*, p. 2).

Si telle est la vérité administrative, elle conduit logiquement à cette conclusion que l'entreprise administrative doit être considérée comme une entreprise juridique de gestion d'affaires.

D'une part, quand l'administration organise un service public et l'exécute, elle fait l'affaire du public; d'autre part, elle n'est pas un mandataire du public, elle n'a pas contracté avec le public, elle agit en vertu de son autonomie et de sa souveraineté; c'est elle qui prend l'initiative de s'immiscer dans l'affaire. Ce sont bien là les éléments essentiels de la gestion d'affaire.

Faisons attention, cependant, que la gestion administrative va se présenter avec des caractères spéciaux, soit à raison de la qualité spéciale des entrepreneurs de la gestion, soit à raison de l'intérêt personnel que les entrepreneurs ont dans la gestion, soit enfin à raison des pouvoirs exorbitants qu'ils y appliquent :

1° *Caractères spéciaux des entrepreneurs de la gestion administrative.* — On peut avancer sur ce point les propositions suivantes :

a) Les entrepreneurs légaux de la gestion administrative sont les personnes morales administratives, État, départements, communes, colonies, établissements publics; de là vient que la gestion administrative entraîne à la charge de ces personnes morales des responsabilités pécuniaires;

b) Cependant, il y a un autre entrepreneur légal de la gestion administrative qui est *la Puissance publique;* la puissance publique est le pouvoir politique de l'État en tant qu'il s'applique à l'administration. Elle conserve son unité quelle que soit l'administration à laquelle elle s'applique, aussi bien dans l'administration communale ou départementale que dans l'administration de l'État; par conséquent, elle n'est pas absorbée dans la personnalité morale des administrations diverses : celles-ci sont cependant responsables de son emploi parce qu'elle est à leur service; la puissance publique se manifeste dans la décision et dans l'exécution des affaires;

c) L'entreprise légale de la gestion administrative de chacune des personnes morales est organisée en services publics et en fonctions publiques; les services publics et les fonctions publiques sont donc des organisations de gestion en même temps que de police (1).

---

(1) Les organes des administrations publiques, ainsi que leurs fonctionnaires, sont à leur tour des gérants de la fonction publique ou du service public qui leur a été confié. Ce sont des gérants d'affaires et non pas des mandataires. Cette doctrine est commandée : 1° par le principe de l'autonomie des représentants dans le régime représentatif; 2° par la théorie des organes de la personne morale (V. *supra*, p. 86); 3° par la règle que la situation des fonctionnaires est légale et réglementaire et non pas contractuelle (V. *infra, recrutement des fonctionnaires*); il n'y a aucune sincé-

d) L'activité des organismes administratifs est en réalité une coadministration. Cela tient à ce que, pratiquement et techniquement, l'élément essentiel de l'administration est le service public et à ce que, soit à raison de l'enchevêtrement des services, soit à raison de l'unité fondamentale de la puissance publique, plusieurs personnes morales administratives peuvent avoir intérêt à collaborer à la gestion d'un même service public (1).

rité dans la théorie du mandat légal ; un mandat est contractuel ou il ne l'est pas ; un prétendu mandat légal est une fonction ; or, une fonction est essentiellement *une gestion d'affaires assumée par un pouvoir autonome*. Même dans le droit civil, cela est la véritable caractéristique des *administrations légales*, du tuteur, du père, du mari, toutes administrations légales qui sont liées à des droits de puissance et qui sont des fonctions (V. implicitement en ce sens Ambroise Colin et Capitant, *Cours élémentaire de droit civil*, t. I, 1914, v° *Tutelle et administration légale*), à plus forte raison dans le droit public.

A raison de ce principe, tous les fonctionnaires ont de l'autonomie ; à raison du même principe, ils ne reçoivent de traitement que pour les *services faits*, par application de la règle de l'article 1375 du Code civil sur le remboursement de toutes les dépenses utiles ou nécessaires que le gérant a faites ; on remarquera à ce sujet que les fonctions publiques sont primitivement gratuites et que les traitements se présentent d'abord sous forme d'indemnités pour frais spéciaux (l'histoire de la rémunération des fonctions électives est à cet égard bien instructive).

La gestion des services publics et des opérations publiques est faite soit en régie, soit par concession, soit par entreprise, le principe étant cependant la régie. Toutes ces modalités sont des formes de la gestion d'affaires ; la différence est que, dans la régie, tout élément de spéculation de la part du fonctionnaire est banni et que la situation est purement légale et réglementaire, tandis que dans la concession ou l'entreprise, il y a des éléments de spéculation pour le gérant, lesquels donnent lieu à un contrat adjoint à la situation légale et réglementaire.

A part cela (et en laissant de côté l'entreprise proprement dite qui ne s'applique qu'à des opérations déterminées telles que l'opération de travaux publics), il faut remarquer que, pour la gestion des services publics, la régie et la concession s'entremêlent. Les fonctionnaires de régie sont, dans une certaine mesure, des concessionnaires de leur fonction ; les concessionnaires sont, dans une certaine mesure, des régisseurs du service public ; les fonctionnaires sont des concessionnaires sans élément de spéculation, les concessionnaires sont des fonctionnaires avec élément de spéculation (V. *infra, recrutement des fonctionnaires ; concessions de travaux publics et de services publics*).

(1) Cette coadministration se produit sous des formes assez diverses : ou bien sous forme d'accords librement débattus entre les administrations publiques, ou bien sous forme de contributions légales, ou bien sous forme de gestions de tutelle.

Note sur les accords administratifs. — Depuis la décentralisation administrative, l'exécution des services publics est devenue souvent le résultat d'une coadministration volontaire ; c'est ainsi, par exemple, que les écoles maternelles sont établies par convention de la commune et de l'État (Cons. d'Ét., 22 juin 1906, *Commune de Craon*) ; que des accords peuvent être passés pour l'hospitalisation des malades militaires (Cons. d'Ét., 5 janv. 1907, *Hospice de Limoges*, etc.) ; il se produit alors, entre administrations, des pourparlers et des tractations qui aboutissent à des accords. Pour les faciliter entre départements et entre communes, les lois ont autorisé des conférences interdépartementales et intercommunales. Il faut signaler aussi une institution coadministrative importante organisée par la loi du 22 mars 1890, le syndicat de communes. Les accords administratifs mériteraient d'être étudiés plus qu'ils ne l'ont été jusqu'à

c) *Exceptionnellement des gestions peuvent être accomplies dans* présent, seulement les documents de jurisprudence manquent parce que ces accords ont donné lieu à très peu de difficultés contentieuses. Voici quelques indications :

1° Les accords administratifs, étant passés entre administrations publiques pour la gestion des services publics, sont naturellement de la compétence des tribunaux administratifs et entraînent un contentieux de pleine juridiction (Cons. d'Ét., 11 fév. 1898, *Nouvelle-Calédonie*; 30 nov. 1900, *Ministre du Commerce*. Cf. Confl., 8 nov. 1902, *Villeneuve les-Charnod*, S., 1904. 3. 97, et ma note); d'ailleurs, ils n'ont pas besoin d'être formels, le juge peut les induire de ce que certaines prestations sont la contre-partie l'une de l'autre et constituent ainsi un *do ut des* (eod.) ;

2° Les accords entre administrations entraînent une responsabilité solidaire des administrations cointéressées; en cas de dommage causé, V. responsabilité solidaire de l'État et de la commune pour des travaux entrepris en commun (Cons. d'Ét., 1er fév. 1907, *Commune de Durtal*), responsabilité solidaire des communes intéressées à un même chemin vicinal (Cons. d'Ét., 14 déc. 1906, *Préfet de l'Hérault*); la responsabilité solidaire peut même exister dans le cas d'une association intercommunale qui n'a pas été autorisée, s'il y a eu entreprise intercommunale (Cons. d'Ét., 22 juin 1906, *Flicoteaux*);

3° Il y a lieu de distinguer les accords qui se traduisent par une simple contribution pécuniaire et ceux qui entraînent la gestion en commun d'un service; les premiers sont toujours possibles, les seconds ne le seraient peut-être pas toujours;

4° Au point de vue de la forme, ils peuvent être constatés par des crédits inscrits au budget qui deviennent des dépenses obligatoires (Cons. d'Ét., 30 nov. 1900, précité); souvent ils sont annexés à des actes de l'autorité supérieure, par exemple à des décrets qui ont approuvé l'organisation du service ou l'exécution de l'opération faite en commun; ces actes de l'autorité supérieure ont une vertu réglementaire et il peut arriver qu'ils contribuent, avec la situation de gestion créée, à soutenir l'organisation du service lorsque l'accord a cessé. Cela n'est pas douteux lorsque ces accords constituent des offres de concours à des travaux publics; de même pour les contributions établies par la loi (Cons. d'Ét., 3 fév. 1893, *Ville de Paris et consistoire*, indemnités de résidence aux ministres du culte; Cons. d'Ét., 20 avril 1894, *Département de la Seine*; Id., 30 nov. 1894; avis Cons. d'Ét., 16 mars 1897, contributions et actions récursoires entre départements et communes pour le service des aliénés et celui de l'hospitalisation des malades). Cela doit évidemment être étendu à tous les accords administratifs, par exemple aux traités passés entre l'État et des villes à l'occasion de l'établissement d'une Université, d'une Faculté, de la fondation d'une chaire, etc.

Cf. sur cette matière pour la doctrine italienne, Borsi, *L'atto amministrativo complesso* (Studi Senesi, 1902).

Des cas où une administration publique gère l'affaire d'une autre administration publique. On peut se demander, d'abord, si tous les établissements publics ne sont pas des gérants d'affaires. Les services administratifs dont ils sont chargés ont été détachés des services d'État ou des services départementaux ou des services communaux et ils pourraient y faire retour. Il est même douteux qu'ils soient complètement détachés : ainsi le service de l'enseignement supérieur qu'assurent les universités n'a point cessé d'être un service d'État. Que les établissements publics soient ou non des concessionnaires de services, ce sont des gérants d'affaires; il y a là une idée à creuser.

Quand l'État lève les impôts directs des départements et des communes en même temps que les siens, il se constitue leur gérant d'affaires.

Quand la commune fait faire les élections législatives, elle se constitue gérant d'affaires pour l'administration de l'État.

Quand le département assume la gestion des chemins vicinaux de grande commu-

l'intérêt public par des individualités sans compétence légale (1).

nication et d'intérêt commun qui sont propriétés des communes, c'est une gestion d'affaires.

Quand l'État exécute d'office des travaux incombant à une association syndicale, c'est une gestion d'affaires (Cons. d'Ét., 7 déc. 1906, *Canal de Buzay*) et même encore quand il impose un séquestre à un concessionnaire de travaux publics (Cons. d'Ét., 28 déc. 1906, *Jullian*), etc.

Des recherches opérées dans cette direction seraient certainement fructueuses.

(1) *Des cas où des individualités sans compétence légale ont géré l'affaire de l'administration* (Michoud), *De la gestion d'affaires appliquée aux services publics*, *Revue d'administration*, 1894, t. II, p. 5 et 146; Marquès di Braga, *Traité de la comptabilité de fait*, n°s 14 et s.; note sous Cass., 6 juin 1893, S., 95. 1. 185; Ripert et Teisseire, *op. cit*; Jèze, *Principes généraux du droit administratif*, 2e édit.; les fonctionnaires de fait; Mestre, *Gestion d'affaires et enrichissement sans cause en droit administratif*, Recueil de législation, Toulouse, 1913; Aubry et Rau, 5e édit., t. IX, p. 363.

Les affaires administratives sont gérées d'ordinaire par des autorités agissant au nom des administrations publiques, en vertu de déterminations légales de compétence, mais ce régime a ses insuffisances et ses imperfections. D'une part, les autorités légalement investies peuvent se trouver en fait, en de certaines occasions, notoirement inférieures à leur tâche et laisser en souffrance des affaires administratives, d'autre part, des affaires exceptionnelles et urgentes peuvent demander à être accomplies en dehors des formalités. Ne convient-il pas d'admettre que si, dans ces occasions exceptionnelles, des individualités sans compétence légale, ou agissant en dehors de leur compétence, prennent l'initiative de gérer quelque affaire administrative, non seulement cette intervention ne constituera pas un délit, mais elle sera de nature à obliger l'administration à certains remboursements ?

A supposer que cette gestion d'affaires paraisse admissible, il faudra déterminer exactement la nature de l'affaire gérée, afin d'en déduire la compétence de la juridiction qui sera chargée du contentieux. Cette affaire pourra être relative à l'administration d'un bien du domaine privé, auquel cas la gestion d'affaire paraît bien conserver son caractère de quasi-contrat du droit privé avec compétence des tribunaux civils. Mais l'affaire gérée pourra aussi être relative à l'exécution d'un service public (paiement d'une contribution de guerre ou d'une réquisition, passation d'un marché de fourniture, exécution d'un travail public, etc.); l'affaire gérée, dès lors, sera moins une propriété administrée que *l'exécution d'un service public* assurée à la décharge de la puissance publique et la gestion d'affaire apparaîtra comme une variété de la gestion administrative, c'est-à-dire comme relative à cette entreprise d'administration dont la puissance publique a la direction et dont le contentieux appartient essentiellement aux tribunaux administratifs. L'individu sans compétence légale aura fait l'affaire de l'administration en tant que celle-ci doit assurer l'exécution des services publics, c'est-à-dire une affaire dont l'administration *est chargée* (sur ce genre de gestion d'affaires, cf. Pothier, *Du quasi-contrat « negotiorum gestorum »*, sect. I, art. 1er, n° 171). — Sur la question de compétence, V. Cass., 6 juin 1893, *Fabrique de Maroué*, S., 95. 1. 185 et la note.

Quelques exemples montreront combien cette matière de la gestion d'affaire administrative par des individualités sans compétence légale est pratique et dans quelles hypothèses variées la question peut se poser : 1° L'hypothèse la plus simple est celle où un tiers, qui n'est en aucune façon une autorité administrative, fait une dépense qui sera utile à une administration publique et veut recouvrer sa dépense, par exemple un habitant de la commune a payé une contribution de guerre à la décharge de la commune, un usinier a fait construire à ses frais un pont sur un chemin vicinal ou a

2° *De l'intérêt personnel que les administrations publiques ont à la*

fait aménager un local scolaire et actionne la commune en remboursement (Confl., 29 juin 1895, *Réaux*; Cons. d'Ét., 2 mars 1900, *Commune de Léoville*); 2° Une hypothèse déjà plus compliquée est celle où une autorité administrative a engagé seule une dépense qu'elle n'a pas le droit d'engager; par exemple, un maire a passé seul un marché pour lequel il eût dû y avoir décision du conseil municipal, le fournisseur ou l'entrepreneur du travail pourra-t-il se faire payer par la commune? Ou bien, s'il a poursuivi le maire, celui-ci, après avoir payé de ses deniers, pourra-t-il intenter une action récursoire contre la commune? 3° Voici une hypothèse plus compliquée encore, mais singulièrement pratique : un administrateur, un maire, par exemple, ayant soustrait une certaine quantité de deniers à la comptabilité de la caisse municipale, emploie cette somme d'une façon utile pour la commune; sa gestion occulte est découverte, en vertu des principes sur la comptabilité de fait, il devient comptable des deniers dissimulés, c'est-à-dire qu'il doit rendre intégralement la somme (V. *infra*, v° *Comptabilité*), ne peut-il pas invoquer, à titre d'exception, la gestion d'affaire, et se faire décharger de l'obligation de restituer, dans la mesure où les deniers auront été utilement employés pour la commune; 4° Enfin, voici une hypothèse tout à fait intéressante : une autorité supérieure chargée de la tutelle d'une administration inférieure dépasse légèrement ses pouvoirs de tutelle, par exemple un préfet donne l'ordre de continuer des travaux communaux que la commune voulait arrêter (Cons. d'Ét., 12 mai 1892, *Commune de Longpré*. Cf. Cons. d'Ét., 20 janv. 1899, *Pompes funèbres*, S., 99. 3. 113 et ma note; *Revue d'administration*, 1902, t. III, p. 212).

La doctrine est divisée sur la question de savoir si le principe de la gestion d'affaire doit être appliqué dans ces diverses hypothèses, la jurisprudence s'est aussi montrée un peu indécise. Ces hésitations proviennent en partie d'une confusion entre les *dettes administratives* et les *dépenses publiques*; il est clair que l'engagement qui résulte de la gestion d'affaire, se produisant en dehors des règles de la comptabilité, ne saurait se présenter *de plano* comme une dépense publique, mais il est source de dette, car des dettes peuvent parfaitement naître hors budget et ensuite être transformées en dépenses (V. *infra*, v° *Dépenses publiques*). En partie aussi les hésitations proviennent d'une préoccupation plus haute, qui se rattache aux plus graves problèmes du droit public : le régime d'État, le système représentatif, le système des compétences administratives légales ne doivent-ils pas être fortifiés d'une présomption d'infaillibilité, ne serait-il pas dangereux d'admettre à ce mécanisme des suppléances? A mon avis, il n'est jamais dangereux de rentrer dans la vérité des faits, la fiction à outrance au contraire serait périlleuse; or, il est bien clair que le mécanisme du régime d'État n'est pas infaillible, cela peut être la moins mauvaise des organisations sociales, ce n'est pas une raison pour qu'elle soit parfaite. Par conséquent, même sous le régime d'État, il est bon de prévoir des suppléances destinées à parer à l'insuffisance du mécanisme représentatif en face des besoins sociaux urgents.

Ne voyons-nous pas la loi sur les associations syndicales prévoir que quantité de travaux qui, d'ordinaire, sont entrepris par les administrations publiques, peuvent aussi l'être par des associations syndicales de propriétaires, par exemple, les ouvertures, élargissements, redressements, pavages des rues dans les agglomérations bâties (L. 21 juin 1865, 22 déc. 1888, art. 1er, n° 7), et, sans doute, l'association syndicale est autorisée; sans doute, elle devient elle-même un rouage de l'administration et acquiert ainsi compétence légale; n'empêche que c'est l'initiative privée substituée à l'initiative gouvernementale pour une gestion d'intérêts généraux.

Dans ces dernières années, d'ailleurs, la jurisprudence semble s'être orientée vers l'application du principe de la gestion d'affaire. On peut invoquer, en ce sens, des décisions de toutes les juridictions intéressées : de la Cour de cassation (Cass. req., 15 juill. 1873, *Commune de Saint-Chinian*, conclusions Reverchon; Cass. req.,

gestion administrative. — Il ne faut point se dissimuler que si la gestion administrative est dans l'intérêt du public, elle est aussi dans l'intérêt des administrations publiques et du gouvernement. D'une part, la puissance publique préexistait longtemps avant qu'elle ne s'occupât de gestion administrative, elle était établie et assise dans son domaine gouvernemental ; d'autre part, la gestion administrative lui apporte un surcroît de pouvoir politique et un accroissement de richesses domaniales.

Il est bon de relever cette circonstance que la gestion administrative est pour partie dans l'intérêt du gérant, car elle est de nature à justifier la mise à la charge des administrations publiques des obligations du gérant d'affaires.

3° *Des pouvoirs exorbitants et des prérogatives employés dans la gestion administrative par les administrations publiques*. — Cette matière sera traitée au paragraphe suivant.

§ 2. — La gestion d'office et ses prérogatives.

Le caractère dominant de la gestion administrative est d'être opérée avec les prérogatives de la puissance publique qui sont :

1° L'autodétermination ou l'initiative avec pouvoir discrétionnaire ;

2° La puissance exécutive ou l'action d'office.

1. *L'autodétermination ou l'initiative avec pouvoir discrétionnaire*. — On peut définir le *pouvoir discrétionnaire* comme étant *l'autonomie*

---

19 déc., 1877, *Commune de Bordeaux*, conclusions Dareste); du Conseil d'État (16 mai 1879, *Lefèvre*; 19 mai 1882, *Commune de Berlancourt*; 13 avril 1883, *Philippon*; 15 fév. 1889, *Lemaire*; 13 mai 1892, *Commune de Longpré*; 20 janv. 1899, *Pompes funèbres* c. *Ville de Paris*, S., 99. 3. 113 et ma note; 2 mars 1900, *Léoville*; 28 juill. 1911, *de la Guérinière* qui vise expressément l'art. 1375 C. civ.); enfin du Tribunal des conflits, 26 juin 1880, *Valette*; 15 janv. 1881, *Dasque*; 29 juin 1895, *Réaux*). Il est vrai qu'il pourrait y avoir là une cause de désorganisation pour les finances publiques, si la pratique des gestions d'affaires se généralisait, mais il y a deux sauvegardes : l'une, la compétence de la juridiction administrative pour l'appréciation de l'utilité de la gestion ; l'autre, la lenteur que l'administration met à payer ses dettes et qui est suffisante pour décourager les gestions imprudentes.

La doctrine et la jurisprudence hésitent aussi sur la question de savoir si, en admettant le principe d'une obligation pour les administrations publiques, on ne devrait pas baser cette obligation sur l'*in rem versum*, qui n'oblige à rembourser que ce dont le maître de la chose s'est enrichi, plutôt que sur la gestion d'affaire qui oblige au remboursement de tous les frais exposés par le gérant, si en soi la gestion a été utile (V. surtout sur ce point, Michoud, *op. cit.*). Sans avoir de parti bien arrêté, il nous semble que l'on trouve réunies toutes les conditions de la gestion d'affaire et que l'on peut en appliquer les règles (V. en ce sens, Cons. d'Ét., 25 mai 1906, *Fabrique de Saint-Michel-de-Montmercure*; 26 juill. 1916, *Commune de Gand*). Au surplus, consulter sur ce point la mise au point très fouillée et très nuancée de M. Mestre dans le travail précité inséré au *Recueil de législation de Toulouse*, 1913, dont les conclusions ont été résumées dans Aubry et Rau, 5e édit., t. IX, p. 363, en note.

juridique de l'administration entendue comme pouvoir de se déterminer soi-même à user ou à ne pas user de ses pouvoirs et de ses droits pour prendre telle ou telle mesure d'administration (1).

Cette autodétermination de l'administration et l'indépendance qui en résulte doivent être envisagées :

Vis-à-vis des sollicitations et des réclamations des administrés ;

Vis-à-vis des prescriptions de la loi ;

Vis-à-vis de la réglementation de l'administration et de la moralité administrative.

1° *Indépendance de l'administration vis-à-vis des administrés. — Situation des administrés au regard des services publics* (2). — Il ne faut point considérer l'administration comme étant, en principe, obligée juridiquement vis-à-vis des administrés, mais au contraire comme un pouvoir autonome, maître de ses initiatives. L'administration a des obligations vis-à-vis du public, mais non pas vis-à-vis des individus. L'individu est pour l'administration *un tiers* avec lequel elle a de simples relations de voisinage. Ce sont deux pouvoirs juridiques autonomes dont l'action s'exerce, en principe, dans deux domaines séparés ; l'action de l'administration s'exerce dans le domaine de la vie publique, celle de l'administré dans le domaine de la vie privée. Comme l'exécution des services publics est du domaine de la vie publique, l'administré n'a pas, en principe, de pouvoir individuel sur les services.

Non seulement il n'a pas de droit de créance contre l'administration pour exiger la prestation des services publics, mais il n'a aucun pouvoir de contrainte d'aucune sorte, si ce n'est le pouvoir très indirect que lui confère son bulletin de vote dans les scrutins dont sortent les organisations administratives. L'administré est simple-

---

(1) Rapprocher le pouvoir discrétionnaire du principe de l'autonomie juridique nous paraît être la véritable position de la question. Léon Michoud, qui est le premier auteur français qui ait consacré une monographie à cette matière (*Étude sur le pouvoir discrétionnaire de l'administration*, broch., Paris, Pichon, 1913), a posé la question sur le terrain du contentieux et, en somme, sur le terrain de l'opposition entre les matières contentieuses et les matières discrétionnaires. C'est le point de vue pratique, mais cela ne lui a fourni aucune vue théorique d'où il ait pu tirer une définition du pouvoir discrétionnaire. D'ailleurs, je saisis l'occasion de déclarer que, sans la lumière qu'il a projetée sur cette obscure province du droit, je n'aurais probablement jamais osé m'y aventurer, surtout dans un ouvrage élémentaire. V. dans Michoud les doctrines de Rudolf von Laün et de Tezner qui y sont analysées.

(2) *Bibliographie* : Duguit, *De la situation des particuliers à l'égard des services publics* (Revue du droit public), 1907, p. 411 et s. ; Romieu, conclusions sous Cons. d'Ét., 21 déc. 1906, p. 962 et s. ; G. Tessier, conclusions sous Cons. d'Ét., 15 nov. 1907, Poirier, p. 820, Lebon ; Jèze, *Essai d'une théorie sur le fonctionnement des services publics* (Revue du droit public), 1912, p. 26 ; J. Barthélemy, *Sur l'obligation de faire ou de ne pas faire et son exécution forcée dans le droit public* (Revue du droit public), 1912, p. 505.

ment placé, vis-à-vis de l'administration, dans une certaine situation de voisinage ou jouit d'un certain statut qui lui permet de bénéficier des services publics qui sont organisés ou de profiter des décisions qui sont rendues (1).

Il en est ainsi de toutes les entreprises de l'administration. On peut la solliciter de les faire, mais elle n'est pas tenue de déférer à ces sollicitations ou à ces démarches, ni pour organiser un service public nouveau, ni pour faire une expropriation, ni pour construire un ouvrage public, etc.

L'administration, et cela est plus démonstratif encore, n'est même pas tenue juridiquement, vis-à-vis de ses créanciers, d'acquitter ses dettes exigibles lorsqu'on lui en réclame le paiement. Les voies d'exécution du droit commun ne sont pas admises contre elle. Par rapport à son créancier, l'administration paie toujours spontanément (2).

Limites de l'indépendance de l'administration vis-à-vis des particuliers. — Comme toutes les prérogatives de l'administration, le privilège de l'initiative et de l'indépendance a été d'abord considéré comme absolu et appliqué avec raideur, mais la jurisprudence tend maintenant à le réduire en faisant des distinctions.

(1) Ce statut est en principe celui de *l'habitant*. Pour des services spéciaux, cependant, il y a des statuts spéciaux, et tous ces statuts, si on ne les a pas d'avance, on peut les acquérir par des démarches individuelles. C'est ainsi, par exemple, que pour bénéficier des services d'assistance, il faut avoir le statut spécial d'indigent qui se compose de deux éléments, le domicile de secours et l'inscription sur la liste des indigents; on a à sa disposition des moyens, administratifs ou autres, pour faire constater son statut; ainsi les indigents ont des moyens de réclamer leur inscription sur la liste d'assistance (Cons. d'Ét., 12 mai 1905, *Commune de Portiragnes*); mais une fois en possession de son statut, l'indigent n'a aucun pouvoir individuel pour faire organiser effectivement le service d'assistance. Il sera secouru quand le service fonctionnera parce qu'il a le statut nécessaire, mais le service fonctionnera quand l'administration le jugera à propos, de par sa propre initiative (Cf. Cons. d'Ét., 29 déc. 1911, *Chomel*; 19 janv. 1912, *Marc*).

Pour la même raison, un citoyen peut bien réclamer son inscription sur la liste électorale et se créer ainsi son statut électoral par un pouvoir autonome, quand la procédure de revision de la liste est mise en train dans la commune; mais si la procédure de revision n'était pas mise en train par l'administration, le citoyen ne pourrait point requérir qu'on l'y mît et, d'autre part, une fois inscrit sur la liste, il ne votera que si l'administration le convoque pour une élection; si l'administration ne convoquait pas les électeurs, ceux-ci ne pourraient point se convoquer eux-mêmes (Cons. d'Ét., 16 déc. 1908, *Élection de Bouilh-Péreuil, Fléché et autres*, S., 1909. 3. 65 et ma note).

(2) Cela est vrai de l'État, mais c'est vrai également des administrations locales, car si celles-ci peuvent être contraintes de payer par la procédure administrative de l'inscription d'office au budget, cette procédure n'est pas à la disposition du créancier, elle est à la discrétion du préfet ou du chef de l'État qui l'emploient au moment du règlement du budget de la commune ou du département, si cela leur paraît opportun (Cons. d'Ét., 26 juin 1908, *Daraux*, S., 1909. 3. 129 et ma note. V. cep. Cons. d'Ét., 24 juin 1910, *Pille*).

Autant il est raisonnable d'admettre la libre initiative de l'administration pour l'accomplissement d'actes facultatifs que la loi ne lui impose pas au regard d'un individu déterminé, ou pour la création d'entreprises nouvelles, autant il est discutable de l'admettre quand la loi impose à l'administration l'*accomplissement d'actes obligatoires* au regard d'individus déterminés ; enfin, si l'administré n'a pas le droit de contraindre l'administration à prendre des mesures, il a certainement celui de s'immiscer dans le contrôle des mesures qu'elle prend.

a) Actes obligatoires pour l'administration au regard d'un individu déterminé. — Il y a une foule de cas où, pour l'exercice d'un de leurs droits, les administrés sont obligés par la loi de demander à l'administration des autorisations ou des délivrances de pièces ou des récépissés de déclarations ou de réclamations (récépissé de réclamation pour faire courir le délai de quatre mois en vue d'un recours contentieux, délivrance d'alignement, demande en autorisation de barrage, demande de permis de chasse, déclaration d'association, etc.) ; l'administration est évidemment obligée par la même loi d'accomplir l'acte qu'on lui demande, cela est admis, mais les sanctions et les garanties de l'administré sont encore bien insuffisantes (1).

(1) Il y a d'abord la ressource du contentieux de l'annulation. Si l'administrateur a pris une décision formelle pour refuser de faire l'acte qu'on lui demande, sa décision peut être annulée. S'il a gardé le silence, après un délai de quatre mois, la disposition de l'article 3 de la loi du 17 juillet 1900 permet de faire annuler la décision implicite résultant de son silence. De pareilles annulations paraissent une sanction bien anodine. D'une part, le Conseil d'État saisi d'un recours pour excès de pouvoir ne peut pas délivrer lui-même la pièce que l'administrateur a refusé de délivrer (par exemple l'alignement), ni faire lui-même l'acte que l'administrateur a refusé de faire (par exemple, accorder une dérogation dans la matière du repos hebdomadaire (Cependant le Conseil d'État accorde les autorisations aux établissements dangereux, insalubres et incommodes. Cons. d'Ét., 21 mai 1913, *Docks rémois*) ; d'autre part, l'administrateur, quoique moralement tenu d'accomplir l'acte après l'annulation de son refus, peut, en fait, s'y refuser ou mettre un long délai à s'exécuter. Sans doute, le Conseil d'État, depuis quelques années, a imaginé une procédure de *renvoi à l'administration pour faire ce que de droit* qui est de nature à déterminer l'administrateur à obéir (Cons. d'Ét., 30 nov. 1906, *Denis et Rage-Roblot*, S., 1907. 3, 17 et ma note ; 26 juin 1908, *Davaux*, S., 1909. 3. 129 et ma note). Sans doute aussi, s'il n'obéissait pas à la chose jugée, cela pourrait constituer soit une faute administrative qui entraînerait la responsabilité pécuniaire de l'administration (Cons. d'Ét., 28 juin 1912, *Manvot*, S., 13. 3. 121 et ma note), soit un *fait personnel* qui rendrait l'administrateur responsable devant les tribunaux civils (Cf. ma note dans S., 11. 3. 121, sous Cons. d'Ét., 22 juill. 1910, *Fabrègues*) ; mais quelles lenteurs, quelles complications, quels tracas pour arriver à obtenir la délivrance d'un alignement ou celle d'un récépissé !

On doit se demander s'il n'y aurait pas d'autres ressources à mettre à la disposition de l'intéressé et, d'abord, la plus simple de toutes qui consisterait à considérer que le silence gardé par l'administration, après la demande qu'on lui a faite, équivaut, non pas à une décision de rejet, mais au contraire à la déclaration que l'administration n'a

b) *Si les administrés ne peuvent pas s'immiscer dans l'action administrative, ils peuvent s'immiscer dans le contrôle administratif de cette*

pas d'objection à faire à la demande de l'intéressé et que celui-ci peut passer outre. Ce serait la transformation de la demande d'autorisation adressée à l'administration en un simple avertissement à elle adressé, avec faculté pour elle de faire opposition.

Cette solution paraît possible *de plano* toutes les fois que l'administration n'a pas à délivrer de pièce devant constituer un titre et contenant une décision susceptible de modalités.

Par exemple, dans la matière des déclarations ou des réclamations dont il y a intérêt à demander récépissé pour faire courir des délais, on peut admettre qu'une déclaration faite avec constat d'huissier, ou même le récépissé d'une lettre recommandée mettent l'intéressé à couvert, font courir le délai et permettent de passer outre. La loi du 30 juin 1881, sur les réunions publiques, avait organisé cette procédure pour les déclarations de réunions dans son article 2, § 4 ; le Conseil d'État l'avait admise dans un arrêt du 11 janvier 1866, *Chabannes*; la loi du 8 juillet 1908 sur la démission des maires et adjoints et conseillers municipaux l'a organisée aussi. Ce système peut être généralisé et appliqué à tous les cas de récépissés de déclarations ou de réclamations (déclarations de candidatures, déclarations d'associations, réclamations administratives pour faire courir le délai de quatre mois). Cons. d'Ét., 2 août 1905, *Zill Desilles*, S., 1906. 3. 129 et ma note ; 10 nov. 1905, *Carrère*, etc.).

Même s'il y a une pièce à délivrer comportant certaines appréciations, il y aurait un procédé relativement simple pour mettre l'intéressé à même de passer outre dans le cas de silence de l'administrateur, ce serait d'établir que l'intéressé soumet lui-même à l'administration un projet de décision avec plan à l'appui, si cela est nécessaire, et qu'à l'expiration d'un certain délai, ce projet devient définitif s'il n'y a pas opposition de l'administration. C'est ce qui a été fait par le décret du 25 mars 1852, article 4, en ce qui concerne les permis de bâtir dans certaines villes. Le propriétaire est tenu de déposer sa demande et ses plans pendant vingt jours. A l'expiration de ce délai, il devient libre de bâtir conformément à ces plans, et l'administration ne peut plus lui imposer aucune modification (Cons. d'Ét., 20 juill. 1906, *Machard*). La même procédure a été appliquée par la loi du 15 mars 1850 et par celle du 30 octobre 1886 aux déclarations d'ouverture d'écoles libres : dépôt d'un plan du local, délai, à l'expiration du délai, ouverture de plein droit s'il n'y a pas opposition de l'administration.

La même procédure pourrait être appliquée dans d'autres cas, seulement, ici, il faudrait une disposition législative, la jurisprudence ne peut pas, à elle seule, créer la règle ; elle pourrait être appliquée aux demandes en délivrance d'alignement et aux demandes de permissions de voirie.

Actuellement, la délivrance des alignements et celle des permissions de voirie est particulièrement mal réglée, ou, du moins, c'est à l'occasion de ces actes que l'on s'aperçoit le plus des inconvénients d'une liberté excessive de l'administrateur. La loi municipale du 5 avril 1884, article 97 *in fine*, prévoit bien une substitution possible de l'action du préfet au maire, mais ce palliatif est insuffisant.

De même, le Conseil d'État a établi que, si le refus de délivrance de l'alignement ou de la permission de voirie était lié à une opération de travaux publics entreprise par la ville et tendait à faire faire à celle-ci des économies, le refus donnerait lieu à des indemnités (Cons. d'Ét., 3 août 1900, *Ville de Paris*, S., 1902. 3. 41, et ma note), mais cette circonstance se présentera rarement.

Sur la jurisprudence dans cette question du refus d'alignement, V. la note sous l'affaire *Ville de Paris*, précitée.

On comprendrait aussi très bien que les demandes en délivrance de permis de chasse fussent organisées de telle façon que le permis fût acquis à l'expiration d'un certain délai, sauf opposition de l'administration ; que, dans les demandes en dérogation

action. — Voilà une vue qui, quoique n'étant pas absolument nouvelle, n'a pas encore été mise dans tout son jour. Il existe un vaste contrôle administratif de l'action administrative. Ce contrôle se présente sous plusieurs formes : il y a le contrôle hiérarchique et le contrôle de tutelle. Les administrés ont toujours eu le droit de s'immiscer dans ces contrôles par des réclamations, ainsi ils ont toujours eu le droit de former des recours hiérarchiques, mais l'efficacité de cette intervention des administrés dans le contrôle a été singulièrement augmentée par des lois récentes (1).

pour le repos hebdomadaire, où le demandeur dépose un projet de dérogation, il fût autorisé de plein droit à l'expiration d'un délai, sauf droit d'opposition du préfet, etc.

En somme, dans toutes ces matières où il s'agit de l'exercice du droit des administrés, on comprendrait que l'initiative de l'administration fût remplacée par un simple droit d'opposition, l'initiative passant à l'administré qui l'exercerait sous forme de déclaration avec dépôt d'un projet.

Il n'y aurait guère que la délivrance des certificats qui devrait rester discrétionnaire de la part des administrateurs, sauf peut-être responsabilité personnelle de ceux-ci, au cas où ils auraient agi avec une coupable légèreté (S., 1901. 3. 129 et ma note).

(1) *a*) D'abord, la loi du 17 juillet 1900 sur le *silence de l'administration* assimile à une décision de rejet susceptible de recours contentieux le silence gardé pendant quatre mois par une autorité administrative sur une réclamation qui lui a été adressée, *quel que soit l'objet de cette réclamation ;* par conséquent, elle donne une suite contentieuse aux réclamations formées contre l'inaction de l'administration supérieure, si celle-ci n'exerce pas son contrôle hiérarchique, et même *contre toute inaction de l'administration*. Une première décision en ce sens a été rendue dans l'affaire. Cons. d'Ét., 21 déc. 1906, *Syndicat du quartier Croix-de-Seguey* (S., 1907. 3. 33 et ma note), où il s'agissait de l'inaction du préfet qui négligeait d'exercer le contrôle de l'administration sur un concessionnaire de tramway. Une seconde décision, plus significative encore, a été rendue dans l'affaire des manuels scolaires (Cons. d'Ét., 20 janv. 1911, *Chapuis, Porterel* et *Pichon*, trois affaires, S., 1911. 3. 49 et ma note), il s'agissait de l'inaction du ministre à exercer le contrôle qu'il tient des lois et règlements sur le choix des manuels scolaires opéré par les instituteurs.

b) Cette large intervention des administrés dans le contrôle administratif de l'action administrative prend d'autant plus d'importance qu'elle coïncide avec l'avènement de la liberté d'association établie par la loi du 1er juillet 1901 et de la liberté syndicale établie par la loi de 1884 ; des associations et des syndicats professionnels ont qualité pour ester en justice pour la défense des intérêts communs de leurs membres, le Conseil d'État les a déclarés recevables à intenter le recours pour excès de pouvoir (V. *infra*) ; or, ils se montrent beaucoup plus hardis dans la voie des réclamations que des citoyens isolés et, dans la sphère du contrôle administratif de l'action administrative, leur action est licite puisque celle des particuliers le serait. C'est ainsi que les associations de pères de famille sont licites si leur objet se limite au contrôle du bon fonctionnement de l'école (Cour de Pau, 13 mai 1912, quatre arrêts, S., 12. 2. 265 avec note Chavegrin) et qu'elles peuvent demander au ministre de faire usage de son pouvoir hiérarchique. M. Chavegrin est hostile au caractère licite des associations de pères de famille, mais il n'a pas fait état de la distinction entre l'ingérence dans l'action administrative et l'ingérence dans le contrôle, distinction qui est capitale ; autant l'ingérence dans l'action administrative et, par conséquent, dans la direction de l'école constituerait un but illicite, autant l'ingérence dans le contrôle hiérarchique est licite. Un décret du 21 février 1914 a établi une nouvelle réglementation des manuels scolaires.

2° *Indépendance de l'administration vis-à-vis de la loi.* — L'administration n'est pas animée, dans ce qu'elle fait, d'une volonté intérieure légale, elle est animée d'une volonté exécutive libre assujettie à la loi comme à un pouvoir extérieur. Il suit de là, d'une part, que, dans les matières de sa compétence, lorsque son pouvoir n'est pas lié par des dispositions légales, il est entièrement autonome, et, d'autre part, que, dans les matières où son pouvoir paraît lié par la loi, il lui reste toujours un certain choix des moyens qui lui permet de se conformer volontairement à la loi.

Cette faculté de se conformer volontairement à la loi est d'autant plus réservée à l'administration que celle-ci est chargée elle-même d'assurer l'application des lois et qu'elle jouit constitutionnellement d'une certaine latitude dans le choix des moments et des circonstances où elle assure cette application (1).

A ce point de vue, il convient d'analyser le pouvoir discrétionnaire de l'administration en la faculté d'apprécier *l'opportunité* qu'il peut y avoir à prendre ou à ne pas prendre une décision exécutive, ou à ne pas la prendre immédiatement, même lorsqu'elle est prescrite par la loi.

Ce n'est pas à dire que les décisions de l'administration ne seront jamais entachées d'illégalité, elles le seront au contraire souvent, mais elles le seront dans le cas de décisions positives contraires à la loi, plutôt que dans le cas de décisions négatives marquant des abstentions dans l'application de la loi (2).

3° *Indépendance de l'administration active au regard de la réglementation et de la moralité administrative.* — L'administration est autonome au point de se réglementer elle-même et d'avoir conscience d'une certaine moralité qui s'impose à elle.

En ce qui concerne la réglementation opérée soit par les décrets du chef de l'État, soit par les arrêtés des autorités diverses, la situation de l'administration active est la même que vis-à-vis de la législation, c'est-à-dire qu'elle doit l'obéissance à la règle posée avec la même latitude résultant du choix de l'opportunité. Au reste, nous avons vu que la réglementation fait partie du bloc de la légalité.

Quant à la moralité administrative, son existence provient de ce que tout être possédant une conduite pratique forcément la distinction du bien et du mal. Comme l'administration a une conduite, elle pratique cette distinction en même temps que celle du juste et de l'injuste, du licite et de l'illicite, de l'honorable et du déshonorant, du

(1) Cf. J. Barthélemy, *De la liberté du gouvernement à l'égard des lois dont il est chargé d'assurer l'application*, Revue de droit public, 1907, p. 295 et s.

(2) Toutefois, l'abstention *systématique*, dans les cas où l'administration est obligée par la loi à agir, devient de plus en plus une illégalité et un cas d'excès de pouvoir (V. *supra*, p. 349).

convenable et de l'inconvenant. La moralité administrative est souvent plus exigeante que la légalité. Nous verrons que l'institution de l'excès de pouvoir, grâce à laquelle sont annulés beaucoup d'actes de l'administration, est fondée beaucoup plus sur la notion de la moralité administrative que sur celle de la légalité, de telle sorte que l'administration est liée dans une certaine mesure par la morale juridique, particulièrement en ce qui concerne le *détournement de pouvoir* (V. *infra*, recours pour excès de pouvoir).

Mais on se rendra compte de la marge que conserve sur ce point le pouvoir discrétionnaire de l'administration, quand on saura que celle-ci ne se considère pas encore comme tenue de donner les motifs des décisions qu'elle prend; or, le détournement de pouvoir ne peut être saisi que dans les motifs de la décision.

II. *La puissance exécutive ou l'action d'office dans la gestion administrative.* — L'autonomie de la puissance publique lui vaut la prérogative de réaliser elle-même ses droits par ses propres moyens et sans avoir recours à l'autorisation préalable du juge. Nous verrons au chapitre suivant quelle est la procédure de cette action d'office; il nous suffit, pour le moment, de savoir qu'elle se décompose en des décisions exécutoires et en des mesures d'exécution dont l'ensemble constitue des opérations.

Obéissance provisoire est due aux décisions, aux mesures d'exécution et à l'ensemble des opérations de l'administration; les réclamations ou recours des intéressés ne sont point, par eux-mêmes, suspensifs de l'exécution. Seul, le juge peut, très exceptionnellement, ordonner *le sursis à l'exécution* (Cons. d'Ét., 28 déc. 1917, *Dadolle*). On peut rattacher à ce principe général :

1° Cette règle qu'il faut obéir aux ordres verbaux de la police lorsqu'un service d'ordre est organisé dans la rue (ordres de circuler, de dissiper un rassemblement, de cesser une manifestation, de faire disparaître un drapeau ou un emblème), sauf à réclamer ensuite (1);

2° cette autre règle que, dans les perceptions d'impôt, alors même que le contribuable se croit lésé, il doit payer les termes échus, sauf à réclamer ensuite (V. notamment pour les contributions directes, art. 28, L. 21 avril 1832, modifié par L. 6 déc. 1897, art. 12);

3° ces règles des cahiers des charges des marchés de travaux publics de toute administration et des marchés de fournitures de l'État, d'après lesquelles le marché peut être résilié, l'entreprise mise en régie, par simple décision administrative, sans que l'administration soit obligée de faire prononcer ces mesures par un tribunal et sauf

---

(1) Pour ce qui est des règlements écrits de la police, au contraire l'obéissance préalable n'est pas exigée, puisque, poursuivi en contravention pour n'avoir pas obéi, on peut être acquitté si l'on fait la preuve de l'illégalité du règlement.

réclamation ultérieure de l'intéressé; 4° le droit qui appartient à l'administration de délimiter elle-même son domaine public, sans faire procéder au bornage par un juge, sauf réclamations ultérieures des intéressés; de dresser des plans d'alignement qui produiront des effets immédiats sur les propriétés riveraines des voies publiques, sauf règlement ultérieur des indemnités; 5° le droit qui lui appartient de maintenir l'ouvrage public mal planté, c'est-à-dire planté sur le terrain d'autrui, sauf à payer la valeur du terrain (1); 6° le droit qui appartient aux autorités chargées d'ordonnancer les dépenses budgétaires, de liquider elles-mêmes les dettes des administrations et de mettre ainsi les créanciers dans l'obligation de réclamer après coup; 7° d'une façon générale, les privilèges financiers, celui qu'ont les administrations de rendre exécutoires elles-mêmes leurs titres de créance; encore le droit d'inscription d'office au budget, par lequel le pouvoir central exerce sa contrainte vis-à-vis des administrations locales; 8° l'exécution forcée de la loi par la voie administrative, sans tenir compte des résistances préalables opposées au nom de la propriété, et même le droit d'opérer une dépossession provisoire, sauf aux intéressés à faire valoir après coup et au fond leurs droits de propriété devant les tribunaux judiciaires (2).

Ce privilège de l'exécution provisoire est assurément redoutable. Pour le réduire à ses véritables limites, il convient de faire les observations suivantes :

En fait, toutes les décisions exécutoires peuvent être attaquées par

---

(1) Sur ce principe de l'intangibilité de l'ouvrage public, V. Cons. d'Ét., 24 nov. 1893, *Ville de Tlemcen*; 26 janv. 1894, *Lebreton*; Confl., 1er août 1896, *Préfet de la Manche*; Cons. d'Ét., 16 mars 1900, *Hénon*; Cass., 4 juill. 1904; S., 1906. 1. 13 et la note; Cons. d'Ét., 10 mars 1905, *Berry et Chevallard*.

(2) C'est-à-dire que l'autorité judiciaire ne peut pas, par la voie préalable du référé, maintenir ou rétablir en possession provisoire d'un local l'occupant expulsé par l'administration, alors même qu'il invoquerait un droit de propriété, d'usufruit ou d'habitation. La mesure administrative, si elle est légale, doit avoir le bénéfice de l'exécution provisoire.

Ces errements ont été établis tant à l'occasion de l'exécution des décrets du 29 mars 1880 (Confl., 5 nov. 1880, *Marquigny* (1re espèce), *Bouffier* (2e espèce) qu'à l'occasion des laïcisations d'écoles publiques (Confl., 14 janv. 1880, *Frères de Brignoles, frères d'Alais*; 13 janv. 1883, *Sœurs de la Charité*; 14 avril 1883, *Sœurs de la Providence*; 13 avril 1889, *Frères des Écoles chrétiennes*; 26 mars 1898, *École de filles de Saint-Donan*. Cf. ma note dans S., 99. 3 33) et qu'à l'occasion de l'exécution des lois de 1901 sur les congrégations et de 1905 sur la séparation de l'Église et de l'État (Confl., 2 nov. 1902, *Société immobilière de Saint-Just*, S., 1904. 3. 17 et ma note; Cons. d'Ét., 19 fév. 1904, *Bernier*; 12 mars 1909, *Huillon, maire de Triconville*). V. pour plus de détails sur ce jeu de l'acte administratif et du référé ma note dans S., 1908. 3. 49 sur quatre affaires (*Le Coz, abbé Déliard; abbé Brunet et Basse*). (Sur toute cette matière de l'exécution forcée des lois par la voie administrative considérée aujourd'hui comme très fâcheuse, V. supra, p. 77).

des recours contentieux et, bien que ces recours ne soient pas suspensifs de l'exécution, l'administration s'astreint, en général, à ne pas exécuter avant que les délais de recours ne soient écoulés, ou avant que le recours ne soit jugé s'il en a été formé un ; par conséquent, l'exécution ne se poursuit pas sans que la partie intéressée n'ait eu la possibilité de faire intervenir un juge. Si l'administration procède à l'exécution sans attendre la fin du délai ou la conclusion du litige, elle en a le droit strict, mais c'est à ses risques et périls (Cons. d'Ét., 27 fév. 1903, *Zimmermann*, S, 1905. 3. 17 et la note). La vraie dérogation au droit commun est que l'intéressé est mis dans la nécessité d'attaquer, de prendre le rôle de demandeur, et cela dans un délai très bref. Il convient d'ajouter que la charge de la preuve n'est pas aussi lourde pour le demandeur qu'elle le serait devant la juridiction civile, parce que le juge administratif fait lui-même l'instruction de l'affaire (1).

(1) *Observations sur l'action d'office*. — Dans le droit commun de l'époque actuelle, on peut dire qu'en principe les droits ne s'exercent vis-à-vis des tiers qu'après un contrôle préalable du juge. Dès que le titulaire d'un droit veut réaliser ce droit à l'encontre d'un adversaire, il se heurte en général à la nécessité d'une demande en justice, il ne peut réaliser ce droit que par l'intermédiaire du juge et sous la forme d'un jugement. Qu'un propriétaire veuille réaliser le bornage de son champ, si le propriétaire du champ voisin ne veut pas se prêter à l'amiable à l'opération du bornage, il est obligé de saisir le juge de paix. Qu'un créancier veuille se faire rembourser par son débiteur la somme prêtée, s'il n'a pas d'avance titre exécutoire par devant notaire, il doit obtenir jugement du tribunal civil avant de procéder à la moindre voie d'exécution. Qu'un contractant veuille obtenir la résiliation d'un contrat que la partie adverse a violé en n'exécutant pas ses obligations, il est obligé de s'adresser au juge pour le prononcé de cette résiliation. Il ne serait pas difficile de démontrer que cette intervention du juge, préalable à l'exécution des droits, est de formation relativement récente et que, d'ailleurs, elle n'a pas toujours lieu, même en droit privé (V. *infra*, p. suiv.); toujours est-il qu'actuellement elle constitue le droit commun et que la faculté de réaliser soi-même ses droits, par des actes extrajudiciaires, apparaît comme un privilège exorbitant. En principe, nul ne se fait justice soi-même et cela est considéré comme l'une des bases de l'état de droit.

Quand il s'agit de l'administration publique, la situation est renversée. En principe, une administration publique faisant une opération administrative pour la gestion de ses services publics exerce ses droits elle-même d'une façon extrajuridictionnelle, c'est-à-dire se fait justice elle-même jusqu'au bout. Cette particularité se justifie par les exigences du service public continu : il ne faut pas que les services publics risquent d'être interrompus par les délais et les lenteurs qu'entraîneraient des instances en justice préalables, mais, en même temps, il est bon de savoir que l'action d'office est un retour au principe primordial de l'autonomie juridique des individus et des corps individualisés et qu'elle est tout simplement la marque de l'origine individualiste du droit.

Il y a antagonisme entre l'action directe et l'action autorisée et homologuée par le juge, mais en réalité les deux formes d'action se partagent le domaine juridique. Elles se le partagent dans des proportions qui varient selon le degré de développement de la civilisation et aussi selon le degré d'ancienneté des rapports sociaux dont il s'agit. Dans les civilisations primitives, le domaine de l'action directe est certainement plus

Relations de la puissance exécutive de l'administration avec le juge. — Le principe de la séparation des pouvoirs. — De ce qui précède, il résulte que le pouvoir d'action d'office de l'administration n'exclut pas le contrôle du juge ; seulement ce contrôle du juge n'a pas la vertu d'arrêter l'exécution des opérations administratives ; le juge n'a pas le *pouvoir d'empêcher*.

Le principe a été posé ici par les lois révolutionnaires en ce qui étendu que dans les civilisations avancées. Dans ces dernières, il paraît révolutionnaire de se faire justice soi-même. Et cependant, il y a encore des cas nombreux où on le fait, surtout dans les branches de l'activité humaine qui sont relativement nouvelles et dans les situations où les rapports sont encore mal réglés.

A l'époque actuelle, l'action directe se manifeste surtout dans quatre ordres de matières :

Dans les relations internationales, où elle est le fondement du droit de guerre, des représailles et du blocus et de tous les autres moyens qu'ont les États de se faire justice eux-mêmes ;

Dans les matières constitutionnelles, où les pouvoirs publics et les partis politiques, dans leurs luttes, se font justice eux-mêmes ;

Dans les matières industrielles, pour les relations d'employeur à employé, où il est admis que la grève, la coalition et l'action syndicale sont, en principe, licites ;

Enfin dans les matières administratives, où il est admis pratiquement que l'administration fait d'elle-même, d'office, tout ce qui est nécessaire pour l'exécution des services publics et le fait avec droit.

— Cela signifie assurément que dans ces quatre ordres de matières le droit est imparfait, que la législation n'est pas suffisamment assise, qu'il n'y a pas d'autorité juridictionnelle assez fortement établie pour imposer son arbitrage, son autorisation ou son homologation. Pour les conflits internationaux, il n'y a pas encore de juridiction internationale qui s'impose avec autorité ; pour les luttes politiques, il n'y a pas non plus d'institution d'arbitrage ; il n'y en a pas davantage qui ait bien réussi en ce qui concerne les grèves, malgré la loi du 27 décembre 1892 et malgré le fréquent appel à l'arbitrage des membres du gouvernement. Pour les matières administratives, il y a bien une juridiction, administrative ou autre, qui peut intervenir, mais elle n'a pas assez de pouvoir pour entraver l'action administrative. C'est un principe posé par nos lois révolutionnaires et qui s'appelle principe de la séparation des pouvoirs, que la juridiction civile ne saurait arrêter l'action des corps administratifs, et, s'il s'est organisé une juridiction administrative, elle aussi se montre très respectueuse de l'action administrative, elle n'estime pas encore ses pouvoirs assez grands pour se permettre de l'arrêter.

Mais si l'action directe s'étale particulièrement dans ces quatre grandes matières du droit international public, du droit constitutionnel, du droit industriel, du droit administratif, ce serait une erreur de croire qu'elle a complètement disparu des autres branches du droit et spécialement de celle qui constitue le droit commun, le droit civil. Dans les relations de la vie civile elle-même, il subsiste de l'action directe et cela est fort heureux, d'ailleurs, car cela signifie qu'on n'est pas obligé de se faire autoriser par le juge pour la moindre démarche que l'on veut faire.

Ce qui jette quelque ombre sur l'étendue de l'action directe dans les matières du droit civil, c'est qu'elle est à peu près exclue de tout ce qui se rattache à la réalisation des droits de créance. Un créancier ne peut procéder à aucune voie d'exécution contre son débiteur sans le concours soit d'un juge, soit d'un officier ministériel, tel qu'un notaire qui ait rendu son titre exécutoire. A noter, cependant, que le créancier peut faire cession de sa créance sans le consentement de son débiteur et sans l'autorisation

concerne les tribunaux judiciaires et il a l'énergie d'un principe constitutionnel de séparation des pouvoirs :

« 1° Les fonctions judiciaires sont distinctes et demeureront toujours séparées des fonctions administratives. Les juges (1) ne pourront, à peine de forfaiture, troubler de quelque manière que ce soit les opérations des corps administratifs » (L. 16-24 août 1790, tit. II,

du juge, à la seule condition de signifier cette cession pour la rendre opposable. A noter encore le droit de rétention, qui est une des surprises de l'action directe dans les relations contractuelles (V. un cas de procédure d'action directe constaté avec un certain étonnement, mais avec déclaration qu'il ne constitue pas un délit, dans cour de Toulouse, 17 oct. 1911, *de la Fargue*, Cass. crim., 27 fév. 1913, rejetant le pourvoi).

Néanmoins, si nous voulons saisir sur le fait l'action directe dans la vie civile, il faut chercher du côté des relations de la famille et de la propriété.

Dans l'exercice de l'autorité paternelle et maritale, il y a une large marge d'action directe. Si le père ne peut pas, sans une ordonnance du président du tribunal, enfermer son fils dans une maison de correction proprement dite, il est maître de choisir la maison d'éducation dans laquelle il le place, fût-elle des plus sévères, ou de le faire embarquer comme mousse sur un bateau ; le mari peut faire réintégrer à sa femme le domicile conjugal *manu militari*.

L'exercice du droit de propriété ou d'habitation d'un domicile fournit aussi de larges possibilités d'action directe ; on peut dire que la propriété privée et le domicile abritent juridiquement l'exercice des professions de l'agriculture, de l'industrie ou du commerce en ce sens que, dans la mesure de son droit de propriétaire et de locataire, tout individu peut exercer librement toutes sortes d'activités techniques et en imposer aux voisins les conséquences désagréables, de bruit, par exemple, ou d'odeur ou d'encombrement, sauf les limitations précises qui résulteront de la police générale ou de certaines polices spéciales, telles que celle des établissements dangereux, incommodes ou insalubres.

Les facultés de la propriété, que l'on est assez embarrassé pour caractériser, la faculté de se clore, de bâtir ou de ne pas bâtir, de modifier les assolements et les modes de culture, de fonder des établissements (V. S., 1912. 3. 57, ma note sous Cons. d'Ét., 16 fév. 1912, *Montlivault*), toutes ces facultés qui donnent lieu aux actes de *pure faculté* dont l'article 2232 du Code civil dit « qu'ils ne peuvent fonder ni possession, ni prescription » sont, en somme, des manifestations de l'action directe contenue dans le droit de propriété.

Enfin il ne faut pas oublier que, dans les relations purement sociales, l'exclusion d'une personne d'un cercle mondain où elle était primitivement admise, pourvu qu'elle ne soit accompagnée d'aucune injure, est licite et que c'est, au premier chef, de l'action directe. Et si l'on objecte que ces relations sociales ou mondaines sont en dehors du droit, il est facile de répliquer qu'elles y entrent lorsque le cercle mondain devient une association formelle et que le droit d'expulsion n'en subsiste pas moins.

Ainsi l'action directe conserve une large place, même dans les relations de la vie civile ; on doit considérer l'action directe comme une force privée faisant équilibre à l'autorité sociale qui s'exerce sous la forme de la justice publique. L'action directe de l'administration n'est pas une prérogative isolée, elle est la prérogative de tout ce qui, dans la vie sociale, possède une vie autonome.

(1) Il est bon de rappeler qu'on entend par tribunaux judiciaires tous ceux qui sont sous la dépendance de la Cour de cassation : cours d'appel, tribunaux d'arrondissement, juges de paix, tribunaux de commerce, tribunaux criminels. Ces tribunaux ont succédé aux parlements et aux juridictions diverses qui dépendaient de ceux-ci.

art. 13). — « Les tribunaux... ne peuvent entreprendre sur les fonctions administratives ou citer devant eux les administrateurs pour raison de leurs fonctions » (C. 3 sept. 1791, art. 3);

« 2° Défenses itératives sont faites aux tribunaux de connaître des actes d'administration, de quelque espèce qu'ils soient » (L. 16 fruct. an III).

Mais ce principe s'applique tout aussi bien aux tribunaux administratifs qui ont été institués pour juger le contentieux administratif soustrait aux tribunaux judiciaires, de telle sorte qu'il y a aussi séparation des pouvoirs entre la puissance exécutive de l'administration active et le pouvoir du juge administratif.

La portée de ce second aspect du principe de la séparation des pouvoirs sera précisée par les observations suivantes :

a) En principe, les administrateurs doivent employer la procédure d'office, et ils ne doivent que très exceptionnellement user des recours préalables adressés au juge (Cons. d'Ét., 30 mai 1913, *Préfet de l'Eure*, S., 15. 3. 9 et ma note). Toutefois, le principe commence à recevoir des atténuations :

D'une part, il y a des occasions où l'administration n'a pas le droit de procéder par décision exécutoire et où elle est bien obligée d'employer le recours en justice. Par exemple, il n'appartient pas à l'administration d'annuler une élection faite, elle ne peut qu'intenter le recours contentieux électoral. Par exemple encore, le préfet ne peut annuler que les arrêtés de police des maires, contre les autres il n'a que la ressource du recours pour excès de pouvoir (Cons. d'Ét., 24 nov. 1911, *Commune de Saint-Blancard*, S., 12. 3. 1 et ma note);

D'autre part, le Conseil d'État a posé le principe que la procédure d'office est *aux risques et périls de l'administration*, et que celle-ci peut être condamnée à des indemnités lorsqu'elle l'a employée d'une façon injuste (Cons. d'Ét., 27 fév. 1903, Zimmermann, S., 1903. 3. 17 et ma note; 21 nov. 1913, *Larose*, S., 15. 3. 25 et ma note). Il s'en est suivi une certaine prudence (1);

---

(1) C'est dans les relations de l'administration avec ses entrepreneurs de travaux publics, et surtout avec ses concessionnaires que l'on constate cette évolution. Jusqu'ici, dans les cahiers des charges, l'administration se réservait le droit de prononcer elle-même certaines sanctions par décision exécutoire, par exemple des mises en régie, des résiliations et des déchéances, mais les décisions prises en ces matières ont été si souvent annulées comme injustes et l'administration a été condamnée à de tels dommages-intérêts qu'elle commence à devenir prudente. On rencontre des cahiers des charges qui confient au conseil de préfecture le soin de prononcer lui-même les sanctions (V. Cons. d'Ét., 25 nov. 1910, *Tricoche*).

Et aussi les administrations commencent à se servir du procédé très ingénieux des demandes en interprétation de leur contrat, procédé auquel le Conseil d'État se prête, pour se faire, en somme, autoriser par le juge à exiger de leurs concessionnaires telles modifications qu'autrefois elles auraient pris l'initiative de décider à elles seules

b) Quand le juge administratif est saisi par un recours des décisions de l'administration, il y respecte toujours le pouvoir discrétionnaire de celle-ci. Matières contentieuses et non contentieuses. — Cela se marque de plusieurs façons, soit que le juge saisi d'un recours contre une décision rejette complètement le recours *parce que la décision n'est pas susceptible d'une discussion contentieuse*, soit qu'il déclare que sur tel ou tel point il n'a pas à apprécier les motifs de l'administration. En somme, il y a opposition pratique entre les matières où s'est exercé le pouvoir discrétionnaire et les matières contentieuses. Une matière n'est contentieuse que dans la mesure où la décision de l'administration n'est pas l'expression de son pouvoir discrétionnaire (1);

c) Même quand le juge condamne l'administration, il ne se reconnaît pas le droit de lui adresser des injonctions. — Le juge administratif peut annuler des décisions administratives et quelquefois les réformer, il peut annuler des décisions, non seulement pour illégalité, mais pour détournement de pouvoir, c'est-à-dire pour manquement à une simple règle de moralité administrative, il peut condamner l'administration à des indemnités pour avoir exécuté des décisions injustifiées, tout cela il peut le faire. Mais il ne peut pas toucher à la prérogative de l'administration en ce qui concerne la liberté de ses initiatives, il ne peut pas lui adresser d'injonction, ni la condamner à des obligations de faire. Par exemple, il ne peut pas prescrire la confection de travaux (Cons. d'Ét., 26 avril 1907, *Benoit*); il ne peut pas mettre un vieillard assisté à la charge de l'État, cette prise en charge ne peut résulter que d'une décision du ministre (Cons. d'Ét.,

sans demander conseil à personne et sauf à se mettre sur les bras un gros procès (Pour le détail de cette évolution, V. *infra*, v° *Travaux publics*).

Dans une thèse très étudiée (*Les recours de l'administration devant le juge*, Toulouse, 1920), M. Louis Cavaré a fouillé toute la jurisprudence et groupé les arrêts qui admettent le recours de l'administration, sous un certain nombre de rubriques. Il ressort de cet excellent travail que le recours au juge reste très exceptionnel, comme il fallait s'y attendre sous un régime administratif où le principe est que l'administration est exécutive.

(1) Cette question des matières contentieuses ou discrétionnaires, qui a autrefois fait couler beaucoup d'encre, a perdu aujourd'hui presque toute son importance parce qu'elle ne se pose plus au même moment de l'instance. Autrefois on faisait de l'existence de la matière contentieuse une condition de recevabilité, et même une question d'existence des recours, et, dès lors, cela apparaissait comme une limitation du contentieux. Aujourd'hui, il y a toujours ou presque toujours possibilité de recours en toutes matières, la matière contentieuse n'est plus une condition de recevabilité, mais une condition de fond. Si, finalement, la décision de l'administration apparaît comme dominée par le pouvoir discrétionnaire, le recours échoue au fond et cela n'a pas plus d'importance que lorsqu'il échoue au fond pour toute autre raison.

Ce n'est plus une limitation du contentieux. Cf. Michoud, *Étude sur le pouvoir discrétionnaire*, p. 5 et s.

22 janv. 1909, *Ministre de l'Intérieur*); il ne peut pas directement ordonner la démolition de travaux qui occasionnent des dommages (Cons. d'Ét., 10 mars 1905, *Berry et Chevallard*; 29 juill. 1916, *Soubiran*), il ne le peut pas davantage sous la menace d'une astreinte (Cons. d'Ét., 23 mai 1919, *Gaz de Pézenas*); tout ce qu'il a osé, c'est de peser indirectement sur l'administration par le procédé des dommages-intérêts moratoires et en lui offrant l'alternative de payer le dommage ou de démolir (Cons. d'Ét., 6 avril 1895, *Deshayes*; 10 mars 1905, *Berry et Chevallard*; 16 mai 1906, *Bichambis*, S., 1907. 3. 65 et ma note); il ne peut pas prescrire la modification d'un règlement (Cons. d'Ét., 12 janv. 1912, *Lombard*), etc.;

d) Il n'existe aucun moyen de contrainte pour obliger l'administration à défendre à un recours intenté contre elle et, en principe, elle ne peut pas être condamnée par défaut (V. infra, Liaison du contentieux);

e) Il n'existe non plus aucun moyen de contrainte pour obliger l'administration à obéir à la chose jugée. Il est de principe que l'administration exécute volontairement les jugements. Il en est des jugements comme des dettes et c'est au fond la même idée. Cependant, ici, comme l'autonomie de l'administration se trouve en conflit avec un principe très juridique, qui est celui de la chose jugée, il semble que le Conseil d'État soit décidé à lutter et à assujettir l'administration (1).

(1) Cette campagne très intéressante, pour assurer l'autorité de la chose jugée, a commencé d'une façon curieuse à propos de villes qui, ayant été condamnées envers leur concessionnaire d'éclairage au gaz pour avoir accordé des permissions de voirie à des électriciens, avaient ensuite retiré ces permissions de voirie. Les électriciens attaquaient pour excès de pouvoir les retraits de permission. Le Conseil d'État déclara qu'il ne saurait y avoir excès de pouvoir à avoir obéi à l'autorité de la chose jugée. (Cons. d'Ét., 27 sept. 1901, *Pécard*, S., 1902. 3. 33 et ma note; 6 juin 1902, *Commune de Bar-le-Duc*, S., 1903. 3. 65 et ma note) (doctrine contraire de la Cour de cassation, Crim., 25 oct. 1900, D., 1901. 1. 206).

La campagne s'est continuée à l'encontre de la Cour des comptes que le Conseil d'État a voulu astreindre à respecter la chose jugée par lui (Cons. d'Ét., 8 juill. 1904, *Botta*, conclusions de M. Romieu, Lebon, p. 566).

Vis-à-vis de l'administration elle-même, depuis quelques années, le Conseil d'État insiste sur *les conséquences de droit* des annulations qu'il prononce, en tant que ces conséquences s'imposent à l'administration (Cons. d'Ét., 30 nov. 1900, *Viaud*, S., 1903. 3. 33 et ma note; 19 juin 1903, *Ledochowski*; 20 janv. 1905, *d'Uston de Villeréglan*, réintégration de fonctionnaires ou autres mesures analogues; 3 fév. 1911, *de Hillerin*, approbation de droit de statuts de sociétés de secours mutuels, S., 12. 3. 17 et ma note), et, même, il a inauguré une procédure de renvoi à l'administration *pour faire ce que de droit*, qui est une invite non déguisée à obéir et qui pourrait bien avoir pour effet, soit d'entraîner la responsabilité administrative, soit de constituer en faute personnelle le fonctionnaire qui résisterait (Cons. d'Ét., 30 nov. 1906, *Denis et Rage Roblot*, S., 1907. 3. 17 et ma note; 1er fév. 1907, *Nouzille*; 26 juin 1908, *Daraux*, S., 1909. 3. 129 et ma note. Cf. ma note dans S., 11. 3. 121, sur l'affaire *Fabrègues*, Cons.

Section II. — Les responsabilités de l'administration
pour la gestion d'office (1).

§ 1. — **Principes généraux.**

La matière de la responsabilité administrative est devenue considérable et en même temps très complexe ; il est essentiel de poser des principes directeurs si l'on ne veut pas courir le risque de s'égarer.
Une première distinction s'impose qui est celle des responsabilités de l'administration publique vis-à-vis du public et des responsabilités de cette même administration vis-à-vis d'individualités déterminées *qui sont des tiers* :

I. *Responsabilités de l'administration vis-à-vis du public.* — C'est dans cette direction que les responsabilités de l'administration peuvent être rattachées d'une façon très directe à l'idée de la gestion d'affaires et de l'entreprise de gestion. C'est l'affaire du public que gère l'administration et non pas celle de tel ou tel individu, c'est l'affaire d'un groupe (2) ; du moment que le public est le véritable

---

d'Ét., 22 juill. 1910, et les conclusions de M. Chardenet, sous Cons. d'Ét., 23 juill. 1911, *Sains-les-Fressins*, Lebon, p. 913).

Le Conseil d'État a admis le procédé de la demande contentieuse en interprétation de ses décisions antérieures méconnues par l'administration (Cons. d'Ét., 26 juill. 1912, *Compagnie d'Orléans*).

Enfin une décision (Cons. d'Ét., 8 août 1919, *Toesca*) décide qu'il n'appartient pas aux préfets de refuser la délibération d'une assemblée qui vote des crédits pour assurer l'exécution d'un jugement passé en force de chose jugée.

(1) *Bibliographie* : Laferrière, *Traité de la juridiction administrative*, t. I, p. 674 et s. ; t. II, p. 156 et s. ; Michoud, *La responsabilité de l'État à raison des fautes de ses agents*, Revue du droit public, 1895, I, p. 401 ; II, p. 1 et 251 ; Jacquelin, *Principes du contentieux administratif*, p. 260 et s. ; Ribault, *La responsabilité des personnes publiques*, Le Droit, 8 déc. 1904 ; Roger, *Responsabilité civile de l'État* ; Bailby, *Principes de la responsabilité de l'État* ; Riccardi, *Personnalité réelle de l'État et responsabilité*, 1905 ; Perrin-Jaquet, *De la responsabilité des communes en matière de police*, 1905 ; P. Tirard, *De la responsabilité de la puissance publique*, 1906 ; G. Teissier, *De la responsabilité de la puissance publique*, 1906 ; Michoud, *Théorie de la personnalité morale*, t. II, 1909, p. 214 et s. ; Duguit, *Traité de droit constitutionnel*, t. I, 1910 ; Couzinet, *Étude sur la responsabilité des groupements administratifs*, Toulouse, 1911 ; René Marcq, *Responsabilité de la puissance publique*, 1911. Pour la littérature étrangère, V. Otto Mayer, *Le droit administratif allemand*, édit. française ; Giorgi, *Personne Giuridiche*, 2ᵉ édit. ; Vachelli, *La responsabilité civile*, etc., etc. ; Présutti, *La responsabilità della publica amministrazione*, etc. ; Ugo-Forti, *Studi e questioni di diritto amministrativo*, 1906 ; *Contributi alla teoria della responsabilità della publica amministrazione* ; Neyrines, *Rapport sur un projet de loi belge relatif au contentieux administratif*, 1912 (avec bibliographie).

(2) On verra plus loin, à propos des règlements d'eau et de partage des eaux, une application saisissante de cette idée : le partage administratif de l'eau courante ne peut être fait qu'entre des groupes d'intéressés, à la différence du partage judiciaire qui peut être fait entre des individus (Cons. d'Ét., 9 juin 1876, *Canal de Nivolas*).

maître de l'affaire, c'est envers le public que sont contractées les obligations résultant de la gestion d'affaires et envers le public que sont encourues les responsabilités résultant de l'inexécution de ces obligations; de plus, ces responsabilités doivent être sanctionnées par des moyens de la vie publique et politique. C'est, en effet, ce que nous voyons se réaliser :

1° *L'obligation de rendre compte.* — La première des obligations du gérant d'affaires au regard du maître de la chose est celle de rendre compte de sa gestion (art. 1372 in fine C. civ.). En effet, l'administration publique rend des comptes au public. Elle en rend d'abord en matière financière par toutes les procédures de la comptabilité publique; elle en rend au Parlement en toute espèce de matières par les procédures diverses du contrôle parlementaire, questions, interpellations, contrôle des commissions parlementaires permanentes, avec la sanction suprême de la responsabilité ministérielle. Elle en rend directement au public à tous les degrés de l'échelle administrative, aussi bien dans l'administration communale que dans celle de l'État par la publicité des séances des assemblées délibérantes et par la publicité donnée à toutes les décisions;

2° *L'obligation de continuer la gestion commencée* (art. 1372 et 1373 C. civ.). — Il est bien remarquable que cette obligation de l'administration, qui a pour but d'assurer la continuité et la régularité des services publics, soit mise de plus en plus en évidence par le droit. L'une des grandes raisons de la tutelle administrative que le pouvoir central continue d'exercer sur les administrations locales autonomes est la préoccupation d'assurer la continuité de certains services essentiels confiés à ces administrations locales et le procédé employé est celui de la *dépense obligatoire inscrite d'office en leur budget*. Au cours de la guerre de 1914, par suite de la hausse des prix du charbon, certains services municipaux confiés à des concessionnaires, tels que les distributions de gaz, les tramways, etc., menaçaient d'être interrompus; le Conseil d'État, par l'arrêt du 20 mars 1916, *Gaz de Bordeaux*, a posé énergiquement le principe que ces services ne devaient pas être interrompus et que les moyens nécessaires pour les continuer devaient être pris, coûte que coûte; et, en effet, il en a coûté très cher aux villes (1).

---

(1) Bien que l'obligation de rendre compte et celle de continuer la gestion commencée soient, en principe, sanctionnées par des moyens politiques ou tout au moins par des moyens de puissance publique, tels que la tutelle administrative ou l'autorité du juge, cependant les individus qui se trouvent particulièrement intéressés à l'affaire ont, dans le *recours pour excès de pouvoir* ou dans les voies de nullité analogues qui existent contre les délibérations d'assemblées, un moyen d'intervenir. D'une part, en effet, le Conseil d'État a admis que tout contribuable d'une commune ou d'un département est recevable à demander l'annulation d'une délibération de conseil général ou

II. *Responsabilités de l'administration vis-à-vis d'individualités déterminées.* — Le principe, ici, est que les individus sont des tiers au regard de l'entreprise administrative et que cette entreprise soit gérée *sous réserve des droits des tiers*. Comprenons bien la position de la question; l'administration publique est une entreprise de gestion des intérêts du public, le public est une entité collective; au regard de chacun des individus qui composent le public, cette entreprise est *res inter alios acta* parce que l'entité collective du public ne se confond pas avec chacun des individus.

Il s'ensuit qu'il ne va plus être question ici des principes de la gestion d'affaires qui ne jouent qu'au regard du public seul maître de l'affaire, mais de ceux de la responsabilité au regard des tiers.

Sur ce terrain de la responsabilité au regard des tiers, les faits imposent une distinction; il y a des cas où les responsabilités de l'administration ont été déterminées par la loi, alors, bien entendu, il n'y a qu'à appliquer la loi qui, assez souvent, impose à l'administration des responsabilités qui dépassent le droit commun, qui, par exemple, entraînent indemnité pour le simple accident;

Au contraire, il y a des cas où la responsabilité de l'administration n'a pas été organisée par la loi et, par conséquent, reste sous l'empire du droit commun, dont les principes sont supérieurs à la loi elle-même et peuvent être appliqués par le juge dans le silence de la loi.

Ces principes du droit commun sont :

la responsabilité pour faute;

le principe de l'enrichissement sans cause;

le principe de l'inconvénient exceptionnel de voisinage.

Le juge peut, soit les appliquer isolément, soit les combiner, ainsi que nous l'allons voir :

§ 2. — Les responsabilités de l'administration au regard des tiers telles qu'elles résultent du droit commun.

Article I. — *La responsabilité pour faute (Responsabilité de l'administration pour fait de service et responsabilité du fonctionnaire pour fait personnel).*

Il est commode de distinguer la responsabilité pour faute et la responsabilité pour dommage causé sans faute, mais avec enrichis-

---

de conseil municipal engageant les finances du département ou de la commune (Cons. d'Ét., 29 mars 1901, *Casanova*; 27 janv. 1910, *Richemond*; 8 nov. 1912, *Crémieux*). D'autre part, il a admis aussi que tout propriétaire ou tout commerçant établi dans une rue où passe un tramway est recevable à demander l'annulation de décisions de l'administration qui tendraient à interrompre le service (Cons. d'Ét., 4 fév. 1905, *Storch*; 26 déc. 1906, *Syndicat du quartier Croix de-Seguey*; 1er fév. 1907, *Avèbc*). Mais c'est là un recours de *tiers intéressé* et non pas une action *popularis*. V. *infra*.

sement sans cause du patrimoine administratif; le présent article sera consacré à la responsabilité pour faute.

I. *Principe de la responsabilité pour faute en ce qui concerne l'administration.* — Ce principe est celui de la faute quasi délictuelle consacré par les articles 1382 et suivants du Code civil.

Cela signifie qu'il s'agit de la théorie de la faute et non point de la théorie du risque, en vertu de laquelle indemnité serait due pour tout dommage causé par accident et sans faute à l'occasion de l'exécution des services publics. Sans doute, la théorie du risque a été appliquée par des lois spéciales à des matières importantes telles que les accidents professionnels, mais elle ne constitue pas le droit commun en matière civile et, par suite, elle ne le constitue pas non plus en matière administrative. D'ailleurs, c'est une théorie d'assurance plutôt que de responsabilité (1).

---

(1) Cass. req., 30 mars 1897 (S. et P., 1898. 1. 111 et la note Esmein ; 25 mars 1908, S. et P., 1910. 1. 17 et la note Esmein ; 19 janv. 1914, S. et P., 1914 1. 128 ; Planiol, *Traité élémentaire*, 6ᵉ édit., t. II, n° 863 *ter*; Ambroise Colin et Capitant, *Cours de droit civil*, t. II, p. 355 et s).

Cf. au surplus ma note sous Cons. d'Ét., 28 mars 1919, *Regnault-Desroziers* (explosion du fort de la Double-Couronne ou de la Courneuve), S., 1919. 3. 25.

La responsabilité de la *faute de l'entreprise*, à laquelle il faut rester fermement attaché comme principe de droit commun, diffère par ses conséquences de l'*assurance pour les risques de l'entreprise*.

En ce qui concerne l'administration, la responsabilité pour *faute de l'entreprise* entraîne les conséquences suivantes : 1° la responsabilité de l'administration ne se présume pas ; 2° l'administration n'est responsable ni des cas de *force majeure* résultant d'événements extérieurs à ses services, ni des *cas fortuits* qui se produisent à l'intérieur de ses services, mais qui ne peuvent pas actuellement être ramenés à des fautes de service déterminées (Cons. d'Ét., 10 mai 1912, *Ambrosini*, S., 12. 3. 101 et ma note) ; il est à noter que, d'après la législation de 1898, le patron est, au contraire, responsable des accidents du travail arrivés par cas fortuit et n'est exonéré que dans les cas de force majeure (sur la distinction de la force majeure et du cas fortuit, V. Exner, *La notion de la force majeure*, traduct. Seligmann, 1912 ; Josserand, *La force majeure en matière de transports*, *Grand traité commercial* de Thaller, 1910) ; 3° l'administration n'est pas responsable lorsque la victime de l'accident était elle-même en faute, notamment lorsque l'accident survenu à un militaire est le résultat de la désobéissance de celui-ci aux ordres qu'il avait reçus (Cons. d'Ét., 26 juill. 1907, *Bernard*), ou bien la responsabilité peut être partagée (Cons. d'Ét., 7 août 1909, *Préfet de la Creuse*).

On trouvera le développement de cette théorie de la *faute de l'entreprise* dans une note sous Cons. d'Ét., 10 fév. 1905, *Tomaso Greco* et 17 fév. 1905, *Auxerre* (S., 1905. 3. 113). On y verra les raisons pour lesquelles elle doit être jugée plus fine que la théorie du risque de l'entreprise et beaucoup plus avantageuse pour l'administration publique, du moins en ce qui concerne la responsabilité vis-à-vis des tiers : 1° la théorie du risque de l'entreprise, dans sa brutalité, n'est tolérable, dans la matière des accidents industriels, que parce que les chefs d'entreprise sont assurés ; or, l'administration ne peut pas s'assurer contre les fautes de service ; 2° en matière d'accident industriel, l'indemnité est *forfaitaire* et déterminée par la loi ; cette fixation à forfait était impossible pour les préjudices résultant de fautes de service ; 3° la théorie du

La responsabilité pour faute des articles 1382 et suivants du Code civil ne s'applique pas sans difficulté à l'administration publique. En effet, l'administration publique, cela signifie à la fois les personnes morales administratives et les fonctionnaires ; les fautes sont en fait commises par les fonctionnaires qui sont, soit les organes, soit les agents des personnes morales ; mais quelles sont les relations qui unissent les personnes morales administratives à leurs organes et à leurs agents ? Il faut poser en principe que ce ne sont point les relations de commettant à préposé, lesquelles sont admises par la jurisprudence civile en ce qui concerne les sociétés civiles et commerciales par application de l'article 1384 du Code civil ; le premier soin de la jurisprudence administrative en ces matières a été de déclarer que « les dispositions de l'article 1384 sont de droit privé et ne déterminent ni *les rapports de l'État avec les fonctionnaires publics, les agents et les employés administratifs, ni les conséquences juridiques que ces rapports peuvent produire entre les tiers et l'État* » (Confl., 1er fév. 1873, *Dugave et Branciet*).

De fait, la responsabilité du commettant pour les fautes du préposé que la jurisprudence civile applique aux sociétés, et qu'elle a même appliquée aux communes pendant un certain temps, est peu d'accord avec la nature des personnes morales ; elle tend à séparer la personne morale de ses organes et suppose qu'elle les choisit, puisque la personne morale serait le commettant et que les organes seraient les préposés ; or, sans aller jusqu'à dire que la personne morale n'existe que par ses organes, on est obligé de reconnaître qu'elle ne les commet pas parce qu'elle ne les choisit pas et qu'au contraire ils s'imposent à elle par la voie d'autorité. Ce sont les organes des personnes morales qui ont le gouvernement, c'est-à-dire le commandement ; sans doute, ils sont les *représentants* du groupe ou de la nation, mais dans le langage politique un représentant n'est pas un préposé, il est un gouvernant. Il y a donc une sorte de contresens à appliquer les relations du commettant individuel au préposé individuel, qui sont celles de l'article 1384, aux relations de la personne morale et de ses organes. La jurisprudence administrative a senti d'instinct ce contresens et elle a cherché un agencement de la responsabilité du fonctionnaire et de celle de la personne morale qui fût plus proche des réalités politiques.

Du point de vue des réalités politiques, c'est la responsabilité personnelle du fonctionnaire qui doit apparaître la première et, en effet,

---

risque à l'inconvénient d'éliminer toute préoccupation morale de diligence ou de zèle dans l'accomplissement de la fonction ; or, l'institution administrative a un besoin urgent de cet élément moral. Michoud adhère complètement à cette idée de la supériorité de la théorie de la faute sur la théorie du risque (*Théorie de la personnalité morale*, II, p. 277).

historiquement; c'est bien elle qui s'organise d'abord. Non seulement le fonctionnaire commet matériellement la faute, mais il domine la personne morale ; pendant longtemps sa responsabilité couvre celle de la personne morale. L'Angleterre en est encore à ce stade, le fonctionnaire y est responsable et peut être poursuivi devant les tribunaux ordinaires, la personne morale administrative ne peut pas l'être, en principe.

En France, nous avons commencé aussi par la responsabilité des fonctionnaires, mais, à partir de l'an VIII, nous avons voulu la limiter par une garantie administrative. Nous avons redouté les poursuites téméraires contre les fonctionnaires et la démoralisation qui en résulterait pour ceux-ci. Au lieu de prendre contre les poursuites téméraires des précautions de procédure judiciaire comme ont fait les Anglais, nous nous sommes engagés dans la voie de la *garantie administrative*, c'est-à-dire que la haute administration a été chargée de protéger les agents exécutifs (art. 75 de la constitution de l'an VIII, autorisation préalable des poursuites par le Cons. d'Ét.). Du moment que la haute administration limitait la responsabilité des agents, il devait arriver tôt ou tard que la part des responsabilités qui ne pesait plus sur les agents fût mise à la charge de la personne morale administrative cachée derrière la haute administration.

En effet, au cours du xix° siècle, une double évolution s'est accomplie. D'une part, le Conseil d'État, dans ses autorisations de mise en jugement des fonctionnaires, a pris l'habitude de n'accorder l'autorisation que dans les hypothèses où le fonctionnaire avait commis un *fait personnel*, posant ainsi le principe de la distinction du fait personnel et du fait de service. D'autre part, les victimes des préjudices ont pris l'habitude de se retourner contre l'administration pour obtenir réparation des *faits de service*. Après une période préparatoire où la jurisprudence administrative a été surtout préoccupée de soustraire aux tribunaux judiciaires la connaissance de ces recours en indemnité et où elle a surtout statué sur la compétence, on est parvenu à une période définitive où le droit à indemnité contre l'administration a été pleinement reconnu.

On peut fixer autour des années 1870-1873 le moment où cette évolution s'est terminée, de telle sorte que, depuis un demi-siècle, la responsabilité pour faute de l'administration est partagée en deux théories : celle de la responsabilité du fonctionnaire pour *fait personnel* et celle de la personne morale administrative pour *fait de service*.

Nous allons voir comment chacune d'elles a évolué et si, d'ailleurs, depuis un certain nombre d'années, une sorte de rapprochement ne s'ébauche pas entre elles.

II. *La responsabilité du fonctionnaire pour « fait personnel ».* —

1° *La garantie administrative du fonctionnaire.* — La poursuite directe contre les fonctionnaires qui ont commis matériellement le fait dont on a éprouvé un préjudice est un mouvement naturel et instinctif. Il est naturel aussi que l'action soit portée devant le juge de droit commun, soit le tribunal civil, soit le tribunal correctionnel. Mais il y a lieu de craindre des poursuites téméraires ou vexatoires, en un mot, un certain abus des poursuites qui désorganiserait l'administration. Il y a des précautions à prendre. Dans les pays où l'autorité judiciaire est très forte et pénétrée de sa responsabilité, il semble qu'elle ait su, d'elle-même, décourager les poursuites téméraires et l'administration n'a pas senti le besoin de protéger ses fonctionnaires (1). Mais, dans les pays centralisés comme la France, où, il faut bien le dire, l'administration est plus forte que la justice, elle a toujours revendiqué pour ses fonctionnaires une garantie qu'elle pût appliquer elle-même et qui lui permît d'apprécier elle-même leurs fautes (2).

Il y a eu sur ce point deux systèmes successifs, celui de l'autorisation préalable aux poursuites judiciaires, qui datait de l'article 75 de la Constitution de l'an VIII, et celui de l'arrêté de conflit postérieur aux poursuites, qui date de l'arrêt *Pelletier* du 26 juillet 1873 et qui est le système du Tribunal des conflits ; dans le premier système, l'appréciation dépendait du Conseil d'État, dans le second, elle dépend du Tribunal des conflits.

Système de l'article 75 de la Constitution de l'an VIII. — Cet article était ainsi conçu : « Les agents du gouvernement, autres que les ministres, ne peuvent être poursuivis pour des faits relatifs à leurs fonctions qu'en vertu d'une décision du Conseil d'État, en ce cas, la poursuite a lieu devant les tribunaux ordinaires » (3). Le Conseil d'État, saisi préalablement d'une demande en autorisation de poursuite, était donc juge de la question de savoir s'il y avait faute personnelle du fonctionnaire ou seulement faute de service et il

---

(1) C'est ce qui s'est produit jusqu'ici dans les pays anglo-saxons. Cf. Laferrière, *op. cit.*, t. I, p. 113 et 129 ; Dicey, *Introduction au droit constitutionnel*, p. 303, traduct. franç. Cependant, par un *act* de 1893, sur la *Public authorities protection*, il a été donné au fonctionnaire poursuivi par un citoyen le bénéfice d'un délai de six mois et le citoyen débouté de sa demande est condamné aux dépens fixés par le sollicitor et le client.

(2) La situation est analogue en Allemagne, en Espagne, en Italie. Cf. Laferrière, *op. cit.*, t. I, p. 36, 41, 83. En Belgique, où, depuis l'abrogation de l'article 75 de la Constitution de l'an VIII, les tribunaux ordinaires ont été chargés d'appliquer la distinction du *fait personnel* et du *fait de service*, il faut noter qu'elle a été tout aussi bien maintenue. Cf. Laferrière, *op. cit.*, I, 94.

(3) *Adde* l'article 129 du Code pénal punissant d'amende le juge qui, avant l'autorisation des poursuites, décernait le mandat, et le ministère public qui le requérait en cas de crime ou délit commis dans l'exercice des fonctions.

n'accordait l'autorisation de poursuivre que dans le cas de fait personnel ; on appelait ces procédures en autorisation de poursuites les *mises en jugement* (1). Mais la nécessité de demander l'autorisation préalable était, pour les parties intéressées, une gêne considérable (2) ; en outre, dans le cas de crime ou délit évident, l'impossibilité d'agir où se trouvait le ministère public, avant que l'autorisation ne fût donnée, avait quelque chose de scandaleux. L'abrogation de l'article 75 avait été bien souvent demandée.

Système du Tribunal des conflits. — L'un des premiers actes du gouvernement de la Défense nationale fut, en effet, d'abroger l'article 75 par le décret du 19 septembre 1870 (3). Mais une fois l'autorisation préalable supprimée, le Tribunal des conflits affirma que le *principe de la séparation des pouvoirs subsistait*, qu'on ne pouvait pas laisser l'autorité judiciaire maîtresse d'apprécier la nature de la faute commise par le fonctionnaire et que l'autorité administrative demeurait libre d'élever le conflit, si elle estimait que le fonctionnaire n'avait commis qu'une faute administrative inséparable de l'acte administratif. La garantie administrative du fonctionnaire devient donc *le conflit*. Elle n'est plus préalable, elle n'intervient qu'une fois les poursuites commencées, mais elle dessaisit le tribunal judiciaire si le conflit est validé, et il ne reste plus d'autre ressource à la victime que de se retourner contre l'administration (Conflits, 26 juill. 1883, Pelletier) (4).

(1) V. Planté, *Les mises en jugement des fonctionnaires*, recherche historique, Thèse, Toulouse, 1910.

(2) Il est cependant remarquable que les particuliers n'avaient à demander l'autorisation préalable du Conseil d'État que si le tribunal judiciaire se refusait spontanément à connaître de la plainte tant que cette formalité n'était pas remplie. Mais le tribunal pouvait se déclarer valablement saisi et le gouvernement n'avait aucun moyen de procédure pour l'obliger à surseoir jusqu'à l'autorisation du Conseil d'État. Cela prouve que l'article 75 de la Constitution de l'an VIII avait été conçu en vue des poursuites du ministère public et non en vue des poursuites privées, et qu'en somme il constituait une garantie moins complète et moins souple que celle trouvée plus tard dans la procédure des conflits.

(3) Art. 1er. — L'article 75 de la Constitution de l'an VIII est abrogé. Sont également abrogées toutes autres dispositions des lois générales ou spéciales, ayant pour objet d'entraver les poursuites dirigées contre des fonctionnaires publics de tout ordre.

Art. 2. — Il sera ultérieurement statué sur les peines civiles qu'il peut y avoir lieu d'édicter, dans l'intérêt public, contre les particuliers qui auraient dirigé des poursuites téméraires contre des fonctionnaires.

(4) Il est de principe, en vertu de la séparation des pouvoirs, que les tribunaux de l'ordre judiciaire ne peuvent pas connaître des actes administratifs. Le décret de 1870 avait-il été jusqu'à déroger au principe de la séparation des pouvoirs ? La question étant ainsi posée, il y eut d'abord hésitation. La Cour de cassation se prononça pour la compétence des tribunaux judiciaires sur l'appréciation de la faute, qu'elle fût ou non détachable de l'acte administratif (Cass., 3 juin 1872, *Meyère*) ; le Conseil d'État,

Des fonctionnaires au profit desquels existe la garantie du conflit. — On peut dire qu'elle existe au profit de tout fonctionnaire dont l'acte ou l'agissement peut être qualifié *d'acte administratif*, au sens du principe de la séparation des pouvoirs et des conflits (1).

faisant fonction de Tribunal des conflits, sembla aussi se rallier à ce système (Arr. 7 mai 1871, *de Cumont et Stofflet*); mais lorsqu'un Tribunal des conflits indépendant fut réorganisé à la suite de la loi du 24 mai 1872, il se prononça immédiatement en sens opposé; il déclara que le principe de la séparation des pouvoirs n'avait point reçu d'atteinte du décret de 1870; que, par conséquent, le tribunal judiciaire devait être dessaisi lorsqu'il y avait dans l'affaire une appréciation à faire de la faute, parce que c'était en réalité une appréciation de l'acte administratif (Confl., 26 juill. 1873, *Pelletier*).

Et, dès lors, si le tribunal judiciaire ne se déclare pas volontairement incompétent, s'engage une procédure, non plus d'autorisation préalable, mais d'*évocation*. Il suffit que le préfet prétende que l'acte accompli par l'agent ne renferme pas un *fait personnel*, mais reste un acte administratif ordinaire, contenant tout au plus un *fait de service*, pour qu'un arrêté de conflit puisse être pris. L'affaire est alors portée devant le Tribunal des conflits qui décide souverainement. Si le conflit est validé, le tribunal judiciaire est dessaisi et il ne reste d'autre ressource que de poursuivre l'administration en responsabilité pour fait de service. Si l'arrêté de conflit est annulé, le tribunal ordinaire peut reprendre l'examen de l'affaire, car il est décidé, par là même, qu'il n'y a pas de véritable acte administratif en cause et que le fonctionnaire avait commis un fait personnel détachable. On n'a point cessé, dans la doctrine, d'attaquer cette jurisprudence du Tribunal des conflits. M. Jacquelin, dans ses *Principes dominants du contentieux administratif*, la traite fort durement. Il cherche à établir que le décret du 19 septembre 1870 avait eu l'intention certaine de supprimer le privilège de juridiction des fonctionnaires, fallût-il pour cela déroger au principe de la séparation des pouvoirs, que, par conséquent, il y a fausse interprétation de ce décret. La démonstration de M. Jacquelin serait peut-être probante si le principe d'interprétation qui consiste à compléter le texte des lois par l'intention du législateur et par les travaux préparatoires était lui-même universellement reçu; mais il n'en est rien et je crois au contraire que le principe admis pratiquement est celui de l'interprétation purement objective, c'est-à-dire le rapprochement du texte de la loi et de la situation qu'il est appelé à régler. Or, il n'est pas douteux que le texte du décret ne puisse très littéralement s'interpréter sans aller jusqu'à dire qu'il a abrogé les lois sur lesquelles est fondé le principe de la séparation des pouvoirs, d'autant mieux que ces lois ne contiennent justement pas de disposition destinée à entraver les poursuites contre les fonctionnaires; comme on l'a fait très justement observer, l'abrogation ne peut s'appliquer qu'à de certaines dispositions; or, des dispositions sur la garantie des fonctionnaires, il n'y en avait que dans l'article 75 de la Constitution de l'an VIII et dans les textes relatifs à des fonctionnaires spéciaux; ces dispositions seules sont abrogées; s'il avait visé les textes relatifs à la séparation des pouvoirs, le décret de 1870 les eût donc abrogés complètement! ou bien il aurait dû dire simplement qu'il y *dérogeait!* Si maintenant nous examinons la situation, il paraît bien, ainsi que cela est expliqué au texte, que la poursuite intentée devant l'autorité judiciaire comporte une atteinte possible à la séparation des pouvoirs.

(1) Sous l'empire de l'article 75 de la Constitution de l'an VIII, il était entendu que la garantie ne s'appliquait qu'aux *agents du gouvernement*, c'est-à-dire aux fonctionnaires du pouvoir exécutif, dépositaires d'une parcelle de la puissance publique, si petite fût-elle; et encore, il fallait mettre à part les ministres formellement exceptés par le texte (V. *infra*). La garantie n'existait ni au profit des agents de l'ordre judi-

2° *Le fait personnel.* — Le jeu de la garantie administrative, lorsqu'elle est mise en action par la procédure du conflit, ne doit laisser à la charge du fonctionnaire que la responsabilité de ses faits personnels. Qu'est-ce que le fait personnel et en quoi se distingue-t-il du fait de service ?

Une première formule a été donnée par Laferrière (*Juridiction administrative*, 2ᵉ édit., t. I, p. 648); elle est tirée de l'opposition entre ce qui est *personnel* et ce qui est *impersonnel*; les actes qui ne sortent pas des habitudes de la fonction sont impersonnels pour le fonctionnaire, ils revêtent un caractère machinal et automatique, ce sont des faits de service; au contraire, si dans un acte l'homme

ciaire, magistrats des cours et tribunaux, officiers de police judiciaire, pour lesquels ont été organisés une protection spéciale résultant des formalités de la prise à partie (art. 505 C. pr. civ.) et un privilège de juridiction en cas de crime ou de délit (art. 483 C. instr. crim.), ni au profit des membres des assemblées délibérantes administratives, conseillers généraux, conseillers municipaux, lesquels ne sont point agents du pouvoir exécutif. Finalement, la garantie de l'article 75 protégeait les préfets, sous-préfets, conseillers de préfecture, commissaires de police, les maires en tant qu'agents du gouvernement, les agents d'ordre exécutif de toute espèce, jusqu'aux employés des régies financières, les ministres plénipotentiaires, agents diplomatiques et consuls et les conseillers d'État.

Depuis l'abolition de l'article 75, la situation s'est modifiée, les mêmes agents se trouvent protégés, mais il convient d'en ajouter d'autres, le maire agissant comme représentant de la commune, les conseillers généraux ou les conseillers municipaux dans l'exercice de leurs fonctions. Il n'y a plus, en effet, à tenir compte de l'expression limitative « agents du gouvernement » qui se trouvait dans l'article 75, puisque cet article est abrogé; la garantie n'est plus fondée aujourd'hui sur un texte, mais sur le principe de la séparation des pouvoirs qui s'applique également aux actes administratifs de tous les agents; or, les agents des administrations locales, par exemple les conseillers municipaux quand ils délibèrent, participent à un acte du pouvoir administratif (Confl., 13 déc. 1879, *Andigue*).

Responsabilité civile des ministres vis-à-vis des particuliers. — Il y a pour le ministre une difficulté spéciale, qui est celle de savoir si l'accusation au criminel devant les Chambres n'est pas le préalable obligé des poursuites au civil ou au correctionnel que les particuliers pourraient intenter contre lui. D'après les lois du 27 avril 1791, article 31, et du 10 vendémiaire an IV, articles 13 et 14, cette accusation préalable était nécessaire, et c'est pourquoi l'article 75 de la Constitution de l'an VIII n'avait pas organisé au profit des ministres la garantie de l'autorisation préalable du Conseil d'État (Cet article 75 disait en effet : « Les agents du gouvernement autres que les ministres, etc. »). Cette garantie était inutile puisqu'il y avait celle de l'examen préalable du pouvoir législatif. Cette garantie spéciale subsiste-t-elle sous la législation actuelle? Les auteurs sont partagés (Batbie, *Traité de droit public*, II, 477; Ducrocq, *Cours de droit administratif*, 7ᵉ édit., t. III, n° 1033; Esmein, *op. cit.*, estiment que cette garantie a disparu et que, par suite, le ministre peut être poursuivi comme un fonctionnaire ordinaire. *Adde* Béquet, *Répertoire*, v° *Fonctionnaire*, n° 218; Laferrière, *Juridiction administrative*, t. I, p. 658 et s., estime, au contraire, que la garantie spéciale de l'autorisation législative est maintenue). Nous serions assez disposé à penser qu'elle a disparu, parce que les textes qui l'établissaient ont perdu leur valeur constitutionnelle et aussi parce que le décret du 19 septembre 1870 a formellement abrogé toutes les dispositions législatives qui entravaient les

apparaît avec ses faiblesses, ses passions, ses imprudences personnelles, et si, par suite, cet acte sort des habitudes de la fonction, il est ou il contient un fait de service.

Cette première formule tirée de l'opposition entre le personnel et l'impersonnel et, en somme, entre ce qui sort des habitudes de la fonction et ce qui n'en sort pas, ayant paru trop vague, la jurisprudence s'est efforcée de la préciser et est arrivée à la formule de la *circonstance détachable*.

Il y a fait personnel lorsque, dans l'action du fonctionnaire, on perçoit une *circonstance détachable* de ce que serait l'acte administratif purement fonctionnel.

poursuites dirigées contre les fonctionnaires publics de tout ordre. Mais, bien entendu, sur les poursuites engagées contre le ministre, le conflit pourra être élevé et, finalement, le ministre ne sera condamné par le tribunal civil ou correctionnel que s'il a commis un *fait personnel*, on lui appliquera donc la théorie générale (Cf. Confl., 5 mai 1877, *Laumonnier-Carriot*).

La responsabilité civile des ministres vis-à-vis de l'État. — Lorsque les ministres ont, par une faute administrative, causé à l'État un préjudice pécuniaire, peuvent-ils être condamnés à le réparer ? Bien que le principe de cette responsabilité soit certain, bien qu'elle soit consacrée par des textes dans le cas spécial de dépassement de crédits (L. fin. 25 mars 1817, art. 151 et 152; L. 15 mai 1850, art. 9), elle n'est pas organisée comme procédure. Sans doute, dans le cas d'un véritable crime de concussion commis par un ministre, si celui-ci était poursuivi au criminel, une action civile pourrait être jointe à l'action publique, mais, pour le cas de simple faute administrative, il n'y a ni procédure organisée, ni tribunal formellement déclaré compétent. En 1829, pour M. de Peyronnet, en 1832, pour M. de Montbel, en 1881, pour M. Caillaux, le gouvernement fut invité à exercer des poursuites et déclara ne pouvoir saisir aucune juridiction. En effet, la Cour des comptes n'a juridiction que sur les comptables et non pas sur les ordonnateurs, le Conseil d'État ne pourrait être saisi qu'indirectement, si, au préalable, on décernait contre le ministre une contrainte administrative consécutive à un arrêté de débet, mais l'arrêté de débet et la contrainte ne peuvent non plus viser que des comptables et non des ordonnateurs; les tribunaux civils auraient été compétents à notre avis (V. le texte), mais on ne songea pas à les saisir. De nombreuses propositions de lois ont été déposées pour organiser à l'avenir cette responsabilité ministérielle. On en trouvera le détail dans Laferrière, *op. cit.*, t. I, p. 669 et s., et dans Esmein, *op. cit.* Cf. E. Pierre, *Droit politique*, p. 108 et s.

Au fond, le grand obstacle à la réalisation effective de cette responsabilité gît dans les mœurs politiques, et peut-être le régime parlementaire est-il à ce prix; les ministres ne sont pas en situation de surveiller efficacement le détail des affaires, et, d'autre part, il est des cas imprévus auxquels il faut qu'ils puissent parer sans avoir à redouter des responsabilités, qui seraient d'ailleurs hors de proportion avec leur fortune personnelle. Si la question ne se posait véritablement que sur le terrain juridique, elle serait beaucoup plus simple qu'on ne le dit; le droit commun permettrait de saisir les tribunaux civils, l'État, agissant comme personne civile, traduirait le ministre devant le tribunal civil, le préfet élèverait le conflit au nom de la puissance publique s'il y avait lieu, le Tribunal des conflits examinerait la question de savoir s'il y a eu fait personnel du ministre et, dans le cas de l'affirmative, l'acte administratif disparaissant, le tribunal civil serait compétent pour condamner [V. en ce sens M. Roussel], *Revue de droit public*, 1897, I, p. 385, et *Répertoire* Béquet-Laferrière, v° *Fonctionnaire*, n° 227; Artur, *Revue de droit public*, 1912, I, p. 456).

Certainement, sous cette forme, la question paraît posée d'une façon plus pratique, mais elle n'est pas complètement résolue, car on peut se demander, maintenant, en quoi va consister la circonstance détachable.

Il y a des hypothèses où elle résidera en un fait matériellement séparable de l'acte administratif : par exemple, l'acte administratif consistera dans l'action d'afficher à la porte de la mairie un tableau rectificatif de la liste électorale sur lequel le nom d'un électeur sera signalé comme rayé en vertu d'un jugement (Confl., 26 juin 1897, *Préfet de la Haute-Garonne*), et le fait personnel consistera de la part du maire à faire placarder un avis spécial aux habitants de la commune pour leur signaler la condamnation de l'électeur (Confl., 4 déc. 1897, *Préfet de la Gironde*) ; le placardage de l'avis spécial est la circonstance se détachant de l'acte fonctionnel qui est l'affichage du tableau rectificatif, et cette circonstance détachable consiste en un fait matériellement séparable.

Mais on ne rencontre pas dans toutes les hypothèses cette possibilité de séparation matérielle entre l'acte administratif et la circonstance détachable. Par exemple, le Tribunal des conflits a reconnu l'existence d'un fait personnel dans l'acte d'un maire qui ordonne de sonner la cloche d'une église pour un enterrement civil (Confl., 22 avril 1910, *Préfet de la Côte-d'Or* ; 4 juin 1910, *Préfet de l'Aisne*). Or, ici, il n'y a qu'un seul et même acte, l'ordre de sonner la cloche, et l'on ne perçoit pas de circonstance détachable de l'acte.

Il est donc nécessaire d'interpréter la circonstance détachable en un sens plus large et d'y voir souvent *une circonstance détachable de la conduite administrative ordinaire*. Dans ces hypothèses, c'est l'acte lui-même qui constitue la circonstance détachable de la conduite, et, si l'on veut employer la terminologie de M. Duguit, on peut dire que la faute est *incluse dans l'acte* (ce qui n'entraîne d'ailleurs aucune conséquence contentieuse particulière).

Nous arriverions donc à cette formule : *le fait personnel consiste en une circonstance qui constitue une faute détachable de la conduite administrative ordinaire, qu'elle soit ou non détachable d'un acte administratif déterminé*. Il faut reconnaître qu'ainsi corrigée, la seconde définition du fait personnel ressemble beaucoup à la première (1).

---

(1) Il ne faut pas oublier, d'ailleurs, que nous sommes dans une théorie des fautes, que le fait personnel comme le fait de service ne sont que des variétés de faute. Les précisions insérées au texte m'ont été suggérées par deux très intéressantes notes de jurisprudence, l'une de M. Duguit (S., 1918-1919. 2. 1, sous Bordeaux, 19 juin 1917, *Monpillié*), l'autre de M. Mestre (S., 1918-1919. 1. 209, sous Cass. req., 5 juin 1918, même affaire). J'ai suivi dans l'ensemble les suggestions de M. Mestre.

Voici un certain nombre de décisions dans lesquelles le Tribunal des conflits a vu un fait personnel : (Confl., 11 déc. 1880, *de Rebelles*), un préfet, par une lettre reproduc-

III. *La responsabilité de l'administration publique pour fait de service.* — Lorsque cette responsabilité s'est définie comme complément de la responsabilité personnelle du fonctionnaire, elle s'est définie à la fois comme *administrative*, c'est-à-dire comme ne pouvant être sanctionnée que par la juridiction administrative, et comme *limitée au fait de service* :

1° *Caractère administratif de la responsabilité pour fait de service.* — Le premier soin de l'autorité administrative, ainsi que nous l'avons relevé plus haut, fut de revendiquer pour la juridiction administrative la connaissance des actions en responsabilité dirigée contre l'administration (Confl., 21 sept. 1827, *Lemercier*; 26 juill. 1837, *Allard*; 30 mai 1850, *Manoury*, etc.). Cette compétence exclusive est aujourd'hui admise, en principe, toutes les fois que la question de responsabilité se pose à propos de l'exécution d'un service public et sauf dans certains cas exceptionnels que nous verrons plus loin (1).

Les actions en responsabilité sont, en réalité, des recours contentieux portés devant le juge administratif de droit commun qui est le Conseil d'État (ou, en ce qui concerne les colonies, le conseil du contentieux avec appel au Conseil d'État). Ce sont des recours de pleine juridiction qui exigent le ministère d'un avocat au Conseil d'État (Cons. d'Ét., 7 juill. 1899, *Seytre*); ils ne peuvent être formés qu'après une réclamation portée devant l'autorité administrative compétente, si cette autorité a répondu par une décision de rejet ou si elle a gardé le silence pendant quatre mois (L. 17 avril 1900).

publique, accusé des personnes ayant pris des permis de chasse hors de leur commune d'avoir voulu frustrer cette commune d'une ressource dont elle avait besoin pour venir en aide aux malheureux (Confl., 15 déc. 1883, *Dézétrée*), un maire, au lieu de faire déclarer démissionnaire dans les formes de droit un conseiller municipal qui avait manqué à plusieurs convocations, l'a expulsé lui-même de la salle des séances, etc.; (Confl., 26 juill. 1911, *Coutareau*), un sous-préfet dépose inconsidérément une plainte en vol contre un employé de la sous-préfecture.

Le Tribunal des conflits a une tendance à restreindre la sphère du fait personnel. Ainsi dans le cas d'un facteur qui, par inadvertance, donne une fausse direction à une lettre, il avait commencé par voir un fait personnel (Confl., 7 juin 1873, *Godart*), et puis, dans des décisions postérieures, il n'a vu là qu'un fait de service (Confl., 19 nov. 1881, *Bouhier*; 24 fév. 1906, *Sureau*). Il recherche de plus en plus l'intention et en somme la faute intentionnelle.

(1) La compétence administrative pour la responsabilité résultant du fait de service est admise par toutes les juridictions : par le Tribunal des conflits (Confl., 30 mai 1850, *Manoury*; 1er fév. 1873, *Blanco*; 8 déc. 1893, *Gessler*; etc.); par le Conseil d'État (Cons. d'Ét., 6 déc. 1885, *Rothschild*, etc.); par la Cour de cassation (Cass., 4 avril 1876, *Larre-Brusset*; 26 fév. 1912, *Commune d'Eyguières*, S., 13. 1. 17, note Mestre). — La compétence est administrative pour la responsabilité de l'administration même si, à raison de la coexistence d'un fait personnel et d'un fait de service, l'agent de l'administration a été, en premier lieu, poursuivi en police correctionnelle (Confl., 15 avril 1905, *Debref*; Cons. d'Ét., 3 fév. 1911, *Auguet*).

La théorie n'est pas administrative seulement par la question de compétence, elle l'est aussi dans son fond, à raison de la notion très particulière et très originale du fait de service qui met en cause ce qu'il y a de plus intime dans l'administration, à savoir « les relations entre l'administration et ses agents et aussi les besoins des services » (affaires *Blanco, Dugave et Branciet*, 1er fév. 1873). On doit considérer cette théorie comme constituant le droit commun en ce qui concerne les responsabilités des administrations publiques et les autres formes que prennent ces responsabilités, sous l'influence de telle ou telle circonstance, constituent des formes exceptionnelles.

2° *Notion du fait de service.* — C'est un fait conforme, soit aux instructions des chefs hiérarchiques, soit aux errements du service, lequel fait, s'il constitue une faute et s'il a causé un préjudice, engage la responsabilité de l'administration et non pas la responsabilité personnelle de l'agent.

En d'autres termes, c'est le fait ou la faute *du service* plutôt que le fait de *l'agent*. Ce sont les négligences, les omissions, les erreurs qui sont *dans les habitudes du service lorsque ces habitudes sont mauvaises*.

Toutes les erreurs commises n'engagent pas nécessairement la responsabilité de l'administration et il se dessine dans les arrêts récents une tendance à exiger que la faute soit lourde (1).

Le fait de service est un fait d'exécution ou d'inexécution, en tout cas, il est de la catégorie de l'exécution et non pas de celle de la décision exécutoire. Cela signifie que l'administration n'est pas pécuniairement responsable des simples effets de droit produits par ses décisions exécutoires, même lorsque celles-ci sont entachées d'excès de pouvoir. Sa responsabilité pécuniaire ne peut commencer qu'avec les faits d'exécution (2).

Mais, d'une part, les faits d'exécution peuvent devenir des faits de service dans toute espèce de services publics, même dans les services

---

(1) Cons. d'Ét., 30 déc. 1910, *Médé* : « Considérant que l'accident est survenu au cours d'un exercice accompli *avec toutes les précautions d'usage* et ne peut être attribué à une *faute du service public* de nature à engager la responsabilité de l'État. » V. 9 janv. 1914, *Herrscher;* 2 fév. 1917, *Syndicat du canal de Raonnel;* 23 nov. 1917, *ville de Toulouse*).

(2) En d'autres termes, l'excès de pouvoir dans la décision exécutoire ne constitue pas par lui-même un fait de service, mais il peut y avoir fait de service à exécuter une décision entachée d'excès de pouvoir (Cf. Cons. d'Ét., 27 fév. 1903, *Zimmermann*, S., 1905. 3. 17 et ma note; 13 juin 1902; 7 juin 1907; 27 janv. 1911, *Teyssonnayre et Jeantet,* et toutes les affaires relatives aux employés injustement révoqués et brusquement congédiés; Cons. d'Ét., 11 déc. 1903, *Villenave*, S., 1904. 3. 121 et ma note; *Lacourte,* 15 fév. 1907, S., 1907. 3. 49 et ma note; 31 mars 1911, *Blanc, Argaing, Bézie,* S., 12. 3. 129 et ma note).

de police ; d'autre part, le *fait d'omission* ou d'inexécution, par exemple, le fait de n'avoir pas pris et fait exécuter un règlement de police indispensable, peut lui-même être considéré comme un fait de service (1).

Le fait de service doit être établi à la charge de l'administration par l'intéressé qui doit, tout au moins, fournir un commencement de preuve, mais il convient de remarquer que cette charge de la preuve n'est pas aussi lourde qu'elle le serait devant la juridiction civile,

---

(1) Il y a eu pendant longtemps une résistance acharnée à admettre la responsabilité pécuniaire de l'État pour fait de service *dans les matières de puissance publique* et spécialement *dans les matières de police*. Sous ces expressions ambiguës se cachait une confusion entre le point de vue de la décision exécutoire et le point de vue des mesures d'exécution, que de mon côté je me suis attaché à dénoncer. Sans doute, les dispositions d'un règlement de police, même illégales ou imprudentes, tant qu'elles ne sont pas envisagées dans leur exécution, ne sauraient engager la responsabilité de l'État, car elles constituent une décision exécutoire qui, dans le pur état de droit qu'elle crée, n'entraîne aucune responsabilité pécuniaire (Cons. d'Ét., 23 juin 1882, *Larbaud*. Cf. Laferrière, *op. cit.*, II, p. 187. Cf. 20 mai 1892, *Grandjean* ; 13 janv. 1893, *Cazeaux*). Mais déjà des injonctions individuelles adressées à un intéressé et à lui notifiées peuvent être considérées sous le rapport de l'exécution (Cons. d'Ét., 15 juin 1864, *Compagnie des Combes* ; 6 mars 1903, *Chemin de fer du Midi* ; 11 déc. 1903, *Favril et Flacon*. Cf. 31 janv. 1902, *Grosson*). Déjà, le fait de n'avoir pas pris un règlement de police indispensable au maintien de l'ordre peut être envisagé sous le rapport de l'exécution, car c'est en tant qu'exécuté que ce règlement eût été indispensable (Cons. d'Ét., 10 mars 1911, *Larue*).

En effet, il y a autre chose dans les matières de police que l'exercice du pouvoir réglementaire, il y a l'exécution de mesures d'ordre, c'est-à-dire qu'il y a de l'opération. — Il faut donc bien se garder de dire, d'une façon absolue : « l'État n'est pas responsable des mesures de police », ou bien, « l'État n'est pas responsable en tant que puissance publique ». Cela dépend des mesures de police, il y en a qui sont relatives à l'exécution d'un service d'ordre et qui doivent entraîner responsabilité.

Une jurisprudence persévérante, s'appliquant ainsi fermement à relever tous les cas d'exécution de services ou d'exécution d'opérations ou d'exécution de décisions qui se cachent derrière la façade des décisions exécutoires, arrivera à établir d'une façon très large la responsabilité de la puissance publique en cas de faute de service. Cons. d'Ét., 6 mai 1881, *Tysack* ; 21 juill. 1882, *Turnbull* ; 27 juin 1890, *Chedru et Craquelin* ; 6 janv. 1899, *Hægestrand*. — Il s'agit d'accidents arrivés dans les ports maritimes à des navires du fait de l'officier de port ou pour insuffisance de balisage : ou encore d'accidents arrivés en rivière par suite d'insuffisance du service des crues (Cons. d'Ét., 13 janv. 1899, *Société des produits céramiques de Boulogne*) ; il y a là évidemment mauvaise exécution de services d'ordre (Cf. Cons. d'Ét., 27 fév. 1903, *Zimmermann*, S., 1905. 3. 17 et ma note ; pour la commune, Cons. d'Ét., 12 juill. 1912, *Perpère*).

V. à ce point de vue la critique d'une décision du Cons. d'Ét., 13 juill. 1899, *Lepreux*, dans S., 1900. 3. 1. Il s'agissait justement d'un accident occasionné par l'insuffisance d'un service d'ordre. — Un revirement, probable après la décision *Tomaso Greco* du 10 février 1905, S., 1905. 3. 113 et ma note, s'est affirmé avec la décision Cons. d'Ét., 25 mai 1906, *Leontieff*, et est devenu complet avec la décision Cons. d'Ét., 23 juin 1916, *Thévenet*.

Cf. *Répertoire* Béquet-Laferrière, v° *Fonctionnaires*, n° 285.

parce que le juge administratif fait lui-même l'instruction de l'affaire.

Champ d'application de la responsabilité pour fait de service. — Cette espèce de responsabilité administrative constitue le droit commun de la responsabilité pour faute commise dans l'exécution des services. Elle s'applique en principe : 1° à toute espèce de services publics (V. *supra* ce qui a été dit des services de police) ; 2° dans l'exécution des services de toutes les administrations publiques (État, départements, communes, établissements publics (1) ; 3° vis-à-vis de toute personne intéressée (2).

La théorie de la responsabilité administrative pour fait de service ne cesse de s'appliquer pour faire place à une responsabilité civile pour faute que dans certains cas qui seront indiqués *infra*, p. suiv. (3).

(1) Pour les faits de service commis dans l'exécution des services de l'État, la théorie a toujours été administrative et par conséquent la compétence du juge administratif a toujours été admise, mais, pendant longtemps, il n'en a pas été de même pour la responsabilité des autres administrations. En vertu d'anciennes traditions, l'exécution des services départementaux ou communaux était considérée comme constituant une opération privée plutôt qu'une opération publique et entraînait une responsabilité civile de ces administrations justiciable des tribunaux civils. Mais, depuis plusieurs années déjà, une évolution de jurisprudence était à prévoir, nous-même l'avions fait pressentir dans notre sixième édition, p. 469 et 494 ; elle s'est réalisée en 1908 par une série d'arrêts énergiquement motivés du Tribunal des conflits. (Confl., 29 fév. 1908, *Feutry*, S., 1908. 3. 97 et ma note ; 11 avril 1907, *de Fonscolombe* ; 23 mai 1908, *Jouillié*, S., 1909. 3. 49 et ma note ; Cons. d'Ét., 10 mars 1911, *Hédouin* ; Cour de Bordeaux, 6 déc. 1909, S., 10. 2. 164 ; Toulouse, 21 juill. 1909, S., 11. 2. 282, note Mestre ; Cass., 26 fév. 1912, *Commune d'Eyguières*, S., 13. 1. 17, note Mestre). Désormais, dans l'exécution de tous les services publics, qu'ils soient de l'administration locale ou de l'administration centrale, ou même des établissements publics, la responsabilité pour faute de service sera traitée administrativement. Comme déjà la responsabilité des colonies était, elle aussi, traitée de la même façon (Cons. d'Ét., 3 août 1906, *Tinayre*), on peut dire que l'unification est complète dans le sens de la théorie administrative (sur les anciennes distinctions, Cf. Laferrière, *op. cit.*, II, p. 186 et 187).

(2) Même à raison des préjudices subis par les agents des administrations lorsqu'on se trouve en dehors du cas d'application des systèmes d'indemnité fondés sur le risque professionnel (Cons. d'Ét., 17 fév. 1905, *Auxerre*, S., 1905. 3. 113 et ma note ; 20 fév. 1914, *Martin-Justet* ; 24 mars 1916, *Quénot*, demande d'indemnité formée par les père et mère d'un militaire tué en service commandé ; mais V. Cons. d'Ét., 5 mars 1915, *Bonnefoy*).

(3) *Exemples de cas de responsabilité pour faits de service tirés de la jurisprudence.* — *a) Responsabilité de l'État.* — Même en ce qui concerne la responsabilité de l'État, pour laquelle la théorie s'est d'abord élaborée, le courant de la jurisprudence ne date guère que de 1872. Avant cette date, c'est-à-dire avant la loi du 24 mai 1872 qui fortifia le Conseil d'État en lui donnant justice déléguée, on ne rencontre guère qu'une série de décisions sur conflits qui, elle, remonte assez haut, mais qui n'a eu, pendant longtemps, qu'une valeur négative, à savoir que les tribunaux civils devaient être dessaisis de pareilles questions (Confl., 21 sept. 1827, *Lemercier* ; 26 juill. 1837, *Allard* ; 30 mai 1850, *Manoury*, etc.). On rencontre aussi quelques décisions posi-

La responsabilité civile des administrations publiques. — Il subsiste des hypothèses exceptionnelles où l'on applique aux administrations publiques la théorie civile de la responsabilité du commettant de l'article 1384 du Code civil; le fonctionnaire est le préposé, la personne morale administrative le commettant. Cette théorie entraîne : 1° la compétence judiciaire; 2° le cumul de la responsabilité de l'agent et de celle de l'administration. Elle est admise dans trois séries d'hypothèses :

1° *Pour les préjudices occasionnés dans l'administration du domaine*

tives reconnaissant le principe de l'indemnité (Cons. d'Ét., 15 mai 1869, *Corbière*; 3 juin 1869, *Pellerin* et c'étaient des matières de police).

A partir de 1872, les hypothèses se multiplient, la responsabilité pécuniaire de l'État est largement admise :

Dans le service des ports pour les accidents arrivés par la faute des officiers de port (Cons. d'Ét., 6 mai 1881, *Tysack*; 21 juill. 1882, *Turnbull*; 27 juin 1890, *Chedru et Craquelin*; 15 nov. 1901, *Leborgne*, etc.); dans le service militaire, pour les accidents arrivés par faute en service commandé (Cons. d'Ét., 26 janv. 1906, *Arnould*; 5 fév. 1909, *Lefébure*; 31 mars 1882, *Devaux*; 7 juill. 1893, *Jamonet*; 11 mai 1883, *Dusart*; 3 mars 1889, *Coste*; 3 août 1900, *Dame Gillet*; 24 mars 1916, *Quénot*, etc.); dans les abordages (Cons. d'Ét., 16 mars 1900, *Brown et autres*; 30 janv. 1914, *Gosselin*); dans le service des expositions universelles pour perte d'objets (Cons. d'Ét., 24 avril 1885, *Miramont*, conclusions Levavasseur de Précourt; 17 déc. 1897, *Portier*); dans le cas d'insuffisance du service de surveillance des crues (Cons. d'Ét., 13 janv. 1899 et 11 déc. 1903, *Société des produits céramiques de Boulogne*); de défaut de mesures de police en matière de navigation intérieure (Cons. d'Ét., 10 mars 1911, *Larue*); pour retards considérables infligés à des paquebots par la faute de l'État (Cons. d'Ét., 16 déc. 1898, *Compagnie des Chargeurs réunis*); pour détournements commis par un fonctionnaire au détriment d'un particulier (Cons. d'Ét., 7 mai 1897, *Lafaix*); pour exécution précipitée d'une mesure de police reconnue illégale (Cons. d'Ét., 11 août 1864, *Chalard*, et 9 janv. 1867, suite de la même affaire; 27 fév. 1903, *Zimmermann*, S., 1905. 3. 17 et ma note; affaire *Tessonneyre et Jantet*, Cons. d'Ét., 13 juin 1902, 7 juin 1907, 27 janv. 1911); pour saisie indue et destruction de viande à l'abattoir (Cons. d'Ét., 10 mars 1911, *Hédouin*); pour des agissements ayant amené des propriétaires à ne pas exercer leurs droits d'endigage (Cons. d'Ét., 22 fév. 1907, *Cuny*); pour l'affectation d'un immeuble domanial à un service public dont le voisinage cause des préjudices, sans avoir pris des précautions convenables (Cons. d'Ét., 14 juin 1907, *Villeminot*); pour accidents provoqués par l'exécution d'une mesure de police (Cons. d'Ét., 10 fév. 1905, *Tomaso Greco*, S., 1905. 3. 113 et ma note; 24 déc. 1909, *Pluchard*); pour passe-droit et retard dans la collation d'un emploi civil à un sous-officier rengagé (Cons. d'Ét., 17 juin 1910, *Tixier*); pour maintien illégal d'un militaire sous les drapeaux (Cons. d'Ét., 4 avril 1914, *Martin*; id. *Cirindini*).

Le Conseil d'État avait admis la possibilité d'agir par la responsabilité pour fait de service dans les cas de concurrence déloyale de l'administration et d'atteinte portée à un brevet d'invention (Cons. d'Ét., 31 juill. 1896, *Carré*; 20 mai 1904, *Sautriau*); mais le Tribunal des conflits, par un arrêt du 30 mars 1912, *Hennebique*, a décidé qu'il y avait compétence judiciaire exclusive, parce qu'il s'agit d'une atteinte portée à un droit de propriété que la loi du 5 juillet 1844, article 34, met sous la sauvegarde de l'autorité judiciaire (Cf. *supra*, p. 38).

b) Responsabilité des départements, des communes et des établissements publics. — Rappelons, d'abord, que par une série d'arrêts de 1908 (*Feutry*, *de Fonscolombe*,

privé. — Cela est unanimement accepté, même pour le domaine privé de l'État (Confl., 30 mai 1884, *Linas*. Cf. Laferrière, I, 687 ; II, 191) ; à plus forte raison, pour l'administration du domaine privé départemental ou communal (Michoud, *Responsabilité des communes*, *op. cit.*) ;

2° *Pour les préjudices occasionnés dans l'exécution de certains services d'État* pour lesquels le législateur, étant intervenu expressément, a préféré établir les règles du droit commun (1) ;

Joullié), le Tribunal des conflits a affirmé la compétence administrative et par conséquent l'application de la théorie du *fait de service* aux actions en responsabilité intentées contre toutes les administrations secondaires. La Cour de cassation, qui jusque-là avait maintenu le système de la compétence judiciaire, a fini par s'incliner (Cass., 26 fév. 1912, *Commune d'Eyguières*, S., 13. 1. 17, note Mestre) (Sur la période où la compétence a été judiciaire, V. Laferrière, *op. cit.*, t. I, p. 686 ; Michoud, *De la responsabilité des communes à raison des fautes de leurs agents*, Revue de droit public, 1897. 1. 41 ; Perrin-Jacquet, *De la responsabilité des communes en matière de police*, Bordeaux, 1905. Il y avait ici une jurisprudence bien établie de la Cour de cassation (Cass. req., 19 oct. 1898, *Delimal* ; 18 nov. 1903, *Boulogne-sur-Mer* ; 15 fév. 1904, *Département de l'Aude* ; 3 avril 1905 ; *Ville de Boulogne*, S., 1906. 1. 353 et note Appert ; S., 1907. 1. 81, note Appert).

— Le Conseil d'État avait commencé, dès avant 1908, à affirmer la compétence administrative dans les affaires d'employés municipaux injustement révoqués ou brusquement congédiés ; il s'était reconnu compétent pour les réclamations en indemnité dès l'arrêt *Cadot* du 13 décembre 1889 (S., 92. 1. 17 et ma note) ; il avait accordé l'indemnité dès l'affaire *Villehave* (Cons. d'Ét., 11 déc. 1903, S., 1904. 3. 121 et ma note). Depuis, la jurisprudence sur cette matière a été extrêmement abondante. V. ma note dans S., 12. 3. 129, sous Cons. d'Ét., 31 mars 1911 (*Blanc, Argaing, Bézie*).

La responsabilité des communes a été reconnue : dans une affaire de refus d'installation d'instituteur (Cons. d'Ét., 20 janv. 1911, *Delpech*, S., 11. 3. 137 et ma note) ; dans une affaire de retard dans la délivrance d'un alignement (Cons. d'Ét., 28 juin 1912, *Manrot*, S., 13. 3. 121 et ma note) ; dans des affaires de sonneries de cloches pour cérémonie civile (Cons. d'Ét., 12 juill. 1912, *Perpère* ; 2 mai 1913, *Rèménant*) ; dans une affaire de refus injustifié d'admettre un entrepreneur à soumissionner à une adjudication (Cons. d'Ét., 4 août 1913, *Davoigneau*, etc.).

— Pour la responsabilité des départements, V. Confl., 29 fév. 1908, *Feutry*, aliéné mal surveillé.

— Pour la responsabilité des établissements publics, V. Confl., 23 mai 1908, *Joullié*, inondation provoquée par le défaut de fermeture d'une vanne dans un canal d'irrigation.

c) *Responsabilité des colonies*. — V. Cons. d'Ét., 3 août 1906 ; *Tinayre*, pour non-conclusion d'une convention ; 4 juill. 1913, *Peytel*, pour mauvais fonctionnement du service de santé ; à noter que les recours en responsabilité des colonies doivent être portés en première instance devant le conseil du contentieux de la colonie et en appel devant le Conseil d'État.

(1) Par exemple, dans le service des douanes (L. 22 août 1791, tit. XIII, art. 19 ; Confl., 23 janv. 1907, *Compagnie l'Abeille*), mais c'est uniquement en ce qui concerne la perception des droits ; en dehors de cette hypothèse, le droit commun impose la compétence administrative (Confl., 31 juill. 1875, *Renaux* ; Cons. d'Ét., 14 déc. 1906, *Currie* ; Laferrière, *op. cit.*, I, p. 684 ; G. Teissier, *op. cit.*, n° 63) ; 2° le service des contributions indirectes en matière de saisie mal fondée, non seulement pour les frais du procès et ceux de fourrière, le cas échéant, mais encore pour le préjudice que la

3° Pour les fautes commises dans l'exécution du service de la justice lorsqu'elles donnent lieu à indemnité, d'après l'article 446 du Code d'instruction criminelle, modifié par la loi du 8 juin 1895 (Cons. d'Ét., 19 mai 1911, *Lasabatie*; 30 janv. 1914, *Margnat*).

IV. *La question du cumul de la responsabilité du fonctionnaire pour « fait personnel » et de la responsabilité de la personne morale administrative pour « fait de service ».* — Dans les premières années qui suivirent 1873, il sembla que ces deux responsabilités ne pouvaient pas se cumuler. En effet, s'il y avait *simple fait de service*, et responsabilité de la personne morale administrative, le fonctionnaire ne pouvait pas être recherché en responsabilité personnelle; d'ailleurs, le Tribunal des conflits le mettait hors de cause. Si, au contraire, il y avait *fait personnel* et responsabilité du fonctionnaire, Laferrière déclarait encore, en 1896, que « il est de principe que l'État ne répond pas pour lui » (*Juridiction administrative*, 2ᵉ édit., t. II, p. 189). On pouvait donc poser en principe que, si la personne morale administrative est responsable, le fonctionnaire ne l'est pas (ce qui est encore affirmé par le Tribunal des conflits, 17 nov. 1917, *Bailly*), et, inversement, que si le fonctionnaire est responsable, la personne morale ne l'est pas. Dans mes premières éditions, j'avais employé cette formule.

On avait raisonné instinctivement dans l'hypothèse où il n'y aurait qu'un seul fait à apprécier et il reste vrai de dire qu'un seul et même fait ne peut point être à la fois fait de service et fait personnel. Mais on n'avait pas songé que, dans certaines hypothèses complexes, il se révélerait côte à côte un fait personnel du fonctionnaire et une faute du service. Par exemple, un particulier sortant d'un bureau de

saisie a pu causer (Décr. 1ᵉʳ germ. an XIII, art. 29; L. 6 août 1905, art. 22. Cf. Confl., 27 juin 1903, *Fargère*); 3° le service des postes et des télégraphes (L. 24 juill. 1793, art. 37; L. 5 niv. an V, art. 14 et 15; L. 29 nov. 1850, art. 6; L. 4 juin 1859, art. 3; L. 4 juill. 1868; Décr. 26 mai 1870; L. 25 janv. 1873, art. 4; Conv. 15 juin 1892), tantôt, en cas de lettres ou dépêches ordinaires, les textes exemptent complètement l'État de la responsabilité, tantôt, en cas de lettres ou d'objets recommandés ou de colis postaux, ils fixent l'indemnité à forfait, tantôt, en cas de valeurs déclarées ou de mandats télégraphiques, ils la fixent au montant de la valeur perdue, sauf certaines limitations.

De même, en matière d'accidents survenus sur les chemins de fer de l'État, en vertu d'une disposition particulière de la loi, la responsabilité reste soumise aux règles du droit civil (L. 15 juill. 1845, art. 22) — de même, pour les accidents arrivés à l'école pendant les heures de service, et causés par les élèves soumis à la surveillance, il y a responsabilité civile de l'État et compétence des tribunaux civils; seulement la responsabilité de l'État exclut celle des membres de l'enseignement (L. 20 juill. 1899); à noter que si le demandeur incrimine *le service* au lieu d'incriminer le fait des élèves soumis à surveillance, le Conseil d'État admet la responsabilité administrative pour fait de service (Cons. d'Ét., 6 mars 1914, *Papon*); de même les dommages occasionnés aux propriétés par les exercices de tir, depuis la loi du 17 avril 1901.

poste est brutalisé par un agent, mais c'est parce qu'il sortait par la porte réservée aux employés, et, d'un autre côté, s'il empruntait cette porte réservée, c'est que la porte du public avait été fermée trop tôt. Les brutalités constituent la faute personnelle de l'agent, mais la fermeture anticipée de la porte du public constitue la faute concomitante du service, et la victime, ayant souffert des deux fautes, peut invoquer cumulativement les deux responsabilités (Cons. d'Ét. 3 fév. 1911, *Anguet*, S., 11. 3. 137 et ma note).

Mais l'agencement de ces deux responsabilités soulève des difficultés. Deux points paraissent certains : 1° la victime peut exercer simultanément ou successivement les deux actions qui sont indépendantes l'une de l'autre (l'une devant la juridiction judiciaire, l'autre devant la juridiction administrative); 2° mais, au total, elle ne pourra obtenir qu'une seule indemnité ; les deux responsables sont tenus *in solidum*, c'est-à-dire chacun pour le tout, mais à la condition que la victime ne touche pas deux indemnités (Cons. d'Ét., 26 juill. 1918, *Lemonnier*, conclusions Blum, S., 18-19. 3. 41). Ce qui reste douteux, c'est la question de savoir si la responsabilité de la personne morale administrative est subsidiaire et ne doit jouer qu'après la condamnation du fonctionnaire et au cas de son insolvabilité démontrée, ou bien si, au contraire, elle est immédiate et si la victime doit être indemnisée par la personne morale sans attendre que le fonctionnaire ait été poursuivi et condamné, sauf action récursoire ultérieure de la personne morale contre le fonctionnaire ou subrogation aux droits de la victime contre lui au cas où la poursuite aurait déjà été commencée ; l'arrêt *Lemonnier* s'est prononcé pour le second parti, mais cette jurisprudence est discutable. Si elle se confirmait, elle aurait pour résultat pratique de faire disparaître dans nombre de cas la responsabilité personnelle du fonctionnaire, ce qui d'un point de vue constitutionnel serait très fâcheux (1).

(1) D'un point de vue strictement administratif, il est élégant de construire une théorie grâce à laquelle on distingue entre l'obligation et la contribution à la dette. Vis-à-vis de la victime, l'administration est obligée à toute la dette du moment qu'il y a eu un fait de service concomitant du fait personnel du fonctionnaire ; elle peut être poursuivie la première et, ainsi, elle fait à la victime l'avance de l'indemnité en même temps qu'elle la garantit contre l'insolvabilité du fonctionnaire. Ce système est élégant, mais, outre que ses conséquences constitutionnelles sont fâcheuses, il s'agit de savoir s'il est justifié. M. le commissaire du gouvernement Blum le base sur cette affirmation que *la responsabilité du service est la règle* et elle est la règle parce que, même dans les hypothèses où l'agent a commis un fait personnel, c'est *le service qui a mis la victime en contact avec l'agent coupable*, ce qui revient à dire que le service serait responsable de tous les actes commis par l'agent *dans l'exercice de ses fonctions*, même quand ce seraient des faits personnels se *détachant de la fonction*.

Il est à remarquer que, dans ces hypothèses, la responsabilité du service ne serait plus basée sur la faute de service, car ce serait dire que le service est en faute d'exis-

ARTICLE II. — *La responsabilité pour les dommages causés sans faute, mais avec un enrichissement sans cause du patrimoine administratif.*

Dans cette hypothèse, très différente de celles traitées à l'article précédent, il n'y a eu, dans l'exécution d'un service public ou d'une opération administrative, ni faute ni accident, qui soit imputable à l'entreprise administrative, mais ce sont les opérations mêmes pour lesquelles cette entreprise est constituée, qui rentrent dans sa fonction et qu'elle a le devoir de mener à bonne fin, qui, par quelqu'une de leurs conséquences, occasionnent à des particuliers des dommages au sujet desquels se pose la question de la réparation pécuniaire.

Ce sont donc bien des dommages causés sans faute, ce sont des dommages causés au contraire avec droit et c'est un cas où les droits de puissance publique des administrations produisent, par leur exercice normal, en de certaines circonstances, des dommages qui doivent être compensés par des indemnités pécuniaires.

La théorie de ces dommages causés sans faute est plus difficile à construire que celle de la responsabilité pour faute, parce qu'on ne trouve pas aussi aisément dans le droit commun un point de départ. Cela tient à ce que, dans le droit commun de la vie privée, on ne

---

ter, ce qui serait absurde; en réalité, elle serait basée sur le risque; l'entreprise du service public, par elle-même, comporterait des risques contre lesquels l'administration devrait assurer le public. Cette théorie du risque est certainement celle des arrêts (Cons. d'Ét., 12 fév. 1909, *Comp. col. du Congo français*, et 25 juin 1909, *Carrelier*) que M. Blum invoque; mais il est à remarquer que la formule de ces arrêts, déjà ancienne de dix ans, n'a pas été reprise par le Conseil d'État, même pas dans l'affaire *Beaudelet* du 15 mars 1918 qui se borne à constater la concomitance d'un fait de service et d'un fait personnel; la théorie du risque est aussi celle de l'arrêt du 28 mars 1919, *Regnault-Desroziers*, explosion de la Courneuve (S., 19. 3. 25 et ma note); mais, dans cet arrêt, on a écarté la responsabilité pour fait de service pour ne retenir que celle du *fait de la chose*. Nous ne pouvons que répéter ce que nous avons déjà dit au sujet de la théorie du risque. Ce n'est pas une théorie de responsabilité, mais une théorie d'assurance; elle n'est pas de droit commun, elle doit être établie par une loi (V. *supra*, p. 364 et *infra*). Ainsi, l'affirmation que *la responsabilité du service est la règle* n'a pas de base juridique.

Ce qui est plus près de la vérité, c'est une autre remarque que fait M. Blum dans ses mêmes conclusions sur l'affaire Lemonnier, à savoir que, dans cette question de la responsabilité pour faute de l'administration, il y a une *insolidarité juridique des actions et indépendance des juridictions*. Il est certain que la responsabilité du fonctionnaire étant poursuivie devant les tribunaux judiciaires et celle de la personne morale administrative devant le Conseil d'État, les deux actions étant indépendantes et les deux juridictions ne s'occupant point l'une de l'autre, il peut y avoir deux procès qui marchent à la fois pour un seul et même dommage et, par conséquent, pour une seule et même indemnité. On comprend que l'on soit tenté de ramener ces deux instances à une sorte d'unité en poussant les parties à commencer par l'instance administrative après laquelle l'instance judiciaire deviendra inutile. Mais le remède est pire que le mal. Pour remédier à un inconvénient de procédure, on sacrifierait un principe de fond essentiel, à savoir la responsabilité personnelle des fonctionnaires.

rencontre pas facilement l'analogue des droits de puissance publique. Il s'agit cependant d'organiser une théorie basée sur un principe de justice applicable par le juge, indépendamment de toute consécration par le législateur. Bien évidemment, si la loi accorde elle-même une indemnité, il n'y a pas de difficulté, mais il s'agit d'un principe de justice que le juge puisse faire jouer dans le silence de la loi. Or, des principes de ce genre doivent plonger leurs racines dans les origines lointaines du droit privé, dans les pratiques millénaires de la propriété privée et du commerce de la vie privée ; il ne faut pas espérer les faire surgir des seules conditions de notre vie publique étatique, dont l'existence est encore beaucoup trop récente pour avoir engendré des postulats juridiques.

Le principe de justice sur lequel on doit fonder ici le droit à indemnité est celui de *l'enrichissement sans cause* et deux conditions seront exigées pour que le dommage donne lieu à réparation :

1° Il faudra qu'au dommage subi par l'administré corresponde *un enrichissement du patrimoine administratif*, enrichissement qui d'ailleurs pourra consister en un accroissement positif du patrimoine ou bien en un appauvrissement évité, justement grâce au dommage infligé à l'administré ;

2° Il faudra que l'enrichissement du patrimoine administratif soit *sans cause*, et il le sera lorsqu'il résultera de l'exercice, par l'administration, d'un droit exorbitant du droit commun, par exemple, le droit d'expropriation, le droit de travaux publics, le droit de législation, etc., etc., usage d'un droit exorbitant qui doit être assimilé à un de ces *inconvénients de voisinage* que, d'après le droit commun, on n'est pas obligé de supporter sans indemnité. A la notion que l'enrichissement est *sans cause* correspond ici la notion que le dommage subi par l'administré est *spécial*, c'est-à-dire ne résulte pas de l'usage normal des droits (1).

Finalement, le principe obligatoire me paraît être celui-ci : *enrichissement sans cause d'un patrimoine administratif à la suite d'un*

---

(1) Le cas particulier des dommages causés sans faute par les opérations administratives se rattacherait donc à la théorie générale de l'*usage exorbitant des droits*, ou des *inconvénients de voisinage*, qui est l'un des aspects de la théorie de l'*abus du droit*. — Cf. Capitant, art. *Revue critique*, 1900, p. 156 et s. ; Appert, *Revue trimestrielle de droit civil*, 1906, p. 71 et s. ; Ripert, *L'exercice du droit de propriété dans ses rapports avec les propriétés voisines*, thèse, Aix, 1902 ; Ambroise Colin et Capitant, *Cours élémentaire de droit civil*, 1914, t. I, p. 753 et s., et les diverses notes d'arrêt qui y sont citées.

Ce cas particulier se rattacherait à la théorie des *inconvénients de voisinage*, grâce à l'idée fondamentale que l'administration et les administrés, *en tant que ceux-ci sont des tiers*, se trouvent, les uns vis-à-vis des autres, *dans des relations de voisinage*. V. *supra*, p. 37, et mon opuscule *La gestion administrative*, 1900, p. 53.

dommage spécial causé à un tiers par l'exercice d'un droit exorbitant ou par l'exercice exorbitant d'un droit de l'administration (1).

Nous pouvons maintenant aborder l'examen des diverses hypothèses dans lesquelles, pratiquement, l'opération administrative entraîne, au profit de l'administration, un enrichissement sans cause qui justifie une indemnité.

A. *L'expropriation indirecte, les atteintes au droit de propriété résultant de voies de fait.* — Il a été parlé (p. 38) des atteintes au droit de propriété résultant de voies de fait ; il sera parlé plus loin de l'expropriation directe ou indirecte. Nous n'insisterons donc pas ici sur ces hypothèses où l'enrichissement de l'administration est évident, à raison de l'emprise de la propriété privée, et où il serait sans cause comme résultant de l'exercice exorbitant de ses droits, s'il n'y avait pas une indemnité compensatrice. Nous devons seulement faire observer que l'indemnité doit être demandée ici aux tribunaux judiciaires, soit à raison de l'attribution de compétence résultant des lois sur l'expropriation, soit, en cas de voie de fait, parce que l'administration, déchue de ses prérogatives, retombe sous les prises du juge ordinaire.

B. *Les inconvénients de voisinage résultant de la proximité des ouvrages publics :* c'est le cas des dommages permanents résultant de travaux publics et il ne sera pas sans intérêt de vérifier, à l'occasion de cet exemple classique, l'existence de la double condition de

---

(1) Le système enseigné au texte n'est pas celui qui a été le plus soutenu. Depuis une vingtaine d'années, des quantités d'auteurs, dont plusieurs fort distingués, se sont ralliés à l'idée que l'indemnité était justifiée par le seul fait du *dommage spécial*, parce que le principe de l'égalité de tous les Français devant les charges publiques impose qu'aucun des citoyens ne subisse un préjudice que tous ne subissent pas (Teisseire, *Essai d'une théorie sur le fondement de la responsabilité*, Aix, 1901. Adde, Henri Rollin, *Revue de droit international*, 1906, p. 64 et s.; Léon Michel, *Revue critique*, 1901, p. 592 et s.; Cf. Gény, *Risque et responsabilité, Revue trimestrielle de droit civil*, t. I, p. 8 et s. Georges Teissier, *La responsabilité de la puissance publique*, 1906; Michoud, *Personnalité morale*, t. II, p. 215; Barthélemy, *Notes parlementaires, Revue de droit public*, 1907, p. 92 et s.; Couzinet, *Responsabilité des groupements administratifs*, Toulouse, 1911).

Sans vouloir nier la valeur du principe de l'égalité devant les charges publiques, il est facile de se rendre compte que c'est un idéal dont s'inspire le législateur, mais qu'il est bien impossible qu'un juge l'invoque pour justifier la condamnation d'une administration publique à payer une indemnité. Or, cependant, ce qu'il convient de chercher, c'est un principe sur lequel le juge puisse s'appuyer.

Notre système, qui ramène l'obligation de l'administration aux principes connus de l'enrichissement sans cause et de l'abus du droit, remplit les conditions d'une base jurisprudentielle ; en même temps, il est en harmonie avec les caractères juridiques du *dommage permanent résultant de travaux publics* qui est bien certainement le cas type de toute cette catégorie de dommages (Cf. Jacques Maury, *Essai sur le rôle de la notion d'équivalence en droit civil français*, 1920.

l'enrichissement correspondant au dommage et de l'enrichissement sans cause par suite de l'usage exorbitant d'un droit.

Dans la construction d'un ouvrage public dont le voisinage inflige un dommage à une propriété privée voisine, il y a sûrement un enrichissement direct du patrimoine administratif, car l'ouvrage public devient propriété de l'administration. Quelquefois même, il y a enrichissement indirect, par économie ou en *moins dépensant*. Cela se présente lorsque l'ouvrage construit entraîne des dommages pour les propriétés voisines qui auraient pu être évités si le plan de l'ouvrage avait été conçu autrement. Il n'y a pas faute de l'administration à avoir adopté ce plan, mais souvent il y aura eu, de sa part, économie. Par exemple, en allongeant le tracé d'un chemin de fer, on aurait pu éviter de couper en deux un domaine et de lui créer des difficultés d'exploitation, on ne l'a pas fait par économie. Le dommage causé au domaine est la rançon de l'économie réalisée par l'administration. C'est ce que nous appelons l'*enrichissement en moins dépensant* (1).

Dans l'exemple des dommages résultant de travaux publics, il y a aussi l'élément de l'usage exorbitant d'un droit qui rend sans cause l'enrichissement de l'administration. Supposons l'hypothèse classique où, en construisant un tunnel pour une voie ferrée, l'administration coupe les conduits souterrains d'une source qui jaillissait dans une propriété voisine. La source est tarie.

Y a-t-il l'élément de l'*exercice exorbitant d'un droit*? Oui, car, bien que l'administration creuse le tunnel dans un terrain qui lui appartient, le creusement de souterrains de cette dimension et de cette

---

(1) Autre exemple, celui du remblai substitué au viaduc. L'administration, ayant à faire franchir par une voie ferrée une vallée profonde, peut hésiter entre la solution d'un viaduc et celle d'un simple remblai. La solution du viaduc serait la meilleure parce que le viaduc laisserait aux eaux de la vallée leur libre écoulement, mais cette solution est la plus coûteuse ; la solution du remblai est moins bonne parce que le remblai, même percé d'un pont, fait obstacle au libre écoulement des eaux de la vallée et peut provoquer des inondations, mais cette solution est moins coûteuse. L'administration choisit la solution du remblai. Il n'y a pas faute de sa part, parce que sa richesse n'étant pas illimitée, elle est obligée de ménager ses capitaux, mais si, en fait, des inondations se produisent au détriment des propriétaires de la vallée et déprécient leurs terrains, l'administration doit des indemnités ; sans cela, elle se serait enrichie au détriment des propriétaires de la vallée, non seulement enrichie positivement parce qu'elle a acquis une voie ferrée, mais enrichie *en moins dépensant* parce que, si elle eût dépensé davantage en construisant un viaduc, elle n'aurait pas causé de dommage.

La matière de l'enrichissement *en moins dépensant*, à la condition de la considérer comme accessoire à celle d'un enrichissement positif, a ainsi l'avantage de permettre d'égaler l'indemnité au dommage, car elle augmente d'une façon très sensible la marge de l'enrichissement. D'autre part, elle est bien la contre-partie des prérogatives de la puissance publique.

importance ne rentre pas dans les utilisations coutumières de la propriété. Donc indemnité (Cons. d'Ét., 11 mai 1883, *Chamboredon*). Et voici la contre-partie : Si l'administration a commis le même dommage en creusant un simple puits pour les usages de la gare, elle ne doit aucune indemnité, car elle se trouve dans les limites des utilisations coutumières de la propriété, et il n'y a plus exercice exorbitant du droit (Cons. d'Ét., 28 janv. 1864, *Meslier*) (1).

C. *Les opérations financières ou patrimoniales qui accompagnent les réformes sociales.* — a) *Des opérations qui entraînent enrichissement pour le patrimoine administratif et qui donnent lieu à indemnité.* — Les mesures législatives ou réglementaires qui causent des dommages, à l'occasion d'une opération patrimoniale accomplie par l'État, doivent entraîner indemnité, alors même que celle-ci n'aurait pas été prévue par le législateur; le caractère législatif ou réglementaire de l'acte n'est pas un obstacle.

Ainsi, c'est avec raison que la loi du 2 août 1872, sur la suppression des fabriques d'allumettes chimiques, prévoyait qu'elles seraient expropriées avec indemnité; cette suppression était en vue de l'établissement du monopole de l'État pour la fabrication des allumettes, donc en vue d'une opération patrimoniale, car un monopole compte dans le capital du patrimoine; et, dans une hypothèse où l'administration avait voulu ruser et faire fermer arbitrairement une fabrique d'allumettes pour n'avoir pas à l'exproprier, le Conseil d'État a fort juridiquement consacré le principe d'une indemnité (Cons. d'Ét., 5 mai 1877, *Laumonnier-Carriol*) (2).

---

(1) Quelquefois, il y a, non pas exercice exorbitant d'un droit ordinaire, mais exercice d'un droit exorbitant, tel, par exemple, que le droit d'imposer une servitude par suite de la construction d'un ouvrage public — servitude d'écoulement des eaux (Confl., 4 déc. 1897, *Charreyron*, Cons. d'Ét., 25 mai 1906, *Société des docks de Marseille*). On peut évidemment assimiler l'exercice d'un droit exorbitant à l'exercice exorbitant d'un droit ordinaire, non pas peut-être en vertu de la théorie civiliste de l'*abus du droit* qui est un peu étroite, mais dans une théorie élargie qui serait celle de l'activité juridique anormale ou exceptionnelle par rapport au droit commun du commerce juridique.

(2) Mais à propos de la même opération, dans une autre affaire, à la vérité très particulière, le Conseil d'État s'est abrité derrière le faux principe que les lois d'intérêt général n'entraînent pas d'indemnité (Cons. d'Ét., 5 fév. 1875, *Moroge*). Or, il s'agissait d'intérêt fiscal.

Il y eut, en 1835, une affaire analogue qui fut fâcheuse : des fabriques de tabac factice s'étaient établies et faisaient concurrence à la régie, la loi du 12 février 1835 en prononça la suppression; cette suppression était dans l'intérêt du monopole des tabacs, donc elle enrichissait le patrimoine de l'État, l'indemnité était de toute justice. A la Chambre des pairs on agita la question, mais on conclut que l'indemnité étant de droit il n'était pas besoin de l'inscrire dans la loi. L'affaire fut portée au Conseil d'État qui rendit une décision manifestement injuste, il accorda une indemnité pour les marchandises détruites *estimées comme fourrage de 1re qualité*, mais il n'en accorda pas pour la suppression de l'industrie « considérant que l'État ne saurait être responsable

b) *Des opérations qui n'entraînent aucun enrichissement pour le patrimoine administratif et qui ne donnent pas lieu à indemnité, à moins de disposition légale.* — Il est clair que des opérations de ce genre se rencontreront surtout du côté des mesures de police, des mesures réglementaires et des mesures législatives toutes les fois que ces mesures tendront à prescrire de simples interdictions restreignant des libertés individuelles, ou de simples destructions d'objets, d'établissements, de monopoles, ou de simples modifications des règles juridiques, sans que le patrimoine administratif doive en tirer aucun profit, par exemple :

1° *Les modifications législatives aux règles du droit privé* (1) ;

2° *Les obligations découlant des lois nouvelles du droit public* (2) ;

---

des conséquences des lois qui, dans un intérêt général, prohibent l'exercice spécial d'une industrie » (Cons. d'Ét., 11 janv. 1838, *Duchâtelier*). Le sophisme était évident, le prétendu intérêt général n'était qu'un intérêt patrimonial de l'État. L'arrêt Duchâtelier est cité par M. G. Teissier, *op. cit.*, n° 17, parmi ceux qui établissent le prétendu principe qu'il n'est pas dû d'indemnité pour mesure législative. On voit qu'il ne vaut pas grand'chose.

En 1852, autre affaire fâcheuse à propos d'une entreprise privée de télégraphie, ruinée par la loi du 2 mai 1837 qui a posé les bases du monopole de l'État en matière télégraphique, monopole qui devait devenir productif (Cons. d'Ét., 6 août 1852, *Ferrier*) ; mais là, le Conseil d'État, n'osant plus affirmer l'irresponsabilité, esquiva la difficulté en affirmant que la Société Ferrier avait cessé d'exploiter sa ligne dès 1834 ; « que, dès lors, elle n'est pas fondée à réclamer une indemnité pour raison de la mise à exécution de la loi ».

(1) Ainsi la refonte du Code civil ne saurait entraîner aucune responsabilité de l'État, par exemple en supprimant des formes de propriété ou en modifiant le régime successoral ; la suppression des droits féodaux par les lois révolutionnaires ne justifiait réellement aucune indemnité de l'État parce qu'elle ne faisait rien entrer dans son patrimoine. Au contraire, la suppression des majorats prononcée par la loi du 22 avril 1905, articles 29 et suivants, ne pouvait être qu'un rachat, parce qu'une valeur retombait dans le patrimoine de l'État, ces majorats étant constitués en rentes sur l'État.

Sans doute, en de pareilles matières, la bonne politique et l'équité commandent au législateur d'être extrêmement prudent ; il sera bon, ou qu'il accorde des indemnités ou tout au moins qu'il procure, avant l'extinction des droits, des délais qui atténuent pour la fortune privée les inconvénients de la suppression. C'est pour cela aussi que, quoique en principe la loi s'applique immédiatement, l'article 2 du Code civil stipule qu'elle n'a point d'effet rétroactif, ce qui s'entend « à l'encontre des droits acquis ». Mais toutes ces précautions sont à prendre par le législateur quand il fait la loi. Ce qui est certain, c'est que le dommage une fois causé ne donne pas lieu à indemnité de la part de l'État si la loi ne le prescrit point.

(2) Ces obligations ne justifient point d'indemnités de la part de l'État, alors même qu'elles imposent des sacrifices pécuniaires aux assujettis, si le patrimoine de l'État n'en profite pas. Ainsi en est-il des lois sur la santé publique, comme celle de 1902, qui impose aux propriétaires de maisons des aménagements coûteux dans un but d'hygiène, ou encore de la loi de 1894 qui a imposé aux propriétaires des maisons parisiennes les aménagements en vue du tout-à-l'égout ; ainsi en est-il des lois sur l'hygiène du travail et sur l'inspection du travail ; ainsi en sera-t-il encore de la loi sur les retraites ouvrières, avec les versements qu'elle impose aux patrons et aux ouvriers.

3° *Les interdictions restreignant les libertés individuelles* (1);
4° *Les simples suppressions ou destructions soit d'objets, soit d'établissements, soit de monopoles* (2).

(1) Les *interdictions restreignant des libertés individuelles*, sans qu'il en résulte aucun profit pour le patrimoine administratif, et si, d'ailleurs, elles sont légales, ne constituent pas un dommage justifiant l'indemnité. Ainsi en sera-t-il de l'interdiction par arrêté municipal d'ouvrir des débits de boisson dans un certain rayon autour de certains établissements publics pour raisons tirées de l'ordre public (L. 17 juill. 1880, art. 9). Ainsi en sera-t-il également de l'interdiction prononcée par la loi d'employer, dans certaines industries, des substances nuisibles ou de fabriquer et mettre en circulation des substances nocives. V. sur ce point l'histoire des travaux préparatoires de la loi du 20 juillet 1909 sur l'interdiction de la céruse dans les travaux de peinture; la Chambre des députés avait admis le principe de l'indemnité; fort justement, le Sénat a préféré retarder l'application de la loi et procurer ainsi aux intéressés des délais (cinq ans). V. aussi la question de l'interdiction de l'absinthe.

(2) Les simples *suppressions ou destructions, soit d'objets, soit d'établissements, soit de monopoles*, lorsque le patrimoine administratif n'en profite pas, ne motivent pas non plus d'indemnités.

Ainsi, si les lois relatives aux épizooties ont en certains cas alloué des indemnités pour abatage d'animaux, cette indemnité est à titre gracieux et comme une prime pour assurer l'application de la loi, ce n'est pas que d'après les principes elle soit due (Cf. Soucail, *L'indemnité en matière d'épizooties*, Toulouse, 1909).

Ainsi encore, les suppressions d'établissements dangereux, insalubres ou incommodes peuvent être prononcées sans indemnité par décret rendu en Conseil d'État, en vertu de l'article 31 de la loi du 10 décembre 1917.

Ainsi encore, les monopoles de la boucherie et de la boulangerie ont été supprimés sans indemnité par les décrets du 24 février 1858 et du 22 juin 1863 et le juge n'a point reconnu le droit à indemnité (Cons. d'Ét., 30 juin 1859, *Bellamy*).

Ainsi encore, le monopole des imprimeurs établi par le décret du 5 février 1810 a été supprimé par le décret du 14 septembre 1870 pour faire place à la liberté. Le décret de 1870 contenait un article 4 ainsi conçu: « Il sera ultérieurement statué sur les conséquences du présent décret à l'égard des titulaires actuels du brevet. » En effet, plusieurs pétitions furent envoyées aux assemblées législatives qui en délibérèrent sans se décider à voter une indemnité; finalement, le Sénat renvoya les intéressés devant le ministre de l'Intérieur qui rejeta la demande en indemnité, et le Conseil d'État, saisi au contentieux, confirma ce rejet (Cons. d'Ét., 4 avril 1879, *Goupy*).

Cette espèce est particulièrement importante, tant parce qu'il existe encore d'autres monopoles du même genre dont la suppression pourrait être demandée, que parce que le brevet d'imprimeur était considéré comme constituant une véritable propriété.

On trouvera dans Lebon (sous Cons. d'Ét., 4 avril 1879, *Goupy*, p. 284) toute une bibliographie sur la question des brevets d'imprimeurs.

Observons que la loi du 18 juillet 1866, sur la suppression des courtiers en marchandises, avait gracieusement prévu une indemnité, d'ailleurs fournie par l'impôt des patentes (art. 10 et s.), et par conséquent par les gros commerçants, et que la loi du 14 mars 1904, article 14, relative à la suppression des bureaux de placement payants, en rendant cette opération facultative pour les communes, a mis à leur charge une indemnité.

§ 3. — Les responsabilités des administrations publiques vis-à-vis de leurs agents ou vis-à-vis de leurs sujets, en tant que la loi leur a imposé une obligation spéciale de garantie (Responsabilité pour le risque professionnel ou pour le risque social).

En principe, les administrés auxquels l'administration peut causer des préjudices par des fautes ou des accidents de service sont, par rapport à elle, *des tiers;* d'une part, ils ne sont pas des agents intérieurs de l'entreprise administrative; d'autre part, l'administration n'a pas assumé à leur égard d'obligation spéciale de protection ni de garantie. Pour cette raison s'applique, à leur égard, la théorie des fautes qui est la théorie normale de la responsabilité *envers les tiers.*

Mais l'administration publique peut avoir, par son fait, causé des préjudices à des individus qui ne sont pas, vis-à-vis d'elle, dans cette situation de tiers purs et simples parce que la loi les a placés dans une catégorie à part; ou bien ce sont les fonctionnaires de l'administration ou ses employés, ou ses agents à un titre quelconque, par exemple à titre de militaires; ou bien ce sont tous les administrés envisagés au regard de certains risques spéciaux contre lesquels la loi les assure, par exemple, le risque de guerre ou de troubles intérieurs. Il s'est créé historiquement, pour ces hypothèses, une théorie légale d'indemnisation qui est celle de l'*assurance pour les risques*. Cette théorie est plus favorable aux indemnitaires en ce sens qu'elle élimine l'élément de faute et que, par conséquent, l'indemnité est due pour *simple accident*, mais, à d'autres égards, elle est moins favorable.

Les étapes historiques de l'application de cette théorie exceptionnelle ont été les suivantes :

1° *La législation des pensions d'invalidité.* — LL. 11 et 18 avril 1831 et 31 mars 1919; 24 juin 1919 (1) relatives aux armées de terre et de mer, pensions accordées, soit au militaire lui-même, soit à sa veuve ou à ses orphelins, au cas de blessures ou infirmités, ou au cas de mort, en somme au cas d'accident subi en service commandé;

L. 9 juin 1853 relative aux fonctionnaires d'État du service civil, personnel soumis à retenue, pensions accordées sensiblement dans les mêmes cas, articles 11 et suivants;

2° *La législation du 9 avril 1898 sur les accidents professionnels* fondée sur le risque professionnel mis à la charge de l'entreprise, législation créée d'abord pour les entreprises industrielles, étendue obligatoirement aux entreprises commerciales par la loi du 12 avril 1906 et facultativement aux délégués à la sécurité des ouvriers mineurs par la loi du 13 décembre 1912, pouvant être adoptée par

---

(1) Commentaire par M. Cézar-Bru, *Lois nouvelles*, 1919.

les employeurs et employés non assujettis, en vertu de la faculté d'adhésion organisée par la loi du 18 juillet 1907.

Cette législation s'applique dès maintenant aux administrations publiques en ce qui concerne les accidents survenus à leurs ouvriers ou employés, à la condition qu'ils ne soient pas des fonctionnaires attachés à un cadre permanent, bénéficiaires d'une pension d'invalidité (Cons. d'Ét., 5 août 1913, *Neveu*; Cass., 4 déc. 1917), à l'occasion d'un travail susceptible de donner lieu, d'après l'article 1er de la loi du 9 avril 1898, à l'application du risque professionnel et cela dans les opérations de travaux ou dans les entreprises commerciales ou industrielles qu'elles gèrent directement, sauf les exceptions de l'article 32. Les administrations publiques ont la qualité de chefs d'entreprise au sens de la loi de 1898 (Cons. d'Ét., 5 août 1913, *Neveu*) (1);

3° *La loi du 16 avril 1914 sur la responsabilité spéciale des communes pour les dégâts et dommages résultant des crimes et délits commis à force ouverte ou par violence sur leur territoire, soit envers les personnes, soit contre les propriétés publiques ou privées.* — Cette loi élimine la condition de faute, au moins au regard des victimes du préjudice, et se réclame expressément du principe du *risque social* (art. 108) (2).

---

(1) Mais il y a, dans cette nouvelle théorie, un principe d'expansion tel qu'il faut en prévoir l'extension aux accidents résultant d'autres espèces de travaux ou d'autres exercices accompagnant l'exécution des services publics, par exemple aux accidents du travail des prisonniers, aux accidents scolaires pour lesquels la législation de 1899 (art. 1384 C. civ. remanié) n'est pas considérée comme satisfaisante : 1° Elle ne s'applique qu'aux membres de l'enseignement primaire et secondaire d'État, par conséquent, elle ne s'applique ni aux membres de l'enseignement privé, ni à ceux de l'enseignement départemental et communal, ni à ceux de l'enseignement supérieur; 2° elle ne décharge les instituteurs et professeurs que « du dommage causé par leurs élèves pendant le temps qu'ils sont sous leur surveillance », ils ont toujours à répondre du dommage subi par leurs élèves à l'occasion d'exercices scolaires (mais le Cons. d'Ét. étend ici la théorie administrative du fait de service, Cons. d'Ét., 6 mars 1914, *Papon*); la législation de 1898 s'étendra aussi aux accidents subis par certains auxiliaires tels que les employés des postes (pour les employés auxiliaires des postes, V. Cass., 27 oct. 1909, *Carrez*, S., 12. 1. 28), et même aux accidents du service militaire en temps de paix (Proposition de loi déposée au nom de la Commission d'assurance et de prévoyance sociale le 31 mars 1914. Cf. sur ces questions les excellents ouvrages de M. J. Cabouat, *Traité des accidents du travail*, 2 vol., et *L'extension du risque professionnel*, 2 vol.).

(2) Cette loi se présente comme un remaniement des articles 106 à 109 de la loi du 5 avril 1884, lesquels étaient eux-mêmes un remaniement de la loi du 10 vendémiaire an IV. Sur la genèse et les travaux préparatoires, V. S., *Lois annotées*, 1915, p. 925, et Rolland, *Revue du droit public*, 1913, p. 350.

Le principe de l'indemnité-assurance est posé par l'article 106 en ces termes : « Les communes sont civilement responsables des *dégâts et dommages* résultant des *crimes et délits* commis *à force ouverte ou par violence, sur leur territoire,* par des *attroupements ou rassemblements armés ou non armés*; soit envers les *personnes,* soit

4° *Les lois sur la réparation des dommages causés par les faits de guerre du 17 avril 1919 et du 24 juin 1919.* — Ces lois, rompant avec la tradition qui voyait dans les faits de guerre des *actes de gouvernement* et, dans la réparation des dommages causés par ces faits, des mesures de bienveillance de la part de la nation, posent le principe du *droit à la réparation intégrale* (art. 2) et fondent ce droit sur l'idée de l'égalité et de la solidarité de tous les Français devant les charges de guerre, ce qui est encore une forme de la théorie du risque social et ce qui, d'ailleurs, peut recouvrir des fautes diplomatiques ou militaires aussi bien que de la force majeure.

Caractères généraux de la responsabilité pour le risque professionnel ou pour le risque social. — Étant donné le développement historique de cette responsabilité, ses applications, ses raisons d'être, on peut déterminer ainsi qu'il suit ses caractères généraux :

1° Elle est essentiellement une assurance contre certains risques ; par suite, il y a lieu de distinguer l'obligation d'indemnité à la

contre les *propriétés* publiques ou privées ». La victime n'est point obligée de faire la preuve d'une faute à la charge de la commune et celle-ci ne peut point s'exonérer en prouvant qu'elle n'est pas en faute. Vis-à-vis de la victime, il y a une véritable assurance contre l'accident.

Comme la garantie contre les troubles intérieurs doit être fournie par l'État aussi bien que par la commune, vu que tous les deux ont assumé le service de la police, l'article 108 stipule : « L'État contribue par moitié au paiement des dommages intérêts et frais visés par l'article 105. » Mais l'article continue en prévoyant des actions récursoires entre l'État et la commune :

« Toutefois, si la municipalité a manqué à ses devoirs par inertie ou connivence avec les émeutiers, l'État peut exercer un recours contre la commune, à concurrence de soixante pour cent (60 p. 100) des sommes mises à sa charge par le paragraphe précédent.

» Si, au contraire, et sous réserve de l'application du paragraphe précédent, la commune n'a pas, momentanément ou de façon permanente, la disposition de la police locale ni de la force armée, ou si elle a pris toutes les mesures en son pouvoir à l'effet de prévenir ou de réprimer les troubles, elle peut exercer un recours contre l'État dans les mêmes proportions. »

Art. 107 : « Si les attroupements ou rassemblements ont été formés d'habitants de plusieurs communes, chacune d'elles est responsable dans la proportion fixée par les tribunaux civils. »

Le reste des dispositions est relatif à la compétence qui est *judiciaire* et aux moyens d'exécution ; notons seulement que les sommes auxquelles la commune est condamnée sont réparties, en vertu d'un rôle spécial, entre toutes les personnes inscrites au rôle des contributions directes proportionnellement au montant en principal de toutes les contributions directes, à l'exception des victimes de troubles ayant reçu des indemnités et que même, en certain cas, il peut y avoir majoration des droits d'octroi (art. 106).

Ainsi, tous les habitants de la commune se trouvent solidairement intéressés à prévenir ou réprimer les troubles et l'appel énergique à cette solidarité collective pour le maintien de l'ordre local est une très vieille institution que nous retrouvons dans les Capitulaires de Charlemagne et jusque dans le Code d'Hammou Rabi, §§ 23 et 24, deux mille ans avant J.-C.

charge de l'assureur et les actions récursoires que l'assureur conserve le droit d'exercer contre les auteurs responsables du sinistre, s'il y a lieu. La notion de faute est éliminée en ce qui concerne l'obligation de l'assureur, elle ne l'est pas en ce qui concerne les actions récursoires. Il y a donc là une institution de garantie qui s'interpose entre les auteurs responsables des sinistres et les victimes de ceux-ci et dont le triple but est, d'une part, d'épargner à la victime la charge de la preuve ; d'autre part, d'assurer l'indemnité pour les accidents dont l'auteur responsable ne pourrait pas être découvert ; d'autre part, enfin, de parer au danger de l'insolvabilité de l'auteur responsable (1) ;

2° En conséquence, cette assurance spéciale doit être organisée par la loi, ainsi qu'il a été fait par les lois sur les pensions, la loi du 9 avril 1898 sur les accidents du travail, la loi du 16 avril 1914 sur la responsabilité spéciale des communes et par la loi sur les dommages de guerre.

Le législateur seul peut imposer cette obligation spéciale, le juge ne pourrait pas la présumer : c'est une théorie législative et non pas une théorie jurisprudentielle ;

3° A raison de son caractère spécial, cette assurance fournie par l'entreprise ou par la collectivité comporte des limitations ou des modalités dans l'intérêt de celle-ci. C'est ainsi que les indemnités sous forme de pensions d'invalidité accordées par l'État aux militaires et aux fonctionnaires civils présentent un caractère forfaitaire et tarifé ; il en est de même des indemnités de la loi du 9 avril 1898 sur les accidents du travail ; c'est ainsi encore que la loi sur les dommages de guerre subordonne à l'obligation du remploi certaines des indemnités dans l'intérêt de la reconstitution des régions envahies (art. 4 et 5) ;

4° A raison encore de son caractère spécial, ainsi qu'il a été dit dès le début, cette sorte de responsabilité semble devoir être établie seulement vis-à-vis des individus qui, au regard de l'entreprise et vu

---

(1) Dans la loi du 9 avril 1898 sur les accidents du travail, l'idée de l'assurance est évidente. Ce sont les entreprises patronales qui doivent s'assurer ; elles n'y sont pas absolument obligées, mais l'institution du fonds de garantie est destinée à parer à l'insolvabilité des entreprises qui ne seraient pas assurées.

Quant aux actions récursoires, elles sont de droit au profit des compagnies d'assurances au moins dans le cas de faute intentionnelle de l'auteur responsable de l'accident ; la loi du 16 avril 1914 les prévoit entre l'État et la commune, au cas où la municipalité a manqué à ses devoirs ou, en sens inverse, au cas où elle a pris toutes les mesures en son pouvoir (art. 108), elles les prévoit aussi contre les auteurs ou complices du désordre (art. 109) ; enfin le projet de loi sur la réparation des dommages de guerre réserve formellement le droit pour l'État français d'en réclamer le montant à l'ennemi en vertu de la Convention de La Haye du 18 octobre 1907.

le risque envisagé, ne peuvent pas être considérés comme des tiers (1).

(1) Au point de vue de la compétence, il n'y a point de règle d'ensemble qui soit commune à tous ces cas de responsabilité pour risque. La loi du 8 avril 1898 sur les accidents du travail et la loi du 16 avril 1914 sur la responsabilité spéciale des communes consacrent la compétence judiciaire, l'une parce qu'elle est une loi du droit privé, l'autre par suite de traditions historiques. La loi sur les pensions d'invalidité et la loi sur les dommages de guerre consacrent la compétence de la juridiction administrative.

CHAPITRE II

LA PROCÉDURE DE LA GESTION D'OFFICE ET LES CONSÉQUENCES CONTENTIEUSES QU'ELLE ENTRAINE

SECTION I. — LA PROCÉDURE PAR DÉCISION EXÉCUTOIRE. — LA LIAISON DU CONTENTIEUX ET LA DISTINCTION DES CONTENTIEUX.

§ 1. — La procédure par décision exécutoire.

La gestion d'office de l'administration est astreinte à une procédure essentielle qui consiste en ce que, préalablement à toute mesure d'exécution par un agent d'exécution, il doit être pris, par une autorité administrative, une *décision exécutoire* par laquelle *la puissance publique* affirme à la fois son intention et son droit de passer à l'exécution.

C'est la procédure par décision exécutoire. Il est à remarquer, d'ailleurs, qu'en affirmant le droit qu'elle a de passer à l'exécution de ses décisions, la puissance publique crée du droit qui sera opposable à tous et invocable par tous et qu'ainsi la procédure par décision exécutoire est un mode de création du droit (1).

Il y a de cette forme de procéder deux raisons :

1° *Une raison de bonne administration.* Il est bon pour l'administration elle-même de réfléchir avant d'agir, d'établir à l'avance des programmes d'action, et surtout, d'isoler et de condenser dans un acte déterminé les questions de droit soulevées par l'opération proje-

---

(1) En réalité, il se succède au moins deux décisions exécutoires d'espèce différente avant toute mesure d'exécution : une décision réglementaire qui pose les règles générales en la matière et une décision particulière à l'affaire. Les deux espèces de décisions sont créatrices de droit. La sanction de ces procédures est, selon les cas, ou bien l'annulation pour excès de pouvoir de la décision particulière prise sans réglementation préalable, ou bien la responsabilité personnelle de l'administrateur qui a passé à l'exécution sans décision exécutoire préalable, ou bien qui a pris une décision particulière sans réglementation préalable (Cf. ma note dans S., 1910. 3. 129, sous Confl., 23 avril 1910, *Préfet de la Côte-d'Or*, et sous Cons. d'Ét., 8 juill. 1910, *Abbé Bruant*. Cf. aussi ma note sous l'affaire *Bouteyre*, S., 1912. 3. 145).

tée. Ainsi, d'une part, les éléments importants seront mieux étudiés, d'autre part, la décision pourra être prise par une autorité plus relevée, possédant plus de compétence que n'en ont les agents d'exécution (V. supra, p. 99, *la centralisation du pouvoir de décision*);

2° *Une raison juridique*. La séparation de la décision exécutoire et des mesures d'exécution répond à une nécessité de l'action juridique vis-à-vis des tiers. Par la décision exécutoire, l'administration affirme publiquement le droit tel qu'elle entend l'exécuter. Or, cette affirmation du droit est un élément essentiel de la procédure d'office vis-à-vis des tiers. En effet, si cette procédure est extrajuridictionnelle, ce n'est pas une raison pour qu'elle soit dépourvue de garanties juridiques. Le poursuivant exécute lui-même ce qu'il prétend être le droit sans le faire vérifier et légitimer par un juge, ni par un officier ministériel; au moins faut-il qu'avant de passer à l'exécution il affirme lui-même la légitimité de ce droit, d'une façon publique, et qu'il soit ainsi à lui-même son propre officier ministériel. Il faut surtout cette affirmation préalable afin qu'il puisse se produire des contradictions, car la suprême garantie des procédures, c'est la contradiction et la discussion. Si la contradiction se produit, alors un juge sera saisi *a posteriori* de la question de légitimité de la procédure d'exécution annoncée ou commencée (1).

(1) On perçoit très bien cet élément dans les procédures des vieilles actions de la loi du droit romain qui étaient greffées sur des voies d'exécution individuelles, c'est-à-dire sur des procédures extrajudiciaires. Il y avait des paroles sacramentelles à prononcer par le demandeur qui étaient des affirmations solennelles de la légitimité de son droit. Et sans doute, à cette époque, les affirmations se produisaient devant le magistrat, mais celui-ci n'était encore qu'un témoin et l'on sent très bien qu'à une époque plus ancienne il avait suffi qu'elles fussent produites devant des témoins, sans magistrat. Dans la procédure de la *manus injectio*, le demandeur devait dire *quod tu mihi judicatus (sive damnatus) es Sestertium decem millia, quandoc non solvisti, de eam rem ego tibi Sestertium decem millia judicati manum injicio*, et, en même temps, il saisissait quelque partie du corps de son débiteur (Gaius, IV, 21). Dans la procédure du *sacramentum* par la *rei vindicatio*, le demandeur devait dire en saisissant la chose, par exemple l'esclave : *hunc ego hominem ex jure quiritium meum esse aio* (Gaius, IV, 19, 16). Cf. Girard, *Manuel élémentaire de droit romain*, 6ᵉ édit., p. 985 et s..

L'administration affirme, elle aussi, son droit publiquement, c'est-à-dire devant témoins. D'après ce qui a été dit plus haut, la décision exécutoire condense toutes les prétentions de droit qu'a l'administration dans les opérations qu'elle entreprend. Mais il importe de préciser l'intention dans laquelle ces prétentions de droit sont affirmées publiquement, elle sera précisée par les trois propositions suivantes :

1° C'est dans une *intention de procédure*, pour affirmer la légitimité de l'emploi de la procédure d'office ;

2° Cette affirmation de la légitimité de l'emploi de la procédure d'office vise uniquement les conditions de forme imposées, soit par la loi, soit par la bonne administration, à cet emploi ; elle ne vise pas le fond du droit. C'est ainsi que la déclaration d'utilité publique, qui ouvre la procédure d'expropriation, n'a point pour but d'affirmer l'utilité définitive de l'acquisition du terrain pour les besoins de l'administration, mais

I. *Définition et éléments de la décision exécutoire.* — Étant données les conséquences de la décision exécutoire, on comprend l'importance d'une bonne définition de cet acte : c'est *toute déclaration de volonté en vue de produire un effet de droit, émise par une autorité administrative* (comprise dans la hiérarchie ou dans la tutelle administrative) *dans une forme exécutoire, c'est-à-dire dans une forme qui entraîne l'exécution d'office* (1). Il y a, dans cette définition, des éléments de forme et des éléments de fond :

A. *Les éléments de forme* de la décision exécutoire sont qu'elle doit émaner d'une *autorité administrative comprise dans la hiérarchie ou dans la tutelle administrative* et être *dans une forme exécutoire :*

1° *Émaner d'une autorité administrative ;* par autorité administrative, il faut entendre un organe de l'administration ayant reçu dans ses attributions, de par les règles de l'organisation administrative, le pouvoir de prendre des décisions juridiques ; il faut opposer l'*autorité administrative* à l'agent d'exécution ou à l'employé de bureau qui prépare les décisions (2). Les organes ayant qualité d'autorités administratives ne sont pas nombreux, à raison de l'extrême centralisation du pouvoir de décision (V. *supra*, p. 99). D'abord, bien entendu, il faut que ce soient des organes d'administrations publiques : les décisions des organes de simples établissements d'utilité publique, ou d'organisations qui sont de simples auxiliaires de l'administration publique, n'ont point nature de décisions exécutoires administratives (3).

seulement d'affirmer que cette utilité est suffisante pour justifier l'emploi de la procédure d'expropriation ;

3° Enfin l'affirmation de l'administration produit immédiatement un effet juridique qui se résume en une sommation d'obéir adressée à tous ceux qui sont sous la dépendance de l'administration, c'est-à-dire aux agents d'exécution, et même, dans le cas des mesures de police, aux simples administrés.

En somme, en ce qui concerne le droit de l'administration, la décision exécutoire n'entraîne qu'une présomption de vérité suffisante pour justifier la procédure d'action d'office.

(1) Cette définition établit le lien entre la décision exécutoire administrative et la procédure d'action d'office. C'est un lien que je n'avais pas fait apparaître aussi nettement dans mes précédentes éditions, ni dans l'article publié dans la *Revue trimestrielle de droit civil* en 1903 en collaboration avec M. de Bezin ; mais cette corrélation me paraît de plus en plus évidente. Peut-être même sera-t-on amené à en tenir compte dans les théories civilistes sur la déclaration de volonté, quand on se sera convaincu que l'autonomie de la volonté ne va pas sans un certain pouvoir d'action d'office.

(2) C'est en ce sens qu'on dit les *autorités locales*, l'*autorité centrale*, les *autorités du pouvoir central*, l'*autorité supérieure*, etc. Cette terminologie se trouve manifestement consacrée par la loi du 24 mai 1872, article 9, et par celle du 17 juillet 1900, article 3.

(3) En ce sens, les chambres syndicales des agents de change ne sont pas des auto-

S'il s'agit d'agents de véritables administrations publiques : *a*) ou bien ce sont les organes administratifs délibérants et exécutifs tels qu'ils sont constitués par les lois organiques (pour l'État, le chef de l'État, les ministres, les préfets, sous-préfets et maires (1); pour le département, le conseil général, la commission départementale, le préfet; pour la commune, le conseil municipal, le maire, etc.); *b*) ou bien ce sont des agents délégués par ces organes pour statuer à leur place et qui ont *la signature* (2).

En résumé, dans l'une comme dans l'autre hypothèse, pour savoir quels sont les agents qui ont l'exercice des droits et, par conséquent, peuvent prendre des décisions exécutoires, il faut en référer à la loi qui joue ici le rôle de statut des administrations (3);

2° *Être dans une forme exécutoire*. — La décision administrative doit être *exécutoire*, c'est-à-dire être une décision *dont l'exécution peut être immédiatement poursuivie par la voie administrative*, autrement dit, *par la procédure d'office* (Cons. d'Ét., 15 janv. 1909, *Consistoire israélite d'Oran*. Cf. Cons. d'Ét., 19 juin 1903, *Chambre de commerce d'Angers*, moins explicite, qui disait simplement : « décision susceptible d'être suivie d'exécution »). L'indication du fait que la décision va pouvoir être exécutée par la voie administrative est capitale, parce que c'est la possibilité de cette exécution privilégiée par la procédure d'office qui, dès maintenant, fait grief et justifie le recours des intéressés (4).

---

rités administratives (Cons. d'Ét., 17 fév. 1911, *Finoz*) ni les conseils d'administration des corps de sapeurs-pompiers (Cons. d'Ét., 20 fév. 1911, *Naudet*).

(1) Quant au Parlement, bien qu'il soit une autorité administrative en certains cas, ses décisions sont toujours en forme de loi et ne peuvent pas être traitées comme des décisions administratives; d'ailleurs, il est en dehors de la hiérarchie.

(2) En principe, les pouvoirs de la puissance publique ne sont délégués que par la loi, mais celle-ci autorise parfois des délégations individuelles; c'est ainsi que le maire délègue à ses adjoints telle ou telle catégorie d'affaires, que le conseil général peut déléguer à sa commission départementale la décision de telle ou telle affaire, que le chef de l'État ou les ministres peuvent également faire certaines délégations aux directeurs des ministères ou à des grands chefs régionaux de la hiérarchie; ces délégations doivent être à la fois expresses et légales (V. Laferrière, *op. cit.*, t. II, p. 500 et s.).

(3) Dans les sociétés et associations, pour savoir quels sont les agents ayant l'exercice des droits, il faut se reporter aux statuts; ici, les lois organiques administratives jouent, par rapport aux administrations publiques, le même rôle que les statuts par rapport aux sociétés et associations (V. *supra*, v° *Règles générales de l'organisation administrative*).

(4) Ce qu'il faut bien comprendre, c'est que la vertu exécutoire est attachée à la forme de la décision indépendamment de son contenu; cela se marque dans certaines décisions douées de force exécutoire sans qu'il y ait en elles un effet de droit du commerce juridique, parce qu'elles sont quand même susceptibles d'une certaine exécution administrative de pure procédure, par exemple dans certaines délibérations d'assemblées qui contiennent de simples vœux et qui sont exécutoires en ce sens que ces vœux doivent être transmis par une procédure. Si toutes les délibérations des conseils

La force exécutoire existe au moment de l'*émission* de la décision, si toutes les formalités de l'émission même ont été remplies; en principe, les formalités postérieures à l'émission n'ont pas d'influence sur la force exécutoire. Ainsi les décisions des autorités soumises à une tutelle ont force exécutoire au moment de leur émission, alors que les approbations tutélaires n'ont pas encore été données; elles peuvent être immédiatement attaquées par le recours pour excès de pouvoir (Cons. d'Ét., 7 août 1911, *Cossec*, Leb., p. 149) (1); ainsi encore, la notification ou la publication n'ajoutent rien à la force exécutoire: la conséquence est qu'en aucun cas une irrégularité dans la notification ou dans la publication ne saurait entacher d'illégalité la décision qui en a été l'objet (Cons. d'Ét., 2 fév. 1906, *Clément*; 8 janv. 1909, *Malaval*), et aussi que l'administration peut appuyer une seconde décision sur la première avant même que celle-ci ait été portée à la connaissance des intéressés, résultat qui n'est pas satisfaisant (Cons. d'Ét., 11 avril 1913, *Cornus*; 18 juill. 1913, *Syndicat national des chemins de fer*, S., 14.3.1 et ma note; Cons. d'Ét., 27 mars 1914, *Laroche*, S., 14.3.97 et la note); la notification ou la publication n'ont d'importance que pour rendre la décision *opposable* aux tiers et, par conséquent, pour faire courir le délai du recours (Cons. d'Ét., 10 mai 1912, *Suzanne*) (2).

généraux et des conseils municipaux prises hors des sessions légales sont annulées sans qu'on se préoccupe de leur contenu (art. 34, L. 10 août 1871; art. 63, L. 5 avril 1884); si les délibérations de ces mêmes assemblées contenant simplement des vœux politiques, des proclamations ou des adresses sont annulées bien qu'elles ne soient susceptibles de produire aucun effet du commerce juridique (art. 51, L. 10 août 1871, art. 63, L. 5 avril 1884), c'est sans doute qu'elles ont quand même une force exécutoire, car si elles ne produisaient absolument aucun effet, à quoi bon les annuler? Et, de fait, elles tendent par elles-mêmes à obliger le préfet ou le maire à transmettre le vœu, à faire afficher la proclamation ou l'adresse, par conséquent à une exécution. — Donc les deux éléments sont séparables et, même lorsqu'ils se trouvent réunis, il faut reconnaître que la force exécutoire est un élément de forme, tandis que la vertu de produire effet de droit est proprement l'élément de fond. D'ailleurs, on sait bien que les actes juridiques, en général, peuvent être revêtus d'une formule exécutoire qui est un élément de forme extérieure, *un ordre donné aux agents de la force publique d'avoir à prêter main-forte*, telle est la formule exécutoire des jugements et celle des actes notariés. Et les agents d'exécution n'ont à se préoccuper que de la régularité formelle de l'acte qu'on leur donne à exécuter, ils n'ont pas à se préoccuper du fond; c'est le principe de l'obéissance hiérarchique, qui est une variété de l'obéissance passive.

(1) « Considérant que la circonstance que la délibération attaquée était soumise à l'approbation du préfet n'empêche pas qu'elle ait *une valeur propre*, et que, par suite, elle puisse être déférée au Conseil d'État comme entachée d'excès de pouvoir. » — Cette précision n'avait jamais été faite aussi nettement.

(2) Par conséquent, il ne faut pas confondre *force exécutoire* avec *opposabilité*; en réalité, la force exécutoire ne concerne que les agents d'exécution, elle implique pour ceux-ci obligation d'exécuter et il se peut que certains actes d'exécution soient possibles avant que la décision ne soit rendue opposable aux intéressés. La même analyse

Dans un grand nombre de décisions administratives, la forme exécutoire n'a rien de sacramentel ; par exemple, bien que les ministres et les préfets statuent en général en la forme d'*arrêtés*, c'est-à-dire par des actes qui contiennent le visa des textes législatifs, des considérants et un dispositif rédigé par articles, il est admis qu'ils peuvent statuer aussi par *simple décision*, c'est-à-dire en la forme d'une lettre missive; on a cru pendant longtemps qu'il existait une forme exécutoire minima qui était la *forme écrite;* qu'en principe, aucune décision administrative n'était exécutoire si elle n'était écrite, datée et signée (Cf. note dans S., 10. 3. 129, sous Confl., 22 avril 1910, *Préfet de la Côte-d'Or*). Mais il faut renoncer à cette exigence, le Conseil d'État a admis l'existence de décisions exécutoires verbales (Cons. d'Ét., 1er juin 1900, *Cuisinier;* 28 nov. 1913, *Cabo;* 12 nov. 1915, *Abbé Artigue*); d'autre part, la pratique, généralisée et recommandée par circulaire ministérielle, de l'administration par téléphone rendra les décisions verbales de plus en plus fréquentes (1).

Enfin, d'après la loi du 17 juillet 1900, il faut admettre des décisions tacites (V. *infra, liaison du contentieux*) (2).

La force exécutoire que la formule confère à la décision doit être considérée comme provenant d'un pouvoir propre qui compte parmi les *attributions* de l'organe administratif; nous avons vu que les conseils généraux ou les conseils municipaux ont ou n'ont pas, dans tel cas, le pouvoir de rendre exécutoires leurs délibérations.

B. *L'élément de fond de la décision exécutoire.* — Outre les éléments de forme qui viennent d'être étudiés, il y a dans la décision exécutoire un élément de fond qui constitue sa matière propre; cet élément est *une déclaration unilatérale de la volonté administrative en vue de produire un effet de droit conforme aux données techniques et au bien du service.*

1° *Une déclaration unilatérale de la volonté administrative.* — Il s'agit de la volonté de la *puissance publique* envisagée dans son unité et dans sa centralisation. Au point de vue de la décision exécutoire, la

doit être faite à propos de la *promulgation* et de la *publication* des lois, la promulgation est l'ordre donné aux agents d'exécution d'avoir à commencer l'exécution et la publication est l'acte d'exécution qui va rendre la loi opposable aux citoyens, mais qui peut être précédé d'autres actes d'exécution, par exemple d'un règlement d'administration publique.

(1) Toutefois, pour leur propre garantie, les agents d'exécution exigeront le plus souvent que le coup de téléphone soit confirmé ultérieurement par écrit.

(2) Les assemblées délibérantes ne peuvent statuer qu'en la forme de la *délibération*, qui, en un certain sens, est solennelle et qui a été soigneusement étudiée plus haut (*Règles générales d'organisation administrative*).

Ce n'est pas, en principe, une condition de forme pour une décision exécutoire que d'être motivée, le défaut de motifs ne constitue un vice de forme que lorsque les motifs sont exigés par la loi (Cons. d'Ét., 19 janv. 1906, *Montheux*).

volonté administrative est une. Et cela explique que, si la décision est attaquée par un recours pour excès de pouvoirs, le ministre défendra au recours, de quelque autorité qu'émane la décision et que la personne morale administrative pour le compte de laquelle la décision aura été prise ne sera admise dans l'instance *qu'à titre d'intervention* (V. *infra, Recours pour excès de pouvoir*) (1).

Cette volonté est *déclarée*, et, comme elle l'est selon les procédures de l'administration, on l'appréciera, non pas d'après les intentions subjectives de l'autorité qui a pris la décision, mais d'après les intentions objectives qui auraient dû être celles de la bonne administration. (V. *infra*, v° *Détournement de pouvoir*).

Cette volonté déclarée est expresse ou tacite. Jusqu'à la loi du 17 juillet 1900, article 3, il fallait que cette manifestation de volonté fût expresse, le silence opposé par l'administration à une réclamation n'étant pas assimilé à une décision de rejet. Désormais, cette assimilation est faite, la décision peut donc résulter du silence gardé pendant quatre mois au sujet d'une réclamation (V. *infra*);

2° *En vue de produire un effet de droit.* — La caractéristique de la décision exécutoire est l'intention d'affirmer le droit de l'administration, et, par suite, de produire un effet de droit, soit pour l'administration seule, soit à la fois pour l'administration et pour les administrés. C'est donc la prétention de droit.

Pour savoir en quoi la prétention de droit est saisissable, il faut distinguer deux hypothèses : 1° la décision tend à une organisation de choses administratives entièrement nouvelles, par exemple à la création d'un nouveau service ; ici, l'effet de droit n'est produit que pour l'administration seule, mais sa nouveauté même le rend facilement saisissable ;

2° La décision tend à modifier des situations juridiques préexistantes : ce cas est le plus fréquent, l'administration se meut au milieu de situations juridiques déjà établies, de sorte que beaucoup des actes juridiques nouveaux émanés d'elle auront pour but de modifier une situation antérieure. De ce point de vue différentiel, la constatation de l'effet de droit est également rendue aisée, car *toute décision exécutoire qui tendra à modifier par elle-même une situation juridique antérieure* tendra par là même à produire un effet de droit; de plus,

---

(1) Cette observation donne toute sa valeur à la centralisation du pouvoir de décision que nous avons notée (*supra*, p. 99), comme étant le ressort essentiel de la centralisation administrative. Elle montre, en outre, que la procédure par décision exécutoire est une façon de créer du droit et qu'il s'agit de maintenir l'unité de ce droit.

Enfin, elle appelle notre attention sur ce fait que la personnalité subjective distincte des diverses administrations existe, non pas dans le plan de la décision exécutoire, mais dans celui de l'exécution et de la gestion.

ici, l'effet de droit intéressera non seulement l'administration, mais les administrés qui bénéficiaient de la situation antérieure (1).

Envisagée en elle-même, la prétention de droit signifie : 1° que l'administration agit dans un but sérieux et non pas *jocandi causa;* 2° qu'elle agit en usant de ses droits dans l'intérêt du service et même *d'après les données techniques du service,* c'est-à-dire *avec compétence technique.* Cette signification de la prétention de droit est à la base de l'ouverture du détournement de pouvoir poussée jusqu'à l'erreur de fait (V. *infra*) (2).

La déclaration de volonté, en vue de produire un effet de droit, suppose chez l'autorité administrative un *pouvoir propre de décision* qu'il convient d'examiner dans chaque cas d'après les règles de l'organisation administrative, qui, pour les assemblées délibérantes, s'appelle le *pouvoir de délibération* et qui est de la plus haute importance (3).

II. *Effets juridiques de la décision exécutoire.* — Les décisions exécutoires de l'administration, dès qu'elles sont émises, et avant même

(1) Donc, il faut un *aliquid novi;* de là, le principe que les décisions simplement confirmatives de décisions antérieures ne contiennent aucune prétention de droit nouvelle et ne sont pas susceptibles de recours (V. *infra*).

(2) Nous savons déjà que la fonction administrative est à la fois juridique et technique (V. *supra*, p. 22); il est naturel que ce double élément se retrouve dans les conditions de fond de la décision exécutoire.

(3) Il faut, en effet, tenir grand compte de ceci que le *pouvoir propre de décision en vue de produire un effet de droit,* là où il existe, *tend par lui-même à transformer en un droit l'intérêt administratif que l'organe cherche à faire prévaloir.* A ce point de vue, le pouvoir propre de décision révèle le droit propre, parce qu'il *affirme le droit en vue de sa réalisation.* La liste des droits des administrations départementales et communales se trouve dans les dispositions de lois qui reconnaissent au conseil général ou au conseil municipal le pouvoir de délibération dans telle ou telle catégorie d'affaires; il en résulte par là même que, dans ces affaires, les intérêts du département et de la commune sont des droits; au contraire, dans les affaires où les autorités locales ont seulement le pouvoir d'émettre des vœux ou des propositions ou des avis, c'est que, dans ces affaires, le département ou la commune ont peut-être des intérêts mais pas de droits; c'est donc bien que le pouvoir de décision tend par lui-même à réaliser le droit. C'est-à-dire que le pouvoir propre de décision des autorités administratives est cette *puissance de la volonté sur le droit* que les Allemands appellent *Willensmacht*. La théorie des décisions exécutoires est une illustration et une vérification très intéressante de la *Willensmacht*. Par exemple, les arrondissements ont un organe, le conseil d'arrondissement, mais comme ce conseil n'a aucun pouvoir de décision, il s'ensuit que l'arrondissement n'a aucun droit, et comme il n'a aucun droit, il s'ensuit qu'il n'est pas une personne morale; cela n'empêche pas que l'arrondissement n'ait des intérêts que le conseil d'arrondissement défend par des vœux, mais ces intérêts ne deviennent pas des droits parce qu'il n'y a pas de pouvoir de décision sur eux.

Mais n'oublions pas, d'autre part, que ces droits réalisés par la puissance de volonté des organes ne deviennent subjectifs que si les organes eux-mêmes sont appropriés par le sujet (V. *supra*, p. 86 et s., la théorie de la personnification).

d'être exécutées, créent ou modifient des situations juridiques. Il y a là un fait dont il faut bien se rendre compte. L'effet de droit que tend à produire la manifestation de volonté administrative contenue dans la décision exécutoire se produit instantanément *par la seule émission de cette volonté* (Cf. les théories générales sur la déclaration de volonté, notamment article dans la *Revue trimestrielle de droit civil*, 1903, p. 543, Hauriou et de Bezin). Il se produit d'autant mieux que la décision est exécutoire par la voie administrative, c'est-à-dire véritablement d'elle-même, par l'intermédiaire de la seule discipline administrative à laquelle les administrés sont soumis.

Une situation juridique nouvelle se trouve donc établie dont il convient d'analyser les caractères : cette situation n'est pas de nature civile, elle est de nature *administrative et publique*, et cela entraîne les conséquences suivantes :

a) Si la situation se résout en des intérêts ou en des droits pour l'administré qui en bénéficiera, ces intérêts ou ces droits seront de nature administrative. C'est ainsi que, dans la théorie du domaine public, nous serons amenés à analyser les droits des concessionnaires en des droits réels administratifs. Ces droits ne sont pas *acquis* au même degré que les droits civils et notamment ils ne sont pas perpétuels, ils sont révocables ou rachetables, ainsi que nous le verrons plus loin (V. note dans S., 1908. 3. 65);

b) En principe, cette situation juridique est opposable à tous. C'est ici le cas d'observer que l'administration de l'État est une vaste institution disciplinaire dont les administrés eux-mêmes font partie en qualité de sujets ; les décisions exécutoires émises par les autorités administratives sont des ordres disciplinaires, elles font un appel énergique à la discipline de l'institution administrative comme *l'ordre du jour* militaire fait appel à la discipline de l'armée et les situations qu'elles créent doivent être respectées de tous par obéissance à la discipline.

En ce sens, une nomination de fonctionnaire, une concession sur le domaine public, une autorisation de tutelle donnée à un contrat, sont des actes disciplinaires parce qu'ils deviennent opposables *erga omnes* et créent des situations qui s'imposent au public; désormais, le fonctionnaire nommé aura droit à l'obéissance de tous, le concessionnaire du domaine public jouira de sa concession envers et contre tous (sauf précarité vis-à-vis de l'administration), l'entrepreneur de travaux publics déclaré adjudicataire, lorsque l'adjudication aura été approuvée, aura cette qualité *erga omnes*; l'acte d'autorité dégage ce qu'il y a de disciplinaire dans les situations administratives, et, en somme, ce qu'il y a de public (1);

---

(1) Ce qui est public doit être opposable à tous et le devient grâce à la décision exécutoire.

De là vient que, dans les contrats administratifs, tels que les marchés de travaux

c) Les situations juridiques de nature publique et administrative créées par les décisions exécutoires, si celles-ci ne font pas partie d'une opération à procédure et, par conséquent, d'un acte complexe, sont révocables, parce que la décision exécutoire est en soi essentiellement révocable et que cela est, d'ailleurs, conforme aux nécessités des services et de la bonne administration (son auteur peut la rapporter, elle peut être annulée par l'autorité supérieure), même s'il y a eu commencement d'exécution (Cons. d'Ét., 28 nov. 1913, *Cot*) (1).

Si donc des avantages ont été directement concédés à des administrés par décision exécutoire, ils ne sont pas des droits acquis au sens du commerce juridique, parce que la situation, malgré les avantages privatifs qu'en tirent les bénéficiaires, n'est censée établie que pour la bonne administration ou pour la bonne utilisation de la chose

publics et les marchés de fournitures, où l'administration et les entrepreneurs ou fournisseurs vont être parties contractantes, ce qu'il y a de public dans l'opération et ce qui ne doit pas être enfermé dans un contrat, tend à se fixer sur l'acte de l'adjudication publique ou plus exactement sur l'acte d'approbation de cette adjudication; c'est parce que cet acte exprime l'intérêt du public à la réalisation économique de l'opération, qu'il est séparable de l'opération proprement dite, et peut être considéré isolément dans son effet exécutoire; c'est pour cela que les adjudicataires évincés sont recevables à l'attaquer par le recours pour excès de pouvoir (Cf. Aucoc, *Conférences*, II, n° 637 et Cons. d'Ét., 28 avril 1899, *Barralis*). — C'est pour cela aussi que, dans des circonstances exceptionnelles, l'acte d'approbation suffit à maintenir des organisations de service fondées sur des accords primitifs qui ont disparu (Cons. d'Ét., 20 janv. 1898, *Pompes funèbres c. Ville de Paris*, S., 99. 3. 113 et ma note).

(1) A ce point de vue, la décision administrative exécutoire est très différente d'un jugement qui ne peut pas être repris et refait par le juge et cela revient à dire qu'elle n'a pas la solidité de la chose jugée. C'est justement une des différences qui ont aidé le droit administratif français à séparer les pouvoirs des administrateurs de ceux des juridictions administratives. Elle est également très différente d'un contrat. Un contrat peut être décomposé en deux décisions exécutoires échangées ou bien en une décision exécutoire acceptée; dans les deux cas, il y a renonciation à retirer la décision.

D'ailleurs, il y a des hypothèses où la décision exécutoire ne doit pas être retirée ni révoquée, ce sont toutes celles où elle fait partie d'une opération à procédure et, par conséquent, d'un acte complexe. — Par exemple, l'arrêté ministériel approuvant la création d'une école primaire supérieure décidée par le conseil départemental de l'instruction publique ne peut pas être purement et simplement rapporté, même si l'école n'a pas encore fonctionné; l'école a été régulièrement autorisée et il faut procéder maintenant par les formalités de la suppression d'école (art. 13 L. 30 oct. 1886, Cons. d'Ét., 12 nov. 1915, *Ville de Digne*). — Par exemple encore, des répartiteurs des contributions directes ayant été proposés par le conseil municipal de la commune et ayant été nommés par arrêté du sous-préfet, celui-ci ne peut pas ensuite rapporter son arrêté de nomination (Cons. d'Ét., 28 juill. 1916, *L'Hôpital*). — Cette particularité tient évidemment à ce que, dans les opérations à procédure de cette espèce, deux autorités différentes étant intervenues, l'acte de l'une adhère immédiatement à l'acte de l'autre et ne peut plus être repris séparément, du moins quand son retrait entraînerait la chute de toute l'opération (Sur la théorie des opérations à procédure et des actes complexes, V. mes *Principes de droit public*, 2ᵉ édit., p. 137).

publique et peut être modifiée par des raisons tirées de la bonne administration; c'est ainsi que la nomination d'un fonctionnaire ne lui confère en principe aucun droit acquis à la conservation de sa fonction (Cf. encore l'hypothèse de Cons. d'Ét., 5 déc. 1913, *Lacaille*) (1);

d) La situation juridique créée par la décision exécutoire, même si elle n'engendre pas droit acquis, est « institutionnelle » par cela même qu'elle se produit au sein de l'institution administrative qui est naturellement réglée et équilibrée; par suite, cette situation juridique est naturellement stable et durable en ce qu'elle ne doit être modifiée que dans le sens de la bonne administration (et non pas arbitrairement) et aussi en observant certaines formes; il suit de là que si les administrés qui profitent de la situation créée n'ont pas un droit véritable à ce qu'elle soit maintenue, ils ont cependant « un intérêt légitime » à ce qu'elle ne soit pas modifiée par des actes viciés; cet intérêt légitime leur donnera qualité pour attaquer les actes entachés d'excès de pouvoir qui tendraient à modifier la situation dont ils bénéficient (2).

III. *Effets contentieux de la décision exécutoire.* — Par cela même que la décision exécutoire contient l'affirmation des prétentions de droit de l'administration dans l'opération qu'elle entreprend et que cette affirmation est produite au regard des intéressés aussi bien que des tiers, il est logique que la décision exécutoire soit l'objet d'un contentieux, c'est-à-dire d'un litige porté devant un juge.

Ce n'est même pas assez dire; non seulement elle sera l'objet d'un contentieux, mais elle crée un contentieux contre elle-même.

---

(1) A plus forte raison, si de l'organisation administrative, telle qu'elle est *réglée* par des décisions exécutoires, il résulte pour les administrés des avantages indirects qui ne leur ont point été concédés, mais qui existent par le fait même, ces avantages ne constituent point des droits acquis; ainsi, de ce que les habitants de la banlieue d'une ville sont en fait en dehors du périmètre de l'octroi, tel qu'il a été réglé, il ne s'ensuit pas qu'ils aient droit acquis à conserver indéfiniment cet avantage; de ce que les habitants d'un quartier ont été desservis par un tramway, ils ne s'ensuit pas qu'ils aient droit acquis à conserver ce tramway, ils n'y ont qu'un simple intérêt (Cons. d'Ét., 21 déc. 1906, *Syndicat du quartier Croix-de-Seguey*, S., 1907. 3. 33 et la note).

(2) Ainsi, reprenant les exemples donnés plus haut : 1° celui des habitants primitivement placés hors du périmètre de l'octroi, nous dirons que ces habitants avaient un intérêt légitime à conserver cette situation et que, par conséquent, ils ont qualité pour contester la légalité de la décision par laquelle ils sont englobés dans un périmètre nouveau (Cons. d'Ét., 27 déc. 1850, *Roussel*); 2° celui des habitants primitivement desservis par une ligne de tramways, nous dirons que ces habitants avaient un intérêt légitime à conserver cette situation et que, par conséquent, ils ont qualité pour critiquer les actes qui les en privent (Cons. d'Ét., 21 déc. 1906, *Syndicat du quartier Croix-de-Seguey*, S., 1907. 3. 33 et la note). — On voit que, dans le concept de la bonne administration, se concilient le caractère révocable et le caractère durable des situations juridiques créées par les décisions exécutoires, parce qu'en effet la bonne administration exige tantôt que l'on maintienne ce qui existe et tantôt que l'on change *pour mieux faire.*

Ce n'est pas assez dire encore : non seulement elle crée un contentieux contre elle-même, mais elle joue le rôle de conclusions prises d'avance par l'administration en vue du contentieux et, par conséquent, elle contient, de la part de l'administration, une acceptation anticipée de l'instance.

Et nous allons voir au paragraphe suivant que, grâce à toutes ces vertus contentieuses contenues dans la décision exécutoire, celle-ci est devenue l'instrument naturel de la liaison du contentieux entre les administrés et l'administration.

§ 2. — La liaison du contentieux par la décision exécutoire.

Il ne faut pas considérer comme une chose facile la liaison d'un contentieux entre des administrés et une administration douée de puissance publique.

Sans doute, l'administration admet aisément des réclamations hiérarchiques parce que c'est à elle-même que l'on se plaint. Mais il n'en est pas de même des recours contentieux portés devant un juge. Il n'est pas besoin de beaucoup de réflexion pour comprendre qu'une administration de puissance publique, imbue de ses prérogatives, n'acceptera pas aisément de comparaître devant un juge, fût-ce devant un juge administratif, et de venir rendre compte devant ce magistrat des décisions ou des mesures d'exécution qu'elle aura prises à l'encontre d'un administré.

Il y a là une difficulté qui est celle de la *liaison du contentieux* ou de l'*acceptation de l'instance* par l'administration sur un recours formé par un administré.

Il faut cependant distinguer les vieux et les nouveaux contentieux. Les vieux contentieux, relatifs aux opérations administratives pratiquées depuis longtemps, sont plus *évolués* que les nouveaux. En général, ils sont confiés au conseil de préfecture pour le premier ressort et ne viennent au Conseil d'État qu'en appel. Au contraire, les contentieux nouveaux, relatifs à des opérations administratives plus récentes, viennent en premier ressort devant le Conseil d'État, juge de droit commun.

Dans les instances qui se déroulent devant les conseils de préfecture, l'administration *peut être condamnée par défaut* et ainsi elle est obligée de lier le contentieux. Au contraire, dans les instances qui viennent en premier ressort devant le Conseil d'État, *on ne peut pas faire condamner l'administration par défaut* et alors la question subsiste de savoir comment on lui fera accepter l'instance (1).

---

(1) Sur toute cette matière, V. mon article *Les éléments du contentieux*, dans le *Recueil de législation de Toulouse*, 1905, p. 46 et s., et 1907, p. 149 et s. — Cf Artur,

Pour comprendre la portée de cette question, il faut connaître l'histoire des procédures primitives Les instances judiciaires apparaissent dans l'histoire comme une transformation des arbitrages, ce sont des arbitrages dans lesquels l'arbitre est fourni par l'autorité publique. Mais l'arbitrage est, par définition, accepté des deux parties dans un compromis préalable. A mesure que l'arbitre primitif devient un juge public, on voit bien que le défendeur sera obligé d'accepter le compromis de l'instance, mais, d'une part, il n'y sera obligé que par des voies d'exécution indirectes et, d'autre part, l'instance ne pourra être liée que s'il comparaît devant le juge, dût-on l'y traîner *obtorto collo*, de telle sorte qu'il n'y a pas de condamnation par défaut. La procédure du défaut est un progrès très récent des instances, elle marque une soumission des individus au régime du droit dont les personnages puissants des peuples primitifs, dans leur farouche et vaniteuse indépendance, n'avaient aucune idée.

Il est peut-être irrévérencieux de comparer la mentalité d'une administration centralisée et bureaucratique à celle des personnages puissants des peuples primitifs, pourtant on y constate la même susceptibilité vaniteuse et la même impatience du frein extérieur ; l'administration du premier Empire, de la Restauration, de la monarchie de Juillet et même encore celle du second Empire, s'estimait trop au-dessus de l'administré pour admettre qu'elle pût être obligée de lier une instance avec lui et surtout qu'elle pût être condamnée par défaut envers lui.

La liaison de l'instance par la décision préalable. — La solution très ingénieuse que le droit administratif français a trouvée, après des tâtonnements, est d'admettre que le contentieux soit lié par la décision rendue par l'autorité administrative elle-même sur la question contentieuse, qu'il y ait eu ou non réclamation. Cette solution peut se formuler par l'aphorisme juridique suivant : *Toute décision exécutoire prise par l'autorité administrative compétente, sur une question contentieuse ou susceptible de le devenir, contient d'avance l'acceptation de l'instance qui pourra être engagée sous forme de recours contentieux contre cette décision* (1).

Séparation des pouvoirs et séparation des fonctions, 1905, p. 136 et s. ; Jacquelin, *Principes dominants du contentieux administratif*, 1899; Labayle, *La décision préalable, condition de formation du contentieux administratif*, Paris, 1907. La plupart de ces auteurs ont le tort de ne pas se placer au point de vue de l'évolution historique du contentieux administratif français, M. Labayle notamment.

(1) *Histoire de cette pratique de la liaison de l'instance.* — Voici, indépendamment du progrès des mœurs démocratiques, par quelles transitions juridiques la réforme s'est opérée : il y a eu le stade de la juridiction ministérielle et celui de la décision préalable.

Stade de la juridiction ministérielle. — Depuis le commencement du XIXe siècle jusque vers 1860, on a cru pratiquement, dans le monde administratif, que les déci-

Actuellement, la théorie étant dans son plein développement, il faut distinguer deux hypothèses :

sions exécutoires prises par les administrateurs sur des réclamations, surtout celles prises par les ministres, constituaient des jugements de première instance. Cette opinion reposait sur une équivoque, en ce sens qu'elle confondait le jugement psychologique d'ordre intérieur que comporte toute décision avec le jugement juridictionnel d'ordre extérieur que comportent les instances. Mais cette opinion présentait des avantages pratiques : d'une part, elle fournissait une explication de l'effet exécutoire des décisions administratives, il était entendu qu'elles s'exécutaient « comme des jugements » ; d'autre part, elle masquait la difficulté de la liaison du contentieux, le ministre, en rendant sa décision sur la réclamation de l'administré, acceptait le contentieux en ce sens qu'il acceptait que sa décision, considérée comme un jugement de première instance, fût portée en appel au Conseil d'État. Ainsi il acceptait l'instance, non pas à la façon d'une partie, mais à la façon d'un juge du premier degré qui accepte que sa sentence soit portée en appel et qui, d'ailleurs, vient la défendre devant le juge du second degré.

Stade de la décision exécutoire préalable. — Après soixante ou quatre-vingts ans de pratique de cette juridiction ministérielle, on était arrivé à consolider ce résultat, à savoir que *les ministres venaient défendre devant le Conseil d'État des décisions qu'ils avaient rendues au préalable dans des matières contentieuses;* mais, chemin faisant, on avait lentement acquis la conviction que ces décisions préalables, quoique rendues sur des matières contentieuses, ne constituaient pas en elles-mêmes des jugements de première instance, qu'elles n'étaient que des décisions administratives exécutoires, par lesquelles le ministre prenait position sur la question litigieuse. Dès lors, si le ministre continuait à venir devant le Conseil d'État défendre sa décision, ce n'était plus en qualité de juge du premier ressort, mais en qualité de plaideur : il n'y avait plus deux degrés de juridiction, il n'y en avait plus qu'un. Mais alors quel rôle allait jouer dans l'instance la décision préalable du ministre ? Autrefois, on pouvait admettre qu'en la prenant il avait implicitement accepté de venir devant le Conseil d'État en appel ; maintenant, on admettrait qu'en la prenant il avait implicitement accepté de venir devant le même Conseil d'État en premier ressort, non plus comme juge, mais comme plaideur.

Ainsi s'est constituée la nouvelle pratique de l'acceptation de l'instance par la décision préalable. Elle n'est pas restée limitée à l'hypothèse du ministre, elle s'est étendue, et, d'ailleurs, ç'a été un de ses avantages, à toutes les décisions par lesquelles une autorité administrative quelconque, préfet, conseil général, conseil municipal, etc., a pris position sur une question contentieuse par une décision exécutoire, qui contient d'une façon anticipée les conclusions de l'administration en vue de l'instance.

Notons que c'est bien une pratique *d'acceptation de l'instance* et non pas seulement, comme le voulait Laferrière, une pratique de création de la contestation par l'opposition des prétentions (Laferrière, *Juridiction administrative*, 2ᵉ édit., t. 1, p. 322, 462). S'il ne s'agissait que de l'opposition des prétentions, on ne s'en préoccuperait pas plus que dans les procès civils, cela resterait une condition de fait sous-entendue, et alors, l'administration pourrait être condamnée par défaut. Tandis qu'elle ne peut encore pas être condamnée par défaut, puisque, ainsi que nous allons le voir, quand il n'y a pas acceptation formelle de l'instance, on emploie une procédure qui conduit à l'acceptation tacite par la décision préalable. Si l'on veut que l'administration prenne position par une décision exécutoire préalable, c'est pour qu'à l'élément de fait de la contestation elle ajoute l'élément de droit de ses conclusions. Et, finalement, la décision exécutoire préalable contient *acceptation de l'instance*, parce qu'elle contient, d'une façon anticipée, *les conclusions* de l'administration en vue de l'instance.

Première hypothèse. — L'administration a spontanément pris une décision exécutoire qui fait grief : par exemple, elle a délimité son domaine public, elle a révoqué un fonctionnaire, elle a liquidé un marché de fournitures. Sans doute, contre cette décision exécutoire, l'intéressé pourrait commencer par former une réclamation hiérarchique et il ne formerait recours contentieux que contre la décision qui rejetterait sa réclamation. Pendant longtemps, on a suivi cette filière, mais le Conseil d'État, par le développement de sa jurisprudence, a détruit ces habitudes (1). On pouvait observer, d'ailleurs, qu'il était bien inutile de demander à l'administration de se prononcer deux fois et de prendre position, puisque sa position était prise.

Le contentieux sera donc lié directement sur l'instance engagée contre la décision spontanée de l'administration (2).

Deuxième hypothèse. — Dans des hypothèses assez nombreuses les intéressés ont, contre l'administration, des griefs qui ne résultent pas directement d'une décision antérieure de celle-ci (préjudices résultant de fautes de services, remboursements, demandes de pension, etc.). — Dans ces hypothèses : 1° le débat contentieux ne s'engage pas sous forme d'action intentée directement contre la personne morale administrative à raison des faits dommageables, mais sous forme de réclamation adressée à l'autorité administrative et, ensuite, de recours contre la décision exécutoire prise par celle-ci sur la réclamation et notifiée à l'intéressé (3) ; 2° en principe, le débat con-

---

(1) Pour ce qui est des réclamations adressées à la même autorité qui a fait l'acte, elles ont été rendues très périlleuses par la jurisprudence sur les décisions confirmatives : si la seconde décision sur la réclamation est confirmative de la première, on ne peut pas former de recours contentieux contre cette seconde décision parce qu'elle ne contient rien de nouveau, et on ne peut plus en former contre la première parce que le délai du recours est passé (V. *infra*).

Pour ce qui est de la réclamation hiérarchique, le Conseil d'État a posé le principe qu'elle n'était pas le préalable obligé du recours contentieux, que l'on pouvait former recours devant lui contre les actes d'autorités inférieures *omisso medio* (V. *infra*). Dans ces conditions, les intéressés ont jugé plus avantageux de former tout de suite le recours contentieux contre les décisions posées spontanément par l'administration et se sont déshabitués du recours hiérarchique.

(2) Néanmoins, la réclamation administrative préalable au contentieux est tellement dans la nature du droit administratif que le législateur continue à l'organiser. C'est ainsi que, contre les délibérations des conseils municipaux, la loi du 5 avril 1884, articles 63 et suivants, a créé une voie de nullité qui se compose de deux parties : 1° une réclamation administrative devant le préfet, sur laquelle celui-ci statue en conseil de préfecture administrativement ; 2° un recours contentieux en forme de recours pour excès de pouvoir contre la décision du préfet. C'est ainsi encore qu'en matière de contributions directes où le recours contentieux exigeait *de plano* contre le rôle, la loi du 21 juillet 1887 a organisé un recours administratif préalable, qui est d'ailleurs facultatif.

(3) Cons. d'Ét., 30 juin 1905, *Département de la Mayenne* : « Considérant que la requête du département de la Mayenne qui tend à faire condamner le département

tentieux est limité soit à l'annulation ou à la réformation de la décision préalable, soit tout au moins aux éléments de la demande soumis à la décision, de telle sorte qu'aucune prétention nouvelle ne peut être émise devant le juge (Cons. d'Ét., 9 mars 1906, *Lambin*) (1).

III. *La question du silence de l'administration.* — Cette théorie de la liaison du contentieux par la décision préalable, qui remonte à 1860 (2), a eu, pour s'organiser en un système logique, à triompher d'un obstacle très sérieux provenant de ce que l'administrateur, saisi de réclamations destinées à provoquer la création du contentieux, n'était pas obligé de statuer et pouvait, par son silence ou son inaction, empêcher la liaison de l'instance. Le système risquait d'échouer dans cette impasse, il fallait un acte pour lier le contentieux, et l'administrateur pouvait refuser l'acte. Rejeter la réclamation par une décision formelle équivalait à une acceptation de l'instance, mais garder le silence mettait le réclamant dans l'impossibilité d'organiser l'instance. Vivement sentie dès 1864, cette lacune appelait une réforme législative; après diverses mesures partielles, il a été posé un principe général par la loi du 17 juillet 1900, article 3, ainsi conçu (3) :

d'Ille-et-Vilaine à lui rembourser les frais d'entretien d'un malade, etc., est au nombre des affaires contentieuses prévues par loi du 17 juillet 1900 comme ne pouvant être introduites devant le Conseil d'État que sous la forme d'un recours contre une décision administrative; qu'il n'appartient qu'au conseil général du département d'Ille-et-Vilaine de se prononcer sur cette demande avant que le Conseil d'État pût en être saisi... ».

(1) En principe même, une première décision administrative ayant été rendue pour rejeter le bien-fondé d'une indemnité qui serait due par l'État, si cette décision négative est annulée par le Conseil d'État, celui-ci renvoie les parties devant l'administration afin qu'une seconde décision statue sur le montant de l'indemnité, ce qui permet de lier un second contentieux. Cependant, le principe n'est pas absolu et il arrive que le Conseil d'État statue du même coup sur la décision du ministre rejetant la demande d'indemnité, et sur le quantum de l'indemnité, sans renvoyer à nouveau devant le ministre pour la fixation du chiffre (V. article précité, *Sur les éléments du contentieux*, p. 71).

Bien entendu, cette procédure conduit les parties à rechercher avec soin l'autorité à laquelle il faut demander la solution de l'affaire contentieuse; ainsi, c'est au conseil général et non pas au préfet qu'il convient de s'adresser pour la reconnaissance d'une dette départementale (Cons. d'Ét., 30 juin 1905, *Département de la Mayenne*); pour la reconnaissance d'une dette communale, c'est au conseil municipal et non pas au maire, ni même au préfet (Cons. d'Ét., 2 fév. 1906, *Javelle*); la réclamation que l'on adresserait à une autorité incompétente n'engagerait point la procédure. Sur le lien qui existe à cet égard entre la réclamation et le recours contentieux, V. Cons. d'Ét., 22 juill. 1910, *Escudié*.

(2) On trouvera des recherches intéressantes sur ce point dans deux articles de M. Bouchené-Lefer, publiés dans la *Revue pratique de droit français*, année 1864, t. XVII, p. 433, et année 1865, t. XIX, p. 145, sous ce titre : *De la distinction entre l'autorité et la juridiction administrative ou du contentieux et du non-contentieux administratifs*.

(3) La principale des dispositions prises antérieurement pour remédier à l'inconvé-

« Dans les affaires contentieuses qui ne peuvent être introduites devant le Conseil d'État que sous la forme de recours contre une décision administrative, lorsqu'un délai de plus de quatre mois s'est écoulé sans qu'il soit intervenu aucune décision, les parties intéressées peuvent considérer leur demande comme rejetée et se pourvoir devant le Conseil d'État » (1).

La portée de cette loi est très nette :

1° Elle consacre la procédure de la liaison de l'instance par la décision exécutoire préalable, dans les affaires contentieuses introduites devant le Conseil d'État (V. Cons. d'Ét., 30 juin 1903, *Département de la Mayenne*) ; en même temps, elle apporte un perfectionnement pratique à cette procédure, en ce qu'elle assimile à une décision de rejet le silence gardé pendant quatre mois par l'autorité à laquelle la décision préalable a été demandée. Un recours pourra être formé contre la décision implicite résultant de ce silence et l'instance sera contradictoire ;

2° Elle crée à la charge de l'administration une obligation de

---

nient du silence des administrateurs avait été celle du décret du 2 novembre 1864, article 7 ; en vertu de cette disposition, lorsque des réclamations étaient portées devant le ministre contre des décisions d'autorités à lui subordonnées, la décision du ministre devait intervenir dans le délai de quatre mois à dater de la réception de la réclamation au ministère ; après l'expiration de ce délai, s'il n'était intervenu aucune décision, les parties pouvaient considérer leur réclamation comme rejetée et se pourvoir devant le Conseil d'État ; en d'autres termes, *le silence gardé par le ministre pendant quatre mois équivalait à décision de rejet*. Mais la jurisprudence avait rigoureusement enfermé l'application de l'article 7 du décret du 2 novembre 1864 dans l'hypothèse prévue par le texte, réclamation portée devant le ministre et uniquement dans le cas de recours hiérarchique ; elle ne l'étendait ni aux réclamations portées devant les autres autorités administratives, ni même aux réclamations portées devant le ministre en dehors des recours hiérarchiques. — Beaucoup de dispositions de détail étaient intervenues depuis. V. à titre d'exemple, Décr. 16 mars 1880, art. 11 et 12 ; L. 5 avril 1884, art. 38, § 4, art. 69, § 3 ; L. 1er avril 1898, art. 16, § 3 ; L. 8 avril 1898, art. 48 *in fine*. Cf. Ord. 12 mars 1831, art. 7, sur les conflits.

(1) Si des pièces sont produites après le dépôt de la demande, le délai ne court qu'à dater de la réception de ces pièces. — La date du dépôt de la réclamation et des pièces, s'il y a lieu, est constatée par un récépissé délivré conformément aux dispositions de l'article 5 du décret du 2 novembre 1864. A défaut de décision, ce récépissé doit, à peine de déchéance, être produit par les parties à l'appui de leur recours au Conseil d'État. Si l'autorité administrative refusait le récépissé, il serait valablement remplacé par un constat d'huissier (Cons. d'Ét., 11 janv. 1866, *Chabannes*, 7 août 1905, *Zill-Desilles*, S., 1906. 3. 129) et même par le récépissé d'une lettre recommandée (Cons. d'Ét., 10 nov. 1905, *Carrère*). — Si l'autorité administrative est un corps délibérant, les délais ci-dessus seront prorogés, s'il y a lieu, jusqu'à l'expiration de la première session légale qui suivra le dépôt de la demande ou des pièces.

(Par exemple, si une réclamation est adressée à un conseil général entre la session ordinaire d'août et celle d'avril, qui sont séparées par un intervalle de huit mois, et que l'on ne juge pas nécessaire de réunir le conseil général en session extraordinaire pour statuer sur la réclamation.)

répondre aux réclamations et elle sanctionne cette obligation par la suppression du délai de recours lorsque l'administration a gardé le silence (1) ;

3° La loi s'applique à toutes les affaires contentieuses qui relèvent du Conseil d'État juge de droit commun ou juge spécial, quelle que soit l'autorité dont la décision doive être attaquée, que ce soit un conseil général ou un préfet; elle s'applique à la voie de nullité contre les délibérations des conseils municipaux, aussi bien qu'au recours pour excès de pouvoir (Cons. d'Ét., 19 nov. 1905, *Carrère*), au recours contentieux ordinaire, aussi bien qu'au recours pour excès de pouvoir ;

4° Elle s'applique à toutes les réclamations, pourvu qu'elles aient été adressées à l'autorité compétente, c'est-à-dire que le refus de statuer peut donner lieu à recours contentieux du moment que l'autorité était compétente pour répondre à la réclamation et qu'elle ne répond pas, même s'il s'agit d'une matière où elle exerce un pouvoir discrétionnaire : c'est ensuite au Conseil d'État à rejeter le recours après examen au fond si la matière ne lui paraît pas contentieuse (Arg. de Cons. d'Ét., 31 juill. 1903, *Picard*. V. mon article cité, p. 404. Cf. Laferrière, *Juridiction administrative*, II, p. 433; Artur, *op. cit.*, p. 196) (2);

---

(1) Dès que le délai de quatre mois est expiré, le recours contentieux peut être intenté (Cons. d'Ét., 7 août 1909, *Bacconet*; 23 juill. 1909, *Combret*); et ce recours n'est pas enfermé dans le délai ordinaire de deux mois, c'est-à-dire qu'il n'est pas nécessaire qu'il soit intenté dans les deux mois qui suivent l'expiration des quatre premiers (Cf. S., 1906. 3. 129, note sous l'affaire *Zill-Desilles* et Cons. d'Ét., 24 fév. 1905, *Société du canal de jonction de la Sambre à l'Oise*; 21 fév. 1908, *Muratet*, 4 fév. 1910, *Chemin de fer métropolitain*, 2e espèce; 24 juin 1910, *Pleux*. tout à fait formel; 20 janv. 1911, *Versepuy*). En n'enfermant dans aucun délai le recours qui naît après les quatre mois de silence, le Conseil d'État a obéi à cette considération qu'il n'existe dans cette hypothèse aucun fait de notification qui puisse servir de point de départ au délai, mais il a voulu certainement aussi décider l'administration à se prononcer explicitement. Elle y aura intérêt. Dès qu'elle se sera prononcée explicitement, le recours contentieux sera enfermé dans un délai de deux mois; si elle ne se prononce pas explicitement, elle restera indéfiniment exposée au recours contentieux. Il dépendra de l'administration, par une décision formelle qui pourra intervenir à toute époque, de sortir de cette situation fâcheuse (Cf. Cons. d'Ét., 8 mai 1908, *Worms*).

(2) En théorie, la réclamation contentieuse doit être distinguée de la réclamation gracieuse ou de la simple pétition sollicitant une faveur ou de la simple démarche administrative; la réclamation contentieuse suppose un droit violé ou un tort causé, ou un droit qui demande à se réaliser, la sollicitation d'une faveur ne suppose rien de semblable. En matière de contributions directes, l'opposition est classique entre les demandes en décharge et réduction, qui sont contentieuses, et les demandes en remise ou modération de l'impôt qui sont gracieuses. Mais, en pratique, il ne paraît pas possible de poser en principe que le contentieux ne sera pas lié par le silence de l'administration dans le cas où celle-ci n'était pas tenue de répondre, parce que ce qu'on lui demandait était une faveur. Poser ce principe serait dangereux, car ce sera souvent la question litigieuse que de savoir si l'on est en matière de droit ou en matière de

5° La loi n'est pas relative aux affaires contentieuses introduites ailleurs que devant le Conseil d'État (1).

La loi du 17 juillet 1900 a singulièrement assoupli la règle de la liaison du contentieux par la décision préalable et la jurisprudence du Conseil d'État travaille à l'assouplir encore (2).

faveur. Il est plus sage d'admettre que toute réclamation, de quelque nature qu'elle soit, adressée d'une façon formelle à l'administrateur compétent, mettra en mouvement le mécanisme de la loi du 17 juillet 1900. Ce sera au Conseil d'État, statuant au fond, à rejeter le recours lorsque la matière ne lui paraîtra pas être contentieuse, mais l'affaire sera venue devant lui.

Ainsi, en matière de demande en remise ou modération d'impôt, demande gracieuse, il est admis que si le préfet refuse, l'intéressé peut recourir au ministre par une réclamation hiérarchique (Cons. d'Ét., 9 janv. 1907, *Menozzi*); il ne peut pas *de plano* saisir le Conseil d'État (*eod.*); mais si le ministre garde le silence, de même d'ailleurs que s'il se prononce, le Conseil d'État pourra être saisi, sauf à déclarer qu'il ne lui appartient pas de décider au contentieux. Ainsi se trouve éliminée la distinction doctrinale des matières contentieuses et des matières non contentieuses qui a encombré pendant bien longtemps les ouvrages de droit administratif. Il n'y a plus à s'en préoccuper au point de vue de l'introduction de l'instance.

Cf. ce qui a été dit *supra*, p. 347, à propos du pouvoir discrétionnaire de l'administration.

(1) Elle n'est pas relative aux affaires introduites devant les conseils de préfecture, ou devant les conseils du contentieux des colonies. On en peut conclure que ces affaires admettent, en principe, la citation directe et la procédure par défaut, au cas où l'administration ne défend pas (V. mon article cité, p. 404).

Lorsque l'administration agit par la voie des opérations privées et, par suite, devient justiciable des tribunaux ordinaires, elle n'est pas non plus couverte par le privilège de la liaison du contentieux par la décision préalable; on peut intenter contre la personne morale administrative une action dès qu'il s'est produit un fait dommageable; cependant il subsiste un privilège affaibli qui se caractérise par l'obligation où est le demandeur de déposer préalablement un mémoire; mais le dépôt du mémoire ne rend pas l'instance contradictoire et l'administration peut faire défaut.

(2) Dans une affaire *Cadet*, il a admis que le silence du ministre sur une réclamation pouvait être assimilé à une décision de rejet, bien qu'il n'ait pas duré quatre mois, parce que la décision contre laquelle on réclamait s'étant exécutée dans l'intervalle, le silence du ministre *avait eu les mêmes effets fâcheux qu'une décision de rejet* (Cons. d'Ét., 16 mars 1907, *Cadet*). De même, si les formalités du délai de quatre mois après réclamation n'ont pas été observées lors d'une première requête, mais qu'elles l'aient été pour une seconde requête, il statue à la fois sur les deux requêtes (Cons. d'Ét., 28 juill. 1911, *Guéland*). Si les quatre mois ne sont pas écoulés lors de la requête, mais qu'ils le soient sans réponse lorsque le conseil statue, cela suffit (Cons. d'Ét., 4 juill. 1913, *Martelli*).

D'autre part, lorsqu'un recours est introduit sans qu'aucune décision préalable soit produite, il n'est pas rejeté *in limine litis*, la requête est quand même communiquée au ministre compétent et si, dans ses observations en réponse, le ministre prend position sur le pourvoi, l'instance est liée, car on admet que ces conclusions prises *a posteriori* par le ministre équivalent à décision préalable. Si cette pratique se généralisait, on pourrait former le recours *de plano*, et il dépendrait du ministre de lier l'instance tout de suite ou de se créer un délai en ne concluant pas, ce qui rendrait nécessaire la procédure de la décision préalable. En tout cas, le Conseil d'État maintient la nécessité de la décision préalable, l'impossibilité de recourir directement

Conclusion. — On ne saurait méconnaître que la voie suivie par le droit administratif français pour aboutir à un large contentieux n'ait été bien choisie. On est arrivé à formuler ces deux propositions :

1° Toute décision exécutoire administrative, même spontanée, ouvre contre elle-même un recours contentieux (en annulation ou de pleine juridiction);

2° Toute réclamation adressée à une autorité administrative aboutit à une décision exécutoire, explicite ou implicite (par la procédure de la loi du 17 juillet 1900).

Il suit de là que, grâce à l'intermédiaire de la décision préalable, le domaine du contentieux administratif est devenu aussi étendu que celui des décisions et des réclamations, et cela ressemble singulièrement à un droit général d'action qui existerait au profit des intéressés, avec cette seule observation que les actions ne sont pas intentées *de plano* contre les administrations considérées comme des parties, mais *contre des décisions exécutoires* (contentieux de l'annulation) ou bien *à l'occasion des décisions exécutoires* (contentieux de la pleine juridiction).

En tout cas, la barrière qui, dans nombre de droits administratifs étrangers, notamment en droit allemand, sépare le recours administratif du recours contentieux, est supprimée; en droit français, on peut toujours aboutir à un recours contentieux, et il n'est pas besoin que le cas ait été prévu par la loi (1).

Il n'est que juste de reconnaître que ce grand développement du contentieux, dans le droit administratif français, est dû au degré de perfection où a été portée la notion de la décision exécutoire, qui est la clef de voûte de l'édifice, et à ce postulat fort lamental que la décision exécutoire, par cela même qu'elle avait le bénéfice de l'exécution provisoire par la voie administrative, devait engendrer un contentieux contre elle-même. C'est donc la poussée de la procédure d'ac-

devant lui (quand le ministre n'accepte pas *a posteriori*) et, par suite, l'impossibilité de condamner l'administration par défaut. Sa formule actuelle est que la requête doit être rejetée parce que le requérant ne justifie ni de l'existence d'une décision préalable, ni de l'accomplissement des formalités de la loi du 17 juillet 1900. Cons. d'Ét., 24 juill. 1908. *Espagnol* : « Considérant que le sieur Espagnol ne justifie ni d'une décision pour laquelle le ministre des Travaux publics l'aurait admis, ou aurait refusé de l'admettre à faire valoir ses droits à la retraite, ni d'une réclamation adressée au ministre dans les conditions de l'article 3 de la loi du 27 juillet 1900 et restée sans réponse et qu'il n'est pas recevable à demander directement au Conseil d'État la liquidation d'une pension de retraite, etc. »

(1) Si l'on en croit Otto Mayer, en droit administratif allemand, non seulement de recours contentieux proprement dit, mais ce qu'il appelle le recours administratif *formel*, c'est-à-dire celui auquel l'autorité administrative est tenue de répondre, tout cela n'existe que moyennant concession expresse de la loi (*op. cit.*, t. I, p. 197 et 229).

tion d'office qui, par une réaction logique, a déterminé la poussée du contentieux, et ces deux poussées se sont équilibrées autour de la décision exécutoire (1).

Le compartimentage et la rigidité des contentieux. — Le seul inconvénient du système admis par le droit administratif français pour la liaison des instances est ce qu'on peut appeler le compartimentage des contentieux. Nous entendons par là le fait que les recours étant dirigés contre des décisions par lesquelles l'administration a pris position, plus que contre l'administration elle-même, considérée comme partie, l'instance est dans une certaine mesure enfermée dans le contenu de ces décisions, ce qui lui enlève de sa souplesse (2).

(1) Sans doute, malgré ce large développement du contentieux administratif, celui-ci reste très différent du contentieux civil. D'une part, la force exécutoire des opérations administratives reste entière; les recours contentieux n'arrêtent rien parce qu'ils ne sont pas suspensifs de l'exécution; d'autre part, l'administré, poussé dans ses derniers retranchements par la procédure exécutoire, est obligé de prendre le rôle de demandeur, alors que le plus souvent, si l'on appliquait les procédés de la vie civile, il serait défendeur; mais ces inconvénients sont eux-mêmes très atténués. D'abord, en ce qui concerne le rôle de demandeur auquel l'administré est acculé et qui implique la charge de faire la preuve, cette charge est fort diminuée par ce fait que la procédure administrative est du type inquisitorial, c'est-à-dire que le juge s'y emploie activement à se faire une conviction. Ensuite, en ce qui concerne le défaut d'effet suspensif du recours, rappelons que la jurisprudence du Conseil d'État y apporte un remède efficace, en rendant les administrations publiques pécuniairement responsables des exécutions hâtives des décisions illégales, lorsque ces décisions étaient frappées de recours (V. *supra*, p. 358, l'affaire *Zimmermann* et autres). Cette responsabilité est de nature à rendre l'administration prudente et à lui inculquer l'habitude d'attendre l'effet des recours avant de passer outre.

Des recours contentieux ouverts pour toute réclamation suspendant en fait, sinon en droit, l'exécution des mesures administratives, c'est un résultat fort satisfaisant, et il est remarquable qu'on ait pu y arriver avec une administration aussi centralisée; portant aussi loin la préoccupation de la régularité et de la continuité du service et plaçant aussi haut la puissance publique par laquelle elle assure cette régularité et cette continuité.

(2) Les conclusions sont comme données d'avance et le juge n'est pas libre d'admettre de nouvelles conclusions en cours d'instance. Il est obligé de renvoyer devant l'administration pour que celle-ci prenne une nouvelle décision préalable sur la nouvelle question. De là, souvent, la nécessité de procès successifs à propos d'une même opération, alors qu'il serait infiniment plus simple de tout solutionner dans un seul et unique procès. C'est dire que les recours contentieux du droit administratif ont conservé le caractère archaïque des instances de la vieille procédure romaine, alors que la rigidité des actions n'était pas assouplie par la possibilité d'incorporer à la formule de nombreuses exceptions. C'est ainsi, par exemple, que des conclusions en indemnité ne peuvent être jointes ni à une demande en annulation pour excès de pouvoir d'une décision administrative quelconque (jurisprudence constante), ni à un recours en matière de contributions directes (Cons. d'Ét., 10 janv. 1913, *Long*), ni à un recours contre une élection. C'est ainsi encore qu'après une première instance, il faut revenir devant l'administration pour que celle-ci se prononce sur des conséquences très simples de la sentence, puis attaquer à nouveau ces nouvelles décisions (Cons. d'Ét.,

Cet inconvénient de rigidité est accentué par la séparation établie entre deux espèces de contentieux, celui de l'annulation et celui de la pleine juridiction dont il sera parlé ci-dessous.

§ 3. — La distinction du contentieux de l'annulation et du contentieux de la pleine juridiction.

1. *Signification générale de cette distinction.* — Il existe, dans le droit administratif français, deux grandes catégories de recours contentieux, les recours en annulation des décisions administratives et les recours de pleine juridiction.

Les recours en annulation, dont le plus important de beaucoup est le recours pour excès de pouvoir, ont pour unique objet de faire briser par le juge l'effet exécutoire de la décision attaquée et aucune conclusion en indemnité ou autre ne peut être ajoutée aux conclusions à fins d'annulation. Au point de vue de la procédure, les recours en annulation, spécialement le recours pour excès de pouvoir, sont dispensés du ministère de l'avocat au Conseil d'État (1).

Les recours de pleine juridiction produisent des effets variés, mais qui dépassent tous l'annulation de la décision à l'occasion de laquelle ils sont intentés; en principe, cette décision peut être réformée, c'est-à-dire que l'opération visée par elle peut être réglée à nouveau par le juge et que, notamment, celui-ci peut allouer des indemnités. Ces recours exigent devant le Conseil d'État le ministère d'un avocat.

La signification de la distinction entre ces deux catégories de recours, qui a donné lieu à beaucoup de difficultés, doit être comprise de la façon suivante :

1° Le contentieux de l'annulation est le seul qui soit uniquement dirigé contre la décision exécutoire et qui soit uniquement un procès fait à l'acte. L'administration n'y est pas partie en cause ; le demandeur lui-même voit sa qualité de partie en cause atténuée puisqu'il y a dispense du ministère de l'avocat.

Le contentieux de la pleine juridiction, bien qu'il soit engagé à l'occasion d'une décision et bien qu'il soit délimité dans une certaine mesure par le contenu de cette décision, n'est plus en réalité un procès fait à l'acte, mais un procès fait à la personne morale administrative, de partie à partie. L'administration devient une partie en cause, le demandeur doit constituer avocat, ce qui renforce pour lui aussi la qualité de partie en cause ;

2° La circonstance qui fait que des recours finissent par atteindre

---

16 avril 1913, *Buchoul*; 25 avril 1913, *Manche*, et surtout l'affaire célèbre, Cons. d'Ét., 24 mars 1916, *Gaz de Bordeaux*, S., 16. 3. 17 et ma note).

(1) Les avocats au Conseil d'État étant des avocats-avoués, cela équivaut à la dispense de constituer avoué.

la personne administrative derrière ses décisions exécutoires et à la constituer comme une partie, c'est qu'il y a des faits d'exécution et des conséquences dommageables de l'exécution qui font naître chez l'administré des droits subjectifs à réparation, et chez l'administration une responsabilité subjective; ces faits d'exécution ne peuvent être imputés qu'à la personne et il faut actionner la personne.

Ainsi, *la base des recours en annulation est la décision exécutoire, envisagée dans sa validité, et la base des recours de pleine juridiction ce sont les faits d'exécution ou de gestion et les droits subjectifs à réparation qu'ils engendrent.*

3° Une fois que le contentieux de la pleine juridiction s'est dégagé, il devient le contentieux *ordinaire* parce que, dans la procédure civile qui est la procédure ordinaire, les actions sont intentées de partie à partie contre des personnes et non pas contre des décisions exécutoires (même quand elles ont pour but des annulations d'actes), et parce que ces actions posent à la fois des questions de fait et des questions de droit subjectif (1).

II. *Signification pratique de la distinction. Des circonstances dans lesquelles on agit par le contentieux de la pleine juridiction ou par celui de l'annulation.* — Comme le contentieux de la pleine juridiction est le contentieux *ordinaire* et que, par conséquent, celui de l'annulation est extraordinaire, commençons par déterminer la sphère d'application du contentieux de la pleine juridiction :

1° *Des circonstances dans lesquelles on agit par le contentieux de la pleine juridiction.* — Il ne faudrait pas croire que, pour conférer au juge des pouvoirs de pleine juridiction et, par exemple, pour lui permettre de réformer une décision attaquée, au lieu de l'annuler, il suffira de constituer avocat. La constitution d'avocat n'a pas la vertu de transformer un recours en annulation en recours de pleine juridiction. Le recours de pleine juridiction a sa base propre *dans les faits d'exécution et dans les droits subjectifs qu'ont pu faire naître chez le réclamant les faits d'exécution* (2).

---

(1) Il y aurait à rechercher si, dans l'évolution des contentieux civils archaïques, on ne trouverait pas quelque analogie avec cette évolution du contentieux administratif, qui va de l'annulation d'une décision à l'appréciation d'un ensemble de faits; si les actions primitives ne sont pas formées contre *les dires* des parties plutôt que contre les parties elles-mêmes, à l'occasion d'un ensemble de faits, si elles ne sont pas plus rigoureusement *in jus* et si l'apparition des actions *in factum* ne marque pas le véritable avènement du contentieux ordinaire tel que nous l'entendons aujourd'hui.

(2) C'est donc essentiellement un contentieux subjectif et c'est pour cela, d'ailleurs, qu'il suppose des parties en cause. Si l'on veut entrer dans les détails, on peut poser les trois règles suivantes :

a) Il y a contentieux de la pleine juridiction pour les torts causés *par l'exécution d'une décision administrative injuste*, par exemple, une décision de révocation est prise contre un fonctionnaire et cette décision *est exécutée*, il y a possibilité de créer

2° *Des circonstances dans lesquelles on agit par le contentieux de l'annulation.* — Le contentieux de l'annulation est essentiellement celui de la décision exécutoire que l'on attaque dans sa validité propre en vue de faire tomber sa force exécutoire. C'est un contentieux objectif qui ne suppose point chez le réclamant de droits subjectifs, lesquels ne pourraient naître que de faits d'exécution. On peut poser les règles suivantes :

1° Il n'est donné que contre les décisions exécutoires ;

2° En principe, il est donné contre toutes les décisions exécutoires ;

3° Par exception, il n'est pas donné contre les décisions exécutoires qui sont sous la dépendance d'une opération d'exécution (1).

un contentieux de la pleine juridiction sur la question de l'indemnité (Cons. d'Ét., 31 mars 1911, trois arrêts, *Blanc, Argaing et Bézie*, S., 1912. 3. 129 et la note) ;

b) Il y a encore contentieux de la pleine juridiction pour les torts et dommages causés par *l'exécution d'une opération administrative* déterminée ou bien par *la gestion des services publics*, qui constitue une vaste opération administrative *innomée* ; par exemple, la responsabilité encourue par l'administration pour les préjudices causés par ses fautes de service donne lieu à un contentieux de la pleine juridiction. Il y a, en effet, des opérations administratives nommées et, en outre, l'opération innomée des services publics.

L'opération de travaux publics, l'occupation temporaire, l'expropriation pour cause d'utilité publique, les élections, l'établissement et le recouvrement des contributions directes, l'autorisation des établissements insalubres, etc., sont des opérations administratives nommées.

Mais, en outre, l'exécution des services publics est une opération administrative innomée. C'est une sorte d'opération de gérance dont nous avons examiné *supra* p. 340 la nature véritable ; d'ailleurs il ne se peut pas que l'exécution des services publics ne constitue pas une opération juridique, puisque sans cela elle serait hors du droit ;

c) Enfin, il y a encore contentieux de la pleine juridiction contre certaines décisions exécutoires lorsqu'elles ne sont pas *séparables* de l'opération, c'est-à-dire lorsqu'elles doivent être envisagées comme des incidents de la procédure d'exécution d'une opération administrative, au lieu d'être envisagées isolément dans leur effet exécutoire. Par exemple, la décision ministérielle liquidant un marché de fournitures n'est qu'un incident de l'opération de fournitures et elle peut être l'objet d'un recours contentieux de pleine juridiction (V. *infra*).

(1) Cette dépendance se marque en ce que l'examen de la validité de la décision impliquerait nécessairement l'examen des faits d'exécution de l'opération connexe et des droits subjectifs qu'ils auraient pu faire naître au profit du réclamant. Par exemple, la décision ministérielle qui liquide un marché de fournitures est trop connexe à l'exécution du marché pour que sa validité puisse être appréciée sans que l'on discute les faits d'exécution du marché et les droits subjectifs du fournisseur. Par exemple encore, la décision par laquelle le ministre statue sur une réclamation en indemnité pour fait de service est trop connexe à l'exécution des services publics pour que sa validité puisse être appréciée sans que l'on discute les faits d'exécution du service et le droit subjectif à indemnité qu'ils ont fait naître chez la victime (Cf. Cons. d'Ét., 18 avril 1913, *Girod* ; 20 juin 1913, *Anderson*).

En somme, quand la question de droit objectif qu'est la validité de la décision exécutoire est trop connexe à des questions de fait qui risquent d'entraîner des questions de droit subjectif, on ne peut plus procéder par le recours en annulation et il faut procéder par le recours de pleine juridiction. Mais il y a, dans cette connexité, une

Appendice.

La question de la distinction du contentieux de l'annulation et du contentieux de la pleine juridiction est extrêmement difficile à résoudre ; elle a été la *crux jurisconsultorum*, les critériums de distinction proposés ont les uns après les autres été reconnus insuffisants ; la jurisprudence du Conseil d'État elle-même n'est pas bien fixée et sans doute ne le sera jamais. Tout indique que l'on se trouve en présence d'une évolution historique dont les stades se succèdent, mais qui, cependant, suit une direction.

Il faut se garder de tomber dans deux excès opposés : l'un serait de croire qu'il existe un critérium absolu, tel qu'on prétendit l'avoir trouvé à une certaine époque dans la distinction de l'acte d'autorité et de l'acte de gestion ; l'autre serait de conclure qu'il n'y a aucune différence de fond entre les deux recours et qu'il n'existe que la différence de procédure créée par la dispense du ministère de l'avocat au profit du recours pour excès de pouvoir. Il suffit, pour ruiner cette dernière opinion, de faire remarquer que nombre de recours pour excès de pouvoir sont exercés avec ministère d'avocat sans que cela change leur nature.

La raison profonde de la distinction des deux contentieux est dans l'opposition de deux qualités que l'administré peut prendre vis-à-vis de l'administration, celle de *sujet* ou celle de *partie*, et dans ce fait que, si la qualité de sujet pur et simple n'ayant point de droits opposables se maintient en principe à l'égard des décisions exécutoires, elle fait place à la qualité de partie ayant des droits opposables dès qu'il s'est produit un fait d'exécution. De telle sorte que la sujétion serait corrélative à la décision exécutoire, laquelle représenterait le domaine propre de l'autorité, tandis que la qualité de partie serait corrélative aux faits d'exécution et de gestion, lesquels représenteraient le domaine du commerce juridique.

Il s'agit donc, finalement, d'une opposition entre la catégorie du pouvoir politique et celle du commerce juridique, avec cette observation, toutefois, que le commerce juridique qui s'établit entre l'administration et les administrés pour la gestion des services publics est d'une nature spéciale en ce qu'il retient des éléments de puissance publique.

Ces conclusions sont extrêmement compréhensives ; elles tiennent compte de l'opposition entre le recours objectif et le recours subjectif qui est très ancienne, mais que M. Duguit a récemment renouvelée avec beaucoup de force. Le recours en annulation est objectif parce que, quand l'administré ne peut attaquer que l'acte de l'administration, le recours contre cet acte, qui est un simple objet, est nécessairement objectif.

Enfin ces conclusions ouvrent des perspectives historiques, parce que le point de vue des décisions de l'autorité politique et celui de la gestion des services sont mouvants.

De la survivance probable de la distinction des deux contentieux. — Dans le droit privé il n'y a qu'un seul contentieux, alors que dans le droit administratif il y en a deux. On peut se demander si cette particularité du droit administratif se maintiendra, ou si l'un des deux contentieux ne disparaîtra pas. Le contentieux de l'annu-

large marge pour l'appréciation du juge et la tendance actuelle du Conseil d'État est d'accorder le recours pour excès de pouvoir toutes les fois qu'on articule contre la décision exécutoire un grief indépendant des faits d'exécution qu'il y a dans la cause et des droits subjectifs qu'ils auraient pu faire naître, par exemple l'incompétence de l'autorité qui a pris la décision ou un vice de forme ou la violation de la loi (Cons. d'Ét., 26 janv. 1917, *Couchat*) (V. *infra*, recours pour excès de pouvoir, fin de non-recevoir tirée du recours parallèle).

lation pourrait s'absorber dans celui de la pleine juridiction, comme aussi celui-ci pourrait glisser dans le contentieux judiciaire.

Examinons ces deux questions :

A. *Prépondérance croissante du contentieux de la pleine juridiction, mais survivance probable du contentieux de l'annulation.* — Dans les relations de la vie civile, il y a aussi un contentieux de l'annulation des actes (actions en nullité), mais il ne se présente point comme séparé du contentieux de la pleine juridiction. Au contraire, il est confondu avec lui, en ce sens que lorsqu'on poursuit la nullité d'un acte, fût-ce d'un testament, c'est par une action dirigée contre une partie adverse appelée à bénéficier de cet acte ou qui en a déjà bénéficié, et, d'ailleurs, si, à la suite de l'annulation de l'acte, des restitutions ou des réparations sont nécessaires, elles seront demandées par la même instance de partie à partie.

On peut se demander si, en droit administratif, le contentieux de l'annulation n'est pas destiné à s'absorber ainsi dans celui de la pleine juridiction et si l'on n'en arrivera pas à poursuivre, d'une façon directe et principale, les administrations publiques comme des parties, par un contentieux de l'indemnité, par exemple, sauf à demander incidemment dans la même instance l'annulation des décisions qui auraient fait grief.

Le mouvement en ce sens est déjà commencé. Par trois arrêts du 31 mars 1911, *Blanc, Argaing et Bézie* (S., 12. 3. 129 et ma note), le Conseil d'État a admis que des fonctionnaires révoqués, ayant à la fois à demander la nullité de l'arrêté de révocation et des dommages-intérêts pour son exécution, les deux conclusions ont pu être jointes dans la même requête ; celle-ci s'est trouvée être une requête au contentieux ordinaire avec conclusions à fins d'annulation précédant les conclusions à fins d'indemnité. Sans doute, cette nouvelle jurisprudence se généralisera.

A d'autres symptômes aussi on discerne l'importance grandissante du contentieux de la pleine juridiction et le déclin du contentieux de l'annulation (V. Cons. d'Ét., 29 nov. 1912, *Boussuge*, S., 14. 3. 33 et ma note).

Toutefois, il n'est pas à supposer que le contentieux de l'annulation disparaisse jamais complètement, et cela pour les deux raisons suivantes :

1° Dans l'administration publique, les décisions exécutoires sont prises publiquement et l'on intercale généralement un délai avant leur mise à exécution, justement pour que la validité de la décision puisse être examinée par le contentieux de l'annulation avant l'exécution. Pendant ce délai, il se peut que le contentieux de la pleine juridiction ne puisse pas naître, s'il n'y a pas encore d'exécution d'opération à quoi il puisse être rattaché ; il n'y aura de possible que le contentieux de l'annulation et ce sera une première raison pour qu'il subsiste. Il est superflu de faire observer que cet état de choses n'a pas son analogue dans les relations du droit privé où les individus n'ont pas l'habitude de notifier leurs décisions avant de passer à l'exécution (Dans les affaires de révocation de fonctionnaires, en fait, l'exécution de la décision est immédiate et les deux recours naissent à la fois. Encore, paraît-il que, dans les affaires *Blanc, Argaing*, etc., le délai du recours pour excès de pouvoir aurait été prolongé par une demande d'assistance judiciaire, ce qui aurait permis la formation du recours contentieux ordinaire en même temps que celle du recours pour excès de pouvoir et la jonction des conclusions. Voilà une coïncidence de nature à se reproduire toutes les fois que l'assistance judiciaire aura été demandée dans ces hypothèses de révocation de fonctionnaires. Mais ce n'en est pas moins une hypothèse exceptionnelle, à moins que le Conseil d'État ne trouve le moyen d'élargir sa jurisprudence pour ne pas donner une prime aux requérants qui obtiennent l'assistance judiciaire) ;

2° Il y a une seconde raison ; même si la décision de l'administration peut être exécutée et doit par son exécution entraîner un préjudice, il se peut que le montant probable de l'indemnité ne vaille pas les frais d'un litige au contentieux ordinaire. Il ne faut pas oublier, en effet, que le contentieux ordinaire n'est pas dispensé du ministère de l'avocat et se trouve être, de ce chef, assez coûteux. Au contraire, le recours pour excès de pouvoir est dispensé du ministère de l'avocat et de presque tous les autres frais. Sans doute, il ne donne pas une satisfaction complète, mais il en donne une, la censure de l'administration, et elle est presque gratuite. Ce sera encore une raison pour qu'il survive dans bien des cas.

On ne doit pas se dissimuler néanmoins que, pour conserver au recours pour excès de pouvoir toute son utilité, des réformes de procédure seraient nécessaires. Il faudrait, d'abord, qu'aussitôt intenté il fût suspensif de l'exécution de l'acte attaqué; il faudrait, en outre, qu'il fût jugé d'urgence dans un délai très bref. Il serait ainsi réellement préalable à l'exécution, tandis qu'actuellement, n'étant pas suspensif de plein droit et n'étant jugé qu'avec une extrême lenteur (dix-huit mois ou deux ans), il n'est pas préalable à l'exécution et il n'arrête pas l'exécution, ce qui serait sa véritable fonction (V. un cas exceptionnel de sursis dans Cons. d'Ét., 28 déc. 1917, *Dadolle*).

Si ces réformes étaient réalisées, le recours pour excès de pouvoir deviendrait une sorte de *référé* destiné à arrêter la procédure d'exécution. Si l'administré n'avait pas gain de cause sur ce référé et si l'exécution de l'opération s'accomplissait, alors il y aurait la ressource du contentieux de la pleine juridiction.

B. *Le contentieux administratif de la pleine juridiction est indispensable au jeu du contentieux administratif, il ne doit pas être absorbé par le contentieux judiciaire et, d'ailleurs, il a, dans l'opération administrative, une source propre* — Nous venons de constater que le contentieux de l'annulation a tendance à s'absorber dans celui de la pleine juridiction, quoique cependant il doive toujours garder un certain domaine propre. Le contentieux de la pleine juridiction, de son côté, a une tendance à s'absorber dans le contentieux judiciaire. Mais cette absorption ne doit se produire que quand il est complètement *évolué* et son évolution ne peut se réaliser que sous la condition de passer par la phase du contentieux administratif de pleine juridiction.

— Beaucoup des auteurs qui ont écrit sur le droit administratif français n'ont pas eu le sentiment de cette évolution lente, ni de sa convenance parfaite à un régime administratif qui, reposant sur la procédure d'office, tend par là même à créer des règles de fond spéciales. Ils sont férus de la conception anglaise de la juridiction unique et de la compétence universelle du juge de droit commun.

Sentant bien, malgré tout, qu'il est impossible de supprimer complètement la juridiction administrative, ils essaient tout au moins de l'enfermer dans le contentieux de l'annulation des décisions exécutoires. Le recours pour excès de pouvoir trouve grâce à leurs yeux, mais il devient le seul contentieux administratif normal; tout le contentieux administratif de la pleine juridiction est pour eux anormal, il devrait être abandonné au juge civil et l'on ne devrait en laisser aux tribunaux administratifs que ce qui leur est attribué par des textes formels; il n'y aurait donc pas de juge de droit commun en matière administrative pour le contentieux de la pleine juridiction, il n'y aurait que des juges d'attribution (Michoud, *De la responsabilité de l'État à raison de la faute de ses agents*; Brémond, *Traité de la compétence*; Jacquelin, *Principes dominants du contentieux administratif*; Artur, *Séparation des pouvoirs et séparation des fonctions*; Jèze, *Principes généraux du droit administratif*; Duguit, *Manuel de droit constitutionnel*, I, p. 223 et s.).

Ces auteurs ont le tort de vouloir aller trop vite. Dans leur désir de rapprocher le contentieux administratif du droit commun, ils font appel à un procédé révolutionnaire; ils veulent supprimer le contentieux administratif de la pleine juridiction qui est au contraire un chaînon indispensable de l'évolution. Qu'arriverait-il si le mouvement de jurisprudence qu'ils veulent provoquer se réalisait, c'est-à-dire si les tribunaux civils s'emparaient du contentieux de la pleine juridiction, notamment de celui des indemnités, alors qu'il n'est pas encore complètement évolué? Il arriverait que, le principe de la séparation des pouvoirs étant maintenu, le juge civil ne pouvant pas connaître des décisions exécutoires, ni même des mesures administratives d'exécution, à chaque instant on se heurterait au conflit d'attribution; il en serait des actions en indemnité contre l'administration comme des actions en responsabilité personnelle contre les fonctionnaires, à chaque instant elles seraient arrêtées. Là où le juge administratif peut marcher librement, parce que, même dans un contentieux de la pleine juridiction, il a le pouvoir d'apprécier la validité des actes de l'administration, le juge civil serait entravé. Sans doute, on pourrait supprimer le principe de la séparation des pouvoirs, mais, pour qui connaît notre centralisation politique et administrative, l'invraisemblance de cette éventualité saute aux yeux.

La tentative doctrinale dont nous parlons a, d'ailleurs, complètement échoué, parce que la jurisprudence du Conseil d'État et celle du Tribunal des conflits ont résolument marché en sens inverse. Depuis l'arrêt *Cadot*, du 13 décembre 1889, le Conseil d'État s'est proclamé juge de droit commun en matière de contentieux administratif de la pleine juridiction, ce qui signifie que ce contentieux n'est pas limité à des énumérations légales, mais possède dans l'opération administrative, c'est-à-dire dans le commerce juridique approprié à l'administration, une source propre, toujours jaillissante, qui fournit continuellement des cas nouveaux. En même temps, d'accord avec le Tribunal des conflits, il travaillait à réserver au contentieux administratif toute la matière des indemnités pour faute dans les opérations des services publics, dans les diverses administrations, campagne qui vient d'être terminée par l'arrêt *Feutry* (Confl., 29 fév. 1908, S., 1908. 3. 97 et ma note) relatif à la responsabilité des départements, et par les arrêts *Joullié et de Fonscolombe* (Confl., 11 avril et 23 mai 1908, S., 1909. 3. 49) relatifs à la responsabilité des communes et des établissements publics.

On peut considérer la question comme jugée, le contentieux administratif de pleine juridiction est pratiquement consolidé; mais il n'est pas inutile de lui donner une bonne base théorique et c'est ce que j'ai essayé de faire par la donnée de l'exécution des opérations administratives, expression d'un commerce juridique spécial (V. *infra*, *Contentieux de la pleine juridiction*. — Cf. mon opuscule *La gestion administrative*).

Nota bene. — On trouvera dans ma 8e édition, note de la p. 420, des détails sur l'histoire des doctrines en cette matière, que je juge inutile de reproduire plus longtemps parce qu'ils ne présentent plus qu'un intérêt très rétrospectif.

SECTION II. — LE CONTENTIEUX DE L'ANNULATION DE LA DÉCISION EXÉCUTOIRE. LE RECOURS POUR EXCÈS DE POUVOIR (1).

Par cela même que les décisions exécutoires de l'administration, étant des manifestations de volonté, sont des actes juridiques, il se pose pour elles une question de validité et, par conséquent, d'invalidité. Cette matière pourrait être traitée sous forme d'une *théorie des nullités* et des essais intéressants ont été tentés en ce sens (2).

(1) *Bibliographie* : Aucoc, *Étude sur le recours pour excès de pouvoir*, comptes rendus de l'Académie des sciences morales et politiques, 1878 ; E. Laferrière, *Traité de la juridiction administrative*, 2e édit., t. II, p. 394-560 ; Brémond, *Traité de la compétence*; Jacquelin, *Principes du contentieux*; Artur, *Séparation des pouvoirs et séparation des fonctions*; Marie, *Droit positif et juridiction administrative*; Duguit, *L'État, les gouvernants et les agents*; *Manuel de droit constitutionnel*, p. 249 et s ; Tournyol du Clos, *Essai sur le recours pour excès de pouvoir*, Paris, 1905; P. Dareste, *Les voies de recours contre les actes de la puissance publique*, 1914.; Jean Appleton, *Les progrès récents du recours pour excès de pouvoir*, 1917; R.-F. de Velasco, *La acción popular en el derecho administrativo*, Madrid, 1920.

(2) L'existence des nullités de fond est la seule explication des particularités suivantes :

1° L'irrégularité des décisions exécutoires peut être opposée par voie d'exception.

Malgré tout l'intérêt qu'il y aurait à organiser cette théorie des nullités, nous ne l'entreprendrons pas; d'abord, à raison du caractère élémentaire de cet ouvrage; ensuite, parce que, réellement, dans la matière du recours pour excès de pouvoir, qui est de beaucoup la voie de nullité la plus importante, le fond du droit n'est pas encore séparé du contentieux et qu'à vouloir fixer trop tôt ce fond du droit en des formules rigides, on risquerait de perdre le bénéfice de la puissance d'évolution qu'il y a encore dans le contentieux du recours (1).

Le recours pour excès de pouvoir. — Le principal des recours contentieux en annulation est le recours pour excès de pouvoir (2).

Cela est admis tout au moins en ce qui concerne les règlements de police municipaux, lors de la poursuite en contravention par application de l'article 471, n° 15, du Code pénal, et aussi en ce qui concerne les délibérations des assemblées locales;

2° L'irrégularité des décisions exécutoires susceptibles de recours pour excès de pouvoir peut être l'occasion d'une autre espèce de recours qui s'appelle *le recours en appréciation de validité* et qui est employé dans des occasions où, pour des raisons de procédure, le recours pour excès de pouvoir ne peut plus l'être. Lorsque la validité d'un acte d'administration est contestée, non pas *d'une façon principale, mais d'une façon accessoire, à l'occasion d'un litige né et actuel* pendant devant une juridiction *autre que le Conseil d'État* ou à l'occasion d'une instance administrative devant aboutir à une décision, il existe un recours *en appréciation de validité de l'acte*, qui est recevable pendant trente ans et qui est porté devant le Conseil d'État (Cons. d'Ét., 28 avril 1882, *Ville de Cannes*; 8 avril 1911, *Commune de Oussé-Suzan*). Ce recours aboutit à une déclaration d'illégalité de l'acte plutôt qu'à une véritable annulation, car l'anéantissement de l'acte ne produit ses effets qu'*inter partes* et non pas d'une façon absolue comme dans le recours pour excès de pouvoir. Ce recours n'est pas dispensé du ministère de l'avocat (Cf. Laferrière, *op. cit.*, II. 604; Cons. d'Ét., 26 janv. 1906, *Raynaud et Joyeux*);

3° Lorsque, par un recours contentieux de pleine juridiction, un litige est porté devant le Conseil d'État concernant l'exécution de décisions exécutoires, à l'occasion de ce litige de pleine juridiction, la nullité de la décision exécutoire peut être demandée, par exemple, à l'occasion d'une demande en indemnité pour brusque renvoi de fonctionnaires municipaux, des conclusions à fins d'annulation de la décision de révocation peuvent être jointes à la requête (Cons. d'Ét., 31 mars 1911, *Blanc, Argaing et Bézie*, S., 12. 3. 129 et ma note). Cpr. Léon Alcindor, *Essai d'une théorie des nullités en droit administratif*, Paris, 1912.

(1) C'est ainsi que nous estimons fâcheuse la tendance qui se marque actuellement à enfermer le recours pour excès de pouvoir dans le concept étroit de la légalité ou de l'illégalité. Mais il n'en est pas moins vrai que ce point de vue de la nullité, qui reste sous-jacent justifie le parti que nous avons pris depuis longtemps d'étudier le recours pour excès de pouvoir à cette place, à propos de la décision exécutoire, au lieu de le rejeter à la fin du volume dans la matière du contentieux.

(2) Il n'est pas le seul :
1° Il existe certains recours contentieux spéciaux en annulation. Tel est le cas du recours contentieux prévu par la loi du 27 avril 1838, article 6, contre la décision ministérielle prononçant le retrait de la concession d'une mine. Ce n'est pas un recours pour excès de pouvoir, et il n'est pas dispensé du ministère de l'avocat (Cons. d'Ét., 13 nov. 1896, *Salarmier*; 27 juill. 1906, *Mines de Châtedu-sur-Cher*);

2° Il existe une catégorie de recours *en forme de recours pour excès de pouvoir*. Ils ressemblent au recours pour excès de pouvoir en ce qu'ils poursuivent l'annulation

Le recours pour excès de pouvoir est *une voie de nullité contentieuse conférant au Conseil d'État le pouvoir d'annuler une décision exécutoire administrative, si celle-ci contient un excès de pouvoir formel de l'autorité qui a pris la décision (incompétence, violation des formes, détournement de pouvoir, violation de la loi), et qui, par là même, tend à s'opposer à la procédure d'office.*

Ce recours est contentieux parce qu'il est porté devant un juge public, le Conseil d'État, et qu'il aboutit à une décision juridictionnelle ayant l'autorité de la chose jugée (par conséquent, ne pouvant pas être reprise) et, en outre, rendue selon des formes contentieuses, mais, en soi, il est un recours hiérarchique devenu contentieux (1).

Ce recours est une création très originale de notre droit administratif français. Son originalité est d'être un recours contre l'acte, non pas une action contre l'administrateur ni contre l'administration. Son grand mérite est d'avoir soumis aux règles formelles du droit les actes de la puissance publique, il a accompli cette œuvre avec une autorité plus grande que n'en eussent eue de simples recours administratifs et avec plus de facilité, peut-être, que n'en eût eue une voie d'action plus générale. Au début du siècle dernier, presque tous les actes de la puissance publique étaient en fait discrétionnaires; aujourd'hui, on cherche ceux qui le sont restés. A la seule exception des *actes de gouvernement* où la raison d'État apparaît dans des cas soigneusement énumérés et limités, tous les actes de l'administration ont été soumis tout au moins à des conditions étroites de compétence et de forme. La juridiction de l'excès de pouvoir, œuvre de la jurisprudence du Conseil d'État, est une sorte de juridiction

de certains actes et en ce qu'ils sont dispensés du ministère de l'avocat; ils en diffèrent par les ouvertures; le principal de ces recours en forme de recours pour excès de pouvoir est celui créé contre l'arrêté du préfet statuant sur une demande en nullité d'une délibération du conseil municipal (art. 67, L. 5 avril 1884); ses ouvertures sont l'incompétence et la violation de la loi (V. la note sous Cons. d'Ét., 29 mars 1901, *Casanova*, S., 1901. 3. 41, et celle sous Cons. d'Ét., 4 déc. 1903, *Barthe*, S., 1904. 3. 137); un autre de ces recours est celui prévu par la loi du 1er avril 1898, article 16, sur les sociétés de secours mutuels contre le refus d'approbation des statuts; il a pour ouverture la violation de la loi;

3° Il y a enfin le recours *en appréciation de validité* dont il a été question à la note de la page précédente.

(1) C'est un recours hiérarchique porté primitivement devant le roi, lequel en a confié l'examen au Conseil d'État qui est devenu un juge. La parenté entre le recours pour excès de pouvoir et le recours hiérarchique apparaît encore dans deux hypothèses : 1° Lorsqu'en fait, il est la suite d'un recours hiérarchique et que celui-ci, intenté dans le délai, conserve le droit d'aller devant le Conseil d'État, comme s'il ne s'agissait que d'un seul et même recours (Cons. d'Ét., 13 avril 1881, *Bansais*) ; 2° dans le cas de la voie de nullité contre les délibérations des conseils municipaux qui est portée d'abord devant le préfet, ensuite devant le Conseil d'État en la forme d'un recours pour excès de pouvoir.

prétorienne, qui a créé le droit en le faisant pénétrer dans des régions nouvelles, à mesure que le Conseil d'État lui-même a grandi (1).

(1) Cf. Laferrière, *op. cit.*, t. II, p. 411 *in fine*. C'est une voie de nullité *objective et formelle*, qui est uniquement pour assurer la bonne administration ; elle n'est pas pour faire valoir des droits subjectifs des administrés (en sens contraire, J. Barthélemy, *Essai d'une théorie sur les droits subjectifs des administrés*, 1899, dont il sera parlé plus loin à propos de la violation de la loi). Sans doute, le recours est dans l'intérêt des administrés, et il le faut bien, puisqu'il doit être mis en mouvement par eux, mais l'intérêt qu'ils ont à l'annulation de l'acte coïncide lui-même avec l'intérêt de la bonne administration et ils jouent le rôle d'un ministère public. La tradition est en ce sens. Notre recours a été considéré, dès le début, comme un moyen de bonne administration et comme un contentieux très spécial ; c'est à ce titre que l'administration du second empire l'a développé par le décret du 2 novembre 1864 (V. Aucoc, *Conférences*, I, p. 510 ; Dareste, *La justice administrative*, 2ᵉ édit., p. 222 ; Laferrière, *op. cit.*, II, p. 558).

— Bien des gens répugnent à l'idée que le recours pour excès de pouvoir engendre un véritable contentieux, quoique, au point de vue des textes, la chose ne soit pas douteuse (L. 24 mai 1872, art. 9 ; L. 10 août 1871, art. 88 ; L. 8 avril 1898, art. 13, etc.). C'est peut-être qu'ils ont du contentieux une idée un peu étroite. Examinons donc brièvement la question. On peut dans le contentieux distinguer deux éléments, la forme et le fond. Il y a forme contentieuse dès que le litige est soumis à un juge et jugé suivant une procédure contradictoire. De ce chef, pas de difficulté, le jugement des excès de pouvoir est en forme contentieuse ; sans doute, il ne relève pas du juge de droit commun civil, mais on irait loin si l'on devait révoquer en doute la valeur de toutes les juridictions spéciales, et d'ailleurs le Conseil d'État est juge de droit commun en matière administrative et est un juge *public*. S'il y a difficulté, ce n'est donc que relativement au fond du litige, qui ne contiendrait pas de matière contentieuse. Or, qu'est-ce qu'une matière contentieuse ? A mon avis, simplement une contestation qui peut être tranchée par une solution de droit (Cf. sur ce point mon article sur *les éléments du contentieux* dans le *Recueil de législation de Toulouse*, 1905, p. 41 et s.). Or, soutiendra-t-on que le Conseil d'État, dans les excès de pouvoir, ne solutionne pas des litiges par des décisions de droit, alors que la jurisprudence des excès de pouvoir a posé tant de règles de droit ! Il y a donc aussi matière contentieuse. A la vérité, la solution de droit n'est pas de même nature que dans les procès civils, le Conseil d'État ne reconnaît pas le droit subjectif des parties, il pose une règle de droit objective et disciplinaire ; il ne dit pas *le droit subjectif du réclamant*, il dit *le droit objectif* qui s'impose à l'administration, mais alors la question se ramène à savoir si le droit objectif est du droit et, dans notre théorie de l'institution, la réponse n'est pas douteuse (Cf. Duguit, *Manuel de droit constitutionnel*, p. 249 et s.).

Ce contentieux, qui est d'essence disciplinaire et qui se rattache à l'idée fondamentale que la décision exécutoire est naturellement révocable, présente des particularités importantes :

1° Le soin de veiller à la régularité et à la correction juridique des décisions exécutoires n'est plus laissé exclusivement à la haute administration, sous forme d'une sorte de contrôle disciplinaire exercé d'office, mais chaque intéressé a qualité pour former réclamation ; 2° la réclamation n'est plus formée devant la haute administration, comme dans l'hypothèse du recours hiérarchique, mais devant un juge public ; on doit admettre que ce juge exerce là une juridiction disciplinaire ; d'ailleurs, nous verrons plus loin qu'à certains égards le recours pour excès de pouvoir n'est qu'une transformation du recours hiérarchique ; 3° quand l'action disciplinaire d'un groupe s'exerce sur un homme, son effet naturel est de l'expulser hors du groupe ; ici, l'action disciplinaire s'exerce sur un acte, son effet naturel doit être, par analogie, de l'expulser

Fondement du recours pour excès de pouvoir. — Le fondement du recours est l'excès de pouvoir de l'administrateur ou de l'autorité administrative qui a pris la décision. L'excès de pouvoir est une notion complexe à la fois juridique et morale. Il y a excès de pouvoir, non seulement quand l'administrateur dépasse les limites légales de ses attributions, mais même lorsqu'il use, pour des motifs étrangers au bien du service, de son pouvoir discrétionnaire d'appréciation.

Ainsi, sous son aspect proprement juridique, l'excès de pouvoir peut être confondu avec l'illégalité et on peut considérer le recours pour excès de pouvoir comme un contrôle de la légalité (c'est le cas non seulement lorsqu'est invoquée l'ouverture de la violation de la loi, mais aussi dans le cas de violation des formes parce que les formes sont généralement réglées par la loi).

Mais il faut bien se garder d'enfermer l'excès de pouvoir dans la question de légalité, car il a en outre un aspect moral. Il existe une moralité administrative qui impose aux administrateurs des règles de conduite tirées de la discipline intérieure de l'administration ; ces règles peuvent porter plus loin que les règles légales qui sont imposées du dehors à l'administration par le pouvoir législatif. Tandis que les règles légales ne peuvent guère viser que les limites des attributions légales des administrateurs, les préceptes de moralité administrative peuvent viser et atteindre ce pouvoir discrétionnaire de l'administrateur que nous avons vu consister essentiellement dans la libre appréciation des motifs d'exercer ou de ne pas exercer ses attributions légales (V. *supra*, p. 346).

L'élément moral de l'excès de pouvoir se concentre dans les ouvertures de l'*incompétence* et du *détournement de pouvoir* et c'est surtout par le maniement du détournement de pouvoir que le Conseil d'État s'efforce de brider le pouvoir discrétionnaire (1).

hors du système juridique, c'est-à-dire de l'annuler. Voilà pourquoi l'effet du recours pour excès de pouvoir et des autres analogues est limité à l'annulation de l'acte, mais aussi voilà pourquoi l'annulation prononcée dans le recours pour excès de pouvoir est absolue et produit ses effets *erga omnes* ; 4° de même que la combinaison de la répression disciplinaire avec la répression pénale ordinaire donne lieu à des questions délicates, quand il s'agit de délits commis par des membres d'une institution dont la discipline est reconnue par l'État (Discipline de l'instruction publique par exemple) ; de même, la combinaison des recours en annulation et particulièrement du recours pour excès de pouvoir, avec les recours contentieux ordinaires, crée une difficulté que le Conseil d'État a résolue par le maniement d'une fin de non-recevoir appliquée au recours pour excès de pouvoir. V. *infra*, v° *Fin de non-recevoir tirée de l'existence d'un recours parallèle*.

(1) Il y a depuis quelques années dans la doctrine, et même dans la jurisprudence du Conseil d'État, une tendance très marquée à confondre le contentieux de l'excès de pouvoir avec le contentieux de la légalité. Cette tendance est le fait d'une génération qui ne tient plus compte de l'histoire du recours pour excès de pouvoir, pas plus d'ail-

Histoire du développement du recours pour excès de pouvoir (2). — Il y a lieu d'étudier : les conditions de recevabilité du recours ; les

---

leurs que de celle du recours en cassation, où la différence entre la violation de la loi et l'excès de pouvoir du juge est également très marquée. Il est urgent de réagir contre cette tendance qui menace de fausser l'institution de l'excès de pouvoir en la rétrécissant. C'est pour la même raison que nous croyons prématurée l'organisation d'une théorie des nullités des décisions exécutoires qui ne serait, en fait, qu'une théorie de leur illégalité (V. *supra*, p. 421).

(2) La juridiction du recours pour excès de pouvoir est aujourd'hui considérée comme fondée sur une loi des 7-14 octobre 1790 ainsi conçue : « Les réclamations d'incompétence à l'égard des corps administratifs ne sont, en aucun cas, du ressort des tribunaux, elles doivent être portées au roi, chef de l'administration générale », et sur la loi du 24 mai 1872, article 9, ainsi conçue : « Le Conseil d'État statue souverainement... sur les demandes d'annulation pour excès de pouvoir formées contre les actes des diverses autorités administratives » ; ce sont les deux textes actuellement visés dans les arrêts, mais, au début, aucun texte ne fut visé, la loi des 7-14 octobre 1790 n'eut pas l'importance qu'on lui a attribuée depuis. Elle est visée pour la première fois dans un arrêt du 15 juillet 1832, *Garde nationale de Paris*, au rapport de Macarel. La vérité est que le Conseil d'État s'inspira d'abord simplement des traditions de l'ancien conseil du roi, de l'esprit général de la législation de l'an VIII, et aussi de la nature des choses, et se considéra comme chargé d'exercer, en une forme contentieuse, une sorte d'autorité hiérarchique du chef de l'État, afin d'assurer dans une administration centralisée et hiérarchisée où les pouvoirs sont spécifiés et séparés, où des formes légales sont imposées aux actes, le respect des compétences et des formes, et, d'une façon générale, le respect de la discipline établie et du sentiment de la fonction. Il faut bien dire que, si le recours pour excès de pouvoir a pu devenir un recours contentieux, c'est grâce à ce fait qu'il était considéré comme porté devant le roi ou devant le chef de l'État. Bien que la loi des 7-14 octobre 1790 qualifiât le roi de « chef de l'administration générale », en réalité, le chef de l'État était au-dessus de l'administration, laquelle hiérarchiquement s'arrête au ministre, et c'est pourquoi le chef de l'État, statuant en Conseil d'État, a pu se placer au-dessus de l'administration et s'ériger en juge, *gouvernemental* d'abord, *public* ensuite, ce qui a été consacré, au profit du Conseil d'État, par la loi du 24 mai 1872. Ainsi le recours pour excès de pouvoir est devenu contentieux, tandis que le véritable recours hiérarchique porté devant le ministre est resté purement administratif.

On peut diviser l'histoire du développement du recours pour excès de pouvoir en trois périodes : dans la première, qui va de 1790 au décret du 2 novembre 1864, la question de l'excès de pouvoir demeure complètement séparée de celle de la violation de la loi ; dans la deuxième, qui va du décret du 2 novembre 1864 jusqu'en 1906, le recours pour excès de pouvoir s'incorpore le recours en violation de la loi ; dans la troisième, ouverte depuis 1906, il s'agit de savoir comment s'agenceront au sein du recours les deux notions de l'excès de pouvoir et de la violation de la loi.

a) Première période (1790 à 1864). — La première application du recours pour excès de pouvoir a été le cas d'incompétence, et c'est à cela même que le recours doit son nom, car « excéder ses pouvoirs », c'est avant tout sortir de sa compétence ou de la compétence de l'administration. Mais on ne tarda pas à s'apercevoir que la notion de l'excès de pouvoir, ainsi introduite pour le cas particulier de l'incompétence, était susceptible de s'étendre à d'autres hypothèses, notamment au cas de violation des formes, car les formes légales imposées aux actes sont des bornes pour les pouvoirs de l'administrateur et il excède ses pouvoirs s'il n'observe pas les formes. Cons. d'Ét., 28 mars 1807, *Dupuy-Briacé*; 22 janv. 1808, *Hours*. Ces décisions annulent des arrêtés préfectoraux qui empiétaient sur les attributions de l'autorité judiciaire et qui, par

ouvertures à recours; la procédure; les pouvoirs du juge; la nature et les effets de la décision.

conséquent, contenaient plutôt *usurpation de pouvoir*. Jusque-là, l'excès de pouvoir dans les actes d'administration, avec ces deux cas, l'incompétence et la violation des formes, ressemblait à l'excès de pouvoir dans les jugements, tel qu'il est réprimé soit par le recours en cassation en matière civile, soit par le recours en cassation en matière administrative ; le recours pour excès de pouvoir s'était simplement modelé sur le recours en cassation, et cela d'autant plus facilement, à cette époque, que les actes d'administration n'étaient point séparés bien nettement des décisions contentieuses. Cons. d'Ét., 2 juill. 1820, *Biberon* ; 10 août 1828, *Rodier*.

b) Deuxième période (1864-1906). — Cette situation se prolongea jusqu'au décret du 2 novembre 1864, mais ce décret ayant dispensé le recours pour excès de pouvoir du ministère de l'avocat et de tous frais autres que les droits de timbre et d'enregistrement, dans le but ouvertement avoué de le développer, le Conseil d'État entra dans ces vues :

D'une part, il observa que les pouvoirs des administrateurs ont un certain but qui est l'intérêt du service ou la bonne administration, et que si l'administrateur, au lieu d'agir dans ce but, a pris sa décision, soit sous l'influence d'un intérêt particulier à satisfaire, soit même sous l'influence d'un intérêt fiscal, il y a *détournement de pouvoir* et l'acte doit être annulé ; le détournement de pouvoir constitua une troisième ouverture.

D'autre part, la violation de la loi fut admise comme quatrième ouverture dans des conditions bien curieuses. Il avait toujours existé un recours contentieux en annulation pour violation de la loi lorsque le réclamant pouvait invoquer un droit acquis lésé par la décision illégale, mais ce recours était complètement distinct du recours pour excès de pouvoir ; afin de le faire bénéficier de la dispense des frais et de celle du ministère de l'avocat, le Conseil d'État eut l'idée de l'incorporer au recours pour excès de pouvoir et de faire de la violation de la loi et des droits acquis une quatrième ouverture. Mais cette incorporation allait ouvrir une crise prolongée, car la violation de la loi ne présentait pas les mêmes caractères que les cas primitifs d'excès de pouvoir. La preuve en est qu'elle exigeait une condition que les cas primitifs n'exigeaient pas du tout, la condition d'un droit violé concomitante à la condition de la violation de la loi. On commença par constater purement et simplement la différence en disant que, dans les trois ouvertures primitives, le recours pour excès de pouvoir était donné pour simple intérêt froissé, tandis que dans la quatrième, il n'était donné que pour un droit violé. Mais, tout de suite, il s'engagea une lutte intestine dont l'issue devait être l'assimilation complète des quatre ouvertures. On put se demander un moment si la condition du droit violé ne serait pas exigée dans les quatre ouvertures et si le recours ne deviendrait pas ainsi subjectif, mais la tradition l'emporta, la condition du droit violé fut au contraire éliminée de la quatrième ouverture qui devint ainsi semblable aux autres et le recours resta entièrement objectif. Ce résultat fut acquis vers 1906 après une crise qui avait duré plus de quarante ans (Cons. d'Ét., 1er juin 1906, *Alcindor*, quatre espèces);

c) Troisième période (depuis 1906). — Maintenant que l'ouverture de la violation de la loi est assimilée complètement aux trois autres, la question se pose d'un nouveau classement des ouvertures. De deux choses l'une : ou bien la notion de l'excès de pouvoir sera absorbée par celle de la violation de la loi et il ne subsistera, en réalité, que cette seule ouverture; ou bien la notion de l'excès de pouvoir résistera à l'absorption et elle se cantonnera dans les ouvertures de l'incompétence et du détournement de pouvoir; quant à l'ouverture de la violation des formes, elle sera absorbée par la violation de la loi, pour la bonne raison que les formes sont de plus en plus déterminées par les lois et règlements; il y aura donc, d'une part, la violation de la loi avec

N° 1. — La recevabilité du recours.

Il y a un examen de la recevabilité et un examen au fond. Il y a un examen de la recevabilité, en ce sens qu'il existe un certain nombre de *fins de non-recevoir* et que, lorsque l'existence de l'une de ces fins de non-recevoir est constatée dans une espèce, le recours peut être rejeté sans être examiné au fond. Le débat sur la recevabilité est la preuve que, dans une certaine mesure, c'est le juge qui accorde le recours.

Il y a quatre catégories de fins de non-recevoir, elles peuvent être

le vice de forme; d'autre part, l'incompétence avec le détournement de pouvoir (lequel restera d'ailleurs susceptible de nouveaux développements). Quant à nous, c'est cette dernière perspective que nous envisageons. V. sur la question du passage de l'excès de pouvoir à la violation de la loi, Laferrière, *op. cit.*, t. II, p. 409.

Outre cette histoire, qui est établie du point de vue capital des ouvertures à recours, il convient de noter que, depuis la loi du 24 mai 1872, qui a fortifié sa situation en faisant de lui un juge public, le Conseil d'État s'est attaché à développer encore la portée du recours pour excès de pouvoir en élargissant les conditions de recevabilité; 1° du côté des actes, en réduisant progressivement le nombre des actes qui y échappent, en admettant le recours *omisso medio* contre les actes des autorités inférieures, sans obliger le réclamant à se servir au préalable du recours hiérarchique pour provoquer une décision du ministre. Primitivement, on ne pouvait pas recourir directement contre les actes des autorités inférieures, le recours préalable au ministre était un intermédiaire obligatoire. Cette réforme fut réalisée au cours du XIXᵉ siècle. Mais jusqu'à la loi du 17 juillet 1900, il resta qu'on ne pouvait pas recourir contre le silence gardé par les autorités inférieures sans passer par l'intermédiaire du ministre, en réduisant progressivement la portée de la fin de non-recevoir tirée de l'existence du recours parallèle; 2° du côté des réclamants, en élargissant de plus en plus les catégories de gens ayant intérêt légitime à attaquer l'acte et, finalement, en admettant le recours du simple contribuable (Cons. d'Ét., 29 mars 1901, *Casanova*).

Le champ d'application du recours pour excès de pouvoir a été aussi fort étendu par la loi du 17 juillet 1900, qui permet de former toutes sortes de réclamations devant l'administration et de les transformer en recours contentieux par la procédure du silence. V. notamment l'hypothèse des réclamations des pères de famille invitant le ministre à user de son contrôle sur le choix des manuels scolaires. Cons. d'Ét., 20 janv. 1911, *Chapuis, Porteret, Pichon*, S., 11. 3. 49, et ma note.

De plus, il faut noter que la loi de 1884 sur les syndicats professionnels et celle de 1901 sur les associations, jointes à la jurisprudence qui admet syndicats et associations à ester en justice pour la défense des intérêts communs à leurs membres, ont singulièrement multiplié le nombre des réclamants.

Une nouvelle multiplication des recours pourrait être provoquée par la disposition de l'article 4 de la loi du budget du 17 avril 1906. Cette disposition prescrit l'enregistrement en débet des requêtes en excès de pouvoir; les droits ne seront finalement dus qu'au cas de rejet total ou partiel de la requête et au cas de non-lieu à statuer (à moins que le non-lieu ne soit motivé par le retrait de l'acte attaqué). En somme, au cas de réussite totale de sa requête, le requérant n'aura exposé que les frais de timbre.

Cette multiplication des recours, qui est indéniable, provoquera-t-elle à son tour de nouveaux élargissements, soit dans les ouvertures, soit dans la recevabilité? Il ne se dessine jusqu'à présent rien de bien net. Si quelque chose se prépare, c'est du côté des pouvoirs du juge qui tendent à déborder la simple annulation. C'est un point sur lequel nous reviendrons.

tirées de la nature de l'acte, du défaut de qualité du réclamant, de l'inobservation des formes et délais, de l'existence d'un recours parallèle.

1. *Fin de non-recevoir à raison de la nature de l'acte.* — N'oublions pas que nous sommes en présence d'un procès fait à l'acte, c'est-à-dire à la décision exécutoire. Voici la formule exacte : Le recours pour excès de pouvoir n'est recevable que contre une *décision administrative exécutoire et susceptible de faire grief, prise par une autorité contenue dans la hiérarchie ou dans la tutelle administratives*. Par conséquent, échappent au recours :

1° *Les actes qui n'ont pas le caractère administratif*, même s'ils émanent d'autorités comprises dans la hiérarchie : actes d'instruction criminelle faits par les préfets en vertu de l'article 10 du Code d'instruction criminelle, actes faits par les maires en qualité d'officiers de police judiciaire ou d'officiers de l'état civil, etc.;

2° *Les actes émanant d'autorités qui ne sont pas comprises dans les cadres administratifs de la hiérarchie ou de la tutelle administratives* (ce qui prouve bien que le recours pour excès de pouvoir procède de la même idée que le recours hiérarchique) : actes du Parlement, lois administratives contenant des déclarations d'utilité publique, des autorisations et concessions de travaux publics, etc.; décisions prises par les assemblées parlementaires, par leurs commissions ou par leurs bureaux à l'égard des membres de ces assemblées, de leurs auxiliaires ou même des tiers; — décisions prises par des autorités judiciaires, alors même que ce seraient des règlements (Cons. d'Ét., 3 mai 1901, *Scrosoppi*, détention prolongée imputable à un procureur de la République; Cons. d'Ét., 5 août 1908, *Gérard*, ordonnance d'un président de cour d'appel réglant un examen de traducteur-juré (1);

3° *Les actes administratifs émanant d'autorités comprises dans la hiérarchie ou dans la tutelle administratives, mais qui n'ont pas le caractère de décisions exécutoires;* sont dans cette catégorie :

a) Les *mesures de préparation*, non seulement les pièces de bureaux, les avis des conseils techniques, du Conseil d'État et du conseil de préfecture, mais encore les formalités publiques qui précèdent des décisions, telles par exemple que des enquêtes (Cons. d'Ét., 31 oct. 1913, *Chavegrand*).

De même, les circulaires envoyées par les supérieurs hiérarchiques

---

(1) Quant aux actes émanant d'autorités comprises dans la hiérarchie ou soumises à la tutelle administrative, ils sont susceptibles de recours *omisso medio*, c'est-à-dire directement et immédiatement, sans que l'on soit obligé de saisir auparavant l'autorité hiérarchique ou tutélaire (Cons. d'Ét., 13 avril 1881, *Bansais*; 14 janv. 1887, *Union des gaz*, etc.). Il subsiste cependant des cas exceptionnels où les textes imposent le recours préalable du ministre par la voie hiérarchique (Cons. d'Ét., 8 mars 1912, *Tronget*).

à leurs inférieurs ; elles ne produisent pas, en principe, effet de droit, parce que si elles tendent à faire prendre par ceux-ci des décisions, en elles-mêmes elles ne modifient pas encore les situations et ne sont que préparatoires (Cons. d'Ét., 16 janv. 1880, *Fabrique d'Astaffort*; 9 juin 1893, *Delhoume*; 24 mai 1901, *Delubac*; 3 fév. 1911, *Rossi*) (1);

b) *Les actes d'exécution qui n'ajoutent aucune prétention de droit aux décisions antérieures en vertu desquelles ils interviennent*. Ainsi, l'avertissement envoyé par le percepteur des contributions au contribuable n'est qu'une mesure d'exécution ; la décision exécutoire, en la matière, est le rôle annuel rendu exécutoire par arrêté du préfet, l'avertissement n'en est qu'une copie et n'y ajoute aucune prétention de droit (2) ;

c) *Les actes qui sont en forme de contrats* (Cons. d'Ét., 29 mai 1903, *Collardeau*), mais l'approbation d'un contrat par décision séparée peut être l'objet d'un recours ;

4° *Les décisions exécutoires qui ne seraient pas susceptibles de faire grief*. — Une décision ne fait pas grief quand elle est mise à néant ou bien qu'elle n'est encore opposable à personne, ou bien quand elle ne contient pas d'effet de droit nouveau, ou que son effet de droit ne vise pas le réclamant. Cela se produit dans les hypothèses suivantes :

a) La décision a été *rétractée* (3) ;

---

(1) Cependant, des circulaires peuvent quelquefois contenir décision (Cons. d'Ét., 1er juin 1906, *Thibaud* ; 30 avril 1909, *Commune de Saint-Memmie* ; 22 juill. 1910, *Fédel*) ; d'un autre côté, s'il a été fait application d'une circulaire par une décision, à l'occasion du recours formé contre la décision, la légalité de la circulaire peut être contestée (Cons. d'Ét., 9 mars 1903, *Maître* ; 18 déc. 1908, *Syndicat des pilotes de Cette*).

— Ne produisent pas non plus d'effet de droit par elles-mêmes, les mises en demeure où les mesures d'instruction qui précèdent et qui font pressentir les décisions, mais qui, en elles-mêmes, ne modifient pas encore la situation ancienne (Cons. d'Ét., 10 déc. 1875, *Béhic* ; 5 fév. 1892, *Courmont* ; 18 janv. 1901, *Tramways du Nord* ; 1er juin 1906, *de Saint-Mauris*) ; seulement, il peut arriver que mises en demeure ou actes d'instruction modifient, en réalité, la situation et soient considérés comme des décisions (V. S., 12. 2. 33, la note ; *adde* Cons. d'Ét., 30 déc. 1910, *Fusy* ; 24 fév. 1911, *Watine-Latthé* ; 11 août 1916, *Bressuire*, 6e espèce).

(2) Ainsi en est-il encore de l'ordre d'un agent voyer, intimé à un propriétaire, d'avoir à couper une haie au bord d'un chemin ; cet ordre est pris en vertu d'arrêtés préfectoraux sur la police de la voirie des chemins vicinaux ; il n'est qu'une mesure d'exécution. Ce n'est pas lui qui modifie la situation juridique de la haie, c'est l'arrêté préfectoral.

On ne saurait trop se pénétrer de cette idée que les prétentions émises par les nombreux agents d'exécution avec lesquels le public se trouve en contact, agents des régies financières, agents voyers, agents de la police même, ne sont pas des décisions exécutoires, ne sont que des mesures d'exécution. La décision exécutoire est cachée derrière, c'est l'acte *en vertu duquel* ces prétentions se manifestent. Dans les cas douteux, on peut provoquer une décision exécutoire incontestable, en formant contre les agissements des agents d'exécution un recours hiérarchique devant l'autorité la plus proche et en forçant ainsi celle-ci à « endosser ».

(3) Lorsque la décision exécutoire attaquée a été rétractée par l'autorité adminis-

b) Elle ne contient que de *simples constatations ou de simples projets* dont l'administration n'entend pour le moment tirer aucune conséquence, et qu'il faudrait vivifier par de nouvelles décisions pour les rendre opposables à qui que ce soit. L'administration fait, en effet, certaines constatations qui ne sont que pour elle-même, ainsi en est-il des statistiques du recensement (1) ;

c) La décision exécutoire *ne fait pas obstacle à la réalisation de l'intérêt véritable de l'intéressé*. Ainsi un fonctionnaire qui a droit à la retraite est licencié, la décision de licenciement, qu'il ne faut pas confondre avec la révocation, ne fait pas obstacle à ce qu'il demande la liquidation de sa pension ; cette décision ne sera pas susceptible de recours (Cons. d'Ét., 30 janv. 1903, *Durand*) ;

d) La décision ne fait pas non plus grief lorsqu'elle est purement et simplement *confirmative d'une décision antérieure*; le grief, s'il y en a un, procède de la première décision et l'intéressé ne peut s'en prendre qu'à lui s'il n'a pas attaqué celle-ci dans les délais. Le recours qu'il formera contre la décision confirmative sera rejeté. Cette fin de non-recevoir est de jurisprudence constante (Cons. d'Ét. 24 juin 1898, *Burke*; 15 déc. 1899, *Lefèvre*; 11 mai 1900, *Monin*; 7 mars 1913, *Niclausse*; 21 juill. 1916, *Espagnol*, fortement motivée, etc., etc.). Elle a quelque chose de rigoureux en ce que l'administration ne devrait pas se prêter à rendre des décisions confirmatives, du moment qu'elles ne peuvent pas être attaquées (2).

---

trative postérieurement à l'enregistrement de la requête, le Conseil d'État peut, ou bien déclarer qu'il y a non-lieu à statuer (Cons. d'Ét., 21 avril 1899, *Larsonneau*), ou bien statuer quand même dans un but de censure qui est bien véritablement disciplinaire (Cons. d'Ét., 17 nov. 1899, *Cestier*).

(1) Il est vrai que, se basant sur les résultats du recensement, elle pourra ensuite tirer certaines conséquences ; par exemple dans une ville dont la population avait dépassé un certain chiffre, le tarif de l'impôt des portes et fenêtres ou celui des patentes se trouvaient jadis modifiés ; mais pouvaient seuls être attaqués les actes qui avaient déduit ces conséquences, non point le décret qui se bornait à rectifier le tableau de la population (Cons. d'Ét., 22 juin 1900, *Ville de Saint-Gaudens*). Quelquefois, cependant, les constatations opérées en vue de décisions ultérieures produisent des effets moraux immédiats, dont le juge de l'excès de pouvoir doit se préoccuper. C'est ainsi que les décisions de classement des sous-officiers rengagés, en vue de la nomination à des emplois civils, avaient d'abord été considérées comme ne faisant pas grief (Cons. d'Ét., 7 août 1896, *Say*), puis, par un revirement justifié, ont été considérées comme faisant immédiatement grief (Cons. d'Ét., 20 mai 1904, *Berrest*).

(2) Il faut assimiler aux décisions confirmatives celles qui sont rendues en exécution d'une décision de principe et ne contiennent rien autre que celle-ci (Cons. d'Ét., 9 avril 1906, *Ville de Béziers*); mais dès qu'une seconde décision, succédant à une première dans une même affaire, fait un grief qui peut être considéré comme distinct du grief fait par la première, elle devient susceptible de recours ; à ce titre, des décisions « faisant application » d'un règlement général à un individu déterminé sont susceptibles de recours (Cons. d'Ét., 13 mai 1910, *Compagnie des tramways de l'Est parisien*; 12 mars 1915, *Société de vidanges des locataires Rouennais*).

APPENDICE. — *Les actes discrétionnaires et les actes de gouvernement.*

I. *La question des actes discrétionnaires.* — Pendant très longtemps il a été admis que certains actes de l'administration, qui remplissaient toutes les conditions de la décision exécutoire, échappaient cependant au recours pour excès de pouvoir parce qu'ils étaient en eux-mêmes la manifestation d'un pouvoir discrétionnaire de l'administration. Il y avait ainsi une catégorie d'actes discrétionnaires. On peut citer comme exemple les décrets de délimitation des rivages de la mer auxquels on a attribué ce caractère jusqu'à vers 1860, époque où le recours pour excès de pouvoir a été déclaré recevable contre eux.

Cette catégorie des actes discrétionnaires a aujourd'hui complètement disparu en ce sens qu'elle n'est plus une cause de non-recevabilité du recours, et cela pour les raisons suivantes :

1º La question était très mal posée : en réalité, tous les actes de l'administration renferment du pouvoir discrétionnaire; par conséquent ; c'est une question à examiner au fond que de savoir si l'administration a excédé son pouvoir en tant qu'il est discrétionnaire, mais ce ne peut pas être une fin de non-recevoir contre certains actes;

2º La loi du 17 juillet 1900, en permettant de former recours dans toutes les hypothèses où l'administration garde le silence sur une réclamation, même dans les hypothèses où le silence peut être considéré comme une manifestation du pouvoir discrétionnaire, a, par là même, condamné la théorie des actes discrétionnaires, particulièrement dans tous les cas de refus de l'administration de faire tel ou tel acte.

Comme décisions récentes admettant des recours contre des actes que l'on aurait pu considérer comme discrétionnaires, V. Cons. d'Ét., 13 juin 1913, *Godefroy*; 27 mars 1914, *Derode*; 23 juin 1916, *Thonnard du Temple*.

II. *Les actes de gouvernement* (1). — En revanche, il subsiste une catégorie d'actes dits « de gouvernement » contre lesquels le recours pour excès de pouvoir n'est pas recevable.

Le Conseil d'État, saisi d'un recours contre l'un de ces actes, déclare « qu'il ne lui appartient pas d'en connaître » (Cons. d'Ét., 28 fév. 1896, *Rosat*); s'il ne faisait pas spontanément cette déclaration, l'opinion générale est que l'article 26 de la loi du 24 mai 1872 permettrait au gouvernement d'élever le conflit et de porter devant le Tribunal des conflits la question de savoir si le Conseil d'État ne doit pas être dessaisi (2).

Il faut bien observer que c'est à raison de la nature de l'acte que le recours n'est pas recevable. La fin de non-recevoir existe, alors même que le requérant a qualité pour agir, c'est-à-dire alors même qu'il invoque un intérêt direct et personnel à l'annulation de l'acte; bien mieux, alors même qu'il invoque un droit acquis (Décis. *Rosat*, précitée) (3).

La théorie des actes du gouvernement est fort embrouillée, faute d'y avoir appliqué

---

(1) *Bibliographie* : Laferrière, *Juridiction administrative*, 2ᵉ édit., t. II, p. 32 et s.; Aucoc, *Conférences*, 3ᵉ édit., t. I, nº 289; Ducrocq, *Cours de droit administratif*, 7ᵉ édit., t. I, nº 64; Batbie, *Droit administratif*, t. VII, nºˢ 389 et s.; Michoud, *Des actes de gouvernement*, broch., Grenoble, 1889; Brémond, *Des actes de gouvernement*, Revue de droit public, 1896, t. I, p. 23; R. Jacquelin, *Principes du contentieux administratif*, p. 297 et s.; Maurice Le Courtois, *Théorie des actes de gouvernement*, 1899. Cet ouvrage contient une bibliographie complète.

(2) Cet article est ainsi conçu : « Les ministres ont le droit de revendiquer devant le Tribunal des conflits les affaires portées à la section du contentieux et *qui n'appartiendraient pas au contentieux administratif.* » Il est la reproduction de l'article 47 de la loi du 3 mars 1849, et a toujours été interprété en ce sens. V. Le Courtois, *op. cit.*, p. 56-76.

(3) « Considérant qu'il n'appartient pas au Conseil d'État de connaître d'un débat *fondé sur les droits qui résulteraient d'une convention diplomatique.* »

une méthode suffisamment sévère; il y a trois questions : celle du *critérium* de l'acte de gouvernement, celle de l'utilité qu'il y a à mettre cet acte hors du contentieux, celle des effets qu'entraîne la mise hors du contentieux.

1° *Critérium de l'acte de gouvernement.* — L'acte de gouvernement n'est pas aisé à distinguer, le *critérium* est difficile à trouver; on peut le chercher, soit du côté de la forme de l'acte, soit du côté de sa nature ou de sa matière :

a) On a beaucoup cherché un élément de forme qui permit de distinguer l'acte de gouvernement de l'acte administratif ordinaire, on n'a rien trouvé de ce côté. Les efforts ne pouvaient pas aboutir parce que, si en soi la fonction gouvernementale est distincte de la fonction administrative, en revanche, il apparaît, au simple examen de notre constitution, que les mêmes organes sont chargés indifféremment des deux fonctions et qu'il n'y a pas d'organe spécialement gouvernemental, ni même de procédure spéciale qui s'appliquerait uniquement à des actes gouvernementaux. C'est ainsi, notamment, qu'on ne saurait qualifier « actes de gouvernement » tous les actes délibérés en conseil des ministres ou tous les actes du pouvoir exécutif approuvés par un ordre du jour des Chambres (1). On ne saurait, à l'inverse, prétendre qu'il ne faut chercher d'actes de gouvernement que parmi les actes du chef de l'État et ceux des ministres; à la vérité, le chef de l'État et les ministres constituent *le gouvernement*, mais les préfets et les gouverneurs des colonies agissent sous leur autorité (V. Cons. d'Ét., 18 mars 1898, *Conseil général du Sénégal*, reconnaissant la qualité d'acte de gouvernement à un arrêté de gouverneur de colonies) (2);

b) Ayant échoué du côté de la forme de l'acte, on s'est rejeté sur sa matière; n'y a-t-il pas dans l'acte de gouvernement une matière spéciale? N'est-ce point un acte de la fonction gouvernementale et cette fonction n'est-elle point distincte de l'administrative? De ce côté, il y a plus de chances d'aboutir, mais à la condition de procéder avec une extrême prudence, car c'est chose grave que de soustraire des actes au contentieux, et par là même à l'observation de la légalité.

D'abord, en quoi consiste la fonction gouvernementale et en quoi se distingue-t-elle de la fonction administrative. Il y a, nous le savons, deux opinions principales : pour certains auteurs, le gouvernement est le principe et le ressort de l'administration, il est le moteur, tandis que l'administration n'est que l'agent de transmission et d'exécution (3); pour d'autres, le gouvernement a pour fonction de solutionner les affaires exceptionnelles et de veiller aux grands intérêts nationaux, tandis que l'administration a pour fonction de faire les affaires courantes du public. Je m'attache, en ce qui me concerne, à cette dernière formule (V. *supra*, p. 19); je la crois d'autant plus exacte que les affaires exceptionnelles et les grands intérêts nationaux cela correspond à la politique (4). Mais je reconnais, d'une part, que l'autre formule n'est pas inexacte, elle va seulement moins au fond des choses, d'autre part, que toutes ces formules ont le même inconvénient, qui est de ne pas fournir de critérium précis, car où s'arrête le moteur de la puissance exécutive et où commence l'organe de transmission? Dans

(1) Confl., 5 nov. 1880, *Marquigny*; 20 mars 1887, *Princes d'Orléans et prince Murat*; 15 mars 1889, *Dufeuille*. Cf. Laferrière, *Juridiction administrative*, t. II, p. 28 et 33; Le Courtois, *op. cit.*, p. 96. Au reste, si d'ordinaire le *critérium* tiré de la forme des actes est le meilleur parce qu'il est le plus commode, ici il serait extrêmement dangereux, parce qu'il dépendrait du gouvernement, en donnant à des actes quelconques la forme gouvernementale consacrée, de les soustraire au recours contentieux, il n'y aurait plus aucune garantie.

(2) Toutefois, il ne paraîtrait pas possible de descendre jusqu'à l'acte d'un maire ou jusqu'à la délibération d'une assemblée locale.

(3) Esmein, *Éléments de droit constitutionnel*, introd., p. 14; Bluntschli, *Théorie générale de l'État*, p. 491; Vivien, *Études administratives*, t. I, p. 29 et s.; Ducrocq, t. I, n° 32.

(4) Aucoc, *Conférences administratives*, t. I, n° 4; R. Jacquelin, *Les principes dominants du contentieux administratif*, p. 310; et même Laferrière, *op. cit.*, t. II, p. 33, « ce qui domine dans l'acte du gouvernement, c'est donc son caractère politique ».

quels actes veille-t-on aux affaires courantes du public et dans lesquels fait-on de ces affaires exceptionnelles qui sont de la politique? La formule à laquelle nous nous sommes arrêtés serait la plus dangereuse de toutes si nous la laissions dans son imprécision, car elle aboutirait à la fameuse théorie du *mobile* qui, en effet, fut appliquée pendant longtemps par la jurisprudence. Si l'acte de gouvernement est celui qui correspond aux affaires politiques, ou autrement dit, celui qui suppose *raison d'État*, ne faut-il pas aller jusqu'à dire que tout acte du pouvoir exécutif, s'il prend en fait une importance politique à raison des circonstances du moment, est un acte de gouvernement? Or, cette conséquence beaucoup trop dangereuse est aujourd'hui universellement condamnée (1).

Si les formules par lesquelles on peut définir la fonction gouvernementale sont insuffisantes, il n'y a plus qu'un moyen de sortir d'embarras, qui est de procéder par énumération. Il y aura certains actes, dont on connaîtra la liste, qui seront par nature des actes de gouvernement et qui le seront dans tous les cas. Cette liste sera limitative. L'établissement de cette liste est le parti auquel on s'est arrêté; on peut dire que la doctrine y a travaillé de concert avec la jurisprudence, mais si l'on va au fond des choses, l'autorité qui doit être considérée comme chargée de la dresser est le Tribunal des conflits, puisque, d'après l'article 26 de la loi du 24 mai 1872, le gouvernement « peut revendiquer devant lui les affaires portées devant la section du contentieux qui n'appartiendraient pas au contentieux administratif ».

Finalement, l'acte du gouvernement est *celui qui figure dans une certaine énumération d'actes politiques dressée par la jurisprudence administrative, sous l'autorité du Tribunal des conflits* (2).

Voici la liste généralement admise :

1° Actes relatifs aux rapports du gouvernement avec les Chambres, décrets de convocation et d'ajournement des deux Chambres, décrets de dissolution de la Chambre

---

(1) Il n'est pas contestable que, jusqu'en 1872, le Conseil d'État a appliqué la théorie du *mobile politique*; en cela, il voyait avec une grande justesse que la fonction gouvernementale est essentiellement politique, mais il suivait une pente inquiétante ; les arrêts par lesquels il a rompu avec cette doctrine sont ceux du 19 février 1875, *Prince Napoléon*, et du 20 mai 1887, *Duc d'Aumale* et *Prince Joachim Murat*.

(2) Cette définition est la traduction exacte de la solution admise dans la pratique (Cf. Laferrière, *op. cit.*, p. 33, et conclusions Gomel sous Cons. d'Et., 5 nov. 1880, *Bouffier; J. Palais*, 1880, p. 540). Mais, en France, nous sommes si peu habitués à reconnaître à la jurisprudence un pouvoir propre, que certains auteurs se sont ingéniés à trouver dans la loi elle-même l'énumération des actes de gouvernement *afin que la juridiction n'eût qu'à appliquer la loi*. Ils ont songé qu'il existe des lois constitutionnelles distinctes des lois ordinaires et ils ont eu l'idée de chercher dans ces lois constitutionnelles la liste des actes de gouvernement ; ce seraient tous les actes et seulement les actes qui sont *l'exécution directe d'une disposition formelle de la Constitution.* Cette formule est de M. Ducrocq, 7ᵉ édit., I, p. 88. Elle a été reprise et suivie dans le détail avec beaucoup de patience par M. Le Courtois, *op. cit.*, p. 112 et s. — Elle est cependant inacceptable. Sans doute, la liste à laquelle elle conduit concorde en fait, à peu près, avec celle établie par la jurisprudence, mais il y a des désaccords fâcheux : ainsi, sous le prétexte que la loi du 25 février 1875, article 3, dit du chef de l'État qu'il « nomme à tous les emplois civils et militaires », il en faudrait conclure que les nominations et les révocations de fonctionnaires opérées par décrets sont des actes de gouvernement ; cela arrêterait le développement du recours pour excès de pouvoir contre les décrets de révocation qui est si intéressant, cela mettrait hors du droit la situation des fonctionnaires, ce qui est tout à fait inacceptable. Puis, à regarder les choses de plus haut, cette doctrine procède d'une fâcheuse méprise sur le rôle des constitutions écrites ; elles sont pour la garantie de la liberté ; à cause de cela, dans certains pays, on écrit dans la Constitution beaucoup de règles étrangères aux rapports des pouvoirs publics, afin d'assurer des libertés, et il se trouverait, par une singulière ironie, que, si nous en usions de même, nous ne ferions par là qu'augmenter la liste des actes du gouvernement ! — Est-il donc si difficile d'admettre que la jurisprudence aura un pouvoir propre, que sans doute elle sera tenue d'obéir aux dispositions formelles de la loi, mais qu'en l'absence de dispositions formelles elles s'inspirera directement de la nature des choses ?

des députés, décrets de promulgation des lois, décisions par lesquelles le ministre refuse de présenter un projet de loi au nom du gouvernement sur une affaire donnée (Cons. d'Ét., 17 fév. 1888, *Prévost* ; 15 nov. 1896, *Jacquoi*) ; 2° certaines mesures de sûreté intérieure de l'État, les décrets établissant l'état de siège, les décrets rendus en matière de police sanitaire (1) ; 3° les actes relatifs à la sûreté extérieure de l'État et, d'une manière générale, aux relations diplomatiques (2) ; 4° les faits de guerre, à la condition qu'ils soient imposés par les nécessités immédiates de la lutte (Cons. d'Ét., 22 fév. 1907, *Le Chartier*) (3) ; 5° les décrets de grâce (4) ; 6° les arrêtés de gouverneurs de colonies modifiant la situation légale des territoires coloniaux, transformant, par exemple, une portion de colonie en territoire de protectorat (Cons. d'Ét., 18 mars 1898, *Conseil général du Sénégal*) ; 7° les annexions de territoires et les actes qui en règlent les conséquences (Cons. d'Ét., 5 août 1904, *Dame Ravero* ; 3 mars 1905, *Maude* ; 5 juill. 1907, *Humblot* ; 21 juill. 1911, *Said-ali*).

De tous ces actes, ceux qui ont le plus énergiquement le caractère d'actes de gouvernement sont ceux relatifs à la sûreté extérieure, ce qui se conçoit aisément, aussi la jurisprudence, qui sur ce point est un peu rigoureuse, ne fait-elle aucune distinction ; notamment elle ne distingue pas entre les actes généraux et les actes particuliers ou mesures d'exécution (5) ; elle ne distingue pas non plus entre les actes *de nature diplomatique* qui, par eux-mêmes, peuvent susciter des difficultés internationales et les actes à *forme diplomatique* qui, bien souvent, ne peuvent pas en susciter (V. la décision très critiquable, Cons. d'Ét., *Bachatori* et les observations, Lebon, p. 105. Mais V. une décision qui semble indiquer un revirement du Tribunal des conflits, 25 mars 1911, *Rouzier*, S., 11. 3. 183 et la note).

Au contraire, quand il s'agit de la sûreté intérieure de l'État, la jurisprudence se montre moins sévère. Ici, elle distingue entre les mesures de principe et les mesures d'exécution (6).

(1) On ne doit pas reconnaître le caractère d'actes de gouvernement à d'autres mesures de sûreté intérieure, sous peine de tomber dans l'arbitraire. — Ni aux mesures de police individuelle qui pourraient être prises contre tels ou tels (c'est ce qui résulte du dernier état de la jurisprudence en ce qui concerne les mesures prises contre les membres des dynasties déchues, Cons. d'Ét., 19 fév. 1875, *Prince Napoléon* ; 20 mai 1887, *Princes d'Orléans et prince Murat* ; Confl. 25 mars 1889, *Dufeuille*) — ni aux mesures générales de haute police qui présenteraient un caractère exceptionnel (c'est ce qui résulte des décisions rendues à propos d'arrêtés préfectoraux qui avaient interdit l'affichage de manifestes séditieux, Cons. d'Ét., 2 avril 1886, *Fontenaud*, et à propos de lacérations d'affiches électorales opérées sur l'ordre du sous-préfet et du ministre ; Confl., 15 fév. 1890, *l'incent*).

(2) Cf. Laferrière, *op. cit.*, t. II, p. 46 et s. V. Cons. d'Ét., 12 fév. 1904, *Bachatori*, acte du consul et du ministre retirant à un étranger le bénéfice de la protection française ; Cons. d'Ét., 10 mai 1911, *Olszenski*, arrestation arbitraire d'un Français à l'étranger, refus du gouvernement d'intervenir pour réclamer une indemnité.

(3) Cf. Laferrière, *op. cit.*, t. II, p. 53 et s. Les faits de guerre ne sont plus des actes de gouvernement en ce sens qu'ils donneront désormais droit à une indemnité (V. *infra*, *Dommages de guerre*), mais ils conservent leur nature en ce sens que les décisions d'où ils résultent continuent à ne pas pouvoir être l'objet d'un recours en annulation.

(4) Cons. d'Ét., 30 juin 1893, *Gugel*, S., 95. 2. 41 et la note. On a objecté que les décrets de grâce n'avaient pas d'importance politique, à quoi les événements n'ont pas tardé à fournir la réponse ; la grâce a, d'ailleurs, autant d'importance politique que l'amnistie qui en a certainement.

(5) Par conséquent, ont la qualité d'actes de gouvernement, non seulement la conclusion d'un traité diplomatique, mais encore les actes particuliers par lesquels le traité est exécuté, à la condition qu'ils soient eux-mêmes diplomatiques ; spécialement, la répartition entre les intéressés d'une somme versée par une puissance étrangère, en vertu d'accords diplomatiques, à titre de réparation de dommages (Cons. d'Ét., 5 janv. 1847, *Courson* ; 10 avril 1867, *Dubois* ; 11 fév. 1860, *Limantour*). Par conséquent, encore, les faits de guerre les plus particuliers, l'occupation d'un domaine, la démolition d'une maison, etc., peuvent avoir la qualité d'actes de gouvernement.

(6) C'est pourquoi, en matière d'état de siège, nous n'avons fait figurer sur la liste que les décrets établissant ledit état de siège, et non point les arrêtés de police ou les

2° *De l'utilité qu'il y a à mettre les actes du gouvernement hors du contentieux.*
— *b)* Ainsi conçue, avec son interprétation modérée qui pourrait encore être accentuée par la jurisprudence, il semblerait que la théorie des actes de gouvernement dût échapper à la critique. Outre qu'elle répond à une idée juste, à savoir qu'il y a des nécessités politiques qui s'imposent à l'État lui-même et sur lesquelles il ne doit pas être contraint de s'expliquer, elle présente encore de grands avantages au point de vue du libre développement du contentieux administratif.

Ce qui a créé la théorie des actes de gouvernement, c'est le besoin d'élever une barrière devant la juridiction administrative depuis qu'elle est devenue une justice déléguée (L. 24 mai 1872. Cf. Le Courtois, *op. cit.*, p. 84). Cette barrière a été placée dans la distinction de ce qui est gouvernement et de ce qui est administration. Moyennant cette garantie d'indépendance bien modeste, le gouvernement a laissé au Conseil d'État pleine liberté pour faire pénétrer les recours et, avec eux, la régularité dans toute l'administration; il lui a abandonné même les actes les plus discrétionnaires, pourvu qu'ils fussent administratifs et non pas gouvernementaux. Ceci est la condition de cela. On peut affirmer que si le gouvernement n'avait pas pleine sécurité pour une certaine catégorie d'actes, il disputerait à la juridiction administrative tous les actes d'administration discrétionnaire. Il se mettrait sur la défensive. La théorie des actes de gouvernement est le résultat d'un compromis. On a mis certains actes hors de la légalité; moyennant ce sacrifice, tous les autres actes pourront être soumis progressivement à la légalité. Ce compromis avantageux donne au contentieux administratif, et par là au droit public, un vaste champ de développement (V. ces considérations dans S., 93. 3. 129 en note) (1).

---

mesures individuelles de police qui ont pu être prises pendant l'état de siège par l'autorité militaire (Confl., 28 juill. 1875, *Pelletier*; Cons. d'Ét., 24 déc. 1875, *Mémorial des Vosges*. Cf. Laferrière, *op. cit.*, t. II, p. 37). Même solution en matière de police sanitaire, les décrets prenant des mesures générales sont seuls des actes de gouvernement, les mesures d'exécution n'en sont pas (Cons. d'Ét., 26 fév. 1863, *Guilbaud*. Cf. Laferrière, t. II, p. 42).

(1) La théorie des actes de gouvernement a cependant été vivement et habilement attaquée comme inutile par M. Michoud, *Des actes de gouvernement*, broch., Grenoble, 1889, et M. Brémond, *Des actes de gouvernement*, Revue de droit public, 1896, t. I, p. 23. La tactique de ces auteurs a consisté à prétendre que, pour tous les actes qui figurent dans la liste des actes de gouvernement, il n'était nullement besoin d'invoquer cette qualité spéciale pour les faire échapper aux recours contentieux; déjà, pour des motifs variés, chacun d'eux y échapperait, de sorte que la catégorie des actes de gouvernement aurait le pire des défauts, celui d'être inutile. Prenons, par exemple, les décrets de convocation ou d'ajournement des Chambres; est-il utile de déclarer que ce sont des actes de gouvernement pour que les recours contentieux soient irrecevables? Nullement, dit-on. D'abord, devant quelle juridiction porterait-on ces recours? Il n'en est aucune qui soit organisée pour ce débat constitutionnel entre le pouvoir exécutif et le pouvoir législatif. Ensuite, qui serait qualifié pour intenter les recours? Seraient-ce les Chambres? Mais ce ne sont pas des personnes morales, elles ne peuvent pas ester en justice. Donc, par la seule force des choses, et en vertu des seuls principes juridiques existants, les décrets de convocation et d'ajournement des Chambres échappent au recours, et il est inutile d'aller en chercher la raison dans une prétendue qualité d'acte de gouvernement. Voici l'argumentation.

Voici maintenant la réponse : 1° l'argumentation précédente n'est pas toujours de mise; quand, par exemple, il s'agit de mesures d'exécution relatives à des traités diplomatiques, il y a des intéressés qui ont qualité pour former des recours, qui même ont des droits à faire valoir, il y a une juridiction compétente qui est le Conseil d'État; ces recours seraient parfaitement recevables, s'il n'y avait pas la fin de non-recevoir spéciale tirée de leur qualité d'actes de gouvernement. On peut protester contre le résultat, on ne peut nier que la théorie des actes de gouvernement ne fonctionne (Cons. d'Ét., 28 fév. 1896, *Rosal*, décision du ministre retirant à un médecin étranger l'autorisation d'exercer la médecine en France : celui-ci forme recours et invoque les droits qu'il tiendrait d'une convention diplomatique : « Considérant qu'il n'appartient pas au Conseil d'État de connaître d'un débat fondé sur les droits qui résulteraient d'une convention diplomatique, etc. »); 2° même dans les hypothèses où, actuellement, les recours sont écartés par les seuls principes juridiques existants, ce serait s'opposer au développement de ces principes que de ne pas mettre franchement hors du droit

3° *Des effets qu'entraîne la mise hors du contentieux.* — On observe généralement, d'une façon un peu sommaire, que la théorie des actes de gouvernement met ces actes hors du contentieux et hors de la légalité, il est bon d'examiner d'un peu près ces effets de la théorie : 1° Il est certain que les actes de gouvernement sont soustraits au recours contentieux en annulation, notamment au recours pour excès de pouvoir, et que, de ce chef, il y a fin de non-recevoir absolue ; 2° Y a-t-il également fin de non-recevoir au recours contentieux ordinaire, notamment au recours en indemnité? La question des indemnités s'est posée à l'occasion de faits de guerre (Cons. d'Ét., 3 mars 1905, *Mante*; 22 fév. 1907, *Le Chartier*), à l'occasion aussi de mesures diplomatiques (Cons. d'Ét., 18 déc. 1891, *Vandelet et Faraud*, S., 93. 3. 129 et la note; 11 fév. 1916, *Moninot*); elle a toujours été résolue dans le sens de la fin de non-recevoir (pour les faits de guerre à l'avenir, V. *supra*, p. 390) ; 3° Enfin, si, par un acte de gouvernement, il est porté atteinte à une propriété privée, la nature de l'acte s'oppose-t-elle à ce que, devant les tribunaux judiciaires, une indemnité soit accordée pour dépossession définitive? Si la question se posait, je ne verrais pas d'obstacle à l'indemnité, d'une part, parce que le fait de la dépossession est indépendant de la nature de l'acte (V. *supra*, p. 35); d'autre part, parce que la théorie des actes de gouvernement est exclusivement relative aux relations de la juridiction administrative et de l'action gouvernementale.

II. *Fin de non-recevoir à raison de la qualité de la partie*. — Il faut que le requérant ait qualité pour intenter le recours, ce qui exige deux conditions, la capacité d'ester en justice et l'intérêt à l'annulation de l'acte :

1° Il faut, d'abord, que le requérant ait la capacité générale d'ester en justice, car le recours est contentieux. Ont cette capacité, d'après la jurisprudence du Conseil d'État : les particuliers, pourvu qu'ils aient la jouissance de leurs droits; les personnes morales privées, notamment les syndicats et les associations déclarées (1); les personnes morales administratives, communes, départements, etc.,

---

les actes de gouvernement. Reprenons l'exemple des décrets de convocation et d'ajournement des Chambres. On prétend d'abord qu'il n'y aurait point de tribunal compétent et pourquoi ? Ce sont des décrets, en principe, le recours pour excès de pouvoir est recevable contre tous les décrets, il serait pour le moins dangereux de restreindre ici la compétence du Conseil d'État sous prétexte qu'il n'est pas une juridiction constitutionnelle, parce que ce prétexte pourrait être invoqué à propos d'autres actes (d'ailleurs, les conflits sont matière constitutionnelle et pendant longtemps le Conseil d'État les a jugés). Mais alors on prétend que personne n'aurait qualité pour intenter le recours, que les Chambres n'ont point la capacité d'ester en justice. Pourquoi pose-t-on ce principe? Le Conseil d'État reconnaît bien à d'autres corps élus capacité d'ester en justice lorsqu'il s'agit de défendre leurs prérogatives, par exemple aux conseils généraux (Cons. d'Ét., 8 août 1872, *Laget*). Ainsi, pour justifier l'irrecevabilité du recours contre certains décrets très particuliers, on arrêterait le développement de ce principe général, à savoir que les assemblées élues peuvent ester en justice (sur la personnalité des Chambres législatives, V. Cons. d'Ét., 3 fév. 1899, *Joly*, S., 99. 3. 121, ma note). On pourrait multiplier les exemples, on constaterait que l'évolution de nombre de principes juridiques intéressants se trouverait arrêtée par ce système sur les actes de gouvernement.

Sans doute, il est fâcheux qu'il y ait des actes hors du droit, mais ce n'est pas la seule occasion où l'on constate que le droit est pratiquement limité par les faits; lorsque cela est pour éviter un plus grand mal, il faut bien l'accepter. D'ailleurs, il n'est pas dit que la liste des actes du gouvernement établie par la jurisprudence soit arrêtée *ne varietur*. Je serais assez de l'avis de M. G. Teissier qui estime qu'elle pourrait être réduite (*La responsabilité de la puissance publique*, n°s 108 et s.).

(1) Par exemple, les syndicats professionnels. Cons. d'Ét., 25 mars 1887, *Propriét-*

même les corps constitués, conseils généraux, conseils municipaux, lorsqu'il s'agit pour eux de la défense de leurs prérogatives et, par exemple, de se pourvoir contre des décisions annulant leurs délibérations (1);

2° Il faut, en second lieu, que le réclamant ait à l'annulation de l'acte un *intérêt;* cet intérêt auquel l'acte fait grief et que, selon l'expression consacrée, il a *froissé* n'est pas nécessairement tiré d'un droit, c'est le plus souvent un simple intérêt administratif, par exemple, l'intérêt à obtenir une concession sur le domaine public ou à ne pas se voir retirer une concession. De là vient la maxime que le recours pour excès de pouvoir est donné *pour un simple intérêt froissé et qu'il n'exige pas un droit violé.*

Cet intérêt n'est pas nécessairement pécuniaire, ni nécessairement important, ce peut être un simple intérêt moral (par exemple celui qu'a un corps constitué à faire respecter ses prérogatives) ou un intérêt pécuniaire faible, *de minimis curat prætor.*

Mais cet intérêt doit présenter des qualités essentielles, il doit être *direct, personnel au réclamant et légitime :*

a) *Direct ou immédiat,* cela signifie que l'intérêt ne doit pas être éventuel, mais actuel, et que l'annulation de l'acte doit procurer une satisfaction immédiate au réclamant, non pas une satisfaction éloignée; ainsi, un réclamant qui ne serait que l'héritier présomptif d'un

---

taires des bains de Paris; 24 mars 1899, *Syndicat des bouchers de Bolbec;* 26 janv. 1906, *Chambre syndicale des bains de Paris;* 9 fév. 1906, *Syndicat des chirurgiens dentistes;* 28 déc. 1906, *Chambre syndicale des patrons coiffeurs de Limoges;* 8 mars 1907, *Chambre syndicale des coiffeurs de Versailles.* — Pour les syndicats de la propriété bâtie, V. Cons. d'Ét., 9 mars 1900, *Boucher d'Argis,* S., 1901. 3. 1 et ma note; pour les syndicats agricoles, V. Cons. d'Ét., 29 juin 1900, *Syndicat d'Herblay,* S., 1903. 3. 1 et ma note; pour les syndicats des habitants d'un quartier, V. Cons. d'Ét., 21 déc. 1906, *Syndicat du quartier Croix-de-Seguey;* pour les associations amicales de fonctionnaires, V. Cons. d'Ét., 15 fév. 1907, *Prunget;* 11 déc. 1908, *Association professionnelle des employés civils de l'administration centrale des colonies,* S., 1909. 3. 17 et ma note; 10 janv. 1913, *Association des administrateurs de colonie.* Sur la question de savoir si les syndicats professionnels sont recevables à intenter le recours *dans l'intérêt de leurs membres,* V. la dissertation de M. Romieu sous Cons. d'Ét., 28 déc. 1906, *Chambre syndicale des patrons coiffeurs de Limoges;* Lebon, p. 978. — La jurisprudence a évolué dans le sens de l'affirmative; elle admet que l'association corporative a qualité toutes les fois que la décision attaquée est motivée par des raisons d'ordre général et corporatif (Cons. d'Ét., 17 janv. 1913, *Langeron,* Lebon, p. 82, avec toute l'histoire de l'évolution, et V. *supra* sur l'action syndicale, p. 337).

(1) Conseils généraux de département (Cons. d'Ét., 8 août 1872, *Gard;* 11 et 12 nov. 1887, *Hérault*); conseils généraux des colonies (Cons. d'Ét., 8 août 1896, *Guadeloupe;* 18 mars 1898, *Sénégal;* 24 mai 1901, *id.*); conseils municipaux (L. 5 avril 1884, art. 67; Cons. d'Ét., 16 juill. 1897, *Poncet et autres;* 9 déc. 1898, *Saint-Léger-des-Fourches;* 22 juin 1900, *Ville de Saint-Gaudens;* 31 janv. 1902, *Grazetti*); le maire en tant qu'organe exécutif de la commune (Cons. d'Ét., 7 juin 1902, *Mairie de Néris,* S., 1902. 3. 81 et ma note).

propriétaire n'aurait pas qualité pour former recours contre un règlement imposant des charges à la propriété;

b) *Personnel au réclamant*, cela signifie que le recours pour excès de pouvoir n'est pas une *actio popularis* ouverte à tout venant; l'intérêt qui justifie le recours *doit procéder d'une situation juridique particulière dans laquelle se trouve le réclamant par rapport à l'acte attaqué et en laquelle cet acte ait pu lui faire grief* (1).

La situation de propriétaire ou de commerçant dans une rue donne qualité pour réclamer au sujet des actes concernant un tramway qui passe dans la rue (Cons. d'Ét., 4 fév. 1905, *Storch*; 21 déc. 1906, *Syndicat du quartier Croix-de-Seguey*; 1er fév. 1907, *Aucoc*); de même, la situation de contribuable, ainsi que nous le verrons plus loin, est considérée comme suffisamment particulière pour permettre de critiquer les actes engageant les finances de l'administration dont on est contribuable (2).

— D'autre part, il faut que l'intérêt soit *légitime*, c'est-à-dire qu'il résulte d'une situation *juridique définie* dans laquelle l'intéressé se trouve placé vis-à-vis de l'administration. — Bien entendu, l'intérêt est légitime s'il est tiré de droits acquis de l'administré opposables à l'administration, comme, par exemple, les droits du propriétaire ou du commerçant (3); mais l'intérêt est légitime encore s'il est tiré de

---

(1) Il ne suffit pas, en effet, que le réclamant invoque sa qualité de sujet français; *la situation de sujet français ou d'administré ne donne pas, à elle seule, un intérêt suffisant à contester la légalité des actes d'une administration quelconque*; s'il en était autrement, tout administré pourrait critiquer indifféremment tout acte d'une administration publique quelconque. En principe et pour la même raison, il ne suffit pas d'invoquer la qualité d'*habitant* d'une circonscription administrative, parce que la qualité d'habitant se confond avec celle d'administré (Cons. d'Ét., 8 août 1873, *Delucq*; 22 mars 1901, *Boquillon*; 27 déc. 1901, *Robert*; 4 août 1905, *Dieuleveult*).

Il faut qu'il existe une situation *plus particulière* par rapport à l'acte et à sa force exécutoire.

(2) Mais, en revanche, un fonctionnaire n'a pas qualité pour déférer au Conseil d'État les circulaires ou arrêtés dont il est chargé d'assurer l'application (Cons. d'Ét., 27 fév. 1914, *Payaud*), il n'a pas d'intérêt personnel.

(3) Par exemple, si un décret de délimitation du rivage de la mer a commis une emprise sur une propriété privée, le propriétaire puise dans son droit de propriété un intérêt légitime à demander l'annulation du décret; il est, vis-à-vis de l'administration, dans la situation de propriétaire, cette situation juridique s'impose à l'administration; tous les droits individuels fournissent de même des intérêts légitimes, de sorte que dans la quatrième ouverture du recours pour excès de pouvoir (violation de la loi et des droits acquis), le réclamant a généralement un intérêt personnel tiré de son droit (V. *infra*).

Il convient d'assimiler à ce point de vue aux droits individuels les prérogatives des membres des assemblées délibérantes qui leur permettent de prendre part librement aux délibérations; de telle sorte que les membres d'assemblées sont déclarés recevables à former recours contre les délibérations de celles-ci, s'ils invoquent la violation de leurs prérogatives (Cons. d'Ét., 1er mai 1903, *Bergeon*, et ma note dans S., 1905.

décisions antérieures de l'administration elle-même plaçant l'administré dans une catégorie assujettie à des charges précises et limitées (contribuable inscrit au rôle des contributions directes), ou de décisions antérieures de l'administration dont l'administré a pu tirer ou espérer des avantages légitimes (concessionnaire d'une dépendance du domaine public, fonctionnaire nommé à un emploi (1), électeur incrit sur la liste électorale, etc.), soumissionnaire admis à une adjudication, s'il s'agit d'attaquer la décision approuvant cette adjudication (Cons. d'Ét., 21 mars 1890, *Caillette* ; 30 mars 1906, *Ballande* et, comme contre-épreuve, 22 juin 1906, *Compagnie française de navigation*) ; candidat admis à participer à un concours ou à un examen, s'il s'agit d'attaquer l'acte homologuant les résultats de ce concours (Cons. d'Ét., 10 juill. 1908, *Pourciel*) ou les annulant (Cons. d'Ét., 28 juill. 1905, *Mathieu*).

Au contraire, *une simple situation de fait, qui ne serait pas due à des décisions administratives antérieures, ni à l'exercice d'un droit individuel, ou qui ne serait due qu'à une simple tolérance de l'admi-*

---

3. 1 ; 4 août 1905, *Martin*, conclusions Romieu dans Lebon, p. 750 ; 9 nov. 1906, *Taudière* ; 10 mars 1911, *Brasseur*).

Enfin, il convient encore d'assimiler à ce point de vue aux droits individuels les prérogatives des autorités administratives qui constituent leurs pouvoirs de décision et par conséquent leur autonomie, soit celles des maires, soit celles des assemblées délibérantes prises en corps (conseils généraux ou municipaux). V. les arrêts cités à la page 490.

(1) Les concessionnaires du domaine public ont qualité pour se pourvoir contre l'acte qui leur retire leur concession, par cela même que l'administration les avait mis elle-même dans la situation de concessionnaires ; à supposer que cette situation ne leur conférât pas de droit acquis, étant juridique, elle leur conférait un intérêt légitime à conserver le bénéfice de la concession ; au contraire, des individus qui, par une simple tolérance de fait, jouissent de certains avantages du domaine public, n'ont pas qualité pour se pourvoir contre l'acte qui leur retire directement ou indirectement ces avantages, car ils n'étaient pas, vis-à-vis de l'administration, dans une situation juridique. Autre exemple : lorsqu'à l'entrée d'une fonction publique, l'administration organise un concours ou un examen avec des conditions d'inscription, elle crée par là même une catégorie spéciale de gens ayant un intérêt légitime à contester les nominations qui sont faites à l'issue du concours ou à réclamer contre les éliminations (Arg. Cons. d'Ét., 10 nov. 1887, *Lefebvre*), ce sont les candidats ayant pris part audit concours ; au contraire, si l'administration n'organise pas elle-même de concours à l'entrée de la carrière, les candidats ne se trouvent plus dans une situation juridique spéciale, ils ne sont plus que des candidats de fait et ils n'ont plus intérêt légitime à critiquer les nominations.

Dans le même ordre d'idées, la loi du 18 mars 1889 sur les emplois civils réservés aux sous-officiers rengagés fait de ces sous-officiers une catégorie de gens ayant intérêt légitime à critiquer les nominations aux emplois civils qui seraient faites au mépris des règles (art. 24 de la loi) (Cons. d'Ét., 24 mai 1901, *Laffaret*), et même à critiquer les décisions préparatoires de la commission de classement (Cons. d'Ét., 20 mai 1904, *Berest*).

nistration, ne conférerait pas, à elle seule, intérêt légitime à contester la légalité des actes de l'administration (1).

Recours du propriétaire, du contribuable, de l'électeur. — Du moment que le réclamant a un intérêt à attaquer un certain acte, peu importe qu'il ne soit pas le seul et que des catégories entières de gens aient le même intérêt que lui à attaquer le même acte; cela ne fait pas obstacle à la recevabilité du recours de celui d'entre eux qui réclame. Ainsi, contre un arrêté de police qui fait grief à tous les propriétaires de la commune, l'un quelconque des propriétaires peut réclamer (Cons. d'Ét., 29 nov. 1872, *Baillergeau;* 20 déc. 1872, *Billette;* 28 mars 1885, *Languellier*); contre une décision illégale d'un conseil municipal qui engage les finances de la commune et qui fait ainsi grief à tous les contribuables, l'un quelconque de ceux-ci est recevable à réclamer (Cons. d'Ét., 29 mars 1901, *Casanova;* solution étendue aux contribuables du département, Cons. d'Ét., 27 janv. 1911, *Richemond;* 8 nov. 1912, *Crémieux et Fauché*).

Ainsi encore, tout électeur d'une commune peut réclamer contre le sectionnement électoral de cette commune (Cons. d'Ét., 7 août 1903, *Chabot*, S., 1904. 3. 1 et ma note) (2).

---

(1) En fait, il intervient des actes de l'administration dans des conditions telles qu'aucun administré ne se trouve dans une catégorie juridique antérieure lui donnant intérêt à les attaquer; tels sont les actes organisant des services nouveaux ou des institutions nouvelles. On a appelé assez souvent ces actes *discrétionnaires* parce qu'ils échappent au recours pour excès de pouvoir. Mais il ne faudrait pas croire qu'ils y échappent par leur nature propre, *comme n'étant pas de nature à faire grief;* c'est uniquement à raison des circonstances extérieures dans lesquelles ils interviennent et parce qu'ils ne se heurtent qu'à des situations de fait qui ne donnent à personne intérêt légitime à les attaquer. Cf. Cons. d'Ét., 19 nov. 1885, *Sévigny*, décision du ministre réglant l'uniforme et les insignes d'un grade nouveau; Cons. d'Ét., 17 juill. 1896, *Compagnie des tramways de Paris*, décret autorisant la création d'un syndicat de communes, Laferrière, *op. cit.*, II, p. 425.

(2) A la vérité, dans ces hypothèses on pouvait objecter que les intéressés, vu leur grand nombre, vu que leur collectivité se confondait plus ou moins avec le corps électoral, devaient se contenter des moyens politiques et électoraux ou des garanties que leur offrait la tutelle de l'administration supérieure. Ce raisonnement détermina le Conseil d'État pendant longtemps à rejeter le recours du *contribuable*, d'autant qu'il ne voulait aller sur les brisées, ni de l'administration supérieure, ni du corps électoral. Mais, peu à peu, les idées se sont modifiées. D'une part, les garanties de bonne administration que peuvent fournir soit le mécanisme électoral, soit la tutelle de l'administration supérieure, ont paru trop faibles et il n'a point semblé superflu de les renforcer par celles d'un contrôle du Conseil d'État, particulièrement important pour le ménagement des finances. D'autre part, on s'est rendu compte que si les corps élus sont des représentants, ce n'est pas une raison pour qu'ils soient des mandataires, et que rien n'autorisait à considérer les contribuables électeurs de la circonscription comme responsables de la décision prise par leurs élus. Très délibérément, dans l'arrêt *Casanova* précité, le Conseil d'État s'est décidé à un revirement de jurisprudence qui était vivement désiré et dont il convient de le féliciter. On trouvera l'histoire détaillée de ce revirement de jurisprudence, avec l'indication des étapes par où

A plus forte raison, ceux des habitants d'une commune *qui n'ont pas le même intérêt* que tous les autres habitants, ont-ils qualité pour attaquer une décision qui leur fait grief (1).

III. *Fin de non-recevoir à raison de l'inobservation des formes et des délais.* — Le recours pour excès de pouvoir n'est pas recevable s'il n'est pas introduit dans les formes et dans les délais déterminés par la loi.

Formes. — Comme tous les recours au Conseil d'État, le recours pour excès de pouvoir est introduit par une requête adressée au juge. Cette requête doit être écrite, elle peut être déposée directement par la partie au secrétariat du Conseil d'État (2), elle peut d'ailleurs être envoyée par la poste; elle doit seulement être *sur timbre* et *enregistrée* (3).

---

s'est produite l'évolution et des conséquences probables qu'elle aura dans l'avenir, dans S., 1901. 3. 73, note sous l'arrêt *Casanova*, et aussi dans S., 1900. 3. 65, note sous l'arrêt *Merlin*. — Il est à remarquer que la décision *Casanova* a été rendue à propos de ce recours en *forme de recours pour excès de pouvoir* qui est dirigé contre les délibérations des conseils municipaux (V. p. 287). Mais nul ne doutait que, le cas échéant, le conseil n'appliquât la même solution au véritable recours pour excès de pouvoir, et c'est, en effet, ce qu'il a fait par une décision du 6 avril 1906, *Camut et autres*; il s'agissait de contribuables de la ville de Paris; or, les délibérations du conseil municipal de Paris, n'étant pas régies par la loi municipale ordinaire, ne peuvent être attaquées que par le recours pour excès de pouvoir. — De plus, on pouvait croire d'abord que le recours du contribuable serait enfermé dans l'hypothèse précise d'une réclamation contre une décision engageant directement les finances de la commune, mais le même arrêt *Camut* a employé une formule beaucoup plus large : « Considérant que les contribuables sont personnellement intéressés à ce que les actes *intéressant la gestion du patrimoine communal* soient accomplis dans les conditions prescrites par la loi. » Cf. Cons. d'Ét., 17 mai 1907, *Canazzi*. Si la préoccupation de la bonne gestion financière est l'intérêt qui donne qualité au contribuable pour agir, il est bien entendu que la mauvaise gestion financière ne constitue pas à elle seule l'excès de pouvoir; il faut un vice de forme ou une incompétence, ou une violation de la loi, ou un détournement de pouvoir (Cons. d'Ét., 29 juill. 1910, *Cadré*).

(1) C'est ainsi que des habitants non compris dans le périmètre primitif de l'octroi ont qualité pour attaquer la décision qui les englobe dans un nouveau périmètre (Cons. d'Ét., 28 déc. 1854, *Rousset*); ainsi encore que des habitants d'une section de commune ont qualité pour attaquer la décision qui déplace le chef-lieu de la commune (Cons. d'Ét., 13 juill. 1892, *Samuel*), l'intérêt de ces habitants est certainement distinct de celui des autres habitants.

(2) Jusqu'au décret du 2 novembre 1864, il fallait suivre les formes du recours ordinaire, c'est-à-dire employer le ministère d'un avocat au Conseil d'État; depuis ce décret, il y a dispense du ministère de l'avocat.

(3) Ces formalités sont indispensables à peine de nullité de la requête (Cons. d'Ét., 18 mars 1910, *Nicolas*; 10 mars 1913, *Adeline*), mais la formalité de l'enregistrement peut être remplie au bureau d'enregistrement du domicile du requérant. La loi du budget du 17 avril 1906, article 4, prescrit l'enregistrement en débet; les droits ne seront dus finalement qu'au cas de rejet total ou partiel de la requête et en cas de non-lieu à statuer (à moins que cette décision ne soit motivée par le retrait de l'acte attaqué). Dans certains cas même, il y a dispense du timbre et de l'enregistrement (art. 88, L. 10 août 1871; art. 58, L. 3 mai 1841).

En principe, la requête doit être accompagnée de la copie de la décision attaquée, mais si l'intéressé n'a pas pu se la procurer, il dépose des conclusions tendant à ce que le ministre la lui communique (Cons. d'Ét., 20 fév. 1914, *Lelong*). La requête doit exposer les faits et les moyens du recours (D., 22 juill. 1806, art. 1er; Cons. d'Ét., 30 janv. 1914, *Couillaud*). Quand plusieurs requérants sont recevables, ils peuvent former un recours collectif contre la même décision (Cons. d'Ét., 20 mai 1913, *Augier et autres*).

Délais. — La loi du 13 avril 1900, article 24, § 4, fixe à *deux mois* le délai de tous les recours au Conseil d'État; cette règle générale est appliquée au recours pour excès de pouvoir (1), du moins quand il s'agit du recours contre les décisions explicites, car contre les décisions implicites, résultant du silence de l'administration, il n'y a plus de délai (V. supra, p. 410. Adde Cons. d'Ét., 7 mai 1909, *Monteux*, S., 10. 3. 65 et ma note; 24 juin 1910, *Pleux*; 20 janv. 1911, *Versepuy*).

Mais il s'agit de déterminer le point de départ du délai : c'est le jour où l'acte a été *porté à la connaissance de l'intéressé* par une démarche de l'administration (2); pour la détermination exacte de ce jour, il faut distinguer trois hypothèses, celle de la *notification* de l'acte, celle de sa *publication* et celle où l'acte a été *porté à la connaissance* sans notification ni publication (3).

(1) Avant la loi du 13 avril 1900, on appliquait le délai de trois mois qui provenait du décret du 22 juillet 1806, article 11.

(2) Le délai ne court pas du jour où l'intéressé a eu connaissance de la décision par ses propres moyens. Cette théorie de la *connaissance acquise* a été abandonnée (Cons. d'Ét., 31 janv. 1908, *Brousse*; 31 mars 1911, *Marcillé-Robert*; 27 juin 1913, *Châteauvillain*. Mais l'intéressé est recevable à former recours dès qu'il a eu connaissance de la décision, avant même que le délai n'ait commencé à courir (Arg. de Cons. d'Ét., 20 fév. 1914, *Lelong*).

(3) La notification est faite par la voie administrative, c'est la remise à l'intéressé d'une copie de l'acte. La notification fait courir le délai, alors même que l'intéressé a refusé de recevoir copie de la décision notifiée (Cons. d'Ét., 13 janv. 1909, *Forges*); mais, d'autre part, c'est à l'administration à faire la preuve de la notification (Cons. d'Ét., 22 mars 1907, *Desplanches*).

L'hypothèse de la *notification* a été, au début, la seule envisagée par le décret de 1806, mais il a fallu s'en départir à mesure que le recours pour excès de pouvoir s'est élargi et s'est appliqué à des actes de portée générale non susceptibles de notification individuelle. Alors a apparu le point de départ de la *publication* pour les actes qui ne sont susceptibles que d'une *publicité* plus ou moins étendue parce qu'ils s'adressent à un public d'intéressés, comme, par exemple, les actes réglementaires et les délibérations d'assemblées; les délibérations des conseils municipaux sont affichées à la porte de la mairie, celles des conseils généraux sont insérées au Recueil des actes du département, dès qu'elles ont une portée générale (Cons. d'Ét., 27 janv. 1911, *Richemond*). Sur la distinction des actes qui doivent être notifiés et de ceux qui doivent être publiés, V. Cons. d'Ét., 24 janv. 1902, *Avézard* (S., 1904. 3. 33, et ma note). Cf. 20 mai 1904, *Perrimont*. — Quand la décision doit être notifiée parce qu'elle s'adresse à un individu déterminé, la publication qui en est faite ne suffit pas à faire courir le délai

Les deux mois sont comptés de quantième à quantième. On ne compte pas le *dies a quo*, on ne compte pas non plus celui de l'arrivée du pourvoi au secrétariat du Conseil d'État qui est le terme *ad quem*, de sorte que, pour une décision notifiée le 15, le pourvoi peut être reçu jusqu'au 16 à minuit. Cons. d'Ét., 24 avril 1912, *Guibaud* (1).

Difficultés spéciales dans le cas de recours hiérarchique préalable et dans le cas de décisions successives confirmatives (2).

(Cons. d'Ét., 12 mai 1911, *Fontaine*; 3 avril 1914, *Saint-Mathurin*). Sur les conditions de publicité d'un arrêté municipal, V. Cons. d'Ét., 9 mai 1913, *Abbé Granier*.

A défaut de notification ou de publication, la jurisprudence admet que le fait que l'acte a été *porté à la connaissance* de l'intéressé par une démarche de l'administration sert, lorsqu'il n'est pas douteux, de point de départ au délai ; une première circonstance dont résulte le fait du *porté à la connaissance* est l'exécution de la décision attaquée, à la condition que cette exécution ait atteint le requérant (Cons. d'Ét., 15 nov. 1901, *Union mutuelle des propriétaires lyonnais*) ; mais il y a d'autres circonstances qui font présumer le fait (V. Cons. d'Ét. 19 janv. 1907, *Commune de Sandillon*; 15 fév. 1907, *Dayma*; 26 juin 1908, *Roger*; *id.*, *Requin*; 29 janv. 1909, *Broc*) ; mais il faut que l'acte ait été *porté à la connaissance* par une démarche de l'administration. Il y a toutefois des hypothèses où cela ressemble à l'ancienne pratique de la connaissance acquise, par exemple le cas des membres d'une assemblée délibérante qui sont censés connaître une délibération dès le jour de la séance, même s'ils n'y ont pas assisté (Cons. d'Ét., 4 août 1905, *Martin*. Cf. sur toute cette matière, ma note dans S., 1910. 3. 33).

(1) C'est le jour de l'arrivée du pourvoi au secrétariat du conseil qui importe et non pas celui de l'enregistrement. Sans doute, si l'enregistrement, au lieu d'avoir été opéré au bureau du demandeur avant l'envoi de la requête, est opéré à Paris après l'envoi, il doit être fait immédiatement, mais si, en fait, il a été retardé, l'intéressé ne doit pas souffrir du retard (Cons. d'Ét., 19 janv. 1907, *Commune de Bousgarber*).

La jurisprudence en matière d'expiration du délai, d'abord très rigoureuse, tend à s'adoucir. Ainsi, en cas d'indication erronée sur la date dans la décision, la fin de non-recevoir a été écartée (Cons. d'Ét., 19 nov. 1901, *Drouet*, S., 1902. 3. 9, et ma note). Ainsi encore, si les délais sont expirés, par suite des lenteurs de l'assistance judiciaire, la fin de non-recevoir est écartée (Cons. d'Ét., 7 fév. 1903, *Berti*; 18 déc. 1904, *Mouvre*; 16 nov. 1910, *Gérin*) ; mieux que cela, la demande d'assistance judiciaire parvenue dans le délai au procureur de la République de l'arrondissement rend la requête recevable, même formée en retard (Cons. d'Ét., 21 mars 1902, *Audibert*; 6 mai 1904, *Morichon*; 4 mai 1906, *Naulier*; 15 janv. 1909, *Coutant*; 7 juill. 1911, *Roux*); mais si la demande d'assistance judiciaire est rejetée, la requête doit être formée dans les deux mois de la notification du rejet (Cons. d'Ét., 24 nov. 1911, *Hamel*; 30 janv. 1914, *Phan-van-Truong*). Enfin, le délai qui expire un jour férié est prolongé d'un jour (Cons. d'Ét., 8 juill. 1904, *Ministre des Travaux publics*; 22 janv. 1906, *Compagnie du gaz de Lyon*).

(2) Lorsque le recours pour excès de pouvoir a été précédé d'un recours hiérarchique au ministre, il y a une difficulté spéciale que nous devons examiner :

La difficulté provient de ce que, depuis une trentaine d'années, il est admis que les réclamations peuvent être, soit présentées directement au Conseil d'État sous forme de recours pour excès de pouvoir *omissio medio*, soit portées d'abord devant le supérieur hiérarchique, sauf à revenir ensuite devant le Conseil d'État.

Cela posé, il fallait régler l'emploi successif de ces deux voies et savoir : 1° si l'on pouvait librement choisir entre les deux ; 2° si, en commençant par l'une, on conser-

IV. *Fin de non-recevoir résultant de l'existence d'un recours parallèle.* — Le contentieux d'une affaire est souvent complexe, il y aurait vait le droit d'user ensuite de l'autre. Ces questions ont été tranchées par la jurisprudence du Conseil d'État grâce aux deux règles suivantes :

1° On peut librement choisir entre les deux voies. On peut commencer par intenter un recours hiérarchique, mais on peut aussi commencer par intenter un recours pour excès de pouvoir.

Le recours hiérarchique n'est pas (en principe du moins) le préalable obligé du recours contentieux, ni du recours pour excès de pouvoir, ni du recours contentieux ordinaire. De telle sorte que l'on peut immédiatement former un recours pour excès de pouvoir contre l'acte d'une autorité inférieure, on n'est pas obligé de commencer par forcer le ministre à se prononcer hiérarchiquement, on peut former dans les mêmes conditions un recours contentieux ordinaire. C'est là le sens de la règle que *l'on peut recourir au Conseil d'État omissio medio*. Ainsi, contre un arrêté préfectoral fixant une pension d'agent communal, matière où le préfet a un pouvoir propre, on peut recourir au Conseil d'État sans avoir, au préalable, formé recours hiérarchique devant le ministre (Cons. d'Ét., 24 juin 1881, *Bougard*) ;

2° Si, cependant, on emploie au préalable le recours hiérarchique, il faut bien faire attention à ne pas perdre le droit au recours contentieux par expiration des délais. On sait que les recours contentieux sont enfermés dans des délais très brefs, en principe, deux mois ; le recours hiérarchique ne conserve le droit de former plus tard un recours contentieux que s'il est intenté dans le délai où le recours contentieux lui-même aurait dû être intenté. Cette question, qui a été très discutée, est tranchée maintenant par de nombreux arrêts du Conseil d'État (13 avril 1881, *Bansais* ; 14 janv. 1887, *Union des gaz* ; 29 juin 1888, *Ponsard* ; 14 mars 1890, *Ville de Constantine* ; 11 nov. 1898, *Labro* ; 19 mai 1899, *Rémy* ; 19 janv. 1906, *Petit* ; 5 août 1908, *Syndicat des mandataires à la vente*). Ces arrêts ne statuent expressément que pour le cas du recours pour excès de pouvoir, mais il ne semble pas qu'il y ait lieu de faire de distinction, et, en effet, cela a été appliqué à un recours contentieux ordinaire, par arrêt du 3 février 1893, *Ville de Paris*. Il est donc toujours prudent, bien qu'en lui-même le recours hiérarchique ne soit soumis à aucun délai, de l'intenter dans les deux mois, surtout pour le cas où il aboutirait à une confirmation ; quand il n'aboutit pas à une confirmation, il y a décision nouvelle du ministre à partir de laquelle court un nouveau délai pour le recours contentieux, mais dans le cas de confirmation où il ne se produit pas de décision nouvelle que l'on puisse attaquer, tout recours contentieux serait perdu. Au *Recueil des arrêts du Conseil d'État*, Lebon, 1899, sous l'arrêt *Union des gaz*, se trouve une note précieuse pour l'explication de cette jurisprudence. On y voit que le recours pour excès de pouvoir, quand il est formé après un recours hiérarchique, est considéré comme en étant la continuation et qu'il devient une sorte de recours à transformation. C'est une façon de voir confirmée par l'arrêt du 5 août 1908, *Syndicat des mandataires à la vente*. D'ailleurs, depuis la loi du 17 juillet 1900, la *réclamation administrative*, quelle qu'elle soit (et le recours hiérarchique n'est qu'une variété de réclamation administrative), a repris beaucoup d'importance comme forme première du contentieux. V. *supra*, p. 404 et s.

D'ailleurs, même formé dans le délai, le recours hiérarchique ne conserve le recours pour excès de pouvoir que si celui-ci, à son tour, est formé dans le délai de deux mois à dater de la notification de la décision sur le recours hiérarchique (Cons. d'Ét., 14 mai 1915, *Criton*).

Lorsque des décisions successives sont confirmatives l'une de l'autre, nous savons que le point de départ du délai remonte à la première décision, ce qui entraîne inévitablement la forclusion du réclamant (Jurisprudence constante, V. Cons. d'Ét., 21 juill.

plusieurs façons d'entreprendre le procès, il existe des recours parallèles : par l'un on pourrait porter l'affaire devant le tribunal civil, par l'autre devant le conseil de préfecture, enfin, par le recours pour excès de pouvoir, on pourrait évoquer l'affaire devant le Conseil d'État, partiellement au moins, pour faire annuler une décision qui est intervenue dans l'opération. Il aurait été facile au Conseil d'État d'abuser de cette particularité; au contraire, par une conduite très prudente et, pour ne pas être accusé de ressusciter les évocations de l'ancien régime, il a évité d'attirer à lui, par la voie de l'excès de pouvoir, les affaires qui seraient de la compétence d'autres juridictions. Il a organisé *une fin de non-recevoir tirée de l'existence d'un recours parallèle* dont il se sert avec beaucoup d'opportunité pour écarter un certain nombre de requêtes en excès de pouvoir. Mais, comme cette fin de non-recevoir ne repose pas sur un principe absolu tel que serait le *caractère subsidiaire du contentieux de l'annulation*, qui est une formule quelquefois employée mais certainement inexacte, comme le principe est beaucoup plutôt *l'indépendance du contentieux de l'annulation*, il est impossible d'édifier une théorie logique du recours parallèle. On ne doit pas non plus condamner radicalement cette fin de non-recevoir comme le font certains auteurs (1).

Il faut reconnaître qu'on est en présence d'une *politique jurisprudentielle* assez analogue à celle employée par le Conseil d'État dans la matière des actes de gouvernement; on peut souhaiter que le Conseil réduise le plus possible l'emploi de la fin de non-recevoir, on doit constater qu'il s'y applique résolument et qu'il la fait évoluer vers une formule nouvelle. Il s'applique à accorder le recours pour excès de pouvoir quand celui-ci peut donner à l'intérêt du réclamant une meilleure satisfaction que le recours parallèle, à le refuser lorsque le recours parallèle fournit à ce même intérêt une satisfaction suffisante (V. comme exemple, la matière des sectionnements électoraux de communes rapportée *supra*, p. 278). Mais justement, avant que soit exactement défini dans des matières nouvelles le véritable intérêt du réclamant, il s'écoule un certain temps, il se produit des tâtonnements. La fin de non-recevoir tirée de l'existence d'un recours parallèle sert au Conseil d'État à masquer cette période de tâtonnements, elle aura cette utilité tant qu'il se présentera des cas nouveaux de contentieux, aussi serait-il imprudent d'escompter sa disparition définitive (2).

1916, *Espagnol*. Pour le cas des décisions particulières *faisant application* d'un règlement général, V. *supra*, p. 430 et Cons. d'Ét., 26 avril 1918, *Sollier*.

(1) V. les citations dans Laferrière, *op. cit.*, t. II, p. 475. Observons que M. Ducrocq dans sa 7e édit., t. II, p. 37, ne condamne plus l'institution.

(2) Actuellement, pour se rendre compte de l'emploi qui est fait de la fin de non-recevoir, il faut distinguer deux hypothèses :

A. La décision exécutoire contre laquelle est formé le recours est liée à une opéra-

446   L'ADMINISTRATION ET LES RECOURS CONTENTIEUX

La suppression progressive de la fin de non-recevoir a, d'ailleurs, pour résultat de multiplier les cas dans lesquels des recours paral-

tion administrative; par exemple, c'est une décision approbative d'un marché administratif, ou bien c'est la délibération d'un conseil municipal décidant qu'il sera fait une vente ou un échange et suivie en réalité de cette opération; par exemple encore, c'est une décision qui fait partie intégrante d'une opération de travaux publics dont tout le contentieux est de la compétence du conseil de préfecture, ou d'une opération d'élection, ou d'une opération de recouvrement de contributions directes ou indirectes, etc.

a) Dans ces hypothèses, pendant très longtemps, la fin de non-recevoir a fonctionné quand l'intéressé, ayant été partie à l'opération, pouvait obtenir satisfaction par un recours contentieux de pleine juridiction. Elle fonctionne encore pour le contentieux des contributions indirectes et taxes assimilées qui est attribué aux tribunaux judiciaires en ce qui concerne la taxe :

1° On ne peut pas porter devant le Conseil d'État, d'une façon principale, la question de la légalité d'une décision administrative relative à cette perception, d'autant que le tribunal civil saisi d'une réclamation contre la taxe a le droit d'apprécier la légalité de tous les actes (Cons. d'Ét., 3 fév. 1899, *Botella*; 4 déc. 1903, *Barthe*), et si la taxe est établie par délibération du conseil municipal, le préfet peut valablement refuser d'annuler cette délibération, c'est-à-dire qu'il est impossible de la faire annuler par la voie du contentieux administratif (Cons. d'Ét., 23 juin 1911, *Larnaudie*);

2° On ne peut même pas, ce qui est excessif, porter devant le Conseil d'État la question de la légalité d'une mesure disciplinaire prise à l'encontre d'un abonné au téléphone (Cons. d'Ét., 23 mars 1906, *Demoiselle Chauvin, dite Sylviac*, S., 1908. 3. 17 et la note), mais le Tribunal des conflits vient de refréner ce qu'avait d'excessif la tendance du Conseil d'État à renvoyer à l'autorité judiciaire le contentieux de tous les faits qui s'étaient produits à l'occasion des contributions indirectes (Confl., 6 juill. 1912, *Dazy*; 7 déc. 1912, *Compagnie parisienne de l'air comprimé*, S., 1913. 3. 101, conclusions Pichat);

3° Même chose, en ce qui concerne le contentieux des contributions directes attribué au conseil de préfecture (Cons. d'Ét., 16 janv. 1903, *Houyvet*, taxe de balayage); même chose, en ce qui concerne les décisions que l'administration prend touchant l'exécution d'une opération de travaux publics (Cons. d'Ét., 22 avril 1904, *Compagnie du canal de Beaucaire*); même chose, en ce qui concerne les décisions qu'elle prend en matière d'établissements dangereux ou incommodes (Cons. d'Ét., 20 janv. 1905, *Marcot*. V. encore Cons. d'Ét., 29 juill. 1910, *Caire*).

b) La fin de non-recevoir a cessé de fonctionner dans les hypothèses suivantes :

1° En matière d'arrêtés du préfet prescrivant le curage d'un cours d'eau : on peut attaquer directement cet arrêté, sans être obligé d'attendre d'avoir été imposé à la taxe de curage et sans être obligé de procéder par réclamation contre la légalité de la taxe (Cons. d'Ét., 28 juill. 1905, *Boitel de Dienval*; 23 nov. 1906, *Barbier*; 19 avril 1907, *de Noüe*). En matière d'exécution d'un traité de concession de travaux publics et de décisions réglementaires rendues à cet effet, V. Cons. d'Ét., 24 juill. 1911, *Compagnie des tramways de l'Est*;

2° En matière d'élections municipales, en ce qui concerne le sectionnement électoral prononcé par délibération du conseil général; cette délibération peut maintenant être attaquée isolément par le recours pour excès de pouvoir, sans qu'on ait besoin d'attendre que l'élection soit faite pour agir par le contentieux électoral (Cons. d'Ét., 7 août 1903, *Chabot*, S., 1904. 3. 1, et la note. V. p. 278);

3° Dans les hypothèses de décisions de tutelle, approbatives de contrats ou de marchés administratifs ou de délibérations de conseils municipaux ou de conseils généraux, suivies de contrats de droit commun ou de marchés administratifs (Cons. d'Ét.,

lèles sont intentés devant des juridictions différentes; cela peut entraîner des contrariétés de décisions dont il n'y a point lieu de

11 déc. 1903, *Commune de Gorre*; 29 avril 1904, *Commune de Messé*; 4 avril 1905, *Martin*; 29 déc. 1905, *Petit*; 6 avril 1906, *Camut et autres*. V. S., 1906. 3. 49, et la note), et cela consacre la disparition d'une ancienne règle, d'après laquelle on ne pouvait pas attaquer des actes sur lesquels s'étaient appuyés des contrats.

Il est impossible de donner de ces différences d'autres raison que celle-ci : le Conseil d'État s'attache à séparer la décision exécutoire de l'opération dont elle fait partie, et il accorde contre elle le recours pour excès de pouvoir, toutes les fois qu'il voit pour le réclamant un intérêt à en user plutôt que du recours contentieux ordinaire, cet intérêt fût-il uniquement de procédure. En effet, si l'intéressé use du recours contentieux ordinaire, il faudra souvent, ou bien qu'il attende un événement ultérieur (par exemple un électeur qui veut incriminer un sectionnement électoral de commune par le recours électoral est obligé d'attendre qu'une élection ait été faite), ou bien qu'il subisse des complications de procédure, par exemple une commune qui veut faire annuler un bail de maison d'école que le préfet lui a fait passer d'office, si elle a saisi d'abord le tribunal civil, sera obligée de venir devant le Conseil d'État en appréciation de validité de l'arrêté du préfet, puis de revenir devant le tribunal civil, etc.

B. La décision exécutoire contre laquelle est intenté le recours pour excès de pouvoir est isolée, mais contre elle il existe d'autres moyens d'action. Ici, la fin de non-recevoir tirée du recours parallèle se maintiendra très probablement toutes les fois que les autres moyens d'action constitueront un recours *direct et parallèle*, c'est-à-dire quand, par eux, l'intéressé pourra obtenir la même satisfaction que lui procurerait le recours pour excès de pouvoir.

Ainsi, contre les délibérations des conseils municipaux, il existe une voie de nullité spéciale très large, par laquelle, en faisant tomber la délibération, on fait tomber du même coup la décision exécutoire qu'elle contient (art. 63 et s., L. 5 avril 1884); devant cette voie de nullité, le recours pour excès de pouvoir disparaît (Cons. d'Ét., 1er avril 1898, *Pillon-de-Saint-Philbert*; 22 juin 1900, *Larnaudie*; 14 juin 1900, *Commission d'Argnat*).

Mais il ne disparaît pas s'il n'existe pas contre la décision une voie d'action contentieuse faisant obtenir à l'intéressé la même satisfaction, c'est-à-dire l'annulation de l'acte par la voie contentieuse : 1° Il ne suffit pas qu'il existe un *moyen de défense*; ainsi, dans l'hypothèse d'un règlement de police argué d'illégalité, à la rigueur les intéressés pourraient commettre la contravention, attendre d'être poursuivis et opposer devant le tribunal de simple police l'exception d'illégalité que ce tribunal est compétent pour apprécier, mais comme ce ne serait qu'une exception, le Conseil d'État, après certaines hésitations, a admis la recevabilité du recours pour excès de pouvoir (Cons. d'Ét., 29 nov. 1872, *Baillergeau*; 20 déc. 1872, *Billette*, etc.); 2° il ne suffit pas non plus de l'existence du recours hiérarchique (Cons. d'Ét., 24 juin 1881, *Bougard*), ni de l'existence d'un recours administratif spécial (Cons. d'Ét., 6 juin 1879, *de Vilar*, affaire d'association syndicale; 10 mars 1911, *Commune de Boujailles*, S., 12. 3. 41, et ma note), il faut un recours contentieux; 3° enfin, il faut que l'action contentieuse ait pour objet de paralyser les effets de l'acte, sinon de l'anéantir; il ne suffirait pas de l'existence d'une action en indemnité pour le préjudice causé par l'acte. C'est ainsi que, dans la matière de la délimitation des rivages de la mer, au cas d'emprise de la propriété privée, le recours pour excès de pouvoir s'est maintenu parallèlement à l'action devant les tribunaux civils, parce que celle-ci ne fait obtenir qu'une indemnité, tandis que le recours pour excès de pouvoir, entraînant l'annulation du décret de délimitation, peut faire obtenir la restitution en nature de la propriété (V. *infra*, v° *Domaine public*. Cf. Laferrière, *op. cit.*, t. II, p. 474-495).

s'inquiéter (V. *infra*, domaine public, délimitation, et dans Lebon, 1879, p. 829 et la note).

N° 2. — Les ouvertures à recours pour excès de pouvoir.

On appelle ainsi les diverses manifestations caractérisées de l'excès de pouvoir, constituant vice de l'acte d'administration ou cause d'annulation, et par conséquent donnant ouverture au recours. Nous savons qu'il y en a quatre qui ont apparu historiquement dans l'ordre suivant : l'incompétence, le vice de forme, le détournement de pouvoir et la violation de la loi. Comme la violation de la loi n'est pas la même chose que l'excès de pouvoir, et que, d'ailleurs, elle est apparue la dernière, on l'a appelée longtemps la quatrième ouverture et on l'opposait ainsi aux trois premières (1).

Aujourd'hui, un fait nouveau domine la matière et doit provoquer une nouvelle classification; la violation de la loi a absorbé le vice de forme et il ne reste plus en face d'elle, comme représentant dans sa pureté l'ancien principe de l'excès de pouvoir, que les ouvertures de l'incompétence et du détournement de pouvoir (V. *supra*, p. 424). Nous allons donc distinguer seulement deux groupes d'ouvertures : celui de la violation de la loi et du vice de forme qui représente l'action des règles extérieures sur l'administration et celui de l'incompétence et du détournement de pouvoir qui représente le sentiment intérieur qu'a l'administration elle-même de sa fonction, des devoirs de sa fonction et de la façon dont elle doit subordonner son pouvoir à sa fonction.

Au reste, le Conseil d'État ne précise pas, dans son arrêt, l'ouverture qui entraîne l'annulation (2).

I. *La violation de la loi et la violation des formes.* — A. *La violation de la loi*. — Cette ouverture qui n'est apparue dans le recours pour excès de pouvoir qu'après le décret du 2 novembre 1864 et d'une manière artificielle (V. *supra*, p. 426) a pris rapidement une grande

---

(1) Il y a, en effet, une grande différence entre la notion de l'excès de pouvoir et celle de la violation de la loi. La notion de l'excès de pouvoir procède de cette idée qu'un pouvoir doit se discipliner lui-même et éviter certains excès, mais la limite lui vient de son propre équilibre, elle lui est intérieure. Au contraire, la matière de la légalité qui a engendré l'ouverture de la violation de la loi évoque l'idée d'une limite extérieure au pouvoir administratif, car ce n'est pas lui qui fait la loi. Aussi, l'ouverture de la violation de la loi n'a-t-elle été annexée au recours pour excès de pouvoir que d'une façon artificielle. V. *supra*, p. 426.

(2) L'existence de l'une au moins des ouvertures à recours doit être établie aux débats (Cons. d'Ét., 23 fév. 1906, *Demoiselle Abadie*), mais la décision du conseil ne mentionne pas nécessairement celle qui a entraîné l'annulation de l'acte, l'acte est annulé *pour excès de pouvoir*.

Le vice doit, d'ailleurs, se trouver dans l'acte et non pas dans son exécution (Cons. d'Ét., 6 juill. 1906, *Bertrand-Adoue*).

extension. Elle a été pendant un certain temps une cause de trouble pour l'institution de l'excès de pouvoir à cause de la condition de la *violation d'un droit acquis* qui était accolée à celle de la violation de la loi, alors que dans les ouvertures primitives le recours pour excès de pouvoir était donné pour simple intérêt froissé (1). Mais cette

(1) D'un point de vue théorique, on pouvait se demander si le recours pour excès de pouvoir, qui était jusque-là un recours objectif fondé uniquement sur le vice de l'acte, n'allait pas devenir un recours subjectif destiné à faire valoir les droits violés des administrés. Sans doute, on pouvait observer que ce n'est pas le droit violé qui s'exerce par lui-même, c'est l'intérêt tiré de ce droit qui devient condition de la recevabilité du recours objectif. Cela revient à dire que la puissance publique agissant par la voie de la décision exécutoire ne trouve point sa limite dans les droits acquis des administrés considérés en eux-mêmes, mais seulement dans la légalité et dans la discipline administrative; dans ce mode d'activité, tantôt elle lèse nos intérêts, tantôt elle viole nos droits, le résultat est le même dans les deux cas : elle doit être rappelée à l'observation formelle de la loi ou de la discipline, les droits des administrés ne sauraient être protégés contre la voie d'autorité autrement que par ce détour.
C'étaient les conclusions d'Aucoc, alors commissaire du gouvernement, dans l'affaire *Bizet*, Cons. d'Ét., 13 mars 1867, affaire où se marqua justement la nouvelle jurisprudence introduisant la violation de la loi et des droits acquis parmi les ouvertures du recours pour excès de pouvoir. — Laferrière n'admit pas cette façon de raisonner (*op. cit.*, II, p. 534) ; il ne voyait, quant à lui, aucun inconvénient à ce que, dans sa quatrième ouverture, le recours pour excès de pouvoir apparût comme un moyen par lequel s'exercent les droits des administrés, car, dit-il, il restera cette particularité que les droits des administrés exercés contre un acte d'autorité ne peuvent aboutir qu'à l'annulation. L'inconvénient était justement que si les droits des administrés étaient venus contester par eux-mêmes la décision exécutoire, il n'y aurait pas eu de bonne raison pour restreindre les pouvoirs du juge à l'annulation, car cette particularité n'aurait plus été justifiée.
D'ailleurs, l'interprétation d'Aucoc était le seul moyen de salut pour la théorie traditionnelle du recours pour excès de pouvoir. Si on avait laissé entamer cette théorie pour l'ouverture de la violation de la loi, tout y passait. Si on avait admis que cette ouverture était devenue une voie de droit subjective, un moyen par lequel s'exerçait le droit de l'administré, pour rétablir l'unité dans la théorie, on était tenté d'interpréter les autres ouvertures comme étant elles-mêmes des voies de droit subjectives; elles serviraient à faire valoir le droit des administrés au respect des compétences, leur droit au respect des formes, leur droit à ce que les pouvoirs administratifs ne soient pas détournés de leur but. M. J. Barthélemy, dans son *Essai d'une théorie sur les droits subjectifs des administrés*, Paris, Larose, 1899, a construit en ce sens une théorie extrêmement ingénieuse, mais qui faisait bien apparaître justement le danger de la voie dans laquelle on allait s'engager ; la notion du droit subjectif s'y trouvait pervertie. Les prétendus droits aux compétences, aux formes, etc., qui eussent été au fond des trois premières ouvertures, n'auraient eu aucun rapport avec les droits dont il s'agit dans la quatrième ; ceux-ci ont un contenu positif comme le droit de propriété, la liberté du commerce ou de l'industrie ; les autres n'auraient été que des droits à l'observation de la légalité ; c'est là que gisait l'erreur, le droit à l'observation de la légalité ne se conçoit pas parce que la légalité est une chose qui subsiste par elle-même, en dehors des droits des sujets, comme une discipline de l'institution sociale (En ce sens, V. Duguit, *L'État, les gouvernants et les agents*, 1903, p. 532 et s. ; *Manuel de droit constitutionnel*, I, p. 235. Cf. Tournyol du Clos, *Essai sur le recours pour excès de pouvoir*, 1905; Beaudoin, *La notion d'intérêt dans le recours pour excès de pouvoir*, 1904).

cause de trouble a été éliminée par la jurisprudence du Conseil d'État qui a fini par supprimer la condition de la violation du droit acquis et par ne laisser subsister que celle de la violation de la loi. Cela a rendu le recours recevable soit pour droit violé, soit pour simple intérêt froissé (1).

(1) *Des conditions de recevabilité du recours dans l'ouverture de la violation de la loi.* — A. *Cas où l'intérêt est tiré d'un droit.* — Primitivement, il fallait que l'intérêt du réclamant fût tiré d'un droit acquis qui se trouvât violé par l'acte de l'administration. Cette exigence n'a pas été maintenue, mais il reste très intéressant de noter que tous les droits des administrés, du moins tous ceux que l'on peut considérer comme acquis vis-à-vis de l'administration, confèrent intérêt à critiquer la légalité des actes de celle-ci. D'après la jurisprudence, il y a droit acquis vis-à-vis de l'administration dans trois catégories de cas :
a) Les droits individuels reconnus aux hommes par le régime de l'État, du moins lorsqu'ils ont été organisés par des dispositions de loi ou de règlement, *et lorsqu'ils sont réellement posés au regard de l'administration*, constituent des droits acquis vis-à-vis de celle-ci ; il en est de même des droits qui constituent l'état ou le statut des fonctionnaires ; de même encore des droits qui constituent le statut des administrations locales ou spéciales en tant qu'elles sont autonomes.
En conséquence, constituent des violations de droits acquis et rendent recevable le recours pour excès de pouvoir dans notre quatrième ouverture : *a*) les atteintes à la propriété et aux droits qui en dérivent par des décrets ou des arrêtés de délimitation du domaine public (Cons. d'Ét., 27 mai 1863, *Drillet de Lanigou* ; 9 janv. 1868, *Archambault*, etc.), par des retraits de concession de mines (Cons. d'Ét., 28 juill. 1852, *Péron* ; *id.*, *Girard* ; *id.*, *Talabot*), par l'établissement indû d'une servitude de halage ou de marchepied (Cons. d'Ét., 15 déc. 1853, *Biennais*, etc.), par des règlements de police prétendant soumettre des propriétaires à des travaux d'assainissement qui excèdent les obligations légales (Cons. d'Ét., 12 mai 1882, *Palazzi*) ; les atteintes à la liberté du commerce et de l'industrie (Cons. d'Ét., 28 mars 1885, *Languellier* ; 3 juin 1892, *Bouchers de Bolbec*) ; *b*) les atteintes aux droits résultant de fonctions, grades ou titres ; nous verrons, en effet, plus tard que le fonctionnaire n'est qu'un citoyen spécial et que les droits qui constituent son état sont analogues aux droits individuels ; spécialement, les atteintes portées à l'état des officiers (Cons. d'Ét., 13 mars 1852, *Mercier*), aux droits des avocats (Cons. d'Ét., 28 déc. 1894, *Avocats de Philippeville*) ; *c*) les atteintes à la liberté du mandat de conseiller général ou de conseiller municipal commises dans les délibérations de ces assemblées (Cons. d'Ét., 1er mai 1903, *Bergeon*, S., 1905. 3. 1 et ma note ; 4 août 1905, *Martin*, et conclusions Romieu) ; *d*) les atteintes aux prérogatives des autorités locales (V. les arrêts cités à la note de la p. 437).
Si le Conseil d'État s'appliquait à rechercher toutes les atteintes à des droits individuels, peu d'actes de l'administration échapperaient à notre recours, car la liste des droits individuels est considérable.
Lorsque certaines facultés contenues dans un droit individuel, même dans le droit de propriété, ne peuvent être exercées que sous réserve d'une autorisation administrative, elles ne constituent pas des droits acquis au regard de l'administration, à moins que celle-ci ne soit *obligée de délivrer l'autorisation*. V. *infra*.
b) Toutes les fois que l'administration est spécialement tenue, de par la loi, d'accomplir un acte en faveur d'un administré, on doit admettre qu'à cette obligation précise de l'administration correspond un droit acquis de l'administré, avec cette observation que l'obligation de l'administration doit être posée *par rapport à l'administré*. Ainsi, contiennent violation des droits acquis et entraînent recevabilité du recours dans notre quatrième ouverture, les décisions refusant la délivrance de per-

Dès lors, l'ouverture de la violation de la loi a pris un grand développement parce qu'elle répond à une idée simple, à savoir que l'administration doit être astreinte à la légalité.

mis de chasse (Cons. d'Ét., 13 mars 1867, *Lizet*); les décisions refusant communication de pièces, comme les listes électorales (Cons. d'Ét., 19 juin 1863, *de Sonnier*; 2 mars 1888, *Despetis*); les décisions refusant autorisation du barrage en rivière (Cons. d'Ét., 22 mars 1901, *Pagès*).

Mais il faut que l'obligation de l'administration soit posée par le texte comme relative à l'administré ; si elle est posée uniquement comme s'imposant à l'administration, l'administré n'en tire aucun droit ; ainsi, par exemple, on peut considérer comme une obligation pour le préfet l'inscription d'office au budget d'une commune de la dépense nécessaire pour acquitter une dette exigible de celle-ci (L. 5 avril 1884, art. 136, n° 17, et art. 149, n° 1); mais comme ces textes posent la règle d'une façon impersonnelle et non pas *relativement au créancier*, le Conseil d'État en a conclu que celui-ci n'a pas droit acquis à cette inscription d'office et ne peut pas attaquer la décision par laquelle le préfet refuserait cette inscription, alors même que le préfet, commettant une erreur de droit, invoquerait à tort le caractère non obligatoire de la dépense (Cons. d'Ét., 15 janv. 1875, *Larralde*; 4 août 1876, *Ville de Besançon*; 17 avril 1885, *Consistoire de Nîmes*. Cf. Laferrière, *op. cit.*, p. 533). Il y a cependant là une interprétation délicate de textes qui, en certains cas, permettrait au Conseil d'État d'augmenter la liste des droits subjectifs des administrés. Cf. justement dans l'hypothèse du paiement des dettes exigibles (Cons. d'Ét., 26 juin 1908, *Davaux*, S., 1909. 3. 129 et ma note).

c) C'est un principe que la décision exécutoire, essentiellement révocable en elle-même, ne peut plus cependant être retirée lorsqu'elle a servi de point d'appui à un acte d'exécution ou à un contrat de droit commun qui a conféré un droit acquis à un tiers ; ce principe a besoin d'une sanction, elle se trouve dans notre ouverture à recours. Pratiquement, ces retraits de décision se produisent le plus souvent de la part de l'autorité supérieure ; après avoir approuvé un acte d'une autorité inférieure, il arrive que l'autorité supérieure retire son approbation, mais trop tard parce que des droits acquis ont été créés (Cons. d'Ét., 2 août 1877, *Institut catholique de Lille*). Il en est de même lorsque, par elle-même, la décision exécutoire a conféré un droit acquis à un tiers, ce qui se produit lorsqu'elle tend à libérer l'administration d'une dette qui lui incombait d'après les maximes de justice du commerce juridique (Cons. d'Ét., 5 janv. 1906, *Commune de Khroub*).

En terminant, faisons observer que la violation d'un droit sans violation de la loi ne donne pas ouverture au recours de ce chef (Cons. d'Ét., 13 fév. 1914, *Société du placer Enfin*).

B. *Cas où l'intérêt du réclamant n'est pas tiré d'un droit*. — L'expression *droit acquis* avait été entendue d'une façon rigoureuse pendant longtemps, en ce sens que le Conseil d'État ne tenait même pas compte des droits éventuels ; puis des arrêts récents avaient modifié sur ce point la jurisprudence et les droits éventuels avaient été pris en considération, par exemple, les droits qu'un fonctionnaire, entré dans une carrière déterminée et appartenant aux cadres d'une administration, peut avoir à son futur avancement avaient été considérés comme lui donnant qualité pour critiquer les nominations faites en violation de la loi (Cons. d'Ét., 11 déc. 1903, *Lot et Molinier*; 18 mars 1904, *Savary*, S., 1904. 3. 113 et ma note; 8 déc. 1905, *de la Taste*); puis l'évolution s'est poursuivie, du moment que le Conseil d'État se départait de l'exigence du droit acquis, à raison même de l'imprécision du droit éventuel, il devait fatalement être conduit à se contenter du simple intérêt et même d'un simple intérêt moral. Cette évolution s'est produite très rapidement, puisqu'elle était achevée dès 1906 (Cons. d'Ét., 1er juin 1906, *Alcindor et autres*, quatre espèces; 18 janv. 1907, *Champion*; 15 fév. 1907, *Prunget*; 22 mars 1907, *Viret*; 17 mai 1907, *Le Bigot*; 6 déc. 1907,

De la violation de la loi entendue comme condition de fond. — Il s'agit, en principe, de la violation de toute disposition légalement obligatoire pour l'administration; non pas seulement des dispositions de lois proprement dites, mais des dispositions réglementaires, parce que le régime de la légalité exige que l'administration respecte les règlements Et non pas seulement les règlements généraux qui sont visés spécialement par certains textes (L. 10 août 1871, art. 47-48; L. 5 avril 1884, art. 63) sous le nom de *règlements d'administration publique*, mais même les règlements administratifs les plus particuliers, en ce sens que ces règlements doivent être observés par l'autorité qui les a faits et qu'ils la lient tant qu'ils n'ont pas été refaits; le Conseil d'État astreint ainsi les autorités administratives à subir les premières les règles qu'elles ont posées, *tu patere legem quam fecisti*. Ainsi, le maire est obligé de mettre ses décisions particulières d'accord avec les règlements de police qu'il a pris (Cons. d'Ét., 22 déc. 1905, *Maire d'Iwuy*; 12 janv. 1906, *Vincens*; 17 mai 1907, *Philharmonique de Fumay*). Ainsi encore, une Faculté de médecine qui a établi le règlement d'un concours pour l'attribution d'un prix est obligée d'observer elle-même le règlement *qui s'impose à elle aussi bien qu'aux concurrents* (Cons. d'Ét., 22 janv. 1909, *Lesage et autres*, 29 mars 1912, *Gœhlinger*) (1); ainsi encore, quand un règlement disciplinaire a été fait, on ne peut appliquer d'autre pénalité que celles qu'il a prévues (Cons. d'Ét., 17 fév. 1911, *Jasseron*); enfin

---

Brugnot; 27 mars 1908, *Thilloy;* 13 mars 1908, *Heligant;* 27 nov. 1908, *Alcindor;* 1er juill. 1910, *Perruchot;* 29 juill. 1910, *Empis;* id., *Association du ministère des Colonies;* 30 janv. 1914, *Naves*).

Cette évolution s'est produite pour plusieurs raisons : d'abord, le désir de favoriser le recours pour excès de pouvoir, lequel va toujours en s'élargissant; ensuite, le désir d'assimiler la nouvelle ouverture aux premières; enfin aussi, le désir d'assimiler le recours pour excès de pouvoir à la voie de nullité créée contre les délibérations des conseils municipaux par les articles 63 et suivants de la loi du 5 avril 1884 qui vise la violation de la loi sans aucune condition de droits acquis. Nous avions dès longtemps signalé l'attraction que cette voie de nullité ne manquerait pas d'exercer sur le recours pour excès de pouvoir et par conséquent prévu l'évolution qui s'est produite (V. notes dans S., 1901. 3. 41, *Affaire des boulangers de Poitiers*; id., 1904. 3. 137, *Affaire Barthe*. Cf. mes *Éléments du contentieux*, *Recueil de législation de Toulouse*, 1905, p. 33. Cf. Alcindor, *Étude de jurisprudence*, *Revue générale du droit*, 1909).

Cf. ma note dans, S., 1913, 3e part., p. 17, sous Cons. d'Ét., 26 janv. 1912, *Commandant Blot*.

(1) Sur ce point encore il s'est produit un élargissement récent de notre ouverture à recours, car primitivement il ne s'agissait que de la violation des règlements généraux (V. Laferrière, *op. cit.*, t. II, p. 537). Mais le Conseil d'État refuse encore d'annuler les délibérations d'assemblées pour violation de leurs règlements intérieurs (Cons. d'Ét., 22 mars 1912, *Le Moign*, S., 13. 3. 105 et ma note; 13 fév. 1914, *Milsom;* 27 fév. 1914, *Turmel;* de même la violation d'un programme de travaux arrêté à l'avance ne justifie pas l'annulation d'une décision particulière (Cons. d'Ét., 21 mai 1913, *Beauchamp et Grey*).

la violation d'une circulaire prend, au regard du corps des fonctionnaires auxquels cette circulaire s'applique, la valeur d'une violation d'un règlement ou d'une loi (Cons. d'Ét., 6 août 1909, *Rageot*, mais V. 26 juill. 1912, *Dardignac*).

Mais il faut que la disposition légale ou réglementaire soit *obligatoire pour l'administration*, c'est-à-dire qu'elle soit *impérative;* or, il se peut qu'elle soit simplement *indicative* ou *permissive*, auquel cas la violation de la disposition ne constitue pas une violation de la loi (Cf. ma note dans S., 13. 3. 17, sous Cons. d'Ét., 26 janv. 1912, *Commandant Blot*) (1).

La violation de la loi n'est pas nécessairement intentionnelle; ce peut être une *fausse application* ou une *fausse interprétation* de la loi, en d'autre termes, une *erreur de droit* (2).

La violation de la chose jugée en droit est assimilée à une violation de la loi (Laferrière, *op. cit.*, t. II, p. 597; Cons. d'Ét., 8 juill. 1904, *Botta*, S., 1905. 3. 81 et ma note), mais non pas la violation d'un contrat, laquelle n'est jamais ouverture à recours pour excès de pouvoir (Cons. d'Ét., 27 fév. 1914, *Galibert;* conclusions Corneille sous Cons. d'Ét., 3 juill. 1915, *Répéré*).

B. *La violation des formes.* — Il y a vice de forme lorsqu'il y a omission complète ou partielle de l'une des formalités auxquelles un acte administratif est assujetti par les lois et règlements (s'il y avait omission de toute espèce de formalité, on ne serait plus dans le cas du simple vice de forme de l'acte administratif et du simple excès de pouvoir; on serait dans le cas de l'usurpation de pouvoir et de la voie de fait par manque de procédure (V. *supra*, p. 35); l'acte serait inexistant au point de vue administratif.

Le fait que les formalités sont prescrites par les lois et règlements devait rapidement faire de cette ouverture une simple dépendance de la violation de la loi (3).

---

(1) Ceci est une question nouvelle que je me suis permis de soulever à l'occasion de dispositions réservant certainement à l'autorité militaire un pouvoir discrétionnaire très large. Il m'a paru que la distinction des lois impératives et des lois permissives, qui a son application vis-à-vis des particuliers, devait l'avoir aussi vis-à-vis de l'administration.

(2) Le juge a le pouvoir de décider que la loi n'a pas été violée dans un cas où il eût été inconstitutionnel de l'appliquer (Cons. d'Ét., 1er mars 1912, *Tichit*, S., 13. 3. 137 et ma note).

(3) Pour comprendre l'importance du vice de forme, il faut se rendre compte que les formalités de procédure constituent, avec la détermination précise des compétences, la principale condition de l'ordre et de la modération dans l'exercice du pouvoir administratif. L'administration n'est qu'un organisme automatique, il y manque une conscience centrale toujours en éveil; cet élément de la conscience centrale est suppléé par la multiplicité des formalités qui font entrer dans la procédure de l'opération une quantité d'agents qui se contrôlent les uns et les autres. Ainsi, non seulement les formalités limitent le pouvoir de chaque agent, mais elles le font contrôler et

Il est bon de distinguer entre l'omission complète et l'omission partielle :

a) En cas d'omission complète d'une formalité prescrite pour un acte, par exemple d'une enquête, il y a nullité ; il ne faut pas appliquer la règle en vigueur dans certaines matières de droit civil et de procédure civile, d'après laquelle les nullités ne se suppléent pas et doivent être expressément prononcées par la loi. Jamais il n'y en aurait alors, ce qui est inadmissible, les lois administratives ne se préoccupant pas d'en prononcer. Il n'y a pas à distinguer entre les formalités substantielles et celles qui ne le sont pas, toutes les formalités doivent être présumées substantielles. L'urgence d'une décision ne l'affranchit même pas de la nécessité des formes, la loi établit elle-même, lorsqu'elle le croit nécessaire, une procédure d'urgence ;

b) La simple irrégularité ou omission partielle entraîne aussi en général la nullité. La jurisprudence se montre sévère, cependant on pourrait peut-être, ici, faire la distinction entre les formes substantielles ou non, notamment dans les détails d'une enquête (1).

II. *L'incompétence et le détournement de pouvoir.* — Ces deux ouvertures représentent ce qu'il subsiste de vivant dans la primitive conception de l'excès de pouvoir considéré comme un manquement non pas aux règles extérieures de la loi, mais aux règles intérieures de la moralité administrative. Historiquement, l'incompétence a été la première manifestation de l'excès de pouvoir, le détournement de pouvoir en a été la dernière ; les deux manifestations restent intimement liées, d'ailleurs, le pouvoir et la compétence s'accompagnant toujours, aussi bien dans leur exercice normal que dans leurs excès.

A. *L'incompétence.* — Il y a deux sortes d'incompétence dont on pourrait dire que l'une est *ratione personæ* et l'autre *ratione materiæ*.

1° Il y a incompétence *ratione personæ* lorsque la décision exécutoire, qui d'ailleurs est bien relative à une matière d'administration, n'a pas été prise par l'autorité administrative qui aurait dû la prendre d'après la répartition des compétences. Cette forme de l'excès de pouvoir résulte de l'*empiétement d'une autorité administrative sur les pouvoirs d'une autre autorité administrative* (2). Comme les compé-

---

compléter par d'autres, de là leur importance et de là la gravité de l'omission d'une formalité. On a beaucoup crié depuis quelque temps contre la *paperasserie*, il est possible qu'en temps de crise elle soit nuisible, mais en temps normal elle est une nécessité.

(1) Pour plus de détails, V. Laferrière, *op. cit.*, II, p. 520-532.

(2) *a)* Il peut y avoir empiétement d'une autorité inférieure sur une autorité supérieure, c'est assez rare ; en général, quand un autorité inférieure agira dans ces conditions, ce sera en vertu d'une délégation, la question portera alors sur la portée de la délégation. Sur les questions de délégation, V. Laferrière, *op. cit.*, t. II, p. 500 et s. ; *b)* Il peut y avoir empiétement d'une autorité supérieure sur une autorité inférieure :

tences des diverses autorités sont en principe réglées par des textes, sous cette première forme, l'incompétence sera souvent aussi une violation de la loi. Mais il n'en sera pas de même de la forme suivante :

2° Il y a incompétence *ratione materiæ* lorsqu'une autorité administrative a pris une décision exécutoire dont l'effet de droit tendrait à *la faire sortir du cercle des attributions générales de l'administration, pour la faire empiéter sur le domaine de la vie privée*. Ici, il n'y a pas de loi précise, mais une sorte de conduite de l'administration qui s'appuie sur cette considération morale que l'administration ne doit pas sans nécessité entreprendre sur la vie privée (1).

B. *Le détournement de pouvoir* (2). — C'est le fait d'une autorité administrative qui, tout en accomplissant un acte de sa compétence, tout en observant les formes prescrites, tout en ne commettant aucune violation formelle de la loi, *use de son pouvoir dans un but et pour des motifs autres que ceux en vue desquels ce pouvoir lui a été conféré, c'est-à-dire autres que le bien du service*.

Ainsi le détournement de pouvoir marque la subordination du pouvoir administratif à son but qui est le service et le bien du service, on peut dire aussi que c'est la subordination du pouvoir à la fonction.

Le véritable cas du détournement de pouvoir, c'est l'excès de pouvoir dans l'exercice du pouvoir discrétionnaire (V. *supra*, p. 346 et s.). On comprend par là que l'ouverture du détournement de pouvoir ne se confonde pas avec celle de la violation de la loi. La loi ne peut

---

ministre qui voudrait se substituer au préfet dans les cas où celui-ci a reçu un pouvoir propre de décision, conseil général qui voudrait se substituer à sa commission départementale pour les attributions propres de celle-ci, par exemple en classant un chemin vicinal ordinaire, préfet qui dépasse ses pouvoirs de tutelle vis-à-vis des autorités municipales ; il faut faire attention que, d'après la loi municipale nouvelle, le préfet peut, dans des cas nombreux, se substituer au maire (art. 85, 98, §§ 4, 99) ; c) Il peut y avoir enfin empiétement entre autorités égales, questions de compétence territoriale, très rares à cause de la netteté de nos divisions administratives ; cependant elles peuvent se produire dans les communes suburbaines de Paris et de l'agglomération lyonnaise, à raison du partage de la police entre le préfet et les maires (V. *Organisation municipale*; Cons. d'Ét., 20 mai 1904, *Baral*) ;

(1) C'est de cette espèce d'incompétence qu'il s'agit, à propos des délibérations d'assemblées départementales, dans l'article 33 de la loi du 10 août 1871 et, à propos des conseils municipaux, dans l'article 63 de la loi du 5 avril 1884, et on en a des exemples dans les cas de création de services industriels devant être exploités en régie par les municipalités ou subventionnés par elles dans des circonstances qui ne sont pas exceptionnelles (Cons. d'Ét., 6 mars 1914, *Syndicat de la boucherie de Châteauroux*), dans les cas de création de postes de médecins municipaux, etc. (Cf. Cons. d'Ét., 1er fév. 1901, *Delcroix*, S., 1901. 3. 41 et ma note ; 29 mars 1901, *Casanova*, S., 1901. 3. 73 et ma note). V. *supra*, v° *Organisation municipale*.

(2) V. Laferrière, *op. cit.*, t. II, p. 548 et s.; Ebren, *Théorie du détournement de pouvoir*, 1901.

jamais lier entièrement le pouvoir discrétionnaire, celui-ci ne peut être entièrement lié que par la moralité administrative (1). Sans doute, on objecte que si le détournement de pouvoir ne contient pas violation d'un texte déterminé de loi, il contient au moins violation de l'esprit général de la loi qui est que les administrateurs doivent agir pour le bien du service, mais c'est abuser de la notion de la violation de la loi ; elle ne doit pas être étendue au delà de la violation d'un texte déterminé, pas plus ici que dans le recours en cassation. L'esprit général de la loi administrative n'est pas autre chose que la moralité administrative, de même que l'esprit général de la loi civile n'est pas autre chose que la moralité privée.

Du moment que le champ d'application du détournement de pouvoir est l'exercice du pouvoir discrétionnaire, le juge va se trouver aux prises avec les motifs pour lesquels l'administrateur a pris ou n'a pas pris une décision, car c'est dans les motifs de l'acte que le pouvoir discrétionnaire se cantonne et c'est là que le détournement de pouvoir est saisissable. Mais le Conseil d'État ne pénètre qu'avec une grande circonscription dans cet examen des motifs. Il convient de poser à ce point de vue les principes suivants :

1° En principe, les autorités administratives ne sont pas obligées de motiver leurs décisions. Pour qu'elles y soient tenues, il faut un texte. L'obligation de statuer par décision *spéciale* n'équivaut pas à celle de statuer par décision motivée (Cons. d'Ét., 7 juill. 1916, *Lévi* ; 11 août 1916, *Leguay*). Comme exemple d'obligation de motiver la décision, V. L. 5 avril 1884, art. 86 remanié, suspension et révocation du maire ;

2° Lorsque l'autorité administrative n'a pas motivé sa décision, ou même si elle l'a motivée, le Conseil d'État ne se permet pas de rechercher ou d'apprécier les motifs, à moins qu'il n'y ait formellement requête en détournement de pouvoir. (Cons. d'Ét., 31 janv. 1902, *Grazietti* ; 13 mars 1903, *Blanc* ; 3 avril 1903, *Couttenier*, etc.) ;

3° En cas de réclamation pour détournement de pouvoir, il est bien obligé d'apprécier les motifs (2). Même dans ce cas, l'examen

---

(1) On peut se demander si l'administration jouit d'un certain pouvoir discrétionnaire dans toutes les décisions qu'elle prend. Le principe est, croyons-nous, qu'il en existe toujours sous quelque rapport, soit sur la question de savoir si l'administrateur prend ou ne prend pas la décision, soit relativement à la date où il la prend, soit relativement à l'appréciation des éléments mêmes de la décision, soit relativement à la procédure dont il use. Bien entendu, la loi peut intervenir pour lier le pouvoir discrétionnaire sur l'un ou l'autre de ces points, mais il serait contraire à la conception du pouvoir exécutif qu'elle intervînt pour le lier sur tous les points à la fois.

(2) Aussi commence-t-il à insérer des réserves : « Considérant que l'appréciation des motifs, *alors qu'ils ne constituent pas un détournement de pouvoir*, n'est pas susceptible d'être soumise au Conseil d'État statuant au contentieux. » (Cons. d'Ét., 2 juin 1905, *de Crozals*) ; « Considérant qu'il n'appartient pas au Conseil d'État statuant

des motifs de l'acte est considéré comme chose très délicate (V. Laferrière, *op. cit.*, t. II, p. 548 et s.). Il faut que le détournement de pouvoir résulte des documents versés au dossier ou de l'aveu de l'administration (Cons. d'Ét., 16 nov. 1900, *Maugras*; 22 mars 1901, *Roz*), car le Conseil d'État ne peut ni mander l'administrateur à sa barre, ni procéder à des enquêtes en dehors de l'administration, mais il peut être procédé à des enquêtes administratives (Cons. d'Ét., 7 août 1903, *Convert*);

Voici des exemples de détournement de pouvoir tirés de la police :

a) L'esprit des fonctions de la police étant d'assurer l'ordre public, indépendamment de toute idée de lucre pour l'administration, on ne peut pas faire servir aux intérêts financiers ou fiscaux de celle-ci la police de la circulation dans les rues; ainsi des arrêtés municipaux ordonnant que toutes les denrées seraient transportées au marché, uniquement pour y acquitter des droits de place, ont été annulés (Cons. d'Ét., 15 fév. 1893, *Tostain*; 21 déc. 1900, *Trottin*, S., 1903. 3. 57, et la note), etc. (1). On ne peut pas non plus user de la police des alignements de voirie dans le but de réaliser des économies sur des expropriations futures (Cons. d'Ét., 23 janv. 1868, *Terravalien*; 17 avril 1869, *Tabardel*); ni retirer des permissions de voirie pour obtenir ensuite des redevances plus élevées (Cons. d'Ét., 30 janv. 1914, *Magnard*); ni ordonner sans indemnité la démolition d'un barrage en rivière si c'est en réalité pour la protection d'un ouvrage public (Cons. d'Ét., 30 janv. 1914, *Colomb*) (2);

b) La police, même locale, étant dans l'intérêt général, on ne peut pas la faire servir à la protection du commerce local. A été annulé un arrêté d'un maire interdisant l'introduction dans la commune de viandes d'animaux abattus ailleurs que dans l'abattoir municipal (Cons. d'Ét., 22 mai 1896, *Carville*, S., 97. 3. 121, et ma note), ou y apportant des entraves par une réglementation excessive (Cons. d'Ét., 24 mars 1899, *Bouchers de Bolbec*; 8 fév. 1901, *Hennequin*; 10 fév. 1905, *Ville de Narbonne*);

c) On ne peut pas user de la police du domaine public de façon à

---

au contentieux d'apprécier *en elles-mêmes* les raisons qui ont motivé, *dans l'intérêt du service*, la mesure prise... » (Cons. d'Ét., 8 janv. 1909, *Roux*). Ansi, en cas de détournement de pouvoir, quand les raisons qui ont motivé l'acte ne sont pas dans l'intérêt du service, le Conseil d'État apprécie les motifs.

(1) Mais la police du domaine public ne fait pas obstacle à ce que l'administration considérée comme propriétaire tire profit, par des redevances, des concessions qu'elle fait sur le domaine public; il y a là une nuance délicate sur laquelle nous reviendrons (*infra*, v° *Domaine public, Concession*).

(2) On ne peut pas non plus employer la procédure de l'élargissement des chemins par plan d'alignement, lorsqu'il s'agit d'élargir un chemin non pas pour lui-même, mais pour loger une voie ferrée sur ses accotements (Cons. d'Ét., 17 janv. 1902, *Favatier*; 14 fév. 1902, *Lalaque*, S., 1903. 3. 97 et ma note ; 30 juill. 1915, *Boudaz*).

favoriser des entreprises particulières. Ainsi a été annulé un arrêté refusant le droit de stationnement, sur la voie publique, à toutes voitures autres que celles d'un certain entrepreneur (Cons. d'Ét., 2 août 1870, *Bouchardon*) (1); ainsi a été annulé un arrêté du préfet fixant la hauteur d'un barrage dans un intérêt privé (Cons. d'Ét., 10 nov. 1903, *Buisson*. Cf. Cons. d'Ét., 22 mars 1901, *Pagès*, S., 1903. 3. 73 et la note; 10 juill. 1903, *Croizet*); un retrait d'autorisation de voirie dans un intérêt privé (Cons. d'Ét., 8 fév. 1899, *Thorrand*);

d) La police n'est pas faite non plus pour être mise au service des querelles politiques, ni de l'esprit de parti, ni des animosités privées. L'administration doit se dégager des animosités politiques ou privées aussi bien que des préoccupations fiscales. Dans cet ordre d'idées, des décisions ministérielles ont été annulées (Cons. d'Ét., 4 août 1905, *Lespinasse*, exclusion d'un fournisseur de toute adjudication à venir, à raison de son attitude politique); beaucoup d'arrêtés municipaux pourraient être annulés et quelques-uns l'ont été, par exemple les arrêtés des maires interdisant à une société musicale déterminée, et à elle seule, de sortir sur la voie publique (Cons. d'Ét., 1er juill. 1898, *Société la Seynoise*) (2); l'arrêté d'un maire suspendant un agent de la police parce qu'il avait trop fait son devoir (Cons. d'Ét., 16 nov. 1900, *Maugras*, S., 1901. 3. 57, et la note). Cf. 31 oct. 1913, *Rézard*; 28 nov. 1913, *Petrolacci*.

Puissance de développement du détournement de pouvoir. — Le détournement de pouvoir en est à ses débuts; il a devant lui le champ immense du pouvoir discrétionnaire ou du pouvoir d'appréciation de l'administration. Nombreuses sont les règles de conduite qui peuvent être posées concernant le maniement de ce pouvoir. Sans doute, l'idée générale est qu'il ne doit être employé que pour le bien du service, mais bien des règles de détail peuvent être déduites de cette idée générale. Nous en avons déjà vu quelques-unes en ce qui concerne le maniement de la police. D'autres peuvent se révéler. Voici une

---

(1) Mais, par une clause du traité, la commune qui traite avec un entrepreneur d'éclairage ou de transports peut s'interdire de favoriser des entreprises concurrentes, ce qui équivaut à créer un monopole de fait, parce qu'alors ce n'est pas par une mesure de police, mais par une mesure financière (Cons. d'Ét., 17 nov. 1882, *Compagnie générale des eaux*) (V. *infra*, v° Domaine public, Concession).

(2) « Considérant que, s'il appartenait au maire en vertu des pouvoirs de police qui lui sont conférés par la loi d'interdire par mesure générale aux sociétés musicales de sortir en corps sur la voie publique, il n'a pu, sans excéder ses pouvoirs, prononcer, en dehors de tout motif spécial mentionné à son arrêté, cette interdiction contre la seule Société *la Seynoise* » (Cf. Cons. d'Ét., 22 déc. 1905, *Maire d'Iwuy*; 17 mai 1907, *Philharmonique de Fumay*; 24 juin 1910, *Vasseur*; 24 juill. 1910, *Trolliot*; id., *Dacheville*; id., *de Coulange*; 29 juill. 1910, *L'avenir de Salomé*; 7 avril 1910, *Lyre de Saint-Pourçain*; 28 juill. 1911, *Société la Fraternelle*; 10 mars 1911, *Bourgoin*; 4 août 1913, *Tineq*; 6 mars 1914, *L'indépendante de Bléneau*, etc.).

bonne formule générale : « Considérant qu'il ne résulte d'aucune pièce du dossier que la commission des hospices ait agi *dans un but autre que la sauvegarde de l'intérêt général et le bon fonctionnement du service* » (Cons. d'Ét., 7 juill. 1916, *Moreau*) (1).

La question de l'erreur de fait. — Il arrive que des décisions sont fondées sur des erreurs de fait. On s'est demandé bien souvent si ces décisions ne pourraient pas être annulées pour excès de pouvoir. Le Conseil d'État a commencé par résister longtemps à cette idée (2). Mais la force des choses le contraint d'entrer de plus en plus dans l'appréciation des faits et il y entre si bien que, dans un arrêt récent, il a annulé une décision pour une simple erreur de fait commise dans une appréciation qui se résumait en ceci : « La place Beauveau peut être regardée comme formant dans son ensemble une perspective monumentale », ce qui n'a pas été l'avis du Conseil d'État (Cons. d'Ét., 4 avril 1914, *Gomel*, S., 17. 3, 25 et ma note).

A quelle ouverture de l'excès de pouvoir rattacher l'erreur de fait? Notre arrêt semble la rattacher à la violation de la loi, parce que l'erreur de fait de l'administration l'a conduite à violer l'article 118 de la loi du 13 juillet 1911 (En ce sens, Jean Appleton, *Progrès récents du recours pour excès de pouvoir*, 1917, p. 42). Nous avons peine à croire que l'on puisse annexer à la violation de la loi, qui suppose *erreur de droit*, une simple *erreur de fait*. Il nous paraît plutôt que l'erreur de fait est un cas de détournement de pouvoir, car c'est user de son pouvoir autrement que pour le bien du service quand on en use sans avoir acquis la compétence technique indispensable sur les faits de l'affaire (3).

N° 3. — La procédure du recours pour excès de pouvoir (Décr. 2 nov. 1864 ; L. 13 avril 1900, art. 24 ; Décr. 16 juill. 1900).

On a vu p. 441 comment s'introduit l'instance : une requête est déposée au secrétariat du Conseil, l'instruction est dirigée par la section ordinaire du contentieux ou l'une de ses sous-sections, un rapporteur est nommé et communication est immédiatement donnée de la requête au ministre que la matière concerne. Il ne sera pas partie en cause, ne présentera pas de conclusions, mais seulement des observations ; un délai lui est en même temps indiqué pour pro-

(1) Cette décision très intéressante distingue, en outre, soigneusement l'ouverture de la violation de la loi et celle du détournement de pouvoir.
(2) Cons. d'Ét., 25 juill. 1890, *Auscher*; 21 avril 1899, *Brochier*; 18 mars 1910, *Hubersen*; 6 août 1915, *Prost*.
(3) La compétence technique doit accompagner le pouvoir ; les décisions exécutoires ont une valeur technique en même temps qu'une valeur juridique ; il est temps que cet élément de la compétence technique soit exigé par le Conseil d'État et il peut l'être par le mécanisme de l'erreur de fait et du détournement de pouvoir.

duire sa réponse, ses observations et toutes les pièces nécessaires au jugement de l'affaire. A l'expiration du délai, le Conseil d'État peut statuer (Décr. 16 juill. 1900, art. 6 et 10, § 2) (1).

Il faut remarquer : 1° que c'est toujours à un ministre que la communication est faite, de quelque autorité que l'acte attaqué émane, et il n'y a pas à distinguer entre les autorités subordonnées, comme le préfet, et les autorités simplement soumises à tutelle, conseil général ou conseil municipal, parce qu'en effet c'est une affaire de surveillance et que le recours est *dans l'intérêt de la bonne administration;* 2° que le ministre n'est pas véritable partie en cause, *il n'y a pas litige entre des parties* (Cons. d'Ét., 8 déc. 1899, *Ville d'Avignon*, S., 1900. 3. 73 et ma note) ; c'est une instance dans laquelle il n'y a pas de véritable défendeur, l'acte lui-même est attaqué *in rem*.

D'autres personnes peuvent être appelées en cause, d'ailleurs, si l'acte les intéresse et si la section du contentieux le juge à propos.

Il peut aussi y avoir intervention spontanée, et, même, sont recevables à intervenir ceux qui n'auraient pas un intérêt absolument direct et personnel. On reconnaît plus facilement qualité pour intervenir que pour former le pourvoi. L'autorité administrative qui a fait l'acte ne peut pas intervenir, puisqu'elle est représentée par le ministre (2).

L'affaire pourrait être retenue par la *section du contentieux*, comme toutes celles qui sont dispensées du ministère de l'avocat, mais en fait, à raison de l'importance du recours, elle est jugée par l'*assemblée du Conseil d'État statuant au contentieux*.

N° 4. — Les pouvoirs du juge ; la nature et les effets de la décision.

1° *La décision ne peut que rejeter le recours ou prononcer l'annulation de l'acte attaqué* (art. 9, L. 24 mai 1872; Cons. d'Ét., 20 fév. 1914, *Gaucher*); en réalité, si elle prononce l'annulation, elle ne fait qu'*anéantir l'effet de droit de la décision exécutoire* qui, ne l'oublions pas, aurait pu être spontanément retirée par son auteur ou aurait pu être annulée par le supérieur hiérarchique; l'annulation par le Conseil

---

(1) Aucun texte n'exige que les observations du ministre soient présentées sur timbre et par ministère d'avocat, ces frais n'entrent pas en compte dans les dépens mis à la charge du requérant s'il échoue (Cons. d'Ét., 13 fév. 1914. *Barbot*).

(2) Le ministre est le défenseur de l'acte au nom de la puissance publique, c'est une des formes de l'unité de la puissance publique établie par la hiérarchie et la tutelle, par conséquent, l'autorité qui a fait l'acte n'est pas admise à intervenir (Cons. d'Ét., 11 janv. 1878, *Badaroux*); quant à la personne administrative au nom de laquelle a été fait l'acte, le Conseil d'État l'admet à intervenir si elle y a intérêt, mais la nature de cet intérêt n'est pas encore bien déterminée. Cf. Laferrière, t. II, p. 563, et un article préparé dans notre salle de travail, inséré dans la *Revue générale du droit*, 1903. Cf. l'observation de la p. 399, en note, à propos de la décision exécutoire.

d'État produit, en principe, les mêmes effets que le retrait de l'acte et elle ne doit pas en produire d'autres. De là les conséquences suivantes :

a) Le Conseil d'État ne peut ni modifier ni amender l'acte, car ce serait faire un acte administratif nouveau ; mais l'annulation peut n'être que partielle. Ainsi, dans un règlement de police, on peut n'annuler que certains articles, ou même certaines prescriptions divisibles d'un même article. Il faut reconnaître que l'annulation partielle ressemble à une réformation, il subsiste cette différence, cependant, qu'il n'y a pas d'élément nouveau introduit. (Cf. Cons. d'Ét., 13 déc. 1912, *Maire de Maury*) ;

b) Il n'appartient pas au Conseil d'État de prescrire les mesures qui devront être prises par l'administration comme conséquence de l'annulation prononcée, ce qui doit être envisagé dans les hypothèses suivantes :

α) Il s'agirait, après l'annulation d'une décision qui a modifié des situations établies, de remettre les choses en l'état ; il n'appartient pas au Conseil d'État de le faire, d'ordonner par exemple la réintégration de fonctionnaires indûment révoqués (Cons. d'Ét., 16 janv. 1874, *Frères de la doctrine chrétienne* ; 9 juin 1899, *Toutain* ; 9 janv. 1914, *Fisner*) ; d'ordonner la destruction de travaux exécutés en vertu d'une décision reconnue illégale (Cons. d'Ét., 20 avril 1883, *de Bastard*) ou le rétablissement d'un crédit supprimé dans un budget (Cons. d'Ét., 21 nov. 1902, *Commune de Daon*) (1) ;

β) Il s'agirait pour le Conseil d'État, après avoir annulé le refus de l'administration, de se substituer à celle-ci pour accorder l'autorisation ou la permission : il ne le peut pas. Ainsi il ne peut pas, après avoir annulé un refus de délivrer un alignement ou une permission de bâtir ou une autorisation de barrage ou un refus d'accorder une dérogation à la loi sur le repos hebdomadaire, délivrer les permissions à la place de l'autorité qui aurait dû le faire (Cons. d'Ét., 4 déc. 1903, *Blaise* ; 9 mai 1913, *Veillon*. V. cep. Cons. d'Ét., 3 fév.

---

(1) Au point de vue des *conséquences de droit* de la décision et de la restitution de l'intéressé dans son droit, c'est-à-dire dans la situation qui lui avait été enlevée par la décision annulée, on pourrait peut-être faire une distinction entre les actes simplement *annulables* pour excès de pouvoir et les actes *inexistants*, parce qu'ils résultent par exemple d'un abus de pouvoir évident ou d'une voie de fait. Si la voie du recours pour excès de pouvoir est employée pour faire tomber ces apparences d'actes inexistants, le Conseil d'État ne refuse pas de prononcer, mais il déclare « la prétendue décision nulle et de nul effet » (Cons. d'Ét., 28 juill. 1911, *Gillot*). Dans ces conditions, il semblerait qu'il n'y eût pas besoin d'une nouvelle décision de l'administration pour replacer l'intéressé dans une situation qui, en réalité, n'a jamais été modifiée. Cf. la très intéressante étude de M. Alcindor, *Essai d'une théorie des nullités en droit administratif*, Paris, 1912.

1911, de Hillerin, S., 12. 3. 17, et ma note, en cas d'approbation de statuts de sociétés de secours mutuels (1);

γ) Il ne lui appartient pas non plus de statuer sur des conclusions pécuniaires que le demandeur joindrait à son recours, soit qu'il réclame le remboursement de dépenses faites à l'occasion de l'exécution de l'acte annulé (Cons. d'Ét., 28 juill. 1876, *Commune de Géry*; 30 avril 1880, *Commune de Philippeville*; 27 janv. 1899, *Commune de Blanzac*; 21 juill. 1911, *Durand*; 10 nov. 1911, *Dejardin*); soit qu'il demande des dommages-intérêts à raison de tout autre préjudice (Cons. d'Ét., 29 juin 1883, *Archevêque de Sens*). C'est une nouvelle question à débattre au contentieux ordinaire (2);

2° *La décision est soumise à la règle de l'autorité de la chose jugée sous les distinctions suivantes*: 1° la décision du Conseil d'État est irrévocable; 2° quant aux effets à l'égard des tiers, il faut distinguer :

a) Si le recours est rejeté, il n'est pas dérogé aux règles ordinaires de l'article 1351 du Code civil. Le rejet ne fera donc obstacle à une nouvelle demande que si celle-ci émane de la même partie agissant en la même qualité, si la demande a le même objet et si elle est fondée sur le même moyen d'annulation;

b) Si l'acte a été annulé, l'annulation produit ses effets *erga omnes* « objectivement », elle fait disparaître l'acte aussi complètement que s'il était rapporté par son auteur. Si donc l'acte attaqué était un règlement de police municipale, l'annulation profite à tous les habitants de la commune et, même, toutes les poursuites engagées pour contravention tombent de plein droit (Cass., 25 mars 1882, *Darsy*) (3);

---

(1) A noter que, dans le contentieux de la pleine juridiction, le juge accorde lui-même des autorisations, par exemple dans la matière des établissements dangereux (Cons. d'Ét., 21 mai 1913, *Société des docks rémois*).

(2) A moins cependant que, le requérant ayant constitué avocat, le recours ne puisse être considéré du premier coup comme étant de pleine juridiction (Cons. d'Ét., 25 avril 1913, *Manche*; 3 avril 1914, *Valenchon*). V. *supra*, p. 418 en note.

Sur les conséquences de l'annulation d'une décision exécutoire, par rapport au sort d'un traité ou d'un contrat qui aurait pu s'appuyer sur la décision annulée, V. les conclusions de M. Romieu, sous Cons. d'Ét., 4 août 1905, *Martin*, Lebon, p. 750). Le contrat ne sera pas résolu de plein droit, ce sera au juge du contrat à voir s'il doit l'être.

(3) Depuis quelque temps, le Conseil d'État se préoccupe d'assurer l'effet de la chose jugée sur excès de pouvoir vis-à-vis de l'administration. Ce n'est pas que celle-ci ait jamais refusé d'obtempérer et de déduire les conséquences de droit de l'arrêt d'annulation, mais elle y met plus ou moins d'empressement. Aussi lorsque le conseil annule le refus d'une autorité de faire un acte auquel elle était obligée, a-t-il pris l'habitude de renvoyer le requérant devant l'autorité compétente pour obtenir la décision *à laquelle il a droit*.

Cette procédure *de renvoi à l'administration pour faire ce que de droit* aurait cet avantage que, par là, l'administrateur serait chargé expressément d'exécuter et qu'au cas de refus définitif, cela ferait apparaître à sa charge une responsabilité pour *fait personnel* (Cf. conclusions Chardenet sous Cons. d'Ét., *Sains-les-Fressins*, 28 juill.

3° *La décision rendue sur le recours pour excès de pouvoir est susceptible d'un recours en revision* (art. 32, Décr. 22 juill. 1806 et art. 23, § 2, L. 21 mai 1872);

4° *La tierce opposition est recevable contre elle,* mais seulement de la part de toute personne qui n'a été ni appelée, ni représentée dans l'instance et qui se prévaut d'un droit auquel la décision entreprise aurait préjudicié (Décr. 22 juill. 1806; C. pr. civ., art. 474; Cons. d'Ét., 29 nov. 1912, *Boussuge;* 20 fév. 1914, *Gaucher*) (1).

Section III. — Le contentieux de la pleine juridiction sur les conséquences des exécutions et des opérations. — Les recours contentieux de pleine juridiction.

Les opérations administratives, les exécutions de décisions administratives, les situations auxquelles elles donnent lieu, les dommages qu'elles entraînent, en un mot, *les faits de gestion* engendrent, de plein droit, à raison de l'état de société que la gestion administrative suppose entre l'administration et les administrés un contentieux administratif de pleine juridiction pour le règlement des litiges. Cela signifie : 1° que le juge saisi est administratif; 2° que ce juge doit prononcer en tenant compte à la fois des droits de l'administration et de ceux de la partie adverse; 3° que ce contentieux est normal, ordinaire et spontané, c'est-à-dire que le juge administratif de droit commun, qui est en fait le Conseil d'État, est valablement saisi par cela seul qu'un litige est né dans une situation d'opération administrative (sous réserve de la procédure à suivre pour la liaison de l'instance) (2).

1911, Lebon, p. 913, et ma note dans S., 11. 3. 121, sur l'affaire *Fabrègues,* Cons. d'Ét., 22 juill. 1910, ou, tout au moins, à la charge de l'administration, une responsabilité pour faute de service.

(1) Il y a eu, sur cette question de la tierce opposition, des revirements de jurisprudence nombreux. Un arrêt du 28 avril 1882, *Ville de Cannes,* avait déclaré la tierce opposition recevable de la part de tous ceux qui auraient pu intervenir; un arrêt du 8 décembre 1899, *Ville d'Avignon,* avait refusé absolument la tierce opposition, motif pris de ce que les instances en recours pour excès de pouvoir n'ont pas le caractère de litiges entre parties. Entre ces deux thèses absolues, nos arrêts *Boussuge* et *Gaucher* choisissent une *via media;* pour donner satisfaction aux textes, la tierce opposition sera accordée, mais seulement à ceux qui pourront invoquer la violation d'un droit. D'ailleurs, cette nouvelle jurisprudence ne signifie pas du tout que l'instance en excès de pouvoir ait pris, plus que par le passé, le caractère d'un litige entre des parties ou ait perdu de son caractère objectif (Cf. ma note sous l'affaire *Boussuge,* S., 14. 3. 33).

(2) La grande utilité de la théorie de « la gestion administrative » est de fournir une justification du contentieux administratif de la pleine juridiction, lequel est une institution existante. Cette justification est du même ordre que celle du contentieux commercial ou consulaire; elle est tirée de cette observation historique que tout commerce juridique spécial tend naturellement à engendrer un contentieux spécial. On se trou-

L'existence légale de ces recours s'appuie sur l'institution même des tribunaux administratifs et sur les textes qui ont délégué à ces tribunaux la juridiction contentieuse; le plus général de ces textes est actuellement l'article 9 de la loi du 24 mai 1872, ainsi conçu : « Le Conseil d'État statue souverainement sur les recours en matière contentieuse administrative ». L'histoire de l'établissement de ces recours ne serait autre que celle de la juridiction administrative elle-même (1). Il importe seulement d'observer que, contrairement à une opinion trop généralement répandue, il n'est pas besoin que ces recours soient formellement accordés par des textes, ils existent de plein droit, dès qu'un litige est né dans une situation d'opération administrative ou d'exécution des décisions administratives ou d'exécution des services publics, et, par là, méritent leur nom de recours « ordinaires » (2).

vait en présence du contentieux administratif de la pleine juridiction, il n'y avait qu'à retrouver derrière lui le commerce juridique spécial de l'opération administrative. C'est ce que je me suis efforcé de faire (V. mon opuscule *La gestion administrative*, 1900).

(1) V. pour cette histoire, Darèste, *La justice administrative*, 2ᵉ édit.; Laferrière, *Juridiction administrative*, t. I.

(2) Il est certain, aujourd'hui, qu'il existe un contentieux *de nature* déterminé par « l'opération administrative » et non pas seulement un contentieux d'énumération légale. Sur la portée considérable de ce progrès réalisé par notre droit administratif, V. mon ouvrage, *La gestion administrative*, p. 33 et s. Grâce à une question nouvelle qui surgit vers 1889, celle du Conseil d'État juge de droit commun, le conseil fut amené à affirmer sa compétence dans des hypothèses où les droits et obligations des parties, s'ils existaient, ne pouvaient être rattachés qu'à des opérations administratives. A cette question appartient la série des arrêts relatifs aux réclamations pécuniaires des employés municipaux révoqués, ouverte par l'affaire *Cadot*, du 13 décembre 1889, close dans le sens du succès de ces réclamations par la décision du Conseil d'État du 11 décembre 1903, *Villenave* (S., 1904. 3. 121, et la note), étendue aux départements (Cons. d'Ét., 24 juill. 1903, *Vivien*); la décision du Conseil d'État du 3 février 1893, *Ville de Paris*, relative à la réclamation d'une indemnité de résidence due par la commune à un ministre du culte; les décisions du Conseil d'État du 22 juin 1888, *Ville de Biarritz*; du 26 février 1892, *Commune de Lion-sur-Mer*; du 8 avril 1892, *Commune de Rennes*; du 24 février 1896, *Ville de Narbonne*, et surtout du 6 février 1903, *Terrier* (S., 1903. 3. 25); du 22 mars 1907, *Ville de Brest*, relatives à des promesses de subventions ou des promesses de traitements résultant de l'inscription au budget de certains crédits suivies de faits d'exécution correspondants; la série des décisions sur les actions récursoires de département à département pour débours faits dans le service de l'assistance médicale ou dans celui des aliénés (Cons. d'Ét., 8 août 1899, *Département de la Mayenne*; 14 déc. 1900, *Département de l'Allier*; 21 déc. 1900, *Département du Calvados*; 1ᵉʳ août 1902, *Département de la Seine*; 22 janv. 1904, *Département de la Seine*, etc.). La progression de la jurisprudence n'a pas été interrompue, d'autres décisions plus récentes semblent indiquer l'intention de donner une nouvelle impulsion au contentieux de la pleine juridiction, qui est spécialement le contentieux de l'opération administrative (Cons. d'Ét., 19 mai 1899, *Deane*; 9 juin 1899, *Bergeon*; 3 août 1900, *Vivien*; 30 mai et 6 juin 1902, *Ville de Bar-le-Duc*, concl. de M. Romieu; 6 mars 1903, *Pelous*; 9 déc. 1904, *Montagnier*); en outre, toutes les

Règles des recours contentieux de pleine juridiction. — A. *Délai dans lequel ils doivent être intentés.* — Il faut distinguer selon que le recours est porté devant le Conseil d'État ou devant les conseils de préfecture :

1º Pour les recours portés devant le conseil de préfecture, s'il n'y a pas de texte, le délai est de trente ans ;

2º pour les recours portés devant le Conseil d'État, il faut distinguer le délai dans lequel peut être utilement formée la réclamation administrative destinée à provoquer la décision préalable et ensuite le délai du recours contentieux contre cette décision préalable.

Le délai dans lequel doit être formée la réclamation administrative destinée à provoquer la décision préalable et à lier l'instance est en principe de trente ans à partir du moment où est née la situation contentieuse (Cons. d'Ét., 10 mai 1918, *Lagalle*), mais il faut tenir compte de la déchéance quinquennale, s'il s'agit d'une dette administrative de l'État (V. *infra*, vº *Déchéance quinquennale*).

Contre la décision préalable, une fois qu'elle est rendue, le délai du recours est en principe de deux mois, par application de la loi du 13 avril 1900 (Cons. d'Ét., 30 nov. 1900, *Drouet*; 8 et 14 fév. 1902, *Commune de Briare*), sauf à tenir compte de nombreux textes spéciaux. Sur les formes, V. *Contentieux*; observons seulement qu'à la différence du recours pour excès de pouvoir, le recours ordinaire *n'est pas dispensé du ministère de l'avocat* (1).

---

décisions relatives aux indemnités pour faits de service plus haut relatées, qui, d'abord, ont fondé la compétence administrative pour les actions en indemnité contre l'État et qui viennent de l'étendre aux actions en indemnité contre les départements et les communes (Confl., 29 fév. 1908, *Feutry*, S., 1908. 3. 97, et ma note), enfin une décision très importante (Cons. d'Ét., 4 mars 1910, *Théron*, S., 11. 3. 17, et ma note) posent bien le principe que le contentieux de pleine juridiction est basé sur l'opération d'exécution d'un service public.

Si des lois formelles ont fait retomber dans le contentieux judiciaire des matières relevant des opérations administratives (L. 15 juill. 1845, art. 22, relations de l'administration des chemins de fer de l'État avec le public; L. 20 juill. 1899, responsabilité de l'État dans la surveillance des enfants des établissements d'instruction ; L. 9 avril 1898 relative à la responsabilité des administrations publiques pour les accidents survenus à leurs ouvriers, sauf les exceptions de l'art. 32; L. 17 avril 1901 sur les dommages aux propriétés occasionnés par les exercices de tir; L. 12 juill. 1905, art. 6, § 5, relative au transport des colis postaux ; L. 21 mars 1905 relative aux contestations entre l'administration des chemins de fer de l'État et ses employés), d'une part, il a fallu des lois spéciales pour opérer ces amputations, et ces exceptions confirment la règle ; d'autre part, ces exceptions se justifient par cette idée que les privilèges de l'administration doivent disparaître quand l'activité de celle-ci emprunte trop évidemment les procédés du droit commun ou intéresse le grand public dans sa vie quotidienne et privée, parce qu'alors on n'est plus dans la donnée de ce commerce juridique spécial qui justifie la catégorie de la gestion administrative, et l'on retombe dans le commerce juridique de la vie ordinaire.

(1) En fait, très souvent, on s'aperçoit qu'on est en présence d'un recours conten-

B. *Procédure des recours contentieux de pleine juridiction.* — Renvoi au *Contentieux*. Notons seulement : 1° que ces recours peuvent être portés devant des juridictions variées : Conseil d'État, conseil de préfecture, etc. ; 2° que les effets de la décision sont en principe limités aux parties en cause, suivant les principes de l'autorité de la chose jugée, sauf, toutefois, en matière électorale où l'effet de la décision opère *erga omnes*.

Quant aux pouvoirs du juge, ils varient beaucoup suivant les situations, car les opérations administratives retiennent plus ou moins de puissance publique; le minimum est la réformation d'une décision exécutoire attaquée (liquidation de fournitures, décret de pension); le maximum est la condamnation de la personne administrative à payer un traitement, une somme due, une indemnité; en principe, le juge n'a pas le droit, même ici, de condamner l'administration active à l'exécution d'une prestation ou d'une obligation de faire, ni même de mettre à néant les actes d'exécution qu'elle a faits, il ne peut que la condamner à une indemnité pour le dommage qu'elle a causé. Si bien que l'on peut dire du contentieux de l'opération administrative qu'il est essentiellement un contentieux de l'indemnité (1).

Notons qu'en vertu d'une jurisprudence récente, dans le contentieux de la pleine juridiction, l'administration, si elle est condamnée au fond, sera presque toujours condamnée aux dépens (Cons. d'Ét., 29 juill. 1910, *Brusson*, S., 11. 3. 73, et ma note).

---

tieux ordinaire parce que le Conseil d'État rejette le pourvoi pour avoir été formé sans ministère d'avocat (Cons. d'Ét., 29 mars 1903, *Gervais*; 6 mars 1903, *Pelous*; 11 déc. 1903, *Zuccarelli*; 20 nov. 1903, *Dandicolle*; 18 mai 1906, *Département de l'Aveyron*; 15 fév. 1907, *Théveneau*; 22 mars 1907, *Gaubert*; 8 juill. 1910, *Dagneau*; 8 mars 1912, *Schlemmer*, S., 13. 3. 1 et ma note).

(1) On pourrait distinguer, ici aussi, la question de la recevabilité des recours et celle de leur admission au fond. Dans les affaires de réclamations en indemnité d'employés municipaux révoqués, les recours, quoique déclarés recevables parce qu'ils étaient dirigés contre une décision relative aux résultats de la révocation (la délibération du conseil municipal refusant l'indemnité), ont été rejetés au fond pendant longtemps, parce qu'il n'avait pas été reconnu au profit de ces employés de droits qui eussent été violés par cette décision : « considérant que le sieur X... n'est pas fondé à se prévaloir de cette nomination pour soutenir qu'il avait le droit de conserver ses fonctions pendant un temps déterminé... » (Affaires *Cadot, Wottling, Drancey*, etc.), puis, par un revirement, dans l'arrêt *Villenave*, Cons. d'Ét., 11 déc. 1903, le Conseil d'État a admis le principe du droit à une indemnité de congé (S., 1904. 3. 21, et ma note) et il l'a consacré dans l'arrêt *Lacourte*, Cons. d'Ét., 15 fév. 1907 (S., 1907. 3. 49, et ma note).

LIVRE IV

LES DROITS DES ADMINISTRATIONS PUBLIQUES

TITRE PREMIER

LES DROITS EN VERTU DESQUELS SONT ORGANISÉS ET OPÉRÉS LES SERVICES PUBLICS

CHAPITRE PRÉLIMINAIRE

CONSIDÉRATIONS GÉNÉRALES

I. *Caractères généraux des droits des administrations publiques.* — Le livre précédent a été consacré à l'administration, à ses procédures d'action d'office et aux recours contentieux qu'elles provoquent, c'est-à-dire à *l'exercice des droits et des pouvoirs* des administrations publiques. Mais on ne peut pas se placer uniquement au point de vue de *l'exercice des droits*, quel que soit le très grand intérêt de ce point de vue; on ne saurait pénétrer dans le détail des diverses opérations administratives que si on se place au point de vue de la *jouissance des droits*; alors, les préoccupations mouvementées qu'entraîne la perspective de *l'exercice des droits* disparaissent, pour ne laisser place qu'à un examen très calme du *fond du droit*, c'est-à-dire des moyens de droit dont les administrations disposent pour l'accomplissement de leur fonction.

Si l'on observe les droits des administrateurs publiques par rapport à la fonction administrative pour laquelle ils constituent des moyens d'action, on s'aperçoit qu'il y en a, pour ainsi dire, deux étages superposés :

Il y a, d'abord, les droits *en vertu desquels sont organisés et opérés les divers services publics*, par exemple le droit de guerre, en vertu duquel est organisé le service militaire; les droits de justice et police, en vertu desquels sont organisés les services de la justice et de la police ; le droit d'enseignement, en vertu duquel sont organisés les services de l'instruction publique. Les droits de cette première catégorie sont intimement unis aux divers services à rendre, puisqu'ils sont justement le droit de rendre ces services.

Au-dessous de cette première catégorie des droits, on en remarque une autre composée de droits plus détachés des services techniques et n'ayant de rapports qu'avec la fonction administrative envisagée dans sa généralité, ce sont les *moyens de gestion des services publics ;* ces moyens de gestion sont, en principe, les mêmes pour tous les services techniques, ils ont pour but de les alimenter en hommes, en matériel, en argent, ce sont, par exemple, les droits sur les fonctionnaires, les droits de domaine public, les droits d'expropriation et de travaux publics, les droits d'impôt.

Les moyens de gestion des services publics, par cela même qu'ils sont plus éloignés des services techniques, se rapprochent davantage des droits patrimoniaux : il en est quelques-uns, comme l'expropriation, les travaux publics, les impôts, qui peuvent être classés parmi les modes d'acquérir ; nous verrons plus tard que le domaine public gagne à être considéré comme une forme de propriété.

De ces moyens de gestion, d'ailleurs, les uns méritent le nom de *droits de puissance publique,* parce qu'ils sont exorbitants du droit commun en ce qu'ils comportent de la réquisition ou de la contrainte ; les autres méritent le nom de *droits de puissance privée,* parce qu'ils ne présentent pas ces caractères exorbitants.

En résumé, trois catégories de droits seront étudiées dans trois titres différents : 1° les droits de puissance publique en vertu desquels sont organisés et opérés les divers services publics ; 2° les droits de puissance publique qui sont des moyens de gestion des services publics ; 3° les droits de personne privée.

Caractères généraux des droits en vertu desquels sont organisés et opérés les services publics. Leur caractère de droits de domination et de police. — Ces droits, intimement unis à la fonction administrative, puisqu'ils sont le droit d'organiser et de rendre certains services, ne se trouvent-ils pas d'une certaine façon absorbés par la fonction et ne seraient-ils point mieux nommés des devoirs ? On dit le droit de justice et de police ou le droit d'enseignement de l'État, mais ne devrait-on pas dire plutôt le devoir de justice, le devoir de police, le devoir d'enseignement de l'État ?

On aperçoit la gravité de la question ; elle touche directement à celle du pouvoir que nous avons examinée aux p. 16 et s. Il ne faut pas se lasser de répéter, malgré les doctrines sophistiques qui prétendent le contraire, que les fonctions et les devoirs ne peuvent point être accomplis sans l'intervention d'un pouvoir et que ce pouvoir de réalisation des devoirs est l'élément essentiel des droits, qui sont ainsi tout naturellement des droits de domination. D'ailleurs, l'histoire du droit nous montre que les droits en vertu desquels sont organisés et opérés les services publics ont toujours été réclamés par l'État comme des droits de domination sous le nom de *droits régaliens*.

Les services publics sont eux-mêmes des moyens d'assurer la police, et, par suite, les droits en vertu desquels sont organisés les services sont des droits de police, lesquels sont incontestablement des droits de domination (1).

(1) La proposition que les services publics sont des moyens d'assurer la police se justifie par les considérations suivantes :

1° D'une façon très générale, le régime d'État a pour objectif de faire régner la paix sociale par l'application préventive du droit; en un sens élevé, cela peut s'appeler « la police ». Cette police s'obtient, en premier lieu, par la réglementation, c'est-à-dire par des prescriptions de lois et règlements, édictant ce qui est défendu et ce qui est permis, ce qui ne doit pas être fait et ce qui doit être fait. Mais il ne suffit pas d'édicter des prescriptions, il faut encore assurer leur exécution. Or, cela peut se faire soit par le procédé juridictionnel, soit par le procédé administratif; le procédé juridictionnel consiste à faire appliquer par le juge des sanctions répressives, nous le laisserons de côté ; le procédé administratif consiste à faciliter aux citoyens l'exécution volontaire des lois par l'*organisation préventive de services* qui soient mis à leur portée. L'organisation d'un service public a ainsi pour but d'*assurer* préventivement *l'exécution des lois* et, par conséquent, elle a un but *de police*.

C'est ainsi, par exemple, que la police générale de l'État moderne exigeant le développement de l'instruction primaire, des lois ont été votées pour rendre obligatoire cette instruction ; mais, pour assurer l'exécution de ces lois, les sanctions juridictionnelles qu'elles ont prévues ne suffiraient pas, encore faut-il que des écoles primaires soient mises dans toutes les communes à la disposition des enfants; et, comme on n'a pas voulu être tributaire des écoles privées, il a fallu organiser tout le service de l'enseignement primaire public, lequel se trouve être ainsi un moyen de police pour assurer l'exécution des lois sur l'enseignement primaire.

La police de l'État, dans le sens élevé du mot, s'obtient aussi par des constatations, des authentications, des certificats, qui sont pour la garantie sociale et qui donnent lieu à l'organisation de certains services qui sont des services de police dans le sens élevé du mot. Il est intéressant de montrer combien de droits accessoires ou de services s'expliquent par un droit fondamental de l'État que l'on peut appeler le *droit d'authentication*, qui est le droit de garantir la vérité des faits ou la qualité des choses, et qui se présente bien comme un droit de police. Au groupe des droits d'authentication appartiennent : 1° Le droit de battre monnaie et le service des monnaies (Décr. 11 sept. 1790; Décr. 21, 27 mai 1791; Ord. 8, 26 déc. 1827; L. 21 juin 1871; L. 31 juill. 1879); 2° Le droit de créer de la monnaie fiduciaire ou papier-monnaie. Ce droit est actuellement concédé à la Banque de France pour la métropole et à certaines banques coloniales (L. 22 avril 1806; L. 17 mai 1834; L 26 janv. 1893; Banque de l'Indo-Chine, (Décr. 21 janv. 1875; Banque de l'Algérie (L. 4 août 1851; L. 3 avril 1880) ; 3° Le droit de garantie des objets d'or et d'argent (L. 19 brum. an VI; L. 30 mars 1872; Décr. 27 juill. 1878); 4° Le droit de garantie des marques de fabrique et de commerce (L. 26 nov. 1873); 5° Le droit de vérification des poids et mesures et le service de vérification (L. 4 juill. 1837; Ord. 18 avril 1839; Décr. 5 nov. 1852, etc.); 6° Le droit d'instituer des officiers ministériels dont la mission est de conférer l'authenticité à certains actes de la vie civile, tels que

Étant donnée, d'ailleurs, cette parenté entre les droits de police et les droits en vertu desquels sont organisés les services publics, on ne sera pas surpris de voir rassemblés dans ce titre I un chapitre sur *la police de l'ordre public* et un autre chapitre sur *les services d'assistance et de prévoyance* qui sont les seuls services que nous ayons le loisir d'exposer dans cet ouvrage.

notaires, avoués, huissiers, commissaires-priseurs, agents de change ; 7° Le droit de tenir des registres publics où se trouve authentiquement constaté l'état civil des personnes ; 8° Le droit de tenir des registres publics où se trouvent authentiquement constatés l'état des parcelles territoriales, les mutations de propriété et les inscriptions d'hypothèques et de privilèges (cadastre, registres du conservateur des hypothèques) ; 9° Le droit de collation des grades et le service des examens. Par mesure d'ordre, l'État ne permet l'exercice d'aucune profession importante supposant du savoir, sans qu'il soit établi que le savoir nécessaire est acquis par le candidat, c'est lui qui en certifie l'existence par la collation d'un grade précédée d'un examen. Les jurys d'examinateurs déclarent l'aptitude au grade, le ministre décerne le grade. Sur la nature de ces opérations administratives, Cf. Cons. d'Ét., 16 nov. 1894, *Brault et autres*, S., 96. 3. 65 et ma note.

2° Dans l'organisation des services publics, il apparaît toujours quelque contrainte qui révèle le droit de domination. Ainsi, dans les services de l'assistance publique, la contrainte est sans doute à l'arrière-plan, mais elle existe quand même dans l'interdiction de la mendicité qui signifie : « Ayez des ressources d'existence ou faites-vous inscrire à l'assistance publique, mais ne mendiez pas dans la rue, » et qui donc, d'une certaine façon, contraint à l'assistance ; il n'est pas douteux, d'ailleurs, qu'à mesure que se resserreront les mesures de police contre les vagabonds, l'alternative entre les moyens d'existence privés et l'assistance publique deviendra de plus en plus pressante. La contrainte existe dans un service de prévoyance comme celui que vient d'organiser la loi du 5 avril 1910 sur les retraites ouvrières et paysannes ; on a pensé que la combinaison ne marcherait pas si la retraite n'était pas obligatoire. Il y a une contrainte aussi à la base des services d'enseignement, puisque l'instruction primaire est obligatoire ; à plus forte raison, y a-t-il une contrainte dans le service militaire, dans celui de la police, dans celui de la justice, etc.

Enfin, autre conséquence du droit de domination, c'est la tendance au monopole qu'il y a dans tout service public, qui doit être combattue dans bien des cas où il est plus avantageux d'admettre la concurrence de l'initiative privée, mais dont on sent partout la poussée. Un certain nombre de services publics ne peuvent être établis que sous forme de monopoles, souvent pour des raisons économiques ; ainsi, il est très difficile d'organiser l'éclairage public et privé d'une ville sans employer le procédé du monopole ; bien entendu, ce monopole est imposé à la population et onéreux pour elle, c'est encore une forme de la contrainte, mais la commune a le droit de créer ce « privilège exclusif » du moment qu'elle a le droit de créer le service, s'il est avéré que le service ne peut être obtenu autrement.

CHAPITRE PREMIER

LES POLICES DE L'ORDRE PUBLIC (1)

SECTION I. — LES POLICES ADMINISTRATIVES GÉNÉRALES.

§ 1. — *Le but et les moyens de la police administrative générale.*

En matière de police, il faut soigneusement distinguer la police administrative générale et les polices spéciales. Les polices spéciales sont complètement définies par les lois qui les ont organisées, la police générale est beaucoup moins définie.

D'abord, il importe de la distinguer de la police judiciaire. La police administrative a pour but de maintenir l'ordre public, en prévenant les troubles possibles par une sage réglementation et en réprimant les troubles qui se produisent par la *coercition*, c'est-à-dire par un déploiement de la force publique et, en certains cas, par un emploi direct de cette force ; la police judiciaire a pour but la recherche des délits et infractions en vue de poursuites judiciaires ; elle est ainsi un auxiliaire de la justice répressive, tandis que la police administrative se suffit à elle-même.

I. *Le but de la police administrative générale.* — *Le maintien de l'ordre public par des mesures préventives.* — L'ordre public, au sens de la police, est l'ordre matériel et extérieur considéré comme un état de fait opposé au désordre, l'état de paix opposé à l'état de trouble. Pour la police, mérite d'être interdit tout ce qui provoque du désordre, mérite d'être protégé ou toléré tout ce qui n'en provoque point. Le désordre matériel est le symptôme qui guide la police comme la fièvre est le symptôme qui guide le médecin. Et la police emploie, comme la médecine, une thérapeutique qui tend uniquement à faire disparaître les symptômes ; elle n'essaie point d'atteindre les causes profondes du mal social, elle se contente de rétablir l'ordre matériel et même, le plus souvent, l'ordre dans la rue ; en d'autres

(1) Nous ne pouvons, faute de place, étudier tous les droits en vertu desquels sont organisés les services publics ; pour des raisons pratiques, nous choisissons les droits de police et les droits en vertu desquels sont organisés les services d'assistance et de prévoyance sociales.

termes, elle ne poursuit pas l'ordre moral dans les idées et dans les sentiments, elle ne pourchasse pas les désordres moraux, elle est pour cela radicalement incompétente; si elle l'essayait, elle verserait immédiatement dans l'inquisition et dans l'oppression des consciences à cause de la lourdeur de son mécanisme. Afin d'assurer la liberté de conscience et de pensée, le régime administratif est obligé d'établir une distinction entre les idées et les faits ; en principe, il y a liberté de discuter et de propager toutes sortes d'idées, la police n'intervient que pour empêcher de passer à l'exécution des actes dangereux ou nuisibles.

Ce n'est pas que la société n'ait pas besoin d'ordre moral, ce n'est pas que la propagation de toutes sortes d'idées soit une bonne chose, mais cela veut dire que la société est invitée à se protéger ici par d'autres institutions que par celle de la police d'État, qui n'est pas adaptée à ce genre d'office.

Les éléments de l'ordre public matériel dégagés par la législation sont la tranquillité publique, la sécurité publique, la salubrité publique (1).

II. *Les moyens de la police administrative générale.* — *La réglementation et la coercition.* — La police administrative a deux moyens à sa disposition, la réglementation et la coercition. Il ne suffirait pas de caractériser ces deux procédés en disant de la police qu'elle pose une règle, puis qu'elle en assure l'exécution, ce serait beaucoup trop sommaire, car il faut encore savoir comment la police pose des règles et quelles règles et comment elle en assure l'exécution.

A. *De la réglementation de la police.* — Sur ce premier point, nous n'avons qu'à renvoyer à ce que nous avons dit *supra*, p. 60 et s., sur les règlements administratifs, qui s'applique intégralement aux règlements de police.

B. *De la coercition ou de l'emploi direct de la force publique par la police.* — Les règlements de police ne sont pas sanctionnés principalement par l'emploi direct de la force publique, ils le sont surtout par le système répressif des contraventions; il est de principe que le règlement est d'*abord* sanctionné par la contravention de simple police et que l'administration n'a que le droit de faire dresser procès-verbal ; l'exécution par la voie administrative ou coercition n'est de mise que dans les cas d'urgence, aussi un arrêté municipal de police qui, hors ces cas, prévoirait l'exécution d'office devrait-il

---

(1) En droit civil, l'ordre public a une autre signification. On dit d'une règle du droit ou d'une institution qu'elles sont d'ordre public, lorsqu'elles touchent à des objets sociaux tellement importants que les conventions privées ne peuvent y déroger ; on dit d'une nullité qu'elle est d'ordre public, lorsqu'elle ne peut être couverte par des renonciations particulières, etc., l'ordre public indique donc là la limite de l'action des particuliers sur ce qui est d'intérêt collectif.

être annulé pour excès de pouvoir (Cons. d'Ét., 19 avril 1907, *Suremain*, conclusions Romieu (Cf. *supra*, p. 77 et s.).

En soi, la *coercition* est le droit d'employer la force, séance tenante (charge des forces de police ou de la troupe, décharge de mousqueterie), et d'infliger un mal (arrestation, coups, blessures, perquisitions, prise de possession de locaux, apposition de scellés, etc.) pour assurer l'obéissance à des ordres donnés et le respect de mesures prises; dans la coercition, la décision et l'exécution ne sont pas séparées, la décision du magistrat qui applique la coercition n'est pas une condamnation pénale, mais un acte administratif; la coercition est, au premier chef, de l'action directe disciplinaire, par elle, le magistrat fait disparaître par l'emploi de la force l'obstacle, quel qu'il soit, qui s'oppose à l'exécution de ses ordres (1).

De la force publique et de son emploi. — Il existe une séparation radicale entre les autorités administratives qui ont le droit de mettre en mouvement la force publique et les agents qui constituent à proprement parler cette force (2). Outre que cette séparation introduit un contrôle automatique dans l'emploi de la force publique,

---

(1) Elle se distingue de la répression pénale en ce que, dans le système de la répression pénale, l'autorité administrative n'a pas d'autre droit que celui de constater par un procès-verbal le manquement à ses ordres et de saisir un juge qui déduira les conséquences de l'infraction. Cette interposition d'un juge entre la police et le délinquant constitue la principale garantie du système de la répression pénale et explique que ce système se soit presque partout substitué à celui de la coercition directe qui, évidemment, présente peu de garanties. Mais, d'un autre côté, la lenteur de la répression pénale fait que, pour les cas urgents, on est obligé de réserver la possibilité de l'emploi de la coercition directe. La distinction de la coercition et de la répression pénale, très peu étudiée en France, a été mise en lumière par Mommsen, *Droit public romain*, t. I, p. 156 et s.; *Droit pénal romain*, t. I, p. 38 et s., 42, 61, etc. Cf. Otto Mayer, *Le droit administratif allemand*, t. II, p. 82 et s., 109 et s.

Notons que, dans la France métropolitaine, la coercition de la police ne comporte pas le droit de prononcer des peines proprement dites, mais simplement de commettre impunément certaines voies de fait; il n'en est pas de même dans certaines de nos colonies où existent ce que l'on appelle les délits d'indigénat, pour lesquels certaines peines peuvent être infligées séance tenante aux indigènes par l'administrateur. Cf. L. 21 déc. 1904 relative aux pouvoirs disciplinaires des administrateurs civils des communes mixtes de l'Algérie; Décr. 21 nov. 1904 portant règlement sur l'indigénat en Afrique occidentale française; Décr. 11 oct. 1904 portant règlement sur l'indigénat en Annam et au Tonkin, etc.; dans certains pays européens, par exemple en Allemagne, la police peut aussi prononcer elle-même des amendes légères (Otto Mayer, *loc. cit.*).

(2) Cette séparation est analogue à celle qui existe, en matière de comptabilité publique, entre les ordonnateurs et les comptables. De même que les ordonnateurs n'ont pas le maniement des deniers, de même les autorités administratives ou judiciaires n'ont pas le maniement direct de la force publique; de même que les comptables ne peuvent pas payer une dépense sans un ordre de l'ordonnateur, de même les agents qui ont le commandement direct de la force publique ne peuvent point employer celle-ci sans un ordre ou une réquisition d'une autorité compétente.

elle assigne aux agents qui la représentent une situation subalterne ; elle traduit dans les faits cette maxime si souvent proclamée par les textes révolutionnaires, que la force publique est essentiellement « obéissante » et que le régime d'État est essentiellement « civil » (C. 24 juin 1793, art. 112 ; C. 5 fruct. an III, art. 225) (Cf. mes *Principes de droit public*, p. 441 et s.). Il convient de distinguer parmi les agents de la force publique les agents civils et la force armée :

a) Doivent être considérés comme agents civils ou agents de la *force publique proprement dite*, ceux qui sont pourvus d'armes, mais qui, en temps ordinaire, ne font pas partie de l'armée. Tels sont les agents des douanes et des forêts, les gardes champêtres et les agents de police. Ces agents sont à la disposition des autorités compétentes en ce sens qu'il leur est donné des *ordres* même verbaux ; et ceux d'entre eux qui sont communaux sont à la disposition des autorités communales en vertu d'un pouvoir propre de celles-ci, tandis que le droit de requérir la force armée, dont il va être parlé, n'appartient aux autorités communales qu'en vertu d'une délégation de l'État ;

b) Doivent être considérées comme éléments de la *force armée*, les troupes de l'armée de terre et de mer et la gendarmerie ; il ne leur est pas donné d'ordres verbaux, il leur est adressé des *réquisitions écrites*, lesquelles sont astreintes à des règles sévères (1).

(1) Voici ces règles (L. 10 juill. 1791, art. 9, 13, 16, 17, 19 ; L. 3 août 1791, art. 20, 22, 23 ; Règl. sur le service des places du 13 oct. 1863, art. 211, etc. ; Circ. min., 24 juin 1903 ; Décr., 20 mai 1903 sur la réquisition de la gendarmerie ; Décr. 2 sept. 1906) : 1° Nulle troupe ne doit agir que d'après les réquisitions *écrites* des autorités qui en ont le droit. Cependant, en cas de flagrant délit et d'urgence, on n'attendra pas, pour agir, d'avoir reçu une réquisition écrite ou d'avoir pu se concerter avec les officiers civils. Le commandant des troupes ou du détachement prendra immédiatement les mesures qu'il jugera nécessaires pour disperser les rassemblements ou pour repousser l'agression dont il est l'objet (art. 25 L. 3 août 1791 ; art. 87, 92, 211 et 212 Règl. pour le service des places) ; 2° la réquisition doit être faite dans la forme indiquée à l'article 22 de la loi du 3 août 1791 : « Nous... requérons en vertu de la loi, M..., commandant, etc..., de prêter le secours des troupes de ligne ou de la gendarmerie nationale, nécessaire pour... Pour la garantie dudit commandant, nous apposons notre signature » ; 3° la réquisition doit indiquer clairement le but à atteindre, mais elle doit laisser au chef militaire le choix des moyens pour y arriver, après s'être concerté autant que possible avec les officiers civils auteurs de la réquisition ; 4° le fonctionnaire civil responsable du maintien de l'ordre reste seul juge du moment où la force armée doit intervenir, mais l'autorité militaire ne doit pas être prise à l'improviste par une réquisition, elle doit autant que possible recevoir des avis préalables (Circ. 21 juin 1869) ; 5° nulle troupe, même requise, ne doit sortir de sa division sans un ordre donné par le général commandant le corps d'armée, ou de son département sans un ordre du général de division à qui le pouvoir est délégué. Nulle troupe, même requise, ne doit quitter la ville où elle se trouve sans un ordre du général commandant la subdivision. Le pouvoir de répondre aux réquisitions légales pour agir en dehors de la ville où ils sont établis peut être délégué aux commandants de garnison et de détachement par les généraux commandant les divisions et subdivisions (Circ.

Les autorités administratives qui ont le droit de mettre en mouvement la force armée en temps de paix sont : Le chef de l'État avec le contreseing d'un ministre, les préfets, les sous-préfets, les commissaires de police, les officiers et sous-officiers de gendarmerie, les maires ou adjoints, il faut y joindre les présidents de la Chambre des députés et du Sénat pour assurer la sécurité de ces assemblées, les présidents des bureaux de vote pour assurer le maintien de l'ordre pendant la durée du scrutin. En temps de guerre et en cas d'état de siège, il y a des règles spéciales.

La force armée ne peut être mise en mouvement que dans certains cas déterminés et avec certaines formes (1).

III. *De l'écart qu'il y a entre le but de la police administrative générale et les moyens qu'elle a le droit d'employer* (2).

15 mars 1848), mais sous la condition de rendre compte immédiatement. Dans les cas de flagrant délit et d'urgence, une troupe peut toujours sortir de sa circonscription. Quand aux conditions dans lesquelles la troupe peut faire usage de ses armes, V. L. sur les attroupements du 7 juin 1848 et Règl. sur le service des places.

(1) Cf. Rochoux, *De l'autorité militaire*, Bordeaux, 1896; Décr. 20 mai 1903 et Décr. 2 sept. 1906.

(2) Il ne faut pas confondre le but de la police avec les droits de la police. De ce que les autorités chargées de la police ont le devoir d'assurer l'ordre public, il ne s'ensuit pas qu'elles aient le droit d'employer toutes sortes de moyens, ni qu'elles puissent toucher à toutes sortes d'objets. La fin ne justifie pas les moyens, même en matière de police. Voilà une matière où se marque l'absurdité de la théorie *du but dans le droit*. Si les droits n'étaient justifiés que par le but social à atteindre, il faudrait avouer que la fin justifie les moyens ; or, il n'est rien de plus faux, il y a des moyens qui ont par eux-mêmes un caractère illicite ou répréhensible, et qu'il n'est pas permis d'employer, même dans un but que l'on estime utile. D'ailleurs, le but c'est l'élément d'utilité et l'utile ne se confond pas avec le juste.

D'une part, aucune mesure particulière de police n'est légale sans un règlement général préétabli (Confl., 22 avril 1910, *Préfet de la Côte-d'Or*, S., 10. 3. 129 et ma note); d'autre part, les règlements de police sont subordonnés à la légalité, laquelle est gardienne des libertés des citoyens ; nous avons déjà eu l'occasion de signaler cette règle, il est bon d'y insister.

Les autorités chargées de la police s'arrogent volontiers le droit de *prescrire* certains actes, d'*interdire* certaines manifestations de la vie sociale, ou de les *soumettre à l'autorisation préalable* et. cependant, la question de savoir si elles ont légalement ces droits d'*injonction*, d'*interdiction*, d'*autorisation préalable* est très délicate et ne peut être tranchée que grâce à de nombreuses distinctions de temps et de lieu. Il y aurait un procédé radical qui consisterait à dire qu'aucun de ces droits d'injonction ou d'interdiction n'existe s'il ne trouve son principe dans une loi, car la loi seule peut porter atteinte à une liberté. Malheureusement, ce procédé n'est pas absolument justifié comme principe d'interprétation, c'est plutôt un principe de législation. En fait, une liberté n'échappe à l'action du pouvoir réglementaire que si elle est organisée par la loi, il est certain qu'un simple règlement de police peut apporter des restrictions à une liberté en tant justement que celle-ci n'est pas déterminée par une loi.

Des distinctions sont donc nécessaires :

a) *Les droits de la police administrative générale dans les propriétés privées.* — Nous pouvons nous attendre à ce que, dans les propriétés privées, les droits de réglementation de la police soient réduits au *minimum*, parce que l'inviolabilité de la propriété privée et du domicile est très déterminée et que l'exercice des diverses libertés individuelles, à l'abri de la propriété privée et du domicile, se trouve par là même très garanti par la loi. Le propriétaire, dans sa propriété, a le droit de se livrer à toutes sortes d'activités et de faire en principe toute sorte d'installations et toute sorte d'établissements, sauf ceux qui sont spécialement interdits ou spécialement subordonnés par la loi à l'autorisation de la police (Hospices privés. Cons. d'Ét., 18 mars 1898, *Noualhier*, S., 99. 3. 1 et la note; 15 fév. 1910, *Noualhier*, 19 déc. 1902, *Sauton*, S., 1903. 3. 95 et ma note. Cf. 16 fév. 1912, *de Montlivault*, S., 12. 3. 57 et ma note). Il n'y aura donc, en principe, aucun droit d'interdiction (Cf. Cons. d'Ét., 3 mars 1905, *Lebourg*, et les conclusions de M. Romieu, Lebon, p. 220). C'est ainsi qu'avant le décret du 15 octobre 1810, l'administration ne se reconnaissait point le droit d'interdire ou de soumettre à autorisation préalable les ateliers dangereux, insalubres ou incommodes; c'est ainsi encore qu'avant la loi du 16 juillet 1856, elle ne se reconnaissait pas le droit d'interdire des fouilles nuisibles aux sources d'eaux minérales (Cass., 13 avril 1844, *Brusson*. Cf. Cons. d'Ét., 2 mars 1900, *Rosambo*); actuellement, on ne peut pas interdire les garderies d'enfants (Cons. d'Ét., 27 janv. 1905, *Maire de Lançon*, S., 1905. 3. 129 et ma note), et le droit d'injonction se réduira à ceci : *on enjoindra au propriétaire de faire disparaître, par lui-même et par les procédés qu'il jugera convenables, la cause de trouble qui menace l'ordre public, sans lui prescrire aucun moyen particulier*, c'est-à-dire que le droit d'injonction se bornera à charger le propriétaire ou l'habitant d'assurer lui-même l'ordre public ; cela a été jugé maintes fois en matière de salubrité. Cons. d'Ét., 12 mai 1882, *Palazzi*, écuries; 26 fév. 1891, *Jarlet*, dépôt de pulpes; 18 mars 1899, *Noualhier*, hospitalisation de tuberculeux à domicile; 12 et 19 déc. 1902, *Sauton*, même solution pour une léproserie; Cass., 28 juill. 1873, *Carré*; 26 nov. 1887, *Maire de Caen*. Mais V. comme hypothèse où l'injonction de la police s'appuie sur une obligation légale préexistante, Cons. d'Ét., 28 mars 1885, *Languellier*, affaire des poubelles, et comme hypothèse d'une première injonction valable, pourvu qu'elle réserve la liberté du moyen d'exécution, Cass., 29 juill. 1898, *Ribeyrolles* (S., 1900. 1. 157). — La loi du 21 juin 1898 et celle du 15 février 1902 sont venues augmenter considérablement les pouvoirs du maire en matière de salubrité ; il peut notamment ordonner la suppression des puisards, interdire des dépôts de gadoue, etc., mais le principe consigné au texte n'en subsiste pas moins et s'en trouve même confirmé (Cf. ma note dans S., 1901. 1. 377, sous Cass., 22 juin 1900, *Dujardin*, et Cons. d'Ét., 5 juin 1908, trois arrêts, S., 1909. 3. 113 et la note; Cons. d'Ét., 15 janv. 1909, *Vial*), et même en matière de tranquillité. Cons. d'Ét., 5 fév. 1898, *Commune de Poigny*, institution des garde-faisans (S., 99. 3. 1 et ma note). Il semble que, dans ces conditions, l'arrêté de police n'ait plus aucune utilité, mais il en conserve au contraire une considérable; il produit cet effet de placer incontestablement le propriétaire visé dans une situation illicite vis-à-vis des voisins, par suite il le constitue en faute et les voisins peuvent lui demander des indemnités pour préjudice, même si les accidents restent éventuels.

— Il y a des exemples d'interdiction pour des actes accomplis dans des propriétés privées et notamment pour des processions religieuses à l'intérieur d'un parc, si, par suite de la disposition des lieux, la manifestation est quand même publique (Cass. crim., 5 mars 1909, *de Margon*); notamment aussi pour les bruits nocturnes, mais il semble que sur ce point la jurisprudence tende à restreindre les pouvoirs de la police. « Art. 97, L. 5 avril 1884. — ... 2° le soin de réprimer les bruits nocturnes qui troublent le repos des habitants »; défense de teiller du lin la nuit (Cass., 12 nov. 1812); interruption la nuit des travaux bruyants (Cass., 2 mars 1842, 19 janv. 1857; Cass., 18 juill. 1868; Cass., 24 oct. 1899, *Schener*); défense aux boulangers de geindre la nuit (Cass., 21 nov. 1828), défense de jouer d'instruments de musique à sons éclatants à de certaines heures, même dans les maisons (Cass., 4 mars 1882, 20 avril 1883).

Mais Cass., 12 juin 1887, *Maire de Malaucène*, Revue d'administration, 1888. 1. 451, restreint le droit de prohibition aux lieux publics. « Attendu que si cet arrêté a été légalement pris en ce qui concerne l'interdiction du jeu des instruments de musique dans les lieux publics par l'autorité chargée de veiller au maintien de l'ordre dans les rues et à la tranquillité des habitants, le maire de Malaucène a dépassé la limite des pouvoirs qui lui sont attribués par la loi en prohibant l'usage de ces instruments dans les habitations particulières. »

Le maire ne peut pas non plus soumettre à autorisation préalable l'exercice dans un domicile privé d'une industrie non classée, par exemple l'ouverture d'une maréchalerie (Cons. d'Ét., 10 mars 1905, *Charvier*).

b) *Les droits de la police administrative générale dans les lieux publics.* — Il convient de distinguer les voies publiques et les autres lieux publics :

— Les voies publiques sont des dépendances du domaine public, la police y est chez elle, elle ne se heurte pas aux droits de la propriété privée, il est vrai qu'il y a liberté de la circulation et même droit individuel à l'utilisation du domaine public, mais ces droits n'ont pas l'énergie de la propriété individuelle, d'autant que l'on peut prétendre que certaines restrictions à la liberté d'aller et de venir sont justement dans l'intérêt de la circulation. Ainsi, c'est dans l'intérêt de la circulation que le stationnement sur la voie publique, qui est un droit individuel, est soumis à autorisation préalable (Cass., 20 avril 1893, *Lemaire*); que la tenue d'un marché est interdite sur la voie publique (Cass., 21 mai 1898, *Croc*). Cons. d'Ét., 30 mars 1900, *Hostein*, interdiction de voitures-réclames; Cass., 7 juin 1901, *Richermoz*, interdiction des étalages sur la voie publique le dimanche.

Il faut distinguer surtout entre la circulation individuelle et la circulation en cortège. Il ne semble pas que la circulation individuelle puisse être, en temps normal, interdite même au nom de la tranquillité publique ; tandis que la circulation en cortège peut être interdite ou soumise à autorisation préalable, sous le prétexte de danger pour la tranquillité publique. Outre les processions religieuses, dont la législation sera examinée à propos de la police des cultes *infra*, la question de la circulation processionnelle intéresse : 1° *la sortie en corps des sociétés musicales sur la voie publique* (l'interdiction de sortir sans autorisation est valable, à la condition qu'elle soit générale, Cons. d'Ét., 2 déc. 1887, *Ross*; 13 janv. 1893, *Potiron*; 21 avril 1899, *Molin*). Mais, en l'absence d'une interdiction générale, celle adressée à une société déterminée n'est valable que si elle est fondée sur la tranquillité publique; on peut démontrer qu'il y a motif politique et par conséquent détournement de pouvoir (Cons. d'Ét., 19 fév. 1887, *Joligny*; 1er avril 1887, *Saint-Germain-en-Laye*; 1er juill. 1898, *Gary*) ; 2° la sortie en corps de toute société (Cass., 11 avril 1889, *Quoniam*).

Pour les transports exécutés sur la voie publique, décision intéressante (Cons. d'Ét., 12 fév. 1892, *Royer et Faitout*), transport de plâtre ; le maire ne peut qu'enjoindre au voiturier de prendre les précautions convenables pour qu'il n'y ait pas de plâtre répandu sur la voie publique.

— Dans les lieux publics autres que les voies publiques, la police, tout en ayant manifestement une mission à remplir, se trouve moins chez elle, parce que ces lieux publics appartiennent fréquemment à des particuliers et que la propriété privée ou la liberté de l'industrie et du commerce y conservent des droits. Il y a des textes pour un grand nombre de polices spéciales, telles que police des théâtres, des cafés et cabarets, des jeux, des bals publics, des courses de chevaux, des réunions publiques, mais là où il n'existe pas de textes permettant d'interdire ou de soumettre à autorisation telle ou telle réjouissance publique qui ne rentre dans aucune des catégories précédentes, j'estime que la police n'a pas le droit d'interdiction (V. note sous Cons. d'Ét., 3 déc. 1897, *Ville de Dax*, S., 98. 3. 145).

c) *Distinction du règlement permanent et du règlement temporaire.* — Il y a lieu de distinguer, parmi les règlements de police, ceux qui sont permanents et ceux qui sont temporaires ; par exemple, ceux qui sont faits à l'occasion d'une fête publique ou d'une calamité publique. — Le maire a certainement plus de pouvoirs par règlement

§ 2. — Les diverses polices administratives générales.

Il y a une police d'État et une police communale.

I. *Police générale de l'État* (1). — Il y a deux formes de cette police, celle qui est confiée aux préfets pour le maintien de l'ordre public dans les départements et puis celle dont la direction reste centralisée et gouvernementale.

A. *Police centralisée et gouvernementale.* — a) *Service de la sûreté générale.* — Il existe au ministère de l'Intérieur une direction de la sûreté générale, son objectif est le maintien de la tranquillité publique et de la sûreté individuelle (2).

---

temporaire que par règlement permanent ; d'une part, son arrêté s'exécute immédiatement sans aucun délai (art. 95, L. 5 avril 1884) ; d'autre part, il peut édicter des prescriptions pour lesquelles il ne serait pas compétent s'il agissait par règlement permanent : par exemple, des précautions contre des épidémies (Cons. d'Ét., 5 mai 1893, *Claudon*, S., 99. 3. 91 et ma note) ; par exemple encore, l'interdiction de circulation d'un chemin de fer sur routes un jour de fête nationale (Cons. d'Ét., 27 janv. 1893, *Maire de Mustapha*) ; mêmes solutions pour le préfet (Cons. d'Ét., 13 mai 1910, *de Félix*). — Le pouvoir plus grand du maire dans l'arrêté temporaire se justifie par une nécessité plus urgente ; mais ne serait-on pas autorisé à conclure des décisions précitées que le règlement permanent ne doit pas être employé toutes les fois que la menace pour la paix publique n'est pas elle-même permanente ? N'y aurait-il pas lieu de distinguer des dangers permanents et des dangers passagers ? (V. ma note dans S., 99. 3. 91). Il y a là, je crois, une théorie à creuser. Sur les pouvoirs plus grands par arrêté temporaire, Cf. en matière de curage des cours d'eau, Cons. d'Ét., 23 déc. 1898, *de Martin et autres* ; 28 déc. 1900, *de Couronnel* ; en matière d'ateliers insalubres, V. *infra*. Cf. Cons. d'Ét., 9 août 1893, *Voitures de place de Paris* ; 4 fév. 1905, *Storch*.

(1) *Bibliographie* : Delamarre, *Traité de la police*, 1725, 2 vol. in-folio, 2ᵉ édit., revue par Desessarts, 1732 ; Lépine et Courcelle, *Répertoire de la police administrative*, 1898.

(2) Voici le sommaire de ses attributions :
Personnel des commissaires de police et des inspecteurs spéciaux. — Inspection générale de la gendarmerie et modifications à l'assiette des brigades. — Police des chemins de fer et des ports. — *Police des étrangers, demande d'admission à domicile ou de naturalisation.* — Commerce des armes et poudres. — *Police administrative et librairie.* — Surveillance de l'émigration, agences autorisées, engagements d'émigrants, renseignements, statistique. — Police de la chasse et application de la loi Gramont. — Police de la mendicité, quêtes à domicile, collectes, souscriptions. — Vagabondage, professions ambulantes, bandes nomades, passeports. — Jeux et marchands forains, jeux de hasard sur la voie publique, jeux de salon. Courses de chevaux, de taureaux. — Police des cafés, cabarets et lieux publics. — Police de la librairie, dépôt légal des ouvrages, protection de la propriété littéraire. — *Police générale et associations* (police politique). — Affaires concernant la sûreté générale de l'État et la découverte de manœuvres qui tendraient à y porter atteinte. — Surveillance des étrangers dangereux. — Subsistances. — Grèves, coalitions. — Réunions publiques, cours publics. — Police des cultes, congrès, associations, pèlerinages, processions. — Bataillons scolaires. — *Associations.* — Sociétés de tir, de gymnastique, sociétés diverses, demandes en autorisation, en reconnaissance d'utilité publique.

Ainsi, la direction de la sûreté générale n'est qu'une section du ministère de l'Intérieur, et son chef, le directeur de la sûreté générale, n'est qu'un collaborateur du ministre, agissant toujours par délégation. L'action de la sûreté générale s'exerce, soit sur les agents spéciaux de la police de l'État, soit sur les agents de la police communale.

Action sur les agents spéciaux de la police d'État. — Les commissaires spéciaux sont ceux qui sont entièrement payés sur les fonds de l'État, ils comprennent : 1° les commissaires spéciaux de police établis sur les chemins de fer (1) ; 2° les commissaires spéciaux des postes-frontières (2) ; 3° les commissaires de police institués dans certaines localités, pour lesquelles le traitement n'est pas obligatoire (parce qu'elles comptent moins de 5.000 habitants), mais où ils sont nécessités par des circonstances particulières (3) ; 4° les brigades mobiles de police créées par le décret du 30 décembre 1907, et réorganisées par les décrets du 31 août 1911 et du 11 juillet 1912 ; ces décrets ont créé quinze brigades régionales de police mobile, ayant pour mission exclusive de seconder l'autorité judiciaire dans la recherche et la répression des crimes et des délits de droit commun (4).

Surveillance sur les polices communales. — Le maire nomme dans sa commune les agents de la police, le commissaire de police excepté. Le préfet n'exerce qu'un droit de *veto*, sous forme d'agrément à la nomination (L. 5 avril 1884, art. 103). Toute ville de plus de 5.000 habitants doit avoir un commissaire de police nommé par le chef de

---

(1) Les commissaires spéciaux, chargés de la police des chemins de fer, ont pour mission les recherches dans les garnis et débits connus sur les voies ferrées ou sur les territoires dépendant des lignes. Il ne faut pas confondre ces commissaires spéciaux de la police des chemins de fer, relevant du ministère de l'Intérieur, avec les commissaires de surveillance administrative dépendant du ministère des Travaux publics et qui ont pour mission de relever les infractions relatives à l'exploitation de la ligne, commises par les compagnies.

(2) Les commissaires spéciaux aux frontières sont principalement chargés de la surveillance des voyageurs et de l'arrestation des criminels en fuite.

(3) Un décret du 23 décembre 1893 a étendu la compétence de ces commissaires spéciaux à tout le département de leur résidence.

(4) Ces quinze brigades sont aux résidences de Paris, Lille, Caen, Angers, Orléans, Clermont-Ferrand, Bordeaux, Toulouse, Marseille, Lyon, Dijon, Reims, Rennes, Montpellier, Nancy. Chacune a dans sa circonscription un certain nombre de départements. Chaque brigade est placée sous les ordres d'un commissaire divisionnaire de police mobile ayant juridiction sur toute la circonscription, nommé par décret du président de la République. — Seront répartis entre les quinze brigades, selon les besoins du service, 54 commissaires de police mobile ayant juridiction sur toute la circonscription, nommés par décret du président de la République, 183 agents portant le titre d'inspecteurs de police mobile, nommés par arrêté du ministre de l'Intérieur, et 6 inspecteurs-chauffeurs, chargés de la conduite des voitures automobiles affectées aux brigades régionales, nommés également par arrêté du ministre de l'Intérieur.

l'État et en relation avec le parquet. La police locale est donc remise à une infinité de directions. Ce serait une source perpétuelle d'embarras, si le droit de surveillance de l'autorité supérieure, reconnu par l'article 91 de la loi du 5 avril 1884, n'était exercé par la sûreté générale. Cette surveillance s'exerce sous trois formes : 1° par le règlement du nombre d'hommes affectés au fonctionnement de la police dans les villes de plus de 40.000 habitants; 2° par la présentation des commissaires de police, qui sont nommés par le président de la République (Décr. 10 mars 1906); 3° par le règlement uniforme des questions de police communes à toutes les villes.

b) *Mesures sanitaires à la frontière*. — La police sanitaire des hommes et des animaux est devenue dans son ensemble une matière spéciale et mixte, où interviennent à la fois des autorités de l'État et de la commune (V. *infra*), mais il est à remarquer que les mesures à prendre à la frontière sont restées de la compétence exclusive du chef de l'État (1).

B. *Police administrative générale des préfets*. — Ce droit de police a été puisé par la jurisprudence dans la loi des 22 décembre 1789, janvier 1790, section III, article 2, qui a constitué les administrations départementales; il a pour objet le maintien de la sûreté, de la salubrité et de la tranquillité publique dans le département. Au point de vue réglementaire, le préfet prend des arrêtés de police, soit pour le département tout entier, soit pour un territoire qui comprend au moins deux communes ou portion de deux communes; ainsi se concilie la compétence du préfet avec celle du maire, lequel est seul compétent dans sa commune, mais ne peut pas dépasser le territoire

(1) Pour la police sanitaire des animaux, la loi du 21 juin 1898 s'est expliquée catégoriquement : « Le gouvernement peut prohiber l'entrée en France ou ordonner la mise en quarantaine des animaux susceptibles de communiquer une maladie contagieuse, ou de tous les objets pouvant présenter le même danger. Il peut, à la frontière, prescrire l'abatage, sans indemnité, des animaux malades ou ayant été exposés à la contagion, et enfin, prendre toutes les mesures que la crainte de l'invasion d'une maladie rendrait nécessaires » (art. 57).

Pour la police sanitaire humaine, la loi du 15 février 1902 sur la protection de la santé publique est muette, mais, par cela même, elle laisse subsister les dispositions de la loi du 3 mars 1822 complétée par les décrets du 4 janvier 1896 et du 31 mars 1897, en ce qui concerne les mesures à la frontière. Ces mesures sont relatives aux *quarantaines* que l'on fait observer dans les ports aux navires provenant de certains pays contaminés (V. à ce sujet Décr. 5 avril 1907 sur la prophylaxie des maladies épidémiques ou transmissibles dans les ports de France et d'Algérie) et à des mesures analogues qui pourraient être prises sur les frontières de terre en cas d'épidémie : « Le président de la République détermine par décret : 1° les pays dont les provenances doivent être habituellement ou temporairement soumises au régime sanitaire ; 2° les mesures à observer sur les côtes, dans les ports et rades, dans les lazarets et autres lieux réservés ; 3° les mesures extraordinaires que l'invasion ou la crainte d'une maladie pestilentielle rendrait nécessaires sur les frontières de terre ou dans l'intérieur, etc. ».

de celle-ci (sur le cas exceptionnel où le préfet substitue son action à celle du maire pour l'exercice de la police municipale, V. *supra*, p. 270). — Le préfet n'a pas à sa disposition de force de police qui soit propre au département, il agit soit par le personnel des agents de la sûreté ou des brigades mobiles, soit par le personnel des agents de la police municipale par l'intermédiaire des commissaires de police, soit par la gendarmerie (1).

(1) *Police des professions ambulantes et de la circulation des nomades* (L. 16 juill. 1912).

Professions ambulantes. — Distinction entre les individus ayant en France un domicile ou une résidence fixe et ceux n'en ayant pas :

Les individus domiciliés en France ou y possédant une résidence fixe, qui voudront, quelle que soit leur nationalité, exercer une profession, une industrie ou un commerce ambulants, sont tenus d'en faire la *déclaration* à la préfecture ou à la sous-préfecture de leur arrondissement; récépissé doit leur être délivré (art. 1ᵉʳ);

Les individus de nationalité française n'ayant en France ni domicile ni résidence fixe, qui voudront circuler sur le territoire français pour exercer la profession de commerçants, ou industriels forains, doivent demander au préfet ou au sous-préfet un *carnet d'identité* contenant leur signalement avec photographie à l'appui, énonçant leurs noms, prénoms, etc., et qui devra être présenté à toute réquisition des officiers de police judiciaire ou des agents de la force ou de l'autorité publique (art. 2).

Nomades. — Sont réputés nomades, pour l'application de la présente loi, quelle que soit leur nationalité, tous individus circulant en France sans domicile ni résidence fixes, et ne rentrant dans aucune des catégories ci-dessus spécifiées, même s'ils ont des ressources ou prétendent exercer une profession. Ces nomades, qui ne sont pas en état de vagabondage, devront être munis d'un *carnet anthropométrique d'identité*.

Ceux qui se trouveront en France lors de la mise à exécution de la loi devront, dans un délai d'un mois, demander le carnet prévu au paragraphe précédent, soit au préfet dans l'arrondissement chef-lieu du département, soit au sous-préfet dans les autres arrondissements.

Les nomades venant de l'étranger ne seront admis à circuler en France qu'à la condition de justifier d'une identité certaine, constatée par la production de pièces authentiques, tant pour eux-mêmes que pour toutes personnes voyageant avec eux. Ils adresseront leur demande de carnet à la préfecture ou à la sous-préfecture du département ou de l'arrondissement frontière.

La délivrance du carnet anthropométrique d'identité ne sera jamais obligatoire pour l'administration. Elle ne fera pas obstacle à l'application des dispositions de la loi du 3 décembre 1849, sur le séjour des étrangers en France, non plus qu'à l'exercice des droits reconnus aux maires sur le territoire de leurs communes, par les lois et règlements relatifs au stationnement des nomades.

Tous nomades séjournant dans une commune devront, à leur arrivée et à leur départ, présenter leurs carnets, à fins de visa, au commissaire de police, s'il s'en trouve un dans la commune, sinon au commandant de la gendarmerie, et, à défaut de brigade de gendarmerie, au maire.

Le carnet anthropométrique d'identité devra être présenté par son titulaire à toute réquisition des officiers de police judiciaire ou des agents de la force ou de l'autorité publique.

Toute infraction aux dispositions du présent article sera punie des peines édictées contre le vagabondage.

Le carnet anthropométrique d'identité est individuel. Toutefois, le chef de famille devra se munir d'un carnet collectif comprenant tous les membres de la famille.

Toutes ces obligations sont sanctionnées par des peines correctionnelles. Cette loi

II. *Police municipale*. — Il y a deux formes de la police communale, la police *municipale* qui a pour but le maintien de l'ordre dans les agglomérations bâties, dans l'intérêt du public, la police *rurale* qui a pour but le maintien de l'ordre dans les champs ou dans le plat pays pour la conservation des intérêts agricoles (1). La police rurale est devenue mixte et d'ailleurs, se fragmente en des polices spéciales, dont il sera traité plus loin.

La police municipale est restée exclusivement communale, au moins en ce qui ne concerne pas la salubrité publique; elle a pour objet le maintien de l'ordre dans les agglomérations bâties de la commune, et l'ordre se caractérise, ici comme partout, par ces trois éléments : tranquillité, sécurité, salubrité. Une énumération des divers objets que cela comporte existe dans la loi, elle se trouve dans les articles 97 et 98 de la loi du 5 avril 1884 et dans quelques autres dispositions (2), elle n'est d'ailleurs pas limitative; l'article 97 commence par ces mots : « Elle comprend *notamment*... » (3).

contient en outre des modifications à la loi du 8 août 1893 sur la résidence en France des étrangers non admis à domicile.

Il est à souhaiter que cette loi, longtemps réclamée, purge les campagnes des ambulants et des nomades qui les infestent en beaucoup trop grand nombre. Il dépendra des maires d'en assurer l'application en exigeant dans chaque cas la production soit de la déclaration, soit du carnet d'identité, soit du carnet anthropométrique.

(1) D'une part, il est certain que les textes distinguent entre la police municipale et la police rurale (art. 91, L. 5 avril 1884; art. 97, L. 21 juin 1898); d'autre part, il est non moins certain que les deux polices ont le même but général qui est d'assurer la tranquillité, la sécurité, la salubrité (art. 97, L. 5 avril 1884; art. 1er, L. 21 juin 1898); on trouve, d'ailleurs, reproduites dans les deux polices, beaucoup des mêmes indications de détail. — On ne saurait donc établir de distinction entre elles que d'après les lieux où elles s'appliquent et leur but particulier qui est, pour la police municipale, la protection du public et, pour la police rurale, la protection des intérêts agricoles (Cf. Cass., 23 janv. 1892, D., 1. 447). Quant à l'intérêt qu'il y a à la distinction de ces deux formes de la police communale, j'y vois celui-ci : la police municipale est restée entièrement communale, c'est le maire qui prend les décisions, le préfet ne peut que les annuler (Cons. d'Ét., 6 avril 1900, *Commune de Jargeau*), ou bien substituer son action à celle du maire après l'avoir mis en demeure (art. 85, L. municip.); au contraire, la police rurale n'est pas demeurée entièrement communale, elle est devenue mixte, la loi du 21 juin 1898 la partage entre le maire et le préfet. — D'autre part, la police rurale tend à se fragmenter en des polices spéciales.

(2) Cette énumération est presque tout entière empruntée à la loi des 16-24 août 1790, tit. XI, art. 3.

(3) 1° *Police des rues et des places publiques*. — Le premier devoir de la police municipale est de procurer la sûreté et la commodité du passage dans les rues, quais, places et voies publiques existant dans les agglomérations bâties (art. 97-1°, 98, L. 5 avril 1884). Peu importe que ces voies appartiennent ou non à la commune, car ce n'est pas une affaire domaniale, le principe de l'unité de la police de la circulation, discuté sous l'ancienne législation, a été affirmé par la loi de 1884 dans l'article 98 : « Le maire a la police des routes nationales et départementales et des voies de communication, dans l'intérieur des agglomérations, mais seulement en ce qui touche la circulation sur lesdites voies. » Cet état de choses est nécessaire pour assurer l'uniformité

Centralisation progressive de la police de la sécurité publique aux mains des préfets dans les grandes villes. — Les administrations des règles de police dans la même ville, éviter les conflits, etc ; mais, bien entendu, la construction, la réparation, l'entretien des rues restent dans les attributions des autorités de l'administration propriétaire de la voie, ainsi que les délivrances d'alignements et certaines permissions de voirie (Cons. d'Ét., 14 déc. 1900, *Commune de la Mure*).

La police des rues et places publiques est relative à deux objets différents, l'état matériel de la voie, la circulation sur la voie :

a) *État matériel de la voie.* — Cela comporte : le balayage, l'éclairage, l'enlèvement des boues et immondices, celui des neiges, celui des matériaux et fardeaux déposés et l'arrosement.

Le balayage est une charge des propriétaires riverains, une véritable servitude dont le maire peut se borner à fixer le mode d'exercice ; il en est de même, du reste, de la plupart des prescriptions de voirie. — Lorsque la ville se charge du balayage, l'obligation du propriétaire est convertie en une taxe qui est recouvrée, conformément à l'article 154 de la loi municipale, sur des états dressés par le maire. V. note dans Lebon, sous Cons. d'Ét., 28 mars 1885, *Languellier* (affaire des poubelles).

L'éclairage comprend celui des rues et celui des dépôts de matériaux et excavations. Le second est prévu par l'article 471 n° 4 *in fine* du Code pénal, le premier, par le même article 471, n° 3. Il semble résulter de ces articles que de simples citoyens peuvent être tenus à l'éclairage des rues, ce n'est pas admis par nombre d'auteurs. — D'ordinaire, la ville se charge elle-même de l'éclairage des voies publiques ; elle passe un marché avec un entrepreneur, soit pour le gaz, soit pour l'électricité. C'est un marché de travaux publics et l'entrepreneur qui ne remplit pas ses obligations est tenu contractuellement des dommages-intérêts prévus au cahier des charges. Mais le maire peut ne pas se contenter de passer un marché, il peut aussi prendre un arrêté de police réglant les conditions de l'éclairage, et cet arrêté de police s'impose à l'entrepreneur ; il ajoute des obligations pénales aux obligations contractuelles. Ce cumul est parfaitement admis par la jurisprudence et, non seulement ici, mais dans d'autres cas (entreprises de balayage par exemple), il soulève de délicates questions (Cf. ma note dans S., 1904. 3. 49). L'éclairage au gaz ou à la lumière électrique soulève aussi des questions de canalisation dans le sol des voies publiques (V. *infra*, v° *Concession de travaux publics*).

L'enlèvement des encombrements, la défense d'exposer ou de jeter des objets susceptibles de nuire. Cette matière peut être réglée par arrêté du maire (art. 97, § 1er, nos 5 et 6). Mais c'est presque inutile, attendu que l'article 471, nos 6 et 12, punit déjà les mêmes faits de la même amende et que les deux amendes ne peuvent être cumulées. Un arrêté n'interviendra donc utilement que pour prescrire certains détails, ou pour rappeler l'observation de l'article 471, ou pour permettre l'exposition de certains objets avec certaines précautions, ajoutons qu'il aura aussi l'avantage de permettre l'exécution forcée par voie de *coercitio* administrative, en cas d'urgence.

b) *Circulation sur la voie publique.* — Le maire veille à la circulation, non seulement dans toutes les voies publiques, qu'elles soient ou non communales, mais même dans les rues privées ouvertes au public, et il peut y faire enlever les encombrements (Cons. d'Ét., 7 août 1906, *Compagnie des mines de Douchy*). Le maire puise dans les pouvoirs de police que lui confèrent l'article 97, § 1, et l'article 98, §§ 1 et 2, le droit de prendre des mesures pour régler la circulation afin d'en assurer la sécurité (sur le caractère relatif des pouvoirs du maire en cette matière, V. Cons. d'Ét., 30 janv. 1914, *Pailliès*). Il peut notamment — α) *régler les stationnements,* soit en délivrant des *permis de stationnement,* soit en interdisant certains stationnements sur la voie publique. Les maires doivent veiller à ce qu'aucun encombrement ne se produise sur

municipales se montrent assez impuissantes à assurer la sécurité publique dans les grandes agglomérations; d'ailleurs, la population

la voie publique (l'art. 471, n° 4, fait une contravention du fait d'avoir encombré la voie). — Mais ils peuvent aussi, moyennant le paiement des droits fixés par un tarif dûment établi, sous les réserves imposées par la loi du 11 frimaire an VII, donner *des permis de stationnement* ou de *dépôt* temporaires sur la voie publique, sur les rivières, ports et quais fluviaux et autres lieux publics (L. 5 avril 1884, art. 98-2°). Les tarifs de taxes municipales, pour permis de stationnement sur les dépendances de la grande voirie, doivent être approuvés par le ministre de l'Intérieur; un décret n'est pas nécessaire, mais un arrêté du préfet n'est pas suffisant (Cass., ch. réunies, 14 déc. 1900, *Compagnie générale de navigation;* 30 mai 1902, *Ville de Lyon*). — Il ne faut pas confondre ces *permis de stationnement*, qui sont de la compétence du maire dans toute l'étendue de l'agglomération bâtie, même sur les dépendances de la grande voirie, avec les *permissions de voirie*, qui sont de la compétence de l'autorité propriétaire de la voie. Le stationnement se rattache au fait de la circulation et est une utilisation individuelle du domaine qui constitue un droit soumis à réglementation (V. *infra*, v° *Domaine public*), la permission de voirie est une occupation du sol qui évoque l'idée d'une concession, le droit de réglementation du maire à cet égard est très étendu, il peut interdire le stationnement des voitures destinées au transport des personnes en commun (omnibus), de toutes entreprises qui n'ont pas obtenu la permission. Cependant, le droit du maire ne va pas jusqu'à lui permettre d'établir indirectement un monopole au profit d'un seul entrepreneur, son arrêté serait entaché d'excès de pouvoir (Cons. d'Ét., 2 août 1870, *Bouchardon*); quant aux voitures de place ou de remise, le maire ne peut pas en interdire le stationnement, il peut seulement déterminer des stations; — β Interdire la circulation dans certaines voies à certaines heures; — γ Interdire certaines allures trop rapides; — δ Prescrire certaines précautions destinées à avertir les passants : sonnettes, cornets des tramways, automobiles, etc., etc.; — ε) Interdire la circulation des voitures-affiches (Cons. d'Ét., 30 mars 1900, *Hostein;* 24 janv. 1902, *Chalets de commodité*) ; — ζ) Subordonner à une autorisation préalable, qu'il est libre de donner ou de refuser dans l'intérêt de l'ordre public, la faculté pour les sociétés musicales de jouer sur les voies publiques (Cons. d'Ét., 12 janv. 1893, *Poliron*. V. *supra*, p. 458) ; — η) Subordonner à une autorisation préalable et à des conditions la profession des commissionnaires circulant sur la voie publique. Ce droit peut aller jusqu'à l'organisation d'une véritable corporation soumise au pouvoir disciplinaire de la municipalité. V. Cons. d'Ét., 8 juin 1917, *Rabe* (S., 20. 3. 1 et ma note).

2° *Tranquillité et sûreté.* — La loi du 14 décembre 1789 avait parlé de la *tranquillité publique* sans essayer d'en analyser les éléments, la loi de 1790, et après elle celle de 1884, ont tenté une énumération qui est incomplète et que la jurisprudence a été obligée d'allonger. On s'accorde à faire rentrer dans la police de la tranquillité les rixes et attroupements, les manifestations sur la voie, qui comprennent les processions et généralement les cérémonies du culte sur la voie publique, le bruit et le tapage, la tranquillité de la circulation, la réglementation des professions qui s'exercent dans les lieux publics, etc. (V. art. 97).

3° *Salubrité.* — Il faut distinguer les polices spéciales de la salubrité qui sont devenues mixtes et dont il sera parlé à la section suivante et la police générale de la salubrité qui subsiste sous la compétence exclusive du maire pour les matières non tranchées par les polices spéciales (Cons. d'Ét., 11 avril 1913, *Ville de Toulouse*).

Taxe du pain et de la viande. — La loi du 5 avril 1884 ne parle pas de cette taxe qui reste néanmoins dans les pouvoirs du maire, en vertu de la loi des 19-22 juillet 1791. Elle constitue une réglementation très étroite relative au pesage, au débit, à la fixation du prix du pain et de la viande. La taxe implique d'ailleurs deux consé-

des grandes villes comporte actuellement un élément flottant, nombreux totalement inconnu des autorités locales et qui échappe à leur action; dans ce milieu, les malfaiteurs pullulent. Il y a lieu, pour satisfaire au besoin fondamental de la sécurité publique, de faire passer aux mains de l'État, c'est-à-dire aux mains des préfets, une partie des pouvoirs de police.

Mais ce passage aux mains des préfets de la police de la sécurité entraîne une conséquence importante qui est l'étatisation complète du personnel de la police municipale; en effet, il faut que le préfet ait les agents dans sa main pour assurer la sécurité et il ne peut pas les y avoir à moitié.

Ce régime a été créé d'abord pour Paris et les communes suburbaines en vertu de l'arrêté du 3 brumaire an IX et de la loi du 10 juin 1853; il a été étendu à la ville de Lyon et à des communes suburbaines par les articles 104 et 105 de la loi du 5 avril 1884 et maintenant les articles de la loi municipale ont été étendus successivement à la ville de Marseille par la loi du 8 mars 1908, à la ville de Toulon et à la commune de la Seyne par la loi du 14 novembre

quences : l'obligation pour l'acheteur de payer le prix fixé, et l'obligation pour le marchand de livrer la denrée au consommateur qui lui offre ce même prix (Cass., 26 avril 1861, S., 61. 1. 102); mais non pas l'obligation d'avoir de la marchandise en magasin (Cons. d'Ét., 31 juill. 1903, *Lefort*, conclusions Romieu, Lebon, p. 585). Le commerce de la boucherie n'est libre (à Paris) que depuis le décret du 24 février 1858, celui de la boulangerie n'est libre (à Paris et dans les départements) que depuis le décret du 22 juin 1863; l'interprétation admise des effets de la taxe prouve que la liberté de ces commerces n'est même pas complète ; il y a liberté d'ouvrir ou de fermer boutique, mais à boutique ouverte, il y a obligation de livrer le pain ou la viande au prix fixé.

Pendant la guerre de 1914, à la taxation municipale du pain et de la viande, s'est superposée une taxation de toutes les denrées servant à l'alimentation de l'homme et des animaux, taxation liée à la réquisition et qui a été opérée tantôt par des décrets, tantôt par des arrêtés préfectoraux (V. L. 17 avril 1916; L. 20 avril 1916; L. 8 avril 1917; L. 10 fév. 1918). La loi du 23 octobre 1919 a prorogé l'effet de ces lois jusqu'au 15 août 1920 et il est à prévoir que, tout au moins pour le blé, le régime de la réquisition et de la taxation sera prorogé encore jusqu'à ce que les disponibilités et le change permettent de revenir à la liberté commerciale.

Débits de boissons (V. L. 9 nov. 1915; L. 17 juill. 1880, art. 1er et art. 9). — Les maires, après avoir pris l'avis du conseil municipal (Cons. d'Ét., 11 avril 1913, *Camus*), peuvent fixer une distance ou un périmètre autour de certains lieux ou établissements tels que églises, cimetières, écoles, hospices, etc., dans lesquels aucun nouveau débit de boisson ne pourra être ouvert (L. 17 juill. 1880, art. 9. Cf. Cass. crim., 20 avril 1912, *Besnard*; Cons. d'Ét., 19 mai 1905, *Juvenon*). Ils ont, en outre, dans un but de tranquillité publique, le droit de fixer des heures d'ouverture et de fermeture des débits.

Bals publics. — Les maires ont le droit de réglementer les bals publics dans les cafés et débits de boissons et même de les interdire (Cass. crim., 17 juin 1911, *Georgette Louis*; Cons. d'Ét., 2 août 1912, *Neveu-Roux*).

Ventes à l'encan (L. 30 déc. 1906). — Le maire a un pouvoir arbitraire pour les autoriser (Cons. d'Ét., 23 juin 1911, *Maufras*, conclusions Chardenet, Lebon, p. 701.

1918 : il sera étendu demain très probablement à d'autres grandes villes, soit volontairement, car le gouvernement les a consultées et généralement le personnel de la police y pousse parce que l'étatisation lui apporterait des avantages matériels, soit législativement, car il y a un intérêt d'ordre public à cette réforme (1).

§ 3. — L'état de siège (2).

Il y a lieu de distinguer, dans la vie des peuples, des temps normaux et des périodes de crise provoquées soit par des guerres étrangères, soit par des troubles intérieurs. Le régime de la police administrative générale, établi pour les temps normaux, ne peut pas être maintenu intégralement pendant les périodes de crise, car il n'aurait pas assez d'efficacité pour assurer l'ordre. Ce régime est établi sur la base d'une séparation rigoureuse entre le pouvoir militaire et le pouvoir civil et de la suprématie absolue du pouvoir civil, ce qui se traduit par les règles pratiques suivantes : 1° en temps ordinaire, les autorités militaires n'ont aucun pouvoir de réglementation en ce qui concerne la police de la vie civile; toute leur participation à cette police consiste en ce qu'elles peuvent être réquisitionnées par les autorités civiles en vue de prêter l'appui de la force armée à l'exécution des mesures prescrites par l'autorité civile ; 2° les conseils de guerre, tribunaux répressifs militaires, n'ont, en temps ordinaire, aucune compétence pour les crimes ou délits commis par des civils, c'est-à-dire par des hommes non actuellement mobilisés et incorporés.

Étant donné que la discipline militaire est autrement rigoureuse que celle de la vie civile, il est clair que, dans les occasions où il y aura lieu de renforcer l'action de la police, le moyen le plus efficace sera de faire passer, en tout ou en partie, les pouvoirs de la police aux autorités militaires et d'élargir la compétence des conseils de guerre.

Il existe, depuis l'organisation des armées nationales modernes qui astreint tous les hommes au service militaire et les rend mobili-

---

(1) Sur le partage des attributions qui résulte de cette centralisation de la police de la sécurité, tous les textes répètent que les pouvoirs du préfet sont ceux exercés par le préfet de police de Paris dans les communes suburbaines de la Seine en vertu de l'arrêté du 3 brumaire an IX et de la loi du 10 juin 1853 et que les maires conservent les pouvoirs énumérés dans l'article 105 de loi municipale.

L'étatisation du personnel de la police entraîne des combinaisons financières que nous avons signalées, p. 374.

(2) *Bibliographie* : Théodore Reinach, *L'état de siège*, thèse Paris, 1885 ; F. Vélut, *L'état de siège avant la loi du 9 août 1849*, thèse, 1910; J. Carrel, *Organisation de l'état de siège politique d'après la loi du 3 avril 1878*, thèse Dijon, 1916 ; Paul Romain, *L'état de siège politique*, thèse Toulouse, 1918.

sables pendant la majeure partie de leur existence, un moyen intéressant d'étendre instantanément l'autorité du pouvoir militaire et la compétence des conseils de guerre, c'est de décréter une mobilisation totale ou partielle de l'armée. Ce procédé a été employé par le gouvernement dans de certaines occasions, par exemple lors de la première grève des *cheminots* (V. note dans S., 1914. 3. 1, sous Cons. d'Ét., 18 juill. 1913, *Syndicat national des chemins de fer*); mais, d'une part, la mobilisation effective d'une partie de la population est une grosse affaire très coûteuse et pas toujours réalisable (1); d'autre part, la mobilisation effective ne frapperait jamais qu'une partie de la population.

C'est la population du pays tout entière ou, du moins, c'est la population entière d'une circonscription donnée qu'il faudrait pouvoir mobiliser sur place, aux fins d'extension de la police et de la justice militaires. C'est, en somme, le résultat auquel a abouti l'institution de l'*état de siège* lentement formée chez nous depuis la Révolution (2). On a pris comme point de départ le régime auquel est soumise la population d'une place de guerre, réellement assiégée et ce régime se caractérise par une véritable mobilisation de toute la population civile (L. 10 juill. 1791; Décr. 24 déc. 1811; Décr. 10 août 1853). De cet état de siège réel, on a déduit un état de siège fictif ou politique dont les effets ont été déterminés par la loi.

Comme il s'agit d'un régime légal qui s'applique, par intermittences, pendant des périodes de crise, il y a lieu d'examiner, d'une part, le régime de l'état de siège; d'autre part, l'établissement et la levée de l'état de siège. Nous n'étudions, d'ailleurs, cette institution qu'au point de vue administratif et non pas au point de vue constitutionnel (3).

(1) La mobilisation des cheminots a été facilitée par le fait qu'ils constituaient des formations spéciales de l'armée devant accomplir leur service militaire dans le service même des chemins de fer, de telle sorte qu'ils ont pu être mobilisés sur place.
(2) V. l'historique très fouillé dans la thèse de M. Paul Romain.
(3) Au point de vue constitutionnel, il y a lieu de remarquer la très grande importance de l'institution de l'état de siège en ce qu'elle diminue les garanties des libertés individuelles. — A raison de cette importance constitutionnelle : 1° La loi fondamentale du 9 août 1819 sur l'état de siège a été annoncée par l'article 106 de la Constitution du 4 novembre 1848 et il a été entendu qu'on ferait ainsi une législation préétablie qui sommeillerait en temps normal et serait mise en vigueur en temps de crise, mais dont les dispositions seraient arrêtées à l'avance afin d'éviter des surprises. — Cependant, les dispositions sur l'état de siège ne sont pas considérées comme constitutionnelles en elles-mêmes et la loi du 9 août 1849 peut être modifiée par une loi ordinaire (son art. 8 a été, en effet, modifié par la loi du 27 avril 1916); ainsi, le Parlement peut toujours modifier les effets de l'état de siège; cette constatation diminue singulièrement la valeur de l'opposition que l'on établit entre le système français de l'état de siège et le système anglais des *lois de circonstance;* en somme, notre système n'est guère que celui d'une loi de circonstance devenue *translatitia;* 2° Bien que

I. *Le régime de l'état de siège et ses effets* (L. 9 août 1849). — Le régime se caractérise par trois séries de dispositions :

1° L'autorité militaire se substitue à l'autorité civile dans l'exercice de la *police administrative générale ordinaire*; elle prend, des pouvoirs de cette police, ce qu'il lui convient et laisse le reste à l'autorité civile qui collabore ainsi avec elle (art. 7, L. 1849); les arrêtés réglementaires de police pris par l'autorité militaire, dans ces conditions et dans cette mesure, sont sanctionnés, comme s'ils avaient été pris par l'autorité civile, par les amendes de l'article 471, n° 15, du Code pénal (Cass. crim., 20 avril 1916, *Malherbe*; 2 juin 1916, *Dessillon*);

2° L'autorité militaire reçoit des *pouvoirs de police exceptionnels* et spéciaux dont l'énumération est donnée par l'article 9 de la loi de 1849. Elle a le droit : a) de faire des perquisitions de jour et de nuit dans le domicile des citoyens; b) d'éloigner les repris de justice et les individus qui n'ont pas leur domicile dans les lieux soumis à l'état de siège; c) d'ordonner la remise des armes et des munitions et de procéder à leur recherche et à leur enlèvement; d) d'interdire les publications (1) et les réunions qu'elle juge de nature à exciter ou à entretenir le désordre (2);

3° La compétence des conseils de guerre est étendue, dans une certaine mesure, sur les civils (L. 9 août 1849, art. 8, modifié par L. 27 avril 1916); elle est étendue de façon différente, selon qu'il y a ou non péril imminent de guerre (ce qui est le germe d'une distinction entre l'état de siège en temps de guerre et l'état de siège en temps de paix pour troubles purement politiques).

II. *Établissement et levée de l'état de siège* (L. 3 avril 1878). — L'état

l'état de siège se traduise par un renforcement du pouvoir exécutif et, spécialement, de l'exécutif militaire, il est entendu que ce renforcement de pouvoirs doit être surveillé de très près par le Parlement.

(1) C'est sur ce pouvoir d'interdire les publications que s'est greffé, pendant la guerre de 1914, le pouvoir de les soumettre à la censure préalable V. Paul Romain, *op. cit.*

(2) La question s'est posée de savoir quelles étaient la légalité et la sanction des arrêtés de police pris par l'autorité militaire dans l'exercice de ces pouvoirs exceptionnels, particulièrement lorsque l'arrêté ordonne des voies d'exécution *manu militari*, par exemple la fermeture de locaux où se tiennent des réunions ou la saisie de certaines publications. La Cour de cassation a déclaré que ces arrêtés n'étaient pas sanctionnés par les amendes de l'article 471, n° 15, du Code pénal, mais elle s'est refusée à les déclarer illégaux, malgré qu'elle y fût invitée par le conseiller rapporteur (Cass. crim., 20 avril 1916, *Malherbe*, S., 17. 1. 26, note Roux; *id.*, 2 juin 1916, *Dessillon*). Le Conseil d'État, de son côté, a reconnu la validité de ces arrêtés et la légitimité de leur exécution d'office *manu militari* dans des affaires particulièrement délicates de fermeture de débit de boisson (Cons. d'Ét., 6 août 1915, *Delmotte* et *Senmartin*, S., 16. 3. 9 et ma note). La raison pour laquelle, ici, l'exécution d'office est légitime et peut être prescrite par l'arrêté lui-même, c'est qu'il y a *urgence*, ce qui est suffisamment démontré par le caractère de loi de police et de sûreté que revêt la loi sur l'état de siège (V. *supra*, p. 79).

de siège ne peut être déclaré que dans le cas de péril imminent résultant soit d'une guerre étrangère, soit d'une insurrection à main armée.

En principe, il ne peut être déclaré que par une loi, et cette loi désigne les communes, les arrondissements ou les départements auxquels il s'applique, c'est-à-dire qu'il est, en principe, local ou partiel (1). — Si les chambres sont ajournées ou si la Chambre des députés est dissoute, l'état de siège peut être déclaré par un décret du chef de l'État, sur l'avis du conseil des ministres, particulièrement dans le cas de guerre étrangère (V. art. 2 et 3, L. 1878) (2).

L'état de siège est levé par le Parlement ou à la date fixée par le Parlement (art. 1er et 5, L. 1878).

Section II. — Les polices administratives spéciales.

§ 1. — La police des édifices menaçant ruine.

Généralités sur les polices spéciales. — Il faut considérer les polices administratives spéciales comme des matières, ayant appartenu à la police administrative générale, qui s'en sont détachées à raison de dispositions spéciales de la loi. D'ailleurs, elles se sont détachées sans que la compétence des autorités ayant la police administrative générale ait été abolie, de telle sorte que, sur les matières en question, il y a concours de la police spéciale et de la police générale. Le conflit entre ces deux polices doit, en principe, être réglé de la façon suivante : la police administrative générale n'a que les droits faiblement restrictifs des libertés individuelles qui ont été analysés *supra* ; la police spéciale a des droits plus forts (Cf. Cons. d'Ét., 9 mai 1913, *Rouard*, 23 mai 1913, *Société fermière de la voirie de Paris*). La plupart de ces polices sont d'État, c'est-à-dire sont de la compétence du chef de l'État, des ministres, des préfets ou des conseils de préfecture. Mais quelques-unes sont mixtes, c'est-à-dire impliquent un partage de compétence entre les autorités de l'État et les autorités municipales.

Nous commencerons par une série de polices mixtes, lesquelles sont d'ailleurs des matières de police rurale : ce sont la police des édifices menaçant ruine et les polices spéciales de la salubrité.

---

(1) A raison de cette particularité, lors de la guerre de 1914, l'état de siège fut bien établi dans toute la France, mais il y eut une disposition spéciale pour chaque département.

(2) Les décrets déclarant l'état de siège sont des *actes de gouvernement* insusceptibles de recours contentieux, mais non pas les mesures diverses prises pendant la durée de l'état de siège, même par l'autorité militaire, laquelle est une autorité administrative (V. *supra*, p. 434).

Police des édifices menaçant ruine. — Cette matière délicate a été complètement remaniée par la loi du 21 juin 1898, articles 3 à 6, qui est une loi du Code rural, et cette particularité est d'autant plus singulière que la matière concerne la sécurité des habitants des agglomérations bâties beaucoup plus que ceux des campagnes. Deux procédures ont été organisées par la loi, l'une pour le cas de péril imminent, l'autre pour le cas de péril non imminent ; elles présentent toutes les deux ceci de commun que l'arrêté du maire (ou du préfet pour la grande voirie, Cons. d'Ét., 14 juin 1901, *Quinaud*; 2 déc. 1910, *Gaillot*) prescrivant la démolition ou les travaux est appuyé sur des rapports d'experts nommés par le juge, ou même est remplacé par une décision du juge qui est le conseil de préfecture ; grâce à ces procédures, d'une part, la propriété privée est protégée et, d'autre part, le maire est à couvert, sa responsabilité personnelle ne peut être engagée, résultat fâcheux qui se produisait avec l'ancienne procédure et qui ne se produirait plus que si le maire, négligeant la nouvelle procédure, commettait, en faisant procéder lui-même à la démolition, un véritable fait personnel en même temps qu'une voie de fait (Confl., 12 nov. 1881, *Pezet*; Cass., 15 juin 1891, *Courty-Marcorelle*; Confl., 19 mars 1904, *Maudière*; 24 déc. 1904, *Soufflet*) (1).

(1) Art. 3 Le maire peut prescrire la réparation ou la démolition des murs, bâtiments ou édifices quelconques longeant la voie ou la place publique, lorsqu'ils menacent ruine et qu'ils pourraient, par leur effondrement, compromettre la sécurité. — 4. Dans les cas prévus par l'article 3, l'arrêté prescrivant la réparation ou la démolition du bâtiment menaçant ruine est notifié au propriétaire avec sommation d'avoir à effectuer les travaux dans un délai déterminé, et, s'il conteste le péril, de faire commettre un expert chargé de procéder contradictoirement, et au jour fixé par l'arrêté, à la constatation de l'état du bâtiment et de dresser rapport. — Si, au jour indiqué, le propriétaire n'a point fait cesser le péril et s'il n'a pas cru devoir désigner un expert, il sera passé outre à la visite par l'expert seul nommé par l'administration. — L'arrêté et les rapports d'experts sont transmis immédiatement au conseil de préfecture. Dans les huit jours qui suivent le dépôt au greffe, le conseil, s'il y a désaccord entre les deux experts, désigne un homme de l'art pour procéder à la même opération. — Dans le cas d'une constatation unique, le conseil de préfecture peut ordonner telles vérifications qu'il croit nécessaires. — Le conseil de préfecture, après avoir entendu les parties dûment convoquées conformément à la loi, statue sur le litige de l'expertise, fixe, s'il y a lieu, le délai pour l'exécution des travaux ou pour la démolition ; il peut autoriser le maire à y faire procéder d'office et aux frais du propriétaire, si cette exécution n'a point eu lieu à l'époque prescrite. — Notification de l'arrêté du conseil est faite au propriétaire par la voie administrative. — Recours contre la décision peut être porté devant le Conseil d'État. — 5. En cas de péril imminent, le maire, après avertissement adressé au propriétaire, provoque la nomination par le juge de paix d'un homme de l'art, qui est chargé d'examiner l'état des bâtiments dans les vingt-quatre heures qui suivent sa nomination. Si le rapport de cet expert constate l'urgence ou le péril grave et imminent, le maire ordonne les mesures provisoires nécessaires pour garantir la sécurité. Dans le cas où ces mesures n'auraient point été exécutées dans le délai imparti par la sommation, le maire a le droit de faire exécuter d'office et aux frais du propriétaire les mesures indispensables. — Il est ensuite procédé conformé-

§ 2. — Les polices spéciales de la salubrité.

On en peut distinguer jusqu'à trois : la police sanitaire des animaux, la police de la salubrité rurale et la police de la santé publique.

I. La *police sanitaire des animaux* a été réglée par la loi du 21 juin 1898, articles 29 et suivants (Code rural) (L. 12 janv. 1909 et Décr. 3 avril 1909 organisant le service). — Ce service dépend du ministère de l'Agriculture. Il est institué un comité consultatif des épizooties auprès de ce ministère, et, dans chaque département, il est organisé un service des épizooties confié à des médecins-vétérinaires (dépense obligatoire pour le budget départemental) et enfin la loi donne au préfet des pouvoirs étendus (1).

II. La *police de la salubrité rurale* a été réglée également par la loi du 21 juin 1898, articles 18 à 28, et par un règlement du 6 octobre 1904. On remarquera que l'action du maire s'exerce le plus souvent, *sur l'avis du conseil d'hygiène de l'arrondissement*. C'est cette formalité qui différencie la police spéciale de la salubrité rurale, de la police municipale ordinaire, et c'est elle aussi qui permet au maire de prononcer des suppressions là où la police ordinaire lui permettrait seulement d'adresser au propriétaire l'injonction d'avoir à faire

---

ment aux dispositions édictées dans l'article précédent. — 6. Lorsqu'à défaut du propriétaire, le maire a dû prescrire l'exécution des travaux ainsi qu'il a été prévu aux articles 4 et 5, le montant des frais est avancé par la commune, il est recouvré comme en matière de contributions directes.

(1) La loi commence par énumérer les maladies réputées contagieuses et les animaux dont les maladies sont surveillées, en ajoutant que des décrets rendus sur le rapport du ministre de l'Agriculture, après avis du comité consultatif des épizooties, pourront venir ajouter à ces nomenclatures (art. 29 et 30). Puis il impose l'obligation de déclarer la maladie contagieuse, au propriétaire, à toute personne ayant la garde de l'animal, au vétérinaire chargé de le soigner. La déclaration est faite au maire qui prévient le préfet (art. 31 et 32), mais qui n'a pas le droit de prendre des mesures lui-même (Cons. d'Ét., 2 avril 1898, *de Chauvelin*). « Après la constatation de la maladie, le préfet statue sur les mesures à mettre à exécution dans le cas particulier, il prend, s'il est nécessaire, un arrêté portant déclaration d'infection ; cette déclaration peut entraîner, dans le périmètre qu'elle détermine, l'application des mesures suivantes : 1° l'isolement, la séquestration, la visite, le recensement et la marque des animaux et troupeaux dans le périmètre ; 2° la mise à l'interdit de ce même périmètre ; 3° l'interdiction momentanée ou la réglementation des foires et marchés, du transport et de la circulation du bétail ; 4° la désinfection des écuries, étables, etc. » (art. 33).

Il peut y avoir aussi des abatages d'animaux malades ou contaminés prescrits tantôt par le maire, tantôt par le préfet ou par le ministre (art. 34, 38). Dans le cas de la peste bovine ou de péripneumonie contagieuse, il est alloué aux propriétaires des indemnités réglées par l'article 46 ; elles sont fixées par le ministre, sauf recours au Conseil d'État (art. 50). Sur le caractère de ces indemnités, V. Thèse Soucail, Toulouse, 1909. Dans le cas de la tuberculose, V. L. 30 mai 1899 ; L. 31 déc. 1903, art. 26 ; L. 17 avril 1906, art. 62, 63 ; L. 8 août 1910, art. 120, qui édicte que les demandes d'indemnité pour saisie de viande et abatage d'animaux atteints de tuberculose doivent être adressées au ministre de l'Agriculture dans les trois mois de l'abatage, sous peine de déchéance.

disparaître lui-même la cause d'insalubrité (Cons. d'Ét., 9 mai 1913, *Rouard* ; 23 mai 1913, *Société fermière de la voirie de Paris*) (1).

(1) Les maires sont chargés de veiller à tout ce qui intéresse la salubrité publique. — Ils assurent l'exécution des dispositions légales et réglementaires qui ont pour but de prévenir les maladies contagieuses ou épizootiques. — Ils doivent donner avis d'urgence au préfet de tout cas d'épidémie, de tout cas d'épizootie qui leur seraient signalés dans le territoire de la commune. — Ils peuvent prendre les mesures provisoires qu'ils jugent utiles pour arrêter la prorogation du mal. — 19. En cas d'insalubrité constatée par le conseil d'hygiène et de salubrité de l'arrondissement, le maire ordonne la suppression des fosses à purin non étanches et puisards d'absorption. — Sur l'avis du même conseil, le maire peut interdire les dépôts des vidanges ou de gadoue qui seraient de nature à compromettre la salubrité publique. Il détermine les mesures à prendre pour empêcher l'écoulement sur la voie publique des liquides provenant des dépôts de fumiers et des étables. — Les décisions des maires peuvent toujours être l'objet d'un recours au préfet. — 20. Il est interdit de laisser écouler, de répandre ou de jeter soit sur les places et voies publiques, soit dans les fontaines, dans les mares et abreuvoirs, soit sur les lieux de marchés ou rassemblements d'hommes ou d'animaux, des substances susceptibles de nuire à la salubrité publique. — 21. Les maires surveillent, au point de vue de la salubrité, l'état des ruisseaux, rivières, étangs, mares ou amas d'eaux. Les questions relatives à la police des eaux restent réglées par les dispositions des titres II et V du Code rural sur le régime des eaux. — 22. Le maire doit ordonner les mesures nécessaires pour assurer l'assainissement, et, s'il y a lieu, après avis du conseil municipal, la suppression des mares communales placées dans l'intérieur des villages ou dans le voisinage des habitations, toutes les fois que ces mares compromettent la salubrité publique. — A défaut du maire, le préfet peut, sur l'avis du conseil d'hygiène et après enquête *de commodo et incommodo*, décider la suppression immédiate de ces mares, ou prescrire, aux frais de la commune, les travaux reconnus utiles. — La dépense est comprise parmi les dépenses obligatoires prévues à l'article 136 de la loi du 5 avril 1884. — 23. Le maire prescrit aux propriétaires de mares ou fossés à eau stagnante établis dans le voisinage des habitations d'avoir, soit à les supprimer, soit à exécuter les travaux, ou à prendre les mesures nécessaires pour faire cesser toutes causes d'insalubrité. — En cas de refus ou de négligence, le maire dénonce à l'administration préfectorale l'état d'insalubrité constatée. — Le préfet, après avis du conseil d'hygiène et du service hydraulique, peut ordonner la suppression de la mare dangereuse ou prescrire que les travaux reconnus nécessaires seront exécutés d'office aux frais du propriétaire, après mise en demeure préalable. — Le montant de la dépense est recouvré, comme en matière de contributions directes, sur un rôle rendu exécutoire par le préfet. — 24. Le préfet peut interdire la vidange des étangs et autres amas d'eau non courante dans les cas et dans lieux où cette opération serait de nature à compromettre la salubrité publique. — 25. Il est interdit de faire rouir du chanvre ou du lin, ou toutes autres plantes textiles dans les abreuvoirs et lavoirs publics. — Le préfet peut réglementer ou même interdire le rouissage des plantes textiles dans les eaux courantes et dans les étangs. Cette interdiction n'est prononcée qu'après avis du conseil d'hygiène et de salubrité. — Les routoirs agricoles, c'est-à-dire ceux exclusivement destinés à l'usage des cultivateurs, ne sont point, comme les routoirs industriels, assujettis aux prescriptions des décrets des 15 octobre 1810 et 31 décembre 1866, relatifs aux établissements insalubres. — Toutefois le préfet peut ordonner, sur la demande du conseil municipal ou des propriétaires voisins, la suppression de tout routoir établi à proximité des habitations et dont l'insalubrité serait constatée. — Le maire peut désigner, par un arrêté, les lieux où les routoirs publics seront établis, ainsi que la distance à observer dans le choix des emplacements destinés au séchage des plantes textiles après le rouissage. —

III. La *police de la santé publique* (L. 15 fév. 1902; L. 7 avril 1903 modifiant les art. 22, 24; L. 20 janv. 1906 modifiant les art. 20 et 25; L. 25 nov. 1908 modifiant l'art. 25; Décr. 15 déc. 1909 sur la police sanitaire aux colonies; L. 22 juill. 1912 relative à l'assainissement des voies privées; L. 17 juin 1915 sur l'expropriation pour cause d'insalubrité) (1).

La loi importante du 15 février 1902 sur la protection de la santé publique a pour objet les précautions à prendre pour la protection de la santé humaine dans les agglomérations bâties et par des mesures intérieures (quant aux mesures à la frontière, V. p. 480). Pour cet objet, elle a refondu la matière et se substitue à la loi du 13 avril 1820, qui est formellement abrogée (art. 31), à plusieurs dispositions de la loi du 3 mars 1822 et de la loi du 5 avril 1884 qui sont abrogées en tant qu'elles seraient contraires. Elle ne touche pas, d'ailleurs, à la police spéciale des ateliers et manufactures. Elle a été complétée par plusieurs règlements d'administration publique (art. 33, 6, 7, § 4, 10, §4, 23, § 8, V. Décr. 10 fév. 1903 fixant la liste des maladies contagieuses et Décr. 10 juill. 1906 sur la désinfection). On peut diviser de la façon suivante ses dispositions : 1° Celles relatives à l'exercice du pouvoir réglementaire en matière de santé publique; 2° celles relatives aux droits et obligations sanitaires; 3° celles relatives à l'organisation du service de santé.

A. *L'exercice du pouvoir réglementaire en matière de santé publique.* — Il y a des règlements sanitaires municipaux et des règlements sanitaires du chef de l'État :

a) Les règlements sanitaires municipaux sont pour déterminer :

26. Le président de la République peut, par décret rendu en la forme des règlements d'administration publique, interdire les cultures qui pourraient être nuisibles à l'hygiène et à la salubrité publiques, ou ne les autoriser que dans des conditions déterminées. — 27. La chair des animaux morts d'une maladie, quelle qu'elle soit, ne peut être vendue et livrée à la consommation. — Tout propriétaire d'un animal mort de maladie non contagieuse est tenu, soit de le faire transporter dans les vingt-quatre heures à un atelier d'équarrissage régulièrement autorisé, soit, dans le même délai, de le détruire par un procédé chimique ou par combustion, soit de le faire enfouir dans une fosse située, autant que possible à 100 mètres des habitations, et de telle sorte que le cadavre soit recouvert d'une couche de terre ayant au moins 1 mètre d'épaisseur. — Il est défendu de jeter des bêtes mortes dans les bois, dans les rivières, dans les mares ou à la voirie, et de les enterrer dans les étables, dans les cours attenant à une habitation ou à proximité des puits, des fontaines et abreuvoirs publics. — 28. Le maire fait livrer à un atelier d'équarrissage régulièrement autorisé, ou enfouir ou détruire par un procédé chimique ou par combustion, le corps de tout animal trouvé mort sur le territoire de la commune et dont le propriétaire, après un délai de douze heures, reste inconnu.

(1) *Bibliographie* : Monod, *La santé publique*, 1904; Martin et Filassier, *Commentaire de la loi de 1902;* Médus, *L'application de la loi de 1902 sur la santé publique*, thèse Toulouse, 1910. Cf. le rapport des inspecteurs des services administratifs, 1909, extrait du *Journal officiel* du 2 août 1909.

1° Les précautions à prendre en exécution de l'article 97 de la loi du 5 avril 1884, pour prévenir ou faire cesser les maladies transmissibles dont la liste a été dressée par le décret du 10 février 1903 rendu sur le rapport du ministre de l'Intérieur, après avis de l'Académie de médecine et du Comité consultatif d'hygiène publique de France, liste qui pourra être revisée dans la même forme. — Spécialement, ils détermineront les mesures de désinfection ou de destruction des objets souillés pouvant servir de véhicule à la contagion (art. 1er, §§ 1 et 4) ; 2° les prescriptions destinées à assurer la salubrité des maisons et de leurs dépendances, des voies privées, closes ou non à leurs extrémités, des logements loués en garni et les autres agglomérations, quelle qu'en soit la nature, *notamment les prescriptions relatives à l'alimentation en eau potable ou à l'évacuation des matières usées* (art. 1er, § 2) (1).

Ces règlements présentent, en la forme, un certain nombre de caractères intéressants : 1° Dans chaque commune, ils doivent leur origine à une combinaison de pouvoirs. Au lieu d'être pris par le maire seul sous la seule réserve du droit d'annulation du préfet, comme les règlements de police ordinaires, ils sont pris par le maire après avis du conseil municipal (art. 1er), et doivent être formellement approuvés par le préfet après avis du conseil départemental d'hygiène (art. 2) (2) ; 2° Les communes peuvent être associées en

---

(1) Sur la portée de ces règlements, au point de vue des entreprises qu'ils peuvent contenir sur la propriété individuelle, V. Cons. d'Ét., 5 juin 1908, trois arrêts, *Marc et autres*, S., 1909. 3. 113 et ma note ; 13 mars 1914, trois arrêts, *Tenand, Lecourtois, Auvray*, S., 17. 3. 17 et ma note. La jurisprudence du Conseil d'État s'affirme dans le sens d'une distinction entre les maisons à construire et les maisons déjà construites. Pour les maisons à construire, les règlements peuvent ordonner des dispositions formelles en ce qui concerne l'alimentation en eau potable et l'évacuation des matières usées ; pour l'eau potable, ils peuvent prescrire le rattachement à la canalisation de la ville, si le propriétaire ne justifie pas qu'il dispose sur place d'une eau potable (Cons. d'Ét., 11 juill. 1913, *Borel*) ; pour l'évacuation des matières usées, ils peuvent prescrire le tout-à-l'égout. Dans cette hypothèse, les travaux prescrits par le règlement sanitaire se trouvent sanctionnés par le juge de simple police qui tient de l'article 161 du Code d'instruction criminelle le droit de prescrire les travaux nécessaires pour faire cesser la contravention ; il n'est donc pas nécessaire de faire intervenir la procédure de l'article 12 de la loi de 1902 (Cass., 26 fév. 1910, *Delclocque*, S., 12. 1. 121, note Roux).

Pour les maisons déjà construites, les pouvoirs des règlements sanitaires sont moins étendus (V. note précitée dans S., 17. 3. 17) des travaux ne peuvent être prescrits que par la procédure des articles 12 et suivants qui met en mouvement la commission sanitaire et qui est indiquée ci-dessous.

(2) Le préfet use de ce droit d'approbation pour inviter les communes à adopter l'un des deux règlements types élaborés par le ministère de l'Intérieur. Il conserve, d'ailleurs, deux droits : Si, dans le délai d'un an à partir de la promulgation de la présente loi, une commune n'a pas de règlement sanitaire, il lui en imposera un d'office, le conseil départemental entendu ; en outre, il conserve le droit de prendre des mesures dans les conditions de l'article 99 de la loi municipale (art. 2).

syndicats de communes conformément à la loi du 22 mars 1890 pour l'exécution des mesures sanitaires, alors elles adoptent les mêmes règlements (art. 2, § 3); 3° La loi prévoit elle-même que les règlements sanitaires ne seront pas toujours à l'état de mise en vigueur; ils auront des périodes de sommeil, mais en cas d'épidémie ou d'un autre danger imminent pour la santé publique, il y aura une procédure pour les remettre en vigueur, le préfet en ordonnera l'exécution immédiate après urgence constatée par arrêté du maire, ou, à défaut, par arrêté du préfet lui-même (art. 3).

b) Les règlements sanitaires du chef de l'État sont prévus par l'article 8 (1).

B. *Les droits et obligations en matière de santé publique.* — Ces droits et obligations sont intéressants à relever, car ils limitent par la question de légalité l'exercice du pouvoir réglementaire; on peut les répartir en trois catégories, les obligations à la charge des personnes, celles à la charge de la propriété, les droits et obligations des communes (2).

(1) Lorsqu'une épidémie menace tout ou partie du territoire de la République ou s'y développe et *que les moyens de défense locaux sont reconnus insuffisants*, un décret détermine, après avis du comité consultatif d'hygiène publique de France, les mesures propres à empêcher la propagation de cette épidémie. Il règle les attributions, la composition et le ressort des autorités et administrations chargées de l'exécution de ces mesures et leur délègue, pour un temps déterminé, le pouvoir de les exécuter. Les frais d'exécution de ces mesures en personnel et en matériel sont à la charge de l'État. Les décrets et actes administratifs qui prescrivent l'application de ces mesures sont exécutoires dans les vingt-quatre heures à partir de leur publication au *Journal officiel.* — Sur ce point, la loi nouvelle s'est substituée à celle du 3 mars 1822, article 1er, n° 3, et la conséquence est que les sanctions excessives de la loi de 1822 ne s'appliquent plus, mais celles des articles 27 et suivants de notre loi.

(2) *a)* A la charge des personnes, il convient de relever : 1° l'obligation de la vaccination antivariolique, à 1 an, 11 ans et 21 ans (art. 6); 2° l'obligation de la désinfection (art. 7); 3° l'obligation pour les médecins de déclarer les cas de maladie épidémique (art. 5) (Règl. 27 juill. 1903);

b) A la charge de la propriété bâtie, sont établies : 1° Dans les agglomérations de 20.000 habitants et au-dessus, l'obligation du permis de bâtir délivré par le maire préalablement à toute construction (art. 11) et qui assure l'observation des conditions de salubrité prescrites par le règlement sanitaire (le permis de bâtir n'existait jusqu'ici que dans les villes où était applicable le décret du 26 mars 1852). Le permis de bâtir est le seul procédé pratique pour assurer l'observation des règlements sanitaires relatifs à la disposition intérieure des immeubles; on en peut conclure que dans les communes de moins de 20.000 habitants, cette sanction n'existant pas, le règlement sanitaire sera parfaitement inefficace sur ce point; 2° l'obligation de subir les prescriptions de la commission sanitaire *pour les immeubles insalubres* lorsqu'un immeuble, bâti ou non, attenant ou non à la voie publique, tombant ou non sous le coup du règlement sanitaire (Cons. d'Ét., 9 déc. 1910, *Ministre de l'Intérieur*), est dangereux pour la santé des occupants ou des voisins. — Cette matière était réglée autrefois par la loi du 13 avril 1850 sur les *logements insalubres*; cette loi s'était montrée inefficace, elle est totalement abrogée et remplacée par les dispositions des articles 12 à 17 de notre loi. Il s'agit d'obliger le propriétaire, soit à exécuter des travaux, soit à laisser son

C. *Organisation du service de la santé publique.* — La direction de l'hygiène publique, qui dépendait autrefois du ministère du Commerce, a été transférée au ministère de l'Intérieur par décret du 3 janvier 1889 et réunie à la direction de l'assistance publique, pour former une sorte de direction de la santé publique. Elle a été transférée depuis au ministère de l'Hygiène, de l'Assistance et de la Prévoyance sociale.

La loi du 15 février 1902, celle du 20 janvier 1906 et celle du 25 novembre 1908 ont réorganisé le Comité consultatif d'hygiène publique (art. 23) ; elles instituent, dans le département, un conseil départemental d'hygiène, un service départemental d'inspection (facultatif), des commissions sanitaires fonctionnant dans des circonscriptions intercommunales (1).

immeuble inhabité en totalité ou en partie. Le mécanisme de la loi consiste à charger la *commission sanitaire* (qui n'est pas municipale, mais plutôt cantonale) (V. *infra*) à donner son avis sur ces points, après, d'ailleurs, une procédure contradictoire ; à faire rendre cet avis exécutoire par un arrêté du maire approuvé du préfet, après avis du conseil départemental d'hygiène si le maire conteste l'avis de la commission sanitaire ; à ouvrir un recours aux intéressés devant le conseil de préfecture (art. 13) ; à sanctionner les obligations des parties par des amendes et par le droit du maire, autorisé du tribunal de simple police, à faire exécuter les travaux d'office à leurs frais. Sur cette procédure, Cf. les observations de M. G. Teissier, à propos des affaires de 1908, précitées, Lebon, p. 613 et s.

c) Les droits et obligations des communes sont les suivants : 1° *Obligation d'assainir.* Cette obligation était posée en principe dans la loi du 16 septembre 1807, articles 35-37, mais, n'étant pas suffisamment entourée de précautions, n'avait été invoquée que rarement par le gouvernement, l'article 9 de notre loi vient modifier la situation : « Lorsque, pendant trois années consécutives, le nombre des décès dans une commune a dépassé le chiffre de la mortalité moyenne de la France, le préfet est tenu de charger le conseil départemental d'hygiène de procéder à une enquête sur les conditions sanitaires de la commune. Si cette enquête conclut à la nécessité des travaux d'assainissement, s'ouvre toute une procédure qui met en mouvement le comité consultatif d'hygiène publique de France et qui peut aboutir à un décret rendu en Conseil d'État. Toutefois, la dépense ne peut être mise à la charge de la commune que par une loi, le département peut offrir son concours. Les articles 35-37 de la loi du 16 septembre 1807 ne sont point abrogés et le principe de la contribution de la plus-value, qui s'y trouve inscrit, survit certainement. Cf. article Monod, *Revue d'administration*, 1889. 1. 50 ; Jouarre, *Des pouvoirs de l'autorité municipale en matière d'hygiène et de salubrité*, Paris, 1899. Sur l'opération administrative de l'assainissement de Marseille, V. L. 24 juill. 1891 et article F. Moreau, *Année administrative*, 1903, p. 43 et s. ;

2° Droit à la protection des sources captées pour l'alimentation publique, ou des sources dont la commune a l'usage ; périmètre de protection pour ces sources, facilités d'expropriation pour les sources dont le débit ne dépasse pas deux litres par seconde (art. 10) ;

3° Extension à toutes les communes des facilités d'expropriation créées par le décret du 26 mars 1852 ; expropriation de tout un quartier, avec faculté de revendre, après assainissement assuré (art. 18 remanié par la L. 17 juin 1915) (renvoi à la matière de l'expropriation, *infra*).

(1) Toute cette organisation départementale est créée par le conseil général avec

Loi du 22 juillet 1912 sur l'assainissement des voies privées (1).

Appendice.

Les habitations à bon marché; les dispensaires d'hygiène sociale et de préservation antituberculeuse; les sanatoriums. — Il faut considérer comme des institutions complémentaires de la police de la santé publique la législation sur les habitations à bon marché (LL. 12 avril 1906, 23 déc. 1912, 6 avril 1918, 24 avril 1919, 17 mai 1919, 24 oct. 1919, 27 oct. 1919, 31 oct. 1919), celle sur les dispensaires d'hygiène sociale et de préservation antituberculeuse (L. 15 avril 1916), celle sur les *sanatoriums* publics et privés (L. 7 sept. 1919). Il est créé là des organisations publiques extrêmement intéressantes, faisant appel à la collaboration d'œuvres privées (sociétés de construction d'habitations à bon marché, sociétés de secours mutuels) et à celle des individus de bonne volonté (comité de patronage des habitations à bon marché); elles comportent la création d'établissements publics (les offices d'habitations à bon marché et les dispensaires d'hygiène sociale). Le défaut de place ne nous permet pas de nous étendre sur ces intéressantes organisations.

une certaine liberté (art. 19, 20 et 21); enfin, dans les villes de 20.000 habitants et au-dessus et dans les stations thermales d'au moins 2.000 habitants, il sera institué, sous le nom de bureau d'hygiène, un service municipal sous l'autorité du maire (art. 19). Tous ces bureaux ou conseils ne font que de l'administration consultative, mais il sera organisé aussi des services publics départementaux et communaux de désinfection pour l'action desquels il faut voir le décret du 10 juillet 1906, avec cette observation que la désinfection n'est pas monopolisée, qu'il existe des entreprises privées de désinfection et qu'il serait désirable que l'administration les utilisât en collaboration au lieu de chercher à les éliminer.

La question des dépenses est réglée par l'article 26, le principe est la contribution de l'État, des départements et des communes d'après les bases de la loi sur l'assistance médicale de 1893, c'est-à-dire d'après le barème de la subvention inversement proportionnelle au centime. Les sanctions et pénalités sont réglées par les articles 27 à 30.

(1) Le régime créé par cette loi sera suffisamment caractérisé par les deux premiers articles :

Art. 1er. Les lois et règlements relatifs à l'hygiène des voies publiques et des maisons riveraines de ces voies sont applicables aux voies privées, notamment en ce qui concerne l'écoulement des eaux usées et des vidanges et l'alimentation en eau. Toutes les parties d'une voie privée dans laquelle doit être établi un égout ou une canalisation d'eau sont grevées d'une servitude légale à cet effet.

2. Pour l'exécution de tous les travaux intéressant l'ensemble de la voie, les propriétaires de toute voie privée et les propriétaires des immeubles riverains sont tenus, sur la réquisition du maire, ou, à son défaut, du préfet, et après avis de la commission sanitaire de la circonscription, de se constituer en syndicat et de désigner un syndic chargé d'assurer l'exécution des travaux et de pourvoir à l'entretien de la voie.

H. — PR.

§ 3. — **La police des cours d'eau non navigables ni flottables et la législation des sources** (L. 8 avril 1898; Règl. 14 nov. 1899; 1er août 1905; 13 juill. 1906) (1).

Le régime des eaux intéresse le droit administratif de plusieurs façons parce qu'il faut distinguer plusieurs espèces d'eaux. Il y a : 1° les *eaux stagnantes* ou *dormantes* qui n'intéressent le droit administratif que par la police de la salubrité (V. *supra*, p. 492); 2° les *eaux du domaine public*, qui sont celles des cours d'eau navigables ou flottables et qui relèvent du droit administratif par toutes les règles de la domanialité publique; enfin, les *eaux publiques et courantes* qui sont celles des cours d'eau non navigables ni flottables, qui appartiennent au droit administratif par une police spéciale visant à la fois le bon écoulement des eaux et leur bonne utilisation.

Nous ne traiterons ici que de la police des *eaux publiques et courantes*; la condition des eaux domaniales sera étudiée plus loin à propos du domaine public.

L'ordre de nos développements sera le suivant : 1° La définition des eaux publiques et courantes; 2° la législation des sources, qui intéresse le droit administratif parce que les sources donnent naissance aux eaux publiques et courantes et aussi parce qu'elles servent à l'alimentation des agglomérations d'habitants; 3° la police des cours d'eau non navigables ni flottables.

I. *Des eaux publiques et courantes*. — Qu'il s'agisse de la législation des sources ou de celle des petits cours d'eau, il est indispensable d'établir la notion des eaux publiques et courantes. D'une part, la police de l'administration, notamment la police du curage, ne s'applique qu'aux ruisseaux ou rivières dont les eaux sont publiques et courantes; d'autre part, les riverains d'un cours d'eau n'ont sur la source de ce cours d'eau certains droits, qu'il nous faudra préciser, que si, dès la sortie du fonds d'émergence, cette source donne naissance à des eaux publiques et courantes (art. 643 C. civ.).

La définition des eaux publiques et courantes n'a point été donnée *in terminis* par la loi et se révèle délicate. Nous allons cependant la tenter. Pour qu'une eau soit publique et courante, il faut la réunion des conditions suivantes :

1° Elle doit être *courante*, ce qui exclut les eaux stagnantes et met hors de cause les étangs;

2° Elle doit *provenir d'une source*, être *une eau de source*, ce qui exclut les eaux de pluie et aussi les eaux torrentielles provenant de la fonte des neiges;

(1) *Bibliographie* : Picard, *Traité des eaux*, t. I et II; Boulet et Lescuyer, *Code des cours d'eau*, 2e édit., 1900; Courcelle et Dardart, *Législation des eaux*; Rousset, *La législation sur le régime des eaux*.

3° Le *débit* de la source doit être *régulier*, pendant la plus grande partie de l'année (Cons. d'Ét., 22 janv. 1909, *Léon-Toussaint Moreau*);

4° Il doit être assez *important* pour que le propriétaire du fonds d'émergence ne puisse pas retenir toute l'eau dans son fonds, même en y creusant un étang (Rapport Cuvinot au Sénat sur la loi de 1898, Sirey, *Lois annotées*, 1898, p. 668), ou bien, suivant une formule de notre ancien droit, assez important pour faire *tourner moulin* au sortir du fonds d'émergence (1).

Si nous réunissons tous ces caractères, nous voyons que l'eau publique et courante sera *une eau de source, courante, d'un débit régulier pendant la plus grande partie de l'année et assez important pour qu'elle ne puisse être retenue dans le fonds d'émergence* (2). Cela posé, occupons-nous, d'abord, de la législation des sources, en tant qu'elle intéresse le droit administratif.

II. *Législation des sources.* — Les sources intéressent le droit administratif dans deux hypothèses : Lorsque, sans être propriété de la commune, elles servent à l'alimentation des habitants d'une agglomération bâtie, sans travaux d'adduction, et lorsqu'elles sont l'objet de travaux d'adduction pour l'alimentation d'une ville qui a acquis la propriété de la source.

1° *Sources qui servent à l'alimentation des habitants d'une agglomération bâtie sans travaux d'adduction et sans être la propriété de la commune.* — A cette hypothèse sont relatifs deux textes :

a) L'article 642 du Code civil, § 3, rédaction de la loi du 8 avril 1898 : « Le propriétaire d'une source ne peut pas en user de manière à enlever aux habitants d'une commune, village ou hameau, l'eau qui leur est nécessaire; mais si les habitants n'en ont acquis ou prescrit l'usage, le propriétaire peut réclamer une indemnité, laquelle est réglée par experts »;

b) L'article 10, § 2, de la loi du 15 février 1902 : « Le droit à l'usage d'une source d'eau potable implique, pour la commune qui la possède, le droit de curer cette source, de la couvrir et de la garantir contre toutes les causes de pollution. »

Ces textes sont suffisamment clairs. Ils établissent au profit des habitants des agglomérations bâties un droit de puisage dans les sources appartenant à des propriétaires, à une double condition cependant : 1° les sources doivent se trouver dans le voisinage de l'agglomération bâtie; 2° des voies d'accès doivent y conduire.

Si l'usage de la source n'est pas traditionnel et coutumier, les

---

(1) Il s'agit des petits moulins à une paire de meules, à grande roue à aubes, qui constituaient le type ordinaire, à cette époque, et pour lesquels il fallait très peu d'eau.

(2) Ajoutons que, pour la plupart des cours d'eau, il existe une tradition fixant leur condition d'eau publique et courante et qui s'est établie à propos du curage, opération pour laquelle la loi elle-même tient compte des anciens usages (V. *infra*).

habitants peuvent le faire établir par autorité de justice (compétence judiciaire). Notons encore que cette servitude de puisage s'exerce sur place et ne suppose aucune canalisation d'adduction ; qu'il n'y a pas lieu ici de distinguer entre la source qui donne naissance immédiatement à une eau publique et courante et celle qui n'y donne pas naissance ; les sources faibles sont soumises à la servitude aussi bien que les sources abondantes ;

Enfin notre article ne réserve aux communautés d'habitants l'usage des eaux de la source que dans la limite des usages domestiques, à l'exclusion des usages agricoles ou industriels ; c'est une servitude ménagère (Picard, *Traité des eaux*, t. IV, p. 343).

2° *Captage des sources et travaux d'adduction dans l'intérêt des villes.* — Cette opération administrative, dont l'importance sociale et économique est évidente, doit en principe, depuis la loi du 15 février 1902, article 10, être faite par déclaration d'utilité publique et par expropriation. Elle constitue une opération de travaux publics et donne lieu à des indemnités au profit des usagers du cours d'eau naissant de la source par la procédure des dommages permanents résultant de travaux publics (1).

(1) Le décret déclarant d'utilité publique le captage d'une source pour le service d'une commune déterminera, s'il y a lieu, en même temps que les terrains à acquérir en pleine propriété, un périmètre de protection contre la pollution de ladite source, etc.

Lorsqu'une commune possède *sur son territoire* une source dont *le débit ne dépasse pas deux litres par seconde,* la déclaration d'utilité publique pour le captage de cette source peut être prononcée par arrêté préfectoral ; dans ce cas, l'indemnité à accorder aux propriétaires est fixée par le *petit jury* constitué en vertu de l'article 16 de la loi du 21 mai 1836 (L. 2 fév. 1902, art. 10, §§ 4 et 5).

Si, au contraire, la source à capter ne se trouve pas sur le territoire même de la commune qui doit en bénéficier ou si *son débit est supérieur à deux litres par seconde,* la déclaration d'utilité publique ne peut être prononcée que par décret ; en outre, l'indemnité due, tant pour la source elle-même que pour un périmètre de protection, ne peut être déterminée que par le jury constitué en vertu de la loi du 3 mai 1841 (Cass., 26 mars 1912, *Salesse*).

Le problème de l'indemnisation des usagers à la suite du captage et de l'adduction des eaux d'une source par une ville soulève des questions de droit importantes : 1° Une question pratique qui est celle de savoir comment seront indemnisés les riverains du cours d'eau auquel donnait naissance la source, qui usaient de l'eau à son passage pour arroser leurs terres ou pour faire tourner leurs moulins, et qui vont se trouver privés de l'eau puisque celle-ci va être jetée dans la canalisation de la ville ; 2° une question théorique qui est celle de savoir si, pour établir juridiquement le droit à indemnité des riverains, leur qualité d'usagers de l'article 644 du Code civil est suffisante ou s'il ne conviendrait pas d'admettre qu'ils sont copropriétaires de la source d'où naît le cours d'eau avec le propriétaire du fonds où jaillit la source.

Nous allons envisager ces questions telles qu'elles étaient réglées avant la loi du 8 avril 1898 et telles qu'elles sont réglées depuis. Nous ne nous occuperons que d'une seule hypothèse, la plus pratique, celle qui se trouve réalisée dans les opérations de captage, celle où la source, ayant un débit assez important pour que ses eaux soient publiques et courantes dès la sortie du fond d'émergence, n'est cependant soumise à

III. *Police des cours d'eau non navigables ni flottables (L. 8 avril*

aucune servitude spéciale acquise par les propriétaires des fonds inférieurs, de telle sorte que ceux-ci n'ont que la qualité d'usagers de l'article 644 du Code civil.

En réalité, il convient de distinguer trois cas :

1º Les propriétaires de fonds inférieurs ont acquis par prescription des droits spéciaux sur l'eau, aux termes de l'article 642, § 2, du Code civil; alors, assurément, dans cette hypothèse très exceptionnelle, le cours de l'eau ne peut pas être détourné sans leur consentement, c'est-à-dire que les droits acquis par prescription s'opposent aussi bien au détournement de l'eau qu'à l'usage absorbant qui en serait fait dans les limites du fonds supérieur;

2º Les propriétaires des fonds inférieurs n'ont acquis par prescription aucun droit spécial sur l'eau de la source, et celle-ci n'est pas assez importante pour donner naissance à la sortie du fonds à des *eaux publiques et courantes*, c'est-à-dire à des *eaux qui ne pourraient pas être retenues dans le fonds d'émergence;* alors, le cours de l'eau peut être détourné par le propriétaire du fonds où jaillit la source *sans indemnité;* du moment qu'il pourrait retenir, il peut détourner (nouvel art. 643, *a contrario*);

3º Les propriétaires des fonds inférieurs n'ont acquis par prescription aucun droit spécial sur l'eau de la source, mais celle-ci est assez importante pour donner naissance à la sortie du fonds à des eaux publiques et courantes; alors, les propriétaires des fonds inférieurs prennent la qualité d'*usagers* de l'article 644 du Code civil, et l'eau ne peut plus être détournée de son cours naturel *à leur préjudice* (nouvel art. 643), sauf à préciser la signification de cette expression ainsi que nous allons le faire.

Avec l'ancienne législation, qui ne contenait aucune disposition spéciale sur les sources, il était admis que le propriétaire du fonds d'émergence était en même temps propriétaire de la source, et que celle-ci était une *portio agri*, sans individualité propre. Dans ces conditions, le maître du champ était maître de la source, il pouvait en disposer à son gré, il devait être seul exproprié. Les usagers du cours d'eau n'avaient sur la source aucun droit de copropriété; ils n'avaient que le droit à l'usage de l'eau de l'article 644 du Code civil; sans doute, ils étaient indemnisés pour la perte de ce droit, mais c'était par la procédure des dommages permanents résultant de travaux publics, une fois les travaux accomplis et le dommage réalisé et dans la mesure du dommage réel, par un contentieux de la compétence du conseil de préfecture. Ils ne pouvaient point être indemnisés par la procédure de l'expropriation où ils ne devaient figurer à aucun titre.

La loi du 8 avril 1898 a modifié l'article 643 du Code civil de façon à lui donner le texte suivant : « Si, dès la sortie du fonds où elles surgissent, les eaux de sources forment un cours d'eau offrant le caractère d'eaux publiques et courantes, le propriétaire ne peut les détourner de leur cours naturel, *au préjudice des usagers inférieurs.* »

Avec cette nouvelle législation, les civilistes ont pensé que les usagers du cours d'eau devenaient copropriétaires de la source; conséquences pratiques : non seulement les usagers inférieurs devraient être indemnisés, si le cours de l'eau était détourné à leur préjudice par le propriétaire du fonds, mais même ils pourraient s'opposer juridiquement à l'opération, laquelle ne deviendrait possible que de leur consentement ou bien s'ils étaient nommément expropriés. Cette idée avait déjà été émise par des auteurs avant la modification législative de 1898 (Baudry-Lacantinerie et Chauveau, *Des biens*, 1re édit., n. 830); après cette modification, elle devait naturellement s'offrir à l'esprit. V. Planiol, *Traité élémentaire de droit civil*, 2e édit., t. I, nº 1054; Baudry-Lacantinerie, *Précis de droit civil*, 7e édit., t. I, nº 1667; Baudry-Lacantinerie et Chauveau, *op. cit.*, 2e édit., nº 839.

En réalité, il semble qu'en tirant de la loi nouvelle des conséquences aussi radicales,

1898; D. R., 1er août 1895). — A. *Condition légale des cours d'eau*

les civilistes soient allés un peu loin. Deux arrêts du Conseil d'État (Cons. d'Ét., 19 fév. 1904, *Ville de Lure*; 29 juin 1904, *Poisot et autres* S., 1905. 3. 97 et ma note) sont absolument contraires à cette thèse; ils contiennent les propositions suivantes : 1° La procédure d'expropriation est poursuivie, comme par le passé, uniquement sur la tête du propriétaire du fonds où jaillit la source; 2° Les usagers inférieurs ne doivent pas être impliqués dans la procédure d'expropriation ouverte pour l'acquisition de la source, parce que leur droit d'usage, quelle qu'en soit la nature, *n'est pas un droit réel portant sur la source, n'est pas un démembrement civil de la propriété de la source, ne fait pas de celle-ci une dépendance de leur moulin*, et que, ne grevant pas la source, il n'est pas besoin de le purger par la procédure d'expropriation ; 3° le dommage subi par les usagers inférieurs ne se réglant pas par la procédure de l'expropriation, se ramène, comme par le passé, à une privation de force motrice ou d'irrigation, qui se règle par la procédure des dommages résultant des travaux publics. Un troisième arrêt, Cons. d'Ét., 26 janv. 1906, *Bérenger, de Punisse-Passis et autres*, contient ceci : « Considérant que, si l'article 643 du Code civil dispose que le *propriétaire d'une source* ne peut, lorsque les eaux, dès la sortie du fonds où elles surgissent, forment un cours d'eau ayant le caractère d'eaux publiques, les détourner de leur cours naturel au préjudice des usagers inférieurs, cette disposition *ne crée pas, au profit de ces derniers, un droit exceptionnel* qui ne puisse être modifié ou transformé que par une loi; que l'article précité ne fait pas obstacle notamment à ce que l'expropriation soit prononcée dans les formes requises suivant la nature du travail. »

V. d'ailleurs, comme prouvant que les indemnités continuent d'être réglées par la procédure des dommages résultant des travaux publics, Cons. d'Ét., 30 avril 1909, *Commune de Nucourt* (deux arrêts).

Ces propositions fournies par la jurisprudence administrative, sous la pression de la pratique, doivent s'organiser en une théorie acceptable pour le droit civil comme pour le droit administratif.

Cette théorie s'analyse en deux propositions : 1° le propriétaire du fonds demeure plein propriétaire de la source; 2° la restriction du droit de détourner le cours de l'eau à la sortie du fonds *au préjudice des usagers inférieurs* se réduit essentiellement à une obligation d'indemniser ces usagers.

L'historique de la question nous éclairera sur la véritable portée du nouvel article 643 du Code civil.

Le besoin auquel est venu donner satisfaction l'article 643 était uniquement un besoin d'indemnité :

Ce n'est pas dans les travaux préparatoires de la loi du 8 avril 1898, du moins dans la discussion au Sénat, qu'il faut chercher des indications sur la raison d'être de la nouvelle disposition. Tout a été dit sur le caractère confus de cette discussion et sur l'impossibilité d'en tirer la moindre lumière. Ce qui s'en dégage de plus net, c'est la volonté du législateur de distinguer entre les sources dont l'eau peut être absorbée ou consommée sur place pour l'utilité du fonds dans lequel elles jaillissent, parce qu'elles sont de faible importance, et puis les sources plus importantes qui déborderont toujours du fonds où elles jaillissent, quoi que puisse faire le propriétaire pour les retenir, et qui alors donnent naissance à des eaux publiques et courantes (Cf. le passage du rapport Cuvinot cité plus haut). C'est ensuite la volonté de donner aux usagers inférieurs des eaux publiques et courantes une certaine garantie de leur droit de riveraineté vis-à-vis du propriétaire de la source. Mais en quoi consiste cette garantie ? Va-t-elle au delà du droit à indemnité ? C'est sur quoi la discussion au Sénat n'apprend rien de plus que le texte, sinon peut-être que cette eau qui déborde du fonds où jaillit la source « tombe dans le domaine commun » (Rapport Cuvinot, *loc. cit.*), et que, dès

non navigables ni flottables. — Ces cours d'eau ne sont pas des dépen-

lors, les usagers inférieurs n'ont que l'ancien droit de riveraineté sur l'eau considérée comme *res communis*, et que la seule innovation consiste à avoir interdit au propriétaire de la source de leur causer « un préjudice ».

Mais si la discussion au Sénat n'est pas claire, ce qui est très net au contraire, c'est toute l'histoire des opérations administratives de captage de sources pour l'alimentation en eau des villes qui avaient posé depuis une quarantaine d'années le problème juridique des droits des usagers inférieurs sous la forme pratique du droit à indemnité. On trouvera cette histoire dans le volume publié en 1879, par l'Imprimerie nationale, sur les travaux de la *Commission supérieure pour l'aménagement et l'utilisation des eaux*, créée en 1878, et qui prépara le projet de loi sur le régimé des eaux déposé au Sénat, par M. Varroy, ministre des Travaux publics, le 24 janvier 1889. Cette commission avait abouti, dans le projet de résolution relatif à l'alimentation en eau des communes, à un article 6, ainsi conçu : « Les communes qui dériveront des eaux de sources seront tenues d'indemniser, des dommages résultant de la dérivation, les propriétaires riverains qui se servaient des eaux... Ces indemnités seront réglées comme en matière de dommages résultant de l'exécution de travaux publics. »

Et voici pourquoi elle insérait cet article : Lorsque se présentèrent, pour la première fois, les réclamations en indemnité des riverains lésés par les dérivations de sources opérées par les villes, le Conseil d'État voulut subordonner l'indemnité à la question de savoir si les usagers inférieurs avaient, vis-à-vis du propriétaire de la source, un droit de nature civile, et il renvoya les parties à se pourvoir devant les tribunaux civils pour trancher cette question préalable. V. Cons. d'Ét., 10 mars 1864, *Commune de Salmagne*; 2 fév. 1865, *Ville de Nevers* (Recueil des arrêts du Conseil d'État, p. 175). Les tribunaux civils ne purent que déclarer, en vertu de la législation d'alors, que les usagers n'avaient aucun droit (V. Cass., 8 fév. 1858, *Compagnie des eaux du Havre c. Hubin*, S., 58. 1. 193, annulant un arrêt de la cour de Rouen du 16 juillet 1857, rapporté dans S., 57. 2. 621, P., 58. 258, qui avait reconnu les droits des usagers). Dès 1868, le Conseil d'État inaugura une nouvelle tactique. Comme il était consulté, à titre de corps administratif, pour la préparation des décrets prononçant l'utilité publique des travaux, il réserva, d'abord dans les visas, puis dans le dispositif des décrets, un engagement des villes à indemniser les usagers, le principe de l'indemnité devenant ainsi contractuel (*op. cit.*, rapport Hachette, p. 140 et s.). On en était là en 1878, et c'est parce qu'avec juste raison la *Commission supérieure pour l'aménagement des eaux* considérait cette pratique du Conseil d'État comme un expédient, qu'elle voulut inscrire dans la loi civile le principe du droit à indemnité pour les usagers inférieurs. Ce fut le point de départ de tout le mouvement législatif qui aboutit à notre article 643 de la loi du 8 avril 1898. Dans l'intervalle, d'ailleurs, la jurisprudence du Conseil d'État avait encore marché ; voyant que la loi ne se faisait pas assez vite, elle avait affirmé directement le droit à indemnité des usagers, même en l'absence d'un engagement des villes (V. Cons. d'Ét., 5 mai 1893, *Sommelet c. commune de Rolampont*, S., 1895. 3. 1 et ma note). De sorte que le droit à indemnité était établi au point de vue administratif lorsque l'article 643 est venu le consacrer au point de vue civil. Il n'a cependant pas fait autre chose que le consacrer, comme l'avait voulu le projet initial de la commission de 1878. Du moins, nous sommes en droit d'interpréter ainsi l'objet de l'article 643, car, dans l'histoire de la rédaction d'une loi, la série des faits, des actes et des besoins a une autre importance que les discussions et les paroles.

Nous avons pris une précaution, nous avons dit que le droit des usagers inférieurs nous paraissait être *essentiellement* un simple droit à indemnité. Cela laisse entrevoir des exceptions possibles. Nous savons, en effet, que, dans l'hypothèse du captage de la source par une ville, le décret déclaratif d'utilité publique exige, assez souvent, qu'une

dances du domaine public de l'État, à la différence des cours d'eau navigables et flottables (art. 538 C. civ.; art. 1ᵉʳ L. 15 avril 1829 ; L. 8 avril 1898) (1). Leur condition juridique a été pendant longtemps discutée, la jurisprudence s'était fixée en ce sens qu'ils étaient *res communes*, que, par conséquent, ils n'appartenaient aux riverains ni pour le lit ni pour l'eau courante, ce qui était une solution libérale (2). La loi du 8 avril 1898 a consacré une solution moins libérale, assez singulière en soi, et qui, jadis, était la moins soutenue de toutes ; elle consiste à distinguer dans le cours d'eau deux éléments, le lit et l'eau courante, le lit est propriété des riverains, l'eau courante *res communis*, et l'écoulement de cette eau s'opère à titre de servitude de passage (L. 8 avril 1898, art. 3-6) (3).

certaine quantité d'eau soit réservée en nature aux usagers inférieurs. La loi du 16 octobre 1919 relative à l'utilisation de l'énergie hydraulique prévoit des réserves en nature au profit des besoins locaux (art. 10). Enfin, dès longtemps, l'article 645 du Code civil a conféré au juge, dans les partages d'eau, un pouvoir d'appréciation et de conciliation. Ces pouvoirs discrétionnaires du juge sont en corrélation avec la nature très imprécise des droits des usagers. Nous ne pouvons que conseiller aux juridictions civiles, le jour où elles seront saisies de réclamations ou d'oppositions des usagers inférieurs, de s'inspirer de ces pratiques et de ces textes ; en prenant comme point de départ le simple droit à indemnité de l'usager, et en le tempérant par un pouvoir discrétionnaire du juge d'accorder certaines réserves en nature, de prescrire certaines garanties de paiement, de subordonner même l'exécution des travaux au paiement préalable de l'indemnité, elles seront dans la vérité, et on ne pourra pas les accuser d'avoir moins de souci des privilèges de la propriété privée que la juridiction administrative (V. dans la *Revue générale d'administration*, 1906, t. II, p. 5 et s., un article de Michoud dont les conclusions sont légèrement divergentes). (Pour le surplus de la discussion, V. notre note précitée dans S., 1905. 3. 97.)

(1) Du moins dans la métropole, car, en Algérie et aux colonies, il est admis au contraire que tous les cours d'eau sans distinction font partie du domaine public ; cela tient à ce que dans les colonies, pays chauds, les irrigations apparurent comme susceptibles de constituer un service public, tandis que dans la métropole la navigation seule présentait autrefois le caractère d'un service public. Aujourd'hui, surgit une nouvelle question qui est celle de l'utilisation industrielle de la force motrice de l'eau dont l'importance se trouve décuplée par la possibilité des transports électriques. (V. *infra*).

(2) Cass., 18 mai 1846, *Piard*; Cons. d'Ét., 8 avril 1866, *de Colmont*; Confl., 26 mai 1894, *de Gasté*. Cf. Picard, *op. cit.*, I, p. 197 et s. — Il résultait de cette jurisprudence : 1° qu'un propriétaire dont le fonds était traversé par un cours d'eau ne pouvait pas tendre une chaîne pour interdire la circulation des bateaux (Cass., 8 mars 1865, S., 65. 1. 108) ; 2° que le propriétaire d'une rive pouvait pousser un barrage à travers le lit et n'avait à demander au riverain opposé que l'appui ; 3° qu'en cas de travaux publics rendant le cours d'eau navigable et le faisant tomber dans le domaine public, il n'y avait point à indemniser les riverains pour le sol du lit, mais seulement pour la perte du droit de pêche et du droit à l'usage de l'eau ; 4° que le public et l'administration elle-même pouvaient prendre librement du sable, des cailloux dans le lit, etc.

(3) Il a fallu remanier plusieurs articles du Code civil pour les mettre en harmonie avec cette *grande pensée* du Code rural, et véritablement ce n'était pas la peine. Au point de vue juridique, le système ne tient pas debout ; si le fonds où le cours d'eau

B. *Condition juridique de l'eau courante et droits des riverains sur cette eau.* — L'eau courante est *res communis*, mais il faut ajouter que l'énergie hydroélectrique qu'elle contient est sous la main de l'État, car « nul ne peut disposer (sous forme électrique) de l'énergie des cours d'eau, quel que soit leur classement, sans une concession ou une autorisation de l'État » (L. 16 oct. 1919, art. 1er). Cette emprise de l'État ne se réalise que si une entreprise hydroélectrique demande et obtient une concession ou une autorisation. Nous étudierons plus tard cette matière. Pour le moment, voyons quels sont les droits des riverains sur l'eau en l'absence d'entreprise hydroélectrique concédée ou autorisée. Les riverains ont sur l'eau courante, qui, en soi, est restée *res communis*, un simple droit d'usage réglé par l'article 644 du Code civil et l'article 2 de la loi du 8 avril 1898. — Ce droit d'usage leur permet soit des irrigations, soit des utilisations usinières ; il appelle les observations suivantes :

1° Il est un privilège *des fonds riverains*, c'est-à-dire des parcelles cadastrales riveraines, il ne s'étend pas à toutes les propriétés de la vallée, ni par conséquent à toutes les surfaces arrosables (1) ;

se creuse son lit supporte une servitude de passage, où est le fonds dominant qui profite de cette servitude ? Est-ce l'eau courante ? On s'est inspiré d'une situation qui existe pour certains canaux d'amenée des usines ; l'eau est, en effet, quelquefois conduite à l'usine en vertu d'une simple servitude de passage que l'usinier a acquise sur des fonds intermédiaires ; ces fonds sont servants, mais il y a un fonds dominant qui est l'usine ; la situation, exceptionnelle d'ailleurs, est donc juridiquement régulière. Elle ne l'est pas en ce qui concerne les cours d'eau naturels *qui ne conduisent à aucun fonds dominant.* — Au point de vue pratique, les inconvénients sont nombreux, le partage mitoyen du lit entre propriétaires des deux rives sera une source de contestations continuelles, surtout quand le cours d'eau se déplacera latéralement (pour éviter ces contestations, la Cour de cassation a décidé que cette propriété spéciale n'était pas susceptible de bornage (Cass., 11 déc. 1901, *Joybert*, S., 1903. 1. 461), mais cette solution est un échec à la théorie de la loi) ; quant au public et à l'administration, ils perdent un certain nombre de facultés qui étaient très appréciables : la liberté de la circulation en bateau devient douteuse, ce qui est ridicule quand on songe que certains des cours d'eaux non navigables sont très larges et que la pêche ne peut s'y pratiquer qu'en bateau (le droit de libre circulation a été considéré comme maintenu par la cour de Paris, 26 juill. 1901, S., 1902. 2. 1, note Saleilles, il est à souhaiter que la Cour de cassation se prononce dans le même sens) : il ne sera plus permis de prendre, dans le lit, ni sable, ni cailloux, sans les acheter au propriétaire (l'administration tirait du lit des ruisseaux une bonne partie des matériaux nécessaires à l'entretien des chemins) ; enfin, quand un cours d'eau sera rendu navigable par des travaux et tombera dans le domaine public, il faudra indemniser les riverains pour le sol du lit. — Cette loi consacre une exagération tout à fait inutile de la propriété privée.

(1) Législation qui n'est ni très avantageuse au point de vue économique, ni très équitable, attendu que les non-riverains sont exposés aux inondations des cours d'eau et peuvent être contraints de participer au curage (L. 8 avril 1898, art. 22) et que, s'ils souffrent des inconvénients, ils devraient participer aux avantages. Du moment que le droit à l'usage de l'eau n'est pas purement individuel, mais est indivis entre les

2° En revanche, il est un droit *indivis* pour les riverains, ce qui entraîne la nécessité des partages d'eau et des règlements d'eau et leur caractère provisoire (V. *infra*);

3° Ce droit d'usage remonte, d'une certaine façon, jusqu'à la source du cours d'eau, du moins « si, dès la sortie du fonds où elles surgissent, les eaux de sources forment un cours d'eau offrant le caractère d'eau publique et courante, le propriétaire ne peut les détourner de leur cours naturel au préjudice des usagers inférieurs » (nouvel art. 643 C. civ.) (1);

4° Ce droit d'usage, bien qu'étant de nature civile, ne s'exerce que sous la condition d'autorisations ou de concessions administratives *toutes les fois que, pour l'utilisation de l'eau, la construction d'un ouvrage est nécessaire* (autorisation des barrages, prises d'eau, etc.) (art. 2 et 11, L. 8 avril 1898, L. 16 oct. 1919) (V. *infra*) et sous la condition d'observer les règlements pour le partage des eaux;

5° Ce droit, bien qu'attaché au fonds, est cessible indépendamment du fonds (jurisprudence constante) et il peut être l'objet d'une éviction au profit des entreprises hydroélectriques concédées aux termes de la loi du 16 octobre 1919.

Outre le droit à l'usage de l'eau, les riverains ont le droit de pêche (L. 15 avril 1829, art. 2), sauf à respecter la réglementation de ce droit par les arrêtés annuels du préfet (V. aussi L. 31 mai 1865);

C. *Police du curage.* — Il existe, à la charge des riverains des cours d'eau non navigables ni flottables, une obligation de curage. Le curage comprend tous les travaux nécessaires pour rétablir un cours d'eau dans sa largeur et sa profondeur *naturelles* (art. 18) (2). L'opération

riverains, on aurait pu établir qu'il serait indivis entre tous les propriétaires d'un périmètre arrosable déterminé administrativement, tout comme le périmètre du curage.

(1) Ce texte servira de base légale au droit à indemnité des riverains dans les cas fréquents où des villes acquièrent des sources et les captent pour alimenter leur canalisation, enlevant ainsi les eaux aux riverains de la vallée, mais à notre avis il ne leur donne qu'un droit à indemnité (V. *supra*, p. 500 et s.). Le droit des riverains s'étend aussi, d'une certaine façon, au régime général du cours d'eau; par exemple, ils peuvent faire abaisser les barrages d'amont ou d'aval qui préjudicieraient à leurs droits (ce qui est une amorce pour les syndicats de vallée).

(2) Il ne s'agit pas de rétablir le cours d'eau dans son ancien lit et c'est pourquoi on a renoncé à la formule « curer à vieux fond et à vieux bord », on laisse le cours d'eau là où il s'est placé; il ne s'agit pas non plus de lui donner la largeur et la profondeur *normales* pour son volume d'eau, ce qui serait le canaliser; il s'agit simplement de ramener le lit actuel à son état naturel, c'est-à-dire d'enlever les boues et les alluvions qui ne sont pas encore arrivées à maturité (recreusement, repurgement); d'enlever les herbes (faucardement) et d'élaguer les branches (recépage). L'article 18 ajoute qu'il n'est rien innové à l'égard des alluvions dont le sort est réglé par les articles 556, 557 et 561 du Code civil; on sait que les alluvions sont la propriété des riverains, mais ce n'est qu'à la condition qu'elles soient *mûres*, c'est-à-dire qu'elles s'élèvent au-dessus du niveau des plus hautes eaux, jusque-là elles peuvent être enlevées par l'opération

du curage peut être prescrite pour toutes les branches de cours d'eau qui présentent un intérêt général, pourvu que ce soit une eau publique et courante (Cons. d'Ét., 25 fév. 1903, *Lavril*) (1). L'opération est à la charge des propriétaires intéressés au bon écoulement des eaux (le plus souvent des riverains, Cons. d'Ét., 12 juill. 1912, *Grucy* et *Monat* (2 espèces), elle s'opère d'une façon collective sous la surveillance de l'administration); elle s'exécutait autrefois en vertu de la loi du 14 floréal an XI; cette loi est abrogée et remplacée par les dispositions de la loi du 8 avril 1898; c'est le préfet qui prescrit l'opération et qui est chargé d'en surveiller l'exécution (2), mais il faut distinguer deux hypothèses : 1° Il existe d'anciens règlements ou des usages locaux dont l'application ne présente pas de difficulté, les préfets sont chargés, sous l'autorité du ministre, de prendre les mesures nécessaires pour l'exécution de ces règlements et usages (art. 19) ; 2° Il n'y a pas d'anciens règlements ou usages locaux, ou leur application présente des difficultés, ou bien les changements survenus exigent des dispositions nouvelles, il sera constitué alors une association syndicale libre ou autorisée des propriétaires intéressés qui nécessitera un règlement d'administration publique (art. 20) (Cons. d'Ét., 25 mars 1901, *Fercot* ; 23 nov. 1906, *Barbier*)(3).

Si les tentatives faites en vue d'arriver à la constitution d'une association syndicale libre ou autorisée n'aboutissent pas, il est procédé de la façon suivante : un décret rendu en Conseil d'État, après enquête, règle le mode d'exécution des travaux, détermine la zone dans laquelle les propriétaires intéressés, riverains ou non riverains et usiniers, peuvent être appelés à y contribuer et arrête, s'il y a lieu, les bases générales de la répartition de la dépense, d'après le degré de l'intérêt de chacun à l'exécution des travaux (art. 21, 22, complétés par Décr. 13 nov. 1899) (4).

De toutes façons, si les riverains n'exécutent pas le travail ou ne

---

du curage et on en doit conclure que, jusque-là, elles font partie de l'eau courante (Cons. d'Ét., 29 juin 1912, *Poncelet*).

Les travaux d'élargissement, de régularisation et de redressement des cours d'eau qui seront jugés nécessaires pour compléter les travaux de curage sont assimilés à ces derniers et leur exécution est poursuivie par les mêmes moyens (art. 25).

(1) Le Conseil d'État a, sur ce point, une jurisprudence très extensive (V. Cons. d'Ét., 17 mars 1899, *de Saizieu*; 27 janv. 1905, *Mesureux* ; 22 janv. 1909, *Léon Toussaint-Moreau*; 30 janv. 1914, *Borel de Larivière*), qu'il applique même si le cours d'eau est un canal de dérivation creusé de main d'homme.

(2) Jamais le maire n'est compétent, même s'il prescrivait le curage pour des raisons de salubrité publique (Cons. d'Ét., 19 avril 1907, *de Noüe*).

(3) Cependant le préfet serait compétent pour assurer, par des mesures *temporaires*, l'écoulement des eaux, distinction entre le temporaire et le permanent (Cons. d'Ét., 23 déc. 1898, *de Martin et autres*).

(4) Il y a des syndicats de curage qui fonctionnent régulièrement (V. Cons. d'Ét., 4 fév. 1906, *Abault*, Syndicat de la rivière d'Orge).

l'achèvent pas, il sera exécuté en régie à leurs frais (Cons. d'Ét., 28 mai 1906, *Baudon* (1).

D. *Police de l'utilisation des eaux; les règlements d'eau* (L. 8 avril 1898, art. 9). — Nous savons déjà que les riverains n'ont qu'un droit indivis à l'usage de l'eau. Cette indivision est de nature à susciter des contestations et des troubles et il y a lieu de pourvoir au maintien de la paix. Le moyen consacré est de procéder à un partage provisionnel de l'eau. Deux autorités ont ici compétence : le tribunal civil pour procéder au partage si les riverains le demandent (art. 645 C. civ.); le chef de l'État pour régler le régime général du cours d'eau « de manière à concilier les intérêts de l'agriculture et de l'industrie avec le respect dû à la propriété et aux droits et usages antérieurement établis » (art. 9). Les compétences respectives des deux autorités se combinent de la façon suivante :

1° Les règlements d'eau *rendus après enquête dans la forme des règlements d'administration publique* opèrent le partage de l'eau entre *des groupes* d'intéressés (2), parce qu'ils doivent se placer au point de vue de l'intérêt général et que, s'ils procédaient au partage individuel, on en conclurait qu'ils statuent sur des contestations privées (Cons. d'Ét., 9 juin 1876, *Canal de Nicolas*); les jugements des tribunaux civils procèdent au partage *individuel* entre intéressés;

2° Les règlements d'eau s'imposent aux tribunaux comme une loi; lorsqu'ils sont antérieurs, les tribunaux doivent respecter le partage par groupes qu'ils ont opéré; lorsqu'ils sont postérieurs à la décision des tribunaux, ils rescindent rétroactivement cette décision en tant que besoin (Cons. d'Ét., 10 nov. 1882, *Delcasso*), ce qui n'est pas sans danger, particulièrement pour les usiniers. — En fait, l'administration ne prend pas l'initiative des règlements d'eau, elle attend qu'on les sollicite.

E. *Police de l'écoulement des eaux; situation légale des ouvrages de prise d'eau et des usines.* — Il s'agit ici des ouvrages et prises d'eau qui n'ont pas pour objet une entreprise hydroélectrique, matière qui sera traitée à part *infra*. Ces ouvrages peuvent avoir pour objet soit

---

(1) Dans toutes ces hypothèses, un certain nombre de règles communes s'appliquent : les contributions pour le curage sont recouvrées en les mêmes formes et avec les mêmes garanties qu'en matière de contributions directes; toutes les constatations sont de la compétence du conseil de préfecture (art. 23, 24, 26 à 28), les taxes de curage sont des charges réelles du fonds (Cons. d'Ét., 12 juill. 1912, *Syndicat des rivières de Clères et Cailly*).

(2) Par exemple, entre le groupe des arrosants et celui des usiniers, entre les arrosants de la rive droite et ceux de la rive gauche; le partage s'opère le plus souvent par des jours ou des heures d'arrosage, les uns le jour, les autres la nuit, les uns le matin, les autres le soir, etc., mais il peut s'opérer aussi par les dimensions des prises d'eau.

des irrigations, soit des utilisations usinières quelconques (1). Aucun barrage, aucun ouvrage destiné à l'établissement d'une prise d'eau, d'un moulin ou d'une usine, ne peut être entrepris dans un cours d'eau non navigable ni flottable, sans l'autorisation de l'administration (art. 11) (2). — Les préfets statuent après enquête sur les demandes ayant pour objet : 1° l'établissement d'ouvrages intéressant le régime ou le mode d'écoulement des eaux ; 2° la régularisation de l'existence des usines et ouvrages établis sans permission (art. 12); ils ne doivent tenir compte, sous peine de détournement de pouvoir, d'aucune autre considération que de celle du libre écoulement de l'eau (Cons. d'Ét., 22 mars 1901, *Pagès*, S., 1903. 3. 73 et ma note ; 10 juill. 1903, *Croizet*). — Les réclamations des parties intéressées contre l'arrêté du préfet peuvent se produire de deux manières, par un recours administratif qui aboutit à un décret en Conseil d'État et par le recours pour excès de pouvoir (art. 13).

Les ouvrages construits avec autorisation ont *titre légal* ou *existence légale* (art. 12, § 2) ; cette expression signifie qu'ils existent en vertu d'un droit désormais parfait, droit fondé sur l'article 644 du Code civil et complété par l'autorisation administrative ; lorsque l'ouvrage est un barrage destiné à produire la force motrice d'une usine et qu'il est régulièrement autorisé, on dit que *l'usine a une existence légale*, en réalité, le barrage seul a une existence, l'usine n'est envisagée que comme exploitant l'utilité du barrage (3).

(1) Le droit d'usage permet aux riverains l'utilisation de la force motrice contenue dans l'eau courante ou dans la *pente de l'eau*. Cette utilisation se produit au moyen de barrages de retenue autorisés par l'administration. Il surgit, ici, une difficulté pratique qui est la concentration, entre les mains d'un seul usinier, de tous les droits de riveraineté existant dans le bief de retenue. On conçoit, en effet, que, dans toute l'étendue du bief de retenue au-dessus d'un barrage, toute l'utilité de l'eau retenue doit être réservée au barrage. Pratiquement, pour les moulins et usines, la difficulté a été résolue par des ententes amiables, l'usinier acquérant soit la pleine propriété de toutes les rives, soit du moins la cession de tous les droits de riveraineté. Il convient même d'ajouter que beaucoup d'installations anciennes furent, d'abord, des moulins seigneuriaux ou des moulins d'abbaye créés à des époques de grande propriété et vendus depuis avec leur barrage, leur canal d'amenée et leur bief de retenue. Ces procédés de création de barrages et de biefs de retenue reposant sur l'entente amiable deviennent insuffisants quand il s'agit d'usines hydroélectriques. V. *infra*.

(2) Ces autorisations ne sont pas des concessions, puisque le riverain a droit à l'eau, aussi n'y a-t-il point paiement de redevances, c'est un moyen pour l'administration de s'assurer que la prise d'eau ne sera pas établie dans des conditions qui pourraient nuire à l'écoulement des eaux ; c'est une condition mise à l'exercice d'un droit individuel.

(3) Il ne faut pas se faire d'illusions sur la solidité de ce *titre légal* ; au regard de la police de l'administration, un barrage autorisé ne peut pas être assimilé à un mur construit en bordure d'une voie publique en vertu d'un alignement régulier : l'administration ne peut plus prescrire la démolition du mur, tandis qu'elle peut, en certains cas, prescrire la démolition ou l'abaissement du barrage autorisé, tantôt sans indemnité, tantôt avec indemnité.

Dommages aux usines. — Lorsqu'une usine créée sur un cours d'eau non navigable ni flottable a une existence légale et que l'utilité du barrage est amoindrie par le fait de l'administration, sans que celle-ci puisse invoquer les motifs de police énumérés dans l'article 14, par exemple par des travaux publics exécutés en rivière, l'usinier a droit à une indemnité pour dommage résultant de travaux publics (Cons. d'Ét., 26 janv. 1912, *Lucq*) (1).

§ 4. — La police des sources minérales (L. 14 juill. 1856) (2).

Les sources minérales, qu'elles appartiennent à des particuliers ou à des personnes administratives (État, départements, communes, etc., etc.), sont soumises à un régime spécial qui en fait des propriétés d'intérêt public (V. *Mines*) : 1° elles ne peuvent être exploitées qu'en vertu d'une autorisation administrative précédée d'une analyse chimique de l'eau ; 2° si la source est exploitée d'une manière qui ne satisfasse pas aux besoins de la santé publique, un décret délibéré en Conseil d'État peut en autoriser l'expropriation au profit de l'État, dans les formes réglées par la loi du 3 mai 1841 ; 3° à la condition d'avoir été, au préalable, *déclarée d'intérêt public* par un décret rendu en Conseil d'État après enquête, une source, même appartenant à un particulier, bénéficie de mesures de protection spéciales qui entraînent pour les propriétés voisines de véritables servitudes d'utilité publique : *a*) certains travaux sont interdits aux voisins; *b*) une sorte d'occupation temporaire est permise, au contraire, au propriétaire de la source sur les terrains voisins (3).

(1) Les autorisations peuvent être révoquées ou modifiées *sans indemnité*, soit dans l'intérêt de la salubrité publique, soit pour prévenir ou faire cesser les inondations, soit enfin dans le cas de réglementation générale en vue du partage des eaux. — Dans tous les autres cas, elles ne peuvent être modifiées que *moyennant indemnité* (art. 14). Il y aurait détournement de pouvoir si l'administration cherchait, par là, à éviter des travaux de redressement ou d'élargissement du cours d'eau (Cons. d'Ét., 7 août 1903, *Convert*). Les préfets statuent sur la révocation ou la modification des permissions en la même forme qu'ils les ont accordées (art. 12). — Les autorisations d'ouvrage sont données sous réserve des droits des tiers qui peuvent avoir droit à faire abaisser le barrage (art. 17) et elles ne font pas obstacle, non plus, à ce que les propriétaires ou fermiers des moulins ou usines soient garants des dommages causés aux chemins et aux propriétés si leurs retenues d'eau occasionnent des inondations (art. 15). Enfin, les maires peuvent prendre toutes les mesures nécessaires pour la police des cours d'eau (à l'exception des autorisations ou suppressions de barrages), par exemple, prescrire à des usiniers de ne pas corrompre les eaux par des produits chimiques (art. 16).

(2) Jacquot et Wilm, *Les eaux minérales de France; Revue générale d'administration*, 1901, II, 385, *Le périmètre de protection des sources de Vichy*.

(3) *a*) « Un périmètre de protection peut être assigné par un décret, rendu dans les formes établies en l'article précédent, à une source déclarée d'intérêt public. Ce périmètre peut être modifié si de nouvelles circonstances en font reconnaître la nécessité

§ 5. — La restauration des terrains en montagne (1).

On sait aujourd'hui que les inondations proviennent du déboisement des montagnes, les terrains boisés retiennent l'eau de la fonte des neiges et ne la laissent échapper que peu à peu, les terrains déboisés la laissent courir en torrent. Il faut donc reboiser les montagnes pour prévenir les inondations. Deux lois furent d'abord votées sans produire de résultat utile, celle du 28 juillet 1860 sur le reboisement des montagnes, et celle du 8 juin 1864 sur le gazonnement. Une loi du 4 avril 1882 a mieux réussi, elle prévoit :

1° Des travaux de restauration accomplis par l'État sur les terrains acquis par lui dans les ravins, soit à l'amiable, soit par expropriation, après de nombreuses formalités énumérées dans les articles 1

(art. 2). Aucun sondage, aucun travail souterrain ne peuvent être pratiqués dans le périmètre de protection d'une source minérale déclarée d'intérêt public, sans autorisation préalable. A l'égard des fouilles, tranchées, pour extraction de matériaux ou pour un autre objet, fondations de maisons, caves ou autres travaux à ciel ouvert, le décret qui fixe le périmètre de protection peut exceptionnellement imposer aux propriétaires l'obligation de faire, au moins un mois à l'avance, une déclaration au préfet, qui en délivre récépissé (art. 3). Les travaux énoncés dans l'article précédent et entrepris, soit en vertu d'une autorisation régulière, soit après une déclaration préalable, peuvent, sur la demande du propriétaire de la source, être interdits par le préfet, si leur résultat constaté est d'altérer ou de diminuer la source. Le propriétaire du terrain est préalablement entendu. L'arrêté du préfet est exécutoire par provision, sauf recours au conseil de préfecture et au Conseil d'État par la voie contentieuse (art. 4). Lorsque, à raison de sondages ou de travaux souterrains entrepris en dehors du périmètre, et jugés de nature à altérer ou diminuer une source minérale déclarée d'intérêt public, l'extension du périmètre paraît nécessaire, le préfet peut, sur la demande du propriétaire de la source, ordonner provisoirement la suspension des travaux. Les travaux peuvent être repris, si, dans le délai de six mois, il n'a pas été statué sur l'extension du périmètre (art. 5).

» Les dispositions de l'article précédent s'appliquent à une source minérale déclarée d'intérêt public, à laquelle aucun périmètre n'a été assigné (art. 6).

b) » Dans l'intérieur du périmètre de protection, le propriétaire d'une source déclarée d'intérêt public a le droit de faire, dans le terrain d'autrui, à l'exception des maisons d'habitation et des cours attenantes, tous les travaux de captage et d'aménagement nécessaires pour la conservation, la conduite et la distribution de cette source, lorsque ces travaux ont été autorisés par un arrêté du ministre de l'Agriculture, du Commerce et des Travaux publics. Le propriétaire du terrain est entendu dans l'instruction (art. 7).

» L'occupation du terrain ne peut avoir lieu qu'en vertu d'un arrêté du préfet qui en fixe la durée. Lorsque l'occupation prive le propriétaire de la jouissance du revenu au delà du temps d'une année ou lorsque, après les travaux, le terrain n'est plus propre à l'usage pour lequel il était employé, le propriétaire du terrain peut exiger du propriétaire de la source l'acquisition du terrain. Dans ce cas, l'indemnité est réglée suivant les formes de la loi du 3 mai 1841. Dans aucun cas, l'expropriation ne peut être provoquée par le propriétaire de la source » (art. 9).

(1) *Bibliographie* : Demontzey, *Reboisement et gazonnement des montagnes*, 2ᵉ édit.

à 6. Les habitants du périmètre peuvent aussi se constituer en association syndicale pour accomplir les mêmes travaux ;

2° Des mesures de protection, qui consistent dans l'interdiction ou la réglementation des pâturages dans certains périmètres. L'interdiction du pâturage, qui porte le nom de *mise en défens*, est prononcée par décret rendu en Conseil d'État après enquête ; elle entraîne une indemnité pour les propriétaires, réglée par le conseil de préfecture. (art. 7 à 11).

La fixation des dunes au bord de l'Océan donne lieu à une intervention analogue de l'administration (V. L. 14 déc. 1810).

§ 6. — **La police des établissements dangereux, insalubres ou incommodes** (L. 19 déc. 1917 ; Règl. 17 déc. 1918, 24 déc. 1919) (1).

Les ateliers ou établissements dangereux, insalubres ou incommodes, constituent un voisinage fâcheux ; non seulement ils sont une source de dangers et d'inconvénients pour les personnes, mais ils constituent une cause de dépréciation des propriétés. On ne pouvait pas les laisser sous l'empire du droit commun, car leur ouverture eût provoqué des troubles graves. Aussi, dès le début de l'ère manufacturière, le décret-loi du 15 octobre 1810 a-t-il créé de toutes pièces une police spéciale si bien établie qu'elle subsiste encore dans ses grandes lignes malgré la refonte de la loi du 19 décembre 1917.

L'idée essentielle est que l'établissement dangereux reste une propriété privée, mais qu'il est soumis à l'autorisation préalable ou à la déclaration et à la surveillance de la police. C'est donc une simple mesure de police prise à l'occasion de l'exercice d'un droit. L'administration prend en mains les intérêts contradictoires de l'industriel et des voisins (car il s'agit d'inconvénients de voisinage, avec cette observation que la loi de 1917 a élargi la notion de l'inconvénient de voisinage ; il ne s'agit plus seulement des inconvénients immédiats, mais aussi de ceux que l'établissement peut avoir dans un rayon étendu, soit pour la santé publique, soit pour l'agriculture) ; l'administration concilie tous ces intérêts en prescrivant des conditions et des précautions d'exploitation, elle fait l'affaire des uns et des autres pour le plus grand bien de la collectivité qui a besoin qu'il existe des établissements industriels. Cette législation est établie sur les bases suivantes (2) :

---

(1) *Bibliographie* : Tambour, *De la compétence en matière d'établissements dangereux*, etc., 1886 ; Le Marois, *Ateliers insalubres, dangereux*, etc., 1883 ; Birnel, *Établissements insalubres*, etc., 1887 ; Porée et Livache, *Traité des manufactures et ateliers dangereux*, etc. ; Avisse, *Industries dangereuses*, etc. ; Dejamme, v° *Établissements dangereux*, Répertoire Béquet-Laferrière, 1900.

(2) C'est un cas de police avec opération à procédure réglée ; ainsi s'explique l'exis-

1° Il y aura des industries classées comme dangereuses, incommodes et insalubres, et, par conséquent, il y aura des catégories d'établissements classés ; suivant leur degré de nocuité ou d'incommodité, ils seront distribués en trois classes, première, deuxième, troisième, la première classe étant réservée aux plus dangereux ;

2° Tout établissement particulier appartenant aux deux premières catégories d'industries classées sera soumis à l'autorisation préalable ; tout établissement de la troisième classe sera soumis à la déclaration préalable. Tous seront soumis à la surveillance de la police.

A. *Du classement des industries et des établissements non classés.* — Aux termes de la loi du 19 décembre 1917, article 5, il appartient au gouvernement seul de dresser le tableau de classement des industries et, par suite, des établissements dangereux, insalubres ou incommodes et d'en faire la division en trois classes ; ce classement ne peut être effectué que par voie de décret portant règlement d'administration publique, c'est-à-dire rendu en Conseil d'État et après avis du conseil supérieur d'hygiène publique et du comité consultatif des arts et manufactures, sur la proposition du ministre du Commerce et de l'Industrie (1).

Les établissements d'une industrie *ancienne* non encore classée peuvent être créés et exploités sans autorisation, et les décrets de classement ultérieurs n'ont pas d'effet rétroactif ; par conséquent, le préfet ne peut pas prononcer la suspension provisoire de l'établissement (Cons. d'Ét., 28 janv. 1887, *Pral* ; 16 juin 1899, *Nessi*). Mais ces établissements seront soumis à la surveillance du service d'inspection organisé par l'article 21 et le préfet pourra ordonner les mesures de précaution indispensables sur avis du conseil départemental d'hygiène (art. 27). Pour les industries *nouvelles*, les établissements qui se fondent avant que l'industrie ne soit classée sont exposés à la suspension provisoire prononcée par le préfet après une procédure réglée par l'article 29 ; l'arrêté de suspension provisoire peut être déféré au conseil de préfecture dans les deux mois (art. 29).

Tous établissements industriels, classés ou non classés, qui présentent pour le voisinage ou pour la santé publique des dangers ou des inconvénients graves que les mesures de précaution prescrites ne seraient pas susceptibles de faire disparaître, *peuvent être supprimés* après avis du conseil supérieur d'hygiène publique et du comité consultatif des arts et manufactures par un décret en forme de règlement d'administration publique (art. 31).

---

tence d'un contentieux de pleine juridiction. — V. *supra*, p. 489, l'hypothèse analogue de la démolition de l'immeuble menaçant ruine.

(1) Des tableaux de classement avaient été annexés au décret du 15 octobre 1810, ils ont été plusieurs fois remaniés ; le dernier tableau d'ensemble a été dressé par le décret du 3 mai 1886 ; on le trouvera reproduit dans le Traité de M. Dejamme, n° 30.

B. *De l'autorisation des établissements de première et de deuxième classes.* — Aucun établissement destiné à une industrie classée en première ou en deuxième classe ne peut être ouvert sans autorisation, sinon le préfet peut le faire fermer par mesure de police — il y a des autorisations définitives et des autorisations à durée limitée lorsqu'il s'agit d'une industrie nouvelle, ou de procédés nouveaux, ou d'un établissement à ouvrir sur un terrain dans le voisinage duquel des transformations sont à prévoir (art. 15). — L'arrêté d'autorisation cessera de produire effet quand l'établissement n'aura pas été ouvert dans le délai fixé par ledit arrêté (qui ne pourra être de moins de deux années) ou n'aura pas été exploité pendant deux années consécutives, sauf le cas de force majeure (art. 16).

1° *Établissements de la première classe.* — Les établissements de la première classe doivent être éloignés des habitations particulières (art. 3). Il n'y a pas de distance réglementaire, c'est une question de fait à trancher pour chaque hypothèse. L'autorisation est accordée par le préfet, après enquête *de commodo et incommodo* ouverte dans toutes les communes à 5 kilomètres de rayon pendant un mois après un avis du conseil municipal et toute une procédure réglée par les articles 8 à 11.

2° *Établissements de la deuxième classe.* — Ce sont, d'après le texte, « les manufactures et ateliers dont l'éloignement des habitations n'est pas rigoureusement nécessaire, mais dont l'exploitation ne peut être autorisée qu'à la condition que des mesures soient prises pour prévenir les dangers ou les incommodités » (art. 3). L'autorisation qu'exige la mise en activité des établissements compris dans la seconde classe est accordée par les préfets. Les formalités sont les mêmes que pour la première classe, sauf que l'enquête ne dure que quinze jours, que l'affichage n'est pas nécessairement fait dans un rayon de 5 kilomètres et que le conseil municipal n'est pas appelé à formuler d'avis.

Des recours en matière d'autorisation d'établissement. — Art. 14. — Les arrêtés préfectoraux d'autorisation, de refus de surseoir à la délivrance d'autorisation ou d'ajournement à statuer, ceux imposant des conditions nouvelles ou portant atténuation des prescriptions déjà édictées, peuvent être déférés au conseil de préfecture : 1° Par les industriels, dans un délai de deux mois qui commence à courir du jour où les arrêtés leur ont été notifiés ; 2° par les tiers ou par les municipalités intéressées, en raison des dangers ou des inconvénients que le fonctionnement de l'établissement présente pour le voisinage, à moins qu'ils ne puissent être présumés avoir renoncé à l'exercice de ce droit.

Les tiers qui n'ont acquis des immeubles, n'en ont pris à bail ou n'ont élevé des constructions dans le voisinage d'un établissement classé que postérieurement à l'affichage et à la publication de l'arrêté autorisant l'ouverture de cet établissement, ou atténuant les prescriptions primitivement imposées, ne sont pas recevables à déférer ledit arrêté au conseil de préfecture.

C. *De la déclaration des établissements de troisième classe.* — Les établissements de la troisième classe doivent faire l'objet, avant leur ouverture, d'une déclaration écrite adressée au préfet (art. 4). Celui-ci en donne récépissé sans délai, il notifie en même temps à l'industriel une copie des prescriptions générales concernant son industrie (art. 17). Si l'établissement cesse d'être exploité pendant plus de deux années consécutives, l'exploitant doit faire une nouvelle déclaration (art. 20) (1).

D. *De la police et de l'inspection des établissements autorisés ; leur fermeture provisoire.* — Les établissements insalubres sont soumis à un double pouvoir de police, celui du préfet et celui du maire.

Les articles 21 et suivants créent sous l'autorité du préfet un service départemental d'inspection des établissements dangereux. Ce service peut être confié aux inspecteurs du travail, comme aussi il peut l'être à un personnel distinct. Les procès-verbaux de ces inspecteurs, pour les contraventions aux règlements, font foi en justice jusqu'à preuve contraire.

Une procédure est prévue pour la suspension provisoire, par le préfet, des établissements des trois classes dans lesquels il y aurait inobservation constatée des prescriptions essentielles imposées à l'industriel dans l'intérêt du voisinage ; des sanctions pénales sont prononcées contre l'industriel qui exploite sans autorisation ou sans déclaration un établissement classé et contre celui qui continue l'exploitation d'un établissement dont la fermeture temporaire aura été prononcée (2).

---

(1) Le régime de la déclaration, qui, pour les établissements de troisième classe, a remplacé celui de l'autorisation, présente le grand avantage de soustraire l'industriel aux lenteurs de la procédure d'autorisation. On remarquera que l'administration n'a même pas le droit de faire opposition à l'ouverture de l'établissement et qu'elle a seulement celui d'imposer des conditions d'exploitation.

(2) Art. 34. Lorsque l'inspecteur des établissements classés a constaté qu'il y a inobservation des conditions et réserves essentielles qui ont été imposées à l'industriel dans l'intérêt du voisinage, de la santé publique ou de l'agriculture, la poursuite a lieu directement devant le tribunal correctionnel, qui, après avoir reconnu le caractère essentiel des conditions et réserves visées au procès-verbal, applique les pénalités du dernier paragraphe de l'article 32, et impartit à l'intéressé un délai pour satisfaire aux conditions et réserves de l'arrêté d'autorisation. A l'expiration du délai imparti, sur le vu du jugement et d'un nouveau procès-verbal constatant l'inobservation persistante de conditions et réserves essentielles, le préfet peut suspendre provisoirement les autorisations accordées aux établissements de première et de deuxième classes.

Le préfet peut également prononcer, dans les mêmes conditions, la fermeture des

Le tribunal pourra également ordonner l'apposition des scellés sur les appareils et machines et sur les portes de l'établissement (1).

Il ne faut pas confondre la fermeture provisoire avec la *suppression* (V. *supra*, p. 513).

Quant au maire, s'il a le droit de prescrire aux industriels des dispositions de nature à sauvegarder l'hygiène publique, il n'a pas le droit, par des mesures générales, de réglementer la création et le fonctionnement d'établissements classés ou non classés. En d'autres termes, il a la police générale de l'hygiène publique et non pas la police spéciale des établissements dangereux en tant qu'elle intéresse spécialement les voisins (Cons. d'Ét., 6 juill. 1906, *Borgeaud*).

E. *Des dommages-intérêts demandés par les voisins.* — L'autorisation des établissements dangereux, comme celle des barrages sur les cours d'eau, n'est donnée par l'administration que *sous réserve des droits des tiers* (art. 12). Si donc, malgré les prescriptions prescrites par l'administration, il subsiste des inconvénients de voisinage qui excèdent ceux que l'on peut considérer comme constituant le droit commun

---

établissements de troisième classe, en cas d'inobservation persistante des conditions essentielles édictées à l'égard des industries auxquelles ils se rattachent.

Art. 35. L'arrêté du préfet, prononçant, en vertu de l'article précédent, la suspension provisoire de l'autorisation accordée à un établissement de première ou de deuxième classe, ou la fermeture temporaire d'un établissement de troisième classe, pourra, dans les deux mois qui suivront sa notification, être déféré par l'intéressé au conseil de préfecture, qui statuera après avoir pris l'avis du conseil départemental d'hygiène et sauf appel au Conseil d'État.

Le conseil de préfecture et le Conseil d'État pourront, avant dire droit, autoriser la réouverture provisoire de l'établissement.

Art. 36. Seront punis d'une amende de cent à cinq cents francs (100 à 500 francs), sans préjudice des dommages-intérêts qui pourront être alloués aux tiers :

1º L'industriel qui, en dehors du cas prévu à l'article 27, § 2, ci-dessus, exploite, sans autorisation ni déclaration, un établissement compris dans l'une des catégories des établissements classés, et qui continue cette exploitation après l'expiration du délai qui lui aura été imparti, par un arrêté préfectoral de mise en demeure, pour la faire cesser ;

2º Celui qui continue l'exploitation d'un établissement dont la fermeture temporaire aura été ordonnée en vertu des articles 29 et 34.

Le tribunal pourra également ordonner l'apposition des scellés sur les appareils et machines et sur les portes de l'établissement.

(1) Avant la loi nouvelle, le Conseil d'État admettait que, malgré l'intervention des tribunaux judiciaires qui était déjà de droit pour la sanction des règlements de police contenus dans les arrêtés d'autorisation, le préfet avait le droit *dans les cas d'urgence* de faire procéder, par la voie administrative, à l'apposition des scellés sur les appareils et sur les portes de l'établissement (Cons. d'Ét., 7 nov. 1913, *Société française d'industrie chimique*; 20 fév. 1914, *Caillouel*, S., 16. 3. 1 et ma note). Les termes de la loi nouvelle feront certainement remettre cette question en discussion, mais nous pensons que le principe général de l'exécution forcée des lois par la voie administrative *en cas d'urgence* doit s'appliquer ici comme partout, à la condition, bien entendu, que l'urgence soit réellement constatée. V. *supra*, p. 77.

de la propriété, les voisins peuvent s'adresser aux tribunaux civils pour demander des dommages-intérêts ou même un supplément de précautions (1).

§ 7. — La police du repos hebdomadaire (L. 13 juill. 1906).

La police du travail s'est considérablement développée depuis quelques années; dans son ensemble, elle intéresse la législation industrielle et se trouve traitée, en effet, dans les ouvrages spécialement consacrés à cette branche du droit (2); mais il est un des objets de cette police qui mérite de figurer parmi les matières du droit administratif, parce qu'elle intéresse le grand public et a pris une grande importance dans la jurisprudence du Conseil d'État, je veux parler de la police du repos hebdomadaire.

La loi du 13 juillet 1906 a posé le principe du repos hebdomadaire qui doit, sauf exception, être donné collectivement le dimanche à tout le personnel des établissements industriels et commerciaux. Il n'y a pas à distinguer suivant la nature de l'établissement, peu importe qu'il soit public ou privé, laïque ou religieux; pas à distinguer non plus entre les ouvriers ou employés salariés ou les non salariés. D'ailleurs, rien ne s'opposerait à ce que le personnel d'un établissement qui ne pourrait pas être retenu le dimanche dans son propre établissement par son propre patron, allât travailler dans un autre établissement à titre d'*extra*. En somme, on a voulu protéger les employés et ouvriers contre les exigences de leur employeur ordinaire.

L'obligation du repos hebdomadaire, ainsi compris, est sanctionnée par des amendes de simple police, appliquées autant de fois qu'il y aura de personnes occupées dans des conditions contraires à la loi et, en cas de récidive, par des amendes correctionnelles (art. 13 et s.).

Des dérogations. — Si la loi de 1906 n'avait contenu que ce principe et si elle l'avait suivi rigoureusement, il n'y aurait eu place que pour une application pénale et judiciaire de la loi, mais il a fallu prévoir des *dérogations* et ce sont ces dérogations, accordées par arrêté du préfet, qui ont créé une matière importante de police administrative et qui, par les recours auxquels ont donné lieu, soit les

---

(1) Cf. Cass., 28 fév. 1848, S., 48.1.314; Cass., 11 juin 1877, S., 78.1.209; Déjamme, *op. cit.*, nos 257 et s.; Colin et Capitant, *Traité de droit civil*, t. I. — Du moment que les inconvénients de voisinage excèdent ceux qui rentrent dans le droit commun de la propriété, l'industriel sort de son droit (non pas de son droit d'industriel, mais de son droit de propriétaire ou de locataire de l'héritage où il exerce son industrie), par conséquent les dommages causés le sont par sa faute et le principe de l'article 1382 du Code civil est applicable.

(2) Cf. Bry, *Cours élémentaire de législation industrielle*, 5e édit., liv. II; Paul Pic, *Traité élémentaire de législation ouvrière*, 3e édit.; etc.

dérogations accordées, soit les refus de dérogation, ont fourni déjà une jurisprudence abondante.

Les dérogations sont prévues par l'article 2 de la loi ainsi conçu : « Le repos hebdomadaire doit être donné le dimanche. Toutefois, lorsqu'il est établi que le repos simultané le dimanche, de tout le personnel d'un établissement, serait préjudiciable au public ou compromettrait le fonctionnement normal de cet établissement, le repos peut être donné, soit constamment, soit à de certaines époques de l'année seulement, de l'une des quatre façons suivantes :

» *a*) Un autre jour que le dimanche à tout le personnel de l'établissement ;

» *b*) Du dimanche midi au lundi midi à tout le personnel ;

» *c*) Le dimanche après-midi, avec un repos compensateur d'une journée, par roulement et par quinzaine ;

» *d*) Par roulement continu à tout ou partie du personnel.

» Les autorisations nécessaires devront être demandées et obtenues conformément aux prescriptions des articles 8 et 9 de la présente loi » (1).

Les questions contentieuses soulevées par l'application de ces dispositions de la loi sont déjà nombreuses ; il est à remarquer, d'ailleurs, que la jurisprudence du Conseil d'État s'est montrée, comme à son ordinaire, plus libérale que celle de la Cour de cassation (2).

---

(1) Voici les prescriptions de ces articles :

« Lorsqu'un établissement quelconque voudra bénéficier de l'une des exceptions prévues au § 2 de l'article 2, il sera tenu d'adresser une demande au préfet du département (en proposant une combinaison) ; celui-ci devra demander d'urgence les avis du conseil municipal, de la Chambre de commerce de la région et des syndicats patronaux et ouvriers intéressés de la commune. Ces avis devront être donnés dans le délai d'un mois ; le préfet statuera ensuite par un arrêt motivé qu'il notifiera dans la huitaine (art. 8, §§ 1 à 3).

» L'arrêté préfectoral pourra être déféré au Conseil d'État dans la quinzaine de sa notification aux intéressés. Le Conseil d'État statuera dans le mois qui suivra la date du recours *qui sera suspensif* (art. 9).

» La dérogation accordée à un établissement devra être étendue aux établissements de la même ville, faisant le même genre d'affaires et s'adressant à la même clientèle » (art. 8, § 4).

Cette disposition a été étendue aux grands magasins, au profit de ceux de leurs rayons qui vendent les mêmes marchandises que certains établissements auxquels la dérogation a été accordée ; les rayons des grands magasins sont traités ainsi comme des établissements séparés, mais il faut pour cela qu'ils ne vendent exclusivement que des marchandises de même nature et de même valeur que celles vendues dans les établissements qui jouissent déjà de la dérogation (Cons. d'Ét., 23 nov. 1912, *Cognacq*).

(2) Le Conseil d'État est saisi par les recours pour excès de pouvoir formés contre les arrêtés du préfet contenant dérogation ou refus de dérogation ; la Cour de cassation, chambre criminelle, est saisie à la suite des poursuites en contravention. Cf. sur ce point un très intéressant article de M. Roger Bonnard ; *La loi sur le repos hebdomadaire devant le Conseil d'État et la Cour de cassation* (*Questions pratiques de législation ouvrière*, août 1908), et aussi J. Barthélemy, *De la liberté du gouverne-*

Nous n'avons pas le loisir de passer en revue les solutions données par le Conseil d'État en ce qui concerne les conditions de fond des dérogations, nous examinerons seulement les questions suivantes : nature du droit à dérogation; nature du recours formé devant le Conseil d'État; recevabilité des syndicats professionnels à former le recours (1) :

1° *Nature du droit à dérogation.* — L'industriel a-t-il droit à la dérogation dans les conditions prévues par la loi, ou bien le préfet a-t-il un pouvoir discrétionnaire pour accorder ou refuser cette dérogation? On peut invoquer, dans le sens du droit de l'industriel, les termes des articles 2 et 9 de la loi qui sont très énergiques, mais le meilleur fondement de ce droit sera encore dans l'idée de la liberté individuelle. En somme, du moment que la charte de l'industrie n'est pas corporative, il y a liberté individuelle de l'industrie; la loi établit des prescriptions sur le repos hebdomadaire, ces prescriptions sont en soi exceptionnelles et ce sont les dérogations à ces prescriptions qui rentrent dans le droit commun de la liberté (2).

Il suit de là : 1° que les décisions du préfet contenant refus de dérogation, dans les cas où elle aurait dû être accordée, sont entachées de ce vice qui s'appelle la violation de la loi et des droits acquis; 2° que la dérogation accordée ne peut pas être soumise à une clause de précarité (Cons. d'Ét., 24 janv. 1908, *Cahen*) (3), et qu'elle

---

ment à l'égard des lois dont il est chargé d'assurer l'exécution (Revue de droit public, 1907).

(1) Le meilleur commentaire, sur toutes ces questions, se trouve dans les conclusions remarquables de M. Romieu, sous Cons. d'Ét., 30 nov. 1906, *Jacquin*, Lebon, p. 863 et s.

(2) Quand donc l'industriel demande l'autorisation de déroger, il demande l'autorisation d'exercer sa liberté, c'est-à-dire son droit individuel; il est dans la même situation que celui qui demande un permis de chasse ou que le propriétaire qui demande un alignement individuel, ou que le riverain d'un petit cours d'eau qui demande le règlement de son barrage. Mais ici la matière est mieux réglée, en ce que l'industriel présente lui-même un projet de dérogation qui oblige le préfet à statuer dans un délai (V. supra, p. 349).

(3) « Considérant que les industriels et commerçants qui justifient que le repos simultané, le dimanche, de tout leur personnel serait préjudiciable au public ou compromettrait le fonctionnement normal de leur établissement, *ont droit* à une des dérogations spécifiées à l'article 2 de la loi; considérant que, par sa décision du 28 juin 1907, le Conseil d'État a reconnu que les sieurs Cahen frères ont droit à la dérogation par eux demandée et qu'il n'appartenait pas au préfet de police, chargé d'assurer l'exécution de cette décision, d'en restreindre l'effet en insérant dans son arrêté une disposition déclarant précaire et révocable l'autorisation délivrée aux sieurs Cahen. »

V. sur cette question du droit à dérogation, les conclusions de M. le commissaire du gouvernement Romieu, sous Cons. d'Ét., 30 nov. 1906, *Jacquin et autres*, Lebon, p. 864; confirmées par l'ensemble des arrêts, notamment par Cons. d'Ét., 30 nov. 1906, *Rage-Roblot*.

ne peut être retirée que si les circonstances de fait se sont modifiées et, encore, en observant les mêmes formes avec lesquelles elle avait été accordée (Cons. d'Ét., 13 mars 1908, *Marcard; id., Nouzille*);

2° *Nature du recours formé devant le Conseil d'État et pouvoirs du juge.* — Bien que ce recours ait été enfermé dans le délai spécial de quinze jours à dater de la notification et bien qu'il soit suspensif de l'exécution, il a été reconnu que c'est un recours pour excès de pouvoir. Il s'ensuit, d'une part, qu'il est dispensé du ministère de l'avocat; d'autre part, que le juge n'a que des pouvoirs d'annulation. Sans doute, pour élucider la question de savoir si l'arrêté du préfet doit être annulé, le Conseil d'État a le droit d'entrer dans les circonstances de fait de l'affaire, puisque, d'après la loi, le droit à dérogation est subordonné à des circonstances de fait; mais son pouvoir se réduit à l'annulation de la décision de refus du préfet, il n'a pas le droit d'accorder lui-même l'autorisation (1);

3° *Recevabilité des syndicats professionnels à intenter le recours.* — Le Conseil d'État a reconnu cette recevabilité par de nombreuses décisions (2).

§ 8. — **La police des monuments historiques, des objets d'art et des sites** (L. 31 déc. 1913 sur les monuments historiques ou préhistoriques (immeubles, objets mobiliers, fouilles); L. 21 avril 1906 sur les sites et monuments naturels présentant un caractère artistique; L. 20 avril 1910 protégeant contre l'affichage les sites et monuments naturels; L. 13 juill. 1911, art. 118, sur les perspectives monumentales; L. 18 juin 1919 sur les vestiges de guerre) (3).

L'esprit commun de ces lois est d'assurer le classement administratif de ces divers objets, classement entraînant une véritable ser-

---

(1) Cependant, pour mieux marquer son intention d'être obéi et pour que le préfet accorde sans retard la dérogation après l'annulation de son refus, le Conseil d'État a adopté la procédure du *renvoi à l'administration pour faire ce que de droit;* il ajoute, à la fin de son arrêt, ces mots : « renvoi devant le préfet pour la délivrance de l'autorisation à laquelle le requérant *a droit* » (Cons. d'Ét., 30 nov. 1906, *Rage-Roblot,* S., 1907. 3. 17 et ma note. Cf. sur la procédure de renvoi à l'administration pour faire ce que de droit, une note dans S., 1909. 3. 129). On peut se demander si, étant donné que l'industriel présente lui-même un projet de dérogation, le Conseil d'État ne devrait pas admettre qu'au cas de silence du préfet gardé pendant le délai de l'article 8, cette proposition de dérogation est censée acceptée par le préfet (V. *supra,* p. 349).

(2) Cons. d'Ét., 1er fév. 1907, *Syndicat coopératif des patrons coiffeurs de Marseille;* 8 mars 1908, *Chambre syndicale des patrons et des ouvriers coiffeurs de Versailles;* 8 mai 1907, *Syndicat des employés de commerce de Nîmes;* 10 juill. 1908, *Syndicat des employés de commerce de la région du Nord;* 27 nov. 1908, *Association syndicale des ouvriers coiffeurs de Rouen*). En effet, si ce sont des syndicats ouvriers qui attaquent des dérogations accordées, c'est bien dans l'intérêt de la profession; et si ce sont des syndicats patronaux qui attaquent un refus de dérogation, c'est également dans l'intérêt de la profession.

(3) *Bibliographie;* Ducrocq, *La loi du 30 mars 1887,* Paris, Picard, 1889; Saleilles, *La loi du 10 mars 1887* (*Revue bourguignonne*), 1891, p. 635.

vitude qui interdit toute modification sans l'autorisation du ministre des Beaux-Arts; de faciliter l'expropriation de ces objets, de les rendre imprescriptibles et pratiquement inaliénables, d'interdire l'exportation hors de France des objets classés; de protéger les sites naturels, etc. Nous donnons en note les principales dispositions de la loi du 31 décembre 1913 sur les monuments historiques. Sur la perspective monumentale, V. Cons. d'Ét., 4 avril 1914, *Gomel*, S., 17. 3. 25 et ma note (1).

(1) L. 31 déc. 1913. Cette loi a remplacé des textes plus anciens, notamment la loi du 30 mars 1887, celle du 19 juillet 1889, celle du 16 février 1912, les §§ 4 et 5 de l'article 17 de la loi du 9 décembre 1905.

CHAPITRE Ier. — *Des immeubles.* — ART. 1er. Les immeubles dont la conservation présente, au point de vue de l'histoire ou de l'art, un intérêt public, sont classés comme monuments historiques, en totalité ou en partie, par les soins du ministre des Beaux-Arts, selon les distinctions établies par les articles ci-après.

Sont compris parmi les immeubles susceptibles d'être classés, aux termes de la présente loi, les monuments mégalithiques, les terrains qui renferment des stations ou gisements préhistoriques, et les immeubles dont le classement est nécessaire pour isoler, dégager ou assainir un immeuble classé ou proposé pour le classement.

A compter du jour où l'administration des Beaux-Arts notifie au propriétaire sa proposition de classement, tous les effets du classement s'appliquent de plein droit à l'immeuble visé. Ils cessent de s'appliquer, si la décision de classement n'intervient pas dans les six mois de cette notification.

Tout arrêté ou décret qui prononcera un classement après la promulgation de la présente loi sera transcrit, par les soins de l'administration des Beaux-Arts, au bureau des hypothèques de la situation de l'immeuble classé. Cette transcription ne donnera lieu à aucune perception au profit du Trésor.

2. Sont considérés comme régulièrement classés avant la promulgation de la présente loi : 1° les immeubles inscrits sur la liste générale des monuments classés, publiée officiellement en 1900 par la direction des Beaux-Arts; 2° les immeubles compris ou non dans cette liste, ayant fait l'objet d'arrêtés ou de décrets de classement, conformément aux dispositions de la loi du 30 mars 1887.

Dans un délai de trois mois, la liste des immeubles considérés comme classés avant la promulgation de la présente loi sera publiée au *Journal officiel*. Il sera dressé, pour chacun desdits immeubles, un extrait de la liste reproduisant tout ce qui le concerne; cet extrait sera transcrit au bureau des hypothèques de la situation de l'immeuble, par les soins de l'administration des Beaux-Arts. Cette transcription ne donnera lieu à aucune perception au profit du Trésor.

La liste des immeubles classés sera tenue à jour et rééditée au moins tous les dix ans.

Il sera dressé, en outre, dans le délai de trois ans, un inventaire supplémentaire de tous les édifices ou parties d'édifices publics ou privés qui, sans justifier une demande de classement immédiat, présentent cependant un intérêt archéologique suffisant pour en rendre désirable la préservation. L'inscription sur cette liste sera notifiée aux propriétaires et entraînera pour eux l'obligation de ne procéder à aucune modification de l'immeuble inscrit sans avoir, quinze jours auparavant, avisé l'autorité préfectorale de leur intention.

3. L'immeuble appartenant à l'État est classé par arrêté du ministre des Beaux-Arts, en cas d'accord avec le ministre dans les attributions duquel ledit immeuble se trouve placé.

Dans le cas contraire, le classement est prononcé par un décret en Conseil d'État.

4. L'immeuble appartenant à un département, à une commune ou à un établisse-

ment public est classé par un arrêté du ministre des Beaux-Arts, s'il y a consentement du propriétaire et avis conforme du ministre sous l'autorité duquel il est placé.

En cas de désaccord, le classement est prononcé par un décret en Conseil d'État.

5. L'immeuble appartenant à toute personne autre que celles énumérées aux articles 3 et 4 est classé par arrêté du ministre des Beaux-Arts, s'il y a consentement du propriétaire. L'arrêté détermine les conditions du classement. S'il y a contestation sur l'interprétation ou l'exécution de cet acte, il est statué par le ministre des Beaux-Arts, sauf recours au Conseil d'État statuant au contentieux.

A défaut du consentement du propriétaire, le classement est prononcé par décret en Conseil d'État. Le classement pourra donner lieu au paiement d'une indemnité représentative du préjudice pouvant résulter pour le propriétaire de l'application de la servitude de classement d'office instituée par le présent paragraphe. La demande devra être produite dans les six mois à dater de la notification du décret de classement; cet acte informera le propriétaire de son droit éventuel à une indemnité. Les contestations relatives à l'indemnité sont jugées en premier ressort par le juge de paix du canton ; s'il y a expertise, il peut n'être nommé qu'un seul expert. Si le montant de la demande excède 300 francs, il y aura lieu à appel devant le tribunal civil.

6. Le ministre des Beaux-Arts peut toujours, en se conformant aux prescriptions de la loi du 3 mai 1841, poursuivre au nom de l'État l'expropriation d'un immeuble déjà classé ou proposé pour le classement, en raison de l'intérêt public qu'il offre au point de vue de l'histoire ou de l'art. Les départements et les communes ont la même faculté.

La même faculté leur est ouverte à l'égard des immeubles dont l'acquisition est nécessaire pour isoler, dégager ou assainir un immeuble classé ou proposé pour le classement.

Dans ces divers cas, l'utilité publique est déclarée par un décret en Conseil d'État.

7. A compter du jour où l'administration des Beaux-Arts notifie au propriétaire d'un immeuble non classé son intention d'en poursuivre l'expropriation, tous les effets du classement s'appliquent de plein droit à l'immeuble visé. Ils cessent de s'appliquer si la déclaration d'utilité publique n'intervient pas dans les six mois de cette notification.

Lorsque l'utilité publique a été déclarée, l'immeuble peut être classé sans autres formalités par arrêté du ministre des Beaux-Arts. A défaut d'arrêté de classement, il demeure néanmoins provisoirement soumis à tous les effets du classement, mais cette sujétion cesse de plein droit si, dans les trois mois de la déclaration d'utilité publique, l'administration ne poursuit pas l'obtention du jugement d'expropriation.

8. *Les effets du classement suivent l'immeuble classé en quelques mains qu'il passe.*

Quiconque aliène un immeuble classé est tenu de faire connaître à l'acquéreur l'existence du classement.

Toute aliénation d'un immeuble classé doit, dans les quinze jours de sa date, être notifiée au ministre des Beaux-Arts par celui qui l'a consentie.

L'immeuble classé qui appartient à l'État, à un département, à une commune, à un établissement public, ne peut être aliéné qu'après que le ministre des Beaux-Arts a été appelé à présenter ses observations; il devra les présenter dans le délai de quinze jours après la notification. Le ministre pourra, dans le délai de cinq ans, faire prononcer la nullité de l'aliénation consentie sans l'accomplissement de cette formalité.

9. L'immeuble classé ne peut être détruit ou déplacé, même en partie, ni être l'objet d'un travail de restauration, de réparation ou de modification quelconque, si le ministre des Beaux-Arts n'y a donné son consentement.

Les travaux autorisés par le ministre s'exécutent sous la surveillance de son administration.

Le ministre des Beaux-Arts peut toujours faire exécuter, par les soins de son administration et aux frais de l'État, avec le concours éventuel des intéressés, les travaux de réparation ou d'entretien qui sont jugés indispensables à la conservation des monuments classés n'appartient pas à l'État.

10. Pour assurer l'exécution des travaux urgents de consolidation dans les immeubles classés, l'administration des Beaux-Arts, à défaut d'accord amiable avec les propriétaires, peut, s'il est nécessaire, autoriser l'occupation temporaire de ces immeubles ou des immeubles voisins.

Cette occupation est ordonnée par un arrêté préfectoral, préalablement notifié au propriétaire, et sa durée ne peut en aucun cas excéder six mois.

En cas de préjudice causé, elle donne lieu à une indemnité, qui est réglée dans les conditions prévues par la loi du 29 décembre 1892.

11. *Aucun immeuble classé ou proposé pour le classement ne peut être compris dans une enquête aux fins d'expropriation pour cause d'utilité publique qu'après que le ministre des Beaux-Arts aura été appelé à présenter ses observations.*

12. *Aucune construction neuve ne peut être adossée à un immeuble classé sans une autorisation spéciale du ministre des Beaux-Arts.*

Nul ne peut acquérir de droit par prescription sur un immeuble classé.

Les servitudes légales qui peuvent causer la dégradation des monuments ne sont pas applicables aux immeubles classés.

Aucune servitude ne peut être établie par convention sur un immeuble classé qu'avec l'agrément du ministre des Beaux-Arts.

13. Le déclassement total ou partiel d'un immeuble classé est prononcé par un décret en Conseil d'État, soit sur la proposition du ministre des Beaux-Arts, soit à la demande du propriétaire. Le déclassement est notifié aux intéressés et transcrit au bureau des hypothèques de la situation des biens.

Chapitre II. — *Des objets mobiliers.* — 14. Les objets mobiliers, soit meubles proprement dits, soit immeubles par destination, dont la conservation présente, au point de vue de l'histoire ou de l'art, un intérêt public, peuvent être classés par les soins du ministre des Beaux-Arts.

Les effets du classement subsistent à l'égard des immeubles par destination classés qui redeviennent des meubles proprement dits.

15. Le classement des objets mobiliers est prononcé par un arrêté du ministre des Beaux-Arts, lorsque l'objet appartient à l'État, à un département, à une commune ou à un établissement public. Il est notifié aux intéressés.

Le classement devient définitif si le ministre de qui relève l'objet ou la personne publique propriétaire n'ont pas réclamé dans le délai de six mois, à dater de la notification qui leur en a été faite. En cas de réclamation, il sera statué par décret en Conseil d'État. Toutefois, à compter du jour de la notification, tous les effets de classement s'appliquent provisoirement et de plein droit à l'objet mobilier visé.

16. Les objets mobiliers appartenant à toute personne autre que celles énumérées à l'article précédent peuvent être classés, avec le consentement du propriétaire, par arrêté du ministre des Beaux-Arts.

A défaut du consentement du propriétaire, le classement ne peut être prononcé que par une loi spéciale.

17. Il sera dressé, par les soins du ministre des Beaux-Arts, une liste générale des objets mobiliers classés, rangés par département. Un exemplaire de cette liste, tenu à jour, sera déposé au ministère des Beaux-Arts et à la préfecture de chaque département. Il pourra être communiqué sous les conditions déterminées par un règlement d'administration publique.

18. *Tous les objets mobiliers classés sont imprescriptibles.*

Les objets classés appartenant à l'État sont inaliénables.

Les objets classés appartenant à un département, à une commune, à un établissement public ou d'utilité publique ne peuvent être aliénés qu'avec l'autorisation du ministre des Beaux-Arts et dans les formes prévues par les lois et règlements. La

§ 9. — La police et le régime des cultes d'après la loi du 9 décembre 1905 (1).

La loi du 9 décembre 1905 a modifié gravement les relations qui existaient entre la société civile et les différentes églises, depuis le

propriété ne peut être transférée qu'à l'État, à une personne publique ou à un établissement d'utilité publique.

19. Les effets du classement suivent l'objet en quelques mains qu'il passe.

Tout particulier qui aliène un objet classé est tenu de faire connaître à l'acquéreur l'existence du classement.

Toute aliénation doit, dans les quinze jours de la date de son accomplissement, être notifiée au ministère des Beaux-Arts par celui qui l'a consentie.

20. L'acquisition faite en violation de l'article 18, 2° et 3° alinéas, est nulle. Les actions en nullité ou en revendication peuvent être exercées à toute époque tant par le ministre des Beaux-Arts que par le propriétaire originaire. Elles s'exercent sans préjudice des demandes en dommages-intérêts, qui peuvent être dirigées soit contre les parties contractantes, solidairement responsables, soit contre l'officier public qui a prêté son concours à l'aliénation. Lorsque l'aliénation illicite a été consentie par une personne publique ou un établissement d'utilité publique, cette action en dommages intérêts est exercée par le ministre des Beaux-Arts, au nom et au profit de l'État.

L'acquéreur ou sous-acquéreur de bonne foi, entre les mains duquel l'objet est revendiqué, a droit au remboursement de son prix d'acquisition; si la revendication est exercée par le ministre des Beaux-Arts, celui-ci aura recours contre le vendeur originaire pour le montant intégral de l'indemnité qu'il aura dû payer à l'acquéreur ou sous-acquéreur.

Les dispositions du présent article sont applicables aux objets perdus ou volés.

21. L'exportation hors de France des objets classés est interdite.

22. Les objets classés ne peuvent être modifiés, réparés ou restaurés sans l'autorisation du ministre des Beaux-Arts, ni hors la surveillance de son administration.

23. Il est procédé par l'administration des Beaux-Arts, au moins tous les cinq ans, au récolement des objets mobiliers classés.

En outre, les propriétaires ou détenteurs de ces objets sont tenus, lorsqu'ils en sont requis, de les représenter aux agents accrédités par le ministre des Beaux-Arts.

24. Le déclassement d'un objet mobilier classé peut être prononcé par le ministre des Beaux-Arts, soit d'office, soit à la demande du propriétaire. Il est notifié aux intéressés.

CHAPITRE III. — *De la garde et de la conservation des monuments historiques.*
CHAPITRE IV. — *Dispositions générales.*

(1) La loi du 9 décembre 1905 a été complétée par trois règlements d'administration publique rendus en exécution de son article 43 : le règlement du 29 décembre 1905 sur l'inventaire des biens ecclésiastiques; celui du 19 janvier 1906 sur les pensions et allocations des ministres des cultes; celui du 16 mars 1906 sur l'attribution des biens, les édifices du culte, les associations cultuelles, la police des cultes; en outre, elle a été suivie de trois lois, celle du 2 janvier 1907 et du 28 mars 1907 destinées à faciliter le culte public, celle du 13 avril 1908 relative à la dévolution des biens ecclésiastiques.

Cette législation a complètement renouvelé les règles de la matière et se présente comme organique. V. l'art. 44 sur l'abrogation des textes anciens.

BIBLIOGRAPHIE : Grunebaüm-Ballin, *La séparation*, 1905; Léouzon-Leduc, *Ce que l'État doit à l'Église*, 1905; Noblemaire, *Concordat ou séparation*, 1905; Anatole Biré, *La séparation des Églises et de l'État*, 1905; Jenouvrier, *Situation légale de*

début du XIXe siècle, en vertu de la législation concordataire. Elle a institué un régime de séparation à peu près complet.

Nous n'avons pas, dans ce *Traité de droit administratif*, à insister sur le principe de la séparation, ni sur celui de la liberté des cultes qui lui est lié, on trouvera sur ce point les indications désirables dans nos *Principes de droit public* (1). Nous devons plutôt consacrer

l'Eglise catholique en France depuis la loi du 9 décembre 1905, Paris, 1906, 2e édit., G. de Lamarzelle et Taudière, *Commentaire théorique et pratique de la loi du 9 décembre 1905*, Paris, 1906; Henri Brisson, J.-L. de Lanessan, Raoul Allier, etc., *La séparation des Églises et de l'État*, Paris, 1906; J. Lhopiteau et E. Thibault, *Les Églises et l'État* (Commentaire pratique de la loi du 9 décembre 1905), Paris, 1906; Abbé Fanton, *Traité de l'organisation des cultes dans le régime de la séparation*, Paris-Valence, 1906; Odin et Remaud, *La loi du 9 décembre 1905 concernant la séparation des Églises et de l'État*, Paris-Poitiers, 1906; M. Réville et Armsbruster, *Le régime des cultes*, Paris, 1906; Ch, Monnot, *La loi sur la séparation des Églises et de l'État*, Paris, 1906; Paul Sabatier, *A propos de la séparation des Églises et de l'État*, Paris, 1906; *Livre Blanc du Saint-Siège*. — *A propos de la séparation*, Paris, 1906; Debidour, *L'Église catholique et l'État sous la troisième République*, Paris, 1906; De Lanessan, *L'État et les Églises en France depuis les origines jusqu'à la séparation*, Paris, 1906; Maxime Lecomte, *La séparation des Églises et de l'État*, Paris, 1906; Charriaut, *Après la séparation, Enquête sur l'avenir des Églises*, Paris, 1906; Jean Guiraud, *La séparation et les élections*, Paris, 1906; comte d'Haussonville, *Après la séparation*, Paris, 1906; Abbé Sévestre, *L'histoire, le texte et la destinée du concordat de 1801*, Paris, 1905; J. de Narfon, *Vers l'Église libre*, Paris, 1906; A. Mater, *L'organisation de l'Église catholique*, 1906; Despagnet, *La République et le Vatican*, 1870-1906; A. Mater, *La politique religieuse de la République française*, 1908; Lagrésille, *Revue des institutions cultuelles*; Grousseau et Biré, *Revue du culte catholique*; Fédou, *Revue catholique des associations cultuelles et paroissiales*; L. Crouzil, *Traité de la police du culte sous le régime de la séparation*, 1908; *Le régime des cultes en France et à l'étranger*, Recueil de travaux publiés par la Société de législation comparée, t. I, 1910.

(1) Nous devons cependant signaler un certain nombre de questions administratives intéressantes qui sont nées de la séparation : celle de l'éligibilité des ministres du culte; celle de l'interdiction des subventions au culte; celle de la location des presbytères :

1° Au sujet de l'éligibilité des ministres du culte, la loi du 9 décembre 1905, article 40, contenait la disposition suivante : « Pendant huit années à partir de la promulgation de la présente loi, les ministres du culte seront inéligibles au conseil municipal dans les communes où ils exerceront leur ministère ecclésiastique. » Cette inéligibilité a pris fin le 9 décembre 1913; elle était la seule qui frappât les ministres du culte.

2° Au sujet de l'interdiction des subventions au culte (art. 2 et 19 L. 9 déc. 1905), il convient de dire qu'elle se rattache directement au principe de la séparation et que la subvention est interdite, en tant qu'elle constituerait une *reconnaissance officielle du culte*. « Il importe, dit le rapporteur Briand cité plus haut, de ne pas laisser se perpétuer dans certaines régions les *rapports officiels* entre l'Église, les communes et les départements. » Mais il ne faut pas s'exagérer l'importance de l'interdiction : D'une part, ce qu'on pourrait appeler le salaire laïque restera permis toutes les fois qu'il n'impliquera pas reconnaissance officielle du culte. Par exemple, s'il est interdit à un conseil municipal de voter, comme autrefois, au desservant de la paroisse une somme fixe à titre d'abonnement au casuel ecclésiastique, parce que cette subvention impliquerait reconnaissance officielle du culte, il sera permis au même conseil de confier au desservant un emploi civil, celui de secrétaire de la mairie, ou d'infirmier de la commune, parce que le desservant n'est frappé par la loi d'aucune incapacité individuelle en ce qui touche les emplois civils ou les fonctions publiques, et parce que, en lui confiant cet emploi civil, l'administration municipale voit en lui, non pas le ministre du culte, mais le simple citoyen et que, par conséquent, elle se tient dans le domaine de l'*ignorance légale*. A la condition que l'emploi civil soit sérieusement conféré et réellement exercé, la loi ne sera point tournée. V. Cons. d'Ét., 24 nov. 1905, *Commune de Brousseval* (note dans S., 1906. 3. 17).

Outre les arguments invoqués plus haut, on peut encore relever les circonstances dans lesquelles a été rejeté un amendement déposé par M. Lemire. Il fut déclaré *inutile* par le rapporteur en ces termes : « La Commission n'a pas accepté l'article additionnel de M. Lemire qu'elle considère comme inutile. En dehors des cas exceptionnels sur lesquels la Chambre s'est déjà prononcée d'une façon générale, par voie de conséquence, la situation des ministres du culte sera absolument identique à celle de tous les autres citoyens. Il est inutile de formuler cette affirmation dans un article additionnel; c'est une conséquence forcée de la loi » (*Journal officiel*, Déb. parl., Ch. des députés, p. 2666). Mais il faut que l'emploi soit possible et concevable, c'est ainsi que l'emploi d'aumônier de l'école primaire a été jugé inacceptable parce qu'il n'y a pas d'internat à l'école primaire (Cons. d'Ét., 24 déc. 1909, *Commune de Sarzeaux*; 19 mai 1911, *Baupère*).

D'autre part, il n'y aurait point subvention au culte interdite dans le fait d'une commune qui ferait dire une messe et qui paierait les honoraires de cette messe. Si les communes ne doivent pas entretenir de rapports officiels avec l'Église, c'est en tant qu'il s'agit de l'organisation publique du culte; mais rien n'empêche, semble-t-il, les communes de prendre la qualité de fidèles par rapport au culte. L'opposition serait très nette si nous disions que la commune ne peut plus participer à la production du culte, mais qu'elle peut participer à sa consommation, prendre la qualité de consommateur. — La question se pose ici sur le terrain de la liberté de conscience — et, d'ailleurs, elle porte plus haut que la commune et concerne aussi bien l'État et par conséquent les *prières publiques*. Ce qu'on appelle les lois de laïcité, et spécialement la loi du 9 décembre 1905, n'établissent la séparation entre l'Église et l'État qu'en ce qui concerne l'organisation des cultes et leur reconnaissance officielle comme éléments de l'organisation publique. Mais la loi du 9 décembre 1905, article 1er, pose solennellement le principe : « la République assure la liberté de conscience ». Cette liberté de conscience est pour tous les éléments de la République, pour l'État et pour les communes, aussi bien que pour les citoyens. Les sociétés de secours mutuels approuvées ont leur liberté de conscience, elles peuvent faire dire des messes et l'inscrire dans leurs statuts (Cons. d'Ét., 28 nov. 1913, *La Mâconnaise*. V. *supra*, p. 334). Pourquoi les administrations publiques n'auraient-elles pas, elles aussi, leur liberté de conscience? Il ne faut pas invoquer la neutralité, qui peut être respectée par la participation aux différents cultes aussi bien que par l'abstention et qui, d'ailleurs, n'est pas une obligation légale. Il n'y a pas non plus à invoquer les dispositions sur les fondations pieuses que l'on n'a pas voulu laisser à la charge des communes (L. 13 avril 1908, spécialement art. 3, § 14). Autre chose est la cérémonie accidentelle, autre chose est la fondation qui peut passer pour une subvention régulière au culte. D'ailleurs, cette loi est la même qui, dans son article 5, autorise les communes à engager des dépenses pour l'entretien et la conservation des édifices du culte, par dérogation à la loi du 9 décembre 1905.

3º Enfin, pour ce qui concerne les presbytères, en vertu de l'article 14 de la loi de 1905, ils devaient rester pendant cinq ans, à partir de la promulgation de la loi, à la disposition gratuite des ministres du culte et ensuite être loués; à la suite de la non-constitution des associations cultuelles, la loi du 2 janvier 1907, article 1er, les mit immédiatement à la disposition des communes, de sorte que la question de la loca-

des développements à ce qu'il subsiste d'organisation et de police du régime des cultes (1).

Nous traiterons les points suivants :

1° Le régime des cultes avec constitution d'associations cultuelles ; 2° le régime du culte catholique sans constitution d'associations cultuelles ; 3° la condition des édifices publics du culte et la situation juridique de l'occupant ; 4° la police des cultes et des manifestations religieuses :

I. *Le régime des cultes avec constitution d'associations cultuelles* (2).

---

tion se posa tout de suite. Dans la plus grande partie des communes, le presbytère fut loué au desservant ; la loi de 1907, article 1er, avait pris la précaution d'édicter que la location de ces édifices devrait être approuvée par l'administration préfectorale. Cet ensemble de dispositions a fait naître un certain nombre de difficultés et donné lieu à des décisions de jurisprudence dont nous avons fait une analyse détaillée dans une longue note au recueil S., 11: 3, 33. Finalement, le préfet ne peut refuser d'approuver le bail que s'il y a évidemment subvention déguisée au culte (Cons. d'Ét., 11 avril 1913, *Lebon* ; 28 nov. 1913, *Commune de Chambon*).

(1) Il en subsiste, car on se tromperait singulièrement si l'on croyait complète la séparation opérée par la loi du 9 décembre 1905 entre l'État et les Églises. Elle l'eût été si, après avoir supprimé le service des cultes et le budget des cultes, le législateur eût laissé les communautés de fidèles s'organiser sous le droit commun des associations et s'il eût considéré le culte comme constituant, désormais, une affaire purement privée ; avec une dotation conférée une fois pour toutes en pleine et perpétuelle propriété, ou sans dotation aucune, les Églises se seraient reconstituées par leurs propres moyens et en pleine liberté. Certains projets dus à l'initiative parlementaire avaient incliné vers ce système : Proposition Francis de Pressensé déposée le 7 avril 1903 (Rapport Briand, *Journal officiel*, annexes, Ch. des députés, p. 283) ; proposition Flourens, déposée le 7 juin 1903 (*eod.*, p. 284) ; proposition Réveillaud, déposée le 25 juin 1903 (*eod.*, p. 284) ; mais ceux du gouvernement et de la commission, et finalement celui qui aboutit, procèdent d'un autre esprit. Pour des raisons multiples, parce que l'on ne voulait pas que le culte public cessât brusquement ; parce qu'on ne voulait pas fermer les édifices du culte et que, cependant, on ne voulait pas non plus en abandonner aux Églises la propriété incommutable, pas plus que celle des biens des fabriques ou autres établissements ; parce qu'on ne voulait pas renoncer à toute police spéciale ; parce qu'on avait peur des accroissements de la mainmorte ; peut-être aussi par atavisme, par impossibilité d'imaginer un régime d'indépendance complète de deux organismes si longtemps liés l'un à l'autre, on s'est arrêté à un système transactionnel, qui n'est plus l'union intime des Églises et de l'État dans le service public des cultes, mais qui est encore la collaboration de l'État et des Églises à un service d'intérêt public. Les édifices du culte restent affectés à l'exercice du culte ; les biens des fabriques et autres établissements du culte transmis aux associations cultuelles, pour les confessions qui ont accepté cette organisation, continuent d'être affectés à l'exercice du culte ; et il s'agit, en principe, d'un exercice régulier du culte public, c'est pour cet exercice régulier que les associations cultuelles avaient été organisées, que les édifices du culte restent à la disposition des fidèles.

(2) Cette conception, d'inspiration protestante (Armand Lods, *Nouvelle législation des cultes protestants*, 1914, introduction), est née avec les projets officiels de la commission et du gouvernement. Tous sont basés sur le système des associations cultuelles chargées d'assurer un exercice public des cultes, auxquelles les édifices du du culte sont laissés, soit par concession, soit par location, et qui recueillent les biens

— Les associations cultuelles qui, jusqu'ici, n'ont été adoptées que par les cultes protestants et par le culte israélite, se constituent, s'organisent et fonctionnent librement, sous les seules restrictions résultant de la loi du 9 décembre 1905 (Règl. 16 mars 1906, art. 30). Elles ont pour but de subvenir aux frais, à l'entretien et à l'exercice public d'un culte et doivent s'enfermer dans cet objet (art. 18 et 19 L. 9 déc. 1905).

Elles sont, d'abord, astreintes aux formalités établies par les articles 5 et suivants de la loi du 1er juillet 1901 sur les associations déclarées et à celles des articles 1er à 6 et 21 du règlement du 16 août 1901 ; la déclaration préalable que doit faire toute association cultuelle indique les limites territoriales de la circonscription dans laquelle fonctionnera l'association ; à cette déclaration est jointe une liste comprenant un nombre de membres majeurs et domiciliés ou résidant dans la circonscription d'au moins 7, 15 ou 25, suivant que l'association a son siège dans une commune de moins de 1.000 habitants, 1.000 à 20.000 ou de plus de 20.000 habitants (1).

Les statuts des associations cultuelles sont entièrement libres, sauf deux règles imposées par la loi (art. 19) :

1° Chacun des membres pourra s'en retirer en tout temps, après paiement des cotisations échues et de celle de l'année courante, nonobstant toute clause contraire ;

2° Les actes de gestion financière et d'administration légale des biens accomplis par les directeurs ou administrateurs seront, chaque année au moins, présentés au contrôle de l'assemblée générale des membres de l'association et soumis à son approbation.

Les associations cultuelles peuvent, dans les formes déterminées par l'article 7 décret du 16 août 1901, constituer des *unions* qui auront même but et même capacité. Les membres de ces unions sont les associations adhérentes, il n'y a pas de chiffre minimum fixé (L. 9 déc. 1905, art. 20 ; Règl., 16 mars 1906, art. 48) (2).

---

des établissements publics à titre de dotation du culte. La combinaison des associations cultuelles a été inventée par M. de Pressensé dans son projet précité du 7 avril 1903. Mais sur la capacité juridique de ces associations, sur la condition juridique de la dotation, les dispositions ont varié et peu à peu la mainmise de l'État s'est accentuée, soulignant l'intérêt qu'il prend à la continuation du culte public régulier.

(1) Dans ce nombre minimum de membres majeurs et domiciliés, des femmes peuvent être comptées. Si, par suite de démission, décès ou autrement, le nombre des membres exigés par la loi descend au-dessous du minimum fixé, une déclaration effectuée dans les trois mois fait connaître les membres à retrancher et ceux à ajouter (art. 32 Règl. 16 mars 1906). Outre ce nombre minimum, l'association peut compter des membres qui ne soient ni majeurs, ni domiciliés, ni résidents ; la qualité de Français n'est pas exigée.

(2) *Capacité des associations et unions.* — Elles peuvent recevoir, en outre des cotisations prévues par l'article 6 de la loi du 1er juillet 1901, les produits des quêtes et collectes pour les frais du culte, percevoir des rétributions pour les cérémonies et

II. *Le régime du culte catholique sans constitution d'associations cultuelles.* — Le mécanisme des associations cultuelles n'a servi jusqu'ici qu'aux cultes protestants et au culte israélite.

services religieux, même par fondation (mais à la condition que ce soit sous forme de contrat commutatif), pour la location des bancs et sièges, pour la fourniture des objets destinés au service des funérailles dans les édifices religieux et à la décoration de ces édifices.

Elles pourront verser, sans donner lieu à perception de droits, le surplus de leurs recettes à d'autres associations constituées pour le même objet. Elles ne pourront, sous quelque forme que ce soit, recevoir des subventions de l'État, des départements ou des communes. Ne sont pas considérées comme subventions les sommes allouées pour réparation aux monuments classés.

Elles peuvent employer leurs ressources disponibles à la constitution d'un fonds de réserve suffisant pour assurer les frais et l'entretien du culte et ne pouvant, dans aucun cas, recevoir une autre destination; le montant de cette réserve ne pourra jamais dépasser une somme égale, pour les unions et associations ayant plus de 5.000 francs de revenus, à trois fois et, pour les autres associations, à six fois la moyenne annuelle des sommes dépensées par chacune d'elles pour les frais du culte dans les cinq derniers exercices.

Indépendamment de cette réserve qui devra être placée en valeurs nominatives, elles peuvent constituer une réserve spéciale dont les fonds devront être déposés en argent ou en titres nominatifs à la Caisse des dépôts et consignations pour être exclusivement affectés, y compris les intérêts, à l'achat, à la construction, à la décoration, ou à la réparation d'immeubles ou meubles destinés aux besoins de l'association ou de l'union.

Par ces réserves, les associations peuvent se constituer une *fortune personnelle* distincte des biens *dévolus*, dont il va être parlé, et qui ne pourra pas leur être enlevée pour les mêmes motifs que les biens dévolus (art. 19, 22, 23, L. 9 déc. 1905; art. 33, Règl. 16 mars 1906).

Les associations et unions ne sont, en aucun cas, assujetties à la taxe d'abonnement, ni à celle imposée aux cercles par l'article 33 de la loi du 8 août 1890, pas plus qu'à l'impôt de 4 p. 100 sur le revenu établi par les lois du 28 décembre et du 29 décembre 1884.

Contrôle financier. — Les associations et unions cultuelles ne sont pas soumises à la comptabilité publique, mais seulement à un contrôle financier exercé par l'administration de l'enregistrement et par l'inspection générale des finances. Les trésoriers des associations n'auront donc pas la qualité de comptables publics, ni les responsabilités qui en découlent. Les éléments du contrôle sont fournis par trois formalités imposées:

1º L'état des recettes et des dépenses des associations cultuelles, avec l'indication de la cause et de l'objet de chacune de ces opérations, est tenu sur un livre journal de caisse coté et paraphé par le directeur de l'enregistrement du département ou son délégué; ce livre est arrêté chaque année au 31 décembre;

2º Il est établi un compte financier pour chaque année comptée du 1er janvier au 31 décembre; il présente par nature les recettes et les dépenses effectuées et il se termine par une balance récapitulative; il indique les restes à recouvrer et à payer. L'excédent des recettes sur les dépenses doit être représenté par le solde en caisse au 31 décembre;

3º Il est dressé chaque année un état inventorié des biens meubles et immeubles.

Le compte financier et l'état inventorié sont dressés, au plus tard, avant l'expiration du 1er semestre de l'année qui suivra celle à laquelle ils s'appliquent; le compte financier est établi en double et l'un des exemplaires doit être adressé sur sa demande au représentant de l'administration de l'enregistrement qui en délivre récépissé. L'asso-

En ce qui concerne la religion catholique, les combinaisons préparées par la loi du 9 décembre 1905, pour assurer l'exercice public du culte, ont échoué. Le Saint-Siège n'a voulu se prêter à aucune transaction et il semble que ce soit pour un double motif : d'une part,

ciation conserve les comptes et états inventoriés s'appliquant aux cinq dernières années avec les pièces justificatives, registres et documents de comptabilité ; l'association est tenue de les représenter sur place aux agents du contrôle. Si ceux-ci constatent des infractions réprimées par l'article 23 de la loi, ils en dressent procès-verbal et saisissent le procureur de la République (L. 9 déc. 1905, art. 21 ; Règl. 16 mars 1906, art. 37 à 46).

Les sanctions et les responsabilités. — Les dispositions de la loi sur la constitution des associations, les formalités de la déclaration, la capacité, le but exclusivement cultuel, le contrôle financier, l'emploi des ressources, sont sanctionnés de la façon suivante par l'article 23 : « Seront punis d'une amende de 16 francs à 200 francs et, en cas de récidive, d'une amende double, les directeurs ou administrateurs d'une association ou d'une union qui auront contrevenu aux articles 18, 19, 20, 21 et 22. — Les tribunaux pourront, dans le cas d'infraction au paragraphe 1er de l'article 22 (dépassement du fonds de réserve), condamner l'association ou l'union à verser l'excédent constaté aux établissements communaux d'assistance ou de bienfaisance. Ils pourront, en outre, dans tous les cas prévus au paragraphe 1er du présent article, prononcer la dissolution de l'association ou de l'union.

La dissolution des associations. — En cas de dissolution volontaire, statutaire ou prononcée par justice, les biens qui auraient été attribués à l'association comme provenant des anciens établissements du culte, sont placés sous séquestre par un arrêté préfectoral jusqu'à ce qu'il ait été procédé à une nouvelle attribution. La dévolution des autres biens de l'association (fortune personnelle) se fait conformément à l'article 9 de la loi du 1er juillet 1901 et à l'article 14 du décret du 16 août de la même année. En aucun cas, l'assemblée générale appelée à se prononcer sur la dévolution ne peut attribuer aux associés une part quelconque desdits biens (Règl. 16 mars 1906, art. 47).

Dotation des associations cultuelles. — Elle se compose de deux éléments : 1º les édifices du culte mis à la disposition de la nation au moment de la Révolution et qui, en vertu de la loi du 18 germinal an X, servaient à l'exercice public du culte sont et demeurent propriétés de l'État, des départements ou des communes ; ces édifices, ainsi que les objets mobiliers les garnissant, seront laissés gratuitement à la disposition des associations cultuelles (art. 12 et 13). Cette mise à la disposition gratuite est plus loin qualifiée de « jouissance » par l'article 13, § 2 ; elle semble être la continuation pure et simple de la jouissance attribuée aux fabriques sur les mêmes édifices par la législation concordataire d'après la doctrine généralement suivie. Cette dotation est onéreuse, parce que toutes les réparations sont désormais à la charge de l'association ;

2º Les biens mobiliers et immobiliers des menses, fabriques, conseils presbytéraux, consistoires et autres établissements du culte dévolus aux associations cultuelles en pleine propriété, aux termes des articles 4 et suivants de la loi, sont un second élément de la dotation. Cet élément est d'autant plus important que, par cette dévolution, ces biens changent de catégorie et que, de propriétés administratives qu'ils étaient, ils deviennent propriétés de corporation privées. L'article 9 dit que, en cas de dissolution d'une association, les biens seront attribués par décret rendu en Conseil d'État, soit à des associations analogues, soit aux établissements communaux d'assistance ou de bienfaisance ; cette formule implique en elle-même un choix discrétionnaire pour l'administration (V. les débats à la Chambre, séance du 29 mai 1905, p. 1999 et s.), mais le Conseil d'État dont l'intervention a été demandée et obtenue à titre de garantie (modification du texte par M. Cruppi, séance du 29 mai 1905, Ch., Déb. parl.,

pour n'avoir pas à accepter une loi faite unilatéralement par l'État français sans aucune conversation préalable avec lui; d'autre part, pour n'établir le nouveau régime du culte que sur le droit commun, non pas sur des organisations spéciales prêtant plus ou moins à l'intervention du pouvoir civil. Cette attitude a réussi en ce qui

p. 2005), se fera certainement un devoir, en pratique, d'établir un ordre de préférence en faveur des associations cultuelles.

Cette dotation, dans son ensemble, est soumise à des règles qui marquent bien son affectation à un service du culte. Les biens qui la composent ont été l'objet d'un inventaire prescrit par l'article 3.

En ce qui concerne les édifices du culte, un décret peut prononcer la cessation de la jouissance d'une association et, s'il y a lieu, le transfert de la jouissance à une autre association pour plusieurs motifs énumérés dans l'article 13 et où nous relevons : 1° la dissolution de l'association bénéficiaire ; 2° le fait qu'en dehors des cas de force majeure le culte cesse d'être célébré pendant plus de dix mois consécutifs ; 3° le fait que l'association cesse de remplir son objet ou que l'édifice est détourné de sa destination.

En ce qui concerne les biens des établissements du culte dévolus aux associations cultuelles, il faut relever : 1° le fait que l'attribution première pourra être ultérieurement contestée, en cas de scission dans l'association nantie, de création d'association nouvelle par suite de modifications dans le territoire de la circonscription ecclésiastique (art. 8); ce fait prouve, en effet, que les biens ne sont pas la propriété individuelle incommutable de l'association nantie, mais, avant tout, la dotation du culte, et que l'association n'en est pour ainsi dire que dépositaire, qu'elle n'en a qu'une propriété fiduciaire à titre de dépôt ; 2° le fait que l'attribution peut encore être contestée si l'association attributaire n'est plus en mesure de remplir son objet (art. 8 *in fine*); 3° le fait significatif que le juge de tout le contentieux soulevé par ces attributions et dévolutions n'est pas le tribunal civil, mais le Conseil d'État, tribunal administratif (art. 4 et 8). Cette compétence administrative souligne, dans cette propriété toute spéciale, l'importance de l'élément d'affectation à un service d'intérêt public et l'élément fiduciaire du dépôt administratif qui a été fait. Elle ne s'expliquerait pas sans cela. Elle a été introduite dans ce but. V. la discussion à la Chambre des députés sur l'article 6 devenu l'article 8, séances du 23 mai 1905 et suivantes, notamment le discours de M. Cruppi, p. 1851 et s., celui de M. Grousseau, p. 1912, etc. Au reste, le ministre des Cultes, pendant toute la discussion de la loi, a eu soin d'employer toujours l'expression technique d'*attribution* pour bien marquer qu'il ne s'agissait point d'une propriété ordinaire, mais d'une propriété subordonnée à une affectation (à la Chambre, séance du 27 mai 1905, *Journal officiel*, p. 1986; au Sénat, séance du 27 nov. p. 1549), et à la Chambre, M. Caillaux est allé jusqu'à dire que ces biens étaient des biens publics (séance du 29 mai 1905, Déb. parl., Ch., p. 1999). C'était une exagération, mais il reste que ce sont des biens affectés par l'administration à un service, moyennant une concession en pleine propriété soumise à des charges. Et ce qui confirme encore la chose, c'est qu'il a été bien entendu que les biens que les associations cultuelles acquerraient à l'avenir, par leurs propres ressources, resteraient complètement distincts de la masse des biens dévolus, leur constitueraient un patrimoine particulier qui serait leur propriété pleine et entière et qui, lui, ne serait pas soumis aux dévolutions successives (même séance, *Journal officiel*, p. 1999).

Les associations cultuelles sont, en leur qualité d'établissements d'intérêt public, dispensées de certaines taxes, la taxe d'abonnement, celle des cercles, celle de 4 p. 100 sur le revenu (art. 24); les édifices affectés au culte mis à leur disposition continueront à être exemptés de l'impôt foncier et de l'impôt des portes et fenêtres (art. 24).

concerne l'organisation du culte sur la base du droit commun des réunions publiques et de l'affectation des édifices du culte à l'usage du public; elle a eu l'inconvénient de coûter à l'Église de France le sacrifice de toute sa propriété ecclésiastique, laquelle, à défaut d'organisation d'associations cultuelles, a été dévolue aux établissements de bienfaisance et aux communes; enfin, elle laisse provisoirement sans solution la question du titre juridique en vertu duquel est occupée l'Église et bien des questions accessoires. Il n'est que juste de reconnaître que la situation indépendante prise par le Saint-Siège lui permet des négociations ultérieures (1).

Le culte est devenu libre en tous lieux sans l'accomplissement d'aucune formalité, par l'assouplissement de la législation sur les réunions publiques et par l'établissement de la liberté des lieux de culte.

Cependant, l'exercice du culte catholique soulève en pratique un

(1) Voici la façon dont le culte public catholique s'est organisé :
Le 10 août 1906, l'encyclique *gravissimo officii* condamnait les associations cultuelles; en conséquence, à la fin de 1906, lesdites associations n'étaient point constituées et le culte catholique se trouvait en dehors de toute situation légale. Cependant, les églises ne furent point fermées et, le 2 janvier 1907, intervenait une loi destinée à adapter le culte public au droit commun. D'après l'article 5 de cette loi : « les édifices affectés à l'usage du culte, ainsi que les meubles les garnissant, continueront, sauf désaffectation dans les cas prévus par la loi du 9 décembre 1905, à être laissés à la disposition des fidèles et des ministres du culte pour la pratique de leur religion ».
On aurait pu s'en tenir à cette disposition et considérer simplement l'exercice public comme un usage spécial d'une dépendance du domaine public. On eut la préoccupation de donner une situation légale au groupement des fidèles, en même temps que de régler la question de la jouissance de l'édifice public.
En ce qui concerne la situation légale du groupement des fidèles, les articles 4 et 5 de la loi du 2 janvier 1907 proposaient la constitution d'associations conformes à la loi de 1901. Mais ces associations ayant été condamnées encore, avec toute la loi du 2 janvier, par l'encyclique du 6 janvier 1907, il fallut se rabattre sur autre chose. En fait, les assemblées des fidèles constituaient des réunions publiques, ces réunions avaient été visées par l'article 4 de la loi du 2 janvier 1907, et celui-ci les avait soumises aux formalités de la loi du 30 juin 1881 atténuées par l'article 25 de la loi du 9 décembre 1905, c'est-à-dire qu' « une seule déclaration suffit pour l'ensemble des réunions permanentes, périodiques ou accidentelles qui auront lieu dans l'année »; de plus, la formalité du bureau était supprimée. Les formalités se réduisaient donc à une déclaration par an. Malgré cette simplification, la déclaration annuelle ne fut pas faite. Pour mettre, malgré tout, les offices catholiques dans la légalité, le droit commun des réunions publiques fut à son tour assoupli, la loi du 28 mars 1907 déclara : « les réunions publiques, quel qu'en soit l'objet, peuvent être tenues sans déclaration préalable ». Ainsi, sur la base de la réunion publique, sans déclaration et sans constitution de bureau (ce qui demeure un privilège), les réunions cultuelles publiques sont désormais en situation légale et, qu'on le remarque, elles sont en situation légale, même si elles sont tenues dans un local autre qu'un édifice public, car les lieux de culte sont devenus libres. A plus forte raison, la célébration du culte est-elle libre dans le domicile privé et en réunion privée. V. sur ces points, Crouzil, *Police du culte*.

certain nombre de questions relatives : 1° à la condition des édifices publics du culte et à la situation juridique de ceux qui les occupent ; 2° à la police du culte (1).

1° *La condition des édifices publics du culte et la situation juridique de l'occupant.* — Les édifices dans lesquels sera célébré le culte public seront désormais d'espèces très variées, puisqu'il y a liberté des lieux de culte ; il y aura des édifices privés appartenant à des particuliers, des édifices appartenant en propre aux associations cultuelles et enfin des édifices publics, c'est-à-dire des églises ou temples appartenant à l'État ou aux communes, mais abandonnés en jouissance aux associations cultuelles ou bien laissés à la disposition des fidèles et des ministres du culte pour la célébration du culte catholique, pour lequel il n'a pas été constitué d'associations cultuelles. Il ne sera pas inutile de définir la condition juridique de ces édifices publics qui constituent la grosse majorité des églises.

Ces édifices publics sont ceux qui, à la Révolution, avaient été mis à la disposition de la nation et qui, en vertu de la loi du 18 germinal an X, avaient été remis à la disposition des cultes (cathédrales, églises, chapelles, temples, synagogues) ; avec leurs dépendances immobilières et les meubles qui les garnissaient au moment de leur remise au culte, ils sont et demeurent propriétés de l'État et des communes (L. 9 déc. 1905, art. 12 ; L. 2 janv. 1907, art. 5).

Avant la loi du 9 décembre 1905, ils étaient considérés comme dépendances du domaine public, à raison de leur affectation, par la presque unanimité des auteurs et, par suite, étaient protégés par le privilège de l'inaliénabilité et de l'imprescriptibilité (2). Je ne vois

---

(1) Une grave question d'abrogation de la loi pouvait aussi être soulevée : les dispositions de la loi du 9 décembre 1905 sur les associations cultuelles ne sont-elles pas abrogées, en ce qui concerne le culte catholique, tant par l'état de fait que par l'état de droit contraires qui se sont établis du fait de la non constitution des associations cultuelles et de la reconnaissance de ce fait par les lois des 2 janvier 1907, 28 mars 1907 et 13 avril 1908? L'affirmative semble s'imposer.

Un intérêt pratique s'est présenté à propos de la disposition de l'article 39 de la loi du 9 décembre 1905, subordonnant la dispense de l'article 23, § 4, de la loi du 15 juillet 1889 sur le service militaire (dispense du service actif et versement dans le service de santé) au fait qu'à l'âge de 26 ans l'ecclésiastique était pourvu d'un emploi de ministre du culte *rétribué par une association cultuelle* (Cf. Cons. d'Ét., 31 mars 1911, *Breil Paulin*).

Pendant la guerre de 1914, le ministère de la Guerre a affecté au service de santé et, par conséquent, a fait bénéficier de la dispense tous les ecclésiastiques ayant acquis la dispense avant 1905, aux termes de l'article 99 de la loi du 21 mars 1905, *sans exiger le certificat d'une association cultuelle*. Cette jurisprudence du ministère a été approuvée par des avis du Conseil d'État et maintenue malgré les démarches répétées de la Ligue des droits de l'homme (*Bulletin officiel de la ligue*, janv. 1917, p. 49).

(2) On ne pouvait guère citer comme auteurs dissidents que M. Batbie, *Traité de droit public*, t. V, p. 317, et M. Berthélemy qui persiste dans son opinion, *Droit administratif*, 7e édit., p. 255.

aucune raison pour que cette qualité et ce privilège leur soient retirés (1).

Questions de l'entretien, des réparations, de la reconstruction, de l'indemnité d'assurance de l'édifice public de l'église. — Ces questions sont encore très mal réglées. Le principe de la séparation absolue inscrit dans la loi du 9 décembre 1905 interdisait aux communes d'engager la moindre dépense dans l'intérêt de l'édifice public affecté au culte. Celui-ci restait affecté, mais rien n'était prévu pour assurer sa conservation. La loi du 13 avril 1908, article 5, a disposé ceci : « l'État, les départements, les communes *pourront* engager les dépenses nécessaires pour l'*entretien* et la conservation des édifices du culte dont la propriété leur est reconnue par la présente loi ». C'est la possibilité de la *dépense facultative*. Mais beaucoup de municipalités montrent de la mauvaise volonté. Il faudrait une nouvelle disposition rendant obligatoire la participation de la commune, lorsque le groupe des fidèles prendrait l'initiative d'une souscription volontaire s'élevant à une certaine quote-part de la dépense (2).

Lorsqu'une église a été incendiée et qu'elle était assurée, la question se pose de savoir s'il n'y a pas subrogation de l'indemnité

---

(1) D'abord, pratiquement, puisque ces édifices restent utiles au public, il y a intérêt à les protéger contre les aliénations par la règle de la désaffectation préalable et, contre les usurpations, par la règle de l'imprescriptibilité. Ensuite, théoriquement, leur affectation au culte qui était, avant 1905, la raison pour laquelle on les classait dans le domaine public, subsiste même pour les églises consacrées au culte catholique, en vertu de la loi du 2 janvier 1907, article 5. Sans doute, on ne peut plus dire de ces églises qu'elles soient affectées à un service public, puisqu'il n'y a plus service public du culte, mais elles restent affectées directement à l'usage du public des fidèles pour la célébration du culte (L. 2 janv. 1907, art. 5). Or, l'affectation à l'usage direct du public justifie la domanialité publique aussi bien que l'affectation à un service public. Notons que les fidèles d'une paroisse n'étant point groupés en une association, étant simplement déterminés par leur habitation sur le territoire de la paroisse, constituent, dans toute la force du terme, *un public*, que, d'ailleurs, leur réunion dans l'église en vue de la célébration du culte constitue *une réunion publique* (L. 2 janv. 1907, art. 4); et, enfin, qu'aux termes de l'article 97, n° 3, de la loi du 5 avril 1884, l'église est un *lieu public* dont le maire a la police, (sans doute, il y a des lieux publics dont le maire a la police, tels que les cafés, et qui ne sont pas dans le domaine public, mais cela tient à ce que ces immeubles ne sont pas la propriété de l'administration publique); un immeuble qui est propriété d'une administration publique et qui est un lieu public, qui est affecté d'une façon administrative à l'usage d'un public et qui ne pourrait être désaffecté que par voie administrative, présente tous les caractères d'une dépendance du domaine public (en sens contraire, Cons. d'Ét., 4 août 1916, *Abbé Prudhommeau*, qui paraît s'expliquer par la préoccupation d'écarter de l'église le droit de police réglementaire qu'a le maire sur les dépendances du domaine public de la commune, mais ce droit de police est suffisamment écarté par l'affectation spéciale de l'église (V. *infra*).

(2) Cf. le débat à la Chambre des députés soulevé par M. Barrès le 25 novembre 1912. V. ma note dans S., 12. 3. 1 et, sur la question de construction d'une église neuve, ma note dans S., 10. 3. 145.

d'assurance versée à la commune, à l'immeuble affecté; c'est une subrogation dans l'affectation. Un arrêt du Conseil d'État du 19 juin 1914, *Vital-Pichon*, en admet très nettement le principe, mais la jurisprudence civile est encore hésitante (cass., Ch. civ., 1er août 1910, conclusions Baudoin, *Gaz. Trib.*, I, p. 127).

Question de la situation juridique des occupants. — Dans l'édifice public du culte, quelle sera la situation juridique des occupants ? Il faut distinguer :

Pour les cultes protestants et pour le culte israélite qui ont constitué des associations cultuelles, l'association occupe l'édifice public avec un titre légal qui lui en confère la jouissance (L. 9 déc. 1905, art. 13); cette jouissance est d'ailleurs grevée des charges énoncées en l'article 13, réparations de toute nature, frais d'assurances, etc.

Pour le culte catholique, où des associations cultuelles ne furent pas constituées et où aucun contrat de jouissance ne fut passé (1), quelle est la situation juridique des fidèles et du curé dans l'Église ? Suivant une observation très juste faite par M. Mestre dans des notes sous Cass., 5 fév. 1912, S., 12. 1. 353, et Cass., 6 fév. 1912, *Esdoluc*, S., 13. 1. 137, nous croyons qu'il convient de distinguer entre le groupe des fidèles et le curé, car leur situation n'est pas la même :

a) *Situation des fidèles en ce qui concerne l'occupation de l'église*. — En vertu de l'article 5 de la loi du 2 janvier 1907, ils sont de simples occupants ou affectataires. Il est vrai que, dans ces conditions, ils n'ont pas les charges de la jouissance, les réparations d'entretien et de conservation de l'édifice restant à la charge des administrations publiques (L. 13 avril 1908, art. 5) (2).

---

(1) La loi du 2 janvier 1907 avait décidé que les ministres du culte pourraient obtenir la jouissance gratuite des édifices affectés à l'exercice du culte sous le régime concordataire; cette jouissance leur serait attribuée par acte administratif, sous réserve des obligations énoncées en l'article 13 de la loi du 9 décembre 1905. L'assemblée des évêques de France réunie à Paris le 15 janvier 1907 résolut de faire l'essai de ce régime, et prépara un projet de contrat de jouissance à proposer à l'autorité administrative. Les pourparlers engagés à ce sujet entre l'archevêché de Paris et la préfecture de la Seine n'aboutirent pas.

(2) On s'est beaucoup demandé, depuis quelques années, si les fidèles occupaient l'église sans titre juridique ou avec un titre juridique. L'opinion qui paraît l'emporter est qu'ils l'occupent avec titre juridique (Du Magny, *Revue d'organisation et défense religieuse*, 1908, p. 2; Crouzil, *Recueil de législation de Toulouse*, 1909; Tissier, note au S., 1908, p 2; M. le commissaire du gouvernement Corneille sous Cons. d'Ét., 14 fév. 1913, *Abbé Guitton*, et 20 juin 1913, *Abbé Arnaud*). Si l'on entend simplement par là que la situation des fidèles comme occupants ou affectataires de l'édifice est légale, nous sommes d'accord. Nous ne le serions plus si l'on prétendait que les fidèles sont placés dans la même situation que s'il y avait eu un contrat de jouissance, car alors ils auraient les charges de la jouissance.

Essayons de préciser les conséquences qu'entraîne pour les fidèles la situation légale d'occupants ou d'affectataires de l'édifice : 1° les fidèles ont qualité pour former recours pour excès de pouvoir contre tous les actes de l'autorité administrative ten-

b) *Situation du curé en ce qui concerne l'occupation de l'église.* — La situation du curé n'est pas la même que celle des fidèles, et M. Mestre, dans les notes précitées, l'a montré fortement. Le curé exerce dans l'église une maîtrise que les fidèles n'exercent pas ; d'une part, il est le représentant autorisé du groupe des fidèles ; d'autre part, il a, en qualité d'autorité constituée par la hiérarchie de l'église, la direction du culte et la police intérieure de l'édifice. Cette situation spéciale du curé résulte des règles canoniques, mais nos tribunaux civils ou administratifs sont obligés d'appliquer ces règles (art. 4 et 13, L. 9 déc. 1905 ; art. 5, L. 2 janv. 1907), puisqu'ils sont obligés de s'assurer que le ministre du culte est en communion avec son évêque. De fait, la jurisprudence n'a pas tardé à reconnaître, dans le ministre du culte attaché par l'autorité ecclésiastique à une église, une qualité déterminée, la qualité de *curé de la paroisse* (Cons. d'Ét., 17 mars 1911, *Abbé Hardel ;* 8 avril 1911, *Abbé Anselme*) et à l'admettre en cette qualité à demander par voie de justice l'expulsion d'un prêtre intrus (Cass., 5 fév. 1912, *Colonna.* Cf. Cons. d'Ét., 24 juill. 1911, *Rougegré,* avec les conclusions de M. le commissaire du gouvernement Chardenet), à exiger une clef de l'église (Bordeaux, 29 mars 1911, S., 12. 2. 133), à décider de l'affectation de telle ou telle partie de l'édifice aux diverses cérémonies (Cass., 1er déc. 1910, S., 11. 1. 345 et la note Roux), à se servir du mobilier qui garnit l'édifice et à agir en justice pour écarter les troubles à la jouissance, soit au possessoire, soit au pétitoire.

Il y a donc un droit du curé, qui dépasse celui des fidèles en ce qui concerne la police, ainsi que nous allons le constater plus loin, mais qui ne le dépasse pas en ce qui concerne la jouissance de l'édifice (1).

2° *La police du culte et des manifestations religieuses* (2). — Cette police comprend beaucoup d'objets que le défaut de place ne nous permet pas d'examiner tous avec le détail qu'ils mériteraient ; nous ne fournirons sur la plupart que de brèves indications, nous nous arrêterons surtout sur les manifestations extérieures du culte qui

---

dant à modifier la condition de l'édifice, par exemple pour demander la nullité de l'attribution de l'église à une association cultuelle schismatique (Cons. d'Ét., 24 juill. 1911, *Rougegré ;* 2° ils ont un droit exclusif de jouissance à titre d'affectataires, mais ce droit ne les assujettit à aucune charge d'entretien ou de réparation, pas plus qu'il ne les autoriserait à réclamer le remboursement d'impenses s'ils faisaient des améliorations à l'édifice, ce qui est la condition normale des affectataires des bâtiments publics.

(1) D'une part, le curé ne pourrait entreprendre aucune réparation à l'édifice, ni y apporter aucune modification matérielle (Lois annotées de 1906, p. 233, note 86 *in fine ;* Fanton, *Les églises et leur mobilier devant la loi civile,* nos 633 et s.) ; d'autre part, il n'a pas la charge de l'entretien (Cons. d'Ét., 19 janv. 1912, *Nugues*).

(2) Crouzil, *Traité de la police du culte sous le régime de séparation,* Paris, 1908.

donnent prise à la réglementation de police des maires et qui, de ce chef, peuvent susciter des difficultés pratiques fréquentes.

A. *Police intérieure de l'église, clefs de l'église, quêtes dans l'église, denier du culte.* — Le ministre du culte, en sa qualité de président né de l'assemblée des fidèles, a la discipline intérieure de l'église : il fixe les heures d'ouverture et de fermeture (Cons. d'Ét., 11 avril 1913, *Abbé Sommé*); non seulement il règle l'ordre des offices, mais il veille au bon ordre ; cette discipline intérieure n'est pas une police, elle manque de sanction, le curé ne pourrait pas faire expulser par la force un individu qui troublerait le bon ordre, il ne peut, dès que la contrainte devient nécessaire, que faire appel au maire qui, aux termes de la loi du 5 avril 1884, article 97, n° 3, est chargé de maintenir l'ordre dans les endroits où il se fait de grands rassemblements d'hommes, tels que les églises et autres lieux publics (Crouzil, *op. cit.*, p. 39 et s. ; Cass., 12 janv. 1911. 1. 345 et note Roux).

C'est le curé qui a la clef de l'église ; le maire n'a droit à la clef qu'à cause des cloches ; si le clocher n'est pas séparé de l'église, le maire a une clef de l'église ; si le clocher est séparé de l'église, alors le maire a droit à la clef du clocher, mais pas à celle de l'église (Cons. d'Ét., 20 juin 1913, *Abbé Arnaud*); il a seulement le droit de demander à visiter l'édifice.

Le curé a le droit de faire des quêtes dans l'église, parce qu'on peut considérer la quête ou collecte faite dans une réunion publique, par les organisateurs de celle-ci, comme une liberté annexe de celle des réunions publiques, la chose n'ayant jamais été prohibée. A noter que le produit des bancs et chaises faisant partie du mobilier de l'église doit aujourd'hui être considéré comme le produit d'une collecte, plutôt que comme celui d'une location qui ne saurait être exigée (Poitiers, 24 déc. 1909, *Gazette du Palais*, 31 déc. 1909). Le curé a seul le droit de quêter dans l'église (1). De même, le curé peut quêter à domicile pour le denier du culte (2).

B. *Troubles apportés à l'exercice du culte et troubles à l'ordre public*

---

(1) Cependant les bureaux de bienfaisance tiennent d'anciens textes le droit de quêter, eux aussi, dans les églises (Arr. 5 prair. an XI ; Décr. 12 sept. 1806 ; Décr. 30 déc. 1809, art. 75) et la loi de séparation n'a point fait disparaître ce droit (Avis Cons. d'Ét., 10 mars 1908); mais, d'un autre côté, ils n'ont pas le monopole exclusif de cette quête (Avis Cons. d'Ét., 24 mars 1880 ; Cass., 2 août 1897). Un projet d'avis en sens contraire avait été préparé le 20 octobre 1898, mais le Conseil d'État l'a rayé de son ordre du jour.

(2) Le curé peut quêter à domicile, par exemple pour le *denier du culte*, et un arrêté du maire ne pourrait pas le lui interdire, car la quête à domicile n'est pas matière de police municipale (Cass., 10 nov. 1901) ; le ministre du Culte peut, de même, soit refuser son ministère, soit ne l'accorder que moyennant rémunération, soit subordonner la cérémonie demandée au versement d'une contribution aux frais du culte (Cass., 9 avril 1910, *Abbé Bailleul* [*Revue du culte catholique*], 1910, p. 133).

provoqués par les ministres du culte dans l'exercice de leur ministère. — Sur ces deux points, nous nous bornons à rapporter en note les dispositions de la loi (1).

C. *Police des manifestations extérieures du culte.* — On peut ranger parmi les manifestations religieuses extérieures les sonneries des cloches, l'apposition d'emblèmes religieux, le port du viatique, les cortèges funèbres, enfin les processions et autres cérémonies du culte accomplies hors de l'église. La loi du 9 décembre 1905 contient des dispositions sur quelques-uns de ces objets, mais, en outre, à raison de leur caractère extérieur, ces manifestations tombent sous les prises de la police municipale et peuvent être visées par des dispositions de règlements municipaux ayant pour but soit de les interdire, soit de les soumettre à autorisation préalable, soit d'en déterminer les conditions. Cette matière soulève donc la délicate question des droits de la police municipale à l'égard des manifestations extérieures du culte et demande que nous nous y arrêtions :

Notons d'abord que la loi du 9 décembre 1905 ayant aboli l'antique institution du *recours pour abus,* il n'y a plus, pour discuter au contentieux les arrêtés municipaux de police en ces matières, qu'à employer les moyens usités contre les arrêtés de police ordinaires, c'est-à-dire, soit le recours pour excès de pouvoir intenté dans les deux mois de la publication, soit l'exception d'illégalité soulevée devant le juge de simple police, lors d'une poursuite en contravention aux dispositions de l'arrêté (2).

(1) Seront punis d'une amende de 16 francs à 200 francs et d'un emprisonnement de six jours à deux mois ou de l'une de ces deux peines seulement, ceux qui auront empêché, retardé ou interrompu les exercices d'un culte par des troubles ou désordres causés dans le local servant à ces exercices (art. 32).

Tout ministre d'un culte qui, dans les lieux où s'exerce ce culte, aura publiquement, par des discours prononcés, des lectures faites, des écrits distribués ou des affiches apposées, outragé ou diffamé un citoyen chargé d'un service public, sera puni d'une amende de 500 francs à 2.000 francs et d'un emprisonnement d'un mois à un an ou de l'une de ces peines seulement. La vérité du fait diffamatoire, mais seulement s'il est relatif aux fonctions, pourra être établie devant le tribunal correctionnel dans les formes de l'article 52 de la loi du 29 juillet 1881 (art. 34).

Si un discours prononcé ou un écrit affiché ou distribué publiquement dans les lieux où s'exerce le culte contient une provocation directe à résister à l'exécution des lois ou aux actes légaux de l'autorité publique, ou s'il tend à soulever ou à armer une partie des citoyens contre les autres, le ministre du culte qui s'en sera rendu coupable sera puni d'un emprisonnement de trois mois à deux ans, sans préjudice des peines de la complicité dans le cas où la provocation aurait été suivie d'une sédition, révolte ou guerre civile (art. 25).

Dans le cas de condamnation par les tribunaux de simple police ou de police correctionnelle, en application des articles 25 et 26, 34 et 35, l'association constituée pour l'exercice du culte dans l'immeuble où l'infraction a été commise sera civilement responsable (art. 38).

(2) Cette solution est, en effet, celle à laquelle on doit s'arrêter, mais il est bon de

De l'esprit général des solutions de la jurisprudence. — Déjà, depuis la loi de 1905, les affaires soumises au Conseil d'État, dans cette matière des manifestations extérieures des cultes, ont été assez nombreuses pour que l'esprit de la jurisprudence ait eu le temps de se dégager et, d'ailleurs, le Conseil d'État lui-même a élaboré une formule, reproduite dans plusieurs de ses arrêts, et qui certainement est son propre guide, en même temps qu'il la propose comme guide aux magistrats municipaux : « Considérant, dit-il, que s'il appartient au maire, etc., il est tenu de concilier l'exercice de ce pouvoir avec le respect de la liberté des cultes garantie par l'article 1ᵉʳ de la loi du 9 décembre 1905 et l'article 5 de la loi du 2 janvier 1907. » Ainsi, la liberté des cultes n'est pas seulement la liberté des cérémonies accomplies à l'intérieur du temple, elle contient implicitement la liberté des manifestations extérieures accomplies hors du temple, sauf à concilier cette liberté avec l'exercice du pouvoir de police. On saisit toute l'importance de cette affirmation (Cons. d'Ét., 5 août 1908,

savoir qu'avant la loi du 9 décembre 1905, l'application de ces règles du droit commun était empêchée par suite de l'existence du recours pour abus et de la compétence exceptionnelle que l'institution de l'abus conférait au chef de l'État statuant en assemblée générale du Conseil d'État (L. 18 germ. an X). On ne pouvait pas former de recours pour excès de pouvoir contre un arrêté de police relatif à une manifestation religieuse, parce que c'était le cas du recours pour abus et, devant le juge de simple police, si l'on invoquait l'illégalité de l'arrêté, cette question d'illégalité devenait elle-même une question d'abus et devait être portée par voie préjudicielle devant le chef de l'État statuant en Conseil d'État. Il est donc nécessaire de faire remarquer que l'institution de l'abus et du recours pour abus ayant été supprimée par la loi du 9 décembre 1905, ainsi que la loi du 18 germinal an X (art. 44), toutes ces complications de compétence ont disparu et que l'on est retombé dans le droit commun de la compétence du Conseil d'État au contentieux pour le recours pour excès de pouvoir, et du juge de simple police pour l'exception d'illégalité (Cons. d'Ét., 19 janv. 1906, *Verger*; Cass., 23 nov. 1906, *Abbé Corcuff*, S., 1907. 1. 479; Cons. d'Ét., 5 août 1908, *Abbés Leclercq et Gruson*; Cons. d'Ét., 19 mars 1909, *Abbé Deguille*, S., 1909. 3. 99 avec les conclusions de M. Saint-Paul. Cependant, si le juge de simple police est compétent pour apprécier le règlement *légalement fait*, suivant l'expression de l'article 471, nº 15, du Code pénal et, par suite, s'il est compétent pour apprécier l'incompétence de l'autorité qui a pris l'arrêté, l'inobservation des formes ou même la violation de la loi, il n'en va pas de même lorsque le règlement est argué de *détournement de pouvoir* : le détournement de pouvoir dépasse l'illégalité, en ce sens qu'un acte peut être légalement fait et cependant être entaché de détournement de pouvoir. Le juge de simple police peut donc se déclarer incompétent sur la question de détournement de pouvoir et renvoyer la partie à se pourvoir devant le Conseil d'État en déclaration d'excès de pouvoir par voie préjudicielle. Le Conseil d'État se prête à cette procédure, de telle sorte que, sur ce point particulier, il subsiste une complication de question préjudicielle et, même, elle est de nature à se présenter fréquemment, parce qu'en fait c'est le détournement de pouvoir qui sera le vice ordinaire des règlements de police incriminés (Cons. d'Ét., 2 août 1907, 14 fév. 1908 et 5 août 1908. *Abbé Garcin et autres*, S., 1909. 3. 1 et ma note; 19 mars 1909, *Abbé Deguille*, S., 1909. 3. 99).

Les mêmes questions d'exception d'illégalité pourraient se poser devant le tribunal correctionnel (Cass., 5 août 1915, *Abbé Jacquot*, S., 16. 1. 173).

Abbé Morel, S., 1909. 3. 1, et ma note ; Cons. d'Ét., 19 mars 1909, *Abbé Deguille*, S., 1909. 3. 99 ; 8 juill. 1910, *Abbé Carlin*). Or, les pouvoirs de police du maire ne sont justifiés que par la nécessité de maintenir l'ordre et la tranquillité publique (art. 97, L. 5 avril 1884, art. 28, L. 9 déc. 1905). Si donc l'arrêté de police du maire, réglementant ou interdisant telle ou telle manifestation extérieure du culte, n'est pas motivé par des raisons tirées de l'ordre et de la tranquillité publique, il sera annulé pour détournement de pouvoir et, même, s'il est motivé en apparence par la nécessité de maintenir l'ordre et la tranquillité publique, mais qu'en réalité il résulte de l'instruction de l'affaire que ce motif n'est pas sérieux ou qu'il dissimule un autre motif, il y aura encore annulation pour détournement de pouvoir (Cons. d'Ét., 2 août 1907, *Abbé Garcin* ; 14 fév. 1908, *Abbé Valette* ; 3 août 1908, *Abbé Morel*, S., 1909. 3. 1, et ma note ; 19 mars 1909, *Abbé Deguille*, S., 1909. 3. 99) (1).

(1) A noter deux observations : 1° le Conseil d'État, pour l'appréciation de la nécessité de maintenir l'ordre public, tient grand compte des habitudes des populations et des traditions établies dans la localité : « Aucun motif tiré de la nécessité de maintenir l'ordre sur la voie publique n'aurait pu être invoqué pour interdire le port du viatique dans les conditions consacrées par les habitudes et les traditions locales » (Cons. d'Ét., 19 mars 1909, *Abbé Deguille* ; 1er mai 1914, *Abbé Didier*, S., 17. 3. 25 et ma note) ; 2° le Conseil d'État fait une distinction entre les processions et toutes les autres manifestations extérieures du culte : sonneries de cloches, port du viatique, port des ornements sacerdotaux aux convois funèbres, etc. D'une part, avant 1920, il n'avait pas annulé pour excès de pouvoir un seul arrêté municipal interdisant les processions. D'autre part, il annulait les arrêtés interdisant sans distinction toute espèce de manifestation extérieure du culte (Cons. d'Ét., 27 janv. 1911, *Abbé Norroy* ; 14 mai 1915, *Buléon*), et de plus, on trouve, dans des arrêts, des considérants qui semblent mettre à part le cas des processions : « Considérant que si l'interdiction des processions dans la commune *au moment où elle est intervenue* pouvait se justifier par le souci d'éviter toute cause de trouble sur la voie publique, aucun motif tiré de la nécessité de maintenir l'ordre n'aurait pu être invoqué pour légitimer la prohibition d'autres cérémonies telles que le port du viatique » (Cons. d'Ét., 14 mai 1915, *Buléon* ; 24 déc. 1915, *Abbé Chaumontet*. Cf. Cons. d'Ét., 19 mars 1909, *Abbé Deguille*, précité ; 19 fév. 1909, *Abbé Olivier* avec les conclusions de M. Chardenet, Lebon, p. 181). — Il est à croire, cependant, qu'il ne s'agit là que d'une politique jurisprudentielle dont le Conseil d'État a déjà donné de nombreux exemples ; c'est-à-dire qu'ayant à établir le règne de la liberté dans une matière où, pendant longtemps, les passions politiques s'étaient donné libre carrière, il juge habile de procéder par étapes ; la liberté des processions sera consacrée la dernière. De fait, si l'on compare les processions religieuses aux autres manifestations extérieures du culte, on trouve certaines raisons pour les mettre à part ; elles ne sont pas, comme le port du viatique ou les convois funèbres, associées à des événements de la vie individuelle ou de la vie de famille, ce sont des manifestations collectives qui peuvent facilement dégénérer en manifestations politiques ou en provoquer. — Malgré ces raisons, la liberté des processions sera protégée à son tour contre l'arbitraire des maires, grâce aux progrès continus de l'idée de la liberté religieuse. On ne manquera pas d'observer qu'il y a quantité de communes dans lesquelles les processions ne sont point interdites et ne suscitent aucun désordre, que, par conséquent, c'est affaire de circonstances et de traditions locales et qu'il ne saurait

Cela dit, nous donnons quelques détails sur chacune des manifestations extérieures du culte :

Les sonneries de cloches (1). — Il y a deux questions, celle de la réglementation des sonneries religieuses et celle des sonneries civiles ou de l'emploi des cloches pour cérémonies laïques :

1° Quant à la réglementation des sonneries religieuses, d'une part, elle ne saurait comporter leur suppression; d'autre part, elle ne saurait être tellement étroite qu'elle pût entraver la pratique de la religion (Circ. Briand, Cons. d'Ét., 5 août 1908, *Abbé Leclercq* et *Abbé Morel*, S., 1909. 3. 1 et ma note; 3 fév. 1911, *Bouvard, Abbé Maillary*, etc.);

2° Quant aux sonneries civiles ou pour cérémonies laïques; « elles ne sont admissibles que dans les cas déterminés, en exécution du § 3 de l'article 27 de la loi du 9 décembre 1905, par l'article 51 du décret du 16 mars 1906 (cas de péril commun exigeant un prompt secours, circonstances où cet emploi est prescrit par les lois ou règlements, par exemple en cas de mobilisation, ou autorisé par les usages locaux); *les sonneries pour baptêmes, mariages ou enterrements civils* ne rentrent dans aucun des cas » (Circul. Briand, 21 janv. 1907; Cons. d'Ét., 5 août 1908, *Abbé Braux*, S., 1909. 3. 1 et ma note; 8 juill. 1910, *Abbé Bruant*, etc.) (2).

---

dépendre du caprice d'une municipalité de priver une population de cérémonies inoffensives auxquelles elle tient. La politique jurisprudentielle commande elle-même d'entrer dans ces distinctions. Déjà on remarquera la formule de style des arrêts *Buléon* et *Chaumontet* : « Considérant que si l'interdiction des processions *au moment où elle est survenue* pouvait se justifier, etc... » Donc le Conseil d'État se réserve la possibilité d'entrer dans l'examen des faits et il vient en effet d'annuler pour excès de pouvoir l'arrêté d'un maire interdisant les processions sous le prétexte qu'elles occasionnent des distractions aux travailleurs (Cons. d'Ét., 26 mars 1920, *Bouteleux*). C'est le premier pas.

(1) Les cloches des églises avaient été visées par l'article 27, § 2, de la loi de séparation, ainsi conçu : « Les sonneries de cloches seront réglées par arrêté municipal et, en cas de désaccord entre le maire et le président de l'association cultuelle, par arrêté préfectoral. » Une circulaire de M. Briand du 21 janvier 1907 ajoute : « A défaut d'association cultuelle, il appartiendra au maire de régler les sonneries conformément au droit commun; c'est-à-dire sous réserve des pouvoirs d'annulation ou de suspension qui vous sont conférés (au préfet) par l'article 95 de la loi du 5 avril 1884. » En somme, c'est le droit commun de la réglementation municipale, mais avec la double obligation de respecter la liberté du culte et aussi l'affectation des cloches aux cérémonies du culte.

(2) Le Tribunal des conflits a même décidé qu'un maire qui, sans avoir au préalable pris d'arrêté pour régler l'emploi des cloches aux cérémonies laïques, donne des ordres verbaux pour cet emploi en dehors des cas prévus par l'article 51 du règlement, commet un *fait personnel* et peut être poursuivi en responsabilité devant le tribunal civil (Confl., 28 avril 1910, *Préfet de la Côte-d'Or*, S., 10. 3. 129 et ma note ; Confl., 29 janv. 1916, *Abbé Thiney*). Si le maire a pris un arrêté et s'il fait faire une sonnerie laïque intempestive, il y a faute de service et responsabilité administrative de la commune (Cons. d'Ét., 12 juill. 1912, *Perpère*, S., 13. 3. 169, conclusions Pichat).

Les exhibitions d'emblèmes religieux. — L'article 28 de la loi du 9 décembre 1905 déclare : « Il est interdit, à l'avenir, d'élever ou d'apposer aucun signe ou emblème religieux sur les monuments publics ou en quelque emplacement public que ce soit, à l'exception des édifices servant au culte, des terrains de sépulture dans les cimetières, des monuments funéraires, ainsi que des musées ou expositions. » Nous ne disposons pas d'une place suffisante pour donner un commentaire complet de cette disposition; observons seulement qu'elle ne paraît pas viser les emblèmes religieux sculptés ou peints sur la façade des maisons privées (Crouzil, *op. cit.*, p. 174). Sans doute, pour ce qui est des terrains de sépulture, le maire, en vertu de son pouvoir de police sur les cimetières, peut édicter certaines dispositions, mais « ces pouvoirs de police ne s'appliquent qu'aux mesures ordonnées dans l'intérêt de la sécurité, de la salubrité, de la tranquillité publique ou pour le maintien du bon ordre ou de la décence dans le cimetière, et, s'il appartient au maire de déterminer les dimensions et la hauteur des monuments funèbres, il ne peut le faire qu'en vue de sauvegarder l'un des intérêts ci-dessus spécifiés » (Cons. d'Ét., 21 janv. 1910, *Abbé Gonot*; 30 juill. 1915, *Flaget*).

Le port du viatique et les cortèges funèbres. — C'est surtout à propos de ces deux espèces de cérémonies que la jurisprudence libérale du Conseil d'État, plus haut analysée, s'est constituée; il est donc entendu qu'il y a excès de pouvoir à interdire le port du viatique aux mourants avec le cérémonial accoutumé (Cons. d'Ét., 19 mars 1909, *Abbé Deguille*, S., 1909. 3. 99); et aussi à interdire la présence du clergé aux convois funèbres avec les costumes sacerdotaux et les emblèmes consacrés (Cons. d'Ét., 2 août 1907, *Abbé Garcin*; 14 fév. 1908, *Abbé Valette*; 19 fév. 1909, *Abbé Olivier*; 14 mai 1915, *Buléon*; 24 déc. 1915, *Abbé Chaumontet*).

Les processions. — Sur la jurisprudence du Conseil d'État, qui commence à discuter les motifs des arrêtés municipaux interdisant les processions, V. *supra*, p. 540; sur les caractères de la procession, V. Cass. crim., 24 nov. 1905; *Rioussel et Lillamand*; 5 mars 1909, *De Margon*; il résulte de la jurisprudence de la Cour de cassation qu'un arrêté interdisant les processions ne s'applique pas seulement sur la voie publique, mais qu'il s'applique même aux processions se déroulant dans un terrain privé, si ce terrain est à la vue du public.

§ 10. — Autres polices spéciales.

Il existe une quantité d'autres polices spéciales que nous ne ferons qu'indiquer ici: telles sont, par exemple, la police des mines, minières et carrières (V. *infra*, v° *Mines*); la police du travail; la police de la navigation (L. 21 sept. 1893; L. 27 vend. an II; L. 10 avril 1825;

Décr. 19 mars 1852; Décr. 20 mars 1852, etc.); la police des chemins de fer (L. 15 juill. 1845; Ord. 15 mars 1846; L. 27 fév. 1850; Décr. 1er mars 1901, etc.); la police des appareils à vapeur (Décr. 9 oct. 1907); la police des courses de chevaux et du pari mutuel (L. 2 juin 1891; Décr. 7 juill. 1891); la police des pigeons voyageurs (L. 22 juill. 1896); celle de la navigation aérienne (Décr. 21 nov. 1911), etc.

CHAPITRE II

LES SERVICES D'ASSISTANCE ET DE PRÉVOYANCE

§ 1. — De l'aptitude à bénéficier des avantages de l'assistance publique.

L'assistance publique est le correctif des institutions de l'État individualiste. Elles reposent essentiellement sur la combinaison des entreprises fondées sur les libertés individuelles et de celles organisées en services publics; mais il est beaucoup d'individus qui ne savent pas où ne peuvent pas assurer leur subsistance particulière par le jeu de cette combinaison. Il convient de remarquer, en effet, que les libertés individuelles ne sont que des possibilités légales données à l'individu de participer à la concurrence économique; que les services publics ne sont que des assurances contre certains risques ou des facilités de concurrence offertes à tous. La combinaison de ces possibilités n'aboutit pas nécessairement à des résultats heureux pour tous les individus, à raison de la nécessité de l'effort et des risques qui subsistent, il y a des faibles, des malades, des maladroits, des malchanceux, des indigents qui sont incapables d'affronter la lutte ou qui y échouent.

Le régime d'État individualiste, qui, en principe, laisse à chacun le soin de réaliser sa vie avec les possibilités qu'il lui fournit, a besoin d'un correctif; il doit assurer un minimum d'existence à ceux qui sont incapables de faire cet effort ou qui n'y ont pas réussi et qui, par suite, sont *indigents*.

La question du droit à l'assistance. — Les indigents n'ont pas un droit individuel à l'assistance publique, en ce sens qu'ils ne peuvent pas intenter une action en justice contre l'administration publique pour se faire délivrer un secours déterminé; ils ont seulement une aptitude à bénéficier des avantages de l'assistance publique telle qu'elle est organisée par l'initiative de l'administration.

L'aptitude à bénéficier des avantages de l'assistance publique est un statut réel qui permet à l'indigent de profiter des services organisés, mais qui ne lui donne aucun droit de réclamer des secours en dehors du fonctionnement des services organisés. — Cette proposition n'est que l'application, à l'hypothèse particulière des services de l'assistance publique de la thèse générale que nous avons soutenue (*supra*, p. 347 et s.) sur la situation qu'occupent les administrés vis-à-vis de l'administration publique et des services publics.

La jouissance *des secours* qui résultent de l'organisation des services d'assistance publique est subordonnée à la création d'un statut spécial, qui est le *statut de l'indigent* et qui se compose de deux éléments, le *domicile de secours* et l'inscription sur la *liste des indigents* (pour les formes d'assistance pour lesquelles cette liste a été organisée); pour la constitution de ce statut, l'indigent a un certain droit, il peut réclamer son inscription sur la liste d'assistance par des moyens contentieux, mais là s'arrête son droit individuel ; il ne s'étend pas sur l'organisation du service. L'administration organise ensuite librement le service et fixe le taux des secours; dans telle commune, les vieillards assistés reçoivent 20 francs par mois, dans telle autre 10 francs, dans telle autre 5 francs ; ils ne peuvent point réclamer contre ce taux en vertu d'un droit individuel, le taux est proportionné aux possibilités administratives et non pas aux besoins individuels de l'indigent (1).

Ainsi comprise, l'aptitude à bénéficier des avantages de l'assistance publique présente la même nature juridique que l'aptitude à la jouissance d'un bien communal (Confl., 4 juill. 1896, *Préfet de la Haute-Saône.* V. Revue d'administration, 1896, II, p. 427) (2).

Ce système conduit, d'ailleurs, à procéder par des mesures générales

---

(1) Cependant, en matière d'assistance aux vieillards, les délibérations du conseil municipal relatives au taux des allocations mensuelles sont susceptibles de recours devant les commissions cantonales ; mais il ne s'agit pas encore là de réclamer contre le taux en vertu d'un droit individuel, il s'agit d'un moyen d'améliorer le service à la fois pour tous les indigents de la commune.

(2) On remarquera combien toute cette théorie est *institutionnelle*, par cela même qu'elle invoque l'idée d'un statut et non pas celle d'un droit de créance, et combien elle est conforme au génie du droit public qui connaît, en effet, surtout des statuts. Il y a, dans l'État, le statut du citoyen, le statut de l'habitant, le statut du fonctionnaire, le statut du retraité, le statut de l'inscrit maritime, etc. ; il y a aussi le statut de l'indigent. La base du statut réel, comme fondement de l'aptitude à bénéficier des secours d'assistance, est une théorie très différente de celle du droit à l'assistance qui serait un droit de créance. Le droit de créance supposerait que chaque indigent a le droit d'actionner directement sa commune pour lui réclamer une somme d'argent calculée d'après ses besoins.

La théorie du droit de créance procède de la conception du contrat social ou du quasi-contrat social rajeunie et remise à la mode sous le nom de *solidarisme*. Elle a été en vogue il y a quelques années (Léon Bourgeois, *La solidarité;* Bouglé, *Le solidarisme;* Grande encyclopédie, v° *Solidarité*). C'est dans ce sens du droit de créance qu'est prise d'ordinaire l'expression *droit à l'assistance*. Cette théorie a bien failli triompher dans la loi sur l'assistance aux vieillards, le projet adopté par la Chambre des députés portait : « tout Français... a *droit* aux services de solidarité sociale, etc. », et cela impliquait la reconnaissance d'une dette de la collectivité au profit de l'ayant droit (Cf. article Campagnole, *Revue d'administration*, 1903, II, 295). Mais, devant

H. — Pr. 35

égales pour tous et non pas par des mesures individuelles qui pourraient être inégales.

§ 2. — Des services de l'assistance publique.

Ces services sont établis sur la double base du statut de l'individu appelé à bénéficier et de l'obligation administrative de le faire bénéficier.

Il ne suffit pas, pour que l'État s'acquitte de son devoir d'assistance, qu'il inscrive dans les lois le principe de l'obligation. Ce principe a été écrit dans nombre de lois révolutionnaires et n'a pas reçu encore sa complète application (1). Il faut l'organisation pratique de services publics doués de ressources suffisantes. Pour cette organisation, deux systèmes se conçoivent : ou bien la centralisation telle que la Révolution l'avait voulue d'abord, l'assistance publique dette nationale (2), ou bien la décentralisation, l'assistance publique dette départementale et communale. C'est vers le second système que les législations modernes s'orientent de plus en plus, celle de l'Angleterre, de l'Allemagne (3), de l'Italie, etc., et aussi celle de la France. Il présente un grand avantage : l'obligation administrative est ainsi assurée sous une forme tangible, la commune ou le département sont tenus administrativement vis-à-vis de l'État, celui-ci peut exercer une pression sur eux. Le droit de l'indigent se réalise d'une certaine façon, sans qu'on ait besoin de lui donner d'action personnelle pour contraindre la commune à organiser le service à son profit (4).

l'opposition du Sénat, il fallut renoncer à l'affirmation de cette doctrine et l'article 1er de la loi du 15 juillet 1905 sur l'assistance aux vieillards n'en porte plus trace.

La théorie du statut de l'indigent procède de la conception de l'institution sociale existant en soi, sans contrat, et de laquelle on profite quand on se trouve en situation d'en profiter, c'est-à-dire quand on a le statut nécessaire et que le service existe. J'estime que cette mise au point du droit à l'assistance et du droit aux avantages de l'État est une des meilleures justifications de la théorie de l'institution.

(1) C. 3-14 sept. 1791, tit. I; C. 24 juin 1793, Déclaration, art. 21 : « Les secours publics sont une dette sacrée. La société doit la subsistance aux citoyens malheureux soit en leur procurant du travail, soit en assurant les moyens d'exister à ceux qui sont hors d'état de travailler ». Décr. 24 vendém. an II.

(2) Décr. 19-24 mars 1793, concernant la nouvelle organisation des secours publics.

(3) En Allemagne, l'assistance n'est pas communale, mais il a été créé des circonscriptions spéciales, appelées *unions des pauvres*, qui sont obligées envers l'État.

(4) La loi du 30 juin 1838 avait déjà obligé les départements à se pourvoir d'un asile d'aliénés et avait mis à leur charge, ainsi qu'à celle des communes, les dépenses des aliénés indigents (art. 28). La loi du 5 mai 1869 mit une partie des dépenses du service des enfants assistés, qui, jusque-là, étaient à la charge des hospices et de l'État, à la charge des départements et des communes. La loi du 23 décembre 1874, dite loi Roussel, sur la protection des enfants en bas âge et des nourrissons, mit aussi moitié des dépenses du service à la charge du département. Mais c'était là de la petite assistance ; dans ces dernières années, un effort plus sérieux a été fait pour la grande assistance,

Nous donnerons quelques détails sur les services suivants :
1° assistance médicale gratuite; 2° assistance aux vieillards, aux infirmes et aux incurables; 3° enfants assistés; 4° assistance des indigents malades.

Ces services publics n'épuisent pas la matière de l'assistance, ils ne suffisent pas non plus à leur tâche, c'est ici que les institutions privées viennent le plus au secours de l'administration publique, et il serait à souhaiter qu'il s'établît une entente étroite entre les deux catégories d'organisations pour éviter les déperditions de forces (1).

I. *L'assistance médicale gratuite* (L. 15 juill. 1893; L. 17 avril 1906, art. 39) (2). — A. *Du statut nécessaire pour bénéficier de l'assistance*. — Le statut se compose de deux éléments, le domicile de secours et l'inscription sur la liste d'assistance :

1° Le domicile de secours est le lieu où l'individu privé de ressources peut réclamer son inscription sur la liste communale d'assistance. Il a été réglé par la loi du 15 juillet 1893 de la façon suivante : il s'acquiert par une résidence habituelle d'un an dans une commune, postérieure à la majorité ou à l'émancipation; les enfants mineurs ont le domicile des parents, la femme mariée celle du mari; il se perd par une absence ininterrompue d'une année ou par l'acquisition d'un autre domicile de secours (art. 6 et 7) (3);

celle des hôpitaux, des bureaux de bienfaisance et des secours médicaux à domicile. L'État a commencé par réorganiser le service central de l'assistance publique, qui doit être un service de contrôle destiné à donner l'impulsion aux départements et aux communes et à surveiller leur action : réorganisation de l'inspection générale des services d'assistance publique (Décr. 18 oct. 1887); création du conseil supérieur de l'assistance publique (Décr. 14 mai 1888); création d'une direction de l'assistance publique (Décr. 4 nov. 1888). Le Conseil supérieur, qui se réunit deux fois par an et pour lequel sont publiés des fascicules intéressants, a étudié la réorganisation de presque tous les services. On a pris une mesure préalable indispensable en autorisant les syndicats de communes (L. 22 mars 1890). Il y a, en effet, certains services, comme celui de l'hospitalisation, pour lesquels une commune isolée est vraiment trop petite. Enfin, ont été rendues la loi du 15 juillet 1893 sur l'assistance médicale gratuite qui fait de l'assistance à domicile ou à l'hôpital une obligation à la fois départementale et communale; la loi du 27 juin 1904 sur le service des enfants assistés et celle du 14 juillet 1905 relative à l'assistance obligatoire des vieillards, des infirmes et des incurables.

(1) L'alliance entre l'assistance publique et l'assistance privée, inaugurée à Elberfeld, en Allemagne, s'est montrée très féconde.

(2) *Bibliographie* : Campagnole, *L'assistance médicale gratuite*, 2e édit., 1895; Bouisset, *Les recours en matière d'assistance médicale gratuite*, Toulouse, 1903; Cros-Mayreville, *L'administration hospitalière*, 2 vol., 1912.

(3) Lorsqu'une commune, en cas d'urgence, a secouru un indigent malade qui n'avait pas chez elle son domicile de secours, elle a un recours contre la commune où est le domicile (L. 15 juill. 1893, art. 2). V. sur cette question des recours, Cons. d'Ét., 10 mars 1899, *Hospices du Havre*, S., 1900. 3. 33. et ma note. Cf. Derouin et Worms, *Traité du domicile de secours*; Bouisset, *op. cit.*

A défaut de domicile de secours communal, l'assistance médicale incombe au département dans lequel le malade privé de ressources aura acquis son domicile de

2° Les articles 12 à 18 de la loi organisent une procédure de constitution de la liste d'assistance dressée dans chaque commune, pour le service de l'assistance médicale, avec recours de l'indigent devant une autorité spéciale (1); on serait tenté de croire, au premier abord, que l'indigent a une action pour se faire donner directement un certain secours, il n'en est rien ; il a seulement un recours administratif pour se faire inscrire sur une liste, les secours ne devant ensuite être distribués aux inscrits sur la liste que dans la limite de l'organisation du service; l'indigent a droit à être sur la liste, l'État peut peser sur la commune et sur le département pour que le service soit convenablement organisé; le droit de l'indigent ne se réalise donc pas à la façon d'un droit de créance, mais à la façon d'un statut, par lui-même, il peut franchir un pas important, faire constater son état d'indigence; d'autre part, si le service régulièrement organisé ne

secours. Quand le malade n'a ni domicile de secours communal, ni domicile de secours départemental, l'assistance médicale incombe à l'État. »

(1) Art. 12. — « La commission administrative du bureau d'assistance, sur la convocation de son président, se réunit au moins quatre fois par an.

» Elle dresse, un mois avant la première session ordinaire du conseil municipal, la liste des personnes qui, ayant dans la commune leur domicile de secours, doivent être, en cas de maladie, admises à l'assistance médicale, et elle procède à la révision de cette liste un mois avant chacune des trois autres sessions. Le médecin de l'assistance ou un délégué des médecins de l'assistance; le receveur municipal et un des répartiteurs désignés par le sous-préfet peuvent assister à la séance avec voix consultative. »

Art. 13. — « La liste d'assistance médicale doit comprendre nominativement tous ceux qui seront admis au secours, lors même qu'ils sont membres d'une même famille. »

Art. 14. — « La liste est arrêtée par le conseil municipal qui délibère en comité secret, elle est déposée au secrétariat de la mairie, le maire donne avis du dépôt par affiches aux lieux accoutumés. »

Art. 15. — « Une copie de la liste et du procès-verbal constatant l'accomplissement des formalités prescrites par l'article précédent est en même temps transmise au sous-préfet de l'arrondissement.

» Si le préfet estime que les formalités prescrites par la loi n'ont pas été observées, il défère les opérations, dans les huit jours de la réception de la liste, au conseil de préfecture, qui statue dans les huit jours et fixe, s'il y a lieu, le délai dans lequel les opérations annulées sont refaites. »

Art. 16. — « Pendant un délai de vingt jours à compter du dépôt, les réclamations en inscription ou en radiation peuvent être faites par tout habitant ou contribuable de la commune, également par le préfet ou son délégué » (Addition de la loi du 13 avril 1898, art. 58).

Art. 17. — « Il est statué souverainement sur ces réclamations, le maire entendu ou dûment appelé, par une commission cantonale composée du sous-préfet de l'arrondissement, du conseiller général, d'un conseiller d'arrondissement dans l'ordre de nomination et du juge de paix du canton.

» Le sous-préfet ou, à son défaut, le juge de paix préside la commission ».

Art. 18. — « Le président de la commission donne, dans les huit jours, avis des décisions rendues au sous-préfet et au maire, qui opèrent sur la liste les additions ou les retranchements prononcés. »

fonctionne pas à son profit, il peut réclamer, mais c'est tout; il ne pourrait pas faire organiser le service ni exiger directement des secours individuels qui seraient hors de la mesure de ceux prévus par le service (1).

B. *Organisation des services de l'assistance médicale gratuite.* — La maladie peut donner lieu à deux sortes d'assistance, l'hospitalisation et le secours à domicile, qui comprend lui-même les soins médicaux et les fournitures pharmaceutiques. Elles ont été réunies et rendues obligatoires toutes les deux par la loi du 15 juillet 1893 (2).

Il est organisé dans chaque département, sous l'autorité du conseil général et du préfet et suivant les conditions déterminées par la loi, un service d'assistance médicale gratuite pour les malades privés de ressources. Le conseil général délibère dans les conditions prévues par l'article 48 de la loi du 10 août 1871 : 1° Sur l'organisation du service de l'assistance médicale, la détermination et la création des hôpitaux auxquels sont rattachés chaque commune ou chaque syndicat de commune; 2° Sur la part de la dépense incombant aux communes et au département (V. S., 1900. 3. 33, la note).

Sur l'hospitalisation des malades étrangers à la commune et sur le remboursement des frais par le département V., L. 1er août 1919.

Le fonctionnement du service est assuré dans chaque commune par un bureau d'assistance, qui est un établissement public dont nous avons étudié l'organisation (V. *Établissements publics*).

(1) La commission cantonale, qui statue souverainement sur les réclamations relatives à l'inscription sur la liste, n'est d'ailleurs pas une juridiction, mais une simple autorité administrative dont les décisions peuvent être attaquées devant le Conseil d'État par le recours pour excès de pouvoir (Cons. d'Ét., 12 mars 1905, *Commune de Portiragnes*; 19 juill. 1912, *Broussard*).

(2) L'article 1er est ainsi conçu : « Tout Français malade, privé de ressources, reçoit gratuitement de la commune, du département ou de l'État, suivant son domicile de secours, l'assistance médicale à domicile, ou, s'il y a impossibilité de le soigner utilement à domicile, dans un établissement hospitalier. — les femmes en couches sont assimilées à des malades — ; les étrangers malades privés de ressources seront assimilés aux Français toutes les fois que le gouvernement aura passé un traitement d'assistance réciproque avec leur nation d'origine. »

Art. 3. — « Toute commune est rattachée, pour le traitement de ses malades, à un ou plusieurs des hôpitaux les plus voisins. Dans le cas où il y a impossibilité de soigner utilement un malade à domicile, le médecin délivre un certificat d'admission à l'hôpital. Ce certificat doit être contresigné par le président du bureau d'assistance ou son délégué. »

Il n'y a malheureusement pas des hôpitaux en nombre suffisant et, surtout, ils sont mal répartis sur le territoire; la loi du budget du 16 avril 1895, article 47, affecte à la construction des hôpitaux un tiers des fonds du Pari mutuel qui doivent être consacrés aux œuvres d'assistance en vertu de la loi du 2 juin 1891, article 5.

L'admission des étrangers dans les hôpitaux se fera également d'après le principe de la réciprocité (Avis Cons. d'Ét., 25 fév. 1897, interprétant l'art. 1er, L. 7 août 1851); la réciprocité doit avoir pour base le remboursement réciproque des frais (Avis du Cons. sup. de l'assistance publique, *Revue d'administration*, 1897, III, 171).

Après avoir essayé de systèmes variés pour assurer le service médical à domicile (1), les conseils généraux semblent se rallier, dans une pensée d'économie, au système le plus forfaitaire, celui qui consiste à désigner, dans une circonscription, un ou plusieurs médecins qui se chargent du service moyennant un abonnement (on trouvera dans les volumes annuels des *Annales des assemblées départementales* de M. Rabany une ample moisson de renseignements dans les rapports faits aux conseils généraux (2).

II. *L'assistance aux vieillards, aux infirmes et aux incurables* (L. 14 juill. 1905; L. 31 déc. 1907, art. 35-37; Décr. 3 août 1909) (3). — Tout Français privé de ressources, soit âgé du 70 ans (4), soit atteint d'une infirmité ou d'une maladie reconnue incurable qui le rend incapable de subvenir par son travail aux nécessités de l'existence, reçoit l'assistance aux conditions ci-après (art. 1er modifié par L. 31 déc. 1907, art. 35) :

A. *Statut nécessaire pour l'assistance.* — Il se compose, comme pour l'assistance médicale gratuite, de deux éléments, le domicile de secours et l'inscription sur une liste d'admission :

1° *Le domicile de secours* s'acquiert et se perd dans les conditions prévues pour l'assistance médicale gratuite, toutefois le temps requis pour l'acquisition et la perte de ce domicile est porté à cinq ans. A partir de 65 ans, nul ne peut acquérir un nouveau domicile de secours, ni perdre celui qu'il possède (art. 3) (5). Les contestations

---

(1) Il y a deux systèmes principaux : celui qui laisse au malade le choix du médecin et qui exige le paiement de celui-ci par des bons de visite et celui qui impose au malade un médecin officiel et permet ainsi la rétribution à l'abonnement.

(2) Les communes qui ne peuvent pas faire les frais du service sur leurs ressources ordinaires sont autorisées à voter des centimes additionnels aux quatre contributions directes ou des taxes additionnelles d'octroi ; dès qu'elles font appel à cette ressource extraordinaire, elles ont droit à une subvention du département réglée par le barème du tableau A annexé à la loi, d'après le principe de la subvention inversement proportionnelle à la valeur du centime (la valeur du centime communal est la somme totale que produit une imposition d'un centime additionnel sur tous les contribuables de la commune). Cette subvention ne peut être inférieure à 10 p. 100, ni supérieure à 80 p. 100 de la ressource extraordinaire créée par la commune.

De leur côté, les départements qui ne peuvent faire face aux charges du service sur leurs ressources ordinaires sont autorisés à voter aussi des centimes additionnels extraordinaires. Dans ce cas, l'État leur fournit une subvention inversement proportionnelle à la valeur du centime départemental par kilomètre carré (barème du tableau B annexé à la loi). Cette subvention ne peut être inférieure à 10 p. 100, ni supérieure à 80 p. 100 de la ressource extraordinaire créée par le département.

V. Virenque, *Les subventions proportionnelles au centime*, thèse Toulouse, 1912.

(3) *Bibliographie* : Article Campagnole dans la *Revue d'administration*, 1903, II, p. 272 et s. ; Adrien Sachet, *Assistance des vieillards*, etc.

(4) Depuis la modification apportée par la loi du 31 décembre 1907, article 35, il est indifférent que le vieillard de 70 ans soit ou non capable de travailler ; le produit de son travail n'est pas considéré comme une ressource.

(5) Il y a eu, au moment de l'application de la loi (1er janv. 1907), beaucoup d'hésita-

relatives au domicile de secours sont jugées par le conseil de préfecture où l'intéressé a sa résidence (art. 34), sauf appel au Conseil d'État, sans frais et avec dispense du ministère d'avocat (art. 36);

2° *L'inscription sur la liste d'assistance* est réglée d'une manière analogue à celle sur la liste de l'assistance médicale. L'intéressé adresse une demande écrite au bureau d'assistance de la commune de sa résidence et fait valoir ses titres, c'est-à-dire, établit qu'il rentre dans l'une des catégories de l'article 1er : 1° l'âge de 70 ans et le défaut de ressources; 2° la maladie incurable ou l'infirmité le rendant incapable de subvenir à ses besoins, quel que soit son âge, pourvu qu'il y ait défaut de ressources. Le bureau d'assistance dresse une liste provisoire divisée en deux parties : l'une qui contient les intéressés qui ont leur domicile de secours dans la commune, l'autre ceux qui ne l'y ont pas. En même temps, le bureau d'assistance propose le mode d'assistance qui convient à chacun des intéressés, et, si c'est l'assistance à domicile, il indique la quotité de l'allocation mensuelle à accorder. Cette liste doit être revisée un mois avant chacune des sessions ordinaires du conseil municipal (art. 7).

Le conseil municipal, délibérant en comité secret, prononce l'admission à l'assistance, *mais seulement des personnes ayant leur domicile de secours dans la commune*; il règle les conditions dans lesquelles elles seront assistées (art. 8). Quant aux postulants qui n'ont pas leur domicile de secours dans la commune de leur résidence, et il y en aura beaucoup, puisque le domicile de secours n'est acquis que par cinq ans de résidence, le préfet, à qui toutes les listes provisoires sont adressées, *invite les conseils municipaux* des communes où ils ont le domicile de secours (et où il se conservera pendant cinq ans à compter de leur départ) à statuer à leur égard (art. 19) (1).

---

tions pour fixer le domicile de secours des vieillards qui avaient plus de 65 ans; fallait-il remonter dans le passé et chercher la commune dans laquelle ils avaient atteint 65 ans; ou fallait-il s'en tenir au domicile acquis dans la commune où ils résidaient au 1er janvier 1907, quel que fût leur âge ? La loi n'avait pas songé à régler cette question transitoire, mais la jurisprudence du Conseil d'État l'a réglée en ce sens qu'il ne faut point faire rétroagir la loi. Par conséquent, on ne doit tenir aucun compte des faits antérieurs au 1er janvier 1907; les vieillards de plus de 65 ans ont acquis domicile de secours dans la commune où ils résidaient au 1er janvier 1907, s'ils avaient cinq ans de résidence, et ce domicile, ils n'ont plus pu le perdre; que si, au 1er janvier 1907, ils n'avaient pas encore cinq ans de résidence dans la commune où ils habitaient, ils ont dû être mis à la charge du département, si toutefois ils avaient cinq ans de résidence dans le département; que si, au 1er janvier 1907, ils n'avaient cinq ans de résidence ni dans la commune ni dans le département, ils ont dû être mis à la charge de l'État (Cons. d'Ét., 3 août 1907, *Ville d'Angoulême*, arrêt de principe, S., 1907. 3. 129 et ma note; 22 janv. 1909, cinq espèces, conclusions de M. Saint-Paul, Lebon, p. 63; 2 juill. 1909, trois espèces, Lebon, p. 628).

(1) Cette combinaison évite les actions récursoires de commune à commune, qui

La liste, ainsi arrêtée par le conseil municipal, est déposée au secrétariat de la mairie et avis de ce dépôt est donné par affiches. Une copie est en même temps adressée au préfet du département. — Pendant un délai de vingt jours à compter du dépôt, tout vieillard, infirme ou incurable dont la demande a été rejetée par le conseil municipal peut présenter sa réclamation à la mairie; dans le même délai, tout habitant ou contribuable de la commune peut réclamer l'inscription ou la radiation des personnes omises ou indûment portées sur la liste; le même droit appartient au préfet et au sous-préfet (art. 9).

Il est statué sur ces réclamations par une commission cantonale composée du sous-préfet, du conseiller général, d'un conseiller d'arrondissement dans l'ordre de nomination, du juge de paix du canton, d'une personne désignée par le préfet, d'un délégué du bureau d'assistance du canton et d'un délégué des sociétés de secours mutuels existant dans le canton. Le sous-préfet ou, à son défaut, le juge de paix préside la commission. La commission statue dans le délai d'un mois par décision motivée. Les décisions peuvent être déférées par toute personne intéressée, dans un délai de vingt jours à partir de la notification, au ministre de l'Intérieur qui saisit la commission centrale instituée par l'article 17 (art. 12). Cette commission centrale composée conformément à l'article 17, modifié par la loi du 30 décembre 1908, statue définitivement — mais, à n'en pas douter, elle n'est qu'une autorité administrative, ainsi que les commissions cantonales, et ses décisions seront susceptibles de recours pour excès de pouvoir (V. Cons. d'Ét., 30 juin 1911, *Directeur de l'assistance publique;* 17 mars 1913, *Maire de Saint-Jean-le-Vieux;* 25 avril 1913, *Santucci*, S., 13. 3. 65 et la note) (1).

B. *Organisation de l'assistance*. — Le service est organisé, dans chaque département, par le conseil général délibérant dans les conditions de l'article 48 de la loi du 10 août 1871; à défaut, il peut être

---

auraient été innombrables si l'admission au secours avait été prononcée par le conseil municipal de la résidence. Il est à croire que les conseils municipaux *du domicile de secours* ne mettront pas grand empressement à voter des fonds pour des assistés qui auront quitté le territoire de la commune; sans doute, ceux-ci auront leur recours devant la commission cantonale, mais la perspective de ces difficultés pourrait bien avoir pour résultat indirect d'amener une fixation au sol, plus grande que par le passé, pour toute la population des candidats éventuels à l'assistance.

(1) Cela signifie que le vieillard de 70 ans, pas plus que les autres assistés, n'a de droit de créance à faire valoir contre la commune pour se faire allouer une somme déterminée; il a seulement un recours contentieux administratif pour se faire inscrire sur la liste d'assistance et reçoit ensuite les allocations établies dans la commune. On doit cependant observer ici que, l'allocation mensuelle étant établie par disposition réglementaire, le vieillard inscrit sur la liste d'assistance doit avoir un recours contentieux ordinaire pour se faire délivrer les allocations échues.

pourvu à l'organisation du service par un décret en forme de règlement d'administration publique (art. 6).

Les vieillards, les infirmes et les incurables ayant le domicile de secours communal ou départemental reçoivent l'assistance à domicile ; en principe, ceux qui ne peuvent être utilement assistés à domicile sont placés, s'ils y consentent, dans un hospice public ou dans un établissement privé ou chez des particuliers. Le mode d'assistance appliqué à chaque cas individuel n'a aucun caractère définitif (art. 19). L'assistance à domicile consiste dans le paiement d'une allocation mensuelle dont le taux est arrêté pour chaque commune par le conseil municipal, sous réserve de l'approbation du conseil général et du ministre de l'Intérieur. Il ne peut être inférieur à 5 francs ni, à moins de circonstances exceptionnelles, supérieur à 20 francs (Une loi du 28 juin 1919, prorogée par celle du 31 juill. 1920, art. 111, a majoré de 10 francs à la charge exclusive de l'État, chacune des allocations mensuelles (V. les détails complémentaires de l'art. 20 ; notamment la combinaison des ressources provenant de l'épargne); les ressources pouvant provenir du travail des vieillards de plus de 70 ans n'entrent pas en compte (L. 31 déc. 1907, art. 36). Le bureau d'assistance décide, suivant la situation de l'intéressé, si l'allocation doit être remise en une seule fois ou par fractions, en argent ou en nature. L'allocation est incessible et insaisissable, etc. (art. 21) (1).

Pour l'hospitalisation, V. les art. 22-25.

Pour les frais de visite médicale et de transport (art. 26) (2).

Observation. — Cette loi a été applicable à partir du 1er janvier 1907. Des règlements d'administration publique ont été faits (Décr.

---

(1) A noter que les décisions du conseil municipal relatives au taux des allocations mensuelles sont susceptibles de recours devant les commissions cantonales (V. *supra*, p. 552).

(2) Les dépenses mises à la charge des communes et des départements sont obligatoires pour ces administrations. Les communes font face aux dépenses avec leurs ressources ordinaires. En cas d'insuffisance de ces ressources ordinaires et *sans qu'il soit besoin que les communes votent des centimes additionnels extraordinaires*, elles ont droit à une subvention du département inversement proportionnelle au centime, calculée d'après le tableau A de la loi du 15 juillet 1893, en ne tenant compte que de la portion de dépense couverte par l'impôt ; en outre, elles ont droit à une subvention directe et complémentaire de l'État, calculée conformément au tableau C, qui constitue une innovation en ce qu'il tient compte du coefficient des indigents secourus dans la commune (sur le calcul du contingent de la commune, v. C. E., 17 mai 1918, *commune de la Berlière*, conclusions Blum). Quant aux départements, ils reçoivent des subventions de l'État dans les conditions du barème B de la loi du 15 juillet 1893 (art. 27-28). La loi du 31 décembre 1907, article 37, a stipulé que le barème de la loi de 1905 ne devait pas être plus défavorable aux communes que ne l'eût été celui de la loi du 15 juillet 1893.

Les articles 4 et 5 règlent les actions récursoires d'une administration à l'autre ou de l'administration contre l'assisté ou sa famille ou sa société de secours mutuels, etc.

14 avril 1906; 12 fév. 1908) dont l'un pour déterminer les conditions d'application de la loi à la ville de Paris (art. 37 et 41, Décr. 30 mars 1907); son application se combine avec celle de la loi du 5 avril 1910 sur les retraites ouvrières et paysannes, en ce sens que le montant de la pension de vieillesse ne viendra en déduction de l'allocation de l'assistance que dans les proportions indiquées à l'article 20 de la loi de 1905, c'est-à-dire jamais pour la totalité (art. 8, L. 5 avril 1910) (1).

III. *Le service des enfants assistés* (L. 27 juin 1904 *sur le service des enfants assistés* et L. 28 juin 1904 *relative à l'éducation des pupilles de l'assistance publique difficiles ou vicieux*; L. 22 avril 1905, art. 44; L. 28 déc. 1906 modifiant les art. 13-15 de la loi de 1904; Décr. 19 mai 1909 *sur la gestion des biens pupillaires*; Décr. 4 nov. 1909 *sur l'éducation des pupilles difficiles*) (2).

(1) On avait évalué à 385.000 le nombre probable des vieillards assistés en vertu de la loi nouvelle, dont 255.000 seraient assistés à domicile et 130 000 seraient hospitalisés. La dépense devait être de 84 ou 85 millions, dont la moitié seulement constituerait une dépense nouvelle (Campagnole, article précité, *Revue d'adminisiration*, 1904, III, p. 282 et s.); ces chiffres sont dépassés, le chiffre des assistés s'élève à 600.000 et les dépenses s'élèvent à 100 millions, non comprise la participation des hospices et des bureaux de bienfaisance. Les raisons de cette augmentation sont, d'une part, la réforme du 31 décembre 1907, qui a permis de mettre à l'assistance des vieillards encore capables de travailler, et d'autre part, la part contributive trop faible des communes dans la dépense; avec le jeu des subventions automatiques, la plupart des communes ne paient qu'un dixième des dépenses; dans ces conditions, elles ont avantage à se montrer larges pour l'admission, parce que l'argent que recevra l'assisté, et dont les neuf dixièmes proviendront des subventions, se dépensera dans la commune. Encore le taux des allocations, fixé dans beaucoup de régions à 5 francs par mois, ce qui était le minimum, a-t-il été augmenté pendant la guerre, ce qui augmentera la dépense (*Rapport de l'inspection générale des services administratifs*, *Journal officiel* du 2 août 1909).

(2) Ces lois, qui ont donné lieu à des rapports très étudiés de M. Théophile Roussel au Sénat, 8 juillet 1898, n° 283; de M. Paul Strauss, au Sénat également, 9 février 1901, n° 25; de M. Bienvenu Martin à la Chambre, 31 mars 1904, ont remplacé et considérablement amélioré la législation antérieure, c'est-à-dire la loi du 15 pluviôse an XIII, le décret du 19 janvier 1811 et la loi du 5 mai 1869. Cette législation importante s'applique à près de 200.000 enfants.
V. les *Lois nouvelles*, 1904, 1re partie, p. 389 et s., et Sirey, *Lois annotées*, 1905, p. 833; J. Bonzon, article *Revue d'administration*, 1901; Hélène Moniez, art. eod., 1904; E. Alcindor, *Le service des enfants assistés*, 1912.
Au 31 décembre 1910, la totalité des services de France comptait, d'après le rapport de l'inspection générale des services administratifs (*Journal officiel* du 6 août 1912):

Enfants trouvés................	6.855
— abandonnés................	106.852
— orphelins...................	14.695
— moralement abandonnés...	42.156
— en garde et en dépôt........	5.488
TOTAL............	175.546

a) Le titre I de la loi sur les enfants assistés renferme des définitions. Le service des enfants assistés concerne : 1° les enfants dits *secourus* et *en dépôt* qui sont sous la protection de l'autorité publique; est dit *secouru* l'enfant que son père, sa mère ou ses ascendants ne peuvent ni nourrir ni élever, faute de ressources, et pour lequel est accordé le secours temporaire institué en vue de prévenir son abandon (L. 22 avril 1905, art. 44); est dit *en dépôt* l'enfant qui, laissé sans protection ni moyens d'existence, par suite de l'hospitalisation ou de la détention de ses père, mère ou ascendants, est recueilli temporairement dans le service des enfants assistés ; 2° les enfants *en garde*, qui sont également sous la protection de l'autorité publique, ce sont les enfants confiés par les tribunaux à l'assistance publique, en exécution des articles 4 et 5 de la loi du 19 avril 1898 ; 3° les enfants trouvés, les enfants abandonnés, les orphelins pauvres, les enfants maltraités, délaissés ou moralement abandonnés, qui sont placés sous la tutelle de l'autorité publique et dits *pupilles de l'assistance*.

Il y a donc, au point de vue légal, deux catégories : les enfants qui sont seulement sous la *protection* de l'autorité publique et ceux qui sont sous la *tutelle* de l'assistance publique.

Il n'y a, d'ailleurs, entre les deux catégories, aucune autre différence que celle de l'organisation de la tutelle pour les pupilles de l'assistance. Les modes d'admission, le placement et la surveillance sont les mêmes pour tous les enfants et c'est un même service qui fonctionne ;

b) Pour l'admission des enfants, le système adopté est celui du *bureau ouvert*, c'est-à-dire que c'est le *tour*, moins l'appareil mécanique ; dans des établissements désignés dans chaque département par le préfet, on reçoit l'enfant, et la personne de service, si elle doit accepter les déclarations du déposant, ne peut en exiger aucune. Acte est dressé du refus de déclaration, l'admission est prononcée et aucune enquête administrative n'est faite (1). Le pupille n'est maintenu dans l'établissement dépositaire que s'il est constaté que son état de santé l'exige ou sur une décision motivée de son tuteur ; sauf exception, il est placé à la campagne (2).

(1) Le déposant doit seulement être averti des conséquences de l'abandon qui sont, d'après l'article 22, les suivantes : Le lieu de placement du pupille reste secret, sauf décision du préfet prise dans l'intérêt de l'enfant. La mère et la personne qui ont présenté l'enfant peuvent être renseignées, à des époques fixes, sur l'existence ou la mort de celui-ci, à la condition de s'être fait connaître.

(2) Notons, pour les enfants en nourrice, l'institution d'une prime de survie acquise lorsque l'enfant a atteint 15 mois et proportionnelle au nombre de mois que la nourrice l'a gardé et, pour les enfants hors de nourrice, l'institution d'une prime de bons soins pour le nourricier qui les a gardés pendant dix ans au moins, élevés avec soin et envoyés régulièrement à l'école publique.

c) Le service des enfants assistés est réglé par le conseil général; il est administré par le préfet, et, sous son autorité, par l'inspecteur départemental de l'assistance publique.

Les dépenses du service, déduction faite des frais occasionnés par les pupilles sans domicile de secours, lesquelles sont intégralement à la charge de l'État, ainsi que des recettes provenant du remboursement des départements ou des familles, du produit des amendes de police correctionnelle, du produit des dons et legs applicables au service, sont payés pour deux cinquièmes par le département, pour deux cinquièmes par l'État, pour un cinquième par les communes ;

d) La tutelle est réglée par la section II du titre III et subit des modifications profondes; elle était confiée par le décret du 15 pluviôse an XIII aux commissions administratives des hospices qui n'avaient aucune raison de s'intéresser aux enfants; elle l'est désormais à l'administration même du service des enfants assistés;

e) Enfin le domicile de secours et les questions contentieuses sont réglées par les articles 39 et 40 (1-2).

IV. *Assistance des indigents valides* (3). — Les secours *à domicile* aux indigents valides sont la spécialité d'établissements publics communaux appelés *bureaux de bienfaisance* (Cons. d'Ét., 11 fév. 1916,

(1) Le domicile de secours des enfants assistés est départemental et non pas communal. Les enfants désignés dans l'article 4 (enfants en dépôt), dans l'article 5 (enfants en garde) et dans l'article 6, §§ 2, 3, 4 et 5 (enfants abandonnés, orphelins pauvres, enfants délaissés, maltraités ou moralement abandonnés), ont leur domicile de secours dans le département où ils sont nés. Les enfants trouvés (art. 6, § 1) ont leur domicile de secours dans le département où ils ont été trouvés (art. 39, L. 27 juin 1904, modifié par la L. 13 juill. 1911, art. 99).

Les dépenses occasionnées par des enfants n'ayant leur domicile de secours dans aucun département sont remboursées par l'État.

Les contestations (entre départements) relatives au domicile de secours et à l'admission des pupilles sont jugées (sic) par le ministre de l'Intérieur, sauf recours au Conseil d'État. La décision du ministre porte liquidation des frais. Après l'expiration du délai de recours, ces frais constituent pour le département une dépense obligatoire susceptible d'être inscrite, à titre de dette exigible, dans son budget. Est non recevable toute réclamation adressée au ministre plus de deux ans après l'admission de l'enfant à l'assistance.

(2) Quant à la loi relative à l'éducation des pupilles de l'assistance publique difficiles ou vicieux, elle avait été souvent réclamée par les conseils généraux, car il importait de séparer ces éléments de désordre et de les mettre dans l'impossibilité de corrompre les autres enfants. Chaque département devra avoir un établissement destiné à recevoir ces pupilles ou bien, dans le délai de trois ans, il sera tenu de traiter, à cet effet, soit avec un établissement public d'un autre département, soit avec un établissement privé autorisé par le ministre de l'Intérieur.

Notons que deux ou plusieurs départements peuvent créer ou entretenir à frais communs une école professionnelle de pupilles par une association créée conformément aux articles 89 et 90 de la loi du 10 août 1871 (art. 3).

(3) *Bibliographie* : Fleury-Ravarin, *L'assistance publique;* publication officielle, *L'assistance publique à Paris en 1900.*

Commune de Saint-Marc) (1). La dépense des bureaux de bienfaisance n'est pas obligatoire pour la commune, aussi n'en existe-t-il pas partout ; depuis la loi du 15 juillet 1893, ils peuvent être suppléés par les bureaux d'assistance, sans que cependant cela empêche la création de nouveaux bureaux de bienfaisance (V. *supra*, v° *Établissements publics*). Le mode de distribution des secours est généralement défectueux ; il semble, notamment, que le système des visites à domicile par des visiteurs du bureau, qui est d'ailleurs la véritable spécialité de l'établissement, serait bien supérieur à la distribution faite au bureau. Il s'agirait aussi de combiner les secours en argent, les secours en nature ou en bons, les secours destinés au loyer, etc. On pourrait se préoccuper de procurer du travail à la façon des œuvres de patronage, etc.

§ 3. — **Les services de prévoyance sociale. Les retraites ouvrières et paysannes** (L. 5 avril 1910 ; L. 27 fév. 1912 ; Règl. 25 mars 1919, modifié par Règl. 6 août 1912 ; Circ. min. du Travail, 28 mars 1912 ; L. 27 déc. 1912, modifiant celle du 27 fév. 1912 ; L. 17 août 1915 ; L. 26 oct. 1916) (2).

Après divers remaniements, la loi sur les retraites ouvrières et paysannes se trouve avoir créé un vaste service public de pensions de retraites, obligatoire pour tous les salariés dont le salaire annuel est au-dessous de 3.000 francs, facultatif pour tous les métayers, fermiers, cultivateurs, artisans et petits patrons, et même pour les salariés dont le salaire annuel est supérieur à 3.000 francs, mais n'atteint pas 5.000 francs.

Cette organisation est à base de versements effectués par les intéressés et qui justifient, le moment de la retraite arrivé, une allocation annuelle de l'État.

Ces versements sont obligatoires pour les *assurés obligatoires*, et ils entraînent un versement égal, obligatoire également, de la part de leur employeur ; ils sont facultatifs pour les *assurés facultatifs* et ils n'entraînent pas de versement égal pour l'employeur, excepté lorsqu'il s'agit d'un métayer.

Par conséquent, ce n'est pas le système de la retraite fournie par l'État sans versement des intéressés, appliqué en Angleterre par la

---

(1) Par conséquent, les bureaux de bienfaisance ne peuvent réclamer de monopole que pour les secours communaux de cette espèce et le conseil municipal est libre de faire distribuer par le maire toute autre espèce de secours aux indigents valides.
(2) *Bibliographie* : Goineau, *Les retraites ouvrières et paysannes*, 1910 ; Füster, *Commentaire de la loi sur les retraites ouvrières*, 1910 ; Courcelles, *Les retraites ouvrières et paysannes*, 1912 ; Salaün, id., 1912 ; *Les traités généraux de législation industrielle* de Pic et de Bry ; *La revue pratique des retraites ouvrières et de prévoyance sociale*, etc.

loi du 1er août 1908 et inauguré par la Nouvelle-Zélande, le 1er novembre 1898.

Ce n'est pas, non plus, le système de la retraite facultative avec majoration par l'État, dit aussi système de la liberté subsidiée, organisé en Belgique par la loi du 18 mai 1900 et, en Italie, par les lois du 17 juillet 1898 et du 7 juillet 1901 (sauf pour les assurés facultatifs).

C'est le système de la retraite à versements obligatoires, inauguré par l'empire allemand dans la loi du 22 juin 1889, et la similitude se poursuit en ce que les versements de chaque intéressé sont capitalisés et lui constituent un compte individuel, au lieu d'être répartis tous les ans en un fonds commun.

Il convient d'ajouter cependant que, malgré cette capitalisation et ce compte individuel, les versements sont faits, en principe, à capital aliéné, de sorte qu'à la mort de l'intéressé ils accroissent au fond des retraites; ils peuvent être faits à capital réservé, mais alors l'intéressé aura droit à une pension moins forte.

I. *Assurés obligatoires.* — L'organisation des retraites est obligatoire pour « les salariés des deux sexes de l'industrie, du commerce, des professions libérales et de l'agriculture, les serviteurs à gages, les salariés de l'État qui ne sont pas placés sous le régime des pensions civiles ou des pensions militaires et les salariés des départements et des communes, le tout lorsque le salaire est inférieur à 3.000 francs » (art. 1er).

Assurés facultatifs. — Les « fermiers, métayers, cultivateurs, artisans et petits patrons qui, habituellement, travaillent seuls ou avec un seul ouvrier et avec des membres de leur famille, salariés ou non, habitant avec eux et qui voudraient se constituer une retraite ou en assurer une à ces membres de leur famille, seront admis facultativement, en opérant des versements, au bénéfice d'une pension de retraite ». Il en est de même des salariés dont le salaire annuel dépasse 3.000 francs, mais n'atteint pas 5.000 francs.

Si un métayer veut s'assurer, le propriétaire est obligé de verser une contribution égale à la sienne; le propriétaire n'est pas obligé de contribuer pour le fermier.

Les femmes et veuves non salariées de toute personne pouvant bénéficier de la loi sur les retraites peuvent également s'assurer facultativement. Ici, il y a majoration allouée chaque année à capital aliéné au compte de l'intéressé, c'est-à-dire que c'est le système de la liberté subsidiée.

Ajoutons que les assujettis aux versements obligatoires peuvent faire, en outre, des versements facultatifs pour augmenter leur pension.

II. *Procédés de versement* (art. 3). — L'employeur est chargé de verser à la fois la contribution du salarié et la sienne.

Les cartes annuelles sont délivrées aux assujettis par les soins des préfectures et des mairies, après que l'assujetti se sera fait inscrire par un bulletin à la mairie ; les timbres-retraites sont vendus dans les débits de tabac et dans les bureaux de poste ; ils ont été unifiés par la loi de 1915 (1).

III. *Des retraites assurées par les sociétés de secours mutuels, les caisses départementales ou régionales, les caisses patronales ou syndicales, les syndicats de garantie et les syndicats professionnels.* —
Art. 17. Toute société de secours mutuels, libre ou approuvée, qui a été préalablement agréée à cet effet par décret rendu sur la proposition du ministre du Travail et du ministre des Finances, est admise à assurer directement pour ses sociétaires les retraites prévues par la présente loi. Ces retraites bénéficient de tous les avantages qui y sont spécifiés (2).

---

(1) Quant aux comptes individuels des assurés, ils sont ouverts à leur choix dans l'une des caisses ci-après (art. 14) :

1º Caisse nationale des retraites pour la vieillesse, dont la gestion continue à être assurée, dans les conditions de la loi du 20 juillet 1886, par la Caisse des dépôts et consignations, sous le contrôle de la commission de surveillance placée auprès de cette caisse, et qui ouvrira dans ses écritures une section spéciale pour les opérations afférentes à la présente loi ;

2º Sociétés ou unions de sociétés de secours mutuels dans les conditions spécifiées à l'article 17 ;

3º Caisses départementales ou régionales de retraites instituées par décret et administrées par des comités de direction composés, pour un tiers, de représentants du gouvernement ; pour un tiers, de représentants élus des assurés et, pour le troisième tiers, de représentants élus des employeurs ;

4º Caisses patronales ou syndicales de retraites ;

5º Caisses de syndicats de garantie liant solidairement les patrons adhérents pour l'assurance de la retraite ;

6º Caisses de retraites de syndicats professionnels.

Les caisses prévues aux cinq derniers alinéas ci-dessus relèvent du ministre du Travail. Elles jouissent de la personnalité civile et sont soumises au contrôle financier du ministre des Finances, dans les conditions qui seront déterminées par un règlement d'administration publique. Leurs fonds sont employés en placements prévus à l'article ci-après.

Chaque caisse, dans le premier semestre de chaque année, délivre gratuitement aux assurés un bulletin indiquant le total des versements obligatoires et facultatifs qu'elle a reçus l'année précédente, ainsi que le montant de la retraite éventuelle à 65 ans, atteinte au 31 décembre de l'année précédente.

Art. 15. — Pour l'application de la présente loi, la gestion financière des divers organismes visés à l'article précédent est confiée à la Caisse des dépôts et consignations qui effectue gratuitement leur placement moyennant le simple remboursement des droits et frais de courtage ou d'acquisition.

Un règlement d'administration publique, rendu sur la proposition du ministre des Finances et du ministre du Travail, après avis de la commission de surveillance de la Caisse des dépôts et consignations, détermine les mesures d'exécution relatives à la gestion financière.

(2) L'agrément ne peut être refusé qu'aux sociétés ou unions ne remplissant pas les

Les syndicats professionnels qui constituent une caisse d'assurance maladie et une caisse d'invalidité et de retraites régies par la loi du 1er avril 1898, dans les conditions réglées par l'article 10 de la présente loi, bénéficieront des avantages stipulés dans le paragraphe précédent.

Un règlement d'administration publique rendu sur la proposition des ministres du Travail et des Finances détermine les conditions de constitution et de fonctionnement des caisses départementales et régionales, des caisses patronales ou syndicales, des caisses de syndicats de garantie solidaire et des caisses de syndicats professionnels visées à l'article 14.

Un décret rendu sur la proposition des ministres du Travail et des Finances autorisera la constitution de chaque caisse (1).

IV. *Age de la retraite. — Calcul de la pension de retraite.* — L'âge normal de la retraite est de 60 ans, depuis la modification de 1912. L'allocation viagère de l'État est fixée à 100 francs par an depuis la modification de 1912; la retraite ne sera jamais supérieure à 360 francs, bonification comprise.

Pour être admis au bénéfice de cette allocation, l'assuré devra justifier qu'il a effectué au moins trente versements annuels atteignant, y compris ses versements facultatifs, les cinq sixièmes de la double cotisation prévue, c'est-à-dire par an : 15 francs pour les hommes, 10 francs pour les femmes, 7 fr. 50 pour les années d'assurance au-dessous de 18 ans (L. 17 août 1915).

Service militaire obligatoire et maternités. — Les années de service militaire obligatoires sont assimilées à des années d'assurance pour le calcul des allocations de l'État. Pour les femmes, chaque naissance d'enfant constatée par déclaration à l'officier de l'état civil vaut une année d'assurance pour le calcul des allocations de l'État.

Si le nombre des années de versement est inférieur à trente et supérieur à quinze, l'allocation sera calculée d'après le nombre des années de versement multiplié par 3 fr. 33 (L. 1912).

---

conditions générales déterminées par un règlement d'administration publique rendu sur la proposition des ministres du Travail et des Finances.

En cas de refus d'agrément dans les trois mois de la demande, un recours peut être formé devant le Conseil d'État, sans ministère d'avocat et avec dispense de tous droits. L'agrément ne peut être retiré que par décret rendu sur avis conforme de la section permanente du Conseil supérieur des retraites ouvrières et sauf recours devant le Conseil d'État dans les conditions susénoncées.

(1) Les employeurs et les salariés qui adhèrent aux caisses patronales ou syndicales ou à des caisses de syndicats de garantie solidaire visées au présent article peuvent être dispensés, par le décret qui en autorisera la constitution, des versements prévus à l'article 2, à la condition que les pensions soient au moins égales à celles qui seraient obtenues dans les mêmes périodes en vertu de la présente loi.

V. *Règlement des situations transitoires* (1).
VI. *Dispositions générales et sanctions de la loi* (2).
VII. *Contentieux des retraites.* — V. sur cette question, Cons. d'Ét., 13 juin 1913, *d'Azincourt*, 1re espèce, *Asselineau*, 2e espèce, conclusions Blum dans Lebon, p. 678 et s.; 21 juill. 1916, *Valette* et, sur le tout, ma note dans S., 18. 3. 1.

Il résulte de ces documents qu'il y a lieu de distinguer trois opérations : 1° l'inscription sur la liste communale; 2° les versements; 3° la liquidation de la pension :

1° L'inscription sur la liste communale des assurés est opérée par une commission municipale, d'office pour les assurés obligatoires, sur demande pour les assurés facultatifs; dans les deux cas l'inscription est homologuée par arrêté ministériel. Il y aurait eu matière à contentieux administratif aussi bien que pour le statut des indigents, mais l'article 196 du règlement du 25 mars 1911 a arbitrairement déterminé la *compétence judiciaire* et la Cour de cassation a admis la légalité de ce règlement (Cass., 5 fév. 1913) (3);

---

(1) Comme le bénéfice de la pension ne produira son plein effet qu'au profit d'intéressés ayant cotisé pendant trente ans, il se trouvera, dans les premières années qui suivront la mise en vigueur de la loi, des quantités de gens qui ne pourront pas remplir cette condition avant l'âge de 60 ans, parce qu'ils seront d'un âge trop avancé; ce sera le cas de tous les intéressés âgés de plus de 35 ans au moment de la mise en vigueur; ceux-là ne pourront pas acquérir une pension de retraite complète et normale. De plus, il se trouvera des salariés qui, au même moment, auront plus de 65 ans et qui ne pourront pas du tout acquérir de pension de retraite. Si on n'avait pas réglé ces situations transitoires, on aurait provoqué des déceptions et la loi fût restée pendant trente ans sans produire de résultats visibles, ce qui n'était pas admissible. On a réglé ces questions de la façon suivante :

1° Les salariés qui auront, au moment où la loi entrera en vigueur, de 35 à 60 ans, sont admis à cotiser et l'État leur allouera la bonification de 100 francs;

2° Quant aux salariés qui auront, au moment de la mise en vigueur de la loi, plus de 65 ans, il leur sera alloué des secours d'assistance égaux à l'allocation accordée aux assurés obligatoires du même âge, pourvu que les versements facultatifs de l'intéressé aient été de 18 francs par an depuis le 3 juillet 1911.

(2) 1° Les retraites et allocations acquises en vertu de la présente loi sont, en principe, incessibles et insaisissables (V. art. 21);

2° Les certificats, actes de notoriété et toutes autres pièces exclusivement relatives à l'exécution de la présente loi sont délivrés gratuitement et dispensés des droits de timbre et d'enregistrement (art. 23);

3° Les recours au Conseil d'État contre les arrêtés ministériels statuant sur les réclamations relatives aux allocations prévues par la présente loi seront dispensés du ministère de l'avocat et auront lieu sans frais (bien que ce soient des recours contentieux ordinaires) (art. 22).

(3) Il suit de là : 1° que toute question d'inscription relève de l'autorité judiciaire (Cons. d'Ét., 13 juin 1913, *d'Azincourt* et *Asselineau*); 2° que, dans le cas où le ministre estime qu'un assuré a été inscrit à tort, il ne peut prononcer de radiation ou de réduction d'allocation qu'autant qu'au préalable il aura fait déclarer par l'autorité judiciaire l'irrégularité de l'inscription (Cons. d'Ét., 21 juill. 1916, *Valette*), conséquence particulièrement grave, puisque non seulement c'est l'abandon de la procédure d'office,

2° Pour les versements, comme ils sont faits à des caisses privées, il est naturel que le contentieux soit *judiciaire;*

3° Pour la liquidation de la pension, la compétence est administrative pour la part correspondant aux allocations de l'État (art. 22, Règl. 1911), judiciaire pour la part correspondant aux versements.

On voit qu'il n'y a pas d'unité dans ce contentieux. La loi aurait mieux fait de se prononcer et de le rendre entièrement administratif, au moins en ce qui concerne l'inscription sur la liste et la liquidation de la pension.

VIII. *Appréciation de la loi.* — La loi du 5 avril 1910 est intéressante par son esprit général. Elle réalise une association des institutions de prévoyance privée et des services publics qui, si elle réussissait, pourrait être d'un excellent exemple pour d'autres collaborations, spécialement pour celle, si désirable, des institutions d'assistance privée et des services publics d'assistance. Mais on ne peut se dissimuler qu'elle n'a pas réussi. Une revision générale est préparée par le gouvernement.

mais c'est la soumission de l'administration active à une question préjudicielle judiciaire, ce qui paraît absolument contraire au principe de la séparation des pouvoirs (Cf. Laferrière, *Juridiction administrative*, I, p. 502). Le Conseil d'État avait là une belle occasion de déclarer inconstitutionnelle la disposition de l'article 196 du règlement de 1911.

TITRE II

LES MOYENS DE GESTION DES SERVICES PUBLICS

CHAPITRE PRÉLIMINAIRE

CARACTÈRES GÉNÉRAUX DES MOYENS DE GESTION DES SERVICES PUBLICS

Par moyens de gestion des services publics, nous entendons les organisations de choses et les opérations qui fournissent aux services publics les éléments généraux de leur fonctionnement, c'est-à-dire des hommes (soldats, fonctionnaires, employés, etc.); des choses (dépendances du domaine public, ouvrages publics, fournitures, objets réquisitionnés); de l'argent (finances publiques, impôts, budget).

Nous n'avons pas la prétention d'entrer dans le détail technique du fonctionnement des services. D'une part, ce détail technique, infiniment long, serait fastidieux; d'autre part, il serait d'une très faible importance juridique, ne consistant qu'en une réglementation disciplinaire.

Au contraire, les opérations qui fournissent aux services publics les éléments généraux de leur fonctionnement présentent un grand intérêt juridique en ce que, ces éléments étant pris sur la masse de la nation, ces opérations mettent aux prises les droits de l'administration et ceux des administrés. Ainsi, le recrutement militaire est l'opération qui fournit à l'administration les hommes dont elle fait des soldats; elle met donc en présence le droit de l'administration de recruter en vue de la défense militaire et le droit de l'individu à ne fournir qu'un certain service. De même, l'opération de l'impôt fournit à l'administration les ressources financières dont elle a besoin pour l'ensemble des services, elle met aux prises les droits de l'administration et ceux du contribuable. Et il en est ainsi du recrutement des fonctions publiques, de l'expropriation pour cause d'utilité publique, de l'opération de travaux publics, etc.

Ce qui caractérise ces moyens de gestion des services publics, c'est qu'ils contiennent tous, plus ou moins, un mélange de réquisition et de prestation volontaire. De la réquisition, d'abord : le recrutement des hommes dont l'administration publique a besoin s'opère par réquisition, cela est sensible pour le recrutement militaire, mais n'est pas moins vrai pour les fonctions publiques, bien que ce soit masqué à l'heure actuelle par l'empressement des candidats à solliciter la réquisition; le recrutement des choses, par l'expropriation des terrains ou par les réquisitions militaires, ne dissimule pas son caractère réquisitionnel; il est un peu plus dissimulé dans l'opération de travaux publics, mais il perce néanmoins dans la réquisition d'occupation temporaire et dans la façon autoritaire dont les dommages permanents sont infligés aux propriétés voisines, sauf indemnité ultérieure; le marché de fournitures, lui-même, conserve de la réquisition dans les rapports de l'administration et du fournisseur; enfin le recrutement de l'argent par les impôts constitue au premier chef une réquisition. Mais il y a aussi de la prestation volontaire : le service militaire est organisé sur le postulat d'un certain nombre d'engagements; le recrutement des fonctions publiques est assuré par les sollicitations des candidats; l'expropriation, dans sa procédure, marche accompagnée de la cession amiable; les impôts sont consentis par le Parlement et s'appellent aussi des « contributions ».

Ce caractère mixte des moyens de gestion fait que les administrés y sont pris, à la fois, en qualité de sujets et en qualité de collaborateurs; à leur occasion se noue le commerce juridique très spécial que nous avons signalé et qui engendre le contentieux administratif de la pleine juridiction où les administrés sont admis à discuter la réquisition administrative au nom de leur droit de collaborateurs. Cette combinaison est ce qui donne à notre droit administratif sa physionomie particulière (1).

(1) Dans d'autres pays, en effet, l'administration se procure les moyens de service avec un moindre déploiement de la réquisition en y employant davantage les procédés d'acquisition amiable du commerce juridique. On appelle cela les *procédés fiscaux*, par opposition aux procédés *de puissance publique*. Le fisc, qui est une sorte de personnalité privée de l'État, se fait le pourvoyeur des services publics, et, quant à lui, se procure les choses par les procédés de la vie ordinaire. On nous permettra de préférer, ici encore, le système français. Le procédé de la réquisition directe pour le service public a quelque chose de plus franc, il a l'avantage de poser immédiatement, pour chaque acquisition, la question de son utilité publique et, puisqu'il y a un contentieux de pleine juridiction, on se demande où est l'inconvénient. Le procédé fiscal a l'inconvénient de permettre des acquisitions dissimulées, sournoises, hors de proportion avec les besoins actuels des services publics, et de tendre ainsi à la constitution d'un matériel d'État s'augmentant pour lui-même ou pour des buts inavouables. Cf. Otto Mayer, *Le droit administratif allemand*, édit. franç., t. I, p. 55 et s., 182, 274; III, p. 30. — Nous verrons, à propos du domaine public, que si les dépendances de ce domaine sont pour l'État des objets de propriété, cette propriété n'est pas *fiscale*, mais *fiduciaire*, dans l'intérêt du public; il en est visiblement de même des deniers publics.

CHAPITRE PREMIER

LA RÉQUISITION DES HOMMES ET DU PERSONNEL

Section I. — Le recrutement militaire (L. 21 mars 1905; L. 16 juill. 1906 modifiant les art. 23 et 59; L. 10 juill. 1907 modifiant les art. 54, 55, 61, 64, 69, 96; L. 14 avril 1908 modifiant les art. 41 et 64; L. 22 mai 1909 complétant l'art. 96; L. 11 avril 1910, 30 mars 1912 et 6 déc. 1912 sur les indigènes; L. 7 août 1913) (1).

Le recrutement militaire est organisé par une loi fondamentale qui porte le nom de loi sur le *recrutement de l'armée* et qui est actuellement celle du 21 mars 1905 modifiée par la loi du 7 août 1913; ensuite, par deux lois spéciales, l'une pour le système de l'inscription maritime (L. 24 déc. 1896), l'autre pour l'armée coloniale (L. 7 juill. 1900). Il y a, en effet, trois forces armées : l'armée de terre, l'armée de mer, l'armée coloniale, mais, en un certain sens, elles font partie de la même armée et, dans une certaine mesure, le recrutement ordinaire les alimente toutes, c'est pourquoi il y a une loi fondamentale sur le recrutement de l'armée.

I. *Effectifs et bases générales du service* (L. 21 mars 1905 modifiée par L. 7 août 1913). — Pour la première fois, les bases générales du service ont été liées légalement à la question primordiale des effectifs et l'économie de la loi patriotique du 7 août 1913 tient dans les trois propositions suivantes :

1° Les lois relatives à la constitution des cadres et effectifs de l'armée sont modifiées, en ce qui concerne l'effectif en hommes de l'armée active des différentes unités, conformément au tableau annexé à la présente loi;

2° Les effectifs fixés par les lois des cadres et des effectifs représentent les nombres au-dessous desquels le total des hommes du service armé présents dans les différentes unités ne peut être abaissé. Ces *effectifs ne peuvent être modifiés que par des lois spéciales indépendantes des lois de finances* (art. 2);

3° La durée du service actif est fixée à trois ans (2).

---

(1) *Bibliographie* : Ch. Rabany, *Commentaire de la loi du recrutement* ; *Les obligations militaires des Français*, bibliothèque de la vie municipale.

(2) L'armée avait été désorganisée au point de vue des effectifs par la loi du service

Le service militaire est obligatoire pour tous les Français reconnus aptes au point de vue physique et rigoureusement égal pour tous, sans aucune dispense, à l'exception des hommes qui s'en sont rendus indignes en encourant certaines condamnations et qui accomplissent leur service dans des conditions particulières (1).

Il y a un service *armé* et un service *auxiliaire* (Bureaux, hôpitaux, etc., etc.).

Tout Français assujetti doit un service militaire de vingt-huit années (de 20 à 48 ans), il fait partie successivement de l'armée active pendant trois ans; de la réserve de l'armée active pendant onze ans; de l'armée territoriale pendant sept ans; de la réserve de l'armée territoriale pendant sept ans (art. 32 modifié par L. 1913) (2).

de deux ans de 1905, il n'était que temps qu'elle fût réorganisée par la loi de 1913 (loi Barthou). C'est cette réorganisation qui nous a permis de supporter en 1914 le premier choc de l'Allemagne. Assurément, la charge trop lourde du service de trois ans ne pourra être maintenue et il est à prévoir que la durée du service actif sera ramenée à deux ans, mais ce sera par une loi mieux étudiée que celle de 1905 qui était d'une époque où l'on ne croyait pas à la guerre. Nous sommes avertis maintenant que la guerre reste toujours menaçante; nous ne réduirons le service actif que lorsque nous serons en possession d'une forte organisation des cadres de réserve assurant une mobilisation rapide et que nous aurons la couverture d'une solide armée noire.

(1) V. L. 11 avril 1910 portant modification des articles 4, 5, 6, 41, 50 et 93 de la loi du 12 mars 1905.

(2) Le service militaire est réglé par classes. L'armée active comprend, indépendamment des hommes qui ne proviennent pas des appels, tous les jeunes gens déclarés propres au service militaire armé ou auxiliaire et faisant partie des trois derniers contingents incorporés.

Art. 33. — La durée du service compte du 1er octobre de l'année de l'inscription sur les tableaux de recensement, et l'incorporation du contingent doit avoir lieu au plus tard le 10 octobre de la même année... En temps de paix, chaque année, au 30 septembre, les militaires qui ont accompli le temps de service prescrit : 1° soit dans l'armée active; 2° soit dans la réserve de l'armée active; 3° soit dans l'armée territoriale; 4° soit dans la réserve de l'armée territoriale, sont renvoyés respectivement : 1° dans la réserve de l'armée active; 2° dans l'armée territoriale; 3° dans la réserve de l'armée territoriale; 4° dans leurs foyers, comme libérés à titre définitif. Mention de ces divers passages et de la libération est faite sur le livret individuel. Après les grandes manœuvres, la totalité de la classe dont le service actif expire le 30 septembre suivant peut être renvoyée dans ses foyers en attendant son passage dans la réserve. *Dans le cas où les circonstances paraîtraient l'exiger, le ministre de la Guerre et le ministre de la Marine sont autorisés à conserver provisoirement sous les drapeaux la classe qui a terminé sa troisième année de service. Notification de cette décision sera faite aux Chambres dans le plus bref délai possible. Dans les mêmes circonstances et pendant la première année de leur service dans la réserve, les hommes peuvent être rappelés sous les drapeaux par ordres individuels avec l'assentiment du conseil des ministres.*

En temps de guerre, les passages et la libération n'ont lieu qu'après l'arrivée de la classe destinée à remplacer celle à laquelle les militaires appartiennent. Cette disposition est exceptionnellement applicable, dès le temps de paix, aux hommes servant aux colonies.

Les militaires faisant partie de corps mobilisés peuvent y être maintenus jusqu'à la

Les hommes de la réserve de l'armée active sont assujettis, pendant leur temps de service dans ladite réserve, à prendre part à deux périodes d'exercices : la première d'une durée de vingt-trois jours, la seconde d'une durée de dix-sept jours.

Les hommes de l'armée territoriale sont assujettis à une période d'exercices d'une durée de neuf jours, ceux de la réserve de l'armée territoriale peuvent être soumis à une revue d'appel pour laquelle la durée du déplacement imposé n'excédera pas une journée (1).

Dans le cas où les circonstances paraîtraient l'exiger, les ministres de la Guerre et de la Marine sont autorisés à conserver provisoirement sous les drapeaux, au delà de la période réglementaire, les hommes appelés à un titre quelconque pour une période d'exercices. Notification de cette décision sera faite aux Chambres dans le plus bref délai possible (nouvel art. 41).

Les classes sont incorporées l'année de leur recensement (nouvel art. 10).

Il n'y a plus aucune exemption pour le service actif, aucune dispense; les *dispenses anciennes* d'un an de service pour soutiens de

---

cessation des hostilités, quelle que soit la classe à laquelle ils appartiennent. En temps de guerre, le ministre peut appeler par anticipation la classe qui ne serait appelée que le 1er octobre suivant.

(1) En principe, toutes les dispenses sont supprimées pour les périodes d'exercices; les soutiens indispensables de famille, reçoivent une allocation journalière de l'État. V. nouvel art. 41; les sursis d'appel ne sont accordés que pour le cas de force majeure et ne peuvent l'être deux fois de suite pour la même période d'exercices ; les hommes classés dans le service auxiliaire peuvent être dispensés des appels.

Les seules facilités que la loi comporte pour l'achèvement des études sont relatives, soit aux grandes écoles (V. nouvel art. 23), soit aux sursis d'incorporation et aux devancements d'appels, soit aux candidats officiers de réserve.

Les *sursis d'incorporation* sont réglés par le nouvel article 21. En temps de paix, des sursis d'incorporation renouvelables d'année en année, jusqu'à l'âge de 25 ans, peuvent être accordés aux jeunes gens qui en font la demande, qu'ils aient été classés dans le service armé ou dans le service auxiliaire.

A cet effet, ils doivent établir que, soit à raison de leur situation de soutien de famille, soit dans l'intérêt de leurs études, soit pour leur apprentissage, soit pour les besoins de l'exploitation agricole, industrielle ou commerciale à laquelle ils se livrent pour leur compte ou pour celui de leurs parents, soit à raison de leur résidence à l'étranger, il est indispensable qu'ils ne soient pas enlevés immédiatement à leurs travaux.

Les demandes de sursis adressées au maire après la publication des tableaux de recensement sont instruites par lui ; le conseil municipal donne son avis motivé. Elles sont envoyées au préfet et transmises par lui avec ses observations au conseil de revision qui statue.

Les sursis d'incorporation ne confèrent aucune dispense. Les jeunes gens qui ont obtenu un ou plusieurs sursis *suivent le sort de leur classe d'origine*.

Les *devancements d'appels* sont réglés par l'article 50 *in fine*, profondément modifié par la loi du 7 août 1913 (V. le texte).

Pour les congés annuels, V. nouvel art. 38.

famille, fils aînés de veuves ou de sexagénaires, jeunes gens poursuivant des études libérales *sont supprimées* (V. seulement *infra*, les sursis d'incorporation).

Candidats officiers de réserve. — Nouvel article 24 : organisation du recrutement de ces officiers par le mécanisme d'un stage dans les grandes écoles et des fonctions d'aspirant (V. le texte).

II. *Modes de recrutement de l'armée active.* — L'armée active se recrute : 1° par appels annuels du contingent ; 2° par engagements volontaires et rengagements (nouvel art. 1er de la loi). C'est-à-dire que la voie amiable est officiellement mise sur le même plan que la voie de réquisition :

A. *Opérations du recrutement par appels annuels du contingent.* — Elles se composent du *recensement* et de la *revision* ; le tirage au sort est supprimé.

a) Le *recensement* est opéré, dans chaque commune, par les soins du maire ; le tableau de recensement des jeunes gens ayant atteint l'âge de 19 ans révolus dans l'année précédente et domiciliés dans l'une des communes du canton est dressé par le maire, il est publié et affiché dans la commune suivant les formes prescrites par les articles 63 et 64 du Code civil. La dernière publication doit avoir lieu, au plus tard, le 25 janvier. — Dans le mois qui suivra et jusqu'au 15 février, au plus tard, tout inscrit qui aurait à faire valoir des infirmités ou maladies pouvant le rendre impropre au service militaire devra en faire la déclaration à la mairie en y joignant, pour constituer *son dossier sanitaire*, tous les certificats utiles. Il lui en sera délivré récépissé. Pour les détails, V. les nouveaux art. 10 à 15 ;

b) La *revision*, qui comporte l'examen physique des appelés ainsi que l'examen juridique de leur situation au point de vue de la loi militaire, est opérée, comme par le passé, par un conseil de revision qui vient siéger au chef-lieu du canton ; mais à côté du conseil de revision, fonctionnant après lui, est créée une commission médicale militaire chargée d'examiner les cas douteux reconnus par l'expert médical du conseil de revision ; elle est réunie au chef-lieu de chaque subdivision de région et composée de trois médecins militaires (nouvel art. 19) (1).

---

(1) Le conseil de revision est composé du préfet, président ; d'un conseiller de préfecture désigné par le préfet ; d'un conseiller général autre que le représentant du canton désigné par la commission départementale ; d'un conseiller d'arrondissement autre que l'élu du canton ; d'un officier général ou supérieur désigné par l'autorité militaire ; un sous-intendant militaire, un commandant de recrutement, un médecin militaire assistent avec voix consultative. Le conseil ne peut statuer qu'après avoir entendu l'avis du médecin.

Le conseil de revision a une juridiction souveraine dont les décisions sont défini-

B. *Les engagements, rengagements et commissions* (L. 15 juill. 1899; L. 21 mars 1905; Décr. 27 juin 1905; Décr. 25 août 1905; Décr. 26 août 1905; L. 10 juill. 1907; L. août 1913). — La réquisition pure et simple ne suffirait pas à constituer l'armée, il faut, pour l'ossature de celle-ci, des éléments qui y soient attachés d'une façon plus volontaire et pour un temps plus long que celui du service obligatoire. Le résultat a été cherché dans le système des engagements, rengagements et commissions qui comporte un élément consensuel plus ou moins développé, et par conséquent une voie amiable.

De ce point de vue, il convient de distinguer les engagements et rengagements du système des commissions :

1° Les *engagements* et *rengagements* sont de véritables contrats de service militaire; les engagements sont contractés devant les maires des chefs-lieux de canton en la forme des actes de l'état civil (art. 53); les rengagements sont contractés en la même forme devant les sous-intendants (art. 57); ce sont donc des actes écrits constatant réellement l'engagement du soldat; ils sont formés sur des bases précises dont les éléments se trouvent dans la loi et dont l'interprétation est stricte (Cons. d'Ét., 17 mars 1911, *Allard*), ils confèrent des droits acquis qui ne pourraient point être modifiés par décision unilatérale de l'administration ; enfin ils sont contractés pour une durée préfixe, trois ans, cinq ans, quinze ans. Ces contrats sont cependant de nature administrative et leur contentieux relève de la juridiction administrative, parce que, dans leur exécution, ils réservent à l'administration toutes les prérogatives de réquisition qui sont attachées à l'exécution du service militaire. L'engagé ou le rengagé était libre de ne pas contracter l'engagement, mais, une fois qu'il l'a contracté, il est assujetti à la discipline du service militaire avec toutes les conséquences ; notamment sa présence au corps est assurée par les pénalités de l'insoumission ou de la désertion, son obéissance est assurée par toutes les dispositions du Code de justice militaire, de plus, la gestion de ses intérêts, la fixation des divers éléments de sa solde se font par des décisions administratives (Cf. Laferrière, *Juridiction administrative*, I, p. 614 et s.; Cons. d'Ét., 28 mars 1890, *Thomazou*; 3 fév. 1893, *Despax*; 16 déc. 1904, *Brahy*) (1).

---

tives et ne peuvent être attaquées devant le Conseil d'État que pour incompétence, excès de pouvoir ou violation de la loi. Pour les détails, V. les art. 16 à 34.

Sanction des opérations du recrutement. — Il convient de distinguer les omis, les insoumis, les déserteurs et ceux qui volontairement se sont rendus impropres au service militaire (V. art. 15, 79, 83, 85, 80);

Ces sanctions pénales soulignent le caractère de réquisition du service militaire.

(1) Les diverses sortes d'engagements et de rengagements, soit pour les simples soldats, soit pour les sous-officiers, avec les avantages assurés, primes, haute-paie,

2° La *commission* n'est point un contrat. En la forme, elle ne procède point d'un acte contenant un engagement du soldat, au contraire, elle procède d'une décision de l'autorité militaire qui s'analyse en un commandement ou en une réquisition. Art. 58 : « Peuvent être *maintenus sous les drapeaux* en qualité de commissionnés, etc. » Au fond, la durée de la commission n'est pas préfixe, l'homme est lié jusqu'à sa retraite : « Tout militaire commissionné *pourra être* mis à la retraite après vingt-cinq ans de service. » Il peut donner sa démission, mais il faut qu'elle soit acceptée et elle peut être refusée. Les militaires commissionnés sont soumis aux lois et règlements militaires.

La commission n'est donc point une forme de contrat, mais une forme de fonction publique, et nous verrons, à la section suivante, que la fonction publique est de nature purement institutionnelle. Le contentieux n'en est que plus sûrement administratif (Cons. d'Ét., 27 juin 1902, *Totzauer;* 14 fév. 1902, *Lagarde*).

La commission, qui présente des avantages au point de vue de la pension, peut être conférée à des engagés ou rengagés.

III. *L'inscription maritime* (L. 24 déc. 1896; L. 28 janv. 1898). — Le régime de l'inscription maritime crée, au profit des hommes de certaines régions du littoral, la faculté de s'acquitter de l'obligation du service militaire, par un certain *engagement* qui les assujettit au service de la flotte de guerre. Il ne faut donc pas considérer l'inscription maritime comme un système de recrutement de l'armée de mer indépendant de celui qui fonctionne pour l'armée de terre. Le recrutement obligatoire, tel qu'il est organisé par la loi du 21 mars 1905, s'applique aussi bien à l'armée de mer qu'à l'armée de terre, et des conscrits sont incorporés dans l'armée de mer. L'inscription

pensions, emplois civils réservés, sont réglés par la loi du 21 mars 1910, articles 50 et suivants, remaniés par la loi du 7 août 1913. La question des emplois civils réservés aux engagés et rengagés constitue une matière administrative spéciale qui demanderait à être étudiée dans tous ses développements. Elle repose sur deux classements : d'une part, le classement des emplois civils réservés aux rengagés; d'autre part, le classement individuel des rengagés pour chacune des catégories d'emplois. Nous signalerons notamment :

1° La question de savoir si l'administration peut supprimer des emplois classés comme réservés aux engagés et rengagés (V. Cons. d'Ét., 17 janv. 1913, *Collin;* 23 mai 1913, *Gavret;* 26 juill. 1912, *Gendronneau et autres*, 3 arr.; 14 nov. 1913, *Lochard*); en somme, l'administration peut supprimer l'emploi, mais le sous-officier qui était classé premier pour cet emploi a droit à une compensation ou à une indemnité;

2° La question de la façon d'opérer de la commission de classement (Cons. d'Ét., 9 mai 1913, *Barbotin*) et de la recevabilité des intéressés à intenter le recours pour excès de pouvoir contre ses décisions (Cons. d'Ét., 20 mai 1903, *Berest*) (V. *supra*, p. 439).

maritime n'est qu'une *facultas solutionis* de la dette militaire offerte à une partie de la population (1).

Elle constitue un privilège, et si, d'ailleurs, elle n'était pas avantageuse pour les inscrits maritimes, elle ne fonctionnerait pas, puisqu'elle suppose une sorte d'engagement volontaire. Ce caractère de privilège s'explique à la fois par l'intérêt de la marine de guerre et par celui de la marine marchande : il importe que les vaisseaux de guerre soient montés par des hommes habitués à la mer ; il importe, d'autre part, que les hommes habitués à la mer ne soient pas enlevés trop longtemps à la marine marchande ; la marine de guerre et la marine marchande ayant besoin des mêmes hommes, il y avait une transaction assez délicate à trouver ; elle a été réalisée par le système de l'inscription maritime qui n'exige pas des hommes un temps très long de service actif, mais qui les laisse exposés longtemps à la mobilisation. Cependant, il ne faut pas se dissimuler que cette organisation, dont les lignes essentielles remontent à Colbert, se trouve faussée, depuis quelques années, par les grèves des inscrits maritimes et est devenue fâcheuse pour la marine marchande qui aurait intérêt à recouvrer la liberté du recrutement de ses équipages, cependant que, d'un autre côté, les inscrits maritimes fourniraient des hommes pour l'armée de terre (2).

(1) Sont affectés à l'armée de mer les hommes fournis par l'inscription maritime (art. 36 L. 21 mars 1905).
(2) *De l'inscription ou immatriculation.* — Sont compris dans l'inscription maritime les Français et naturalisés qui exercent la navigation à titre professionnel, c'est-à-dire comme moyen d'existence, soit sur la mer, soit dans les ports ou dans les rades, soit sur les étangs ou les canaux salés compris dans le domaine public maritime, soit dans les fleuves, rivières et canaux jusqu'au point où remonte la marée, et, pour ceux où il n'y a pas de marée, jusqu'à l'endroit où les bâtiments de mer peuvent remonter. Le territoire soumis au régime de l'inscription maritime est déterminé administrativement le long du rivage de la mer. Il est partagé, quant à l'administration et à la comptabilité, en cinq arrondissements ayant à leur tête un préfet maritime, et dont chaque chef-lieu est un port militaire ; — ces cinq ports sont : Toulon, Rochefort, Lorient, Brest et Cherbourg. Les arrondissements se subdivisent en sous-arrondissements administrés par un commissaire général ou par un commissaire de la marine. Les sous-arrondissements sont partagés eux-mêmes en quartiers, dont l'administration est confiée à un officier du commissariat de la marine, qui prend le nom de commissaire de l'inscription maritime ; enfin, chaque quartier comprend plusieurs syndicats, formés d'un certain nombre de communes.

On divise les inscrits en trois catégories : les inscrits provisoires, les inscrits définitifs, les inscrits hors de service :

1° Tout individu qui commence à naviguer et qui désire bénéficier de l'inscription peut, dès l'âge de 10 ans, se présenter, accompagné de son père ou tuteur, et muni des pièces établissant son identité, devant le commissaire de l'inscription maritime du port où il s'embarque, pour en faire la déclaration. Il est alors immatriculé comme inscrit provisoire ;

2° Lorsqu'il a atteint l'âge de 18 ans, et s'il a accompli, depuis l'âge de 10 ans, dix-

Section II. — Le recrutement des fonctionnaires et les fonctions publiques (1).

§ 1. — La situation juridique des fonctionnaires et la nature de l'opération de leur recrutement.

Le recrutement des fonctionnaires civils est le premier et le plus indispensable des moyens de gestion des services publics, en ce sens

huit mois de navigation, l'inscrit provisoire est immatriculé comme inscrit définitif. Cependant, cette inscription n'est pas irrévocable, et tout inscrit définitif, quel que soit son âge, peut, s'il en manifeste la volonté, être rayé de l'inscription maritime. Cette radiation n'a d'effet qu'un an après la renonciation, et à la condition que le renonçant n'ait pas repris la navigation; pendant cette attente, il subit toutes les charges qui lui incombaient et peut être levé si la guerre se déclare. La renonciation suit les mêmes règles que l'inscription;

3° Enfin, les inscrits ayant atteint l'âge de 50 ans sont classés parmi les inscrits hors de service, et leur inscription n'est plus qu'une mesure d'ordre.

Du service sur la flotte. — La durée de l'assujettissement est divisée en trois périodes : 1° la période qui s'écoule depuis l'âge de 18 ans jusqu'à la période obligatoire, pendant laquelle les inscrits ne peuvent être levés qu'en cas de guerre. Toutefois, les marins, comme les hommes de l'armée de terre, peuvent devancer l'appel, s'ils ont été reconnus propres au service; 2° la période dite obligatoire, qui est de sept années, à partir du jour où l'inscrit est soumis à la levée permanente. Tout inscrit définitif, âgé de 20 ans, doit se présenter devant un commissaire de l'inscription maritime, pour faire statuer sur sa situation. Il est alors examiné par une commission de réforme : s'il est reconnu apte au service, il devient susceptible de la levée permanente et peut être incorporé soit dans l'armée de mer, soit dans les équipages de la flotte. Il est exposé à accomplir ainsi cinq années de service actif, après lesquelles il est renvoyé dans ses foyers, et demeure deux ans en disponibilité.

Les inscrits âgés de 25 à 30 ans et non présentés au service peuvent être convoqués pour deux périodes d'exercice, chacune d'une durée de quatre semaines au plus; quant à ceux qui sont en disponibilité, ils restent soumis aux appels du ministre; 3° enfin, la période de réserve commence, pour ceux qui ont été levés, du jour où la période obligatoire est terminée, et pour ceux qui ont bénéficié d'un congé ou d'un sursis, du jour où ils ont atteint la trentième année. Elle dure jusqu'à l'âge de 50 ans, et pendant ce temps, ils ne peuvent être levés qu'en cas d'armements extraordinaires, et par un décret du président de la République.

Les privilèges des inscrits. — En compensation de cet assujettissement et des charges militaires, on a accordé aux inscrits certains privilèges : 1° La pêche maritime côtière est pour eux un monopole; la profession de marin et l'industrie de la pêche, comme le droit de vendre les produits par eux pêchés ou récoltés, ne comportent à leur charge ni droits de patente ni redevances personnelles d'aucune sorte; 2° il leur est fait des concessions gratuites de parties de plages pour établissement de certaines pêcheries; 3° ils ont droit, sur le fonds de la Caisse des invalides de la marine, à des pensions de secours (art. 47-50). — Les inscrits maritimes ont ainsi un *état spécial*, comme le reconnaît la loi elle-même (rubrique du titre IV). En retour, il serait très juste que la grève leur fût interdite, même dans la navigation de commerce.

IV. Pour *l'armée coloniale*, V. L. 7 juill. 1900; Décr. 4 août 1894 et 16 mars 1905.

(1) *Bibliographie* : Loiseau, *Traité des offices*; Perriquet, *L'état des fonctionnaires*; id., *Les contrats de l'État*; Chante-Grellet et Pichat, v° *Fonctionnaires*

que les services publics ne peuvent s'exécuter que grâce à des fonctionnaires soigneusement choisis. D'autre part, le recrutement des fonctionnaires est lié à un bon aménagement des fonctions publiques envisagées sous l'aspect des avantages de carrière que l'exercice de la fonction procurera aux fonctionnaires, car, si l'on veut avoir de bons fonctionnaires, il faut leur assurer des carrières avantageuses. Les deux idées du recrutement des fonctionnaires et de l'aménagement des fonctions publiques et des carrières sont donc pratiquement inséparables. Il est, d'ailleurs, à désirer qu'elles se combinent en une même théorie juridique et nous allons constater qu'en réalité c'est ce qui se produit, malgré que beaucoup d'auteurs contemporains s'obstinent à ne pas le voir.

Le recrutement des fonctionnaires civils est, comme celui des militaires, *à base de réquisition consentie ; d'une part, les fonctionnaires sont incorporés à l'institution administrative, d'autre part, ils s'approprient dans une certaine mesure les fonctions de cette institution ; leur statut est légal ou réglementaire, il est constitué par deux éléments : l'appartenance aux cadres de l'institution administrative, la possession d'un emploi public* (1).

Avant d'entrer dans le développement de cette définition, il convient de déblayer le terrain en écartant une conception avec laquelle notre définition est incompatible et qui, d'ailleurs, est fausse.

De l'idée d'après laquelle la situation des fonctionnaires serait en principe contractuelle. — Cette conception, que l'on peut qualifier de *civiliste*, ou de purement *juristique*, est née de la tentation que l'on a eue d'assimiler les fonctionnaires des administrations publiques aux employés des entreprises privées, lesquels sont sous le régime du *contrat de travail*. Elle tend à faire des fonctionnaires des préposés de l'administration liés à celle-ci par les liens purement juridiques

---

publics, Répert. de Béquet-Laferrière ; Laferrière, *op. cit.*, t. I, p. 618; Kammerer, *La fonction publique d'après la législation allemande*, 1898 ; H. Nézard, *Théorie juridique de la fonction publique*, thèse, Paris, 1901; Léon Duguit, *L'État, les gouvernants et les agents*, 1903, chap. IV et V; *Manuel de droit constitutionnel*, I, p. 430 et s.; Berthélemy, *Traité élémentaire de droit administratif*, 7e édit., p. 43 et s.; Moreau, *Manuel de droit administratif*, p. 167 et s.; Demartial, *Le statut des fonctionnaires*, 2e édit., 1909; Maxime Leroy, *Les transformations de la puissance publique*, 1907. *Syndicats et services publics*, 1909; Alcindor, *Le statut des fonctionnaires*, broch., Paris, 1909; Busquet, *Les fonctionnaires et la lutte pour le droit*, 1910; Harmignie, *L'État et ses agents, Étude sur le syndicalisme administratif* (abondante bibliographie), 1912; Sibert, *Situation juridique des fonctionnaires anglais*, Revue du droit public, 1911; Georgiu, *Le statut des fonctionnaires, l'avancement*, Paris, 1912; Max Gibert, *La discipline des fonctions publiques*, Paris, 1912 ; G. Jèze, *Principes généraux du droit administratif*, 2e édit.

(1) Aussi, les fonctionnaires publics peuvent-ils être définis, soit *les agents qui appartiennent aux cadres réguliers d'une administration publique*, soit les *agents titulaires d'un emploi public*. V. le projet de loi sur le statut des fonctionnaires.

d'un contrat, tandis qu'ils sont des organes incorporés à l'institution administrative par des liens qui sont à la fois moraux et juridiques.

Il y a deux modalités de la théorie contractuelle, l'une qui ne voit dans la situation du fonctionnaire qu'un contrat de louage d'ouvrage ordinaire, à moins que ce ne soit un contrat de mandat (1); l'autre qui, voulant marquer la différence entre la vie publique et la vie privée, y voit un contrat de service public, à la vérité fort innommé (2). Mais nous apprécierons la théorie sans distinguer entre ces deux modalités.

Cette thèse contractuelle pour la situation du fonctionnaire est aussi fausse que la thèse du contrat social pour la situation de l'individu dans l'État; le fonctionnaire est membre de l'institution administrative comme le citoyen est membre de l'institution de l'État. Il n'y a, dans l'opération du recrutement des fonctionnaires, du moins à l'ordinaire, ni les éléments de forme, ni les éléments de fond d'un contrat, et, d'autre part, il y a bien plus qu'un contrat, il y a des liens moraux faits d'avantages et de devoirs qui incorporent le fonctionnaire à sa fonction et par là à l'institution administrative (3).

---

(1) Perriquet, *Les contrats de l'État*, p. 144; Dareste, *La justice administrative*, 2ᵉ édit., p. 388.

(2) Kammerer, *La fonction publique d'après la législation allemande*, p. 76 et s., et les auteurs qu'il cite; Nézard, *Théorie juridique de la fonction publique*, Paris, 1901. Laband et Jellinek sont partisans du contrat de service public (Laband, *op. cit.*).

(3) a) *D'abord, il n'y a pas les éléments de forme d'un contrat;* on peut définir le contrat, au point de vue de sa forme, *un échange de consentements avec détermination de l'objet;* or, dans le recrutement des fonctionnaires, on ne saisit ni le fait de l'échange des consentements, ni la détermination de l'objet.

La détermination de l'objet du contrat n'a pas lieu, sans cela il y aurait un cahier des charges, un dossier quelconque du contrat; certes, les contrats administratifs sont différents de ceux de la vie civile, en ce sens que l'administration ne discute pas verbalement les clauses avec son cocontractant, mais la discussion est remplacée par la rédaction d'un cahier des charges qui est soumis au cocontractant avant la conclusion du contrat; ainsi sont passés les marchés de travaux publics ou les marchés de fourniture, avec ou sans adjudication. Et ce cahier des charges devient la loi des parties, justement parce qu'il contient détermination de l'objet du contrat. Ceci se produit exactement dans les contrats de rengagement du service militaire (Cons. d'Ét., 17 mars 1911, *Allard*). Or, dans l'opération normale du recrutement des fonctionnaires, il n'y a pas de cahier des charges, les droits et les obligations de chacune des parties ne sont point ramassés en une sorte de cahier des clauses et conditions générales qui serait soumis par l'administration au fonctionnaire, au moment de sa nomination, pour être l'objet de son consentement.

Certes, les droits et les obligations de l'administration et du fonctionnaire se trouvent écrits dans les lois et règlements, et c'est bien ce dont nous argumenterons pour établir que la situation est légale ou réglementaire; mais on ne peut pas en tirer argument pour déclarer qu'elle soit contractuelle et qu'au moment de la nomination le prétendu contrat prenne pour objet ces lois et règlements; du moment que ces lois et règlements ne sont pas réunis en un cahier et *formellement soumis à l'aspirant fonctionnaire*, il manque l'élément formel du cahier des charges, c'est-à-dire de la détermination de l'objet du contrat (Cf. Cons. d'Ét., 5 janv. 1917, *Cabaret de Saint-Sernin*).

Il n'y a pas davantage échange des consentements, c'est-à-dire conclusion de l'opération reportée jusqu'à l'émission du second consentement, suspension des effets juridiques de l'opération jusqu'au moment de l'acceptation par le fonctionnaire de sa nomination. On sait comment s'opère le recrutement des fonctionnaires, en fait, par une nomination qui est une décision exécutoire unilatérale prise par une autorité administrative. Sans doute, dans le cours ordinaire des choses, le fonctionnaire nommé accepte sa nomination, sans quoi il serait difficile de lui faire exécuter son service. On a vu, dans des temps malheureux, des fonctionnaires nommés qui n'acceptaient point leurs fonctions et que l'on y attachait de force, par exemple les curiales du Bas-Empire, et il ne faudrait peut-être point si longtemps pour qu'on vît reparaître chez nous de ces fonctions peu enviées que l'on serait obligé d'imposer.

Mais, même quand le fonctionnaire nommé accepte sa nomination, cela s'analyse en un acte d'adhésion à une réquisition et non pas en un échange de consentements contractuels (V. sur la différence entre l'adhésion et le contrat, mes *Principes de droit public*, 2e édit., p. 137 et s.). L'idée essentielle est que l'adhésion n'est pas un contrat, mais un acte juridique unilatéral par lequel on adhère à un *fait juridique*, lequel existe parce qu'il fait partie d'une institution ; le meilleur exemple qu'on puisse donner est l'adhésion à la législation de 1898 sur les accidents du travail, prévue par la loi du 18 juillet 1907. La nomination du fonctionnaire est pour lui un *fait juridique* indépendant de sa volonté et se rattachant à l'institution administrative, seulement il y adhère. Et le résultat, c'est que les effets juridiques de la nomination se produisent immédiatement, sans qu'on attende l'acceptation du fonctionnaire ; il y a bien eu autrefois, dans certaines branches de l'administration, des traditions pour ne faire courir le traitement, par exemple, qu'après l'installation du fonctionnaire, mais ces traditions ont disparu, le traitement court du jour de la nomination ; si le fonctionnaire ne rejoint pas son poste, la nomination est *rapportée*, ce qui prouve qu'à elle seule elle produisait des effets, comme, d'ailleurs, toutes les décisions exécutoires (V. des considérations analogues dans Duguit, *Manuel de droit public*, t. 1, p. 430) et, même, quand la nomination a été notifiée ou publiée, il n'y a plus place que pour une révocation, laquelle requiert des formalités (Cons. d'Ét., 13 janv. 1911, *Picquet* ; 7 avril 1916, *Calas*) ;

b) *Il n'y a pas non plus les éléments de fond d'un contrat*. Comme les éléments de forme du contrat sont absents, on pourrait être tenté de se rejeter sur l'idée d'un contrat tacite et prétendre que, dans le fond, la situation du fonctionnaire est contractuelle. Examinons la question à ce nouveau point de vue. D'abord, l'*idée d'un contrat tacite constitue une défaite* ; nous sommes en présence d'une situation qui, si elle n'est pas réglée par un contrat formel, l'est évidemment par les lois et règlements, la supposition d'un contrat tacite ne conduit à rien. En droit civil, dans la matière du contrat de mariage, les civilistes n'essaient point d'expliquer la communauté légale par un contrat tacite, ils admettent au contraire que le régime est sans contrat, qu'il est « légal ». Les fonctionnaires sont également sous un régime légal et il n'y a pas plus d'utilité à supposer un contrat entre l'administration et eux qu'il n'y en a à supposer un contrat de mariage entre des époux mariés sous le régime de la communauté légale.

Il n'y a pas, dans la situation des fonctionnaires, une loi contractuelle des parties. S'il est un élément de fond capital dans toute situation contractuelle, c'est bien celui de la *loi contractuelle*. L'article 1134 du Code civil énonce ce principe de la façon suivante : « Les conventions légalement formées tiennent lieu de loi à ceux qui les ont faites. Elles ne peuvent être révoquées que de leur consentement mutuel ou pour les causes que la loi autorise. » C'est l'affirmation de la toute-puissance de la volonté individuelle dans le contrat et par le contrat. Or, de cette puissance de la volonté individuelle par la loi contractuelle des parties, nous ne voyons aucune trace dans la situation des fonctionnaires.

D'une part, il n'est point permis à un fonctionnaire appartenant aux cadres d'une administration régulière de se faire une situation à part par des clauses particulières ; aucune dérogation n'est permise aux dispositions des lois et règlements. Confl., *Guidet*, 27 déc. 1879 ; *Bergeon*, 4 juill. 1896. Cf. Laferrière, t. I, p. 619. Cons. d'Ét., 4 août 1916, *Pingal*, « Il est vrai que la fonction publique comporte des obligations réciproques du fonctionnaire et de l'État, mais ces obligations dérivent de la loi et non des contrats. Ni l'administrateur, ni le fonctionnaire ne peuvent, en général, les modifier par des conventions particulières. L'amovibilité ou la perpétuité du titre, la nature des services à rendre, le taux des traitements, les conditions du droit à pension, sont fixés pour tous les emplois de l'État par des actes législatifs ou réglementaires auxquels il ne pourrait être suppléé ni dérogé par des contrats. »

D'autre part, la situation de la carrière, telle qu'elle existait au moment de l'acceptation du fonctionnaire nommé, ne reste pas immuable à son profit, pas plus qu'à son détriment. il n'a aucun droit acquis de nature contractuelle à ce qu'elle subsiste, elle ne constitue pas la loi contractuelle des parties ; cette situation était réglée par des dispositions de loi et de règlement qui peuvent être modifiées légalement et réglementairement et il est obligé de subir ces modifications, à moins de donner sa démission. La quantité de travail, les assujettissements, peuvent être augmentés après coup, par des règlements, sans que le fonctionnaire ait droit acquis à refuser la besogne supplémentaire (Cons. d'Ét., 25 juin 1913, *Fédération des amicales d'instituteurs*). Les règles sur la pension peuvent être rendues moins avantageuses (Cons. d'Ét., 22 avril 1865, *Millard*). Le traitement existant au moment de l'acceptation des fonctions qui, s'il y avait contrat, serait stipulé et constituerait droit acquis, peut être impunément réduit ou supprimé par des dispositions réglementaires postérieures qui rétroagissent (Cons. d'Ét., 16 déc. 1881, *Baude*, traitement de non-activité pour les fonctionnaires du département des Affaires étrangères ; l'Ord. 25 mai 1833 en faisait un droit, un décret du 24 avril 1880 a pu rétroactivement en faire une faveur à la discrétion du ministre), ou par des réorganisations de service ou des suppressions d'emplois (Cons. d'Ét., 29 janv. 1904, *Marchal* ; dans les services municipaux, ces événements assez fréquents donnent lieu à des pensions pour suppression d'emploi) ; c'est le dernier règlement qui s'applique et non pas celui qui existait au moment de l'entrée en fonctions (Cons. d'Ét., 11 nov. 1903, *Toupet*). — A tous ces points de vue il n'y a aucune différence à faire entre les fonctionnaires de l'État et les employés des départements ou des communes (Confl., 27 déc. 1879, *Guidet* ; Cons. d'Ét., 11 juin 1909, *Association amicale des médecins des asiles d'aliénés :* « Considérant que les droits et avantages résultant pour les fonctionnaires d'une réglementation faite par des décrets et des arrêtés ministériels sont subordonnés au maintien de ces décrets ou arrêtés et qu'en l'absence d'une disposition législative ayant statué sur cet objet, l'organisation fixée par un décret peut valablement être modifiée par un décret ultérieur. » Pour la même raison, les fonctionnaires bénéficient immédiatement des dispositions nouvelles plus favorables (Cons. d'Ét., 24 juin 1881, *Bougard*). Cette jurisprudence est constante. V. Cons. d'Ét., 17 mars 1911, *Pellissier de Féligonde*, et 12 janv. 1912, *Blarez et Touchebœuf* ; 27 juin 1913, *Cornus* ; 14 mai 1915, *Alexis* et les arrêts cités en note, Lebon, p. 147 ; 6 août 1915, *Fuster* ; 12 nov. 1915, *Monnier* ; 10 déc. 1915, *Dellas* ; 2 août 1916, *Chorin-Dominel*. Bien entendu, il pourrait y avoir détournement de pouvoir si la modification n'était pas dans l'intérêt du service,

Ajoutons que la rigueur de ce droit est, dans la pratique, singulièrement atténuée par les traditions de l'administration qui s'attache à ménager les intérêts de ses fonctionnaires et qui, notamment, ne leur impose guère de besognes supplémentaires sans leur allouer des suppléments de traitement ou des gratifications.

Sans doute, il y a des contrats administratifs indiscutables où le contractant est obligé de subir des changements imposés par l'administration, par exemple les marchés de travaux publics ou de fournitures, mais c'est dans de certaines limites fixées par le cahier des charges et, le plus souvent, moyennant indemnité. Dans le cas du fonctionnaire, il n'y a pas de limites aux changements et il n'y a aucun droit contractuel à indemnité.

c) *L'administration emploie exceptionnellement le procédé du contrat pour le recrutement de certains agents et cela ne fait que mieux ressortir le caractère non contractuel de la situation des fonctionnaires ordinaires* — Il est à remarquer qu'il existe certains contrats de service public, surtout, en matière militaire, les engagements et les rengagements ; en matière coloniale aussi pour certains services spéciaux (V. un exemple ancien de ce procédé dans Cons. d'Ét., 24 janv. 1849, *Henrichs*). Mais le caractère exceptionnel de cette combinaison, dans laquelle les éléments de forme du contrat apparaissent nettement, et où *la loi contractuelle* est rigoureusement appliquée (Cons. d'Ét., 17 mars 1911, *Allard*), prouve justement que, pour la masse des fonctionnaires ordinaires, il n'y a pas contrat. Spécialement, le sous-officier rengagé s'oppose au sous-officier commissionné (V. *supra*, p. 570). Du moment que le contrat est employé dans des situations exceptionnelles, c'est qu'il ne constitue pas la règle.

En vertu de la loi du 21 mars 1905 (loi *Lhopiteau*), les employés de l'administration des chemins de fer de l'État sont soumis au régime du contrat de travail et il en résulte que ces employés ne peuvent pas intenter le recours pour excès de pouvoir contre les décisions de leur administration relatives à leur situation parce que la violation d'un contrat n'est pas un moyen d'excès de pouvoir (Cons. d'Ét., 2 juill. 1915, *Répéré*, concl. Corneille). Cette conséquence montre bien que la situation des fonctionnaires ordinaires n'est pas contractuelle, car les recours pour excès de pouvoir qu'ils forment contre les décisions relatives à leur situation sont parfaitement recevables.

Inconvénients pratiques de la thèse contractuelle dans les relations de l'administration et des fonctionnaires, les grèves des fonctionnaires et l'affiliation à la C. G. T. — Les idées fausses, même théoriques, finissent toujours par engendrer des inconvénients. A force d'entendre dire autour d'eux qu'ils n'étaient que des salariés de l'État patron, comparables aux ouvriers et aux employés de l'industrie privée, les agents et les sous-agents des administrations publiques en ont tiré la conclusion qu'ils pouvaient se mettre en grève et affilier leurs syndicats à la Confédération générale du travail.

Rien n'est plus faux que l'assimilation des fonctionnaires avec les salariés de l'industrie et du commerce. Les salariés sont des gens qui n'ont aucune participation à l'entreprise patronale qui les emploie, qui n'en sont pas les organes. Au contraire, les fonctionnaires sont des organes et des participants de l'entreprise de l'administration publique. Dans la réalité des choses, l'administration et les fonctionnaires ne sont pas opposables, ils ne font qu'un.

L'opposition entre le salarié et le patron n'est actuellement possible que parce que salariés et patron ne sont pas intégrés dans une même institution sociale ; si l'usine devenait une sorte d'institution dont les ouvriers seraient des organes permanents, il pourrait y avoir des conflits d'organe à organe, il n'y aurait plus opposition de classe entre employés et employeurs, car ces deux classes n'auraient plus de sens. Les entreprises de l'industrie ne sont pas encore transformées en institutions sociales, mais l'entreprise administrative est une institution et c'est pourquoi l'opposition d'employés et d'employeur n'y a pas de sens, il n'y a que des organes divers qui peuvent avoir, entre eux, des conflits réglés par le droit.

Et, pour cette même raison, la grève des fonctionnaires ne présente aucun rapport avec les grèves ouvrières. Certes, le droit de grève est en soi contestable, même dans les relations de la société industrielle, car c'est une rupture de la paix sociale et on doit la prendre pour un pis-aller admis par notre droit contemporain (comme les guerres privées ont été admises au moyen âge), en attendant des temps meilleurs et

D'une distinction possible entre les fonctionnaires proprement dits et les salariés de l'administration. — S'il est certain que la situation des fonctionnaires proprement dits n'est pas contractuelle, qu'elle est, au contraire, légale ou réglementaire, il est beaucoup moins certain que tout le personnel employé par les administrations publiques ait la situation du fonctionnaire proprement dit, plus ou moins incorporé à l'institution administrative. Il est de simples salariés qui ne sont pas incorporés.

Il est vrai qu'à ce point de vue il n'y a aucun intérêt à la distinction des fonctionnaires d'autorité et des fonctionnaires de gestion qui a joui d'un instant de faveur (Bourguin, *De l'application des lois ouvrières aux employés de l'État*, 1904; Berthélemy, *Traité élém. de droit adm.*, 7ᵉ édit., p. 47 et s.); on peut la considérer comme condamnée (Cons. d'Ét., 7 août 1909, *Winckell*, S., 1909. 3. 145 et ma note); d'ailleurs, il est visible que les fonctionnaires de gestion sont tout aussi incorporés à l'institution administrative que les fonctionnaires d'autorité.

Mais il existe réellement un personnel de salariés des administrations publiques qui n'est pas incorporé au même degré à l'institution administrative. Ce sont :

1° Les salariés à la journée ;

2° Les salariés au mois ou à l'année dont l'emploi ne figure pas dans les cadres réguliers et permanents de l'administration ;

3° Le personnel ouvrier des arsenaux et manufactures de l'État.

Le principal signe de l'incorporation d'un fonctionnaire à l'institution administrative est le fait que ce fonctionnaire bénéficie d'une pension de retraite d'après le régime de la loi du 9 juin 1853, c'est-à-dire d'une pension dont l'administration assume elle-même le service avec la contre-partie d'une retenue sur le traitement ; cela signifie, en effet, que l'administration se charge du fonctionnaire pour sa vie entière et même se charge de sa veuve et de ses orphe-

---

jusqu'à un bon règlement des questions industrielles ; mais, du moins, la grève ouvrière n'est pas la lutte intestine à l'intérieur d'une même institution, ce qu'est une grève des fonctionnaires. V. ma note sous Cons. d'Ét., 7 août 1909, *Winckell* (S., 1909. 3. 145), et Cf. Benoît Laurent, *Les services postaux en 1918*, thèse, Lyon. — Beaucoup d'auteurs, dans les comparaisons qu'ils font entre la situation des fonctionnaires et celle des ouvriers ou employés de l'industrie, semblent ne pas se douter de la direction dans laquelle l'évolution historique nous emporte. Ils veulent ramener la situation du fonctionnaire à celle de l'employé de la vie privée, alors qu'au contraire, dans la réalité des choses, c'est la situation de l'employé de la vie privée qui évolue vers celle du fonctionnaire. Le besoin croissant de stabilité, les syndicats, les retraites, les assurances variées, le développement de la législation industrielle tendent à créer, dans la vie privée, des *institutions* et à rétrécir continuellement la part du contrat ; la situation de l'ouvrier ou de l'employé sera bientôt aussi institutionnelle, c'est-à-dire aussi légale et réglementaire, aussi statutaire, et par suite aussi peu contractuelle que celle du fonctionnaire.

lins; notons que le régime des pensions de 1853 comporte en même temps une certaine assurance contre les risques professionnels, lesquels sont réglés sous forme de pensions exceptionnelles.

Le petit personnel énuméré plus haut ne bénéficie pas du régime des pensions de la loi de 1853; il est invité à utiliser le système des retraites ouvrières (L. 3 avril 1910, art. 1er) ou le système de la caisse des retraites pour la vieillesse (D. de 1912), et quant aux accidents professionnels, il bénéficie de la loi de 1898 sur les accidents du travail, à la différence des fonctionnaires du cadre permanent qui en sont écartés (Cass., 27 oct. 1909, *Carrez*; 4 déc. 1917 : Cons. d'Ét., 5 août 1913, *Neveu*). A ce petit personnel, le gouvernement semble disposé à reconnaître la situation résultant du contrat de travail, le droit syndical, l'affiliation à la C. G. T., le droit de grève, toutes choses refusées au fonctionnaire proprement dit.

De la conception du statut légal et réglementaire du fonctionnaire combiné avec le commerce juridique de l'exécution des services. — Si la conception du contrat de service public doit être écartée pour le fonctionnaire proprement dit et si même on doit éviter de dire que, pour l'ensemble de sa situation, le fonctionnaire soit lié à l'administration comme une partie à une autre partie, pour la bonne raison que fonctionnaire et administration ne font qu'un dans l'institution administrative, il ne reste qu'une solution juridique possible, à savoir que le fonctionnaire soit un *organe de l'administration muni d'un statut légal, réglementaire et moral particulier* ou investi d'une *qualité* particulière (Cons. d'Ét., 9 déc. 1904, *Montagnier*).

Ainsi, sa situation, en tant qu'elle n'est pas pécuniaire, lui sera faite par la législation et par les mœurs et elle se présentera comme un statut; elle ne sera, d'ailleurs, pas établie uniquement par rapport à l'administration, ce qui serait le cas normal d'une situation contractuelle, elle sera établie vis-à-vis de tous (1).

Quant à la situation du fonctionnaire en ce qui concerne ses droits pécuniaires (traitement et pension), elle lui sera créée, en partie du moins, par les principes du commerce juridique sur la gestion d'affaires et sur le *service fait* qui, en bonne justice, imposent une rémunération (V. supra, p. 342) (2).

Ces solutions s'harmonisent avec les modalités de l'opération du recrutement des fonctionnaires et aussi avec l'absence constatée plus haut de droits acquis contractuels à la fixité de la situation.

---

(1) Aussi ne faut-il point caractériser cette conception du nom de théorie du *rapport légal*, le *statut* et le *rapport juridique* sont deux notions aux antipodes l'une de l'autre.

(2) Toutefois il faut distinguer le droit éventuel et le droit acquis. Le droit éventuel au traitement et à la pension est attaché à titre de bénéfice viager aux éléments du statut et le droit acquis se réalise par le service fait (V. *infra*).

580   LES DROITS DES ADMINISTRATIONS PUBLIQUES

D'ailleurs, quand on veut donner plus de fixité à la situation, c'est en substituant aux règlements, qui sont par trop mouvants, des dispositions législatives, et l'on appelle cela faire une loi sur le *statut des fonctionnaires* (Projets de loi déposés par le gouvernement le 23 mai 1900 et le 1ᵉʳ juin 1920) (1).

Il faut donc disjoindre soigneusement la question du statut légal, réglementaire et moral du fonctionnaire de la question de ses droits pécuniaires. Les droits pécuniaires procèdent de l'opération des services publics, en tant que les fonctionnaires y participent après qu'ils ont été placés dans la fonction par leur statut. Il y a deux couches superposées de situations et de relations juridiques qu'il ne faut pas confondre : la couche du statut et la couche de la gestion des services.

Elles feront l'objet de deux paragraphes différents.

§ 2. — Le statut légal, réglementaire et moral des fonctionnaires.

Les éléments du statut. — Il ne suffit pas d'analyser la situation du fonctionnaire en un statut légal, réglementaire et moral ; il faut savoir ce qu'il y a au fond de ce statut et c'est, peut-être, parce que cette question n'a jamais été élucidée que la conception statutaire n'a pas

---

(1, La jurisprudence administrative, qui a édifié cette théorie de la situation réglementaire des fonctionnaires, et qui s'en est servie pour établir sa compétence dans le contentieux des réclamations des fonctionnaires, y est restée fidèle jusqu'à ces derniers temps (Confl., 26 déc. 1868, *Germond de Lavigne*; 27 déc. 1879, *Guidet*; 7 août 1880, *Le Goff*; 4 juill. 1896, *Bergeon*; Cons. d'Ét., 11 juin 1909, *Association amicale des médecins des asiles d'aliénés*). Cependant, après avoir fait son apparition à diverses reprises dans des conclusions de commissaires du gouvernement, la thèse contractuelle s'est introduite dans l'arrêt du 7 août 1909, *Winkell* : « Considérant qu'en se mettant en grève les agents préposés au service public se placent eux-mêmes, par un acte collectif, en dehors des lois et règlements édictés dans le but de garantir l'exercice des droits résultant pour chacun d'eux du *contrat de droit public* qui les lie à l'administration. » — Nous pensons que cet arrêt restera isolé ; nous espérons que le Conseil d'État réfléchira que la thèse contractuelle est en partie responsable des tristes affaires de grève sur lesquelles il avait justement à se prononcer. Il réfléchira aussi que la vieille donnée de la situation réglementaire signifiait surtout que les fonctionnaires appartiennent aux cadres de l'institution administrative, et qu'il est bien impossible de faire reposer l'institution administrative sur des contrats.

Un arrêt du 5 mai 1911, *Desreumaux*, semble s'éloigner de la donnée contractuelle. Nous considérons aussi comme un retour à la saine tradition les conclusions de M. le commissaire du gouvernement Corneille, sous Cons. d'Ét., 2 juill. 1915, *Répéré*, précité : « Tout litige qui peut être porté devant le juge d'un contrat n'est pas de la compétence du juge de l'excès de pouvoir, car *la violation d'un contrat n'est pas un moyen d'excès de pouvoir.* » Prononcées à propos de la situation des employés de l'administration des chemins de fer de l'État, lesquels sont exceptionnellement sous le régime du contrat de travail (en vertu de la loi du 21 mars 1905), ces paroles ont une grande portée ; elles signifient que si les recours pour excès de pouvoir des fonctionnaires ordinaires formés contre les décisions relatives à leur situation sont couramment déclarés recevables, c'est que ces décisions ne peuvent pas être considérées comme violant un contrat et que, par conséquent, il n'y a pas de contrat.

paru satisfaisante à de bons esprits et qu'ils ont incliné vers la thèse contractuelle.

Cette analyse doit être faite dans un certain esprit; il faut partir de là que le personnel des fonctionnaires constitue une classe au sein de la nation, avec cette observation capitale que cette classe n'est pas héréditaire (1), que, par conséquent, le statut du fonctionnaire est du même ordre que celui du national, avec cependant des particularités.

Les éléments spéciaux de ce statut du fonctionnaire sont au nombre de deux : il y a d'abord *l'appartenance aux cadres de l'institution administrative*, analogue à la naturalisation dans la nation; il y a ensuite l'*état du fonctionnaire*, c'est-à-dire les garanties du régime d'État qui fait du fonctionnaire un citoyen dans l'institution administrative, comme il l'est déjà dans la nation.

N° 1. — De l'appartenance aux cadres de l'institution administrative.

On n'entre pas de plain-pied dans le personnel administratif, il faut y être naturalisé, agrégé ou incorporé.

Dans les pays où les fonctions administratives ne sont pas électives, pays qui paraissent bien être dans la vérité politique, il faut considérer l'administration publique comme une institution existante, permanente, durable et se recrutant automatiquement par une sorte de cooptation. Cette institution a son personnel distribué en des cadres réguliers; on est ou on n'est pas de ce personnel, on appartient ou on n'appartient pas à ces cadres. Ainsi, il y a un corps des préfets, dont les cadres sont arrêtés, on appartient ou on n'appartient pas au corps des préfets, soit en activité, soit en disponibilité; même chose pour les gouverneurs de colonies, pour le corps professoral, pour le corps de la magistrature, pour celui des ingénieurs des ponts et chaussées, pour celui des inspecteurs des finances, etc.; même chose pour toutes les branches de l'administration. D'une façon plus générale, on appartient aux cadres de l'administration de l'État, ou à ceux de l'administration d'un département, ou à ceux de

(1) La classe des fonctionnaires est la seule qui survive et puisse survivre dans une démocratie; elle n'est pas héréditaire, elle est ouverte à tous; elle n'a d'autre dignité que celle des fonctions qu'elle remplit; elle ressemble à la classe ecclésiastique des Églises. Par la force des choses, cependant, elle tend à reconstituer une noblesse. Cela s'est vu au bas empire romain et même depuis. Cette possibilité de noblesse administrative, jointe à la possibilité d'accaparement plus ou moins prononcé de la fonction, se trouve latente, qu'on le veuille ou non, dans toute organisation administrative. Ce n'est pas de ne pas vouloir voir la véritable nature des choses et de ne pas vouloir les appeler par leur nom qui empêchera quoi que ce soit. Les germes d'aristocratie féodale qu'il y a dans le régime administratif ne se développeront pas tant que l'esprit public restera vigoureux et tant que la classe moyenne ne sera pas écrasée par les impôts.

l'administration d'une commune ou d'une colonie et cette appartenance produit des effets (1).

Les cadres permanents et réguliers des divers personnels des administrations publiques ont une existence matérielle dans des tableaux ; on peut les comparer aux listes électorales, aux listes variées des indigents assistés et, d'une façon plus lointaine, aux cadres du budget ou à ceux des divers chemins classés qui constituent les diverses voiries.

Il y a des employés des administrations qui sont hors des cadres permanents et réguliers, ce sont les *auxiliaires* ; il y a même des auxiliaires qui sont les aides personnels du chef plutôt que les employés de l'administration (V. Cons. d'Ét., 2 mai 1913, *Union générale des fonctionnaires de l'enregistrement*) (2).

Ces *employés auxiliaires* ou *salariés* sont ceux que nous avons signalés *supra*, p. 578, comme étant attachés à l'administration par un contrat de travail, au lieu de lui être attachés par les liens de l'institution (3).

(1) Ainsi il y a un cadre algérien des commis des postes et un cadre métropolitain et impossibilité de passer de l'un à l'autre (Cons. d'Ét., 11 juill. 1913, *Pons*).

Ainsi encore, le droit à la pension de retraite, d'après la loi de 1853, est attaché à la qualité de fonctionnaire appartenant aux cadres de l'administration de l'État. Cela produit des conséquences en des sens différents :

1° Un fonctionnaire de l'État qui a traversé les fonctions d'État les plus diverses, qu'elles soient civiles ou militaires, pourvu qu'il ait appartenu aux cadres permanents d'une administration publique (Cons. d'Ét., 15 mai 1902, *Sarrachi*), et que ses services n'aient pas été interrompus, conserve son droit à pension et peut faire compter tous ses services ; 2° au contraire, avant la loi du 30 décembre 1913, le fonctionnaire de la commune qui passait au service de l'État ne pouvait pas faire entrer en ligne de compte, pour le droit à pension, les services rendus à la commune qui n'est pas la même institution administrative que l'État (Cons. d'Ét., 27 fév. 1894, *Causse*; 21 janv. 1888, *Franceschi*).

Depuis la loi du 30 décembre 1913, article 32, on s'est départi de cette rigueur et les services rendus dans les cadres du personnel des administrations locales concourent avec ceux rendus dans les cadres du personnel de l'État, mais pas encore complètement, il subsiste des restrictions ;

3° En sens inverse, les fonctionnaires et employés civils de l'État peuvent être détachés au service des départements, communes, colonies, pays de protectorat, pays étrangers, établissements publics et privés et conservent dans cette fonction leurs droits à l'avancement hiérarchique et à la pension d'État (L. 30 déc. 1913, art. 33) : donc, avancement hiérarchique et pension sont attachés au cadre (Cons. d'Ét., 2 mai 1913, *Delmas*).

(2) Jusqu'à la loi du 13 juillet 1911, articles 141 et 142, les attachés au cabinet des ministres étaient tout à fait hors des cadres, aussi n'étaient-ils pas considérés comme des fonctionnaires publics ; les attachés au cabinet des préfets sont maintenant dans les cadres des bureaux de la préfecture, depuis la loi du 1er avril 1920.

(3) Bien entendu, il y a dans cette matière une certaine évolution, il se forme des cadres nouveaux ; des employés qui, primitivement, n'étaient que des auxiliaires peuvent, par la constitution de ces cadres nouveaux, devenir de véritables fonctionnaires publics ; des corps de fonctionnaires nouveaux peuvent être créés et les cadres ne pas

Des effets et conséquences de l'incorporation du fonctionnaire à l'institution administrative. — L'appartenance aux cadres de l'institution administrative entraîne des effets analogues à ceux de la naturalisation qui introduit le naturalisé dans une société politique organisée, car l'institution administrative est elle-même une société politique organisée. Certains de ces effets sont de l'ordre du pouvoir et du droit, d'autres sont de l'ordre de la morale. L'incorporation ou l'agrégation du fonctionnaire entraîne pour celui-ci :

1° Une participation aux pouvoirs généraux qu'exerce dans l'État l'institution administrative, c'est-à-dire une participation à la puissance publique, mais, en revanche, une sujétion envers l'autorité hiérarchique organisée à l'intérieur de l'institution ;

2° Une participation aux avantages moraux dont bénéficie globalement l'institution administrative, avantages de dignités, d'honneurs, de préséances, mais, en revanche, des devoirs moraux de fidélité à la fonction.

I. *De la participation à la puissance publique et de la sujétion à l'autorité hiérarchique.* — Tous les fonctionnaires, à des degrés inégaux, participent à la puissance publique ; depuis les autorités administratives qui, par délégation ou par institution, ont le droit de décision, jusqu'aux moindres agents d'exécution et même jusqu'aux agents de préparation ou employés de bureaux (1); c'est pour cela, d'ailleurs, que la nomination d'un fonctionnaire est un acte immédiatement opposable à tous. Nous ne disposons malheureusement pas d'une place suffisante pour développer cette matière comme il conviendrait.

La sujétion des fonctionnaires envers l'autorité hiérarchique. — Si les fonctionnaires participent à la puissance publique, en revanche

---

être organisés immédiatement ; des personnels primitivement distincts peuvent par la suite être fusionnés ; la règle à poser est que les cadres doivent toujours être formés ou modifiés par disposition réglementaire. Cf. Cons. d'Ét., 20 juin 1913, *Le Banneur* ; 31 oct. 1913, *Chardon.*

(1) Tous les textes de notre législation ne sont pas conçus à cet égard avec une suffisante largeur et, par exemple, l'article 75 de la constitution de l'an VIII relatif à la *garantie des fonctionnaires* contre les poursuites, ne visant que les *agents du gouvernement*, n'avait jamais été appliqué qu'aux agents exécutifs ; mais le principe de la séparation des pouvoirs sur lequel s'appuie aujourd'hui la garantie des fonctionnaires protège certainement les employés des bureaux aussi bien que les agents d'exécution, parce qu'ils sont aussi bien dans la sphère de la puissance publique ; l'article 224 du Code pénal relatif à l'outrage fait à tout agent dépositaire de la force publique et à tout citoyen chargé d'un ministère de service public protège certainement l'employé de bureau en contact avec le public derrière son guichet ; enfin l'article 123 du Code pénal relatif à la coalition des fonctionnaires pratiquée par « la réunion d'individus ou de corps dépositaires de quelque partie de l'autorité publique » serait certainement applicable à la coalition des employés de bureau aussi bien qu'à celle des agents d'exécution.

ils sont soumis à l'autorité hiérarchique, sans laquelle d'ailleurs la puissance publique n'existerait pas. L'autorité hiérarchique se manifeste par deux pouvoirs différents sur les fonctionnaires, le pouvoir hiérarchique et le pouvoir disciplinaire :

Le *pouvoir hiérarchique* a deux objets : 1° déterminer la situation ou la position du fonctionnaire, ce qui comporte la nomination, le classement, l'avancement, la mise en congé, la mise à la retraite, etc. ; 2° disposer du fonctionnaire en activité d'emploi suivant les besoins du service, par conséquent régler son emploi, déterminer le poste où il sera occupé, ses heures de service, lui donner des instructions, etc. ; dans ces deux rôles, il est une forme du pouvoir de réquisition (1).

Le *pouvoir disciplinaire* (2) a pour objet de réprimer les écarts de conduite du fonctionnaire, soit dans l'exercice de sa fonction, soit même dans sa vie privée (Cons. sup. de l'inst. pub., 6 déc. 1901, *Hervé*); il s'inspire autant du sentiment de la dignité corporative du personnel que de la gravité de la faute individuelle. L'exercice du pouvoir disciplinaire suppose une certaine détermination des faits punissables et une échelle des mesures et des peines qui va de la simple réprimande à la révocation avec de nombreux degrés intermédiaires (3). Il s'exerce, soit par voie de police pure, par des décisions ou mesures des supérieurs hiérarchiques, soit par voie juridictionnelle, par des décisions de certaines juridictions disciplinaires. Le progrès du droit est évidemment de substituer la décision juridictionnelle à la mesure de police, comme présentant plus de garanties (4).

(1) Cf. Cons. d'Ét., 5 mai 1911, *Desreumeaux*, l'officier de réserve est à la disposition du ministre en vertu du grade qui lui a été conféré; les périodes de convocation ne sont pas déterminées par la loi. Cons. d'Ét., 3 avril 1914, *Digard* « mesure d'ordre intérieur ».

(2) V. L. Drouille, *Le pouvoir disciplinaire sur les fonctionnaires publics*, Toulouse, 1900 (thèse); Nézard, *Les principes généraux du droit disciplinaire*, Paris, 1903; Max Gilbert, *La discipline des fonctions publiques*, Paris, 1912.

(3) Il est intéressant de remarquer que de simples mesures hiérarchiques, telles que le déplacement ou la mise à la retraite, peuvent prendre en fait la couleur d'une mesure disciplinaire ou d'une disgrâce et que les fonctionnaires cherchent à se protéger contre elles aussi bien que contre les mesures disciplinaires (V. Cons. d'Ét., 8 déc. 1899, *Grenet*, S., 1900. 3. 41 et ma note), elles doivent être entourées des garanties des mesures disciplinaires (Cons. d'Ét., 19 juin 1903, *Ledochowski*). La loi allemande du 31 mars 1873 a trouvé un moyen pratique de distinguer le déplacement hiérarchique du déplacement disciplinaire : le déplacement hiérarchique qui ne saurait être d'ailleurs qu'une mutation pour emploi équivalent, est accompagnée de la bonification des frais de déplacement. Le projet de loi sur le statut des fonctionnaires (art. 24) adopte la même idée. — Le Conseil d'État sera amené à définir progressivement les mesures hiérarchiques disciplinaires à propos de la *communication du dossier* dont il sera question plus loin (Cons. d'Ét., 9 fév. 1906, *De Quincemont*; 23 mars 1906, *De Béville*).

(4) Mais, contre la punition disciplinaire infligée par mesure de police, le recours pour excès de pouvoir est recevable (Cons. d'Ét., 16 nov. 1909, *Maugras*).

— *La situation des fonctionnaires en tant que déterminée par les pouvoirs de l'administration.* — Les décisions administratives prises à l'égard d'un fonctionnaire en vertu, soit du pouvoir hiérarchique, soit du pouvoir disciplinaire, ont pour résultat de le mettre dans une certaine situation ; la nomination le met en possession de la fonction, la mise en congé d'inactivité le place en état de suspension d'emploi, la mise à la retraite le dispense définitivement de tout emploi, etc. (1).

La situation du fonctionnaire est déterminée par une série de mesures dont les plus importantes sont les suivantes :

1° *La nomination ou collation d'emploi.* — Les organes exécutifs ont, en principe, la nomination à toutes les fonctions publiques (2). La nomination entraîne le choix de la personne du fonctionnaire. Ce choix est libre et discrétionnaire, mais, d'une part, la loi peut avoir restreint la liberté de l'administration en imposant aux candidats certaines conditions d'âge, de grade, etc., ou bien l'administration elle-même peut s'être lié les mains par des règlements ayant le même but ; d'autre part, l'administration peut avoir institué ce procédé mécanique de choix qui s'appelle le concours. La nomination est acquise et le fonctionnaire est investi par la publication au *Journal officiel*, sans qu'il soit besoin d'une installation ni, par conséquent, d'une acceptation (Cons. d'Ét., 7 avril 1916, *Calas*) (3);

(1) Il y a lieu de faire sur cette situation du fonctionnaire les observations suivantes : 1° comme la situation créée par la nomination est juridique, il y a intérêt légitime à en conserver les avantages et à ce que la situation ne soit pas modifiée par des décisions entachées d'excès de pouvoir ; tout fonctionnaire nommé est donc recevable à intenter le recours pour excès de pouvoir contre les décisions qui portent atteinte à sa situation ; 2° une fois annulées les décisions illégales qui ont porté atteinte à la situation du fonctionnaire, celui-ci doit être replacé dans sa situation par une nouvelle décision administrative. Il n'appartient pas au Conseil d'État d'ordonner la réintégration ; mais il peut condamner l'État à payer le traitement dont le fonctionnaire jouissait antérieurement jusqu'au jour où il sera pourvu d'un emploi de son grade (Cons. d'Ét., 9 juin 1899, *Toutain*) ; il peut aussi déclarer que le maintien du fonctionnaire dans son grade ou dans les cadres de l'administration est un effet juridique normal de l'annulation de la mesure (Cons. d'Ét., 30 nov. 1900, *Viaud* [Loti] ; 19 juin 1903, *Ledochowski*) ; enfin il pourrait certainement employer la procédure du renvoi à l'administration *pour faire ce que de droit* que nous avons signalée à la p. 462.

(2) Il est bien entendu que nous ne traitons ici que des fonctions publiques qui ne sont pas *électives* et qui, par conséquent, donnent lieu à une *nomination*.

(3) Un détail essentiel à connaître est que, en principe, aucun citoyen n'ayant droit à être personnellement choisi pour une fonction publique, aucun n'a un intérêt personnel suffisant pour être recevable à former recours pour excès de pouvoir contre une nomination faite en dehors des règles, c'est affaire au Parlement et à la presse de contrôler sur ce point l'action administrative, mais il y a des exceptions. Il convient de faire exception : 1° pour les emplois réservés aux sous-officiers rengagés (L. 23 juill. 1897, art. 2 *in fine*) ; 2° pour les fonctions précédées de concours, les candidats ayant participé aux épreuves et non admis sont recevables à attaquer les

2° *Le classement et l'avancement.* — Dans tous les corps de fonctionnaires hiérarchisés, il y a un avancement qui peut être précédé d'un classement. Dans les corps de fonctionnaires non hiérarchisés, il y a un classement qui sert de base à une augmentation des traitements.

L'avancement et le classement peuvent être réglés par de simples traditions ou de simples arrêtés ministériels, auquel cas ils ne présentent aucune garantie et sont des façons de mutation d'emploi; ils peuvent aussi être régis par la loi ou par des règlements du chef de l'État, auquel cas ils présentent des garanties, deviennent des avantages de la fonction et comptent dans l'état du fonctionnaire, car la violation des règles peut donner lieu à recours pour excès de pouvoir (1);

3° *Le retrait d'emploi,* lequel emporte de plein droit la suppression du traitement (Cons. sup. de l'instr. publ., 6 déc. 1901, *Hervé*);

4° *Le déplacement et la mutation d'emploi.* — En principe, le fonctionnaire est essentiellement amovible et, d'autre part, il n'a pas droit à une indemnité de déplacement. Pour certains fonctionnaires qui peuvent être envoyés d'un bout à l'autre de la France, le déplacement, avec les frais qu'il entraîne et la rupture des habitudes, est une des mesures les plus redoutables (2);

5° *La mise à la retraite.* — V. *infra, Pensions.* La mise à la retraite d'office d'un fonctionnaire qui réunit les conditions pour la pension de retraite n'est pas, en principe, une mesure disciplinaire (Cons. d'Ét., 2 fév. 1906, *de Quinemont;* 23 mars 1906, *de Béville*);

6° *La révocation.* — Les fonctionnaires ordinaires peuvent être révoqués par mesure de police ou, comme on dit, par *mesure de ser-*

---

nominations de concurrents faites en violation des règles du concours (Cons. d'Ét., 16 nov. 1894, *Brault*, S., 96. 3. 65 et ma note); 3° pour les fonctions qui doivent être recrutées parmi certaines catégories de gens pourvus de certains diplômes ou ayant déjà rempli d'autres fonctions, tous les membres du corps des fonctionnaires sont recevables à attaquer les nominations faites au mépris de ces règles (Cons. d'Ét., 11 déc. 1903 et 18 mars 1904, *Lot, Molinier;* 1er juin 1906, *Alcindor* et supra, p. 451). Le projet de loi sur le statut des fonctionnaires contient des règles importantes sur la nomination qui renouvelleront la matière.

(1) Sont à ce point de vue dans une situation privilégiée : 1° les officiers de l'armée dont l'avancement est réglé par la loi (L. 14 avril 1832); 2° les membres de l'enseignement supérieur (Décr. 12 fév. 1881); ceux de l'enseignement secondaire (Décr. 16 juill. 1887); ceux de l'enseignement primaire (L. 19 juill. 1889, art. 6; L. 25 juill. 1893, etc.); l'article 38 de la loi du 17 avril 1906 a institué pour les magistrats un tableau d'avancement; pour les employés des administrations centrales des ministères, l'article 34 de la loi du 27 février 1912 a imposé aussi le tableau d'avancement.

(2) La mutation d'office pour emploi inférieur, ou même pour emploi équivalent, est toujours une mesure disciplinaire; l'emploi est équivalent du moment que, pour la même fonction, il y a même traitement (Cons. d'Ét., 2 fév. 1906, *Charpy*). — Depuis la loi du 22 avril 1905, article 65, tout déplacement d'office ou toute mutation d'emploi d'office donne lieu à la communication du dossier (Cons. d'Ét., 2 juin 1916, *Pays*).

vice. Cependant, comme la révocation est le plus grand danger qui menace le fonctionnaire, non seulement parce qu'elle lui fait perdre sa situation, mais encore parce qu'elle le prive des droits à la pension de retraite, la jurisprudence du Conseil d'État s'efforce, depuis quelques années, d'astreindre l'acte de révocation au moins à des règles de forme (1).

Le fonctionnaire révoqué ne peut pas faire annuler sa révocation si elle est régulière en la forme, mais il peut obtenir une indemnité de congé, à raison de l'exécution de la révocation (si d'ailleurs aucune faute n'a été relevée contre lui), tant à cause de sa révocation injuste qu'à raison de son brusque congédiement (art. 1780 C. civ.); il adresse sa demande d'indemnité à l'autorité administrative compétente et, sur son refus ou sur son silence, saisit le Conseil d'État d'un recours contentieux ordinaire. Pendant longtemps, le Conseil d'État avait refusé toute indemnité, mais, depuis 1903, il a commencé à en accorder (2).

II. *De la participation du fonctionnaire aux avantages moraux de l'institution administrative et de ses devoirs moraux de fidélité à la fonction.* — Il y a là un aspect de la situation des fonctionnaires qui n'a guère été envisagé par les auteurs français et qui cependant est bien important. Il en résulte que la situation des fonctionnaires ne relève

---

(1) Ainsi, il a été décidé que la révocation ne peut être prononcée, en principe, que par l'autorité qui a fait la nomination et en la même forme (Cons. d'Ét., 21 avril 1893, *Zickel*; 23 fév. 1906, *Carré*). Il résulte de la décision *Zickel* que la déclaration qu'un fonctionnaire est démissionnaire équivaut à la révocation et doit être entourée des mêmes garanties de forme. Il en est de même de la décision par laquelle un fonctionnaire est relevé de ses fonctions ou licencié (Cons. d'Ét., 20 fév. 1914, *Lombardi*), de même encore de la décision par laquelle il est prématurément mis à la retraite. Cons. d'Ét., 6 août 1898, *Fontin*; 9 juin 1882, *Du Bois de Riman*; 12 fév. 1904, *Corréard*; — de deux choses l'une, ou bien la mise à la retraite prématurée est une mesure disciplinaire et alors elle doit être entourée des garanties de la mesure disciplinaire (Cons. d'Ét., 19 juin 1903, *Ledochowsky*), ou bien elle n'a pas de caractère disciplinaire, alors le Conseil d'État ne considère pas les révocations de ce genre comme entraînant perte du droit à pension. (Cons. d'Ét., 30 janv. 1903, *Durand*). Cf. Cons. d'Ét., 7 avril 1911, et 13 déc. 1912, *Turgot* (S., 14. 3. 49 et ma note).

(2) Cons. d'Ét., 13 déc. 1889, *Cadot*; 8 mars 1890, *Drancey*, etc.; 24 mars 1898, *Créput*; 9 juin 1889, *Bergeon*; 15 déc. 1899, *Adda*. — Revirement, Cons d'Ét., 11 déc. 1903, *Villenave*, 15 fév. 1907, *Lacourte*, S., 1907. 3. 49 et ma note pour les fonctionnaires communaux, et pour les fonctionnaires de l'État, Cons. d'Ét., 22 juin 1906, *Pauly*; 31 janv. 1908, *Brousse*; 24 juin 1910, *Lacourte*; 25 nov. 1910, *Demeulemeester*; 28 juill. 1911, *Guéland*. Les premières décisions n'étaient motivées que par le brusque congédiement. Depuis un arrêt du 7 avril 1911, *Legay-Thomas*, la décision est motivée par ce fait qu'aucune faute n'a été relevée contre le fonctionnaire et, d'ailleurs, l'indemnité est accordée « tant à raison de sa révocation que de son brusque congédiement » (Cons. d'Ét., 7 avril 1911, *Demont*; 12 mai 1911, *Fontaine*, et 12 mai 1911, *Roure*. Cf. Cons. d'Ét., 21 mars 1911, *Blanc*, *Argaing* et *Bézie*; 12 janv. 1912, *Baudet*). De telle sorte que, quand la révocation a été injuste et qu'elle a été exécutée, cela suffit à justifier l'indemnité.

pas seulement du droit, mais aussi de la morale juridique, ainsi d'ailleurs que tout ce qui est institutionnel. Et c'est ce mélange de morale juridique et de droit qui explique que la situation des fonctionnaires n'ait pas besoin de la garantie du contrat ; leur situation est légale et réglementaire et il semble qu'ils soient à la merci d'une réglementation de plus en plus sévère ; en réalité, il n'en est rien, au contraire, la réglementation se fait pour eux de plus en plus douce et avantageuse ; cela tient à ce que l'institution administrative, comme toute forme de société, est à base de préoccupations morales et que ces préoccupations constituent une garantie aussi énergique que celle du contrat.

A cet ensemble de préoccupations morales se rattachent, d'une part, les avantages honorifiques des fonctions publiques ; d'autre part, les devoirs de fonction. Il y a longtemps que les fonctions publiques ont été analysées par les jurisconsultes romains en des charges, des honneurs et des offices ou devoirs (*munera*, *honores*, *officia*) ; elles sont en effet les trois choses à la fois.

Ce sont des honneurs et les fonctionnaires en retirent des dignités, des distinctions honorifiques, des privilèges de préséance dans les cérémonies publiques (Décr. de messidor refondu par Décr. 16 juin 1907 et 8 juill. 1908), quelquefois des privilèges de juridiction.

Mais ce sont aussi des charges et des offices et les fonctionnaires assument des devoirs de fonction qui se doublent d'un devoir de loyalisme envers la hiérarchie administrative pour répondre à la bienveillance de celle-ci. Le manque de place ne nous permet pas de développer convenablement cette matière. Disons seulement que cette fidélité à la fonction et ce loyalisme des fonctionnaires sont visiblement incompatibles avec le droit de grève et avec l'affiliation à tout organisme rival du gouvernement, tel que la C. G. T.

N° 2. — De l'état des fonctionnaires.

Sans doute, la morale juridique qui règne dans l'institution administrative comme dans toutes les institutions sociales, les mœurs et coutumes qu'elle engendre constituent pour les fonctionnaires un ensemble de garanties appréciables ; cependant il ne faut pas se dissimuler que ces garanties sont fragiles parce que les mœurs sont essentiellement corruptibles et parce que les coutumes se modifient. Depuis la réorganisation de la hiérarchie administrative en l'an VIII, nous avons vu les mœurs administratives se reconstituer rapidement au sortir de la tourmente révolutionnaire, et puis de nouveau se corrompre sous l'influence de la politique électorale moderne. De même que les mœurs et coutumes nationales n'auraient pas suffi à maintenir les nations sans l'armature plus formelle de l'État, de même les mœurs administratives n'auraient pas suffi à maintenir l'administration sans l'armature plus formelle du régime d'État introduit dans l'administration elle-même.

L'*état des fonctionnaires*, en effet, n'est pas autre chose que les garanties essentielles du régime d'État assurées aux fonctionnaires au sein de l'institution administrative; c'est le *droit de cité* à l'intérieur de la cité administrative qui fait que les fonctionnaires ne sont plus seulement des sujets administratifs, mais deviennent des citoyens administratifs, jouissant, au regard de la hiérarchie, des garanties formelles du citoyen (1).

Deux garanties fondamentales constituent l'état des fonctionnaires : le statut légal, la juridiction disciplinaire, et ces deux garanties entraînent les droits individuels des fonctionnaires.

a) *D'abord, le statut légal.* — Il faut que des règles générales soient posées relativement au recrutement des fonctionnaires, à leur avancement, à leur traitement, à leur mise à la retraite, relativement aussi à l'organisation de leurs fonctions et de leur compétence. Par là, le fonctionnaire sera protégé contre les mesures particulières que le gouvernement prendrait contre lui et qui ne seraient pas conformes à la règle générale. Mais, pour que cette protection soit efficace, il faut que la règle générale elle-même ne puisse pas être facilement modifiée. Il n'y a de garantie véritable que lorsque les règles générales de la carrière sont établies par une loi; ni l'arrêté ministériel, ni le règlement ne sont suffisants (2). D'une part, les formalités de la rédaction des lois, les discussions publiques auxquelles elle donne lieu, la multiplicité des pouvoirs qu'elle met en mouvement, sont cause qu'une loi, une fois faite, n'est pas facilement modifiée; d'autre part, la loi est la garantie de la situation des citoyens ordinaires, il est naturel qu'elle soit aussi la garantie de la situation des fonction-

---

(1) La signification générale de la situation des fonctionnaires n'est pas changée par l'introduction de leur état; elle reste toujours un statut; mais aux garanties primitives résultant des mœurs et coutumes sont substituées des garanties plus formelles dues à la nature de l'État, qui est lui-même une institution plus formelle que les institutions simplement nationales. Rappelons que l'État est la centralisation politique et juridique de la nation sur la base de procédures écrites, et spécialement sur la base de la loi écrite qui constitue une armature juridique plus formelle et plus solide que les mœurs et les coutumes.

(2) Par exemple, un fonctionnaire dépendant du ministre au point de vue des mesures disciplinaires particulières ne sera guère protégé si les règles générales touchant sa carrière n'ont été établies que par un arrêté ministériel qu'un nouvel arrêté du même ministre peut modifier. Il sera protégé davantage si ces règles générales ont été établies par un décret en forme de règlement d'administration publique, parce que, pour modifier ce décret, il faudra mettre en mouvement le chef de l'État et le Conseil d'État; mais l'expérience prouve que les règlements de ce genre sont eux-mêmes fréquemment remaniés.

naires. Ainsi, le premier élément de l'état des fonctionnaires c'est que leur statut soit réglé par une loi (1).

b) *La juridiction disciplinaire*. — Tant que les fonctionnaires sont exposés à des mesures disciplinaires graves, telles que la révocation ou le déplacement d'office ou la rétrogradation, et tant que ces mesures disciplinaires peuvent être prises par les autorités gouvernementales par simple décision exécutoire, sans l'interposition d'une juridiction, les fonctionnaires ne sont pas protégés, leur situation n'a pas la stabilité nécessaire et il n'y a point pour eux de *sûreté* (2).

c) *Les droits individuels des fonctionnaires*. — Les deux garanties formelles du statut légal et de la juridiction disciplinaire entraînent la reconnaissance de droits individuels des fonctionnaires à l'encontre

---

(1) Nul n'a mieux insisté sur la nécessité de ce premier élément de l'état du fonctionnaire que M. G. Demartial, dans son si intéressant livre, *Le statut des fonctionnaires*, 2ᵉ édit., Paris, 1909.

(2) Nous touchons là à la distinction du droit pénal proprement dit et de la simple *coercitio*, dont Mommsen a montré l'importance pour l'histoire des libertés publiques (*Droit public romain*, I, p. 156 et s.; *Droit pénal romain*, I, p. 38 et s., 42, 61, etc., etc.), et à la question de la *sûreté*; les citoyens ne sont garantis contre l'arbitraire du gouvernement, en matière de répression, que quand ils peuvent faire appel à un juge et même, en principe, à un jury populaire (*provocatio ad populum*), alors seulement ils ont leur état complet, leur *status libertatis*, leur sûreté. De nos jours encore, les citoyens ne se sentent protégés, au point de vue des poursuites criminelles, que par l'institution du jury; le juge correctionnel leur paraît trop enclin à se laisser influencer par les préoccupations de la discipline gouvernementale. — Il en est des fonctionnaires, ces citoyens spéciaux, comme des citoyens ordinaires, leur état n'est complet que si une sorte de jury, composé de leurs pairs, est chargé de juger leurs manquements à la discipline et de prononcer contre eux les peines disciplinaires (Cf. ma note sous Cons. d'Ét., 24 mars 1899, *Martin*, S., 1900. 3. 41); une solution intermédiaire est que le ministre prononce *sur avis conforme* d'un conseil disciplinaire; tant que le ministre n'est pas astreint à obtenir l'avis conforme d'un conseil disciplinaire pour prononcer la peine, ce conseil n'a pas les pouvoirs d'une juridiction, il n'est qu'un conseil consultatif dont le ministre demande l'avis, avis qu'il n'est pas tenu de suivre, et dès lors l'état des fonctionnaires n'est pas complet.

Le gouvernement, qui défend dans cette matière ses prérogatives de commandement, aurait bien voulu restreindre les pouvoirs des conseils de discipline au simple avis consultatif; il avait organisé des conseils de discipline de ce genre dans l'administration centrale des bureaux des ministères; assurément, cet avis consultatif vaut mieux que le néant: si l'avis n'a pas été demandé, il y a vice de forme de la décision (Cons. d'Ét., 22 et 29 mars 1901, *Grévin*); mais, si c'est là un commencement de statut du fonctionnaire, ce n'est pas *l'état du fonctionnaire*, c'est-à-dire la garantie complète; la mesure disciplinaire prise par le ministre, même après avis d'un conseil de discipline, n'est pas un jugement (Cons. d'Ét., 19 avril 1907, *Hylias*); aussi, dans le projet de loi sur le statut des fonctionnaires déposé le 25 mai 1909 et dont il sera question plus loin, faisant un pas de plus, le gouvernement admet les pouvoirs juridictionnels des conseils de discipline en ce qui concerne la révocation et la mise en disponibilité d'office (art. 14). Ces conseils prononceraient eux-mêmes la peine.

Sur la tendance des juridictions disciplinaires qui existent dès maintenant à admettre pour la défense les mêmes garanties que devant les juridictions répressives, V. Cons. d'Ét., 20 juin 1913, *Téry*.

de la hiérarchie, analogues aux droits individuels reconnus aux citoyens à l'encontre de l'État. Ces droits individuels se groupent autour des idées de liberté et de propriété :

1° Le groupe des libertés se compose des libertés individuelles ordinaires pour chacune desquelles se pose la question de savoir jusqu'à quel point le fonctionnaire en jouit au regard de la hiérarchie ; par exemple, le fonctionnaire a-t-il véritablement la liberté de conscience ? A-t-il la liberté de la presse, c'est-à-dire la liberté de publier sa pensée ? A-t-il une complète liberté d'association (question des associations amicales et des syndicats ? A-t-il la liberté d'aller et de venir ? Conserve-t-il la liberté du commerce et de l'industrie ? (non en principe), etc... ;

2° La question de la propriété est celle de la propriété de l'emploi ou de la fonction en tant qu'opposable à l'administration elle-même ; cette forme de propriété est essentiellement viagère et exclue du commerce : les fonctions publiques ne sont même pas dans le domaine public de l'État car elles sont constitutives de l'État lui-même ; il est bien remarquable que cet élément de la propriété viagère de la fonction surgisse spontanément au profit de tous les fonctionnaires qui ont vraiment un état (1).

(1) Voici comment doivent être entendus ces droits de propriété spéciaux : 1° ils ne portent jamais sur la totalité de la fonction, la puissance publique garde toujours une provision, c'est-à-dire se réserve certains droits de police qui lui permettent de rester maîtresse de la fonction ; cette provision varie suivant les fonctions, elle comporte en principe le droit de nommer, celui de supprimer ou de modifier la fonction, au moins à la résignation du titulaire ; elle peut comprendre, en outre, le droit de déplacer le fonctionnaire (comme dans l'état de l'officier), le droit de régler son avancement (comme dans l'état du magistrat), le droit de retirer momentanément l'emploi, etc. ; 2° les avantages de la fonction sur lesquels porte le droit de propriété du fonctionnaire sont matérialisés en un objet sensible, la chaire du professeur, le siège du magistrat, le grade de l'officier, etc ; chacun de ces objets représente un groupe d'avantages : ainsi, la chaire du professeur représente le droit à un certain poste, à un certain enseignement (sauf mise en congé), à un certain traitement, à un certain avancement ; le grade de l'officier représente le droit à un certain emploi, à un certain traitement, à un certain avancement, mais ne comporte pas de droit au poste ou à la résidence et n'empêche pas la mise en non-activité (Ces objets de propriété, chaire, siège, grade, etc., etc., n'absorbent pas nécessairement tout le titre de la fonction, ni même toutes les garanties de l'état du fonctionnaire. V. sur cette délicate question, S., 98. 3. 113, ma note) ; 3° le droit de propriété du fonctionnaire est essentiellement viager et exclu du commerce, il n'y a d'exception qu'en ce qui concerne les offices ministériels où le titulaire a le droit de présenter son successeur, moyennant finance, à la nomination du chef de l'État.

Les emplois publics ne sont pas des choses patrimoniales mais des éléments de la chose publique, c'est-à-dire de l'État lui-même. Il ne faut pas croire que la conception des fonctions comme choses publiques soit un retour à la patrimonialisation et, par conséquent, marque un recul du régime d'État vers le régime féodal.

Cela semble être la crainte de M. Duguit qui, pour cette raison, la combat et s'en

Au point de vue contentieux, l'état des fonctionnaires est protégé, soit par les juridictions disciplinaires, soit par le recours pour excès

tient, quant à lui, à la simple notion de compétences déterminées par la loi, mises provisoirement à la disposition des fonctionnaires (*Manuel de droit constitutionnel*, 1, p. 436, *L'État, les gouvernants et les agents*, p. 389 et s., 573 et s. Cf. Jèze, *Principes généraux du droit administratif*, p. 41); mais il y a chose et chose et, dans le régime d'État, il y a des choses qui sont de l'ordre de la souveraineté qui ne sont pas de l'ordre de la patrimonialité. Ce n'est, d'ailleurs, pas une raison pour que ces choses ne soient pas l'objet d'une sorte de propriété, car il y a des formes de propriété qui sont elles-mêmes de l'ordre de la souveraineté ou de l'ordre du pouvoir et qui ne sont pas de l'ordre de la patrimonialité.

Il y a, dans les choses et dans la propriété, à la fois des éléments politiques et des éléments économiques. Le régime d'État s'entend à séparer ces éléments, au rebours du régime féodal dont le propre était de les confondre. Le régime d'État a relégué dans la vie privée les éléments économiques et patrimoniaux des choses et de la propriété et il a conservé pour la vie publique leurs éléments politiques.

De l'occupation des fonctions publiques. — Comment, cependant, ces fonctions publiques, que nous déclarons n'être point des choses patrimoniales, sont-elles susceptibles d'occupation par le fonctionnaire? Parce qu'il est de la nature des choses d'être occupées et possédées et parce que, d'ailleurs, il y a une occupation et une possession qui sont de l'ordre de la souveraineté, ce qui est parfaitement connu du droit international public, lorsqu'il s'agit simplement de transporter dans la doctrine du droit public interne. Quand un État belligérant occupe un territoire ennemi, il s'empare des fonctions publiques, il occupe à la fois le territoire et les fonctions publiques, par une possession qui n'est point de l'ordre de la patrimonialité et qui est de l'ordre de la souveraineté (Cf. Irénée Lameire, *Théorie et pratique de la conquête dans l'ancien droit*, Introduction, Paris, 1902). Le fonctionnaire aussi n'a de sa fonction qu'une possession de l'ordre de la souveraineté, c'est-à-dire une possession dont est exclue toute idée de patrimonialité et qui ne retient que l'idée de pouvoir et de garantie.

Dans cette voie, qui conduit à considérer les fonctions publiques comme des choses et à reconnaître aux fonctionnaires certains droits d'occupation sur ces choses, il faut distinguer deux éléments de la fonction : il y a le *titre* ou *grade* et l'*emploi* (L. 30 nov. 1875, art. 10 : « Dans les fonctions où le grade est distinct de l'emploi, etc. »). Cette complication ne contribue pas peu à rendre la matière délicate, et cependant il faut encore en rendre raison.

Le titre ou grade est le droit sur la chose, l'emploi, l'exercice du droit ; un professeur titulaire en congé conserve le titre, c'est-à-dire le droit à la chaire, le chargé de cours qui fait son cours détient l'emploi ; bien souvent, d'ailleurs, le titre exprime l'essence d'une fonction qui s'exerce en plusieurs emplois distincts, mais de même ordre ; ainsi, un magistrat ayant le titre de juge au siège d'un tribunal de première instance peut être chargé, soit de l'instruction des procédures criminelles, soit des ordres hypothécaires, soit simplement du service des audiences, et cela rappelle toujours les rapports de la propriété et de la possession, car la propriété d'une chose s'exerce par des modes variés de possession.

Le titre et l'emploi sont dans une certaine relation, ainsi la propriété d'un titre donne un certain droit à un emploi correspondant (Cons. d'Ét., 19 nov. 1897, *Abbé Marin*, S., 98. 3. 113 et ma note; 9 juin 1899, *Toutain*); inversement, des changements d'emploi ne portent pas atteinte à la propriété du grade (Cons. d'Ét., 16 janv. 1903, *Boniquet*); la position par rapport à l'emploi caractérise aussi les principales *situations du fonctionnaire* : il est en *activité de service* lorsqu'il occupe son emploi, en *situation d'inactivité* lorsque momentanément il a cessé d'occuper son emploi

de pouvoir contre les décisions administratives qui contiendraient une violation des formes protectrices (1).

tout en conservant son titre (congé, disponibilité, retrait d'emploi), en *retraite*, lorsqu'il a définitivement cessé d'occuper l'emploi tout en conservant le titre.

Il n'est pas douteux que cet élément de la propriété des emplois, bien que non formellement exprimé par notre droit public, ne soit sous-entendu dans le tréfonds de nos institutions. On appréciera surtout la valeur symptomatique des remarques suivantes :

1º Les emplois publics établis d'une façon durable constituent des choses permanentes dans l'institution administrative.

En effet, les fonctions, emplois, postes, établis d'une façon durable, prennent une existence objective indépendante de celle du fonctionnaire ; un même poste voit passer une série de fonctionnaires différents, alors que sa propre identité demeure ; les attributions légales et les compétences sont attachées à la fonction beaucoup plus qu'au fonctionnaire ; on dit : la préfecture, la sous-préfecture, la mairie, le ministère, la présidence de la République ; on dit : une chaire de droit civil ou de droit romain, un poste de substitut ou de juge suppléant rétribué ; il existe des mesures administratives spéciales qui sont prises pour créer ces postes comme des choses, avant de nommer l'occupant ; on déclare une chaire *vacante* avant de nommer le titulaire, ce qui est bien constater officiellement qu'elle a une existence juridique indépendante de celui-ci, etc. Nous ne parlons même pas des offices ministériels, études de notaires ou d'avoués, qui sont si bien des choses qu'ils sont en partie dans le commerce, c'est un cas extrême sur lequel nous reviendrons ;

2º Le langage pratique et la terminologie juridique n'hésitent pas à qualifier le fonctionnaire de « titulaire d'un emploi public ». Nous lisons dans l'exposé des motifs du projet de loi déposé par le gouvernement le 25 mai 1909 sur le statut des fonctionnaires (*Journal officiel*, Doc. parl., Chambre, p. 1179) : « Le projet débute par la définition des fonctionnaires, elle est assez large pour englober *tous les titulaires d'emplois publics* » et l'article 1ᵉʳ du projet stipule : « Sont considérés comme fonctionnaires, pour l'application de la présente loi, tous ceux qui... occupent dans un *service public de l'État un emploi permanent.* » C'est qu'en effet l'expression « titulaire d'un emploi » est du même ordre d'idées que celle « d'occupant d'un emploi », le titulaire est celui qui occupe avec un titre juridique et tout cela relève des conceptions du droit réel et de la matière de la possession des choses ;

3º Les fonctionnaires privilégiés, qui ont ce qu'on appelle *un état*, ont en même temps une forte possession ou même une sorte de propriété de leur fonction, ou du moins de certains éléments de celle-ci, propriété du grade pour l'officier, de la chaire pour le professeur. Or, il est visible que l'état de ces fonctionnaires privilégiés n'est qu'un perfectionnement du statut des fonctionnaires ordinaires et qu'il est du même ordre.

C'est d'ailleurs à cet élément d'occupation d'un emploi que se rattachent les droits pécuniaires des fonctionnaires au traitement et à la pension de retraite, lesquels ne sont point, ainsi que nous le verrons, des formes de salaires, mais *des indemnités dont le droit éventuel est attaché à titre de bénéfice viager à la fonction publique et dont le droit acquis se réalise par le service fait* (V. *infra*).

(1) (Cons. d'Ét., 29 mars 1901, *Mazel;* 30 janv. 1903, *Sauvage*) ou bien qui contiendraient une violation de la loi et des règlements (Cons d'Ét., 13 mars 1852, *Mercier;* 19 nov. 1897, *Abbé Marin*, S., 98. 3. 113 et ma note; 3 déc. 1898, *Toutain;* 24 fév. 1899, *Viaud;* 11 déc. 1903, *Loi, Molinier;* 18 mars 1904, *Savary*, S., 1904. 3. 113 et ma note ; 1ᵉʳ juin 1906, *Alcindor;* 4 mai 1906, *Babin* et les conclusions de M. Romieu, Lebon, p. 364); soit, même, par le recours contentieux ordinaire, pour demander la réintégration dans son titre, son grade ou son emploi ou pour réclamer un rang d'ancien-

594   LES DROITS DES ADMINISTRATIONS PUBLIQUES

Fonctionnaires qui ont dès maintenant un état complet. — Le nombre des fonctionnaires qui ont un état complet, avec des libertés suffisantes et avec la propriété viagère de leur fonction, est très restreint. On peut citer, parmi ces fonctionnaires privilégiés, la catégorie des officiers de l'armée, celle des magistrats, celle des membres de l'enseignement, celle des officiers ministériels, celle des ingénieurs des ponts et chaussées et des ingénieurs des mines (1).

neté (Cons. d'Ét., 19 nov. 1897, *Abbé Marin;* 9 juin 1899, *Toulain;* 30 nov. 1900, *Viaud;* 19 juin 1903, *Ledochowski*).

(1) 1° *De l'état des officiers de l'armée de terre et de mer* (L. 19 mai 1834); *des contrôleurs de l'armée* (L. 16 mars 1882, art. 42); *des contrôleurs de la marine* (L. 2 mars 1902, art. 5); *des inspecteurs des colonies* (L. 31 mars 1903, art. 80). Il consiste en ce que les officiers ont sur leur grade un droit qui a la forme d'une propriété, bien que ce droit soit viager et entièrement hors du commerce. L. 19 mai 1834, art. 1er : « Le grade est conféré par le roi, il constitue l'état de l'officier. » Cf. Laferrière, *Juridiction administrative*, 2ᵉ édit., t. II, p. 34 : « Officiers propriétaires de leur grade. » Cf. Cons. d'Ét., 19 fév. 1875, *Prince Napoléon*, très affirmatif.

Le grade est le titre de la fonction, avec la modalité que lui donne sa hiérarchie. Au grade sont attachés à titre d'accessoires le droit à la solde, en partie, le droit à l'avancement ultérieur, grâce au principe de l'ancienneté (Cf. Laguens, *op. cit.*, p. 74); le droit aux honneurs et au costume, le droit à la pension de retraite (Cons. d'Ét., 13 déc. 1901, *Béasse*). Le poste n'est pas garanti par le grade, l'officier peut être déplacé pour un emploi de son grade selon les besoins du service.

Quant aux droits que le grade donne sur l'emploi, il faut distinguer : *a*) si l'officier est en activité ou rappelé à l'activité, il a un certain droit déterminé par des règlements à un des emplois de son grade; *b*) l'officier a droit à l'activité en ce sens que les positions de non-activité sont déterminées par les lois et règlements et qu'il y a des garanties dont doivent être entourées les décisions le plaçant dans une de ces positions. L. 19 mai 1834, art. 2. Les positions de l'officier sont l'activité et la disponibilité, la non-activité, la réforme, la retraite. V. les articles suivants, sur ces diverses positions et sur les garanties. V. Décr. 11 avril 1911, créant la position dite « en réserve spéciale ». Une partie du traitement est attachée à l'emploi, c'est-à-dire à la situation d'activité.

Les faits qui font perdre à l'officier son grade sont, d'après l'article 1er de la loi de 1834 : la démission acceptée par le chef de l'État ; la perte de la qualité de Français prononcée par jugement; la condamnation à une peine afflictive ou infamante; la condamnation à une peine correctionnelle pour certains délits ; la condamnation à une peine correctionnelle d'emprisonnement avec surveillance de la haute police et interdiction des droits civiques, civils et de famille ; la destitution prononcée par jugement du conseil de guerre. Il convient d'ajouter le bannissement des membres des familles ayant régné sur la France (L. 22 juin 1886).

Pour *l'état des officiers de réserve et de territoriale*, V. Décr. 31 août 1878 et 3 fév. 1880. Pour *l'état des sous-officiers rengagés ou commissionnés*, V. L. 18 mars 1889, art. 4. Ils ne peuvent être cassés ou forcés de rétrograder que par décision du commandant de corps d'armée, après conseil d'enquête dont font partie deux sous-officiers.

2° *De l'état des membres de la magistrature assise* (L. 30 août 1883, art. 13-16; 12 juill. 1918; 17 nov. 1918; 28 avril 1919). Les membres de la magistrature assise ont une sorte de propriété du *siège*, lequel est une forme du poste, qui leur assure une forte possession de leur titre et même de leur emploi : ils ne peuvent être déplacés, même pour un emploi équivalent, ou être mis à la retraite d'office, même

Réalisation progressive du statut légal et de l'état pour la masse des fonctionnaires. — Tandis qu'un petit nombre de fonctionnaires pour infirmités graves, que sur l'avis conforme d'une commission spéciale composée de membres de la Cour de cassation ; cette commission ne peut être saisie que par le garde des Sceaux et elle ne doit statuer ou donner son avis qu'après que le magistrat aura été entendu ou dûment appelé.

C'est là ce qu'on appelle l'*inamovibilité de la magistrature*; elle donne aux magistrats une certaine indépendance, qui serait plus grande assurément si la magistrature n'était pas un corps hiérarchisé et si le magistrat n'était pas tenu par l'espoir de l'avancement, c'est-à-dire par le passage d'un siège à un autre, ou bien si le siège donnait droit à l'avancement.

(Rappelons que la loi du 17 avril 1906, article 38, a prescrit l'institution d'un tableau d'avancement) (Règl. 13 fév. 1908 ; 10 déc. 1908 ; 8 janv. 1919, etc.).

Cette législation ne s'applique qu'aux magistrats de l'ordre judiciaire pourvus des fonctions de juge, fût-ce de celles de juge suppléant; mais les juges de paix ne sont pas inamovibles, les magistrats des colonies non plus. A noter que les conseillers maîtres de la Cour des comptes sont inamovibles, étant nommés à vie (L. 16 sept. 1807, art. 6).

3º *De l'état des professeurs de l'enseignement pourvus de chaire.* — a) *Enseignement supérieur.* — Les professeurs titulaires de l'enseignement supérieur ont une sorte de propriété de leur chaire (qui est encore une forme du poste) et qui leur donne une très forte possession de leur titre et même de leur emploi, en même temps qu'elle incarne certains avantages de classement et de traitement. La propriété de la chaire est protégée de la façon suivante : les professeurs titulaires ne peuvent être révoqués ou frappés de retrait d'emploi ou suspendus que par jugement du conseil de l'Université confirmé en appel par le conseil supérieur de l'instruction publique, par une décision prise aux deux tiers des suffrages (L. 27 fév. 1880, art. 7, modifié par L. 10 juill. 1896, art. 3). Cependant, le ministre peut prononcer la suspension pour un temps qui n'excédera pas un an, sans privation de traitement (L. 27 fév. 1880, art. 15). Ils peuvent être frappés de mutation pour emploi inférieur par le ministre, après avis conforme du conseil supérieur (L. 27 fév. 1880, art. 14); et de mutation pour emploi équivalent par le ministre, après avis conforme de la section permanente du conseil supérieur et après avoir été entendus par celle-ci (Décr. 28 déc. 1885, art. 34). Pour les peines disciplinaires moindres, ils relèvent en premier ressort du conseil de l'Université qui a été substitué au conseil académique (L. 27 fév. 1880, art. 11 modifié par L. 10 juill. 1896, art. 3) et, en appel, du conseil supérieur de l'instruction publique. Enfin, ils ne peuvent être admis à la retraite avant 70 ans que sur leur demande ou en cas d'impossibilité de remplir leurs fonctions, constatée par la section permanente du conseil supérieur de l'instruction publique (Décr. 4 nov. 1882, art. 1er; Décr. 28 déc. 1885, art. 39. V. Décr. 21 sept. 1916 fixant les cadres et les traitements)

b) *Enseignement secondaire.* — Même situation, sauf que, pour la mutation pour emploi inférieur, il suffit de l'avis de la section permanente (et qu'il n'est même pas besoin que cet avis soit conforme. L. 27 fév. 1880, art. 14) et que, pour la mutation pour emploi équivalent, aucune garantie n'existe (Cons. d'Ét., 8 déc. 1899, *Grenet*, S., 1900. 3. 41, la note ; 15 mars 1901, *Lautard* ; 2 fév. 1906, *Charpy*) (Pour les chargés de cours, V. Décr. 25 fév., 1897).

4º *De l'état des officiers ministériels* (L. 28 avril 1816, art. 88-91). — Les officiers ministériels, notaires, avoués, huissiers, greffiers, commissaires-priseurs, agents de change, avocats au Conseil d'État et à la Cour de cassation, sont des fonctionnaires publics. On a mis quelquefois cette qualité en doute parce qu'ils sont directement rémunérés par leur clientèle, mais il ne faut pas oublier que les offices de l'ancien régime, même ceux de judicature, outre les gages du roi, comportaient rémunération

privilégiés jouissaient ainsi de la stabilité de leur situation et de l'indépendance qu'elle donne, les autres, la grande masse, sans garanties contre les caprices de l'administration et surtout contre les exigences des hommes politiques, tremblaient dans une dépendance continuelle. C'est une loi historique, dans les périodes d'amélioration sociale, que les privilèges des uns deviennent le type selon lequel se modèle le droit de tous, et c'est une autre loi que de l'excès du mal naît le remède. A la suite de divers incidents et grâce à un mouvement d'opinion caractérisé (1), on peut aujourd'hui considérer le projet d'une loi sur le statut et sur l'état des fonctionnaires comme entré dans la période de réalisation. Un premier projet a été déposé par le gouvernement le 25 mai 1900 (*Journal officiel*, Doc. parl., Chambres, p. 1179) (2) et un second projet a été déposé le 1ᵉʳ juin 1920 (3).

---

directe par le public, épices, etc., et n'en étaient pas moins des fonctions publiques. Les officiers ministériels sont propriétaires de leur office (étude, charge, greffe) et cette propriété, à la différence de celle de la chaire, du grade, etc., est en partie dans le commerce; on distingue, en effet : *a*) la *finance* de l'office qui est le droit pour le titulaire de présenter son successeur à l'agrément du chef de l'État, moyennant finance, ce droit est patrimonial, transmissible aux héritiers dans certaines conditions ; *b*) la *provision* de l'office qui est le droit de nomination et de destitution, ainsi que le droit de suppression de l'office à la résignation du titulaire, elle reste inaliénable entre les mains de l'État. Les officiers ministériels ne peuvent perdre leur office que par une destitution entourée de très grandes garanties (pour les notaires, V. L. 25 vent. an XI, art. 53, non modifié par celle du 12 août 1902, et pour les autres officiers ministériels, L. 10 mars 1898).

MM. Chante-Grellet et Pichat, *op. cit.*, n° 33, dénient aux notaires et avoués la qualité de fonctionnaires publics, parce qu'ils ne reçoivent pas de commission de la puissance publique et ne sont que des mandataires des parties. Cela n'est pas très sûr. Aux colonies, les notaires sont commissionnés d'une façon apparente et rien n'empêche dans la métropole de sous-entendre cette commission; quant aux avoués, en dirigeant la procédure, ils remplissent l'office du juge autant qu'ils représentent les parties.

Sur la façon dont s'est rétablie la vénalité des offices ministériels, V. Laferrière, *Des décrets de suppression d'offices ministériels*, Revue critique, 1873, p. 692 et s. — Sur les conditions et sur les conséquences de la suppression d'office, où s'accuse de plus en plus la police de l'administration, V. notes dans S., 97. 3. 97; 1902. 3. 1 sous Cons. d'Ét., 22 mars 1901, Roz.

Des offices ministériels on peut rapprocher les commissions des maîtres tailleurs de régiment. V. Cons. d'Ét., 7 août 1911, Montagnac.

5° *Les ingénieurs des ponts et chaussées*, et ceux des mines qui leur sont assimilés, ont aussi un état en ce sens qu'ils ne peuvent être révoqués que sur l'avis conforme du conseil général des ponts et chaussées (Décr. 13 oct. 1851, art. 25 ; L. 24 déc. 1907).

(1) On trouvera la genèse de ce mouvement parfaitement racontée dans l'excellent ouvrage de M. Demartial cité plus haut. V. aussi Bonnard, *La crise du fonctionnarisme*, brochure, 1907 ; Georgin, *Le statut des fonctionnaires*, Paris, 1912.

(2) Il a été l'objet d'un rapport de M. Maginot (1214. 12 juill. 1911, 21).

(3) Voici les grandes lignes de ce projet : quatre questions ont préoccupé le gouvernement : La question du recrutement et de l'avancement des fonctionnaires, celle

En attendant le vote de cette loi complète, des lois spéciales ont été votées, l'une du 23 octobre 1919 sur les employés municipaux,

de la discipline dans la fonction publique, celle de l'organisation même du service public, celle, enfin, des groupements des fonctionnaires.

Après avoir défini le fonctionnaire, le projet de loi détermine les principes généraux qui régleront l'entrée et l'avancement dans la fonction publique ; ses dispositions, à cet égard, s'inspirent de la ferme volonté de prémunir le fonctionnaire contre tout arbitraire et contre tout favoritisme, sous réserve des exceptions légales qu'exige l'intérêt même du bon fonctionnement de certains services publics.

Le concours ou l'examen, confirmé par un stage probatoire, sera la règle du recrutement des fonctionnaires ; de même pour l'avancement la garantie de l'intervention du conseil d'avancement est accordée à tous les fonctionnaires ; enfin, une disposition générale fixe la proportion entre le choix et l'ancienneté pour les promotions de classe.

Le gouvernement a tenu à affirmer le principe de la responsabilité du fonctionnaire, qui doit remplir toutes les obligations que lui impose la loi, et n'user de ses droits que dans la mesure et les conditions prévues par elle.

Le projet accorde d'ailleurs aux fonctionnaires, en matière disciplinaire, toutes les garanties : intervention du conseil de discipline, faculté d'appel au conseil administratif supérieur, etc.

Dans certains cas, toutefois, ces garanties pourront être suspendues : dans les cas graves ou urgents, notamment, le ministre ou son délégué aura le droit de suspendre le fonctionnaire présumé coupable, en attendant la décision du conseil de discipline. De même, en cas de cessation concertée ou simultanée du service ; une grève de fonctionnaires ne saurait, en effet, être admise dans l'intérêt général. S'inspirant de l'expérience, déjà mise à profit depuis plusieurs années dans certains services, le gouvernement propose d'instituer dans les différents services publics un conseil administratif, qui éclairera le chef de ses avis et de ses vœux. Dans ce conseil, délibéreront, à côté des techniciens de l'administration, des représentants de ceux pour qui le service fonctionne et aussi des représentants de ceux qui concourent à son fonctionnement.

Les conseils ainsi constitués pourront être consultés sur toutes les mesures intéressant l'organisation ou le fonctionnement des services ; ils pourront émettre des vœux sur les mêmes objets ; ils siégeront, en outre, comme conseils d'avancement et comme conseils de discipline.

Enfin, pour mettre de l'unité dans l'action de ces différents comités, un conseil administratif supérieur, qui se constituera en juridiction d'appel, est institué à la présidence du conseil. Enfin, en ce qui concerne la question des groupements des fonctionnaires, le projet consacre le droit d'association dans les conditions de la loi de 1901 ; mais il refuse aux fonctionnaires la faculté de mettre leurs associations sous les auspices de la loi de 1884.

Le projet prévoit que les unions de groupements ne peuvent se former qu'entre fonctionnaires appartenant à une même administration centrale ou à un même service extérieur.

Les groupements de fonctionnaires seront tenus de se déclarer à l'autorité compétente. Toutes facilités leur seront d'ailleurs assurées pour remplir leur mission ; la capacité civile étendue, conférée aux syndicats par les lois du 21 mars 1884 et du 12 mars 1920, leur sera concédée.

Les groupements, organes de défense des intérêts corporatifs des fonctionnaires, pourront déférer directement aux chefs de services, au ministre ou à la juridiction compétente toutes mesures qui paraîtraient porter atteinte à leurs intérêts ; en cas d'infraction aux prescriptions législatives, d'agissements extraprofessionnels, le grou-

l'autre du 1er avril 1920 sur les employés des préfectures et sous-préfectures. En outre, certaines prescriptions de détail ont été établies par des lois spéciales et aussi certaines pratiques se sont établies :

a) *Loi sur la communication des notes individuelles.* — La plus importante des prescriptions spéciales est celle de l'article 65 de la loi du 22 avril 1905 ainsi conçue : « Tous les fonctionnaires civils et militaires, tous les employés et ouvriers de toutes administrations publiques ont droit à la communication personnelle et confidentielle de toutes les notes, feuilles signalétiques et de tous autres documents composant leur dossier, soit avant d'être l'objet d'une mesure disciplinaire ou d'un déplacement d'office, soit avant d'être retardés dans leur avancement à l'ancienneté. »

Le commentaire de cette disposition appelle les observations suivantes :

1° Elle peut être invoquée par tous les fonctionnaires civils ou militaires, employés et ouvriers de toutes administrations publiques, pourvu qu'il y ait *emploi public attribué par nomination* (1);

2° Elle s'applique dans trois cas : la mesure disciplinaire (2), le déplacement d'office, le retard dans l'avancement à l'ancienneté;

3° Elle oblige simplement l'administration à avertir l'intéressé qu'il se trouve sous le coup d'une des trois espèces de mesures précitées : c'est ensuite à l'intéressé à demander la communication de son dossier et à présenter sa justification (3);

---

pement sera tenu pour solidairement et civilement responsable et sa dissolution pourra être prononcée.

Le projet de loi s'appliquera, en principe, à tous les services publics civils régis par l'État, par conséquent, en principe, à tous les fonctionnaires civils de l'État. Seuls en seront exceptés les fonctionnaires d'ordre tout à fait supérieur, en nombre, d'ailleurs, très restreint, qui sont les collaborateurs immédiats et constants du gouvernement ; de même, le personnel ouvrier, qui ne rentre pas à proprement parler dans la définition du fonctionnaire, et les agents temporaires, demeureront en dehors de l'application du projet de loi. Les garanties particulières prévues en faveur de certaines catégories spéciales de fonctionnaires, notamment les magistrats et les membres de l'enseignement public, sont maintenues.

(1) Ainsi elle s'applique même à un sonneur civil communal (Cons. d'Ét., 13 juin 1913, *Lemineur*) et il n'est pas nécessaire que le fonctionnaire ait été nommé par arrêté (Cons. d'Ét., 2 juin 1916, *Auroux*), mais il faut qu'il y ait emploi public (Cons. d'Ét., 20 mars 1914, *Bessières*) et emploi attribué par nomination ; elle ne s'applique pas aux cas de révocation de personnages électifs. (Cons. d'Ét., 30 janv. 1914, *Claverie*).

(2) Sur la définition de la *mesure disciplinaire*, au sens de la loi de 1905, V. Cons. d'Ét., 9 fév. 1906, *de Quinemond*; 23 mars 1906, *de Béville*; 16 juill. 1915, *Cousin*, 19 janv. 1917, *Oberlé* ; la mise à la retraite d'office n'est pas une mesure disciplinaire.

(3) L'application littérale du texte, dit M. le commissaire du gouvernement Tardieu dans ses conclusions sous Cons. d'Ét., 7 août 1909, *Winkell* (S., 1909. 3. 145), aurait

4° Ajoutons que, même s'il n'y a pas de dossier à communiquer, il doit toujours y avoir avertissement, de façon que le fonctionnaire puisse présenter sa justification (Cons. d'Ét., 4 août 1913, *Cafford*); que le dossier communiqué doit être complet (Cons. d'Ét., 4 avril

conduit à décider qu'avant de prendre l'une des mesures prévues à l'article 65, l'administration devait prendre l'initiative et devait automatiquement aviser l'intéressé de la mesure dont il allait être l'objet, et l'informer en même temps qu'il pourrait venir prendre communication de son dossier. Les nombreuses espèces dans lesquelles cette question a été posée devant vous, vous ont révélé l'impossibilité d'adopter une interprétation aussi étroite de cet article 65. Vous avez tenté de lui faire produire tous ces effets utiles, sans cependant compromettre le bon fonctionnement des services publics et l'autorité légitime des supérieurs hiérarchiques. Pour cela, tout en proclamant, comme vous l'avez fait dans une décision du 22 mai 1908, *Beaudelot* (S. et P., 1908. 3. 157; *Pandecte périodique*, 1908. 3. 157), « que cette disposition de loi a pour but d'empêcher qu'aucun fonctionnaire ou employé puisse être frappé d'une peine disciplinaire sans avoir été avisé de la mesure prise contre lui et sans avoir été ainsi mis à même de présenter ses moyens de défense », vous avez admis que c'était à ceux auxquels un droit avait été accordé qu'il appartenait de le faire valoir, quand ils le jugeaient utile à leurs intérêts. Combinant ces deux idées, vous avez adopté la jurisprudence suivante : Quand la mesure disciplinaire ou le déplacement d'office intervient à l'improviste, sans que l'intéressé ait été prévenu du coup qui le menaçait et mis à même de le parer en présentant ses explications et moyens de défense, vous annulez la mesure, quelle qu'elle soit, qui fait grief au fonctionnaire. Vous avez ainsi annulé, pour défaut de communication du dossier, des révocations, des destitutions, des peines disciplinaires, des déplacements d'office (Cons. d'Ét., 6 juill. 1906, *Nicol*, S. et P., 1908. 3. 157; 22 nov. 1907, *Carrière*; 27 déc. 1907, *Grémillet*; 27 déc. 1907, *Parenteau*; 21 fév. 1908, *Busoni*; S. et P., 1908. 3. 157; 28 fév. 1908, *Franco*; 15 mai 1908, *André*; 22 mai 1908, *Beaudelot*, précité; 22 mai 1908, *Guéry*; 22 mai 1908, *Mayoux*; 5 déc. 1908, *Serres*; 10 mars 1909, *Rullac*; 25 juin 1909, *Sambat*; 25 juin 1909, *Janvion*; 6 août 1909, *Hugues*; 6 août 1909, *Vilar*; 8 juill. 1910, *Danger*; 22 juill. 1910, *Dussol*, etc.). Ainsi, toutes les fois que l'administration a frappé ou déplacé un fonctionnaire sans le prévenir, vous avez annulé pour violation de la loi de 1905.

» Mais quand elle a avisé l'intéressé qu'il était sous le coup d'une mesure disciplinaire ou d'un déplacement, vous avez décidé que le fonctionnaire se trouvait, par cet avertissement même, mis en demeure de réclamer la communication intégrale de son dossier, et, s'il n'avait pas usé de cette faculté, en admettant qu'il ait eu un délai suffisant pour l'exercer, vous avez déclaré qu'il ne pouvait se prévaloir de l'absence de cette communication pour faire tomber la mesure prise contre lui (Cons. d'Ét., 8 juill. 1910, *Rup*).

» Quelle forme doit revêtir cet avertissement ? Dans toutes les espèces ci-dessus, portant sur des cas individuels, nous trouvons un avertissement individuel, qui constitue l'intéressé en demeure d'exercer son droit. »

Voici, d'ailleurs, le texte d'une décision du Conseil d'État du 25 juin 1909, *Janvion* : « Considérant qu'il résulte de l'instruction que le sieur Janvion a été convoqué le 23 avril 1907 dans le cabinet du chef du personnel de la préfecture de la Seine et qu'il a été avisé par ce fonctionnaire qu'il allait être déféré au conseil de discipline...; que le sieur Janvion se trouvait ainsi mis en demeure d'user du droit de réclamer la communication de son dossier, s'il estimait que cette communication fût utile à sa défense; qu'il s'est borné à présenter des observations écrites, etc.; que, dans ces circonstances, le requérant n'est pas fondé à prétendre qu'il a été privé de la garantie que lui assurait la disposition législative ci-dessus rappelée. »

1914, de Pelacot); que la communication du dossier peut être réclamée à chaque nouvelle menace de punition disciplinaire (Cons. d'Ét., 22 fév. 1907, Mamet); qu'elle est nécessaire, même si le fonctionnaire est frappé pour faits commis en dehors de sa fonction (Cons. d'Ét., 23 juin 1911, Guiraud); qu'elle n'est pas nécessaire si la révocation est prononcée pour faits de grève, cas où cette garantie se trouve suspendue (Cons. d'Ét., 7 août 1909, Winkel, S., 1909. 3. 145 et ma note; 6 août 1910, Amalric; 1er mars 1912, Tichit, S., 13. 3. 137 et ma note);

5° La sanction de cette disposition de loi est l'annulation de la mesure prise contre le fonctionnaire sans que la communication du dossier ait été régulièrement faite : annulation par recours pour excès de pouvoir pour vice de forme : mais il n'appartient point au Conseil d'État de prescrire lui-même la communication (Cons. d'Ét., 25 juin 1909, Dauteroche).

b) *Pratique des associations de fonctionnaires.* — D'un autre côté, une pratique s'est établie qui a singulièrement fortifié en fait la situation des fonctionnaires, c'est celle de la formation des *associations amicales* qui ont pris en main la défense des intérêts de carrière de leurs adhérents et qui sont entrées en collaboration avec les chefs hiérarchiques, non sans intenter aussi, parfois, des recours pour excès de pouvoir pour faire annuler celles des décisions ministérielles qui leur paraissaient abusives (1).

(1) La légalité de ces *associations amicales de fonctionnaires*, qu'il ne faut pas confondre avec les *syndicats de fonctionnaires*, a été contestée, mais la question manque désormais d'intérêt; elles sont entrées dans les mœurs, le Conseil d'État les admet à ester en justice, les projets de lois gouvernementaux en consacrent la légalité et admettent même leur personnalité élargie dans les termes de la loi du 12 mars 1920. La barrière est désormais établie devant le seul syndicat professionnel qui entraînerait l'affiliation des syndicats de fonctionnaires à la C. G. T., et par conséquent leur subordination vis-à-vis des organisations ouvrières, subordination qui entraînerait celle de l'État lui-même et qui, par là même, est inacceptable. Sur l'illégalité des syndicats de fonctionnaires, V. Bry, *Législation industrielle*, 5e édit., p. 530; Chavegrin, note dans S., 1912. 2. 1; spécialement, sur l'illégalité des syndicats d'instituteurs, V. Trib. corr. de la Seine, 23 oct. 1912; Cour de Paris, 24 nov. 1912; sur celle du syndicat des postiers, Cour de Paris, 27 oct. 1910, Lemonon, S., 16. 2. 97, note Bonnecase.

Sur la question de la grève des fonctionnaires, V. ma note dans S., 1909. 3. 145, sous l'affaire *Winkel*, et dans S., 13. 3. 137, celle sous l'affaire *Tichit*.

Il n'y a pas les mêmes raisons de proscrire les *associations de fonctionnaires*. D'abord, la loi du 1er juillet 1901 sur la liberté d'association n'est pas, comme celle de 1884 sur les syndicats, une loi relative à des organisations de la vie privée, elle est une loi générale intéressant la vie publique aussi bien que la vie privée et, par exemple, elle a toujours été conçue comme s'appliquant à des lignes politiques et électorales. Ensuite, les associations de fonctionnaires ne sont pas des associations *professionnelles* au sens du syndicat professionnel, c'est-à-dire qu'elles n'émettent aucunement la prétention de transformer la fonction publique en une simple profes-

§ 3. — Les droits pécuniaires des fonctionnaires.

A raison de la fonction qui leur est attribuée et de la collaboration qu'ils apportent à l'exécution des services publics, les fonctionnaires acquièrent des droits pécuniaires, soit à un traitement, soit à une pension (1).

Pour comprendre la véritable nature de ces droits pécuniaires des fonctionnaires, il est bon de distinguer entre le droit éventuel et le droit acquis.

Le traitement et la pension sont foncièrement des indemnités dont le droit éventuel est attaché à titre de bénéfice viager à la fonction publique et dont le droit acquis se réalise par le service fait (2).

Nous nous occuperons successivement des traitements et des pensions :

---

sion de la vie privée, sur laquelle le corps des fonctionnaires mettrait la main pour la réglementer et en bénéficier. Les associations de fonctionnaires respectent la transcendance de la fonction publique ; leur objet est la sauvegarde des intérêts *de carrière* ; or, la carrière n'est pas la fonction. La carrière est un élément subjectif détachable de la fonction, c'est une sorte de *cursus honorum* à travers les cadres de l'institution administrative, dans lequel les questions capitales sont celles de l'avancement, des garanties contre le déplacement et la révocation, des augmentations de traitement, etc.

Elles sont donc certainement légales à la condition que rien, dans leurs statuts, n'annonce la prétention de réglementer la fonction, ni de s'immiscer dans la direction hiérarchique ; il faut appliquer à l'interprétation de leurs statuts la distinction que nous avons formulée à propos des associations des pères de famille (*supra*, p. 351). entre la prétention de s'immiscer dans l'action administrative et celle de s'immiscer simplement dans le contrôle de l'action ; autant le premier objet serait illicite, autant le second est licite. Elles peuvent donc très légalement et très utilement être des instruments de contrôle du pouvoir ministériel.

Sur la querelle rétrospective relative à cette question, V. comme hostiles aux associations de fonctionnaires : Esmein, *Droit constitutionnel*, 5ᵉ édit., p. 635 ; Larnaude, *Les syndicats des fonctionnaires, Bulletin de la Société générale des prisons*, 1906, p. 844 ; Garçon, *eod.* p. 856 ; Fernand Faure, *Revue politique et parlementaire*, 1907, t. II, p. 239 ; Berthélemy, *Droit administratif*, 7ᵉ édit., p. 53 ; Chavegrin, note dans S., 12. 2. 1. Comme opinion favorable, V. mes notes dans S., 1909. 3. 1 et dans S., 13. 3. 33, sous Cons. d'Ét., 16 juin 1911, *Empis*.

(1) Ils n'acquièrent pas ces droits pécuniaires en vertu d'un contrat préexistant réglant toute leur situation ; il n'y a pas droit contractuel au traitement à venir, pas plus qu'à la pension à venir (Cons. d'Ét., 2 août 1916, *Chorin-Dominel*). V. *supra*, p. 573 et s.

(2) Les *traitements et pensions* des fonctionnaires sont des *indemnités*, comme la *solde* du soldat, comme les *honoraires* des professions libérales, comme les *indemnités* des mandats électifs, ce ne sont pas des salaires. — La seule difficulté est dans la qualification du droit éventuel à ces indemnités, étant donné qu'elles restent éventuelles jusqu'au moment où le service fait les rend définitivement acquises, ce qui arrive pour les traitements à la fin de chaque mois, pour chaque mensualité, et, pour la pension, en une seule fois, à 60 ans d'âge et trente ans de service. La solution donnée au texte, tirée de l'idée d'un bénéfice viager attaché à la fonction publique et soumis à la précarité de la réglementation, paraît satisfaisante.

A. *Les traitements des fonctionnaires.* — Il y a lieu de distinguer le droit éventuel au traitement et le droit acquis : 1° le droit éventuel au traitement n'est fondé que sur les lois et règlements, il est attaché partie au titre de la fonction, afin qu'il ne soit pas entièrement à la merci des suspensions ou des mutations d'emploi (V. une application dans Cons. d'Ét.; 9 juin 1899, *Toutain*), partie à l'emploi, parce qu'il est juste qu'une activité plus ou moins grande et d'un ordre plus ou moins relevé soit plus ou moins rétribuée ; 2° le droit acquis au traitement se réalise mensuellement après le service fait (1).

Les traitements des fonctionnaires de l'État font partie de la dette publique, ils sont payables par douzièmes échus, après liquidation et ordonnancement faits par l'autorité compétente. Chaque douzième échu est une dette véritable de l'État et donne lieu à un contentieux de pleine juridiction, pour les difficultés qui peuvent s'élever sur la liquidation (2). Les traitements des fonctionnaires sont en partie insaisissables (L. 21 vent. an IX et 12 janv. 1895, combinées) (3).

En principe, les fonctions publiques peuvent être cumulées, les traitements aussi, mais pas en entier (4).

B. *Les pensions de retraite du personnel soumis à retenue* (L. 9 juin 1853, L. 30 déc. 1913) (5). — *La pension est une indemnité, à titre de*

---

(1) Ou si c'est par la faute de l'administration que le fonctionnaire n'a pu exécuter son service (*Toutain*, précité) ; il se réalise alors même que l'emploi est supprimé, si en fait les services ont continué (Cons. d'Ét., 9 juin 1899, *Bergeon*. Cf. 1er juin 1900, *dame Moreau*).

(2) Laferrière, *op. cit.*, t. II, p. 198. Cf. S., 99. 3. 49, la note ; Cons. d'Ét., 7 août 1900, *Deschamps*; 30 janv. 1903, *Lambert*; 8 mars 1912, *Crivelli*.

(3) V. la loi du 17 avril 1906, art. 31, sur le paiement, entre les mains de la veuve, des proratas de traitements restant dus au décès du titulaire. Sur la question des congés avec traitement intégral ou diminution de traitement, V. Décr. 9 nov. 1853, art. 2 et s., et Cons. d'Ét., 25 juill. 1913, *Georges*.

(4) Le principe a été posé, en cette matière, par la loi du 28 avril 1816 ; il a été repris et développé par l'ordonnance du 31 mai 1838, article 44, et par le décret du 31 mai 1862, article 65 : « Il est interdit de cumuler en entier les traitements de plusieurs places, emplois ou commissions : en cas de cumul des deux traitements, le moindre est réduit de moitié ; en cas de cumul de trois traitements, le troisième est en outre réduit au quart, et ainsi de suite, en observant cette proportion ; mais cette réduction n'a pas lieu pour les traitements cumulés qui sont au-dessous de 3.000 fr., ni pour les traitements plus élevés qui en sont dispensés par les lois. » Par exception (Décr. 31 mai 1862, art. 66) : « Les professeurs, les savants, les gens de lettres et artistes peuvent, sans qu'il leur soit fait application de la règle ci-dessus, remplir plusieurs fonctions et occuper plusieurs chaires rétribuées sur les fonds du Trésor public ; néanmoins le montant des traitements, tant fixes qu'éventuels, ne peut dépasser 20.000 francs. » Il y a aussi des règles sur le non-cumul des traitements avec l'indemnité de sénateur ou de député (V. plus haut, p. 183). Il y a des règles sur le cumul des traitements et des pensions de retraite, V. *infra*, *Pensions*. Enfin, V. L. 5 août 1914 relative au cumul des traitements civils avec la solde militaire en cas de mobilisation.

(5) *Bibliographie* : Bavelier, *Traité des pensions*, 2 vol., 1885 ; Ourry, *Dictionnaire des pensions*, 1 vol., 1874 ; Laferrière, *Juridiction administrative*, t. II, p. 202 et s. ;

traitement différé, servie sous forme de rente viagère au fonctionnaire qui est placé dans la situation de retraite, lorsque certaines conditions sont réunies.

L'idée que la pension de retraite est un traitement différé s'impose de plus en plus, à mesure que s'établit davantage la base de la retenue ; sans doute, il y a d'autres éléments, il y a un élément de tontine, un élément de subvention de l'État, mais la retenue sur le traitement reste la base, et la pension de retraite est essentiellement la restitution, pendant la durée de la retraite, du traitement retenu pendant la période d'activité.

Cette définition juridique de la pension de retraite est susceptible de produire des conséquences juridiques que nous rencontrerons plus loin (Cf. ma note dans S., 1905. 3. 145, sous Cons. d'Ét., 16 nov. 1904, *Fauveau*) (1).

L'institution des pensions de retraite du personnel soumis à retenue est particulière à chacune des personnes morales administratives ; il y a un service des pensions de l'État, chaque département a le sien, chaque commune peut avoir le sien ; il n'y a pas de communication complète entre ces diverses organisations (2).

Le régime des pensions est le détail le plus significatif qui prouve que l'administration est une institution reposant sur des bases morales ; il signifie en effet que l'administration s'attache au fonctionnaire en le prenant à sa charge pour la vie entière et, en retour, il est le grand mobile qui a déterminé le fonctionnaire à s'attacher à l'administration pour toute sa carrière. Aussi, bien que les pensions civiles soient une lourde charge pour les budgets, il ne faut point s'attendre à les voir supprimer (3).

Jèze, *Éléments de la science des finances*, 5ᵉ édit. ; Delpech, vᵒ *Pensions*, Répert. Fuzier-Herman.

(1) Par exemple, elle explique le cumul de la pension pour infirmité contractée dans le service avec l'indemnité obtenue en réparation de l'accident lui-même.

(2) Les années de service passées dans une administration locale ne sont comptées que sous certaines conditions pour le calcul de la pension d'État, à supposer qu'un même fonctionnaire ait appartenu successivement à une administration locale et à l'administration de l'État (L. 30 déc. 1913, art. 32) et avant cette loi elles n'étaient pas comptées du tout (Cons. d'Ét., 27 fév. 1891, *Causse*). Le défaut de communication reste complet de commune à commune. En ce qui concerne les départements, il faut observer : 1ᵒ que les employés de la préfecture payés sur fonds d'abonnement constituent un personnel assimilé à celui de l'État (L. 9 juin 1853, art. 9) ; 2ᵒ que pour le personnel des agents voyers la communication existe aussi (Cons. d'Ét., 16 janv. 1903 *Colomiès*). C'est une preuve de l'indépendance des diverses administrations, mais cet état de choses n'est pas sans inconvénients pour le personnel civil.

(3) Au 1ᵉʳ janvier 1911, il y avait 313.605 fonctionnaires civils d'État pensionnés en vertu de la loi de 1853, dont 80.177 dans les services sédentaires, retraités à 60 ans d'âge et trente ans de service, et 233.428 dans les services actifs, retraités à 50 ans d'âge et vingt-cinq ans de service.

La raison qui a fait établir le régime des pensions subsiste toujours avec la même

Les pensions civiles de l'État (L. 9 juin 1853). — La loi du 9 juin 1853 a supprimé les caisses spéciales qui avaient primitivement été créées dans les divers services, qui étaient alimentées par des versements des fonctionnaires eux-mêmes, mais qui avaient constamment besoin de subventions de l'État. Elle a rendu l'État directement débiteur des pensions sur son budget, mais en maintenant les versements des fonctionnaires et en stipulant que, chaque fois que le chiffre des pensions à créer dépasserait le chiffre des extinctions, un crédit spécial devrait être demandé au Parlement (art. 20) (1).

Le régime de la loi du 9 juin 1853 forme le droit commun, on l'appelle le régime du *personnel soumis à retenue*. — Il ne s'applique directement qu'au personnel des fonctionnaires d'État, mais le type

gravité. D'une part, il est nécessaire qu'il y ait, dans les fonctions publiques, une limite d'âge au delà de laquelle le fonctionnaire puisse être remercié, sans cela on tomberait dans le gérontisme. D'autre part, on hésitera toujours à remercier, et par conséquent à priver de son traitement d'activité, un serviteur dont la vieillesse ne serait pas mise à l'abri du besoin par une rente viagère. La pension de retraite est le seul moyen pratique d'obtenir le rajeunissement des cadres.

A cette raison fondamentale viennent s'en joindre d'autres : 1° supprimer en tout ou en partie les pensions et laisser au fonctionnaire le soin de se constituer lui-même une rente viagère pour sa vieillesse, c'est, à bref délai, s'obliger à relever les traitements. Il est clair, en effet, que les serviteurs de l'État font entrer l'éventualité de la pension dans les calculs qui décident du choix de leur carrière, car la pension n'est qu'un traitement différé (Cons. d'Ét., 18 nov. 1904, *Fauveau*, S., 1905. 3. 145, ma note), et qu'ils verraient, au fond, dans la restriction des pensions, une diminution de traitement; 2° supprimer les pensions, c'est relâcher d'une façon grave les liens qui attachent le fonctionnaire à l'État. La pension attache le fonctionnaire, celui-ci éprouve une répugnance bien naturelle à donner sa démission, parce qu'elle lui ferait perdre les droits qu'il a déjà acquis à la pension. De son côté, l'administration hésite à révoquer le fonctionnaire dans des conditions qui lui enlèveraient ses droits à la pension. L'État pourrait perdre à ce que ces liens réciproques fussent brisés ; 3° enfin, l'institution des pensions se généralise, elle tend à s'imposer aux entreprises industrielles, les compagnies de chemins de fer ont des caisses, les compagnies minières ont des caisses obligatoires (L. 29 fév. 1894), beaucoup d'entreprises industrielles ont des caisses qui ont été réglementées par la loi du 27 déc. 1895, D. R., 14 oct. 1897 ; désormais les caisses patronales sont autorisées et soumises à l'inspection des finances ; enfin la loi du 5 avril 1910 a organisé les retraites ouvrières et paysannes ; ce n'est pas au moment où l'institution se propage hors de l'administration publique qu'on peut songer à la restreindre dans l'administration.

Il faut donc chercher à perfectionner le système des pensions publiques et non pas à les supprimer. V. dans Jèze, *op. cit.*, l'examen critique de la législation française sur les pensions et les projets de réforme. V. aussi la loi italienne sur les pensions, du 15 juin 1893, dont les dispositions sont très humaines (*Revue générale d'administration*, 1893, t. II, p. 478.

(1) On n'a donc pas créé une caisse nationale des pensions, avec dotation initiale et capitalisation des versements, qui eût servi les arrérages des pensions sur ses revenus annuels et en eût affranchi le budget. C'eût été la véritable solution, elle n'a pas été admise par suite d'une timidité financière qui, à distance, nous paraît singulièrement fâcheuse. Résultat : tous les ans, le poids des pensions pèse sur le budget, qui bénéficie des versements mais supporte la charge des arrérages.

en a été imité par les règlements des pensions départementales et communales (1).

Il y a lieu de distinguer le droit éventuel à pension et la réalisation de ce droit, c'est-à-dire sa transformation en un droit acquis.

a) *Les conditions du droit éventuel à pension.* — Jusqu'à ce que le fonctionnaire ait été placé dans la situation de retraite, son droit à pension est purement éventuel et le versement des retenues lui-même ne lui donne aucun caractère acquis (2). Le fonctionnaire qui est révoqué ou qui démissionne perd son droit à pension et ne peut même pas demander le remboursement des retenues qu'il a versées (3).

Cette législation, très dure, est corrigée par la jurisprudence du Conseil d'État qui, depuis quelques années, tend à l'humaniser en s'inspirant de l'idée très juste que, la pension n'étant qu'un « traitement différé », il convient de restituer cette part de traitement toutes les fois qu'un accident interrompt la carrière du fonctionnaire et pour peu que la loi s'y prête.

L'existence du droit éventuel est elle-même soumise à des conditions qui sont relatives à la qualité des fonctionnaires, au versement des retenues, à la durée des services, à l'âge requis, et aux éléments du calcul :

1° *Des fonctionnaires qui peuvent bénéficier de la loi de 1853.* — Ce sont : 1° les fonctionnaires ou employés directement rétribués par

---

(1) Il ne s'applique d'ailleurs pas au petit personnel des salariés de l'État; V. *supra*, p. 578.

(2) Laferrière, *op. cit.*, 2ᵉ édit., t. II, p. 195, s'exprime ainsi : « Le fonctionnaire ne peut pas se prévaloir de ces prélèvements pour soutenir qu'il a le droit de conserver son emploi jusqu'à ce qu'il ait atteint l'âge et le temps de service requis pour la retraite, ni pour réclamer le remboursement des retenues lorsqu'il quitte le service sans obtenir de pension » (Cons. d'Ét., 20 fév. 1868, *Tournier*; 13 déc. 1889, *Cadot*, etc., etc.). « Par une juste réciprocité, nous ne pensons pas que l'État puisse assimiler le défaut de versement des retenues à une inexécution du contrat imputable au fonctionnaire et autorisant l'État à décliner en tout ou en partie ses propres obligations; l'article 18, § 5, de la loi du 9 juin 1853 dit que la pension n'est liquidée que pour le temps pendant lequel les fonctionnaires *auront subi la retenue*. » Mais cela veut dire que l'on ne tiendra compte que de ce temps dans le calcul, cela ne veut pas dire que l'interruption dans les versements entraînera déchéance. Du reste, l'omission vient de l'État, c'est lui qui omet de faire la retenue, il ne serait ni juridique ni équitable que cela préjudiciât au fonctionnaire (il y a eu quelques hésitations : avis de la section des finances, 12 nov. 1878; autres avis, 7 juill. 1880. Mais avis 12 juill. 1892, *Larue* : « Si le défaut de retenue peut motiver un arrêté de débet, il ne saurait faire obstacle à la reconnaissance du droit à pension », enfin, décisions contentieuses dans le même sens : 24 janv. 1879, *Michelet*; 3 janv. 1881, *Bernard*, et surtout 3 mars 1898, *Rassaya* ; 29 mars 1901, *Etcheberry*).

(3) Quant au montant, la pension sera liquidée conformément à la législation en vigueur au moment où le fonctionnaire sera admis à faire valoir ses droits à la retraite (Cons. d'Ét., 2 août 1910, *Chorin-Dominel*).

l'État (art. 3) ; 2° les fonctionnaires de l'enseignement, rétribués en tout ou en partie, sur les fonds départementaux ou communaux ou sur des pensions payées par les élèves des lycées nationaux (art. 4) ; 3° les fonctionnaires ou employés qui, sans cesser d'appartenir au cadre permanent d'une administration de l'État et en conservant leurs droits à l'avancement hiérarchique, sont détachés au service des départements, communes, colonies, pays de protectorat, pays étrangers, établissements publics et privés (L. 1853, art. 4 ; L. 30 déc. 1913, art. 33) (1).

2° *Du versement des retenues.* — Les fonctionnaires ou employés appartenant aux cadres réguliers et permanents d'une administration publique supportent indistinctement (2), *sans pouvoir les répéter dans aucun cas,* les retenues ci-après : 1° une retenue de 5 p. 100 sur les sommes payées à titre de traitement fixe ou éventuel, de préciput, de supplément de traitement, de remises proportionnelles, de salaires, ou constituant à tout autre titre un *émolument personnel* (Cf. L. 30 déc. 1913, art. 10) (3) ; 2° « une retenue du douzième des mêmes rétributions, lors de la première nomination ou dans le cas de réintégration, à prélever par quart sur les quatre premières mensualités, et du douzième de toute augmentation ultérieure à prélever en une fois » (L. du budget du 29 mars 1897, art. 28) ; add. D. R., 28 juill. 1897) ; 3° les retenues pour cause de congé et d'absence, ou par mesure disciplinaire (4).

3° *De la durée des services et de l'âge requis.* — « Le droit à la pension de retraite est acquis par ancienneté à 60 ans d'âge et après trente ans de services, pour les services dits *sédentaires;* il suffit de 50 ans d'âge et de vingt-cinq ans de services pour les fonctionnaires qui ont passé quinze ans dans les services *actifs* » (5).

---

(1) Cela s'applique, notamment, aux ingénieurs de l'État détachés au service des compagnies de chemin de fer. Pour les fonctionnaires coloniaux, V. la loi de finances du 21 mars 1885, art. 9 et 10.

(2) Toutefois, depuis la loi du 30 décembre 1913, article 6, les fonctionnaires et employés âgés de moins de 20 ans sont affranchis de la retenue.

(3) V. un commentaire de notre collègue J. Delpech dans le *Bulletin de l'Association des membres des Facultés de Droit,* 1914.

(4) Comme le fonctionnaire a intérêt au versement de la retenue, le recours contentieux est possible contre la décision du ministre qui refuserait de la lui faire subir (Cons. d'Ét., 19 janv. 1906, *Rabotin*) ; 4 août 1913, *Cordelier*).

En sens inverse, si la retenue légale n'a pas été faite, l'administration peut toujours la réclamer après coup (par le procédé du *débet*) et on ne peut pas lui opposer l'article 2277 du Code civil (Cons. d'Ét., 4 août 1913, *Félix Moreau*).

(5) La partie active comprend les emplois et grades indiqués au tableau annexé à la loi sous le n° 2 (douanes, contributions indirectes, forêts et postes, enseignement primaire; etc.). Aucun autre emploi ne peut être compris au service actif, ni assimilé à un emploi de ce service qu'en vertu d'une loi (Cf. L. 30 déc. 1913, art. 3).

En principe, le temps passé en congé ou dans une situation d'inactivité quelconque ne compte pas pour le temps de service (1).

4° *De l'étendue du droit et des bases du calcul de la pension.* — La pension est basée sur la moyenne des traitements et émoluments de toute nature soumis à retenue, dont l'ayant droit a joui pendant les six dernières années d'exercice (2). « La pension est réglée à raison d'un soixantième du traitement moyen pour chaque année de services rendus dans la partie sédentaire et d'un cinquantième du même traitement pour chaque année passée dans la partie active (art. 1er L. 30 déc. 1913). En aucun cas, elle ne peut excéder ni les deux tiers du traitement moyen, ni les maxima déterminés au tableau annexé à la loi de 1853 sous le n° 3 et modifié par la loi du 39 décembre 1913, art. 4, et par la loi du 25 mars 1920 sur la majoration des pension » (3).

Pour le concours des services militaires et des services civils, V. art. 8, modifié par l'art. 2 de la loi du 30 déc. 1913.

5° *Pensions spéciales, réversibilité au profit de la veuve et des orphelins.* V. la note (4).

---

(1) Par exception, il compte pour les fonctionnaires suivants : 1° les fonctionnaires de l'enseignement et les agents diplomatiques (L. de 1853, art. 10, § 4); 2° les ingénieurs des ponts et chaussées et des mines (Décr. 9 nov. 1853). Mais le Conseil d'État refuse d'étendre cette faveur à d'autres fonctionnaires (Cons. d'Ét., 1er juill. 1910, *Rhodes*).

(2) Néanmoins, dans les cas prévus par l'article 4, la moyenne ne peut excéder celle des traitements et émoluments dont le fonctionnaire aurait joui s'il eût été rétribué directement par l'État.

(3) Les membres de l'enseignement bénéficient du maximum des deux tiers du traitement moyen (Cons. d'Ét., 25 mai 1906, *Morizot*) (art. 7).

(4) *Observation.* — Les règles générales sur le droit à pension comportent des exceptions, et c'est surtout par une interprétation libérale de ces situations spéciales que la jurisprudence du Conseil d'État tend à élargir et humaniser le système (V. ma note dans S., 1905. 3. 145, *Fauveau*, et Cons. d'Ét., 19 janv. 1906, *Flamand*) :

1° le fonctionnaire qui a le temps de service requis peut être dispensé par décision ministérielle de la condition d'âge; s'il est exceptionnellement fatigué;

2° des pensions dites *exceptionnelles* sont accordées, quel que soit l'âge ou le temps de service, dans le cas d'acte de dévouement dans un intérêt public, de lutte ou de combat soutenu dans l'exercice des fonctions, d'accident grave résultant de l'exercice des fonctions. V. art. 11, §§ 1 à 3;

3° des pensions *proportionnelles* à l'âge et au temps de service peuvent également être accordées à ceux qui ont contracté des infirmités graves dans l'exercice de leurs fonctions. V. art. 11, §§ 4 et 5. A noter la loi du 14 mars 1915 qui a conféré aux fonctionnaires civils de l'État mobilisés en temps de guerre qui ont reçu des blessures, contracté des infirmités ou qui ont été tués à la guerre, le droit d'opter entre la pension militaire et la pension civile de l'article 11;

4° il y a des droits *pour la veuve et pour les orphelins* :

a) La veuve peut obtenir, à titre de réversibilité de la pension acquise à son mari ou si seulement il a le temps de services requis, une pension égale à un tiers de celle qu'aurait eue le mari; il suffit que le mari ait demandé sa pension, il n'est pas néces-

b) De la réalisation du droit à pension. — Pour les fonctionnaires civils, la réalisation du droit à pension est soumise à une condition préalable qui est la *mise à la retraite* (1); il y a ensuite une série d'autres actes qui contribuent à la réalisation même du droit :

1° *L'admission du fonctionnaire à la retraite.* — Il ne faut pas confondre retraite avec pension, bien que le langage fasse quelquefois cette confusion. La retraite est une situation résultant de la cessation de la fonction, la pension est une rente viagère constituée pour la situation de retraite. La mise à la retraite résulte d'une décision ministérielle susceptible de recours pour excès de pouvoir (2).

---

saire qu'il l'ait obtenue avant sa mort (Cons. d'Ét., 19 janv. 1906, *Flamand*; 30 mars 1906, *Sabatier*) (L. 1853, art. 13); le tout à la condition que le mariage ait été contracté deux ans avant la cessation des fonctions ou qu'il existe un ou plusieurs enfants issus du mariage antérieur à cette cessation (L. 30 déc. 1913, art. 5);

b) Aux termes des articles 50 de la loi du 28 avril 1893 et 44 de la loi du 13 avril 1898, modifiés par l'article 5 de la loi du 30 décembre 1913, la veuve obtient encore une pension, à titre de réversibilité, lorsque son mari est décédé après vingt-cinq ans de services tant militaires que civils, aux mêmes conditions de mariage que ci-dessus, sans qu'il soit besoin que le mari ait formulé lui-même aucune demande de pension ; cette pension est égale au tiers de la somme produite par la liquidation des services du mari ;

c) Elle a un droit propre dans les hypothèses exceptionnelles (art. 14). Pour le droit des orphelins, qui existe dans les mêmes cas que celui de la veuve et lorsque celle-ci meurt ou est incapable de toucher, V. art. 16 et art. 50, L. 28 avril 1893. Enfin, la loi du 22 décembre 1910 règle la question du cumul des pensions de veuves et d'orphelins avec des traitements d'activité ;

5° Tout fonctionnaire qui réunit vingt ans de services à l'époque de l'acceptation du mandat de sénateur ou de député pourra, dès qu'il aura atteint sa 50° année, obtenir une pension exceptionnelle réglée conformément à l'article 41 de la loi du 30 décembre 1913 (art. 10, §§ 2 et 3, L. 30 nov. 1865, et art. unique, § 2, L. 26 déc. 1887, abrogés).

(1) Il n'en est pas de même pour la pension militaire. L'officier qui a un certain temps de services a droit à la situation de retraite. V. *infra*; il pourrait bien se produire une évolution en ce sens au profit des fonctionnaires civils par de simples pratiques administratives. En effet, si un fonctionnaire civil, qui n'a pas été mis à la retraite, a demandé néanmoins sa pension au ministre et que celui-ci statue, le contentieux est valablement créé sur la pension (Cons. d'Ét., 24 janv. 1902, *Carreau*).

(2) Au sujet de la mise à la retraite préalable, on doit poser les règles suivantes :
1° La véritable mise à la retraite suppose que le fonctionnaire a acquis ses droits à la pension. Les fonctionnaires ordinaires peuvent être mis à la retraite avant même d'avoir acquis leurs droits à la pension, c'est-à-dire avant d'avoir l'âge et le temps de services requis, mais, dans ces conditions, la mise à la retraite n'est qu'une révocation déguisée. Quoique répréhensible, cette révocation déguisée n'est pas annulée sur recours contentieux, à la condition d'avoir été faite par l'autorité compétente (Cons. d'Ét., 9 juin 1882, *du Bois de Roman*), mais elle ne fait pas toujours perdre le droit à pension. V. *infra*. Pour les pensions départementales, V. Cons. d'Ét., 3 fév. 1899, *Chiroux*; 2° Les fonctionnaires qui ont réalisé les conditions de la pension n'ont pas, par cela même, droit acquis à être mis à la retraite, le ministre peut les garder en activité de service; la décision qui admet à la retraite comporte du pouvoir discrétionnaire (L. 9 juin 1853, art. 19; Cons. d'Ét., 15 nov. 1872, *de Langle Carry*; 8 juill. 1887, *Janvier*); 3° On ne peut pas lui donner d'effet rétroactif (Cons. d'Ét., 29 mars

Limites d'âge. — Il existait, dans la plupart des services publics, une limite d'âge fixée par disposition réglementaire, à laquelle limite les fonctionnaires étaient obligatoirement mis à la retraite ; la loi du 31 décembre 1903, article 18, a supprimé ces limites d'âge, sauf pour la magistrature et la Cour des comptes, et a interdit d'en fixer de nouvelles (V. Cons. d'Ét., 29 nov. 1912, *Maris*).

En sens inverse, il existe des limites d'âge *avant lesquelles* ne peuvent pas être mis à la retraite les fonctionnaires qui ont un état, tels que les magistrats inamovibles et les professeurs titulaires de chaires, si ce n'est sur avis conforme du conseil supérieur de la magistrature ou de la section permanente du conseil supérieur de l'instruction publique (L. 30 août 1883, art. 18; Décr. 4 nov. 1882, art. 1er; Décr. 4 nov. 1882, art. 1er; Décr. 28 déc. 1885, art. 39).

2° *La demande de la pension, sa liquidation et les décisions sur le droit à pension.* — Il y a trois phases : la demande de la pension et la décision ministérielle sur le droit, la concession de la pension, l'inscription au grand-livre de la dette publique :

α) *Demande de la pension et décision ministérielle sur le droit.* — Le fonctionnaire admis à faire valoir ses droits à la retraite doit demander à son ministre la liquidation de sa pension, car celle-ci n'est pas liquidée d'office. Sous peine de déchéance, la demande doit être formée dans les cinq ans à dater du jour de l'admission à la retraite ou à dater des autres événements indiqués dans l'article 22. Cette demande est transmise au ministre des Finances qui statue sur le droit à pension et qui statue ainsi pour tous les fonctionnaires de l'État (L. 22 juill. 1909; Cons. d'Ét., 8 fév. 1911, *Foucault*). Lorsque le ministre des Finances reconnaît le droit, sa décision est ordinairement implicite, elle résulte de la préparation et de l'envoi au Conseil d'État d'un projet de décret liquidant la pension ; une décision explicite serait inutile : si la partie entend critiquer les bases de la liquidation, elle le fera en attaquant le décret de concession. Si, au contraire, le ministre des Finances refuse tout droit à pension, il faut une décision explicite afin que l'intéressé puisse agir au contentieux (1).

1900, *Grimaud*) ; mais le ministre peut prononcer la mise à la retraite immédiate, même si le fonctionnaire la demande pour une date éloignée (Cons. d'Ét., 22 juin 1910, *Frétillère*) ; 4° Enfin, quand un fonctionnaire a été admis à faire valoir ses droits à la retraite, on ne peut plus le révoquer (Cons. d'Ét., 1911, *Bonfante*). Bien entendu, s'il a été révoqué avant la mise à la retraite, il perd son droit à pension, alors même qu'il réunirait toutes les conditions (Cons. d'Ét., 23 avril 1913, *Breton*).

(1) Le contentieux est de pleine juridiction, il s'étend à toutes les questions de fait et de droit, de fond, de forme, de déchéance ; s'il s'agit de pensions pour ancienneté, le conseil est juge de tout ce qui touche à l'âge et au temps de services ; s'il s'agit de

β) *Liquidation et concession de la pension.* — Une fois le droit reconnu, reste à liquider la pension, c'est-à-dire à en faire le calcul, à en fixer le montant et à en concéder le titre. La liquidation est préparée par le ministre des Finances qui la soumet à l'examen du Conseil d'État, sur la proposition du ministre dont dépendait le fonctionnaire (L. 22 juill. 1909) (1).

Le titre de la pension est concédé par un décret contresigné par le ministre des Finances, publié au *Journal officiel* (L. 16 avril 1895, art. 40, modifié par L. 18 juill. 1911, art. 73, qui a supprimé l'insertion au *Bulletin des lois*).

Un recours contentieux ordinaire est ouvert au fonctionnaire contre le décret, en cas de violation de ses droits et de liquidation inexacte. Ce recours, ainsi que celui qui peut être intenté contre la décision ministérielle refusant de reconnaître le droit à pension, est

---

pensions pour blessures ou infirmités, il est juge de la gravité, de l'origine des blessures, de la question de savoir si elles sont incurables.

Le droit à pension peut être suspendu ou perdu et le ministre se prononce sur ces déchéances. Il peut être suspendu pour les causes suivantes : 1° perte de la qualité de Français durant la privation de cette qualité (L. 9 juin 1853, art. 29); 2° condamnation à une peine afflictive et infamante; dans ce cas, la suspension dure jusqu'à la réhabilitation (art. 27, § 3). La perte définitive a lieu : 1° si le fonctionnaire est démissionnaire; 2° s'il est destitué ou révoqué d'emploi (Cons. d'Ét., 26 janv. 1906, *Jacquet*); 3° s'il est constitué en déficit pour détournement ou convaincu de malversation (art. 28, §§ 1, 2, 3). Ces faits agissent, alors même que le fonctionnaire a l'ancienneté requise. Pour la démission (Cons. d'Ét., 2 déc. 1862, *Descrimes*; 2 déc. 1887, *Hébert*). Pour ce qui est de la révocation, le Conseil a été appelé à faire une distinction déjà signalée entre celle qui a un caractère de mesure disciplinaire et celle qui n'est qu'une mesure de politique et d'administration, qu'il appelle le *remplacement administratif* et qui ne fait pas perdre le droit à pension (Cons. d'Ét., 9 déc. 1879, *Thomas*; 16 janv. 1880, *Le Goff*. Cf. Laferrière, *op. cit.*, t. II, p. 214).

(1) « Article 1er. — A partir de la promulgation de la présente loi, les propositions de pensions civiles établies par les divers ministères sont soumises à l'examen du Conseil d'État par le ministre des Finances, qui contresignera seul les décrets de concession.

Art. 2. — Les veuves et orphelins de pensionnaires civils, prétendant à réversion, se pourvoiront directement auprès du ministère des Finances, qui est dispensé de soumettre à l'examen du Conseil d'État les propositions concernant la réversion au profit des veuves et des orphelins de titulaires de pensions d'ancienneté. »

Quelques explications pour qu'on puisse saisir la portée de cette réforme :

Aux termes de la loi du 9 juin 1853, chaque ministre était chargé de liquider les pensions ressortissant à son département. A cet effet, il établissait, après l'admission à la retraite, une proposition qu'il communiquait au ministre des Finances et qu'il soumettait ensuite, après l'avis de ce dernier, à l'examen du Conseil d'État. Le décret de concession était contresigné par lui et par le ministre des Finances.

Cette procédure entraînait un grand nombre de transmissions de pièces. La nouvelle procédure permettra *d'avancer de près de deux mois* la délivrance du brevet de pension.

En ce qui concerne les réversions au profit des veuves et des orphelins, on a simplifié également les formalités.

dispensé des frais et du ministère de l'avocat (Décr. 2 nov. 1864, art. 1ᵉʳ) (1).

γ) *Inscription de la pension au grand-livre.* — Tout n'est pas fini pour le fonctionnaire lorsqu'il a obtenu son titre de pension par décret ; ce titre n'entraîne pas par lui-même droit au paiement, il y a une dernière formalité à franchir, l'inscription au grand-livre. Pour les pensions militaires il intervient un décret spécial, pour les pensions civiles une simple décision du ministre des Finances (L. 9 juin 1853, art. 24 ; L. 16 avril 1895, art. 40). Le ministre peut se livrer à un examen et refuser l'inscription pour irrégularité du décret de concession, pour infraction aux lois sur le cumul, etc. Un recours contentieux en annulation est ouvert contre la décision du ministre ; le Conseil d'État ne pourrait pas ordonner directement l'inscription, parce que le ministre des Finances est le gardien du grand-livre et que l'inscription est un acte à lui exclusivement réservé (Cf. Laferrière, *op. cit.*, t. II, p. 223).

c) *De la jouissance de la pension.* — La jouissance de la pension commence au lendemain du jour de la cessation du traitement (L. 1853, art. 25). Les arrérages sont payés par trimestre et à terme échu. Le mode de paiement a été modifié par la loi du 5 septembre 1919 qui a supprimé l'exigence du certificat de vie délivré par un notaire ; désormais, le certificat d'inscription de rente est remplacé par un *livret muni de coupons* et chaque paiement a lieu à la caisse du comptable désigné sur la présentation, par le pensionnaire ou par son représentant légal, du livret de pension et contre remise du coupon échu que l'intéressé quittance en présence de l'agent (Pour les formalités, V. la loi).

Lorsque trois ans se sont écoulés sans réclamation d'arrérages, la pension est rayée des livres du Trésor, et son rétablissement ne

---

(1) Comme il s'agit d'un contentieux de pleine juridiction et que le décret de concession de pension est la terminaison d'une opération, à la rigueur le Conseil d'État pourrait rectifier lui-même la liquidation ; en pratique, il s'en abstient et se borne à annuler le décret en renvoyant au ministre pour nouvelle liquidation (Cf. Laferrière, *op. cit.*, t. II, p. 221).

Maintien provisoire en activité : Aux termes d'un décret du 27 mai 1897, modifiant l'article 47 du règlement du 9 novembre 1853 : « Le fonctionnaire admis à faire valoir ses droits à la retraite *pour ancienneté* continue à exercer ses fonctions et à toucher son traitement d'activité jusqu'à la délivrance de son brevet de pension, à moins de décision contraire rendue sur sa demande ou motivée soit par la suppression de son emploi, soit par l'intérêt du service. Après la délivrance de son brevet de pension, il peut encore, lorsque l'intérêt du service l'exige, être maintenu momentanément en activité. » Le Conseil d'État marque son intention de tenir la main à l'application de ce décret en annulant les mises à la retraite immédiates qui ne sont pas motivées par l'intérêt du service (Cons. d'Ét., 9 fév. 1906, *Panessol*) et même en condamnant l'administration à payer la différence entre la pension et le traitement (Cons. d'Ét., 10 mai 1912, *Brindejont*).

peut donner lieu au rappel des arrérages antérieurs à la réclamation (art. 30) (1).

Les pensions sont incessibles, elles ne peuvent être mises en nantissement, elles sont insaisissables, sauf les exceptions de l'article 26 (2). V. L. 17 avril 1906, art. 31, contenant des dispositions sur le paiement, entre les mains de la veuve, des arrérages de pensions restant dus au décès du titulaire.

Sur le cumul des pensions de titulaires avec des traitements civils, V. L. 9 juin 1853, art. 28, § 2, modifié par L. 30 déc. 1913, art. 37, limite de 6.000 francs; sur le cumul des pensions avec d'autres avantages ou avec des indemnités pour accident, V. Cons. d'Ét., 19 nov. 1904, *Fauveau*, S., 1905. 3. 145 et ma note; Cons. d'Ét., 30 mai 1906, *Pegou*.

Sur le cumul des pensions de veuves et d'orphelins avec des traitements, V. L. 22 déc. 1910.

Sur le cumul de plusieurs pensions, y compris celui des pensions civiles et militaires, V. L. 30 déc. 1913, art. 40.

APPENDICE.

Les pensions militaires. — Les textes législatifs qui régissent ces pensions sont extrêmement nombreux. Il faut consulter, tant pour l'armée de terre que pour l'armée de mer, les lois des 11 avril 1831, 18 avril 1831, 26 avril 1855, 25 juin 1861, 22 juin 1878, 5 août 1879, 18 août 1879, 16 avril 1881, 18 août 1881, 8 août 1882, 22 mars 1885, 15 avril 1885, 25 juill. 1887, 15 nov. 1890, 26 déc. 1890, art. 31, 26 janv. 1892, art. 49 et s., 27 juill. 1895, 29 mars 1897, 13 avril 1898, art. 38 et s., 25 fév. 1901, art. 46-48, 8 déc. 1905, 13 juill. 1911, art. 80; L. 16 fév. 1912 pour les officiers généraux; L. 30 déc. 1913; L. 31 mars 1919.

Il y a lieu de distinguer les pensions de retraite et les pensions de réforme, lesquelles ne sont qu'une forme d'indemnité pour infirmités, blessures ou mort survenues au service de la France. Il ne sera question ici que des pensions de retraite. Pour les pensions de réforme, qui ont pris depuis la guerre un tel développement, V. L. 31 mars 1919, et *supra*, p. 388.

La retraite est la dernière position de l'état d'officier (L. 19 mai 1834, art. 14). Le

---

(1) Cette déchéance triennale se distingue de la prescription quinquennale de l'article 2277, en ce sens qu'elle frappe tous les arrérages dus depuis trois ans, et non pas seulement ceux dus depuis plus de trois ans. Cette déchéance s'applique tout à fait au début; bien qu'on ait cinq ans pour faire liquider sa pension, on ne peut jamais rappeler plus de trois années d'arrérages antérieurs à la date de la publication au *Journal officiel* du décret de concession (L. 16 avril 1895, art. 40).

(2) *Perte de la pension liquidée.* — Le fonctionnaire constitué en déficit pour détournement de fonds ou de matières, ou convaincu de malversations, le fonctionnaire convaincu de s'être démis de son emploi à prix d'argent, celui condamné à une peine afflictive et infamante, perd tout droit à la pension (art. 27). Il y a suspension de jouissance en cas de perte de la qualité de Français (art. 29). Pour le cas de cumul de la pension avec un traitement ou de cumul de deux pensions, V. art. 18 et 31. La perte du droit à pension est prononcée par un décret rendu sur la proposition du ministre des Finances, après avis du ministre liquidateur et de la section des finances du Conseil (Décr. 9 nov. 1853, art. 43).

mécanisme des pensions de retraite militaires est analogue à celui des pensions civiles. Il y a cependant des différences importantes : 1° l'officier a droit acquis à la situation de retraite dès qu'il a satisfait aux conditions de service ; il peut donc réclamer immédiatement sa pension, il n'y a pas pour lui cette décision ministérielle sur l'admission à la retraite que, pour les pensions civiles, il faut attendre et qui est discrétionnaire ; 2° la loi n'établit comme condition à la pension qu'une certaine durée du service, il n'y a pas de condition d'âge autre que celle qui résulte des règles de l'engagement (L. 11 avril 1831) ; 3° le mode de calcul est différent.

Les pensions militaires peuvent être cumulées avec un traitement civil d'activité (L. 11 avril 1831, art. 4 et 27 ; L. 18 avril 1831, art. 4 et 29) ; toutefois, des limites ont été posées par la loi du 26 décembre 1870, article 31 (Cons. d'Ét., 22 juin 1910, *Ceccaldi*) et par la loi du 30 décembre 1913, article 2.

Les caisses départementales et communales de retraites (V. article Combarieu, *Revue générale d'administration*, 1899, II, p. 385). — Les départements et la plupart des grandes villes ont constitué des caisses de retraites pour leurs employés. L'article 10 de la loi du 5 avril 1910 sur les retraites ouvrières stipule que ces caisses pourront être maintenues par décret et que, même, d'autres pourront être constituées (à défaut des caisses constituées, les salariés départementaux et communaux devraient être inscrits à la retraite ouvrière, du moins ceux dont le salaire ne dépasse pas 3.000 francs, et le seront facultativement ceux qui ont de 3.000 francs à 5.000 francs). C'est, en général, le décret du 13 décembre 1806 qui est adopté comme type des règlements de ces diverses caisses, et le Conseil d'État a décidé que, en l'absence d'un règlement particulier, il y avait lieu d'appliquer les dispositions de ce décret pour la concession et la liquidation des pensions. Il interprète, d'ailleurs, très libéralement les dispositions de ces règlements (V. à titre d'exemple, Cons. d'Ét., 30 nov. 1906, *Regnier*). — La loi du 10 août 1871 (art. 46, § 21) donne aux conseils généraux le pouvoir de statuer définitivement sur l'établissement et l'organisation des caisses de retraites, ou de tout autre mode de rémunération en faveur des employés des préfectures et des sous-préfectures, ainsi que des autres agents salariés sur les fonds départementaux. Les conseils municipaux ont le même pouvoir en ce qui concerne les caisses de retraites des employés communaux. — Les fonds appartenant aux caisses départementales et communales de retraites sont généralement centralisés à la Caisse des dépôts et consignations qui est chargée de les administrer. — Il y a lieu de distinguer, ici aussi, l'admission à la retraite et la liquidation de la pension. L'admission à la retraite est dans les prérogatives de l'organe exécutif, et, notamment, le préfet a le droit d'admettre un employé départemental à faire valoir ses droits à la retraite, sans attendre que le conseil général ait, au préalable, voté un crédit (Décr. en Cons. d'Ét., 5 janv. 1892). Quant à la liquidation de la pension, pour les pensions départementales, elle est dans les attributions du conseil général si celui-ci a voulu se la réserver (Cons. d'Ét., 23 déc. 1898, *Duchêne*), sinon elle est faite par le préfet (Décr. 7 déc. 1896) ; pour les pensions municipales, elle est dans les attributions du préfet (Décr. 25 mars 1852, tableau A, n° 38).

Pensions coloniales. — Les colonies ont également constitué des caisses de retraites pour leurs employés (V. à titre d'exemple : Décr. 5 mai 1898, Indo-Chine ; Décr. 22 nov. 1904, Madagascar ; L. 30 nov. 1903 et Décr. 16 juill. 1907, Algérie).

CHAPITRE II

LA RÉQUISITION DES CHOSES IMMOBILIÈRES. DOMAINE PUBLIC. EXPROPRIATION. TRAVAUX PUBLICS.

Section I. — Le domaine public.

§ 1. — Caractères généraux du domaine public.

Il existe un domaine administratif que notre droit public moderne considère, depuis la rédaction du Code civil, dont les articles 538 et suivants ont joué en la matière un rôle prépondérant, comme divisé en deux masses de biens, l'une constituant le domaine public, l'autre le domaine privé.

Nous nous occupons ici du domaine public dont les principales dépendances sont, d'après l'article 538 du Code civil, les chemins, routes et rues à la charge de l'État, les fleuves et rivières navigables ou flottables, les rivages de la mer, ports, havres et rades, etc.

Un premier point certain est que ce domaine public est réquisitionné (1). Ce caractère de réquisition correspond au caractère de nécessité du domaine public, car il est nécessaire que des choses soient tenues à la disposition du public et des services. Nous en tirerons cette conséquence que l'affectation et la désaffectation des dépendances du domaine public ne sont pas discrétionnaires pour l'administration et que la propriété de celle-ci n'est que fiduciaire, étant en réalité dans l'intérêt du public (2).

Un deuxième point certain est que les dépendances du domaine

---

(1) C'est en vertu de son droit régalien que, sous l'ancien régime, le roi s'est emparé des rivages de la mer et des fleuves, c'est en vertu d'expropriations que, dans les temps modernes, le domaine public s'est accru. Dans les colonies, l'État retient un domaine public comme garantie de sa souveraineté (Cf. Décr. 26 sept. 1902 sur le domaine public à Madagascar; L. 23 juill. 1904, art. 6, sur les chemins de fer algériens).

(2) Le public, n'ayant en fait aucune individualité juridique, ne saurait être considéré comme propriétaire du domaine public, les administrations publiques en sont propriétaires à sa place et pour son compte. — Sur le caractère de nécessité sociale du domaine public, V. Coquet, *Le domaine public colonial*, 1904.

public sont inaliénables et imprescriptibles et que les dépendances du domaine privé ne le sont pas.

Mais beaucoup d'autres points restent controversés. Il y a discussion sur le critérium de la domanialité publique et, par suite, on ne s'entend pas sur la liste des dépendances du domaine public. Il y a discussion, surtout, sur la condition juridique de ces objets; les dépendances du domaine public sont-elles des propriétés fiduciaires de l'administration, ou bien sont-elles des choses soustraites à toute espèce de propriété, dont les administrations publiques n'auraient que la garde ou la surintendance ? L'inaliénabilité de ces choses s'explique-t-elle par une indisponibilité réelle, ou bien par une incapacité personnelle des administrations qui, quoique propriétaires, ne pourraient pas aliéner ?

L'hésitation entre ces opinions provient de ce que, au cours de l'histoire, la condition du domaine public a beaucoup changé (1). La

(1) L'histoire du domaine public sous l'ancien régime, et même pendant la période intermédiaire, est beaucoup trop complexe pour que nous essayions d'en faire état ici. Disons simplement qu'il y a eu trois conceptions successives : celle du *domaine de la couronne* sous l'ancien régime, celle du *domaine de la nation* pendant la période intermédiaire (notamment dans les lois des 22 novembre, 1er décembre 1790 et 10 juillet 1791) et celle du *domaine public* depuis le Code civil. Il est extrêmement délicat de démêler les rapports de filiation qui existent entre ces conceptions successives.

Quant au domaine public, d'après le Code civil, il a été d'abord, aux débuts du XIXe siècle, une masse indisponible de biens n'appartenant à personne. A cette époque il ne contenait guère que des objets affectés à l'usage direct du public par des événements naturels, comme les rivages de la mer, les fleuves navigables et flottables, les chemins frayés et non construits. Cette masse de biens pouvait être conçue comme subsistant par elle-même, en dehors de toutes les catégories ordinaires de la propriété, comme destinée par la nature à l'usage du public sans qu'il fût besoin d'une affectation administrative; l'administration en avait la police, personne n'en avait la propriété, c'étaient des *res nullius*, l'inaliénabilité était une forme d'indisponibilité réelle. Ce fut la conception des premiers commentateurs du Code civil, notamment de Proudhon, et beaucoup d'auteurs contemporains l'ont conservée.

Mais, depuis le commencement du XIXe siècle, une grande transformation s'est produite dans la manière d'être du domaine public; aux anciens objets qui paraissent n'être destinés que par des événements naturels et qui subsistaient par eux-mêmes sans l'intervention des services administratifs, d'autres objets se sont ajoutés, qui sont évidemment affectés par des décisions administratives et qui ne peuvent être conservés, et même ne peuvent produire leur utilité, que grâce à l'intervention continuelle d'un service administratif; nous voulons parler des chemins construits, des voies ferrées, des bâtiments publics. Le service administratif, une fois installé sur la dépendance du domaine public, s'est comporté en maître, il ne s'est pas borné à l'affectation et à la désaffectation, ni à la police, il a acquis le terrain, il a construit l'ouvrage, il a fait des concessions d'occupation temporaire, etc. Ainsi, les dépendances du domaine public sont devenues la chose des services, aussi bien que la chose du public.

Le droit ne pouvait manquer de traduire en une théorie ces faits nouveaux; il a alors élaboré la conception d'un domaine public devenu la propriété fiduciaire des

doctrine que nous enseignons est celle qui cadre avec la condition actuelle du domaine public.

§ 2. — La domanialité publique.

N° 1. Définition et caractères généraux de la domanialité publique.
La base de l'affectation administrative.

Les dépendances du domaine public sont *des propriétés administratives affectées formellement à l'utilité publique* (soit à l'usage direct du public, soit à l'usage d'un service public) *et qui, par suite de cette affectation, sont inaliénables, imprescriptibles et protégées par les règles pénales de la voirie ;* par conséquent, la domanialité publique est essentiellement une forme de propriété administrative inaliénable et imprescriptible. Mais comme tous ces caractères s'appuient sur la base fondamentale de l'affectation administrative, nous allons consacrer le présent numéro à cette notion de l'affectation avant d'aborder la règle de l'inaliénabilité.

1. *La base de l'affectation.* — Toute la domanialité publique repose sur l'idée de l'affectation administrative des choses à l'utilité publique. Ce n'est pas que l'existence d'un domaine public, par exemple l'existence de certaines voies publiques abandonnées à la libre circulation de tous, n'apparaisse pas comme une nécessité, mais il dépend du choix de l'administration publique de déterminer ces objets. Là même où la nature semble destiner certains objets, tels que les rivages de la mer ou les fleuves navigables, l'affectation administrative ne perd pas ses droits : d'abord, il y a des règles administratives sur la délimitation des rivages et des fleuves, c'est-à-dire sur la fixation des limites de ces objets, limites établies beaucoup moins d'après la configuration géographique des lieux que d'après les besoins du service de la navigation ; ensuite, il y a les nombreux aménagements,

services administratifs, c'est-à-dire des administrations publiques, pour le compte du public, à charge pour celles-ci de respecter l'affectation à l'utilité publique, et il a interprété la règle de l'inaliénabilité comme une incapacité d'aliéner au détriment de l'affectation. En même temps, il a étendu la domanialité publique à toute chose affectée au service public, alors même qu'elle ne serait pas directement à l'usage du public.

C'est cette conception d'un domaine public, propriété administrative affectée à l'utilité publique, conception fondée sur la pierre angulaire de *l'affectation administrative,* que nous adoptons dans cet ouvrage comme étant la mieux adaptée aux faits contemporains. *Bibliographie :* Proudhon, *Du domaine public,* 1833 ; Macarel et Boulatignier, *Tableau de la force publique,* 1838 ; Gaudry, *Traité du domaine ;* 1862 ; R. de Récy et L. Tisserant, *Traité du domaine* (Rép. Béquet-Laferrière, 1897) ; Léchalas, *Manuel de droit administratif,* t. II, 2ᵉ partie, 1898 ; Maguero, *Dictionnaire des domaines,* 1900 ; Ducrocq, 7ᵉ édit., t. IV, nᵒˢ 1426 et s. ; Barckhausen, *Théorie générale du domaine public, Revue du droit public,* 1902-1903 ; Otto-Mayer, *Le droit administratif allemand,* édit. française, t. III ; Berthélemy, *Traité élémentaire ;* Moreau, *Manuel de droit administratif.*

opérés par des travaux publics, qui modifient encore la configuration naturelle des lieux, particulièrement dans les ports, havres et rades.

Ainsi, par-dessus ce qu'il peut y avoir de destination naturelle dans la domanialité publique, le fait de l'intervention administrative établit un élément d'affectation qui relève de la volonté administrative et l'emporte sur l'élément de destination naturelle. Il s'ensuit que les conséquences de la domanialité publique, par exemple l'inaliénabilité ou l'imprescriptibilité, au lieu d'être dictées par une sorte de *nature physique des choses*, prennent la figure d'institutions purement juridiques dictées par la nécessité de *l'affectation des choses à l'utilité publique* et, d'ailleurs, mesurées dans leur portée sur les utilités de l'affectation.

II. *Le point de vue du mètre carré.* — Toutefois, il faut se rendre compte que, de ce point de vue de l'affectation administrative, les questions juridiques relatives aux dépendances du domaine public se posent pratiquement, non pas à propos de ces biens pris en masse, mais à propos de certaines étendues très faibles et, le plus généralement, à propos de quelques mètres carrés. Si, par exemple, la domanialité publique des rivages de la mer et des fleuves paraît fondée sur l'affectation administrative plus que sur la destination naturelle, ce n'est pas quand on envisage l'ensemble des rivages ou des fleuves, c'est quand on envisage une certaine superficie de terrain prise dans le rivage ou dans le fleuve. Mais il faut bien se rendre compte que c'est de ce point de vue des petites superficies que les règles actuelles de la domanialité publique sont établies, par exemple, la règle de l'inaliénabilité. Si les dépendances du domaine public sont déclarées inaliénables, ce n'est pas pour faire obstacle à des aliénations en masse qui sont aujourd'hui invraisemblables, c'est pour rendre difficiles des aliénations partielles (1).

(1) On ne voit pas bien comment l'administration de l'État pourrait être tentée d'aliéner en masse tous les rivages de la mer ou toutes les routes nationales, mais on voit très bien comment elle pourrait être tentée d'aliéner quelques mètres carrés du rivage ou quelques mètres carrés pris sur les accotements d'une route et l'on comprend qu'il y ait eu besoin d'une précaution ; si les dépendances du domaine public sont déclarées imprescriptibles, ce n'est pas non plus que tous les rivages de la mer à la fois, ou toutes les routes, puissent être usurpés, mais c'est que quelques mètres carrés du rivage de la mer, ou d'une route, pourraient l'être et qu'il s'agit de protéger le domaine public contre ces usurpations partielles. Il y a sûrement ici une différence entre la règle de l'inaliénabilité dans notre ancien droit et la même règle dans le droit nouveau. Dans notre ancien droit, le roi pouvait être tenté d'engager le domaine de la couronne par grandes masses et par catégories de biens, parce qu'il existait des modes d'aliénation semi-féodaux qui pouvaient s'y prêter et la règle de l'inaliénabilité, pour s'y opposer, devait être considérée comme s'appliquant à des biens pris en grandes masses ; mais, dans notre droit actuel, ces procédés d'aliénation par grandes masses n'existent plus, à moins que ce ne soit dans les relations du droit international.

Ce ne sont pas seulement les règles de l'inaliénabilité ou de l'imprescriptibilité qui

No. 2. — De l'inaliénabilité et de l'imprescriptibilité des dépendances du domaine public.

Les dépendances du domaine public sont inaliénables et imprescriptibles, à raison de leur destination d'utilité publique et tant que dure leur affectation; — elles sont également protégées par les règles pénales de la voirie (1).

La règle de l'inaliénabilité constitue le grand intérêt pratique de la domanialité publique (le domaine public, c'est le domaine inaliénable et imprescriptible); elle est, d'ailleurs, la conséquence immédiate de l'affectation; les dépendances du domaine public sont inaliénables à cause de leur affectation; nous verrons, dans un instant, qu'elles ne sont inaliénables que dans la mesure nécessitée par leur affectation.

La règle de l'inaliénabilité est en partie traditionnelle, elle remonte au principe de l'inaliénabilité du domaine de la couronne posé par l'ordonnance de Moulins de 1566, mais, en partie aussi, elle s'appuie sur les textes du droit nouveau, car il faut expliquer qu'elle ne s'applique qu'aux dépendances du domaine public proprement dit, tandis que l'inaliénabilité du domaine de la couronne s'appliquait en principe à tout le domaine (2). On peut invoquer la combinaison des articles 538, 1598, 2226 du Code civil : l'article 538 déclare dépen-

---

prennent leur véritable valeur « du point de vue du mètre carré », c'est aussi l'affirmation que les dépendances du domaine public ne sont point, par leur nature, des objets insusceptibles de propriété, mais sont au contraire des propriétés publiques soumises à une affectation. Les auteurs qui affirment que les rivages de la mer ou les fleuves sont, par leur nature, insusceptibles de propriété, envisagent ces objets dans leur masse et se disent, évidemment, que tout le rivage et tout le fleuve ne pourraient pas être à la fois affranchis des servitudes naturelles qui pèsent sur eux et qui les différencient des objets de propriété ordinaires. Mais là n'est pas la question, il s'agit de petites surfaces; il s'agit de savoir si un certain nombre de mètres carrés du rivage de la mer ou du lit d'un fleuve, soustraits en fait à l'action des eaux suffisamment pour être utilisables (ce qui se produit fréquemment), n'apparaissent pas comme des objets de propriété dont l'administration peut disposer après désaffectation; seulement, bien entendu, le caractère que l'on reconnaît aux petites surfaces doit être reconnu aux grandes et alors, dans leur ensemble, les rivages ou les fleuves doivent être considérés comme des objets de propriété.

(1) Les règles de la voirie seront étudiées plus loin, § 4, n° 3. Les dépendances du domaine public sont également *insaisissables,* mais ce privilège leur est commun avec les dépendances du domaine privé; il n'a rien à voir avec la domanialité publique, c'est un privilège financier, il signifie que les créanciers des administrations publiques ne peuvent point employer les voies d'exécution du droit commun (V. *infra, Finances publiques*).

(2) Il faut expliquer aussi la suppression de la pratique des engagements du domaine. Sur cette pratique des engagements du domaine sous l'ancien régime, V. Brissaud, *Manuel d'histoire du droit*, p. 917; elle reparaît actuellement dans les États qui, pour emprunter, sont obligés de fournir des gages aux porteurs étrangers de leur dette.

dances du domaine public *les portions du territoire français qui ne sont pas susceptibles d'une propriété privée;* il résulte de ce texte que les dépendances du domaine public, quelles qu'elles soient, sont *mises hors du commerce de la vie privée* (j'ajoute que l'art. 538 décrète cette mise hors du commerce à raison de l'affectation et qu'il ne constate point une qualité physique des choses); l'inaliénabilité s'ensuit immédiatement, « ce qui n'est pas dans le commerce ne peut être vendu » (art. 1598 *a contrario*), et l'imprescriptibilité (art. 2226) : « On ne peut prescrire le domaine des choses qui ne sont pas dans le commerce. »

On remarquera que ces textes ne visent que la mise hors du commerce *de la vie privée.* Cela résulte de l'article 538 du Code civil « portions du territoire qui ne sont pas susceptibles *d'une propriété privée* ». Nous tirerons plus tard de cette observation des conséquences importantes.

La portée réelle de ces règles, interprétées par le principe directeur de l'affectation à l'utilité publique, appelle les observations suivantes :

I. *L'inaliénabilité et l'imprescriptibilité sont subordonnées à l'affectation* : 1° *Elles n'existent que pendant la durée de l'affectation.* — Les dépendances du domaine public ne deviennent inaliénables et imprescriptibles que du jour de l'affectation de la chose à l'utilité publique (1) A l'inverse, elles redeviennent instantanément aliénables et prescriptibles du jour de la désaffectation, leur mise hors du commerce de la vie privée dure donc juste autant que leur affectation.

2° *Il s'ensuit que la règle de l'inaliénabilité ne s'oppose pas à une aliénation volontaire précédée d'une désaffectation.* — Du moment que les dépendances du domaine public redeviennent instantanément aliénables et prescriptibles du jour de la désaffectation, il s'ensuit que la règle de l'inaliénabilité ne constitue pas un obstacle insurmontable à une aliénation volontaire, elle impose seulement l'obligation de procéder au préalable à une désaffectation ; à la vérité, cet obstacle administratif est sérieux parce que le service affectataire qui doit provoquer la désaffectation n'est généralement pas le même que le service financier qui procéderait à la vente, ou bien l'autorité qui pourrait désaffecter n'est pas la même que celle qui procéderait à la vente, de sorte que l'opération exigera une entente entre deux services ou

---

(1) Ainsi, soit un terrain acquis à l'amiable par l'administration et qui n'est pas encore affecté par la construction d'un ouvrage public, ce terrain pourra être grevé d'une servitude réelle du droit civil, en vertu de la convention amiable ; et cependant la constitution d'une servitude réelle du droit civil, qui équivaut à aliénation partielle, ne serait pas possible si la règle de l'aliénabilité avait commencé de s'appliquer ; c'est donc qu'elle ne s'applique qu'après l'affectation réalisée par les travaux (Cons. d'Ét., 28 juill. 1852, *Mignon*. Cf. Léchalas, *op. cit.*, p. 171).

deux autorités, entente qui ne sera obtenue que pour des motifs graves (1) (2).

Portée théorique que donne à la règle de l'inaliénabilité la possibilité de l'aliénation après désaffectation. — Incapacité personnelle d'aliéner et non pas indisponibilité réelle. — Étant donné que la chose peut être aliénée après désaffectation, c'est que l'inaliénabilité ne résulte pas d'une certaine qualité physique de la chose qui la rendrait impropre au commerce de la vie privée, c'est donc que la chose n'est pas frappée d'une indisponibilité réelle qui ne s'expliquerait guère que par sa nature physique. La règle de l'inaliénabilité du domaine public s'explique, comme celle de l'inaliénabilité du fonds dotal, par une incapacité personnelle qui frappe les administrations publiques propriétaires fiduciaires du domaine public, qui ont le devoir de le conserver à sa destination, devoir sanctionné par l'incapacité d'aliéner sans une désaffectation préalable (3).

II. *Effets réels produits par la règle de l'inaliénabilité tant que dure l'affectation.* — Même pendant la durée de l'affectation de la chose, il ne faut pas croire que la mise hors du commerce soit absolue, elle est au contraire très relative et cela tient à ce qu'il faut distinguer entre le commerce de la vie publique et celui de la vie privée, les dépendances du domaine public n'étant mises hors du commerce qu'en ce qui concerne le commerce de la vie privée qui seul serait incompatible avec leur affectation. Ceci doit être envisagé à plusieurs points de vue :

A. *Conventions relatives au domaine.* — Il est certain, d'abord, que les dépendances du domaine public ne sont pas mises hors du commerce au point de ne pas être l'objet de conventions ; l'article 1128 du Code civil ne doit pas être appliqué ici d'une façon absolue, cela dépend de l'objet de la convention, par exemple des conventions

---

(1) Quant aux objets qui sont affectés à l'utilité publique à la suite d'événements naturels, comme le rivage de la mer et des fleuves affectés par le mouvement même des eaux, leur inaliénabilité ne peut pas être supprimée par un acte pur et simple de la volonté administrative, mais elle peut l'être si la situation naturelle des lieux a été modifiée par des opérations et des travaux qui sont en somme volontaires (soit des travaux publics, soit des travaux privés à la suite d'une concession d'endigage).

(2) Il n'est pas exact de dire, comme le font certains auteurs (Planiol, *op. cit.*, p. 347), que la règle de l'inaliénabilité signifie que l'objet ne peut être aliéné que par une loi. Sans désaffectation préalable, il ne saurait l'être même par une loi ; après désaffectation, il peut souvent l'être sans une loi, par exemple les chemins déclassés, les lais et relais de la mer, etc. : la loi n'intervient que pour certaines grandes masses de biens du domaine privé, qui, le plus souvent, n'ont même pas été affectés à l'utilité publique et aussi pour les cours d'eau navigables (*L.* 8 avril 1910, art. 128).

(3) Cette interprétation est d'accord avec certaines règles positives, par exemple avec celle qui autorise le service affectataire à ratifier par son silence l'expropriation d'une dépendance du domaine public, et même à couvrir par son silence la nullité d'une vente (V. *infra*, p. 626).

relatives à des concessions publiques temporaires et à des redevances sont couramment pratiquées (1).

B. *Aliénations ou constitutions volontaires de droits réels.* — Ici, il faut poser une distinction fondamentale :

1° Les actes de disposition de l'administration qui tendraient à aliéner une portion du domaine public *par des modes de la vie privée* ou à constituer sur lui des droits réels *de la vie privée* tombent sous le coup de la règle de l'inaliénabilité ;

2° Au contraire, les actes qui tendent seulement à des aliénations de *nature administrative* ou à la constitution de droits réels de *nature administrative* ne tombent pas sous le coup de la règle de l'inaliénabilité, dans la mesure où l'affectation de la chose ne doit pas souffrir de ces opérations (2) :

a) Impossibilité des aliénations volontaires et des constitutions de droits réels par les modes de la vie privée. — Les aliénations de droit civil sont impossibles tant que dure l'affectation de la chose, même les aliénations partielles, si petite soit la parcelle qu'il s'agirait de distraire du domaine, même l'aliénation d'*un mètre carré* (3).

Est impossible non seulement l'aliénation de la pleine propriété, mais toute aliénation d'un démembrement de la propriété au sens civil, par conséquent, toute constitution de servitudes civiles. Il ne

---

(1) La Cour de cassation avait sur ce point commis une erreur dans un arrêt du 7 juillet 1869 relatif aux concessions sur le rivage de la mer ; elle avait déclaré que le rivage de la mer, étant hors du commerce, ne pouvait être l'objet d'aucune convention. Cette jurisprudence excessive fut condamnée par la loi du 28 décembre 1872.

(2) Le développement de ces propositions aura l'avantage de nous montrer que, si le domaine public inaliénable est mis hors du droit commun de la propriété privée, en revanche il se prête à la floraison de toute une catégorie de droits réels de nature administrative qui ont pour caractéristique, ainsi que nous allons le voir, d'être toujours temporaires, et toujours aussi de quelque façon révocables, tandis que les droits réels du droit civil ont pour caractéristique d'être perpétuels et irrévocables. Ainsi, la règle de l'inaliénabilité, serrée de près, aura bien pour effet de rendre les dépendances du domaine public insusceptibles *de propriété privée*, ce qui est, en effet, l'expression employée par l'article 538 du Code civil, mais elle n'aura point pour effet de les rendre insusceptibles de toute espèce de propriété. Et si l'on dit aussi qu'elles sont mises « hors du commerce », il faut entendre cela du commerce de la vie privée, mais non point de celui de la vie administrative, ainsi d'ailleurs qu'il apparaîtra par la pratique des emprises du domaine et par celle des concessions.

(3) La doctrine et la jurisprudence ont tiré de là cette conclusion que les bâtiments qui sont dépendances du domaine public ne sont pas soumis à la servitude légale de cession de mitoyenneté, telle qu'elle résulte de l'article 661 du Code civil (Cass., 16 juin 1856, *de Valary*, mur de soutènement d'une place publique ; avis Cons. d'Ét., 13 avril 1880). Cette solution paraît correcte. On ne peut pas objecter que la cession de mitoyenneté résulte d'une des servitudes légales qui forment le droit commun de la propriété ; il est bien clair, en effet, que les dépendances du domaine public sont soustraites au droit commun de la propriété, en tant qu'il tendrait à les mettre dans le commerce de la vie civile.

pourrait pas être concédé sur une dépendance du domaine public un droit de passage, une servitude de vue, etc.

b) Possibilité des aliénations et des constitutions de droits réels par des modes administratifs. — Il existe tout un commerce juridique de la vie administrative, tout un ensemble de droits réels spécialement administratifs, toute une série d'opérations spécialement administratives pour la constitution de ces droits réels, le commerce juridique de la vie administrative se distingue de celui de la vie privée en ce qu'il ne prétend pas comme lui au perpétuel et au définitif, il se complaît au contraire dans le provisoire, dans le temporaire, dans le viager. Alors que des situations de la vie civile on écarte avec soin tout élément de précarité, les situations de la vie publique et administrative se caractérisent au contraire par ce fait que l'élément de précarité n'en est jamais complètement absent (1).

Le mode ordinaire d'aliénation ou de constitution de droits réels entachés de précarité sur le domaine public est la *concession*.

Des *concessions temporaires* peuvent être faites sur les dépendances du domaine public; elles sont d'une pratique constante; or, non seulement elles confèrent au concessionnaire la possession et l'exercice de l'action possessoire, mais elles lui confèrent un véritable droit réel de jouissance sur la chose, avec cette seule observation que ce droit réel est temporaire, révocable ou rachetable comme la concession elle-même (Cons. d'Ét., 23 mai 1906, *ministre du Commerce*, S., 1908. 3. 65 et ma note). Cf. L. 16 oct. 1919 sur l'utilisation de l'énergie hydraulique, art. 21 (2).

(1) C'est par cette fissure de la précarité que se glisse la possibilité de faire sur le domaine public des opérations de la vie administrative, malgré le principe de l'inaliénabilité, car la précarité empêche que l'aliénation soit jamais complète, au sens civil du mot; et la règle de l'inaliénabilité ne prohibe que les aliénations complètes au sens civil.

D'ailleurs, les aliénations ou constitutions de droits réels entachées de la précarité administrative sont par définition compatibles avec l'affectation de la chose, car la précarité est justement une réserve destinée à garantir cette affectation, devant être mise en jeu lorsque le bien du service l'exigera. C'est parce que le caractère définitif des aliénations et constitutions de droits réels civils serait incompatible avec les réserves en faveur de l'affectation, que la règle de l'inaliénabilité les rend impossibles.

(2) Il est même fait, dans les cimetières, des concessions dites *perpétuelles* qui présenteraient tous les caractères des aliénations de droit civil si elles n'étaient entachées d'une précarité consistant en ce que, si le cimetière est déplacé administrativement, l'emplacement de la concession perpétuelle est transporté avec lui. Cette précarité suffit pour que ces concessions perpétuelles soient compatibles avec la règle de l'inaliénabilité, étant donné, d'ailleurs, qu'elles sont dans le sens de l'affectation du cimetière.

Il existe aussi des droits réels administratifs établis par la loi elle même sur le domaine public, ce sont les servitudes légales dites *aisances de voirie*, droits d'accès et droits de vue des riverains sur les voies publiques et sur des places publiques, droit de déverser sur la voie publique les eaux de pluie et les eaux ménagères (art. 681

C. *Aliénations involontaires*. — *Emprises sur le domaine public d'une administration, en vue de travaux publics entrepris par une autre administration, et question de l'expropriation pour cause d'utilité publique*. — Il s'est produit dans cette matière une évolution remarquable; primitivement, la question se posait sur le terrain de l'expropriation et se formulait ainsi : une administration publique peut-elle exproprier une dépendance du domaine public d'une autre administration publique? Actuellement, la question se pose sur le terrain de l'emprise, c'est-à-dire de l'occupation sans expropriation; cette emprise apparaît en principe possible du consentement du service affectataire ou même sans son consentement, si c'est l'administration de l'État qui poursuit l'exécution des travaux sur le domaine public d'une administration locale; mais, en tout cas, il y a une indemnité réglée administrativement (Cons. d'Ét., 16 juill. 1909, *Ville de Paris*, S., 1909. 3. 97 et ma note) (1).

C. civ., Cass., 22 mars 1876. Cf. S., 1916 1. 57). Ces droits ne s'opposent point, comme le feraient des servitudes du droit civil, à des modifications de la voie, par exemple à son déplacement, ni à son exhaussement, ni à son déclassement (Cons. d'Ét., 14 déc. 1900, *Just Bernard*); par conséquent, ils sont entachés d'une certaine précarité; cependant, il ne peut pas y être porté atteinte sans indemnité, du moins par une opération de travaux publics, et, par conséquent, ce sont des droits réels de nature administrative. Cf. dans Duvergier, sous la loi du 24 mai 1842, de très intéressantes observations de Renouard sur le caractère de ces droits. V. aussi dans S., 1911. 2. 209, note de M. Mestre, sous Toulouse, 26 novembre 1908, *Augé*. Pour pratiquer des accès ou des vues, le riverain n'est point tenu d'observer les articles 678 et 679 du Code civil; il doit seulement observer les règlements administratifs (Cass., 28 oct. 1891); la question de l'existence du droit d'accès est de la compétence des tribunaux administratifs (Cour de Bourges, 26 oct. 1897, *Just Bernard*, R. A., 1898. 1. 317), — la perte du droit d'accès ou de vue, par suite d'une opération de voirie, peut donner lieu à une indemnité fondée sur la théorie administrative des dommages permanents résultant des travaux publics (Cons. d'Ét., 17 déc. 1886, *Ville de Chaumont*; 17 janv. 1912, *Ville de Narbonne*).

Sur les *droits réels administratifs* en général, V. l'excellente thèse de M. L. Rigaud, Toulouse, 1914.

(1) Cette matière était, jusqu'à ces dernières années, réglée sans contestation par les principes suivants :

1° La procédure d'expropriation pouvait être engagée contre une dépendance du domaine public, mais elle échouait si l'administration affectataire ne consentait pas à l'expropriation (Cass., 3 mars 1862, *Ville de Fécamp*; 20 déc. 1897, *Chemin de fer d'Orléans*; 29 oct. 1900, *Chemin de fer du Nord*; Cons. d'Ét., 21 nov. 1884, *Fabrique de Saint Nicolas-des-Champs*); la loi sur les monuments historiques du 30 mars 1887 était venue, dans son article 4, apporter un argument *a fortiori*, en mettant les monuments classés hors du droit commun en ce qui concerne l'expropriation et l'alignement. Une dépendance du domaine public ne pouvait donc pas être expropriée à proprement parler, elle n'était pas non plus soumise à l'alignement;

2° Mais si, en fait, la procédure d'expropriation avait été suivie, le service public chargé de la garde pouvait seul demander la nullité de l'expropriation, de sorte que, si le service affectataire y consentait, la procédure d'expropriation était valablement employée et un acte spécial de désaffectation n'était pas nécessaire pour la cession

III. *Sanction de la règle de l'inaliénabilité.* — Elle est triple : 1° la vente d'une dépendance du domaine public non précédée d'une désaffectation régulière doit être annulée, sauf indemnité à payer à amiable de la chose, ce qui, pratiquement, présentait certains avantages (Cass., Ch. civ., 8 mai 1865, *Compagnie P.-L.-M. Adde*, Picard, *Traité des eaux*, t. III, p. 149 ; Léchalas, *op. cit.*, t. 1, p. 180 ; L. 6 déc. 1897, art. 1ᵉʳ) ;

3° D'un autre côté, s'il y avait eu désaffectation sans procédure d'expropriation, l'emprise d'une dépendance du domaine public par une administration autre que celle dans le domaine de laquelle elle se trouvait entraînant une mutation de propriété, il devait y avoir fixation de l'indemnité de dépossession par le jury d'expropriation (Confl., 15 mai 1858, *Département de la Gironde ;* Confl., 28 janv. 1899, *Ville de Périgueux* c. *Lacoste ;* Picard, *Chemins de fer*, t. II, p. 805 ; Aucoc, *Conférences administratives*, t. III, p. 652).

Toutes ces solutions constituaient la doctrine du tribunal des conflits et du Conseil d'État ; elles s'inspiraient d'une première idée incontestablement juste, à savoir que le domaine public est, pour l'administration qui en a la garde, un objet de propriété ; elles admettaient l'existence de trois masses séparées de dépendances du domaine public, dont les unes sont propriétés de l'État, les autres propriétés des départements, les autres propriétés des communes, et il s'ensuivait que la dépossession prolongée de l'un de ces objets posait la question de mutation de propriété.

Mais elles s'inspiraient d'une seconde idée qui était peut-être moins juste, à savoir que la dépossession prolongée, ou même la dépossession définitive d'une dépendance du domaine public en vue de travaux d'utilité publique, devrait être traitée comme une expropriation ; on n'avait pas réfléchi que l'expropriation pour cause d'utilité publique a été organisée, dans sa procédure, pour servir de garantie à la propriété privée contre les entreprises de l'administration publique, mais qu'il n'est peut-être pas besoin d'y recourir quand il s'agit de propriétés administratives qui, par leur destination même, sont déjà vouées aux entreprises d'utilité publique. Sans doute, si l'emprise que l'on en a faite a pour résultat de les enlever au patrimoine administratif dans lequel elles étaient et de les incorporer à un autre patrimoine administratif, il y aura à régler une indemnité de dépossession, mais il ne sera peut-être pas nécessaire que cette indemnité soit réglée par les tribunaux judiciaires ou par le jury d'expropriation et il sera peut-être plus conforme à la véritable nature de l'opération qu'elle le soit par la juridiction administrative, après l'incorporation.

En effet, la doctrine qui appliquait les principes de l'expropriation présentait quelques inconvénients pratiques, en ce sens que le mauvais vouloir d'une administration locale pouvait empêcher l'exécution de travaux d'intérêt général.

Mais, s'il est dans la logique de notre conception de l'inaliénabilité d'admettre qu'elle soit compatible avec des emprises administratives, réglées administrativement, nous n'irons pas jusqu'à déduire de la possibilité de ces emprises, comme l'ont fait certains auteurs et aussi la Cour de cassation, que le domaine public constitue une masse unique. En effet, il a semblé à quelques auteurs que cette question de l'emprise du domaine public devait être résolue par de nouveaux principes et qu'il fallait considérer que, les dépendances du domaine public n'étant pas des objets de propriété, la question de la mutation de propriété ne peut pas se poser entre administrations publiques ; en réalité, il n'y aurait pas trois domaines publics, l'un national, l'autre départemental, l'autre communal, il y aurait *unité du domaine public ;* les dépendances de ce domaine unique seraient seulement affectées, les unes aux services de l'État, les autres aux services de tel département, les autres aux services de telle commune ; dans ces conditions, l'emprise d'une dépendance d'un domaine public communal au profit d'un ouvrage public d'intérêt général se présenterait, non pas comme une expropriation, mais comme un changement d'affectation ; ce changement d'affectation pourrait tou-

l'acheteur de bonne foi par l'administration qui a vendu (Cass., 11 fév. 1878, *Ville de Lille;* 30 mai 1881, *Département de la Seine;* art. 13, cahier des charges du 1ᵉʳ avril 1879 pour la vente des biens de l'État) (1) ; 2° une action en revendication domaniale imprescriptible peut toujours être intentée (2) ; cette action est la même qui est

jours être prononcé par une autorité supérieure et, sans doute, il pourrait motiver une indemnité, mais qui ne serait pas une indemnité d'expropriation. La Cour de cassation, dans ces dernières années, s'est laissé entraîner à adopter ce système (Cass., 20 déc. 1897, *Compagnie d'Orléans c. Ville de Paris;* 11 mai 1909, *Gaz. Trib.,* 22 mai 1909). Nous croyons que cet abandon du principe tutélaire de la propriété subjective constitue, de la part de la juridiction civile suprême, une grave erreur.

Nous ne croyons pas, non plus, pouvoir admettre le système moins absolu développé par M. G. Teissier, sous Cons. d'Ét., 16 juill. 1909, *Ville de Paris,* et que le Conseil d'État a adopté dans l'espèce, à savoir que le domaine public de chacune des administrations publiques, bien qu'étant sa propriété, peut se trouver affecté pendant un temps indéfini aux services d'une autre administration publique et grevé ainsi d'une sorte de servitude d'utilité publique, de telle sorte qu'il n'y aurait jamais véritablement dépossession définitive et qu'il n'y aurait jamais à régler d'indemnité de dépossession, mais plutôt des indemnités pour modification de jouissance ou dommages accessoires. Tout en reconnaissant que, dans cette matière très complexe, il y a de nombreuses distinctions à faire, il nous semble justement qu'il faut distinguer la simple affectation à un service et l'incorporation à un ouvrage public. On comprend qu'un bâtiment municipal reste affecté à un service d'État sans sortir pour cela du domaine communal, mais on comprend moins que le sol ou le sous-sol d'une rue soit incorporé à la voie d'un chemin de fer d'intérêt général, sans cesser de faire partie du domaine de la ville. Il paraît surprenant que la ville soit obligée de supporter indéfiniment cette servitude, sans jamais pouvoir faire régler une indemnité de dépossession, fût-ce par la voie administrative. Nous avons exprimé notre sentiment à ce sujet dans une note sous l'arrêt du Conseil d'État précité du 16 juillet 1909 (S., 1909. 3. 97) et nous ne modifions les conclusions de cette note qu'en ce sens que nous reconnaissons que, pour la dépossession de la propriété administrative du domaine public, la procédure de l'expropriation et la compétence judiciaire ne sont pas de mise; mais nous croyons qu'il y a quand même une indemnité de dépossession à régler et que c'est l'affaire de la juridiction administrative; on reviendrait simplement, pour cette hypothèse de dépossession de la propriété administrative, à la situation antérieure à la loi de 1810 où l'expropriation n'était pas matière judiciaire et était traitée administrativement.

Au reste, comme il y a là une difficile question qui n'est pas réglée et qu'il appartiendra au tribunal des conflits de régler tôt ou tard, comme, en l'espèce, il s'agit d'ouvrages souterrains de l'État qui, tout en occupant le sous-sol de la rue de la ville, sont en liaison étroite avec la surface de la rue, et aussi avec les installations souterraines municipales, comme il serait peut-être délicat de loger une propriété de l'État au milieu de ces multiples installations souterraines municipales, nous conseillons de se reporter aux remarquables conclusions de M. G. Teissier, sous Cons. d'Ét., 16 juill. 1900, *Ville de Paris,* S., 1909. 3. 97. Cf. Cons. d'Ét., 10 avril 1911, *Compagnie des chemins de fer du Nord.*

(1) On estime généralement que cette action en nullité n'est prescriptible que par trente ans (de Récy, *op. cit.,* nᵒˢ 655 et s.; Léchalas, *op. cit.,* p. 168). Mais si nous admettons que l'inaliénabilité procède d'une incapacité de l'administration, nous devons opter pour la prescription de dix ans, ce qui, d'ailleurs, s'accorde avec la possibilité de la ratification.

(2) Même dans le cas où il y a eu vente et indépendamment des actions nées de la vente.

intentée en cas d'anticipation ou d'usurpation, V. *infra* (Cf. de Récy, n° 561 ; Léchalas, p. 169) ; 3° enfin, toutes les fois que l'administration n'a pas perdu la possession de la chose ou qu'elle a pu la recouvrer par un acte possessoire, toutes les actions qui tiendraient à l'aliénation définitive sont neutralisées par l'exception de domanialité publique qui est infrangible. — Les actions en nullité de vente domaniale, l'action en revendication domaniale, l'exception de domanialité publique ne peuvent être intentées ou opposées que sur décision du service au profit duquel l'objet était affecté ; la nullité de l'aliénation n'est donc pas absolue, elle est relative et le service bénéficiaire de l'affectation peut renoncer à s'en prévaloir, ce qui équivaut à désaffectation et rend l'aliénation définitive par ratification (de Récy, *op. cit.*, n° 550) (1).

IV. *De l'imprescriptibilité.* — Il s'agit d'un principe qui s'oppose aux usucapions, anticipations, usurpations du domaine, ainsi qu'à l'établissement de servitudes, et qui rend imprescriptible l'action en revendication domaniale ou l'action négatoire de servitude. Il est affirmé par de nombreuses décisions (2) et ne soulève de difficultés que lorsqu'il y a incertitude sur le point de savoir si le terrain occupé n'avait pas en fait été désaffecté (3) ou lorsque l'occupation remonte à l'ancien régime (4).

N° 3. Du fait que les dépendances du domaine public sont des propriétés administratives.

Nous avons étudié l'inaliénabilité des dépendances du domaine public en affirmant qu'elles sont des propriétés administratives. En réalité, il y a là une question discutée, car, dans cette matière en évolution, tout est discuté (5). Ce qui est sûr, c'est que les dépendances du domaine public ne sont pas et ne peuvent pas être des objets de propriété pour des particuliers dans le même moment où elles sont affectées (6) ; mais sont-elles des *res nullius*, dont les admi-

(1) Cela prouve bien que l'inaliénabilité est considérée comme étant le résultat d'une incapacité personnelle plutôt que d'une indisponibilité réelle (V. *supra*, p. 620).
(2) Routes (Cons. d'Ét., 18 juill. 1866, *Dora*); chemins vicinaux (Cass., 1er août 1856, *Baillet-Hecquet*) ; Cons. d'Ét., 26 déc. 1917, *Laroche;* domaine maritime (Cass., 8 juin 1876, *Ville de Cette*); rivières navigables (Cons. d'Ét., 7 déc. 1854, *de Matha*; Cass., 8 déc. 1862, *Petit*). — Citations empruntées à M. Léchalas, p. 512. Sur l'imprescriptibilité de l'action domaniale en revendication, V. les décisions citées par Léchalas, p. 61. Cf. de Récy, n°s 500 et s.
(3) V. Léchalas, *op. cit.*, p. 172 et s.
(4) V. Léchalas, *op. cit.*, p. 171 et de Récy, n°s 566 et s.
(5) La question est discutée en ce qui concerne le droit romain : M. P. F. Girard se prononce pour l'existence du droit de propriété (*Manuel*, 5e édit., 1911, p. 241, texte et note 2).
(6) Aussi croyons-nous que des immeubles pris en location par des services publics

nistrations publiques auraient la garde, ou bien sont-elles des propriétés administratives sur lesquelles existerait une sorte de droit de propriété compatible avec leur affectation? — Par voie de conséquence, y a-t-il plusieurs domaines publics, autant qu'il y a d'administrations distinctes, un domaine d'État, des domaines départementaux, des domaines communaux et qui soient propres à ces administrations? Ou bien n'y a-t-il qu'un domaine public unique, dont la propriété ne serait à personne et dont les dépendances seraient affectées aux services des différentes administrations?

I. Il est singulier qu'on soit obligé d'insister sur cette idée que la condition des dépendances du domaine public est une *domanialité*, qu'on soit obligé d'établir que ces choses font partie d'un *domaine*, c'est-à-dire d'une masse de biens soumis à une certaine forme de propriété; et pourtant cela est nécessaire, la majeure partie des auteurs enseignant encore que le domaine public n'est pas une forme de propriété, sous le prétexte qu'il n'y aurait dans ce domaine que des choses insusceptibles de propriété *par leur nature même* (1). Pour nous qui croyons que la domanialité publique n'est pas affaire de nature physique, mais affaire d'affectation, pour nous qui constatons que la domanialité publique frappe des choses qui ont été objets de propriété privée, avant leur affectation et qui le redeviendront après leur désaffectation, nous sommes obligés de conclure que, même pendant leur affectation, ces choses demeurent des objets de propriété.

Le langage juridique nous en avertit, car on n'appellerait pas *inaliénabilité* la mise hors du commerce d'une chose qui par sa nature

ne pourraient en aucun cas présenter les caractères de la domanialité publique, parce que, dans le moment même où ils sont affectés, ils sont propriété d'un particulier.

(1) V. Aubry et Rau, t. II, p. 38; Demolombe, *Distinction des biens*, t. I, n° 453; Ducrocq, *Des édifices publics*, p. 4., 50 et s.; *Cours de droit administratif*, t. IV, n°s 1429 et s.; Dalloz, *Répertoire*, v° *Domaine public*, n°s 4 et s., etc.; et même M. René de Récy, *Traité du domaine*, n° 199, qui ne voit dans le domaine public qu'un « pouvoir de souveraineté »; encore M. Berthélemy, *op. cit.*, p. 407 et s. et M. Moreau, *Manuel de droit administratif*, p. 567. Cf. les deux arrêts récents de la Cour de cassation cités à la p. 625.

La doctrine commence cependant à être ébranlée. M. Léchalas, dans son *Manuel de droit administratif*, t. II, 2e partie, p. 165, admet l'idée de propriété (1898); de même, M. Maguéro, *Dictionnaire des domaines*, v° *Domaine public*, n°s 115 à 117; M. Le Masne, *Occupations temporaires du domaine public*, p. 37 (1900); M. Louis Bernard, *Du droit de propriété de l'État sur les biens du domaine public*, Paris, 1910. Enfin, il convient de noter, parmi les précurseurs, Cotelle, *Cours de droit administratif*, 2e édit., 1833, I, p. 293 et s.; III, p. 126, p. 140; il se livre à toute une discussion et emploie l'expression « propriété d'une nature particulière »; il avait pour adversaire Isambert, *Traité de la voirie*. V. aussi Championnière, *Traité des eaux courantes*, p. 747 (1846). Cf. *supra*, p. 624, les arrêts du tribunal des conflits qui sont dans le sens de la propriété administrative, à propos de la question des emprises du domaine public.

ne pourrait pas être aliénée et qui, par conséquent, ne serait pas un objet de propriété (1).

Mais il y a mieux que le langage, il y a les principes juridiques et les faits. Admettons qu'une portion de territoire devienne *res nullius* en devenant dépendance du domaine public, par le seul fait qu'elle est affectée à l'usage du public, à titre de route, par exemple (alors qu'avant son affectation elle était objet de propriété et qu'elle le redeviendra après sa désaffectation), elle ne conservera cette qualité qu'à la condition que le service affectataire ne l'occupera pas *animo domini*; car il est dans la nature des *res nullius* de devenir objets de propriété par l'occupation. Or, il n'est pas difficile de démontrer que le service affectataire occupe *animo domini* (2).

Ainsi, à supposer que la chose fût devenue *res nullius* par son affectation, elle serait instantanément réoccupée *animo domini* et, à l'ancienne propriété privée disparue, en succéderait immédiatement une nouvelle, qui serait sans doute une propriété administrative, puisque le service affectataire est admis à intenter, pour assurer l'intégrité de cette propriété, *une action en revendication* (3).

---

(1) Bien loin que l'inaliénabilité, ainsi qu'on l'a dit, soit inexplicable pour quiconque prétend que le domaine public est un domaine de propriété, au contraire, le principe de l'inaliénabilité n'est explicable, sous la forme qu'on lui a donnée, que si le domaine public est un domaine de propriété. Il en est de cette inaliénabilité comme de celle du fonds dotal; elle est destinée, non à supprimer la propriété, mais à l'immobiliser et, au fond, notre droit public a repris la formule de l'édit de Moulins de 1566, qui supposait la propriété du roi.

(2) Je n'invoquerai pas le fait que le service perçoit les fruits et revenus du domaine, car on pourrait voir là une sorte de contre-partie et de rémunération de la surveillance et de la garde qu'il exerce, mais j'invoquerai l'existence de l'*action domaniale* destinée à assurer l'intégrité du domaine public, inaliénable et imprescriptible, que le service affectataire est admis à intenter lorsqu'il a été commis des anticipations sur le domaine. Le service occupe si bien à titre de propriétaire, qu'on lui permet d'intenter une action qui est une véritable revendication et qui est imprescriptible comme le domaine lui-même (Cons. d'Ét., 17 mars 1905, *Commune de Chagny*).

(3) Il n'y a point à chercher d'équivoque, il ne s'agit pas d'une propriété latente, éventuelle, d'une propriété qui se réveillerait si la chose cessait de faire partie du domaine public, il s'agit bien d'une propriété actuelle, domaniale elle-même, puisque l'action en revendication qui la représente est domaniale, et *imprescriptible comme la chose*. On ne saurait trop insister sur cet argument auquel personne encore n'a donné toute sa valeur. Lorsque des entreprises ont été faites contre le domaine public, empiétements ou anticipations, il y a d'abord une action répressive qui, pour les dépendances de la grande voirie, est portée devant les conseils de préfecture, pour la petite voirie devant les tribunaux de simple police, mais, à côté de cette action répressive dont le but est une amende, il y a une action civile tendant à la restitution du sol usurpé. Cette action n'est pas l'action civile de l'article 1382, qui serait prescrite en même temps que l'action publique : « C'est, dit M. Laferrière (*Juridiction administrative*, t. II, p. 667), l'action domaniale par excellence, destinée à assurer l'intégrité du domaine public, inaliénable et imprescriptible. Ce qui domine, c'est la nécessité de défendre une *propriété publique*... Ces revendications sont imprescriptibles »

On fait à cette doctrine deux objections : la première est que le domaine public est de l'ordre de la souveraineté et non pas de l'ordre de la patrimonialité ; la seconde est que l'on ne conçoit pas une propriété qui ne reproduise pas absolument tous les caractères de la propriété quiritaire romaine, avec son *jus utendi, fruendi, abutendi*.

Nous devons examiner ces deux objections :

1° Pour savoir si le domaine public est un domaine de souveraineté ou un domaine de patrimonialité, il n'y a qu'à consulter le droit international public où cette question se présente dans tout son relief. Or, la réponse est nette ; le domaine public d'un État est un domaine de patrimonialité, à la différence du droit qui porte sur le territoire de l'État, pris dans son ensemble, et qui n'est qu'un domaine de souveraineté (Bonfils et Fauchille, *Manuel de droit international*, 2e édit., n° 229 ; Mérignhac, *Traité de droit public international*, t. II, p. 489) ; l'opposition se marque, d'ailleurs, dans le cas particulier de la mer territoriale, sur laquelle l'État n'a qu'un domaine de souveraineté et du rivage de la mer, sur lequel il a évidemment plus de droits que sur la mer territoriale ;

2° Quant à l'objection tirée de ce que la propriété du domaine public ne présenterait pas absolument tous les caractères de la propriété quiritaire, elle dénote un dédain excessif des enseignements de l'histoire. On raisonne comme si la propriété quiritaire, recueillie dans notre Code civil, était la seule forme de propriété possible.(1).

comme le domaine public lui-même. » Cette action peut être portée d'une façon indépendante devant les tribunaux civils. Et la Cour de cassation a rendu un arrêt en ce sens, à propos de fouilles sous un chemin vicinal et sous un chemin rural, où se trouve affirmé en propres termes à plusieurs reprises le droit de propriété de la commune : « Attendu qu'une telle action avait sa base dans les dispositions du droit civil, étant fondée sur l'atteinte portée à la *propriété immobilière* de la demanderesse... qu'il n'importe pas qu'il s'agisse de chemins vicinaux ou de chemins ruraux, la commune demanderesse n'en ayant pas moins sur ces chemins tous les droits attachés à la *propriété foncière* et par suite le droit de poursuivre la réparation des dégâts et dommages causés à ces immeubles par le fait de tiers » (Cass., 11 juill. 1892, *Revue générale d'administration*, 1892, t. III, p. 445).

D'après M. Berthélemy (*op. cit.*, p. 407 et s), si les administrations publiques ne sont pas propriétaires de leur domaine *actuellement*, pendant que dure l'affectation, elles le sont *éventuellement*, pour le cas où le terrain sera désaffecté ; de plus, si elles ne sont pas propriétaires de la chose, elles le sont des accessoires de la chose ; ainsi l'État n'est pas propriétaire du fleuve, mais il est propriétaire du droit de pêche dans le fleuve. — Notre collège s'achemine visiblement vers l'opinion qui admet le domaine de propriété ; la logique le contraindra à l'accepter lorsqu'il se convaincra que l'inaliénabilité n'est pas une indisponibilité absolue et qu'elle laisse place, même actuellement, aux manifestations d'une propriété administrative, lorsque surtout, mis en présence de la question des emprises du domaine public que nous avons traitée p. 623, il se convaincra que la thèse de la propriété est la seule qui puisse maintenir la distinction traditionnelle du domaine de l'État, du domaine départemental et du domaine communal.

(1) Comme si, entre sa consécration sur les bords du Tibre, à l'époque romaine, et

Ainsi, les objections que l'on fait valoir sont sans portée véritable, aussi n'ont-elles pas empêché le mouvement des faits. Sans parler des textes législatifs que nous avions rassemblés dans nos éditions antérieures, spécialement 9ᵉ édition, p. 733 et suivantes, et dont le défaut de place nous oblige à supprimer ici l'énumération, la jurisprudence a consacré toute une série de conséquences de l'idée que les dépendances du domaine public sont des objets de propriété (1).

---

sa réapparition sur les bords de la Seine, à l'époque contemporaine, le moyen âge ne nous avait pas montré l'exemple d'une propriété féodale aux multiples tenures; comme si l'organisation de la propriété ne variait pas d'un pays à l'autre, alors que, encore de nos jours, la propriété anglaise est très différente de la propriété française. Nous ne sommes donc nullement émus par cette affirmation qu'il ne saurait y avoir de propriété que là où il y a, d'une façon complète, le *jus utendi, fruendi, abutendi*. Encore, pourrait-on faire observer que, si l'on analyse la règle de l'inaliénabilité en une incapacité, le *jus abutendi* de l'administration n'est pas plus supprimé que ne l'est celui de la femme dotale pour sa dot inaliénable, il est simplement paralysé par une incapacité.

(1) *a*) L'administration peut agir au possessoire pour réprimer les empiétements commis sur les dépendances du domaine (Cf. Léchalas, *op. cit.*, p. 178 *in fine*). Le même droit a été accordé au concessionnaire (Cass., 20 nov. 1877, S., 78. 1. 64; Ch. req., 6 mars 1878, S., 79. 1. 13). — Même entre particuliers, l'action possessoire peut être exercée à l'occasion du domaine public : 1° par celui qui se plaint d'être troublé dans l'exercice de l'usage collectif d'un chemin (Cass., 25 mars 1857, S., 58. 1. 453; 20 avril 1862, D. P., 62. 1. 227; 12 juin 1880, S., 82. 1. 140); 2° par celui qui a obtenu sur le domaine, spécialement sur un chemin, une concession, par exemple une concession d'eau de pluie (Cass., Ch. req., 21 mars 1876, S., 76. 1. 359). V. pour des concessions d'eau servant à l'irrigation (Cass., 6 mars 1855; 9 nov. 1858; 22 nov. 1864; 5 juin 1881, S., 83. 1. 411, etc. Sur la portée de cette jurisprudence relative à l'action possessoire, V. *infra*, v° *Concessions sur le domaine public*; la longue note consacrée au droit réel du concessionnaire, et aussi Viel, *De l'emploi de l'action possessoire à l'occasion des dépendances du domaine public*, thèse Toulouse, 1907). — *b*) Les alluvions qu'un cours d'eau dépose le long d'une route nationale ou départementale, ou le long d'un chemin vicinal, sont considérées comme profitant au chemin par application de l'article 556 du Code civil, ce qui suppose bien que celui-ci est un objet de propriété, *un fonds*, suivant l'expression de la loi (Cass., 12 déc. 1832, S., 33. 1. 35; *id.*, 16 fév. 1836, S., 36. 1. 405; Bourges, 5 avril 1837, D. P., 37. 2. 61. — Aubry et Rau, t. II, p. 248; Demolombe, *Distinction des biens*, t. II, n° 46; Proudhon, *Domaine public*, t. IV, n° 1271; Garnier, *Des rivières*, t. I, n° 83; Chardon, *Alluvions*, n° 159; Daviel, *Cours d'eau*, n° 133, etc., citations empruntées au traité de M. René de Récy). Et cela est également vrai du chemin de fer. Cass., 6 déc. 1895, *Simon* : l'autorité judiciaire est seule compétente pour trancher la question de savoir si une alluvion, à laquelle un riverain prétend avoir acquis des droits par prescription, est ou non frappée de domanialité comme dépendance d'une voie ferrée... « qu'un tel litige soulevait une *question de propriété* rentrant exclusivement dans la compétence des tribunaux civils... que de la sorte il a simplement statué sur une *question de propriété d'après les titres et selon les règles du droit commun* ». M. René de Récy objecte, il est vrai, qu'on pourrait l'expliquer en admettant de chaque côté du chemin une bande de terrain, aussi étroite qu'on voudra, qui serait restée à l'état de propriété privée et qui servirait d'amorce à l'accession (*op. cit.*, n° 624), mais à quoi bon des inventions aussi subtiles ? — *c*) Les voies publiques, et notamment les routes, doivent participer, comme les propriétés privées, aux dépenses des travaux d'endiguement dont elles sont appelées

Il ne suffit peut-être pas d'écarter d'un mot cet ensemble imposant de décisions de jurisprudence en déclarant qu'ils ont employé des

à bénéficier; l'exemption d'impôt établie au profit des routes par la loi du 3 frimaire an VII ne saurait être étendue aux taxes établies par application des lois du 14 floréal an XI et du 16 septembre 1807 (Cons. d'Ét., 11 mai 1854, *Département du Gard;* 23 janv. 1885, *Commune de Sémussac*). La contribution doit s'appliquer aux voies ferrées (Cons. d'Ét., 19 juin 1885, *Compagnie de P.-L.-M.*). Pour les voies concédées, la contribution pèse sur le concessionnaire (Cons d'Ét., 9 mai 1866, *Société du pont de Theil* ; Picard, *Traité des eaux*, t. II, p. 366); — *d)* Les propriétaires des fonds séparés d'un cours d'eau par une voie publique ne sont pas considérés comme riverains au point de vue de l'obligation du curage (Cons. d'Ét., 28 déc. 1859, *Mouchet;* 28 mars 1860, *Ville de Rouen*). C'est donc la voie publique qui est *riveraine;* — *e)* En effet, les voies de communication peuvent être cotisées pour le curage des cours d'eau dont elles sont riveraines comme les propriétés particulières ; l'exemption d'impôt établie par la loi du 3 frimaire an VII, en faveur des routes, est spéciale à la contribution foncière et ne saurait être étendue aux taxes créées en vertu de la loi du 14 floréal an XI (Cons. d'Ét., 8 août 1888, *Syndicat des vidanges d'Arles;* Picard, *Traité des eaux*, t. II, p. 231). — Les administrations publiques ou leurs concessionnaires prennent part aux associations syndicales, à raison de leurs voies publiques (Cons. d'Ét., 18 mai 1917, *Compagnie des chemins de fer de l'État*); or, ce sont des *associations de propriétaires;* — *f)* La devance tréfoncière, due par le concessionnaire d'une mine au propriétaire de la surface, profite à l'État pour les parties de la mine qui occupent le sous-sol d'une route nationale ou d'un chemin de fer, au département pour les routes départementales, aux communes pour le sous-sol des voies communales; il est difficile de ne pas voir dans l'attribution de cette redevance, que l'on a appelée *un coup de chapeau à la propriété*, la conséquence d'un droit de propriété; *g)* Les produits naturels accrus sur les routes, arbres, herbes, etc., sont la propriété de l'État, des départements, des communes, cela n'a jamais fait l'ombre d'une difficulté. Mais n'est-ce point une conséquence de la propriété du fonds (Cons. d'Ét., 24 fév. 1911, *Jacquemin*, S., 12. 3. 73, et ma note)? N'est-ce point aussi en qualité de propriétaire des fleuves que l'État a le droit de pêche et qu'il le rend productif en l'affermant (L. 15 avril 1829; L. 6 juin 1840 ; Décr. 25 mars 1853) ? On reconnaît que les richesses minérales ou les sources qui se trouvent dans le tréfonds des routes nationales appartiennent à l'État (René de Récy, *op. cit.*, n° 643) et, d'une façon générale, que la propriété d'un chemin public comprend le tréfonds aussi bien que la superficie (Cass., 16 juill. 1877, S., 77. 1. 358; Cass., 7 nov. 1906, S., 1900. 1. 125). La question n'a pas été résolue pour les richesses minérales qui se trouvent dans le sous-sol d'un chemin vicinal, mais elle a été posée dans un arrêt du Conseil d'État (Cons. d'Ét., 12 nov. 1892, *Balu*, *Revue d'administration*, 1892, III, 438, observations de M. Levavasseur de Précourt; — *h)* Une commune peut, pour son domaine public, invoquer la cession de mitoyenneté de l'article 661 du Code civil au sens actif, parce que ce droit appartient à *tout propriétaire* (Cour de Paris, 11 nov. 1897, *Revue d'administration*, 98. 1. 180). — J'ai emprunté la plupart de ces détails au Traité de M. de Récy, v° *Domaine public*, dans le *Répertoire du droit administratif*, Béquet-Laferrière. Les dictionnaires ou répertoires ont ceci d'excellent que, forcés de recueillir avec sincérité tous les faits, ils échappent à l'esprit de système.

Il faut ajouter un certain nombre de décisions relatives aux chemins vicinaux : Cons. d'Ét., 7 août 1900, *Commune de Pouzac*, les chemins vicinaux ordinaires qui font partie du domaine public communal constituent une propriété de la commune, au sens de l'article 158 du décret du 18 juin 1811, relatif aux frais du procès en contravention de voirie, et la commune doit supporter ces frais ; Cons. d'Ét., 22 nov. 1901, *Ville de Saint-Étienne*, application de la théorie de l'emprise à une portion de chemin

termes « peu corrects », ou bien qu'ils consacrent des caractères accessoires par lesquels le domaine public se rapproche d'un domaine de propriété, sans cependant en être un (Berthélemy, *op. cit.*, p. 414 et 421 ; Moreau, *op. cit.*, p. 569) ; tout esprit non prévenu sera frappé par cet ensemble de détails et en tirera la conséquence logique, à savoir que la jurisprudence est en marche vers la consécration d'un domaine de propriété.

Enfin, à mesure que s'établissait, dans les lois et dans la jurisprudence, cette idée que les dépendances du domaine public sont des objets de propriété, un nouveau mode d'utilisation du domaine se propageait, nous voulons parler de la concession à charge de redevance. Il n'est pas douteux qu'il n'y ait un lien entre les deux idées (Cf. Championnière, *Traité des eaux courantes*, p. 16 et s.) (1) : non

---

vicinal occupée par un pont de chemin de fer mal placé. Enfin, les communes dans le domaine desquelles se trouvent les chemins vicinaux de grande communication et d'intérêt commun sont responsables des dommages occasionnés par ces chemins ; ce n'est pas comme en ayant dirigé la construction, puisque la direction de ce service appartient au département, ce ne peut être qu'en leur qualité de propriétaire (Cons. d'Ét., 6 fév. 1903, *Saint-Féliu d'Aval* ; 14 mars 1903, *Pérez* ; 11 déc. 1903, *Mourre*) ; 26 janv. 1906, *Hélie* ; 8 août 1909, *Périnet*, S., 10. 3. 81 et ma note. *Adde* Cons. d'Ét., 24 juill. 1906 : « Considérant que la décision qui sera rendue intéresse directement la ville de Paris *propriétaire de ces voies publiques*. »

Enfin il convient d'ajouter deux arrêts extrêmement intéressants du Conseil d'État du 10 mai 1909, *Compagnie des chemins de fer du Nord*, et du 16 juillet 1909, *Ville de Paris et chemins de fer d'Orléans* dont nous avons déjà cité le second, à propos des emprises du domaine public, *supra*, p. 625, avec les conclusions de M. le Commissaire du gouvernement G. Teissier, très favorables à la thèse de la propriété du domaine. — Dans le premier, nous relevons le considérant suivant : « Considérant que ces terrains n'ont, à aucun moment, cessé de faire partie du domaine public de l'État ; que, par suite, leur incorporation au domaine concédé (à la compagnie de chemin de fer) *n'entraînerait aucune mutation de propriété* » ; donc, *a contrario*, il y a des incorporations d'un domaine à un autre qui peuvent entraîner *mutation de propriété* ; c'est ce qui arriverait si les deux domaines ne relevaient pas de la même personne administrative et si l'incorporation était précédée d'un déclassement formel : c'est la solution de l'arrêt du 16 juillet 1909, *Ville de Paris et chemin de fer d'Orléans*.

Il y aurait à traiter toute une matière *des incorporations des dépendances du domaine public à un autre domaine public*, toujours on verrait se poser la question de propriété. Ainsi en fut-il lors de l'incorporation au réseau des chemins de fer d'intérêt général de certains chemins de fer départementaux (L. 18 mai 1878, art. 1er. Cf. Cons. d'Ét., 15 juill. 1881, *Syndic de la faillite de la Compagnie d'Orléans à Rouen*). Elle se posa lors du passage des routes départementales de l'État au département et du département à la commune (Cons. d'Ét., 9 août 1893, *commune de Fossat* ; 8 août 1894, *commune de Parlebosq*) et *elle fut résolue affirmativement*.

V. un cas de revendication domaniale dans Cons. d'Ét., 20 juill. 1910, *Compagnie des chemins de fer P.-L.-M.*

(1) Tant que les dépendances du domaine public furent, dans l'opinion générale, des *res nullius*, il y eut des résistances à la perception des redevances pour concession. On demandait des textes de loi pour autoriser cette perception. Pour les locations sur les routes nationales et promenades y faisant suite, il y avait la loi du 12 frimaire an VII, titre I, article 7 ; pour les concessions sur les cours d'eau naviga-

seulement c'est dans la conscience de son droit de propriétaire que l'administration a puisé l'idée de la concession, mais la conviction que la concession était faite sur un objet de propriété n'a pas tardé à produire ses effets logiques, en faisant attribuer au concessionnaire lui-même un droit de jouissance qui, malgré son caractère révocable et rachetable, est bien un droit réel (V. *infra*, v° *Concessions* ou *Occupations du domaine public*) (1).

bles et flottables, la loi du 16 juillet 1840, mais pour les concessions sur le rivage de la mer, pêcheries et cabines de bains, il n'y avait pas de texte et, malgré les réclamations de l'administration des domaines, le département de la marine s'obstinait à faire des concessions gratuites. La Cour de cassation de son côté, dans un arrêt du 7 juillet 1869 (S., 69. 1. 418), déclarait que les rivages de la mer, étant hors du commerce, ne pouvaient faire l'objet d'aucune convention, aux termes de l'article 1128 du Code civil, et par conséquent d'aucune stipulation de redevance, que, d'ailleurs, bien que l'État eût sur les rivages de la mer un *droit général*, il ne pouvait pas concéder en jouissance exclusive ce qui est à l'usage de tous (Cf. Cons. d'Ét., 29 nov. 1878, *Dehaynin*, note dans Lebon). Il est de fait que si l'on écarte l'idée du droit de propriété de l'État, la concession privative faite par une administration qui a pour mission de sauvegarder l'usage de tous paraît plus que singulière.

Il fallut que la loi de finances du 20 décembre 1872, article 2, autorisât la perception de redevances à titre d'occupation temporaire ou de location de plages et de toutes autres dépendances du domaine maritime. Enfin, depuis la loi de finances du 29 juillet 1881 la disposition suivante est reproduite annuellement dans le budget des recettes : « Les redevances à titre d'occupation temporaire ou de location, et produits de toute nature du domaine public fluvial, maritime et terrestre et de ses dépendances. » Pour ce qui est des concessions à redevances sur les voies communales, elles ont été autorisées par toutes les lois municipales (art. 133, § 7, L. 5 avril 1884, qui ne fait que reproduire l'art. 31, § 7, L. 17 juill. 1837). Aussi, aujourd'hui, ne subsiste-t-il aucun doute sur la légalité des redevances perçues à l'occasion de concessions sur le domaine public; la Cour de cassation l'a reconnu dans un nouvel arrêt du 11 août 1891 (S., 92. 1. 132), non seulement à cause des lois de finances, mais à raison « du droit général que l'État a sur son domaine public ». Qu'est-ce que ce droit, si ce n'est le droit de propriété, ainsi que l'administration de l'enregistrement l'a affirmé dans ses conclusions? La Cour de cassation n'a pas voulu encore se prononcer sur ce point, mais elle y sera conduite logiquement; n'a-t-elle pas affirmé le droit de propriété des communes sur les chemins vicinaux dans un arrêt du 11 juillet 1892 cité plus haut? Il nous répugne aujourd'hui de rattacher le paiement des redevances à la police, car la police ne doit pas se faire payer; la fiscalité policière était une conception féodale, nous préférons rattacher la perception des redevances à l'idée d'un droit domanial.

(1) Les considérations qui viennent d'être développées s'appliquent, dans leur ensemble, aussi bien aux fleuves et aux rivages de la mer qu'aux routes et aux chemins de fer. Les fleuves et les rivages de la mer doivent donc être considérés comme objets de propriété, autant du moins qu'ils sont appropriables. Rien dans leur nature ne s'y oppose absolument. Pour les fleuves, notamment, les textes révolutionnaires emploient couramment l'expression de propriété. A la vérité, la loi des 28 septembre-6 octobre 1791 sur la police rurale contenait la disposition suivante : « Nul ne peut se prétendre propriétaire exclusif des eaux d'un fleuve ou d'une rivière navigable ou flottable; en conséquence, tout propriétaire riverain peut, en vertu du droit commun, y faire des prises d'eau. » Mais le 13 nivôse an V, un arrêté du gouvernement revenait aux principes antérieurement consacrés par l'ordonnance d'août 1669, XXVI, 44, et par l'arrêt du conseil du 24 juin 1777: « Toutes les rivières navigables et flottables

II. Nous ne prétendons pas, d'ailleurs, que la doctrine du domaine public objet de propriété soit utile à toutes les époques, celle du droit de garde ou de surintendance, sur des choses qui par elles-mêmes n'appartiendraient à personne, a pu suffire pendant longtemps aux besoins juridiques, mais un jour vient où l'on s'aperçoit que la doctrine de la propriété est à la fois plus exacte et plus pleine d'effets; pour notre droit français actuel, ce jour est venu (1).

étant propriétés nationales, nul ne peut en détourner l'eau et en altérer le cours par fossés, tranchées, canaux ou autrement », posant ainsi sur le terrain de la propriété la question des prises d'eau dans les fleuves. L'ordonnance d'août 1669, XXVII, 44, avait elle même affirmé le droit de propriété sur les fleuves : « Déclarons la *propriété* de tous les fleuves et rivières portant bateaux sur leur fond, etc., *faire partie du domaine de notre couronne.* »

(1) La vérité est qu'il se produit une évolution historique : les dépendances du domaine public apparaissent, d'abord, avec le caractère d'institutions utiles au public ; mais « le public » n'a point d'individualité juridique et se trouve, en soi, incapable d'employer les voies de droit qui seraient nécessaires à la protection et à la conservation du domaine ; dès lors, il paraît simple de confier à l'État qui, lui, est doué de personnalité juridique, qui personnifie imparfaitement le public sans doute, mais qui cependant le représente partiellement, la garde et la protection du domaine, l'exercice des actions. Or, une fois qu'on est entré dans cette voie, il est logique que l'on aille jusqu'au bout, et que l'on finisse par expliquer les droits de plus en plus étendus, exercés par l'État à l'égard des dépendances du domaine, par un droit de propriété qui lui appartiendrait. L'État finit donc par être considéré comme ayant, à titre de dépôt, pour le compte du public, une sorte de propriété fiduciaire des dépendances du domaine qui lui permet de les protéger facilement par toutes les voies de droit et en même temps de tirer d'elles leur maximum d'utilité.

Cette évolution du simple droit de garde au droit de propriété, s'est, à notre avis, produite au XIX⁰ siècle.

Quelle espèce de propriété est le domaine public ? — Nous posons la question sans avoir la prétention de la résoudre.

Voici, à notre avis, l'opinion la plus séduisante :

Au point de vue de la propriété, les administrations n'auraient qu'un domaine qui serait, en somme, le domaine privé, les objets affectés à l'utilité publique ne changeraient point de condition quant à la propriété, ils seraient seulement placés sous la surintendance des services affectataires. Quant à l'inaliénabilité entraînée par la domanialité publique, ce serait une incapacité résultant du fait de l'affectation. En résumé, il n'y aurait qu'une seule propriété administrative, mais il y aurait deux masses de biens, les uns non affectés, les autres affectés à l'utilité publique, tous les effets de la domanialité publique se rattachant à l'affectation.

Voici en quoi cette opinion est séduisante : 1° Il y aurait dans chaque administration un fisc qui serait propriétaire et qui fournirait aux services publics les immeubles dont ils auraient besoin. N'avons-nous pas déjà les rudiments du fisc d'État dans les *services financiers* (régie de l'enregistrement et des domaines, régie des contributions indirectes) ? Ces services n'interviennent-ils pas déjà dans les locations, les perceptions des produits, les concessions sur le domaine public et n'est-ce point marquer qu'il y a un fond de propriété privée ? Déjà le service des bâtiments civils n'est-il pas organisé de façon fiscale, les bâtiments restant dans le domaine privé de l'État et étant affectés aux services publics. Lorsqu'une administration publique exproprie, l'objet exproprié tombe dans le domaine privé et y reste jusqu'à son affectation, bien que l'expropriation soit faite en vue de cette affectation, c'est donc bien que le domaine

§ 3. — Les dépendances du domaine public.

Article I. — *Du critérium qui permet de déterminer les dépendances du domaine public.*

Il n'y a pas, dans les textes, d'énumération complète des dépendances du domaine public ; les articles 538 et suivants du Code civil

privé est la forme naturelle de la propriété administrative, puisque c'est celle que transfère l'expropriation. D'ailleurs, pourquoi admettre deux espèces de propriétés administratives, l'une privée et l'autre publique ? Qu'est-ce qu'une propriété publique ? Sans compter que, lorsqu'une dépendance du domaine public est désaffectée, elle retombe dans le domaine privé ; il faut donc admettre que la désaffectation modifierait la nature de la propriété, que l'affectation la modifierait aussi. Ne serait-il pas plus simple de considérer que la nature du droit restant la même, il y a seulement deux masses de biens, les affectés et les non affectés et qu'un objet peut passer d'une catégorie à l'autre ?

Voici maintenant la contre-partie et les objections : 1° Si les services financiers interviennent dans les locations, concessions et perceptions de produits pour préparer les actes, il ne faut pas oublier que c'est le préfet représentant la puissance publique qui signe ces actes ; et puis, la perception des produits n'est pas toute la gestion du domaine ; s'il y a lieu de consentir à l'expropriation de la chose, c'est le service affectataire qui consent ; s'il y a lieu d'intenter la revendication domaniale à la suite d'une usurpation du domaine, c'est le service affectataire qui l'intente ; cette dernière observation est topique, elle prouve que si les services financiers interviennent, c'est au point de vue des conséquences exclusivement financières de la gestion domaniale, mais que tout ce qui est exercice du droit de propriété reste confié aux services qui représentent la puissance publique, comme s'il s'agissait bien d'une propriété publique ; 2° il n'est pas impossible de concevoir une propriété publique, le droit romain a connu la propriété de l'*ager publicus*, propriété publique qui a donné naissance à des institutions spéciales, telles que le précaire, que nous voyons reparaître dans la pratique moderne des concessions sur le domaine public. Quant au fait qu'avec l'affectation et la désaffectation un même bien changera de nature de propriété, ce n'est pas une objection, car il est certain que la chose, avec l'affectation et la désaffectation, change forcément de condition juridique à une quantité de points de vue.

Je crois que l'opinion de l'unité du domaine public et du domaine privé, au point de vue de la nature de la propriété, gagnerait à être présentée de la façon suivante : au point de vue de la jouissance du droit, il n'y a qu'une seule forme de la propriété dans les deux domaines ; au point de vue de l'exercice du droit, il y a deux formes parce que, tandis que le domaine privé est administré par des procédés de la vie privée, le domaine public est administré par des procédés de la vie publique.

Ainsi, ce n'est qu'au point de vue de l'exercice du droit de propriété que se distinguent les deux domaines et la cause en est encore dans l'affectation qui domine tellement toute cette matière. Ce sont les services de la puissance publique qui deviennent affectataires et qui, par l'emploi de la puissance publique dans l'exercice même de la propriété, produisent ces effets qui semblent modifier le droit et qui n'en modifient en réalité que l'exercice par un amalgame passager.

Il y a deux séries de modifications, les unes grandissent l'exercice du droit de propriété et le rendent exorbitant du droit commun, les autres restreignent au contraire cet exercice :

1° Les droits que l'on avait l'habitude de considérer comme des conséquences de la garde et de la surintendance du domaine public doivent être considérés désormais

contiennent bien une sorte d'énumération : « chemins, routes et rues à la charge de l'État, fleuves et rivières navigables et flottables,

comme des prérogatives de l'exercice de la propriété, droits d'affectation et de désaffectation, droits de délimitation et d'alignement, droits de police ou de voirie, droits de concession, tous ces droits trouvent leur racine dans les facultés de la propriété; ils sont seulement grandis dans leur exercice par la puissance publique, *ils doivent être considérés, en principe, et c'est là une conséquence importante du système, comme appartenant tous à une seule et même personne administrative pour un même objet et à celle qui en est propriétaire :* a) le droit d'affectation et de désaffectation est, dans son principe, une faculté de la propriété, il appartient bien au propriétaire de donner telle ou telle destination à ses bâtiments ou à ses terrains; en matière administrative, l'affectation et la désaffectation deviennent des actes de puissance publique, mais, sauf exception, c'est bien en effet à l'administration qui avait les objets dans son domaine qu'il appartient de les affecter et de les désaffecter; b) le droit de délimitation ou d'alignement est aussi, dans son principe, une faculté de la propriété, puisque c'est une sorte de droit de bornage, qui produit, il est vrai, des effets exorbitants; c) les droits de police, dont l'ensemble constitue la voirie, sont également dans leur principe des facultés de la propriété, tout propriétaire a la police de son domaine, la meilleure preuve est qu'il peut instituer des gardes particuliers assermentés, les droits de voirie sont seulement un agrandissement et une exagération de cette faculté inhérente à la propriété dus à ce que le droit est exercé par la puissance publique; d) enfin la faculté de faire des concessions est, elle aussi, inhérente à la propriété; les concessions sur le domaine public prennent seulement une physionomie particulière parce qu'elles sont faites par des actes de puissance publique et parce que, les dépendances du domaine étant inaliénables, les concessions ne sauraient être que temporaires et révocables, mais il est très certain que la concession doit être faite en principe par l'administration propriétaire. Ainsi, une ville ne peut faire dans ses rues concession d'un réseau de tramways ou d'une canalisation pour le gaz que si, au préalable, elle a obtenu elle-même concession de l'État ou du département pour celles des rues qui sont traverses de routes départementales ou de routes nationales et sont ainsi propriétés du département ou de l'État.

2º En sens inverse, il est des facultés de la propriété ordinaire qui se trouvent diminuées par la domanialité publique, parce que si, d'une part, l'affectation confie l'exercice du droit à la puissance publique, d'autre part, elle constitue en elle-même une servitude qui pèse sur cet exercice. Des trois attributs qui constituent le droit de propriété ordinaire, *usus, fructus, abusus*, il n'en est pas un seul qui reste intact : a) l'*usus* est modifié, en ce sens que le service affectataire doit respecter l'usage auquel la chose est consacrée par sa destination publique, et cependant cela ne l'empêche pas de consentir à des occupations nombreuses du domaine qui restent compatibles avec la destination; b) le *fructus* est restreint, en ce sens que la chose ne peut plus produire de fruits qu'en tant que cela n'est pas nuisible à sa destination; mais il subsiste en partie puisque, par exemple, les occupations temporaires donnent lieu à la perception de redevances; c) l'élément le plus atteint est l'*abusus* : d'une part, l'inaliénabilité s'oppose aux actes civils de disposition; d'autre part, si la désaffectation est possible et fait disparaitre l'obstacle de l'inaliénabilité, la désaffectation elle-même est gouvernée par le principe que toute cette propriété est fiduciaire, que l'administration en a le dépôt dans l'intérêt du public et non pas dans le sien propre et que, dès lors, il y a obligation morale pour elle de ne désaffecter que dans l'intérêt supérieur du public ou du service public. Cf. sur toute cette question, Louis Bernard, *Du droit de propriété de l'État sur les biens du domaine public*, p. 123 et s. Ce travail est intéressant surtout comme réfutation de la théorie d'Otto Mayer, suivant laquelle la propriété du domaine public, au sens du domaine qui plane sur l'ensemble du pays,

rivages de la mer, ports, havres et rades (art. 538); portes, murs, fossés, remparts des places de guerre et des forteresses (art. 540) »; mais il suffit de remarquer : 1° que cette énumération n'est relative qu'au domaine de l'État, qu'elle passe complètement sous silence le domaine public départemental et communal; 2° qu'elle n'est même pas complète en ce qui concerne le domaine public de l'État, ainsi qu'on s'en apercevra, par exemple, en étudiant le domaine maritime et de navigation; 3° qu'en revanche, elle contient des objets qui ne sont plus considérés actuellement comme faisant partie du domaine public parce qu'ils sont désaffectés ou déclassés, tels les lais et relais de la mer (art. 538); tels les terrains des places de guerre déclassées (art. 541 (1).

Il s'agit donc de suppléer à l'absence d'énumération, et aussi à l'absence de définition légale, par une définition doctrinale (2).

Cette définition donne lieu à controverse; il y a deux formules en présence, l'une qui a l'avantage d'avoir été enseignée pendant un siècle, mais qui ne répond plus ni aux conditions modernes de la vie administrative, ni aux décisions de la jurisprudence, et qui, d'ailleurs, ne résiste guère à l'examen critique; l'autre qui a le désavantage d'être nouvelle, mais qui répond aux besoins modernes, à des décisions très importantes de la jurisprudence et aux exigences de la logique (3).

La formule ancienne ne détermine qu'une domanialité publique très limitée, il n'y aurait, en effet, comme dépendances du domaine public, que *les portions du territoire affectées à l'usage de tous et insusceptibles de propriété privée par leur nature,* ce qui ne vise guère que les routes, places publiques, fleuves et rivages de la mer (4). Seraient

---

se précise en un domaine de souveraineté (Otto Mayer, *Droit administratif allemand*, traduct. franç., t. III, le droit public des choses).

(1) Soit dit en passant, le fait que tous les auteurs contemporains admettent que les lais et relais de la mer et les terrains des places de guerre déclassées ne font plus partie du domaine public, mais du domaine privé de l'État, suffirait à établir que le fondement de la distinction du domaine public et du domaine privé se trouve bien dans l'affectation de la chose à l'utilité publique.

(2) Cette définition doctrinale est d'autant plus nécessaire que les articles 538 et suivants du Code civil ne se plaçaient pas au point de vue de la distinction du domaine public et du domaine privé, mais au point de vue du domaine de l'État envisagé en bloc. Cette observation est confirmée : 1° par l'histoire (Cf. Barckhausen, *op. cit.*, Revue du droit public, 1902-1903); 2° par la rubrique du chapitre du Code civil où se trouve l'article 538 « Des biens dans leur rapport avec ceux qui les possèdent »; 3° par le caractère mélangé de l'énumération des articles 538 et suivants, c'est par le travail d'une interprétation doctrinale postérieure que la distinction du domaine public et du domaine privé a été tirée des textes. V. *infra.*

(3) Pour plus de détails sur les divers systèmes en présence, V. Gautier, *Nos bibliothèques*, thèse, Poitiers, 1902.

(4) Proudhon, *Du domaine public;* Ducrocq, *Traité des édifices publics et Traité*

exclus de la domanialité publique par cette formule : 1° les bâtiments affectés aux services publics et les objets mobiliers des collections publiques, parce que ce ne sont pas des *portions du territoire* ; 2° les terrains non bâtis qui ne sont pas directement affectés à l'usage du public, comme les champs de manœuvres militaires, champs de tir, etc. ; 3° les terrains qui ne sont pas insusceptibles de propriété privée *par leur nature* (sur ce point, les partisans de l'opinion ne se sont jamais clairement expliqués, V. *infra*).

La formule nouvelle au contraire, qui s'appuie sur le fait fondamental de l'affectation, détermine une domanialité publique plus étendue ; *sont dépendances du domaine public toutes les choses qui, étant propriétés administratives, ont été l'objet d'une affectation formelle à l'utilité publique*. Cette affectation résulte tantôt d'événements naturels complétés par des actes administratifs, comme le mouvement des eaux complété par des déclarations de navigabilité pour les fleuves, tantôt seulement d'actes administratifs; il n'est pas nécessaire qu'elle soit perpétuelle, il suffit qu'elle soit actuelle et formelle. Avec cette formule, sont dépendances du domaine public, non seulement les terrains non bâtis affectés à l'usage direct du public, comme les routes ou le rivage de la mer, mais les terrains non bâtis affectés à un service public, tels que les champs de manœuvre militaires, champs de tir, polygones ; sont aussi dépendances du domaine public les bâtiments affectés aux services publics et les objets mobiliers dépendant des collections publiques (1).

de droit administratif, t. IV, n°s 1430 et s.; René de Récy, *Traité du domaine*, n°s 209 et s.; Berthélemy, *Traité élémentaire de droit administratif*.

(1) L'intérêt pratique de la controverse est assez mince et l'on ne comprend guère la passion que mettent certains auteurs à réduire le nombre des dépendances du domaine public, sous le prétexte qu'il faut n'enlever au commerce juridique de la vie privée que le moins de biens possible. Il y aurait un intérêt si cela avait pour conséquence de restreindre la quantité des propriétés administratives. Mais il n'en est rien ; tous les objets que l'on exclut du domaine public, par des définitions plus ou moins étroites, n'en restent pas moins des propriétés administratives ; tout ce que l'on gagne est de les classer dans le domaine privé des administrations publiques, au lieu de les classer dans le domaine public, mais elles n'en sont pas moins enlevées à la masse des propriétés privées. Surtout, elles n'en sont pas moins enlevées à la libre circulation des biens, car elles ont été l'objet d'affectations administratives, et, tant que l'affectation ne sera pas rapportée, en fait elles ne seront pas aliénées. Il est vrai qu'elles ne seront pas « juridiquement inaliénables » et il est bien clair que l'aliénation, sans désaffectation préalable, d'une chose affectée à l'utilité publique, n'aura pas les mêmes conséquences de nullité de l'opération, si la chose n'est pas considérée comme une dépendance du domaine public, mais on se rendra compte que cette différence n'est pas à l'honneur de la théorie restrictive de la domanialité publique, car elle n'est pas à l'avantage de la bonne administration.

L'intérêt de la controverse se ramène pratiquement à ceci : les propriétés administratives affectées à l'utilité publique, si elles sont considérées comme des dépendances du domaine public, seront imprescriptibles et protégées par la police de la voirie ou

Il convient, avant d'entrer dans la discussion juridique de la controverse, d'indiquer un certain nombre de conditions que doit remplir une bonne formule de définition des dépendances du domaine public :

1° Il y a une liste minima des dépendances du domaine public admise par tout le monde ; elle contient les rivages de la mer, les ports, havres et rades, les étangs salés, les canaux de navigation, les fleuves navigables, les routes, chemins, rues et places publiques, les voies ferrées avec leurs bâtiments d'exploitation, les murs, remparts, fossés des places de guerre ; on est obligé, pratiquement, de tenir compte de cette liste et il faudra que la formule adoptée pour la définition de *la dépendance du domaine public* convienne à tous ces éléments ;

2° Il y a aussi des textes relatifs à la domanialité publique (notamment L. 22 nov.-1ᵉʳ déc. 1790 ; L. 10 juill. 1791, tit. IV, art. 1 et 2 ; C. civ., art. 537-541) ; on est obligé de tenir compte de ces textes et il faudra que la formule adoptée puisse se concilier également avec tous (1) ;

3° Enfin il sera bon que la domanialité publique procède d'un fait facile à constater.

---

tout ou moins par la police administrative ; si elles ne sont pas considérées comme des dépendances du domaine public, elles seront prescriptibles et ne pourront être protégées que par les moyens du droit civil ; la question est de savoir s'il n'y a pas avantage à protéger, par l'imprescriptibilité et par la police, toutes les choses réellement affectées à l'utilité publique, au lieu de n'en protéger qu'une partie.

(1) Comme il y a de ce chef des difficultés, M. Berthélemy préfère écarter du débat les textes parce que ceux-ci sont relatifs à la détermination du domaine national, mais non pas à sa division en un domaine public et un domaine privé (*op. cit.*, p. 408).

Il y a des raisons très sérieuses qui, à mon avis, ne permettent pas de prendre ce parti : 1° la division du domaine national en un domaine public et un domaine privé, telle que nous l'entendons aujourd'hui, est bien en effet le résultat d'un travail de doctrine, mais d'un travail qui s'est opéré *sur les textes*, elle est l'œuvre des premiers commentateurs et particulièrement de Proudhon ; elle constitue une *interpretatio* liée au texte qu'il serait aujourd'hui impossible d'en séparer ; 2° la règle de l'inaliénabilité des dépendances du domaine public, telle que nous l'entendons aujourd'hui, est, elle aussi, le résultat d'un travail d'interprétation opéré *sur les textes*, on ne saurait l'appuyer sur la tradition seule, car elle n'a plus la même portée que dans l'ordonnance de Moulins de 1566 (l'inaliénabilité du domaine de la couronne s'appliquait à tous les biens, l'imprescriptibilité ne frappait les biens qu'après un stage de dix ans, il y avait des apanages et des engagements du domaine que nous ne connaissons plus, etc.), ainsi donc, on a besoin de textes pour appuyer les doctrines modernes reçues de tous, soit relativement à la distinction du domaine public et du domaine privé, soit relativement à l'inaliénabilité du seul domaine public.

Si l'on tient compte de textes plus récents que le Code civil, spécialement des textes constituant le domaine public aux colonies, on en trouve de très significatifs, par exemple le décret du 26 septembre 1902 relatif à Madagascar, article 1ᵉʳ : « Le domaine public comprend les choses qui, par leur nature, ne sont pas susceptibles de propriété privée ou qui, par leur destination, sont *affectées à l'usage de tous ou à un service public*. »

Or, la doctrine qui restreint le domaine public *aux seules portions du territoire affectées à l'usage de tous et insusceptibles de propriété privée* ne tient compte, ni de tous les faits, ni de tous les textes, ni des exigences pratiques d'un bon critérium : 1° elle ne tient pas compte de tous les faits; parmi les dépendances du domaine public généralement acceptées, il en est qui ne sont pas des *portions du territoire*, c'est-à-dire des terrains non bâtis, il y a des bâtiments comme les places de guerre ou les gares de chemins de fer ou les ports ou les phares (1). — On ne peut pas dire, non plus, que toutes les dépendances soient à *l'usage de tous*, c'est-à-dire à l'usage du public, l'entrée du public est interdite dans les murs et remparts des forteresses, les voies ferrées ne sont pas directement à l'usage de tous, le public ne peut en user que par l'intermédiaire d'un service de l'exploitation. — Enfin toutes ces dépendances du domaine public ne sont point *insusceptibles de propriété privée*. En réalité, aucune d'elles n'est par sa nature physique insusceptible d'appropriation, si l'on se place *au point de vue du mètre carré* (V. *supra*, p. 617), car des portions du rivage de la mer et des fleuves peuvent très bien être appropriées (2); — 2° cette doctrine ne tient pas compte de tous les textes, elle s'attache exclusivement à l'article 538 du Code civil, qui donne des exemples de dépendances non bâties, elle néglige l'article 540 qui donne des exemples de bâtiments : les portes, murs, remparts des places de guerre ; — 3° enfin le critérium proposé n'est pas pratique. On ne saurait dire exactement, ni quelles sont les choses insusceptibles de propriété privée par leur nature (V. *supra*), ni quelles sont les choses directement affectées à l'usage de tous; un musée, une bibliothèque, par exemple, ne sont-ils pas aussi bien à l'usage de tous qu'une place publique ou une voie ferrée (3)?

(1) Il y a aussi les eaux publiques destinées à l'alimentation des villes qu'il est difficile de regarder comme des *portions du territoire* et que la jurisprudence déclare, d'ailleurs, domaniales *à raison de leur destination* (Cass., 17 avril et 28 mai 1866, S., 66. 1. 243 et 294; 24 janv. 1883, S., 83. 1. 321, etc., R. de Récy, *op. cit.*, n° 409).

(2) En cette matière, il ne faut pas envisager l'appropriation totale du rivage ou du fleuve, elle apparaît peu pratique, mais il faut envisager les appropriations partielles, les anticipations, les occupations sournoises de parties du rivage ou du lit du fleuve et elles sont parfaitement possibles (Cons. d'Ét., 22 avril 1904, *Nattau*).

(3) M. Berthélemy a cru devoir adopter l'opinion de M. Ducrocq sur la domanialité publique applicable *aux seules portions du territoire affectées à un usage public et non susceptibles de propriété*. A la vérité, il n'accepte cette opinion que sous bénéfice d'inventaire : Il entend ne pas se fonder sur le texte des articles 538 et 540 du Code civil, dont l'interprétation lui paraît hasardeuse, mais seulement sur cette vérité d'observation, à savoir « qu'il y a des parties du domaine qui sont, en fait, assez différentes des biens qui composent les patrimoines particuliers, pour qu'une réglementation spéciale leur soit nécessaire ». Il s'agit d'une différence physique qui provient, soit de la nature de la chose, comme par exemple pour le rivage de la mer ou les fleuves, soit

Au contraire, notre doctrine, qui fait découler la domanialité publique uniquement de l'affectation de la chose à l'utilité publique, satisfait à toutes les conditions d'une bonne solution : 1° elle tient compte de tous les faits, car elle explique qu'il y ait dans le domaine public des bâtiments aussi bien que des terrains non bâtis ; 2° elle tient compte de tous les textes, car elle donne autant de valeur à l'article 540 du Code civil, qui vise des bâtiments, qu'à l'article 538, qui vise des terrains nus ; 3° elle fournit un critérium pratique, car le fait de l'affectation à l'utilité publique est toujours facile à constater (1) ; 4° elle tient compte du fait que les dépendances du domaine public sont des propriétés administratives.

de la destination de la chose, mais en tant seulement que cette destination de la chose entraîne la dénaturation de celle-ci, comme par exemple pour les routes et chemins publics. Et il lui semble, en passant en revue les diverses dépendances possibles du domaine public, que les seules choses, en effet, qui, par leur nature, ou par suite d'une destination qui emporte une dénaturation effective, échappent aux règles du droit civil, sont les portions de territoire affectées à un usage public et non susceptibles de propriété (*op. cit.*, 7° édit., p. 406 et s.).

Cette modification de la doctrine de M. Ducrocq est assurément intéressante, mais elle ne rend pas le système plus acceptable, pour les raisons suivantes :

1° La prétendue dénaturation que subiraient les dépendances artificielles du domaine public, telles que les routes et chemins publics, ne les rend point par elle-même insusceptibles de propriété, si l'on pose la question de l'appropriation sur son véritable terrain, qui est celui de l'aliénation ou de l'usurpation partielles. M. Berthélemy avance ceci (*op. cit.*, p. 410) : « Personne n'aurait supposé qu'on pût avoir l'idée d'acheter une portion de la place publique, d'un port ou d'un fleuve. » — Mais il fait erreur ; des particuliers ont souvent l'idée d'acheter une portion de place publique ou quelques mètres carrés du lit d'un fleuve ; l'idée qu'ils n'auraient pas serait d'acheter tout le fleuve. Plus souvent encore, ils essaieront d'anticiper et d'usurper, par prescription, une bande de terrain sur l'accotement du chemin ou sur la berge du fleuve, et ce n'est pas « la dénaturation » qui, à elle seule, les en empêcherait ;

2° Cette dénaturation est, d'ailleurs, une notion qui paraît insuffisamment creusée et, dans l'état de la théorie de M. Berthélemy, elle se retourne contre lui. Notre collègue triomphe, quand il remarque qu'un bâtiment public ne se distingue pas par sa nature d'un bâtiment privé, mais il n'observe pas qu'on peut dire tout aussi bien qu'un chemin public ne se distingue pas par sa nature d'un chemin privé. Il oublie qu'il existe des chemins privés, des rues privées qui ont extérieurement l'aspect de routes ou de rues publiques. Alors, sous prétexte qu'il existe des chemins privés, faudrait-il exclure du domaine public les chemins publics ?

Mieux que cela, il existe des chemins ruraux qui sont dans le domaine privé des communes et qui présentent exactement la même apparence physique que d'autres chemins ruraux qui sont dans le domaine public. Voici deux chemins ruraux, l'un n'a pas été l'objet d'un arrêté de reconnaissance et est resté dans le patrimoine particulier de la commune, l'autre a été l'objet d'un arrêté de reconnaissance et est tombé dans le domaine public (L. 20 août 1881, art. 6). On se demande en quoi le chemin reconnu a été *dénaturé* physiquement, en quoi il est devenu différent physiquement du chemin non reconnu ; il est visible qu'il n'y a rien de changé physiquement, qu'il n'y a qu'une décision administrative impliquant une affectation spéciale du chemin reconnu à l'utilité publique.

(1) Ce critérium est le seul appliqué, pour savoir quelle est la consistance du

Elle a un avantage de plus, elle est en harmonie logique avec la règle de l'inaliénabilité. Nous l'avons remarqué déjà. Tout l'intérêt pratique de la domanialité publique est dans le principe de l'inaliénabilité (et de l'imprescriptibilité qui lui est liée). Or l'inaliénabilité elle-même est liée à l'affectation ; elle ne commence qu'avec l'affectation, elle disparaît à la désaffectation, elle ne s'oppose qu'aux aliénations définitives tout à fait incompatibles avec l'affectation (V. *supra*, p. 619). Si toute la domanialité publique est dans l'inaliénabilité et si toute l'inaliénabilité est dans l'affectation, toute la domanialité publique est elle-même dans l'affectation et, par conséquent, tout objet de propriété administrative affecté à l'utilité publique est une dépendance du domaine public (1).

Conséquences du critérium en ce qui concerne la domanialité publique des bâtiments affectés aux services publics. — De l'application du critérium que nous adoptons, il résulte que tous les bâtiments affectés à des services publics d'État, de départements, de communes, de colonies, d'établissements publics, doivent être considérés comme des dépendances du domaine public protégées par l'inaliénabilité et l'imprescriptibilité, aux deux seules conditions suivantes : 1° il faut que le bâtiment ait été vraiment affecté à un service public par une décision administrative formelle (2) ; 2° il faut que le bâtiment soit la propriété administrative de l'État, d'un département ou d'une commune ; un bâtiment pris en location d'un particulier (3) ne pou-

---

domaine public, dans les voies dont la construction n'a pas absorbé tous les terrains acquis, par exemple dans les voies ferrées (Cons. d'Ét., 28 juin 1901, *Roland-Gonzalès*, Leb., p. 595 et la note).

(1) Pour échapper à cette argumentation, il faudrait établir que l'inaliénabilité du domaine public n'est pas liée à l'affectation. C'est ce que M. Berthélemy s'efforce de faire *op. cit.*; il fait dériver la règle de l'inaliénabilité de ce que le domaine public *par sa nature* se dérobe à l'application des lois sur la propriété. Mais, d'abord, nous avons suffisamment démontré que le domaine public n'a pas une nature physique différente de celle du domaine privé (V. *supra*, p. 641). Ensuite, il reste toutes les règles positives sur la portée pratique de la règle de l'inaliénabilité qui cadrent uniquement avec l'idée de l'affectation.

(2) Un bâtiment dont la jouissance aurait été concédée à un établissement d'utilité publique ne remplirait pas les conditions voulues. — De même, un bâtiment qui serait utilisé en fait par un service public, mais sans décision administrative d'affectation.

(3) Mais il n'est pas nécessaire que le bâtiment soit la propriété de la même personne administrative dont il abrite les services, il n'y a aucune raison pour écarter la domanialité publique dans les cas très fréquents où un bâtiment est la propriété d'une personne administrative et est affecté aux services d'une autre. Les facultés de l'enseignement supérieur, les écoles primaires, sont des bâtiments municipaux, en général, et sont affectés à des services d'État ; il en est de même des casernes, des hôtels des postes, etc. On peut rapprocher de ces hypothèses le cas des chemins vicinaux de grande communication et d'intérêt commun ; comme propriété ils sont aux communes, comme service ils sont au département, cela ne les empêche pas cependant d'être

vant être domanial et les établissements publics n'ayant pas de domaine public qui leur soit propre (1).

Conséquences au point de vue des choses mobilières. — Des objets mobiliers peuvent être protégés par la domanialité publique, s'ils considérés comme des dépendances du domaine public. Il est seulement très intéressant de noter que ces objets, ainsi partagés, comptent dans le domaine public de l'administration propriétaire; ainsi les chemins vicinaux de grande communication comptent dans le domaine public communal et cela prouve que la domanialité publique est essentiellement une *forme de propriété* (V. *infra*).

(1) Bien des auteurs soutiennent encore que les bâtiments affectés aux services publics ne sont pas dépendances du domaine public, l'administration des bâtiments civils, elle-même, s'obstine à considérer les palais nationaux affectés aux services de l'État comme dépendant du domaine privé ; mais cette opinion se trouve condamnée, soit par les raisons plus haut déduites qui exigent que l'affectation à l'utilité publique devienne l'unique condition de la domanialité publique, soit par le mouvement qui porte à considérer les bâtiments administratifs comme des *ouvrages publics* (V. *infra, Travaux publics*), soit par les multiples exceptions que la force des choses a fait admettre et qui ruinent la proposition principale : On a commencé par admettre la théorie de l'accessoire, en vertu de laquelle les bâtiments qui ne sont que l'accessoire des chemins, places publiques, rues, ports, participent de la domanialité publique de ces objets ; c'est ainsi que les gares de chemins de fer (Cf. de Récy, *op. cit.*, n° 365), les maisons des éclusiers des canaux (*Eod.*, n° 397), les monuments qui décorent les places publiques (*Eod.*, n° 416), les fontaines (*Eod.*, n° 412 ; Cons. d'Ét., 1er juin 1849, *Pommier*), etc., les halles et marchés couverts, etc., sont généralement considérés comme dépendances du domaine public. La jurisprudence considère les bibliothèques publiques et les musées comme directement affectés à l'usage du public et, à ce titre, estime que non seulement ils sont dépendances du domaine public, mais qu'ils communiquent cette qualité aux collections qu'ils contiennent (V. les décisions à la p. suivante). Enfin, les édifices des cultes (Cf. de Récy, *op. cit.*, n° 417; Cass., 5 déc. 1838, S., 39. 1. 33. Sur la situation des édifices du culte depuis la loi de séparation, V. *supra*, p. 533) et les arsenaux militaires (Ducrocq, *Édifices publics*, n° 173. Cf Douai, 21 août 1865) sont généralement considérés comme inaliénables et imprescriptibles. On conviendra que des exceptions en quantité pareille détruisent la règle que l'on prétend maintenir. Le système qui range les bâtiments affectés aux services publics parmi les dépendances du domaine public a pour partisans : Toullier (III, 39), Mourlon (art. 538), Aubry et Rau (II, § 169), G. Bressoles (*Journal de droit administratif*, t. XI, p. 117), Troplong (art. 2226), Bourbeau (*Traité des justices de paix*, p. 621), Dareste (*La justice administrative*, p. 253), Gaudry (*Traité du domaine*, I, 269 ; II, 636, et III, 693) ; Demolombe (*Distinction des biens*, I, 458 *bis* et 460).

Le système qui les range parmi les dépendances du domaine privé a pour défenseurs : MM. Delvincourt (I, p. 145); Macarel et Boulatignier, *Traité de la fortune publique*, n° 70; Proudhon, *Du domaine public*, II, n° 334; Adolphe Chauveau, *Journal du droit administratif*, X, p. 479; Ducrocq, *Traité de droit administratif*, t. IV, n°s 1452 et s., et *Traité des édifices publics*, p. 47; Aucoc, *Droit administratif*, II, p. 108 ; René de Récy, *Traité du domaine*, n° 425; Berthélemy, *op. cit.*, p. 400 ; une décision de la cour de Paris du 18 février 1854, *Savigny*, refuse de ranger les hôtels de préfecture parmi les dépendances du domaine public.

Notons que les bâtiments publics sont exemptés de contribution foncière quand ils ne sont pas productifs de revenu (L. 3 frim. an VII, art. 105) et qu'ils sont exemptés de l'impôt des portes et fenêtres dès qu'ils sont employés à un service public (L. 4 frim. an VII, art. 5).

sont des propriétés administratives et s'ils ont reçu une destination d'utilité publique évidente. La jurisprudence déclare inaliénables et imprescriptibles le mobilier des églises, les collections des musées, les manuscrits et les livres des bibliothèques publiques; d'autre part, la loi du 31 décembre 1913 sur les monuments historiques, dans son article 18, déclare que les objets artistiques appartenant à l'État, et spécialement classés, sont inaliénables et imprescriptibles, que ceux appartenant à un département, à une commune, à un établissement public ou d'utilité publique sont imprescriptibles et ne peuvent être aliénés qu'avec l'autorisation du ministre et seulement au profit d'une autre administration publique ou d'un établissement d'utilité publique; la loi du 9 décembre 1905, article 17, § 1, déclare : « Les immeubles par destination classés en vertu de la loi du 30 mars 1887 ou de la présente loi sont inaliénables et imprescriptibles »; enfin, il serait difficile de considérer comme prescriptible et inaliénable, tant qu'il n'est pas *mis en réforme*, le matériel de guerre, chevaux, canons, fusils (C. just. milit., art. 244) (1).

ARTICLE II. — *Énumération des principales dépendances du domaine public.*

N° 1. — Le domaine public de l'État.

Le domaine public de l'État peut être subdivisé de la façon suivante : 1° domaine maritime et de navigation (rivages, fleuves,

(1) Voici l'état de la jurisprudence : Sont dans le domaine public :

1° Les objets mobiliers consacrés à l'exercice du culte, vases sacrés, ornements, bancs de l'église, Cass., 19 avril 1825, D., 25. 1. 275; Limoges, 22 août 1838, S., 39. 2. 156;

2° Les cloches des églises, que certains classent parmi les meubles, *Pandecte française*, v° *Domaine*, n° 284, et d'autres parmi les immeubles, de Récy, n° 424;

3° Les tableaux des églises, Lyon, 19 déc. 1873, D., 76. 2. 89;

4° Les tapisseries placées dans les églises à perpétuelle demeure, Seine, 22 fév. 1877, cité par de Récy, I, p. 195, note 2;

5° Les manuscrits, livres, médailles et estampes de la Bibliothèque nationale, Cass., 10 août 1841, S., 41. 1. 742, D., 41. 1. 332; Paris, 2 janv. 1846, S., 47. 2. 77, D., 46. 2. 212;

6° Les tableaux et statues du Musée du Louvre, Seine, 15 janv. 1890, *Journal de l'enregistrement*, 23364;

7° La jurisprudence est unanime à accorder le même caractère de domanialité publique aux objets des musées, des archives et des bibliothèques départementales ou municipales, aussi bien que nationales (Mâcon, 18 juin 1890, S., 91. 2. 185; Lyon, 10 juill. 1894, S., 95. 2. 185; Gap, 20 oct. 1895, D., 97. 2. 54; Nancy, 16 mai 1896, D., 96. 2. 111; Cass. req., 17 juin 1896, S., 96. 1. 408, D., 97. 1. 257; Lyon, 20 fév. 1897, *Répertoire de l'enregistrement*, 9079); les décisions précitées reconnaissent que ces choses peuvent faire l'objet d'une revendication perpétuelle, même contre un possesseur de bonne foi, mais ne dispensent pas celui qui revendique d'indemniser équitablement le possesseur des sommes qu'il justifie avoir dépensées pour leur acquisition. (Mâcon, 18 juin 1890; Lyon, 10 juill. 1894; Cass., 17 juin 1896, précités).

canaux) ; 2° voies de communication terrestres (routes et chemins de fer) ; 3° bâtiments et terrains affectés à un service public (domaine militaire et monumental et objets mobiliers). A ces trois groupes de dépendances du domaine correspondent des règles de droit différentes dans les matières de l'affectation et de la délimitation.

A. *Le domaine maritime et de navigation.* — a) *Le domaine maritime.* — D'après M. Picard, le domaine maritime comprend tous les objets qui, *soit par l'œuvre de la nature, soit par le fait de l'homme, sont affectés à la navigation et à la pêche maritimes.* Ce sont : les rivages de la mer, les étangs salés, les ports et leur outillage, les phares et balises (1).

1° *Les rivages de la mer.* — Le rivage de la mer est affecté au service de la navigation et de la pêche maritimes, en ce sens que c'est une voie de communication qui permet l'accès à la mer. C'est la bande de terrain que la mer couvre et découvre dans ses mouvements alternatifs (2). Il n'est pas déterminé de la même façon le long de l'Océan et le long de la Méditerranée : Pour l'Océan, on applique l'ordonnance de 1681, tit. VII, art. 1er, liv. IV : « Tout ce que la mer couvre et découvre pendant les nouvelles et pleines lunes, et jusqu'où le plus grand flot de mars se peut étendre sur la grève » (3). Pour la Méditerranée, où il n'y a point de marées, on applique, dans le silence de l'ordonnance de 1681, la loi 112 au D. de V. S. « *litus publicum est eatenus qua maxime fluctus exæstuat* » (V. aussi L. 96, *eod. titul.*), et il s'agit, en réalité, des terrains *habituellement* couverts par le plus grand flot d'hiver (Cons. d'Ét., 27 mars 1874, *Barlabé*; 27 juin 1884, *Ville de Narbonne*).

Le rivage de la mer est interrompu à l'embouchure des fleuves, il remonte un peu dans leur estuaire, car la mer elle-même y remonte, mais il arrive un point où la rive du fleuve doit succéder au rivage. Ce point est assez délicat à fixer et cela constitue une difficulté de la

(1) *Traité des eaux*, t. V, p. 5. On remarquera que c'est une définition par l'affectation de la chose à l'utilité publique, tout à fait d'accord avec notre définition générale des dépendances du domaine public.

Quant à la mer elle-même, sa situation est réglée par le droit international. Elle est *res communis*, et par conséquent libre, mais chaque État a un droit de souveraineté sur la zone commandée par le canon du littoral et qu'on appelle la mer territoriale. Cependant, aux termes de l'article 538 du Code civil, les havres et rades, qui sont des parties de mer, sont dépendances du domaine public.

(2) Cass. req., 11 mars 1868, *Mussari*; ces mouvements ne sont pas uniquement les marées, puisque, dans la Méditerranée, il n'y a pas de marées proprement dites, ce sont aussi les changements de niveau suivant les saisons.

(3) Après des difficultés, on a interprété finalement ce texte ainsi : La plus haute marée de mars de l'année où se fait la délimitation ou une autre marée de l'année devant atteindre théoriquement la même hauteur (Cons. d'Ét., avis 26 janv. 1888, Circ. min. Marine, 17 sept. 1888). — Il n'y a point à tenir compte du sens spécial du mot grève ; tout terrain, rochers, falaises, couvert par le flot, fait partie du rivage.

délimitation des rivages (V. *infra*). Les rivages de la mer se développent sur les côtes de France sur une longueur de 2.500 kilomètres et sur des largeurs très variables.

Aux colonies, les rivages de la mer sont également des dépendances du domaine public de l'État. Il y a, en outre, une bande de terrain superposée au rivage; elle est large de 50 pas équivalant à 80 mètres, on l'appelle les *cinquante pas du roi* ou les *cinquante pas géométriques*; elle était primitivement destinée à faciliter la défense des côtes des îles (V. Avis Cons. d'Ét., 31 mai 1892).

Lais et relais. — Il ne faut pas confondre avec le rivage de la mer les lais et relais : « Les *lais* sont des dépôts marins formés sur le littoral et émergeant au-dessus du grand flot; les *relais* sont les portions de rivage que la mer abandonne et ne couvre plus au moment du grand flot », parce qu'elle est animée d'un lent mouvement de déplacement (1). — On appelle *Droit d'endigage et créments futurs* des concessions de portions de rivage « qui peuvent être sans inconvénient soustraites à l'action des flots au moyen de digues »; ce sont des concessions de *lais futurs* à conquérir, autorisées par l'article 41 de la loi du 16 septembre 1807 (2).

---

(1) V. Picard, *op. cit.*, t. V, p 59. Dans l'ancien droit, les lais et relais étaient considérés comme appartenant au petit domaine aliénable et prescriptible; ils étaient compris sous la dénomination générale de « terres, prés, marais et palus vagues » de l'édit de février 1566. La loi du 22 novembre-1er décembre 1790 et l'article 538 du Code civil les ont rangés dans le domaine public, mais cela voulait dire seulement domaine de l'État et la preuve en est dans l'article 41 de la loi du 16 septembre 1807 : « Le gouvernement concédera aux conditions qu'il aura réglées les *lais et relais* de la mer. » Ils sont donc dans le domaine privé de l'État, les riverains n'y ont pas droit. Il n'est pas besoin de désaffectation ni de limitation pour que les lais et relais tombent dans le domaine privé, ils sont désaffectés par le mouvement même de la mer. Ces terrains sont vendus, le plus souvent de gré à gré, quelquefois avec publicité et concurrence. Avant la vente, ils sont remis à l'administration des domaines qui les immatricule au tableau général des propriétés de l'État, l'acte de vente est passé devant le préfet du département. — V. L. 29 août 1905 sur la vente des îles, îlots, forts, châteaux forts ou batteries déclassées du littoral — l'aliénation ne peut être autorisée que par une loi après avis du conseil supérieur de la guerre et de la marine.

(2) Picard, *op. cit.*, t. V, p. 67. Ces concessions peuvent être faites, elles aussi, de gré à gré ou à l'adjudication; un délai est en général indiqué pour l'exécution des ouvrages, et, en cas de déchéance, les ouvrages exécutés appartiennent sans indemnité à l'État. Quel est le droit du concessionnaire? Y a-t-il déclassement immédiat du terrain et propriété immédiate, ou la propriété privée n'existe-t-elle qu'au moment où les terrains sont effectivement soustraits aux eaux? C'est le second système qui a été admis par le Conseil d'État, sections réunies des travaux publics et des finances, pour les cours d'eau (Avis 29 juin 1881). Il doit être admis aussi pour la mer, d'autant mieux que l'article 1110 du Code civil reconnaît la légalité des obligations sur choses futures. On appelle *polders* les terrains conquis à la suite de ces concessions. Les principales exploitations se trouvent dans les baies du Mont-Saint-Michel, de Veys, de Bourganeuf — l'endiguement directement fait par l'administration crée aussi un lai de la mer aliénable (Cons. d'Ét., 22 avril 1904, *Nattan*).

2° *Les étangs salés.* — Les étangs salés sont d'anciennes parties de la mer qui en ont été coupées par l'apport de sables, et ne restent en communication que par un étroit goulet qui, sur le littoral méditerranéen porte le nom de *grau* (1).

3° *Les ports et leur outillage* (2). — Le port est une portion du rivage de la mer aménagée pour le service de la navigation ; un grand port se compose d'une rade, qui est une sorte de vestibule abrité contre les vents et les lames du large, puis d'un avant-port, séparé de la rade par un chenal où les bâtiments perdent leur *erre*, c'est-à-dire la vitesse qui leur a été nécessaire pour entrer, puis de bassins à flots pourvus de quais, d'appontements, etc., reliés à l'avant-port et entre eux par des écluses. La domanialité publique des ports est consacrée par l'article 538 (3).

(1) Tous ces étangs sont incontestablement soumis au régime de l'inscription maritime, à la police de la navigation et de la pêche (Ord. août 1681 et 31 oct. 1874; Décr. 9 janv. 1852 sur la pêche côtière, art. 1 et 2 ; Décr. 19 mars 1852 sur le rôle d'équipage ; L. 24 déc. 1896 sur l'inscription maritime). Mais reste la question de domanialité, intéressante pour la situation du rivage. En l'absence de textes anciens, cette question a donné lieu à de grandes difficultés. L'administration de la marine les a tranchées en fait par un moyen dont la légalité aurait pu être contestée, mais qui a réussi (Picard, *op. cit.*, t. V, p. 155); le décret-loi du 9 janvier 1852, sur la pêche côtière, avait délégué au chef de l'État le droit de régler par des décrets spéciaux l'exercice de la pêche ; plusieurs décrets intervinrent, sans avis du Conseil d'État, impartissant aux particuliers qui se prétendraient propriétaires d'étangs salés un délai pour produire leurs titres, passé lequel ils seraient déchus (V. notamment Décr. 19 nov. 1859 pour la Méditerranée).

Les titres furent produits, en effet, des décisions du ministre de la Marine reconnurent les droits d'un grand nombre de propriétaires ; le domaine ne retint que les étangs de Salses, Leucate, Lapalme, Bages, Sigean, Gruissan, Grazels, Thau, Ingril, Perols, Mauguio, Gloria, Garronte et Berre (Mémoire présenté par M. Aucoc, à l'Académie des sciences morales et politiques : *Les étangs salés des bords de la Méditerranée et leur condition légale*, 1882. — Picard, *op. cit.*, t. V, p. 145 et s.). La loi du 24 décembre 1896 peut être considérée comme ayant régularisé toute cette procédure, elle vise dans son article 1er « les étangs ou canaux salés compris dans le domaine public maritime ».

(2) Picard, *op. cit.*, t. V, p. 17 et s. Sur le port autonome établissement public (L. 12 juin 1920, V. *supra*, p. 308).

(3) On distingue : les ports militaires qui relèvent du ministère de la Marine (Cherbourg, Brest, Lorient, Rochefort et Toulon) et les ports de commerce qui relèvent du ministère des Travaux publics, il y en a 214 entretenus par l'administration des ponts et chaussées, 85 sur la Manche, 158 sur l'Océan, 71 sur la Méditerranée, en Algérie, 20 ; ils sont classés, suivant la qualité des vaisseaux auxquels ils sont accessibles, en principaux, secondaires et petits ports.

Rentrent dans les dépendances des ports : la rade et la superficie des ports et bassins, plus les ouvrages établis pour assurer la circulation et le stationnement des navires (digues, mâts, brise-lames, jetées, bassins, portes, écluses, ponts mobiles) et pour assurer l'embarquement et le débarquement des passagers et des marchandises (quais, appontements, estacades, cales, débarcadères) ; plus les bassins, canaux, écluses de chasses destinées à assurer l'entretien des passes ; plus, enfin, les appareaux immobiliers de l'outillage public d'exploitation administré par l'État ou devant lui revenir

4° *Phares et balises* (1). — Il y a 668 phares sur les côtes de France et d'Algérie. Les amers ou balises sont des signaux à très courtes distances, il y en a d'éclairés, de sonores, etc.; il y a 2.207 balises en maçonnerie, en bois ou en fer, dont 99 bouées lumineuses et 40 à cloche ou à sifflet.

Les phares, fanaux, amers, balises, bouées et autres ouvrages du même genre font partie du domaine public (Arr. du conseil du 24 juin 1777 pour les balises en rivière; Décr. 10 avril 1812 qui vise les *travaux à la mer*; Cons. d'Ét., 29 juin 1883, ponton de feu flottant) (2).

b) *Le domaine fluvial et de navigation.* — 1°. *Les fleuves et rivières navigables ou flottables* (3). — La navigabilité n'est autre chose que l'aptitude physique d'un cours d'eau à un service de navigation, que cette aptitude soit naturelle ou qu'elle ait été obtenue à la suite de travaux. La question de savoir si un cours d'eau est navigable est donc en soi une question de fait, mais l'administration est compétente pour l'apprécier et il a été rendu, pour tous les cours d'eau navigables, des déclarations de navigabilité qui ont entraîné un classement et, maintenant, le déclassement ne pourrait être prononcé que par une loi (L. 8 avril 1910, art. 128). Au reste, ces déclarations de navigabilité ont été rendues *sous réserve des droits des tiers* et elles ne font pas obstacle à ce que le juge (par exemple, en cas de contravention) vérifie le bien-fondé du classement (Cons. d'Ét., 25 avril 1890, *Penin*; Laferrière, t. II, p. 638) (4).

---

au terme de la concession, notamment les engins de radoub, les bigues ou grues à mâter. Ces appareils d'outillage peuvent appartenir aux chambres de commerce (L. 9 avril 1898, art. 15). La délimitation des dépendances artificielles des ports es faite par le préfet. Lorsque les quais des ports servent à la circulation et touchent immédiatement à des propriétés privées, celles-ci sont soumises à l'alignement.

(1) Picard, *op. cit.*, t. V, p. 429 et s.
(2) Sur une distinction des phares et des balises, V. L. 27 mars 1882, art. 10 et Cons. d'Ét., 31 mai 1913, *ministre des Travaux publics*, les contraventions contre les phares sont seules de grande voirie.
(3) *Bibliographie* : Picard, *Traité des eaux*, t. III; Ploque, *Des cours d'eau navigables et flottables*; Guillemain, *Traité de la navigation intérieure*; loi sur le régime des eaux du 8 avril 1898.
(4) Cette combinaison des déclarations de navigabilité prouve que les fleuves navigables ne sont pas affectés au domaine public par la seule nature, mais qu'il intervient une décision administrative. Il est rendu des déclarations de navigabilité par décret (V. Ord. du 10 juill. 1835); elles ont de l'importance au point de vue de la pêche et aussi au point de vue de la domanialité, en ce sens qu'elles constituent la constatation nécessaire de la navigabilité; jusqu'à ce que cette constatation ait eu lieu, en fait les conséquences de la domanialité ne se produisent pas; une fois la déclaration de navigabilité rendue, les conséquences de la domanialité ne peuvent disparaître sans un déclassement (Cons. d'Ét., 27 nov. 1903, *Gosselin*) et la loi du 8 avril 1910, article 128, a déclaré que les cours d'eau ainsi classés ne pourront être distraits du domaine public qu'en vertu d'une loi : « Les cours d'eau visés dans le présent article sont :

Aux cours d'eau navigables, l'article 538 du Code civil assimile ceux qui sont flottables. Il s'agit seulement de ceux qui supportent le flottage par trains ou radeau équivalant à une navigation (Avis Cons. d'Ét., 21 fév. 1882; art. 1ᵉʳ, L. 15 avril 1829; art. 34, L. 8 avril 1898). Quant aux cours d'eau flottables à bûches perdues, il faut les ranger parmi les petits cours d'eau (1) (2).

Le fleuve fait partie du domaine public dans son ensemble d'eau courante et de lit. Pour déterminer l'étendue du lit, à défaut de texte, la jurisprudence avait adopté la règle du droit romain : *ripa ea putatur esse quæ plenissimum flumen continet* (3), c'est-à-dire tout le terrain que couvrent les eaux à leur plus haut point d'élévation, dans l'habitude de leur cours et sans débordement (4); l'article 36 (L. 8 avril 1898) a confirmé cette jurisprudence. Nous verrons, à propos de la délimitation, que cette règle n'est pas toujours facile à appliquer.

Les îles, îlots et atterrissements non attenant à la rive (5) qui se

---

1° ceux qui figurent au tableau annexé à l'ordonnance du 10 juillet 1835, en tenant compte des modifications apportées à ce tableau par les décrets postérieurs de classement et de déclassement; 2° ceux qui sont entrés dans le domaine public à la suite de travaux déclarés d'utilité publique ou d'actes de rachat. Les cours d'eau, portions de cours d'eau et canaux ainsi définis ne pourront être distraits du domaine public qu'en vertu d'une loi. »

Elle ajoute : « Toutes actions en reconnaissance de droits acquis sur les cours d'eau compris au § 1 ci-dessus devront, à peine de forclusion, être introduites dans le délai d'un an à partir de la promulgation de la présente loi. Cette disposition ne s'applique pas aux usines ayant une existence légale. »

(1) Ils peuvent, cependant, être soumis à une réglementation spéciale pour le flottage (V. Picard, *op. cit.*, t. II, p. 473), mais cela ne porte pas atteinte à leur nature de petits cours d'eau (L. 8 avril 1898, art. 30-33).

(2) Un même cours d'eau peut ne pas être navigable ou flottable pendant toute l'étendue de son parcours, mais il fait partie du domaine public depuis le point où il commence à être navigable ou flottable jusqu'à son embouchure (art. 34, L. 8 avril 1898). Cf. Cons. d'Ét., 11 janv. 1851, *Roux-Laborie*; Cass., 23 août 1819, *Brousse*; Picard, *op. cit.*, t. III, p. 34. Dans les sections où le cours d'eau est navigable dans l'une de ses branches, toutes les autres branches, ainsi que les *noues, boires*, etc., font partie du domaine public, bien que ne servant pas directement à la navigation (lorsqu'elles ont pris naissance au-dessous du point où le fleuve est navigable ou flottable) (L. 8 avril 1898, art. 34; Cons. d'Ét., 27 nov. 1903, *Gosselin*). Cf. Picard, *op. cit.*, t. III, p. 42 et s. Mais il en est autrement des dérivations ou prises d'eau artificielles établies dans des propriétés particulières, à moins qu'elles n'aient été pratiquées dans l'intérêt de la navigation (art. 35, L. 8 avril 1898). Car le fleuve est un tout organique et le régime des eaux s'y établit en tenant compte de toutes ses parties.

(3) L. 3, § 1, D. *De fluminibus*.

(4) Cass. req., 9 juill. 1846, *Vauchel*; Req., 8 déc. 1863, *Petit*; Cons. d'Ét., 24 janv. 1890, *Drouet*; 27 fév. 1891, *Dolnet*; 16 nov. 1906, *Tassin*.

(5) Il s'agit des atterrissements qui ne sont pas des alluvions de rive, puisque ces alluvions sont propriété des riverains. Lorsque les atterrissements ont été provoqués par des travaux d'endiguement ou autres, faut-il distinguer entre ceux qui se produisent par alluvion et ceux qui se forment subitement, ou bien ne conviendrait-il

forment dans le lit des fleuves et rivières navigables ou flottables appartiennent à l'État, mais tombent dans son domaine privé, par conséquent sont aliénables et prescriptibles (art. 560 C. civ.). Les alluvions de rive formées insensiblement par lai et relai appartiennent aux riverains (art. 556 et 557 C. civ.), à une double condition cependant : 1° elles doivent être adhérentes à la rive ; 2° elles doivent être mûres, c'est-à-dire s'élever au-dessus du niveau des plus hautes eaux (1) (L. 8 avril 1898, art. 39).

Le droit de pêche est à l'État qui l'afferme.

2° *Les canaux de navigation* (2). — Les canaux qui sont la propriété de l'État, même concédés temporairement, font partie de son domaine public. Ils en font partie avec leurs francs-bords, leurs chemins de halage et de contre-halage, leurs écluses, les ponts qui servent à les franchir, à moins que ces ponts ne soient incorporés à une voie départementale ou communale, etc. Les canaux d'irrigation et les canaux de desséchement appartenant à l'État sont aussi considérés comme des dépendances du domaine public (3).

B. *Les voies de communication terrestres, les chemins, routes et rues à la charge de l'État.* — a) Cela comprend, en premier lieu, *les routes nationales et les rues des villes, bourgs ou villages qui leur font suite.* Ces routes partent en général de Paris et se rendent, soit à la fron-

---

pas d'en attribuer dans tous les cas la propriété à l'État ? Sur cette délicate question, V. Picard, *op. cit.*, t. III, p. 93 et s.

(1) La règle de la maturité des alluvions de rive est une conséquence directe de celle qui fixe la limite du fleuve à l'endroit de la rive qu'atteint le *plenissimum flumen*. Il faut songer que l'alluvion de rive va devenir la nouvelle rive, pour cela il faut qu'elle soit, comme l'ancienne rive, au-dessus du *plenissimum*. Tant qu'elle est en dessous du *plenissimum*, elle n'est pas encore une rive, elle fait encore partie du fleuve, elle ne constitue pour le riverain qu'une simple expectative et l'administration peut la détruire par des travaux de curage (Confl., 7 août 1886, *Drouet*. Cf. Picard, *op. cit.*, t. III, p. 87).

Il résulte de ces observations que, si l'alluvion peut être définie par l'*incrementum latens*, c'est uniquement au point de vue de sa formation physique ; mais, au point de vue de l'attribution de propriété, l'accession joue d'une façon instantanée au moment de la maturité. D'ailleurs, l'article 556 du Code civil, après avoir donné la définition physique de l'alluvion dans son § 1, envisage séparément, dans son § 2, la question de l'attribution de propriété : « L'alluvion profite, etc., etc... » Sur l'histoire de la règle de la maturité, v. Buffeteau, Thèse Toulouse, 1918.

(2) Picard, *Traité des eaux*, t. III, p. 519 et s. ; Carpentier, *Essai sur le régime des canaux*, 1892.

(3) Quant aux canaux concédés à perpétuité avant 1789 (canaux de Grave, de Lunel, etc., etc.), il est de jurisprudence qu'ils sont, pour les concessionnaires, une propriété grevée d'une servitude perpétuelle d'utilité publique. C'est, en réalité, une forme de propriété administrative (note Mestre dans S., 1912. 1. 521) (Cass. req., 5 mars 1829, *Canal de Briare* ; 22 avril 1844, *Canal du Midi* ; 7 nov. 1865 et 11 nov. 1867, *Canal du Midi* ; Cons. d'Ét., 30 déc. 1858, *Canal de Givors* ; 10 août 1860, *Canal du Midi* ; 19 mai 1864, *Canal du Lez*). Le canal du Midi a été racheté par l'État (L. 27 nov. 1897).

tière, soit à un grand port maritime. Un décret du 16 décembre 1811 les divise en trois classes, au point de vue de leurs dimensions, les plus larges ont 22 mètres.

b) Cela comprend en second lieu les *chemins de fer d'intérêt général,* qu'ils soient construits et exploités par l'État, ou bien qu'ils soient construits et exploités par des compagnies concessionnaires qui ont un droit de jouissance sur la voie (L. 15 juill. 1845) (1).

C. *Les bâtiments et terrains affectés aux services publics.* — Les citadelles, forteresses et fortifications sont rangées, par l'article 540, dans le domaine public de l'État. Elles y sont avec toutes leurs dépendances, telles qu'elles sont énumérées dans la loi des 8-10 juill. 1791, tit. Ier, art. 13, remparts, parapets, chemins couverts, fossés, glacis, etc.; il y faut ajouter les terrains militaires, polygones, champs de manœuvres, etc.

Les églises cathédrales et métropolitaines, les palais nationaux, les ministères, les hôpitaux nationaux, les grandes écoles, les manufactures de l'État et généralement tous les bâtiments qui sont la propriété de l'État et qui sont, en même temps, affectés à un service public, sont, à notre avis, dépendances du domaine public de l'État (V. p. 642 et s.).

Encore tous les objets mobiliers classés et tous les objets des collections publiques (V. *supra*, p. 643).

N° 2. — Le domaine public départemental.

Le domaine public départemental ne comprend que des dépendances artificielles et elles ne sont pas très nombreuses :

A. *Les routes départementales et les chemins de fer départementaux.* — Le premier fonds de ces routes a été constitué par le décret du 16 décembre 1811 qui a abandonné aux départements une partie des anciennes routes royales. Ce fonds s'est augmenté depuis. En 1882, on comptait 33.691 kilomètres de routes départementales; leur largeur moyenne est de 12 mètres, elles ont coûté près de 700 millions (2).

---

(1) La domanialité publique des chemins de fer entraîne non seulement celle de la voie, mais aussi celle de tous les bâtiments qui servent à l'exploitation, et cela, même dans le système des auteurs qui écartent en principe du domaine public les bâtiments. Cela tient à ce qu'ici les bâtiments sont considérés comme l'accessoire du sol. Et il n'y a point de distinction à faire entre les différents bâtiments, à moins que l'on ne puisse estimer que la propriété en appartient plutôt à la compagnie qu'à l'État (ateliers d'ajustage, forges ou autres). Cf. de Récy, *op. cit.*, n° 365. — A signaler les avenues des gares non classées comme routes ou comme chemins vicinaux; elles sont dépendances du domaine public, mais les riverains n'ont pas sur elles de droit d'accès (Cons. d'Ét., 22 mai 1885, *ministre des Travaux publics;* 3 juin 1910, *Pourreyron*).

(2) L'histoire des routes départementales aura été assez curieuse en ceci, qu'après

Aux routes départementales il faut joindre les *chemins de fer départementaux*, à voie étroite en général, et les *tramways départementaux* dont la création a été décidée, par beaucoup de départements, en vertu de la loi du 11 juin 1880 (actuellement remplacée par celle du 31 juillet 1913) et dont il y a déjà eu exploitation plus de 11.000 kilomètres pour les chemins de fer et autant pour les tramways (1).

B. *Les bâtiments affectés.* — Tous les bâtiments qui appartiennent au département et qui sont affectés à un service sont, à notre avis, des dépendances du domaine public départemental (V. p. 642 et s.).

Sont dans cette catégorie, d'abord, un certain nombre de bâtiments dont l'État avait fait cadeau au département dans le décret du 9 avril 1811 : « Édifices et bâtiments nationaux actuellement occupés par les services de l'administration, des cours et tribunaux », donc, les hôtels des préfectures et des sous-préfectures, palais de justice, prisons (2). Ensuite, des bâtiments que les départements sont obligés de fournir, comme les asiles d'aliénés (3), les écoles normales primaires (4).

N° 3. — Le domaine public communal.

Le domaine public communal ne comprend, lui aussi, que des dépendances artificielles.

A. *Chemins et voies de communication.* — Le domaine public communal peut comprendre, de ce chef, des chemins vicinaux, des chemins ruraux, des rues, places et jardins de ville, avec tout ce qui fait corps, comme les colonnes, les grilles, les statues, les becs de gaz, etc., des chemins de fer, des canaux.

La création, l'aménagement et l'entretien des rues, places, jardins publics, sont laissés absolument sous l'autorité des communes (5)

---

avoir été, en 1811, données par l'État aux départements et avoir contribué ainsi à faire admettre la personnalité morale de ceux-ci (V. p. 220); finalement, elles ont été en partie repassées par les départements aux communes. Nous savons, en effet, qu'il y a eu un grand mouvement pour déclasser les routes départementales et les transformer en chemins vicinaux. Le déclassement a déjà été opéré par les conseils généraux dans 66 départements et de 33.000 kilomètres elles sont tombées à 14.000. Mais un arrêt du Conseil d'État du 19 décembre 1913, *Ville de Blois*, a condamné l'opération et sans doute arrêtera le mouvement (V. S., 15. 3. 1 et ma note).

(1) Total des voies ferrées, chemins de fer d'intérêt général, d'intérêt local et tramways, 64.000 kilomètres.

(2) Pour les prisons, V. la loi du 4 fév. 1893, qui suppose qu'elles peuvent être rétrocédées par les départements à l'État.

(3) L. 30 juin 1838, art. 1er.

(4) L. 18 juill. 1889, art. 3, § 2.

(5) Disons seulement : 1° au sujet des places et jardins des villes, que ces emplacements ne sont pas nécessairement en entier dans le domaine public; que c'est une question d'espèce et que des emplacements non traversés par des allées ou avenues peuvent être demeurés dans le domaine privé (V. pour les Champs-Élysées, Cons. d'Ét., 7 avril 1916, *Astruc*, S., 16, et ma note);

° au sujet des rues en général, qu'elles sont des voies purement municipales à moins

Il n'en est pas de même des chemins vicinaux et des chemins ruraux qui demandent des développements particuliers.

a) *Chemins vicinaux* (1). — Les chemins vicinaux sont ceux qui font communiquer entre elles les communes (L. 28 juill. 1824, art. 1er). Juridiquement, ce sont ceux qui ont été classés comme tels par les autorités compétentes. Ce sont actuellement des chemins *construits* (2). Il y en a trois catégories : les chemins de *grande communication*, les chemins *d'intérêt commun* et les *chemins ordinaires* (3). Suivant leur catégorie, ces chemins ont une largeur différente fixée dans chaque département par le conseil général ou par la commission départementale. La construction du réseau des chemins vicinaux, commencée à la fin du XVIIIe siècle, poursuivie par la loi du 28 juillet 1824, date surtout de la loi du 21 mai 1836. Cette construction, activement poussée grâce aux ressources fournies par l'impôt des prestations, grâce à de larges subventions de l'État et des départements, est actuellement presque achevée, et c'est assurément une des œuvres les plus utiles accomplies au siècle dernier. On en compte près de 650.000 kilomètres. La dépense de premier établissement doit être évaluée à plus de 3 milliards (4).

qu'elles ne soient des traverses de routes nationales, départementales ou même de chemins vicinaux (L. 8 juin 1864). Quand elles sont ainsi des traverses de routes ou chemins classés, elles suivent les conditions de ces chemins en tout ce qui n'est pas police de la circulation;

3° au sujet des rues de Paris, qu'elles sont toutes classées dans la grande voirie, à la différence des rues des autres villes qui sont dans la petite voirie; qu'à la fin de 1908 leur développement atteignait 1.100 kilomètres, que les dépenses de premier établissement, depuis 1821 seulement, peuvent être évaluées à 3 milliards (Colson, *Cours d'économie politique, Supplément*, 1910).

(1) Guillaume, *Traité pratique de la voirie vicinale*, 1892; Henry, *Traité pratique des chemins vicinaux*, 1897; Rabany et Monsarrat, *Traité pratique de la voirie vicinale, rurale et urbaine*, 1910, 2 vol.

(2) Les chemins vicinaux sont anciens, mais ils n'étaient pas construits (V. D. L. 43, tit. VIII; *ne quid in loco publico*, 1, 2, § 22; arrêt du Conseil du 18 avril 1671); c'est l'arrêté du 4 thermidor an X qui les a mis à la charge des communes. La construction et l'entretien, assurés sous le Premier Empire, restèrent suspendus de 1818 à 1824 par suite d'un débat constitutionnel relatif à l'autorité qui pouvait autoriser l'impôt des prestations. La loi du 28 juillet 1824 trancha cette question, mais elle eut le tort de laisser facultatif pour les conseils municipaux, le vote des prestations et ceux-ci en profitèrent souvent pour ne pas les voter. La loi du 21 mai 1836 rendit obligatoire l'impôt des prestations et assura ainsi la construction du réseau.

(3) Les chemins des deux premières catégories sont intercommunaux, ils intéressent un groupe de communes qui, en cas de besoin, seront représentées par le préfet; ils sont administrés par le service départemental de la vicinalité; cela n'empêche pas que la propriété n'en reste aux communes, qu'elles ne doivent supporter le principal de la dépense et qu'elles ne soient responsables des accidents et dommages imputables au chemin (Cons. d'Ét., 7 août 1909, *Préfet de la Creuse*. S., 10. 3. 81 et ma note).

Quant aux chemins vicinaux ordinaires, ils n'intéressent que la commune et le service est entièrement communal.

(4) Sur la question de savoir quelles dépenses sont obligatoires pour les communes

Au point de vue juridique, les chemins vicinaux sont intéressants par plusieurs particularités : 1° les décisions du conseil général ou de la commission départementale portant reconnaissance et fixation de la largeur d'un chemin vicinal (avant sa reconstruction) attribuent définitivement au chemin le sol compris dans les limites qu'elles déterminent (art. 15, L. 21 mai 1836; art. 46, n°s 7 et 8, L. 10 août 1871) (1); 2° de plus, ils sont dotés de ressources spéciales, *centimes spéciaux*, *prestations*, *subventions industrielles*, qui ont assuré leur construction, mais qui deviennent moins utiles maintenant qu'il n'y a plus qu'à les entretenir (V. L. 21 mai 1836; L. 24 juill. 1867; L. 11 juill. 1868, et pour l'impôt des prestations, *infra*, *Impôts*).

Au sujet de l'élargissement et du redressement des chemins vicinaux par la procédure des plans d'alignement, V. *infra*, *Alignement*.

b) *Chemins ruraux* (2). — Les chemins ruraux sont les chemins appartenant aux communes, affectés à l'usage du public et qui n'ont pas été classés comme vicinaux, ceux qui ont été l'objet d'un arrêté de reconnaissance sont dans le domaine public de la commune, les autres restent dans son domaine privé. Les chemins ruraux même reconnus ne sont pas nécessairement construits. Ainsi les définit la loi du 20 août 1881, qui est venue régler la situation de ces chemins jusque-là un peu délaissés (3).

en matière de chemins vicinaux, V. Cons. d'Ét., 13 nov. 1891, *Albias*, S., 93. 3. 105, concl. Romieu; Cons. d'Ét., 29 mars 1901, *Saint-Saturnin*; 6 mars 1896, *Villeréal*; 22 avril 1904, *Marseille-le-Petit*.

(1) Mais, d'un autre côté, l'arrêté de reconnaissance ne doit pas, sous peine d'excès de pouvoir, fixer une largeur supérieure à la largeur réelle (Cons. d'Ét., 14 déc. 1906, *Lestorey de Boulongne*); par conséquent, l'effet attributif de l'arrêté de reconnaissance doit être entendu en ce sens qu'il permet de donner au chemin, dans toute sa longueur, la même largeur, qui doit d'ailleurs être la largeur réelle moyenne.

(2) Féraud-Giraud, *Traité des voies rurales*, 1896, 4e édit.

(3) Avant la loi du 20 août 1881, la condition juridique de ces chemins était douteuse. On hésitait à les faire tomber dans le domaine public de la commune. Cette loi a posé les règles suivantes : il y a deux catégories de chemins ruraux : 1° ceux qui ont été l'objet d'un arrêté de reconnaissance pris par la commission départementale après les formalités de l'article 4 et qui sont des dépendances du domaine public (art. 6); 2° ceux qui, sans avoir été l'objet d'un arrêté de reconnaissance, sont cependant certainement la propriété de la commune, ceux-là sont dans le domaine privé (art. 3 et 6) (sur leur aliénation possible, sur la formation possible d'un syndicat pour en prendre charge, V. art. 16 et Cons. d'Ét., 4 août 1913, *Clet*).

La question de propriété, si elle est soulevée, est tranchée par les tribunaux ordinaires, mais il y a présomption au profit de la commune lorsqu'il est constaté administrativement que le chemin est affecté à l'usage du public. Cette constatation se fait en suivant les règles de l'article 2; il faut s'attacher à la destination du chemin jointe à l'un des deux faits suivants : le fait d'une circulation générale et continue, ou bien des actes réitérés de surveillance et de voirie de l'autorité municipale. La présomption au profit de la commune admet, d'ailleurs, la preuve contraire (art. 3). — Notons que si la question de propriété est soulevée, elle doit être tranchée avant que la commission départementale ne prononce la reconnaissance du chemin, sous peine d'excès de

B. *Bâtiments affectés*. — Le domaine public communal peut contenir de ce chef des objets nombreux :

Dans les communes rurales, il y aura : a) l'*église*, qui est bien en principe une propriété communale (L. 9 déc. 1905, art. 12 et 13) et qui est, croyons-nous, restée une dépendance du domaine public (1); b) le *cimetière*, on range assez généralement le cimetière dans les dépendances du domaine public (V. Cons. d'Ét., 29 avril 1904, *Adam*; 27 juill. 1906, *Permanne*. Cf. Romieu sous Cons. d'Ét., 19 avril 1907, *Suremain*, S., 1909. 3. 101) (2); c) la *mairie* et la *maison d'école*, à la

pouvoir (Cons. d'Ét., 26 janv. 1906, *de Murord*). — Notons encore que l'arrêté de reconnaissance ne produit pas l'effet attributif de propriété que l'article 15 de la loi du 21 mai 1836 attache à la reconnaissance des chemins vicinaux.

Ressources des chemins ruraux. — La commune « pourvoit à l'entretien des chemins ruraux reconnus, dans la mesure des ressources dont elle peut disposer. En cas d'insuffisance des ressources ordinaires, les communes sont autorisées à pourvoir aux dépenses des chemins ruraux reconnus, à l'aide, soit d'une journée de prestation, soit de centimes extraordinaires en addition au principal des quatre contributions directes » (art. 10, §§ 1 et 2. L. 1881; art. 141 et s., L. 5 avril 1884). Il peut aussi y avoir des subventions industrielles (art. 11) et des souscriptions volontaires (art. 12). Enfin, lorsque la commune n'exécute pas des travaux régulièrement autorisés ou cesse d'entretenir le chemin, les propriétaires intéressés peuvent se constituer en syndicat pour faire eux-mêmes les travaux (art. 19 et s.).

Redressement et élargissement des chemins ruraux. — Une grande différence juridique entre les chemins ruraux et les chemins vicinaux était que la procédure de l'élargissement et du redressement par plan d'alignement ne s'appliquait pas aux chemins ruraux : s'il était pris des décisions au sujet de l'élargissement ou du redressement, ces décisions n'empêchaient pas qu'il fallût recourir à l'expropriation pour l'occupation des terrains (L. 20 août 1881, art. 13); l'article 3 de la loi du 13 avril 1900, en faisant figurer dans son énumération les plans d'alignement des chemins ruraux et, d'ailleurs, en soumettant ces plans à peu près à toutes les formalités de l'expropriation, semble avoir fait disparaître cette différence.

(1) Sur la domanialité publique des dépendances et accessoires de l'église, V. *Revue d'administration*, 1897, t. III, p. 53. et sur celle de l'église, V. *supra*, p. 533.

(2) Quelques auteurs s'y refusent cependant, sous le prétexte que, dans le cimetière, il se fait des concessions perpétuelles de terrain qui constituent des aliénations, engendrent une propriété privée à caractère judiciaire (Cons. d'Ét., 6 fév. 1914, *Barbarin*) et que cela est incompatible avec la nature du domaine public inaliénable ; nous verrons plus loin que ces concessions sont parfaitement compatibles avec la destination du cimetière. Toute commune doit avoir un cimetière; il doit être à une certaine distance des maisons d'habitation (Décr. 23 prair. an XII ; Ord. 6 déc. 1843. Cf. Cons. d'Ét., 12 fév. 1905, *Gallet*). Un cimetière qui n'est pas à la distance réglementaire ne peut pas être agrandi (Cons. d'Ét., 14 nov. 1913, *Allaire*). Le préfet a le pouvoir d'ordonner la translation d'un cimetière trop rapproché des habitations, après avoir pris l'avis du conseil municipal, mais sans être obligé de s'y conformer (sur les formalités de la translation, V. Cons. d'Ét., 13 fév. 1914, *Tissot*). Ce pouvoir ne lui a pas été enlevé par la loi du 5 avril 1884 qui, au contraire, fait figurer les frais de la translation parmi les dépenses obligatoires, article 136 (Cf. Cons. d'Ét., 22 avril 1904, *Malleret*). En cas de translation, la commune est obligée au transfert des restes inhumés et des matériaux des monuments, mais non pas à la réédification de ceux-ci (Cass., 25 oct. 1910, *Commune de Jurignac*). Il est d'autant plus naturel que le cimetière soit dans le

condition que ces bâtiments appartiennent à la commune et ne soient point pris en location (1) ; *d*) la *halle* où le *marché couvert*.

Dans les villes, il y aura, en outre, ou pourra y avoir : *a*) Les casernes et tous les bâtiments affectés à l'instruction publique, facultés, lycées, collèges, etc., soit qu'ils aient été donnés aux villes par l'État (Décr. 9 avril 1811), soit qu'ils aient été bâtis depuis par les villes en vertu de conventions avec l'État, de mêmes les hôtels des postes et tous les autres bâtiments fournis aux services de l'État ; *b*) les bâtiments fournis aux établissements publics: hôpitaux, hospices, maisons de secours, à la condition qu'ils soient la propriété de la commune; *c*) les bâtiments qui sont affectés à des services municipaux ; casernes de sapeurs-pompiers, postes de police, musées, bibliothèques (2), etc. ; *d*) les eaux de la ville, toutes les conduites

---

domaine public inaliénable et imprescriptible que, d'après la jurisprudence de la Cour de cassation, les sépultures, même dans les cimetières privés, sont hors du commerce (Cass., 23 janv. 1894). De plus, le cimetière transféré entraîne une servitude qui pèse sur les propriétés voisines. « Nul ne peut, *sans autorisation*, élever aucune habitation, ni creuser aucun puits à moins de 100 mètres des *nouveaux* cimetières transférés hors des communes en vertu des lois et règlements » (Décr. 7 mars 1808). — Sur la police des inhumations, incinérations, V. Décr. 27 avril 1889).

(1) Toute commune doit avoir au moins une maison d'école publique. Selon la population, cette école est mixte, ou bien il y a école séparée pour les filles et les garçons. De plus, une école de hameau est obligatoire dans les centres d'habitation réunissant au moins vingt enfants d'âge scolaire et distants d'au moins 3 kilomètres d'une autre école (L. 20 mars 1883, art. 8; L. 30 oct. 1886, art. 12). Enfin, même en dehors des conditions précédentes, le conseil départemental peut imposer une école dans un hameau (L. 30 oct. 1886, art. 13). L'État donne de fortes subventions pour la construction des maisons d'école et généralement aussi le département.

V. L. 10 juill. 1903 modifiant la procédure instituée par l'art. 10, L. 20 mars 1883, et les art. 41 à 50 du Décr. 7 avril 1887 pour la construction d'office des maisons d'école. — Sur les pouvoirs qu'a l'administration supérieure pour contraindre une commune à améliorer les locaux scolaires, V. Cons. d'Ét., 6 juill. 1906, *Communes de Champsegret et de Labastide-Murat*, Lebon, p. 603 ; 4 août 1905, *Martin* et les concl. de M. Romieu, Lebon, 749 et dans l'*École des communes*, année 1906, une étude de M. Lagrange sur la loi du 10 juillet 1903.

Les locaux scolaires, sauf leur affectation au service de l'enseignement primaire, sont bâtiments municipaux, c'est au maire qu'il appartient d'en accorder l'usage pour des emplois momentanés et non pas au préfet (Cons. d'Ét., 7 août 1903, *Maire de Teraube;* 31 mars 1905, *Maire d'Angoulême;* 7 août 1906, *Maire de Compiègne;* 22 nov. 1907, *Maire de Lupiac;* 10 janv. 1908, *Commune de Bourg-Fidèle*, etc., etc.).

Les *écoles maternelles* ne sont que conventionnellement obligatoires ; une fois établies à la suite d'une convention avec l'État, certaines dépenses sont obligatoires pour la commune (Cons. d'Ét., 22 juin 1906, *Commune de Craon*).

(2) Les théâtres ne doivent pas être classés dans le domaine public, même quand ils sont municipaux, parce que la gestion théâtrale n'est pas considérée comme un service public, mais comme une profession imposable, même quand il y a exploitation en régie (Cons. d'Ét., 5 déc. 1906, *Ville de Lyon*, 1re espèce. Cf. ma note dans S., 16. 3. 49, sous Cons. d'Ét., 7 avril 1916, *Astruc*). D'ailleurs, les théâtres municipaux sont soumis, non seulement à l'impôt foncier comme productifs de revenu, mais encore à l'impôt des portes et fenêtres, ce qui prouve qu'ils ne sont pas considérés comme

qui servent à les amener, les aqueducs, châteaux d'eau, machines élévatoires, filtres, etc. (1). Ce qu'il y a de très particulier ici, c'est que le domaine public communal peut s'étendre hors du territoire de la commune; il arrive souvent, en effet, que les aqueducs vont chercher les eaux à de très grandes distances.

N° 4. — Le domaine public colonial (2).

Le domaine des colonies, public et privé, a été constitué par les ordonnances du 26 janvier et du 17 août 1825, qui concédaient aux colonies certaines propriétés domaniales de l'État. Les colonies, interprétant largement ces textes, ont continuellement empiété sur le domaine de l'État. Dans les colonies anciennes, il ne reste plus à l'État que certains objets formellement réservés par ces ordonnances, comme les fortifications, les bâtiments militaires et les cinquante-pas du roi avec le rivage de la mer (3), de telle sorte que, outre le domaine *artificiel*, les voies de communication, les bâtiments affectés aux services publics, etc., les colonies ont un domaine public *naturel*, les cours d'eau; il n'y a même point à faire, comme en France, la distinction de ceux qui sont navigables ou de ceux qui ne le sont pas, tous sont dépendances du domaine public (4); dans les colonies neuves, l'État entend se réserver tout le domaine public (V. Madagascar, Décr. 16 juill. 1897; Décr. 26 sept. 1902).

§ 3. — L'administration du domaine public.

N° 1. — L'affectation et la désaffectation, le classement et le déclassement.

L'administration du domaine public, que nous rattachons à l'idée du droit de propriété des administrations publiques plutôt qu'à celle d'un simple droit de police et de surintendance, comporte les matières suivantes : 1° l'affectation et la désaffectation, le classement et le déclassement; 2° la délimitation et l'alignement; 3° la police de la voirie; 4° les utilisations individuelles du domaine; 5° les permissions et concessions d'occupation temporaire.

---

affectés à un service public (*eod.*). V. encore Cons. d'Ét., 16 avril 1863, *Berr*, et Cass., 18 juin 1912, *Ville de Biarritz*.
(1) Cass., 30 avril 1889, S., 89. 1. 268.
(2) Coquet, *Le domaine public colonial*, 1904.
(3) L'interprétation des ordonnances de 1825 est cependant matière à controverse. V. en des sens divers : Dislère, *Traité de législation coloniale*, n° 884; Girault, *Principes de législation coloniale*, p. 560; Demartial, *La question du domaine aux colonies* (*Revue politique et parlementaire*, juill. 1897); Gustave Garnier, *Législation domaniale et propriété foncière dans les colonies*, Paris, 1897.
(4) Les cours d'eau de l'Algérie sont dans la même situation, mais ils dépendent du domaine public de l'État (L. 16 juin 1851, art. 2).

Nous devons nous occuper, d'abord, de l'affectation et de la désaffectation. En soi, c'est *le fait qui détermine l'utilisation de la chose à une fin publique ou qui fait cesser cette utilisation ;* ce fait résulte, tantôt d'événements matériels combiné avec des déclarations administratives, tantôt seulement de décisions administratives.

A. *Affectation et désaffectation des rivages de la mer et des fleuves.* — Les rivages sont affectés par le fait matériel que la mer les couvre à de certains moments, combiné avec les déclarations administratives que contiennent les décrets de délimitation dont il sera question plus loin (1).

En ce qui concerne l'affectation ou la désaffectation des fleuves et rivières navigables ou flottables, il faut distinguer deux catégories d'événements : 1° *l'affectation des terrains au lit du cours d'eau,* qui suit les mêmes règles générales que celles posées pour les cours d'eau non navigables (2).

2° *l'affectation du lit du cours d'eau à la domanialité publique.* Cette seconde affectation résulte du fait matériel de la navigabilité ou du flottage par train ou radeau combiné avec la déclaration de navigabilité. Peu importe que ce fait se produise naturellement ou qu'il soit la conséquence de travaux publics entrepris pour améliorer le cours d'eau (3). La désaffectation domaniale du lit se produit de façon artificielle (4).

---

(1) Si la mer se déplace d'un mouvement définitif et s'avance vers l'intérieur des terres, un nouveau rivage est affecté au détriment des propriétés riveraines et les riverains n'ont droit à aucune indemnité. Si, au contraire, elle se retire d'un mouvement définitif, l'ancien rivage est désaffecté par le fait même et devient un *relai*.

Le relai tombe dans le domaine privé de l'État ; il est en général vendu soit à l'amiable, soit par adjudication, et les riverains n'ont point de droit de préemption (V. *infra*). Il en est de même du *lai*, c'est-à-dire de l'atterrissement de rive formé par la mer. Ainsi les riverains de la mer ne profitent pas des lais et des relais, alors qu'ils souffrent des envahissements de la mer ; ils sont moins bien traités que les riverains des fleuves qui, s'ils peuvent souffrir des empiétements du fleuve, au moins profitent des atterrissements de rive.

(2) V. notamment, en cas de formation spontanée d'un nouveau lit et d'abandon de l'ancien lit, le nouvel art. 563 C. civ., remanié par la loi du 8 avril 1898.

(3) Cela importe peu au point de vue de la domanialité publique, mais, outre les conséquences de l'affectation artificielle relevées à la note précédente, il se pose une question depuis la loi nouvelle du 8 avril 1898. Cette loi attribue aux riverains la propriété du lit des cours d'eau non navigables ni flottables ; l'effet des travaux rendant un cours d'eau navigable va être d'enlever aux riverains la propriété du lit de ce cours d'eau ; faudra-t-il une expropriation préalable, ou du moins n'y aura-t-il pas lieu à indemnité ultérieure pour expropriation indirecte (V. p. 505) ?

(4) Au cas où un cours d'eau cesserait en fait d'être navigable ou flottable dans tout son cours, les riverains devraient demander son déclassement afin de faire tomber l'effet des déclarations de navigabilité. — Mais, depuis l'article 128 de la loi du 8 avril 1910, ce déclassement ne peut avoir lieu qu'en vertu d'une loi.

Lorsqu'une portion du lit, à la suite de travaux légalement exécutés, cesse de faire

Quant aux canaux, ils sont affectés en vertu des actes qui les ont déclarés d'utilité publique, à la condition qu'ils aient été ensuite livrés à la navigation.

B. *Classement et déclassement des voies de communication*. — Pour les voies de communication, l'affectation et la désaffectation prennent le nom de classement et de déclassement et résultent d'actes d'autorités administratives diverses. Nous verrons plus loin, pour chaque voie publique, quelles sont ces autorités; il convient d'examiner, d'abord, les effets de ces actes :

a) *Effets du classement*. — Tantôt le classement fait tomber la voie publique dans le domaine public, tantôt, lorsqu'elle y est d'avance, il a pour effet de la changer de catégorie administrative (1).

b) *Effets du déclassement*. — *Droit de préemption*. — Le déclassement d'une voie de communication peut être total ou partiel.

Le déclassement total est, en général, accompagné d'un reclassement dans une autre catégorie; c'est ainsi que les conseils généraux ont déclassé beaucoup de routes départementales et les ont reclassées comme chemins vicinaux de grande communication (2). Un déclassement de ce genre peut être accompagné, bien que ce ne soit pas nécessaire, d'un rétrécissement de la voie. La partie retranchée tombe alors dans le domaine privé et devient aliénable.

---

partie du domaine public, elle doit être aliénée et les riverains ont un droit de préemption (art. 38, L. 8 avril 1898).

(1) Le classement peut intervenir dans trois hypothèses différentes : 1° la voie publique n'existe pas encore, il s'agit de la créer ; l'acte de classement, suivi du tracé, va servir de base aux déclarations d'utilité publique à fins d'expropriation et aux opérations de travaux publics nécessaires à la construction du chemin ; il constitue donc une première réalisation qui fait sortir le chemin de l'état de simple projet et justifie des recours (L. 10 août 1871, art. 86-88); mais l'affectation domaniale ne sera réellement effectuée que lorsque le chemin sera construit et livré à la circulation ; ici encore un fait matériel vient se joindre à la décision administrative ; 2° la voie publique préexiste, c'est un chemin déjà fréquenté par le public, mais qui n'a encore été placé dans aucune des catégories administratives ; 3° ou bien c'est un chemin déjà classé dans une catégorie que l'on classe dans une autre, par exemple un chemin rural que l'on classe comme vicinal. Dans le second cas, le classement, qui s'appelle plutôt la reconnaissance, a pour effet immédiat de faire tomber le chemin dans le domaine public; c'est ce qui arrive, depuis la loi de 1881, pour le chemin rural qui est l'objet d'un arrêté de reconnaissance. Rappelons qu'aux termes de l'article 15 de la loi du 21 mai 1836, les arrêtés de reconnaissance des chemins vicinaux produisent quelques effets d'attribution de propriété (V. *supra*, p. 654).

Dans le troisième cas, le chemin, étant déjà dans le domaine public, change seulement de catégorie. Ce serait le cas d'un chemin vicinal d'intérêt commun que l'on classerait comme chemin de grande communication.

(2) Ce changement de catégorie peut d'ailleurs entraîner un déplacement de la propriété de la voie, qui passera du domaine public d'une personne administrative dans celui d'une autre. C'est ce qui est arrivé pour le déclassement des routes départementales dont la propriété est passée aux communes à titre de chemins vicinaux (D.,

Le déclassement est partiel lorsque, par suite d'une rectification du chemin, une section de l'ancienne voie est devenue inutile à la circulation. La portion déclassée tombe alors également dans le domaine privé.

Dans tous ces cas où une portion de voie publique est déclassée, soit par suite d'un rétrécissement de la voie, soit par suite d'une rectification, la portion déclassée doit être aliénée (1). Au moment de l'aliénation se pose la question du *droit de préemption* des riverains : les riverains n'ont-ils pas le droit d'exiger que ce terrain leur soit vendu par préférence à tout autre ? Les raisons d'équité ne manquent pas pour justifier ce droit de préemption : 1° en supprimant la voie publique, on supprime un droit d'accès qu'avaient les riverains ; leurs fonds se trouvent maintenant isolés, on leur doit une compensation ; 2° le sol de la voie avait probablement autrefois fait partie des fonds riverains, il est naturel qu'il y retourne ; 3° au point de vue de la culture, il est mauvais de trop multiplier les parcelles, il vaut mieux réunir les portions déclassées à des fonds déjà constitués que d'en faire des parcelles nouvelles. Ces raisons d'équité n'auraient point suffi à créer de toutes pièces le droit de préemption, mais, comme des textes l'ont établi pour certaines voies publiques, elles peuvent servir à l'étendre aux autres (2). A défaut d'entente amiable,

---

9 août 1893, *Revue d'administration*, 94, II, 291; Cons. d'Ét., 8 août 1894, *Commune de Parlebosq*).

(1) Nous ne traitons pas la question de savoir au profit de quelle personne administrative est faite l'aliénation ; certaines hypothèses sont délicates. Il y a des formalités pour ces aliénations. A remarquer celle qui a été introduite dans la loi du 20 août 1881 sur les chemins ruraux ; lorsqu'un chemin rural est déclassé, la loi établit avant la vente certains délais destinés à permettre la formation d'un syndicat de propriétaires ; si ce syndicat se forme et se charge d'assurer l'entretien, le chemin est maintenu (art. 16). Façon originale d'organiser un contrôle de l'administration municipale.

(2) Le droit de préemption est établi : à propos du déclassement des routes nationales, par la loi du 24 mai 1842 ; à propos du déclassement des chemins vicinaux, par l'article 19 de la loi du 21 mai 1836 ; à propos des rues et places des villes, lorsque des terrains ont été retranchés en vertu de plans d'alignement régulièrement approuvés, par la loi du 16 septembre 1807, article 53 ; à propos du déclassement des chemins ruraux, par la loi du 20 août 1881, article 17. Il est étendu sans difficulté par la pratique administrative au déclassement des routes départementales. Il est étendu aussi aux portions retranchées du lit des fleuves à la suite de travaux publics (art. 38, L. 8 avril 1898). Mais le droit de préemption n'est étendu ni aux terrains retranchés des chemins de fer, ni à ceux retranchés des canaux de navigation, parce que, sur ces voies-là, les riverains n'avaient pas de droit d'accès, et que, par conséquent, il n'y a pas lieu de les indemniser ; ni, d'une façon générale, aux terrains du domaine privé de l'État (Cons. d'Ét., 6 août 1910, *de Maraumont*). On voit que l'administration se place uniquement au point de vue de la première raison que nous avons donnée pour justifier le droit de préemption. Mais alors, pour être logique, elle devrait admettre ce droit sur les lais et relais de la mer, car les riverains avaient bien un droit d'accès sur le rivage. La raison que l'on peut invoquer pour écarter le droit de préemption ici, c'est que les lais et relais sont parfois trop considérables pour être regardés comme un accessoire

le prix est fixé comme dans l'hypothèse de l'article 60 de la loi du 3 mai 1841, c'est-à-dire par le jury d'expropriation.

c) *Autorités qui procèdent au classement et au déclassement*. — En principe, c'est la même autorité qui procède au classement et au déclassement (1).

d) *Recours contre le classement et le déclassement*. — Comme toutes les décisions exécutoires, les décisions relatives au classement et au déclassement des chemins sont susceptibles de recours pour excès de pouvoir, par exemple si les chemins classés sont dépourvus de tout intérêt public (V. Cons. d'Ét., 26 janv. 1900, *Pascal*; 25 janv. 1907, *Sallerin*) (2).

C. *Affectation et désaffectation des bâtiments aux services publics* (3).

---

des fonds riverains. Pour les formalités de la préemption, il faut voir les textes. Chacun des riverains prend le terrain en droit soi, c'est-à-dire dans une direction perpendiculaire à l'axe de la route.

(1) *Routes nationales*. — Elles sont classées et déclassées par un décret en Conseil d'État (Décr. 16 déc. 1811). Par exception, lorsqu'il s'agit de la création d'une route toute nouvelle, il faut une loi (Décr. 1880, art. 4; L. 27 juill. 1870, art. 1er). — *Routes départementales*. — Elles sont classées et déclassées par le conseil général du département (art. 46, §§ 6, 8, L. 10 août 1871). Les décisions du conseil général, sur ce point, sont de la catégorie des décisions définitives; elles sont précédées d'une enquête en la forme de celle qui précède la déclaration d'utilité publique en matière d'expropriation (L. 20 mars 1835; Décr. 13 nov. 1878). — *Chemins vicinaux*. — Le conseil général statue définitivement sur le classement et le déclassement des chemins vicinaux de grande communication et d'intérêt commun; la commission départementale, sur le classement des chemins vicinaux ordinaires (L. 10 août 1871, art. 46-7º et 86). Le tout après avis des conseils municipaux des communes intéressées. Ces décisions portent, en outre, fixation de la largeur, avec cette observation que, pour l'occupation des terrains à bâtir, il faut procéder conformément à la loi du 3 mai 1841, c'est-à-dire faire déclarer l'utilité publique par décret (L. 8 juin 1864, art. 2). — *Chemins ruraux*. — Les arrêtés de classement, qui portent ici le nom d'arrêtés de reconnaissance, sont pris par la commission départementale, sur la proposition du préfet, après avis du conseil municipal et après enquêtes. Le déclassement est opéré dans les mêmes formes (L. 20 août 1881, art. 4 et 16). — *Rues et places*. — Le conseil municipal délibère, sauf approbation préfectorale, sur le classement, le déclassement, le redressement, le prolongement, l'élargissement, la suppression des rues et places publiques (L. 5 avril 1884, art 68-7º). Il convient d'ajouter, que le caractère des rues et places publiques peut se trouver établi par un usage prolongé (Cass., 13 juill. 1861, *Chicard*).

(2) Rappelons qu'en matière de classement de chemins vicinaux ordinaires opéré par la commission départementale, outre le recours pour excès de pouvoir, il existe un recours porté devant le conseil général pour inopportunité ou pour fausse appréciation des faits (art. 86, L. 10 août 1871) (V. *supra*, p. 245).

(3) I. *Affectation*. — Il y a lieu de poser les règles suivantes : 1º L'affectation résulte d'un acte de l'autorité administrative, mais, pour entraîner la domanialité publique, cet acte doit consister ou l'installation d'un service (Cons. d'Ét., 29 avril 1904, *Commune de Messé*) ou être suivi d'une prise de possession effective par le service affectataire; 2º Lorsque l'édifice est bâti à la suite d'une expropriation qui a nécessité une déclaration d'utilité publique, il n'est pas besoin d'un autre acte administratif pour entraîner l'affectation ; celle-ci est déjà impliquée, en effet, dans la déclaration d'utilité publique; 3º Lorsqu'il s'agit d'affecter à un de ses propres ser-

N° 2. — Délimitation et alignement.

Cette matière comprend la reconnaissance et la détermination des limites des dépendances du domaine public déjà classées, et la protection de ces limites. Il faut distinguer ici encore : 1° Les rivages de la mer et des fleuves ; 2° les voies de communication ; 3° les bâtiments et terrains affectés à un service public. Aux premiers correspond la matière de la *délimitation* proprement dite, aux secondes celle de l'*alignement*, aux troisièmes une sorte de bornage. Il y a, d'ailleurs, une différence fondamentale entre la délimitation et l'alignement. La première opération est purement récognitive et déclarative et ne doit être l'occasion d'aucun transfert de propriété ; au

vices un édifice qui est d'avance dans son domaine, et qui n'est encore affecté à aucun service, une personne administrative est généralement capable, car l'affectation est l'exercice d'un droit de propriétaire. Ainsi peut faire la commune par décision réglementaire du conseil municipal, ainsi peut faire le département par délibération définitive du conseil général (art. 46, n° 4, L. 10 août 1871). Quant à l'État, ses immeubles sont en principe affectés par décret, après avis du ministre des Finances (Ord. 14 juin 1833 ; Décr. 24 mars 1852) ; 4° Pour les bâtiments qu'une commune doit fournir à un service d'État, en vertu d'une convention, comme les facultés, les casernes, les hôtels des postes, l'affectation a lieu en général par décret.

II. *Désaffectation et changement d'affectation*. — Il y a lieu de poser les règles suivantes : 1° L'affectation étant un acte de puissance publique est toujours révocable, même lorsqu'elle a été effectuée en exécution d'un contrat ou d'une libéralité. Si la désaffectation prononcée dans les formes requises constitue la violation d'un contrat ou des conditions d'une libéralité, la question se réglera par des indemnités ou des restitutions ; 2° Les administrations publiques ont moins de capacité pour désaffecter que pour affecter. Ainsi le conseil municipal ne peut prononcer une désaffectation ou un changement d'affectation, même pour un service communal, qu'avec l'autorisation du préfet (art. 68, n° 5, L. 5 avril 1884). — Le conseil général peut prononcer par décision définitive des changements d'affectation toutes les fois qu'il ne s'agit pas des hôtels de préfecture et de sous-préfecture, des palais de justice, des écoles normales, des casernes de gendarmerie et des prisons (art. 46, n° 4, L. 10 août 1871). Lorsqu'il s'agit de l'un de ces bâtiments, les décisions sont soumises à suspension (art. 48, n° 2). Si un bâtiment municipal a été affecté par décret à un service d'État, il ne peut être désaffecté que par décret.

D'ailleurs, l'affectation une fois prononcée s'impose à l'ensemble des autorités administratives ; ainsi le ministre ne peut pas changer l'affectation d'une pièce d'un bâtiment scolaire affectée à la fois à la mairie et à l'école (Cons. d'Ét., 6 avril 1906, *Commune du Mesnil-Manger*).

III. *Condition de l'affectataire*. — L'affectation est le prototype de la concession toutes les fois qu'elle est faite à un service ou à une individualité qui a des intérêts séparés de ceux du service qui représente la propriété domaniale. Il y aurait une théorie à faire du droit de l'affectataire. Il a un droit d'usage et de jouissance analogue à celui du concessionnaire. Au point de vue des impenses qu'il a pu faire dans l'immeuble affecté, il est traité comme un détenteur de la chose d'autrui ; à moins de stipulation contraire, il est non recevable à réclamer des indemnités pour impenses, améliorations ou constructions (Cour de Paris, 25 avril 1894, *Domaine d'Yseure*). Cf. L. Rigaud, *Les droits réels administratifs*.

contraire, l'alignement est une opération très fréquemment translative de propriété.

1. *Délimitation des rivages de la mer et des fleuves.* — La délimitation est la fixation des limites des rivages de la mer, des fleuves et des canaux opérée, après récognition, dans l'intérêt de la navigation, par une décision administrative.

Distinguons l'opération de la délimitation et ses conséquences juridiques.

A. *Opération de la délimitation.* — Observons que cette opération n'est pas faite systématiquement pour toute l'étendue des rivages de la mer et des rives des fleuves, mais seulement là où le besoin s'en fait particulièrement sentir. Il n'y a donc pas de cadastre général de ces dépendances du domaine public.

1° *Délimitation des rivages de la mer* (Décr.-loi 21 fév. 1852). — Cette délimitation donne lieu, aux termes de ce décret, à une opération technique accomplie par une commission de délimitation. Il y a des mesures de publicité, une enquête, les propriétaires sont entendus dans leurs observations (1). Puis, à la suite de cette opération technique, il intervient deux sortes de décisions administratives différentes : 1° Des *décrets de délimitation* rendus en forme de règlements d'administration publique ; 2° Des *arrêtés de domanialité* pris, soit par les préfets maritimes, soit par les préfets de départements, et visés par le ministre de la Marine (2).

2° *Délimitation des fleuves.* — Les fleuves sont délimités par arrêté

(1) Un point particulièrement délicat est la question de savoir où s'arrête le rivage de la mer à l'embouchure des fleuves, pour faire place à la rive du fleuve. Il y a des intérêts pratiques au point de vue des alluvions ; nous savons que les riverains des fleuves profitent des alluvions, tandis que les riverains du rivage de la mer n'en profitent pas. Divers systèmes ont été soutenus, notamment celui qui fait remonter le rivage de la mer jusqu'au point où le flux se fait sentir dans le fleuve, ce qui est beaucoup trop haut. Le Conseil d'État a adopté un système complexe dans lequel on tient compte, en les combinant, des éléments suivants : le parallélisme des rives, le degré de salure de l'eau, la nature fluviale de la végétation et des atterrissements sur les bords (Cons. d'Ét., 10 mars 1882, *Baie de la Seine*; Avis Cons. d'Ét., 26 juin 1884 ; Avis Cons. d'Ét., 16 janv. 1890. Cf. Picard, *Traité des eaux*, t. V, p. 29 et s.; Léon Aucoc, *De la délimitation du rivage de la mer à l'embouchure des fleuves, Annales de l'école libre des sciences politiques*, 1887).

(2) Tout de suite s'élève la question de savoir pourquoi il y a deux actes et quelle est l'utilité de chacun d'eux. L'opinion la plus sage est que la délimitation, en soi, est opérée par le décret pour toute une étendue de rivage (plusieurs kilomètres) et avec des points de repère espacés ; que les arrêtés de domanialité ne peuvent intervenir qu'après le décret de délimitation, pour appliquer ce décret à telle ou telle parcelle riveraine. Les arrêtés de domanialité sont ainsi un moyen de faire connaître aux parties intéressées la délimitation telle qu'elle résulte du décret ; ils ont une utilité comparable à celle des *alignements individuels*, lorsque ceux-ci s'appuient sur un plan général d'alignement. Mais s'ils ne constituent qu'un acte de notification, ils ne peuvent faire l'objet d'un recours contentieux (Cons. d'Ét., 1er fév. 1901, *Nollet*).

préfectoral rendu après enquête et sous l'approbation du ministre des Travaux publics (L. 8 avril 1898, art. 36). Les canaux de navigation également (L. 22 déc. 1789. Cf. Picard, *op. cit.*, t. III, p. 586).

Nous savons qu'on doit appliquer une règle qui paraît simple et attribuer au fleuve tout ce qui est couvert par le plan d'eau le plus élevé avant toute inondation (même art. 36). Dans la pratique, la détermination de ce plan d'eau donne lieu à des difficultés, à cause de la pente du fleuve et de la différence du profil des deux rives; on procède de la façon suivante : dans la section à délimiter, les ingénieurs recherchent les points les plus bas du *plenissimum flamen* sur les berges du fleuve en ayant soin de laisser de côté les points qui, à raison de la configuration du sol et de la disposition des lieux, doivent être considérés comme exceptionnels; par les points les plus bas ainsi déterminés, ils font passer un plan incliné de l'amont vers l'aval, mais à un niveau égal sur les deux rives, et la limite du domaine public fluvial est fixée à l'intersection du plan incliné, ainsi déterminé, avec les deux rives du fleuve (Cons. d'Ét., 11 juin 1909, *Servois*, S., 1910. 3. 113 et ma note et mieux encore, 13 fév. 1914, *François de Béarn*).

La conséquence de cette façon de procéder est que le niveau du domaine public est le même sur les deux rives, que, d'ailleurs, presque jamais le lit du fleuve ne remonte jusqu'à la crête des berges, que les talus des berges sont très fréquemment la propriété des riverains, et que, lorsque le terrain s'étage en berges successives, la domanialité s'arrête à la première berge au-dessus de laquelle est censé se produire le premier débordement (Cons. d'Ét., 22 mars 1889, *Véron*; 24 janv. 1890, *Drouet*; 6 juin 1890, *Dolnet*) (1).

B. *Conséquences juridiques de la délimitation.* — Bien que la délimitation doive être purement déclarative et récognitive et bien que l'acte de délimitation soit rendu dans l'intérêt de la navigation, cet acte n'en produit pas moins des effets au point de vue de la propriété et cela donne lieu à l'application très délicate des règles suivantes :

1° Il faut distinguer la délimitation *dans le passé* et la délimitation *dans le présent*.

La délimitation *dans le passé* est celle qui, actuellement, à raison

---

(1) Le ministère des Travaux publics est ici en désaccord avec le Conseil d'État. Il voudrait l'indépendance des deux rives et même l'indépendance des différents profils d'une même rive. Procédé plus près de la réalité, car les accidents de terrain font gonfler et refluer les eaux à certains endroits et il n'est pas dit qu'un fleuve ait la même hauteur des deux côtés (Cf. Picard, *op. cit.*, t. III, p. 53), mais procédé qui ne permettrait pas le contrôle du juge parce que celui-ci serait obligé de s'en remettre absolument aux experts (V. les conclusions de Levasseur de Précourt dans l'affaire *Drouet*, S., 92. 3. 53).

de l'état des lieux, n'intéresse plus le service de la navigation, mais seulement le domaine, bien qu'autrefois, avant les déplacements de la mer ou du fleuve, le service de la navigation ait pu être intéressé. L'autorité judiciaire est compétente pour opérer la délimitation *dans le passé*, c'est-à-dire que, si une contestation est engagée entre un particulier et l'administration devant le tribunal civil, relativement à la propriété de terrains que l'administration prétend faire partie du domaine, parce qu'autrefois, à une époque quelconque, la mer ou le fleuve s'étendait jusque-là, mais ne s'y étend plus, l'autorité judiciaire est compétente pour vérifier ces anciennes limites de la mer ou du fleuve; il ne s'agit plus d'ailleurs que du domaine privé.

Au contraire, il n'appartient qu'à l'autorité administrative de fixer les limites du domaine public *dans le présent*, parce que le service de la navigation est actuellement intéressé à cette fixation. Et cette délimitation dans le présent peut toujours être refaite dès qu'il se présente un intérêt actuel, malgré des délimitations antérieures (Cons. d'Ét., 5 avril 1911, *Décanale*) (1).

2° L'acte de délimitation n'est que *déclaratif* de la propriété domaniale, il n'est pas attributif de propriété comme le sont en certains cas les actes d'alignement, c'est-à-dire que, d'une part, il n'y a point de procédure d'élargissement du rivage de la mer ni des fleuves et que, d'autre part, la délimitation est faite sous réserve des droits des tiers (Décr. 21 fév. 1852, art. 2).

Par conséquent, si par suite d'une circonstance quelconque, par exemple par suite d'une erreur commise dans l'opération de délimitation, une propriété privée a été incorporée à tort au domaine public (Cf. comme hypothèses Cons. d'Ét., 1er fév. 1901, *Nollet*, et 11 juin 1909, *Servois*), rien ne s'oppose à ce que les droits du propriétaire ne reçoivent une satisfaction, ainsi qu'il va ressortir des développements suivants :

C. *Les voies de recours en matière de délimitation. Théorie des recours*

---

(1) Si donc une contestation s'engage entre un particulier et l'administration devant l'autorité judiciaire, relativement à la propriété de terrains que l'administration prétend faire partie du domaine public, parce qu'actuellement encore la mer ou le fleuve s'étend jusque-là, la délimitation doit être faite au préalable par l'autorité administrative dans l'intérêt de la navigation; et si l'autorité judiciaire fixe ensuite une autre limite pour la propriété privée, le seul effet de cette fixation sera de donner à l'intéressé droit à une indemnité (V. *infra*).

Le principe de la séparation des pouvoirs s'oppose à ce que la délimitation soit faite par l'autorité judiciaire dans le présent (Confl., 4 mai 1843, *Alibert;* 3 juin 1850, *Vignat;* 11 janv. 1873, *Paris-Labrosse;* 1er mars 1873, *Guillé*, etc.), mais l'administration doit procéder à la délimitation uniquement dans l'intérêt de la navigation; non dans celui de l'agrandissement du domaine (Cons. d'Ét., 6 août 1861, *Revol;* 9 janv. 1868, *Archambaud*. Cf. Picard, *Traité des eaux*, t. III, p. 68; t. V, p. 52).

parallèles. — Après une évolution historique intéressante, la jurisprudence est arrivée aux solutions suivantes : 1° Le propriétaire intéressé, s'il se trouve dans les délais, peut intenter contre l'acte de délimitation (décret ou arrêté) un recours pour excès de pouvoir; si l'acte de délimitation est annulé, le propriétaire obtiendra la restitution en nature de son terrain (1); 2° S'il ne se trouve plus dans les délais du recours pour excès de pouvoir ou même s'il trouve la combinaison plus avantageuse pour lui, laissant de côté l'acte de délimitation, et ne considérant plus que le résultat final de l'opération qui est pour lui la dépossession définitive et totale de son terrain incorporé en fait au domaine public, l'intéressé peut former devant le tribunal civil une action en paiement d'une indemnité d'expropriation (2).

(1) Pendant longtemps, le Conseil d'État avait refusé de recevoir les recours contentieux dirigés contre les actes de délimitation, il prétendait que ces actes étaient discrétionnaires et ne pouvaient être annulés, même sous le prétexte d'emprise de la propriété privée (Cons. d'Ét., 4 avril 1845, *Barsalou*; 31 mars 1847, *Ballias*; 7 août 1856, *David*). Puis, à partir de 1860, par un revirement complet, il a au contraire admis les recours (Cons. d'Ét., 27 mai 1863, *Drillet de Lanigou* ; 27 juin 1884, *Ville de Narbonne*, pour les rivages de la mer. Cons. d'Ét., 13 déc. 1866, *Coicaud*; 9 janv. 1868, *Archambaud*; 30 mai 1873, *Pascal*, etc., pour les fleuves). De sorte que, avec la nouvelle jurisprudence du conseil, des recours pour excès de pouvoir peuvent être formés, peuvent réussir, et l'acte de délimitation étant annulé en tant que de besoin, le riverain reprendra son héritage en nature, comme s'il n'avait jamais été annexé au domaine.

Mais, alors que le Conseil d'État refusait d'annuler les actes de délimitation et que, par conséquent, l'emprise demeurait définitive, la Cour de cassation admettait que cette emprise équivalait à une expropriation indirecte et elle déclarait recevables des actions en indemnité portées devant les tribunaux civils, à la suite desquelles l'administration était condamnée, non pas à restituer le terrain puisqu'il demeurait annexé, mais à en payer la valeur à titre d'indemnité d'expropriation (Cass., 23 mai 1849, *Préfet du Rhône*; 20 mai 1862, *Perrachon*, etc.). Le Conseil d'État avait acquiescé à cette combinaison (Cons. d'Ét., 20 avril 1854, *Ville de Nogent sur-Seine*). Depuis la nouvelle jurisprudence du Conseil d'État, qui admet l'annulation des actes de délimitation et la possibilité pour le riverain de recouvrer son héritage à la suite de cette annulation, il semble que les actions en indemnité portées devant les tribunaux civils soient devenues sans objet, car elles n'avaient été qu'un moyen d'obtenir justice par une voie détournée, alors qu'il n'y avait pas de voie directe, et maintenant la voie directe existe.

Malgré ces raisons de douter, la Cour de cassation a continué d'admettre les actions en indemnité portées devant les tribunaux civils (Cass., 6 nov. 1872, *Ouizille*) et qui plus est, cette jurisprudence a été approuvée par le Tribunal des conflits (Trib. des confl., 11 janv. 1873, *Paris-Labrosse* ; 1er mars 1873, *Guillé*). De telle sorte que, actuellement, les deux voies de recours s'ouvrent devant la partie intéressée.

(2) On appelle cela le système des *recours parallèles*.

Il n'y a pas atteinte au principe de la séparation des pouvoirs parce que l'autorité judiciaire, en fixant une indemnité de dépossession, n'apprécie aucunement la validité de l'acte de délimitation ; l'indemnité est fondée uniquement sur le fait matériel de la dépossession définitive et celle-ci résulte moins de l'acte de délimitation que de *l'opération de délimitation* et de l'occupation réalisée par l'administration au nom du

Protection des limites des rivages de la mer, des fleuves et des canaux. — Les entreprises faites sur les rivages de la mer, sur le lit des fleuves et sur les dépendances des canaux constituent des contraventions de grande voirie qui sont de la compétence du conseil de préfecture (1).

service de la navigation, occupation qui se traduira immédiatement par la mise en mouvement de la police de la voirie et par des contraventions dressées contre les propriétaires qui tenteraient de reprendre possession effective (V. l'affaire *Drillet de Lanigou*, 27 mai 1863, ou l'affaire *Zimmermann*, 27 fév. 1903, S., 1905. 3. 17, et ma note).

La théorie des recours parallèles ne s'est pas établie sans de longues controverses doctrinales. Bien des auteurs déjà s'étaient montrés hostiles (Ducrocq, *Cours de droit administratif*, 6e édit., t. II, p. 151 ; Schlemmer dans le t VIII des *Annales des ponts et chaussées* ; Picard, *Traité des eaux*, t. III, p. 78 ; Léchalas, *Manuel de droit administratif*, t. II, 2e partie, p. 189 et s.), mais devant une jurisprudence très ferme et devant la haute autorité de E. Laferrière qui, après quelques autorisations, avait approuvé cette jurisprudence et avait insisté sur sa signification libérale (*Juridiction administrative*, 2e édit., t. I, p. 544 et s.), les critiques s'étaient apaisées. La querelle s'est réveillée à propos de l'article 36 de la loi du 8 avril 1898 relatif à la délimitation des fleuves navigables. M. Berthélemy a soutenu que cet article, et surtout les travaux préparatoires de la loi, contenaient la condamnation de la jurisprudence des recours parallèles (*Revue générale d'administration*, 1899, 1, 385 ; *Traité élémentaire de droit administratif*, 7e édit., p. 475 et s.) ; l'opinion contraire a été défendue par M. Bouvier (*La délimitation du domaine public fluvial, Revue critique*, 1899, nos 1 et 2) et par M. Saulaville, *La délimitation des fleuves et rivières, Revue générale d'administration*, 1899, t. III, p. 395). De la lecture de ces articles, tous excellents, on retire cette conviction qu'en réalité la loi du 8 avril 1898 n'a rien changé à la situation légale antérieure ; le texte de l'article 36 est semblable à celui de l'article 2 du décret du 21 février 1852 sur la délimitation du rivage de la mer. M. Berthélemy, *op. cit.*, cherche à enfermer toute la question dans ce dilemme : « De deux choses l'une : ou bien la délimitation administrative est tenue pour exacte, et il ne saurait, sans contradiction à l'acte administratif, être jugé par un tribunal judiciaire qu'elle empiète sur la propriété privée ; ou bien il y a réellement empiètement sur la propriété privée, mais alors c'est que la délimitation est inexacte et son inexactitude ne peut être déclarée que par le Conseil d'État ». On échappe bien facilement à ce dilemme en faisant observer que l'action devant le tribunal judiciaire vise uniquement l'emprise du terrain ; or, l'emprise du terrain résultant d'une délimitation mal faite ne saurait être considérée comme une conséquence juridique de l'acte de délimitation, puisque cet acte, par sa nature, n'est pas attributif de propriété, mais purement déclaratif ; un acte ne saurait produire des effets juridiques contraires à sa nature. On n'attaque donc ni la validité, ni les effets juridiques de l'acte de délimitation, mais on demande la réparation d'une emprise de l'administration qui n'a pu se produire que par suite d'une erreur matérielle qui n'est pas imputable à l'acte. C'est un accident comparable à ceux qu'amène parfois la plantation d'un ouvrage public, si on l'établit par erreur sur des parcelles de propriété privée qui n'ont pas été expropriées ; l'occupation ne résulte d'aucun acte juridique, mais d'une opération, elle est définitive cependant, parce que personne ne songe à faire démolir l'ouvrage mal planté. Dans ces deux cas, l'occupation définitive est un fait séparable des actes administratifs, elle n'est la conséquence juridique que d'une opération.

La distinction de l'acte de délimitation et de l'opération de délimitation peut être déduite de Cons. d'Ét., 11 juin 1909, *Servois, Guyot de Villeneuve et autres*. V. ma note précitée dans S., 1910. 3. 113

(1) La contravention entraîne : 1° le rétablissement des lieux dans l'état primitif ;

II. *De l'alignement* (1). — L'alignement est la reconnaissance et la fixation des limites des voies de communication *existantes* dans l'intérêt du service de la voirie. Mais, à la différence de la délimitation, qui n'est que déclarative, l'alignement peut être translatif de propriété et servir ainsi, *dans une certaine mesure*, à l'élargissement et au redressement des voies publiques (2). La législation de l'alignement fournit aussi les moyens de protéger les limites, une fois fixées. Elle s'applique à tous les chemins, même ruraux.

Le droit d'alignement est un droit de puissance publique, en aucun cas un tribunal judiciaire ne doit fixer les limites d'un chemin; si, en l'absence d'alignement, une difficulté s'élève sur les limites réelles, il appartient à l'administration de la résoudre (Cons. d'Ét., 4 juill. 1884, *Peytavie*) (3).

1. *Fixation des limites par l'alignement*. — a) *Des plans d'alignement*. — Il y a deux espèces de plans d'alignement : 1° Ceux qui existent pour les routes et les chemins classés dans des catégories déterminées, tels que routes nationales, départementales, chemins vicinaux ou ruraux. Ces plans de *chemins*, qu'il ne faut pas confondre avec les actes portant fixation du tracé de la voie, sont dressés par le service compétent *après achèvement de la voie*; ils peuvent contenir des redressements, des élargissements, des rétrécissements de la

---

2° une amende variable, mais dont le minimum est de 16 francs et qui peut s'élever à 50 et même 300 francs. Donc, les riverains doivent bien faire attention à respecter la limite de ces dépendances du domaine public, soit qu'ils établissent des constructions, soit qu'ils établissent des clôtures. Mais il faut noter qu'ils ne sont pas tenus de demander autorisation préalable quand ils veulent faire des travaux de ce genre; en d'autres termes, ils ne sont pas tenus de demander *alignement individuel*, même le long des fleuves et des canaux. La servitude d'alignement n'existe qu'en vertu de textes. Ils agissent donc à leurs risques et périls. Cette doctrine, qui résulte des arrêts du Conseil d'État des 26 juin 1843, 28 juin 1844, 19 décembre 1847, avait été précédée de la doctrine contraire. Cependant, il leur est loisible, par mesure de précaution, de demander un *arrêté de domanialité* au préfet (Cf. Picard, *Traité des eaux*, t. III, p. 183; t. V; p. 126, 212).

(1) *Bibliographie* : Morin, *L'alignement*; Delanney, *Traité de l'alignement*.

(2) Si le redressement ou l'élargissement dépasse par ses proportions les limites d'un alignement, il faut procéder par voie d'expropriation et le plan d'alignement n'entraîne pas les servitudes de reculement. C'est pourquoi, d'ailleurs, en matière de chemins vicinaux, il existe une procédure de l'élargissement distincte de celle de l'alignement (Cons. d'Ét., 8 avril 1896, *Hawke*; 14 mars 1902, *Bretagne*; 25 mai 1906, *Dollé*; 27 juin 1913, *Crevel*. V. également, sur les limites pratiques de la procédure de l'alignement, ma note dans S., 1903. 3. 97).

(3) Pour les contraventions de petite voirie, en cas d'anticipation sur les chemins vicinaux, il peut s'élever des contestations sur le véritable alignement du chemin, il n'appartient pas au juge de paix de connaître de cette question. Le juge de paix est juge des dégradations, non pas des restitutions (Trib. des confl., 21 mars 1850, *Morel-Wass*; Cass., 19 juin 1851, *Bausseron*; 30 déc. 1859, *Ricard*). — Le juge de paix n'est juge des anticipations que pour la petite voirie urbaine (Cons. d'Ét., 22 fév. 1855, *Moreau*. Cf. Laferrière, *Traité de la juridiction administrative*, t. I, p. 704).

voie, mais seulement *dans la mesure de l'alignement*; ils sont soumis à enquête et homologués par l'autorité supérieure (1). Ils s'appliquent tout le long de la voie, même dans la traversée des champs en dehors des agglomérations bâties, par conséquent aux maisons isolées (2);

2° Ceux qui sont dressés dans une ville ou, tout au moins, dans une agglomération bâtie, à titre d'opération municipale, dans un but de salubrité et de sécurité pour la circulation. Ces plans municipaux d'alignement, prévus par l'article 52 de la loi du 16 septembre 1807, peuvent porter sur toute espèce de voies; non seulement sur les rues et places qui ne sont classées dans aucune catégorie, qui sont seulement affectées par l'usage, mais sur les voies classées, routes nationales, départementales, etc., dans leur traversée de la ville; ils peuvent contenir des projets de rues nouvelles à construire, aussi bien que des redressements de rues anciennes; ils constituent une dépense obligatoire pour toutes les communes (art. 136, § 14, L. 1884), mais, dans la pratique, on ne les impose pas. Ils sont dressés par le service chargé de la voie, soumis à enquête dans les conditions prescrites par le titre II de la loi du 3 mai 1841, délibérés et homologués par des autorités diverses (3).

Enfin, l'article 3 de la loi du 13 avril 1900 est venu les soumettre aux mêmes conditions d'affichage et de publication dans les jour-

---

(1) Par décret pour les routes nationales, les chemins de fer et les routes départementales; par délibération du conseil général pour les chemins vicinaux de grande et de moyenne communication; par délibération de la commission départementale pour les petits chemins vicinaux.

(2) Il n'était pas admis qu'il y eût, en ce sens, de plans d'alignement pour les chemins ruraux. Même depuis la loi du 20 août 1881, et alors que des plans avaient été dressés lors de la reconnaissance du chemin, les limites ne pouvaient être modifiées que par expropriation. Il n'y avait ni occupation des terrains nus, ni servitude de reculement. L'article 3 de la loi du 13 avril 1900, en faisant figurer dans son énumération des plans d'alignement des chemins ruraux, semble avoir voulu leur faire produire les mêmes effets qu'aux autres. Mais il est bien entendu que, s'il n'y a pas en fait de plan d'alignement régulièrement approuvé, les décisions de la commission départementale, qui aux termes de l'article 13 de la loi du 20 août 1881 peuvent prononcer le redressement et l'élargissement du chemin rural, continuent de ne pouvoir être exécutées que par la voie de l'expropriation (Cons. d'Ét., 21 déc. 1906, *Gillet*).

(3) Le conseil municipal délibère sur les plans d'alignement des voies municipales (L. 5 avril 1884, art. 68, § 7). — Le conseil général donne son avis pour les traverses des routes départementales (Avis Cons. d'Ét., 15 juill. 1879). — Le conseil des ponts et chaussées donne son avis pour les traverses des routes nationales (Circ. min., 24 oct. 1845). Ils sont homologués par un décret en Conseil d'État quand ils concernent les routes nationales et départementales, ainsi que les rues des villes, bourgs et villages qui leur font suite, les rues de Paris et les chemins de fer; — par arrêté préfectoral pour les rues des villes; — par décision du conseil général pour les chemins vicinaux de grande communication et d'intérêt commun (art. 44, L. 1871); — par décision de la commission départementale pour les chemins vicinaux ordinaires (art. 86, L. 1871), et pour les chemins ruraux (art. 13, L. 20 août 1881).

naux que le jugement d'expropriation, en même temps qu'il leur confère la même vertu pour la purge des droits réels sur les parcelles réunies à la voie publique et qu'il dispense des frais de timbre et d'enregistrement tous les actes auxquels ils donnent lieu (1).

β) *Effets des plans d'alignement. — Servitudes d'alignement.* — Les deux espèces de plans d'alignement produisent les mêmes effets très graves, du moins lorsqu'ils s'appliquent à des voies déjà ouvertes à la circulation (2) ; quelques-uns de ces effets ressemblent à ceux de l'expropriation, c'est pour cela que les plans sont soumis à enquête et il est admis que leur homologation équivaut à déclaration d'utilité publique. Ces effets sont les suivants :

— Lorsque, par application d'un plan d'alignement, la voie publique se trouve élargie : 1° les terrains non bâtis ou non clos inclus dans les limites fixées par le plan se trouvent *ipso facto* acquis à la voie avec purge des droits réels, sans procédure d'expropriation, mais moyennant indemnité ultérieure, réglée par le jury d'expropriation (3) ; — 2° Les terrains bâtis sont grevés de la servitude de *reculement*, il ne peut plus y être fait de travaux confortatifs (4) ; le jour où ils seront démolis ou tomberont de vétusté, le sol sera réuni à la voie publique moyennant une indemnité qui ne représentera que la valeur du terrain nu (5) ; — 3° les terrains bâtis ou clos peuvent

---

(1) Les dispositions contenues dans le premier paragraphe de l'article 15 et dans les articles 16, 17, 18 et 58 de la loi du 3 mai 1841 sont applicables à tous les actes ou contrats relatifs à l'acquisition des terrains, même clos ou bâtis, poursuivie en exécution d'un plan d'alignement régulièrement approuvé pour l'ouverture, le redressement, l'élargissement des rues ou places publiques, des chemins vicinaux et des chemins ruraux reconnus.

(2) Quant aux plans d'alignement qui contiennent des projets de rues nouvelles à construire, et qui équivalent à classement, ils ne produisent aucun effet vis-à-vis des tiers jusqu'au moment où les procédures d'expropriation en vue du percement ont été ouvertes et même jusqu'au moment où les arrêts de cessibilité ont été rendus (Cons. d'Ét., 12 déc. 1913, *Escande*). — A partir de la date des arrêts de cessibilité, l'autorité compétente peut valablement refuser les alignements individuels et les autorisations de bâtir aux anciennes limites (Cons. d'Ét., 12 janv. 1883, *Malussière*).

(3) La purge des droits réels s'opère conformément à la loi du 3 mai 1841 (Avis Cons. d'Ét., 7-21 août 1839 ; Cass., 5 nov. 1868, *Malgras*; art. 3 ; L. 13 avril 1900. V. *Revue d'administration*, 1901, t. II, p. 76).

(4) La servitude de reculement ne s'applique pas lorsque l'immeuble est compris sur une trop grande profondeur dans le projet d'élargissement d'une rue, parce que cela dépasse la donnée de l'alignement (Cons. d'Ét., 25 mai 1906, *Dollé*; 3 août 1906, *Joppé*; 19 janv. 1906, *Petit*; 8 avril 1911, *Chartier*). La notion des travaux confortatifs est une question de pratique administrative et l'autorité administrative a seule qualité pour apprécier le caractère confortatif des travaux, non pas le conseil de préfecture (Cons. d'Ét., 9 mai 1913, *Reynaud*). Il est bon d'ajouter que, par mesure de police, l'administration peut faire démolir les édifices qui menacent ruine (V. p. 489).

(5) Dans ces deux cas, l'indemnité est réglée, en principe, par le jury d'expropriation, seulement le règlement est postérieur à la prise de possession (Avis Cons. d'Ét.,

aussi être acquis par des cessions amiables qui s'appuient sur la procédure du plan d'alignement, comme elles s'appuieraient sur une procédure d'expropriation, qui produisent les mêmes effets de purge des droits réels qu'un jugement d'expropriation et qui sont dispensées du timbre et de l'enregistrement (art. 3, L. 13 avril 1900); — 4° Les privations de vue et d'accès résultant de l'alignement sont traitées comme dommages permanents résultant de travaux publics (Cons. d'Ét., 17 janv. 1912, *Ville de Narbonne*).

— Lorsque, au contraire, par application d'un plan d'alignement, la voie est diminuée de largeur, les riverains ont un droit de préemption sur les terrains au droit de leurs propriétés.

γ) *Du cas où il n'existe pas de plan d'alignement.* — Il s'en faut de beaucoup qu'il y ait des plans d'alignement établis pour toutes les voies publiques ou à l'intérieur de toutes les agglomérations bâties. Après des hésitations, la jurisprudence s'est fixée en ce sens que, là où il n'y a pas de plan d'alignement, il n'y a pas non plus les servitudes de l'alignement, notamment celle de reculement, et que les autorités chargées de la garde de la voie doivent se borner à assurer les limites *actuelles* (1).

II. *Protection des limites par l'alignement.* — *De l'alignement individuel.* — Les autorités compétentes délivrent, à la requête des riverains, des *arrêtés individuels d'alignement* qui indiquent, à propos d'une parcelle déterminée de terrain, la ligne séparative de la voie publique telle qu'elle est fixée par les règles précédentes. Les riverains sont tenus de demander un alignement individuel toutes les fois qu'ils veulent construire ou reconstruire un mur sur la ligne séparative d'une voie publique *existante* (2) (V. *infra*, législation sur les projets d'aménagement, embellissement et extension des villes aux termes de laquelle l'alignement deviendra nécessaire même en bordure des voies publiques *en projet* dans les villes soumises à cette législation). Les infractions à ces prescriptions sont réprimées par le

---

1er avril 1841). Par exception, pour les chemins vicinaux, l'indemnité est réglée par le juge de paix du canton sur rapport d'experts (L. 21 mai 1836, art. 15).

(1) Pour la voirie municipale, Cons. d'Ét., 5 avril 1862, *Lebrun*; Cass., 11 déc. 1869, *Michaud*; 4 fév. 1882, *Arlvié*; — pour la grande voirie, Cons. d'Ét., 10 fév. 1865, *Sammartin*; 25 mars 1867, *Valleron*; 27 déc. 1901, *Degroote*; 5 juill. 1901, *Fèvre*; — pour la voirie vicinale, Cons. d'Ét., 31 mars 1865, *Poncelet*; 6 mars 1885, *Saurin*; 6 août 1898, *Laroze*; 6 août 1913, *de Brimont*; 31 janv. 1914, *Berthomieu*; Cass., 14 mars 1870, *Commune de Vaudrey*; — pour la voirie rurale, Cons. d'Ét., 4 août 1913, *Société d'habitation moderne*).

(2) Édit de décembre 1607 (Cass. crim., 27 oct. 1907). Ils y sont tenus, même lorsqu'ils veulent construire en arrière de cette ligne, au moins dans les villes (Cass., 27 juill. 1876, *Puyparlier*). — La jurisprudence du Conseil d'État est contraire (Cons. d'Ét., 17 fév. 1859, *Catillon*).

Si les riverains veulent simplement faire des travaux à un mur de façade, établir des saillies fixes ou mobiles, c'est le cas de la *permission de voirie*. V. *infra*.

tribunal de simple police pour la petite voirie, par le conseil de préfecture pour la grande voirie; elles entraînent une amende, sans préjudice de la démolition s'il y a lieu (Cons. d'Ét., 29 nov. 1901, *de Caligny*) (1).

Les autorités compétentes pour délivrer les alignements individuels et les permissions de voirie sont : 1° pour la grande voirie et les chemins vicinaux de grande communication ou d'intérêt commun, le préfet; dans les arrondissements autres que celui du chef-lieu, le préfet peut être remplacé par le sous-préfet; lorsqu'il existe un plan d'alignement, le maire doit être consulté; 2° pour les rues, places, chemins vicinaux ordinaires et chemins ruraux (2), le maire. L'alignement individuel n'est valable que pour un an.

La décision contenant refus de délivrer un alignement peut être attaquée par le recours pour excès de pouvoir (Cons. d'Ét., 22 mai 1869, *Labille*). De plus, le silence gardé par le maire, lorsque c'est à lui à délivrer l'alignement, autorise le préfet à substituer son action à la sienne (art. 85, 98 *in fine*, L. 5 avril 1884) (3).

Du permis de bâtir. — Le permis de bâtir n'est pas essentiellement une protection des limites de l'alignement; il est lié aussi aux préoccupations de la santé publique et à celles de l'aménagement et de l'embellissement des villes. Il est délivré par l'autorité municipale sur une demande du propriétaire accompagnée des plans de la construction. Après un délai de vingt jours à compter du jour du dépôt de la demande, le propriétaire devient libre de bâtir conformément à son plan et l'administration ne peut plus lui imposer aucune modification (Décr. 25 mars 1852, art. 4, Cons. d'Ét., 20 juill. 1906, *Machard*). Le permis de bâtir a été introduit par le décret du 25 mars 1852 sur les rues de Paris, étendu par des décrets spéciaux à certaines grandes villes; la loi du 15 février 1902 en a étendu l'obligation à toutes les

---

(1) Sur la question de la démolition de la *besogne mal plantée*, il y a des divergences considérables entre la jurisprudence du Conseil d'État et celle de la Cour de cassation en général plus sévère. V. Laferrière, *Juridiction administrative*, t. II, p. 667. Pour le Conseil d'État, la démolition ne peut pas être ordonnée si le riverain n'a pas empiété sur le domaine public (Cons. d'Ét., 28 déc. 1910, *Chadefaux*).

(2) L'exigence de l'alignement individuel n'existant que pour les chemins publics ne peut pas être imposée aux riverains du chemin rural *non reconnu*, mais le maire peut exiger des riverains de ces chemins qui se proposent d'élever des constructions ou des clôtures en bordure une déclaration qui lui permette de prendre les mesures nécessaires pour la conservation du domaine communal (Cons. d'Ét., 22 fév. 1907, *Thiébaud*).

(3) Le refus d'alignement peut même entraîner indemnité, s'il est lié à une opération de travaux publics projetée par l'administration et s'il apparaît ainsi comme un dommage résultant de travaux publics. V. sur cette question de recours contre les refus d'alignement, ma note dans S., 1902. 3. 41, sous Cons. d'Ét., *Ville de Paris c. Sanoner*; Cons. d'Ét., 28 fév. 1902, *Montréjeau*; le Conseil d'État se refuse à délivrer lui-même l'alignement (Cons. d'Ét., 4 déc. 1903, *Blaise*). Cpr. *supra*, p. 350.

agglomérations de 20.000 habitants et au-dessus, et la loi du 14 mars 1919 l'a étendue à toutes les agglomérations souscrites à la législation sur les plans d'extension et d'embellissement (V. *infra*).

Le bornage des bâtiments et terrains affectés à un service public (1).

APPENDICE. — *L'urbanisme. Loi du 14 mars 1919 concernant les plans d'extension et d'aménagement des villes.*

La question de l'urbanisme se rattache à celles de l'hygiène et de la santé publique ainsi qu'à celles du tourisme et des beaux-arts ; elle procède de préoccupations à la fois hygiéniques, esthétiques et mercantiles ; il s'agit de faire des villes propres et aérées, aussi belles que possible et qui puissent attirer les voyageurs ; la loi du 14 mars 1919 est apparentée à la loi de 1902 sur la santé publique, aux lois sur les monuments historiques, sur le classement des sites et paysages, sur les perspectives monumentales ; elle est apparentée aussi à la loi du 6 novembre 1918 sur l'expropriation pour cause d'utilité publique autorisant l'expropriation par zones.

Il ne faut pas se dissimuler que l'urbanisme est une nouvelle et grave manifestation de la tendance qu'a le régime d'État à remplacer la spontanéité intime de la vie par le formalisme extérieur de l'administration. Beaucoup de villes devaient à la liberté et à la spontanéité avec lesquelles elles s'étaient lentement développées un cachet individuel qu'elles risquent de perdre avec le plan d'extension, d'aménagement et d'embellissement qui forcément tendra vers la réalisation d'un type uniforme. La banalité des *palaces* guette les villes truquées de l'avenir.

Heureusement, tous les projets du législateur et de l'administration ne se réalisent pas ; les plans d'extension et d'aménagement seront établis sans aucun doute, mais sauf en ce qui concerne les agglomérations détruites des régions dévastées par la guerre et en ce qui concerne les stations balnéaires, il s'écoulera du temps avant que les plans ne soient exécutés, d'autant que leur exécution coûtera fort cher. Nous pouvons espérer que la plupart de nos bonnes villes de France conserveront longtemps encore leur libre physionomie malgré les plans des architectes urbanistes centralisés et uniformisés par la Commission supérieure de Paris. Il a fallu près d'un siècle aux architectes des monuments historiques pour apprendre que leur métier était de conserver et restituer les monuments et non de les refaire. Souhaitons qu'il faille moins de temps pour apprendre aux urbanistes que le leur est aussi de conserver les vieilles villes et non de les reconstruire.

En attendant, de nouvelles restrictions à la propriété privée sont introduites par cette législation ; nous verrons au chapitre de l'expropriation celles qui résultent du nouveau principe de l'expropriation par zones. Notre loi sur les plans d'extension en introduit une autre très grave relative à l'obligation de l'alignement et du permis de bâtir. Jusqu'ici les propriétaires de terrains compris dans le périmètre des agglomérations bâties qui voulaient édifier des constructions n'avaient à se préoccuper de

---

(1) Pour le domaine militaire, les règles du bornage se trouvent dans un décret du 19 août 1853. C'est une opération contradictoire. Lorsque le bornage est opéré sur le terrain, procès-verbal en est dressé. Ce procès-verbal est déposé à la mairie, les intéressés ont trois mois pour se pourvoir devant le conseil de préfecture. Dès qu'il a été définitivement statué sur le recours, le procès-verbal est homologué par décret.

Pour les bâtiments affectés aux services publics, l'administration pratique le bornage ordinaire avec action en justice, parce qu'elle considère que ces bâtiments ne sortent pas du domaine privé. La conséquence logique de l'opinion qui fait tomber les bâtiments dans le domaine public est que le bornage deviendrait un acte de puissance publique et devrait être fait par un arrêté analogue aux arrêtés de délimitation.

l'alignement des voies publiques qu'en ce qui concernait les *voies existantes*, aucune obligation n'était imposée en ce qui concernait les voies publiques à *l'état de projet*, d'autant que l'on ne savait pas si ces projets se réaliseraient jamais (Cons d'Ét., 12 déc. 1913, *Escande*). La propriété privée bénéficiait du doute ; libre au propriétaire de bâtir une maison qui n'était pas à l'alignement de la voie future. Si, plus tard, la voie était réellement ouverte, la ville exproprierait. C'était là le raisonnement d'une époque individualiste. Nous avons changé tout cela parce que nous sommes dans une époque étatiste ; c'est maintenant la ville qui bénéficiera du doute ; les voies publiques projetées dans le plan d'extension ne seront peut-être jamais réalisées, mais dès qu'elles sont à *l'état de projet* elles sont protégées par la législation de l'alignement et par celle du permis de bâtir, qui jusqu'ici ne s'appliquait qu'aux agglomérations de 20.000 habitants et au-dessus (L. 15 fév. 1902).

Art. 10 : « A dater de la publication de l'acte portant déclaration d'utilité publique d'un plan de reconstruction, d'aménagement, d'embellissement et d'extension (ou de l'arrêté préfectoral approuvant les plans relatifs aux groupes d'habitations prévus à l'art. 8), les propriétaires des terrains *en bordure des voies et places projetées* devront se conformer aux règles édictées par la législation sur *l'alignement* et ne pourront édifier des constructions nouvelles sans avoir obtenu, au préalable, *un permis de construire délivré par le maire*. Et il ne pourra plus être édifié de constructions nouvelles, en bordure des voies ou places projetées, que suivant les alignements fixés. A cet effet, aucune construction ne pourra être édifiée sans la délivrance par le maire d'un permis de construire. »

Voici le mécanisme de notre loi :

a) *Du projet d'aménagement, d'embellissement et d'extension.* — Ce projet contient :

1° un plan qui fixe la direction, la largeur et le caractère des voies à créer ou à modifier, détermine les emplacements, l'étendue et les dispositions des places, squares, jardins publics, terrains de jeux, parcs, espaces libres divers et indique les réserves boisées ou non à constituer, ainsi que les emplacements destinés à des monuments, édifices et services publics ;

2° un programme déterminant les servitudes hygiéniques, archéologiques et esthétiques, ainsi que toutes les autres conditions y relatives et, en particulier, les espaces libres à réserver, la hauteur des constructions, ainsi que les prévisions concernant la distribution d'eau potable, le réseau d'égouts, l'évacuation et la destination finale des matières usées et, s'il y a lieu, l'assainissement du sol ;

3° un projet d'arrêté du maire, pris après avis du conseil municipal et réglant les conditions d'application des mesures prévues au plan et au programme (art. 1er).

Ce projet, après un certain nombre de formalités indiquées à l'article 7, est déclaré d'utilité publique par un décret en Conseil d'État (en principe).

Ces projets devront être établis dans un délai maximum de trois ans à compter de la promulgation de la loi (art. 1er) ; l'article 6 établit des sanctions et confère au préfet le droit de faire procéder d'office au travail en cas de mauvaise volonté de la municipalité.

Les frais des plans et projets sont, en principe, à la charge des communes pour lesquelles ils constituent des *dépenses obligatoires* au même titre que le plan général d'alignement et de nivellement ; néanmoins, des subventions de l'État sont prévues (art. 1er et 3) ; l'État prend à sa charge les frais pour les agglomérations des régions dévastées et aussi pour celles qui seront classées à raison de leur caractère pittoresque, artistique ou historique.

Les plans et projets d'extension, là où ils sont établis, s'incorporent aux plans d'alignement des villes et servent à renforcer, ainsi qu'il a été dit plus haut, les effets de l'alignement.

b) *Des agglomérations auxquelles s'applique la législation du plan d'extension.* — 1° Les villes de 10.000 habitants et au-dessus ; 2° toutes les communes du département de la Seine; 3° les villes de moins de 10.000 habitants et de plus de 5.000, dont la population a augmenté de plus de 10 p. 100 dans l'intervalle de deux recensements quinquennaux successifs; 4° les stations balnéaires, maritimes, hydrominérales, climatiques, sportives et autres, dont la population, quelle qu'en soit l'importance, augmente de 50 p. 100 au plus à certaines époques de l'année; 5° les agglomérations, quelle qu'en soit l'importance, présentant un caractère pittoresque, artistique ou historique et inscrite sur une liste qui devra être établie par les commissions départementales des sites et monuments naturels, instituées par la loi du 21 avril 1906; 6° les groupes d'habitations et bâtissements créés ou développés par des associations, des sociétés ou des particuliers; 7° les agglomérations totalement ou partiellement détruites par suite de faits de guerre, d'incendie, de tremblement de terre ou de tout autre cataclysme, quel que soit le chiffre de la population (cette catégorie, qui est celle des localités des régions dévastées par la guerre a donné lieu à un certain nombre de dispositions spéciales de la loi) (art. 2, 3, § 1, 7 *in fine*, etc.).

L'article 8 vise le cas spécial des associations, sociétés ou particuliers qui entreprennent la création ou le développement de groupes d'habitations.

L'article 9 vise le cas où le projet d'extension, étant de nature à intéresser plusieurs communes, peut provoquer une étude d'ensemble et la formation d'un syndicat de communes.

c) *Des commissions d'aménagement et d'extension des villes et villages.* — Il est institué dans chaque département, sous la présidence du préfet, une commission de cette espèce, et au ministère de l'Intérieur, sous la présidence du ministre, une commission supérieure; leur composition est réglée par les articles 4 et 5; elles sont consultatives, donnent leur avis sur les projets et établissent les règles générales de nature à guider les municipalités.

N° 3. — La police du domaine public, la voirie, les servitudes domaniales (1).

Il s'agit ici de tout ce qui est police de la conservation du domaine public, et en même temps de tout ce qui est police de l'usage du public, là où cet usage a lieu (2). Ces règles de police entraînent : 1° pour les citoyens, des obligations; 2° pour les fonds riverains, de véritables servitudes d'utilité publique.

La police du domaine public ne forme pas un corps de règles pour toutes les dépendances du domaine public, mais seulement pour la *voirie*. La voirie est *un ensemble de règles pénales relatives aux voies de communication et aux rivages de la mer, ainsi qu'à certaines matières assimilées*. Tout ce qui est bâtiment reste en dehors de cet ensemble de règles (3).

(1) Louis Courcelle, *Traité de la voirie*, 1901.
(2) Les prescriptions relatives à l'hygiène ne font pas partie de la police administrative de la voirie et entraînent la compétence judiciaire, par exemple les prescriptions de l'article 11 de la loi du 15 février 1902 (Cons. d'Ét., 14 juin 1911, *Challamel*).
(3) Cela tient en grande partie à ce que jusqu'ici, grâce à la doctrine et à la jurisprudence admises, il y a peu de bâtiments dans les dépendances du domaine public. Cependant il y a les églises et édifices consacrés aux cultes et aussi les cimetières. Il résulte de cette situation que, pour tout ce qui est bâtiment, la protection et la conservation s'obtiennent uniquement par les voies du droit civil, actions pétitoires et possessoires. Aucun obstacle ne s'oppose à ce qu'il soit pris des arrêtés de police par les autorités compétentes. Ainsi le maire peut prendre des arrêtés de police relatifs à la

Police de la voirie et servitudes qui en découlent. — La police de la voirie est un ensemble de règles relatives, soit à la conservation des voies de communication, soit à la circulation qui se produit sur ces voies de communication. Ces règles sont de nature pénale, lorsqu'il est contrevenu aux obligations ou aux servitudes d'utilité publique qu'elles imposent, il y a *contravention* proprement dite relevant des tribunaux répressifs. Outre l'action publique ayant pour but l'application d'une amende, il naît une action civile, soit en réparation des dégradations, soit en restitution du terrain usurpé (1).

On distingue la *grande voirie* et la *petite voirie*. L'intérêt de la distinction est tiré de ce que, dans certains cas, les infractions aux règles de police de la grande voirie constituent des *contraventions de grande voirie*, qui sont de la compétence des conseils de préfecture (2) et qui sont punies d'amendes assez élevées, parce qu'elles sont prononcées par des textes de l'ancien régime (elles ont cependant été modérées par une loi du 23 mars 1842) (3); tandis que les

conservation des bâtiments municipaux ou des cimetières. Il en prend bien de relatifs à la conservation des jardins et promenades publiques, qui ne font pas non plus partie de la voirie. Il en prend bien de relatifs à la conservation des bois communaux, des pâturages communaux, qui ne sont même pas des dépendances du domaine public. Mais ces arrêtés sont dépourvus de sanction pénale (V. p. 78).

(1) L'action civile en réparation se prescrit par le même laps de temps que l'action publique, c'est-à-dire par un an. Ces réparations sont parfois considérables, par exemple en cas d'avaries occasionnées par des navires échoués dans les ports; à tel point qu'une loi du 12 août 1885 a autorisé ici la libération par abandon du navire (art. 216 C. comm.); il n'en est pas de même de l'action en restitution ou en démolition de l'ouvrage mal planté, il faut la considérer comme une action en revendication domaniale imprescriptible (Cf. Laferrière, *Juridiction administrative*, t. II, p. 667, et Cons. d'Ét., 5 août 1913, *Deygas*). En matière d'amnistie (et les lois d'amnistie sont périodiques), l'action publique seule est éteinte, l'action civile, soit en réparation, soit en restitution, soit en démolition, ne l'est pas (Cons. d'Ét., 16 fév. 1917, *Jellinek-Mercédès*, avec les conclusions de M. Corneille).

(2) Cette compétence résulte de la loi du 29 floréal an X (art. 1er et 4). Elle constitue ce qu'on appelle la compétence *répressive* du conseil de préfecture, et c'est une exception aux principes généraux, parce que d'ordinaire les juridictions administratives ne sont pas répressives; cette compétence répressive est d'ailleurs limitée aux amendes; quelques-unes des contraventions de grande voirie entraînent la peine de l'emprisonnement, mais la peine alors n'est pas appliquée par le tribunal administratif, l'affaire est renvoyée devant le tribunal juridictionnel. On estime que les tribunaux ordinaires sont gardiens de la liberté individuelle (V. d'ailleurs, art. 27, L. 16 sept. 1807).

(3) « A dater de la promulgation de la présente loi, les amendes fixes établies par les règlements de voirie antérieurs à la loi des 19-22 juillet 1791 pourront être modérées, eu égard au degré d'importance ou aux circonstances atténuantes des délits, jusqu'au vingtième desdites amendes, sans toutefois que ce minimum puisse descendre au-dessous de 16 francs. A dater de la même époque, les amendes dont le taux, d'après ces règlements, était laissé à l'arbitraire du juge, pourront varier entre un minimum de 16 francs et un maximum de 300 francs. » Malgré le chiffre élevé des amendes, les contraventions de grande voirie sont traitées comme des contraventions et non comme

infractions aux règles de la petite voirie sont toujours des contraventions de simple police, justiciables des tribunaux de simple police et punies d'amendes légères. De plus, les règles de la grande voirie sont presque toutes contenues dans des règlements antérieurs à 1789, qui ont été provisoirement confirmés par la loi des 19-22 juillet 1791 (tit. I*er*, art. 29, § 2), tandis que les règles de la petite voirie sont toutes contenues dans des textes postérieurs à 1789, arrêtés préfectoraux ou municipaux.

Les voies de communication sont réparties dans la grande et la petite voirie à raison de leur importance.

I. *Grande voirie*. — Font partie de la grande voirie : les routes nationales et départementales, toutes les rues de Paris, les chemins de fer, les fleuves et canaux, les rivages de la mer, certaines matières assimilées, telles que les lignes télégraphiques et téléphoniques. (V. *infra*) (1).

A. *Routes nationales et départementales*. — Il y a lieu de distinguer la police de conservation des routes et la police de la circulation ou police du roulage. Nous nous occuperons seulement du texte de la police de conservation. Elle impose d'abord à tout le monde l'obligation de respecter la voie, de ne commettre ni anticipations, ni détériorations et de ne pas faire de dépôts encombrants (2). Elle comporte ensuite des servitudes de voirie. Ces servitudes ressemblent à celles du droit civil en ce qu'elles peuvent être considérées comme attachées à la route comme fonds dominant et comme portant sur les fonds riverains qui deviennent des fonds servants; mais elles présentent des singularités, elles consistent *in faciendo* aussi bien qu'*in patiendo*; de plus, elles sont sanctionnées par la contravention

des délits; par conséquent : 1° fait matériel punissable en dehors de toute intention de nuire ; 2° prescription d'un an à compter de l'infraction pour l'action publique, deux ans à partir de la condamnation pour la peine.

Sur la nature de l'amende dans les contraventions de grande voirie, V. S., 97. 3. 113, ma note sous Cons. d'Ét., 8 mai 1896, *Gilotte*; art. Larcher, *Revue critique*, fév.-mars 1899.

(1) En font encore partie les chemins vicinaux en ce qui concerne seulement la protection contre les usurpations (Cons. d'Ét., 9 juill. 1913, *Blaché-Vuaflard*).

(2) « Les contraventions en matière de grande voirie, telles qu'anticipations, dépôts de fumier ou d'autres objets, et toutes espèces de détériorations commises sur les grandes routes, sur les arbres qui les bordent, sur les fossés, ouvrages d'art et matériaux destinés à leur entretien, sur les canaux, fleuves et rivières navigables, leurs chemins de halage, francs-bords, fossés et ouvrages d'art, seront constatées, réprimées et poursuivies par voie administrative » (L. 29 flor. an X, art. 1*er*).

Cette loi établit, on le voit, pour tout le monde l'obligation de respecter la voie et pose le principe de la réparation de toute dégradation, mais elle n'édicte aucune peine par elle-même ; là où il n'existe pas de règlements spéciaux, le conseil de préfecture doit se borner à condamner à réparation. V. camions-automobiles, poids lourds, Cons. d'Ét., 27 fév. 1914, *Bastin*, S., 14. 3. 81, et ma note.

de grande voirie (1). Les principales sont les suivantes : 1° La servitude d'écoulement des eaux ; 2° le rejet des fossés. Les propriétaires riverains sont astreints à recevoir sur leurs fonds, sans pouvoir réclamer d'indemnité, le rejet des terres provenant du curage des fossés (Arr. du conseil du 26 mai 1705 et du 3 mai 1720; L. 9 vent. an XIII; Décr. 16 déc. 1811, art. 109, 110; L. 12 mai 1825, art. 2); 3° les servitudes de plantations (2); 4° l'interdiction d'ouvrir des carrières et de pratiquer des fouilles à une certaine distance de la voie. V. Décr. 12 fév. 1892 sur l'exploitation des carrières dans chaque département (3).

B. *Rues de Paris.* — Les rues de Paris, sans exception, font partie de la grande voirie, pour la police de la conservation seulement (Décr. 27 oct. 1808; Décr. 26 mars 1852, art. 1er) (4).

Servitudes des riverains (Décr. 26 mars 1852; Décr. 13 août 1902).

---

(1) V. Féraud-Giraud, *Les servitudes de voirie*.

(2) Il existe des servitudes relatives à des plantations d'arbres à faire, sur l'ordre de l'administration, par les riverains, soit sur leur terrain à une certaine distance, soit même sur la route; mais ces servitudes ne sont plus pratiquées, elles donnaient lieu à trop de difficultés. L'administration plante elle-même sur le terrain des routes toutes les fois qu'elle le peut. Mais il y a d'autres servitudes relatives aux plantations faites spontanément par les particuliers sur leur terrain, ces plantations ne peuvent en principe être faites qu'à 6 mètres au moins du bord de la route (L. 9 vent. an XIII, art. 5). Les haies vives peuvent cependant être plantées à 2 mètres. Avec autorisation du préfet, toutes ces distances sont réduites. Enfin, dans la traversée des forêts, il doit exister un espace libre de 20 mètres, y compris la route. Cela constitue la servitude d'*essartement* (Ord., 1669, t. XXVII, art. 2; Avis Cons. d'Ét., 31 déc. 1849).

(3) *Police du roulage.* — V. L. 30 mai, 8 juin 1851 et divers règlements d'administration publique rendus en exécution, 10 août 1852, 24 fév. 1858, 22 août 1869. Il s'agit de la longueur des essieux, de la largeur des bandes des roues, de la forme des clous, du chargement des voitures, etc. Il y a des règles spéciales pour les voitures servant au transport des voyageurs, etc.

Il y a lieu de remarquer : 1° que cette législation s'applique aux chemins vicinaux de grande communication aussi bien qu'aux routes nationales et départementales ; 2° que les contraventions qu'elle crée ne sont pas toutes de grande voirie et par conséquent pas toutes de la compétence du conseil de préfecture, il faut ici se reporter à l'article 17 de la loi; 3° que les mesures de police établies par cette loi n'enlèvent point aux préfets et aux maires le droit de faire des règlements pour assurer la sécurité de la circulation. En tant que les prescriptions de ces règlements feraient double emploi avec celles de la loi, cela donnerait ouverture à deux poursuites pour un même fait, l'une devant le conseil de préfecture en vertu de la loi de 1851, l'autre devant le tribunal de simple police; mais le même délinquant ne saurait être condamné deux fois pour le même fait, *non bis in idem*.

(4) Ce qui concerne uniquement la liberté et la sûreté de la circulation fait partie non pas précisément, comme on le dit souvent, de la petite voirie, mais de la police municipale, de telle sorte que : 1° les règlements sur la liberté et la sûreté de la circulation sont sanctionnés par des amendes de simple police, réserve faite des règles sur la police du roulage, ceci n'a rien de spécial à Paris; 2° les permissions de saillies mobiles, dans toutes les rues, donnent lieu au paiement de droits d'après un tarif particulier, dit de petite voirie.

— Les charges des riverains des rues de Paris sont assez lourdes; elles ont été notablement aggravées par le décret-loi du 26 mars 1852, rendu dans une pensée d'assainissement et d'embellissement de la ville (complété par Décr. 27 déc. 1858; Décr. 14 juin 1876; Décr. 23 juill. 1884) (1). Les dispositions de ce décret sont relatives aux servitudes d'alignement et de nivellement, à l'écoulement des eaux sur la voie publique qui doit se faire dans des conditions particulières, à la hauteur des maisons (2), au nettoiement de la façade une fois tous les dix ans, à l'obligation du pavage, etc. Il contient aussi une disposition relative à l'expropriation que nous retrouverons plus loin (3).

C. *Chemins de fer.* — On a d'abord appliqué aux chemins de fer les lois et règlements sur la grande voirie, comme aux routes (L. 15 juill. 1845, art. 2 et 3). De plus, des servitudes spéciales ont été créées : distance pour les murs de clôture, les excavations, les dépôts de matériaux, etc. (V. L. 15 juill. 1845, art. 5 à 10) (4).

D. *Fleuves et canaux.* — a) V. pour la police de conservation, arr. du conseil du 24 juin 1777 et L. 29 floréal an X. Quant à la police de la navigation, elle est réglée, soit par d'anciens règlements, soit par des arrêtés préfectoraux, soit par des décrets rendus en exécution de la loi du 21 juillet 1856, sur la navigation à vapeur.

b) *Servitude de halage* (L. 8 avril 1898, art. 46 et s.) (5). — La servitude de chemin de halage est due sur l'une des rives des fleuves ou rivières navigables, que la navigabilité soit naturelle ou qu'elle soit le résultat de travaux artificiels (6). Elle se compose normalement d'un chemin de halage et d'un marchepied. Le chemin de halage est large de vingt-quatre pieds au moins (7m80), au delà desquels les

---

(1) Ce décret a ceci de particulier qu'il peut être étendu à d'autres villes que Paris. Les villes doivent en faire la demande, le décret de 1852 leur est alors appliqué par un décret spécial rendu en la forme d'un règlement d'administration publique. Cette opération est intéressante en ce que des servitudes sont créées par simple décret.

(2) Décr. 23 juill. 1884.

(3) Il faut ajouter maintenant le décret du 13 août 1902 sur la hauteur et les saillies des bâtiments et l'obligation du tout-à-l'égout posée par la loi du 10 juillet 1894 (V. ma note dans S., 1901. 3. 1, affaire *Boucher d'Argis*), la loi du 15 février 1902 sur la santé publique (Cf. Cons. d'Ét., 13 mars 1914, *Tenand, Lecourtois*, etc., etc., S., 17. 3. 17, et ma note), la loi sur les perspectives monumentales et celle sur les plans d'extension.

(4) Pour la police de la circulation, V. L. 15 juill. 1845, t. III, et Ord. 15 nov. 1846 complétée par Décr. 1er mars 1901. — La loi du 15 juillet 1845 est, en principe, applicable aux chemins de fer d'intérêt local, elle est également applicable aux tramways, à l'exception des articles 4 à 10 relatifs aux servitudes (art. 37, L. 11 juin 1880).

(5) Picard, *Traité des eaux*, t. III, nos 173 et s.; Conclusions de M. Romieu sous Cons. d'Ét., 23 nov. 1906, *Ministre des Travaux publics*, Lebon, p. 855.

(6) Mais, dans le cas de travaux, la servitude ne peut être établie que par le décret prononçant la navigabilité (L. 8 avril 1898, art. 49).

riverains sont obligés de laisser encore six pieds, s'ils veulent bâtir ou faire des plantations ou des clôtures; donc 9^{m}75 (L. 1898, art. 46). Un arrêté ministériel peut réduire cette largeur si le service ne doit pas en souffrir (art. 47). Le marchepied est large d'au moins dix pieds (3^{m}25) (1).

c) *Police de la pêche fluviale* (V. L. 15 avril 1829, 6 juin 1840, 31 mai 1865; Décr. 10 août 1875; Décr. 18 mai 1878).

Canaux de navigation. — Les canaux de navigation suivent les mêmes règles que les fleuves, avec cette différence que les servitudes de chemin de halage et de marchepied n'y existent pas. Les chemins de halage font partie du terrain du canal lui-même.

E. *Rivages de la mer, ports, havres, rades* (V. Ord. de la marine août 1681). — Sur ce texte fondamental s'appuient des arrêtés préfectoraux (2).

---

(1) La servitude de halage est imprescriptible, quelles que soient les intermittences de la batellerie (Cons. d'Ét., 13 août 1840, *Pierre*; 17 avril 1869, *Lachaud*). Toutes les fois que la servitude de halage est établie sur une rive où elle n'existait pas, elle donne lieu à une indemnité, les contestations seront jugées par le juge de paix du canton en premier ressort (art. 50). Le chemin de halage ne doit servir qu'au halage. Si l'administration veut en faire une chaussée à circulation de voitures, elle doit s'entendre à l'amiable avec les propriétaires ou bien recourir à l'expropriation (art. 51). Si la rivière cesse d'être navigable, la servitude cesse, elle est attachée à la navigabilité et non à la domanialité; par conséquent, quand le fleuve est divisé en plusieurs bras, elle n'existe que sur les bras navigables. Le chemin de halage doit toujours avoir sa largeur malgré les déplacements du cours d'eau, néanmoins les riverains peuvent construire ou se clore. Ils doivent, au préalable, demander à l'administration de reconnaître la limite de la servitude; si dans les trois mois à compter de la demande l'administration n'a pas fixé la limite, les plantations, constructions ou clôtures ne peuvent plus être supprimées que moyennant indemnité (art. 48). Si le fleuve se déplace, la servitude se déplace, les riverains nouvellement assujettis conservent seulement un droit éventuel à indemnité (Cons. d'Ét., 24 juill. 1913, *Berteaudeau*).

(2) *Matières assimilées à la grande voirie.* — 1° *Servitudes militaires.* — Ces servitudes consistent dans des restrictions au droit de bâtir dans une certaine zone autour des places fortes et des magasins à poudre. Pour les places fortes, V. L 10 juill. 1791; L. 17 juill. 1819; Décr. 10 août 1853. Pour les magasins à poudre, V. L. 22 juin 1854. Ces servitudes ne donnent lieu à aucune indemnité lorsque, au moment où la forteresse ou les magasins sont créés, il n'y a dans la zone aucun terrain bâti. Si, au moment de la création, il se trouve dans la zone des constructions qu'il faille démolir, ou des plantations qu'il faille arracher, il y a indemnité. Dans le cas de construction, l'indemnité est réglée par le jury. Dans le cas de plantation, elle est réglée par le conseil de préfecture.

2° *Servitudes de la zone frontière* (L. 7 avril 1851). — Ces servitudes ont ceci de remarquable qu'elles pèsent, non pas sur les particuliers, mais sur les personnes administratives, départements ou communes; elles sont, en effet, relatives aux travaux publics accomplis dans une certaine zone avoisinant la frontière, tels que remblais, ponts et autres ouvrages d'art, chemins, routes, chemins de fer, canaux; elles ont pour but, soit d'empêcher que ces travaux ne compromettent la défense, soit au contraire de les faire concourir à la défense. Pour la détermination des zones et l'énumération des travaux, V. L. 7 avril 1851 et Règl. 16 août 1853 et 8 sept. 1878;

II. *La petite voirie* comprend : la voirie vicinale, la voirie urbaine (à l'exception des rues de Paris), la voirie rurale.

A. *Des contraventions de petite voirie.* — Ce sont, en principe, des contraventions de simple police, qui entraînent compétence du tribunal de simple police et amende de 1 à 5 francs (art. 471, n° 5 et n° 15, C. pén.; art. 479, n° 11 eod.) (1).

B. *Obligations et servitudes des riverains.* — Elles sont, en général, de même nature que celles de la grande voirie, seulement elles résultent d'arrêtés préfectoraux ou municipaux, au lieu de résulter de lois, de décrets ou d'anciens règlements (2).

les travaux pour lesquels la servitude existe sont appelés *travaux mixtes*, parce qu'ils sont soumis à une commission mixte composée de membres civils et de membres militaires et qui relève du ministère de la Guerre.

3° *Lignes télégraphiques et téléphoniques.* — Lorsque ces lignes sont établies sur des voies publiques, elles sont dépendances du domaine public à titre d'accessoires. Nous serions disposés à admettre qu'elles ont encore ce caractère alors même qu'elles sont établies sur des terrains appartenant à des particuliers. Ce sont, en effet, des objets de propriété affectés à l'utilité publique et l'on peut soutenir que ce sont des immeubles. Quoi qu'il en soit de cette opinion, il est certain tout au moins que, au point de vue de leur conservation, elles bénéficient du régime de la grande voirie (Décr. 27 déc. 1851 ; L. 28 juill. 1885). De plus, la loi du 28 juillet 1885, articles 9 et 10, a établi, à la charge des riverains et au profit de deux espèces de lignes, une *servitude d'appui* qui peut donner lieu à une indemnité réglée par le conseil de préfecture.

4° *Desséchements et endiguements.* — « La conservation des travaux de desséchement, celle des digues contre les torrents, rivières et fleuves, et sur les bords des lacs et de la mer, sont commises à l'administration publique. Toutes réparations et dommages seront poursuivis par voie administrative comme pour les objets de grande voirie. Les délits seront poursuivis par les voies ordinaires, soit devant les tribunaux de police correctionnelle, soit devant les cours criminelles, en raison des cas » (L. 16 sept. 1807, art. 27).

5° *Mines.* — D'après la loi du 21 avril 1810, article 50, les contraventions aux règlements miniers étaient des contraventions de grande voirie. Cela a été modifié par la loi du 27 juillet 1880. Ce ne sont plus que des contraventions de simple police.

(1) Par exception, la loi du 30 mai 1851, sur la police du roulage, s'applique aux chemins vicinaux de grande communication et donne lieu à des contraventions de grande voirie. Par exception encore, toutes les fois qu'il y a *usurpation* du sol des chemins vicinaux, le conseil de préfecture est compétent, mais uniquement pour la restitution du sol, pas pour l'application de l'amende (Combinaison de la loi du 9 vent. an XIII et de l'art. 479, n° 11, C. pén., qui a donné lieu à des difficultés (Trib. des confl., 21 mars 1850, *Morel-Wass;* Cass., 19 juin 1851, *Bausseron*). Quand il y a simple dégradation sans usurpation, le tribunal de simple police est compétent pour le tout (Trib. des confl., 17 mai 1873, *Desanti*).

(2) Il faut distinguer :

a) *La voirie vicinale.* — Les règles relatives aux charges des riverains sont établies par arrêté préfectoral (L. 21 mai 1836, art. 21), elles peuvent donc varier d'un département à l'autre ; mais les instructions générales du ministère de l'Intérieur tendent à établir une certaine uniformité. Ces règles sont à peu près les mêmes que celles que nous avons exposées à propos des routes nationales et départementales.

b) *La voirie urbaine* (E. Guillaume, *La voirie urbaine*, 5° édit.). — La voirie urbaine comprend les rues et places des agglomérations bâties, quelle que soit leur impor-

N° 4. — Des utilisations individuelles des dépendances du domaine public.

Pour les dépendances du domaine public qui sont affectées à l'usage direct du public plutôt qu'à un service public, il est intéressant de savoir quelles facultés d'utilisation individuelle comporte cette affectation à l'usage direct et sous quelles conditions ces facultés s'exercent.

Il convient de formuler les observations suivantes :

1° Les utilisations individuelles du domaine public se produisent essentiellement en matière de circulation et, par conséquent, sur des voies publiques ou sur des annexes des voies publiques (1);

2° Les utilisations individuelles du domaine public constituent la forme pratique de la liberté d'aller et de venir, car cette liberté n'est un droit que dans les *loca publica*, vu que l'on ne circule dans les propriétés privées que grâce à la tolérance du propriétaire.

Ces utilisations individuelles comportent non seulement le *droit de circulation*, en se conformant à la police de la circulation (pour la

tance, mais non pas les jardins publics, promenades, squares, etc. S'appliquent à la voirie urbaine les servitudes d'alignement et les diverses permissions de voirie.

Il y a, de plus, certaines servitudes spéciales. Les maires ont le droit de fixer la hauteur des maisons par arrêté de police (L. 5 avril 1884, art. 77). Les riverains peuvent être tenus du premier établissement du pavage, s'il existe d'anciens usages ou règlements (Arr. du conseil du 30 déc. 1786), ou si les ressources de la ville ne sont pas suffisantes (L. 11 frim. an VII, art. 4; Cons. d'Ét., 5 août 1901, *Gautier* ; 7 janv. 1905, *Ville d'Issoudun*; 24 janv. 1906, *Société l'Avenir foncier*).

Même dans les traverses des routes qui dépendent de la grande voirie, il peut être fait application des dispositions de la loi du 7 juin 1845 sur les trottoirs.

Dans ce cas, l'établissement des trottoirs est l'objet d'une déclaration d'utilité publique sur l'initiative du conseil municipal. Il y a une enquête *de commodo et incommodo*. Il est statué par décret d'utilité publique. Le conseil municipal donne un choix aux propriétaires au point de vue des matériaux à employer. La dépense est partagée ; la portion à la charge de la commune ne peut être moindre de la moitié, la portion de la dépense à la charge des propriétaires est recouvrée dans la forme déterminée par l'article 28 de la loi de finances du 25 juin 1841, c'est-à-dire comme taxe assimilée aux contributions directes.

Observation. — Rappelons que les villes peuvent demander que le décret du 26 mars 1852 leur soit appliqué, et qu'alors les riverains sont soumis aux mêmes charges que les riverains des rues de Paris, sans que pour cela les rues de la ville entrent dans la grande voirie. V. aussi les nouvelles obligations établies au point de vue de la salubrité par la loi sur la santé publique du 15 février 1902, la loi sur les perspectives monumentales et celle sur les plans d'extension.

c) *La voirie rurale*. — « L'autorité municipale est chargée de la police et de la conservation des chemins ruraux » (L. 20 août 1881, art. 9). Donc, règles établies par arrêté municipal.

(1) Il faut, d'ailleurs, entendre largement les voies publiques et y comprendre, non seulement les routes, chemins, rues, places publiques, mais les fleuves et rivières navigables, les canaux, les rivages de la mer avec les quais des ports, les chemins de halage, etc. Quant aux annexes des voies publiques, ce seront, par exemple, les halles et marchés couverts élevés sur les places publiques.

question de la circulation en cortège, V. *supra*, p. 458 et 539), mais le *droit de stationnement*, qui est un véritable droit individuel dont l'exercice est seulement subordonné soit à l'observation de certains règlements de police, soit à l'obtention de permissions analogues aux permis de bâtir, aux autorisations de barrage en rivière, etc.; le droit de stationnement peut prendre le caractère d'un *droit de place*, s'il s'agit d'un stationnement dans le local ou dans l'emplacement d'un marché.

La *circulation*, le *stationnement*, le *plaçage* sont ainsi les utilisations individuelles essentielles du domaine public; elles présentent le caractère commun d'être également à la disposition de tous, sous la condition de l'observation des prescriptions de police et aussi sous la condition du paiement des péages, dont il va être parlé, là où il en existe (1);

3° Les utilisations individuelles du domaine public sont tantôt gratuites, tantôt soumises à des péages (2);

4° La question de savoir qui a le droit d'accorder les permis de stationnement où de percevoir les péages peut, en certains cas, donner lieu à difficulté. On consultera sur ce point les décisions suivantes de la jurisprudence (Cons. d'Ét., 9 fév. 1900, *Maire de Lyon*; Cass., 5 fév. 1902, S., 1904. 1. 237);

(1) On y peut joindre le droit de participer à tous les services de distribution qui sont installés dans le domaine public, par exemple le droit d'être abonné à la distribution du gaz ou bien d'être abonné au téléphone. — Il y a à l'exercice d'un droit individuel à l'utilisation du domaine public, moyennant le paiement d'un péage. Et c'est un élément de la question à ne pas négliger si l'on recherche la véritable nature des abonnements au téléphone (Cf. ma note dans S., 1908. 3. 17, sous Cons. d'Ét., 23 mars 1905, *Demoiselle Chauvin, dite Sylviac*).

(2) La circulation est gratuite sur les routes, chemins, rues, places publiques; elle l'est aussi sur les fleuves navigables et flottables, ainsi que sur les canaux, depuis la loi du 19 février 1880 qui a supprimé les droits de navigation intérieure; elle est soumise à péage selon les tarifs sur les chemins de fer et tramways, ainsi que sur les ponts suspendus concédés et non rachetés et sur les bacs et passages d'eau.

Le stationnement est gratuit sur les voies de navigation intérieures (fleuves et canaux) (Décr. 24 mars 1914, sur la police et l'usage des voies de navigation intérieures); — il est gratuit aussi sur les voies de communication terrestres (routes et chemins) en dehors des agglomérations bâties; à l'intérieur des agglomérations bâties, le stationnement sur toute espèce de voie publique, même sur les ports et quais fluviaux, est soumis à des tarifs municipaux (L. 5 avril 1884, art. 98, et L. 11 frim. an VII).

Le plaçage est, en principe, soumis à péage selon des tarifs établis par l'autorité municipale. On remarquera que tous ces péages sont perçus d'après des tarifs qui ont été, au préalable, établis par l'autorité publique et qui, dans le cas où l'exploitation de l'ouvrage public est concédée, donnent lieu à l'établissement d'un tarif maximum annexé au cahier des charges de la concession.

Ces péages ont le caractère, tantôt de taxes indirectes, tantôt de loyers, mais plutôt le caractère de taxes. V. par exemple le caractère des taxes téléphoniques, des droits de plaçage, etc. (V. sur ce point Berthélemy, 7e édit., p. 434 et s.; Jèze, *Cours élémentaire de science financière*, 4e édit., p. 620 et 953).

5° La question de savoir si le permis pourrait être refusé donnera également lieu à des contestations (Cons. d'Ét., 13 mars 1908, Lebon, p. 259, deux espèces);

6° Enfin toutes ces utilisations individuelles du domaine public ne comportent qu'un droit d'usage *salva rerum superficie*, c'est-à-dire qu'elles ne comportent pas, pour l'intéressé, le droit de faire un établissement privatif entraînant « emprise du domaine et modification de l'assiette de celui-ci » en quoi elles se distinguent des occupations temporaires consenties par l'administration (Avis Cons. d'Ét., 30 nov. 1882) (1).

N° 5. — Les occupations temporaires du domaine public (concessions et permissions) consenties par l'administration à titre privatif (2).

A l'utilisation individuelle du domaine, qui est l'exercice d'un droit, il convient d'opposer l'occupation qui a besoin d'être consentie par l'administration parce qu'elle dépasse la mesure du droit individuel. — Cette occupation est appelée *temporaire* parce qu'à raison de l'inaliénabilité du domaine, elle ne saurait être perpétuelle.

D'après le critérium établi ci-dessus, *il y a occupation temporaire*

(1) Les occupations qui ne comportent pas de modifications à l'assiette du domaine rentrent dans la catégorie des dépôts et stationnements, même l'établissement d'un kiosque à journaux sur la voie publique (Cons. d'Ét., 9 fév. 1900, *Maire de Lyon*; 2 juill. 1909, *Maire d'Ajaccio*), même l'installation des tables et des chaises de café, etc., etc. Cette classification présente des intérêts, ainsi qu'on le verra plus loin, au sujet des autorités qui peuvent accorder la permission et des caisses qui perçoivent les droits.

M. Berthélemy propose un autre critérium tiré de l'usage normal ou de l'usage anormal du domaine public, les occupations temporaires seraient des cas d'usage anormal (*op. cit.*, 7e édit., p. 436). Ce critérium est certainement très près de la vérité, mais, ne s'appuyant pas sur un détail matériel, il est un critérium de législation plutôt que d'interprétation. Le détail matériel de « l'emprise sur le domaine », signalé par le Conseil d'État, me paraît de nature à fournir une base plus solide à la distinction.

Si M. Berthélemy y résiste, c'est que l'idée d'une « emprise sur le domaine », comme constituant le fond de l'occupation temporaire, lui paraît en contradiction avec la nature du domaine public telle qu'il l'imagine, insusceptible de toute espèce de propriété et de toute espèce d'emprise. Mais cette façon de concevoir la condition juridique du domaine public est décidément en contradiction avec les réalités, et nous allons voir la jurisprudence du Conseil d'État s'orienter de plus en plus, pour les occupations du domaine, non seulement dans le sens de l'emprise, mais dans celui du droit réel de l'occupant, avec cette seule observation que ce droit réel sera révocable ou rachetable.

(2) *Bibliographie* : Ludovic le Masne, *Occupations temporaires du domaine public*; Maguéro, *Dictionnaire des domaines*; Paul Règray, *Des faits de jouissance privative dont le domaine public est susceptible*, 1900; *La revue des concessions* publiée depuis 1901 chez Rousseau; Guillouard, *Notion juridique des autorisations, concessions*, etc., 1903; Ranaletti, *Teoria generale delle autorizzazioni e concessioni amministrative*, 1894.

du domaine public toutes les fois que l'administration compétente autorise temporairement sur le domaine, au profit d'une entreprise, un établissement privatif entraînant emprise et modification de l'assiette (1).

A. *Caractères généraux des occupations temporaires du domaine public; droits de l'occupant sur la chose.* — Le caractère des occupations temporaires est diversement apprécié par les auteurs, suivant les opinions qu'ils ont adoptées sur la nature du domaine public.

Les partisans irréductibles de la mise hors du commerce absolue du domaine public, qui croient ce domaine insusceptible de toute espèce de propriété et de toute espèce de droit réel, qui admettent que l'administration n'a sur lui que des droits de police, devaient logiquement être conduits à situer toute cette matière des occupations du domaine dans la catégorie de la police et non pas dans celle de la propriété. En effet, selon eux, c'est en vertu de son pouvoir de police que l'administration accorde des permissions d'occuper le domaine et ces permissions sont de la catégorie des *simples tolérances*.

---

(1) Il convient de remarquer la parenté qui existe entre la matière de l'occupation temporaire et celle de l'affectation, lorsque l'immeuble affecté passe entre les mains d'un service affectataire qui n'est pas le même que le service propriétaire. Historiquement, la pratique des affectations a conduit à celle des permissions d'occupation temporaire. Le parallèle entre l'affectataire et l'occupant du domaine public serait à creuser. *Grosso modo*, il y a cette différence que l'affectataire est, en principe, un service public, tandis que l'occupant est une entreprise particulière, mais souvent cette entreprise est concessionnaire d'un service public; en principe, l'affectataire n'a pas à payer de redevance, tandis que l'occupant y est assujetti, etc., etc.

Dans le langage administratif, on distingue deux espèces d'occupants du domaine, les *permissionnaires* et les *concessionnaires*. La différence consiste en ce que le simple permissionnaire occupe le domaine public en vue d'une entreprise qui n'est pas érigée en service public, tandis que le concessionnaire occupe le domaine public en vue d'une entreprise qui est érigée en service public et qui, par suite, est accompagnée de cahier des charges et de tarif maximum. Mais cette distinction ne présente pas d'intérêt en ce qui concerne le caractère de l'occupation du domaine public qui reste le même dans les deux cas. D'une part, il convient de remarquer que la même entreprise, par exemple une entreprise de distribution d'énergie électrique, peut, selon les hypothèses, être placée sous le régime de la simple permission ou sous le régime de la concession (L. 15 juill. 1906); d'autre part, le concessionnaire d'une entreprise, une fois conclu son contrat de concession, a besoin d'obtenir la délivrance d'un acte d'occupation du domaine public qui est distinct du contrat de concession et qui se rapproche singulièrement de la permission.

En somme, le concessionnaire se distingue du permissionnaire en tout ce qui concerne l'organisation du service public que le concessionnaire exploite, mais, en ce qui concerne le domaine public, tous les deux sont des occupants. Aussi les développements que nous allons fournir sur la situation de l'occupant s'appliqueront-ils également aux deux espèces de personnages. Nous renvoyons au chapitre des travaux publics l'étude des concessionnaires, en tant qu'ils exploitent un service public, parce que cela est considéré par notre droit comme l'exploitation d'un ouvrage public, et que cela rentre dans la concession de travaux publics, mode d'exécution des travaux publics; mais il sera entendu que nous traitons ici le point spécial de l'occupation du domaine public pour les concessionnaires aussi bien que pour les permissionnaires.

Nous estimons, au contraire, que les dépendances du domaine public sont des objets de propriété et que les administrations publiques ont sur ces objets, non pas seulement un droit de police et de surintendance, mais un droit de propriété fiduciaire, spécialement adapté à la destination du domaine. Logiquement, dans cette opinion, on doit rattacher les permissions d'occuper le domaine à l'idée de la propriété tout comme on y rattache l'affectation. C'est en sa qualité de propriétaire qu'une administration publique accorde des permissions de ce genre, dans la mesure où elles sont compatibles avec la destination générale du domaine, et on doit en déduire les conséquences suivantes :

1° L'administration n'est pas entièrement maîtresse de refuser les permissions d'occupation. Dans l'intérêt du public, elle doit tirer de la propriété qui lui est confiée le maximum d'utilisation compatible avec la destination générale du domaine ;

2° S'il est vrai que l'occupation du domaine soit précaire vis à-vis de l'administration, cependant, comme elle porte sur un objet de propriété, elle comporte, au profit de l'occupant, une emprise du sol qui lui permet de faire des établissements modifiant l'assiette et qui lui confère un droit réel de nature administrative analogue à l'emphytéose, avec cette différence qu'il est rachetable à toute époque ou révocable pour les besoins du service ;

3° Les permissions d'occupations temporaires sont accordées moyennant des redevances qui, très logiquement, ont le caractère juridique de *loyers* (1).

Nous allons reprendre avec quelque détail la matière, en ce qui concerne l'octroi des permissions d'occuper et les droits de l'occupant.

I. *De l'octroi ou du refus des permissions d'occupation temporaire du domaine.* — Posons d'abord en principe que la compétence, pour accorder ou refuser les permissions d'occupation du domaine, appartient aux autorités administratives de l'administration propriétaire du domaine, tout comme la compétence pour l'affectation, ce qui vient à l'appui de cette idée que nous sommes en présence d'une manifestation du droit de propriété (2).

(1) De ces conséquences, les unes sont radicalement contraires à celles que M. Berthélemy déduit de l'opinion qu'il soutient, par exemple celles qui concernent la réalité de l'emprise de l'occupant, mais nous allons voir qu'elles sont admises par la jurisprudence ; les autres sont analogues dans les deux opinions, mais s'harmonisent mieux avec la nôtre, par exemple si les redevances pour occupation du domaine public ont le caractère de loyers, ce que M. Berthélemy est bien obligé d'admettre ; on conviendra que ce caractère de loyer s'explique assez mal dans la donnée d'une permission accordée par simple pouvoir de police, tandis qu'il s'explique au contraire à merveille dans la donnée d'une sorte d'emphytéose temporaire et révocable consentie en vertu d'un droit de propriété.

(2) C'est pour cela que, lors de la création de réseaux de tramways ou de réseaux

Pour ce qui est de la question de savoir si l'administration est maîtresse d'accorder ou de refuser une occupation temporaire sur le domaine public, il est évident qu'il faut conclure en principe à la liberté de l'administration; nous sommes là en dehors de la matière des utilisations individuelles du domaine; nous sommes, au contraire, en présence du droit de propriété de l'administration et de la liberté d'appréciation que ce droit de propriété comporte. Toutefois, la propriété de l'administration est fiduciaire, elle est dans l'intérêt du public et de la bonne administration; les occupations sollicitées sont en général dans le sens de l'utilité publique du domaine; les autorités administratives ont le devoir moral de n'écarter les demandes que pour des raisons tirées du service. Conclusion, un refus de permission d'occupation temporaire pourrait être attaqué pour détournement de pouvoir et même, en certains cas, donner lieu à une indemnité (1).

de distribution de gaz ou d'électricité qui peuvent embrasser des voies de communication appartenant à des administrations diverses, des rétrocessions de concession ont lieu de l'État au département, du département à la commune ou inversement, de façon à centraliser entre les mains d'une seule administration toute la compétence des divers propriétaires pour faire ensuite concession unique du réseau entier au concessionnaire. On n'aurait pu signaler comme faisant exception à ce principe que les permissions de voirie que le maire est compétent pour accorder dans les agglomérations bâties, même sur les traverses de routes départementales et communales, ou même sur les quais des fleuves aux termes de l'article 98 de la loi municipale, moyennant le paiement des droits fixés par un tarif dûment établi et sous les réserves imposées par l'article 7 de la loi du 11 frimaire an VII, c'est-à-dire « lorsque les autorités compétentes auront reconnu que la location peut avoir lieu sans gêner la voie publique, la navigation, la circulation et la liberté du commerce ». Si ces permissions, qui visent des installations légères sur la voie publique, telles que chaises et tables de café, kiosques destinés à la vente des journaux, etc., devaient être considérées comme de véritables occupations du domaine, ce serait une exception évidente. Mais nous savons qu'il résulte d'un avis du Conseil d'État du 30 novembre 1882 qu'on ne doit considérer comme occupations du domaine que les installations « comportant une emprise et modifiant l'assiette du domaine »; toutes les installations légères ne modifiant pas l'assiette du domaine doivent donc être rejetées dans une autre catégorie qu est celle des permis de stationnement ou de dépôt sur la voie publique, qui dépendent essentiellement de la police de la circulation et qui sont sources de recettes communales (art. 133, § 7, L. 5 avril 1884 et Cons. d'Ét., 2 juill. 1909, *Maire d'Ajaccio*). Ainsi disparaît l'exception apparente, et l'article 98 de la loi municipale dit formellement que, pour toutes les autres permissions de voirie, c'est-à-dire pour toutes celles qui entraînent une modification à l'assiette du domaine, même pour les saillies fixes des maisons (balcons, corniches, etc.), l'autorité compétente est l'administration propriétaire de la voie.

(1) Spécialement un refus de permission d'occupation opposé à un concessionnaire de service public. Cf. sur cette question Jean Guillouard, *Notion juridique des autorisations et concessions administratives*, Paris, 1903; Cons. d'Ét., 11 avril 1913, *Compagnie des tramways de l'Est-Parisien* (S., 14. 3. 113 et ma note). — V. un cas d'indemnité dans Cons. d'Ét., 17 mai 1918, *Tricoche*.

II. *Des droits de l'occupant sur le domaine public* (1). — Il s'agissait, dans cette matière, de concilier les intérêts légitimes de l'occupant avec la règle de l'inaliénabilité des dépendances du domaine public. Après des tâtonnements inévitables, la conciliation semble être en voie de se faire d'une façon satisfaisante sur la triple base que voici : 1° la règle de l'inaliénabilité ayant pour but de mettre le domaine public en dehors du *commerce de la vie privée* et, par conséquent, de le soustraire aux aliénations et aux constitutions de droits réels du droit civil, elle ne s'oppose point à un certain *commerce de la vie administrative*, ni à des aliénations ou à des constitutions de droits réels qui suivraient des principes administratifs; 2° comme les dépendances du domaine public sont déjà, par elles-mêmes, entre les mains des administrations publiques, des objets de propriété administrative, elles sont toutes prêtes pour une floraison de droits réels de nature administrative; 3° le caractère spécialement administratif des droits réels qui peuvent être constitués ou des aliénations qui peuvent être consenties sur les dépendances du domaine public, dans le commerce de la vie administrative, consiste essentiellement dans *la précarité*, c'est-à-dire dans la nature temporaire, révocable ou rachetable de ces droits réels ou de ces aliénations; c'est par cette nature temporaire et révocable que les opérations du commerce de la vie administrative se concilient avec l'inaliénabilité du domaine public.

Sur ces bases s'est établie la doctrine suivante : les occupants ont le droit de faire, sur les dépendances du domaine public, des établissements entraînant emprise du sol et modification de l'assiette; ils ont, sur le terrain qu'ils occupent, un droit réel de jouissance de nature administrative analogue à l'emphytéose; ce droit réel est temporaire, révocable ou rachetable selon les hypothèses, mais la précarité de ce droit appelle les observations suivantes : 1° la révocation de la permission d'occupation temporaire ne doit pas être arbitraire, elle doit être motivée par des raisons de bonne administration (2); 2° l'administration peut s'engager conventionnellement à ne pas révoquer ou à ne pas racheter pendant un certain nombre d'années, ce qui est une clause courante dans les concessions de travaux publics; 3° la précarité de l'occupation n'existe qu'au regard

---

(1) Cf. L. Rigaud, *Les droits réels administratifs*, thèse Toulouse, 1914.
(2) Il y aura des raisons de bonne administration, si la décision de révocation est motivée par les besoins du service ou par des exigences de police générale ou par l'inexécution de conditions imposées au concessionnaire (Cons. d'Ét., 1er juill. 1898, *Brilloin*; L. 8 avril 1898, art. 45); elle peut l'être encore par le fait que la permission donnée, ayant dégénéré en une sorte de concession de service public, a engagé la responsabilité pécuniaire de l'administration concédante envers un premier concessionnaire ou parce qu'il a été jugé qu'elle n'aurait pas dû être accordée (Cons. d'Ét., 27 sept. 1901, *Pécard*, S., 1902. 3. 33 et la note; Cons. d'Ét., 30 mai, 6 juin 1902, *Commune de Bar-le-Duc*, concl. de M. Romieu et note dans S., 1903. 3. 65).

de l'administration concédante et ne peut être invoquée que par elle ; vis-à-vis des tiers, l'occupant est traité comme s'il était dans une situation définitive de titulaire de droit réel, notamment il a l'exercice des actions possessoires (1) ; au cas où il subit, du fait de travaux publics engagés par une administration autre que la concédante, des dommages permanents, il a un droit suffisant pour être indemnisé (V. ci-dessous la note); son droit réel est susceptible d'hypothèque (L. 16 oct. 1919, art. 21); 4° même vis-à-vis de l'administration concédante, la précarité n'existe qu'à envisager l'ensemble de l'occupation; si, dans son ensemble, l'occupation du domaine ne lui est pas retirée, l'occupant peut faire produire à son droit réel certains effets opposables à l'administration concédante (V. ci-dessous la note); 5° la concession est faite *sous réserve des droits des tiers*, et, en principe, une seconde concession ne révoque pas une première concession faite à une autre; spécialement, en matière de concession de force motrice sur les cours d'eau, il appartient au premier concessionnaire de demander des dommages-intérêts au second, si celui-ci le prive de partie de sa force motrice (Cons. d'Ét., 26 janv. 1912, *Lucq*; V. cep. *infra*, concession des eaux pluviales des routes) (2).

B. *Examen de quelques occupations du domaine public.* — a) *Permissions sur le rivage de la mer*. — On peut citer : 1° Les permissions pour établissement de cabines de bains faites par l'État aux communes riveraines, celles-ci exploitant directement ou affermant; 2° les concessions sur les quais aux chambres de commerce pour établissement d'appareils de chargement et de déchargement de navires; 3° les concessions pour établissement de pêcheries; les autorisations sont accordées soit par le ministre de la Marine seul, soit par le ministre des Travaux publics avec l'avis conforme de celui de la Marine. Il y a des redevances fixées par le ministre des Finances et révisables tous les cinq ans. Toutes les permissions sont révocables sans indemnité pour les besoins du service :

b) *Concessions sur les cours d'eau navigables ou flottables.* — Situa-

---

(1) Mais l'administration conserve le droit de défendre aux actions en revendication et de transiger sur elles et sa transaction est opposable au concessionnaire (Cons. d'Ét., 31 juill. 1908, *Syndicat de l'Oued el Kébir*).

(2) A raison de l'importance de la matière, nous engageons les lecteurs à se reporter à une note que nous avons fait paraître dans S., 1908. 3. 65, à propos d'un arrêt du Conseil d'État du 25 mai 1906, *Chemin de fer d'Orléans*, qui a consacré la thèse du droit réel de jouissance des concessionnaires de chemin de fer et qui a été confirmé, depuis, par un arrêt du 10 juin 1910, *Compagnie Paris-Lyon-Méditerranée*. Ils trouveront dans cette note l'historique et l'état complet de la question; nous l'avions reproduite dans nos éditions précédentes, mais le défaut de place nous oblige à la supprimer dans celle-ci.

tion des usines (1). — Les concessions sur ces cours d'eau peuvent avoir pour objet des prises d'eau, soit pour force motrice, soit pour irrigation; elles entraînent des établissements, qui sont des barrages et des usines. En principe, elles sont accordées par décret, après enquête et sur l'avis du Conseil d'État (art. 43, L. 8 avril 1898) (2).

Ces concessions donnent lieu à des redevances dont les bases sont fixées par un règlement d'administration publique (art. 44) (V. Règl. 13 juill. 1906). Elles sont révocables sans indemnité, en principe ; toutefois, aucune suppression ou modification ne pourra être poursuivie que suivant les formes et avec les garanties avec lesquelles l'autorisation aura été donnée (art. 45). La situation précaire qui résulte de ces concessions est surtout fâcheuse pour les usines. Non seulement elles sont soumises à la clause de précarité dans l'intérêt du service (3), mais l'administration surveille l'utilisation de la chute et l'usinier est tenu de réserver le quart de sa force pour le céder gratuitement aux services publics (Décr. 16 mars 1908). Cette prestation en nature, d'allure féodale, est fâcheuse ; il serait préférable de soumettre le concessionnaire à un impôt, sauf à lui acheter son énergie pour les services publics.

Il faut faire exception pour les usines *fondées en titre* ou *légales*, pour lesquelles la révocation de l'établissement donnerait lieu à indemnité (art. 45). Une usine est *fondée en titre* ou *légale* : 1° lorsqu'elle existait avant l'édit de février 1566, qui a déclaré inaliénables les dépendances du domaine public et que, par conséquent, elle peut être considérée comme ayant la propriété de sa chute d'eau (4);

---

(1) Cf. Marcorelle, *Les usines sur les cours d'eau dépendant du domaine public*. Thèse, Toulouse, 1917.

(2) Par exception, un arrêté du préfet suffit pour les prises d'eau au moyen de machine élévatoire et pour les établissements temporaires dans les cours d'eau, la durée de l'autorisation ne devant pas dépasser deux ans; les arrêtés sont pris sur l'avis des ingénieurs, sauf recours au ministre, et, dans la première hypothèse, après enquête (art. 41-42, L. 8 avril 1898). S'il s'agit de transporter tout ou partie de l'eau concédée hors des limites du département *riverain* et si le volume d'eau transporté dépasse une certaine importance, il faut l'avis du conseil général du département où la concession est faite. V. L. 26 déc. 1908, art. 67.

(3) « Si, à quelque époque que ce soit, dans l'intérêt de la navigation, de l'agriculture, du commerce, de l'industrie ou de la salubrité publique, l'administration reconnaît nécessaire de prendre des dispositions qui privent le concessionnaire, d'une manière temporaire ou définitive, de tout ou partie des avantages à lui concédés par le présent règlement, le concessionnaire n'aura droit à aucune indemnité et pourra seulement réclamer la remise de tout ou partie de la redevance imposée » (Décr. 16 mars 1908).

La révocation ne doit avoir lieu, bien entendu, que dans un intérêt public et non dans un intérêt fiscal, sous peine de détournement de pouvoir ; on peut également prononcer la *mise en chômage* de l'usine qui ne se conforme pas aux conditions de l'autorisation.

(4) Cons. d'Ét., 14 janv. 1839, *Paris et Martin*; 19 mars 1848, *Conqueret*; 16 mars 1842, *Baraignes*; 8 déc. 1876, *Pommier*; 27 fév. 1891, *Vauthier*, etc.

2° lorsque l'usine a été l'objet d'une vente à titre de bien national après 1789, parce que ces ventes ont été faites sans réserve des droits du domaine et qu'on estime qu'elles comprenaient la chute d'eau (1);
3° dans quelques autres cas exceptionnels (V. Picard, *Traité des eaux*, t. III, p. 376 et s.).

Des dommages aux usines. — Il ne faut pas seulement, pour les usines, envisager la suppression ou la modification directes de l'établissement; il arrive souvent que l'administration supprime ou restreint *indirectement* la prise d'eau par des travaux accomplis dans le fleuve. On appelle cela des dommages aux usines. Même pour les usines concédées ordinaires, ces dommages donnent droit à indemnité, car, sans cela, il y aurait une révocation indirecte qui ne serait pas faite dans les formes requises; or, la révocation ne peut être prononcée par l'administration que selon les formes de l'article 45 de la loi du 8 avril 1898 (Cons. d'Ét., 26 janv. 1912, *Lucq*).

c) *Concession des eaux de pluie qui tombent sur la voie publique.* — Ces eaux ne sont pas, à proprement parler, des dépendances du domaine public, ce sont des *res nullius*, elles sont au premier occupant (Cass., 5 mars 1902, *Pelé*) (2).

Ces eaux peuvent être concédées par l'administration, en ce sens que, par le fait même de la concession, celle-ci les occupe et les rétrocède après les avoir acquises. La concession peut être formelle ou bien résulter de l'autorisation d'établir un aqueduc sous la voie (Cass. req., 21 mars 1876, S., 76. 1. 359). Dès lors, les propriétaires de fonds riverains supérieurs ne peuvent plus détourner ces eaux de pluie, ou, s'ils le font, il y a lieu à complainte; à moins qu'eux aussi n'obtiennent une concession, car l'administration n'est point liée vis-à-vis du premier concessionnaire.

d) *Concessions dans les cimetières* (Décr. 23 prair. an XII; Ord. 6 déc. 1843; Décr. 27 avril 1889). — Les inhumations sans concession ou en fosse commune doivent être respectées pendant un délai de cinq ans; il peut même être placé sur ces fosses, sans autorisation, des pierres tombales (Cons. d'Ét., 23 juin 1911, *Téoulé*).

Pour assurer à une sépulture une durée de plus de cinq ans, il faut adopter le système des concessions. Il y en a des temporaires (quinze ans), des trentenaires et des perpétuelles (3).

---

(1) Cons. d'Ét., 16 déc. 1858, *Viard*; 27 juill. 1859, *Ducos-Bertrand*; 24 juill. 1862, *Vital*; 13 juill. 1866, *Launoy*; 8 mai 1869, *Pierron*, etc.

(2) Mais c'est une occupation qui doit être accomplie chaque fois; le riverain n'acquiert pas par prescription vis-à-vis de l'administration le droit d'accaparer les eaux de pluie, en ce sens on dit qu'elles sont imprescriptibles. Cependant, les riverains peuvent faire des conventions entre eux, ou établir un état des lieux tel que, vis-à-vis de quelques-uns, le droit d'occupation soit fondé par prescription.

(3) « Lorsque l'étendue des lieux consacrés aux inhumations le permettra, il pourra

Les concessions temporaires et les concessions trentenaires sont certainement de véritables concessions sur le domaine public.

En est-il de même pour la concession perpétuelle, et, au contraire, le concessionnaire n'acquiert-il pas ici un véritable droit de propriété civile ?

L'opinion actuelle de la jurisprudence semble être dans le sens du droit de propriété civile, malgré deux circulaires ministérielles des 20 juillet 1841 et 30 décembre 1843 (1).

Cette opinion absolue est contestable, le droit du concessionnaire ne peut pas être un véritable droit de propriété civile, car, malgré le nom de la concession, la propriété n'est pas véritablement perpétuelle *in eodem loco* ; il y a une précarité, en effet, en cas de translation du cimetière, le droit sur l'ancien terrain concédé disparaît et est remplacé par un droit sur un nouveau terrain d'égale superficie (Ord. 6 déc. 1843, art. 5). Sur la mise au point de cette délicate question, Cf. ma note dans S., 1913. 3. 87 sous Cons. d'Ét., 7 fév. 1913, *Mure*, et une note de M. Mestre, dans S., 1918-1919, 2ᵉ partie, p. 113.

e) *Permissions de voirie.* — Les permissions de voirie sont des occupations de la voie publique accompagnées d'emprise ; elles sont relatives, soit à l'occupation du dessus de la voie publique par les saillies des bâtiments, soit à l'occupation du dessous de la voie par des canalisations diverses, eau, gaz, etc.

---

y être fait des concessions de terrains aux personnes qui désireront y posséder une place distincte pour y fonder leur sépulture et celle de leurs parents ou successeurs, et y construire des caveaux, monuments ou tombeaux » (Décr. 23 prair. an XII, art. 10). « Les concessions de terrains dans les cimetières communaux, pour fondations de sépultures privées, seront, à l'avenir, divisées en trois classes : 1º concessions perpétuelles; 2º concessions trentenaires; 3º concessions temporaires. — Les concessions trentenaires sont renouvelables indéfiniment à l'expiration de chaque période de trente ans, moyennant une nouvelle redevance qui ne pourra dépasser le taux de la première... — Les concessions temporaires sont faites pour quinze ans au plus et ne peuvent être renouvelées » (Ord. 6 déc. 1843, art. 3).

(1) Cass. req., 18 janv. 1911 : « Attendu que les concessions dans les cimetières confèrent à ceux au profit desquels elles sont faites des droits réels dont la conservation appartient à l'autorité judiciaire. »

(V. Cons. d'Ét., 19 mars 1863, *Castaingt*; Cass., 24 août 1864, S., 64. 1. 493; 31 janv. 1870, S., 70. 1. 263; 26 avril 1875, S., 75. 1. 312 (2). V. aussi Trib. des confl., 9 nov. 1875, *Bertrand-Lacombe*; 26 mars 1881, *Aymen*; Cass., 12 fév. 1901, *Martel*.) Dans le même sens, M. Ducrocq, *Cours de droit administratif*, 6ᵉ édit., t. II, nº 1419; M. Aug. Chareyre, *Thèse*, 1884.

Les conséquences sont les suivantes : 1º l'acte peut être interprété par les tribunaux judiciaires; 2º contre les empiétements des voisins, le concessionnaire a l'action en revendication ; 3º les tribunaux judiciaires seront compétents pour connaître de l'atteinte au droit commise par l'administration elle-même.

La Cour de cassation a d'ailleurs décidé que, si les caveaux de famille peuvent être donnés ou légués, ils ne peuvent être vendus, *parce que le cimetière est inaliénable* (Cass., 9 juin 1898, *Maillochon*). De même, la cession de mitoyenneté n'est pas possible. Trib. de Boulogne, 11 nov. 1904, R. A., 1905. 1. 336.

Les saillies des bâtiments se distinguent en saillies *fixes*, telles que balcons, piliers, marches d'escaliers, tuyaux de descente des eaux, corniches, et en saillies *mobiles*, telles que enseignes, devantures de boutiques, etc. La permission de voirie est donnée par l'autorité compétente pour l'alignement, c'est-à-dire par l'administration propriétaire. Il en est de même pour les permissions qui concernent le dessous de la voie publique.

Toutes ces concessions sont révocables, à moins qu'elles ne soient accompagnées de conventions, et elles donnent lieu à des redevances (1).

Sur les permissions de voirie relatives aux entreprises de distribution, V. *infra*, *Concession de travaux publics*.

Section II. — L'expropriation pour cause d'utilité publique.

L'expropriation pour cause d'utilité publique est un procédé par lequel la puissance publique pourvoit à l'acquisition des terrains et des bâtiments qui sont nécessaires soit à l'usage du public, soit à l'usage des services publics (2). Il s'agit là de toute une matière

---

(1) Il ne faut pas confondre les permissions de voirie et les redevances auxquelles elles donnent lieu avec les *permis de stationnement* : rentrent dans la catégorie du permis de stationnement les permissions de dépôts d'objets mobiliers sur la voie, comme étalages, tables de café, kiosques de journaux, si les travaux nécessaires à l'occupation de la voie ne modifient pas l'assiette du domaine (Cons. d'Ét., 2 juill. 1909, *Maire d'Ajaccio*), etc. ; elles sont dans les attributions du maire à titre de matières de police municipale (L. 5 avril 1884, art. 98).

(2) Par là même, l'expropriation pour cause d'utilité publique est une pourvoyeuse du domaine public ; non pas qu'elle entraîne par elle-même et immédiatement la domanialité publique des terrains expropriés (Cons. d'Ét., 7 août 1900, *Vernaudon* ; 28 juin 1901, *Roland*), mais elle y conduit, car elle sera suivie normalement de la construction d'un ouvrage public ou, tout au moins, d'un aménagement opéré par travaux publics, et la domanialité publique résultera de la combinaison des deux opérations par lesquelles l'affectation des terrains se trouvera réalisée. Il est des cas où la domanialité publique ne sera jamais réalisée, par exemple si le terrain exproprié est revendu, dans les hypothèses exceptionnelles où ce résultat est admissible ; mais le plus souvent la domanialité publique sera réalisée et cela explique des considérants comme celui-ci : « L'effet de l'expropriation étant de faire entrer dans le domaine public les immeubles expropriés... » (Cass., 29 oct. 1900, *Chemin de fer du Nord*).

Ce n'est pas un médiocre avantage de notre conception large de la domanialité publique que de permettre le rapprochement de ces trois matières : le domaine public, l'expropriation pour cause d'utilité publique, les travaux publics. Incontestablement, il s'agit dans ces trois hypothèses de la même utilité publique ; fournir, soit au public, soit aux services publics, les espaces et les installations matérielles qui leur sont nécessaires. Avec la conception étroite du domaine public que nous avons combattue, on arrive à ce résultat choquant d'admettre l'emploi de l'expropriation et des travaux publics pour la création d'ouvrages, notamment de bâtiments qui, tout en étant des *ouvrages publics*, ne seront pas (à ce que l'on prétend) dans le *domaine public*, mais au contraire dans le domaine privé, de sorte que les administrations auraient employé

complexe qui, dans son ensemble, est une opération administrative, qui, d'ailleurs, a été pendant longtemps considérée comme faisant partie de l'opération de travaux publics, mais qui a pris une physionomie particulière à partir de 1810 parce que le contentieux du transfert de la propriété a été attribué aux tribunaux judiciaires et que, dès lors, ceux-ci sont devenus les gardiens de la propriété privée à l'encontre des emprises administratives.

Il y a lieu de distinguer *l'expropriation directe*, qui est celle résultant des procédures organisées exprès pour obtenir l'emprise, et *l'expropriation indirecte* qui est celle où l'emprise résulte de procédures qui n'ont pas été organisées exprès ou d'événements fortuits.

N° 1. — L'expropriation directe (L. 3 mai 1841; L. 21 avril 1914; L. 28 mai 1915; L. 17 juin 1915; L. 29 déc. 1915; L. 6 nov. 1918) (1).

A. *Observations préliminaires.* — L'expropriation pour cause d'utilité publique, considérée comme opération directement voulue et poursuivie par l'administration, constitue au premier chef une opération de puissance publique, bien que son contentieux soit en partie judiciaire. Non seulement il y a dépossession forcée du propriétaire et par conséquent contrainte, mais les procédés employés pour purger l'immeuble exproprié des droits réels qui pouvaient le grever sont exorbitants du droit commun, le jugement d'expropriation ou les cessions amiables entraînant purge par eux-mêmes (2). Un pareil mode d'acquérir constitue évidemment une atteinte grave à la propriété privée : il justifie toutes les précautions de procédure qui ont été prises et qui vont jusqu'à *transférer à la propriété le privilège du préalable*, puisque le paiement de l'indemnité doit être préalable à la prise de possession; il justifie *l'attribution de compétence à l'autorité judiciaire* déclarée par là gardienne de la propriété privée, mais, en soi, il apparaît comme nécessaire. Il ne saurait dépendre du caprice de particuliers, qui refuseraient de céder leur propriété à l'amiable, d'empêcher la réalisation d'entreprises utiles au bien de tous; c'est l'expropriation pour cause d'utilité publique qui permet de bâtir des forteresses, de construire des routes et des

l'expropriation ou les travaux publics pour accroître leur domaine privé, et que, cependant, ces dépendances du domaine privé seraient des ouvrages publics — incohérence pure.

(1) *Bibliographie* : Delalleau, Jousselin, Rendu et Perrin, *De l'expropriation pour cause d'utilité publique*, 8e édit., 1893; Aucoc, *Conférences de droit administratif*, 3e édit., t. II; Garsonnet et Bouchez, v° *Expropriation*; Répertoire Béquet-Laferrière, 1899.

(2) Pour mettre en relief les effets de l'expropriation, il suffit d'établir la comparaison avec ceux de la *réquisition d'acquisition totale* prévue par l'article 50 de la loi du 3 mai 1841, car, dans cette hypothèse, l'acquisition ne s'opère pas à titre d'expropriation (V. *infra*).

chemins de fer, d'assainir les villes, etc.; c'est elle qui a permis d'accomplir l'énorme masse des travaux publics qui ont été exécutés depuis le xviiie siècle.

Toute la difficulté, étant donné que le principe même de l'expropriation n'est pas contestable, était de la réglementer de façon à donner à la propriété privée le plus de garanties possible; notre législation actuelle est arrivée sur ce point à des résultats satisfaisants, mais après une longue série de tâtonnements et en adoptant un système très complexe : 1° elle fait concourir à l'expropriation trois autorités différentes, l'autorité administrative pour déclarer l'utilité publique et désigner les terrains, l'autorité judiciaire pour prononcer le transfert de propriété, et enfin le jury de propriétaires pour prononcer l'indemnité; 2° la procédure de l'expropriation est à double effet, il y a une voie rigoureuse et une voie amiable; il est entendu que la procédure rigoureuse peut à tout moment être suspendue ou interrompue pour laisser place à des ententes amiables ou *cessions amiables;* ces cessions amiables peuvent porter, soit seulement sur le transfert de la propriété, soit seulement sur la fixation du prix, soit à la fois sur les deux éléments; elles font partie de la procédure d'expropriation en ce sens qu'elles se substituent, soit au jugement d'expropriation, soit à la fixation de l'indemnité par le jury, mais elles se caractérisent par ce fait qu'à la place de la contrainte, elles font appel à la libre volonté.

Avant d'aborder l'examen de la procédure de l'expropriation, nous devons nous demander : 1° qui peut exproprier; 2° quelles choses peuvent être expropriées; 3° en vue de quels objets on peut exproprier (1) :

(1) *Histoire.* — Pendant longtemps, l'expropriation a été une sorte de confiscation des terres, suivie d'une indemnité problématique pour laquelle il n'existait pas de garantie. A partir du xviiie siècle notamment, époque où l'expropriation a été largement pratiquée à cause des grands travaux de routes et de canaux de navigation qui commençaient, l'indemnité était réglée par les intendants; elle n'était pas payée avant la prise de possession, elle ne l'était que très longtemps après, ou bien, faute de fonds, elle ne l'était pas du tout. Il paraît, du reste, que le plus souvent on ne payait point les simples terres labourables, mais seulement la plus-value de celles qui étaient en prés, vignes ou jardins (Chaumont de la Millière, *Mémoire sur le département des ponts et chaussées,* 1 vol. in-4°, janv. 1790. V. sur l'histoire de l'expropriation, A. des Cilleuls, *Origine et développement du régime des travaux publics en France,* 1895). Depuis la Révolution, des progrès considérables ont été réalisés. On peut distinguer trois phases :

1° Constitution des 3-4 septembre 1791. Cette constitution avait posé trois principes (art. 17) reproduits dans l'article 545 du Code civil : le premier, c'est que l'expropriation ne pourrait avoir lieu que pour une raison de *nécessité publique,* on a depuis substitué le mot *utilité;* le second, c'est que l'indemnité devrait être *juste,* c'est-à-dire compenser tous les dommages; le troisième, c'est qu'elle devrait être *préalable* à la dépossession. C'étaient trois garanties précieuses, à la condition qu'elles fussent

a) *Qui peut exproprier*, c'est-à-dire *qui peut employer la procédure d'expropriation*. — Les grandes administrations publiques (État, départements, communes, colonies) seules peuvent exproprier, soit par elles-mêmes, soit par leurs concessionnaires de travaux publics (art. 63, L. 3 mai 1841). Les établissements publics (à l'exception des associations syndicales et des chambres climatiques) n'ont pas le droit d'expropriation (1).

En principe, la procédure de l'expropriation pour cause d'utilité organisées par une procédure, mais l'indemnité était réglée par l'administration elle-même, par le directoire du département d'abord, plus tard par le conseil de préfecture (L. 7 sept. 1790, art. 4; L. 28 pluv. an VIII; L. 16 sept. 1807), et c'était la même administration qui opérait le transfert de propriété. Il y eut de vives réclamations;

2° Loi du 8 mars 1810, due à l'initiative personnelle de Napoléon, si l'on en croit du moins une note célèbre datée de Schœnbrunn le 29 septembre 1809. Cette loi donnait à l'autorité judiciaire le droit d'opérer le transfert de propriété et celui de régler l'indemnité. Pour le règlement de l'indemnité, l'innovation n'était pas heureuse. On s'aperçut, sous la Restauration, que cette fois l'intérêt public était sacrifié à l'intérêt privé; il y avait des longueurs infinies de procédure, des appels, etc., et les juges s'en rapportaient à des experts ne présentant aucune garantie, qui exagéraient l'indemnité;

3° Loi du 7 juillet 1833. Apparition du jury d'expropriation pour le règlement de l'indemnité et augmentation des effets du jugement d'expropriation en ce qui concerne la purge des hypothèques et privilèges. Le jury permet d'abréger la procédure parce que sa décision est souveraine. On pensa aussi qu'il présenterait plus de garanties que les experts, attendu que si des propriétaires peuvent être, comme propriétaires, intéressés à élever les prix, comme contribuables ils sont intéressés à ménager les finances publiques. Sur ce dernier point, il y a eu des mécomptes; plus propriétaire que contribuable, le jury d'expropriation s'est montré pendant longtemps exagéré dans ses évaluations, il a coûté fort cher à l'État. Il faut espérer que la réforme de 1918 remédiera à ces imperfections.

On peut dire que, depuis la loi du 7 juillet 1833, le système de l'expropriation pour cause d'utilité publique était créé dans ses grandes lignes. Cependant cette loi en elle-même a disparu, elle a été remplacée par deux autres qui fonctionnent simultanément : 1° la loi du 3 mai 1841, amendée maintenant par la loi du 6 novembre 1918, sur l'expropriation normale avec le *grand jury*, qui n'est que la loi de 1833, simplifiée au point de vue de la procédure; 2° la loi du 21 mai 1836, article 16, qui a organisé pour les chemins vicinaux un *petit jury* et dont la procédure a été étendue depuis à un certain nombre d'hypothèses.

(1) Il y a là une règle qui ne se justifie pas beaucoup; on a cherché à l'expliquer en disant que le droit d'expropriation est un droit de puissance publique, mais pourquoi les établissements publics, qui gèrent des services publics, n'auraient-ils pas les droits de puissance publique qui leur sont utiles? Il est admis par la jurisprudence que les établissements publics peuvent recourir aux bons offices des communes pour faire faire par celles-ci une expropriation (Avis Cons. d'Ét., 10 sept. 1850); il serait plus simple de leur donner le droit directement, l'administration centrale restant toujours maîtresse de ne pas déclarer l'utilité publique de l'expropriation. Un décret de 1873, sur avis du Conseil d'État, avait autorisé la fabrique d'Oullins (Rhône) à poursuivre l'expropriation des terrains nécessaires à la reconstruction de l'église (rapporté par M. Aucoc, *Conférences*, t. II, n° 826). De même, un décret du 5 mars 1895 a formellement déclaré d'utilité publique, au profit de la Chambre de commerce de Paris, l'acquisition d'un immeuble (Garsonnet et Bouchez, *op. cit.*, n° 58).

publique n'est pas mise au service des entreprises privées, quelles que soient l'importance et l'utilité de celles-ci et quel que soit l'intérêt économique que la nation puisse avoir indirectement à la réussite de ces entreprises. On peut cependant citer deux exceptions : 1° Celle des concessionnaires de mines auxquels la loi du 27 juillet 1880, article 44, confère le privilège d'employer l'expropriation pour l'établissement des canaux de navigation et des chemins de fer modifiant le relief du sol qui sont destinés au transport de leur minerai ; 2° celle des concessionnaires ou permissionnaires des usines hydro-électriques (L. 16 oct. 1919, art. 5). Encore convient-il d'observer que la situation de ces concessionnaires se rapproche beaucoup et de plus en plus de celle de concessionnaires d'entreprises publiques (1).

b) *Quelles choses peuvent être expropriées.* — 1° Les choses corporelles immobilières peuvent seules être expropriées ; il résulte de l'ensemble des dispositions législatives que l'expropriation n'est faite que pour les propriétés foncières ; non pas pour les meubles, ni pour les droits incorporels (2) ;

2° Tous les immeubles corporels peuvent être expropriés, les terrains clos ou bâtis comme les terrains non clos et non bâtis (3),

---

(1) Dans la doctrine allemande, un fort parti considère que l'expropriation doit être employée dans un intérêt social plutôt que dans un intérêt public et, par conséquent, qu'elle peut être mise à la disposition de certaines entreprises privées qui soient sans relation directe avec l'administration (V. Polier, *De l'expropriation pour cause d'utilité sociale*, et les auteurs qu'il cite. — En sens contraire : Otto Mayer, *Droit administratif allemand*, traduct. franç., t. III, p. 1 et s.). Je suis peu porté vers cette doctrine. Je reconnais volontiers que certaines entreprises privées sont intéressantes méritent des privilèges et doivent pouvoir vaincre les résistances des propriétaires voisins, mais j'estime qu'on doit leur donner un pouvoir de coercition par des procédures autres que celle de l'expropriation pour cause d'utilité publique, tout simplement pour ne pas mélanger les genres et confondre les catégories. C'est ainsi que les lois de 1845 et de 1847 ont établi au profit des propriétaires arrosants des servitudes d'appui et d'aqueduc avec indemnités réglées par le juge civil et sans procédure d'expropriation et que la loi du 16 octobre 1919 elle-même organise l'éviction des droits de riveraineté des usagers sans procédure d'expropriation.

(2) Les meubles peuvent seulement être l'objet de réquisitions militaires (V. L. 2 juill. 1877). Quant aux droits incorporels, la question de l'expropriation ne saurait pratiquement se poser que pour des servitudes qui pèseraient sur des dépendances du domaine public ou bien pour les droits des concessionnaires de travaux publics ; on n'exproprie pas directement les servitudes. Confl., 16 déc. 1850, *d'Espagnet;* 28 mai 1894, *de Gaslé;* une servitude peut se trouver expropriée indirectement par suite de l'expropriation du fonds servant, ou bien elle peut être supprimée par l'exécution de travaux publics, auquel cas l'indemnité se règle par la procédure des dommages permanents (Trib. de la Seine, 16 juill., *Jacob*). Quant aux droits des concessionnaires, ils n'ont jamais été résolus que par des lois spéciales ; on peut citer les lois du 25 mai 1845, du 28 juillet 1860, etc., relatives au rachat des canaux de navigation concédés à des compagnies.

(3) Il y a cependant des privilèges pour la propriété bâtie : 1° Elle ne peut être

même l'immeuble dotal (Arg. art. 13, L. 3 mai 1841), même les immeubles dépendant du domaine privé des personnes administratives. Quant aux immeubles qui dépendent du domaine public, V. p. 623;

3° Le sous-sol d'un immeuble peut être exproprié indépendamment de la superficie (Cass., 1er avril 1866, D., 66. 1. 305). Cette décision est importante pour les compagnies de chemins de fer à cause des tunnels.

c) *En vue de quels objets d'utilité publique on peut exproprier.* — L'utilité publique qui justifie l'expropriation ne peut être définie; des lois diverses contiennent des énumérations de cas (1), mais, en principe, il appartient à l'autorité administrative d'affirmer que l'utilité publique existe dans tel cas donné non prévu par la loi; ce pouvoir est discrétionnaire, en ce sens qu'on n'est point admis à discuter au contentieux l'utilité de l'opération que l'administration entreprend, mais on est recevable à prétendre que cette utilité *ne justifie pas une expropriation*, et, de ce chef, on peut arguer l'acte déclaratif d'utilité publique de violation de la loi ou de détournement de pouvoir (Aucoc, *op. cit.*, t. II, n°. 854; Cons. d'Ét., 22 nov. 1878, *Lhopital*; 11 fév. 1910, *Laurent-Champrosay*). — Par exemple, on ne doit recourir à l'expropriation qu'en vue d'un service public ou d'un usage public, par conséquent, on ne doit pas y recourir uniquement pour détruire certains objets ou établissements; on ne doit pas non plus y recourir en principe, en vue d'acheter pour revendre, mais il y a des exceptions dans des cas où il est certain que l'opération n'est pas inspirée par une pensée de spéculation et où, au contraire, il y a intérêt à procéder à ce que l'on appelle *l'expropriation par zone*.

De l'expropriation par zone. — Il s'agit de *toute extension de l'expropriation à des immeubles sis hors du périmètre des ouvrages projetés* (art. 3 *bis*) (2).

---

expropriée pour une simple opération de triangulation (L. 13 avril 1900, art. 21); 2° l'expropriation des terrains clos ou bâtis peut nécessiter une déclaration d'utilité publique prononcée par une autorité plus haute que celle des terrains non clos et non bâtis (L. 8 juin 1864, art. 2; L. 20 août 1881, art. 13, § 3. V. *infra*), et aussi l'emploi du grand jury; 3° elle jouit de certaines immunités en matière d'occupation temporaire (V. *infra*, v° *Occupation temporaire*).

(1) Ainsi, loi du 30 mars 1887, on peut exproprier pour faire des fouilles artistiques; loi du 13 avril 1900, articles 19-22, on peut exproprier pour établir des bornes de triangulation cadastrale, etc., pour faire des travaux d'assainissement et d'embellissement dans une station hydrominérale (L. 13 avril 1910), pour créer une place publique. (Cons. d'Ét., 6 août 1910, *de Maraumont*; 11 fév. 1910, *Laurent-Champrosay*).

(2) **La loi du 6 novembre 1918**, article 2, dispose : « L'utilité de l'expropriation peut être déclarée, non seulement pour les superficies comprises dans le périmètre des ouvrages publics projetés, mais encore pour toutes celles qui seront reconnues nécessaires pour assurer à ces ouvrages leur pleine valeur immédiate ou d'avenir; il en

On peut dire du principe nouveau de l'expropriation par zone qu'il ne mesure plus le terrain à exproprier sur l'emplacement de l'ouvrage public à construire, mais *sur le périmètre affecté par l'opération de travaux publics entreprise* dans toute la complexité de celle-ci (terrains en bordure d'une voie publique destinés aux constructions des maisons riveraines, terrains devant bénéficier d'une plus-value, etc.).

Ainsi l'utilité de l'expropriation est rattachée à l'idée de l'opération de voirie entreprise, avec toutes les conséquences de salubrité publique et d'embellissement, plutôt qu'à l'idée de l'ouvrage public à construire. Cela est infiniment plus large, car les conséquences de l'opération débordent de beaucoup les limites de l'ouvrage (1).

---

sera notamment ainsi, en matière de voirie urbaine, pour les superficies hors alignement faisant obstacle à un lotissement rationnel ou non susceptibles de constructions qui s'accordent avec le plan général des travaux. »

Art. 2 *bis*. — « L'utilité de l'expropriation peut être aussi déclarée pour les immeubles qui, en raison de leur proximité d'un ouvrage public projeté, en doivent retirer une plus-value dépassant 15 p. 100. »

(1) Le principe général de la loi de 1918 avait été précédé de dispositions spéciales :

1° Article 2 du décret du 26 mars 1852, modifié par la loi du 10 avril 1912 :

« Dans tout projet d'expropriation pour l'élargissement, le redressement ou la formation des rues de Paris, l'administration aura la faculté de comprendre la totalité des immeubles atteints, lorsqu'elle jugera que les parties restantes ne sont pas d'une étendue ou d'une forme qui permette d'y élever des constructions salubres, ni des constructions en rapport avec l'importance ou l'esthétique de la voie.

» Si elle est demandée par l'une des parties, l'expropriation sera de droit pour toute parcelle restante ne dépassant pas 150 mètres carrés, ou encore pour l'intégralité de tout immeuble atteint, lorsque des constructions à démolir en tout ou en partie pour l'exécution du projet déclaré d'utilité publique occuperont plus de moitié de sa superficie totale.

» L'administration pourra pareillement comprendre dans l'expropriation des immeubles en dehors des alignements, lorsque leur acquisition sera nécessaire pour la suppression d'anciennes voies jugées inutiles. Il en sera de même à l'égard de toute parcelle restante, lorsque le propriétaire y aura consenti.

» Les parcelles de terrains acquises en dehors des alignements et non susceptibles de recevoir des constructions salubres ou esthétiques seront réunies aux propriétés contiguës, soit à l'amiable, soit par l'expropriation de ces propriétés, conformément à l'article 53 de la loi du 16 septembre 1807. »

2° Loi du 15 février 1902, article 18, remanié par la loi du 17 juin 1915; on exproprie tout un quartier insalubre pour l'assainir et revendre ensuite les terrains à bâtir;

3° Loi du 14 juillet 1856 (art. 1*er*); il s'agit d'une source d'eau minérale exploitée par le propriétaire d'une manière qui ne satisfait pas aux besoins de la santé publique;

4° Reboisement et gazonnement des montagnes (L. 4 avril 1882);

5° V. L. 15 déc. 1911, sur l'assainissement de la Corse.

Depuis la loi de 1918, la loi du 14 mars 1919 sur les plans d'extension des villes a stipulé dans son article 7 que les travaux à exécuter par application du plan seraient déclarés d'utilité publique par décret en Conseil d'État après une enquête identique à celle exigée pour l'expropriation. Cette déclaration d'utilité publique est d'abord en vue de la servitude de l'alignement et du permis de bâtir édictée par l'article 10 de la

Observation. — Si les terrains acquis pour des travaux d'utilité publique ne reçoivent pas cette destination ou si les immeubles acquis en vertu de l'expropriation par zone ne sont pas utilisés conformément à la loi ou au décret déclaratifs d'utilité publique, les anciens propriétaires ou ayants droit *peuvent en demander la remise*. Le prix des terrains rétrocédés est fixé à l'amiable, sinon par le jury, et la fixation par le jury ne peut, en aucun cas, excéder la somme moyennant laquelle ils ont été acquis (nouvel art. 60).

B. *Procédure normale de l'expropriation* (L. 3 mai 1851, remaniée par L. 6 nov. 1918 ; L. 21 mai 1836) (1). — L'expropriation pour cause d'utilité publique s'opère par autorité de justice ; les tribunaux ne peuvent prononcer l'expropriation qu'autant que l'utilité publique a été constatée et déclarée dans les formes prescrites par la présente loi ; ces formes consistent : 1° dans la loi ou le décret qui autorise l'opération pour laquelle l'expropriation est requise ; 2° dans l'acte du préfet qui désigne les localités ou territoires sur lesquels l'opération doit avoir lieu lorsque cette désignation ne résulte pas de la loi ou du décret ; 3° dans l'arrêté de cessibilité par lequel le préfet détermine les parcelles auxquelles l'expropriation est applicable. Cette application ne peut être faite à aucune propriété particulière qu'après que les parties intéressées ont été mises en état d'y fournir leurs contredits, selon les règles exprimées au titre II (art. 1er, nouvelle rédaction). La procédure normale de l'expropriation se décompose donc en trois phases : une phase administrative, qui comprend la déclaration d'utilité publique, la désignation des terrains et l'arrêté de cessibilité ; une phase judiciaire, qui comprend le transfert de propriété par jugement du tribunal civil ; une phase devant le jury d'expropriation, qui comprend le règlement de l'indemnité, suivi de l'envoi en possession effective de l'administration après le paiement de l'indemnité.

I. *Phase administrative.* — a) *La déclaration d'utilité publique.* — Toute procédure d'expropriation doit s'ouvrir par une déclaration d'utilité publique de l'opération de travaux pour laquelle l'acquisition des terrains est nécessaire (2).

---

loi, mais elle est aussi en vue des expropriations à réaliser et ce sont au premier chef des expropriations par zone.

Cf. aussi L. 19 avril 1919 sur le déclassement des fortifications de Paris.

(1) Il y a un certain nombre de procédures exceptionnelles d'expropriation : 1° une procédure en matière de travaux militaires (art. 75) ; 2° une procédure d'urgence en matière de travaux civils (art. 65 à 74) ; 3° une procédure d'urgence en matière de travaux de forteresse (L. 20 mars 1831, art. 76).

(2) Il suit de là qu'une seule déclaration d'utilité publique suffit pour l'expropriation d'une quantité de parcelles de terrain, pourvu que ce soit pour la même opération de travaux, ouverture d'une rue, construction d'une voie ferrée, etc. ; mais la déclaration d'utilité publique est nécessaire, alors même que des travaux ne devraient pas être exécutés ; nul doute, par exemple, que dans l'hypothèse de l'expropriation de monu-

Cet acte ouvre, en effet, l'opération; il rend possibles les actes subséquents, tels que l'arrêté de cessibilité du préfet et le jugement d'expropriation ; il produit par lui-même un effet immédiat qui est que tous les arrangements amiables que l'administration pourra faire avec les propriétaires de terrains, après cette date, prendront le caractère très particulier de *cessions amiables* et seront des incidents de la procédure d'expropriation, alors même qu'il n'interviendrait ni arrêté de cessibilité, ni jugement d'expropriation.

Pour savoir quelles sont les autorités qui prononcent la déclaration d'utilité publique et quelle est la procédure, il faut distinguer entre les différentes administrations publiques :

1° *Expropriations poursuivies au nom de l'État.* — L'article 3 de la loi nouvelle remaniant la loi du 27 juillet 1870 reproduit la distinction entre les grands et les petits travaux. Pour les grands travaux, la déclaration d'utilité publique doit résulter d'une loi ; pour les petits travaux, elle résulte d'un décret en Conseil d'État (1). L'article 3 *bis* y ajoute des dispositions relatives à l'expropriation par zone (2).

Enquête préalable. — L'acte déclaratif d'utilité publique, que ce soit une loi ou un décret, est toujours précédé d'une enquête administrative destinée à constater l'utilité publique (nouvel art. 3 *in fine*); pour les travaux de l'État, cette enquête est réglée par les ordonnances du 18 février 1834 et du 15 février 1835. Nous reproduisons en note les dispositions de ces textes en faisant observer qu'ils se placent, à tort, uniquement dans l'hypothèse où il y a des travaux à accomplir (3).

---

ments mégalithiques, il ne faille une déclaration d'utilité publique, bien qu'il ne doive s'ensuivre aucuns travaux.

(1) Voici le texte : « Tous grands travaux publics, routes nationales, canaux, chemins de fer, canalisation de rivière, bassins et docks entrepris par l'État ou par compagnies particulières, avec ou sans péages, avec ou sans subsides du Trésor, avec ou sans aliénation du domaine public, ne peuvent être autorisés que par une loi.

» L'exécution des canaux et chemins de fer d'embranchement de moins de 20 kilomètres de longueur, de lacunes ou rectifications de routes nationales, des ponts et de tous ouvrages de moindre importance peut être autorisée par décret en Conseil d'État. La loi du 28 juillet 1885, article 13, y ajoute les lignes télégraphiques et téléphoniques de moins de 20 kilomètres. »

(2) Art. 3 *bis*. — Lorsque, par application des articles 2 et 2 *bis*, il y aura lieu d'étendre l'expropriation à des immeubles sis hors du périmètre des ouvrages projetés, l'autorisation n'en pourra être donnée que par une loi ou un décret en Conseil d'État. — Cet acte déterminera, en distinguant selon la cause d'extension, la zone dans laquelle celle-ci est consentie. Il fixera en outre le mode d'utilisation des parcelles non incorporées aux ouvrages publics et, éventuellement, les conditions auxquelles la revente de ces parcelles sera subordonnée. — Dans le cas de l'article 2 *bis*, une expertise sera jointe à l'enquête administrative en vue de déterminer l'importance de la plus-value.

(3) *Ordonnance du 18 février 1834.* — L'enquête pourra s'ouvrir sur un avant-

2° *Expropriations poursuivies au nom des départements, des communes et des associations syndicales.* — Pour les départements, les communes, il n'y a plus lieu de distinguer entre les grands et les petits travaux, tous peuvent être autorisés par décret simple (art. 3 *in fine*), mais il y a lieu de mettre à part les hypothèses d'expropria-

> projet où l'on fera connaître le tracé général de la ligne de travaux, les dispositions principales des ouvrages les plus importants et l'appréciation sommaire des dépenses...; à l'avant-projet sera joint dans tous les cas un mémoire descriptif indiquant le but de l'entreprise et les avantages qu'on peut s'en promettre; on y annexera le tarif des droits dont le produit serait destiné à couvrir les frais des travaux projetés si ces travaux devaient devenir la matière d'une concession. — Il sera formé au chef-lieu de chacun des départements que la ligne des travaux devra traverser une commission de neuf membres au moins et de treize au plus, pris parmi les principaux propriétaires de terres, de bois, de mines, les négociants, les armateurs et les chefs d'établissements industriels — les membres et le président de cette commission seront désignés par le préfet, dès l'ouverture de l'enquête. — Des registres destinés à recevoir les observations auxquelles pourra donner lieu l'entreprise projetée seront ouverts pendant un mois au moins et quatre mois au plus au chef-lieu de chacun des départements et des arrondissements que la ligne des travaux devra traverser. — Les pièces qui, aux termes des articles 2 et 3, doivent servir de base à l'enquête resteront déposées pendant le même temps et aux mêmes lieux; — la durée de l'ouverture des registres sera déterminée dans chaque cas particulier par l'administration supérieure. Cette durée, ainsi que l'objet de l'enquête, sera annoncée par des affiches (pour les chemins vicinaux, au moins lorsqu'ils n'intéressent que des communes d'un même département, la durée de l'enquête est maintenant fixée par le préfet, D., 13 avril 1861). — A l'expiration du délai qui sera fixé en vertu de l'article précédent, la commission mentionnée à l'article 4 se réunira sur-le-champ; elle examinera les déclarations consignées aux registres de l'enquête; elle entendra les ingénieurs des ponts et chaussées et des mines employés dans le département, et, après avoir recueilli auprès de toutes les personnes qu'elle jugerait utile de consulter les renseignements dont elle croira avoir besoin, elle donnera son avis motivé tant sur l'utilité de l'entreprise que sur les diverses questions qui auront été posées par l'administration. Les diverses opérations dont elle dressera procès-verbal devront être terminées dans un nouveau délai d'un mois. — Le procès-verbal de la commission d'enquête sera clos immédiatement; le président de la commission le transmettra sans délai, avec les registres et les autres pièces, au préfet, qui l'adressera avec son avis à l'administration supérieure dans les quinze jours qui suivront la clôture du procès-verbal. — Les chambres de commerce et, au besoin, les chambres consultatives des arts et manufactures des villes intéressées à l'exécution des travaux seront appelées à délibérer et à exprimer leur opinion sur l'utilité et la convenance de l'opération. Les procès-verbaux de leurs délibérations devront être remis au préfet avant l'expiration du délai fixé dans l'article 6. — Si la ligne des travaux n'excède pas les limites de l'arrondissement, le délai de l'ouverture des registres et du dépôt des pièces sera fixé au plus à un mois et demi et au moins à vingt jours; la commission d'enquête se réunira au chef-lieu de l'arrondissement et le nombre de ses membres variera de cinq à sept.
> *Ordonnance du 15 février 1835.* — Lorsque la ligne des travaux relatifs à une entreprise d'utilité publique devra s'étendre sur le territoire de plus de deux départements, les pièces de l'avant-projet qui serviront de base à l'enquête ne seront déposées qu'au chef-lieu de chacun des départements traversés. — Des registres continueront d'être ouverts, tant au chef-lieu du département qu'aux chefs-lieux d'arrondissement, pour recevoir les observations auxquelles pourra donner lieu l'entreprise projetée.

tion par zone dans lesquelles les formalités de l'article 3 *bis* doivent être suivies (1).

Enquêtes. — La déclaration d'utilité publique en faveur du département est précédée d'une enquête administrative faite en les mêmes formes que pour l'État. La déclaration d'utilité publique en faveur d'une commune seule est précédée d'une enquête administrative dans les formes prescrites par l'ordonnance du 23 août 1835. Si les travaux n'intéressent pas la commune toute seule, l'enquête a lieu conformément à l'ordonnance du 18 février 1834 (Cf. dans Lebon, 1906, p. 89, une note sous Cons. d'Ét., 26 janv. 1906, *Bérenger*).

3° *Voies de recours.* — L'acte qui déclare l'utilité publique peut être attaqué par le recours pour excès de pouvoir, toutes les fois que ce n'est pas un acte législatif, et pour les causes suivantes : 1° pour détournement de pouvoir, parce que le travail projeté n'a pas un objet d'utilité publique *qui justifie l'expropriation* (par exemple la construction d'un théâtre) ; 2° pour inobservation des formes, notamment de celles de l'enquête ; 3° pour incompétence (Cons. d'Ét., 22 nov. 1878, *de l'Hôpital* ; 28 avril 1882, *Marty,* etc.) ; 4° pour violation de la loi (Cons. d'Ét., 23 nov. 1900, *Horclois*).

b) *La désignation des terrains et l'arrêté de cessibilité.* — La désignation des terrains, quand il s'agit de grands travaux devant occuper des terrains très nombreux, par exemple des travaux de chemins de fer, se fait d'après une méthode progressive par des actes successifs, la désignation des territoires ou localités, et la désignation des parcelles par l'arrêté de cessibilité du préfet ;

1° *Désignation des territoires.* — Cette désignation est celle des territoires et non pas encore des parcelles ; il s'agit de savoir où passera le chemin ou la route, quelles localités seront desservies, plutôt que de savoir quelles parcelles devront être expropriées ; si la désignation des territoires ou localités ne se trouve pas dans la loi

---

(1) Toutefois, pour les chemins de fer d'intérêt local, l'utilité publique est déclarée par une loi ; pour les tramways, par décret en Conseil d'État sur le rapport du ministre des Travaux publics, après avis du ministre de l'Intérieur (L. 11 juin 1880, art. 2 et 29). — Pour les chemins vicinaux de grande communication et d'intérêt commun, elle est déclarée par le conseil général du département ; pour les chemins vicinaux ordinaires et les chemins ruraux, par la commission départementale (L. 10 août 1871, art. 44 et 86 ; L. 20 août 1881, art. 4), sauf, toutefois, dans les parties où lesdits chemins traversent des terrains bâtis ou enclos de murs, auquel cas un décret rendu en Conseil d'État est nécessaire (L. 8 juin 1864, art. 2 ; L. 20 août 1881, art. 13, § 3).

Observation. — Pour les chemins, il ne faut pas confondre l'opération du classement avec la déclaration d'utilité publique. Le classement ne suppose qu'un projet de chemin, il a pour but d'en déterminer la direction générale et de le classer au point de vue des différentes catégories de chemins. La déclaration d'utilité publique ne peut intervenir qu'après le classement et en vue de l'*ouverture* du chemin, elle n'intervient d'ailleurs que si des expropriations sont nécessaires.

ou le décret qui déclare l'utilité publique des travaux, elle doit être faite par arrêté préfectoral (L. 1841, art. 2);

2° *Arrêté de cessibilité.* — La désignation des parcelles de terrains résulte d'un arrêté préfectoral dit *arrêté de cessibilité*, rendu après une enquête dans laquelle les parties intéressées ont été mises à même de fournir leurs contredits, le tout suivant les règles posées par les articles 2, 4 à 11 de la loi du 3 mai 1841 (1).

(1) *Enquête.* — Les ingénieurs ou autres gens de l'art, chargés de l'exécution des travaux, lèvent, pour la partie qui s'étend sur chaque commune, le plan parcellaire des terrains ou des édifices dont la cession leur paraît nécessaire. Le plan desdites propriétés particulières, indicatif des noms de chaque propriétaire, tels qu'ils sont inscrits sur la matrice des rôles, reste déposé pendant huit jours à la mairie de la commune où les propriétés sont situées, afin que chacun puisse en prendre connaissance. — Le délai fixé à l'article précédent ne court qu'à dater de l'avertissement, qui est donné collectivement aux parties intéressées, de prendre communication du plan déposé à la mairie. — Cet avertissement est publié à son de trompe ou de caisse dans la commune et affiché tant à la principale porte de la mairie qu'à un autre endroit apparent et très fréquenté du public qui sera désigné par un arrêté municipal (L. de 1918, art. 6). — Le maire certifie ces publications et affiches; il mentionne, sur un procès-verbal qu'il ouvre à cet effet et que les parties qui comparaissent sont requises de signer, les déclarations et réclamations qui lui ont été faites verbalement, et y annexe celles qui lui sont transmises par écrit.

À l'expiration du délai de huitaine prescrit par l'article 5, une commission se réunit au chef-lieu de la sous-préfecture. Cette commission, présidée par le sous-préfet de l'arrondissement, sera composée de quatre membres du conseil général du département ou du conseil de l'arrondissement désignés par le préfet, du maire de la commune où les propriétés sont situées, et de l'un des ingénieurs chargés de l'exécution des travaux. — La commission ne peut délibérer valablement qu'autant que cinq de ses membres, au moins, sont présents. — Dans les cas où le nombre des membres présents serait de six, et où il y aurait partage d'opinion, la voix du président serait prépondérante. — Les propriétaires qu'il s'agit d'exproprier ne peuvent être appelés à faire partie de la commission. — La commission reçoit pendant huit jours les observations des propriétaires. Elle les appelle toutes les fois qu'elle le juge convenable. Elle donne son avis. — Ses opérations doivent être terminées dans le délai de dix jours; après quoi, le procès-verbal est adressé immédiatement par le sous-préfet au préfet. — Dans le cas où lesdites opérations n'auraient pas été mises à fin dans le délai ci-dessus, le sous-préfet devra, dans les trois jours, transmettre au préfet son procès-verbal et les documents recueillis.

— Si la commission propose quelque changement au tracé indiqué par les ingénieurs, le sous-préfet devra, dans la forme indiquée par l'article 6, en donner immédiatement avis aux propriétaires que les changements pourront intéresser. Pendant une huitaine à dater de cet avertissement, le procès-verbal et les pièces resteront déposés à la sous-préfecture; les parties intéressées pourront en prendre communication sans déplacement et sans frais et fournir leurs observations écrites. Dans les trois jours suivants, le sous-préfet transmettra toutes les pièces à la préfecture.

Sur le vu du procès-verbal et des documents y annexés, le préfet détermine, par un arrêté motivé, les propriétés qui doivent être cédées et indique l'époque à laquelle il sera nécessaire d'en prendre possession. — Toutefois, dans le cas où il résulterait de l'avis de la commission qu'il y aurait lieu de modifier le tracé, le préfet surseoira jusqu'à ce qu'il ait été prononcé par l'administration supérieure (art. 4-41).

Observation. — Il y a modification de la procédure en cas d'expropriation d'intérêt.

L'arrêté de cessibilité constitue une formalité essentielle de la procédure d'expropriation. Il fait cesser l'incertitude de la propriété en donnant au propriétaire la faculté de requérir lui-même l'expropriation au bout d'un délai d'un an, si l'administration n'a pas poursuivi la procédure (art. 14). Il ne produit, d'ailleurs, aucun effet, au regard des parcelles et notamment il ne les frappe d'aucune indisponibilité (1).

Voies de recours. — L'arrêté de cessibilité peut être attaqué par le recours pour excès de pouvoir dans le délai ordinaire, si l'expropriation n'est pas consommée, et pourvu que le recours ne soit pas fondé sur l'absence matérielle de formalités prescrites par la loi. La dernière restriction se justifie parce qu'il appartient à l'autorité judiciaire de vérifier l'existence matérielle des formalités au moment du jugement d'expropriation, et parce que le recours pour excès de pouvoir s'efface devant un recours parallèle.

II. *Phase judiciaire : le transfert de propriété; le jugement d'expropriation.* — Le transfert de propriété, lorsque la procédure d'expropriation suit son cours normal et qu'il n'intervient pas de cession amiable, est opéré par jugement du tribunal civil.

a) *Procédure du jugement d'expropriation.* — A défaut de conventions amiables, soit avec les propriétaires des terrains ou bâtiments dont la cession est reconnue nécessaire, soit avec ceux qui les représentent, le préfet transmet au procureur de la République, dans le ressort duquel les biens sont situés, la loi ou le décret (ou la décision du conseil général ou de la commission départementale) qui autorise l'exécution des travaux et l'arrêt de cessibilité (art. 13 *in fine*).

Dans les trois jours, et sur la production des pièces constatant que les formalités prescrites par l'article 1er du titre Ier et par le titre II de la loi du 3 mai 1841 ont été remplies (2), le procureur de la République requiert et le tribunal prononce l'expropriation pour cause d'utilité publique des terrains ou bâtiments indiqués dans l'arrêté du préfet (art. 14, § 1) (3).

---

purement communal, et spécialement en matière d'ouverture et de redressement de chemins vicinaux, conformément à l'article 12 de la loi du 3 mai 1841 : commission d'enquête remplacée par le conseil municipal, arrêté de cessibilité pris par le préfet *en conseil de préfecture* pour compenser la garantie absente de la commission d'enquête.

(1) Cependant, s'il s'agit de terrains en bordure d'une rue existante dont l'alignement va être modifié, à partir de l'arrêté de cessibilité, l'autorité municipale peut refuser la permission de bâtir ou la délivrance d'alignement à l'ancienne limite (Cons. d'Ét., 12 janv. 1883, *Matussière*). — L'arrêté de cessibilité doit être *motivé* et *indiquer l'époque de la prise de possession* (art. 11).

(2) Il s'agit du nouvel article 1er (V. *supra*, p. 700).

(3) Toutefois dans le cas d'expropriation par zone pour cause de plus-value (art. 2 *bis*) l'expropriation ne sera prononcée que conditionnellement et pour le cas où l'administration n'opterait pas pour l'indemnité de plus-value (art. 14, § 2).

Si, dans l'année de l'arrêté du préfet, l'administration n'a pas poursuivi l'expropriation, tout propriétaire dont les terrains sont compris audit arrêté peut présenter requête au tribunal. Cette requête sera communiquée par le procureur de la République au préfet, qui devra, dans le plus bref délai, envoyer les pièces, et le tribunal statuera dans les trois jours (art. 14, § 3).

Ainsi la procédure peut être engagée de deux façons, ou par l'administration, ou par les particuliers, précieux droit pour ceux-ci, car le sort de leur propriété est dans une incertitude fâcheuse.

Nomination du magistrat directeur du jury. — Le même jugement commet un des membres du tribunal comme magistrat directeur du jury chargé de fixer l'indemnité.

Dans le cas où les propriétaires à exproprier consentiraient à la cession amiable, mais où il n'y aurait point accord sur le prix, le tribunal donnera acte du consentement et désignera le magistrat directeur du jury sans qu'il soit besoin de rendre le jugement d'expropriation ni de s'assurer que les formalités prescrites par le titre II ont été remplies (art. 14, §§ 4 et 5).

Rôle du tribunal. — Il n'y a pas ici un véritable procès, les propriétaires ne sont pas parties en cause ; le tribunal, par un acte d'autorité, opère le transfert de propriété comme dans une *adjudication*, mais il a le devoir de vérifier si les formalités prescrites dans l'article 1er et dans le titre II de la loi du 3 mai 1841, en vue de protéger la propriété, ont été accomplies. Toutefois, afin de respecter le principe de la séparation des pouvoirs, il est admis que le tribunal judiciaire est juge uniquement de *l'existence matérielle* de ces formalités, et qu'il n'est pas juge de leur *validité* (L. 1841, art. 2 et 14) (jurisprudence constante) (1).

Rédaction du jugement, mesures de publicité, voies de recours (2).

---

(1) Par exemple, il est juge de la question de savoir si l'acte déclarant l'utilité publique du travail existe, mais, s'il existe, il n'est pas juge de la question de savoir s'il est entaché d'un vice de forme ou s'il émane d'une autorité incompétente. De même, pour l'arrêté de cessibilité du préfet, le tribunal doit s'assurer de son existence, mais il n'est pas juge de la question de savoir si le défaut de motifs ou le défaut d'indication de la date de la prise de possession en entraîne la nullité.

(2) Le jugement d'expropriation doit être rédigé suivant les règles ordinaires. Il est publié et affiché par extrait dans la commune de la situation des biens de la manière indiquée en l'article 6. Il est en outre inséré dans l'un des journaux publiés dans l'arrondissement, ou, s'il n'en existe aucun, dans l'un de ceux du département (nouvel art. 15, § 1). — Un extrait est, en outre, notifié à chaque propriétaire exproprié conformément à l'article 15, §§ 2 et 3, et nous verrons que celui-ci, à son tour, est tenu de faire connaître un certain nombre d'intéressés, et, par suite, de leur faire connaître le jugement ; ces intéressés sont les usufruitiers, fermiers, locataires, etc. — Le jugement doit être, immédiatement après l'accomplissement des formalités de publicité, transcrit au bureau de la conservation des hypothèques de l'arrondissement, conformément à l'article 2181 du Code civil (art. 16). — Le jugement ne pourra être

b) *Effets du jugement*. — L'expropriation doit transférer à l'expropriant la propriété pleine et entière de l'immeuble, dégagée de toute charge et de tout droit réel, sans cela elle n'atteindrait pas son but; aussi le jugement d'expropriation produit-il transfert de propriété, purge des droits réels et résolution des droits mobiliers, le tout de la manière suivante (1) :

1° La propriété est transférée à l'administration non seulement *inter partes*, mais vis-à-vis des tiers, par le jugement d'expropriation et non par la transcription de ce jugement, de telle sorte qu'entre le jugement et la transcription le propriétaire ne peut pas revendre ;

2° Les droits réels autres que les privilèges et hypothèques, tels que usufruit, usage, habitation, servitudes, qui grevaient ces immeubles et qui n'ont pas besoin d'être inscrits, sont résolus et transformés en un droit à indemnité par le seul effet du jugement d'expropriation et non pas par la transcription de celui-ci. Les actions en résolution, en revendication et toutes autres actions réelles ne pourront arrêter l'effet de l'expropriation, le droit des réclamants sera transformé en un droit à indemnité (L. 3 mai 1841, art. 18 et 21); le droit du locataire, quoique mobilier, est également résolu et transformé en une créance d'indemnité (art. 21). Tous les personnages atteints par cette résolution des droits sont invités à faire valoir leurs prétentions avant le règlement des indemnités, suivant des voies et moyens que nous verrons plus tard, et d'ailleurs chacun d'eux reçoit son indemnité à titre séparé (art. 39);

3° Les privilèges et hypothèques donnent lieu à des règles plus compliquées : 1° à cause de la nécessité de l'inscription; 2° parce que les créanciers privilégiés et hypothécaires n'ont point droit chacun à une indemnité séparée, mais viennent se faire colloquer, suivant les règles des ordres hypothécaires, sur l'indemnité unique du propriétaire (2).

---

attaqué que par la voie du recours en cassation et seulement pour incompétence, excès de pouvoir ou vice de forme (art. 20). Le pourvoi en cassation peut être formé, non seulement contre le jugement qui exproprie, mais contre celui qui refuse d'exproprier. Il est formé, soit par des propriétaires intéressés, soit au nom de la personne administrative expropriante.

(1) A propos de l'effet du jugement d'expropriation à l'égard des droits réels appartenant à des tiers, il convient de remarquer que la loi du 3 mai 1841 est antérieure à celle du 23 mars 1855, sur la transcription des actes translatifs de propriété et sur l'opposabilité de ces actes aux tiers munis de droits réels sur l'immeuble. On s'est naturellement posé la question de savoir si les règles spéciales de la loi du 3 mai 1841 ne s'étaient pas trouvées abrogées par celles de la loi de 1855; l'opinion générale est que cette abrogation ne s'est pas produite, à raison de l'adage *legi speciali per generalem non derogatur* (Cf. Garsonnet et Bouchez, *op. cit.*, n. 229).

(2) Il faut donc distinguer entre les privilèges et hypothèques inscrits et ceux qui ne le sont pas :

α) Les privilèges et hypothèques *inscrits* sont traités de la façon suivante : d'abord,

III. *Phase du jury d'expropriation.* — L'une des trouvailles de la procédure de l'expropriation est d'avoir séparé le transfert de propriété et l'envoi en possession et d'avoir placé dans cet intervalle la fixation de l'indemnité par le jury; de telle sorte que l'administration ne soit envoyée en possession par le magistrat directeur que lorsque l'indemnité aura été fixée. Ce n'est même pas tout. L'envoi en possession n'est qu'une mesure juridique, *l'administration ne prendra possession de fait que lorsque l'indemnité aura été payée.* Ainsi se trouve assuré par la procédure le principe que l'expropriation ne doit avoir lieu *qu'après une juste et préalable indemnité.*

L'instance devant le jury a pour but d'assurer la *juste indemnité.* Il faut comprendre que c'est une nouvelle instance qui commence, distincte de celle qui a eu lieu devant le tribunal civil pour le transfert de propriété et qui ne s'ouvrira que s'il y a contestation sur le prix. Il s'agit donc d'abord de constater l'existence de la contestation. Pour cela, l'administration va faire des offres aux intéressés, qui devront faire une réponse formelle. Si les offres sont acceptées,

ils peuvent être valablement inscrits pendant toute la quinzaine qui suit la transcription du jugement d'expropriation. On admet généralement que ce délai de quinzaine n'a pas été supprimé par la loi du 23 mars 1855 sur la transcription, bien que cette loi décide qu'en principe la transcription arrête le cours des inscriptions (V. *supra*). Ensuite, ils sont purgés par l'effet même du jugement d'expropriation. La purge es un procédé de suppression ou d'extinction des privilèges et hypothèques prévu aut Code civil, articles 2181 et suivants, et qui peut être pratiqué par tout tiers détenteur d'un immeuble grevé. Il consiste essentiellement en ce que celui-ci offre aux créanciers un certain prix dont ils seront forcés de se contenter. Toutefois, lorsque la purge est pratiquée par un détenteur ordinaire, les créanciers ont une arme qui leur permet d'obtenir la fixation d'un juste prix ; ils ont le droit, en souscrivant une surenchère d'un dixième, d'exiger que l'immeuble soit mis aux enchères. Cette garantie ne pouvait pas être donnée aux créanciers en matière d'expropriation, car on ne pouvait pas admettre qu'un immeuble, dont l'administration a absolument besoin, fût mis aux enchères et risquât ainsi de passer aux mains d'un tiers. On a donné une autre garantie aux créanciers, ils peuvent exiger que l'indemnité soit fixée par le jury (art. 17, § 3). C'est qu'en effet, même après le jugement d'expropriation, une cession amiable pourrait intervenir entre l'administration et le propriétaire pour la fixation de l'indemnité, et cette cession pourrait léser les droits des créanciers. Enfin, en même temps que les privilèges et hypothèques inscrits sont purgés, les droits des créanciers sont transportés sur l'indemnité pour y être colloqués suivant les règles des ordres hypothécaires.

β) Les privilèges et hypothèques sont également éteints lorsque, dans un délai de quinzaine après la transcription du jugement d'expropriation, ils n'ont pas été inscrits. Cette hypothèse est tout à fait différente de la précédente; ici, les créanciers privilégiés ou hypothécaires n'ont plus aucun droit de préférence sur le prix, ils ne seront pas payés et ils n'auront pas le droit de demander la fixation de l'indemnité par le jury. Cependant, certains créanciers à hypothèque légale, les femmes, les mineurs, les interdits, peuvent être colloqués sur le montant de l'indemnité tant que celle-ci n'a pas été payée ou que l'ordre n'a pas été réglé définitivement entre les créanciers (art. 17, §§ 1 et 2).

il y aura cession amiable et il sera inutile de réunir le jury. Si les offres ne sont pas acceptées et si les intéressés émettent leurs prétentions, il y aura tous les éléments de la contestation sur le montant de l'indemnité et il n'y aura qu'à réunir le jury.

a) *Mesures préparatoires* : 1° *Mesures prises pour avertir les intéressés*. — La première précaution est d'avertir tous les intéressés et de les inviter à se faire connaître afin que l'administration puisse faire à tous des offres. Ces mesures doivent être sérieuses et définitives en ce sens que l'administration ne paiera pas deux fois le prix et que les intéressés qui n'auront pas fait valoir leurs droits à temps seront forclos. Voici le système suivi à cet égard par la loi (art. 21); les intéressés sont divisés en trois catégories : α) le propriétaire réel ou apparent qui a reçu notification individuelle du jugement, celui-là est averti; β) les intéressés que le propriétaire doit faire connaître sous sa responsabilité (1); γ) les intéressés qui doivent se faire connaître eux-mêmes; faute par eux de s'être fait connaître en temps utile, ceux-ci perdent tout droit, tant contre l'administration que contre le propriétaire. Ils sont suffisamment avertis par les formalités de l'article 6, qui précèdent l'arrêté de cessibilité du préfet (2).

2° *Offres de l'administration*. — Pour créer la contestation devant le jury sur la question d'indemnité, l'administration notifie aux propriétaires et à tous autres intéressés qui auront été désignés ou qui seront intervenus dans le délai fixé par l'article précédent, les sommes qu'elle offre pour indemnité d'éviction et éventuellement celles qu'elle demande à raison de l'indemnité due pour la plus-value dépassant 15 p. 100. Ces offres sont en outre affichées et publiées conformément à l'article 6 (art. 23). Elles peuvent être modifiées au cours de la procédure (jurisprudence constante) (3). — Dans la quin-

---

(1) Ce sont les fermiers, locataires, ceux qui ont des droits d'usufruit, d'usage et d'habitation ou des droits de servitude réglés par le Code civil, et dont le propriétaire peut connaître l'existence parce qu'il est intervenu dans les actes; si le propriétaire n'a pas fait connaître ces intéressés, il demeure seul chargé envers eux des indemnités auxquelles ils auraient droit. Il n'y a point de responsabilité subsidiaire de l'administration en cas d'insolvabilité du propriétaire. La loi du 29 décembre 1892, article 12, relative aux dommages résultant de l'occupation temporaire, a renchéri ici sur la loi sur l'expropriation; elle établit la responsabilité subsidiaire de l'administration à de certaines conditions (V. *infra*, *Occupation temporaire*).

(2) Sont parmi les intéressés de la dernière catégorie, les usagers dont les droits sont régis par le Code forestier, les titulaires de servitudes constituées par les anciens propriétaires et non mentionnées dans les actes du propriétaire actuel.

Quant aux créanciers hypothécaires ou privilégiés, d'une part, c'est sur l'indemnité du propriétaire qu'ils seront colloqués; d'autre part, ou bien ils sont déjà inscrits, ou bien ils doivent se faire inscrire dans la quinzaine de la transcription du jugement et ainsi se faire connaître.

(3) Si, dans les six mois du jugement d'expropriation, l'administration ne poursuit pas la fixation de l'indemnité, les parties pourront exiger qu'il y soit procédé (art. 55).

zaine suivante, les propriétaires et autres intéressés sont tenus de déclarer leur acceptation, ou, s'ils n'acceptent pas les offres qui leur sont faites, d'indiquer le montant de leurs prétentions (art. 24) (1).

Dans le cas où les offres sont acceptées, il y a cession amiable pour la fixation du prix.

3° *Réquisition d'acquisition totale.* — Ici se place un incident possible. Dans le délai de quinzaine qui suit les offres de l'administration, le propriétaire d'un *bâtiment* exproprié pour partie peut requérir l'acquisition totale du bâtiment; il en sera de même du propriétaire d'un *terrain* exproprié pour partie, s'il se trouve dans le cas prévu à l'article 50 (il faut pour cela la réunion de trois conditions : que le terrain se trouve réduit au quart, que sa contenance soit inférieure à 10 ares, que le propriétaire ne possède aucun autre terrain contigu). — La partie de l'immeuble dont l'acquisition a été ainsi requise est tranférée à l'administration, non pas à titre d'expropriation, mais *à titre de vente ordinaire*, ce qui entraîne les conséquences suivantes : la propriété reste grevée de charges; le propriétaire peut revendre jusqu'à la transcription; dans la purge, les créanciers hypothécaires peuvent requérir la mise aux enchères.

b) *Fixation de l'indemnité par le jury.* — Si les offres de l'administration n'ont pas été acceptées dans les délais prescrits par les articles 24 et 27, l'administration citera tous les intéressés devant le jury, conformément à l'article 28.

1° *Composition du jury.* — Il faut distinguer ici entre le grand et le petit jury d'expropriation :

Du grand jury d'expropriation (L. 3 mai 1841, modifiée en 1918). — Le grand jury est composé d'un magistrat directeur désigné par le jugement d'expropriation, qui est nécessairement un juge du tribunal, et de six jurés choisis pour chaque affaire, suivant les règles des articles 29 à 47. Le jury n'est constitué que lorsque les six jurés sont présents, mais il peut valablement délibérer au nombre de quatre, non compris le magistrat directeur président (art. 35).

Dans la pratique, il est tenu de véritables assises du jury d'expropriation où il est jugé plusieurs affaires, sessions analogues à celles de la cour d'assises. Dans ce cas il n'est formé qu'un seul jury. Les parties expropriées s'entendent alors pour exercer la récusation à laquelle elles ont droit, sinon le sort désigne celle qui doit en user (art. 34, § 7).

Cependant si l'administration expropriante le juge utile, elle

(1) Des règles spéciales pour l'acceptation des offres faites aux femmes mariées, aux tuteurs, aux envoyés en possession provisoire des biens d'un absent, et autres personnes qui représentent des incapables ou des personnes morales, sont tracées dans les articles 25, 26 et 27.

peut répartir entre plusieurs jurys les affaires concernant les expropriations prononcées par le même jugement (art. 30, § 5).

Les jurés sont choisis grâce à la formation annuelle de deux listes successives : la *liste d'arrondissement* dressée par le conseil général chaque année, elle contient de 75 noms pour les arrondissements de moins de 100.000 habitants à 200 noms pour les arrondissements de plus de 300.000 habitants et 600 noms pour le département de la Seine; les noms sont choisis parmi les électeurs ayant leur domicile réel dans l'arrondissement et remplissant les conditions requises pour faire partie du jury criminel; la *liste de session* composée de 14 personnes; cette liste, prise sur celle de l'arrondissement, est dressée par l'autorité judiciaire, par la première chambre du tribunal civil du chef-lieu du département. On verra, à la fin de l'article 30, un certain nombre de cas d'exclusion, d'incompatibilité ou de dispense (1).

Le nombre des jurés est réduit à six pour chaque affaire, soit par des récusations, l'administration et la partie adverse ayant le droit d'exercer chacune une récusation péremptoire, soit par le magistrat directeur qui retranche les derniers noms inscrits sur la liste. Il n'y a point tirage au sort (art. 34). Il y a quelque chose de beaucoup moins rigoureux que pour le jury criminel.

Du petit jury d'expropriation (L. 21 mai 1836, art. 16). — Dans la procédure d'expropriation par le petit jury, le jury spécial chargé de régler les indemnités n'est composé que de quatre jurés. Le tribunal d'arrondissement, en prononçant l'expropriation, désigne, pour présider et diriger le jury, l'un de ses membres ou le juge de paix du canton. Le tribunal choisit, sur la liste générale prescrite par l'article 29 de la loi du 3 mai 1841, quatre personnes pour former le jury spécial et trois jurés supplémentaires. L'administration et la partie intéressée ont respectivement le droit d'exercer une récusation péremptoire. — Ainsi, le nombre des jurés est moindre, quatre au lieu de six (2).

---

(1) La loi du 13 juillet 1911, article 92, accorde une indemnité aux jurés.
(2) Le petit jury est employé dans les cas suivants :
1° En cas d'ouverture et de redressement de chemins vicinaux (L. 21 mai 1836, art. 16), c'est l'hypothèse pour laquelle il a été créé; 2° en cas de travaux accomplis par les associations syndicales, excepté ceux indiqués aux n°s 6 et 7 de l'article 1er de la loi du 22 décembre 1888; 3° en cas d'accomplissement de travaux du même genre par l'administration, lorsqu'il ne se forme pas d'associations syndicales, en vertu des lois du 16 septembre 1807 et du 8 avril 1898 (L. 21 juin 1865, art. 27); 4° en cas d'expropriation de terrains nécessaires pour l'établissement d'un tramway (L. 11 juin 1880, art. 31); 5° en cas d'ouverture ou d'élargissement de chemins ruraux (L. 20 août 1881, art. 13); 6° en cas d'établissement d'une ligne télégraphique ou téléphonique, lorsqu'il y a lieu d'exécuter des travaux qui entraînent une dépossession définitive (L. 28 juill. 1885, art. 13).

c) *Aspect général de la procédure. Pouvoirs du magistrat directeur* (L. 21 avril 1914). — La procédure devant le jury d'expropriation a été visiblement calquée sur la procédure devant le jury criminel, en ce sens qu'il y a une division d'attributions entre le jury et le magistrat directeur; cependant cette séparation n'est pas aussi absolue qu'elle l'est entre le jury criminel et la cour.

Le jury a pour attribution unique de régler l'indemnité après des débats contradictoires; en cette matière, il a des pouvoirs souverains, sauf à observer des règles que nous allons voir. Le magistrat directeur a pour attribution de diriger les débats pendant l'instruction en tranchant les incidents qui peuvent être soulevés, et de donner force exécutoire à la décision du jury, mais, en outre, il prend part à la délibération du jury sur l'indemnité, il préside, et, en cas de partage, sa voix est prépondérante (L. 21 avril 1914) (1). Pour les détails de la procédure, V. art. 36, 38, 41.

d) *Règles relatives à la fixation de l'indemnité.* — 1° Le jury d'expropriation fixe toujours le montant de l'indemnité. Il le fixe hypothétiquement dans le cas où il y a contestation, soit sur le bien-fondé de l'indemnité, soit sur la question de savoir quel est l'ayant droit. Toutes les contestations sur le fond du droit sont renvoyées devant les tribunaux ordinaires, sans former question préjudicielle et sans que le jury sursoie à sa décision (art. 39, § 5);

2° Il est juge souverain de la sincérité de tous titres et de l'effet de tous actes, dans la mesure où cela est nécessaire pour l'évaluation de l'indemnité (art. 48), il est placé par conséquent au-dessus des règles sur la force probante des actes qui s'imposent au juge ordinaire;

3° Le jury prononce des indemnités distinctes en faveur des parties qui réclament à des titres différents, comme propriétaires, fermiers, locataires, usagers et autres intéressés dont il est parlé à l'article 21. Quant aux créanciers hypothécaires et privilégiés, nous savons qu'ils sont colloqués sur l'indemnité du propriétaire. Dans le cas de l'usu-

---

(1) Il s'est produit sur cette question une évolution (exemple bien intéressant de législation expérimentale). C'est d'abord dans la procédure par petit jury de la loi du 21 mai 1836 que l'on s'était décidé à faire participer le magistrat directeur à la délibération du jury sur la fixation de l'indemnité, par dérogation au principe de la séparation des pouvoirs en matière de jury criminel. Dans la procédure par grand jury, la loi du 3 mai 1841 avait maintenu le principe de la séparation; le magistrat ne participait pas à la délibération. La comparaison entre les résultats des deux procédures, comparaison qui s'est poursuivie pendant soixante-quinze ans, a été tellement démonstrative, il a été tellement avéré que la participation du magistrat empêchait les écarts scandaleux de certains jurys, que la loi du 21 avril 1914 a opéré la réforme depuis longtemps demandée et a établi pour le grand jury les mêmes règles que pour le petit (art. 38, L. 3 mai 1841, remanié par L. 21 avril 1914).

Cette expérience pourrait comporter des enseignements même pour le jury criminel.

fruit, une seule indemnité est fixée par le jury, eu égard à la valeur totale de l'immeuble; le nu-propriétaire et l'usufruitier exercent leurs droits sur le montant de l'indemnité au lieu de les exercer sur la chose. L'usufruitier sera tenu de donner caution, les père et mère ayant l'usufruit légal des biens de leurs enfants en seront seuls dispensés (L. 3 mai 1841, art. 39, §§ 1, 2, 3);

4° Sauf demande spéciale de l'intéressé, l'indemnité doit consister en une somme d'argent (art. 38, § 3);

5° L'indemnité doit contenir réparation entière du dommage causé par l'expropriation (art. 48 et s.) (1);

6° L'indemnité allouée par le jury ne peut, en aucun cas, être inférieure aux offres de l'administration, ni supérieure soit à la demande de la partie intéressée, soit à la demande notifiée pour plus-value (art. 39, § 5). Si l'intéressé n'a formulé aucune demande, l'indemnité ne doit pas être supérieure aux offres de l'administration. Il doit toujours y avoir une indemnité, fût-elle fixée à 1 franc (Cass., 12 mars 1856, D. P., 56. 1. 69; 21 déc. 1867, D. P., 68. 1. 15) (2);

(1) Ce principe est équitable, toutefois il y a des restrictions :

α) *Les constructions, plantations et améliorations* ne donneront lieu à aucune indemnité lorsque, à raison de l'époque où elles auront été faites ou de toutes autres circonstances, dont l'appréciation lui est abandonnée, le jury acquerra la conviction qu'elles ont été faites en vue d'obtenir une indemnité plus élevée; c'est ce qu'on peut appeler la *période critique* de l'expropriation (art. 52).

β) *La plus-value.* — Si l'exécution des travaux doit procurer une *plus-value immédiate et spéciale* au restant de la propriété, cette augmentation de valeur sera prise en considération dans l'évaluation du montant de l'indemnité (art. 51). C'est ce que l'on appelle *la compensation la plus-value*. On remarquera les deux conditions exigées par la loi. Si la plus-value n'est pas immédiate, comment l'apprécier ? Si elle n'est pas spéciale à l'immeuble exproprié, comme les immeubles voisins ne contribuent pas, il ne serait pas juste de faire contribuer l'immeuble exproprié.

A l'égard des immeubles *dont l'expropriation a été poursuivie pour cause de plus-value* dépassant 15 p. 100 (innovation de la loi de 1918); V. dans l'art. 39, § 2, le jeu des options entre l'indemnité d'expropriation et l'indemnité de plus-value. Sur toute cette matière, V. *infra, Travaux publics, Contribution de la plus-value*.

γ) La loi du 21 avril 1914 a apporté une troisième restriction, « l'indemnité d'expropriation ne doit comprendre que le dommage *actuel et certain* causé par le fait même de l'éviction; elle ne peut s'étendre au préjudice incertain et éventuel qui ne serait pas la conséquence directe de l'expropriation » (art. 48, § 2, L. 1841 remanié par la loi de 1914 et par la loi de 1918). Cette disposition a été motivée par l'abus qu'ont fait certains jurys des indemnités pour préjudices éventuels et il importe de remarquer ici que la Cour de cassation ne s'était pas crue autorisée à imposer par sa jurisprudence la condition du dommage direct, alors que le Conseil d'État l'a imposée dans la matière voisine des dommages permanents résultant de travaux publics, parce que les ouvertures à cassation sont très étroites et déterminées par l'article 42 de la loi de 1841. Aussi la loi du 21 avril 1914 a-t-elle ajouté, parmi les textes dont la violation entraînera cassation, le nouvel article 48, § 2.

(2) Le nouvel article 40 règle la question des dépens de l'instance devant le jury de manière à pénaliser soit les demandes exagérées des parties, soit les offres insuffisantes de l'administration.

e) *Envoi en possession.* — La décision du jury, signée des membres qui y ont concouru, est lue par le magistrat directeur qui la déclare exécutoire, statue sur les dépens, conformément aux règles posées par l'article 40, et sous la réserve de ce qui est dit à l'art. 14, §§ 2 et 3, envoie l'administration en possession de l'immeuble, à la charge par elle de se conformer aux dispositions des articles 53, 54 et s., c'est-à-dire de payer ou de consigner le montant de l'indemnité avant la prise de possession effective (art. 41) (1);

f) *Voies de recours.* — La décision du jury et l'ordonnance du magistrat directeur ne peuvent être attaquées que par la voie du recours en cassation : 1° pour incompétence et excès de pouvoir (jurisprudence); 2° pour violation de la loi, mais seulement pour violation de l'art. 30, § 1; de l'art. 31; de l'art. 34, §§ 2 et 4; des art. 35 à 40 et de l'art. 48, § 2, de la loi du 3 mai 1841 (art. 42 remanié par L. 21 avril 1914). Lorsqu'une décision aura été cassée, l'affaire sera renvoyée devant un nouveau jury du même département, à moins que la Cour de cassation ne renvoie devant le jury d'un département voisin (art. 43).

Paiement et prise de possession. — Les indemnités réglées par le jury seront, préalablement à la prise de possession, acquittées entre les mains des ayants droit. S'ils se refusent à les recevoir, la prise de possession aura lieu après offres réelles et consignation (art. 53) (2).

Observation finale. — Toutes les significations et notifications nécessitées par la procédure de l'expropriation sont faites à la diligence du préfet du département de la situation des biens, soit par huissier, soit par tout agent de l'administration dont les procès-verbaux font foi en justice (art. 57). Tous actes sont visés pour

---

(1) Quand l'indemnité aura été réglée, si elle n'est ni acquittée, ni consignée dans les six mois de la décision du jury, les intérêts courront de plein droit à l'expiration de ce délai.

(2) S'il s'agit de travaux exécutés par l'État ou les départements, les offres réelles pourront s'effectuer au moyen d'un mandat égal au montant de l'indemnité réglée par le jury, déduction faite de la part des frais et dépens mis à la charge des expropriés ; ce mandat, délivré par l'ordonnateur compétent, visé par le payeur, sera payable sur la caisse publique qui s'y trouvera désignée. Si les ayants droit refusent de recevoir le mandat, la prise de possession aura lieu après la consignation en espèces (art. 53). Il ne sera pas fait d'offres réelles toutes les fois qu'il existera des inscriptions sur l'immeuble exproprié ou d'autres obstacles au versement des deniers entre les mains des ayants droit; dans ce cas, il suffira que les sommes dues par l'administration soient consignées, pour être ultérieurement distribuées ou remises selon les règles du droit commun (art. 54).

A noter l'innovation du nouvel article 53 : l'exproprié non inscrit à la matrice des rôles de la commune est tenu, pour obtenir le paiement de l'indemnité fixée à son profit, de justifier de ses titres de propriété. Tout fermier, locataire, usager ou autres ayants droit déclarés à l'administration expropriante, ou intervenant dans les conditions de l'article 21, sont également tenus de justifier de leurs droits à l'indemnité.

timbre et enregistrés gratis); il n'est perçu aucun droit pour la transcription des actes au bureau des hypothèques (art. 58).

C. *De la cession amiable.* — La cession amiable ou *convention amiable* est un incident de la procédure de l'expropriation dont l'objet est de régler, par une convention passée entre l'administration et l'exproprié, soit le transfert de propriété, soit la fixation de l'indemnité, soit les deux à la fois; elle se substitue donc, suivant les cas, soit au jugement d'expropriation, soit à la décision du jury d'expropriation, soit à la fois aux deux; cette convention amiable est toujours désirée par l'administration et c'est pour la provoquer, au moins quant à la fixation de l'indemnité, que des offres sont faites à l'exproprié (1).

D. *Le contentieux de l'expropriation et de la cession amiable.* — Bien que le droit d'expropriation soit un droit de puissance publique, depuis la loi du 8 mars 1810, dont la loi du 3 mai 1841 n'est qu'une réédition revue et corrigée, l'expropriation est une opération judi-

---

(1) La cession amiable peut intervenir dès que la procédure d'expropriation est ouverte, c'est-à-dire aussitôt après la déclaration d'utilité publique (Cons. d'Ét., 30 juill. 1887, *Guillaumin*; 11 janv. 1890, *Veil*; Confl., 24 juin 1911, *Belloc*). Elle ne peut pas intervenir avant, car alors elle ne serait pas un incident de la procédure d'expropriation; elle serait soit une vente ordinaire, soit une offre de concours (V. *infra*, v° *Travaux publics*). A noter, toutefois, la disposition de faveur de l'article 58 *in fine*, relative à la restitution des droits perçus sur les acquisitions amiables faites dans les deux ans qui précèdent l'arrêté de cessibilité. Il peut se faire que ces deux ans remontent au delà de la déclaration d'utilité publique (Cf. Aucoc, *op. cit.*, n° 852). La cession amiable présente les caractères suivants :

1° Les contrats de vente, quittances et autres actes relatifs à la cession amiable, peuvent être passés dans la forme des actes administratifs, la minute restera déposée au secrétariat de la préfecture, expédition en sera transmise à l'administration des domaines (art. 56); tous ces actes participent de l'exemption des droits de timbre et d'enregistrement établie par l'article 58;

2° La cession amiable est facilitée, en ce qui touche les biens appartenant à des incapables, par les règles posées en l'article 13, §§ 1 à 3, de la loi du 3 mai 1841, et en ce qui touche les biens appartenant à des personnes morales, par les règles posées au même article, §§ 3 et 4 ;

3° La cession amiable, lorsqu'elle contient transfert de propriété, est assujettie aux mêmes formalités de publicité et de transcription que le jugement d'expropriation (art. 19, § 1), moyennant quoi elle produit les *mêmes effets* au point de vue de la résolution des droits réels, des actions réelles et des droits du locataire. Elle produit aussi les mêmes effets au point de vue des privilèges et hypothèques, en ce sens que : 1° lesdits privilèges et hypothèques doivent, pour valoir sur le prix, être inscrits dans la quinzaine qui suit la transcription de la cession, sauf réserve du droit des femmes, mineurs, interdits, sur le montant de l'indemnité, tant qu'elle n'est pas payée; 2° il y a purge virtuelle des privilèges et hypothèques ainsi inscrits, et l'effet du droit de suite est réduit au droit de demander la fixation de l'indemnité par le jury;

4° L'administration peut, *sauf les droits des tiers*, et sans accomplir les formalités ci-dessus tracées, payer le prix des acquisitions amiables dont la valeur ne s'élèverait pas au-dessus de 500 francs (art. 19, § 2);

5° La cession amiable gratuite est dispensée des formes des donations.

ciaire dont le contentieux est, lui aussi, en principe judiciaire. Il faut cependant distinguer la phase administrative de la procédure dans laquelle l'acte déclaratif d'utilité publique et l'arrêté de cessibilité peuvent être l'objet de recours pour excès de pouvoir toutes les fois que leur existence matérielle n'est pas contestée et qu'il ne s'agit que d'apprécier leur validité (1) et la phase judiciaire dans laquelle les incidents qui se produisent sont de la compétence judiciaire (2).

E. *Procédures d'urgence en matière d'expropriation.* — La procédure normale de l'expropriation demandant de longs délais, il y avait lieu de prévoir une procédure exceptionnelle plus rapide, surtout pour les travaux militaires. L'article 76 de la loi du 3 mai 1841 renvoie sur ce point à une loi du 30 mars 1831 qui est toujours en vigueur. L'économie de cette loi consiste à distinguer une indemnité provisionnelle, fixée par experts avant la prise de possession par l'administration, et une indemnité définitive fixée après la prise de possession, pour laquelle fixation, d'après l'article 76 de la loi du 3 mai 1841, on rentre dans la voie normale du jury d'expropriation ; la propriété est transférée par jugement du tribunal. La procédure comporte une déclaration d'urgence.

Cette procédure a beaucoup servi pendant la guerre de 1914, non seulement pour les travaux entrepris par le gouvernement français, mais pour ceux de nos alliés anglais et américains. Elle a été encore assouplie par une loi du 28 mai 1915 et appliquée à l'aménagement de lieux de sépulture pour les soldats des armées françaises et alliées par la loi du 29 décembre 1915 et la loi du 12 août 1919 a prorogé pendant cinq ans à partir de la cessation des hostilités (23 oct. 1919)

---

(1) Si l'existence matérielle d'un de ces actes ou bien l'existence matérielle de l'enquête qui a dû précéder l'arrêté de cessibilité est contestée, le tribunal judiciaire qui doit vérifier cette existence matérielle avant de prononcer le jugement d'expropriation est juge du fait. On a tranché, par cette distinction entre l'existence matérielle des actes et leur validité, les difficultés de compétence qui pourraient s'élever entre les deux autorités (L. 3 mai 1841, art. 2 et 14).

(2) A partir du jugement d'expropriation, les incidents auxquels donne lieu la procédure normale d'expropriation se règlent devant le tribunal civil, par exemple les contestations relatives aux offres réelles et à la prise de possession par l'administration ; il en est de même des difficultés que peuvent susciter les cessions amiables. La compétence judiciaire est tellement bien assise pour le contentieux des cessions amiables qu'elle tient en échec la compétence administrative dans l'hypothèse où des travaux ont été stipulés comme condition de la cession ; ces travaux, quoique exécutés sur le domaine public, perdent la qualité de travaux publics et le contentieux n'en est point porté au conseil de préfecture (Confl., 15 mars 1850, *Ajasson de Grandsagne*; 24 juill. 1880, *Latham*; 20 nov. 1880, *Thuillier*. Cf. Aucoc, *Conférences*, 3ᵉ édit., n° 860). De même aussi des difficultés que peuvent susciter les engagements que administration prend parfois devant le jury d'expropriation (Cons. d'Ét., 6 avril 1906, *Ministre des Travaux publics*).

l'application de l'article 76 à tous les travaux publics dont l'urgence aura été prononcée par décret (1).

N° 2. — De l'expropriation indirecte (2).

Le fait que le contentieux de l'expropriation pour cause d'utilité publique est devenu judiciaire a eu une grande importance ; il a donné naissance à la théorie de l'expropriation indirecte, toute favorable à la protection de la propriété privée, et qui a inspiré tantôt des dispositions particulières de loi, tantôt des décisions de jurisprudence. La théorie est la suivante : toutes les fois qu'en fait l'administration, au cours d'une opération quelconque, s'est emparée d'un terrain appartenant à un particulier et qu'il en est résulté, pour le propriétaire, une *dépossession* à la fois *définitive* et *totale*, accompagnée d'une *emprise* ou d'une *occupation définitive* de la part de l'administration, les réclamations d'indemnité sont de la compétence judiciaire ; l'expropriation pour cause d'utilité publique n'étant au fond qu'une dépossession définitive et totale avec transfert de propriété entourée d'une certaine procédure protectrice, et les tribunaux judiciaires étant compétents, ils doivent l'être *a fortiori* lorsqu'il y a dépossession définitive et totale et transfert de propriété sans procédure ou avec des procédures moins protectrices (3).

---

(1) Il est à remarquer que la loi du 30 mars 1831 et, par conséquent, toutes celles qui s'y réfèrent, visent des travaux accomplis par *occupation temporaire* aussi bien que par expropriation. De telle sorte que, dans ces hypothèses d'urgence, l'occupation temporaire peut être employée à l'établissement d'ouvrages provisoires, ce qui n'est pas sa fonction normale (V. *infra, Travaux publics*).

La loi de 1831 ne vise que des travaux *de fortification*, et l'article 76 de la loi du 3 mai 1841 aussi, mais l'article 1er de la loi du 28 mai 1915 étend cette législation, pendant la durée des hostilités, à *tous les travaux publics urgents*.

(2) Saulayille, *De l'occupation définitive sans expropriation*.

(3) Il faut la *dépossession définitive et totale* accompagnée de l'*annexion au domaine* pour différencier l'expropriation des occupations temporaires ou même des dommages permanents qui sont la conséquence des travaux publics, mais qui n'entraînent pas de dépossession définitive, ou bien pas de dépossession totale, ou bien pas d'annexion au domaine.

Il est bon de se rappeler que, primitivement, l'expropriation a été considérée comme un dommage résultant des travaux publics (Aucoc lui maintient encore cette qualification traditionnelle) ; ce n'est que depuis la loi du 8 mars 1810 que la séparation s'est faite entre ces deux matières, parce que le contentieux de l'une était attribué aux tribunaux judiciaires, tandis que le contentieux de l'autre restait aux tribunaux administratifs et que, dès lors, il a fallu différencier la dépossession définitive et totale du simple dommage. La dépossession définitive s'oppose au dommage résultant de l'occupation temporaire ; la dépossession totale s'entend par rapport à toutes les utilités de la propriété et s'oppose au dommage permanent résultant de travaux publics qui ne détruit que des utilités partielles de la propriété. De plus, il n'y a pas expropriation si, le propriétaire étant dépossédé, l'administration n'acquiert pas la propriété, si par conséquent la propriété est purement et simplement détruite ; ainsi la

Cette théorie a été appliquée par la loi elle-même : 1° A la dépossession définitive qui résulte de l'effet des plans d'alignement dressés pour l'élargissement ou le redressement des chemins ou des rues des villes (1); 2° à celle qui résulte des décisions des conseils généraux ou des commissions départementales fixant la largeur des chemins vicinaux (2); 3° à celle qui résulte, en certains cas, de l'établissement des lignes télégraphiques et téléphoniques (3); 4° à celle qui résulte d'une occupation temporaire en matière de mines prolongée pendant plus d'une année (4).

Elle a été étendue par la jurisprudence à diverses hypothèses et, d'une façon générale, elle est appliquée lorsque le propriétaire, par suite d'une opération administrative quelconque, a subi une dépossession définitive et totale (5).

---

suppression d'établissements dangereux de première classe ne saurait être assimilée à une expropriation. Mais la propriété doit-elle toujours être acquise par l'administration en vue de son domaine public ? A notre avis, oui, puisqu'elle doit être acquise en vue d'une affectation à l'utilité publique et que, dans notre opinion, tout objet affecté à l'utilité publique est dépendance du domaine public. Ce qui est sûr, dans tous les cas, c'est que l'expropriation indirecte n'est jamais réalisée que par annexion au domaine public; il n'y a point expropriation indirecte par annexion au domaine privé (Cf. Garsonnet, *op. cit.*, n° 12).

(1) Loi du 16 septembre 1807, article 50, interprétée en ce sens, bien qu'antérieure à la loi de 1810, qui posa le principe de la compétence judiciaire (Avis Cons. d'Ét., 7-20 août 1839; 1ᵉʳ avril 1841). Le transfert de propriété qui résulte de l'effet des plans d'alignement diffère de celui qui résulte de l'expropriation, d'abord en ce qu'il est opéré non pas par autorité de justice, mais par acte administratif, ensuite en ce que le paiement de l'indemnité n'est pas préalable à la prise de possession; l'indemnité est fixée par le jury. Cf. p. 670.

(2) L. 21 mai 1836, art. 15. — Ici encore, l'indemnité n'est pas préalable à la prise de possession et elle est fixée par le juge de paix du canton, après expertise. Cf. p. 654.

(3) L. 28 juill. 1885, art. 13. — Ici, l'indemnité est préalable à la prise de possession, mais réglée par le juge de paix après expertise; la dépossession définitive résultant surtout de ce que les travaux pénètrent à l'intérieur des maisons (Confl., 24 fév. 1893, *L'hospitalier*).

(4) L. 27 juill. 1880, art. 43. — Ici, l'indemnité est réglée par les tribunaux de première instance.

(5) La théorie est appliquée par la jurisprudence : 1° A l'emprise qui résulte d'un acte de délimitation d'une dépendance du domaine public naturel, rivage de la mer ou lit d'un fleuve (V. p. 665); 2° à celle qui résulte de l'exécution de travaux publics, lorsque l'ouvrage public a été *mal planté*, c'est-à-dire à tort établi en tout ou en partie sur une propriété privée (Confl., 26 mai 1894, *de Gasté*; 29 juin 1895, *Sanières*; Trib. de la Seine, 16 juill. 1896, *Cauvin*); 3° à celle qui résulte de l'interdiction permanente d'exploiter une mine située sous une voie ferrée, ou de l'interdiction faite à un propriétaire de relever le niveau d'une maison pour que la manœuvre d'un pont tournant demeure possible (Confl., 5 mai 1878, *Houillères de Saint-Étienne*; Cons. d'Ét., 29 déc. 1860 et 9 fév. 1865, *Letessier*). Ces deux dernières hypothèses sont singulièrement voisines de la théorie des dommages permanents résultant des travaux publics et l'on sait que, dans les cas de dommage permanent, le contentieux relève du conseil de préfecture. Ce qui a fait pencher la balance en faveur de la théorie de l'expropria-

Section III. — Les travaux publics (1).

Observations préliminaires. — Les travaux publics constituent une *opération administrative en vertu de laquelle des ouvrages publics sont construits, aménagés, entretenus, réparés et même exploités pour le compte des administrations publiques par des procédés qui sont des variétés du louage d'ouvrage, mais dans des conditions qui impliquent certaines réquisitions et parfois certaines créations réglementaires de services.*

Il y a possibilité de distinguer dans la matière des travaux publics deux éléments : *l'opération de travaux publics* avec ses diverses procédures d'exécution (expropriation, adjudication, marché de travaux, concession, etc.) et le résultat de cette opération, qui est *l'ouvrage public*. En effet, les conséquences des travaux publics se rattachent, les unes à l'opération, les autres à l'existence même de l'ou-

---

tion indirecte et du contentieux judiciaire, c'est que le sous-sol de la voie et l'espace au-dessus de la maison avaient été vraiment annexés aux ouvrages publics ; il y avait eu véritablement une appropriation par l'administration et par conséquent une sorte de transfert de possession joint à la dépossession définitive du propriétaire, tandis que le dommage permanent ne suppose qu'une privation de jouissance (Cf. Laferrière, *Juridiction administrative*, t. I, p. 543. V. d'ailleurs, sur la théorie de l'expropriation indirecte, S., 1896, III, p. 33, et ma note).

Et, d'une façon générale, lorsque le propriétaire, par suite d'une opération administrative quelconque, a subi une dépossession définitive (Cons. d'Ét., 15 juill. 1898, *Beilon c. Compagnie des eaux du Ragas* ; 7 juin 1902, *Parazols*). Seulement, dans ces hypothèses, la propriété de l'immeuble n'est transférée à l'administration que par le jugement du tribunal civil qui statue sur l'indemnité ; jusque-là l'administration n'avait que la possession. Sur ces hypothèses, qui sont en réalité très délicates, V. une excellente note de M. Mestre, sous Cass., 2 fév. 1909, S., 12. 1. 577, *Préfet de la Corse c. Casanova*. V. aussi Sanlaville, *op. cit.*

Le Conseil d'État a même manifesté l'intention d'étendre la théorie à d'autres formes de propriété que la propriété corporelle immobilière, par exemple à la propriété industrielle dans le cas où, par une concurrence déloyale, l'administration aurait dépossédé l'inventeur de son brevet (Cons. d'Ét., 31 juill. 1896, *Carré*), et cela a été consacré par le Tribunal des conflits (Confl., 30 mars 1912, *Hennebique*). Elle peut, en effet, être étendue à toute forme de propriété et elle fournit une base à la compétence judiciaire pour toute atteinte au droit de propriété qui va jusqu'à la dépossession définitive (sur la portée de cette jurisprudence relativement nouvelle qui donne une situation privilégiée aux droits qui revêtent la forme d'une propriété et qui entraîne en certains cas des compétences parallèles, V. p. 37, *l'atteinte au droit de propriété*).

(1) *Bibliographie* : Tarbé de Vauxclairs, *Dictionnaire des travaux publics*, 1835 ; Husson, *Législation des travaux publics*, 1841 ; Aucoc, *Conférences*, 3ᵉ édit., t. II, nᵒˢ 568 et s. ; Perriquet, *Les travaux publics*, 1883 ; Christophle et Auger, *Traité des travaux publics*, 2ᵉ édit., 1890 ; Debauve, *Dictionnaire administratif des travaux publics*, 1892 ; A. des Cilleuls, *Origines et développement du régime des travaux publics en France* ; Léchalas, *Manuel de droit administratif, Service des ponts et chaussées*, 2ᵉ vol., 1888-1898 ; Poliquet, *Recueil des lois, ordonnances, décrets concernant les services du ministère des Travaux publics* ; Enou, *Les travaux publics*. V. *infra*, *Cahier des clauses et conditions générales*.

vrage : les offres de concours, les réquisitions d'occupation temporaire sont des incidents de l'opération proprement dite ; les marchés ou les concessions de travaux publics sont des modes d'exécution de l'opération ; au contraire, les dommages occasionnés par les travaux aux personnes et aux propriétés tendent, de plus en plus, à se rattacher directement à l'ouvrage public.

Mais si, pour la commodité de l'exposition, les deux éléments de l'opération et de l'ouvrage peuvent être séparés, il ne faut pas oublier cependant qu'ils font partie d'une même matière, les *travaux publics*, et que toute cette matière donne lieu à un contentieux global, de la compétence du conseil de préfecture en premier ressort, du Conseil d'État en appel (L. 28 pluv. an VIII, art. 4, nos 2 et 3). Ce contentieux est de pleine juridiction et très compréhensif ; y rentre tout ce qui est mode d'exécution ou conséquence de l'opération, tout ce qui est conséquence de l'existence de l'ouvrage public, à la condition d'intéresser de près ou de loin la responsabilité pécuniaire de l'administration (1).

Le contentieux des travaux publics, tant par l'importance des affaires qui sont jugées tous les ans que par la quantité des principes qui ont été posés par une jurisprudence vieille de trois siècles (car les grands travaux remontent au règne de Henri IV et ont été de la compétence des intendants et du conseil du roi avant d'être de celle des conseils de préfecture et du Conseil d'État), est le premier des contentieux administratifs. Les travaux publics eux-mêmes, tant par la gravité des intérêts dont l'administration prend la responsabilité que par la nature très spéciale des rapports qui s'y nouent entre elle et le personnel des entrepreneurs de travaux ou des concessionnaires, ou même la masse des administrés, peuvent être considérés comme le type des opérations administratives accomplies pour l'exécution des services publics (2).

---

(1) Et cela, non seulement pour les travaux de l'État, mais pour ceux de toutes les administrations publiques, car il est à remarquer que, tandis que les marchés de fournitures des départements et communes sont laissés à la compétence judiciaire, leurs marchés de travaux publics ont été revendiqués par la compétence administrative (Cf. Aucoc, *op. cit.*, n° 701 ; Laferrière, *op. cit.*, t. II, p. 124). Sous l'ancien régime, le contentieux des travaux publics appartenait aux intendants ; pendant la Révolution, il fut partagé entre les directoires de département et les ministres ; la loi du 28 pluviôse an VIII l'attribua aux conseils de préfecture, dans des termes un peu obscurs, mais qu'une interprétation traditionnelle a tournés au profit de la compétence exclusive de ces conseils (V. Laferrière, *op. cit.*, t. I, p. 172, 190 et s.).

Comme exemple de travaux qui n'intéressent pas la responsabilité pécuniaire de l'administration et où le conseil de préfecture est déclaré incompétent, V. Cons. d'Ét., 11 nov. 1910, *Bernard*.

(2) Voici quelques développements sur cette idée que l'opération de travaux publics est le type de l'opération administrative :

I. — Le contentieux de l'opération administrative est essentiellement un conten-

§ 1. — De l'ouvrage public et des conséquences juridiques qu'entraîne son existence. — Les dommages et accidents.

A. *Définition de l'ouvrage public.* — Tout immeuble construit ou aménagé pour le compte de l'administration publique et en vue d'un

tieux de l'indemnité. Or, il n'est pas douteux que les travaux publics ne créent une sorte d'atmosphère juridique spéciale dont la vertu se traduit par deux phénomènes liés l'un à l'autre, les *indemnités pour dommages* et la *dénaturation* qui transforme en droits à indemnités pour dommages les diverses prétentions qu'auraient à faire valoir contre l'administration les intéressés. Il ne serait pas difficile de montrer que, dans les rapports de l'administration et de l'entrepreneur de travaux, toutes les prétentions de celui-ci se convertissent en demandes d'indemnité, mais il sera préférable de choisir nos exemples dans les rapports de l'administration avec les administrés, dans la matière des dommages à la propriété. — La générosité progressive avec laquelle la jurisprudence administrative accorde des indemnités à tous ceux qui ont souffert préjudice dans leur propriété, par suite de l'exécution des travaux publics, est bien connue. En aucune autre circonstance elle ne se montre aussi évidente. Mais ce que l'on a moins remarqué, c'est la *dénaturation* systématique des rapports juridiques qu'entraîne cette pratique constante des indemnités. — Voici, par exemple, que, par suite de l'aménagement d'une caserne, toutes les eaux ménagères de celle-ci se trouvent déversées sur une propriété privée qui, par la situation naturelle des lieux, n'était pas exposée à les recevoir (Confl., 4 déc. 1897, *Charreyron*); en réalité, il y a établissement d'une servitude et le véritable recours du propriétaire serait l'action négatoire par laquelle il ferait cesser l'écoulement des eaux; cette action négatoire est supprimée et transformée en un recours en indemnité. Voici, maintenant, qu'un droit de passage primitivement établi sur une voie ferrée est supprimé par des travaux ultérieurs, l'action confessoire tendant au rétablissement de la servitude est remplacée par un recours en indemnité (Confl., 1er août 1896, *Préfet de la Manche*). De même, si par suite d'un travail public il est apporté un trouble à la possession, l'action possessoire pour obtenir la cessation du trouble est convertie en une simple action en indemnité (Confl., 2 mars 1901, *Veuve Lacaille*). — Dans ces trois hypothèses, la « dénaturation » s'explique parce qu'il faut que l'opération de travaux publics s'exécute malgré les résistances des particuliers; elle joue, en somme, le même rôle que l'expropriation, elle détruit des droits préexistants pour les remplacer par un droit à indemnité. Mais voici des hypothèses où le même phénomène aboutira à créer le droit à indemnité là où l'administré n'aurait pu faire valoir aucun autre moyen de droit contre l'administration et ce sera véritablement une faveur. Ç'a été le cas des indemnités accordées aux riverains des cours d'eau lorsque des villes captaient des sources, alors que la législation antérieure à la loi du 8 avril 1898 ne reconnaissait à ces riverains aucun droit sur la source (V. p. 500 et s. l'histoire de ce mouvement de jurisprudence). Ç'a été le cas des indemnités accordées pour refus d'alignement ou refus de permission de bâtir, lorsque ces refus peuvent être considérés comme motivés par une opération de travaux publics et, par suite, comme des dommages résultant de travaux publics, alors qu'en toute autre occasion ces refus, simples décisions de police, ne donnaient aucun droit à indemnité. Cons. d'Ét., 3 août 1900, *Ville de Paris c. dame Sanoner* (V. dans S., 1902. 3. 41, ma note sur l'histoire de ce développement de jurisprudence).

II. — La théorie de l'opération administrative suppose que l'exécution des services publics est en soi une opération juridique; or, la vérité de ce postulat se trouve démontrée par les travaux publics qui sont à la fois une opération juridique et l'exécution d'un service public. En effet : 1° il existe des services publics chargés d'une façon constante de la préparation, de la direction, de l'exécution des travaux publics,

usage public ou d'un service public a le caractère *d'ouvrage public* (1).

1° Il s'agit d'un *immeuble* construit ou aménagé. A la vérité, la loi ne précise nulle part la nature matérielle de l'objet qui doit être créé par l'opération de travaux publics, mais l'esprit des textes, la jurisprudence, la pratique administrative imposent l'idée de l'immeuble : c'est un pont, une voie ferrée, un bâtiment, qui sont construits sur le sol et deviennent l'accessoire du sol; c'est un jardin public aménagé (Cons. d'Ét., 12 mai 1912, *Dorville*) ; c'est une canalisation établie dans le sol, un arbre planté, une hausse mobile scellée sur un barrage (Cons. d'Ét., 18 janv. 1901, *Juteau*).

Bien évidemment, les matériaux qui entrent dans la construction d'un ouvrage sont en soi des objets mobiliers, mais il y a un travail de pose qui les incorpore au sol et, une fois posés, ils sont immeubles (2).

Les objets mobiliers qui ne seront jamais incorporés au sol, quelque importants qu'ils soient, n'ont pas la qualité juridique *d'ouvrages publics;* ainsi, par exemple, les navires de guerre construits par des entrepreneurs privés, même sous la surveillance des agents de l'État, ne sont pas des ouvrages publics et l'opération de leur construction n'est pas un marché de travaux publics, mais un simple marché de fournitures (3) ;

il y a un ministère des Travaux publics et toute une administration des travaux publics; 2° cette administration fait exécuter des travaux *en régie*, c'est-à-dire comme un service ; même quand la construction a été confiée à un entrepreneur, l'exécution de cette entreprise est, par une intervention constante des ingénieurs, rendue aussi *analytique* que celle d'un service public (V. *infra*) ; enfin, quand l'exécution s'opère par concession, le concessionnaire reste chargé de l'exécution d'un service d'exploitation qui, à des points de vue nombreux, est un service public ; 3° tout ouvrage public construit devient l'objet de services d'entretien et d'exploitation qui sont des services publics et qui entraînent, soit des dommages de travaux publics, soit des marchés de travaux publics (Confl., 17 avril 1886, *O. Carrol;* 17 juin 1899, *Préfet de Vaucluse;* Cons. d'Ét., 17 janv. 1896, *Fidon et fils;* 21 avril 1899, *Duez*).

(1) Il suit de là que *toute dépendance immobilière du domaine public* a le caractère *d'ouvrage public*, actuellement ou virtuellement, et que, par suite, tout travail d'aménagement ou d'entretien sur une dépendance du domaine public est un travail public (Confl., 10 nov. 1900, *Espitalier*, S., 1901. 3. 33 et ma note ; Cons. d'Ét., 26 juill. 1901, *Commune des Tourettes;* Confl., 16 janv. 1911, *Rozan*).

(2) Les lignes télégraphiques et téléphoniques sont des ouvrages publics, puisque les fils, une fois posés, sont attachés au sol et deviennent immeubles (V. Cons. d'Ét., 1er mai 1891, *Anglo-american Gie;* 7 mai 1909, *Cie The Spanish*).

(3) On peut se demander si des constructions immobilières certainement incorporées au sol, mais destinées à ne pas durer, ont bien le caractère d'ouvrages publics, par exemple les constructions provisoires d'une exposition publique.—Il y a eu des décisions contradictoires (Cons. d'Ét., 4 juill. 1884, *François*, et 30 juin 1893, *Cauvin-Yvôse;* 15 mai 1903, *Bied*). Mais, finalement, l'affirmative a été admise implicitement par Cons. d'Ét., 19 mai 1906, *Ministre du Commerce*, et 11 mai 1906, *Ministre du Commerce*. De plus, lorsque l'entreprise d'une exposition publique est concédée, l'opération est interprétée comme une concession de travaux publics (Cons. d'Ét., 24 fév. 1905, *Claret*).

2° Il faut que l'immeuble soit construit et aménagé pour le compte d'une administration publique et en vue d'un service public ou d'un usage public.

Un immeuble construit pour le compte d'un simple établissement d'utilité publique n'a pas qualité d'ouvrage public (Cons. d'Ét., 19 janv. 1860, *Schulters*); tandis que des travaux exécutés pour le compte d'un établissement public, tel que la Légion d'honneur, ont le caractère de travaux publics (Cons. d'Ét., 5 août 1901, *Aclocque*).

Un immeuble construit ou aménagé pour le domaine privé d'une personne administrative n'a pas le caractère d'ouvrage public, ainsi les routes forestières, qui sont uniquement pour l'exploitation des forêts de l'État, ne constituent pas des ouvrages publics (Cons. d'Ét., 2 mai 1873, *Barliac*; 4 avril 1884, *Barthe*) (1).

En revanche, tous les bâtiments construits pour les services publics sur un terrain appartenant à une administration publique ont la qualité d'ouvrages publics, ce qui rend bien difficile à soutenir l'opinion des auteurs qui ne veulent pas les ranger dans le domaine public; cela a été décidé pour les hôtels des postes (Confl. 28 nov. 1903, *Gensollen*), même pour des manufactures de tabacs, même pour des établissements thermaux appartenant à l'État (Cons. d'Ét., 17 mai 1855, *Klotz*; 8 mars 1866, *Lafond*), même pour une maison que la commune loue au département comme caserne de gendarmerie (Cons. d'Ét., 20 fév. 1880, *Ville de Cannes*) (2).

(1) Un café-restaurant construit sur un terrain municipal n'est pas un ouvrage public (Cons. d'Ét., 18 avril 1863, *Moncharville*), non plus un casino municipal (Cass., 18 juin 1912, *Ville de Biarritz*), parce que ces bâtiments ne sont pas construits en vue d'un service public. De même, les travaux accomplis dans des maisons particulières ou dans des terrains particuliers n'ont pas le caractère de travaux publics, même s'ils sont exécutés par le concessionnaire d'un service public, par exemple l'installation des colonnes montantes du gaz dans les maisons privées (Cons. d'Ét., 23 mars 1907, *Roumens*).

(2) Il est inacceptable que des bâtiments qui ont le caractère d'*ouvrages publics* soient des dépendances du domaine privé, alors qu'on pose en principe que les constructions faites pour le domaine privé ne constituent pas des ouvrages publics, — il est inacceptable que des bâtiments qui ont le caractère d'ouvrages publics ne soient pas des dépendances du domaine public, alors qu'on pose en principe que toute dépendance du domaine public est un ouvrage public (Confl., 10 nov. 1900, *Espitalier*); entre la notion de l'ouvrage public et celle de la dépendance du domaine public, il y a une force d'attraction mutuelle qui triomphera de toutes les résistances et de tous les partis pris.

Observations. — De ce que l'ouvrage public est en vue d'un usage public, il s'ensuit qu'il n'est pas directement construit pour créer une plus-value ou une richesse, les travaux publics ont un but de police plutôt qu'un but économique.

Cette observation est importante, car, à certains égards, l'ouvrage public est une plus-value et entraîne des plus-values et nous aurons l'occasion de tirer les conséquences de ce fait; il est donc intéressant de noter que la plus-value n'est pas le but direct de l'ouvrage public, que lorsqu'elle se produit elle est *indirecte*. A ce point de vue, il faudra mettre à part certains travaux dits d'*intérêt collectif* qui n'ont d'autre

B. *De l'individualité de l'ouvrage public et des conséquences juridiques qui peuvent être rattachées à son existence.* — L'ouvrage public ainsi défini a une très forte individualité juridique :

D'une part, lorsqu'un immeuble a déjà la qualité d'ouvrage public, tous les travaux d'entretien ou de réparation qui seront engagés à son égard constitueront des opérations de travaux publics (Cons. d'Ét., 27 janv. 1899, *Joly*, S., 99. 3. 121 et ma note; Confl., 10 nov. 1900, *Espitalier*, S., 1901. 3. 33 et ma note); même certains marchés d'exploitation (Cons. d'Ét., 17 janv. 1896, *Fidon et fils* ; 21 avril 1899, *Duez*, marchés pour assurer le halage sur des canaux de navigation) seront des marchés de travaux publics (1).

D'autre part, les dommages ou accidents qui se produiront à l'occasion de l'ouvrage, soit par simple voisinage, soit par vice de construction, soit par défaut d'entretien, soit pour faits d'entretien ou d'exploitation, seront considérés comme des conséquences directes de l'ouvrage public, toutes les fois qu'ils ne pourront pas l'être comme résultant de fautes de service (Confl., 29 fév. 1908, *Feutry* ; 11 avril 1908, *de Fonscolombe* ; 23 mai 1908, *Joullié*, S., 1909. 3. 49 et ma note).

L'indemnité sera à la charge de l'administration propriétaire de l'ouvrage, alors même qu'elle n'aurait pas la direction du service de construction et d'entretien (exemple, des chemins vicinaux de grande communication et d'intérêt commun, dont les communes n'ont pas la direction et pour lesquels cependant elles sont responsables des dommages parce qu'elles en sont propriétaires) (Cons. d'Ét., 10 mai 1901, *Préfet du Puy-de-Dôme* ; 11 déc. 1903, *Mourre*).

De la distinction des dommages et des accidents : — Il y a lieu de distinguer les dommages et les accidents résultant des travaux publics pour les raisons suivantes :

1° Les dommages n'intéressent que les propriétés qui sont dans le voisinage de l'ouvrage public, ce sont des *dommages à la propriété* ; au contraire, les accidents peuvent intéresser des personnes aussi bien que des propriétés;

---

but que la création d'une plus-value directe pour des terrains privés et qui ont reçu artificiellement la qualité de travaux publics (V. *infra*, *Associations syndicales*).

Il n'est pas indispensable qu'on puisse nommer la personne administrative pour le compte de laquelle l'ouvrage est construit, il suffit que ce soit certainement pour le compte de l'administration publique et pour un service public (Cons. d'Ét., 27 janv. 1899, *Joly*, S., 99. 2. 121, ma note); il n'est même pas indispensable que l'ouvrage soit construit par une opération administrative régulière, ni avec des deniers publics, il peut avoir été construit par un gérant d'affaires (Cons. d'Ét., 16 déc. 1881, *Commune de Plaisance* ; Confl., 15 janv. 1881; *Dasque*; 19 janv. 1895, *Réaux*).

(1) Il est à noter, d'ailleurs, que l'élément de l'exploitation de l'ouvrage se trouve depuis longtemps annexé à l'opération de travaux publics dans le cas de la concession de travaux publics; nous verrons aussi plus loin que certains dommages d'exploitation sont considérés comme résultant des travaux publics.

2° Les dommages résultant des travaux publics sont de la catégorie des *dommages causés sans faute*, dont nous avons indiqué les traits généraux, *supra*, p. 381 et s. et pour lesquels l'indemnité se fonde sur le principe de l'enrichissement sans cause.

Les accidents résultant des travaux publics seront, au contraire, presque toujours de la catégorie des *fautes de service* dont nous avons indiqué les traits généraux, *supra*, p. 373 et s. et pour lesquels l'indemnité se fonde sur l'idée de faute.

Nous allons donc séparer les hypothèses de dommages et les hypothèses d'accidents :

Article I. — *Des dommages permanents résultant de travaux publics* (1).

On peut définir ces dommages *des inconvénients de voisinage d'un caractère exceptionnel résultant, pour une propriété, de la proximité d'un ouvrage public et entraînant une dépréciation de cette propriété* (2).

Pour donner lieu à indemnité, le dommage permanent résultant de travaux publics doit répondre à cette définition et, par conséquent, doit présenter les conditions suivantes :

1° Il faut qu'il y ait une propriété ou un objet de propriété dépréciés;

2° Il faut que cette dépréciation provienne d'un dommage matériel imputable directement au voisinage de l'ouvrage public;

3° Il faut que l'inconvénient de voisinage soit exceptionnel par rapport aux inconvénients que l'on est tenu de supporter sans indemnité dans le droit commun de la propriété privée.

---

(1) Au point de vue des textes, cette théorie s'appuie sur la loi des 7-11 septembre 1790 et sur l'article 4 de la loi du 28 pluviôse an VIII. Ces textes ne visaient que les torts de dommages causés par les entrepreneurs de travaux publics et le dernier attribuait compétence au conseil de préfecture : ils excluaient les torts et dommages provenant du fait de l'administration, qui sont pourtant plus importants, et cela, semble-t-il, parce qu'à un moment donné le contentieux en avait été réservé au ministre. La jurisprudence du Conseil d'État n'a pas tardé à unifier la matière en assimilant le fait de l'administration au fait de l'entrepreneur (V. sur cette histoire assez obscure Laferrière, *op. cit.*, t. I, p. 193, et t. II, p. 159).

G. Piot, *Des dommages causés par la construction des chemins de fer (Annales des chemins de fer*, 1907).

(2) On peut entendre en un sens très large les dommages à la propriété résultant des travaux publics; on y a pendant longtemps compris l'expropriation pour cause d'utilité publique et M. Aucoc, dans ses conférences de droit administratif, suit encore cette méthode; on peut aussi y comprendre les dommages résultant de l'occupation temporaire. Mais il n'est pas d'une bonne méthode de rattacher aux travaux publics, en qualité de dommages, des résultats qui dépendent directement d'une procédure spéciale telle que l'expropriation ou telle que la procédure d'occupation temporaire. En tout cas, ce ne sont point des dommages résultant de la seule existence de l'ouvrage public, tandis que les dommages permanents résultent de son seul voisinage.

Reprenons l'examen de ces conditions :

I. *Il faut qu'il y ait un objet de propriété déprécié* :

a) *Un objet de propriété.* — Bien entendu, les objets de propriété du droit civil remplissent les conditions voulues, notamment les maisons, les champs : observons seulement qu'il ne s'agit que des immeubles; même une construction qui n'aurait été élevée qu'en vertu d'un droit d'emphytéose justifierait l'indemnité, si elle était dépréciée par un dommage permanent.

Les établissements créés sur le domaine public par les concessionnaires de travaux publics justifient aussi le droit à indemnité, s'ils sont dépréciés par un dommage permanent (V. pour les compagnies de tramways et de chemins de fer, Cons. d'Ét., 13 mars 1903, *Compagnie d'Orléans*; 5 fév. 1905, *Compagnie des omnibus*, et ma note dans S., 1908. 3. 65, sous Cons. d'Ét., 25 mai 1906, *Ministre du Commerce* (1).

L'indemnité peut, d'ailleurs, être demandée par un locataire aussi bien que par le propriétaire, pour privation de jouissance (Cons. d'Ét., 27 mars 1912, *Truchot*);

b) *Un objet de propriété déprécié d'une façon permanente.* — Il n'est pas nécessaire que la dépréciation soit de nature à durer autant que l'ouvrage public; il y a des exemples nombreux d'indemnités accordées pour des dommages à la propriété non perpétuels (2); il n'est pas non plus nécessaire que la dépréciation puisse s'apprécier en une fois; il y a des exemples de dommages annuels, appréciés annuellement (3); mais, *il faut qu'il y ait dépréciation*, c'est-à-dire il faut que le dommage ait touché la propriété assez profondément pour que celle-ci ait été dépréciée dans sa valeur vénale ou dans sa valeur locative pendant un temps appréciable. Cela écarte le cas des gênes légères et temporaires qu'entraîne l'exécution de certains travaux de voirie qui peuvent faire subir certaines pertes commerciales, mais qui ne causent pas une dépréciation du magasin (Cons. d'Ét., 12 janv. 1900,

---

(1) Les usines créées sur les cours d'eau navigables ou flottables en vertu d'une permission, lorsque leur force motrice est diminuée par des travaux accomplis en rivière par l'administration, n'ont point de droit à indemnité, si les travaux ont été autorisés par un acte en la même forme que la concession de prise d'eau, parce qu'alors il y a modification ou suppression de la prise d'eau; autrement, il y a indemnité (art. 45, L. 8 avril 1898; Cons. d'Ét., 26 janv. 1912, *Lucq*).

(2) Cons. d'Ét., 12 janv. 1894, *Dufourcq*, inondations provisoires provoquées par la construction d'un chemin de fer; Cons. d'Ét., 13 juill. 1870, *Foulon*, indemnité de chômage à une usine pour le chômage pendant l'exécution des travaux.

(3) Surtout dans la matière des dommages aux usines (V. Picard, *Traité des eaux*, t. II, p. 407). Cons. d'Ét., 4 mars 1914, *Ville de Paris*, plusieurs espèces; à remarquer ce considérant : « Considérant que la ville de Paris n'a pas indiqué un programme de travaux de nature à faire cesser le préjudice. » Cette circonstance semble déterminer l'indemnité définitive.

Société parisienne, plusieurs espèces). C'est, d'ailleurs, affaire d'appréciation (Cons. d'Ét., 11 avril 1913, *Ville de Grenoble*);

II. *Il faut que la dépréciation provienne d'un dommage matériel imputable directement au voisinage de l'ouvrage public*. — Pour établir cette relation avec certitude, trois conditions sont nécessaires : le dommage doit être imputable à l'ouvrage public; il en doit résulter d'une façon directe; il doit être matériel :

a) Le dommage doit *être imputable à l'ouvrage public*, mais peu importe qu'il provienne de son seul voisinage, des inconvénients de son exploitation, des manœuvres qu'il nécessite (1); du moment que le dommage se produit *à l'occasion de l'ouvrage public*, il est un incident des travaux publics et le conseil de préfecture est compétent (2).

(1) Pour les dommages d'exploitation, V. Confl., 20 juill. 1894, *Stractmann*; 2 mars 1901, *Varin-Champagne*; 6 mars 1903, *Tramways de Cannes*, trépidations occasionnées par des manœuvres de locomotives; Laferrière, *op. cit.*, t. II, p. 163.
Pour les préjudices occasionnés par la manœuvre même de l'ouvrage, V. Confl., 17 juin 1899, *Préfet de Vaucluse* : « Considérant que la vanne dont il s'agit est un organe indispensable du canal de Pierrelatte *qui est un travail public*..., que le préjudice dont la réparation était poursuivie ne pouvant résulter que du fonctionnement normal d'un travail d'utilité publique, la demande aurait dû être portée devant le conseil de préfecture. » Mais la Cour de cassation maintient ici la compétence judiciaire (Cass., 10 déc. 1901, *Syndicat de Lacombe*; 25 nov. 1902, *Collet*, S., 1903. 1. 529).

(2) Est-il nécessaire que l'ouvrage public ait été construit dans une opération de travaux publics régulièrement engagée ? La question mérite d'être examinée au point de vue de la compétence et au point de vue du fond : a) au point de vue du fond, le dommage étant certain demande une réparation quelle que soit la façon dont l'ouvrage a été construit; b) au point de vue de la compétence, on peut hésiter. M. Laferrière affirme que « la compétence du conseil de préfecture a pour cause le caractère administratif que des actes de l'autorité publique impriment aux travaux. Si donc ces actes font défaut, la compétence administrative manque de base et l'autorité judiciaire reprend ses droits. Il en résulte que les dommages provenant des travaux effectués sans déclaration d'utilité publique, sans autorisation des autorités compétentes, n'ont pas, au regard des tiers, le caractère de dommages causés par des travaux publics et ne relèvent pas de la juridiction administrative », et il cite un certain nombre d'arrêts (Confl., 19 nov. 1881, *Duru*; 29 nov. 1879, *Balas*; 9 mai 1901, *Lebel*). — Il me paraît qu'il faut faire des distinctions nombreuses : 1° si les travaux ont été entrepris sans aucune procédure et s'il est commis des voies de fait sur la propriété, incontestablement l'autorité judiciaire est compétente (Cour de Paris, 25 fév. 1893, *Gazette franco-belge*, S., 96. 2. 82 ; Confl., 28 janv. 1899, *Maire de Périgueux*. Cf. art. 16; L. 29 déc. 1892, et V. *supra*, p. 63); 2° s'il a manqué à l'opération non pas les autorisations administratives, mais la déclaration d'utilité publique, des décisions nombreuses et importantes affirment que cela ne fait pas obstacle à la compétence du conseil de préfecture (Cons. d'Ét., 5 mai 1893, *Sommelet*; 26 janv. 1894, *Lebreton*; Confl., 26 mai 1894, *de Gaste*; 3 avril 1897, *Larinier*); 3° l'objet de la discussion se rétrécit donc et il ne s'agit plus que de travaux qui, n'ayant pas été régulièrement *autorisés*, ne constituent cependant pas des voies de fait; encore faut-il ajouter que le Conseil d'État se refuse à diviser les compétences si, des travaux ayant été autorisés, l'autorisation a été dépassée (Cons. d'Ét., 13 mars 1885, *Ville de Limoges*, 4 juill. 1890, *Berlin*). Mais l'affaire cessera d'être de la compétence du conseil de préfecture si le

Pour le cas où le dommage s'est produit dans un cas de force majeure, V. la note (1).

b) Le dommage doit être *direct* ou *actuel*, il n'y a pas d'indemnité pour un dommage simplement *éventuel*. La jurisprudence du Conseil d'État a réalisé ici une distinction qu'il a fallu introduire par une loi dans la matière de l'expropriation (L. 21 avril 1914 ; V. *supra*). Comme exemple de dommage indirect ne justifiant pas l'indemnité, on cite d'ordinaire le cas de travaux de voirie exécutés dans un quartier d'une ville, appelant dans ce quartier le mouvement et le commerce et faisant baisser les loyers des magasins dans les autres quartiers ; il est clair que mille faits intermédiaires s'interposent dans la chaîne des motifs qui amènent le déplacement des commerçants, la preuve en est que les rues nouvelles auraient pu *ne pas réussir ;* le dommage, s'il se produit, sera donc indirect ou éventuel comme ne se rattachant pas nécessairement au voisinage de l'ouvrage (Cons. d'Ét., 27 fév. 1862, *Fröhlich ;* Cons. d'Ét., 10 fév. 1903, *Ministre des Travaux publics ;* 25 juin 1913, *Lassez*) ;

c) Le dommage doit être *matériel*, c'est-à-dire que la dépréciation de la propriété doit provenir de ce que l'objet de propriété est touché, par la proximité de l'ouvrage public, dans un de ses éléments physiques, dans son mode d'exploitation ou dans ses accès. La jurisprudence est très large sur cette condition de la matérialité (2).

dommage a été causé par un ouvrage construit par l'entrepreneur en dehors de ce qui est prévu au devis (Cons. d'Ét., 23 janv. 1903, *Syndicat du canal du Vernet*).

Il y a donc bien des chances pour que la juridiction administrative finisse par se reconnaître compétente pour les dommages, même lorsque les travaux n'ont pas été régulièrement autorisés, toutes les fois qu'ils ne constitueront pas une voie de fait caractérisée. La raison est qu'il y a un ouvrage public et que les dommages se rattachent à l'existence de l'ouvrage plutôt qu'à l'opération (V. en effet Cons. d'Ét., 3 fév. 1899, *Bonnin ;* Confl., 2 mars 1901, *Lacaille*).

(1) Le dommage est-il imputable à l'ouvrage public lorsqu'il se produit dans un cas de force majeure ? Par exemple, le remblai d'un chemin, malgré les ponts dont il est coupé, fait obstacle à l'écoulement des eaux, lors d'une crue exceptionnelle et provoque une inondation. Le dommage est-il le fait de l'ouvrage public ou le fait de la force majeure ? La jurisprudence du Conseil d'État distingue selon que les ouvrages publics construits ont pu aggraver ou non les dommages qu'aurait entraînés par lui-même l'événement de force majeure. Cons. d'Ét., 26 déc. 1902, *Ville de Pont-l'Évêque*. Cf. Sanlaville, *Des dommages résultant des inondations, Gazette des tribunaux*, 15 avril 1910.

(2) Par exemple l'immeuble, par suite de la construction de l'ouvrage public, est placé en contre-bas et exposé à des infiltrations (Cons. d'Ét., 8 août 1896, *Commune de Nogent-sur-Marne*) ; il est assujetti au déversement d'eaux ménagères (Confl., 4 déc. 1897, *Charreyron*) ; ou d'eaux industrielles d'une manufacture de l'État (Cons. d'Ét., 26 avril 1901, *Seyve*) ; ses accès ont été rendus difficiles ; il y a des émanations d'un égout (Cons. d'Ét., 6 juill. 1906, *Ville des Sables-d'Olonne*) ; il y a le voisinage d'un urinoir public (Cons. d'Ét., 6 juill. 1906, *Mottant ;* 23 nov. 1906, *Bichambis*, S., 907. 3. 65 et ma note), ou celle des mauvaises odeurs résultant d'épandages (Cons. d'Ét., 3 mai 1911, *Combès*), etc. ; rien ne prouve mieux la largeur d'esprit de la jurispru-

III. Le dommage doit présenter le caractère d'un inconvénient de voisinage *exceptionnel* par rapport au droit commun des relations de voisinage dans la propriété privée, sans quoi réparation ne serait pas due. Il faut observer, en effet, que, lorsque l'administration exécute un travail public, elle est propriétaire du terrain sur lequel l'ouvrage public se construit, qu'en cette qualité elle est recevable à user du droit commun de la propriété, qui est qu'un propriétaire peut causer à ses voisins, par des travaux accomplis chez lui, de ces dommages légers qu'on appelle inconvénients de voisinage ordinaires. Tout autre que l'administration eût pu infliger aux voisins ces dommages, ils n'ont donc pas à se plaindre (Cons. d'Ét., 29 mars 1901, *Desmons*).

dence que l'hypothèse curieuse du moulin à vent masqué par un remblai de chemin de fer qui a intercepté le vent régnant dans la contrée (Cons. d'Ét., 31 janv. 1890, *Bompoint-Nicot*, l'atteinte matérielle portée à l'héritage n'apparaît pas au premier abord, car le moulin est à une certaine distance du remblai; elle existe cependant, à la réflexion on s'aperçoit que le droit de propriété ne doit pas être entendu d'une façon étroite, qu'il ne donne pas seulement droit à la jouissance du sol, mais aussi au soleil, aux pluies, aux vents, en un mot à toutes les circonstances atmosphériques qui constituent le climat normal de la région); cependant il y a des limites et, par exemple, il n'est pas dû d'indemnité par cela seul que l'agrément d'une propriété est diminué par des ouvrages qui masquent la vue (Cons. d'Ét., 10 fév. 1905, *Ministre des Travaux publics*; Laferrière, *op. cit.*, t. II, p. 158. Cf. Christophle et Auger, *Traité des travaux publics*, t. II, nos 2274 et s.). Sur ce point, une évolution se dessine (V. Cons. d'Ét., 9 juill. 1913, *Compagnie des tramways électriques de Lille*, établissement devant la façade d'une maison d'un filet métallique qui gêne la vue et diminue la valeur locative). Par cette condition de l'atteinte matérielle portée à l'un des éléments physiques de la propriété, les dommages permanents se trouvent très voisins de l'expropriation. Cela est si vrai que, jusqu'à la loi du 8 mars 1810 qui rendit judiciaire le contentieux de l'expropriation, celle-ci, étant prononcée par l'autorité administrative, était considérée couramment comme un dommage résultant des travaux publics. A l'inverse, depuis la loi de 1810, au commencement du XIXe siècle, les tribunaux civils ont essayé d'attirer à eux le contentieux des dommages permanents, sous le prétexte que ces dommages n'étaient que des cas d'expropriation. La question a été finalement tranchée par une distinction entre la théorie de l'expropriation indirecte et celle des dommages permanents fondée sur ce qu'il n'y a d'expropriation indirecte que lorsqu'il y a dépossession totale d'un objet de propriété, et que, de plus, l'administration s'est emparée de cet objet de propriété; les cas de dépossession partielle résultant d'une opération de travaux publics sont de simples dommages permanents que la dépossession porte sur de véritables servitudes du d oit civil, qu'elle porte sur des droits réels reconnus par le droit administratif ou qu'elle porte seulement sur des facultés légales qui constituent l'exercice du droit de propriété (Confl., 29 mars 1850, *Thomassin*; 30 avril 1850, *Mallez*, etc.; Cass., 29 mars 1852, *Préfet d'Alger*; 10 août 1854, *Préfet du Puy-de-Dôme*. Cf. Laferrière, *op. cit.*, t. II, p. 161; Confl., 26 mars 1894, *de Gasté*, S., 96. 3. 33 et ma note; 7 juin 1902, *Durand de Fontmagne*).

Il en est de même de la dépossession totale, si l'administration n'a pas profité du terrain, parce qu'alors on ne se trouve pas en présence de la transmission de propriété qui caractérise l'expropriation au même titre que la dépossession totale (Confl., 11 janv. 1873, *Paris-Labrosse*).

L'inconvénient de voisinage devienn t *exceptionnel* et le dommage *spécial* dans deux hypothèses :

a) En soi, le fait dommageable n'a rien d'exceptionnel, mais les travaux qui l'ont entraîné, par leur nature, leur dimension ou leur importance, dépassent les proportions de ceux qui sont dans les usages courants de la propriété : voici, par exemple, une source qui a été coupée au détriment d'un héritage voisin dans une opération de travaux publics; si c'est en creusant un puits pour le service de la gare, il n'y a pas droit à indemnité, car ce travail est dans les usages courants de la propriété (Cons. d'Ét., 28 janv. 1864, *Meslier*); si c'est en creusant un tunnel, il a droit à indemnité, car ce travail n'est pas dans les usages courants (Cons. d'Ét., 11 mai 1883, *Chamboredon*, arrêt de principe rendu sur les conclusions de M. Levavasseur de Précourt; Cons. d'Ét., 14 mars 1902, *Chemins de fer du Sud*); la plupart des dommages permanents qui donnent lieu à indemnité sont de cette catégorie (1).

b) Mais voici une seconde hypothèse qu'à mon avis il faut prévoir : l'ouvrage public n'est pas d'un genre exceptionnel, c'est le fait dommageable lui-même qui est exceptionnel, il consiste en quelque servitude imposée qui, dans le droit commun, ne pourrait pas l'être, par exemple, la servitude d'écoulement des eaux pluviales (Confl., 4 déc. 1897, *Charreyron*) (2).

Caractères du contentieux des dommages permanents (3).

---

(1) A noter que le captage d'une source pour adduction d'eau est considéré par lui-même comme un travail anormal (Cons. d'Ét., 4 août 1902, *Sillé-le-Guillaume*; 21 déc. 1906, *Ville de Carpentras*).

(2) Fût-elle imposée à l'occasion de la construction d'une gare de chemin de fer, qui est une simple maison, cette servitude, par cela même qu'elle serait imposée, constituerait un dommage spécial, qui sans doute ne saurait s'analyser en une servitude du droit civil, mais qui justifie l'indemnité (Cons. d'Ét., 25 mai 1906, *Société des Docks de Marseille*, et conclusions Romieu, Lebon, p. 480). Le dommage permanent se conçoit dans les relations de la vie civile elle-même, parce qu'il se rattache à l'idée de l'usage exorbitant du droit de propriété (V. Ripert, *De l'exercice du droit de propriété*, Aix, 1902; Geny, *Risques et responsabilité*, Revue trimestrielle de droit civil, 1902, p. 812; Charmont, *L'abus du droit*, eod., p. 113; Planiol, *Droit civil*, t. II, nos 870 et s.) (V. *supra*, *Établissements dangereux*).

(3) D'abord, à qui l'indemnité est-elle demandée? A l'administration et à l'entrepreneur quand il y en a un; leur responsabilité est solidaire et le paiement peut être demandé par la victime à l'administration pour le tout (Cons. d'Ét., 18 janv. 1911, *Ville de Denain*). C'est essentiellement un contentieux de l'indemnité et, en principe, le juge ne peut point condamner l'administration à la démolition de l'ouvrage qui occasionne le dommage; cependant, depuis quelques années, le Conseil d'État marque une tendance à ouvrir une alternative, l'administration paiera une indemnité, à moins qu'elle ne préfère démolir (Cons. d'Ét., 10 mars 1905, *Berry et Chevallard*); et même, dans une hypothèse où le dommage était d'une nature particulièrement délicate et particulièrement facile à faire disparaître, le Conseil d'État a employé le procédé des dommages-intérêts moratoires (Cons. d'Ét., 23 nov. 1906, *Bichambis*, S., 1907. 3.

ARTICLE II. — *Des accidents aux personnes subis à l'occasion de l'ouvrage public.*

Des accidents peuvent être causés aux personnes, soit dans la construction de l'ouvrage, soit par suite de l'écroulement de l'ouvrage, soit par défaut d'entretien, soit dans la manœuvre même de l'ouvrage. Ces accidents doivent être réparés, soit par l'administration, soit par l'entrepreneur, et il ne s'élève qu'une difficulté de compétence. L'accident est-il imputable à *l'ouvrage public*, auquel cas c'est le conseil de préfecture qui est compétent en première instance; est-il imputable à une faute du service administratif chargé de la surveillance de l'ouvrage, auquel cas c'est le Conseil d'État qui est compétent en première instance (1)?

Une décision du Tribunal des conflits du 31 mai 1913, *Riby*, apporte un commencement de solution très important; elle sépare nettement les accidents qui résultent d'un fait d'exploitation de ceux qui se rattachent à l'exécution ou à l'entretien de l'ouvrage public. Les premiers sont imputables au service de l'exploitation, constituent des faits de service et relèvent du tribunal civil ou du Conseil d'État; les seconds continuent d'être imputables directement à l'ouvrage public et relèvent du conseil de préfecture (Cf. Cons. d'Ét., 16 juillet 1914, *Babouet*).

De plus, le conseil de préfecture sera encore compétent lorsque l'accident aux personnes sera connexe à un dommage permanent occasionné à une propriété (Cons. d'Ét., 1ᵉʳ juin 1906, *Ville de Paris*).

---

65 et ma note). — Notons qu'ici, par exception, on ne suit pas la procédure de la décision préalable et que l'indemnité peut être demandée directement au conseil de préfecture. D'ailleurs, la compétence du conseil de préfecture est tellement fondamentale qu'elle s'applique même dans le cas où le dommage aurait été prévu dans une convention amiable d'expropriation comme un danger contre lequel la propriété devait être garantie, et cela parce que l'obligation d'indemniser n'a pas sa source dans la seule convention (Cons. d'Ét., 25 fév. 1910, *Canal de Pierrelatte*).

L'indemnité due pour dommages permanents peut être compensée en partie avec la plus-value que les travaux ont pu, par ailleurs, apporter à l'immeuble (Cons. d'Ét., 10 janv. 1916, *Blanchot*).

(1) En fait, dès le début, l'ouvrage public, avec sa forte individualité, exerça ici son attraction, on se demanda uniquement si l'accident s'était produit *à l'occasion de l'ouvrage public*, de telle sorte que ce fut la compétence du conseil de préfecture, spécialement indiquée par toutes les conséquences de l'ouvrage public, qui tendit à s'emparer de toute la matière des accidents, pour les travaux publics départementaux ou communaux aussi bien que pour les travaux d'État.

Les arguments pour défendre la compétence du conseil de préfecture furent les suivants : 1° l'article 4 de la loi du 28 pluviôse an VIII, qui est le texte fondamental, ne distingue pas entre les dommages aux propriétés et les dommages aux personnes; 2° la juridiction du conseil de préfecture est plus expéditive, parce que, s'il y a des

§ 2. — De l'opération de travaux publics et de ses conséquences.

ARTICLE I. — *Définition de l'opération de travaux publics.*

Il y a opération de travaux publics toutes les fois qu'il y a *construction, réparation, œuvre d'entretien* (1), *exploitation d'un ouvrage public, exécutée pour le compte d'une administration publique et sous sa surveillance, par un negotium qui relève du louage de service.*

Distinction de l'opération de travaux publics et de l'opération de fournitures. — Ces deux opérations diffèrent profondément : 1° parce que la fourniture a pour objet des meubles et l'opération de travaux publics des immeubles (V. *supra*, p. 722) ; 2° ensuite, parce que l'opération de travaux publics s'analyse en l'exécution d'un travail actuel sur le chantier de l'administration, en vue d'un ouvrage public, c'est-à-dire en un *louage d'ouvrage ;* tandis que la fourniture s'analyse

---

actes administratifs à interpréter, le conseil peut les interpréter, tandis qu'un tribunal judiciaire serait obligé de surseoir et de renvoyer pour l'interprétation devant l'autorité compétente. Ce second argument est déterminant pour Laferrière, *op. cit.*, t. II, p. 165 et s.

Le Conseil d'État, après certains revirements de jurisprudence (V. l'histoire de ces revirements dans Laferrière, *loc. cit.* ; dans le Recueil Lebon, sous Confl., 9 janv. 1874, *Fontaine*, p. 21 ; dans les conclusions du commissaire du gouvernement David dans l'affaire *Lambert* du 19 déc. 1873, J. P. à sa date), se fixa dans le sens de la compétence du conseil de préfecture, sans aucune distinction (Cons. d'Ét., 30 nov. 1877, *Lefort ;* 7 août 1866, *Garcia ;* 9 mars 1894, *Daubard*, S., 95. 3. 105 ; 11 mai 1894, *Ferreng et Pascaud ;* 21 juin 1895, *Cames*, S., 97. 3. 33 ; 27 nov. 1903, *Compagnie des chemins de fer de l'Est ;* 26 janv. 1906, *Georges Hélie ;* 30 mars 1906, *Société d'Onnaing ;* 8 mars 1907, *Commune de Félix Faure*). Le Tribunal des conflits faisait certaines distinctions et, notamment, pour les demandes d'indemnités d'ouvriers contre les entrepreneurs, renvoyait à l'autorité judiciaire (Confl., 15 mai 1886, *Bordelier*) ; la loi du 9 avril 1898 sur les accidents du travail, qui est certainement applicable aux entreprises administrativement surveillées (art. 13, § 5) et qui entraîne compétence judiciaire (art. 15 et s.), obligera d'adopter la jurisprudence du Tribunal des conflits).

En réalité, la vraie raison de l'incorporation de tout ce contentieux des indemnités pour accident au contentieux des travaux publics fut qu'à le traiter comme affaire de fautes de service on risquait de le voir aller, dans bien des cas, aux tribunaux judiciaires ; mais aujourd'hui que la compétence administrative est solidement établie dans toutes les hypothèses de faute de service, aussi bien dans l'administration départementale ou communale que dans l'administration de l'État, il est loisible de revenir à la réalité des choses et de rattacher le contentieux de l'accident survenu à l'occasion des travaux publics à la faute d'un service ; ce contentieux n'en sera pas moins administratif, mais ce ne sera plus un contentieux de travaux publics et le conseil de préfecture ne sera plus compétent en premier ressort. C'est la doctrine des trois arrêts du Tribunal des conflits, *Feutry, de Fonscolombe* et *Joullié*, précités (confirmés par Cons. d'Ét., 28 juill. 1911, *Compagnie La Foncière*), et qu'il faut maintenant interpréter par la décision sur conflits *Riby* rapportée au texte.

(1) Les marchés d'enlèvement des boues et immondices sont considérés comme marchés de travaux publics, sans doute parce qu'ils sont relatifs à l'entretien de la voie (Cons. d'Ét., 30 mars 1906, *Ville de Paris*).

en la livraison à l'administration d'objets fabriqués antérieurement chez le fabricant ou en la prestation de services par le procédé *de la vente* et sans qu'il en résulte de participation directe à la construction ou même à l'exploitation d'un ouvrage public (1).

Principe du lien indivisible. — Dans une situation complexe, si un élément de travail public se trouve mêlé à un élément de fournitures et que l'opération soit indivisible, l'élément du travail public entraîne la compétence du conseil de préfecture pour toute l'opération, même pour l'élément de fournitures (2).

Formes de l'opération. — La question de savoir s'il y a opération de travaux publics est complètement indépendante de celle de savoir par quels procédés l'opération est réalisée. Nous verrons plus loin que les travaux publics peuvent être exécutés par trois procédés principaux : en régie, par entreprise, par concession ; sous ces procédés divers, c'est toujours la même opération qui se retrouve. Mais il n'y a pas de procédure commune. C'est dire, par là même, que

---

(1) Ainsi, l'entreprise d'un service comme celui des transports maritimes, même si un monopole est concédé, ne peut point être considérée comme une opération de travaux publics, parce qu'il n'y a aucun ouvrage public en cause, c'est une fourniture ; même solution pour un service d'autobus. C'est évidemment parce que l'élément d'exécution de service ou de travail par louage d'ouvrage n'est nettement saisissable que lorsqu'il est matérialisé en l'exécution ou même en l'exploitation d'un ouvrage public, que les concessions de service ne sont soumises au régime des travaux publics que s'il y a en même temps concession d'un ouvrage public (V. *infra*, *concession de travaux publics*).

(2) Ainsi dans les marchés d'éclairage au gaz, il y a à la fois travail public pour la canalisation, ouvrage public qui doit revenir à la ville, et fourniture pour le gaz ; tout le contentieux est dévolu au conseil de préfecture, bien que les marchés de fournitures des communes relèvent de la compétence judiciaire (Cons. d'Ét., 12 juill. 1889, *Union des gaz*). Ainsi encore, les entreprises de pompes funèbres sont considérées comme entreprises de travaux publics et donnent lieu à des marchés de travaux publics, bien qu'il n'y ait pas d'autre travail sur le domaine public que celui nécessaire à l'inhumation et bien qu'il y ait d'autres éléments de fourniture (L. 28 déc. 1904). La loi du 28 décembre 1904, qui a laïcisé le service des pompes funèbres, autrefois confié aux fabriques et consistoires, a distingué un service extérieur et un service intérieur. Le service extérieur des pompes funèbres est devenu municipal, il peut être exécuté en régie ou par entreprise. De plus, les anciens usages doivent être respectés, avec l'autorisation du conseil municipal, là où les familles assurent l'enterrement (V. L. et Cons. d'Ét., 8 juill. 1910, *Commune de Lardy*).

Quelquefois même, on établit artificiellement le lien indivisible, afin de soumettre une opération au contentieux des travaux publics ; c'est ainsi que les entreprises de travail dans les prisons, qui, en soi, sont des marchés de fournitures, car l'entrepreneur fournit des matières premières aux prisonniers, sont, dans les cahiers des charges, compliquées de certaines obligations d'entretien aux bâtiments des prisons à la charge de l'entrepreneur, afin de créer l'élément de travail public qui entraînera toute la compétence (Cons. d'Ét., 23 déc. 1881, *Alléguen*. Cf. 26 déc. 1903, *Brunelat* ; 12 fév. 1904, *Thevenet*. V. sur ce point, S., 93. 3. 81 ; ma note. Cf. Laferrière, *op. cit.*, t. II, p. 123).

l'opération de travaux publics n'a pas de procédure sacramentelle (1).

Par qui l'opération peut être entreprise. — Avec ses pleins effets, avec ses conséquences d'occupation temporaire, de contribution de la plus-value, etc., l'opération de travaux publics ne peut être entreprise que par une administration publique ou par son concessionnaire. Elle peut l'être par toute administration publique, même par

(1) La jurisprudence nous révèle même un cas de marché de travaux verbal (Cons. d'Ét., 12 juill. 1907, *Ministre des Travaux publics c. Lavalle*), il s'agit de l'entreprise du dragage de partie d'un canal. On ne peut donc pas soutenir qu'elle doive être précédée d'une déclaration d'utilité publique ou d'enquêtes. Si ces formalités l'accompagnent souvent, c'est parce qu'elles sont nécessitées par des raisons à côté, par exemple par une expropriation, par un plan d'extension, par la constitution d'une association syndicale, etc., mais non pas par l'opération de travaux publics elle-même; ou bien c'est qu'elles sont prescrites par des circulaires ministérielles (par exemple en matière de dérivation de sources, *Circulaire Agriculture* du 20 juin 1904 et du 5 août 1908). Cette doctrine que la déclaration d'utilité publique n'est pas un élément nécessaire du travail public a été confirmée par un arrêt du Conseil d'État du 5 mai 1893, *Sommelet c. Commune de Rolampont*. Une ville a acheté à l'amiable une source, les travaux de canalisation pour l'adduction de l'eau ont été accomplis sur une voie publique, il n'y a pas eu d'expropriation, partant pas de déclaration d'utilité publique, un simple même arrêté de voirie; il y a quand même travail public et application de la théorie des dommages permanents au profit des usiniers privés d'eau (*Adde* Cons. d'Ét., 26 janv. 1894, *Lebreton*; Confl., 26 mai 1894, *de Gasté*; 3 avril 1897, *Larinier*; 6 avril 1900, *Montfort-l'Amaury*; Cass., 1er déc. 1902, *Commune de la Falotte*, S., 1905. 1. 182).

On ne peut pas non plus soutenir, d'une façon absolue, que l'opération doive être autorisée par l'administration supérieure; il y a des conséquences de l'opération qui ne peuvent se produire sans une autorisation, par exemple, l'occupation temporaire ne saurait avoir lieu sans un arrêté du préfet. Elle constituerait une voie de fait (Confl., 12 mai 1877, *Gagne*; 9 mai 1892, *Lebel*; Cons. d'Ét., 6 fév. 1891, *Guillaumin*). La loi du 8 avril 1898 sur le régime des eaux, articles 4, 6, 38, semble aussi subordonner certains effets des travaux exécutés en rivière à la condition qu'ils seront *légalement ordonnés ou légalement exécutés*; mais, dans les rapports entre l'administration et les entrepreneurs, le fait que les travaux auraient été irrégulièrement engagés ne modifie ni la nature des engagements, ni la compétence. Confl., 9 janv. 1881, *Dasque*; Cons. d'Ét., 16 déc. 1881, *Commune de Plaisance*; Confl., 29 juin 1895, *Réaux*; 2 juill. 1913, *Romanet*; la théorie des dommages permanents semble aussi s'appliquer en cas de travaux irrégulièrement engagés (V. p. 727).

Il n'est pas nécessaire qu'il y ait un contrat formel pour l'exécution des travaux, il se déduit des circonstances (Cons. d'Ét., 20 mars 1912, *Bardy*).

Enfin, il n'est même pas sûr que l'opération perde complètement son caractère si, au lieu d'être décidée par l'administration pour le compte de laquelle elle est exécutée, elle est engagée par un gérant d'affaires; par exemple, si un curé a fait rebâtir lui-même le presbytère pour le compte de la commune, la compétence du conseil de préfecture pourra subsister à certains égards, notamment sur la question de savoir si le gérant d'affaires a droit au remboursement de ses frais. V. les arrêts cités plus haut, *Dasque*, etc. et *Adde* Cass., 6 juin 1893, *Fabrique de Maroué*, S., 95. 1. 185 et la note.

En sens inverse, la déclaration d'utilité publique ne signifie pas nécessairement qu'un travail est public. Exemple des chemins de fer miniers, lorsqu'un service public des transports ne leur a pas été imposé (Cons. d'Ét., 2 déc. 1904, *d'Aboncourt*; Confl., 3 juin 1905, *id.*).

un établissement public. Il n'y a jamais eu de difficulté pour les départements; il y en a eu pour les communes, sous la Restauration, malgré l'article 30 de la loi du 15 septembre 1807; il y en a eu surtout pour les établissements publics, mais aujourd'hui toutes les controverses sont abolies (Cf. Laferrière, *op. cit.*, t. II, p. 124; Aucoc, *op. cit.*, n° 701; Cons. d'Ét., 18 fév. 1914, *Granvelle*, travaux de la Caisse d'épargne nationale).

Comme contre-partie, il faut décider que les travaux qui ne sont pas exécutés pour le compte des personnes administratives n'ont pas le caractère de travaux publics, même s'ils sont exécutés pour le compte d'un établissement d'utilité publique (Cons. d'Ét., 19 janv. 1860, *Schulters*), même s'ils sont d'intérêt public, comme les travaux d'exploitation des mines ou des sources minérales privées (1).

Article II. — *Des incidents qui peuvent se produire comme conséquences de l'opération de travaux publics.*

Ces incidents sont : la réquisition d'occupation temporaire, les offres de concours, la contribution de la plus-value.

I. *De la réquisition d'occupation temporaire* (L. 29 déc. 1892) (2). — On appelle ainsi l'occupation d'une propriété privée, soit pour extraire

---

(1) A la vérité, le droit d'occupation temporaire est concédé pour faciliter l'exploitation de ces propriétés d'intérêt public, et, à notre avis, avec son caractère administratif, mais cela ne suffit pas à constituer l'opération de travaux publics.

(2) Il y a d'autres occupations temporaires : en matière d'exploitation de sources minérales (V. p. 511); en matière d'exploitation de mines (V. *infra*); à notre avis, c'est bien un droit administratif qui est ainsi concédé pour l'exploitation de ces propriétés d'intérêt public. Il y a surtout une autre espèce d'occupation temporaire en matière de travaux de fortifications et de travaux d'urgence qui sert à établir provisoirement de véritables ouvrages sur la propriété privée (V. *supra*, p. 716).

La loi du 29 décembre 1892 a refondu complètement la matière de l'occupation temporaire en cas de travaux publics, en s'inspirant visiblement des lois sur l'expropriation pour cause d'utilité publique; elle leur a emprunté, sauf la procédure qui reste administrative, presque toutes les règles de fond sur l'indemnité et même (art. 19) la clause de gratuité pour tous les actes auxquels donne lieu l'occupation temporaire. Les textes anciens étaient : l'ordonnance de Charles IX, 15 février 1566; les arrêts du conseil du roi, 3 octobre 1667, 3 décembre 1672, 22 juin 1706, 7 septembre 1755, 20 mars 1780 (maintenus en vigueur par la loi des 10-22 juill. 1791 sur la police municipale, art. 29, § 2, tit. I); la loi du 28 pluviôse an VIII, article 4, § 3; l'article 650 du Code civil, la loi du 16 septembre 1807, articles 55 et 56; la loi du 21 mai 1836 sur les chemins vicinaux, articles 17 et 18; la loi du 15 juillet 1845 sur la police des chemins de fer, article 3; le décret du 8 février 1888, spécial à l'occupation temporaire; la loi du 20 août 1881 sur les chemins ruraux, article 14.

Bibliographie : Féraud-Giraud, *Des dommages occasionnés à la propriété privée par les travaux publics*; Sanlaville, *De l'occupation définitive des propriétés privées* (Revue d'administration, 1888); Jousselin, *Servitudes d'utilité publique*; Delauney, *Les occupations temporaires*; Doussaud, *Commentaire de la loi du 29 décembre 1892*; Bourcart, *De l'occupation temporaire* (Revue d'administration, 1894, t. III, p. 257 et s.); Laferrière, *op. cit.*, t. II, p. 172 et s.

ou ramasser des matériaux, soit pour y fouiller ou faire des dépôts de terre, soit pour tout autre objet relatif à l'exécution de projets de travaux publics civils ou militaires (art. 3); cette occupation est temporaire en ce sens qu'elle ne conserve son caractère de réquisition que pendant cinq ans. Passé ce délai, ou bien elle se continue à l'amiable, ou bien le propriétaire réclame l'expropriation de son terrain (art. 9) (1).

Des divers cas d'application de l'occupation temporaire. — Le texte de l'article 3 est très général, il admet l'occupation temporaire pour « tout objet relatif à l'exécution des projets de travaux publics »; s'il énumère l'extraction, le ramassage de matériaux, les fouilles, les dépôts de terre, c'est à titre d'exemple. (2).

Pour quels travaux et en faveur de qui l'occupation temporaire est-elle applicable ? — D'après les anciens textes, l'occupation temporaire n'était expressément consacrée que pour les travaux de voirie; on discutait la question de savoir si elle s'appliquait aux travaux militaires ou bien encore aux travaux de construction de bâtiments; les articles 1 et 3 font cesser toute controverse, tous travaux publics, quelle qu'en soit la nature, donnent lieu à cette sorte de réquisition. Il faut ajouter : les travaux publics de toutes personnes administratives, des établissements publics aussi bien que de l'État, des départements ou des communes (3).

Du moment que l'occupation temporaire est exercée en vue de l'exécution de travaux publics, peu importe le caractère de l'agent

---

(1) On a souvent analysé le droit d'occupation temporaire en une sorte de servitude d'utilité publique. Cela est d'autant moins exact que ce droit ne se rattache point à l'ouvrage public une fois construit, considéré comme un fonds dominant, mais beaucoup plutôt à l'opération de travaux publics. Avec grande raison, M. Laferrière y voit une sorte de réquisition, *op. cit.*, t. II, p. 172 et s.

(2) L'extraction et les fouilles ont été le premier objet de l'occupation temporaire dans les textes anciens, le seul cas pour lequel on ait senti d'abord le besoin de régler une indemnité; puis est venue l'occupation pour ramassage de matériaux, pour dépôts, et enfin pour études préalables, qui avaient donné lieu à quelques difficultés dans la pratique; tous ces cas d'application se trouvent consacrés par la loi, car les études préalables sont visées dans l'article 1er. La loi de finances du 13 avril 1900, articles 19, 22, a appliqué la réquisition d'occupation temporaire aux travaux de triangulation, d'arpentage ou de nivellement faits pour le compte de l'État, des départements ou des communes et à l'installation des bornes ou signaux destinées à marquer les points trigonométriques et autres repères nécessaires à ces travaux.

(3) A la vérité, l'article 1er semble restreindre l'occupation temporaire aux travaux exécutés « pour le compte de l'État, des départements et des communes », mais cet article est relatif aux études préalables, tandis que l'article 3, relatif aux fouilles et dépôts de matériaux, véritables occupations temporaires, ne fait aucune restriction, par conséquent s'applique à toute opération de travaux publics (Cf. Bourcart, *op. cit.*, n° 42).

La loi du 29 octobre 1919 a même étendu l'occupation temporaire aux *travaux de reconstitution des régions libérées*.

qui se présente pour l'exercer, que ce soit un agent de l'administration exécutant le travail en règle, que ce soit un entrepreneur ou un concessionnaire, ou que ce soit un fournisseur de matériaux, sable ou cailloux (1).

Sur quels terrains s'exerce l'occupation temporaire. — Il y a trois sortes de terrains à distinguer : 1° les *maisons d'habitation* sont complètement exonérées de la servitude, même quand il s'agit d'études préalables ; 2° les terrains *clos et attenant à la maison d'habitation*, qui peuvent être envisagés comme un prolongement du domicile, sont exonérés de l'occupation temporaire en ce qui concerne les fouilles, dépôts de matériaux, etc. (art. 2) (2), mais non pas en ce qui concerne les études préalables ; dans ce dernier cas, l'introduction des agents peut avoir lieu cinq jours après notification au propriétaire (art. 1er) ; 3° enfin, les terrains qui ne sont pas à la fois clos et attenant à la maison d'habitation sont exposés à toutes sortes d'occupation temporaire après les formalités générales de publicité (Bourcart, *op. cit.*, n° 57).

Formalités de l'occupation temporaire. — Le décret du 8 février 1868 avait déjà imposé des formalités, mais il ne s'appliquait qu'aux travaux de l'administration des ponts et chaussées, la loi nouvelle a refondu la matière et a étendu les formalités à tous les travaux ; il y en a deux essentielles : 1° une autorisation régulière qui résulte d'un arrêté préfectoral et qui doit recevoir une publicité ; 2° une constatation préalable de l'état des lieux, indispensable au règlement de l'indemnité.

1° *L'arrêté préfectoral* indique les parcelles de terrain sur lesquelles portera l'occupation temporaire ; on peut le rapprocher de l'arrêté de cessibilité en matière d'expropriation, avec cette différence qu'il n'est point précédé d'une enquête : « Il indique les travaux en vue desquels l'occupation a lieu, la nature et la durée de l'occupation, la voie d'accès. Un plan parcellaire, désignant par une teinte les terrains à occuper, est annexé à l'arrêté, à moins que l'occupation n'ait pour but exclusif le ramassage de matériaux » (art. 3) (3).

---

(1) Il y avait eu des difficultés pour les fournisseurs, elles étaient tranchées en jurisprudence depuis un arrêt du Conseil d'État du 9 mai 1867, *Stackler* ; les articles 1 et 4 font cesser toute controverse par l'expression très générale de la « personne à qui l'administration délègue ses droits ». Ce peut être un fournisseur aussi bien qu'un entrepreneur. Mais il semble que cela écarte le sous-traitant dans le cas où le concessionnaire en emploie, car le sous-traitant n'est pas délégué par l'administration, à la différence du concessionnaire (Bourcart, *op. cit.*, n° 38). L'entrepreneur ne doit extraire des matériaux que pour l'opération dont il est chargé. S'il s'en appropriait pour les vendre ou autrement, il encourrait les amendes correctionnelles de l'article 16.

(2) Il faut que la clôture soit en bon état (Cons. d'Ét., 7 août 1911, *Borotra*).

(3) Le préfet envoie ampliation de son arrêté et du plan annexé au chef de service

Tout arrêté qui autorise des études ou une occupation temporaire est périmé de plein droit, s'il n'est suivi d'exécution dans les six mois de sa date (1).

2° *La constatation préalable de l'état des lieux* est prévue et réglée par l'article 7 ; le propriétaire, ou, à défaut, un représentant que le maire lui désigne d'office, doit se rencontrer sur les lieux avec le délégué de l'administration pour dresser un constat des lieux ; en cas de désaccord, la partie la plus diligente saisit le conseil de préfecture ; les travaux commencent tout de suite après le constat s'il a été fait d'un commun accord, sinon après la décision du conseil de préfecture (2).

Règlement de l'indemnité. — En cette matière, la loi nouvelle a visiblement calqué la loi sur l'expropriation, à cette différence près que le contentieux reste confié au conseil de préfecture (3).

---

compétent et au maire de la commune, le maire notifie l'arrêté au propriétaire du terrain, etc. (art. 4) ; en somme, le propriétaire intéressé reçoit notification de la partie de l'arrêté qui le concerne, c'est là le point essentiel. L'arrêté peut être aussi affiché dans la commune et inséré dans un journal de l'arrondissement (art. 12). Cette publicité générale dégage l'administration de la responsabilité qu'elle encourt, aux termes du même article 12, vis-à-vis des tiers qui pourraient avoir des droits sur l'indemnité payée au propriétaire. En cas de simple ramassage de matériaux, cette publicité générale suffit (art. 6). En cas d'introduction des agents pour études préalables dans les terrains autres que ceux clos et attenant aux maisons, même solution (art. 1er).

(1) Des recours contentieux ordinaires contre l'arrêté du préfet pourraient être formés devant le conseil de préfecture.

(2) Dans le cas où l'entrepreneur ou les agents de l'administration occuperaient le terrain avant l'accomplissement de ces formalités, il y aurait voie de fait et faute lourde autorisant des poursuites personnelles soit devant le tribunal civil, soit devant le tribunal correctionnel (V. *supra*, p. 35).

(3) Immédiatement après la fin de l'occupation temporaire des terrains et à la fin de chaque campagne, si les travaux doivent durer plusieurs années, la partie la plus diligente, à défaut d'accord amiable sur l'indemnité, saisit le conseil de préfecture pour obtenir le règlement de cette indemnité, conformément à la loi du 22 juillet 1889 (art. 13 à 25). Il s'agit du règlement de l'indemnité dans le cas normal d'occupation temporaire accomplie d'autorité ; s'il y avait eu consentement amiable, le contentieux serait judiciaire, il le serait également si l'occupation était irrégulière et aboutissait à une expropriation indirecte.

» L'action en indemnité des propriétaires ou autres ayants droit pour toute occupation temporaire de terrains, autorisée dans les formes prévues par la présente loi, est prescrite par un délai de deux ans à compter du moment où cesse l'occupation. Avant qu'il soit procédé au règlement de l'indemnité, le propriétaire figurant dans l'instance ou dûment appelé est tenu de mettre lui-même en cause ou de faire connaître à la partie adverse, soit par la demande introductive d'instance, soit dans un délai de quinzaine à compter de l'assignation qui lui est donnée, les fermiers, les locataires, les colons partiaires, ceux qui ont des droits d'usufruit ou d'usage tels qu'ils sont réglés par le Code civil, et ceux qui peuvent réclamer des servitudes résultant des titres mêmes du propriétaire ou d'autres actes dans lesquels il serait intervenu ; sinon il reste seul chargé envers eux des indemnités que ces derniers pourront réclamer » (art. 11).

Cette disposition est calquée sur la procédure d'expropriation, mais voici du droit

— « Dans l'évaluation de l'indemnité, il doit être tenu compte tant du dommage fait à la surface que de la valeur des matériaux » (1);
— « les matériaux n'ayant d'autre valeur que celle qui résulte du travail du ramassage ne donnent lieu à indemnité que pour le dommage causé à la surface » (art. 13).

Les articles 14 et 15 posent des règles analogues à celles de l'expropriation pour la compensation de la plus-value et pour les améliorations qui auront pu être faites à la veille de l'occupation temporaire (2).

Du caractère essentiellement temporaire de l'occupation. — Notre loi apporte une règle nette : d'une part, l'article 3, § 2, prescrit au préfet d'indiquer dans son arrêté un terme à l'occupation; d'autre part, l'article 9 décide que l'occupation ne peut être ordonnée pour plus de cinq ans et la sanction est efficace : les cinq ans passés, à moins d'accord amiable avec le propriétaire, « l'administration devra procéder à l'expropriation qui pourra aussi être réclamée par le propriétaire, dans les formes de la loi du 3 mai 1841 » (3).

II. *Des souscriptions volontaires et offres de concours.* — La personne administrative qui fait exécuter un travail public reçoit assez fréquemment des offres de concours provenant, soit de particuliers, soit d'autres personnes administratives qui ont intérêt à l'exécution du travail.

---

nouveau, une responsabilité subsidiaire de l'administration : « Néanmoins, en cas d'insolvabilité du propriétaire, les tiers dénommés à l'article précédent ont, pendant le délai déterminé par l'article 17, c'est-à-dire pendant deux ans à compter de la cessation de l'occupation, un recours subsidiaire contre l'administration ou la personne à laquelle elle a délégué ses droits, à moins que l'arrêté autorisant l'occupation n'ait été affiché dans la commune et inséré dans un journal de l'arrondissement » (art. 12). Ces précautions relatives aux tiers ayant droit à l'indemnité semblent excessives.

(1) Ainsi est abolie la distinction que faisait l'article 55 de la loi du 16 septembre 1807; entre le cas où il y avait une carrière déjà ouverte et celui où il n'y en avait point.

(2) L'indemnité est due, en première ligne, par l'entrepreneur qui a occupé le sol et l'article 18 donne aux intéressés le privilège des fournisseurs de la loi du 25 juillet 1891 sur les sommes déposées dans les caisses publiques. Mais, en cas d'insolvabilité de l'entrepreneur, recours subsidiaire contre l'administration.

(3) Un des inconvénients les plus grands de l'occupation temporaire, mal réglée par les textes anciens, était qu'il n'y avait point de terme fixé et que souvent, en fait, elle se transformait en occupation définitive. Sans doute, on soutenait que l'occupation définitive équivalait à expropriation, mais cette matière était pleine de difficultés.

Appréciation de la loi du 29 décembre 1892. — Elle est très protectrice de la propriété privée, elle renferme des innovations importantes, surtout sur la durée de l'occupation, mais par les formalités qu'elle impose, notamment vis-à-vis des tiers ayant droit à l'indemnité, et par les responsabilités qu'elle fait encourir à l'administration, on peut dire qu'elle rend peu pratique désormais ce droit qui a tant servi. L'administration préférera traiter à l'amiable pour toutes les fournitures de matériaux, sauf à aller les chercher plus loin; l'occupation temporaire ne servira plus guère que pour les chantiers et les voies d'accès.

Les offres de concours des particuliers peuvent être individuelles ou collectives. Les offres collectives se présentent sous forme de *listes de souscription* (exemple des souscriptions à la construction d'un bâtiment communal; exemple des souscriptions d'arrosage pour faciliter la construction d'un canal) (Cons. d'Ét., 24 mai 1901, *Danos*).

Les offres de concours des personnes administratives se présentent, soit sous la forme de *subventions* en argent, soit sous la forme de *garanties d'intérêts* des capitaux engagés dans l'entreprise, soit sous la forme *d'avances remboursables*. L'État emploie fréquemment cette dernière forme de concours pour venir en aide aux départements et aux communes; elle consiste en ce que l'État facilite les emprunts, en chargeant soit des caisses spéciales, soit la Caisse des dépôts et consignations, soit même son Trésor public, de prêter à des conditions très douces. Ainsi a-t-il été fait pour la construction des chemins vicinaux et pour celle des maisons d'école.

Les offres de concours constituent des contrats *sui generis* (1) : dès que l'offre est acceptée, celui qui l'a faite est lié et ne peut plus la retirer (Cons. d'Ét., 11 nov. 1903, *Département des Basses-Pyrénées*); il se peut même que l'acceptation intervienne valablement après le décès de celui qui a fait l'offre si les héritiers ne l'ont pas rétractée (Cons. d'Ét., 1er juill. 1898, *Martin; Villefranche-d'Albigeois*).

Mais l'offre ne lie que si c'est l'opération en vue de laquelle elle a été faite qui est réalisée (Cons. d'Ét., 16 mars 1900, *Delorme*; 14 janv. 1914, *Commune de Saint-Gence*), et aussi que si l'opération a été faite dans le délai indiqué (Cons. d'Ét., 10 mai 1901, *Largier*). En somme, l'offre peut être subordonnée à une condition formelle (Cons. d'Ét., 22 mai 1909, *Ville de Beaune* (2).

Toutes les contestations auxquelles peuvent donner lieu les offres de concours, fixation du chiffre de la subvention, question de savoir si les conditions imposées à l'administration ont été remplies, questions relatives au recouvrement, tout cela est de la compétence du conseil de préfecture. Cette solution a été admise par le Conseil

---

(1) Ce n'est pas une donation parce que l'auteur de l'offre a un intérêt personnel à l'exécution du travail; aussi les offres ne sont point traitées comme des libéralités soumises à autorisation (Cass., 14 avril 1863, *Bardet*; Tissier, *Dons et legs*, II, n° 354).

(2) La question la plus délicate est peut-être celle de savoir si l'offre de concours pour un travail public dont un immeuble privé doit bénéficier, par exemple pour un canal d'arrosage, a un caractère personnel ou bien si elle a un caractère réel et si les droits et obligations suivent l'immeuble primitivement occupé par celui qui a souscrit. En principe, les obligations sont personnelles au souscripteur (Cons. d'Ét., 9 mars 1906, *Gau-Bosc*, concl. de M. Romieu, Lebon, p. 224); par exception, les souscriptions d'arrosage pour faciliter la construction d'un canal sont considérées comme suivant l'immeuble, au moins tant que celui-ci bénéficie de l'arrosage (Cons. d'Ét., 24 mai 1901, *Danos*, précité).

d'État, d'abord, par une jurisprudence qui remonte à 1839 (20 avril 1839, *Préfet du Cher*), puis, après quelques résistances, par la Cour de cassation (20 avril 1870, *Roblin*), enfin par le Tribunal des conflits (16 mai 1874, *Dubois*). La raison est simplement que ces conventions sont intimement liées à l'opération de travaux publics (1).

III. *De la contribution de la plus-value.* — L'opération de travaux publics est entreprise pour la création d'ouvrages publics utiles à tous et les frais qu'elle entraîne sont également répartis sur tous par le procédé de l'impôt. Il ne serait pas juste qu'elle fût pour quelques-uns l'occasion de profits particuliers et exceptionnels. Et cependant, par la force des choses, dans beaucoup d'hypothèses, elle sera pour les propriétés privées situées dans un certain périmètre autour des ouvrages construits la cause d'une plus-value très sensible. Cela est surtout évident dans les travaux de voirie entrepris dans les villes ; les ouvertures de rues nouvelles, les travaux d'assainissement ou d'embellissement, font immédiatement monter dans des proportions notables la valeur des terrains à bâtir ou même des immeubles bâtis qui restent en bordure des voies nouvelles ou qui se trouvent dans le périmètre de tout un quartier.

L'idée d'un reversement de cette plus-value au profit de la communauté ou d'une contribution de cette plus-value à l'opération même qui est entreprise et qui la crée est déjà ancienne, et sa réalisation a été poursuivie par le législateur et par la jurisprudence par des moyens divers et avec des étapes historiques que nous allons retracer :

1° *La compensation de la plus-value avec l'indemnité d'expropriation :* la première idée qui se fit jour fut que, lorsqu'un propriétaire réclame une indemnité d'expropriation pour un terrain dont une opération de voirie entraîne l'emprise partielle et que, par conséquent, il subsiste une partie de ce terrain en bordure de la voie construite, l'administration peut opposer à la demande d'indemnité pour le terrain exproprié la compensation de la plus-value acquise par le terrain restant. Cette idée, consacrée d'abord par l'article 54 de la loi du 16 septembre 1807, l'a été ensuite par l'article 51 de la loi du 3 mai

---

(1) La compétence du conseil de préfecture s'étend même au cas où l'offre de concours consiste, non pas dans le paiement d'une somme d'argent, mais dans l'abandon gratuit d'un terrain sur lequel l'ouvrage sera édifié ; ainsi l'a décidé le Tribunal des conflits (27 mai 1776, *de Chargère*). Toutefois, le Tribunal des conflits fait une distinction, afin que le contentieux des travaux publics n'empiète pas sur ce qui est du domaine légitime de l'expropriation : si l'offre gratuite du terrain est postérieure à la déclaration d'utilité publique du travail, c'est une cession amiable, par conséquent un incident de la procédure d'expropriation réservé à la compétence judiciaire ; si elle est antérieure à la déclaration d'utilité publique et destinée à amener l'administration à entreprendre le travail, c'est une offre de concours. Cette jurisprudence est acceptée par le Conseil d'État (30 juill. 1887, *Guillaumin* ; 11 janv. 1890, *Veil*).

1841. Deux conditions sont imposées pour cette compensation; il faut : 1° que la plus-value soit immédiate; 2° qu'elle soit spéciale aux terrains en bordure.

Par une extension toute naturelle, la jurisprudence a appliqué cette *compensation de la plus-value avec l'indemnité* au cas des indemnités demandées pour dommages permanents résultant de travaux publics (V. *supra*, p. 731) (Cons. d'Ét., 3 avril 1903, *Chapon*; 12 juill. 1907, *Arnaudet*, etc.).

2° *La réquisition de la plus-value de l'article 30 de la loi du 16 septembre 1807.* — La loi du 16 septembre 1807, articles 30 et suivants, a organisé une procédure permettant la réclamation de la plus-value en dehors de toute question de compensation et lorsqu'elle est *notable*. Cette procédure s'ouvre par un règlement d'administration publique rendu sur le rapport du ministre de l'Intérieur après avoir entendu les parties intéressées. Elle pourrait être appliquée dans les villes aux travaux qu'entraînent l'assainissement et l'embellissement de tout un quartier (1). Elle est peu usitée et bien que, d'après la jurisprudence, elle puisse être employée après l'achèvement des travaux, on ne saurait trop conseiller, aux municipalités qui ont l'intention d'y recourir, de l'ouvrir avant le commencement des travaux, afin de ne pas placer les propriétaires intéressés dans une situation moins bonne que si les travaux s'exécutaient par association syndicale (2);

(1) Des *lois spéciales* ont autorisé des opérations d'assainissement dans certaines villes en utilisant, pour les ressources financières de l'opération, la contribution de la plus-value. V. pour le tout-à-l'égout à Paris, L. 10 juill. 1894 et, pour l'assainissement de Marseille, L. 24 juill. 1891. Cf. la très intéressante étude de notre collègue F. Moreau, *L'opération administrative de l'assainissement de Marseille* dans *l'Année administrative*, 1903, p. 43 et s.

(2) En effet, si les mêmes travaux avaient été exécutés par association syndicale, sans doute, les propriétaires y eussent contribué par une taxe prélevée sur la plus-value, mais cette contribution eût été réglée avant le commencement des travaux.

En janvier 1908, le Conseil d'État a rendu sur cette question un avis important dont voici à la fois l'occasion et l'analyse des motifs.

Le conseil municipal de Paris avait invité l'administration à réclamer, conformément à la loi du 16 septembre 1807, des indemnités de plus-value aux propriétaires d'immeubles avantagés par des percements ou élargissements de voies. Conformément aux délibérations des 17 novembre 1905 et 29 juin 1906, le préfet de la Seine demanda au ministre de l'Intérieur de provoquer l'obtention d'un décret autorisant la ville de Paris à faire application des articles 30 et 31 de la loi du 16 septembre 1807, à ceux des immeubles de la rue Réaumur, entre les rues Saint-Denis et des Petits-Carreaux, qui ont acquis une augmentation de valeur par suite de l'ouverture de la rue Réaumur, et à réclamer pour plus-values une somme totale de 551.650 francs. Le service municipal d'architecture exposait que plusieurs immeubles situés du côté des numéros impairs de l'ancienne rue Thévenot, ainsi que l'immeuble qui occupait l'emplacement de l'ancienne Cour des Miracles en bordure de la ruelle de ce nom, sont devenus riverains d'une artère de grande communication large de 30 mètres.

Le Conseil d'État a émis l'avis que le projet de décret dont l'avait saisi le ministre de l'Intérieur ne devait pas être approuvé et le ministre ne l'a pas approuvé.

Voici, en résumé, les motifs du Conseil d'État : s'il n'est pas contraire au texte de

3° *L'expropriation pour plus-value d'après la loi du 6 novembre 1918.*
— Les premiers procédés employés pour la contribution de la plus-value n'étaient pas très efficaces; la compensation de la plus-value avec l'indemnité d'expropriation ne fonctionne que pour les terrains en bordure; quant à la procédure de la loi du 16 septembre 1807, qui aurait pu fonctionner pour tout un périmètre, elle était mal organisée et, surtout, elle n'était pas liée à des formalités devant nécessairement être accomplies avant l'exécution des travaux. Le nouveau principe de l'expropriation par zone de tous les terrains situés dans le périmètre intéressé par les travaux, avec possibilité de revente ultérieure des espaces non occupés par les ouvrages, est enfin venu fournir le mécanisme pratique que l'on cherchait : l'administration a le droit d'exproprier tous les terrains susceptibles d'acquérir, par suite de l'opération, une plus-value de plus de 15 p. 100 (L. 6 nov. 1918, art. 2 *bis*) et, comme elle pourra les revendre, elle bénéficiera de la plus-value. Toutefois, cette expropriation n'aura pas

la loi de 1807 de faire intervenir le règlement d'administration publique après l'achèvement des travaux, il est toutefois nécessaire que l'état matériel des lieux permette encore de constater la valeur primitive des propriétés (cette première observation est basée sur le fait que la nouvelle rue Réaumur avait été inaugurée depuis plus de dix ans).
Le gouvernement doit tenir compte, non seulement des besoins financiers de la Ville de Paris, mais aussi des conséquences de l'application de la loi, tant au point de vue des intérêts généraux que du régime de la propriété foncière. Dans cet ordre d'idées, le Conseil d'État estime que la loi de 1807 ne peut être appliquée que dans le cas où les intentions du conseil municipal ont été portées à la connaissance des intéressés *avant l'exécution des travaux à une époque où l'accroissement de la valeur des immeubles en cause ne constituait encore qu'une simple expectative;* il importe, en effet, que l'estimation primitive des immeubles puisse être opérée avant leur plus-value et que le calcul de cette plus-value suive de près l'achèvement des travaux.
Dans l'espèce, il a paru au Conseil d'État qu'il serait bien difficile d'apprécier exactement la plus-value qui s'est incorporée à la propriété. Au surplus, si l'on admettait la possibilité de réclamer ces indemnités plusieurs années après l'exécution des travaux, on grèverait les fonds urbains voisins d'une rue nouvelle d'une charge occulte dont l'imposition laissée à la discrétion de l'administration constituerait une menace de nature à déprécier les immeubles et à les laisser malaisément disponibles entre les mains des propriétaires.
Enfin, on exposerait ceux qui ont acquis un immeuble après son augmentation de valeur, soit à payer de nouveau une plus-value dont ils auraient déjà tenu compte à leurs vendeurs, soit à exercer contre ceux-ci une répétition de l'indemnité réclamée, que leur disparition ou leur insolvabilité pourrait rendre illusoire. En outre, un pareil résultat pourrait se produire après un partage, auquel cas l'héritier à qui serait échu l'immeuble donnant lieu au paiement de l'indemnité viendrait à être placé dans l'alternative de supporter seul cette charge ou d'exercer un recours contre ses cohéritiers, pour le paiement de la quote-part incombant à chacun d'eux (Journal *Le Temps* du 9 janv. 1908. Sur la jurisprudence antérieure, V. avis Cons. d'Ét., 31 déc. 1902. et note dans *Revue générale d'administration*, 1903. 1. 293. — Cpr. G. Ripert et Tessière, *Revue trimestrielle de droit civil*, 1904, p. 727; G. Ripert, *Les plus-values indirectes*, thèse.

nécessairement lieu, elle est plutôt éventuelle qu'actuelle; tantôt l'administration, tantôt le propriétaire auront l'option entre l'indemnité d'expropriation et l'indemnité de plus-value (1). Seulement la question sera forcément réglée au moment des expropriations.

4° *La contribution de la plus-value dans le cas des associations syndicales.* — La question de la plus-value dans les opérations de travaux entreprises par les administrations publiques doit être rapprochée de celle de la plus-value dans les opérations de travaux exécutées par associations syndicales, d'autant mieux que les opérations de voirie entreprises par les villes, qui sont pratiquement celles où se pose la question de la plus-value, pourraient tout aussi bien être entreprises par des associations syndicales (L. 22 déc. 1888, art. 1er, n° 7). Il y a encore ceci de commun que, dans les deux cas, il y a établissement d'un périmètre à l'intérieur duquel tous les terrains doivent contribuer à la plus-value, et que cette contribution devient un moyen financier de gager l'opération (2).

§ 3. — **L'exécution de l'opération de travaux publics.**

Les travaux publics peuvent être exécutés de trois façons : *en régie, par entreprise ou marché,* et enfin par *concession de travaux;* outre que la question de savoir lequel de ces trois procédés doit être utilisé

---

(1) Art. 39, § 2 : « A l'égard des immeubles dont l'expropriation a été poursuivie pour cause de plus-value, le jury prononce successivement sur l'indemnité due (par le propriétaire) pour la plus-value dépassant 15 p. 100 et sur l'indemnité éventuelle d'expropriation (due par l'administration) ;

L'option entre ces deux indemnités appartiendra à l'administration expropriante si le montant de l'indemnité de plus-value fixé par le jury est inférieur ou égal à celui de la demande notifiée (demande d'indemnité de plus-value notifiée par l'administration) ;

Dans le cas contraire (c'est-à-dire lorsque l'indemnité de plus-value sera fixée par le jury à un chiffre supérieur à celui demandée par l'administration), l'option appartiendra à l'autre partie, c'est-à-dire au propriétaire;

L'option devra être exercée dans le délai de huit jours, à dater de la décision du jury; faute de quoi l'indemnité de plus-value sera présumée avoir été préférée ;

Ainsi, il s'agit, bien évidemment, d'un procédé de contrainte pour obtenir l'indemnité de plus-value.

(2) Pendant longtemps on a opposé les deux hypothèses sous le prétexte que, dans le cas des associations syndicales, la plus-value était directement cherchée, tandis que, dans le cas des travaux entrepris par les villes, la plus-value n'était point le but directement cherché par l'opérateur; on distinguait donc les *plus-values directes* (associations syndicales) et les *plus-values indirectes* (travaux de voirie des villes). Cette opposition, qui d'ailleurs ne se traduisait par aucune conséquence juridique, doit être abandonnée, et, au contraire, il convient de remarquer que la contribution de la plus-value dans les opérations de voirie des villes se rapproche de plus en plus de la contribution de la plus-value dans les travaux d'associations syndicales, en ce sens qu'elles sont de plus en plus *utilisées* toutes les deux pour gager l'opération (V. *infra, Associations syndicales*).

dans chaque hypothèse constitue un problème d'économie publique et d'administration pratique de première importance, les deux derniers procédés, le *marché à l'entreprise* et la *concession de travaux* constituent des systèmes juridiques considérables.

L'*exécution en régie* présente moins d'importance. C'est celle qui est faite sous la direction de l'administration elle-même ; cela ne comporte pas de grands développements, le seul contrat qui intervienne est un contrat de louage d'ouvriers.

On distingue : 1° l'*exécution à la journée* par un fonctionnaire ou un salarié habituel de l'administration, comme pour l'empierrement des routes par un cantonnier; 2° la *régie simple*, où il y a un directeur des travaux qui est un fonctionnaire, généralement un conducteur des ponts et chaussées, et des équipes d'ouvriers embauchés et dirigés par lui, mais sur le travail desquels il ne spécule pas; 3° la *régie intéressée*, où le directeur des travaux n'est pas un agent de l'administration, est payé spécialement par une indemnité proportionnelle à la dépense ou par une participation dans les bénéfices et n'assume en principe aucun risque (Aucoc, II, n° 613) (1).

Nous développerons davantage les deux autres procédés : l'exécution par marchés de travaux et l'exécution par concessions.

Article I. — *Les marchés de travaux publics* (2).

L'entreprise ou marché de travaux publics est *un contrat par lequel un entrepreneur s'engage envers une administration publique à exécuter, sous la surveillance de celle-ci, mais à ses risques et périls, l'ouvrage convenu, moyennant un prix en argent qui doit lui être payé d'après des bases déterminées* (Trois éléments essentiels : un élément de spéculation et de risque pour l'entrepreneur qui n'existe pas dans la régie; le paiement d'un prix en argent par l'administration; enfin, l'entrepreneur se chargeant de la construction, mais non pas de l'exploitation de l'ouvrage).

1. *Forme des marchés.* — Le contrat peut se former de deux manières, par voie d'adjudication publique, ou par marché de gré à gré.

L'adjudication est la règle (3) (Ord. 14 nov. 1837; Décr. 18 nov.

---

(1) L'éclairage au gaz de la ville de Paris est exploité en régie intéressée depuis un décret du 20 juillet 1907 (V. Cons. d'Ét., 19 janv. 1912, Marc et Béranger).

(2) G. Monsarrat, *Marchés de travaux et de fournitures des communes*, 1920; le même, *Contrats et concessions des communes*, 1920.

(3) Les marchés de gré à gré ne doivent avoir lieu que dans des cas exceptionnels. Ce principe, posé déjà par l'ordonnance du 18 mars 1829 et celle du 4 décembre 1836, est consacré à nouveau pour les travaux de l'État par le décret du 18 novembre 1882; il s'applique de plein droit aux travaux des départements, il est posé pour les travaux des communes et des établissements de bienfaisance par l'ordonnance du 14 novembre

1882; Décr. 4 juin 1888; L. 5 avril 1884, art. 89). — *L'adjudication est une formalité qui introduit la publicité et la concurrence dans la passation des marchés.* Les formalités de l'adjudication consistent essentiellement en ce que, en une séance publique présidée par une autorité administrative, qui est le bureau d'adjudication, il est procédé à une enchère pour arriver au plus fort rabais sur le devis dressé par l'administration. Il y a donc eu dépôt préalable d'un devis contenant les prix proposés par l'administration pour les diverses espèces d'ouvrage; les rabais des entrepreneurs doivent être calculés en tant pour cent de ces prix et ce qui est mis aux enchères, c'est le rabais. Le cahier des charges ne doit pas prévoir un maximum de rabais (Cons. d'Ét., 30 mai 1913, *Augier*). Les rabais proposés par les entrepreneurs sont, d'ailleurs, contenus dans des soumissions écrites et cachetées, et l'on se borne en la séance publique à ouvrir les soumissions.

Bien que l'adjudication doive être faite avec le plus de concurrence possible, les concurrents ne sont admis que s'ils présentent des garanties de capacité et de solvabilité; ces garanties sont appréciées par le bureau d'adjudication et donnent lieu à une décision préalable. Les associations ouvrières sont admises à l'adjudication (Décr. 4 juin 1888) (1).

Aussitôt après l'adjudication, l'adjudicataire est lié vis-à-vis de l'administration et il ne peut pas invoquer le défaut d'approbation (Cons. d'Ét., 15 fév. 1907, *Monin*. Cf. 29 mars 1912, *Frot*); l'administration ne l'est pas vis-à-vis de l'adjudicataire, tant que l'adjudication n'a pas été approuvée, soit par le ministre compétent pour les travaux de l'État, soit par le préfet pour les travaux des communes (2).

1837; il a été étendu aux colonies par des décrets. Les cas dans lesquels, exceptionnellement, les marchés peuvent être passés de gré à gré sont énumérés, pour l'État et pour les départements, dans le décret du 18 novembre 1882, article 18; pour les communes, dans l'ordonnance du 14 novembre 1837, article 1er.

En dehors de ces hypothèses exceptionnelles, tout marché passé de gré à gré, alors qu'il eût dû être passé par adjudication, est entaché de nullité. Cette nullité, fondée sur l'incapacité, ne peut être invoquée que dans l'intérêt de la personne administrative; l'entrepreneur ne saurait s'en prévaloir.

(1) Les pièces à fournir par les soumissionnaires sont : deux certificats de capacité, la patente, l'assurance contre les accidents, le reçu du versement du cautionnement, un casier judiciaire ou un certificat de bonnes vie et mœurs, la soumission sous pli cacheté. Devant tous les soumissionnaires assemblés, on vérifie l'existence des pièces, puis le bureau délibère sur l'admission à l'adjudication, puis on ouvre les soumissions.

(2) Ord. 14 novembre 1837, article 10 : « Les adjudications seront toujours subordonnées à l'approbation du préfet et ne seront valables et définitives, à l'égard des communes et des établissements publics, qu'après cette approbation »; comme l'article 2 de la même ordonnance, confirmé par l'article 115 de la loi du 5 avril 1884,

L'adjudicataire doit fournir un cautionnement, sauf exception (1).

Recours d'adjudicataires évincés. — On reconnaît, aux entrepreneurs admis à une adjudication et non déclarés adjudicataires, qualité pour en contester la régularité et former recours pour excès de pouvoir contre l'acte approbatif, si tous les concurrents n'ont pas été, quant aux conditions à remplir, placés sur pied d'égalité ou si le cahier des charges contenait des clauses illégales (Cons. d'Ét., 21 mars 1890, *Caillette;* 30 mars 1906, *Ballande*, conclusions de M. Romieu sur les conséquences de l'annulation, Lebon, p. 280) (2).

II. *Éléments du marché.* — *Le cahier des charges.* — Le marché n'est pas, à proprement parler, débattu entre l'administration et l'entrepreneur ; l'objet du marché est détaillé dans un ensemble de pièces qu'on appelle le cahier des charges et qui a été dressé par l'administration seule ; l'entrepreneur prend connaissance du cahier des charges avant le marché, mais il l'étudie seul et sans explications et il doit l'accepter *en bloc*, c'est-à-dire que la situation, quoique contractuelle en la forme, est à moitié réglementaire au fond. S'il y a des obscurités dans la rédaction et des malentendus, c'est après la conclusion du marché que les difficultés naissent ; le cahier des charges devient alors une pièce capitale, car c'est lui qu'il faudra que le juge interprète et qu'il applique.

Il importe donc de savoir de quoi se compose le cahier des char-

---

exige la même approbation pour les marchés de gré à gré, on voit que la commune ne peut jamais réaliser librement un travail public. Le préfet peut réformer la décision du bureau d'adjudication (Cons. d'Ét., 29 mars 1912, *Benech*).

(1) Pour les travaux de l'État, il peut y avoir dispense du cautionnement ; les associations ouvrières, notamment, sont dispensées lorsque le montant des travaux ne dépasse pas 50.000 francs (Décr. 4 juin 1888). Pour les travaux des communes et des établissements charitables, V. L. 29 juill. 1893, modifiée par L. 13 juill. 1914. En principe, le cautionnement consiste, au choix de l'adjudicataire : 1° en numéraire ; 2° en rentes sur l'État et valeurs du Trésor au porteur ; 3° en rentes sur l'État, nominatives ou mixtes. Les valeurs du Trésor transmissibles par voie d'endossement, endossées en blanc, sont considérées comme valeurs au porteur (Décr. 18 nov. 1882, art. 5).

D'autres garanties peuvent être exigées dans certains cas, telles que cautions personnelles et solidaires, affectations hypothécaires, dépôts de matières dans les magasins de l'État (art. 4).

(2) L'annulation de l'approbation ne rompt pas le contrat *si l'exécution est commencée* ; elle motivera une nouvelle adjudication si l'exécution n'est pas commencée ; enfin, elle servira de base à une demande en indemnité pour la réparation du préjudice causé.

Les adjudicataires évincés doivent agir par le recours pour excès de pouvoir, et non par le recours contentieux ordinaire tiré de l'opération de travaux publics, puisque justement, ayant été évincés de l'adjudication, ils ont été mis hors de l'opération ; que si, à une seconde adjudication, l'entrepreneur évincé lors de la première est déclaré adjudicataire, il peut parfaitement saisir le conseil de préfecture de sa réclamation au sujet de la première adjudication, parce que maintenant il est dans l'opération de travaux publics (Cons. d'Ét., 8 déc. 1884, *Latécoère*).

ges. Il y a trois éléments fixes, plus un quatrième accidentel : 1° les clauses et conditions générales ; 2° le devis ou cahier des charges spécial ; 3° le bordereau des prix d'application ; 4° quelquefois l'avant-métré ; nous ne donnerons de développements que sur le cahier des clauses et conditions générales (1).

Le cahier des clauses et conditions générales (2). — On entend par là un arrêté ministériel contenant les conditions communes à tous les marchés passés par une administration de l'État. Ce cahier comprend les dispositions juridiques les plus générales des marchés. L'État a plusieurs cahiers des clauses et conditions générales pour ses différents services. Le plus célèbre et le plus important est celui du *service des ponts et chaussées*, dont l'embryon remonte jusqu'à une déclaration royale du 7 février 1608, dont la dernière rédaction est du 29 décembre 1910, qui, par conséquent, contient des règles éminemment traditionnelles. Le cahier des ponts et chaussées ne s'applique point de plein droit aux travaux des autres administrations, départements, communes, etc., mais d'ordinaire, les cahiers des charges de chaque entreprise s'y réfèrent formellement, alors il s'applique.

Des diverses espèces de marchés. — Il y a trois espèces de marchés : le marché à forfait, sur série de prix, et à l'unité de mesure. Dans le *marché à forfait*, l'administration fixe d'une manière définitive l'ouvrage à exécuter, et elle ne peut prescrire ensuite aucune modification, même avec indemnité (Cons. d'Ét., 21 mai 1913, *Gaultier*) ; l'entrepreneur s'engage à l'exécuter moyennant un prix qui sera invariable quelles que soient les circonstances qui surviennent, et sans qu'on ait à faire de mesurage, c'est peu usité. Dans le *marché sur série de prix*, le devis indique le prix métrique de chaque nature d'ouvrage,

---

(1) *Le devis ou cahier des charges spécial* indique l'objet technique du marché, la nature du travail, les délais de l'exécution, la qualité et la provenance des matériaux à employer, la manière de mesurer les ouvrages, etc. ; *le bordereau des prix d'application* contient le prix du mètre courant ou du mètre cube du travail fait sans détail, cependant on y ajoute le prix des transports et le prix à pied-d'œuvre des matériaux dont l'emploi est prévu (Circ. du 1er juin 1884) (il existe un autre bordereau des prix sur cahier séparé (Circ. 1884), qui contient le *sous-détail*, à savoir, pour un mètre cube de maçonnerie, le prix de tous les éléments, y compris le salaire des ouvriers employés, le bénéfice de l'entrepreneur, etc. Autrefois, on communiquait ce sous-détail aux entrepreneurs à titre de renseignement, mais ils s'en autorisaient pour réclamer dès qu'un des éléments avait enchéri, prétendant qu'ils n'avaient consenti qu'à cause de ce sous-détail. Pour couper court, depuis 1884, on ne communique plus le sous-détail) ; *l'avant-métré*, qui n'est pas une pièce essentielle, contient l'évaluation des quantités métriques d'ouvrages que l'administration se propose de faire exécuter : quelquefois le mesurage après coup étant difficile, le devis décide qu'on s'en rapportera à l'avant-métré, alors cela devient une pièce essentielle.

(2) Commentaire par Ch. Barry, René et Freunelet ; Léchalas, *Manuel de droit administratif, Service des ponts et chaussées*, 2 vol., 1888-1898 ; Porée et Guënot, *Des entreprises de travaux publics*, 1901.

maçonnerie, terrassements, etc., sans fixer le total auquel on devra s'arrêter; après achèvement, on paie d'après le métré des travaux exécutés, ce marché est dangereux parce qu'il ne limite pas la dépense. Dans le *marché à l'unité de mesure*, le plus usité, on fixe, d'une part, la série des prix métriques de chaque ouvrage, d'autre part, la quantité à exécuter, tout en réservant à l'administration le droit d'augmenter ou diminuer, dans une proportion donnée, la quantité des ouvrages.

C'est ce marché dont le cahier des clauses et conditions générales contient les dispositions essentielles. De ces dispositions, les unes ne sont que l'application du droit commun et pourraient trouver place dans les marchés passés entre particuliers (art. 1787 et s. C. civ.) ; les autres sont exorbitantes du droit commun et placent l'entrepreneur dans une situation plus mauvaise qui porte le nom technique bien significatif de *sujétion*. Ces dispositions exorbitantes sont évidemment les plus intéressantes, elles démontrent que le contentieux administratif est justifié par le caractère même des marchés où apparaît fortement la prérogative d'action d'office de l'administration (1). Voici quelques-unes de ces dispositions exceptionnelles :

Changements apportés aux marchés. — L'administration se réserve le droit d'ordonner divers changements en cours d'entreprise (Cf. art. 1793 C. civ.). Elle peut prescrire des modifications dans les détails d'exécution, ordonner des ouvrages non prévus au devis, changer les lieux d'extraction des matériaux, enfin, ordonner l'augmentation ou la diminution de la masse des travaux. *Si l'entrepreneur veut qu'il lui soit tenu compte de ces changements, il doit exiger qu'ils soient prescrits par des ordres écrits de l'ingénieur chargé de la direction des travaux* (2).

---

(1) Quant à la question de savoir si ces dispositions exorbitantes pourraient être supprimées, l'expérience semble répondre négativement. Sans doute, la sévérité en avait été diminuée dans le cours du XIXe siècle ; la rédaction du cahier des clauses et conditions générales de 1866 était moins draconienne pour l'entrepreneur que la précédente qui datait de 1833 ; l'administration y avait gagné, d'un côté, car les sévérités injustes font que l'administration ne trouve que de mauvais entrepreneurs qui commettent des malfaçons et des malversations, mais elle a estimé cependant qu'elle ne pouvait désarmer davantage et les rédactions du 16 février 1892 et du 29 décembre 1910 sont, à certains égards, plus dures que celle de 1866. Notons que les droits singuliers consacrés par le cahier des clauses et conditions générales au profit de l'État existent apparemment, sauf modifications, au profit des départements et des communes, puisque ces personnes administratives peuvent adopter le même cahier pour leurs travaux.

(2) Le prix des travaux faits à la suite des changements est réglé d'après les éléments de ceux de l'adjudication ou par assimilation aux ouvrages les plus analogues, ou, si cette assimilation n'est pas possible, d'après les prix courants du pays. Les nouveaux prix sont débattus ; en cas de désaccord, il est statué par le conseil de préfecture. L'entrepreneur est tenu de subir ces changements sans pouvoir demander la

Résiliation du marché au profit de l'administration. — La résiliation est possible au profit de l'administration dans les cas suivants : 1° Si l'entrepreneur n'exécute pas, vis-à-vis d'elle, ses obligations En ce cas, le droit de résiliation se fonde sur l'article 1184 du Code civil et l'entrepreneur n'a droit à aucune indemnité. En effet, il est en faute. L'administration peut même procéder à une réadjudication à sa folle enchère et il supportera la conséquence de l'augmentation des dépenses, si le rabais est inférieur ; 2° la résiliation peut encore être prononcée par l'administration dans son intérêt, sans que l'entrepreneur soit en faute, mais moyennant indemnité. Cette résiliation résulte immédiatement d'un ordre de cessation absolue des travaux. Elle peut résulter, si l'entrepreneur la demande, d'un ajournement des travaux dépassant une année (art. 34) (1).

rupture du marché, toutes les fois qu'ils n'entraînent pas augmentation ou diminution de plus d'un sixième dans la masse des travaux (art. 30, 31, 32, cahier). *Variations dans les prix*, article 33. Si, pendant le cours de l'entreprise, les prix subissent, à la suite de revisions opérées conformément aux prescriptions de l'article 3 du décret du 10 août 1899, ou pour toute autre cause, une augmentation telle que la dépense totale des ouvrages restant à exécuter d'après le devis se trouve augmentée, comparativement aux estimations du projet, d'une fraction inférieure ou égale à un dixième (1/10e), l'entrepreneur n'a droit à aucune indemnité. Si l'augmentation est comprise entre un dixième et un sixième (1/10e et 1/6e), comparativement aux estimations du projet, la moitié de l'excédent au-dessus de un dixième (1/10e) est prise en charge par l'administration et les prix du marché pour les travaux restant à exécuter sont revisés en conséquence dans les conditions fixées par l'article 29 des clauses et conditions générales. Si l'augmentation atteint ou dépasse un sixième (1/6e) comparativement aux estimations du projet, l'entrepreneur a droit à la résiliation de son marché, sous réserve de l'indemnité qui lui est allouée, en compensation de ses dépenses non entièrement amorties.

(1) Le droit de résiliation de l'administration est puisé ici dans l'article 1794 du Code civil. Seulement, les dispositions du cahier des clauses et conditions générales ont pour but d'ajouter quelques conséquences à celles de l'article 1794, au point de vue de l'appréciation de l'indemnité.

La résiliation est opérée de plein droit par la mort de l'entrepreneur (art. 1795), sauf à l'administration à accepter, s'il y a lieu, les offres qui peuvent être faites par les héritiers pour la continuation des travaux. La résiliation est encore opérée de plein droit par la faillite déclarée de l'entrepreneur, sauf à l'administration à accepter, s'il y a lieu, les offres qui peuvent être faites par les créanciers, pour la continuation de l'entreprise. En cas de liquidation judiciaire, si l'entrepreneur n'est pas autorisé par le tribunal à continuer l'exploitation de son industrie, il y a encore résiliation de droit (art. 36 à 37).

De la résiliation au profit de l'entrepreneur. — La résiliation peut être prononcée au profit de l'entrepreneur : 1° si les conditions principales, en vue desquelles a été contracté le marché, sont modifiées à son égard ; 2° si l'administration augmente de plus d'un sixième la masse des travaux (sans indemnité et à la condition de demander la résiliation dans les deux mois) (art. 30) ; 3° en cas de diminution des travaux de plus du sixième (avec indemnité) (art. 31) ; 4° si, au cours de l'entreprise, les prix subissent une augmentation (V. l'art. 33). Sur les répercussions que peuvent avoir les grèves, les cas de force majeure, les faits du prince de l'administration, etc., V. Cons. d'Ét., 24 nov. 1905, *Lazies*.

Ce qu'il y a de particulier, c'est que tout cela se fait, non point par autorité de justice, selon le droit commun, mais par décision administrative.

Mise en régie. — Dans le cas où l'entrepreneur n'exécute pas ses engagements, l'administration peut, au lieu de prononcer la résiliation du marché, organiser la mise en régie. Elle substitue à l'entrepreneur négligent un régisseur qui, avec le matériel, les ouvriers de l'entrepreneur, avec les matériaux approvisionnés, et en y joignant au besoin d'autres moyens d'action, continue les travaux aux risques et périls dudit entrepreneur. Les détails sont indiqués dans l'article 35 du cahier des clauses et conditions générales. C'est une application de l'article 1144 du Code civil, mais il y a ceci de particulier qui en fait un droit exorbitant, c'est que la mise en régie n'est pas prononcée par autorité de justice, mais par décision administrative, sauf à être après coup par le juge administratif reconnue prononcée à tort, le cas échéant, avec indemnité mise à la charge de l'administration (Cons. d'Ét., 2 fév. 1906, *Armelin*).

Obligations de l'entrepreneur vis-à-vis des ouvriers. — Le marché passé par l'administration avec l'entrepreneur est en réalité passé avec l'entreprise considérée comme un tout organique. Cette perspective corporative explique que les cahiers des charges interviennent fortement dans les relations du patron avec les ouvriers [1].

[1] L'entrepreneur doit payer ses ouvriers tous les mois, ou à des époques plus rapprochées si l'administration le juge nécessaire. En cas de retard régulièrement constaté, l'administration a la faculté de faire payer d'office les salaires arriérés sur les sommes dues à l'entrepreneur, en se conformant à la loi du 26 pluviôse an II et à celle du 25 juillet 1891. Ces lois accordent aux ouvriers et fournisseurs de matériaux un privilège sur les sommes dues à l'entrepreneur; ce privilège, qui n'existait que dans l'hypothèse de travaux de l'État, a été étendu à tous les travaux publics par la loi du 25 juillet 1891.

L'entrepreneur est soumis aux dispositions de la loi du 9 avril 1898 sur la responsabilité des accidents, sauf modifications tenant à ce que l'entreprise est administrativement surveillée, article 13, § 5.

Les décrets des 6 et 10 août 1899 ont introduit dans les cahiers des charges des marchés de travaux publics ou de fournitures passés au nom de l'État, des départements, des communes et des établissements de bienfaisance, des clauses reproduites aux articles 14 et 15 du cahier (rédaction de 1910), par lesquelles l'entrepreneur s'engagera : 1° à n'employer d'ouvriers étrangers que dans une proportion fixée par l'administration, selon la nature des travaux et la région où ils sont exécutés; 2° à payer aux ouvriers un *salaire normal*, égal pour chaque profession et, dans chaque profession, pour chaque catégorie d'ouvriers, au taux couramment appliqué dans la ville ou la région où le travail est exécuté; 3° à limiter la durée du travail journalier à la durée normale du travail en usage pour chaque catégorie dans la ville ou région. — De plus, l'entrepreneur ne pourra céder à des sous-traitants aucune partie de son entreprise, à moins d'obtenir l'autorisation expresse de l'administration et sous la condition de rester personnellement responsable, tant envers l'administration que vis-à-vis des ouvriers et des tiers. Le marchandage est également interdit à l'entrepreneur conformément à la loi du 28 décembre 1910 (art. 9, cahier des charges). Du point de vue

Règlement des contestations. — Si, dans le cours de l'entreprise, des difficultés s'élèvent entre l'ingénieur ordinaire et l'entrepreneur, il en est référé à l'ingénieur en chef (1).

Jugement des contestations. — Conformément aux dispositions de la loi du 28 pluviôse an VIII, toute difficulté entre l'administration et l'entrepreneur concernant le sens ou l'exécution des clauses du marché est portée devant le conseil de préfecture qui statue, sauf recours au Conseil d'État, à moins qu'un accord n'intervienne entre les parties pour recourir à l'arbitrage prévu par la loi du 17 avril 1906 (2).

que nous avons indiqué au texte, V. Cons. d'Ét., 25 avril 1913, *Syndicat des ouvriers finisseurs de chaussure*, assez critiquable.

Enfin il faut tenir compte maintenant de la loi du 25 mars 1919 sur les conventions collectives du travail et de celle du 23 avril 1919 sur la journée de huit heures.

(1) Dans les cas prévus par l'article 22, par le deuxième paragraphe de l'article 23 et par le deuxième paragraphe de l'article 27, si l'entrepreneur conteste les faits, l'ingénieur ordinaire dresse procès-verbal des circonstances de la contestation et le notifie à l'entrepreneur qui doit présenter ses observations dans un délai de trois jours. Ce procès-verbal est transmis par l'ingénieur ordinaire à l'ingénieur en chef, pour qu'il y soit donné telle suite que de droit.

Intervention de l'administration. — En cas de contestation avec l'ingénieur en chef, l'entrepreneur doit, à peine de forclusion, dans un délai maximum de trois mois à partir de la notification de la réponse de ce chef de service, adresser au préfet, pour être transmis avec l'avis des ingénieurs à l'administration, un mémoire où il indique les motifs et le montant de ses réclamations. — Si, dans un délai de trois mois à partir de la remise du mémoire au préfet, l'administration n'a pas fait connaître sa réponse, l'entrepreneur peut, comme dans le cas où ses réclamations ne seraient pas admises, saisir desdites réclamations la juridiction contentieuse. Il n'est admis à porter devant cette juridiction que les griefs énoncés dans le mémoire remis au préfet. — Si, dans le délai de six mois à dater de la notification de la décision ministérielle intervenue sur les réclamations auxquelles aura donné lieu le décompte général et définitif de l'entreprise, l'entrepreneur n'a pas porté ses réclamations devant le tribunal compétent, il sera considéré comme ayant adhéré à ladite décision, et toute réclamation se trouvera éteinte.

(2) *De l'exécution du marché sous la surveillance de l'administration.* — Pour mesurer l'étendue des illusions de ceux qui pensent que les opérations de la vie administrative peuvent être ramenées aux opérations de la vie civile ordinaire, il est bon de pénétrer dans le détail de l'exécution du marché de travaux publics. On s'aperçoit avec un certain étonnement que l'administration chargée de la surveillance de cette exécution, au lieu de respecter la situation contractuelle, s'attache à transformer l'exécution du marché *en l'exécution d'un service public*. Véritablement, l'administration a réussi à transporter, dans l'exécution du marché de travaux, ses mœurs, ses habitudes, ses exigences ; elle a réduit l'entreprise à n'être plus qu'une sorte de régie intéressée. Il s'est produit des phénomènes économiques et des phénomènes de législation générale qui ont peu à peu fait disparaître les éléments de spéculation de l'entreprise, particulièrement en ce qui concerne les salaires ; mais il y a eu aussi une pression de l'administration exercée dans les cahiers des charges pour substituer la procédure analytique des actes administratifs à la procédure synthétique de l'exécution des contrats. Je m'explique : dans la vie civile, un contrat tel qu'est l'entreprise de travaux s'exécute en principe tout d'un trait ; même quand l'exécution est successive,

ARTICLE II. — *La concession de travaux publics*.

I. *Considérations générales et définitions*. — La concession de travaux publics est un procédé d'exécution des travaux extrêmement intéressant en ce qu'il associe l'opération de l'exploitation de l'ouvrage public à l'opération de la construction (1).

Il n'intervient pas d'actes juridiques pour diviser en étapes cette exécution; du moins, s'il intervient des règlements de compte, ils sont provisoires et, au règlement définitif, la situation peut toujours être reprise et examinée dans son entier. C'est ce que j'appelle l'exécution synthétique ; le contrat est envisagé comme formant un tout, ce qui est sa véritable nature, et l'exécution, quoique successive, est ramenée à l'idée d'un tout par un règlement de compte définitif jusqu'où tous les éléments du compte sont tenus en suspens. — Il n'en va pas de même dans l'exécution d'un marché de travaux publics; l'administration l'a décomposée en étapes successives, grâce à la pratique des ordres de service, des attachements et des décomptes partiels : 1° les sujétions de l'entrepreneur dans l'exécution de l'ouvrage sont constatées par des *ordres de service* délivrés par l'ingénieur; depuis la rédaction de 1866, ces ordres sont écrits, comme des décisions administratives, et il y a contre eux des délais de réclamation (art. 10, §§ 3 et 4 du cahier); pour tout changement, s'il veut qu'on lui en tienne compte, l'entrepreneur doit se mettre à couvert par un ordre écrit ; 2° il est pris *attachement* des quantités d'ouvrages faits : si l'entrepreneur signe les attachements sans réserve, il est forclos pour réclamer (art. 39, cahier des charges); de son côté, il doit faire prendre attachement des prestations qu'il fait en dehors des ordres de service, sans quoi il ne sera pas payé (Cons. d'Ét., 3 juill. 1891, *Neveux et Decoux*); 3° enfin, par des *décomptes partiels* périodiques, l'administration fixe sa situation vis-à-vis de l'entrepreneur (art. 41, cahier des charges); ils sont présentés à son acceptation et il doit formuler contre eux ses réclamations contentieuses dans un certain délai; depuis 1889, où s'est produite une évolution, la jurisprudence tend même à transformer le décompte partiel, qui primitivement ne s'appliquait qu'aux quantités d'ouvrages, en un règlement de compte éteignant toute espèce de réclamation (Cons. d'Ét., 19 juill. 1889, *Romefort*, 13° chef; 16 fév. 1894, *Kueinnec*; 11 juill. 1894, *Georges*; 26 fév. 1897, *Auray*; 24 nov. 1898, *Cassotte*). — Ainsi, des actes juridiques successifs viennent lier l'entrepreneur, consacrer des résultats acquis sur lesquels il ne pourra plus revenir et, au règlement de compte définitif, il ne sera plus possible de reprendre l'opération *ab ovo* (sauf en ce qui concerne les changements de l'art. 32, importance respective des ouvrages); les entrepreneurs ont longtemps résisté contre ces pratiques si contraires à l'esprit des contrats, mais il leur a fallu céder (Cf. Cotelle, t. III, p. 96, 2° édit., 1840). — Or, cette procédure imposée par l'administration, c'est celle des *opérations administratives* et *des services publics*, et cela est marqué par un dernier trait, c'est qu'en ce qui concerne l'exécution technique des travaux, l'entrepreneur ne peut point former de réclamations contentieuses autrement que par des réclamations contre les ordres de service, les attachements et les décomptes, ou que, du moins, il ne peut pas saisir le conseil de préfecture, avant d'avoir provoqué une décision de l'administration (art. 50 et 51, cahier des charges; Cons. d'Ét., 2 mai 1884, *Maquenne*).

On voit combien s'éloigne d'une opération de la vie privée une entreprise dont l'exécution se trouve ainsi transformée en l'exécution d'un service public (Cf. p. 417 et s.).

(1) Dans cette combinaison complexe, on peut hésiter entre l'idée de la concession de travaux publics compliquée d'une entreprise d'exploitation et l'idée de la concession de service public compliquée de construction, c'est-à-dire faire prédominer l'élément de concession de travaux ou celui de concession de service public ou, comme on dit en Allemagne, de *concession d'entreprise publique* (Cf. Otto Mayer, *Le droit*

Nous définirons la concession de travaux publics *une opération dans laquelle une concession temporaire des droits de puissance publique nécessaires à la construction d'un ouvrage public et à son exploitation sous forme de service public, pour le compte d'une administration publique, étant instituée d'une façon réglementaire, les conséquences financières de cette institution, ainsi que les conditions de la construction et de l'exploitation de l'ouvrage, sont réglées, entre l'administration et le concessionnaire, par un contrat passé avec cahier des charges et tarif maximum.*

L'opération se décompose ainsi en deux éléments qui, d'ailleurs, sont liés l'un à l'autre : la création de la situation réglementaire et le contrat administratif. Et il faut comprendre ainsi qu'il suit la combinaison de ces deux éléments : la situation réglementaire contenant concession relative à l'ouvrage public et au service public est ce qu'il y a de plus important, elle domine toute l'opération ; la situation contractuelle lui est subordonnée. La situation réglementaire obéit à deux principes : 1° le service public concédé ne doit pas être interrompu pas plus que s'il était organisé en régie ; 2° le service public doit pouvoir être amélioré par de nouvelles réglementations tout comme s'il était organisé en régie ; en somme, le public ne doit pas souffrir de ce que le service est concédé, le service doit conserver sa souplesse institutionnelle. Quant à la situation contractuelle existant entre l'administration et le concessionnaire, bien qu'elle comporte des stipulations relatives à la construction de l'ouvrage et à l'exploitation du service, elle est essentiellement de nature financière et destinée à assurer la rémunération du concessionnaire sur des bases déterminées en assumant le rôle d'un mécanisme compensateur et elle ne saurait faire obstacle à de nouvelles dispositions réglementaires (1).

administratif allemand, édit. franç., t. IV, p. 153 et s.). En France, on est resté fidèle jusqu'ici à la conception de la concession de travaux publics en faisant prédominer l'élément de construction ; cependant, le décret du 31 mai 1910, sur l'organisation du Conseil d'État au contentieux, dans son article 3, § 1, inaugure l'expression « concession de service public ». De plus, nous verrons en appendice toute une série d'extensions du principe de la concession de travaux publics à des entreprises de travaux qui sont simplement d'intérêt public, travaux des associations syndicales, entreprises de mines et de forces hydrauliques.

Notons enfin des concessions de services publics, qui ne sont plus du tout des opérations de travaux publics, mais plutôt des fournitures ; telle est, par exemple, l'entreprise du service public de transports par voiture automobile. Il y a, ici aussi, cahier des charges, tarif maximum et convention financière, ces concessions ne sont pas nécessairement faites par adjudication (Cons. d'Ét., 19 déc. 1913, *Drapeyron* (V. *infra, Marché de fournitures*).

(1) On peut rapprocher cette combinaison de celle qui se produit dans le mariage où l'acte de l'état civil se trouve accompagné d'un contrat de mariage et où ce contrat sert souvent de mécanisme compensateur pour les conséquences de l'administration

Avantages et inconvénients du procédé de la concession. — Ce procédé d'administration a ses avantages et ses inconvénients.

Les avantages du système sont les suivants : 1° comme le concessionnaire fait appel à des capitaux privés pour assurer la construction de l'exploitation de l'ouvrage public et qu'en général il amortit ses emprunts à l'expiration de la concession, l'administration publique héritera d'un ouvrage public et d'un service public dont la création et l'organisation n'auront coûté aux finances publiques que des contributions très limitées ; le système épargne donc les finances publiques ; 2° il les épargne encore en évitant des aventures pour

du ménage. En la forme, dans la procédure de la concession de travaux, on constate bien, en effet, la présence de ces deux éléments : 1° le traité de concession passé entre le concessionnaire et l'administration qui doit bénéficier du service ; 2° l'acte d'institution de la situation de service concédé, décision réglementaire unilatérale (loi, décret ou délibération d'assemblée) émanant le plus souvent d'une autorité supérieure. Loi ou décret, suivant l'importance des travaux, pour les concessions faites par l'État (L. 27 juill. 1870) ; décision du conseil général pour les concessions départementales (L. 10 août 1871, art. 46, n° 11), sauf cependant pour les chemins de fer et tramways ; décision du conseil municipal, sauf approbation, pour les concessions communales (L. 5 avril 1884, art. 115).

Il faut simplement remarquer que l'acte d'institution intervient le dernier, une fois réglées toutes les stipulations conventionnelles (comme d'ailleurs la célébration du mariage intervient après le contrat de mariage) ; il se présente en apparence comme une homologation, mais il contient plus qu'une homologation, on y peut attacher, outre la création réglementaire du service, le droit de percevoir les taxes et aussi le droit d'occuper le domaine qui, d'ailleurs, ne se réalisera que par la délivrance de permissions de voirie. Sur cette question du caractère juridique de la concession de travaux publics, V. ma note dans S., 1904. 3. 81, sous Cons. d'Ét., 14 fév. 1902, *Blanlœil et Vernaudon* ; E. Pilon, *Monopoles communaux*, 1898 ; J. Guillouard, *Notions juridiques des autorisations, concessions administratives*, 1903 ; Ranelletti, *Teoria generale delle autorizzazioni e concessioni amministrativi*, 1894 ; Otto Mayer, *op. cit.*, IV, p. 153 et s. ; Louis Rolland, *Revue du droit public*, 1909, p. 520, chronique administrative (à propos de la loi du 21 juillet 1909, aggravant les obligations des compagnies de chemins de fer pour les retraites de leurs employés) ; enfin Cons. d'Ét., 10 mars 1910, *Ministre des Travaux publics*, S., 1911. 3. 1, avec les conclusions de M. Blum et ma note.

On donnait autrefois de la concession la définition suivante : *la concession de travaux publics est un contrat passé avec cahier des charges, tarif maximum et convention financière, par lequel un concessionnaire s'engage, vis-à-vis d'une administration publique, à assurer la construction et l'exploitation d'un ouvrage public en percevant des taxes sur ceux qui l'utiliseront* (Cf. Colson, *Abrégé de la législation des chemins de fer*, 2e édit., p. 24).

Cette définition était surtout établie en vue de faire ressortir la différence qu'il y a entre la concession de travaux publics et le marché de travaux à l'entreprise ; elle faisait ressortir que le concessionnaire aura à assurer non seulement la construction, mais l'exploitation de l'ouvrage. A côté du cahier des charges de l'entreprise, elle mettait en évidence l'élément du tarif maximum, qui est une précaution prise pour que le concessionnaire n'abuse pas du droit qu'il aura de lever des taxes sur le public pendant la période d'exploitation et l'élément des conventions financières.

Mais cette définition n'accordait pas assez d'importance à l'élément de service

une exploitation qui, le plus souvent, constitue une entreprise industrielle (exploitation des chemins de fer et tramways, des usines à gaz ou des usines électriques), et c'est un principe dans notre administration française que les services d'exploitation industrielle doivent être gérés par concessionnaire et non en régie ; 3° le personnel des employés et ouvriers de la compagnie concessionnaire reste un personnel de citoyens et ne devient pas, du moins entièrement, un corps de fonctionnaires (1).

Les inconvénients du système sont les suivants : 1° il se peut que l'opération soit plus onéreuse pour le public que si l'ouvrage avait été construit directement aux frais de l'administration ; en effet, le concessionnaire rémunère ses capitaux par des taxes levées sur le public, à l'occasion de l'utilisation de l'ouvrage ; si la concession est de trop longue durée, si les tarifs ont été mal calculés, ils peuvent assurer au concessionnaire des bénéfices excessifs ; 2° en certains cas, même, le paiement des taxes par le public peut prendre un caractère vexatoire, c'est ce qui arrive toutes les fois qu'il s'agit d'ouvrages dont le public pourrait user directement et sans l'intermédiaire d'aucun service d'exploitation, c'est ce qui est arrivé particulièrement pour les ponts à péage et pour les canaux de navigation (2).

---

public qu'il y a dans l'opération ; de plus, elle avait l'inconvénient de présenter comme entièrement contractuelle une situation qui est certainement en partie réglementaire.

(1) Mais il y a incontestablement une forte tendance de la législation à fonctionnariser progressivement les personnels d'employés ; les interventions de l'État dans la situation des cheminots ne se comptent plus.

(2) Étant données toutes ces conséquences, il n'est pas superflu de s'entourer de précautions pour déterminer le champ d'application de l'institution. Nous ne devons négliger ni l'idée de travail public ou d'ouvrage public, ni l'idée de service public :

1° Le système de la concession de travaux publics pour l'organisation d'entreprises nouvelles intéressant le public demande qu'il y ait un ouvrage public à construire. Cette condition se trouve réalisée dans les entreprises de transport qui supposent création d'une voie publique nouvelle (chemins de fer) ou aménagement spécial d'une voie publique préexistante (tramways). Elle se trouve encore réalisée dans le cas des entreprises de distribution (gaz, électricité, force motrice) qui ne peuvent guère opérer leur distribution que par des canalisations établies dans la voie publique (encore verrons-nous plus loin que les entreprises de distribution peuvent user de la simple permission de voirie). Mais la condition ne se trouve pas réalisée dans le cas des entreprises de transport qui ne supposent aucune création nouvelle, ni aucun aménagement nouveau de voie publique (omnibus, voitures automobiles). Elle ne l'est pas non plus en ce qui concerne les usines productrices des substances ou énergies qui donnent lieu aux services de distribution ; ces usines restent et doivent rester en dehors de l'opération de concession, parce qu'elles n'éveillent plus nécessairement l'idée d'un ouvrage public et par conséquent d'un domaine public. Les usines à gaz ne sont point nécessairement comprises dans le traité de concession, mais seulement leur réseau de distribution ; les compagnies de chemins de fer, elles-mêmes, ont de nombreux bâtiments qui sont en dehors du réseau concédé ; de même, les usines génératrices d'énergie pour les tramways électriques (Cons. d'Ét., 28 nov. 1902, *Tram-*

II. *Règles des opérations de concession.* — La forme de l'adjudication n'est pas usitée pour ces opérations (L. 5 avril 1884, art. 115; Cons. d'Ét., 6 avril 1900, *Montfort l'Amaury*); comme la concession est faite sur une dépendance du domaine public, elle doit être temporaire, elle ne saurait dépasser quatre-vingt-dix-neuf ans. Elle est de plus essentiellement rachetable.

Le concessionnaire a des droits et obligations de deux espèces, car les uns proviennent de la situation réglementaire, les autres du cahier des charges et des conventions :

1° *Droits et obligations qui proviennent de la situation réglementaire.* En premier lieu, le concessionnaire a un droit sur la dépendance du domaine public dont il entreprend l'exploitation, qui est une sorte de droit réel administratif, un droit de jouissance exclusive, temporaire et révocable, assurément, mais qui, cependant, ne peut être anéanti que par le rachat total de la concession ; ce droit n'est pas seulement opposable aux tiers, notamment par la voie possessoire, il l'est aussi à l'administration concédante tant que la concession n'est pas rachetée (Cons. d'Ét., 25 mai 1906, *Ministre du Commerce*, S., 1908. 3. 65 et ma note, V. *supra*, p. 689, et, pour les dommages résultant de travaux publics que les établissements des concessionnaires peuvent subir, le cas échéant, V. p. 726).

En second lieu, le concessionnaire exerce, aux lieu et place de l'administration concédante, un certain nombre de droits de puissance publique qui produisent leur effet vis-à-vis des tiers; d'abord, il exproprie pour construire l'ouvrage, ensuite, une fois l'ouvrage fait, il exerce, pour sa conservation, la police du domaine public. De plus, comme concessionnaire d'une taxe publique, il perçoit sur le

ways de Vals-les-Bains). Nous examinerons plus loin la situation des usines hydrauliques concédées d'après la loi du 16 octobre 1919;

2° Le système de la concession de travaux publics ne se conçoit, en sens inverse, que si, sur l'ouvrage public à construire, il y a, d'une façon très évidente, besoin d'un service d'exploitation et j'ajouterai d'un service d'exploitation qui présente des risques industriels. S'il n'y a pas besoin d'un service d'exploitation, le public n'accepte pas de payer des redevances (exemple, les canaux et les ponts à péage).

La plupart des canaux construits ont été rachetés ; pour les canaux à construire, une loi du 4 août 1879 a décidé qu'ils ne pourraient être concédés ; quant aux ponts à péage, la loi du 31 juillet 1880 a préparé leur disparition prochaine : elle décide qu'à l'avenir il n'en sera plus construit sur les routes nationales et départementales et, sans interdire leur construction sur les chemins vicinaux, elle la décourage en statuant que l'État ne fournira pas de subvention pour le rachat; en même temps, elle facilite par une série de mesures le rachat des ponts déjà construits.

Si le service d'exploitation ne comporte pas ou ne comporte plus de risques industriels, il n'y a pas de raison pour ne pas faire bénéficier les caisses publiques des bénéfices de l'exploitation et, par conséquent, pour ne pas exécuter les travaux en régie ou à l'entreprise (C'est la question de la municipalisation des services de transport et de distribution. V. p. 257).

public un péage. Il ne faut pas s'y tromper, en effet, le prix payé pour un transport en chemins de fer, en tramway, etc., représente bien pour partie le prix d'un service rendu, tel que ce prix pourrait être débattu dans des relations purement commerciales, mais pour partie aussi il représente une taxe publique, parce que, par le fait de la concession, il a été constitué un monopole au profit du concessionnaire (1).

En revanche, le concessionnaire a des obligations qui résultent de la situation réglementaire. D'abord, il est obligé de continuer à assurer le service même si, par suite des circonstances, son exploitation est en déficit, sauf à obtenir des indemnités dans le cas où les dépenses supplémentaires de l'exploitation dépassent ce qui avait pu être raisonnablement prévu au moment du contrat. Cette obligation de continuer le service et le correctif qu'elle trouve dans la *théorie de l'imprévision*, en ce qui concerne les dépenses d'exploitation, se sont révélés énergiquement pendant la guerre de 1914 pour les compagnies de transports et pour les compagnies d'éclairage au gaz (Décr. 30 oct. 1916; Cons. d'Ét., 24 mars 1916, *Gaz de Bordeaux*, S., 16. 5. 17 et ma note; 27 juill. 1917, *Messageries maritimes*, S., 17. 3. 33 et ma note).

Ensuite, le concessionnaire est obligé de supporter la réglementation de police qui appartient à l'administration sur tous les services publics et qu'elle ne saurait aliéner sur les services concédés. Cette réglementation de police peut lui imposer des obligations qui dépassent celles prévues au cahier des charges; il est tenu de s'y soumettre, sauf à demander une indemnité si elles sont de nature à rompre l'équilibre contractuel des conventions financières (V. Cons. d'Ét.; 11 mars 1910, *Ministre des Travaux publics*, S., 1911. 3. 1, la note précitée) (2).

(1) Ce caractère de taxe publique, que revêtent les prix de transport, donne naissance à la question des tarifs, on comprend que la puissance publique intervienne dans leur fixation. Elle y intervient, en effet, par l'homologation, cela est particulièrement intéressant pour les chemins de fer et surtout pour les tarifs de marchandises. Le pouvoir d'homologation est reconnu au ministre des Travaux publics par l'ordonnance du 15 novembre 1846, art. 44. Ce pouvoir ne donne pas au ministre le droit d'imposer directement tel ou tel tarif, mais il empêche les compagnies de faire sans son approbation une modification quelconque, fût-ce un abaissement de tarif, et, par conséquent, permet d'engager des négociations avec elles. Ce caractère de l'homologation entraînant la perception d'une taxe publique, fait que nous avons dû ranger les tarifs homologués parmi les règlements (V. p. 64).

(2) *Le fait du prince*. — L'hypothèse rapportée au texte est un cas particulier d'une situation de nature à se reproduire à peu près dans tous les contrats relatifs à l'exécution de services publics ou d'entreprises publiques; l'administration ne consent point à lier par le contrat l'exercice de son pouvoir réglementaire sur le service et, d'autre part, l'exercice de ce pouvoir réglementaire risque d'imposer au concessionnaire ou à l'entrepreneur ou au fournisseur des sujétions ou des obligations imprévues qui rom-

2° *Droits et obligations qui proviennent du cahier des charges et des conventions financières.*

Les obligations du concessionnaire provenant du cahier des charges sont relatives à l'exécution des travaux, à l'entretien des ouvrages et au service de l'exploitation; elles sont consignées dans le cahier des charges spécial à la concession. Il existe aussi des obligations pour les compagnies de chemins de fer en vue de la mobilisation de l'armée.

Les droits du concessionnaire provenant des conventions financières sont en général relatifs au concours financier qui lui a été promis par l'administration pour la construction et l'exploitation de l'ouvrage et aux garanties stipulées en cas de rachat. Nous savons que toute concession sur le domaine public est révocable; mais ici, comme des capitaux privés sont engagés dans l'entreprise, il est stipulé que la révocation ne pourra pas avoir lieu avant un certain nombre d'années, en général quinze ans pour la concession de chemin de fer, et que, même après ce délai, elle ne pourra avoir lieu que moyennant une indemnité dont les bases sont établies d'avance.

Sanctions et pouvoirs du juge à l'occasion de ces sanctions. — Ce qu'il y a de plus intéressant, ce sont les moyens de sanction à la disposition de l'administration et qui sont : la *saisie de revenus,* pour les employer à l'entretien de l'ouvrage si le concessionnaire le néglige; le *séquestre,* qui ressemble à la mise en régie du marché par entreprise; la *déchéance,* si le concessionnaire ne commence pas les travaux dans le délai fixé, ou s'il n'exécute pas le cahier des charges, ou bien comme conséquence du séquestre, si dans les trois mois le concessionnaire n'est pas en mesure de reprendre l'exploitation. Toutes ces mesures peuvent être prononcées par décision exécutoire, si le cahier des charges en a réservé le droit à l'administration, mais c'est aux risques et périls de celle-ci, au cas où la décision est ensuite reconnue mal fondée par le juge (Cons. d'Ét., 8 fév. 1878, *Pasquet*; 6 avril 1895, *Deshayes*; 20 janv. 1905, *Compagnie départementale des eaux,* concl. Romieu, Lebon, p. 55); non seulement des indemnités peuvent être accordées au concessionnaire, mais même la décision peut être annulée par le juge, spécialement au cas de déchéance (1).

pent l'équilibre contractuel. Cela se règle par des indemnités. C'est ce que l'on appelle le *fait du prince* (Cf. Cons. d'Ét., 8 mars 1901, *Prével,* S., 1902. 3. 73 et la note; 23 janv. 1903, *Compagnie des chemins de fer économiques du Nord,* S., 1904. 3. 49 et la note; 13 fév. 1905, *Fichet*; 5 juill. 1907, *Humblot.* V. H. Ripert, *Les rapports de la police et de la gestion, Revue de droit public,* 1905 ; G. Teissier, *La responsabilité de la puissance publique,* n°s 163 et s.; Cons. d'Ét., 19 nov. 1909, *Zeïlabadine,* S., 10. 3. 1 et ma note; 11 mars 1910, *Ministre des Travaux publics,* S., 11. 3. 1, ma note et les concl. de M. Blum).

(1) Il y a ici une différence entre l'entrepreneur de travaux publics et le concessionnaire. Dans le cas du marché de travaux publics ordinaire, on reconnaît que le maître

D'un autre côté, comme les sanctions généralement prévues au cahier des charges (séquestre, déchéance) sont fort graves, le Conseil d'État, qui avait d'abord posé en principe la *rigidité du cahier des charges* et par conséquent l'impossibilité pour le juge d'appliquer des sanctions autres que celles prévues dans le contrat (Cons. d'Ét., 15 juill. 1881, *Syndic de la faillite du chemin de fer d'Orléans à Rouen*; 11 janv. 1884, *Level*), a abandonné ce principe et a admis que le juge avait le droit de condamner à des dommages-intérêts, par application de l'article 1142 du Code civil, à raison d'infractions au contrat pour lesquelles ce contrat n'avait édicté aucune clause pénale, afin d'éviter la mesure extrême de la déchéance (Cons. d'Ét., 31 mai 1907, *Deplanque*, concl. Romieu, Lebon, p. 514; S., 1907. 3. 113 et la note) (1).

III. *Des monopoles de fait qui résultent des concessions de travaux publics et de l'interprétation de ces monopoles.* — *Concessions de tramways et concessions d'éclairage au gaz* (2). — Lorsqu'une administration publique fait une concession de travaux publics pour assurer un service de transports ou un service de distribution, il y a lieu de se préoccuper du monopole que cette organisation peut conférer au concessionnaire, au détriment du public, à raison de ce fait que l'occupation des voies publiques, pour la pose des rails de tramways ou pour les canalisations, ne peut être accordée commodément qu'à une seule entreprise. On peut poser les règles suivantes :

1° Le monopole ne résultant pas de plein droit de la concession doit être stipulé, en ce sens que l'administration concédante doit s'être engagée formellement « à ne pas favoriser d'entreprise concurrente ». Spécialement, l'administration qui a concédé des lignes de chemins de fer ou des lignes de tramways n'est pas obligée, par cela même, à ne pas en concéder d'autres dans la même direction (Cons. d'Ét., 4 mars 1904, *Société du chemin de fer funiculaire de Rouen-Bauplet*);

de l'ouvrage a toujours le droit de rompre le contrat dans les conditions de l'article 1794 du Code civil, c'est-à-dire en indemnisant l'entrepreneur du préjudice causé et du manque à gagner; il en résulte que le juge n'a pas le droit d'annuler l'arrêté de résiliation pris par l'administration et ne peut qu'allouer une indemnité, laquelle d'ailleurs peut être fort élevée; dans le cas de concession de travaux publics, au contraire, on reconnaît au concessionnaire un droit acquis à la jouissance de sa concession pendant toute la durée de son contrat; s'il n'est pas en faute, il ne peut en être privé que par le rachat; si donc la déchéance a été prononcée à tort par l'administration, elle ne peut plus être maintenue à titre de résiliation facultative et le juge a le droit d'en prononcer l'annulation, ce qui implique la continuation du contrat, avec indemnité pour le préjudice causé par l'interruption (Romieu, *loc. cit.*).

(1) Mais le Conseil d'État n'admet pas que l'astreinte soit employée par le juge vis-à-vis du concessionnaire (Cons. d'Ét., 23 mai 1919, *Gaz de Pézenas*).

(2) Eustache Pilon, *Les monopoles communaux*, 1898.

2° L'engagement de ne pas favoriser d'entreprise concurrente par de nouvelles concessions ou par de nouvelles permissions de voirie peut être pris par les communes en ce qui concerne l'éclairage par le gaz ou par l'électricité (Cons. d'Ét., 20 mai 1881, *Ville de Crest*; 20 déc. 1891, *Saint-Étienne et Montluçon*, S., 94. 3. 1, et ma note), et aussi en ce qui concerne le service des transports par tramways ou funiculaires (Cons. d'Ét., 4 mars 1904, *Société du chemin de fer funiculaire de Rouen-Eauplet*). Mais la loi sur les distributions d'énergie électrique du 15 juin 1906 interdit cet engagement, et par conséquent la constitution du monopole, pour les distributions d'énergie électrique autres que celles destinées à l'éclairage municipal (art. 8) (1);

3° Le monopole de fait ainsi créé n'existe que par suite de l'occupation de la voie publique et ne s'applique qu'à l'encontre des autres entreprises de distribution; ce qui est monopolisé, c'est *la canalisation dans la rue en vue d'une entreprise de distribution* (2);

4° Les engagements des communes de ne pas favoriser d'entreprise concurrente doivent être interprétés restrictivement.

C'est ce que le Conseil d'État a admis en ce qui concerne les entreprises de transport, par la décision du 4 mars 1904, *Société du chemin de fer funiculaire de Rouen-Eauplet*, par laquelle il a reconnu qu'un tramway électrique ne constituait pas une concurrence à un chemin de fer funiculaire.

Il n'avait pas été aussi bien inspiré lorsque se posa, vers 1890, la question de la concurrence de l'éclairage électrique à l'éclairage au gaz. Les compagnies gazières avaient eu le soin de faire souscrire par les villes l'engagement de ne pas favoriser d'entreprise concurrente. Mais, lorsque se produisirent les entreprises d'éclairage électrique, les villes ne crurent pas favoriser de concurrence à l'éclairage au gaz en accordant des permissions de voirie aux électriciens, parce qu'elles estimèrent que les compagnies du gaz n'avaient de privilège exclusif qu'en ce qui concernait l'éclairage au gaz. De nom-

---

(1) L'engagement ne peut être pris au nom de la commune que par le conseil municipal, car il s'agit d'une affaire financière. Le monopole ne pourrait pas être établi par une simple autorisation de police du maire (Cons. d'Ét., 2 août 1870, *Bouchardon*).

(2) Ainsi le monopole ne s'oppose point aux entreprises de distribution qui n'ont pas à traverser de rues ; il ne s'oppose pas non plus aux installations grâce auxquelles un particulier s'éclaire lui-même, même si une rue est traversée (Cons. d'Ét., 6 juill. 1900, *Metge*); mais, dès qu'il s'agit d'entreprise de distribution, il occupe toute la rue, il s'oppose à toute espèce de canalisation souterraine ou aérienne (Cons. d'Ét., 7 mai 1897, *Villeneuve-sur-Lot*); au reste, la responsabilité de la ville est engagée même pour les installations sur la grande voirie, si ces installations ont été faites sur sa demande ou sur son avis favorable (Cons. d'Ét., 10 juill. 1896, *Colette*; 30 juill. 1897, *Auxerre*). Le fait que le monopole n'existe que comme conséquence de l'occupation de la voie publique résulte du rapprochement des deux arrêts suivants : Cons. d'Ét.,

breux procès s'engagèrent, et le Conseil d'État en arriva à cette conception excessive que le privilège exclusif consenti au profit d'une compagnie gazière devait être interprété comme lui constituant monopole « pour toute espèce de lumière » (Cons. d'Ét., 26 déc. 1891, deux arrêts, *Ville de Montluçon* et *Ville de Saint-Étienne*, S., 94. 3. 1 et ma note); il jeta ainsi les villes dans les plus graves embarras, prises qu'elles étaient entre leurs concessionnaires d'éclairage au gaz et leurs concessionnaires d'éclairage électrique (Cons. d'Ét., 30 mai 1902, *Bar-le-Duc*, S., 1903. 3. 65 et ma note); il fut amené à prononcer contre certaines des condamnations à indemnité considérables (Cons. d'Ét., 25 nov. 1898, *Ville de Saint-Étienne*; 14 juin 1912, *eod.*), approximativement un million.

Nous ne pouvons que nous féliciter de ce que, dans l'arrêt du 10 janvier 1902, *Deville-les-Rouen* (S., 1902. 3. 17 et ma note), il ait trouvé un moyen ingénieux de dégager les villes de l'impasse où il les avait enfermées. Il a obligé les compagnies gazières à fournir les nouvelles espèces de lumière, et par conséquent la lumière électrique, puisqu'elles ont le monopole de toute lumière et parce que tout monopole de fourniture implique une obligation de fourniture. Dès lors, les villes peuvent sortir de l'impasse par une procédure assez simple : elles mettent la compagnie gazière en demeure de leur fournir la lumière électrique dans les conditions où un électricien leur a fait des offres; à défaut d'entente amiable, un litige s'engage devant le conseil de préfecture; s'il est démontré que le nouvel éclairage électrique doit procurer à la compagnie du gaz *un bénéfice normal*, elle est obligée d'assumer l'entreprise, ou bien elle perd son droit de préférence, et la ville devient libre de traiter avec l'électricien (sur la manière de procéder, V. Cons. d'Ét., 13 mars 1903, *Ville de Caudry*; 20 nov. 1903, *Bagnères-de-Bigorre*; 7 mars 1913, *Compagnie du gaz d'Angers* (1).

28 janv. 1910, *Compagnie des chalets de commodité* et Cons. d'Ét., 4 mars 1910, *Thérond*.

(1) Jusqu'à présent, le Conseil d'État n'applique cette procédure de la mise en demeure que lorsque le traité passé avec la compagnie du gaz ne contient pas de clause réglant la question de l'éclairage électrique (clause du meilleur éclairage); si le traité contient une clause à ce sujet, le conseil estime que les parties ayant prévu la question, il n'y a qu'à appliquer leur convention quelle qu'elle soit. Nous sommes persuadé, quant à nous, qu'il sera amené à autoriser la procédure de la mise en demeure, même dans certaines hypothèses où il y a clause du meilleur éclairage, parce que certaines de ces clauses, insérées dans les traités à la requête des compagnies du gaz, sont trop habiles et entreprennent par trop sur la liberté des administrations municipales. A notre avis, toutes les fois que la compagnie du gaz, par une clause quelconque, a cherché à restreindre le droit que doit avoir la ville de se procurer un concessionnaire de lumière électrique, la ville doit pouvoir reprendre sa liberté en mettant le gazier en demeure de devenir lui-même concessionnaire de la lumière électrique.

D'ailleurs, sur toute cette jurisprudence relative à la lutte du gaz et de l'électricité,

IV. *Les concessions de chemins de fer d'intérêt général.* — L'histoire de la création de notre réseau de chemins de fer d'intérêt général est très instructive et la *politique française en matière de chemins de fer* a obtenu l'approbation de juges compétents (1) Il faut savoir que les systèmes les plus divers ont été pratiqués dans différents pays, depuis la construction par des entreprises privées qui sont propriétaires de la voie (Angleterre, États-Unis), jusqu'à la construction et à l'exploitation directe par l'État (Belgique, Prusse, etc.). Le système français se présente comme un type intermédiaire réalisant la combinaison de l'initiative privée et de l'intervention de l'État, grâce au principe de la concession de travaux publics et des conventions financières (2); mais les conditions de cette combinaison ne se sont précisées que très lentement. Dans une histoire forcément très simplifiée, on peut signaler l'existence de trois grandes périodes : 1° de 1832 à 1859; 2° de 1859 à 1883 ; 3° depuis 1883 (3).

V. la table décennale des arrêts du Conseil d'État 1895-1904, 1er vol., p. 217 et s.; nos notes sous les affaires *Ville de Montluçon, Bar-le-Duc, Deville-les-Rouen*, précitées, et des précisions intéressantes dans la *Revue des concessions*, 1911, p. 27, sous Cons. d'Ét., 11 nov. 1910, *Ville de Longwy*.

(1) M. de Kaufman, *La politique française en matière de chemins de fer*, traduct. franç., Hamon, 1900; Adde Picard, *Traité des chemins de fer*; Thoviste, *Étude sur les conventions financières conclues entre l'État et les compagnies de chemins de fer*, thèse, 1886; Colson, *Les garanties d'intérêts et le budget*; Carpentier et Maury, *Traité des chemins de fer*; Boucart et Jèze, *Science des finances*.

(2) Il y a lieu de distinguer le cahier des charges, dont l'interprétation est laissée au conseil de préfecture, et les conventions financières qui, ici, sont conclues à part et dont le contentieux appartient en premier ressort au Conseil d'État après décision préalable du ministre des Travaux publics (V. pour les chemins de fer d'intérêt général. Confl., 16 déc. 1876; Cass., 2 mars 1880; Cons. d'Ét., 8 fév. 1895 et pour les chemins de fer d'intérêt local, Cons. d'Ét., 19 janv. 1912, *Chemins de fer algériens*).

(3) *De 1832 à 1859.* — Le premier essai d'un véritable chemin de fer à traction mécanique eut lieu en 1832, de Lyon à Saint-Étienne; à partir de ce moment, on entrevit la création d'un réseau national et peu à peu les éléments du système se dessinèrent; il fut décidé que les chemins de fer ne seraient pas abandonnés à l'initiative privée, qu'ils ne seraient pas non plus construits et exploités par l'État; qu'on adopterait le système intermédiaire de la concession de travaux publics; que les chemins de fer feraient partie du domaine national et que le tracé en serait fixé administrativement; que l'État donnerait son concours financier et aurait la police de l'exploitation (L. 11 juin 1842 et L. 15 juill. 1845).

C'est vers la fin de cette période que se produit la création des six grands réseaux, Nord, Ouest, Est, Paris-Lyon, Orléans, Midi, par la concentration de concessions primitives moins importantes, le tout après beaucoup de bouleversements, de menaces de faillite et de grands sacrifices consentis par l'État. Cette période se caractérise par de sages mesures législatives et des tâtonnements dans les faits peut-être inévitables.

De 1859 à 1883. — C'est l'ère des conventions de Franqueville qui inaugurent cette période (L. 11 juin 1859). Deux questions se posaient en 1859 : assurer la construction d'un second réseau, c'est-à-dire d'un vaste système d'embranchements faisant pénétrer dans l'intérieur du pays le trafic des lignes principales; régler l'association financière

De nouvelles conventions visées dans un projet de loi préparé par le ministre Le Trocquer et déposé par le gouvernement en mai 1920 des compagnies et de l'État, de façon à assurer définitivement le crédit des compagnies et cependant à limiter les sacrifices de l'État. On passait aux profits et pertes les sacrifices faits pour la création du premier réseau (du moins à peu près complètement), mais on voulait qu'il n'en fût pas de même pour le second réseau. — Dans ces conditions apparaît le système de la *garantie d'intérêts;* les compagnies empruntent dans le public les sommes nécessaires à la construction du second réseau, l'État garantit aux obligataires un certain intérêt, mais les sommes qu'il est obligé de fournir pour assurer le service de ces intérêts constituent une *avance remboursable*, les compagnies doivent les lui rembourser sur les bénéfices de l'exploitation. Pour le calcul de ces bénéfices est organisé un double compte d'exploitation, celui du premier réseau et celui du second réseau. Sur les bénéfices de l'exploitation de l'ancien réseau, un certain revenu est garanti au capital-actions et obligations représentant cet ancien réseau ; ce qui excède la somme nécessaire au service de ce revenu est déversé sur le second réseau et diminue d'autant l'appel à la garantie d'intérêts de l'État. Cela s'appelle le système du *déversoir*. C'était ingénieux, mais le double compte d'exploitation était compliqué. On peut reprocher aux conventions de Franqueville d'avoir négligé de compter dans le capital-actions du premier réseau les sacrifices faits par l'État.

Conventions de 1883 (L. 20 nov. 1883). — Elles sont intervenues pour assurer la construction d'un troisième réseau et aussi dans une pensée de simplification. Toute distinction est supprimée entre anciens et nouveaux réseaux, par conséquent il n'y a plus qu'un seul compte d'exploitation. Les compagnies se chargent de la construction du troisième réseau, moyennant une participation de l'État dans les travaux neufs. L'État garantit indifféremment à tous les actionnaires et obligataires un certain revenu minimum, et cela jusqu'à la fin de la concession (Cons. d'Ét., 26 juill. 1912, *Compagnie d'Orléans*); les avances qu'il fait pour assurer le service des intérêts sont remboursables et produisent elles-mêmes intérêt à son profit au taux de 4 p. 100 ; les compagnies lui rendent, d'autre part, le service d'emprunter directement dans le public les sommes qu'il doit leur fournir pour les travaux neufs, il les remboursera par des annuités ; enfin, lorsque les compagnies auront remboursé les avances à elles faites à titre de garantie d'intérêts et auront assuré à leur capital-actions et obligations un certain dividende maximum, l'excédent des bénéfices sera partagé entre elles et l'État dans la proportion des deux tiers pour celui-ci.

Avenir des réseaux concédés. — Les concessions faites aux grandes compagnies, prorogées par les conventions de 1883, expirent toutes aux environs de 1950; trente ans à peine nous séparent de cette échéance. Il n'est pas à supposer que de nouveaux rachats soient effectués d'ici là, car l'expérience a prouvé que celui de l'Ouest n'avait pu se faire qu'à un très gros prix. D'un autre côté, l'administration de l'État, qui avait mis trente ans à organiser son réseau primitif, a certainement besoin d'une nouvelle période d'années assez longue pour réaliser l'incorporation complète du réseau de l'Ouest. On peut donc prévoir que les concessions des cinq autres grandes compagnies iront jusqu'à leur expiration normale et, dans l'intérêt des finances du pays, il faut l'espérer.

Vers 1950, les 29.903 kilomètres exploités que représentent les cinq réseaux et les ceintures feront retour à l'État complètement amortis, car, détail qu'il ne faut pas oublier, les compagnies amortissent tout le capital employé à la construction, même celui qui représente la contribution de l'État aux travaux neufs; cet amortissement sera terminé vers 1950. Si l'État veut exploiter lui-même, il n'aura qu'à racheter le matériel roulant évalué approximativement à 500 millions. Cette exploitation avec un capital amorti représenterait pour lui un bénéfice annuel de 7 à 800 millions.

Il y a là de quoi faire réfléchir les partisans du rachat immédiat. Outre ses inconvé-

doivent ouvrir une quatrième période dans laquelle plusieurs modifications importantes seront effectuées. Notamment, pour mettre fin au particularisme des réseaux et pour qu'au point de vue du service tout se passe comme s'il n'y avait qu'un seul réseau national, toutes les grandes compagnies seront syndiquées et une solidarité financière sera établie entre elles.

Cahiers des charges des chemins concédés. — Les chemins de fer d'intérêt général concédés sont régis par des cahiers des charges. A l'origine, les cahiers des charges, bien que présentant des traits communs, ont été particuliers à chaque concession. La loi du 4 décembre 1875 a établi pour les concessions futures un cahier des charges-type. Ces cahiers des charges ont été modifiés par des conventions intervenues depuis, notamment par les conventions de 1883 et aussi par des conventions du temps de guerre (1).

On admet généralement qu'ils peuvent être modifiés aussi par des lois d'intérêt général imposant aux compagnies de nouvelles obligations, car l'État ne peut pas rester sans action sur un grand service comme celui des chemins de fer pendant un long espace de temps, sous le prétexte que le service est concédé; mais, en principe, ces sujétions nouvelles donnent lieu à des indemnités parce qu'elles constituent des modifications à la situation contractuelle et sont ce qu'on appelle *des faits du prince* (V. supra, p. 758. Cf., à titre d'exemple, L. 3 déc. 1908, sur le raccordement des voies ferrées avec les voies d'eau).

V. *Le réseau des chemins de fer de l'État.* — Ce réseau, constitué par suite de deux opérations, l'une de *reprise par l'État* de petites lignes secondaires opérée en 1878, l'autre de rachat du réseau de l'Ouest opérée en 1908 (2), a reçu son organisation de la loi du 13 juillet 1911,

nients politiques, il aurait cet inconvénient financier de compromettre l'amortissement du capital de premier établissement des chemins de fer qui est en bonne voie, car l'État français n'amortit pas régulièrement. Ce qui doit engager encore à la patience, c'est que, avant la guerre, les charges annuelles imposées à l'État par les garanties d'intérêts et les annuités des travaux neufs, qui s'élevaient à 154 millions, étaient presque compensées par les bénéfices indirects et économies sur ses transports que l'État réalise dans le système de la concession et qui s'élevaient à 140 millions. Et c'est ainsi que, pendant la guerre, l'organisation de nos chemins de fer a fait preuve d'une admirable robustesse.

Pour la statistique commerciale et financière, V. Colson, *Supplément au cours d'économie politique,* 1910.

(1) V. LL. 30 nov. 1916; 28 fév. 1918; 31 mars 1918; 22 oct. 1919.

(2) *Constitution d'un réseau de l'État.* — En 1878, diverses compagnies auxquelles avaient été concédées des lignes d'importance secondaire situées dans l'Ouest de la France se trouvant acculées à la faillite, la reprise par l'État de ces lignes fut décidée et exécutée par la loi du 18 mai 1878 (Duvergier, p. 253). Les principales dispositions de cette loi sont ainsi conçues : Art. 1er : « Sont et demeurent incorporés au réseau des chemins de fer d'intérêt général les chemins de fer d'intérêt local ci-après dénom-

art. 41 et s.; *Adde.* Décr. 27 janv. 1914 sur le service financier et L. 15 juill. 1914, art. 45 (1). L'ancien réseau de l'État et le réseau racheté de l'Ouest forment un ensemble et sont exploités au compte de l'État par une administration unique placée sous l'autorité du ministre des Travaux publics et dotée de la personnalité civile

més... ». Art. 4 : « En attendant qu'il soit statué sur les bases définitives du régime auquel seront soumis les chemins de fer dont l'article 2 de la présente loi règle la reprise par l'État, le ministre des Travaux publics assurera l'exploitation provisoire de ces lignes à l'aide de tels moyens qu'il jugera le moins onéreux pour le Trésor. » Les bases de cette administration provisoire furent posées par trois décrets du 25 mai 1878, sur l'organisation administrative, sur l'organisation financière et sur le conseil d'administration (Duvergier, p. 349 et s.); ces décrets se placent encore dans l'hypothèse d'une situation provisoire, mais, quoique provisoirement, ils constituent un réseau des chemins de fer de l'État. Art. 1er du décret sur l'organisation administrative : « Les lignes de chemins de fer déjà exploitées ou à construire qui seront comprises dans la loi du 18 mai 1879 seront, au fur et à mesure de leur remise à l'État, considérées provisoirement comme formant un seul et même réseau sous la dénomination de *chemins de fer de l'État*. » — Mais la mention du caractère provisoire du régime disparaît dans la loi du budget du 22 décembre 1878, article 9, ainsi conçu : « Les chemins de fer exploités par l'État sont soumis, en ce qui concerne les droits, taxes et contributions de toute nature, au même régime que les chemins de fer concédés. » — En réalité, le ministère des Travaux publics avait eu, dès le début, le dessein arrêté de constituer un réseau d'État; le Parlement n'y était pas disposé, mais on tourna la difficulté par l'expédient du régime provisoire; l'organisation du régime provisoire devint tout de suite une réalité tellement grosse de conséquences qu'il ne fut plus question de revenir en arrière. Cette histoire est une des meilleures démonstrations de l'esprit d'ambition qui anime les organismes administratifs. La loi du 20 novembre 1883 consacra une convention passée, le 28 juin 1883, entre le ministre des Travaux publics et la Compagnie d'Orléans, contenant des échanges de lignes et dont le but avéré était de constituer d'une façon plus logique le réseau de l'État. Enfin, c'est encore au désir ou aux besoins d'accroissement du réseau de l'État qu'il faut attribuer l'opération du rachat du réseau concédé à la Compagnie de l'Ouest, opération exécutée par les lois et décrets suivants :

1° Loi du 13 juillet 1908, autorisant le rachat du réseau de l'Ouest ;

2° Loi du 18 décembre 1908, décidant que l'exploitation du réseau racheté sera soumise aux règles déjà établies pour l'administration des chemins de fer de l'État et fera l'objet d'un budget annexe spécial;

3° Décret du 26 décembre 1908, modifiant les décrets organiques du réseau d'État ; arrêté ministériel du 29 décembre 1909, séparant divers services dans l'administration chargée d'exploiter les deux réseaux (État et Ouest-État) ;

4° Accord provisoire en vertu duquel l'administration des chemins de fer de l'État a pris, le 1er janvier 1909, possession des lignes, objets, mobiliers, approvisionnements, etc., etc., et s'est substituée à la compagnie dans tous les traités passés par elle pour l'exploitation ;

5° Loi du 21 décembre 1909, approuvant une convention qui fixe à l'amiable le prix du réseau de l'Ouest ; l'État paie une annuité égale au montant du dividende garanti aux actionnaires, ajoutée aux sommes nécessaires pour assurer le service des obligations; la compagnie conserve son domaine privé et toutes autres revendications sont abandonnées de part et d'autre.

— (1) Cf. E. Coquet, *L'organisation administrative et financière des chemins de fer de l'État. Revue de science financière*, 1911.

(art. 41). Cette administration se compose d'un directeur et d'un conseil de réseau; le directeur est nommé par le ministre et le conseil de réseau aussi presque entièrement, sauf quatre représentants du personnel qui doivent en partie leur origine à l'élection. Le conseil de réseau n'a d'ailleurs que des attributions consultatives. C'est un régime de centralisation absolue et, en somme, c'est une régie du réseau de l'État par le ministère des Travaux publics avec contrôle du Parlement représentant ici les actionnaires (1).

VI. *Les concessions de chemins de fer d'intérêt local et de tramways.* — Les chemins de fer d'intérêt local sont ceux dont la construction a été entreprise par les départements ou les communes et qui font partie de leur domaine public; ils sont à voie normale ou à voie étroite, mais ne sont pas, en principe, établis sur des routes préexistantes, en quoi ils se distinguent des tramways. Ils ont d'abord été régis par une loi du 12 juillet 1865, puis par la loi du 11 juin 1880; ils le sont actuellement par la loi du 31 juillet 1913 qui est un peu plus libérale que la précédente (2).

(1) Cette organisation, qui n'a rien d'industriel, pourrait s'orienter vers une rétrocession à une compagnie concessionnaire ou régisseuse.

En tout cas, vis-à-vis du public, au point de vue des relations commerciales du contrat de transport, le réseau de l'État est et doit être traité comme une compagnie concessionnaire (L. 15 juill. 1845, art. 22, § 2. Cf. Chavegrin, note sous Cass., 18 nov. 1895, *Pierre*, S., 98. 1. 385) et, dans les relations entre l'État et ses employés du réseau, l'autorité judiciaire est compétente (L. 21 mars 1905), de telle sorte que ces employés ne sont pas entièrement fonctionnarisés.

(2) Les départements et les communes ne sont plus obligés absolument de concéder leurs voies ferrées d'intérêt local; ils peuvent être autorisés à les exploiter directement (art. 25).

S'ils font une concession, sauf stipulation contraire, ils conservent toujours le droit d'accorder des concessions concurrentes (art. 35).

Les clauses du traité de concession sont délibérées au nom du département par le conseil général, au nom de la commune par le conseil municipal, mais ce ne sont que des *projets*; une fois ces projets arrêtés, l'*utilité publique est déclarée et l'exécution est autorisée par une loi lorsqu'il est fait appel à la subvention de l'État;* dans les autres cas, par un décret délibéré en Conseil d'État (art. 10), l'autorisation obtenue, les projets d'exécution sont délibérés par les conseils locaux, mais les délibérations sont soumises à une forte tutelle (art. 11).

L'acte de concession (approuvé par la loi ou le décret) détermine le tarif maximum des droits de péage et du prix des transports et, dans les limites de ce tarif maximum, les tarifs réels sont homologués par le préfet (art. 31).

Le cahier des charges réserve à l'administration centrale des pouvoirs très grands, notamment en ce qui concerne les sanctions à appliquer au concessionnaire. C'est ainsi que la déchéance ne peut être prononcée que par le ministre des Travaux publics (art. 30); il faut que l'administration locale demande au ministre des Travaux publics de prononcer cette sanction, et si le ministre refuse, le Conseil d'État admet qu'il n'y a pas de recours contentieux contre cette décision de refus (Cons. d'Ét., 11 nov. 1905, *Département de la Marne*). — Le cahier des charges doit contenir des dispositions relatives aux conditions du travail et à la retraite du personnel (art. 48).

Le contrôle et la surveillance appartiennent au préfet, sous l'autorité du ministre

Concessions de tramways (L. 31 juill. 1913). — Les tramways sont établis sur des routes déjà construites. Il y en a de départementaux et de communaux. Administrativement, on les distingue en tramways pour voyageurs seulement, tramways pour voyageurs et marchandises (petite vitesse), tramways pour voyageurs, bagages et messageries. Ils donnent lieu à une concession et même, souvent, à une série de concessions; il va de soi, en effet, que la concession doit être faite par la personne administrative qui a la route dans son domaine public, il s'ensuit des complications. Dans un réseau urbain, par exemple, il y a des voies qui sont nationales, d'autres qui sont départementales, d'autres qui sont communales; on ne pouvait pourtant pas admettre que le concessionnaire eût affaire à la fois à l'État, au département et à la commune. La loi a permis de trancher la difficulté : l'État et le département feront la concession sur leurs voies au profit de la commune, et celle-ci rétrocédera cette concession au concessionnaire, en même temps qu'elle fera la concession sur ses propres voies; le concessionnaire n'aura ainsi de rapports qu'avec la commune. Si l'État ou le département voulaient constituer un réseau de tramways national ou départemental, il interviendrait des arrangements en sens inverse (Lartigue, *Des tramways*, thèse Toulouse, 1904) (1).

des Travaux publics, et ce contrôle porte sur la construction, l'entretien, les réparation des voies ferrées avec leurs dépendances, l'entretien du matériel et le service de l'exploitation (art. 32).

A toute époque, une voie ferrée peut être distraite du domaine public départemental ou communal et classée par une loi dans le domaine de l'État, sauf à régler par des indemnités la situation, soit vis-à-vis du concessionnaire, soit vis-à-vis de l'administration locale précédemment propriétaire (art. 39) ; c'est, d'ailleurs, l'opération qui avait été faite par la loi du 18 mai 1878, constitutive du réseau de l'État, les lignes incorporées à ce réseau étant des lignes d'intérêt local.

On voit que les chemins de fer d'intérêt local n'appartiennent aux administrations locales que d'une façon bien nominale; la seule prérogative réelle de ces administrations est d'avoir l'initiative de leur construction. On conçoit, d'ailleurs, assez cette centralisation dans l'intérêt supérieur de l'unité du réseau des voies de communication.

Quant aux conditions financières de ces opérations de chemins de fer d'intérêt local, qui sont assez compliquées et qui comportent des subventions de l'État, V. les art. 13 et s. (à noter que les ressources de la vicinalité peuvent être appliquées en partie par les communes (art. 21) et que l'État participera désormais aux bénéfices lorsqu'il aura fourni une subvention (art. 19). Pour les modifications apportées par la guerre, V. L. 30 nov. 1916 et L. 22 oct. 1919.

(1) VII. *Les concessions de bacs et passages d'eau.* — Le privilège de concéder les bacs était primitivement, en vertu de souvenirs historiques, un droit régalien réservé à l'État. Dans la loi du 10 août 1871, article 46, n° 13, l'État a abandonné son privilège au profit des départements « pour les routes et chemins à la charge des départements », cela s'entend des routes départementales et des chemins vicinaux de grande et de moyenne communication. Mais il n'a rien abandonné au profit des communes, de sorte que c'est l'État qui concède les bacs sur les chemins vicinaux ordinaires.

VIII. *Loi du 8 décembre 1908, sur le raccordement des voies ferrées avec les voies*

Appendice a la concession de travaux publics.

De la concession des travaux d'intérêt public (associations syndicales, mines, forces hydrauliques).

Le type de la concession de travaux publics a été progressivement étendue à toute une série d'entreprises de travaux qui ne sont plus, à proprement parler, des travaux publics, et dont l'exploitation ne donne plus lieu à de véritables services publics. Aussi le concessionnaire n'agit-il plus pour le compte de l'État concédant, mais pour son propre compte. Ces entreprises de travaux sont cependant d'intérêt public et, éventuellement, elles peuvent être transformées en de véritables services publics avec appropriation de l'entreprise par l'État.

Cette extension du type de la concession des travaux publics est susceptible de degrés et de nuances, bien qu'elle tende toujours, par des moyens divers, à étatiser les entreprises auxquelles elle s'applique. Il convient aussi de noter que cette extension fait graduellement pénétrer l'État dans le domaine de la production, alors que son véritable rôle est de se cantonner dans celui de la circulation. Les chemins de fer et tramways sont du domaine de la circulation, mais les mines et les forces hydrauliques sont du domaine de la production ; les associations syndicales aussi. Nous passerons successivement en revue la matière des asssociations syndicales où l'application de l'idée de la concession de travaux est déjà ancienne,

d'eau et sur le droit d'embranchement. — Cette loi, d'un intérêt capital pour le développement de la circulation commerciale, était destinée à établir la soudure entre les chemins de fer, les fleuves et les canaux et à faciliter le transbordement des marchandises, de façon qu'elles puissent emprunter successivement les diverses voies.

Elle prévoit deux choses : 1º l'extension, au profit *d'un port de raccordement*, du *droit d'embranchement* qui n'existait jusqu'ici qu'au profit des mines et des usines ; 2º la création de *gares d'eau* dans les dépendances des gares de marchandises. Dans le premier cas, c'est la voie ferrée qui va chercher la voie d'eau ; dans le second, c'est la voie d'eau qui va chercher la voie ferrée. — V. sur les détails, ainsi que sur le *droit d'embranchement*, l'exposé des motifs de la loi (S., *Lois annotées*, 1909, p. 827).

IX. *Loi du 5 janvier 1912 sur le régime des ports maritimes de commerce autonomes.* — Cette loi attendue depuis longtemps prévoit que des ports pourront, par décret, être érigés en établissements publics autonomes ; le port et ses dépendances continuent de faire partie du domaine public, mais les droits et obligations de l'État en matière de domanialité et de travaux publics sont conférés au conseil d'administration du port dans les mêmes conditions qu'aux compagnies de chemins de fer, c'est-à-dire que l'établissement public devient concessionnaire du port. Il fait les travaux et organise les services nécessaires et lève les péages locaux déjà autorisés par la loi du 7 avril 1902, article 16, les droits de quai perçus par application des lois des 30 janvier 1872, 23 décembre 1897 et 23 mars 1898 et les centimes additionnels régulièrement autorisés.

puis celle des mines et des forces hydrauliques où cette application est toute récente.

Nº 1. — Des associations syndicales et des travaux d'intérêt collectif qui leur sont concédés (1).

Il existe des établissements du nom d'*associations syndicales de propriétaires,* dont la spécialité est d'exécuter des travaux d'intérêt collectif. Ces travaux prennent le caractère juridique de travaux publics, bien qu'on puisse relever une différence essentielle qui les sépare des travaux accomplis au nom de l'État, des départements ou des communes : ils ont pour but direct de créer une plus-value au profit des terrains privés contenus dans un certain périmètre, tandis que les travaux publics ordinaires ont pour but principal l'utilité d'un service public et ne créent des plus-values au profit de la propriété privée que d'une façon indirecte et accessoire. Ces travaux d'intérêt collectif sont, par exemple, le desséchement d'un marais, l'endiguement d'une rivière, etc.

L'exécution de ces travaux ne pourrait que très difficilement se faire par l'entente libre de tous les propriétaires intéressés ; cette entente est possible, elle donne lieu à la constitution d'*associations syndicales libres* dont la personnalité morale est reconnue depuis la loi du 21 juin 1865 et dont les travaux sont d'un caractère purement privé (2) ; mais comme l'entente unanime est difficile à réaliser, on devait prévoir ou bien l'exécution directe de ces travaux par l'État, ou bien la constitution d'associations syndicales où interviendrait plus ou moins la contrainte administrative. On a préféré le second parti, d'autant qu'il permettait de faire payer les travaux uniquement par l'ensemble des propriétaires intéressés et de les gager sur la plus-value des terrains. En réalité, il s'est organisé deux types d'associations syndicales administratives, l'association *forcée* où la contrainte est complète, l'association *autorisée* qui suppose l'initia-

---

(1) *Bibliographie* : Aucoc, *Conférences,* 3ᵉ édit., t. II, nᵒˢ 867 et s. ; Alfred Picard, *Traité des eaux, passim,* V. Table alphabétique, t. V.

(2) Le conseil de préfecture n'est pas compétent pour leurs travaux, elles n'ont ni le droit d'exproprier, ni celui de lever des taxes ; mais elles peuvent ester en justice par leurs syndics, acquérir, vendre, emprunter, hypothéquer, etc. La loi du 22 décembre 1888, article 2, statue que l'État, les départements, les communes, peuvent entrer dans ces associations libres, de sorte qu'on peut voir des personnes morales publiques faire partie d'une association privée. L'association se forme sans l'intervention de l'administration, mais il y a des formalités de déclaration à l'administration et de publicité (L. 1865, art. 5 à 7).

Il ne faut pas confondre ces associations avec les syndicats professionnels : le critérium, c'est qu'il y a des travaux à accomplir et des propriétaires intéressés à ces travaux.

tive d'une majorité des propriétaires intéressés et l'emploi de la contrainte vis-à-vis de la minorité (1).

Dans les deux cas, les travaux d'intérêt collectif à accomplir sont concédés par l'État aux associations syndicales (2).

A. *Les associations syndicales autorisées* (L. 21 juin 1865; L. 22 déc. 1888; Règl. 9 mars 1894; L. 5 août 1911). — L'association syndicale autorisée est un établissement public constitué par une union de propriétaires, formée avec intervention de la contrainte administrative, en vue d'accomplir des travaux d'intérêt collectif avec les ressources provenant de la plus-value des terrains (3).

La question de savoir si l'association syndicale autorisée est un établissement public ou un établissement d'utilité publique, c'est-à-dire si elle fait ou non partie de l'administration, a été très longtemps discutée. A la vérité, c'est un singulier organe de l'administration publique que celui où il n'y a point d'autres fonctionnaires que les propriétaires eux-mêmes, où les deniers sont fournis par ces mêmes propriétaires, où le service créé ne fonctionne qu'au profit

---

(1) Historiquement, l'association syndicale forcée est le procédé le plus ancien, et il ne faut point s'en étonner avec les habitudes de centralisation du commencement du siècle; ces associations remontent à la loi du 14 floréal an XI et à celle du 16 septembre 1807; c'est seulement dans la loi du 21 juin 1865 qu'apparaissent simultanément les associations syndicales autorisées et les associations syndicales libres.

(2) Il ne s'agit cependant pas d'une véritable concession de travaux publics; l'association syndicale n'est pas le concessionnaire d'une entreprise de l'État et par conséquent il n'y a pas de contrat de concession, ni de cahier des charges : l'association syndicale est concessionnaire de sa propre entreprise; elle reçoit par concession tous les droits de puissance publique nécessaires pour faire sa propre entreprise sous la forme d'une opération de travaux publics, elle est concessionnaire du droit de travaux publics non pas pour le compte de l'État, mais pour son propre compte. De plus, la concession est perpétuelle.

Au reste, l'idée de concession qui se trouvait dans les termes de la loi du 16 septembre 1807 ne se retrouve plus dans ceux de la loi du 21 juin 1865; elle a subsisté cependant dans la doctrine tant que les associations syndicales ont été considérées comme n'étant pas des établissements publics (V. *infra*); elle s'est effacée à mesure qu'elles ont acquis cette qualité, parce qu'il a paru que des établissements publics incorporés à l'administration avaient désormais de leur chef les droits de puissance publique nécessaires à l'opération de travaux publics et qu'il n'y avait plus besoin d'invoquer l'idée de concession. Dans cette hypothèse, l'étatisation s'est produite par l'incorporation de l'entreprise à l'administration.

(3) En même temps qu'un organisme administratif, l'association syndicale est un mécanisme financier très intéressant, parce que tout y repose sur la plus-value. Des terrains situés dans un certain périmètre doivent recevoir une plus-value considérable par suite de l'exécution de travaux collectifs, par exemple, par suite du dessèchement d'un marais. On évaluera à l'avance cette plus-value; les propriétaires des terrains seront assujettis au paiement d'un impôt annuel de 4 p. 100 de cette plus-value qui alimentera le budget de l'association; avec ces ressources, on gagera un emprunt qui permettra d'exécuter rapidement les travaux, de façon à créer immédiatement la plus-value. D'ailleurs, les propriétaires englobés dans l'association dirigeront eux-mêmes cette entreprise.

des propriétaires intéressés et uniquement pour procurer une plus-value à leurs terrains. Cependant, tout en faisant nos réserves sur ce que devrait être l'association syndicale (un simple établissement d'utilité publique se rattachant à l'organisation corporative), nous sommes obligé de reconnaître qu'au point de vue du droit positif actuel, son caractère d'établissement public n'est guère contestable. La responsabilité en remonte au règlement d'administration publique du 9 mars 1894, rendu en exécution de la loi du 22 décembre 1888, à l'effet de déterminer les règles d'organisation de notre institution ; le Tribunal des conflits s'est vu obligé de consacrer formellement le caractère d'établissement public, à raison justement de certaines dispositions de ce règlement (Confl., 9 déc. 1897, *Canal de Gignac*, S., 1900. 3. 19 et ma note) (1).

(1) M. Aucoc avait toujours très vigoureusement soutenu que les associations syndicales autorisées sont des établissements publics, il les avait même appelées des *communes spéciales*; il s'appuyait sur les arguments suivants : 1° elles sont constituées grâce à l'intervention de la contrainte administrative, laquelle ne s'emploie d'ordinaire que dans un but d'administration publique; 2° elles jouissent, pour l'exécution de leurs travaux et le recouvrement de leurs recettes, des mêmes privilèges que l'administration, c'est-à-dire de droits de puissance publique; 3° enfin leur œuvre est une œuvre d'intérêt collectif que l'administration, dans la plupart des cas, devra accomplir, si les particuliers intéressés n'en prennent pas l'initiative (Cf. 3e édit., t. I, n° 206). Le Tribunal des conflits, dans la décision du 9 décembre 1899, *Canal de Gignac*, s'est approprié ces arguments; il y a ajouté cette considération que, le préfet ayant le droit d'inscrire d'office au budget des associations syndicales les dépenses obligatoires et de modifier les taxes de manière à assurer l'acquit des charges, les voies d'exécution du droit commun ne pouvaient pas être employées par les créanciers. Les associations syndicales sortent par là même du droit commun de la vie privée, qui est la responsabilité pour les dettes, et entrent dans la vie administrative, où cette responsabilité est atténuée. Le droit d'inscription d'office du préfet résulte de l'article 58 du règlement du 9 mars 1894, de telle sorte que, finalement, c'est ce règlement qui a consommé la mainmise de l'administration sur les associations syndicales.

Avant ce fait nouveau, beaucoup d'auteurs, et notamment M. Ducrocq, avaient résisté à l'argumentation de M. Aucoc et soutenaient que les associations syndicales autorisées ne sont que des établissements d'utilité publique; ils s'appuyaient surtout sur ce que le but de ces associations est la réalisation de bénéfices privés, ce qui ne cadre guère avec l'esprit de l'administration publique (Ducrocq, *Cours de droit administratif*, 6e édit., t. II, n° 1574). Les bénéfices privés à retirer de l'opération sont, en effet, si bien la considération déterminante dans la formation de ces associations, que pendant longtemps elles ont été étudiées à propos *des bénéfices directs résultant des travaux publics*; et c'est à cette place que M. Aucoc, lui-même, les examine en détail (*Conférences*, t. II, n°s 867 et s.). Nous nous étions rangé à l'opinion de M. Ducrocq, et nous trouvions même que l'esprit de spéculation privée apparaît dans un détail d'organisation qui, à lui seul, décèle l'incompatibilité entre l'association syndicale et l'administration publique; dans l'assemblée générale des syndiqués, qui est le principal organe directeur, on applique le suffrage censitaire usité dans les sociétés de finances et non pas le suffrage égal pour tous (L. 21 juin 1865, 22 déc. 1888, art. 20; Règl. 9 mars 1894, art. 22). Sans doute, l'administration pourrait être amenée à accomplir elle-même, à défaut des intéressés, les travaux dont il s'agit, mais elle le ferait dans un autre esprit et si un véritable intérêt public se dégageait à côté

I. *Travaux pour lesquels les associations syndicales autorisées peuvent être constituées.* — Aux termes de la loi des 21 juin 1865 et 22 décembre 1888, article 1ᵉʳ, peuvent motiver la formation d'une association syndicale autorisée entre propriétaires intéressés, l'exécution et l'entretien des travaux : 1° de défense de terrains contre la mer, les fleuves, les torrents et rivières navigables ou non navigables; 2° de curage, approfondissement, redressement et régularisation des canaux et cours d'eau non navigables ni flottables et des canaux de dessèchement et d'irrigation ; 3° de dessèchement des marais ; 4° des étiers (canaux d'amenée de l'eau de mer dans les marais salants) et ouvrages nécessaires à l'exploitation des marais salants ; 5° d'assainissement des terres humides et insalubres; 6° d'assainissement dans les villes et faubourgs, bourgs, villages et hameaux ; 7° d'ouverture, d'élargissement, de prolongement et de pavage de voies publiques *et de toute autre amélioration ayant un caractère d'intérêt public dans les villes et faubourgs, bourgs, villages et hameaux* ; 8° d'irrigation et de colmatage; 9° de drainage ; 10° de chemin d'exploitation *et de toute autre amélioration agricole d'intérêt collectif* (1).

Ces énumérations sont limitatives : d'une part, la constitution d'une association syndicale entraîne, pour les propriétaires du périmètre, des charges qui sont de droit étroit; d'autre part, la rédaction du 21 juin 1865 limitait expressément, par son article 9, la formation

de l'intérêt des propriétaires. Il arrive, en effet, que l'administration accomplisse elle-même des travaux analogues à ceux des associations syndicales; depuis la création des syndicats de communes, certains de ces syndicats se sont fondés pour des travaux d'endiguement; d'autre part, les travaux d'ouverture, d'élargissement, de prolongement et de pavage des voies publiques, que l'article 1ᵉʳ, n° 7, de la loi du 22 décembre 1888 fait figurer parmi les objets d'association syndicale, sont de ceux qu'accomplissent couramment les administrations municipales. Mais ce parallélisme ne pouvait que servir à rendre plus évidente la différence qui écarte de la fonction administrative les associations syndicales. Les objets étant les mêmes, il apparaissait que c'était par leur but que les travaux différaient, les uns motivés par l'intérêt public, les autres par la plus-value.

Il subsiste d'ailleurs dans l'association syndicale une contradiction interne que l'on n'a pas assez remarquée entre l'élément de l'établissement, organisme public, et l'élément de l'association. Cette contradiction est particulièrement sensible dans le cas du syndicat d'arrosage où le contrat d'association est en même temps un contrat d'offre de concours à un travail public. Sous cette forme, la situation contractuelle initiale se laisse difficilement ramener à la situation institutionnelle que réclame l'établissement public. V. Cons. d'Ét., 2 fév. 1917, *Syndicat du canal de Raonnel* (S., 20. 3. 17 et ma note).

(1) Enfin, la loi du 15 décembre 1888 ajoute les travaux de défense contre les vignes phylloxérées; la loi du 4 avril 1882 les travaux de défense des terrains en montagne, la loi du 13 avril 1900 les travaux de confection du cadastre, la loi du 13 décembre 1902 les travaux de défense contre les incendies des forêts, la loi du 27 novembre 1918 de remembrement de la propriété rurale (loi Chauveau), etc.

des associations syndicales autorisées aux travaux énumérés dans les cinq premiers numéros de l'article 1ᵉʳ (Avis Cons. d'Ét., 6 mai 1876); la rédaction de 1888 a allongé la liste, mais a respecté évidemment son caractère limitatif (1). Les derniers numéros, qui visent de simples travaux d'amélioration, contiennent, il est vrai, des expressions susceptibles d'une extension presque indéfinie (n° 7 et n° 10), mais : 1° dans le cas des nᵒˢ 7, 8, 9, 10, la constitution de l'association n'aura lieu qu'à la suite d'une déclaration d'utilité publique par décret en Conseil d'État, de sorte qu'en dernière analyse c'est le gouvernement lui-même qui interprétera la loi (art. 3 L. 22 déc. 1888); 2° il ne faut pas perdre de vue que des conditions intrinsèques sont nécessaires : *a*) il doit y avoir travaux publics, par conséquent *ouvrage à construire* (Cons. d'Ét., 8 juill. 1899, *Eyrauld*) (2); *b*) les travaux doivent être de nature à apporter une plus-value à *des propriétés* (art. 1ᵉʳ).

II. *Droits de puissance publique concédés aux associations syndicales autorisées*. — Ces droits sont énumérés dans les articles 15 à 19 de la loi du 21 juin 1865 : 1° les travaux entrepris sont des travaux publics, par conséquent, les contestations qui seront soulevées seront de la compétence des conseils de préfecture; 2° l'association a le droit d'exproprier, l'utilité publique est déclarée par décret en Conseil d'État, après quoi il est procédé à l'expropriation par le petit jury, sauf pour les travaux des nᵒˢ 6 et 7 pour lesquels on suit la procédure de la loi du 3 mai 1841; 3° l'association lève des *taxes* sur les propriétaires à raison de la *plus-value* que leurs terrains ont acquise (3).

---

(1) En réalité, les dix numéros existaient presque textuellement dans la rédaction de 1865, mais les cinq premiers seulement justifiaient la formation d'une association syndicale autorisée, les cinq derniers ne justifiaient qu'une association syndicale libre. On faisait volontiers remarquer que, dans les cinq premiers numéros, il s'agissait de travaux de défense, tandis que dans les cinq derniers il s'agissait de travaux d'amélioration et que, si la contrainte de l'administration était légitime dans le cas de défense, elle ne l'était guère dans le cas d'amélioration. Ce scrupule n'a pas arrêté le législateur de 1888, qui a donné le même domaine à l'association syndicale autorisée qu'à l'association syndicale libre. Il faut reconnaître que déjà le desséchement des marais, c'est-à-dire le cas originaire, était autant un travail d'amélioration qu'un travail de défense. Au reste, répétons encore que le caractère propre des travaux d'associations syndicales doit être cherché, beaucoup moins dans leur objet spécial que dans leur but qui est la plus-value pour des terrains.

(2) Cet élément de l'*ouvrage à construire* existe même dans les hypothèses des lois spéciales, même dans le cas du remembrement de la propriété rurale où il y a des chemins à construire dans le périmètre remembré (art. 5).

(3) Ce dernier point mérite quelques développements. On appelle plus-value *directe* celle qui résulte de travaux publics lorsque ces travaux ont été entrepris justement pour la produire, tandis qu'on appelle plus-value *indirecte* celle qui résulte accessoirement de travaux dont le but principal n'était point de la produire; en matière de travaux entrepris par association syndicale autorisée, on se trouve forcément en présence de plus-values directes, il était naturel de chercher des ressources à l'entreprise

III. *Constitution des associations syndicales autorisées.* — Les propriétaires intéressés peuvent être réunis en association syndicale autorisée soit sur la demande d'un ou de plusieurs d'entre eux, soit sur l'initiative du préfet ou du maire; lorsqu'une certaine majorité des propriétaires s'est prononcée en faveur de l'association, un arrêté préfectoral intervient et la minorité se trouve liée, elle est contrainte d'entrer dans l'association, sauf une certaine faculté de délaissement des terrains (art. 9 et s. de la loi) (1).

dans ces plus-values et de les frapper d'une taxe annuelle, qui servirait à gager les emprunts que l'association serait obligée de contracter pour l'exécution des travaux.

La législation sur la matière est un peu confuse, parce qu'elle résulte de plusieurs textes dont quelques-uns incomplets (L. 14 flor. an XI, aujourd'hui abrogée ; L. 16 sept. 1807; L. 21 juin 1865). L'idée essentielle est que chaque parcelle de propriété doit contribuer proportionnellement à la plus-value : 1° Rigoureusement, pour déterminer la plus-value, il faudrait deux estimations de chaque parcelle, l'une avant les travaux, l'autre après. Cette procédure est, en effet, de rigueur en matière de desséchement de marais, parce qu'elle est prévue *in terminis* par la loi de 1807 ; mais, pour les autres hypothèses, la jurisprudence admet que la plus-value peut être déterminée par une seule estimation faite avant le commencement des travaux. C'est qu'en effet, attendre à déterminer la plus-value après l'achèvement des travaux, c'est dire que les taxes ne pourront pas être levées avant cet achèvement ; or, les capitaux engagés ne peuvent pas attendre aussi longtemps leur rémunération.

L'estimation devait être faite par des *commissions spéciales* composées administrativement de sept membres, aux termes de l'article 43 de la loi de 1807, avec recours possible devant le conseil de préfecture (art. 26 L. 21 juin 1865) (la loi de 1865 avait modifié en ce point celle de 1807, car primitivement les commissions spéciales étaient elles-mêmes juges des recours). Mais il a été admis dans la pratique administrative que, par leurs statuts, les associations peuvent attribuer le droit d'estimation à leur propre syndical, et le règlement du 9 mars 1894 a rendu cette pratique obligatoire (art. 41-44);

2° La taxe est établie sous forme de rente payable en argent sur le pied de 4 p. 100 de la plus-value. Elle est traitée absolument comme une contribution publique (V. Cons. d'Ét., 27 juin 1913, *Maurin et autres*). D'autres modes de libération sont prévus en matière de desséchement de marais par la loi de 1807, mais n'ont pas été étendus aux autres travaux; le recouvrement se fait comme en matière de contributions directes (V. Règl. 1894, art. 59 et s.);

3° Les obligations qui dérivent de la constitution de l'association syndicale sont attachées aux immeubles compris dans le périmètre et les suivent, en quelques mains qu'ils passent, jusqu'à la dissolution de l'association (Règl. 1894, art. 2).

(1) Le préfet soumet à une enquête administrative dont les formes ont été déterminées par le règlement d'administration publique du 9 mars 1894, articles 6 et 7, les plans, avant-projets et devis des travaux, ainsi que le projet d'association. — Le plan indique le périmètre des terrains intéressés et est accompagné de l'état des propriétaires de chaque parcelle. Le projet d'association spécifie le but de l'entreprise et détermine les voies et moyens nécessaires pour subvenir à la dépense (art. 10 de la loi).

Après l'enquête, les propriétaires qui sont présumés devoir profiter des travaux sont convoqués en assemblée générale par le préfet, qui en nomme le président, sans être tenu de le choisir parmi les membres de l'assemblée. — Un procès-verbal constate la présence des intéressés et le résultat de la délibération. Il est signé par les membres présents et mentionne l'adhésion de ceux qui ne savent pas signer. — L'acte contenant le consentement par écrit de ceux qui l'ont envoyé en cette forme est

Contentieux. — Art. 13 et 17 de la loi : 1° recours contre l'arrêté du préfet, porté devant le ministre des Travaux publics ; 2° action devant le conseil de préfecture dans les quatre mois de la notification du premier rôle (V. Cons. d'Ét., 17 janv. 1913, *Ministre de l'Agriculture*, et 6 fév. 1914, *Castellan*).

IV. *Administration de ces associations*. — Les associations syndicales autorisées sont douées de trois organes : 1° l'assemblée générale, qui nomme les syndics et à laquelle on soumet les questions graves, comme celle d'un emprunt ; 2° le syndicat, organe à la fois délibérant et exécutif, organe essentiel ; 3° le directeur qui préside le syndicat et qui représente l'association en justice, mais qui a peu de pouvoirs.

Pour la constitution de ces trois organes, leur fonctionnement, le partage des attributions, la force exécutoire de leurs décisions, la tutelle exercée par l'administration, V. Règl. du 9 mars 1894, art. 21 et s.

Loi du 5 août 1911, relative à l'inscription des dépenses obligatoires. — Du moment que les associations syndicales sont des établissements publics et échappent au droit commun pour le paiement de leurs dettes (V. *supra*, p. 772), par un juste retour, elles doivent être

---

mentionné dans ce procès-verbal et y reste annexé. — Le procès-verbal est transmis au préfet (art. 11 de la loi).

En principe, si la majorité des intéressés, représentant au moins les deux tiers de la superficie des terrains, ou les deux tiers des intéressés représentant plus de la moitié de la superficie, ont donné leur adhésion, le préfet autorise, s'il y a lieu, l'association. Mais, pour les travaux des n°s 6 à 10, il faut les trois quarts des intéressés représentant plus des deux tiers de la superficie et payant plus des deux tiers de l'impôt foncier, ou bien les deux tiers des intéressés représentant plus des trois quarts de la superficie et payant plus des trois quarts de l'impôt. Le préfet prend ensuite son arrêté. Pour les n°s 7, 8, 9 et 10, il doit être précédé d'une déclaration d'utilité publique des travaux par décret en Conseil d'État. Un extrait de l'acte d'association et l'arrêté du préfet, en cas d'autorisation, et, en cas de refus, l'arrêté du préfet, sont affichés dans les communes de la situation des lieux et insérés dans le recueil des actes de la préfecture (art. 12). L'arrêté du préfet emporte la concession des travaux à l'association.

Les propriétaires intéressés et les tiers peuvent déférer cet arrêté au ministre des Travaux publics dans le délai d'un mois à partir de l'affiche. — Le recours est déposé à la préfecture et transmis, avec le dossier, au ministre dans le délai de quinze jours. Il est statué par un décret rendu en Conseil d'État (art. 13).

Faculté de délaissement. — S'il s'agit des travaux spécifiés aux n°s 3 à 10 de l'article 1er, les propriétaires qui n'auront pas adhéré au projet d'association pourront, dans le délai d'un mois ci-dessus déterminé, déclarer à la préfecture qu'ils entendent délaisser, moyennant indemnité, les terrains leur appartenant et compris dans le périmètre. Il leur sera donné récépissé de la déclaration. L'indemnité à la charge de l'association sera fixée conformément à l'article 16 de la loi du 21 mai 1836, pour les n°s 4, 5, 8, 9, 10, et conformément à la loi de 1841 pour les n°s 6 et 7 (art. 14).

Les biens des incapables peuvent être délaissés avec autorisation du tribunal.

La faculté de délaissement n'est donc pas admise pour les travaux des n°s 1 et 2, défense des terrains contre les eaux et curage des rivières.

soumises au régime administratif des dépenses obligatoires qui est de règle pour toutes les administrations publiques (Cons. d'Ét., 20 nov. 1908, *Chambre de commerce de Rennes*, S., 10. 3. 17 et ma note). Cette conséquence aurait pu être déduite par la seule jurisprudence, mais, pour plus de sûreté, une loi est intervenue. Et même, elle contient cette disposition intéressante que les créanciers peuvent se pourvoir devant le Conseil d'État contre le refus du préfet de prendre un arrêté d'inscription d'office, ce qui signifie que le refus ne saurait être discrétionnaire. En même temps, il est créé, en faveur des associations syndicales autorisées, un privilège mobilier à la garantie du paiement des taxes de l'année échue et de l'année courante, qui prendra rang immédiatement après celui de la contribution foncière et dans la même forme.

B. *Associations syndicales forcées.* — Les associations syndicales forcées ne peuvent être établies que pour les travaux des n°s 1, 2, 3 : travaux de défense contre les eaux, de curage, de dessèchement de marais ; pour leur constitution, il faut se reporter à la loi du 16 septembre 1807 ; elles sont formées par décret en Conseil d'État. Pour la détermination de la plus-value et la taxe, il faut appliquer les dispositions que nous venons d'indiquer, à savoir que la loi de 1807 a été modifiée par celle de 1865, en ce qui concerne la substitution du conseil de préfecture aux commissions spéciales pour le jugement des recours (1).

V. *Des concessions et exploitations de mines* (L. 21 avril 1810 ; L. 27 avril 1838 ; L. 27 juill. 1880 ; L. 28 juill. 1907 ; D. 14 janv. 1909 ; L. 13 juill. 1911, art. 138 ; L. 9 sept. 1919 *modifiant la loi du 21 avril 1810 en ce qui concerne la durée des concessions et la participation de l'État aux bénéfices*) (2).

La loi du 9 septembre 1919, traduisant des préoccupations étatistes du ministère des Travaux publics qui s'étaient fait jour depuis une trentaine d'années et aussi obéissant, dans une certaine mesure, à la poussée des ouvriers mineurs vers la nationalisation des mines (formule éminemment obscure), est venue modifier gravement la législation de 1810. D'après cette législation, les mines étaient bien concédées par l'État, mais elles l'étaient à perpétuité, sauf la déchéance

---

(1) Les associations syndicales forcées servent peu en administration ; en effet, s'il existe une majorité de propriétaires qui comprennent l'intérêt qu'il y a pour eux à l'accomplissement des travaux, il est plus simple de constituer une association syndicale autorisée ; si cette majorité de propriétaires n'existe pas, on sera obligé de faire exécuter les travaux en régie, car l'association syndicale forcée ne fonctionnera pas.

(2) *Bibliographie* : Aguillon, *Législation des mines*. — Il n'est traité ici que de la législation minière de la métropole, la législation minière des colonies constitue un sujet très intéressant. V. Paul de Valroger, *Études sur la législation des mines dans les colonies françaises*, 1899.

pour cessation d'exploitation introduite par la loi du 27 avril 1838. Le concessionnaire avait donc une propriété privée perpétuelle.

Avec la loi nouvelle, la concession des mines devient temporaire, elle est soumise à un cahier des charges et à la participation aux bénéfices de l'État; sans doute, les concessions de mines à temps constituent des droits immobiliers et seront, comme tels, susceptibles d'hypothèques; sans doute, l'exploitation des mines est considérée comme un acte de commerce; sans doute, il n'est pas dit que les mines soient désormais dans le domaine public de l'État, ni que leur exploitation devienne un service public, ni que leurs travaux deviennent des travaux publics avec compétence du conseil de préfecture. N'empêche que la concession de mines se rapproche du type de la concession de travaux publics et que les compagnies minières sont réduites sensiblement à la même condition que les compagnies de chemins de fer; d'autant qu'en fin de concession toutes leurs installations doivent faire gratuitement retour à l'État.

A. *Définition de la mine et du gisement minier.* — Il importe de ne pas confondre la mine avec le gisement minier :

Gisement minier est une expression purement *géologique* qui indique un amas de minerai dans une région du sol, les gisements peuvent être immenses, témoin les bassins houillers ;

Mine est une expression *juridique* qui indique que totalité ou partie du gisement minier est considérée comme un objet de propriété et forme un domaine nouveau. En effet, *une mine est un domaine créé dans un gisement minier*. Si bien que, dans un même gisement, il peut y avoir plusieurs mines. Ce domaine est créé par un acte de la puissance publique, soit par une concession faite au nom de l'État, soit par la fixation du périmètre, au cas où l'État exploite lui-même la mine nouvelle (1).

---

(1) Reste à savoir quels sont les gisements miniers à l'intérieur desquels il peut être ainsi créé des mines. La loi est intervenue pour les déterminer. La loi du 21 avril 1810, fondamentale en la matière, distingue les *gisements miniers*, les *gisements de minière* et les *gisements de carrière*. L'exploitation de ces trois sortes de gisements est soumise à des conditions différentes : les gisements miniers ne peuvent être exploités qu'en vertu d'une concession qui crée un domaine nouveau. Cependant, si un gisement minier est exploité à ciel ouvert, il est soumis au régime des minières (Cons. d'Ét., 21 nov. 1913, *Bouchié de Belle*). Ainsi, pour donner lieu à la constitution d'une mine, il ne suffit pas du gisement minier, il faut aussi l'exploitation souterraine. Dans les gisements de minière ou de carrière, il n'est pas constitué de domaine nouveau, ils sont exploités comme éléments du domaine préexistant sur le sol, les gisements de minière en vertu d'une permission (V. art. 57 et s.) et les gisements de carrière en vertu d'une simple déclaration au maire (art. 81). Ces trois espèces de gisements se distinguent, au point de vue légal, d'après la nature des matières qu'ils contiennent et qui sont indiquées par la loi même : — Le *gisement minier* est un gisement des matières énumérées dans l'article 2 de la loi du 21 avril 1810. Ce sont ceux connus pour contenir en filons, en couches

B. *Condition juridique du gisement minier et de la mine.* — Cette question est célèbre, elle a donné lieu à bien des discussions, faute d'avoir fait la distinction nécessaire entre le gisement minier et la mine.

a) *Condition juridique du gisement minier avant qu'aucune mine n'ait été créée en lui.* — Trois opinions peuvent être soutenues : *a*) Le gisement appartient aux propriétaires de la surface ; *b*) il appartient à l'État ; *c*) il n'appartient à personne, c'est une *res nullius* tant qu'il n'a pas été découvert, mais par occupation il devient la propriété de celui qui le découvre, d'où la conséquence : *la mine à l'inventeur*.

De ces trois opinions, c'est la première qui nous paraît la plus conforme à l'ensemble de la législation et aux textes spéciaux, bien que la théorie de la loi de 1810 soit un peu indécise. (1).

b) *Condition juridique de la mine.* — *Caractère de la concession.* — Le système organisé par la loi nouvelle du 9 septembre 1919 peut être formulé dans les propositions suivantes :

1° Un domaine est créé au sein du gisement minier et prend le nom de *mine*. Cette création d'un domaine particulier a lieu, soit par le décret en Conseil d'État qui fixe le périmètre de la mine lorsque celle-ci doit être exploitée par l'État, soit par le décret qui accorde la concession de la mine (2). Cette création d'un domaine particulier a lieu même quand la mine est concédée au propriétaire de la surface et par conséquent du gisement ;

ou en amas, de l'or, de l'argent, du platine, du mercure, du cuivre, de l'étain, du zinc, de la calamine, du bismuth, du cobalt, de l'arsenic, du manganèse, de l'antimoine, du molydène, de la plombagine ou autres matières métalliques, du soufre, du charbon de terre ou de pierre, du bois fossile, des bitumes, de l'alun, des sulfates à base métallique D'ailleurs, le Conseil d'État estime que cette énumération pourrait être complétée par décret en forme de règlement d'administration publique (Arr. 24 fév. 1872). A plus forte raison peut-elle l'être par une loi. V. L. 17 juin 1840 qui a ajouté les mines de sel et les sources d'eau salée. — *Le gisement de minière* est un gisement des matières énumérées dans l'article 3, minerais de fer dits d'alluvion, terres pyriteuses renfermant du sulfate de fer, terres alumineuses et tourbes. — Le *gisement de carrière* (art. 4) est un gisement d'ardoises, grès, pierres à bâtir, marbres, pierres à plâtre, terre à poterie, etc. Le gisement minier est généralement souterrain, il se trouve dans le *tréfond* du sol qui s'oppose à la surface ou superficie ; c'est une expression qui a été créée justement à l'occasion des mines.

(1) 1° L'article 552 du Code civil dit que la propriété du sol emporte celle du dessus et du dessous et en cela il est conforme à la tradition romaine ; il est vrai que la fin de l'article prévoit des restrictions provenant des règlements miniers, mais nous allons voir que cela vise une expropriation possible ; 2° la loi de 1810 donne au propriétaire du sol, une fois la mine concédée, un droit de redevance immobilier susceptible d'hypothèque, c'est bien la représentation du droit que ce propriétaire avait sur le tréfond, un hommage, et, comme on l'a dit, un *coup de chapeau* à son droit de propriété.

(2) *Procédure des demandes en concession.* — Cette procédure sera déterminée par un règlement d'administration publique rendu en exécution de l'article 4 de la loi de 1919.

2° Lorsque ce domaine est créé par l'État au détriment des propriétaires du gisement minier, qui sont en même temps les propriétaires de la surface, c'est grâce à une sorte d'expropriation produite, en dehors des formes ordinaires, par le décret même qui délimite ou concède la mine; cela est si vrai que, aux termes de l'article 17, de la loi de 1810, ce décret « purge tous les droits du propriétaire de la surface ». A titre d'indemnité, ce propriétaire reçoit une redevance annuelle sur les produits de l'exploitation qui est réglée par le décret (L. de 1919, art. 1er, § 2) et qui présente un caractère immobilier. Le même décret règle, s'il y a lieu, les indemnités dues aux inventeurs (1);

3° La mine ainsi créée est soit réservée immédiatement pour l'exploitation directe par l'État, soit concédée temporairement; à l'expiration des concessions temporaires et en cas de non-renouvellement, ainsi qu'en cas de déchéance définitive du concessionnaire ou de renonciation, les mines reviennent à l'État; il y a donc lieu de prévoir l'exploitation par l'État et l'exploitation par concessionnaire (2);

4° L'exploitation par l'État aura lieu soit en régie directe, soit en régie intéressée, soit par tout autre mode (une autorisation législative sera nécessaire pour tout mode autre que la régie directe) (L. de 1919, art. 1er, § 3. — Les organismes administratifs chargés de la gestion des mines exploitées par l'État sont assujettis aux mêmes droits, taxes et contributions de toute nature, ainsi qu'aux mêmes obligations générales que les concessionnaires privés, et leur exploitation est également considérée comme un acte de commerce (L. de 1919, art. 4, § 4, et art. 5);

5° La concession temporaire pourra être accordée soit à des sociétés commerciales ou à des particuliers, soit à un département, à une commune, à un syndicat professionnel, mais dans ces dernières hypothèses une loi est nécessaire.

Ces concessions constituent des droits immobiliers susceptibles d'hypothèques, mais la fin de la concession entraînera l'extinction de tous droits hypothécaires.

Il y aura un cahier des charges dont les multiples stipulations sont énumérées à l'article 2 de la loi de 1899 (3).

(1) Il faut bien faire attention que, quelle que soit l'opinion que l'on ait sur la propriété du *gisement minier*, le domaine de la *mine* n'est créé que par le décret de délimitation ou de concession; en effet, c'est ce décret qui détermine le périmètre de la mine, c'est donc lui qui crée le domaine de la mine, car il n'y a pas de domaine objet d'un véritable droit de propriété sans périmètre, tout domaine étant *ager limitatus*.

(2) Les mines pourront être également replacées par l'État dans la situation de gisements ouverts aux recherches (L. de 1919, art. 1er, § 3 *in fine*).

(3) Le cahier des charges déterminera notamment : 1° la durée de la concession, comptée à partir du 1er janvier qui suivra le décret d'institution.

Elle sera fixée par le cahier des charges type invariablement à quatre vingt-dix-

6° Le concessionnaire est soumis à des sujétions dont les principales sont : 1° la redevance des mines; 2° l'obligation de demander,

neuf ans pour les gisements de houille et de lignite; à cinquante ans au minimum et à quatre-vingt dix-neuf ans au maximum pour les autres gisements.

La même durée devra s'appliquer à toutes les concessions portant sur des gisements de même nature;

2° La forme de la notification qui, avant le commencement de la vingt-cinquième année précédant la fin de la concession, doit être adressée par l'administration au concessionnaire, à l'effet de lui faire savoir si elle entend ou non renouveler la concession.

Toutefois, avant le commencement de la vingt-sixième année précédant la fin de celle-ci, le concessionnaire devra, par lettre recommandée adressée au ministre, demander si l'État entend ou non user de son droit de reprise de la concession.

Avant le commencement de la vingt-cinquième année précédant la fin de la concession, ou, en cas de retard du concessionnaire dans l'application du paragraphe précédent, dans le délai d'un an à dater de la réception de la demande visée par ce paragraphe, l'administration devra notifier sa décision, faute de quoi la concession se trouvera de plein droit prolongée, aux conditions antérieures, pour une durée de vingt-cinq années à dater du terme antérieurement prévu.

Les dispositions contenues dans les deux paragraphes qui précèdent seront applicables, avec les mêmes délais, pour les préavis ultérieurs et les renouvellements par tacite reconduction par périodes de vingt-cinq années;

3° Les mesures nécessaires pour que, en cas de non-renouvellement de la concession, les travaux de préparation, d'exploitation et d'entretien soient néanmoins entrepris et conduits jusqu'au terme de la concession, dans l'intérêt, bien entendu, de la mine, et spécialement les règles d'imputation et d'amortissement des travaux de premier établissement qui, avec l'approbation de l'administration, seraient exécutés par le concessionnaire pendant les vingt-cinq dernières années de la concession; le mode de participation de l'État à cet amortissement; les conditions administratives et financières dans lesquelles, pendant les cinq dernières années de la concession, le concessionnaire peut être astreint par l'État à exécuter les travaux jugés nécessaires à la future exploitation; le mode de paiement par l'État de ces travaux;

4° Les terrains, bâtiments, ouvrages, machines, appareils et engins de toute nature, servant à l'exploitation de la concession et en constituant les dépenses immobilières, conformément à l'article 8 de la loi du 21 avril 1810, qui, à ce titre, doivent faire gratuitement retour à l'État. La fin de la concession entraînera l'extinction de tous droits hypothécaires; les conservateurs des hypothèques devront en opérer la radiation sur le vu de la décision ministérielle refusant de renouveler la concession ou en prononçant la déchéance;

5° Les conditions dans lesquelles, en fin de concession, l'État, ou, le cas échéant, le concessionnaire nouveau peut reprendre, à dire d'experts, les matières extraites, les approvisionnements et autres objets mobiliers, ainsi que les bâtiments et ouvrages ne rentrant pas dans la catégorie de ceux visés à l'alinéa précédent;

6° Les conditions dans lesquelles la déchéance peut être prononcée pour inobservation des obligations imposées aux concessionnaires; cette déchéance pourra être prononcée par le ministre, sauf le recours au Conseil d'État par la voie contentieuse.

Au cas où les dépenses par lui effectuées auraient augmenté la valeur vénale de la mine, le concessionnaire déchu a droit à une indemnité.

Le chiffre de cette indemnité sera fixé par le ministre dans la décision qui prononce la déchéance, sauf recours au Conseil d'État.

Cette indemnité, s'il y a lieu, sera distribuée aux créanciers privilégiés et aux créanciers hypothécaires par ordre d'hypothèques;

pour toute mutation de propriété et pour toute amodiation de la concession, l'autorisation par décret en Conseil d'État, sous peine de retrait de la concession (L. 13 juill. 1911, art. 138); 3° l'obligation d'assurer la continuité de l'exploitation sous peine de retrait de la concession (L. 27 avril 1838, art. 10) (1); 4° l'obligation de subir la surveillance constante de l'administration.

7° Les conditions dans lesquelles il peut être renoncé à la concession avant l'expiration de sa durée;

8° Les conditions financières, uniformes pour toutes les concessions de même nature, de la participation de l'État et du personnel aux bénéfices de l'exploitation, spécialement :

Le taux de l'intérêt annuel cumulatif alloué au capital investi dans l'entreprise et non remboursé, au-dessus duquel l'État et le personnel employé entrent en participation ;

L'échelle progressive d'après laquelle est calculée la part revenant à l'État et au personnel ;

Les conditions dans lesquelles les participants viendront au partage de l'actif net après remboursement du capital, en cas de liquidation ou de cessation de l'exploitation de la concession, ces conditions devant être déterminées de telle façon que la part ainsi attribuée aux participants soit équivalente à l'ensemble des sommes qui leur eussent été annuellement versées si les bénéfices disponibles avaient été intégralement distribués ;

Le mode de la participation calculée sur le produit net, qui sera égal au bénéfice de l'exploitation, comprenant le résultat des opérations consécutives et accessoires de celle-ci, déduction faite des frais généraux, y compris l'intérêt du capital, des charges administratives, commerciales, fiscales et d'utilité générale et de l'amortissement des dépenses de premier établissement, dont le mode et l'échelonnement seront fixés en conformité des règles professionnelles, telles qu'elles seront fixées par le cahier des charges ;

9° Les conditions générales de la participation de tout le personnel, employés et ouvriers, aux bénéfices de l'exploitation, laissant aux intéressés le soin de décider si la répartition doit être faite individuellement au personnel et sous quelle forme, ou si le produit doit être employé conformément aux dispositions de la loi du 26 avril 1917, ou encore si la totalité ou une fraction de la part des bénéfices revenant au personnel doit être versée à la Caisse autonome des ouvriers mineurs. Dans ce dernier cas, le conseil d'administration de la caisse pourra attribuer ces ressources, soit au fonds spécial prévu par l'article 10 de la loi du 25 février 1914, soit à des œuvres de prévoyance ou de solidarité sociale intéressant la collectivité des ouvriers mineurs. La part du personnel sera prélevée sur celle de l'État et à concurrence de 25 p. 100 de celle-ci ;

10° Lorsque le concessionnaire est une société, le capital initial auquel se constitue la société, ainsi que les conditions dans lesquelles doivent être soumises à l'approbation de l'administration les augmentations ultérieures de ce capital ;

11° Les conditions dans lesquelles sera établi, appliqué et revisé un bordereau des salaires minima, qui devront être payés aux ouvriers de la mine et de ses dépendances ;

12° Les conditions particulières de la concession, qui pourront comprendre l'établissement et le fonctionnement de commissions mixtes patronales et ouvrières, de consortiums ou comptoirs de vente ou d'exportation, la construction ou l'alimentation d'usines chimiques, métallurgiques, ou de hauts fourneaux. Le tout devant être prévu et précisé au moment de la concession, sans aggravation possible au cours de celle-ci.

(1) Dans le cas de retrait de la concession, la déchéance est prononcée par un arrêté

D'autre part, il bénéficie de privilèges administratifs, tels que le droit d'occupation temporaire de terrains à la surface et le droit d'expropriation, qui permet l'établissement de chemins de fer modifiant le relief du sol, dans le périmètre ou hors du périmètre. Ces chemins de fer donnent lieu à une concession avec cahier des charges, mais, si le cahier des charges n'impose pas au concessionnaire un service public de transports, ils sont considérés comme des ouvrages privés qui restent à la mine; si un service public de transports est imposé, ils doivent dépendre du domaine public et le propriétaire de la mine n'est plus que le concessionnaire du chemin de fer (Cons. d'Ét., 2 déc. 1904, et Confl., 3 juin 1905, *Richard d'Aboncourt*, S., 1906. 3. 65, ma note).

Dans la réalité des choses, ce sont là des droits administratifs concédés; il s'ensuit que l'appréciation de l'étendue de ces droits relève en principe du contentieux administratif; cela est particulièrement vrai du droit d'occupation temporaire qui est attribué au concessionnaire sur les terrains à la surface (art. 43, 44) et qui doit être rapproché du droit d'occupation temporaire en matière de travaux publics (1).

C. *Recherche du gisement minier.* — Il faut, avant tout, que l'existence des gisements miniers soit constatée; dans un intérêt public, la recherche en est facilitée et encouragée. D'abord, le propriétaire

---

du ministre des Travaux publics contre lequel il existe un recours au Conseil d'État avec ministère d'avocat (Cons. d'Él., 13 nov. 1906, *Salarnier*).

(1) Beaucoup d'auteurs estimaient, avant la loi de 1919, que le droit d'occupation temporaire reconnu au concessionnaire de mines était la conséquence de son droit de propriété (Cf. Féraud-Giraud, *Code des mines et des mineurs*) et que, par suite, l'appréciation de l'étendue du droit d'occupation temporaire relevait du contentieux judiciaire (V. en ce sens, Laferrière, *Juridiction administrative*, 2ᵉ édit., t. I, p 568). Nous y voyons plutôt un droit administratif concédé et qui reste administratif. Voici quelles étaient nos raisons : 1º l'occupation temporaire minière a besoin d'être autorisée par un arrêté du préfet comme s'il s'agissait de l'exercice d'un droit administratif; 2º le droit d'expropriation, qui est venu compléter le droit d'occupation temporaire (L. 27 juill. 1880, art. 44), est incontestablement un droit administratif qui ne saurait être rattaché à la propriété privée et, cependant, il n'est que le développement du droit d'occupation; 3º ce n'est pas la première fois que des privilèges administratifs seraient concédés à des entreprises privées; au fond, tous les privilèges concédés aux associations syndicales autorisées, simples collectivités de propriétaires, sont dans le même cas. Depuis la loi de 1919, ces arguments ont encore bien plus de force puisque la situation du concessionnaire de mines est devenue bien plus administrative.

A la vérité, le paiement des indemnités auxquelles donne lieu l'occupation temporaire en matière de mines entraîne un contentieux judiciaire et non pas un contentieux administratif (L. 27 juill. 1880, art. 43; L. 14 juill. 1856, art. 9); mais, à côté des questions d'indemnités, il y en a d'autres sur l'étendue même du droit d'occupation, sur les travaux auxquels il peut être attaché, sur les terrains auxquels il est applicable; ce sont ces questions qui pourraient être portées devant le Conseil d'État par la voie du recours pour excès de pouvoir intenté contre l'arrêté du préfet et qui le sont, en effet (Cons. d'Ét., 10 fév. 1905, *de Charpin*).

de la surface est libre de chercher dans son propre terrain, à moins que des concessions n'y aient été déjà faites. De plus, des tiers peuvent chercher, soit avec le consentement du propriétaire, soit avec un permis du gouvernement délivré par le chef de l'État (Ord. 19 août 1832).

Le propriétaire est entendu dans ses observations par le préfet, l'administration des mines est consultée, il doit y avoir paiement d'une indemnité préalable au propriétaire, et il y a des restrictions au droit de recherche dans le voisinage des habitations. Le permis ne dure en général que deux ans, l'acte de permission fixe le périmètre. V. art. 43, modifié par L. 27 juill. 1880, pour les droits d'occupation du permissionnaire et les bases de l'indemnité. La juridiction compétente en matière de contestation sur l'indemnité est le conseil de préfecture (art. 46). L'acte de permission est certainement attaquable pour le recours pour excès de pouvoir.

A titre de rémunération, l'inventeur recevra une indemnité du concessionnaire définitif (1).

D. *Comité consultatif des mines.* — La loi de 1919, dans son article 3, institue un comité consultatif des mines composé de techniciens de l'administration des mines, de membres du Conseil d'État et des administrations publiques intéressées, d'exploitants de mines et d'ouvriers mineurs désignés respectivement par chaque catégorie d'intéressés et de membres du Parlement.

Un règlement d'administration publique déterminera la composition détaillée, le fonctionnement et les attributions de ce comité, mais il sera obligatoirement appelé à donner son avis sur les conditions des cahiers des charges types et leurs modifications.

VI. *La législation sur l'utilisation de l'énergie hydraulique et les concessions de cette énergie* (L. 16 oct. 1919). — Par ses dispositions de fond, cette loi apparaît comme exclusivement relative aux usines productrices d'énergie hydro-électrique; la force des usines est toujours exprimée en kilowatts, le premier article de la loi est ainsi conçu : « Nul ne peut *disposer* de l'énergie, etc... »; *disposer de l'énergie*, cela éveille l'idée d'un transport de forces qui n'est possible que s'il s'agit d'énergie électrique. Mais, pour des raisons qu'il n'est peut-être pas très difficile de deviner, le ministère des Travaux publics, auteur du projet de loi, a pris le soin de rédiger la rubrique de la loi et les termes des articles de telle sorte qu'administrativement, pour les formalités des autorisations et concessions, elle peut

---

(1) Dans un certain nombre de concessions récentes, l'administration des mines a tiré de ce principe une conséquence ingénieuse. Prenant texte de ce que les gisements miniers ont été découverts avec le concours de ses ingénieurs, elle fait attribuer à l'État l'indemnité de l'inventeur.

être appliquée à toute espèce d'usine pour l'utilisation de l'énergie hydraulique, même à de simples moulins (1).

Les idées directrices de la loi nouvelle sont les suivantes :

1° Unification de la législation des entreprises hydrauliques, qu'elles soient établies sur des cours d'eau dépendant du domaine public ou sur des cours d'eau non navigables ni flottables ne dépendant pas du domaine public; il faut même ajouter l'utilisation des marées et des lacs (art. 1er).

Ce qui est réglementé, c'est l'entreprise d'utilisation de l'énergie hydraulique où qu'elle se produise et sans que, par ailleurs, il soit rien modifié, en principe, aux règles juridiques qui concernent les cours d'eau, les sources, les rivages de la mer, etc.;

2° Toutes les entreprises d'utilisation de l'énergie hydraulique sont placées sous le régime de la concession ou sous celui de l'autorisation.

Sont placées sous le régime de la concession : 1° les entreprises qui ont pour objet principal la fourniture de l'énergie à des services publics d'administration publique ou d'associations syndicales autorisées et dont la puissance maxima excède 150 kilowatts; 2° les entreprises dont la puissance maxima excède 500 kilowatts, quel que soit leur objet principal.

Sont placées sous le régime de l'autorisation toutes les autres entreprises (art. 2);

3° La concession est instituée tantôt par une loi, tantôt par un décret rendu en Conseil d'État selon les distinctions de l'article 3.

Le régime de la concession suppose un cahier des charges (2).

(1) Déjà l'instruction du 13 février 1920 vise toutes les entreprises d'utilisation de l'énergie hydraulique sans spécifier qu'il s'agit de l'utilisation *par disposition de l'énergie*. Il serait à désirer que les règlements d'administration publique qui doivent être rendus en exécution de la loi et aussi le projet de loi complémentaire qui a été déposé immédiatement après la promulgation apportent des précisions sur cette question. S'il s'agit réellement de soumettre à la nouvelle législation toutes les usines hydrauliques sur tous les cours d'eau, qu'on le dise franchement et qu'on en donne les raisons, mais que le législateur ne prête pas les mains à un envahissement sournois de l'administration.

Cette loi du 16 octobre 1919, qui conclut un effort législatif d'une vingtaine d'années, marque le triomphe de la tendance étatiste du ministère des Travaux publics sur la tendance libérale représentée par le ministère de l'Agriculture. Cf. Paul Marcorelle, *Les usines hydrauliques sur les cours d'eau du domaine public*, Toulouse, 1917.

(2) Ce cahier des charges détermine notamment : l'objet principal de l'entreprise; le règlement d'eau; la puissance maxima de la chute; le délai d'exécution des travaux; *la durée de la concession qui ne peut dépasser soixante-quinze ans; les réserves en eau et en force* à prévoir, s'il y a lieu, au profit des services publics de l'État et autres administrations et autres groupements qui seront spécifiés dans un règlement d'administration publique; la quantité d'énergie à laisser dans les départements riverains pour être rétrocédée par les soins des conseils généraux (la totalité des réserves en force ne pouvant priver l'usine de plus du quart de l'énergie dont elle dispose aux divers états du cours d'eau); les *conditions financières* de la concession; s'il y a lieu,

H. — Pr. 50

Dix ans au moins avant l'expiration de la concession, l'administration doit notifier au concessionnaire si elle entend ou non lui renouveler sa concession. A défaut par l'administration d'avoir avant cette date notifié ses intentions au concessionnaire, la concession est renouvelée de plein droit aux conditions antérieures, mais pour une période de trente années seulement (art. 13).

En échange de cette précarité et de ces sujétions, l'entreprise hydraulique concédée reçoit certaines prérogatives : elle aura un droit *d'occupation temporaire* des propriétés riveraines réglé par l'article 4; elle pourra, en outre, si l'intérêt économique de la nation le justifie, être autorisée à user de *l'expropriation pour cause* d'utilité publique (art. 5); elle pourra, moyennant indemnité, *évincer les riverains de leurs droits de riveraineté exercés ou non exercés* aux termes de l'article 6 ; compétence judiciaire pour toutes les indemnités (1).

4° Les autorisations d'entreprise hydraulique sont accordées par arrêté préfectoral quel que soit le classement du cours d'eau; par décret sur les canaux de navigation ou rivières canalisées lorsque leur durée excède cinq ans. Elles ne doivent pas avoir une durée supérieure à soixante-quinze ans; renouvellements exprès ou tacites pour une durée de trente ans aux termes de l'article 16. A part cela, les entreprises autorisées sont régies par les lois et règlements en vigueur;

5° Les entreprises autorisées antérieurement à la promulgation de

---

les *tarifs maxima de l'entreprise;* l'indication des terrains, bâtiments, ouvrages, machines et engins de toute nature constituant les dépendances immobilières de la concession et qui à ce titre doivent *faire gratuitement retour à l'État en fin de concession* francs et quittes de tous privilèges, hypothèques et autres droits réels; les conditions dans lesquelles, en fin de concession, l'État peut reprendre à dire d'experts le surplus de l'outillage ; s'il y a lieu, les conditions dans lesquelles peut s'exercer la faculté de rachat après l'expiration d'un délai qui ne doit pas être inférieur à cinq ans, ni supérieur à vingt-cinq ans à compter de la date fixée pour l'achèvement des travaux, etc. (art. 10).

(1) On peut se demander quelle est la chose concédée par l'administration. Sur les cours d'eau dépendant du domaine public, la réponse est aisée ; la chose concédée est la force motrice et cette chose est, en effet, dans le domaine de l'administration. Sur les cours d'eau qui ne dépendent pas du domaine public, la réponse est moins aisée : c'est bien toujours la force motrice qui est concédée, mais ici cette chose n'était pas dans le domaine de l'administration, elle était, au contraire, dans celui des riverains. Il faut ici évoquer l'analogie avec la concession de mine.

Le gisement minier était la propriété des propriétaires de la surface comme la force motrice était la propriété des riverains, mais ces propriétés étaient morcelées et inutilisables pour de grandes entreprises. Par un acte d'autorité, l'État exproprie les riverains de leurs droits de riveraineté comme il exproprie de leur droit au tréfond les propriétaires de la surface et il crée un grand domaine qui est soit *une grande chute,* soit *une mine.* Dans les deux cas, il y a, de par la souveraineté de l'État, création de grands domaines nouveaux au détriment des dépendances de la propriété privée (droits de riveraineté, droits de la superficie sur le tréfond).

la présente loi demeurent pendant soixante-quinze ans soumises au régime qui leur était applicable et tombent ensuite sous l'application de la présente loi dans les conditions réglées par l'article 18; échappent cependant à cette emprise de la loi nouvelle, d'une part, les entreprises dont la puissance maxima ne dépasse pas 10 kilowatts (art. 18 *in fine*); d'autre part, les usines ayant une existence légale et celles qui font partie intégrante d'entreprises déclarées d'intérêt public (art. 29);

6° Une série de dispositions générales terminent la loi (1).

Les réseaux de distribution de l'énergie électrique (L. Berthelot 15 juin 1906). — Il ne faut pas confondre la distribution de l'énergie électrique avec sa production. La distribution, qui est un mode de circulation, rentre tout naturellement dans le domaine de la police de l'État qui est essentiellement une police de la circulation des hommes et des choses; il n'en est pas de même de la production, elle ne rentre pas naturellement dans le domaine de la police de l'État. Il n'est pas surprenant qu'une loi sur la distribution de l'énergie électrique ait précédé la loi sur la production de cette énergie.

La loi Berthelot, qui déjà d'ailleurs est remise sur le chantier, organise un système extrêmement souple en ce qu'il permet de multiples combinaisons :

a) Si la distribution d'énergie électrique n'emprunte en aucun point de son parcours des voies publiques, elle peut être établie sans autorisation ni déclaration ;

b) Si elle emprunte des voies publiques sur tout ou partie de son parcours, elle peut être établie et exploitée au choix de l'entrepre-

---

(1) Les plus importantes sont les suivantes :

L'article 20 règle des *indemnités de plus-values* qui peuvent être mises à la charge des propriétaires d'usines et de terrains qui auraient profité directement des améliorations de régime des cours d'eau résultant de travaux publics.

L'article 21 stipule que les droits résultant du contrat de concession ou de l'arrêté d'autorisation d'aménagement des forces hydrauliques *sont susceptibles d'hypothèques*, ce qui est un nouvel argument en faveur de leur nature de droits réels (V. *infra*, Concessions).

L'article 23 dispose que l'État, les départements, les communes à qui des concessions seraient accordées peuvent exploiter directement l'énergie des cours d'eau.

L'article 26 dispose qu'aucune concession ou autorisation ne peut être accordée, aucune transmission de concession ou d'autorisation ne peut être faite qu'à des Français ou à des sociétés françaises.

L'article 27 interdit en principe la dérivation à l'étranger de l'énergie électrique produite en France par des entreprises hydrauliques.

Les articles 30 et suivants règlent les relations entre le ministre des Travaux publics et celui de l'Agriculture ; tout ce qui concerne l'aménagement et l'utilisation de l'énergie hydraulique sur les cours d'eau non navigables comme sur les navigables passe dans la compétence du ministère des Travaux publics ; un grand comité consultatif est créé auprès du ministre (art. 31).

neur, soit en vertu de permissions de voirie sans durée déterminée, soit en vertu de concessions simples avec durée déterminée, cahier des charges et tarif maximum, soit en vertu de concessions déclarées d'utilité publique. Elle peut, suivant la demande de l'emprunteur, être soumise simultanément, dans des communes différentes, à des régimes différents (art. 2 et 3).

Ainsi, le régime de la concession de travaux publics est possible sans être obligatoire; c'est-à-dire que le service de distribution n'est pas nécessairement érigé en service public (mais l'administration y pousse autant qu'elle peut). De plus, aucune concession ne peut être faite avec privilège exclusif, si ce n'est la concession de l'éclairage public et privé donnée par une commune ou par un syndicat de communes (art. 8) (1).

(1) La loi du 15 juin 1906 a été complétée par un règlement d'administration publique du 3 avril 1908; par des décrets du 17 octobre 1907, relatifs au contrôle et aux redevances modifiés par décret du 7 septembre 1912; par un décret du 17 mai 1908, approuvant le cahier des charges-type pour la concession d'une distribution publique d'énergie par une commune, et par un décret du 20 août 1908, approuvant le cahier des charges-type pour la concession d'une distribution publique d'énergie électrique par l'État; par un arrêté et une circulaire déterminant les conditions techniques, en date du 21 mars 1910; par un décret du 8 octobre 1917 autorisant la régie municipale pour la distribution de l'énergie électrique. Nous donnons ici les principaux passages de la circulaire du 3 août 1908, relative à l'application de la loi du 15 juin 1906 :

Dispositions générales. — La loi du 15 juin 1906 s'applique à toutes les distributions d'énergie électrique, aussi bien à celles qui s'adressent au public qu'à celles qui ne visent que des particuliers; mais elle ne concerne que les distributions, c'est-à-dire les lignes, canalisations, sous-stations, postes de transformation et autres ouvrages servant au transport du courant, et non les usines et appareils servant soit à la production du courant, soit à son utilisation.

Les distributions situées exclusivement sur des terrains particuliers peuvent être établies sans formalités, sauf si elles sont à moins de 10 mètres de distance horizontale d'une ligne télégraphique ou téléphonique. Dans ce cas, leur établissement doit être autorisé par le préfet, conformément au titre II de la loi.

Les distributions d'énergie empruntant, sur tout ou partie de leur parcours, le domaine public, peuvent être établies ou exploitées en vertu soit de permissions de voirie, soit de concessions avec ou sans déclaration d'utilité publique. Les permissions sont données par le maire ou le préfet suivant la nature des voies empruntées; les concessions sont accordées soit par l'État, soit par les communes ou syndicats de communes.

Ces dispositions n'obligent pas l'administration à autoriser toute distribution; l'obtention d'une permission ou d'une concession ne constitue pas un droit pour le demandeur. L'autorité compétente a seule qualité pour apprécier si la distribution présente un intérêt suffisant pour justifier l'occupation du domaine public, pour un usage autre que l'usage commun. L'administration peut accorder ou refuser aussi bien une concession qu'une permission, et les considérations qui doivent motiver ses décisions découlent des principes suivants, qui avaient déjà inspiré la circulaire des ministres de l'Intérieur et des Travaux publics du 15 août 1893, aujourd'hui abrogée :

Lorsqu'un particulier demande à établir sur le domaine public pour son propre

Ajoutons que les entreprises qui usent de l'énergie électrique ne doivent pas être enfermées dans une spécialité. Ainsi une compagnie usage une canalisation électrique, rien ne s'oppose à ce que cette autorisation lui soit accordée, soit par le préfet, soit par le maire, pourvu qu'il n'en résulte aucun inconvénient pour la circulation;

Mais lorsqu'un particulier demande à établir sur une voie publique quelle qu'elle soit, de grande ou de petite voirie, des ouvrages permanents de distribution proprement dite, destinés à un usage collectif, pour faire commerce de leur exploitation, d'autorité compétente n'a plus seulement à examiner la question de savoir si l'existence de ces ouvrages est compatible avec l'utilisation normale des voies publiques; elle doit examiner, en outre, si l'installation projetée ne risque pas de créer un obstacle à l'organisation et au fonctionnement des services publics;

Qu'il s'agisse d'éclairage ou de force motrice, un pareil examen intéresse au plus haut point les administrations communales et il convient de les consulter, même quand la décision finale est dévolue à l'administration supérieure. Une distinction est cependant à faire entre la distribution de la lumière et celle de la force.

La loi nouvelle laisse aux communes la faculté de constituer un monopole pour l'éclairage par voie de concession; par conséquent, en autorisant des distributions d'éclairage, même dans les communes où il n'en existe pas encore, l'État restreint les droits reconnus aux municipalités; il ne doit donc user des pouvoirs qui lui sont conférés qu'après avoir provoqué l'avis des corps municipaux intéressés. S'il est fait opposition à la distribution projetée, l'autorisation ne peut être donnée, au nom de l'État, que par le ministre des Travaux publics dans des conditions offrant aux citoyens toutes garanties pour la sauvegarde de leurs intérêts collectifs.

Les distributions de force, au contraire, sont placées sous le régime de la libre concurrence; aucun privilège n'est réservé aux communes. L'État n'a qu'à se préoccuper de ne pas créer, par son intervention, d'entraves à la création et au développement des services publics que les municipalités ont mandat d'organiser pour l'ensemble de leurs territoires.

En définitive, il importe que l'État n'autorise des distributions collectives, tant de lumière que de force, qu'après avis des maires, conformément aux prescriptions de la loi du 5 avril 1884, pour les distributions établies à titre précaire et révocable, en vertu de permissions de voirie, et qu'après avis des conseils municipaux pour les distributions à établir en vertu de concessions. Si l'accord ne s'établit pas entre les représentants de l'État et les communes, il appartient au préfet de statuer en matière de permissions de voirie par application de l'article 98 de la loi du 5 avril 1884 et au ministre des Travaux publics de se prononcer en matière de concessions après avis du Comité d'électricité.

Lorsque la distribution a pour objet non de faire le commerce du courant, mais de desservir les services publics, il est du devoir de l'État aussi bien que des communes d'accorder toutes facilités pour l'établissement des ouvrages nécessaires au transport de l'énergie, qu'il y ait ou non des concessions antérieures. L'intervention de l'État, dans les formes prévues par la loi, se justifie par l'intérêt des services publics dont il convient d'assurer la marche, même en cas d'opposition des communes et quelle que soit la catégorie des voies à emprunter.

Les distributions particulières entraînant l'occupation du domaine public pour un usage autre que l'usage commun doivent rester précaires et révocables et, par conséquent, être autorisées par permissions de voirie. Pour les distributions publiques, le régime de la concession paraît, en général, préférable.

Ainsi que le rappelait, en effet, la circulaire du 15 août 1893, le nombre des canalisations est limité par le jeu des places disponibles sous la chaussée ou le long des façades et surtout par les inconvénients que présente le remaniement fréquent des

de tramways électriques peut très bien demander et obtenir une permission de voirie pour une entreprise de distribution de l'énergie (Cons. d'Ét., 11 avril 1913, *Compagnie de tramways l'Est parisien*, S., 14. 3. 113 et ma note).

chaussées, en cas de canalisations souterraines multiples, et le voisinage de plusieurs conducteurs aériens, surtout s'ils sont à haute tension. La faculté d'occuper le domaine public ne peut, dès lors, être accordée, sur une même voie, qu'à un très petit nombre de bénéficiaires.

Si l'occupation est autorisée par permission de voirie, elle constitue, au profit des occupants, un monopole de fait, sans obligations connexes. Si, au contraire, elle est autorisée par une concession fixant les tarifs et les conditions de l'exploitation, le public est garanti contre les exigences des entrepreneurs de la distribution et la collectivité est desservie dans les meilleures conditions.

Ainsi, dans toutes les communes qui, soit par leur importance, soit par leur association syndicale avec d'autres communes, comportent l'établissement d'une ou plusieurs distributions collectives, il est désirable que les distributions soient autorisées par concession et non par simple permission de voirie. Toutefois, lorsqu'il ne se présente pas de demandeurs en concession, ou lorsque les concessionnaires sont incapables de livrer l'énergie réclamée, des permissions de voirie peuvent être délivrées pour assurer aux habitants, dans de bonnes conditions, la fourniture de courant dont ils ont besoin.

Quant aux lignes de transport desservant des services publics, elles peuvent être autorisées indifféremment soit par concession, soit par permission de voirie, suivant que l'un ou l'autre régime est plus favorable à leur établissement. L'intérêt bien entendu de l'État, comme celui des communes, commande de les favoriser dans la plus large mesure, sans les subordonner aux besoins de l'organisation d'un service collectif de distribution.

Dispositions spéciales. — Le décret du 3 avril 1908 a pour objet de préciser la procédure à suivre pour l'établissement des distributions et de déterminer les règles générales relatives à la sécurité de l'exploitation et des services que cette exploitation intéresse.

Le chapitre I*er* traite des distributions d'énergie électrique établies exclusivement sur des terrains privés. Dans cette catégorie ne doivent être rangés que les ouvrages et canalisations établis sur des terrains privés qui forment par leur ensemble une véritable distribution, mais non les canalisations et ouvrages qui, bien que situés sur des terrains privés, font néanmoins partie d'une distribution empruntant en tout ou en partie le domaine public, et dont l'établissement est régi par les titres III, IV et V de la loi.

Le chapitre II détermine les conditions auxquelles sont accordées les permissions de voirie pour l'établissement des distributions.

Quelles que soient les voies empruntées, toute demande de voirie doit être adressée au préfet, si la distribution doit s'étendre sur un seul département; au ministre des Travaux publics, si elle doit s'étendre sur plus d'un département.

A la demande est joint un dossier permettant d'apprécier la situation, la destination et la nature de la distribution projetée. En aucun cas, il ne convient d'examiner isolément une section de ligne, sans étudier en même temps l'ensemble dont elle fait partie. Les ingénieurs doivent, en conséquence, tenir la main à ce que les demandeurs produisent à l'appui de leur demande un plan d'ensemble qui sera plus ou moins détaillé suivant les circonstances, mais qui devra toujours être fourni, même lorsque la demande ne vise qu'une ligne complétant une distribution déjà autorisée, etc.

CHAPITRE III

LA RÉQUISITION DES OBJETS MOBILIERS. LES MATIÈRES ET FOURNITURES. LES RÉQUISITIONS MILITAIRES

A. *Des matières.* — Il est besoin, pour le fonctionnement des services publics, non seulement de bâtiments et d'installations variées, mais aussi d'objets mobiliers et d'approvisionnements.

Les objets mobiliers proprement dits garnissent à demeure les bâtiments publics, ce sont les collections des musées, les livres des bibliothèques, le mobilier national, l'outillage des manufactures nationales; malgré leur importance, ces objets n'ont donné lieu à aucune institution administrative spéciale qui mérite d'être séparée de l'organisation même des services; il n'y a pour eux ni comptabilité régulière, ni modes spéciaux d'acquisition.

Il n'en est pas de même des approvisionnements ou matières. Les *matières* sont les mille choses destinées à être consommées pour le fonctionnement des services, les denrées nécessaires pour la nourriture de l'armée, les effets d'équipement et d'armement, les matériaux pour la flotte, les matières premières nécessaires aux industries de l'État, etc. Le fait même que ces matières sont soumises à une consommation et, par suite, à un renouvellement plus ou moins rapide, permet l'organisation d'une comptabilité que l'on appelle la *comptabilité-matières*, et d'autre part, l'administration, bien qu'elle puisse user à l'occasion des procédés ordinaires du commerce juridique pour se procurer ces matières, emploie aussi des procédés spéciaux, par exemple, les marchés de fournitures et les réquisitions militaires (1).

(1) De la comptabilité-matières (V. Rémy, *Traité de la comptabilité publique*, p. 595 et s.). Cette comptabilité présente deux caractères originaux qui la distinguent de la comptabilité des deniers dont il sera parlé plus loin : 1° les matières n'ont pas seulement un prix d'achat, elles ont aussi une valeur d'utilisation pour le service, par exemple, les chaussures pour la troupe, selon leur ancienneté en magasin, changeront de catégorie parce qu'elles pourront fournir un service plus ou moins bon (V. cette distinction de la valeur vénale et de la valeur d'usage dans Cons. d'Ét., 30 août 1845, *Comp. Desmazures*); cette valeur d'utilisation varie avec le service; elle n'est pas la même pour les cordages de la marine que pour les chaussures de la troupe, il suit de

B. *Des marchés de fournitures* (1). — Les marchés de fournitures sont les contrats par lesquels les administrations publiques se procurent, par l'intermédiaire d'un entrepreneur, des objets mobiliers, des denrées ou matières et même des services (par exemple, des services de transports maritimes ou même des services de transports terrestres par autobus) (2), le tout par une opération qui s'analyse en une vente, ou qui, si elle s'analyse en un louage d'ouvrage, n'a pas pour résultat la création d'un ouvrage public (Cons. d'Ét., 3 fév. 1903, *Puthet*).

A noter, dans cette définition, l'existence de deux éléments, celui de l'*entreprise* et celui de la *vente* :

1° Il faut qu'il y ait *entreprise*, c'est-à-dire marché passé avec cahier des charges et avec les éléments de spéculation que comporte une entreprise.

Il faut qu'il y ait contrat spécial avec cahier des charges. Un achat au comptant n'est pas un marché de fournitures. Un transport exécuté par une compagnie de chemins de fer ou de paquebots, lorsque l'administration a usé du moyen de transport dans les mêmes conditions que le public, n'est pas un marché de fournitures (Cons. d'Ét., 6 juill. 1883, *Ministre du Commerce*).

D'autre part, la réquisition militaire ne doit pas être confondue avec les marchés de fournitures de la guerre, parce que, dans la réquisition militaire, il n'y a pas d'entrepreneur;

2° Il faut que la fourniture s'analyse en la *vente d'un objet fabriqué* et non pas en un louage d'ouvrage devant assurer la fabrication; c'est par là que l'opération de fournitures se distingue de l'opération de travaux publics (V. *supra*).

---

là que la comptabilité-matières n'est pas uniforme, il y a des règles spéciales dans chaque service. Il s'ensuit aussi qu'il n'y a d'obligation de comptabilité que lorsque la comptabilité a été organisée, tandis que le maniement des deniers publics entraîne par lui-même obligation de compter; 2° bien que la distinction des ordonnateurs et des comptables existe ici aussi bien que dans la comptabilité-deniers, les comptables n'ont pas la même indépendance parce qu'ils sont les inférieurs hiérarchiques des ordonnateurs et que, jusqu'à un certain point, ils sont obligés d'obéir aux ordres de ceux-ci; l'indépendance n'étant pas égale, la responsabilité est moindre. Tandis que les comptables en deniers sont jugés par la juridiction des comptes, parce qu'ils sont maîtres de leurs actes, les comptables en matières ne sont pas jugés, leurs comptes sont l'objet de décisions ministérielles par lesquelles leurs actes sont appréciés administrativement et qui peuvent être déférées au Conseil d'État. Ce n'est pas à dire que la Cour des comptes ne surveille pas la comptabilité-matières, mais elle n'exerce qu'un contrôle et non pas une juridiction (V., sur l'organisation de la comptabilité-matières, Décr. 31 mai 1862, art 861-883; *Adde* L. 13 avril 1898, art. 66 et s.).

(1) V. Laferrière, *op. cit*, t. II, p. 138 et s.; Vidal, *Les marchés de la guerre*, thèse Toulouse, 1903.

(2) Sur le cas où un véritable service public est assuré par le procédé du marché de fournitures, V. *infra*.

Caractère de puissance publique. — Les marchés de fournitures de l'État et des colonies sont seuls des contrats administratifs (Décr. 11 juin 1806, art. 13) (1).

Nous nous occuperons ici uniquement des marchés de fournitures de l'État. Ces marchés ont un caractère décidé d'opération de puissance publique, surtout les marchés passés pour la guerre et la marine; cela se traduit par des droits exorbitants au profit de l'administration et par la compétence d'un tribunal administratif, le Conseil d'État. Encore le Conseil d'État, saisi des recours du fournisseur, doit-il se renfermer dans un contentieux *purement pécuniaire*, c'est-à-dire qu'il ne doit pas, en principe, annuler les décisions prises par l'administration, ou bien prononcer la résiliation au profit du fournisseur; tout cela pourrait gêner l'action administrative, il doit seulement accorder des indemnités au fournisseur. Il y a nécessité publique, il faut que certains marchés soient exécutés rapidement; à l'inverse, il faut que l'administration puisse rompre rapidement certains marchés (Laferrière, t. II, p. 134. V. cep. Cons. d'Ét., 17 juin 1898, *Bouissou;* 21 avril 1899, *Vergé;* 1er juin 1900, *Roussel;* 7 août 1900, *d'Adhémar;* 9 mars 1900, *Capdevielle*).

Il suit de là que le marché de fournitures est un contrat spécial qui a ses règles à lui, qu'il doit s'inspirer des règles générales des contrats, mais qu'il ne faut point lui étendre par analogie les règles des contrats spéciaux du Code civil ou du Code de commerce qui présenteraient avec lui quelque parenté (2).

(1) Ceux des départements, des communes, des établissements publics sont des contrats privés. Ils sont passés, il est vrai, avec adjudication et cahier des charges, mais, dans ces cahiers, aucun droit exorbitant n'est stipulé et la compétence est judiciaire (Cons. d'Ét., 17 juill. 1896, *Clouzard;* 11 mars 1898, *Lagauche.* Cf. L. 21 janv. 1918, *loi Failliot,* art. 7, qui assimile ces marchés de fournitures aux marchés à livrer du commerce). V. cep. Cons. d'Ét., 31 juill. 1912, *Société des granits porphyroïdes des Vosges*, avec les conclusions Blum, Lebon, p. 912, qui se rejette sur une distinction entre les marchés destinés à assurer des services publics, tels, par exemple, que les transports par autobus, et ceux qui ne tendent point par eux-mêmes à assurer un service; les premiers relèveraient de la compétence administrative et pas les seconds.

(2) *Règles des marchés.* — Les marchés de fournitures sont soumis pour leur formation aux mêmes règles que les marchés de travaux publics, c'est-à-dire au principe de l'adjudication au rabais, sauf exception.

Obligations des fournisseurs. — Ces obligations sont énoncées dans des cahiers des clauses et conditions générales et dans des cahiers des charges spéciaux. Notons l'obligation de continuer à assurer le service même si, par suite des circonstances extérieures, l'exploitation est en déficit, sauf indemnités (Cons. d'Ét., 27 juill. 1917, *Messageries maritimes*, S., 17. 3. 33 et ma note) (V. *supra*). Ce qui est intéressant, ce sont les sanctions.

La sanction la plus importante est ce qu'on appelle le *marché par défaut;* elle correspond à la mise en régie dans les marchés de travaux publics; si l'entrepreneur néglige de remplir ses engagements, l'administration, après une mise en demeure, peut faire exécuter le marché par un autre fournisseur aux risques et périls du pre-

Du cas où un véritable service public est assuré par une entreprise de fournitures. — Ceci se présente au profit de l'État, par exemple dans les conventions passées avec les compagnies de navigation maritime pour assurer le service postal. Mais cela se présente aussi pour les départements et les communes. Nous avons déjà signalé les entreprises départementales de transports automobiles; une entreprise très particulière de service municipal de voirie est révélée par l'affaire Thérond (Cons. d'Ét., 4 mars 1910).

Dans ces hypothèses, il y a cahier des charges, tarif maximum et conventions financières, tout aussi bien que dans l'hypothèse de la concession de travaux publics, et cela prouve que le service public peut être assuré par concession ou entreprise, aussi bien dans le cas du marché de fournitures que dans le cas des travaux publics. Peut-être, toutefois, par analogie avec ce qui se passe dans les travaux publics, devrait-on réserver le nom de concessionnaire à l'entrepreneur de fournitures qui se charge d'un véritable service public.

De plus, nous estimons que, dans cette hypothèse où le marché de fournitures tend à assurer un service public, même passé pour le compte d'un département ou d'une commune, il relève de la juridiction administrative. Cela a été décidé par le Conseil d'État dans l'affaire Thérond sur les conclusions de M. Pichat (Cons. d'Ét., 4 mars 1910, *Thérond*, S., 11. 3. 17 et ma note) et confirmé par l'affaire des *Granits porphyroïdes des Vosges*, précitée.

C. *Les réquisitions militaires, le ravitaillement et la taxation des denrées en cas de mobilisation et de guerre* (1).

mier. Le fournisseur évincé pourra recourir au Conseil d'État, pour obtenir une indemnité, s'il établit qu'il n'y a aucun retard à lui reprocher.

Une seconde sanction consiste dans la résiliation du marché prononcée par l'administration, également après une mise en demeure; la résiliation est naturellement sans indemnité. Quelquefois des amendes en cas de retard sont stipulées.

Enfin, des sanctions pénales sont édictées, notamment contre les fournisseurs des armées de terre et de mer qui, en temps de guerre, ont manqué le service, hors le cas de force majeure (C. pén., art. 430 et s.).

Résiliation facultative pour l'administration. — L'administration a toujours la faculté de résilier les marchés passés par elle, lorsque les besoins publics ont cessé d'exister. Dans ce cas, la résiliation ne peut être prononcée que moyennant indemnité. Pendant longtemps, le Conseil d'État a admis que l'indemnité devait comprendre le remboursement des impenses, mais non la privation du bénéfice. On disait que l'entrepreneur, en passant le marché, avait dû prévoir le cas où les besoins du service public viendraient à cesser. Cette jurisprudence est aujourd'hui abandonnée.

Liquidation des marchés. — On distingue deux sortes de liquidations : 1° la *liquidation provisoire* qui est faite par un subordonné du ministre et qui sert pour la délivrance d'acomptes; 2° la *liquidation définitive* qui ne peut être arrêtée que par le ministre lui-même. Cette seconde liquidation est une décision exécutoire qui détermine le montant de la dette de l'État. Si le fournisseur en conteste l'exactitude, il doit se pourvoir devant le Conseil d'État par un recours contentieux ordinaire.

(1) L. fondamentale 3 juill. 1877; Décr. 2 août 1877; L. 5 mars 1890 et Décr.

La guerre de 1914 a complètement révélé la nature juridique des réquisitions militaires : elles ne sont qu'un mode d'exécution de l'opération du ravitaillement soit de l'armée organisée, soit de la population civile, pendant les périodes de mobilisation ou de guerre. Le ravitaillement est tout le contraire de l'alimentation par les initiatives spontanées du commerce libre ; dans le ravitaillement, c'est le gouvernement et l'administration qui prennent l'initiative de rassembler des denrées et des substances, ou de centraliser des services et puis de les répartir selon les besoins ; le ravitaillement est ainsi

12 mars 1890 relatifs à l'approvisionnement des places fortes ; L. 17 juill. 1898 étendant la réquisition aux besoins de l'armée de mer ; Décr. 8 mai 1900 ; Décr. 3 sept. 1900 ; L. 17 avril 1901 relative à l'exécution des tirs ; L. 27 mars 1906 modifiant fortement L. fondamentale 3 juill. 1877 et introduisant la réquisition des voies navigables et des mines de combustible ; Décr. 28 août 1907 ; Décr. 13 nov. 1907 ; L. 22 juill. 1909 sur la réquisition des voitures automobiles ; Décr. 28 juin 1910 ; L. 23 juill. 1911 sur la réquisition des établissements industriels et des marchandises ; L. 5 août 1914 sur le logement et la subsistance des individus expulsés des places fortes comme bouches inutiles ; L. 16 oct. 1915 ; Décr. 25 avril 1916, ravitaillement de la population civile en blé et en farine ; L. 17 avril 1916, taxation de l'avoine, seigle, orge ; L. 20 avril 1916, taxation des denrées et substances ; L. 7 avril 1917 et Décr. 8 avril 1917, taxation du blé ; Décr. 19 mai 1917, logement des réfugiés ; L. 3 août 1917 sur les réquisitions civiles ; L. 10 fév. 1918 établissant des sanctions pour tout ce qui concerne le ravitaillement ; L. 20 juill. 1918 relative aux dégâts et dommages causés aux propriétés par les troupes logées et cantonnées chez l'habitant et au règlement des indemnités de réquisitions ; L. 27 fév. 1920 relative à la réquisition des moyens de transport en cas de grève des voies ferrées.

Les réquisitions militaires sont devenues une matière très complexe.

Primitivement, elles ne s'appliquaient que « en cas de mobilisation partielle ou totale de l'armée ou de rassemblement des troupes, et le ministre de la Guerre déterminait les périodes de réquisition » (art. 1ᵉʳ L. 3 juill. 1877) ; actuellement, elles s'appliquent aux grandes manœuvres et aux exercices de tir, au ravitaillement des places fortes, même au ravitaillement de la population civile en cas de guerre, aux périodes de grève.

Primitivement aussi, il ne s'agissait que d'exiger des habitants d'une localité le logement des troupes, des denrées, des objets mobiliers, tels que chevaux, voitures, charrettes, etc. ; des services personnels, tels que de servir de guide, etc ; peu à peu les réquisitions se sont étendues en ce qui concerne la propriété immobilière, au point de rappeler l'occupation temporaire en matière de travaux publics ; au billet de logement, qui est une occupation temporaire du domicile, sont venues se joindre les occupations de terrains nécessitées par les grandes manœuvres (L. 3 juill. 1877, tit. IX) et celles nécessitées par les exercices de tir (L. 17 avril 1901 ; Règl. 29 déc. 1901) ; les réquisitions des voies navigables et des mines de combustible (27 mars 1906) ; celles de la marine marchande (Décr. 10 fév. 1918).

Bibliographie : Morgand, *Les réquisitions militaires* ; Lefur, *Les droits des particuliers et ceux de l'État en matière de réquisitions militaires* ; Avon, *Traité des réquisitions militaires* ; Bergeron, *Des réquisitions militaires* ; Aulschisky, *Le ravitaillement pratique* ; Marchand et Dixens, *Les réquisitions militaires* ; Ginisty, *Les réquisitions civiles et militaires* ; Georges Renard, *Limites de la compétence des tribunaux judiciaires en matière de réquisition militaire*, Revue de droit public, 1919, p. 522.

l'application transitoire d'une économie socialiste ou domestique substituée à l'économie individualiste du temps de paix.

L'opération du ravitaillement s'opère par trois procédés :

1° *L'achat à caisse ouverte* par des commissions de réception cantonales, moyennant des prix fixés à l'avance et après réquisitions adressées aux municipalités d'avoir à fournir par communes, à jour fixe, une quantité déterminée de chaque denrée ; les prix offerts sont en général suffisamment rémunérateurs pour déterminer les producteurs à livrer leurs denrées (Décr., 3 juin 1890) ;

2° La *réquisition proprement dite*, qui est un acte de puissance publique consistant dans la mainmise par l'État, indépendamment de tout consentement ou accord sur le prix et sans indemnité préalable, sur les choses nécessaires aux besoins de l'armée (ou de la population civile) (Cass., 6 mars 1917, *Erischen*).

Il est réglé une *indemnité postérieure*. En certains cas, lorsque la réception n'est pas immédiate, la réquisition immobilise la marchandise par une sorte de saisie, la met sous la main de l'administration et entraîne interdiction de la vendre. Mais la vente à l'administration n'a lieu qu'après la réception (Note E. Perreau, sous Toulouse, 24 juill. 1916, S., 18-19. 2. 17) (1).

---

(1) *Formalités de la réquisition.* — Il y a lieu de distinguer, au point de vue de la réglementation : 1° les réquisitions de services, de denrées et d'objets mobiliers ; 2° les réquisitions de chevaux ; 3° les réquisitions d'occupation temporaire de propriétés, soit pendant les grandes manœuvres, soit pour des exercices de tir, etc., etc.

1° *Réquisitions de denrées, d'objets mobiliers, de services.* — Les objets qui peuvent être réquisitionnés sont énumérés dans l'article 5 de la loi de 1877, ce sont : des denrées, des objets mobiliers, le logement des troupes, des services personnels. Les réquisitions sont possibles en cas de mobilisation totale ou partielle de l'armée, ou en cas de rassemblement de troupes ; elles peuvent être faites autour des places fortes, non seulement pour les besoins de la garnison, mais pour ceux de la population civile (L. 5 mars 1890). Il intervient une décision du ministre de la Guerre pour déclarer ouverte la période des réquisitions. Ce sont, en principe, les autorités militaires qui opèrent les réquisitions, mais, exceptionnellement, le droit de réquisition peut être délégué aux autorités civiles (L. 27 mars 1906, art. 1er).

Exécution des réquisitions. — « Toute réquisition doit être adressée à la commune ; elle est notifiée au maire. Les réquisitions exercées sur une commune ne doivent porter que sur les ressources qui y existent, sans les absorber complètement » (art. 19).

« Le maire, assisté, sauf le cas de force majeure ou d'extrême urgence, de quatre membres du conseil municipal appelés dans l'ordre du tableau, répartit les prestations exigées entre les habitants et les contribuables... au lieu de procéder par voie de répartition, le maire, assisté comme il est dit ci-dessus, peut pourvoir directement, au compte de la commune, à la fourniture des prestations requises ; les dépenses qu'entraîne cette opération sont imputées sur les ressources générales du budget municipal, sans qu'il soit besoin d'autorisation spéciale » (art. 20 modifié par L. 27 mars 1906).

Règlement des indemnités (Instruction du 17 août 1907). — « Le ministre de la Guerre nomme, dans chaque département où peuvent être exercées des réquisitions,

3° La *taxation*, qui consiste en l'établissement de *prix maxima* pour le commerce des denrées.

Non seulement la combinaison de ces trois procédés convenablement employés assure le ravitaillement du pays, mais elle constitue un *système de prix artificiels* qui se substitue aux prix naturels du marché économique. Cette observation est capitale et va nous servir à solutionner la question très discutée de l'indemnité de réquisition.

De l'indemnité de réquisition et de sa fixation. — L'article 2 de la loi du 3 juillet 1877 pose le principe d'une « indemnité représentative de la valeur des prestations ». De grandes controverses se sont élevées sur le sens de ce texte et sur les bases du calcul de l'indemnité. On ne compte pas moins de quatre systèmes, qui tous ont été soutenus non seulement par des auteurs, mais par des tribunaux :

1° L'indemnité doit être représentative du prix commercial déterminé par les mercuriales au moment où la réquisition frappe le propriétaire (1);

2° Elle doit être basée sur le prix de revient (2);

3° Elle doit être basée sur la valeur moyenne (3);

4° Elle doit représenter une valeur normale de taxation (4).

une commission chargée d'évaluer les indemnités à payer aux personnes et aux communes qui ont fourni des prestations. Un règlement d'administration publique déterminera la composition et le fonctionnement de cette commission qui devra comprendre des membres militaires et des membres civils en assurant la majorité à l'élément civil ».

D'ailleurs, cette commission d'évaluation ne fixe pas souverainement l'indemnité, elle ne fait que des propositions. Si ces propositions ne sont pas acceptées, après toute une procédure réglée aux articles 25 à 28, le différend est tranché, soit par le juge de paix, soit par le tribunal civil. Le paiement de l'indemnité est immédiat.

2° *Dispositions relatives aux chevaux, mulets et voitures.* — V. sur la conscription des chevaux, mulets et voitures, L. 3 juill. 1877, tit. VIII, et Règl. 2 août 1877, modifié par L. 27 mars 1906. *Dispositions relatives aux automobiles*, V. L. 22 juill. 1909.

3° *Réquisitions d'occupation temporaire de propriétés.* — Ces réquisitions entraînent de véritables dommages à la propriété, lesquels sont réglés à l'amiable par une commission et, en cas de désaccord, par le juge de paix ou le tribunal civil, conformément à l'article 26, mais à peine de déchéance les réclamations doivent être formées à la mairie de la commune dans les trois jours qui suivent le passage ou le départ des troupes (art. 54 et 54 bis modifiés par L. 17 avril 1601). V. note dans Lebon, 1906, p. 72.

(1) G. Ferrand, *Les réquisitions militaires*, 1892; Berthélemy, note au D., 1916. 2. 137; Naquet, note au S., 17. 1. 9, sous Cass., 6 mars 1917, *Erischen*. Cette thèse a été condamnée par l'arrêt de cassation précité.

(2) Olivier Martin, note dans S., 1916. 2. 49, et observations sous Cass., *Erischen*.

(3) Lafon et Bonnecase, *Le critérium de la valeur en matière de réquisition militaire*, Bordeaux, 1916. C'est le système de la loi allemande du 13 juin 1873, moyenne des dix années précédentes.

(4) Avis du Conseil d'État du 11 juillet 1916 en matière de réquisition de navire (Lefur, note dans S., 17. 2. 65); Larnaude, *De l'indemnité dans les réquisitions*

La Cour de cassation a rendu, le 6 mars 1917, dans une affaire *Erischen* (S., 17. 1. 9), un arrêt de principe qui ne tranche pas absolument la question ; il se borne à poser les trois règles suivantes : 1° la valeur doit être appréciée à la date de la réquisition ; 2° l'indemnité doit représenter une valeur de dépossession et non pas une valeur commerciale (1) ; 3° le juge a les pouvoirs les plus étendus pour déterminer cette valeur ; il n'est lié ni par les mercuriales, ni par les avis des commissions d'évaluation, bien qu'il puisse en faire état.

Il nous paraît que cet arrêt conduit tout droit à l'adoption du quatrième système, *Valeur normale de taxation*, en ajoutant que la taxation sera faite par le juge lui-même, mais qu'elle devra admettre la marge de bénéfice normal qu'admettent toutes les taxations administratives, le bénéfice normal devant être suffisant pour que le producteur soit encouragé à continuer à produire. — Ce qui surtout doit faire pencher la balance en faveur de ce système, c'est, d'une part, la législation sur la réparation *intégrale* des dommages de guerre, car il s'agit là aussi d'un dommage de guerre ; c'est, d'autre part, l'expérience de la guerre longue et de la mobilisation industrielle et agricole qu'elle nécessite ; cette espèce de mobilisation ne peut être obtenue, comme l'autre, qu'à prix d'argent, moyennant une marge de bénéfice qui fasse tolérer la contrainte ; c'est, enfin, que toute la matière du ravitaillement comporte un système de prix artificiels.

Nul doute que, dans ce système, selon l'observation très juste de M. Larnaude, les avis des commissions d'évaluation ne prennent en fait une grande valeur de taxation et de tarification (2).

De la compétence en matière de réquisitions. — La loi de 1877

---

militaires (publications du Comité national d'action pour la réparation des dommages de guerre, 1917); Lefur, *Les droits des particuliers et ceux de l'État en matière de réquisition militaire*, Revue de droit public, 1917, p. 45 et s.

(1) Nous interprétons ainsi le considérant suivant de l'arrêt : « Attendu que l'indemnité corrélative doit être calculée en tenant compte uniquement de la perte que la dépossession de la chose imposée au prestataire et abstraction faite du gain qu'aurait pu lui procurer la hausse des prix faussés, soit par la spéculation ou l'accaparement, soit pour toutes autres circonstances imputables à l'état de guerre et notamment par l'exercice même du droit de réquisition. » Il nous paraît que ce texte n'établit pas une distinction entre le *damnum emergens* et le *lucrum cessans*, mais bien une distinction entre deux espèces de gains, le gain honnête et normal, dont il est tenu compte dans toutes les indemnités *de dépossession*, et le gain anormal, qui résulterait d'un agio commercial déterminé par l'état de guerre.

(2) Le système du prix commercial et celui du prix de revient sont certainement écartés par l'arrêt de la Cour de cassation ; celui des moyennes devrait être établi par la loi, puisqu'il suppose la moyenne des prix d'un certain nombre d'années ; d'ailleurs, par cela seul qu'il est basé sur des prix d'avant-guerre, il est mal adapté lui aussi aux exigences d'une guerre longue.

établit la compétence judiciaire en ce qui concerne les indemnités (art. 24 et s.); le Tribunal des conflits en a déduit la compétence judiciaire pour toutes les conséquences de l'*exécution des réquisitions* et, par conséquent, pour tous dommages subis par la chose réquisitionnée ou pour tous dommages s'analysant en un supplément ou une majoration de réquisition, même résultant de faits de service commis à l'occasion de l'exécution des réquisitions (Confl., 22 mai 1909; 6 mai 1918, *Lempereur;* Cons. d'Ét., 9 fév. 1917, D., 17. 3. 13, note) (1).

---

(1) Mais « cette attribution de compétence toute spéciale n'a pas dérogé à la règle générale en ce qui concerne les actions en responsabilité proprement dites dirigées contre l'État, à raison des irrégularités commises à l'occasion des réquisitions et qui ne peuvent être portées devant les tribunaux civils ni sous forme d'une demande distincte d'indemnité (de réquisition) ni sous forme d'une demande en majoration de prix ». Il y a là un fait de service qui entraîne la compétence administrative (Conflits, 17 nov. 1917, *Bailly*).

CHAPITRE IV

LA RÉQUISITION DE L'ARGENT. LES FINANCES PUBLIQUES (1)

§ 1. — Les deniers publics.

Les finances publiques sont l'élément le plus important de la chose publique, non seulement parce que le gouvernement et l'administration s'obtiennent aujourd'hui à prix d'argent, mais parce que le régime d'État lui-même est intimement lié à cet ordre économique qui se caractérise par l'abondance de l'argent et la prédominance du commerce des échanges. Une étude administrative des finances publiques doit être divisée en quatre paragraphes, car il y a trois éléments de la finance publique : les *deniers publics*, les *créances publiques* (dont les impôts) et les *dettes publiques*, chacun de ces objets étant à sa manière une chose publique ; de plus, il existe un mécanisme spécial destiné à incorporer tous ces éléments de la finance publique à la vie quotidienne des administrations, ce mécanisme est celui de l'*année financière* ou du *budget*.

A. *Les deniers publics comme choses publiques.* — Les deniers publics sont, non seulement les espèces contenues actuellement dans les caisses publiques, mais toutes les valeurs qui doivent y entrer, en vertu des opérations de recette, et toutes celles qui en sortent, en vertu des opérations de dépense ; le *maniement des deniers publics* consiste à en disposer réellement. Or, ces deniers sont des choses publiques ; ce ne sont pas des dépendances du domaine public, mais cependant ce sont des choses publiques, douées d'une vertu particulière qui est d'être *comptables*, c'est-à-dire d'entraîner l'obligation de rendre compte ; ils sont, par le seul fait de leur existence, soumis aux règles de la comptabilité-deniers et leur maniement rend comp-

---

(1) *Bibliographie* : Leroy-Beaulieu, *Traité de la science des finances* ; Stourm, *Le budget* ; Jèze, *Traité de législation financière* ; Allix, *Traité élémentaire de la science des finances* ; Rémy, *Traité de la comptabilité publique*, 1894 ; Dumesnil et Pallain, *Législation du trésor public*, 2e édit., 1881 ; de Marcillac, *La caisse centrale du trésor public*, 1890 ; Marquès di Braga et Camille Lyon, *Traité de la comptabilité de fait*, 1890 ; Emmanuel Besson, *Le contrôle des budgets en France et à l'étranger*, 1899.

tables de fait tous les individus, quels qu'ils soient, qui ont disposé d'eux en dehors des règles (Marquès di Braga, *Comptabilité de fait*, n°s 13 et s. V. *infra, Comptabilité de fait*) (1).

B. *La gestion des deniers*. — Elle est l'œuvre de plusieurs catégories de fonctionnaires qui ont tous la qualité de comptables; elle comporte trois sortes principales d'opérations : des opérations de recette ou d'encaissement, des paiements, des opérations de trésorerie (2).

(1) Les deniers publics ne sont pas tous de même catégorie ; d'abord, il y a les deniers d'État, de départements, de communes, d'établissements publics ; ensuite, les deniers d'État se distinguent en deniers du Trésor, deniers ministériels (répartis dans les services ministériels au profit de certaines masses), deniers parlementaires (dotation des Chambres), mais tous ces deniers ont ceci de commun que leur maniement entraîne l'obligation de compter. Le juge ou l'autorité devant laquelle il faut compter peut changer, l'obligation est identique. Cormenin a dit des deniers publics qu'ils « brûlent la main de celui qui les touche » — c'est-à-dire que la nature même des deniers maniés entraîne la compétence des juridictions des comptes qui est *ratione materiæ* (Marquès di Braga, *Comptabilité de fait*, n° 40). Les deniers du Trésor, ceux des départements et des communes entraînent juridiction des juges des comptes (Cour des comptes ou Conseil de préfecture) — les deniers ministériels entraînent juridiction du Conseil d'État à la suite d'arrêtés de débet des ministres — les deniers parlementaires entraînent juridiction du Parlement lui-même.

(2) 1° *Opérations de recette*. — Pour les finances de l'État, les seules dont nous nous occuperons ici, les recettes sont opérées par des administrations différentes et grâce à des procédés différents, suivant qu'il s'agit du produit des impôts directs ou de celui des impôts indirects. — Pour les impôts directs, le service chargé de la perception est constitué dans chaque département par le trésorier-payeur général et par ses subordonnés, les receveurs particuliers et les percepteurs, qui constituent les *comptables du Trésor*; comme ces impôts sont établis d'après des rôles nominatifs de contribuables dressés à l'avance, on a pu appliquer le système de la *prise en charge* qui est une sorte *d'entreprise*. Le comptable supérieur du Trésor prend la responsabilité de tout le recouvrement, le trésorier-payeur général prend en charge dans ses écritures le montant total des contributions du département, les receveurs particuliers prennent en charge le montant des contributions du département, les receveurs particuliers prennent en charge le montant des contributions de leur arrondissement, les percepteurs enfin prennent en charge le montant des rôles qu'ils ont à recouvrer dans leur circonscription. Les percepteurs sont responsables pécuniairement, non seulement des *droits recouvrés*, mais des *droits constatés*, sauf à se faire décharger par le conseil de préfecture des cotes irrécouvrables ; les receveurs particuliers sont responsables de tout ce qu'auraient dû recouvrer leurs percepteurs et le trésorier-payeur général est responsable de tout ce qu'auraient dû lui verser les receveurs particuliers. Par cette organisation, la perception des contributions directes est assurée sans qu'il y ait à surveiller ni à stimuler les agents.

La même organisation ne pourrait pas être appliquée aux recettes des contributions indirectes pour la bonne raison que, celles-ci n'étant point établies au préalable en des rôles nominatifs de contribuables, leur montant ne peut pas être pris en charge par les comptables. Elles s'opèrent donc *en régie* par les soins de trois régies, celle des contributions indirectes, celle de l'enregistrement et des domaines, celle des douanes ; là, les agents chargés de la perception sont soumis à une surveillance rigoureuse et leur zèle est stimulé par divers moyens.

Toutes les recettes sont centralisées au Trésor, non pas en espèces, mais en écri-

C. *La comptabilité et les responsabilités.* — *Comptabilité officielle.* — *Responsabilité des comptables pour leur gestion.* — Les comptables officiels ont une responsabilité pécuniaire, ils répondent, sur leurs biens personnels, de toutes les sommes qui sont entrées dans leurs caisses, de toutes celles qu'ils auraient dû encaisser et de tout paiement effectué indûment (1).

tures, et une direction du ministère des Finances, la direction du *mouvement général des fonds*, est chargée de faire rendre les espèces là où il en est besoin pour les paiements. V. arrêtés des 1er pluviôse et 5 germinal an VIII (Gaudin); Décr. 16 juill. 1806 (Molien); arrêté du 22 mars 1814 (Baron Louis). De même, chaque comptable ne doit avoir qu'une seule caisse dans laquelle sont réunis tous les fonds appartenant aux divers services (art. 21 Décr. 31 mai 1862).

2° *Opérations de paiement.* — Tous les comptables chargés d'opérer les recettes ne sont pas en même temps *payeurs;* il n'y a que le caissier payeur central du Trésor, les trésoriers-payeurs généraux et leurs subordonnés, receveurs particuliers et percepteurs, c'est-à-dire les *comptables du Trésor.* Il y a lieu de signaler les règles suivantes : 1° la *distinction des fonctions d'ordonnateur et de payeur* (Décr. 31 mai 1862, art. 17; Décr. 12 juill. 1893, art. 20), qui fait qu'aucun paiement ne peut être effectué par le comptable que sur le vu d'un ordonnancement délivré par un administrateur ordonnateur; 2° l'obligation pour l'ordonnateur de *liquider* au préalable la dette de l'État pour transformer celle-ci en une dépense publique susceptible d'être payée, car « aucun paiement ne peut être effectué qu'au véritable créancier justifiant de ses droits et pour l'acquittement d'un service fait » (Décr. 31 mai 1862, art. 10); 3° la responsabilité du comptable supérieur du Trésor sans le visa duquel les titres de paiement ne sont pas acquittés.

3° *Opérations de trésorerie.* — Ce sont des emprunts à court terme destinés à procurer à la caisse des ressources immédiates par des anticipations sur les rentrées futures, ou bien des traites destinées à procurer paiement à des créanciers éloignés. Le Trésor, surtout si on l'oppose aux régies financières, est le *banquier de l'État;* les régies se bornent à verser le produit des impôts et revenus, le Trésor se charge de centraliser tous les fonds et de fournir tout l'argent des paiements, dût-il pour cela emprunter lui-même. Les opérations de trésorerie sont de la compétence des tribunaux administratifs (Cons. d'Ét., 20 fév. 1869, *Pinard*). Les emprunts à court terme du Trésor se décomposent en *comptes courants* (avec la Banque de France, avec les trésoriers-payeurs généraux, avec la Caisse des dépôts et consignations); en *bons du Trésor* où le montant des intérêts est souscrit en même temps que le capital et qui sont à un certain nombre de mois d'échéance; en *obligations du Trésor* qui sont munies de coupons d'intérêts semestriels et qui sont à plus longue échéance. Pendant la guerre de 1914, les bons et les obligations de la *Défense nationale* ont joué un rôle considérable. Le résultat de ces opérations est de créer une dette flottante qu'il faut ensuite consolider par des emprunts en perpétuel.

Il est intéressant de noter que la ville de Paris est autorisée par la loi de finances annuelle à émettre, pour un certain chiffre, des bons de caisse analogues aux bons du Trésor (V. *infra, Dette publique,* les caractères juridiques du Trésor).

(1) Pour rendre cette responsabilité efficace, les comptables versent un cautionnement qui doit être réalisé avant leur entrée en exercice. Mais, depuis la loi du 26 décembre 1908, article 41, les comptables et autres fonctionnaires sont admis à remplacer leur cautionnement par la caution solidaire fournie par une association française de cautionnement dont ils feront partie et dont les statuts auront été approuvés par le ministre des Finances (Cf. Décr. 16 janv. 1909). En outre, tous leurs biens présents et à venir sont frappés d'un privilège sur les meubles et d'une hypothèque légale, et

Les comptables sont astreints, dans leur gestion ou dans leur manutention des deniers, à des formalités, à des *écritures*, qui constituent la comptabilité proprement dite et qu'il faut considérer comme une sorte de police. Le manquement aux règles de la comptabilité peut entraîner la responsabilité du comptable, alors même que les opérations irrégulières en écritures auraient été accomplies pour les besoins du service, par exemple des paiements faits pour les besoins du service, mais sans ordonnancement préalable.

Cette comptabilité est elle-même très contrôlée, il y a un contrôle *administratif* et un contrôle *juridictionnel*.

1° Le *contrôle administratif* s'exerce d'une façon continue, soit au moyen des inspections des inspecteurs des finances, qui se transportent chez les comptables et procèdent à des vérifications, soit au moyen des états mensuels que les comptables et les ordonnateurs sont tenus de communiquer à la direction générale de la comptabilité au ministère des Finances;

2° *La reddition de compte des comptables.* — *La Cour des comptes* (L. 16 sept. 1807; Décr. 31 mai 1862, art. 375 et s.; Décr. 12 juin 1887) (1). — Du moment que les comptables sont responsables de leur gestion sur leurs biens personnels, il était juste de leur donner la garantie d'une juridiction. Il existe, en effet, une juridiction des comptes qui appartient en principe à la Cour des comptes et exceptionnellement aux conseils de préfecture (avec appel à la Cour des comptes) (2).

---

enfin les biens immeubles acquis à titre onéreux depuis leur nomination sont frappés d'un privilège immobilier (art. 2121 C. civ.; L. 5 sept. 1807). Ils ne peuvent obtenir la restitution de leur cautionnement et recouvrer la libre disposition de leurs biens que lorsqu'au terme de leur gestion le juge des comptes les a déclarés quittes envers le Trésor. Sont soumis à cette responsabilité, non seulement les comptables qui ont réellement le maniement des fonds, mais même des *comptables d'ordre* qui centralisent seulement en écritures les opérations des receveurs inférieurs (par exemple les receveurs principaux des régies financières) (Rappelons que les comptables du Trésor sont responsables les uns des autres dans une certaine mesure).

(1) Cf. Laferrière, *Juridiction administrative*, t. I, p. 394 et s.

(2) La Cour des comptes a été fondée par Napoléon en 1807, à l'imitation des Chambres des comptes de l'ancienne monarchie. C'est une vraie cour de justice administrative, qui a pour but de vérifier la gestion des comptables, de les décharger de leur responsabilité en cas de gestion régulière, ou de mettre à leur charge les reliquats dont ils pourraient être redevables pour fraude, imprudence ou infraction aux règlements.

Elle est organisée un peu comme le Conseil d'État. Il y a : 1° un premier président, trois présidents de chambre, dix-huit conseillers maîtres, seulement ces membres de la Cour des comptes sont inamovibles, à la différence des conseillers d'État; 2° quatre-vingt-six conseillers référendaires, qui ressemblent aux maîtres des requêtes et qui sont divisés en deux classes; 3° vingt auditeurs divisés en deux classes, les auditeurs de 2° classe étant recrutés au concours (V. Décr. 7 avril 1911); 4° un greffe et un ministère public. La moitié au moins des vacances parmi les conseillers maîtres

La Cour juge les comptes de gestion annuels des comptables; elle est donc bien dans la tradition des juridictions administratives qui sont surtout pour des procès faits *aux actes*; elle établit, par un *arrêt définitif* (1), si les comptables sont quittes, ou en avance, ou en débet. Dans les deux premiers cas, elle prononce leur décharge définitive, et, si les comptables ont cessé leurs fonctions, ordonne mainlevée et radiation des oppositions et inscriptions hypothécaires mises sur leurs biens, à raison de la gestion dont le compte est jugé; dans le troisième cas, elle les condamne à solder leur débet dans le délai prescrit par la loi (Décr. 1862, art. 419).

D'ailleurs, la juridiction des comptes ne s'exerce que *sur la ligne du compte*; la responsabilité personnelle du comptable, qui dépend d'autres éléments que du compte, est appréciée par le ministre, sauf recours au Conseil d'État (Laferrière, t. I, 407. Cf. dans Lebon, 1903, p. 798, la note) (2) (3).

à la Cour des comptes attribuée à la 1re classe des conseillers référendaires; l'article 14 du décret du 28 septembre 1807, relatif à l'admission à la 1re classe des conseillers référendaires, est modifié ainsi qu'il suit : « deux tiers des vacances sont attribués, au choix, aux conseillers référendaires de 2e classe et un tiers à l'ancienneté dans la même classe » (L. 13 avril 1900, art. 18). — Les auditeurs de 1re classe près la Cour des comptes ont droit à la moitié au moins des places vacantes de conseillers référendaires de 2e classe, nul ne peut être nommé référendaire de 2e classe, en dehors des auditeurs de 1re classe, s'il ne justifie au moins de dix ans de services publics civils ou militaires (L. 26 déc. 1906, art. 40).

La Cour des comptes juge en première et en dernière instance les comptables de l'État et des départements qui, d'ailleurs, sont les mêmes; en appel, ceux des communes et des établissements publics qui ressortissent en premier ressort aux *conseils de préfecture* (sauf pour les communes et établissements publics dont le revenu annuel dépasse 30.000 francs, qui ressortissent directement à la Cour).

(1) Quelquefois, la Cour rend des arrêts provisoires pour mettre le comptable en demeure de produire certaines justifications.

(2) « La Cour, nonobstant l'arrêt qui aurait jugé définitivement un compte, peut procéder à sa revision, soit sur la demande du comptable, appuyée de pièces justificatives retrouvées depuis l'arrêt, soit d'office, soit à la réquisition du procureur général, pour erreurs, omissions, faux ou doubles emplois reconnus par la vérification d'autres comptes » (art. 420). Enfin, ses arrêts sont susceptibles d'un recours en cassation devant le Conseil d'État (art. 423).

(3) *Les gestions de fait et leur sanction; la comptabilité de fait.* — Cf. Marquès di Braga et Camille Lyon, *Traité de la comptabilité de fait*, 1890. — Si la police de la comptabilité ne s'appliquait qu'aux comptables en titre, l'emploi des deniers publics échapperait en grande partie à cette police, car ils seraient fréquemment maniés en dehors des comptables. Les administrateurs ont mille moyens, en effet, soit de conserver par devers eux des deniers qui devraient être versés à la caisse, soit d'extraire de la caisse des deniers, par des mandats fictifs ou des majorations de factures, et ils ne sont que trop souvent tentés d'employer directement ces deniers, pour les besoins de service, mais en dehors des formes comptables. En un mot, à côté de la gestion régulière des deniers, il y a des gestions de fait; à côté de la caisse régulière, il y a des caisses noires. Ces pratiques sont surtout fréquentes dans l'administration municipale. Il se crée ainsi des fuites dans la comptabilité. Le remède avait été trouvé par

§ 2. — Les créances publiques. Les impôts.

Article I. — *Législation générale des créances publiques.*

Il existe, au profit de toutes les administrations publiques, des créances en vertu desquelles sont recouvrés les deniers ; les impôts sont les principales de ces créances, mais non les seules (1) ; les

---

la jurisprudence des chambres des comptes de l'ancien régime ; il consiste à obliger les auteurs de ces gestions, lorsqu'elles sont découvertes, à venir *compter* devant le juge des comptes et à fournir les mêmes justifications que s'ils étaient comptables en titre. Cette sanction est sévère, car, la gestion ayant été irrégulière, il est à prévoir que les justifications régulières ne pourront pas être fournies et que l'auteur de la gestion restera personnellement responsable d'un débet. Cette sanction de la comptabilité de fait a été réorganisée par la Cour des comptes actuelle et la jurisprudence de celle-ci a, d'ailleurs, été confirmée tant par l'article 25 du décret du 31 mai 1862 que par l'article 155 de la loi municipale du 5 avril 1884 (reproduction de l'art. 64, L. 18 juill. 1837) et par l'article 21 du décret du 12 juillet 1893. — Il est à remarquer que, par les gestions de fait, les ordonnateurs deviennent justiciables de la Cour des comptes, malgré l'article 18 de la loi du 16 septembre 1807, « la Cour des comptes ne peut, en aucun cas, s'attribuer de juridiction sur les ordonnateurs » ; ce texte, en effet, n'exclut de la compétence de la Cour des comptes que *l'acte de l'ordonnateur*, mais non sa personne en tant qu'il est devenu comptable de fait ; la compétence du juge des comptes s'étend, d'ailleurs, à tous les coauteurs de la gestion de fait (Arr. de la Cour des comptes du 20 fév. 1873, *Janvier de la Motte*).

Il y a lieu de faire, au sujet des gestions de fait, les observations suivantes :

1° Le juge des comptes ne peut se saisir d'une gestion de fait qu'autant qu'il y a eu maniement irrégulier des deniers publics ; aucune autre irrégularité ne le rendrait compétent, par exemple l'irrégularité des travaux qui ont engagé la dépense (Cour des comptes, 25 juin 1900, *Alexandre Dubois*) ; le maniement s'entend ici de tout acte de disposition, alors même qu'il n'y a pas eu tractation matérielle des deniers ; mais il faut qu'il s'agisse de deniers publics, c'est-à-dire de deniers qui *auraient dû entrer dans une caisse publique ou qui auraient dû ne pas en sortir ;* le fait pour un individu d'avoir payé de ses deniers une dépense publique ne constitue pas une gestion de fait et la Cour des comptes refuse d'en connaître parce qu'il ne suffit pas que la dépense soit publique, il faut que les deniers le soient (Cour des comptes, 1ᵉʳ mai 1876, *Bourdon*) (sauf à l'intéressé à se pourvoir devant la juridiction compétente pour faire déclarer qu'il a accompli une gestion d'affaire). Le juge des comptes est, d'autre part, seul compétent pour appliquer la sanction de la comptabilité de fait et cela exclut toute compétence parallèle (Cour des comptes, 23 août 1851, *Caisse de la marine*) ; ainsi, dans les cas de malversation, le juge des comptes reste compétent à côté de la juridiction criminelle (affaire Janvier de la Motte) ;

2° Les justifications auxquelles sont soumis les comptables de fait peuvent être facilitées par des autorisations rétroactives de la dépense votées par l'autorité budgétaire et aussi par des considérations d'équité, dont l'article 25 du décret du 31 mai 1862 autorise le juge des comptes à faire état. Il n'est donc pas impossible que le comptable de fait soit renvoyé quitte.

(1) On doit ranger à côté les sommes dues aux administrations, à titre d'offre de concours pour des travaux publics, à titre de contribution pour des services, le produit des ventes, des locations, des redevances pour concessions, etc. ; il n'y a même pas lieu de distinguer les revenus du domaine privé de ceux du domaine public, car les revenus du domaine privé, une fois convertis en deniers, constituent des deniers publics.

créances des administrations publiques sont des choses ou valeurs publiques et cela entraîne les conséquences suivantes :

1° Un administrateur ne saurait disposer du montant d'une créance publique, en vue d'un paiement, sans se rendre comptable;

2° Les créances publiques sont insaisissables comme tous les biens des administrations publiques, elles n'entrent pas non plus en compensation (1);

3° Les créances publiques sont munies d'un privilège général de recouvrement qui est une des manifestations de la procédure d'office ; l'administration, en dressant un simple état de recouvrement, se crée un titre exécutoire (2).

Comme le titre est exécutoire et que les voies d'exécution s'ensuivent, le débiteur qui veut contester la dette est obligé de faire opposition ; cette opposition est formée devant la juridiction compétente, selon la nature de la créance et, si les tribunaux ordinaires sont compétents, l'affaire est jugée comme matière sommaire (3);

4° Certaines créances de l'État sont recouvrées en vertu de *contraintes* décernées par le ministre des Finances qui entraînent l'exécution parée et, de plus, une hypothèque judiciaire (4).

---

(1) D'une façon générale, les créances et les dettes administratives échappent à la compensation, laquelle n'est ni un procédé de recouvrement régulier, ni une voie d'exécution régulière ; un contribuable ne saurait prétendre à compenser le montant de ses contributions avec une créance qu'il aurait sur l'État.

(2) Le privilège existe, du moins, au profit de l'État, des départements, des communes et des colonies (L. 13 avril 1898, art. 54; L. 10 août 1871, art. 64; L. 5 avril 1884, art. 154, § 1; L. 25 fév. 1901, art. 53) (Aucun texte ne le stipule au profit des établissements publics, sauf la loi du 15 juillet 1893, article 31, au profit du bureau d'assistance) sous le bénéfice des observations suivantes : *a*) les états de recouvrement ne sont nécessaires que lorsqu'il n'existe pas d'autre mode de recouvrement, or, les impôts directs et indirects ont des modes spéciaux; *b*) les états de recouvrement n'ont point d'autre effet que de former titre exécutoire et de permettre l'emploi des voies d'exécution forcée du droit commun, notamment la saisie et la vente des meubles, ils n'entraînent pas hypothèque judiciaire et n'attribuent point par eux-mêmes compétence aux tribunaux administratifs (Caen, 12 janv. 1881, D. P., 82. 2. 57 et la note).

(3) A noter que l'article 21 de la loi du 18 juillet 1911 fait bénéficier les produits hospitaliers et communaux, à l'exception des droits d'octroi et des taxes assimilées par la jurisprudence aux contributions indirectes, du mode de poursuite qui est prescrit pour le recouvrement des contributions directes. Les moyens de coercition qui sont ainsi mis à la disposition des receveurs municipaux et spéciaux sont beaucoup moins onéreux pour les redevables que les voies d'exécution de droit commun. Cet article 21 est applicable à la ville de Paris (On estime que cela ne modifie pas la compétence. Cons. d'Ét., 6 août 1913, *Corrieu*). Entre administrations publiques, l'état exécutoire suivi d'une inscription d'office au budget constitue une voie d'exécution intéressante (Cons. d'Ét., 8 nov. 1913, *Commune d'Aillancourt*).

(4) (Avis Cons. d'Ét., 16 therm. an XII; 29 oct. 1881). Le recouvrement par contrainte repose sur une double présomption de véracité de l'administration, véracité au point de vue de l'existence de la créance, véracité au point de vue du calcul du quantum. Cette présomption tombe devant une opposition régulièrement formée et la

Les créances ainsi recouvrables sont : a) les débets des comptables, entrepreneurs et fournisseurs (LL. 12 vend. et 13 frim. an VIII, arrêté du 12 vent. au VIII, arrêté du 28 flor. an XI et décr. du 12 janv. 1811) (1); b) les créances de l'administration des douanes (L. 6-22 août 1791, tit. XIII, art. 31 et s.; L. 16 fruct. an III, art. 10; avis Cons. d'Ét., 29 oct. 1811), celles de l'administration des contributions indirectes (L. 1er germ. an XIII, art. 43 et s.); de l'administration de l'enregistrement et des domaines (L. 19 août 1791, art. 4; 22 frim. an VII, art. 64) (2);

5° Les créances de l'État sont censées appartenir au Trésor, car le Trésor est l'État créancier ou débiteur, tandis que le fisc est l'État propriétaire du domaine privé. Le Trésor n'est pas une personnalité distincte de l'État, mais seulement un aspect de l'État (3). Le Trésor

question est portée devant le tribunal compétent. La contrainte administrative n'est point un acte de jugement, malgré qu'elle entraîne l'hypothèque judiciaire, c'est une décision administrative. Elle est revêtue de la forme exécutoire, c'est vrai, comme les jugements; mais ceux-ci empruntent eux-mêmes la formule exécutoire à la puissance exécutive, et puis il y a d'autres actes qui en sont revêtus, par exemple ceux des notaires. Elle fixe avec autorité le montant de la créance, mais ce n'est pas à la façon d'un jugement, car ici le juge serait juge et partie. Nous reverrons la question au contentieux, car c'est un des cas où l'on a prétendu que les administrateurs agissaient comme juges (Cf. sur les contraintes administratives Dumesnil et Pallain, *Traité de la législation du Trésor public*, p. 295 et s.).

(1) La législation des débets n'est pas applicable à tout débiteur de l'État, mais seulement à toute personne ayant eu le dépôt, la garde, le maniement de deniers publics ou la disposition d'avances dont le Trésor a le droit de demander compte (Cons. d'Ét., 10 juill. 1874, *Baron*; 6 juin 1879, *Blanche*); elle ne s'étend pas plus loin, il faut être en compte avec l'État : ainsi de nombreux arrêts ont refusé l'emploi de l'arrêté de débet et de la contrainte pour le recouvrement du prix de la pension dans les écoles de l'État (Avis du 3 oct. 1833; Cons. d'Ét., 18 avril 1856, *Mauprivez*); un arrêté de débet pris pour le recouvrement d'une créance de l'État contre une ville a été annulé (Cons. d'Ét., 23 juin 1899, *Ville de Romans*). Les arrêtés de débet ne peuvent pas non plus être pris contre les ordonnateurs pour dépenses inutiles (Cons. d'Ét., 4 déc. 1891, *Bastier*), ni pour paiement de l'indû fait entre les mains des particuliers (Cons. d'Ét., 23 mars 1877, *Sadoul et Goulard*; 23 nov. 1883, *Évêque d'Angers*). Le contentieux créé par l'arrêté de débet est administratif, le débiteur de l'État frappé par un arrêté de ce genre doit se pourvoir au Conseil d'État (V. outre les décisions précitées, Cons. d'Ét., 22 déc. 1899, *Sâtre*, 1re espèce).

(2) Nous ne faisons pas figurer les contraintes en matière de contributions directes parce qu'elles ne présentent pas le même caractère que les autres, elles sont collectives et s'adressent plutôt à l'administration qu'aux contribuables. D'ailleurs, le titre exécutoire se trouve ici dans le rôle des contributions.

(3) Le Trésor, dans son rôle essentiel, est l'argentier ou le banquier de l'État, mais un banquier administratif. Ses opérations particulières, celles que l'on appelle opérations de trésorerie, sont administratives et relèvent de la juridiction administrative, non seulement les émissions de bons du Trésor, mais même ses émissions de traites qui, par certains côtés, ressemblent cependant à des opérations commerciales (Cf. Dumesnil et Pallain, *Traité de la législation du Trésor public en matière contentieuse*, 2e édit., p. 54, et les arrêts qu'ils citent). D'un autre côté, ses créances sont munies de titres exécutoires, elles bénéficient donc de ce privilège de l'action d'office qui est l'attribut essentiel de la puissance publique.

a des privilèges à la sûreté de beaucoup de ses créances, par exemple à la sûreté des débets des comptables, etc. (1).

Article II. — *Les impôts directs.*

N° 1. — Définitions et règles générales.

Il existe des *impôts directs* et des *impôts indirects;* la différence au point de vue administratif est que, pour les impôts directs, il y a une opération administrative d'établissement de l'impôt qui précède le recouvrement et qui aboutit à la confection d'un rôle nominatif des contribuables, tandis que, pour les impôts indirects, il n'y a pas d'opération administrative d'établissement de l'impôt, le recouvrement est opéré à l'occasion de certains faits d'après des tarifs déterminés par la loi seule (2).

---

(1) *Des privilèges du Trésor.* — 1° Le Trésor jouit vis-à-vis des comptables, pour le paiement de leur débet : *a)* d'un privilège général sur tous les biens meubles ; *b)* d'un privilège spécial sur les immeubles acquis par eux postérieurement à leur nomination. Ces privilèges sont réglementés par la loi du 5 septembre 1807 (art. 2098 C. civ.); ils frappent les biens des percepteurs, à la différence de l'hypothèque légale de l'article 2121 du Code civil (Trib. civ. Chambéry, 25 juill. 1889).

2° Le Trésor jouit vis-à-vis des condamnés, pour le remboursement des frais dont la condamnation est prononcée à son profit, en matière criminelle, correctionnelle, ou de simple police, d'un privilège qui frappe la généralité des meubles et des immeubles des condamnés. Il est réglementé par une loi du 5 septembre 1807. Ce privilège n'existe que pour les frais, non pour les amendes pour lesquelles il n'y a qu'une hypothèque judiciaire ;

3° Le Trésor jouit des privilèges suivants en matière d'impôts :

a) En matière de contribution foncière, un privilège spécial sur les récoltes, fruits, loyers et revenus des immeubles sujets à la contribution; pour les autres contributions directes, un privilège général sur tous les meubles des contribuables. Ces deux privilèges sont restreints à ce qui est dû pour l'année échue et pour l'année courante (L. 12 nov. 1808, art. 1er);

b) Au profit de la régie des douanes, pour le recouvrement des droits dus, un privilège sur la généralité des meubles et des effets mobiliers des redevables (L. 6 août 1791, tit. XIII, art. 22; 4 germ. an VI, 4; L. de finances, 28 avril 1816, art. 58);

c) Au profit de la régie de l'enregistrement, pour le paiement des droits de mutation par décès, sur les revenus des biens à déclarer (L. 22 frim. an VII, art. 32; L. 16 avril 1893, art. 7).

d) Au profit de la régie des contributions indirectes, pour le recouvrement des droits qui lui sont dus, un privilège sur tous les meubles et effets mobiliers des redevables. Il s'étend au mobilier des cautions (Décr. 1er germ. an XIII, art. 47) (Cf. sur les privilèges du Trésor Dumesnil et Pallain, *op. cit.*, p. 312 et s.).

(2) Ainsi l'impôt foncier sur la propriété bâtie ou non bâtie est un *impôt direct;* une opération administrative d'évaluation du revenu de la propriété est faite en vertu de la loi et aboutit à la confection d'un rôle nominatif des propriétaires fonciers avec détermination administrative de la cote de chacun d'eux. Au contraire, les droits d'enregistrement ou de mutation sont des *impôts indirects*, sans aucune opération administrative d'établissement, sans la confection d'aucun rôle nominatif; ils sont

Nous ne nous occuperons ici que des impôts directs, parce que seuls ils intéressent le droit administratif, tant à raison de l'opération administrative de leur établissement qu'à raison du caractère administratif de leur contentieux. Les impôts indirects, qui ne supposent aucune opération administrative d'établissement et dont le contentieux est, en principe, judiciaire, n'intéressent que la science financière. Dans les impôts directs eux-mêmes nous négligerons tout ce qui n'est pas strictement administratif.

I. *La rénovation des impôts directs.* — Depuis le début du xxe siècle, le système de nos impôts directs, qui avait été établi après la Révolution et qui avait régné pendant tout le xixe siècle, était en plein travail de rénovation; ce travail a été accéléré par la guerre de 1914 et la loi du 31 juillet 1919, remaniée par celle du 25 juin 1920, consacre véritablement un *jus novum* (1).

II. *La définition des impôts directs.* — On peut désormais donner de l'impôt direct la définition suivante : C'est *la contribution pécuniaire aux charges publiques à prélever sur les revenus des contribuables, d'après le principe d'égalité et en raison des facultés de chacun, déterminée en fait, selon des bases légales, par une opération administrative de taxation qui aboutit à la confection d'un rôle nominatif.*

Reprenons les éléments de cette définition :

1° *La contribution pécuniaire aux charges publiques.* — Les dépenses des services de l'État sont des charges publiques, c'est-à-dire communes à tous les citoyens. Ces charges sont réparties sous forme d'une contribution pécuniaire, d'autant que les dépenses publiques sont elles-mêmes pécuniaires. L'intermédiaire de l'argent présente cet avantage que les citoyens participent, non pas à une charge déterminée, mais à l'ensemble des charges représenté par une masse d'argent (2).

---

perçus à l'occasion de la passation d'un acte ou d'une mutation de propriété en vertu de tarifs déterminés par la loi.

(1) A certains égards, d'ailleurs, ce *jus novum* est un retour aux pratiques de l'ancien régime. En effet, c'est un renforcement de la taxation administrative, tandis que la tradition révolutionnaire suivie pendant tout le xixe siècle avait été de réagir contre la taxation administrative au moyen de la forte martingale législative des signes extérieurs du revenu; alors que l'administration était liée par la présomption légale des signes extérieurs, tels, par exemple, que la valeur locative du logement occupé par le contribuable, désormais elle aura la mission de déterminer, directement et par un ensemble de moyens d'information, le revenu réel. On espère arriver ainsi à plus de réalisme et cependant éviter l'arbitraire des taxations administratives de l'ancien régime, grâce au progrès général de la légalité dans l'administration. L'avenir dira s'il n'y a pas une part d'illusion dans cet optimisme administratif. L'expérience des évaluations foncières pour la propriété non bâtie, sur laquelle nous reviendrons plus loin, nous incite à faire de fortes réserves.

(2) Ainsi l'impôt n'est pas levé dans un but de domination, il est la contre-partie des charges publiques. Ce n'est pas une raison pour qu'il ne conserve pas un caractère de

2° *Le prélèvement sur les revenus des contribuables.* — Tous nos impôts directs sont encore des prélèvements sur les revenus annuels des contribuables, et, d'ailleurs, ils sont eux-mêmes recouvrés annuellement ; il en est qui frappent des revenus spéciaux, tel l'impôt foncier ou l'impôt sur les bénéfices commerciaux ; il en est qui frappent l'ensemble du revenu d'un contribuable, tel l'impôt général sur le revenu établi par la loi du 15 juillet 1914. Nous n'avons pas d'impôt direct sur le capital (mais l'impôt indirect des droits de mutation par décès frappe suffisamment les capitaux) ;

3° *L'égalité devant l'impôt.* — Toutes les déclarations des droits depuis 1791 jusqu'à 1848 ont proclamé ce principe. La constitution de 1848, article 15, dit de l'impôt : « chacun y contribue » ; la déclaration de 1791, article 13, dit de la contribution publique : « elle doit être également répartie entre tous les citoyens ». C'est qu'en effet il y a deux idées : celle de l'universalité de l'impôt et celle de l'égalité de comparaison :

a) L'impôt est *universel*, tous les citoyens doivent être peu ou prou touchés par lui parce que tous bénéficient des avantages publics dont il est la contre-partie (1).

b) Il doit y avoir dans l'impôt *égalité de comparaison*, c'est-à-dire

nécessité, et par conséquent de réquisition, car les charges publiques sont nécessaires ; mais il est *consenti par la nation* en ce qui concerne le choix des meilleurs moyens d'asseoir l'impôt et de le répartir ; à ce point de vue, même, il est une contribution en même temps qu'une réquisition. La signification du consentement de la nation à l'impôt a changé à mesure que la situation du Parlement a évolué. C'est le Parlement qui vote les impôts. Mais quand l'Assemblée nationale de 1789 votait les impôts, elle les consentait au nom de la nation au roi qui paraissait les imposer ou les exiger. Actuellement, le chef de l'État n'a point le droit d'exiger l'impôt. C'est le Parlement qui l'établit au nom du gouvernement. Cependant, la nation consent encore l'impôt en ce qu'elle acquiesce à ce que font pour elle ses représentants élus qui constituent le gouvernement.

(1) Tous les citoyens sont certainement touchés par les impôts indirects qui sont essentiellement des impôts de consommation. On peut se demander s'il est également indispensable, au point de vue constitutionnel, qu'ils soient tous touchés par l'impôt direct. On pourrait, dans le sens de l'affirmative, tirer argument des divers textes constitutionnels précités qui semblent bien viser les impôts directs et une corrélation pourrait être établie, tout au moins, entre le droit de suffrage et l'inscription au rôle d'une contribution directe quelconque ; mais toutes les lois fiscales nouvelles que nous allons rencontrer établissent un *minimum d'existence* en dessous duquel les revenus ne sont pas frappés ; par exemple, pour l'impôt des traitements et salaires, suivant la population de la commune, le minimum d'existence va de 4.000 francs à 6.000 francs ; beaucoup d'employés et de salariés échapperont ainsi à l'impôt direct, car la capitation de l'ancienne cote personnelle et mobilière est abolie. Il y aura toute une catégorie d'*accensi*. Il y a, semble-t-il, contradiction entre le *minimum d'existence* et le principe de l'*universalité de l'impôt*, et, si nos juridictions se reconnaissaient le droit d'apprécier la constitutionnalité des lois, elles auraient à juger la délicate question de savoir si les dispositions sur le *minimum* d'existence ne sont pas inconstitutionnelles en ce qu'elles exonèrent complètement certains citoyens ;

qu'à situation égale le taux de l'impôt doit être égal ; cette condition est difficile à réaliser en fait et l'on sait que, pour l'ancien impôt foncier, on n'avait jamais pu atteindre la *péréquation*. A tout le moins, ne doit-il pas y avoir dans la loi elle-même d'obstacle à cette péréquation (1).

4°. *La relation de l'impôt avec les facultés de chacun.* — *Proportionnalité et progressivité.* — *Charges de famille.* — Il n'est pas douteux que l'interprétation classique du principe révolutionnaire que l'impôt est dû par chacun « en raison de ses facultés. » a été le calcul proportionnel, c'est-à-dire l'application d'un tarif où le tant pour 100 est le même pour les différentes tranches du revenu, quelle que soit l'importance du revenu (2).

Avec le temps, on s'est demandé si cette interprétation proportionnaliste était juste et, ici, est intervenue la notion du *minimum d'existence*. Le prélèvement de l'impôt sur ce qui représente le *minimum* est infiniment plus lourd que sur l'excédent du revenu qui représente l'aisance de la vie, sinon le superflu. De là, une double tendance : celle des *dégrèvements* ou de la *dégressivité* ou des *abattements*, qui consiste à diminuer le taux de l'impôt ou même à exonérer complètement les petites cotes correspondant à un revenu inférieur au minimum d'existence ; celle de la *progressivité*, qui consiste à augmenter le tant pour 100 de l'impôt pour les tranches du revenu à mesure qu'elles s'élèvent au dessus du minimum d'existence, afin de frapper lourdement la richesse (nos droits de succession, l'impôt sur le revenu dans la loi du 29 juin 1918, l'impôt sur les bénéfices de guerre).

Enfin, un autre élément s'est introduit encore dans l'appréciation

---

(1) A ce point de vue, les lois nouvelles prêtent le flanc à de graves critiques parce qu'elles partent du point de vue de la taxation individuelle et, pour ainsi dire, *isolée* de chacun des contribuables, ce qui paraît écarter l'argument de comparaison. En tout cas, pour l'impôt général sur le revenu, il y a une sorte de secret des opérations ; les contribuables ne peuvent se faire délivrer d'extraits des rôles qu'en ce qui concerne leurs propres cotisations (art. 24 L. 15 juill. 1914) et cette disposition a été étendue aux nouveaux impôts par l'article 51 de la loi du 31 juillet 1917. Sous couleur de secret professionnel, ces dispositions de lois enlèvent au contribuable qui réclame son argument le plus décisif, qui est la comparaison, et elles violent le principe de l'égalité devant l'impôt. Nous l'avons déjà dit, elles sont au premier chef *inconstitutionnelles*.

(2) Par exemple, un revenu de 10.000 francs ne paie que 4 p. 100 aussi bien qu'un revenu de 1.000 francs ; ou, pour s'exprimer autrement, les derniers 1.000 francs ne paient que 4 p. 100 aussi bien que les premiers 1.000 francs. La relation a été déterminée par les premiers textes constitutionnels, par l'expression « en raison des facultés » (C. 1791 ; déclaration art. 13 ; C. 5 fruct. an III, art. 306) ; l'idée de la proportionnalité apparaît dans les textes ultérieurs (constitution sénatoriale du 6 avril 1814, art. 15 ; charte du 4 juin 1814, art. 2 ; déclaration des droits du 5 juill. 1815, art. 12 ; C. 29 juin 1815, art. 1er ; C. 14 août 1830, art. 2 ; C. 4 nov. 1848, art. 15).

des facultés du contribuables, c'est celui des *charges de famille* ou des personnes à la charge du chef de famille (1).

5° *La taxation administrative et l'assiette légale*. — Nous avons déjà fait remarquer que les impôts nouveaux abandonnent le système de l'assiette légale établie sur les *signes extérieurs* du revenu pour s'en remettre à l'évaluation, directe du revenu réel par l'administration, c'est la *taxation administrative* substituée à la présomption légale. Cette nouveauté est d'autant plus dangereuse qu'une fois l'évaluation faite par l'administration, elle ne peut être critiquée par l'intéressé que par un contentieux *a posteriori* dans lequel la preuve de l'erreur est rendue extrêmement difficile par l'interdiction qui est faite de procéder par comparaison avec les évaluations intéressant d'autres contribuables (2).

D'une part, la règle qui interdit de procéder par comparaison doit être supprimée. D'autre part, il faut en revenir dans bien des cas, et c'est ce qui se produit déjà, à raison de la difficulté extrême des évaluations, à la fixation d'un revenu forfaitaire. Enfin, solution plus radicale encore, l'évaluation du revenu doit être confiée à une juri-

---

(1) Cet élément a été pris en considération pour favoriser les familles nombreuses et pour remédier à la dépopulation; mais il n'est qu'un développement logique de la notion du minimum d'existence, car, bien évidemment, le minimum d'existence d'un ménage où il y a cinq ou six enfants doit être plus élevé que celui d'un ménage sans enfants ou d'un célibataire. Nous verrons cet élément des charges de famille s'introduire graduellement dans tous les impôts directs.

On ne peut qu'applaudir à ces enrichissements successifs du principe de la correspondance de l'impôt aux facultés du contribuable; le minimum d'existence, la progressivité, les abattements, pour le conjoint et pour les personnes à la charge, constituent des progrès indéniables, du moins en tant qu'ils n'exonèrent pas complètement le contribuable.

(2) Il y a ici, outre une violation du principe de l'égalité devant l'impôt que nous avons signalée *supra*, une suppression des garanties qui résultaient autrefois, tant du système des signes extérieurs du revenu que du procédé de la répartition annuelle qui associait les contribuables eux mêmes ou leurs représentants les plus immédiats au département de l'impôt. Cette situation ne peut évidemment pas durer, les contribuables ne peuvent pas être ainsi livrés sans défense à une administration des contributions directes qui devient toute-puissante.

La séparation des diverses administrations fiscales, qui était jusqu'ici une des garanties du contribuable, tend à faire place à une véritable hégémonie de l'administration des contributions directes; pour l'établissement des divers impôts portant sur les revenus, elle a le droit d'obtenir de tous les services publics communication des renseignements recueillis par ceux-ci en vertu des lois existantes (L. 31 juill. 1917, art. 55; L. 31 juill. 1920, art. 32); ce droit de regard s'exerce surtout sur l'administration de l'enregistrement qui suit le mouvement des capitaux (art. 20, L. 15 juill. 1914, loi sur les coffres-forts, etc.).

Cette administration n'est même pas organisée pour mener à bien sa tâche, elle a été obligée de confier l'évaluation des terres à un personnel de fortune de taxateurs ne présentant aucune garantie et pour l'établissement des nouveaux impôts son désarroi s'est affirmé dans le célèbre manifeste des contrôleurs.

diction administrative et non pas à un fonctionnaire qui s'en remet à un auxiliaire passager. Le contribuable doit être traité comme le soldat; celui-ci n'est déclaré bon pour le service que par un *conseil de revision* qui est une juridiction, le contribuable ne devrait être inscrit au rôle que par un *conseil des contributions*. Les garanties politiques supprimées doivent être remplacées par une garantie juridictionnelle préalable (1).

III. *Les dispositions communes à toutes les contributions directes :*
a) *Le principe de l'annalité.* — Toute contribution directe est une dette annuelle : elle est due, en principe, sur le revenu imposable perçu par le contribuable durant l'année qui précède la taxation (2).

b) *Établissement d'une matrice et d'un rôle nominatif.* — Tout impôt direct donne lieu à l'établissement : 1° d'une *matrice* ou registre permanent où sont inscrits nominativement les contribuables, avec indication de leur cote; en principe, les matrices sont

(1) D'ailleurs, déjà, les éléments d'un litige se dessinent dans les évaluations des propriétés non bâties, il intervient des commissions départementales avec appel à une commission centrale (art. 9 et 10, L. 29 mars 1914); au moment de l'établissement de l'impôt sur le revenu, le contribuable doit faire une déclaration, le contrôleur des contributions directes vérifie et discute cette déclaration; le contrôleur devient le personnage actif et important; le directeur départemental, qui pourtant est son chef hiérarchique, joue un rôle plus effacé. C'est autour du directeur départemental des contributions que pourrait être constitué le noyau de ce tribunal des contributions dont nous parlons. Il s'agirait d'organiser un contentieux préventif et préalable dans lequel plaideraient le contrôleur et le contribuable au lieu de suivre l'ornière du contentieux *a posteriori* qui, dans les matières d'évaluation, est plein d'inconvénients. Cette juridiction spéciale serait en dernier ressort, elle ne dépendrait du Conseil d'État que par la cassation, comme les conseils de revision. Elle pourrait, comme ces derniers, être une juridiction à *circuits*. Le rôle du Conseil d'État serait allégé de toutes les affaires de contributions qui l'encombrent. Ce serait un retour aux juridictions financières de l'ancien régime et au système de l'administration par le juge, mais sur ce point le retour serait justifié.

Non seulement les contribuables trouveraient, dans ce contentieux préalable, des garanties auxquelles ils ont droit aussi bien pour l'impôt de l'argent que pour l'impôt du sang, et pour les expropriations; mais deux dangers sur lesquels nous renseigne l'histoire du bas empire romain seraient évités. L'un de ces dangers serait dans le développement excessif de la puissance d'une administration fiscale; il ne faudrait pas que l'administration des contributions directes nous donnât une seconde édition du fisc impérial; l'autre, qui lui est corrélatif, serait dans le développement du patronage des hommes politiques, assez occupés désormais à faire exonérer leurs amis par des démarches secrètes auprès du contrôleur.

Une bonne juridiction financière chargée des évaluations est le seul remède qui puisse nous débarrasser à la fois du fisc et des *patrocinia*.

(2, L'impôt général sur le revenu est dû, au 1er janvier de chaque année, d'après le montant total du revenu net annuel (art. 6 et 10, L. 15 juill. 1914). Pour les divers impôts établis par la loi du 31 juillet 1917, on trouve des formules analogues dans les articles 2, 16, 30 de cette loi.

C'est, en principe, au 1er janvier de chaque année que la situation du contribuable se trouve fixée au regard du fisc (art. 6 L. 1914; art. 14, § 3, 19, 25, 32 L. 1917).

dressées par communes, elles sont tenues au courant des mutations annuelles survenues dans la matière imposable; 2° d'un *rôle* nominatif qui n'est autre chose qu'un extrait de la matrice. Cet extrait fait annuellement, après le vote de la loi de finances, rendu exécutoire par le préfet et publié dans chaque commune par le maire, sert de titre exécutoire aux mains du percepteur (1).

c) *Exigibilité, avertissement.* — 1° Les contributions directes sont exigibles par douzièmes échus (2); 2° elles ne le sont qu'après la publication du rôle et l'envoi des avertissements (3).

d) *Poursuites.* — Le contribuable qui, le 1er du mois, n'a pas payé le douzième échu exigible peut être poursuivi (V. cep. *Patentes*, art. 29; L. 15 juill. 1880). On distingue des poursuites administratives et des poursuites judiciaires; les unes et les autres sont faites par le ministère de *porteurs de contraintes* qui sont les huissiers spéciaux des contributions directes et dont le tarif est moins élevé que celui des huissiers officiers ministériels (4).

(1) La loi du 8 avril 1910, article 93, en vue d'accélérer la publication des rôles, a prescrit les dispositions suivantes : « Les directeurs des contributions directes, dès qu'ils auront arrêté le montant du rôle des contributions directes et taxes assimilées, en informeront les préfets. — Dans les trois jours de la réception de cet avis, les préfets rendent lesdits rôles exécutoires par un arrêté collectif. »

(2) Par exception, au cas de déménagement du contribuable hors du ressort de la perception, comme au cas de vente volontaire ou forcée, l'impôt est immédiatement exigible pour la totalité de l'année courante (L. 1914, art. 21, § 2, pour l'impôt général sur le revenu étendu aux autres contributions directes par L. 1917, art. 51).

(3) La date de la publication du rôle est importante, parce que c'est elle qui fait courir le délai de trois mois pendant lequel peuvent être formées les demandes en décharge ou réduction. L'avertissement est une notification individuelle envoyée à chaque contribuable pour le prévenir que la contribution est exigible. L'avertissement porte l'indication du total de la contribution et, séparément, l'indication de la part revenant à l'État, au département et à la commune (L. 5 août 1874, art. 6, et 13 juill. 1911, art. 5), et, en outre, des indications pratiques pour la facilité du paiement; 3° les contributions sont quérables dans la commune, mais doivent être portées au bureau que le percepteur y a établi. Ces règles traditionnelles sont applicables aux nouveaux impôts (L. 1914, art. 21, § 1; L. 1917, art. 51).

(4) A défaut de porteurs de contraintes, on peut employer ces derniers (Arr. 15 therm. an VIII, art. 50). Un décret du 24 avril 1902 permet aussi la notification par la poste de la sommation avec frais et du commandement. Les poursuites sont faites conformément à un règlement du 21 décembre 1839.

Les contestations sur la validité des actes de poursuites administratives sont de la compétence des tribunaux administratifs, tandis que celles sur la validité des actes de poursuites judiciaires sont de la compétence des tribunaux judiciaires (Laferrière, *op. cit.*, t. II, p. 284 et s.). Il n'y a pas, pour les nouveaux impôts, de modifications à ces règles traditionnelles sur les poursuites :

a) *Poursuites administratives.* — 1° *Sommation sans frais*, simple lettre missive, sans forme déterminée;

2° *Sommation avec frais* (*coût*, 0 fr. 20, nom nouveau donné à l'ancienne garnison collective. D'après la loi du 17 brumaire an V, il y avait deux garnisons; l'une collective purement fictive, l'autre individuelle où un garnisaire venait pendant plusieurs

e) *Contentieux. Demandes en décharge ou réduction* (1). — Ces demandes sont des recours contentieux en dégrèvement. Dans le cas de demande en *décharge*, le contribuable prétend qu'il ne devait pas être imposé du tout; dans le cas de demande en *réduction*, il prétend qu'il a été surtaxé. Ces demandes diffèrent profondément des

jours vivre aux dépens des contribuables. La garnison individuelle a été supprimée par la loi du 9 février 1877, et la garnison collective a reçu le nom de sommation avec frais. Cette sommation est faite en vertu d'une contrainte délivrée par le receveur particulier pour toutes les communes où il y a des retardataires, visée et enregistrée à la sous-préfecture. Cette contrainte, n'étant pas adressée aux particuliers, ne rentre pas dans les termes de l'avis du Conseil d'État des 16-26 thermidor an XII et n'emporte pas hypothèque judiciaire;

b) *Poursuites judiciaires.* — Si les poursuites administratives sont infructueuses, le percepteur passe aux poursuites de droit commun qui se composent de trois actes, le commandement, la saisie et la vente; ces poursuites judiciaires sont encore faites par les porteurs de contraintes, sauf l'envoi du commandement qui est fait par la poste.

1° Le *commandement* (coût, 1 fr. 25) ne peut être fait que trois jours après la sommation avec frais; il n'a lieu qu'en vertu d'une contrainte (la seconde) décernée par le receveur particulier (Décr. 21 juill. 1912), et qui n'emporte pas hypothèque judiciaire. Cette contrainte ordonne de procéder à la vente des biens si le contribuable ne se libère pas dans les trois jours à partir de la notification du commandement. Les formes du commandement sont celles que prescrit le Code de procédure civile. En vertu de l'article 49 de la loi du 25 février 1901, il pourra être notifié par la poste dans des formes et conditions à déterminer par un règlement d'administration publique;

2° Trois jours après le commandement demeuré sans effet et en vertu de la même contrainte, le percepteur peut faire procéder à la *saisie* des meubles des contribuables et à celle des fruits pendants par branche et par racine. La saisie est faite dans la forme ordinaire. La liste des objets insaisissables résulte des articles 592 du Code de procédure et 52, arrêté du 16 thermidor an VIII, combinés (art. 77, Règl. 21 déc. 1839);

3° La vente des meubles et des récoltes ne peut être faite que huit jours après le procès-verbal de saisie, en vertu de l'autorisation du sous-préfet (celui-ci peut abréger le délai). C'est sur le prix de ces ventes que s'appliquent les privilèges du Trésor; sur les récoltes, pour la contribution foncière; sur les meubles, pour les autres contributions directes. Le percepteur peut encore faire des saisies-arrêts sans autorisation (*mesure conservatoire*). Enfin, à défaut d'autres moyens, le percepteur procède à la saisie immobilière ou expropriation forcée des immeubles avec l'autorisation du ministre des Finances (L. 12 nov. 1808, art. 3).

Si le percepteur néglige de faire les poursuites pendant trois années consécutives à partir du moment où les rôles lui sont remis, il y a prescription. Si des poursuites ont été commencées, le délai commencerait après le dernier acte de poursuite qui a précédé l'interruption. Cette prescription n'est pas fondée sur une présomption de paiement, mais sur un motif d'ordre public, aussi les percepteurs ne pourraient-ils pas invoquer l'article 2275 du Code civil.

(1) V. Laferrière, *op. cit.*, t. II, p. 265 et s.; *L'instruction générale sur les réclamations* du 10 janvier 1916. Il y a d'autres recours contentieux en matière de contributions directes, notamment les demandes en mutation de cotes qui ont pour but de transférer une imposition d'un contribuable à l'autre, les demandes d'inscription au rôle par lesquelles un contribuable demande à être inscrit, surtout dans un but électoral.

demandes en *remise ou modération* qui sont la sollicitation d'une remise totale ou partielle, pour l'année courante, d'un impôt parfaitement dû. Les demandes en décharge ou réduction sont donc l'exercice d'un droit, tandis que les demandes en remise ou modération sont la sollicitation d'une faveur (1).

(1) *Demandes en décharge ou réduction.* — Tout contribuable qui se croit imposé à tort ou surtaxé peut former une demande en décharge ou réduction, adressée au préfet ou au sous-préfet, mais qui, en réalité, est portée *devant le conseil de préfecture*, dans les trois mois à partir de la publication du rôle dans la commune (L. 4 août 1844) (il n'y a pas à tenir compte de la date de l'envoi de l'avertissement, Cons. d'Ét., 11 fév. 1903, *Debonnaire*), l'appel est porté au Conseil d'État (LL. 28 pluv. an VIII, art. 6; 5 août 1844, art. 8; 29 déc. 1844, art. 4). A l'occasion de la demande en décharge ou réduction, la légalité de tout acte d'où résulte l'établissement de l'impôt, et, si l'impôt est spécial, la légalité de tout acte décidant la dépense qui a nécessité l'impôt, peut être contestée quelle que soit la date de l'acte (Cons. d'Ét., 9 mars 1906, *Domec*, concl. Romieu, Lebon, p. 211).

Les règles de procédure de ces réclamations se trouvent dans l'article 28 de la loi du 21 avril 1832, modifié par la loi du 13 juillet 1903, article 17 (V. Instruction générale du 10 janv. 1916).

La demande portée devant le conseil de préfecture doit être écrite sur timbre, sauf si la cote pour laquelle on réclame est inférieure à 30 francs, mais si la demande du contribuable est admise, il doit y avoir remboursement du timbre (L. 29 mars 1897, art. 42). La requête doit contenir, à peine de non-recevabilité, mention de la contribution à laquelle elle s'applique et le numéro de l'article du rôle (ou bien production de l'avertissement), elle doit aussi contenir l'exposé sommaire des moyens; il sera formé une demande distincte pour chaque commune. Les intéressés sont invités à régulariser les demandes qui renferment un vice de forme. Lorsqu'une réclamation n'aura pas été jugée dans les six mois qui suivront la prestation, le contribuable aura la faculté, dans la limite du dégrèvement sollicité par lui et à la condition de l'avoir indiqué dans sa demande, de différer le paiement des termes qui viendraient à échoir sur la contribution contestée. Les réclamations sont jugées et les décisions prononcées en audience *non publique* (art. 22 L. 15 juill. 1914 étendu aux nouveaux impôts par l'art. 51 L 31 juill. 1917). Les frais ne sont à la charge du réclamant que lorsque sa demande est rejetée pour le tout.

Il est à remarquer que pendant longtemps, à côté de cette procédure contentieuse, il n'avait pas été organisé de réclamation administrative; il en a été organisé par la loi du 18 juillet 1911, article 5.

Tout contribuable qui se croira imposé à tort ou surtaxé dans les rôles des contributions directes, ou des taxes y assimilées, dont l'assiette est confiée aux contrôleurs des contributions directes, pourra en faire la déclaration à la mairie du lieu de l'imposition dans le mois qui suivra la publication des rôles.

Cette déclaration sera reçue sans frais ni formalités sur un registre tenu à la mairie : elle sera signée par le réclamant ou son mandataire.

Celles de ces déclarations que, après examen sommaire, le contrôleur, d'accord avec le maire ou les répartiteurs, aura reconnues fondées seront inscrites sur un état spécial. Le directeur prononcera les dégrèvements qu'il estimera justifiés.

Les contribuables dont les déclarations n'auraient pas été portées par le contrôleur ou maintenues par le directeur sur l'état dont il s'agit en seront avisés et ils auront la faculté de présenter des demandes en dégrèvement dans les formes ordinaires, dans le délai d'un mois à dater de la notification, sans préjudice des délais fixés par l'article 17 de la loi du 13 juillet 1903.

Demandes en remise ou modération. — Nous savons que c'est la demande d'une

N° 2. — Les impôts directs d'État.

Il y a, en vertu des lois nouvelles, des impôts sur diverses catégories de revenus (propriété bâtie; propriété non bâtie; bénéfices industriels et commerciaux; bénéfices des exploitations agricoles; traitements et salaires; bénéfices des professions non commerciales) et un impôt général sur le revenu global du contribuable (1).

remise totale ou partielle de l'impôt sollicitée à titre de faveur pour l'année courante, c'est en réalité une remise de dette, une libéralité autorisée exceptionnellement pour que l'impôt ne soit pas trop impopulaire. Cette demande est destinée au préfet, non point au conseil de préfecture, et l'arrêté par lequel le préfet statue n'est qu'un acte d'administration, alors même qu'il serait pris en conseil de préfecture. C'est même un acte dont les motifs ne sauraient être discutés au contentieux, c'est au ministre des Finances qu'un recours hiérarchique doit être porté s'il y a lieu (Cons. d'Ét., 9 janv. 1907, *Menozzi*).

Bien que ce soit une matière de pure faveur, la loi indique elle-même certaines causes de remise et certaines règles. Ainsi, pour l'impôt foncier, le contribuable qui a éprouvé une perte totale ou partielle de matière imposable, par suite de vacance de maison, grêle, incendie et autres sinistres, peut adresser au préfet du département une demande en remise ou modération. La demande doit être faite dans les quinze jours qui suivent l'événement extraordinaire qui a causé la perte de récolte ou de revenu (Arr. du 24 flor. an VIII); elle peut être individuelle ou collective; dans ce cas, elle est rédigée par le maire au nom des contribuables de la commune.

La loi du 29 juin 1917, article 5, prévoit un recours de même nature en faveur des propriétaires d'immeubles loués privés de tout ou partie du revenu de ces immeubles, soit par suite des décrets moratoires, soit par suite de réductions amiables de loyer.

(1) L'impôt foncier sur la propriété bâtie et sur la propriété non bâtie existait déjà et a été maintenu avec des modifications. Les autres impôts sur *diverses catégories de revenus* ont été substitués à trois des quatre vieilles contributions directes : la contribution personnelle-mobilière, les portes et fenêtres et la patente qui se trouvent supprimées à partir du 1er janvier 1918, au moins comme impôts d'État (L. 31 juill. 1917). Mais des centimes départementaux et communaux, additionnels à un principal fictif, continuent à être perçus à titre local (V. *infra*).

La contribution personnelle-mobilière (LL. 17 fév. 1791, 3 niv. an VII, 21 avril 1832) constituait un impôt direct de répartition qui était officiellement destiné à frapper l'ensemble du revenu des contribuables à l'aide de deux droits juxtaposés : 1° la taxe personnelle, capitation dont le montant variait, suivant les communes, entre 1,50 et 4,50 et qui frappait toute existence économiquement indépendante; 2° la contribution mobilière proprement dite qui, dans l'organisation élaborée par la Constituante, devait atteindre uniquement la partie mobilière du revenu et qui s'était peu à peu transformée en une sorte d'impôt très approximatif sur le revenu total, revenu que le fisc ne cherchait pas à évaluer exactement, mais qui était réputé frappé avec une précision suffisante au moyen d'une taxe sur la valeur de l'habitation (valeur locative) considérée comme signe extérieur du revenu. Les insuffisances de ce procédé de taxation avaient amené le législateur à apporter une série de modifications profondes à la règle de la proportionnalité de l'impôt qui avait été posée en principe par la loi de 1832. Ces essais de perfectionnement n'ont pas sauvé la mobilière qui a disparu comme impôt d'État.

La contribution des portes et fenêtres, qui était condamnée depuis longtemps, était moins défendable encore. Elle constituait (LL. 4 frim. an VII et 21 avril 1832) un impôt de répartition destiné, comme la mobilière, à frapper l'ensemble du revenu

I. *Impôt foncier sur la propriété bâtie* (L. 3 frim. an VII ; L. 17 août 1835, art. 2 ; L. 8 août 1885 ; L. 8 août 1890). — L'impôt foncier sur la propriété bâtie est un impôt direct de quotité, assis sur la *valeur locative* déterminée par une évaluation administrative directe qui n'est plus fondée sur le cadastre (L. 8 août 1890, art. 4 et 5) (1).

grâce à une certaine manière d'être des logements habitables. La loi de 1832 avait, pour les diverses ouvertures taxées, établi un certain tarif dont les chiffres devaient être augmentés ou diminués de façon à coïncider avec le montant des contingents résultant du mécanisme de la répartition.

Quant à la contribution des patentes (LL. 2-17 mars 1791, 1er brum. an VII, 25 avril 1844, 15 juill. 1880, 19 avril 1905), elle se présentait comme un impôt de quotité frappant les revenus professionnels par la combinaison de deux droits : 1° un droit dit fixe réglé conformément aux tableaux A B C D annexés à la loi du 15 juillet 1880 et calculé d'après une série de signes extérieurs ; 2° le droit proportionnel établi sur la valeur locative, tant de la maison d'habitation que des locaux servant à l'exercice de la profession.

Un assez grand nombre de professions étaient expressément exemptes de la patente.

(1) *Évaluation de la valeur locative.* — La valeur locative imposable est la valeur locative réelle, déduction faite d'un quart pour les maisons et d'un tiers pour les usines, en considération du dépérissement, des frais d'entretien et de réparation (art. 5).

L'évaluation de cette valeur locative est faite par l'administration (*eod.*). Un recours est possible : 1° pendant six mois à dater de la publication du premier rôle dans lequel un immeuble est imposé ; 2° pendant trois mois à partir de la publication du rôle suivant. Il est procédé, en principe, par évaluations générales pour toute la France. Ce travail d'ensemble a été accompli pour la première fois en 1890, en vertu de la loi du 8 août 1885.

L'évaluation générale sera révisée tous les dix ans ; la loi du 29 mars 1914, article 22, a pris des mesures pour faire coïncider dans chaque commune la révision des propriétés bâties avec celle des propriétés non bâties qui aura lieu tous les vingt ans (dans chaque département, les communes seront réunies en dix groupes et chaque année la révision aura lieu dans l'un de ces groupes). Jusqu'à ce que ce tour de rôle ait fonctionné, il y aura, au point de vue de la fixité des évaluations, une situation transitoire (art. 30 L. 29 mars 1914). Une fois le tour de rôle établi, pendant la période décennale, l'évaluation ne sera pas modifiée. Toutefois si, par suite de circonstances exceptionnelles, il se produit une dépréciation générale des propriétés bâties, soit de l'intégralité, soit d'une fraction notable d'une commune, le conseil municipal aura le droit de demander qu'il soit procédé, aux frais de la commune, à une nouvelle évaluation (art. 8).

La fixité, pendant dix ans, de l'évaluation n'empêchera point les constructions nouvelles d'être taxées. Les constructions nouvelles, les reconstructions et les additions de constructions seront imposées par comparaison avec les autres propriétés bâties de la commune où elles seront situées ; sont considérées comme constructions nouvelles la conversion d'un bâtiment rural en maison ou en usine, et l'affectation d'un terrain à des usages commerciaux ou industriels (art. 9). Il y a exemption pendant deux ans (V. *infra*).

La fixité de l'évaluation n'empêche pas non plus que les propriétaires ne soient admis annuellement à se pourvoir en décharge ou réduction : 1° en cas de destruction totale ou partielle de leurs bâtiments ; 2° en cas de conversion en bâtiment rural ; 3° en cas de dépréciation par suite de circonstances exceptionnelles (LL. 15 sept. 1807,

Fixation du taux de l'impôt. — Le taux de l'impôt ou le taut pour cent à payer sur la valeur locative sera fixé annuellement par la loi de finances. Il avait été fixé d'abord à 3,20 p. 100, puis à 5 p. 100 à partir du 1er janvier 1918 (L. 31 juill. 1917, art. 4), il l'a été à 10 p. 100 par la loi du 25 juin 1920 (art. 1er, modifiant l'art. 47, L. 31 juill. 1919). Toutefois, V. l'observation qui sera présentée à propos de l'impôt foncier sur la propriété non bâtie (1).

II. *Impôt foncier sur la propriété non bâtie* (L. 29 mars 1914). — Cette loi, réalisant pour l'imposition des terres la réforme accomplie par la loi du 8 août 1890 en ce qui concerne l'imposition des bâtiments, a fait de l'impôt foncier dans sa totalité un impôt de quotité à dater du 1er janvier 1915 (2). Il est assis sur le revenu net corres-

---

art. 38; 8 août 1890, art. 7). Ces mêmes propriétaires peuvent demander une remise ou modération dans le cas d'inhabitation totale ou partielle de leurs immeubles pendant toute une année, à la condition qu'ils soient destinés à la location (LL. 15 sept. 1807, art. 38; 8 août 1885, art. 35).

(1) *Assujettissement à la taxe.* — Sont frappés tous les édifices productifs de revenu, même les bâtiments dépendant du domaine public, s'ils remplissent cette condition. Doivent être frappés, par conséquent, les théâtres, marchés couverts, abattoirs. La loi du 18 juillet 1834, article 2, a ajouté aux édifices les bains et moulins sur bateaux, les bacs, bateaux de blanchisserie et autres semblables, bien qu'ils ne soient retenus que par des amarres. La loi du 29 décembre 1884, article 1er, a ajouté les chantiers affectés à des usages commerciaux ou industriels.

Exemptions. — Il y en a de permanentes; c'est ainsi que la loi du 3 frimaire an VII, article 85, a exempté tous les bâtiments d'exploitation agricole servant à loger les récoltes ou les bestiaux, et la loi du 8 août 1890, article 5, ajoute le bâtiment qui sert à loger le gardien des bestiaux. Il y en a de temporaires : les constructions nouvelles, reconstructions, etc., ne sont imposées que la troisième année après leur achèvement, à la condition que le propriétaire ait fait une déclaration à la mairie dans les quatre mois de l'ouverture des travaux (L. 8 août 1890, art. 9). A défaut de déclaration, la taxation se fait immédiatement, conformément à l'article 10, et même, s'il y a lieu, avec une certaine rétroactivité.

Il y en a d'accidentelles, par exemple, lorsque l'immeuble est hypothéqué ou affecté de privilège ou d'antichrèse à la garantie d'une créance. V. art. 42, L. 31 juill. 1917.

(2) Jusqu'à la loi du 29 mars 1914, l'impôt foncier était resté un impôt de répartition assis sur le revenu net imposable du sol. Un contingent total était fixé pour toute la France (200 millions en 1790, ramené par une série de dégrèvements à 88 millions en 1914). Ce contingent total était réparti en contingents départementaux, arrondissementaux et communaux, d'après des évaluations très approximatives du revenu imposable dans ces diverses circonscriptions; finalement, *dans chaque commune*, le contingent communal était réparti entre les divers propriétaires fonciers d'après les évaluations plus précises du cadastre, proportionnellement au revenu cadastral de chacun. *Le cadastre est le tableau dressé, commune par commune, de toutes les parcelles de propriétés immobilières, avec évaluation du revenu net imposable de chacune d'elles.*

Le cadastre se compose de trois éléments : 1° un plan géographique contenant la carte de la commune découpée en sections et relevant toutes les parcelles, lesquelles sont numérotées dans chaque section; 2° un registre appelé *état des sections*, contenant, par ordre de sections et de numéros, la liste de toutes les parcelles, avec indica-

pondant à la valeur locative et évalué directement par l'administration.

Matière imposable. — Toutes les portions du sol qui sont objets de propriété sont frappées lorsqu'elles sont productives de revenu. Le sol sur lequel est édifié un bâtiment est cotisé comme sol, indépendamment de la taxe que paie la propriété bâtie. Le sol des dépendances du domaine public des personnes administratives est soumis à l'impôt, aussi bien que celui des dépendances de leur domaine privé, à la condition d'être productif de revenu (1).

Évaluation du revenu net de la matière imposable. — La réforme de 1914, amorcée par la loi du 21 juillet 1894 (art. 4), a abouti à remplacer le chiffre fictif du revenu cadastral par une estimation du revenu net réel plus directe et soumise à des révisions périodiques (2).

---

tion du nom des propriétaires et du revenu imposable, détaillé, s'il le faut, pour les différentes parties d'une même parcelle ; 3° deux registres appelés *matrices cadastrales*, l'un pour la propriété bâtie, l'autre pour la propriété non bâtie, où sont ouverts des chapitres au nom des propriétaires contenant la liste des parcelles que ceux-ci possèdent avec indication de la section, des numéros et du revenu (V. L. 29 juill. 1881, art. 2).

Dans toute commune cadastrée depuis trente ans au moins, il pourra être procédé à la revision et au renouvellement du cadastre, sur la demande du conseil municipal de la commune et sur l'avis conforme du conseil général du département, à la charge par la commune de pourvoir aux frais des nouvelles opérations (L. 7 août 1850, art. 7). Le 17 mars 1898 a été votée une loi tendant à rendre plus rapide et plus économique la revision du cadastre, elle met la majeure partie des frais à la charge de l'État et du département.

Par le fait de la loi du 29 mars 1914, l'utilisation du cadastre pour l'assiette de l'impôt foncier a disparu ; les inégalités qu'il consacrait dans l'évaluation étaient devenues trop apparentes et on réclamait depuis longtemps bruyamment la *péréquation*. Le procédé d'évaluation directe, qui a été substitué par la législation nouvelle, ne consacrera pas moins d'inégalités, mais, pour un temps, elles seront moins apparentes.

(1) Ainsi les chemins de fer et les canaux sont imposés. Il y a intérêt à ce que les biens de l'État et des communes soient imposés afin que, dans les communes où ils se trouvent, la répartition soit équitable. Il y a des exemptions dans le détail desquelles nous n'entrerons pas.

(2) *Procédure de l'évaluation.* — Dans chaque commune, le contrôleur des contributions directes, assisté du maire et de cinq classificateurs, arrête le nombre des classes (5 au maximum) que comportent les diverses natures de culture : 1° Terres ; 2° prés naturels, herbages, pâturages ; 3° vergers, cultures foncières ; 4° vignes ; 5° bois ; 6° landes, pâtis, bruyères, terres vaines ; 7° carrières, ardoisières, sablières, tourbières ; 8° lacs, étangs, canaux non navigables, marais salants ; 9° jardins potagers, pépinières ; 10° chantiers, dépôts, terrains à bâtir, rues privées ; 11° terrains d'agrément ; 12° chemins de fer et canaux navigables : c'est la *classification*. Dans chaque classe, on choisit deux propriétés destinées à servir de termes de comparaison. Le contrôleur établit alors la valeur locative moyenne à l'hectare pour les diverses natures de culture, en s'appuyant sur les baux, la comparaison avec des terrains analogues et, à défaut, l'évaluation directe : c'est le *tarif des évaluations*. Par le *classement*, les diverses parcelles sont réparties entre les diverses classes qui ont été antérieurement

Les évaluations sont, dans chaque commune, revisées tous les vingt ans. Les communes de chaque département sont, à cet effet, groupées en vingt séries et, chaque année, il est procédé à la revision des évaluations dans les communes de l'une de ces séries.

Les évaluations sont revisées par le contrôleur, assisté du maire et des classificateurs, dans des conditions semblables à celles que nous avons indiquées en ce qui concerne l'évaluation primitive (1).

Le point de départ des revisions périodiques était fixé à l'année 1920, mais il a été retardé par une loi du 31 juillet 1918.

Réclamations. — Tout propriétaire, qu'il ait ou non présenté des observations conformément aux indications ci-dessus, est admis à contester la nature de culture et le classement de ses terres dans le délai de six mois à partir de la publication du premier rôle établi d'après les résultats de la nouvelle évaluation, ou de trois mois à partir de la publication du rôle suivant (art. 15) (2).

constituées. Pour connaître le revenu d'une parcelle, il suffit de multiplier le chiffre porté au tarif par la contenance de la parcelle. Pour le calcul de l'impôt, la valeur de ce revenu est diminuée d'un cinquième. Lors de la discussion des lois de 1907 et 1910, on avait espéré pouvoir réaliser la réforme de l'impôt foncier en abandonnant le principal fondamental de la *parcelle* et en opérant l'évaluation directe par *exploitation* : les explications que nous venons de fournir montrent que, pour arriver à un résultat suffisamment précis, il a fallu continuer à s'appuyer sur l'évaluation parcellaire. Cette évaluation a abouti, bien entendu, à des résultats très différents de ceux qui étaient portés au cadastre. La commission d'évaluation se sert seulement du cadastre, en quelque sorte comme d'un point de départ : ses indications, tant au point de vue des contenances des diverses parcelles que de leur revenu et de leur attribution aux divers propriétaires, sont modifiées par elle suivant les circonstances. On procède ensuite à la totalisation des revenus relatifs aux diverses parcelles composant une même exploitation. Quant au peu de garanties réelles que présente ce mode d'évaluation, V. *supra*, p. 812.

(1) Des voies de recours contre le tarif des évaluations sont ménagées par les articles 10 et 11 de la loi du 29 mars 1914, au directeur des contributions directes, au maire, aux intéressés, devant une commission centrale siégeant au ministère des Finances.

Les résultats des évaluations sont communiqués aux propriétaires ; dans le délai d'un mois après réception de la lettre d'avis qui leur est adressée, ceux-ci peuvent réclamer copie intégrale du détail des opérations concernant leurs propriétés. Ils ont un délai de deux mois à dater de la réception de cette copie ou de trois mois à dater de la réception du premier avis pour présenter par écrit leurs observations (art. 12 de la même loi).

(2) Les propriétaires sont également recevables à demander un changement de classement de leurs propriétés, quand celles-ci ont subi une dépréciation notable et durable, par suite d'événements imprévus, affectant le fonds même du terrain et indépendants de leur volonté. Ces réclamations doivent être formulées dans les six mois de la publication du rôle de l'année suivant celle au cours de laquelle se sont produits ces événements (art. 19).

Dans le cas où, par suite de circonstances résultant de l'état de guerre, un propriétaire s'est trouvé dans l'impossibilité effective d'exploiter ou de faire exploiter des terres, il peut formuler une demande en remise ou modération de l'impôt afférent aux

Taux. — Le taux de l'impôt foncier sur la propriété non bâtie, qui était de 5 p. 100 depuis le 1ᵉʳ janvier 1918 (art. 57 L. 31 juill. 1917), a été porté à 10 p. 100 par l'article 1ᵉʳ de la loi du 25 juin 1920.

Observation commune aux deux impôts fonciers : En aucun cas, l'ensemble des contributions grevant la propriété foncière, y compris les centimes départementaux et communaux, assis tant sur l'impôt foncier que sur l'impôt des portes et fenêtres, ne pourra dépasser 30 p. 100 du revenu net servant de base à la contribution foncière.

Si le dépassement est constaté, la réduction d'impôt sera imputée sur les centimes départementaux et communaux proportionnellement au nombre de ces centimes. En aucun cas, la part de l'État ne pourra être diminuée (art. 47 L. 1917, remanié par art. 1ᵉʳ L. 1920).

III. *Impôt sur les bénéfices industriels et commerciaux* (en remplacement de la patente) (L. 31 juill. 1917, art. 2-15). — Cet impôt est dû par tout individu ou toute société (1) exerçant en France une profession industrielle ou commerciale. Il ne frappe que les bénéfices réalisés par les entreprises situées en France, à l'exclusion de ceux qui proviennent d'établissements exploités à l'étranger.

L'impôt fait, pour chaque contribuable, l'objet d'une cote unique établie au siège de la direction de l'entreprise. Si la direction a son siège à l'étranger, la cote est établie au lieu du principal établissement en France.

C'est le « bénéfice net industriel et commercial » effectivement réalisé pendant l'année qui précède l'imposition qui constitue en principe la matière imposable. Ce bénéfice net (obtenu après toutes les déductions de l'art. 3 de la loi de 1917) est déterminé par deux procédés : *a)* la déclaration contrôlée du bénéfice faite par le contribuable lui-même ; *b)* la déclaration contrôlée du chiffre d'affaires d'après lequel l'administration calcule elle-même le bénéfice à l'aide de certains coefficients (2).

---

terrains improductifs (réponse écrite à M. Dupuy, sénateur, *Journal officiel*, 22 oct. 1915).

Le propriétaire d'un immeuble affecté par hypothèque, privilège ou antichrèse à la garantie d'une créance, peut obtenir décharge ou réduction de l'impôt foncier afférent à cet immeuble, dans les conditions que nous avons envisagées en ce qui concerne la propriété bâtie (L. 31 juill. 1917, art. 42).

L'article 48 de cette même loi édicte une mesure particulièrement favorable à l'égard des petits propriétaires exploitants pour leur propre compte. Lorsque le revenu imposable des propriétés non bâties leur appartenant n'excède pas 400 francs et que leur revenu total n'est pas supérieur à 1.250 francs, les propriétaires exploitants ont *droit*, sur leur demande, à la remise du principal de la contribution foncière, jusqu'à concurrence de l'impôt afférent à un revenu imposable de 200 francs.

(1) Les coopératives de consommation bénéficient, sous certaines conditions, d'un régime de faveur déterminé par l'article 15 de la loi.

(2) Le premier procédé fonctionne obligatoirement pour les sociétés tenues de

Le taux de l'impôt est porté de 4,50 à 8 p. 100 (L. 25 juin 1920, art. 1er) : la portion du bénéfice n'excédant pas 1.500 francs compte pour un quart; celle qui est comprise entre 1.500 et 5.000 francs pour moitié (1).

communiquer leurs bilans à l'enregistrement (sociétés anonymes et commandites par actions) et pour les contribuables passibles de la contribution extraordinaire sur les bénéfices de guerre (supprimée pour l'avenir par l'art. 12, L. 25 juin 1920); ceux-ci sont, en effet, tenus, pour déterminer l'assiette de cet impôt, de déclarer les bénéfices réalisés par eux.

Tous les autres commerçants ou industriels ont l'option de faire la déclaration de leurs bénéfices réels ou de se laisser taxer d'après leur chiffre d'affaires.

S'ils désirent employer le premier procédé, ils devront adresser au contrôleur, dans les trois premiers mois de l'année, un résumé de leur compte de profits et pertes de l'année précédente. Sur enquête, le contrôleur arrête les bases de l'imposition, sauf, bien entendu, recours contentieux des contribuables aux termes du droit commun.

Sont imposés par le second procédé, c'est-à-dire d'après leur chiffre d'affaires, tous individus ou sociétés n'ayant pas usé de la faculté de produire le résumé ci-dessus.

Ces contribuables n'ont à prendre aucune initiative; ils doivent seulement, lorsque le contrôleur les en aura requis, lui faire connaître par écrit, dans les vingt jours, le montant de leur chiffre d'affaires de l'année précédente. En outre, ils fourniront ultérieurement toutes explications utiles, lorsqu'elles leur seront demandées, en vue de justifier l'exactitude de leur déclaration. Toutefois, si le chiffre d'affaires excède 50.000 francs, l'assujetti doit en faire la déclaration dans les trois mois de l'année, sous peine d'une majoration d'impôt de 10 p. 100 (art. 3 L. 25 juin 1920).

Pour la taxation, un coefficient approprié, variable suivant les professions, est appliqué à ce chiffre d'affaires.

La difficulté consiste à déterminer les divers coefficients. Une commission de quinze membres siégeant au ministère des Finances et composée de neuf hauts fonctionnaires, de trois membres nommés sur présentation des chambres de commerce et de trois membres nommés sur présentation des organisations syndicales, doit déterminer ces coefficients, dont la revision devra avoir lieu tous les trois ans (art. 6 et 8 L. 31 juill. 1917; Décr. 3 août 1917).

Le contrôleur applique aux divers chiffres d'affaires les coefficients appropriés : c'est l'*évaluation provisoire* des revenus imposables. Toutefois, lorsque le contrôleur est à même d'établir l'insuffisance du résultat ainsi obtenu, il peut faire emploi d'un coefficient plus élevé, à charge par lui d'apporter en cas de contestation les justifications nécessaires.

Le contrôleur communique les résultats de l'évaluation provisoire aux intéressés qui ont un délai de vingt jours pour produire leurs observations. Dans le cas où le contribuable se trouve surtaxé, il a la faculté d'indiquer un coefficient inférieur à celui qui a été employé, à charge par lui de fournir toutes justifications.

A la suite des observations présentées ou à l'expiration du délai de vingt jours susindiqué, le contrôleur arrête définitivement les bases de l'imposition, sauf recours contentieux ultérieur des intéressés aux conditions du droit commun.

En cas d'inexactitude dans les renseignements communiqués, l'impôt est doublé sur la portion de bénéfice dissimulée, à condition que l'insuffisance constatée soit supérieure au dixième ou qu'elle excède 20.000 francs.

Si l'insuffisance n'est reconnue qu'après l'établissement du rôle, le supplément d'impôt peut être réclamé soit dans l'année même de l'imposition, soit pendant les cinq années suivantes.

(1) Certaines dérogations aux règles générales de la taxation sont prévues en faveur

IV. *Impôt sur les bénéfices de l'exploitation agricole* (art. 16-22 L. 31 juill. 1917). — Le bénéfice provenant de l'exploitation agricole par suite d'une évaluation forfaitaire est considéré, pour l'assiette de l'impôt, comme égal à la valeur locative des terres exploitées, telle qu'elle résulte de l'*évaluation cadastrale*, multipliée par un coefficient approprié (L. de 1920, art. 2) (1).

L'impôt est dû par l'exploitant (propriétaire, fermier ou métayer) dont le bénéfice agricole, calculé comme il est indiqué ci-dessous, dépasse 1.500 francs; la fraction comprise entre 1.500 et 4.000 francs

des artisans travaillant seuls ou en chambre avec un seul apprenti, des veuves de ces mêmes artisans continuant avec un seul ouvrier le métier précédemment exercé par leur mari, des marchands vendant en ambulance des objets de faible valeur. Ces contribuables, actuellement exemptés de la patente, ne sont assujettis au nouvel impôt que si leurs bénéfices dépassent 1.500 francs; dans le cas où leurs bénéfices excèdent cette somme, la fraction n'excédant pas 1.500 francs est affranchie de l'impôt, au lieu d'être taxée pour un quart. *Taxe spéciale sur le chiffre d'affaires réalisé par les grands magasins ou les maisons à succursales multiples* (art. 14 L. 31 juil. 1917). — En sus de l'impôt sur les bénéfices industriels et commerciaux que nous venons de décrire, la loi de 1917, s'inspirant de l'ancienne législation des patentes qui tendait à surtaxer les grands magasins, a organisé une taxe progressive destinée à frapper le chiffre d'affaires réalisé par les entreprises ayant pour objet principal la vente au détail des denrées ou marchandises quelconques, lorsque ce chiffre d'affaires excède un million de francs, déduction faite du montant des exportations à l'étranger, en Algérie, aux colonies et pays de protectorat.

Cette taxe complémentaire est de 1 à 5 p. 100 sur le chiffre d'affaires, le taux s'élevant à mesure qu'augmente ce chiffre lui-même.

Les contribuables passibles de cet impôt spécial doivent, dans les trois premiers mois de chaque année, souscrire une déclaration indiquant le chiffre de leurs affaires pendant l'année précédente. Ils doivent, en outre, fournir à l'appui de cette déclaration toutes justifications qui leur seront réclamées.

En cas d'omission ou d'inexactitude, le taux de l'impôt est majoré de moitié.

(1) Pour l'année 1920, les coefficients sont ainsi fixés par la loi :

Terres labourables, bois industriels, aulnaies, saussaies, oseraies, etc..., parcs, pâtis, coefficient, 1.

Prairies, jardins, vergers et cultures fruitières, pépinières, 2.

Vignes et cultures maraîchères, 3.

Pour les années suivantes, chaque année, les coefficients seront fixés par une commission dont la composition est déterminée par l'article 2. Les maxima et les minima des coefficients arrêtés par la commission seront fixés chaque année par une loi pour l'établissement de l'impôt de l'année suivante.

Dispositions spéciales pour les terrains de la zone dévastée.

Les *parcs, jardins, avenues, pièces d'eau et autres terrains réservés au pur agrément* (chasses, etc.), ainsi que les terrains non cultivés destinés à la construction, sont passibles de l'impôt à raison d'un revenu évalué à la totalité de la valeur locative de ces terrains, sans aucune atténuation. Par exception, ce genre de terrains échappe à l'impôt quand ils ont moins d'un hectare de superficie et ne comportent pas un revenu imposable excédant 100 francs, de même, les parcs et jardins situés dans la partie agglomérée des villes, quelles que soient leur contenance et leur valeur locative, et les terrains appartenant aux offices publics d'habitations à bon marché (art. 11. L. 23 déc. 1912) (L. de 1920, art. 2).

est comptée pour moitié seulement. Le taux de l'impôt est fixé à 6 p. 100 (L. de 1920, art. 1ᵉʳ).

V. *Impôt sur les traitements publics et privés, les indemnités et émoluments, les salaires, les pensions et rentes viagères* (art. 23-29). — L'ancienne législation des patentes exemptait de tout impôt les traitements, salaires, etc... Cette exemption a disparu depuis le 1ᵉʳ janvier 1918.

En vue de l'établissement de l'assiette de l'impôt, toutes administrations, tous particuliers et sociétés occupant des fonctionnaires, employés ou ouvriers, moyennant traitement public ou privé, salaire ou rétribution (1), sont tenus, sous peine d'amende (5 francs par omission ou inexactitude), de remettre dans le premier mois de chaque année, au contrôleur, un état indiquant les noms et adresses des employés ou ouvriers qu'ils ont occupés au cours de l'année précédente et le montant des avantages de toute sorte qui leur ont été attribués.

Cette déclaration ne doit être fournie qu'en ce qui concerne les traitements et salaires dépassant un minimum exonéré.

En effet, pour les traitements et salaires, l'impôt ne porte que sur la partie de leur montant annuel qui dépasse, savoir :

4.000 francs dans les communes de 50.000 habitants et au-dessus ;

5.000 francs dans les communes de plus de 50.000 habitants ou dans une banlieue de 15 kilomètres de rayon (2) ;

6.000 francs à Paris et dans la banlieue, à 25 kilomètres de rayon.

En outre, la fraction comprise entre le minimum exonéré et la somme de 8.000 francs est comptée pour moitié (3).

Le taux de l'impôt est fixé à 6 p. 100 (L. 25 juin 1920, art. 1ᵉʳ).

VI. *Impôt sur les bénéfices des professions non commerciales* (art. 30-37). — Sont imposables à ce titre les revenus des professions libérales et les revenus professionnels autres que ceux provenant d'une occupation non soumise à un autre impôt. A cet égard, l'effort de la loi de 1917 a été de soumettre au régime fiscal nouveau toutes les sources de revenus quelles qu'elles soient, alors que l'ancienne législation en laissait passer un grand nombre à travers ses mailles.

---

(1) Il faut tenir compte pour la détermination de la matière imposable de tous avantages en argent ou en nature accordés au contribuable (logement, chauffage, éclairage, nourriture, etc.), mais il y a lieu de déduire le montant des dépenses nécessaires corrélatives supportées par celui-ci (frais de déplacement, achat d'instruments et de livres, etc...).

(2) V. une nouvelle extension possible de ce périmètre dans L. 21 juill. 1920, art. 4.

(3) Pour les pensions et rentes viagères, il y a également un minimum exonéré qui est de 3.600 francs, pour les pensions d'ancienneté de service et de 2.000 francs pour les rentes viagères à capital aliéné.

La loi exempte de l'impôt les allocations aux familles nombreuses ainsi que les pensions pour blessures ou maladies contractées pendant la guerre.

Les nouvelles dispositions s'appliquent notamment :

Aux professions judiciaires (officiers ministériels de tout ordre, avocats, experts, etc.), médicales (médecins, dentistes, pharmaciens, sages-femmes, etc.). Elles visent les professeurs libres, les artistes, les ingénieurs, les ministres du culte, les journalistes, etc. L'impôt est dû dans la commune où le contribuable a son domicile au 1ᵉʳ janvier de l'année de l'imposition.

La matière imposable est constituée par le bénéfice de l'année précédant l'imposition ; ce bénéfice résulte de l'excédent des recettes totales sur les dépenses nécessitées par l'exercice de la profession : l'avocat pourra donc déduire une part de son loyer et des achats de livres ; le médecin ses frais de voiture, etc. (1).

L'impôt est calculé comme pour les traitements et salaires, il y a le même minimum exonéré d'après la population de la commune du domicile. Le taux est également de 6 p. 100, sauf pour le revenu des charges et offices ministériels qui est taxé à 8 p. 100.

VII. *L'impôt général sur le revenu* (LL. 15 juill. 1914, 29 déc. 1915, 30 déc. 1916, 13 fév. 1917, 31 juill. 1917, 30 juin 1918, 25 juin 1920). — Les impôts que nous venons d'envisager peuvent être, en quelque manière, rapprochés des anciennes contributions directes. L'impôt général sur le revenu est, au contraire, une institution entièrement nouvelle ; il suppose l'évaluation complète, détaillée, du revenu total des contribuables, grâce à un système de déclarations minutieusement contrôlées, et la taxation de ce revenu, en vertu d'un tarif progressif, combiné, d'ailleurs, de façon à s'adapter aux diverses situations familiales des assujettis. Recherche positive du revenu, déclaration contrôlée, progressivité, personnalité, en outre, impôt de superposition, tels sont les traits qui caractérisent le nouvel impôt (2).

---

(1) Une déclaration doit être adressée par l'assujetti au contrôleur dans les trois premiers mois de chaque année. Le contrôleur prend comme base de la taxation le bénéfice déclaré, sauf s'il le reconnaît inexact. En ce cas, il peut le rectifier, mais fait connaître auparavant à l'intéressé le chiffre qu'il se propose de substituer à celui de la déclaration. Dans le délai de vingt jours à dater de cette notification, le contribuable peut présenter ses observations. Puis le contrôleur arrête la base de la taxation, sauf, pour le contribuable, à réclamer après l'établissement du rôle. A défaut de déclaration, l'assujetti est invité par le contrôleur à la produire. S'il ne défère pas à cette invitation, le contrôleur détermine d'office le revenu imposable et la cotisation est majorée de moitié.

Lorsqu'une déclaration a été reconnue inexacte, la pénalité fiscale est déterminée par la loi du 31 juillet 1920, article 3.

(2) Depuis son établissement par la loi du 15 juillet 1914, des modifications profondes sont venues très rapidement altérer sa physionomie originaire ; au début, il a été présenté avec des tarifs plus que modérés (2 p. 100) et avec d'importantes atténuations pour les petits et moyens revenus ; son rendement ne devait pas dépasser une trentaine de millions. Le taux en a été successivement élevé, son caractère progressif

Des assujettis. — L'impôt sur le revenu est dû chaque année par toutes personnes, françaises ou étrangères, ayant en France une résidence habituelle (1) et dont le revenu personnel net total — après les déductions ci-dessous stipulées — a dépassé, l'année précédente, 6.000 francs. Sont affranchis de l'impôt les agents diplomatiques et consulaires étrangers des nations accordant les mêmes droits aux agents français ; les mutilés, veuves et ayants droit des morts de la grande guerre pour les pensions de la loi du 21 mars 1919.

L'imposition est établie au lieu de la résidence unique ou du principal établissement. En principe, chaque contribuable est imposable à raison de son revenu personnel, du revenu de sa femme et des autres membres de sa famille habitant avec lui. La loi n'est applicable ni à l'Algérie, ni aux colonies.

Revenu imposable. — Les lois des 15 juillet 1914 (art. 10) et 31 juillet 1917 (art. 50) donnent au contribuable le choix entre deux procédés, relativement à la détermination de son revenu imposable ; celui-ci peut être établi, soit d'après le *revenu effectif*, soit d'après le *revenu forfaitaire* (2).

s'est nettement accentué, surtout dans la loi du 25 juin 1920 ; la loi du 31 juillet 1917 a même altéré un de ses traits essentiels, en permettant au contribuable de ne pas faire état de son revenu véritable, et en lui offrant une option entre la taxation d'après le revenu effectif ou d'après un revenu forfaitaire, qui peut ne correspondre en rien à la réalité. Ce nouvel instrument fiscal, très employé à l'étranger, auxquelles contribuables français, à raison des circonstances actuelles, paraissent s'être accommodés sans trop de difficulté, sera certainement encore l'objet de modifications.

(1) On entend par résidence habituelle une habitation à la disposition du contribuable à titre de propriétaire, usufruitier, locataire pour un an au moins.

(2) 1° Dans le premier système, le revenu imposable est déterminé en totalisant les diverses sources de revenus classées en huit catégories : Revenus des propriétés foncières bâties, des propriétés foncières non bâties, des valeurs et capitaux mobiliers ; bénéfices de l'exploitation agricole ; bénéfices industriels et commerciaux ; bénéfices de l'exploitation minière ; traitements publics et privés ; indemnités et émoluments ; salaires, pensions et rentes viagères ; bénéfices des professions non commerciales.

Le revenu net imposable est, en principe, le revenu net, constitué par l'excédent du produit brut effectif de l'année précédente sur les dépenses effectivement supportées pour l'acquisition et la conservation du revenu.

L'article 1er du décret du 17 janvier 1917 donne l'énumération de ces dépenses qui doivent être déduites. Elles comprennent notamment :

En ce qui concerne les propriétés foncières, les frais de gestion, d'assurance, d'entretien, l'amortissement du capital immobilier, à l'exclusion des sommes dépensées pour l'accroissement de ce capital ;

En ce qui concerne le revenu des valeurs mobilières, les impôts dont la charge annuelle incombe au possesseur de ces valeurs ;

En ce qui concerne les exploitations agricoles, commerciales, industrielles et autres, le loyer ou, si l'exploitant est propriétaire, la valeur locative des fonds. En ce qui concerne les immeubles non bâtis, cette valeur est égale au montant du revenu net figurant à la matrice des propriétés non bâties, majoré du quart : l'intérêt des capitaux

Calcul et taux de l'impôt. — Il faut distinguer *le revenu taxable*, le *taux de l'impôt* et les *réductions sur le montant de l'impôt* :

Le *revenu taxable* de chaque contribuable est obtenu en faisant subir au revenu imposable des *déductions* comprises de la façon suivante : 1° est comptée pour zéro la fraction du revenu qui, défalcation faite des déductions pour charges de famille (V. *infra*), n'excède pas 6.000 francs (minimum d'existence); 2° est comptée pour 1/25e la fraction comprise entre les premiers 6.000 francs taxables et 20.000 francs; pour 2/25e la fraction comprise entre 20.000 à 30.000 francs, et ainsi de suite en augmentant de 1/25e par tranche de 10.000 francs jusqu'à 100 000 francs de revenu, par tranche de 25.000 francs jusqu'à 400 000 francs et par tranche de 50.000 francs jusqu'à 550.000 francs. La fraction excédant 550.000 fr. de revenu est comptée pour l'intégralité. Toute fraction de revenu inférieure à 100 francs est négligée dans le calcul.

Le *taux* à appliquer au revenu taxable ainsi obtenu est fixé à 50 p. 100 (1).

Sur le *montant de l'impôt* de chaque contribuable ainsi obtenu, il peut y avoir des *réductions pour charges de famille*, comme aussi des majorations à la charge des célibataires (V. *infra*, Charges de famille) (L. 25 juin 1920, art. 1er).

Déclaration. — L'assujetti est obligatoirement tenu, sous peine d'une majoration de 10 p. 100 de l'impôt, de souscrire dans les trois premiers mois de l'année une déclaration du chiffre total de son revenu avec l'indication, par nature de revenus, des divers éléments dont il se compose (pénalité fiscale en cas de déclaration insuffisante (art. 2; L. 31 juill. 1920) (2).

prêtés à l'entreprise; les traitements et salaires payés par l'exploitant; le coût des matières premières, les frais généraux et d'assurances;

En ce qui concerne les revenus professionnels, les frais de toute nature que nécessite l'exercice de la profession ainsi que les retenues supportées ou les sommes versées pour la constitution des pensions de retraites. Pour les bénéfices commerciaux et industriels, l'exploitant ne doit déduire du produit brut, ni l'intérêt des capitaux engagés par lui-même dans l'affaire, ni la rémunération qu'il s'attribue pour son activité personnelle;

2° Dans le système forfaitaire, qui ne s'applique qu'aux impôts perçus par rôle (art. 50 L. de 1917), le fisc ne recherche pas le revenu net effectivement perçu par le contribuable : celui-ci est évalué, non directement, mais d'après les règles dont nous avons envisagé le fonctionnement en étudiant les divers impôts cédulaires qui atteignent ces différents revenus.

Du revenu ainsi déterminé, il y a lieu de déduire pour l'établissement de l'impôt : les charges grevant l'ensemble du revenu (impôts directs et taxes assimilées, intérêts des emprunts et dettes, arrérages de rentes payés à titre obligatoire, pertes résultant d'un déficit dans l'exploitation agricole, industrielle, commerciale).

(1) Ainsi la limite extrême de ce que prélève l'impôt sur le revenu est 50 p. 100, cette limite n'est atteinte que pour les tranches de revenu qui dépassent 550.000 francs.

(2) Le législateur n'est pas arrivé du premier coup à cette mesure qui contraste

La déclaration, certifiée véritable et signée par le contribuable, est adressée au contrôleur qui doit en accuser réception, qui vérifie et qui peut demander au redevable tous éclaircissements oraux ou écrits (1).

singulièrement avec les ménagements traditionnels du fisc. La loi de 1914 n'avait pas imposé l'obligation de déclarer ; puis, cette obligation ayant été imposée, une option avait été laissée à l'assujetti entre deux procédés : déclaration globale ou déclaration détaillée du revenu ; c'est seulement la loi du 30 décembre 1916 qui a imposé la déclaration des divers éléments dont se compose l'ensemble du revenu. Nous retrouvons ici les huit catégories énumérées plus haut p. 827.

La déclaration est rédigée pratiquement sur des formules distribuées dans les mairies. Elle mentionne pour chaque catégorie le revenu net de l'année précédente, conformément aux règles déjà données ci-dessus, et porte, de plus, les indications suivantes :

1° Nom et prénoms du contribuable, sa profession, son domicile ou sa résidence, le siège de son exploitation, l'administration ou l'entreprise à laquelle il est attaché ;

2° La date et le lieu de son mariage ;

3° Toutes indications d'état civil sur les personnes à sa charge ;

4° Toutes indications d'état civil sur les personnes vivant avec lui et dont il entend ne pas confondre les revenus avec les siens (femme séparée de biens ne vivant pas avec son mari ; enfants ou autres membres de la famille tirant un revenu de leur propre travail ou d'une fortune indépendante) ;

5° Noms et domiciles des créanciers et crédirentiers, date et désignation des titres de créances, noms et résidences des notaires, montant des intérêts ou arrérages dus ;

6° Toutes désignations relatives aux contributions directes qu'il supporte ;

7° Désignation de l'entreprise déficitaire, éléments et montant du déficit.

Ces dernières indications ont pour but de permettre à l'administration d'effectuer la déduction des charges générales grevant le revenu.

(1) A cet égard, les pouvoirs du contrôleur sont considérables : il lui appartient de demander au contribuable la production de tous actes ou documents, mais il n'a pas le pouvoir de l'exiger, le refus du redevable n'entraîne aucune sanction légale. Il a le droit de rectifier la déclaration, c'est-à-dire de modifier les chiffres déclarés ; en ce cas, il adresse au contribuable, avant d'établir la matrice, l'indication des éléments qui serviront de base à la taxation, et l'invite à produire ses justifications. Si le désaccord persiste, le contribuable pourra réclamer par la voie contentieuse après la publication du rôle et c'est à l'administration à faire la preuve de ses prétentions (L. 15 juill. 1914, art. 17). Comme nous l'avons déjà indiqué, le contrôleur, en vue de réunir toutes indications utiles au sujet des revenus à taxer, peut recueillir auprès de tous les services publics une série de renseignements précis. Ce sera donc après une série d'investigations effectuées à l'enregistrement, à la conservation des hypothèques, aux directions des contributions directes et indirectes, à la Trésorerie, à l'intendance, à l'octroi, etc., qu'il pourra utilement intervenir pour les demandes d'éclaircissements ou les rectifications de déclaration.

La discussion contentieuse qui s'engage entre le contribuable et le contrôleur des contributions directes, au sujet de la déclaration, devrait logiquement être tranchée par une décision contentieuse de juridiction avant l'établissement du rôle. Il est tout à fait excessif d'ajourner cette solution contentieuse après l'établissement du rôle. C'est-à-dire qu'ici la procédure par décision exécutoire est particulièrement choquante et que l'organisation d'un *conseil de revision* des impôts paraît nécessaire. (V. *supra*, p. 813, les observations générales à ce sujet).

Le contribuable qui ne produit pas sa déclaration en temps voulu, ou qui s'abstient de répondre à la demande d'éclaircissements du contrôleur, est taxé d'office. En cas de désaccord, il n'obtiendra décharge ou réduction qu'en faisant la preuve du chiffre exact de son revenu et il supporte la totalité des frais de l'instance, y compris ceux d'expertise, à moins que le chiffre de son revenu établi par la juridiction administrative ne soit pas supérieur de plus de 10 p. 100 au montant du revenu accusé par lui.

D'autre part, à défaut de déclaration, le montant de l'impôt dû est majoré de 10 p. 100, et le contribuable perd le droit à la déduction des charges générales grevant l'ensemble du revenu (dettes, impôts) (1).

Une fois faite, la déclaration peut n'être pas renouvelée annuellement. En l'absence de déclaration nouvelle, les redevables sont présumés maintenir les termes de la précédente.

VIII. *Les déductions, réductions et majorations pour charges ou défaut de charges de famille dans l'impôt global sur le revenu et dans les impôts cédulaires.* — Le nouveau principe de la personnalité de l'impôt direct devait logiquement amener le législateur à tenir compte des charges personnelles des divers contribuables, c'est-à-dire des charges de famille. Il y avait pour cela diverses raisons. D'abord, le contribuable qui a des charges de famille voit là presque la totalité de son revenu absorbée par des dépenses de première nécessité, tandis que le contribuable d'un revenu égal qui n'a pas de charges de famille dispose d'un large superflu. Ensuite, les familles nombreuses sont frappées par les impôts indirects de consommation bien plus lourdement que les familles moins nombreuses et l'égalité fiscale demande qu'elles soient dégrevées du côté des impôts directs. Enfin, le péril de la dépopulation exige, comme premier remède urgent, des privilèges fiscaux en faveur des familles nombreuses et, à l'inverse, des majorations d'impôts à la charge des célibataires et des ménages sans enfants.

C'est d'abord dans l'impôt global sur le revenu que les mesures fiscales pour charges de famille ont apparu; elles se sont ensuite étendues aux impôts directs cédulaires, mais l'impôt global conserve en cette matière une avance (2).

---

(1) En cas de déclaration insuffisante, l'impôt correspondant à la partie non déclarée du revenu est majoré de moitié, si toutefois l'insuffisance est supérieure au dixième du revenu total.

Le supplément de cotisation relatif à une insuffisance de déclaration peut être réclamé soit dans l'année de l'imposition, soit durant les cinq années qui suivent.

(2) Il y a lieu de distinguer les *déductions*, les *réductions* et les majorations.

1° Les *déductions* sont opérées *sur le revenu imposable* pour arriver à la détermination du *revenu taxable* : Pour l'impôt global sur le revenu, l'article 7 de la loi du

IX. *Dispositions pénales*. — Indépendamment des pénalités fiscales établies par les diverses lois pour chaque impôt et dont le principal est majoré de 2 décimes 1/2 par l'article 110 de la loi du 25 juin 1920, l'article 112 même loi établit la grave nouveauté d'une pénalité correctionnelle pour quiconque se sera frauduleusement soustrait ou aura tenté de se soustraire frauduleusement au paiement total ou partiel des impôts établis par les lois (amende et, en cas de récidive dans les cinq ans, emprisonnement). V. le texte.

25 juin 1920 détermine ainsi les déductions : *a*) pour les contribuables mariés, déduction de 2.000 francs (même déduction au conjoint survivant non remarié et ayant à sa charge un ou plusieurs enfants issus du mariage); *b*) en outre, *tout contribuable* (même non marié) a droit à une déduction de 1.500 francs par *personne à sa charge* jusqu'au chiffre de cinq; toutefois, pour chaque enfant au-dessous de 21 ans resté à la charge de ses parents et pour chaque personne au delà de la cinquième, quel que soit son âge, la déduction sera portée à 2.000 francs.

Pour les impôts cédulaires perçus par la voie de rôle et pour l'impôt foncier, les déductions pour charges de famille restent celles prévues par les articles 12 et 13 de la loi du 15 juillet 1914 (L. 25 juin 1920, art. 5), savoir : *a*) pour les contribuables mariés, déduction de 2.000 francs; *b*) en outre, *tout contribuable* (même non marié) a droit à une déduction de 1.000 francs par *personne à sa charge* jusqu'au chiffre de cinq ; pour chaque personne au delà de la cinquième, 1.500 francs.

Observation. — On voit que le chiffre des déductions n'est pas le même pour l'impôt global et pour les impôts cédulaires ; il y aura là une péréquation à réaliser. Il y a aussi la question de la définition des *personnes à la charge;* elle sera traitée plus loin.

2° Les *réductions* sont opérées sur le montant de l'impôt tel qu'il est déterminé pour chaque contribuable par l'application du taux de l'impôt au revenu taxable, c'est-à-dire que les réductions sont opérées une fois l'impôt calculé, tandis que les déductions l'ont été avant le calcul de l'impôt.

Pour l'impôt global sur le revenu, les réductions pour charges de famille suivent les règles suivantes : *a*) pour tout contribuable dont le revenu net total, défalcation faite des déductions de l'article 7 de la loi du 25 juin 1920, n'est pas supérieur à 10.000 francs, réduction de 7,50 p. 100 pour chaque personne à sa charge jusqu'à la deuxième et de 15 p. 100 pour chacune des autres personnes à partir de la troisième ; *b*) pour tout contribuable dont le revenu net total, défalcation faite des déductions, est supérieur à 10.000 francs, réduction de 5 p. 100 pour chacune des trois premières personnes à sa charge et de 10 p. 100 pour chacune des autres à partir de la quatrième, sans que toutefois le montant total de cette réduction puisse excéder 2.000 francs par personne à la charge (L. 25 juin 1920, art. 8).

Pour les impôts cédulaires perçus par voie de rôle et pour l'impôt foncier, chaque contribuable a droit, *en ce qui concerne la part de l'État*, à une réduction réglée comme suit : *a*) pour tout contribuable dont le revenu net total, défalcation faite des déductions prévues par l'article 12 de la loi du 15 juillet 1914, n'est pas supérieur à 10.000 francs, 7,50 p. 100 pour chaque personne à sa charge jusqu'à la deuxième et 15 p. 100 pour chacune des autres à partir de la troisième ; *b*) pour tout contribuable dont le revenu net total, tel qu'il est défini ci-dessus, est supérieur à 10.000 francs, 5 p. 100 pour chacune des trois premières personnes à sa charge et 10 p. 100 pour chacune des autres à partir de la quatrième, sans que toutefois le montant total de la réduction puisse dépasser 300 francs par personne (L. 25 juin 1920, art. 5).

Observation. — Le tant pour cent des réductions est le même pour les deux catégories d'impôts, mais le montant de l'impôt sur lequel les réductions s'opèrent n'est

L'article 31 de la loi du 31 juillet 1920 ajoute que l'autorité judiciaire devra communiquer à l'Administration des finances toute indication qu'elle pourrait recueillir au cours de l'information ouverte et de nature à faire présumer une fraude fiscale; de même, l'Administration des finances pourra se faire communiquer les documents de service par toutes les administrations publiques, ainsi que par toutes entreprises concédées ou contrôlées par elles sans que le secret professionnel puisse être opposé.

APPENDICE. — *Quelques taxes assimilées aux contributions directes.*

1. *Taxe des biens de mainmorte* (LL. 20 fév. 1849, 30 mars 1872, 29 déc. 1884, 31 mars 1913, 15 juill. 1914, 29 juin 1918). — Le but de cette taxe est de remplacer sur les biens immobiliers de toutes personnes morales les droits de transmission immobilière entre vifs et par décès.

pas obtenu après les mêmes déductions; sur la définition des personnes à la charge, V. *infra*.

3° *Les majorations d'impôt* n'existent que pour l'impôt global sur le revenu, elles ont été introduites par la loi du 25 juin 1920, article 9, ainsi conçu : « Le montant de l'impôt général sur le revenu (une fois calculé après les abattements et déductions) est majoré de 25 p. 100 pour les contribuables âgés de plus de 30 ans qui sont célibataires ou divorcés et qui n'ont aucune personne à leur charge. »

Le même montant de l'impôt est majoré de 10 p. 100 pour les contribuables âgés de plus de 30 ans, mariés depuis deux ans au 1er janvier de l'année de l'imposition lorsqu'à la même date les contribuables n'ont pas d'enfant ni aucune personne à leur charge.

(Exemption pour les titulaires d'une pension de la guerre pour invalidité de 40 p. 100 et au-dessus et pour les contribuables dont tous les enfants sont morts à la guerre.)

4° *La définition des personnes à la charge du contribuable.* — Il y a eu successivement deux définitions dans la loi : la loi du 15 juillet 1914, article 13, déclarait : « Sont considérés comme personnes à la charge du contribuable, à la condition de n'avoir pas de revenus distincts : 1° les ascendants âgés de 70 ans ou infirmes ; 2° les descendants ou enfants par lui recueillis s'ils sont âgés de moins de 21 ans ou infirmes.

La loi du 25 juin 1920, article 7, modifiant ce même article 13, déclare : Sont considérés comme personnes à la charge, etc. : 1° les ascendants âgés de plus de 70 ans ou infirmes, *toutefois cet âge est abaissé à 60 ans à l'égard des femmes veuves vivant sous le même toit que leur fils ou fille et à leur charge exclusive* ; 2° (non modifiée).

Il semblerait résulter de là que les enfants au-dessus de 21 ans, sans ressources personnelles, continuent de ne pas être considérés comme personnes à la charge. Mais comment concilier cette interprétation avec la disposition finale du nouvel article 12, modifié par l'article 7 le 25 juin 1920 : « Toutefois, pour chaque enfant au-dessous de 21 ans resté à la charge de ses parents et *pour chaque personne au delà de la cinquième, quel que soit son âge*, la déduction sera portée à 2.000 francs » ?

Faut-il admettre que cette disposition ne vise que des ascendants ? Mais quel est le contribuable qui aura à la fois tant d'ascendants à sa charge ? Ou bien ne vise-t-elle pas aussi les enfants au-dessus de 21 ans, sans ressources personnelles, toutes les fois qu'il y aura déjà à la charge du contribuable cinq personnes (soit des enfants mineurs, soit des ascendants de l'âge légal). Cette interprétation favorable nous semblerait devoir être admise étant donné que, dans bien des familles, les enfants de plus de 21 ans restent à la charge du contribuable.

Sont exemptées de la taxe : les sociétés anonymes ayant pour objet exclusif l'achat et la vente des immeubles, en ce qui concerne les immeubles destinés à être vendus ; les sociétés d'habitations à bon marché, sauf pour les maisons louées ; les compagnies de chemins de fer.

L'impôt est établi sous la forme de centimes additionnels à la contribution foncière des propriétés bâties ou non bâties. Le taux est en principe de 130 centimes. Il est réduit à 85 centimes pour les immeubles des départements, communes, établissements publics ou d'utilité publique charitables (L. 31 juill. 1920, art. 5).

II. *Redevance des mines* (LL. 21 avril 1810, 8 avril 1910, 30 déc. 1916) a pour but de remplacer l'impôt foncier en ce qui concerne la propriété des mines.

Elle comprend : *a*) une redevance fixe (1 franc par hectare concédé ; 5 francs par hectare concédé pour les concessions inexploitées depuis dix ans) ; *b*) une redevance proportionnelle calculée à 20 p. 100 du produit net de l'exploitation de la mine, dont 15 p. 100 au profit de l'État et 5 p. 100 au profit des communes (L. 25 juin 1920, art. 1er).

III. *Chevaux, voitures* (L. 24 juill. 1918) ; *automobiles* (L. 25 juin 1920, art. 99 et s.).

Impôts départementaux.

Il existe, au profit du département, des centimes additionnels aux anciennes contributions directes qui, nous l'avons vu, ne sont plus perçues au profit de l'État.

Les lois du 8 août 1890 en ce qui concerne l'impôt foncier sur la propriété bâtie, du 29 mars 1914 en ce qui concerne la propriété non bâtie, du 31 juillet 1917 en ce qui concerne les contributions personnelle-mobilière, des portes et fenêtres et des patentes, ont posé les règles relatives à l'assiette de ces impôts.

Les conseils généraux et d'arrondissement continuent à répartir, comme antérieurement, entre les arrondissements et communes, les contingents fictifs assignés aux départements, afin de fournir une base au calcul du montant des centimes.

C'est là un régime des plus singuliers, provisoire, aux termes de l'article 44 de la loi du 31 juillet 1917, qui laisse entrevoir le vote d'une loi spéciale établissant des taxes de remplacement. Mais ce provisoire peut durer longtemps, car le vote des dispositions projetées rencontrera de sérieuses difficultés.

Le principal fictif de la contribution des patentes continue « provisoirement », à servir de base au calcul de la taxe pour constitution d'un fonds de garantie en matière d'accidents du travail ; des taxes destinées à subvenir aux dépenses des Bourses et Chambres de commerce ; de la contribution prévue par la loi du 25 novembre 1916 en vue de la constitution du fonds de prévoyance des « blessés de la guerre » (art. 46).

Prélèvements. — 1° Les départements auront droit au tiers du décime en sus établi sur l'impôt du chiffre d'affaires institué par les articles 59 et suivants de la loi du 25 juin 1920 (art. 63) ; 2° le produit de la majoration de 25 p. 100 établie par l'article 100 de la loi du 25 juin 1920 sur les droits perçus par l'État sur les automobiles servira à constituer un fonds commun qui sera réparti entre les départements proportionnellement à la longueur des routes départementales et des chemins vicinaux existant dans chaque département (art. 35 L. 31 juill. 1920).

Impôts communaux.

A. Mêmes solutions que pour le département au point de vue des centimes additionnels (art. 44 L. 31 juill. 1917).

B. *Prélèvements sur les impôts d'État.* — 1° Prélèvement de 8 centimes par franc dans l'impôt des bénéfices industriels et commerciaux (L. 15 juill. 1880, art. 36) ; 2° prélèvement du vingtième de l'impôt sur les chevaux et voitures (L. 29 juill. 1872, art. 10) ; 3° prélèvement d'un quart sur la taxe des vélocipèdes (L. 28 avril 1893, art. 15) ; 4° prélèvement d'un quart de la redevance des mines (L. 25 juin 1920, art. 1er) ; 5° prélèvement des deux tiers du décime en sus établi sur l'impôt du chiffre d'affaires institué par les articles 59 et suivants (L. 25 juin 1920, art. 63); 6° prélèvement de 5 francs par hectolitre sur le droit de circulation des vins et piquettes (L. 25 juin 1920, art. 83); de 250 francs par hectolitre d'alcool pur, droit de consommation (art. 87, eod.)

C. *Taxe des chiens* (L. 2 mai 1855; L. 31 juill. 1920, art. 14), pourra désormais, sur une simple délibération du conseil municipal soumise à l'approbation de l'autorité supérieure, être fixée dans les limites des maxima ci-après : chiens d'agrément de 20 à 40 francs suivant population de la commune; chiens de chasse de 10 à 20 francs; chiens de garde de 5 à 15 francs.

D. *Taxe sur les spectacles.* — Les communes sont autorisées à percevoir des taxes municipales dont les tarifs devront être approuvés par le préfet sur les cinémas et les établissements ouverts au public où l'on joue de la musique et où se donnent des représentations théâtrales (L. 25 juin 1920, art. 92). Cette taxe municipale est perçue comme la taxe d'État sur les spectacles et comme le droit des pauvres et en sus du prix des places (art. 39 L. 31 juill. 1920).

E. *Taxes réparties par le conseil municipal* (L. 5 avril 1884, art. 140). — Il s'agit de taxes particulières dues en vertu de lois ou d'usages locaux, et provenant en général du rachat de servitudes légales, telles que taxes de balayage, de pavage, etc.

F. *Impôt des prestations* (L. 21 mai 1836). — L'impôt des prestations est un impôt direct de quotité qui frappe l'ensemble du revenu comme la contribution personnelle-mobilière, mais il est assis sur des faits qui révèlent chez le contribuable, soit l'usage probable des chemins et voies de communication, soit des facultés qui lui permettront de travailler à leur construction et à leur entretien. — Outre son assiette spéciale sur laquelle nous allons revenir, cet impôt présente trois caractères particuliers : 1° le produit en est spécialement affecté aux dépenses des chemins vicinaux; 2° il est, dans une certaine mesure, facultatif pour les communes; celles-ci peuvent se dispenser de l'établir si leurs ressources ordinaires suffisent aux dépenses des chemins vicinaux, ou bien elles peuvent lui préférer des centimes additionnels spéciaux (art. 2 L. de 1836), ou bien enfin, depuis la loi du 31 mars 1903, article 5, elles peuvent lui substituer la taxe vicinale; 3° bien qu'il soit en principe payable en argent, il y a une *facultas solutionis* qui permet de l'acquitter en nature par des journées de travail (art. 4).

Assiette de l'impôt. — L'impôt est assis sur des faits d'habitation et sur des faits de possession :

1° Est taxé à raison du *fait d'habitation* tout habitant de la commune chef de famille ou chef d'établissement, à titre de propriétaire, régisseur, fermier ou colon partiaire, mâle, valide, âgé de 18 à 60 ans, inscrit au rôle des contributions directes. La taxe est de trois journées de travail, dont la valeur est évaluée en argent annuellement, pour chaque commune, par le conseil général, comme pour la cote personnelle, mais avec cette différence qu'ici il n'y a ni maximum ni minimum.

On remarquera que, pour ce chef d'habitation, la taxe ressemble à la cote personnelle, mais qu'elle exige des conditions plus étroites, et, par conséquent, frappe moins de personnes. Notamment, elle ne frappe pas les femmes, même chefs d'établissement. A l'inverse, elle frappe tous les hommes mâles, valides, etc., quelle que soit leur condition sociale, même les ecclésiastiques. Sont seuls exemptés les officiers avec troupes;

2° Est taxé à raison du *fait de possession*, alors même qu'il ne le serait pas personnellement comme *habitant*, tout chef d'établissement : *a*) pour chaque individu mâle, valide, âgé de 18 à 60 ans, membre ou serviteur de la famille et résidant dans la commune; *b*) pour chacune des charrettes ou voitures attelées ou automobiles (L. 10 juill. 1901); *c*) pour chacune des bêtes de somme, de trait, de selle, au service de la famille ou de l'établissement dans la commune et non comprise déjà dans les attelages.

La taxe est de trois journées de travail pour chacun de ces éléments; les journées des attelages, celles des bêtes de somme, sont évaluées en argent par le conseil général, comme les journées des hommes.

L'assiette de cet impôt est très critiquable, en ce qu'il frappe lourdement les revenus qui s'emploient d'une façon productive et très légèrement ceux qui se dépensent en consommations improductives. — Le mode de paiement laisse encore plus à désirer en ce sens que l'administration des agents voyers est tentée de se livrer à des manœuvres peu régulières pour décourager les contribuables d'accomplir leurs prestations en nature et forcer le rendement en argent de l'impôt.

Taxe vicinale. — La loi du 31 mars 1903, article 5, a donné aux conseils municipaux la faculté de substituer, en tout ou en partie à l'impôt des prestations une taxe vicinale assise comme les centimes additionnels aux quatre contributions directes et qui est, comme eux, accessoire à ces contributions (Cons. d'Ét., 16 mars 1906, *Lelac*). Cette taxe est un impôt de remplacement qui doit produire dans chaque commune ce que produirait l'impôt des prestations et, à cet effet, le rôle des prestations continuera d'être tenu à jour tous les ans par l'administration des contributions directes de façon à permettre le calcul du contingent (V. Ségalat, *Les prestations*, thèse Toulouse, 1906, et ma note dans S., 1906. 3. 33 sous Cons. d'Ét., 30 juin 1905, *Michel*).

Impôts coloniaux.

Il existe, entre le territoire des colonies et les autres parties du territoire de l'État français, une différence capitale au point de vue de l'impôt, c'est que les impôts d'État ne sont pas perçus aux colonies, il n'est perçu d'impôts qu'au profit des colonies elles-mêmes, ou bien au profit des communes qu'elles peuvent renfermer.

Les colonies perçoivent à leur profit la plupart des impôts qui, dans les autres parties du territoire, sont perçus au profit de l'État, elles en ont donc une grande variété. Sur la façon dont tous ses impôts sont votés par le conseil général de la colonie et approuvés par décret, V. L. 13 avril 1900, art. 33, modifiée par L. 29 juin 1918, art. 55 et s. Il y a des impôts directs et des impôts indirects. Chacune de ces deux espèces de contributions suit les mêmes règles qu'en France, notamment au point de vue du contentieux. Il est à remarquer seulement que les impôts directs y sont tous de quotité.

Toutes les colonies n'ont pas les mêmes impôts. Les tableaux qui ont été dressés montrent que les plus usuels sont : parmi les impôts directs, la contribution foncière et celle des patentes ; parmi les impôts indirects, les droits sur les spiritueux, les droits de navigation, l'octroi de mer et les douanes, les droits d'enregistrement. Des arrangements sont pris pour que le personnel des administrations financières coloniales puisse, au bout d'un certain temps de service, rentrer dans les cadres de la métropole.

Impôts au profit des établissements publics.

Les principaux impôts au profit des établissements publics sont :

1° Au profit des *Bourses et Chambres de commerce*, la taxe annexée à la contribution des patentes et supportée par les catégories supérieures de patentables de la ville où sont établies la Bourse et la Chambre (V. art. 38 L. 15 juill. 1880; L. 9 avril 1898);

2° Au profit des bureaux de bienfaisance et établissements hospitaliers d'une commune, *le droit des pauvres*, sur tous les spectacles donnés dans la commune. Sont soumis au paiement du quart de leur recette brute, les bals publics, les feux d'artifice, les exercices de chevaux, et généralement tous les lieux de réunion ou de fête où l'on est admis en payant (L. 8 therm. an V ; 16 juill. 1840, art. 9; Arr. Cons. d'Ét., 12 fév. 1817). Sont soumis au paiement de 5 p. 100 au maximum de leur recette brute, les concerts non quotidiens (L. 3 août 1875, art. 23). Sont soumis au prélèvement du dixième en sus du prix du billet, tous les autres spectacles : *Théâtres* (7 frim. an V, 8 therm. an V); *Panoramas* (Arr. 10 therm. an XI); *Concerts quotidiens* (L. 16 juill.

1840, art. 15), etc. Le pari mutuel organisé sur les champs de courses en vertu d'une autorisation donnera lieu à un prélèvement fixe en faveur des œuvres locales de bienfaisance (L. 2 juin 1891, art. 5; L. 16 avril 1895, art. 47). Les cérémonies religieuses, même avec audition musicale et chaises payantes, ne sont pas soumises au droit ; il s'agit uniquement de savoir s'il subsiste une cérémonie religieuse (Cass., 5 nov. 1910; Cons. d'Ét., 25 juill. 1912, *Bureau de bienfaisance de Lyon*).

Ce droit des pauvres remonte à une ordonnance de Charles VI, avril 1407 (V. ma note dans S., 1905. 3. 65, sous Cons. d'Ét., 27 juill. 1904, *Liot*).

Il ne faut pas le confondre avec la taxe spéciale sur le prix des places établis par l'article 13 de la loi du 30 décembre 1916 remanié par les articles 92 et suivants de la loi du 25 juin 1920, taxe qui est au profit de l'État, mais le droit des pauvres sera perçu désormais dans les mêmes conditions que cette taxe (L. 31 juill. 1920, art. 39) et recouvré par l'Administration des contributions indirectes (L. 25 juin 1920, art. 96).

§ 3. — Les dettes administratives et les dettes publiques.

Il convient de distinguer *les dettes administratives* et *les dettes publiques ;* les dettes administratives sont celles contractées par les administrations pour l'exécution des services, ou du moins celles qui naissent à leur charge par l'exécution des services ; les dettes publiques sont celles qui proviennent de l'emprunt ou des pensions. Une première différence consiste en ce que les dettes publiques sont payées par arrérages ou annuités, tandis que les dettes administratives sont payées en capital et tout au plus par acomptes ; une seconde différence consiste en ce que les dettes administratives ne confèrent au créancier qu'une créance, tandis que, sur les dettes publiques, se sont créés des titres de propriété (titres de rente, brevets de pension).

A. *Des dettes administratives et de leurs privilèges.* — Les personnes administratives jouissent, à l'égard des dettes qui naissent à leur charge par l'exécution de leurs services, et même par l'administration de leur domaine privé, d'un double privilège : 1° elles sont soustraites aux voies d'exécution du droit commun : 2° le paiement s'opère suivant une procédure administrative ;

I. *De l'impossibilité, pour les créanciers des administrations publiques, d'employer les voies d'exécution du droit commun.* — Cette impossibilité est absolue, elle s'applique à toute dette et à toute espèce de voie d'exécution. Les créanciers, même munis de titres exécutoires ou de jugements de condamnations, ne peuvent ni faire saisir le mobilier administratif, ni frapper de saisie-arrêt les créances et les revenus, ni faire saisir les immeubles, ni même faire inscrire sur les immeubles l'hypothèque judiciaire (1) (L. 22 nov.-1ᵉʳ déc.

---

(1) La question de l'inscription de l'hypothèque judiciaire s'est posée ; elle est sans grand intérêt pratique, mais elle a donné lieu à une assez vive controverse. Les créanciers d'une commune, après avoir obtenu jugement contre celle-ci, peuvent-ils faire inscrire l'hypothèque judiciaire ? Sans doute, cette hypothèque ne leur conférera

1790, art. 8 et 9; Avis Cons. d'Ét., 12 août 1807; 26 mai 1813; Circ. 2 prair. an III; Confl., 9 déc. 1899, *Syndicat du canal de Gignac*). C'est par suite de cette législation que les biens des administrations publiques sont considérés comme insaisissables (V. p. 618) et que la compensation ne leur est pas opposable (V. p. 806) (1).

II. *Du règlement administratif des dettes des administrations publiques*. — Il faut cependant que les créanciers des administrations publiques soient payés; ils le seront par une procédure administrative différente, selon qu'il s'agira des dettes de l'État ou de celles des administrations subordonnées, mais qui suppose dans les deux cas la transformation de la dette en une *dépense publique* payable sur des crédits ouverts au budget. Ce résultat est obtenu :

a) *Pour les dettes de l'État, par la procédure de la liquidation* (2);

---

rait point le droit de faire saisir et vendre les biens de la commune, ce qui serait une mesure d'exécution, mais le jour où la commune aliénerait volontairement l'un de ses biens, ne leur permettrait-elle pas de se faire colloquer par préférence sur le prix et jusque-là ne vaudrait-elle point à titre de simple mesure conservatoire? Dans le sens de l'affirmative, V. Cour d'Agen, 18 juill. 1892, S., 94. 2..1, et la note Michoud; Cass., 18 déc. 1893, *Revue générale d'administration*, 1894, t. III, p. 69 et s. — Dans le sens de la négative, Seignouret, *Revue générale d'administration*, 1893, t. II, p. 257 et s.; Humblot, même revue, 1895, t. III, p. 274; Trib. de la Seine, jugement du 7 fév. 1895, rapporté dans l'article précité. — Dans le jugement du tribunal de la Seine, nous trouvons ce considérant décisif à notre avis : « Attendu que le prix (du bien vendu par la commune) une fois consigné, ce prix, propriété de la commune, aurait par là même le caractère de deniers communaux; qu'à ce titre, il ne pourrait pas recevoir d'autre destination que celle qui aurait été prévue dans le budget de la commune; qu'un ordre ne saurait être ouvert, l'autorité judiciaire ne pouvant se substituer à l'autorité administrative, seule compétente pour l'ordonnancement des fonds communaux. » — Ainsi, la seule utilité possible de l'inscription de l'hypothèque judiciaire s'évanouit comme illusoire.

(1) La raison de ce privilège est que la destinée des administrations publiques ne doit pas être à la merci de leurs créanciers; même quand elles sont au-dessous de leurs affaires, ceux-ci ne doivent pas pouvoir les faire mettre en liquidation, ce qui serait interrompre la gestion des services publics dont elles ont la charge et dont l'exécution régulière est une nécessité publique. D'ailleurs, les administrations publiques paieront toujours, ce n'est qu'une question de délai.

(2) Dans le budget de l'État, il n'est pas inscrit de crédit spécial pour le paiement de chacune des dettes exigibles, il est ouvert des crédits généraux pour les dépenses publiques; il appartient aux ministres ou à leurs délégués de décider que telle ou telle dette de l'État sera transformée en une dépense payable sur les crédits ouverts au budget; cette décision prend le nom de *liquidation* et constitue une opération administrative de la plus haute importance.

La liquidation est donc *la décision administrative en vertu de laquelle une « dette de l'État » prend rang parmi les dépenses publiques pour être payée sur les fonds du budget* (la dette liquidée sera ensuite ordonnancée et payée). La liquidation est l'équivalent de l'inscription d'un crédit spécial au budget des dépenses pour payer la dette. En vue de ce résultat, elle implique un certain nombre de constatations : 1° au fond, elle implique reconnaissance de l'existence de la dette et de son exigibilité et détermination de son quantum; 2° au point de vue de la comptabilité, elle implique

b) *Pour les dettes des départements, communes et autres administrations subordonnées, par la procédure de l'inscription d'office* (1).

que l'on ne peut opposer au créancier aucune déchéance et qu'il y a des crédits suffisants pour payer la dépense.

Les dettes de l'État sont soumises à la procédure de la liquidation administrative dans une mesure qu'il importe de déterminer :

1° Les dettes pour le contentieux desquelles le Conseil d'État est compétent ne peuvent être réclamées que par une demande au ministre qui est, en réalité, une demande en liquidation (L. 23 sept. 1814 ; L. 22 avril 1816 ; L. 25 mars 1817) et le contentieux qui s'engage sur la décision du ministre est un contentieux de la liquidation ;

2° Les dettes pour le contentieux desquelles le conseil de préfecture ou le tribunal judiciaire sont compétents peuvent être réclamées directement devant ces tribunaux, mais, une fois condamnation obtenue, il faut encore adresser au ministre une demande qui est à la fois en liquidation et en ordonnancement.

Ainsi, dans le premier cas, la demande en liquidation est antérieure au contentieux ; dans le second, elle lui est postérieure.

C'est en ce sens qu'on doit entendre les textes d'après lesquels les dettes de l'État sont *réglées administrativement*, notamment les lois du 17 juillet 1790 et du 26 septembre 1793, ainsi que l'arrêté du 2 germinal an V ; ces textes ne signifient point, comme on l'a cru pendant longtemps, que l'État ne saurait être déclaré débiteur que par la juridiction administrative. Il faut lire sur cette question la discussion très bien conduite de M. A. Mestre, dans son étude sur *l'autorité compétente pour déclarer l'État débiteur*, Paris, 1899, p. 61-99. Pendant longtemps on a cru à la vérité absolue de cet adage que l'État ne pouvait être déclaré débiteur que par la juridiction administrative ; toutefois le Conseil d'État s'appuyait sur une quantité de textes dont aucun n'était bien probant, on appliquait le prétendu principe même aux dettes provenant de l'administration du domaine privé (Cons. d'Ét., confl., 4 fév. 1824, *Bourbon-Conti* ; 9 mai 1841, *de Bâvre*). Une décision du Conseil d'État, du 7 décembre 1844, *Finot*, fit pour la première fois la distinction des dettes provenant de l'administration du domaine privé et de celles provenant de la gestion des services publics et, par suite, la distinction entre la liquidation, toujours réservée à l'autorité administrative, et la déclaration de dette qui peut revenir à la juridiction ordinaire. A partir de la décision *Blanco* du 8 février 1873, le Tribunal des conflits manifesta sa défiance du prétendu principe en refusant de l'invoquer à l'appui de sa jurisprudence qui réserve aux tribunaux administratifs le règlement des indemnités pour faits de service et en fondant cette jurisprudence sur d'autres motifs. Depuis ce moment, le prétendu principe paraissait bien compromis (Dareste, *La juridiction administrative*, 2º édit., 1898). M. Laferrière ne le défendait plus que parce qu'il se demandait si beaucoup de matières de gestion n'allaient pas échapper au contentieux administratif (*Juridiction administrative*, I, 435). Nous n'avons pas cette crainte, nous qui fondons la compétence de la juridiction administrative dans les matières de gestion, non pas sur un privilège financier plus ou moins fragile, mais sur la nature profonde de l'opération administrative elle-même (V. p. 463 et s.).

Il convient de remarquer que, pendant longtemps, cette procédure de la liquidation administrative ne fournissait au créancier aucun moyen de pression ; le ministre n'était point obligé de statuer dans un certain délai sur la demande en liquidation, il pouvait garder le silence ; il est vrai que le créancier qui avait introduit une demande régulière en liquidation était à l'abri de toute déchéance. Mais la loi du 17 juillet 1900 a modifié la situation par la disposition générale de son article 3 ; si, dans les quatre mois du dépôt de la demande, le ministre n'a pas rendu de décision sur la liquidation, son silence est assimilé à une décision de rejet et l'intéressé peut se pourvoir devant le Conseil d'État qui liquidera.

(1) Pour ces dettes, il n'y a pas lieu à liquidation par décision administrative.

B. *Des dettes publiques.* — Ce sont celles payables en arrérages, elles comprennent : les pensions (dette viagère), les dettes provenant des emprunts des administrations publiques (dette perpétuelle ou terminable), les annuités des comptes d'établissement et des garanties d'intérêt des chemins de fer (Cons. d'Ét., 8 fév. 1895, *Compagnie P.-L.-M.*); elles ont le caractère de choses publiques, non seulement parce qu'elles sont dettes de personnes publiques, payables sur les deniers publics, mais encore parce que, offertes au public à titre de placement, elles constituent un élément important de la fortune publique, les *fonds publics*, et une propriété spéciale, la propriété de la *rente* ou de la *pension* (1). Si nous laissons de côté la dette des pensions dont il a été parlé, nous voyons que les dettes publiques sont contractées par une opération qui, au point de vue financier, s'appelle emprunt, mais qui, au point de vue juridique, est une constitution de rente, c'est-à-dire l'aliénation d'un titre de propriété

séparée, parce que, le budget étant beaucoup plus spécialisé, l'assemblée qui vote le budget inscrit en général un crédit pour chacune des dettes et qu'elle est ainsi censée avoir procédé à une liquidation ou tout au moins à une évaluation préalable. La procédure de paiement est donc ici l'*inscription d'un crédit spécial au budget des dépenses*.

Cette inscription est en principe volontaire et spontanée de la part de l'administration débitrice, cependant le créancier n'est pas à la merci de la bonne volonté de celle-ci. Toute dette exigible peut être transformée en dépense obligatoire par une décision de l'administration supérieure et, à ce titre, inscrite d'office au budget de l'administration subordonnée. L. 10 août 1871, art. 61 ; L. 5 avril 1884, art. 136, n°s 17 et 149; pour les colonies, décrets sur l'organisation des conseils coloniaux; pour les associations syndicales, Règl. 9 mars 1894, art. 58. Cf. art. 110, L. 5 avril 1884 sur l'autorisation de la vente des biens des communes. Mais le créancier n'a pas le droit d'exiger de l'administration supérieure cette inscription d'office, il est obligé de s'en remettre à l'État honnête homme. L'inscription d'office peut-elle être opérée avant que le principe de la dette ait été reconnu par un juge? Oui, s'il s'agit d'une dépense obligatoire dont le principe se trouve dans la loi; non, s'il s'agit d'une dette provenant de toute autre source d'obligation : il faut alors qu'un juge l'ait reconnue liquide et exigible (Concl. de M. le commissaire du gouvernement Saint-Paul, sous Cons. d'Ét., 6 juill. 1906, *Ville de Lyon*, Lebon, p. 609).

(1) Dans une certaine mesure, on peut dire que l'État moderne a des actionnaires qui tirent de lui un revenu annuel. Cette situation a de grosses conséquences politiques. Tant que les porteurs de la dette sont en majorité des nationaux, la dette publique n'influe que sur la politique intérieure, elle peut être considérée comme un élément de stabilité du régime, par cela même que la prospérité de l'État intéresse pécuniairement des nationaux. Mais s'il y avait beaucoup de porteurs de la dette étrangers, comme ceux-ci ne tarderaient pas à se syndiquer, ils exerceraient une influence dangereuse sur la politique extérieure. On a vu des États mis en tutelle par leurs créanciers et certains sont virtuellement en liquidation. Les placements en fonds publics sont imposés en certains cas aux établissements nationaux; par exemple, les fonds de la caisse d'épargne postale ne peuvent être placés qu'en rente sur l'État (L. 11 août 1881, art. 19), ceux des caisses d'épargne ordinaires peuvent, en outre, être placés en valeurs départementales ou communales. V. *infra*.

donnant droit à la perception d'arrérages et qui est, en soi, une *valeur mobilière* (1).

Il y a lieu de distinguer, au point de vue du contentieux, la dette publique de l'État et celle des départements et des communes (2).

§ 4. — L'année financière et le budget.

Observations préliminaires. — Ainsi que nous l'avons annoncé, il existe un mécanisme destiné à incorporer à la vie administrative tous les événements financiers, les entrées et les sorties des deniers publics, les naissances des créances et dettes publiques, afin d'en conserver la mémoire à l'aide de l'écriture ; ce mécanisme porte le nom de comptabilité budgétaire, mais il repose sur *l'année financière*. L'idée a consisté à découper la vie administrative en années, et à considérer que chaque année constituait un cycle complet d'opérations qui se reproduisent et se répètent tous les ans, cycle pour lequel on pouvait établir des prévisions et après lequel on pouvait rendre des comptes. La pratique administrative, comme on le voit, n'a rien inventé, elle n'a fait que s'approprier des usages de la vie civile et commerciale, mais elle l'a fait en introduisant dans cette

---

(1) Les lois du 21 juin 1871 et du 15 juillet 1872, relatives à l'emprunt de 5 milliards, s'expriment ainsi : « Il sera aliéné la somme de rentes nécessaire pour produire 2 milliards, 3 milliards. » — Le titre de rente est nominatif (nom du titulaire et pas de coupons), au porteur (pas de nom et des coupons) ou mixte (nom et coupons); la dette départementale et communale est divisée en *obligations*. — La rente sur l'État est une propriété très privilégiée, elle est insaisissable (LL. 8 niv. an V; 22 flor. an VII) et exemptée d'impôt (L. 9 vendém. an VI) ; les obligations départementales et communales ne jouissent pas de ces privilèges.

(2) La dette publique de l'État, du moins celle qui est constituée par l'emprunt direct, donne lieu à une formalité administrative spéciale qui est l'inscription au Grand Livre de la Dette organisé par la loi du 23 août 1793 : cette inscription est l'œuvre du ministre des Finances qui est constitué gardien du Grand-Livre; tant à cause de cette formalité administrative que parce que la constitution de la dette publique est, au premier chef, une opération de gestion destinée à assurer l'exécution des services publics, le contentieux est de la compétence de la juridiction administrative (contestations relatives à l'émission, à la répartition, à la délivrance des titres, aux transferts, au paiement des arrérages, aux conversions, etc.). Les dettes publiques départementales et communales, ne donnant pas lieu à inscription administrative sur un grand-livre et étant considérées à tort comme contractées pour la vie civile des départements et communes, n'entraînent qu'un contentieux judiciaire. Et cependant il faut songer que, parmi les communes, il est de très grandes villes dont la vie administrative est intense, dont la dette est considérable. La dette de la ville de Paris était, en 1910, de 2.500 millions, elle a été contractée par des emprunts très nombreux et très variés (V. G. Cadoux, *Les finances de la ville de Paris*, 1900). Il faut songer aussi que la dette départementale et communale prend rang, aussi bien que celle de l'État, parmi les fonds publics, et que, par exemple, la Caisse des dépôts et consignations est autorisée à y employer les fonds de ses déposants, notamment ceux des caisses d'épargne ordinaires (V. L. 20 juill. 1895, art. 1er).

matière la régularité, la publicité et le contrôle qui sont propres à la vie publique.

Chaque année de la vie administrative devient donc une *année financière* et prend une individualité comptable; tous les faits administratifs s'y traduisent d'une façon très particulière qui sera caractérisée par les observations suivantes :

1° L'année financière s'exprime en une balance des *recettes* et des *dépenses.* Par suite, les faits de la vie administrative y figurent, non pas sous la forme juridique des créances et des dettes qu'ils engendrent, mais sous la forme financière des *recettes* auxquelles doivent aboutir les créances encaissées en deniers, et des *dépenses* auxquelles doivent aboutir les dettes payées en deniers;

2° L'année financière ne s'exprime pas en un plan de comptabilité unique, mais en deux plans différents, le budget et l'exercice financier, que l'on rapproche au moment des comptes. — Le budget, c'est l'année financière à l'état de prévision, c'est donc l'état de prévision des recettes et des dépenses à exécuter dans une certaine année financière; l'exercice financier, c'est l'année financière en tant qu'elle s'exécute, c'est donc l'exécution des recettes et des dépenses, ou, comme on dit, des *services financiers* relatifs à une certaine année financière.

Les comptes, c'est la vérification faite après coup de la régularité de toutes ces opérations, et faite surtout par le rapprochement du budget et des résultats de l'exercice financier d'une même année financière (1).

De ces observations, il résulte que les règles de la comptabilité budgétaire doivent être soigneusement distinguées des règles de fond du droit administratif : ce sont des règles d'une espèce de pro-

---

(1) La clef du système de la comptabilité publique est, on le voit, la décomposition de l'année financière en plusieurs éléments dont les deux principaux sont le budget et l'exercice financier. Jusqu'à un certain point, l'année financière se dissout en ces deux éléments; elle se dissout tellement qu'on a pris l'habitude de n'en plus parler, on l'identifie avec l'état de prévision, c'est-à-dire avec le budget, et on considère ensuite l'exercice financier comme étant l'exécution du budget. Ces raccourcis et ces simplifications sont sans inconvénients dans la pratique, mais, dans une étude théorique, il me paraît qu'il importe de mettre chaque chose à sa place et de faire réapparaître la notion fondamentale de l'année financière; on pourrait y rattacher la pratique des *budgets additionnels* des administrations locales et des *crédits supplémentaires* pour l'État. Au reste, la loi du 25 janvier 1889 sur l'exercice financier pose très nettement dans son article 1er la nécessité de l'année financière : « Les droits acquis et les services faits du 1er janvier au 31 décembre *de l'année qui donne son nom à un budget*, sont seuls considérés comme appartenant à l'exercice de ce budget » (Cf. Paul Boiteau, *Dictionnaire des finances*, v° *Budget*); et, en réalité, l'exercice financier produit des effets à l'égard des dettes de l'État qui sont nées dans l'année financière, mais hors budget (V. *infra*, *Déchéance quinquennale*), il a donc quelque chose de plus large que le budget.

cédure très particulière, qui est *objective*, c'est-à-dire qui existe dans l'intérêt de l'organisation administrative et de la puissance publique; elle est pour le bon ordre des finances et elle doit, aussi peu que possible, influer sur les droits et obligations qui se cachent sous les opérations financières. Cependant, il n'est pas possible qu'elle ne produise pas accidentellement quelque effet sur le fond du droit; c'est ainsi que le budget, sous forme d'autorisation de dépenses, autorise en réalité des opérations administratives; c'est ainsi encore que la déchéance quinquennale atteint non seulement les dépenses publiques, mais fatalement aussi les dettes, c'est-à-dire les droits acquis par les créanciers de l'État pendant l'année financière; nous examinerons plus loin les rapports qui se créent ainsi entre la comptabilité et le fond du droit.

A. *Le budget*. — Le budget est l'acte par lequel sont *prévues et autorisées* les recettes et les dépenses *annuelles* des administrations publiques (Cf. Décr. 31 mai 1862, art. 5; Décr. 12 juill. 1893, art. 4). Ainsi, d'une part, le budget prévoit les recettes et les dépenses, et, d'autre part, il les autorise (1).

Le budget se compose, en réalité, de deux tableaux, l'un des recettes, l'autre des dépenses.

Un bon budget doit présenter un certain nombre de qualités :

1° Il doit embrasser l'*universalité* des services et des opérations à effectuer dans l'année, il ne doit y avoir aucun service hors budget (2);

2° Il doit y avoir dans un budget *unité d'écritures*, c'est-à-dire un seul tableau des recettes et un seul tableau des dépenses pour une même personne administrative (3);

---

(1) Il est à remarquer, en effet que, du moins en ce qui concerne les recettes de l'État, celles qui sont établies par des lois permanentes, par exemple tous les produits des contributions indirectes, ne peuvent pas être perçues sans l'autorisation du budget ou sans des lois de douzièmes provisoires; de même, l'opération de la répartition des contributions directes ne peut pas être mise en train tous les ans avant l'autorisation budgétaire, et c'est pourquoi l'habitude s'est établie de distraire de la loi du budget celle des contributions directes et de la voter avant la session d'août des conseils généraux, afin que ceux-ci puissent procéder à la répartition. Pour ce qui est des dépenses, le budget les autorise sous la forme d'ouvertures de crédits.

(2) Il a été très difficile de faire disparaître les services hors budget de l'État; sous les noms divers de compte de liquidation, budget extraordinaire, budget spécial, etc., ils ont reparu avec opiniâtreté à diverses reprises et pendant de longues périodes. Le budget extraordinaire a disparu cependant en 1891, mais il reste certains services hors budget confiés au Trésor. De plus, le budget de 1920 a vu reparaître un budget spécial des dépenses recouvrables sur les versements à recevoir en exécution des traités de paix, budget qui sera alimenté par l'emprunt.

D'autre part, les services doivent figurer avec leurs recettes et leurs dépenses brutes (par exemple, les recettes brutes des contributions doivent figurer au budget des recettes, sauf à faire état au budget des dépenses des frais de perception).

(3) Cette règle n'est pas entièrement observée pour le budget de l'État qui contient

3° Le budget doit être *préalable* (1) ;
4° Le budget des dépenses doit être *spécialisé dans ses crédits* (2) ;

des budgets *annexes*, c'est-à-dire les budgets de certains services, tels que celui de l'Imprimerie Nationale ou des chemins de fer de l'État ou de la Légion d'honneur, appartenant ou non à des établissements doués de personnalité, mais que l'on rattache pour ordre dans une pensée de contrôle.

La règle de l'unité d'écritures n'empêche point que le budget des administrations locales ne soit divisé en un budget sur ressources ordinaires et un budget sur ressources extraordinaires, parce qu'il n'y a là qu'une subdivision d'un seul et même budget établie pour distinguer la nature des ressources. Les ressources ordinaires sont celles que l'on peut considérer comme des revenus, les ressources extraordinaires celles qui consistent en un capital, comme le produit d'un emprunt. Cette distinction n'est pas appliquée aux ressources de l'État, mais elle est imposée à toutes les administrations locales (V. L. 5 avril 1884, art. 132 et s. ; Décr. 11 juill. 1893, art. 23 et s.).

(1) Cette règle s'entend avec rigueur pour le budget de l'État, qui doit être dressé à l'avance pour l'année entière en recettes et en dépenses et qui doit être à l'avance équilibré ; il résulte de là que toute dépense nécessaire non prévue, survenant en cours d'année, nécessite une demande de *crédits supplémentaires* au Parlement et donne lieu à toute une procédure constitutionnelle. Pour les administrations locales et pour les établissements publics, le budget n'est pas préalable au même degré ; il n'est pas nécessaire que toutes les dépenses soient prévues à l'avance ni que le budget soit équilibré, le budget des dépenses reste pour ainsi dire ouvert pendant toute la durée de l'année financière, tant qu'il y a des ressources disponibles, et ce qui n'a pas été prévu au budget principal figure tous les ans au budget additionnel.

Cette différence dans la comptabilité tient à une différence de nature fondamentale dans l'administration de l'État et dans les autres administrations. L'administration de l'État présente un grand caractère de nécessité, les dépenses de cette administration également ; il importe donc que le gouvernement commence par dresser le budget des dépenses, qui toutes sont considérées comme également indispensables, et il faudra trouver assez de recettes pour faire face aux dépenses, la dépense commande la recette. Au contraire, dans les administrations locales, la recette commande la dépense ; on ne dépense que ce que l'on a et l'on ne dépense pas nécessairement tout ce que l'on a. — Il est vrai que dans les budgets des administrations locales il y a des dépenses obligatoires, mais elles sont généralement couvertes et au delà par les recettes (Cf. ma note dans S., 1900. 3. 65).

(2) On appelle crédit la somme prévue au budget pour une dépense déterminée ; on alloue un crédit, on ouvre un crédit, etc. ; il est clair que l'on peut plus ou moins détailler les crédits, il est clair aussi que plus on détaillera les crédits, moins l'administrateur chargé d'exécuter les services aura de latitude, moins il pourra modifier les éléments de la dépense des services.

Si, par exemple, on allouait un crédit en bloc pour un service, l'administrateur resterait libre d'employer telle partie de la somme au personnel, telle autre au matériel ; mais si on ouvre des crédits distincts pour ces deux éléments, l'administrateur sera lié, car il lui est interdit de faire des *virements*, c'est-à-dire d'employer un crédit à une dépense autre que celle qui est prévue. Dans le budget de l'État, les crédits se sont progressivement spécialisés, ils sont votés par chapitres, sous-chapitres, articles, et, s'il y a lieu, paragraphes (L. 28 déc. 1895, art. 53), mais cette spécialisation n'arrive cependant pas encore à une individualisation absolue du crédit, c'est-à-dire à son adaptation exacte à une dépense déterminée. Dans les budgets des administrations locales, comme le fonctionnement des services est plus simple et permet des prévisions plus exactes, on arrive à une individualisation presque complète des crédits.

5° Le budget des recettes doit être *alimenté par des impôts et non pas par des emprunts* (1).

Le budget est voté par les assemblées délibérantes administratives, il est le principal instrument de leur pouvoir, c'est par lui que ces assemblées règlent l'action de l'organe exécutif ; d'autre part, les assemblées locales n'ont pas pleins pouvoirs pour régler le budget, c'est un point où elles restent soumises à la tutelle de l'administration centrale ; il y a la question des *dépenses obligatoires* auxquelles elles doivent pourvoir, etc., ces questions ont déjà été examinées à propos de l'organisation administrative (V. p.   ) (2).

B. *L'exercice financier.* — L'exercice financier est la *période d'exécution des services d'un budget* (Décr. 31 mai 1862, art. 4 ; Décr. 12 juill. 1893, art. 3 ; L. 25 janv. 1889, art. 1er et 3) ou mieux, la *période d'exécution des services d'une année financière*, période pendant laquelle les paiements opérés sont rattachés par les comptables aux années financières aux services desquelles les opérations se rapportent (3).

L'existence parallèle d'une trop grande quantité d'exercices financiers en cours d'exécution serait une cause de complications intolérables dans les comptes (4) ; on a vite compris qu'il était nécessaire de liquider rapidement les exercices financiers des années écoulées ; deux institutions ont été organisées dans ce but, la *clôture des exercices*, la *péremption des exercices* ou *déchéance quinquennale*.

1° *La clôture des exercices.* — A un certain moment, l'exercice d'une année est *clos*, c'est-à-dire que les crédits non employés sont

(1) C'est pour cette raison que lorsqu'on est obligé d'avoir recours à l'emprunt pendant un certain nombre d'années, on ouvre des budgets spéciaux.

(2) Le vote du budget n'est qu'un acte administratif ; le vote du budget de l'État se présente en forme de loi, mais ce n'est pas une loi ordinaire (V. Esmein, *Droit constitutionnel*, p. 707).

(3) Pour bien comprendre la notion de l'exercice financier, il faut comparer la comptabilité *par exercice* et la comptabilité *par gestion*, qui, toutes les deux, sont appliquées aux services financiers (Décr. 31 mai 1862, art. 2). Un comptable compte *par gestion* lorsqu'il tient registre des paiements et des encaissements qu'il a opérés pendant une certaine période, par ordre chronologique et sans distinguer les années aux services financiers desquelles ces opérations se rattachent. Il compte, au contraire, *par exercice* lorsqu'il enregistre les paiements qu'il opère en les rattachant aux années financières aux services desquelles ces opérations se rapportent. La nécessité de ces deux modes de comptabilité provient de ce que les services financiers d'une année ne s'exécutent pas en réalité tous dans l'année afférente ; il y a toujours en retard des opérations des années précédentes qui viennent se mêler à celles de l'année courante ; d'une part, il faut noter au fur et à mesure toutes ces opérations, d'autre part, il convient d'en faire le triage par exercices, si l'on veut pouvoir contrôler chaque année financière.

(4) Et, en même temps, une source d'arbitraire ministériel, car il serait bien impossible de contrôler un ministre qui assignerait des paiements sur des exercices remontant à trente ans.

annulés et que les dépenses afférentes à cet exercice, qui n'ont pas encore été payées, devront être réordonnancées sur les exercices ultérieurs; à cet effet, il est ouvert pour mémoire dans tous les budgets un chapitre intitulé *Dépenses sur exercice clos* (1). En même temps, il est interdit aux administrateurs d'imputer des dépenses de l'année courante sur les exercices clos (Ord. 14 sept. 1822) (2).

2° *La péremption des exercices et la déchéance quinquennale* (3). — Les mesures prises pour assurer la clôture des exercices n'auraient pas été efficaces si les créanciers de l'État avaient conservé pendant trente ans le droit de se faire payer sur le chapitre des dépenses sur exercice clos; ce chapitre aurait été très chargé dans tous les budgets et un arriéré considérable aurait continuellement pesé sur les comptes. Il a fallu intéresser les créanciers à la prompte liquidation des exercices clos en les atteignant dans leurs droits par une courte péremption. L'institution de la péremption ou de la déchéance quinquennale, qui serait utile pour toutes les administrations publiques, n'existe cependant que pour l'État (L. 29 janv. 1831, art. 9 et 10; L. 10 mai 1888, art. 7 et 8; L. 3 mai 1842, art. 13) et pour les colonies (Ord. 22 nov. 1841, art. 44 et 45) (4).

Règles de la déchéance quinquennale. — Sont prescrites et définitivement éteintes au profit de l'État les créances qui n'auraient pas été liquidées, ordonnancées et payées dans un délai de cinq années à partir de l'ouverture de l'exercice où elles sont nées (L. 29 janv. 1831, art. 9), tel est le principe de la déchéance :

a) *Des créances auxquelles s'applique la déchéance.* — A toute créance d'une somme d'argent, qu'elle soit née de l'exécution même du budget ou qu'elle soit née hors budget (5);

(1) La loi de règlement du budget valide après coup les dépenses réellement payées (Ord. 14 sept. 1822, art. 20 et 21; L. 23 mai 1834; Ord. 10 fév. 1838; Décr. 31 mai 1862, art. 125).

(2) A quel moment un exercice est-il clos ? En principe, en même temps que l'année financière qui est elle-même l'année du calendrier, mais il y a des délais de grâce pour certaines opérations en retard; ces délais de grâce ont été progressivement réduits; pour l'État, la loi du 25 janvier 1889 les a ainsi fixés : jusqu'au 31 mars de l'année suivante, pour la liquidation et l'ordonnancement des sommes dues aux créanciers; jusqu'au 30 avril pour le paiement des dépenses, etc.; d'autres opérations se poursuivent jusqu'au 31 juillet, dernier délai (Pour les départements, V. Décr. 12 juill. 1893, art. 6 et 7; pour les communes, clôture le 31 mars). Le ministre des Finances prépare une réforme qui reporterait au printemps le point de départ de l'année financière et de l'exercice financier.

(3) V. Laferrière, *Juridiction administrative*, 2ᵉ édit., II, p. 250-264; Dumesnil et Pallain, *Législation du Trésor public*, 2ᵉ édit., p. 402 et s.; Le Gouix, *La déchéance quinquennale*, Paris, 1901.

(4) Avant l'institution permanente de la déchéance quinquennale, il y avait eu des lois de déchéance pour certains arriérés spéciaux; la plus importante avait été celle du 25 mars 1817, sur l'arriéré du Premier Empire, la liquidation de cet arriéré dura dix-sept ans et aboutit à un total de 653 millions.

(5) Aux droits acquis pour services faits, aux créances qui proviennent d'opérations

b) *Du point de départ de la déchéance.* — Comme chaque exercice est périmé en bloc, pour toutes les créances afférentes à un exercice le point de départ de la déchéance est le premier jour de l'année financière, c'est-à-dire jusqu'ici, le 1er janvier (1);

c) *Du maniement de la déchéance.* — D'une part, l'application de

domaniales aussi bien qu'à celles qui proviennent de la gestion des services publics. Cons. d'Ét., 12 avril 1843, *Sallentin*, créance contre une succession recueillie par l'État. N'échappent à la déchéance quinquennale que les revendications de droits réels. Cf. Cons. d'Ét., 26 juill. 1844, *Pellegrini;* 12 fév. 1857, *Delamarre*. Ou bien les réclamations pécuniaires soumises à d'autres déchéances, par exemple, celle des arrérages des rentes (L. 24 août 1793, art. 156; Décr. 31 mai 1862, art. 217) ou des arrérages des pensions (Arr. 15 flor. an XI; L. 9 juin 1853, art. 30).

(1) Ainsi, pour toutes les créances afférentes à l'exercice 1921, le point de départ est le 1er janvier 1921 et toutes ces créances seront prescrites le 1er janvier 1926. Mais à quel exercice une créance contre l'État est-elle afférente? Si c'est une créance née de l'exécution du budget, pas de difficultés; si c'est une créance née hors budget, elle appartient également à l'exercice de l'année où elle est née, non pas à l'exercice de l'année où l'État aurait été condamné à payer. Ainsi, dans l'hypothèse des dommages résultant de travaux publics ou, d'une façon plus générale, dans le cas de droit à indemnité, la créance naît du jour du préjudice et non pas du jour de la condamnation de l'État, parce que les jugements sont purement déclaratifs (Cons. d'Ét., 28 mai 1880, *Delrieu;* 25 fév. 1881, *Raveaud;* 9 fév. 1883, *La Providence;* 8 août 1894, *Buisson;* 7 fév. 1896, *Cornaille*).

De l'interruption de la déchéance. — La déchéance quinquennale n'ayant d'autre but que de forcer les créanciers de l'État à faire diligence pour obtenir la liquidation et le paiement de leurs créances, ceux-ci doivent être à couvert s'ils ont fait les diligences convenables et si les retards proviennent de l'administration; la loi du 29 janvier 1831, article 10, a pris dans ce but une disposition : « Les dispositions précédentes ne seront pas applicables aux créanciers dont l'ordonnancement et le paiement n'auraient pu être effectués dans les délais déterminés, par le fait de l'administration ou par suite de pourvois formés devant le Conseil d'État; — tout créancier aura le droit de se faire délivrer par le ministre compétent un bulletin énonçant la date de sa demande et les pièces produites à l'appui. »

Ainsi, si avant l'expiration du délai de cinq ans, le créancier a introduit une demande de liquidation régulière devant le ministre, ou bien si, avant la même date, une juridiction compétente a été saisie par lui d'une réclamation (Mais l'interruption ne résulterait ni d'une demande formée devant une juridiction incompétente, ni d'un simple commandement) (Cons. d'Ét., 19 mai 1853, *Touillet*), la déchéance quinquennale ne peut pas être invoquée contre lui. Et, tant que durera la procédure de liquidation, ou même tant que dureront les recours au Conseil d'État contre la décision de liquidation, la déchéance se trouvera interrompue. Mais quelle sera la situation, une fois terminée cette liquidation qui aura été retardée au delà du délai de cinq ans? Si l'on admet l'idée que nous sommes en présence d'une cause d'interruption de prescription, et cela est généralement admis, il n'y a qu'à appliquer les principes, un nouveau délai de cinq ans recommence à courir à partir du 1er janvier de l'année où est intervenue la liquidation tardive et, dans ce nouveau délai, le créancier doit faire *ordonnancer et payer*. Sur cette délicate question, V. les concl. de M. le commissaire du gouvernement Romieu dans l'affaire *Dufourcq*, Cons. d'Ét., 12 janv. 1894 (Lebon). — Cf. Dumesnil et Pallain, *Législation du Trésor public*, 2e édit., p. 408, et les arrêts suivants du Cons. d'Ét., cités par M. Romieu : 14 janv. 1842, *Julien;* 26 juill. 1855, *Hayet;* 8 juill. 1892, *Hugot;* 27 fév. 1903, *Egger*.

la déchéance est exclusivement dans les attributions du ministre liquidateur (1); d'autre part, le ministre n'a pas le droit de renoncer à invoquer une déchéance encourue, car il ne peut ni faire de cadeaux au nom de l'État, ni ordonnancer le paiement d'une dette naturelle (2); enfin le ministre n'est pas obligé d'invoquer la déchéance quinquennale dès qu'on formule devant lui la réclamation de paiement, il peut rejeter cette réclamation pour des motifs tirés du fond et plaider (3); le contentieux de la décision du ministre sur l'application de la déchéance, qui fait partie du contentieux de la liquidation, appartient exclusivement au Conseil d'État (Cons. d'Ét., 6 mai 1898, *Galinier*);

d) *Du caractère de la déchéance quinquennale.* — La déchéance quinquennale est une *prescription* en ce qu'elle atteint même les droits justifiés, tandis que d'ordinaire les déchéances n'anéantissent que des procédures de réclamation ou de justification. Mais c'est une prescription aussi rigoureuse qu'une déchéance (4).

C. *Les comptes du budget.* — Tout le mécanisme budgétaire a pour objet de rendre compte, année par année, de la situation financière. A cet effet, le budget, état de prévision, est dressé par l'organe délibérant, les services financiers sont exécutés dans la période de l'exercice financier par l'organe exécutif; il faut qu'on s'assure, par le rapprochement des comptes d'exercice et du budget, que les services financiers ont bien été exécutés tels qu'ils avaient été prévus. C'est, en effet, ce qui se produit; une fois l'exercice clos, l'organe exécutif présente son compte administratif à l'organe délibérant qui est chargé de l'approuver (5).

(1) Ni les tribunaux judiciaires, ni les conseils de préfecture, ni un ministre qui ne serait pas le ministre liquidateur (Cons. d'Ét., 20 janv. 1911, *Compagnie d'Orléans*) ne sont compétents pour l'appliquer d'office; le Conseil d'État lui-même ne peut pas l'appliquer d'office, mais elle peut être invoquée par le ministre liquidateur, même devant un tribunal judiciaire (Confl., 15 nov. 1913, *Meyer*).

(2) Si, en fait, le ministre renonce à invoquer une déchéance encourue, comme le Conseil d'État ne peut pas se saisir d'office, il n'y a que le payeur qui puisse sauvegarder les droits de l'État en refusant de payer pour défaut de crédits et en saisissant de la difficulté le ministre des Finances (Décr. 31 mai 1862, art. 91).

(3) La déchéance peut être invoquée même après que l'État a été condamné au fond (Cons. d'Ét., 22 nov. 1889, *Nicquevert*); mais si le ministre a eu tort de ne pas invoquer la déchéance dès qu'a été formulée la réclamation et si le réclamant a été induit en un procès, il y a une faute de service qui engage la responsabilité de l'État et celui-ci peut être condamné aux dépens de l'instance considérés comme frais frustratoires (Cons. d'Ét., 16 déc. 1900, *Madelain*).

(4) Elle ne comporte pas d'autre atténuation que la cause d'interruption prévue par l'article 10 de la loi du 29 janvier 1831, par conséquent ni autres cas d'interruption, ni cas de suspension. Elle court contre les mineurs et les interdits (Cons. d'Ét., 13 janv. 1888, *Arbinet*) et aussi contre le créancier qui a totalement ignoré sa créance (Cons. d'Ét., 17 mai 1895, *Laurel*).

(5) Ce règlement annuel des budgets après exercice clos se fait assez simplement

D. *Des rapports qui s'établissent entre la dépense budgétaire et la dette administrative* (1).

pour les administrations locales, dont les assemblées délibérantes, en cours d'année, ont surveillé de très près l'exécution des services; il présente plus de difficultés pour l'administration de l'État dont l'énorme budget est exécuté par les ministres avec un contrôle beaucoup moins constant du Parlement. Aussi, les comptes administratifs des ministres ne sont-ils présentés au Parlement qu'après avoir été sévèrement examinés par la Cour des comptes qui est chargée de prononcer à leur sujet deux déclarations de conformité, l'une constatant que les chiffres concordent avec ceux révélés par les comptes des comptables (que la cour vient d'apurer), l'autre constatant que les règles budgétaires prohibant les dépassements de crédits, les virements, etc., ont été observées par les ministres; ces déclarations de conformité sont accompagnées d'un rapport dans lequel la Cour des comptes signale au Parlement les infractions budgétaires qui ont été commises; enfin, le Parlement règle le compte du budget par le vote d'une loi que l'on appelle loi des comptes. La loi du 25 janvier 1889, articles 6 et 7, a pris des mesures pour que la loi des comptes soit présentée rapidement; mais en fait, le Parlement met un retard inconcevable à la voter — en moyenne, sept à huit ans après l'année dont il s'agit. — V. sur ces matières, Emmanuel Besson, *Le contrôle des budgets en France et à l'étranger*, 1899.

(1) Nous avons déjà vu, p. 837, qu'une dette administrative ne peut être payée que lorsqu'elle a revêtu la forme d'une dépense budgétaire; les règles sur la déchéance quinquennale nous ont appris que, pour les dettes de l'État, cette forme de la dépense budgétaire doit être obtenue dans un délai très court, sous peine de péremption du droit; la forme de la dépense budgétaire est donc très importante, mais il faut se garder de croire qu'elle absorbe et détruise la matière propre ou même la forme propre de la dette; elle vient s'y surajouter, ainsi qu'il va résulter des observations suivantes :

a) Il n'est pas nécessaire que les dettes administratives *naissent* sous la forme de dépenses prévues dans un budget. Sans doute beaucoup naissent à la suite des opérations autorisées par les crédits ouverts au budget des dépenses, mais il en est beaucoup d'autres qui naissent hors budget; telles sont les dettes d'indemnité pour préjudice causé, les dettes dont le principe se trouve dans une loi antérieure (toutes les dépenses obligatoires des administrations locales), les dettes provenant de la gestion d'affaire ou de l'*in rem versum* et aussi les dettes provenant des marchés engagés par les ministres en dépassement de crédits;

b) Même pour les dettes qui sont d'avance prévues au budget des dépenses, il faut savoir qu'elles ne naissent pas de la seule ouverture du crédit, mais d'un fait obligatoire qui est venu se joindre à l'ouverture du crédit pendant l'exécution du budget. Ce fait obligatoire peut être de nature contractuelle, par exemple un marché passé (Confl., 11 mai 1901, *Casadavant*, S., 1901. 3. 113 et ma note), mais ce peut être aussi une *situation du commerce juridique* qui s'est établie, un concours qui a été apporté à l'exécution d'un service public, sans contrat, sur la foi d'une création d'emploi et d'une allocation votée (Cons. d'Ét., 26 fév. 1892, *Commune de Lion-sur-Mer;* 8 avril 1892, *Commune de Rennes;* 24 fév. 1896, *Ville de Narbonne*. Cf. Barthélemy, *Les droits subjectifs des administrés*, p. 173). Dans ces diverses hypothèses, non seulement l'allocation avait été votée pour l'emploi créé, mais même elle avait été payée pour le premier douzième : il y avait eu commencement d'exécution (il a été décidé que le traitement était dû pour l'année entière); ou bien même un concours qui a été apporté à une œuvre d'utilité publique sur la foi d'une subvention votée. La subvention votée constitue une légitime espérance et, si des services faits viennent s'y ajouter, elle est due pour l'exercice courant (Cons. d'Ét., 22 juin 1888, *Ville de Biarritz*). La subvention budgétaire est en soi l'ouverture de crédit pure et simple, elle ne comporte par elle-même aucun engagement; elle se distingue par là des contributions budgétaires qui sont imposées par des lois ou par des engagements administratifs antérieurs. On estime, dans les tractations administratives, que la promesse de subvention dégénère en un engagement lorsqu'elle est limitée à un certain chiffre et à un certain nombre d'années (Cons. d'Ét., 3 avril 1903, *Ville d'Alger*).

A titre de dépenses publiques, les subventions des assemblées locales sont astreintes aux conditions de validité des délibérations de ces assemblées, c'est-à-dire qu'elles peuvent être annulées si elles sortent de la légalité et des bornes de la compétence. V. ce qui a été dit à cet égard, p. 329.

c) La transformation de la dette en une dépense publique par une liquidation ou par une inscription au budget ne constitue pas une novation, car les justifications de la dette primitive suivent le dossier jusqu'au paiement par le comptable et même jusqu'à l'apurement des comptes par le juge des comptes. V. cependant les observations de M. le commissaire du gouvernement Romieu sur le cas où la liquidation intervient après l'expiration du délai de la déchéance quinquennale (Cons. d'Ét., 12 janv. 1894, *Dufourg*).

Donc, la dette administrative, c'est ce qui est dû en vertu des sources générales des obligations (contrat, quasi-contrat, quasi-délit, loi); la dépense budgétaire, c'est la dette administrative revêtue (soit dès le principe, soit *a posteriori*) d'une forme comptable qui autorise le paiement et qui vient s'ajouter à la forme primitive de la dette.

TITRE III

LES DROITS DE PERSONNE PRIVÉE

Section préliminaire. — Caractères généraux des droits de personne privée.

Définition. — Les droits de personne privée appartenant aux administrations publiques ne comportent aucune réquisition, ils n'entraînent, ni pour les personnes, ni pour les propriétés, aucune charge exceptionnelle (1).

Subdivision des droits de personne privée. — Ces droits sont tous domaniaux, ils se divisent en deux grandes catégories : 1° le *domaine privé*, qui n'est autre chose que le droit de propriété privée appartenant aux personnes administratives; 2° les *modes d'acquérir de personne privée*, c'est-à-dire les modes d'acquérir qui ne supposent point de réquisition au nom de la puissance publique.

Des règles de droit applicables aux droits de personne privée. — Nous avons vu que, pour les droits de puissance publique, il fallait

---

(1) L'exercice de ces droits provoque diverses observations :

1° Théoriquement, ces droits ne sont pas pour l'exécution des services publics, mais pour la gestion du domaine privé. Pratiquement, ils concourent cependant à alimenter le service des finances, car tous les revenus du domaine privé sont versés au budget; de plus, V. ce qui sera dit *infra* de la loi du 31 octobre 1919.

Dans les administrations locales, il y a des opérations qui sont certainement effectuées pour l'exécution de services publics et qui cependant sont considérées comme privées, tels sont les marchés de fournitures et les emprunts des départements et des communes. Cette anomalie déjà plusieurs fois signalée tient à ce que, pendant longtemps, l'exécution des services départementaux et communaux a été considérée comme une affaire privée;

2° Les opérations de personne privée apparaissent toujours comme des mesures d'exécution de décisions exécutoires préalables, contre lesquelles décisions exécutoires subsiste le contentieux de l'annulation (par exemple des délibérations de conseils généraux ou de conseils municipaux);

3° Les préjudices causés par l'administration dans l'exercice des droits de personne privée donnent lieu à l'application de la théorie civile de la responsabilité pour faute (V. p. 377);

4° Les créances et les dettes qui résultent, pour l'administration, de l'exercice de ces droits de personne privée sont munies, au point de vue du recouvrement et du paiement, des mêmes privilèges financiers que celles qui résultent de l'exercice des droits de puissance publique et elles sont soumises à la même comptabilité budgétaire.

appliquer des règles spéciales, qui ne se rattachent au reste du droit que parce qu'elles s'inspirent des principes constitutionnels et des données les plus générales des contrats. Pour les droits de personne privée, au contraire, il faut appliquer en principe, et sauf exception, les règles du droit commun, soit du droit civil, soit du droit commercial, non seulement les règles générales des contrats, mais les règles spéciales de chaque contrat; si l'on se trouve en présence d'un bail de maison, par exemple, appliquer les règles des baux. Nous verrons cependant dans la matière des dons et legs que, même ici, les pratiques administratives tendent à modifier le droit civil.

La prescription s'applique aux droits de personne privée dans les termes du droit commun (art. 2227 C. civ.). Les personnes administratives peuvent librement transiger sur ces droits (1). De plus, en principe et sauf exception, les contestations qui s'élèvent à la suite de l'exercice des droits de personne privée sont de la compétence des tribunaux ordinaires.

(1) Le Conseil d'État a posé en principe « qu'aucune disposition de loi ou de règlement n'interdit à l'État la faculté de transiger (Avis 27 fév. 1868; Cons. d'Ét., 23 déc. 1887, *Évêque de Moulins*; 18 mai 1877, *Banque de France*; 17 mars 18-3, *Chemins de fer contre ministre de la Guerre*); en principe donc, l'État peut transiger, même sur ses droits de puissance publique; il est vrai que, pour qu'une opération de puissance publique prête à transaction, il faut qu'elle se présente d'une façon synallagmatique. Cette condition se trouve réalisée dans les marchés de travaux publics et dans les marchés de fournitures. Le droit de transiger appartient alors au ministre et il trouve à s'exercer dans la liquidation du marché. — A plus forte raison, le droit de transiger appartient-il à l'État pour son domaine privé et ici il est exercé par le ministre des Finances (Arr. 3 juill. 1834). — Enfin, il faut noter qu'il peut être transigé encore sur la poursuite des délits et contraventions en matière de forêts (C. for., art. 159; L. 18 juin 1859; Décr. 22 déc. 1879), en matière de contributions indirectes (Arr. 5 germ. an XII, art. 23; Ord. 3 janv. 1821, art. 10; Décr. 1er nov. 1895) et en matière de douanes (V. Décr. 8 août 1890).

Pour les départements, l'article 46, n° 16, de la loi du 18 août 1871 énumère parmi les délibérations définitives du conseil général celles relatives « aux transactions concernant les droits du département »; il n'y a pas de raison pour que cela ne vise pas les marchés de travaux aussi bien que les opérations privées.

Pour les communes, l'article 68, n° 4, de la loi du 5 avril 1884 énumère parmi les délibérations du conseil municipal soumises à l'approbation du préfet celles portant sur « les transactions »; ici encore, l'expression est générale et vise les marchés de travaux aussi bien que les opérations privées; notons que l'arrêté du 21 frimaire an XII, qui exigeait l'avis préalable de trois jurisconsultes, a été abrogé par l'article 168 de la loi municipale.

Pour les établissements charitables, la loi du 7 août 1851, articles 9 et 18, prévoit également les transactions par délibération de la commission administrative soumise à l'avis du conseil municipal et ajoute que cette délibération suit, quant aux autorisations, les mêmes règles que les délibérations dudit conseil municipal, c'est-à-dire que l'avis préalable de trois jurisconsultes s'est imposé aux établissements charitables aussi longtemps qu'il est imposé aux communes, mais que l'article 168 de la loi du 5 avril 1884 a supprimé par contre-coup cette formalité pour ces établissements en la supprimant pour les communes.

Section I. — Le domaine privé.

Utilité du domaine privé. — Domaine terrien et domaine industriel.
— Le domaine privé a surtout une utilité fiscale, c'est un domaine administré propriétairement dont les revenus doivent être versés dans les caisses publiques (V. cep. *infra*, L. 31 oct. 1919). Dans les États antiques, et même dans les États modernes jusqu'à la Révolution, le domaine privé a joué un rôle prépondérant comme ressource financière. Depuis la Révolution, le système des impôts publics s'est beaucoup développé, tandis que l'ancien domaine privé essentiellement immobilier et terrien était aliéné; il en est résulté une grande diminution d'importance du domaine privé. Mais il ne serait pas impossible que les événements rendissent à cet élément son ancienne importance. La productivité de l'impôt n'est pas indéfinie. Il semble que nous touchions à la limite de ce qui peut être prélevé annuellement et ostensiblement sur les revenus des particuliers. Si cependant les besoins financiers ne cessent de s'accroître, ce qui est probable, il faudra chercher des ressources dans le procédé plus subtil et plus détourné du domaine privé.

Il ne saurait être question de la reconstitution d'un grand domaine terrien qui ne serait pas suffisamment productif, mais il y aurait à envisager la constitution d'un *domaine industriel* composé de plusieurs monopoles (tabac, alcool, etc.) (1) et aussi des *exploitations industrielles* qui pourront faire retour aux administrations publiques et être exploitées en régie; pour l'État, les réseaux de chemins de fer, les mines, les grandes chutes d'eau; pour les communes, les entreprises d'éclairage ou de distribution de force-motrice. L'évolution en ce sens n'est pas encore assez prononcée pour que nous ouvrions une rubrique pour le domaine industriel. Nous ne parlerons donc que de l'ancien domaine privé terrien. Toutes les administrations publiques ont un domaine privé immobilier, même les établissements publics.

A. *Le domaine privé de l'État.* — Il n'y a actuellement qu'un seul domaine privé immobilier de l'État, et toutes les dépendances de ce domaine forment, au point de vue juridique, une seule masse (2).

---

(1) Sur le caractère privé de la fabrication des allumettes chimiques, V. Confl., 24 nov. 1894, *Loiseleur*. — Aux colonies, il existe beaucoup de monopoles financiers créés par simple décret; ainsi, en Indo-Chine, il y a un monopole du sel (Cons. d'Ét., 16 fév. 1906, *Piganiol*) et un monopole de l'alcool (Cons. d'Ét., 25 mai 1906, *Bernhard*); — Sur le monopole des assurances sur la vie établi en Italie par la loi du 4 avril 1912, V. article Jèze, *Revue de droit public*, 1912, p. 433.

(2) On distinguait, avant la Révolution, un grand et un petit domaine; depuis la Révolution, il y a eu un domaine *extraordinaire*, produit de la conquête, servant notamment à constituer des majorats, un *domaine de la couronne* ou des *biens de la*

Les dépendances du domaine privé de l'État comprennent : les forêts nationales, les lais et relais de la mer, les fortifications des places de guerre déclassées, certaines sources minérales, salines, mines, etc., certaines fermes ; enfin on y range souvent certains droits incorporels, tels que le droit de chasse dans les forêts nationales et le droit de pêche sur les fleuves, à supposer qu'il y ait intérêt à séparer ces droits du droit de propriété (1).

B. *Le domaine privé du département.* — Nous ne le faisons guère figurer que pour ordre et pour mémoire, il est très peu important ; il est aliénable, prescriptible et insaisissable, il est administré par le conseil général et le préfet.

C. *Le domaine privé de la commune.* — Le domaine privé de la commune est plus important que celui du département. Ce domaine est aliénable, prescriptible et insaisissable, il est administré par le conseil municipal et par le maire ; en principe, comme pour les biens de l'État, les objets qui ne sont pas affectés à un service public doivent être affermés. Les bois des communes, lorsqu'ils sont suscepti-

---

liste civile. Toutes ces distinctions du domaine et tous ces domaines particuliers sont aujourd'hui abolis.

(1) *Aliénabilité et prescriptibilité du domaine.* — Toutes les dépendances du domaine privé sont aliénables et prescriptibles ; aliénables, parce que les textes anciens qui les mettaient hors du commerce sont abrogés par la loi du 22 novembre 1790 ; cependant cette loi laissa subsister l'inaliénabilité pour les grandes masses de forêts, mais cette dernière exception fut elle-même abolie par la loi du 25 mars 1817 qui affecta les forêts de l'État à la dotation de la caisse d'amortissement. Par conséquent, à l'heure actuelle, les forêts sont aliénables et prescriptibles (Cass., 27 juin 1851, S., 55. 1. 597). Seulement, il faut une loi pour autoriser l'aliénation des immeubles de plus d'un million (L. 1er juin 1864, art. 1er).

Quelques auteurs voient dans cette nécessité d'une loi pour autoriser l'aliénation la preuve que les forêts et les domaines de plus d'un million sont restés en principe inaliénables et imprescriptibles, et ils en font un grand domaine qu'ils opposent au petit domaine qui seul serait aliénable et prescriptible ; ils ressuscitent ainsi l'ancienne distinction. Ils ne voient pas que la loi qui intervient ici n'est qu'un acte d'administration analogue à la loi qui décide un emprunt, que c'est la décision par laquelle l'État aliène tel ou tel bien, et non point une loi qui le rende *aliénable*.

Prescriptibles, les biens du domaine privé le sont parce que l'article 2227 du Code civil soumet l'État et les autres personnes administratives aux mêmes prescriptions que les particuliers. Bien qu'aliénables et prescriptibles, les dépendances du domaine privé sont insaisissables (V. p. 618).

Gestion du domaine. — C'est le préfet qui passe les actes juridiques relatifs au domaine privé de l'État, mais la gestion proprement dite, c'est-à-dire la direction économique, appartient, soit à l'*administration de l'enregistrement, des domaines et du timbre* sous l'autorité du ministre des Finances, soit à l'*administration des eaux et forêts* qui dépend du ministère de l'Agriculture (Décr. 19 avril 1898) ; de plus, les biens affectés à un service public sont gérés sous l'autorité du ministre au service duquel ils sont affectés. Les forêts sont administrées en régie, et il y a tout un corps de règles importantes que l'on appelle le *régime forestier*. Les autres biens de l'État, s'ils ne sont aliénés ou concédés ou affectés à un service public, doivent en principe être affermés (V. *infra*).

bles d'être aménagés, sont soumis au régime forestier. Il y a dans le domaine privé de la commune une catégorie de biens particulièrement intéressante, ce sont les biens *communaux* (1).

(1) *Des biens communaux*. — Les biens communaux ont une origine complexe ; certains d'entre eux peuvent être un vestige de la copropriété de village et nous venir du droit germanique ; d'autres peuvent aussi nous venir, sinon de la législation romaine, tout au moins des traditions des grands propriétaires gallo-romains, qui, dans leurs domaines cultivés par manses, laissaient certains pâtis communs entre les divers tenanciers ; enfin, d'autres peuvent provenir de concessions de terres incultes et de bois faites aux XIIe et XIIIe siècles par les seigneurs à des communautés d'habitants, pour retenir ou attirer les populations. La réalité de cette origine semble attestée par la législation sur le triage dont il va être parlé. Ce qui est certain, c'est qu'ils représentent, ainsi qu'on va le voir, une forme de jouissance communiste.

Très considérables avant la Révolution, ils ont été fortement diminués par les partages qu'on a laissé faire. Bourgin, *Les communaux et la Révolution française*, Nouvelle revue historique, 1908, p. 690. On a beaucoup vanté ces partages qui ont donné quantité de terres à la culture ; on s'aperçoit aujourd'hui que la culture a ses déceptions, et que, dans les mauvaises années, il est bon que des bois ou des terres incultes soient à la disposition des nécessiteux, pour leur fournir certaines ressources de première importance, qu'il y a là une forme d'assistance élémentaire.

Les biens communaux sont affectés à l'usage et à la jouissance des habitants ut singuli d'une ou plusieurs communes, d'une ou plusieurs sections de commune, d'un ou plusieurs hameaux. Ils sont la propriété de la commune ou de la section de commune. L'article 542 du Code civil donne des biens communaux une définition incorrecte, car elle supposerait que les habitants de la commune ont un droit à la propriété de ces biens, ce qui n'est pas.

Condition juridique des biens communaux. — Ils sont la propriété des communes et sections de communes, mais ils sont affectés à l'usage des habitants *ut singuli* des communes, sections de commune ou hameaux. Ce n'est pas un véritable droit d'usage, d'ailleurs, qu'ont les habitants, du moins ce droit n'empêche pas la commune ou la section de commune d'aliéner son communal :

1º Les biens communaux sont aliénables et prescriptibles. Cependant, ils ne peuvent être aliénés que dans des cas restreints, par exemple en vertu de l'article 110 de la loi municipale, car « ils ne sont pas des biens de société, mais des biens de mainmorte ». (Décis. admin., 6 avril 1899, *Revue d'administration*, 99, II, 325. Cf. L. 8 avril 1910, modifiant l'art. 121 C. for. et autorisant la vente des affouages au profit de la commune ou au profit des affouagistes) ; 2º ils peuvent être partagés entre communes et sections de communes copropriétaires (L. 10 juin 1793) ; 3º ils ne peuvent pas être l'objet d'un partage de propriété gratuit entre les habitants, ce mode d'aliénation éminemment dangereux est actuellement interdit (même sous forme de vente fictive, Cons. d'Ét., 13 fév. 1914, *Hazera*).

Au XVIIIe siècle, on avait déjà fortement commencé les partages gratuits, on partageait alors par feux. La loi du 14 août 1792 ordonna le partage des terrains communaux, à l'exception des bois. Enfin, la célèbre loi du 10 juin 1793 rendit le partage gratuit facultatif, mais il suffisait qu'il fût voté par le tiers des habitants de tout sexe, il avait lieu par tête ; c'était la spoliation des générations futures, on l'a appelée une loi agraire. Trois ans après, la loi du 21 prairial an IV venait suspendre la loi de 1793, puis la loi du 9 ventôse an XII valida tous les partages exécutés et fit remise aux communes de ce qui restait. Depuis lors, pas de doute, le partage gratuit est interdit (Avis Cons. d'Ét., 16 mars 1838). Mais il peut être fait des *partages à titre onéreux*, c'est-à-dire des ventes amiables où les seuls ayants droit à la jouissance peuvent acquérir ;

LE DOMAINE PRIVÉ 855

D. *Le domaine privé des colonies.* — Le domaine privé des colonies comprend à peu près les mêmes biens que celui de l'État; il a été constitué par les ordonnances du 26 janvier 1825 et du 17 août 1826. Il est placé dans les attributions du gouverneur et administré par le service du domaine. Les règles d'aliénabilité sont fixées par les décrets constitutifs de chaque colonie.

E. *Le domaine privé des établissements publics.* — Le domaine la formalité de l'adjudication est alors supprimée (Cons. d'Ét., 4 août 1864, *Bellinet*. Cf. Aucoc, *Sections de communes*, 2ᵉ édit., 451); l'autorité judiciaire est compétente pour la validité de ces ventes, mais le conseil de préfecture reste juge de l'aptitude des ayants droit comme s'il s'agissait de la jouissance (Cons. d'Ét., 2 déc. 1904, *Chambourtière*; 3 mars 1905, *Aumeunier*, S., 1906. 3. 1); 4° il peut y avoir partage provisionnel d'usage entre les habitants, ce partage est fait par le conseil municipal. En l'absence de règlement spécial, le partage doit être fait par feu, conformément à l'article 105 du Code forestier (Cons. d'Ét., 1ᵉʳ fév. 1907, *Commune de Saint-Beauzille*).

Énumération des communaux. — Doivent être rangés parmi les biens communaux : 1° les pâturages communs et les forêts affouagères dont les communautés rurales étaient propriétaires à la date de la loi du 28 août 1792 (Cf. Camille Trapenard, *Le pâturage communal en Haute-Auvergne*, Paris, 1904); 2° les forêts affouagères en possession desquelles elles ont pu rentrer en vertu de l'article 1ᵉʳ de ladite loi (Cf. L. 19 avril 1901 sur l'affouage communal et articles de Germain, *Revue générale d'administration*, 1901, II, 129 et s.); 3° les terres vaines et vagues dont les communautés avaient l'usage conjointement avec le seigneur à la même date, ou dont elles ont pris possession dans les cinq ans, à moins que ledit seigneur ou ses ayants cause ne puissent montrer un titre légitime d'acquisition non entaché de féodalité, ou justifier d'une prescription de droit commun (L. 28 août 1792, art. 1ᵉʳ et art. 9, et L. 10 juin 1793, art. 1ᵉʳ). Ces lois sont relatives à l'abolition du *triage*, droit que l'ordonnance de 1669, article 4, titre V, avait consacré au profit du seigneur. Celui-ci, lorsqu'il avait autrefois donné à titre gratuit un bois ou un pâturage, put en reprendre le tiers. — Ce droit s'établit probablement par imitation du cantonnement; il eut de fâcheux effets et donna naissance à des procès interminables. Aboli, pour l'avenir, par la loi des 15-28 mars 1790, article 30, titre II, il le fut rétroactivement par la loi du 28 août 1792. V. Merlin, *Répertoire*, v° *Triage*; 4° le droit à la récolte du varech ou goémon de rive; 5° l'usage appartenant aux communes dans les forêts de l'État (C. for., art. 61 à 85). Le parcours de commune à commune, radicalement aboli par l'article 1ᵉʳ de la loi du 9 juin 1899, pouvait être considéré comme un *communal*; la vaine pâture sur un héritage déterminé, conservée par l'article 12 même loi, peut être également considérée comme un *communal* quoique, pour Merlin, le bien communal suppose propriété.

La vaine pâture générale, abolie en principe, sauf maintien exprès par décisions administratives (L. 22 juin 1890), est plutôt une condition générale de la propriété dans la commune; 6° les accotements des chemins vicinaux, tant que le conseil municipal ne décide pas la vente de l'herbe (Cons. d'Ét., 24 fév. 1911, *Jacquemin*, S., 1912. 3. 73 et ma note).

De l'affouage, des affouagers et des divers usagers. — L'aptitude personnelle des usagers des biens communaux se présente comme une sorte de statut, étant d'ailleurs liée à la qualité d'habitant. Les contestations sur cette aptitude personnelle sont de la compétence du conseil de préfecture, tandis que les contestations entre collectivités sur la propriété des biens communaux sont de la compétence judiciaire (Cons. d'Ét., 13 janv. 1905, *Robin*).

privé des établissements publics ne mérite aucune mention particulière : il est aliénable et prescriptible, mais insaisissable, sa composition et son mode d'administration sont analogues à ceux des biens des départements et des biens des communes. Lorsque des bois possédés par des établissements publics, notamment par des hospices, sont susceptibles d'être aménagés, ils sont soumis au régime forestier.

F. *Loi du 31 octobre 1919 autorisant les départements et les communes à acquérir des terrains et des domaines ruraux, à les bâtir et à les revendre en vue de faciliter l'accession à la petite propriété des travailleurs et des personnes peu fortunées.* Cette loi, dont l'importance sociale pourrait être considérable, fait entrer le domaine privé dans la voie, sinon du service public, du moins de l'action administrative. En effet, les terrains et domaines seront acquis pour le domaine privé des départements et des communes et par des procédés d'acquisition du commerce de la vie privée. Il est vrai qu'ils devront être revendus sans qu'il en résulte ni perte ni gain et que s'ils ont été acquis par une commune, ils devront être revendus avec les formalités qui régissent la vente des biens des communes. V. *infra*.

Appendice au domaine privé. — Les personnes administratives, outre le droit de propriété privée, peuvent avoir également à titre privé d'autres droits réels, des droits de servitude, d'usufruit, d'usage, des privilèges et hypothèques (1).

---

(1) Les droits de *servitude* ne méritent aucune observation.

Les droits d'*usufruit* et d'*usage* soulèvent la question de savoir si l'article 619 du Code civil est applicable. Cet article statue que l'usufruit qui n'est pas accordé aux particuliers ne dure que trente ans. Il ne faut étendre cette disposition aux droits d'usage appartenant aux personnes administratives qu'avec les plus grandes précautions. Beaucoup de droits d'usages sont perpétuels. Sans parler de la disposition de l'article 643 du Code civil relative à l'usage de l'eau d'une source acquis aux habitants d'un hameau, les droits d'usage des communes dans les forêts de l'État sont perpétuels, sauf le droit de cantonnement (art. 61 à 85 C. for.), et beaucoup de droits d'usage sur des halles ou champs de foire appartenant avant la Révolution aux seigneurs, et dont les ayants cause ont conservé la propriété, sont perpétuels (L. 28 mars 1790, t. II, art. 19, et L. 20 août 1790, c. III, art. 2).

Les *privilèges* et *hypothèques* existant au profit des personnes administratives sont intéressants dans leur principe en ce qu'ils montrent le secours que la capacité privée peut prêter à la capacité publique ; en effet, beaucoup de ces privilèges et hypothèques existent à la garantie de droits de puissance publique, les privilèges et hypothèques sur les biens des comptables, par exemple, ou encore les privilèges du Trésor en matière d'impôts, et cependant, en soi, ils sont des droits privés. Ainsi, la capacité privée nous apparaît comme une doublure très utile de la capacité publique, devant procurer à celle-ci les moyens d'action du droit privé.

Envisagés dans leurs détails, ces privilèges et hypothèques intéressent le droit civil plus que le droit administratif :

I. *Les privilèges du Trésor* ont été énumérés p. 808.

II. *Des hypothèques conventionnelles.* — Les personnes administratives, dans les

SECTION II. — LES MODES D'ACQUÉRIR DE PERSONNE PRIVÉE.

§ 1. — **Modes d'acquérir qui procèdent de la loi.**

A. *Attribution des biens vacants et sans maître* (art. 639 et 713 C. civ.). — Ce mode d'acquérir est particulier à l'État (1).

B. *Déshérence.* — Le droit de déshérence appartient à l'État et, dans des hypothèses spéciales, aux hospices, à la Caisse des invalides de la marine et à la Caisse des retraites pour la vieillesse (2).

---

contrats qu'elles passent, peuvent stipuler des hypothèques conventionnelles. Ces hypothèques sont régies par le droit commun, sauf qu'elles peuvent être stipulées dans le contrat passé en la forme administrative par dérogation à l'article 2127 du Code civil (art. 14, tit. II, L. 28 oct. 1790 sur l'administration des biens nationaux).

III. *De l'hypothèque judiciaire.* — Les personnes administratives jouissent du bénéfice de l'hypothèque judiciaire résultant soit des jugements des tribunaux ordinaires, soit des décisions des juridictions administratives statuant au contentieux.

Les contraintes décernées par les autorités administratives, dans les cas et pour les matières de leur compétence, sont assimilées, à ce point de vue, à des jugements de condamnation et emportent l'hypothèque judiciaire au profit de l'État (Avis Cons. d'Ét., 16-25 therm. an XII).

Nous avons vu ce qu'est la contrainte administrative : un titre exécutoire que l'administration se crée à elle-même. D'après l'opinion généralement reçue, ce titre entraîne hypothèque judiciaire, non seulement en matière de *débets,* mais aussi en matière d'impôts (V. les textes cités, p. 806).

IV. *De l'hypothèque légale.* — L'État, les départements, les communes, les établissements publics ont une hypothèque légale sur les biens des receveurs et administrateurs comptables (art. 2121, 3° al., C. civ.). Elle prend rang au jour du commencement de la gestion, à la condition d'être inscrite, car elle n'est pas dispensée d'inscription. Elle s'étend à tous les biens présents et à venir des comptables, sauf en ce qui concerne les comptables de l'État, dont elle ne frappe pas les immeubles acquis à titre onéreux postérieurement au jour de leur nomination (L. 5 sept. 1807, art. 4, 5, 6), ces biens étant déjà frappés du privilège spécial de la loi de 1807.

Pour les fabriques, l'article 17 du décret du 27 mars 1893 décide que l'hypothèque légale ne sera inscrite sur les biens du trésorier que par décision spéciale du juge des comptes et en certains cas déterminés.

Enfin, c'est une question de savoir qui est comptable ; on n'applique l'hypothèque qu'aux agents qui sont *directement comptables,* aux receveurs généraux et particuliers, mais pas aux simples percepteurs.

(1) Pratiquement, il s'applique : aux *épaves terrestres,* choses déposées dans les greffes des tribunaux, dans les lazarets, dans les bureaux de douanes, sommes versées à la poste, etc., lorsque ces choses n'ont pas été retirées dans un certain délai ; aux *épaves fluviales,* objets trouvés sur les bords ou dans le lit des cours d'eaux navigables et flottables ; aux *épaves maritimes,* objets provenant de jet ou naufrage, choses du cru de la mer, herbes marines, ambre, corail, poissons à lard, lorsque le tout est jeté sur la grève ; aux *successions vacantes,* lorsque l'État n'a pas voulu les recueillir par déshérence, afin de n'être pas traité comme successeur à titre universel ; enfin, aux *biens laissés vacants,* par la suppression de la personnalité des établissements publics, des établissements d'utilité publique, et de toutes les associations et congrégations qui constituent des personnes morales si la dévolution des biens n'a pas été réglée autrement.

(2) Le droit de déshérence de l'État est réglé par les articles 723, 724, 767 à 772 du

§ 2. — **Les dons et legs** (1) (art. 910 et 937 C. civ.; L. 4 fév. 1901).

Les personnes administratives peuvent recevoir des donations et des legs, mais, en principe, l'État intervient et il faut qu'il autorise l'acceptation. La législation est la même pour les établissements d'utilité publique, bien que ce soient des établissements privés. C'est un des cas où ils sont soumis à la tutelle de l'État (art. 910 et 937 C. civ.) (2).

La nécessité de l'autorisation gouvernementale pour l'acceptation des libéralités, qui domine toute cette matière, impose une distinction renouvelée de la législation des lois caducaires entre la capacité d'être institué ou *factio testamenti* et la capacité de recueillir ou *jus capiendi* (3).

Code civil. Le droit de déshérence des hospices est réglé par la loi du 15 pluviôse an XIII, article 8, et l'avis du Conseil d'État du 14 octobre 1809. Il porte : 1º sur la succession entière des enfants qui décèdent avant leur sortie de l'hospice, leur émancipation ou leur majorité, lorsqu'il ne se présente aucun héritier pour la recueillir ; 2º sur les effets mobiliers, meubles corporels, linges, vêtements ou autres objets servant à l'usage quotidien apportés par les malades décédés dans les hospices et qui ont été traités gratuitement, à l'exclusion des héritiers; 3º sur les effets mobiliers apportés dans l'hospice, par les malades payants, lorsque ceux-ci y sont décédés sans héritiers.

Le droit de déshérence de la Caisse des invalides de la marine est réglé par la loi du 30 avril 1791, article 4, nº 8. Il porte sur les deniers et effets non réclamés dépendant de la succession des marins et autres personnes mortes en mer.

Le droit de déshérence de la Caisse des retraites pour la vieillesse est réglé par la loi du 2 juillet 1886, article 18. Il porte sur les capitaux réservés dont la Caisse eût été débitrice envers les héritiers ou légataires du crédi-rentier s'ils se fussent présentés dans les trente ans. Pour les effets de la déshérence, renvoi au Code civil.

(1) *Bibliographie* : de Salverte, *Essai sur les libéralités en faveur des établissements civils et ecclésiastiques*, 1859 ; Albert Vandal, *Des libéralités aux établissements publics*, 1879 ; Marguerie, article *Dons et legs*, dans le *Dictionnaire Blanche et Imbert*, 1884 ; Th. Tissier, *Traité des dons et legs*, 1896 ; *Notes de jurisprudence du Conseil d'État*, première publication 1892, deuxième publication 1900; L. Aucoc, *Les établissements publics et la loi du 4 février 1901*, *Revue critique de législation*, 1901, p. 158 ; Michoud, *La théorie de la personnalité morale*, t. II, p. 112 et s., p. 242 et s.

(2) La nécessité de l'autorisation de l'État n'est pas la seule règle exceptionnelle que le droit administratif ait introduite dans la matière des dons et legs, nous en rencontrerons quelques autres qui, toutes, ont pour but d'assouplir le droit civil. Ainsi en est-il de la règle qui permet aux établissements de recevoir avant d'avoir la personnalité, de celle qui permet l'acceptation d'une donation après la mort du donateur, de celle qui autorise l'acceptation partielle d'un legs. En principe, malgré tout, il faut partir des règles du droit civil, tant sur le fond que sur la forme des libéralités.

(3) En effet, le besoin de l'autorisation gouvernementale ne se fait pas sentir au moment de la confection du testament ou de l'offre de la donation et, par conséquent, à ce moment-là, il se pose une question de capacité d'être institué ou gratifié qui est indépendante de la question d'autorisation ; au contraire, au moment de recueillir la libéralité, la nécessité de l'autorisation apparaît et, comme le droit civil a fait de cette autorisation une condition de capacité, il y a donc une *capacité de recueillir ou de recevoir* qui doit être distinguée de la *capacité d'être institué ou gratifié*.

A. *De la capacité d'être institué.* — En théorie, toute personne morale devrait avoir la personnalité juridique, complète, qui comprendrait la capacité d'être institué ou gratifié. Pratiquement, bien que la capacité soit la règle, il faut faire des distinctions (1).

Des établissements dont l'existence n'est pas encore reconnue. — Rigoureusement, les établissements qui, tout en ayant une existence de fait, n'ont pas encore la personnalité, ne devraient pas pouvoir être institués ou gratifiés ; cependant, la jurisprudence actuelle du Conseil d'État les admet, leur appliquant par analogie l'article 906 du Code civil qui habilite l'enfant simplement conçu (2).

(1) 1° Les administrations françaises, État, départements, communes, établissements publics, ont la capacité d'être institués ou gratifiés (V. pour le département, art. 46, n° 5, L. 10 août 1871; pour la commune, art. 68, n° 8, L. 5 avril 1884; pour les établissements publics, art. 910, 937 C. civ.); 2° les établissements d'utilité publique français ont également cette capacité (art. 910 et 937 C. civ.; L. 4 fév. 1901, art. 5; L. 1er juill. 1901, art. 11); 3° les associations simplement déclarées n'ont pas la capacité d'être instituées ou gratifiées (L. 1er juill. 1901, art. 6; pour les associations cultuelles, V. *supra*, p. 528); 4° les articles 910 et 937 du Code civil et l'ordonnance du 2 avril 1817, articles 1 et 3, établissent que « les pauvres d'une commune » constituent une collectivité capable d'être instituée ou gratifiée ; par une conséquence logique, des libéralités peuvent être adressées aux pauvres d'un canton, d'un arrondissement, d'un département et même aux pauvres de France ; en effet, elles seront considérées comme adressées à un ensemble de collectivités communales de pauvres (Tissier, *op. cit.*, n° 135); 5° la question est discutée de savoir si les États étrangers et les différentes administrations étrangères ont la capacité d'être institués ou gratifiés en France (V. la *Bibliographie*, p. 92).

De certaines restrictions à la capacité. — Les congrégations religieuses reconnues ne peuvent recevoir que des legs à titre particulier; elles ne peuvent recevoir d'un de leurs membres, par donation entre vifs ou par testament, que le quart des biens de celui-ci, à moins que le don ou legs n'excède pas la valeur de 10 000 francs (L. 24 mai 1825, art. 4 et 5).

Les Petites Sœurs des pauvres ne peuvent posséder ni rentes ni immeubles autres que ceux affectés au logement des sœurs (Statuts).

Les sociétés de secours mutuels libres ne peuvent recevoir des dons et legs immobiliers qu'à la charge de les aliéner (L. 1er avril 1898, art. 15, § 5), les syndicats professionnels (L. 21 mars 1884, art. 6) et les comités des habitations à bon marché (L. 30 nov. 1894, art. 2) ne peuvent posséder que les immeubles destinés au logement de leurs services.

Sur toute cette question de la capacité d'être institué, V. Tissier, n°s 39 à 284; et Michoud, *op. cit.*, t. II, p. 121 et s., qui est résolument partisan de la capacité générale. Il est à remarquer que la loi du 4 février 1901 ne parle pas de l'acceptation des libéralités laissées « aux pauvres », mais, comme elle n'est relative qu'à la question de l'acceptation, c'est-à-dire au *jus capiendi*, elle ne peut pas être considérée comme ayant aboli leur capacité d'être institués.

(2) Seulement, il faut : 1° que l'établissement ait la personnalité au moment de l'acceptation ; 2° que les héritiers du testateur ou donateur ne se refusent pas à l'exécution. Les décrets d'autorisation portent la mention que : « l'établissement est autorisé à accepter la libéralité résultant pour lui, tant du testament ou de la donation que du consentement donné par les héritiers à son exécution ». Il n'y a pas là une libéralité nouvelle de la part des héritiers, mais une renonciation consentie par eux à invoquer

B. *De la capacité de recueillir et de la nécessité d'une autorisation préalable.* — Les personnes morales capables d'être instituées ou gratifiées sont, en principe, empêchées de recueillir l'émolument de la libéralité, à moins d'obtenir l'autorisation préalable du gouvernement (art. 910 C. civ., L. 4 fév. 1901). Cette règle crée une véritable *incapacité de recueillir* qui entraîne nullité civile de l'acceptation faite sans autorisation, ou qui s'oppose à l'emploi des sommes touchées dans les cas où il n'y a pas lieu à acceptation (1).

I. *Des personnes morales qui ont besoin de l'autorisation.* — La règle de l'article 910 ne s'applique qu'aux institutions ou établissements qui ont à la fois la capacité d'être institués et la qualité d'établissements publics ou d'utilité publique; elle ne s'applique pas, croyons-nous, aux quelques institutions qui, tout en ayant la capacité d'être instituées, ne sont pas cependant de véritables établissements d'utilité publique. Cela résulte du contexte de la loi du 4 février 1901 et de ce qu'elle laisse soumises à des règles spéciales les sociétés de secours mutuels et les congrégations religieuses autorisées (art 6) (2).

---

une exception existant à leur profit. Pendant longtemps, la jurisprudence du Conseil d'État avait été différente; elle reposait sur un avis du 18 avril 1834, qui refusait l'autorisation, même lorsque l'auteur de la libéralité avait spécifié que la libéralité était subordonnée à la reconnaissance postérieure de l'établissement. Dorénavant, les discussions ne seront plus possibles, car la loi municipale du 5 avril 1884, article 111, a consacré le principe nouveau au profit des hameaux qui ne sont pas encore érigés en sections de commune et qui, par suite, n'ont pas encore la personnalité.

(1) L'article 910 dit que les libéralités *n'auront leur effet* qu'autant qu'elles seront autorisées par un décret; d'autre part, il est placé dans un chapitre du Code civil qui a pour rubrique *De la capacité de disposer ou de recevoir par donation entre vifs ou par testament;* il est donc à croire que ce qui empêche les libéralités d'avoir leur effet est une incapacité. Au reste, l'opinion générale des civilistes est que l'article 910 crée une incapacité (Cf. Aubry et Rau, t. VII, p. 37). V. cep. en sens contraire, M. Tissier, *op. cit.*, n° 340, dont l'opinion, à la vérité, paraît peu déterminée, car au n° 319 il admet, au contraire, que l'article 910 établit une condition de capacité. Si, pour échapper à la nécessité de l'autorisation, la libéralité a été dissimulée sous un contrat à titre onéreux ou faite à une personne interposée, on applique la nullité de l'article 911 du Code civil. V. en ce sens, Aubry et Rau, t. VII, p. 49; Cass., 3 mars 1880, *Pigelet;* en sens contraire, M. Tissier, *op. cit.*, n° 344.

La règle de l'article 910 s'explique par différents motifs : la préoccupation que doit avoir le gouvernement de ne pas voir des familles dépouillées par la vanité des donateurs, la vigilance avec laquelle il doit surveiller l'accroissement des biens de mainmorte, enfin, quand les personnes morales gratifiées appartiennent à l'administration, la sollicitude avec laquelle il doit veiller sur elles, afin qu'elles n'acceptent pas de legs dont les charges soient onéreuses ou tendent à les faire sortir de leur spécialité. Cette règle est, d'ailleurs, inspirée des précédents historiques, la législation de l'amortissement pour les gens de mainmorte et l'édit d'août 1749 (V. Tissier, *op. cit.*, n°s 1 à 38).

(2) Il y a toutefois des exceptions à la règle : 1° l'État n'est pas tenu à l'autorisation, puisqu'il se la donne à lui-même; cependant, à titre de formalité administrative, il intervient un décret du chef de l'État qui est plutôt une acceptation qu'une autorisa-

II. *Des libéralités soumises à autorisation.* — Comme toute règle qui déroge au droit commun de la liberté, la règle de l'article 910 doit être interprétée restrictivement; par conséquent, elle ne s'applique qu'aux donations proprement dites et aux legs proprement dits. Elle ne doit pas être étendue aux charges de donation ni aux charges d'hérédité (1).

III. *Des conditions administratives de l'autorisation.* — *Principe de la spécialité.* — Les lois et règlements et la jurisprudence du Conseil d'État ont établi certaines règles administratives de l'autorisation (2). La plus célèbre des règles ainsi posées est le *principe de la spécialité*, sur lequel il nous faut insister (3).

Le Conseil d'État s'est imposé à lui-même de ne pas donner d'avis favorable à des projets de décrets d'autorisation, lorsque les libéralités seraient grevées de charges qui tendraient à faire sortir de leur spécialité fonctionnelle les institutions gratifiées (4).

---

tion (art. 1er, L. 4 fév. 1901); 2° le département peut recevoir sans autorisation lorsqu'il n'y a pas de réclamation de la part des familles et refuser dans tous les cas (L. 10 août 1871, art. 46, n° 5, modifié par L. 4 fév. 1901, art. 2); la commune également, à la condition qu'il n'y ait pas de réclamation de la famille (L. 5 avril 1884, art. 68, n° 8, modifié par L. 4 fév. 1901, art. 3). Sur l'hypothèse du refus, V. art. 111 et 112 modifiés. Les établissements publics acceptent et refusent sans autorisation les dons et legs faits sans charges, conditions ni affectations immobilières (art. 4 L. 4 fév. 1901; et qui ne donnent pas lieu à réclamation des familles (art. 7); lorsque les dons ou legs sont grevés de conditions ou d'affectations immobilières, l'acceptation ou le refus est autorisé par arrêté du préfet, si l'établissement bénéficiaire a le caractère départemental ou communal, et par décret du Conseil d'État s'il a le caractère national. Les établissements d'utilité publique sont toujours soumis à l'autorisation.

(1) La charge d'hérédité est imposée à l'héritier ou au légataire en faveur d'un tiers, par disposition de dernière volonté, mais ne suppose pas chez le bénéficiaire « l'institution » que suppose un véritable legs. Le Conseil d'État n'applique pas aux charges d'hérédité la nécessité de l'autorisation, et même il a une tendance à traiter comme charges d'hérédité les legs de sommes modiques (Cf. Tissier, *op. cit.*, n° 346). En revanche, on l'applique aux dons manuels (Cons. d'Ét., avis du 12 mai 1886, *Destruel*; Aubry et Rau, t. VII, p. 41; Tissier, *op. cit.*, n°s 349 et s.; P. Bressolles, *Des dons manuels*, p. 222), à l'exception des dons anonymes modiques reçus dans les quêtes et les troncs par les établissements publics suivants : bureaux de bienfaisance, hospices, hôpitaux et fabriques qui ont le droit de quête et de tronc (Cf. Th. Tissier, *op. cit.*, n° 351; P. Bressolles, *op. cit.*, p. 243).

(2) C'est ainsi que les libéralités faites sous réserve d'usufruit sont prohibées au profit des établissements ecclésiastiques ou religieux par l'ordonnance du 14 janvier 1831 portant règlement d'administration publique et ne doivent pas être autorisées. C'est ainsi qu'en matière de donation, l'autorité administrative se borne à autoriser ou à ne pas autoriser l'acceptation; qu'en matière de legs, elle peut en outre autoriser une acceptation partielle, la partie retranchée faisant retour à la succession; la raison de la différence est que la donation peut être réitérée, que le legs ne le peut pas.

(3) Cf. Ripert, *Le principe de la spécialité chez les personnes morales*, 1906; Michoud, *La théorie de la personnalité morale*, t. II, chap. VIII, p. 142 et s., 1909.

(4) *Caractère purement administratif du principe de la spécialité.* — Ce principe

Formule actuelle du principe de la spécialité. — Le principe de la spécialité se compose de deux règles jumelles que l'on peut ainsi formuler : 1° lorsqu'une libéralité est faite à un établissement institué, avec des charges dont l'exécution ne rentre pas dans la spécialité de cet établissement, celui-ci ne doit pas être autorisé à l'accepter à son profit ; 2° comme, cependant, il est désirable que le bénéfice de la libéralité ne soit pas perdu pour le public, s'il existe un autre établissement dans la spécialité duquel rentrent les charges mises à l'exécution de la libéralité, il faut s'efforcer d'assurer à cet autre établissement, qui sera non institué mais bénéficiaire, le bénéfice de la libéralité (1).

Autres conditions mises à l'autorisation. — Il appartient au gouvernement, en autorisant l'acceptation des legs avec charges faits aux

---

n'a que le caractère d'une règle de police administrative, il procède d'une certaine conception de l'ordre public qui exigerait que chaque établissement administratif, ou même chaque établissement corporatif, fût enfermé étroitement dans une certaine spécialité fonctionnelle, sans pouvoir en sortir. On ne doit pas en faire une règle de droit civil dont l'effet se ferait sentir jusque sur la capacité d'être institué. Les libéralités contraires au principe de la spécialité ne sont pas entachées d'une nullité civile, en même temps que d'un vice qui les empêche d'être autorisées administrativement. La jurisprudence de la Cour de cassation n'admet pas que le principe de la spécialité entraîne nullité des libéralités au point de vue civil (Cass., 18 mai 1852, *Haussmann*; 31 janvier 1883, *Faidides*; 24 mai 1895, *Cambournac*). Je suis à peu près d'accord dans le fond avec Michoud sur toutes les solutions qu'il donne dans son très intéressant chapitre sur le principe de la spécialité (*op. cit.*, t. II, p. 142 et s.).

(1) Si, par exemple, un legs avait été fait à une fabrique à la charge de distribuer des aumônes, comme la fabrique n'avait pas, d'après la jurisprudence administrative, de spécialité charitable, l'acceptation n'était pas autorisée à son profit; mais comme il existe un établissement public qui a la spécialité charitable, le bureau de bienfaisance ou, à son défaut, le bureau d'assistance, on cherchait une combinaison qui assurât à cet autre établissement le bénéfice du legs. La jurisprudence avait beaucoup varié (V. Th. Tissier, *op. cit.*, nos 226 et s.). Mais dans son dernier état, depuis 1881, on avait pris le parti d'autoriser l'acceptation au profit de l'établissement qui n'était pas institué. Au point de vue du droit civil, l'opération n'était pas valable, mais elle pouvait le devenir du consentement des héritiers.

Le principe de la spécialité était surtout dirigé contre l'accroissement des biens ecclésiastiques. Maintenant que les établissements du culte ont disparu, il est à croire qu'il perdra beaucoup de son importance. On ne devra pas le regretter. C'est un principe d'ordre assurément, mais d'un ordre un peu rigide qui s'adapte mal aux besoins de la vie.

Il peut être quelquefois très utile que des services variés soient groupés dans le même établissement et, avec des précautions de comptabilité, cela paraît être sans inconvénient.

A notre avis, les lois du 22 mars 1890 et du 9 avril 1898 ont touché à mort le principe de la spécialité, du moins la conception étroite que l'on en a eue jusqu'ici, en établissant que les syndicats de communes et les chambres de commerce pouvaient gérer des services multiples. Déjà aussi il existe des orphelinats annexés aux hôpitaux (Circ. int., 18 mai 1900), et des écoles d'hospice (*Répertoire*, Béquet, v° *Hôpitaux*, n° 167) qui ont simplement un chapitre spécial au budget.

établissements, de fixer les conditions d'exécution qu'il estime nécessaires dans l'intérêt des services publics et pour l'exacte observation des lois, sous réserve du droit pour les héritiers de réclamer devant l'autorité judiciaire en cas de violation de la volonté du testateur. Par exemple, en cas de fondation d'un hospice, il peut modifier les règles d'administration de cet hospice posées par le testateur (Cons. d'Ét., 25 mai 1900, *Commune de Lavault-Sainte-Anne*; 26 janv. 1906, *Royet*) (1).

(1) *Des autorités chargées de donner l'autorisation et de la procédure.* — Depuis la loi du 4 février 1901, l'autorisation d'accepter est donnée par les autorités suivantes :

1º Les dons et legs faits à l'État ou aux services nationaux qui ne sont pas pourvus de la personnalité civile (services des ministères) sont autorisés par décret simple du président de la République (art. 1er). — Ceci n'est pas précisément l'autorisation d'accepter, mais l'acceptation elle-même;

2º La compétence pour l'autorisation des dons et legs faits aux autres personnes administratives, dans les cas où celles-ci n'ont pas la capacité d'accepter sans autorisation, se partage entre le préfet et le gouvernement statuant en Conseil d'État :

a) L'autorisation est de la compétence du préfet pour les établissements publics qui ont le caractère communal ou départemental (hôpitaux, hospices, bureaux de bienfaisance, etc.), lorsque les dons et legs sont grevés de charges et conditions ou d'affectations immobilières, mais ne donnent pas lieu à réclamations des familles et le préfet est compétent pour autoriser l'acceptation ou le refus (art. 4, § 2). Pour l'avis des conseils municipaux sur les libéralités adressées aux mêmes établissements, V. art. 4, § 3. — Le préfet est encore compétent pour l'autorisation des dons et legs faits aux établissements d'utilité publique dont le siège est dans son département, à moins que la libéralité ne consiste en immeubles d'une valeur supérieure à 3.000 francs (art. 5); ajoutons que, lorsqu'un conseil municipal a refusé une libéralité adressée à la commune, il appartient au préfet de requérir par arrêté motivé une seconde délibération (art. 112, L. municip. modifié par art. 2 L. 4 fév. 1901);

b) L'autorisation est de la compétence du gouvernement en Conseil d'État : 1º dans tous les cas où les dons et legs laissés à une administration quelconque donnent lieu à une réclamation des familles (art. 7); 2º dans le cas de libéralité laissée à un hameau ou à un quartier de commune qui n'est pas encore érigé en section de commune (art. 111, L. municip. modifié par art. 3, L. 4 fév. 1901); de même, dans les cas de libéralité laissée à une section de commune déjà existante, mais si le conseil municipal est d'avis de refuser la libéralité (art. 112, § 2, L. municip. modifié par art. 3 L. 4 fév. 1901); 3º dans le cas de libéralité laissée à un établissement public national et grevée de charges ou affectations immobilières (art. 4, § 2); 4º dans le cas de libéralité laissée à un établissement d'utilité publique, si elle consiste en immeubles d'une valeur supérieure à 3.000 francs (art. 5).

En cas de libéralité complexe ou connexe, l'autorisation a lieu par acte de l'autorité compétente la plus élevée s'il y a réclamation des héritiers, sinon par chaque autorité compétente (Décr. 1er fév. 1896, art. 4). Il y a libéralité complexe lorsque plusieurs libéralités à des établissements différents sont faites par le même acte; il y a libéralité connexe lorsqu'une libéralité à un second établissement est écrite comme charge d'une libéralité à un premier établissement.

Instruction de l'affaire. — Il appartient au préfet de chaque département de diriger l'instruction des affaires ayant pour objet des libéralités faites au profit des personnes administratives et des établissements. Il transmet le dossier à l'administration centrale dans les cas où celle-ci doit statuer. Le dossier n'est complet qu'autant qu'il contient : les délibérations prises par les conseils administratifs de l'établissement institué; l'avis

Des autorisations d'office. — Le pouvoir central a toujours considéré qu'il puisait dans ses droits de tutelle sur les administrations locales et sur les établissements publics la faculté de contraindre ces administrations et établissements à accepter les libéralités contre leur propre volonté. Cela s'appelle l'autorisation d'office, mais la décentralisation administrative a graduellement affranchi les administrations locales de cette contrainte (1).

C. *De l'acceptation.* — a) *Par qui elle doit être faite.* — L'acceptation doit être faite, savoir : pour le département par le préfet, en vertu d'une décision du conseil général; pour les communes par le maire, en vertu d'une délibération du conseil municipal; pour les établissements publics par les administrateurs (2).

du conseil municipal pour les libéralités faites aux établissements appelés éventuellement à recevoir des subventions; un état de l'actif et du passif de l'établissement institué, certifié et vérifié par le préfet. S'il s'agit d'une donation, une expédition de l'acte de donation, le certificat de vie du donateur, une évaluation de sa fortune et de celle de ses héritiers présomptifs; s'il s'agit de dispositions testamentaires, une expédition du testament, le consentement ou l'opposition des héritiers et des légataires universels ou bien les actes extrajudiciaires par lesquels ils ont été mis en demeure de consentir (Cf. Décr. 1er fév. 1896); si les héritiers sont inconnus, les pièces constatant que la disposition testamentaire a été affichée de huitaine en huitaine et à trois reprises consécutives à la mairie du domicile du testateur et insérée dans le journal judiciaire du département, une évaluation des biens légués et des renseignements sur la situation de fortune des héritiers, le préfet joint son avis motivé.

La constitution de ce dossier est dispendieuse autant qu'occupante. Les établissements ne sont cependant pas dispensés de le constituer, même quand la non-autorisation est probable, car le plus souvent il ne dépend pas d'eux de refuser la libéralité (V. *infra*).

(1) Les établissements d'utilité publique, qui ne sont pas membres de l'État et sur lesquels le pouvoir central n'a qu'une faible tutelle, ne sont pas soumis à l'autorisation d'office (Cf. L. 4 fév. 1901, art. 5, qui ne vise l'autorisation que dans le cas d'acceptation). Les départements en sont affranchis depuis la loi du 10 août 1871, article 46, n° 5 (Cf. L. 4 fév. 1901, art. 2), les communes également, depuis la loi du 5 avril 1884, article 112, § 1 (Cf. L. 4 fév. 1901, art. 3); le conseil municipal peut seulement être appelé à délibérer une seconde fois afin que l'administration sache s'il persiste dans son refus. Quant aux établissements publics, l'administration centrale estime qu'ils restent soumis à l'autorisation d'office et qu'un texte formel serait nécessaire pour supprimer un droit qui découle des principes mêmes de la centralisation. La loi du 4 février 1901 a cependant restreint cette servitude au cas où les libéralités sont grevées de charges, conditions ou affectations immobilières (art. 4, § 2) (Avis Cons. d'Ét., 24 nov. 1904, *Revue d'administration*, 1905, 1, 207). Cf. article Salmon, *Des autorisations d'office, Revue d'administration*, 1895, t. I, p. 129.

(2) Pour les Universités et les Facultés de l'enseignement supérieur (V. Décr. 27 juill. 1897) : par le supérieur des associations religieuses, lorsqu'il s'agit de libéralités faites au profit des associations; par les maires des communes, lorsque les dons ou legs sont faits au profit de la généralité des habitants, ou *pour le soulagement et l'entretien des pauvres de la commune* (Ord. 2 avril 1817, art. 3). Le préfet accepte les libéralités faites au profit des pauvres d'un canton, d'un arrondissement ou d'un département (Jurisprudence constante). L'acceptation des libéralités aux pauvres donne lieu à des difficultés provenant de ce qu'il y a multiplicité de représentants

b) *De l'acceptation provisoire.* — L'acceptation ne peut avoir lieu, en principe, que lorsque l'autorisation administrative est intervenue (art. 937 C. civ.). Mais, en pratique, l'application stricte de cette règle entraînerait les plus graves inconvénients (1).

Le droit administratif, toujours souple, a paré à cet inconvénient en imaginant une acceptation provisoire, faite à titre conservatoire, qui n'entraîne pas d'autre effet immédiat que de lier le donateur ou les héritiers du testateur, en tant qu'on peut avoir besoin de leur consentement, et de conférer à l'établissement gratifié une sorte de saisine (2).

D. *De l'emploi.* — L'administration supérieure a le droit, vis-à-vis de beaucoup d'établissements, de prescrire l'emploi des objets et des sommes provenant des dons ou legs; cet emploi est, en principe, le placement en rentes sur l'État (V. Ord. 2 avril 1817, art. 4 ; L. 1er avril 1898, art. 15, § 4, etc.).

Appendice. — *Produits des quêtes, collectes, troncs.*

Ces produits sont des dons manuels le plus souvent anonymes; quand ils sont modiques, ils ne sont assujettis à aucune des formalités des dons et legs. Mais une autre question s'est élevée, celle de savoir si les bureaux de bienfaisance, établissements publics dont la spécialité est le soulagement de la misère, n'avaient pas un véritable monopole en matière de quêtes ou collectes pour les pauvres faites dans les lieux publics, et si le produit des quêtes faites par des tiers, notamment par les curés dans

légaux des pauvres, bureau de bienfaisance, bureau d'assistance, maire de la commune ; suivant la teneur de la libéralité, c'est tantôt l'un de ces représentants légaux, tantôt l'autre, qui a qualité pour accepter; on trouvera le détail de ces difficultés dans Th. Tissier, *op. cit.*, n°s 126 et s., n° 297.

(1) La procédure de l'autorisation est très longue et, pendant qu'elle dure, la bonne volonté du donateur pourrait se lasser, il retirerait sa donation ; en cas de testament, il en serait de même de la bonne volonté des héritiers dont les réclamations sont une complication à redouter.

(2) L'acceptation provisoire s'est introduite sous la forme d'un bénéfice accordé d'abord parcimonieusement à quelques administrations : Les départements (L. 10 août 1871, art. 53); les communes (L. 5 avril 1884, art. 113); les hospices et hôpitaux (L. 7 août 1851, art. 11); les bureaux de bienfaisance (Arr. Cass. 11 nov. 1868); les bureaux d'assistance (L. 15 juill. 1893, art. 11); les Universités, Facultés et Écoles de l'enseignement supérieur (Décr. 27 juill. 1897, art. 3). La loi du 4 février 1901 l'a étendue, par son article 8, à toutes les administrations publiques et à tous les établissements, ce qui paraît s'appliquer même aux établissements d'utilité publique (Aucoc, *loc. cit.* p. 518). Avant qu'elle ne fût ainsi étendue, le droit avait imaginé d'autres palliatifs : lorsqu'une donation avait été faite et que l'autorisation n'était pas encore intervenue, le donateur pouvait la confirmer par testament, d'un mot, en s'y référant (Cass., 17 déc. 1879, S., 81. 1. 425). Enfin, lorsqu'une donation avait été faite à un établissement qui ne jouissait pas du bénéfice de l'acceptation provisoire, et que le donateur était décédé avant l'autorisation administrative, on autorisait l'établissement à accepter la libéralité résultant pour lui *tant de l'acte de donation entre vifs que du consentement donné par les héritiers à son exécution.*

II. — Pr.

leur église, ne devait pas être versé dans la caisse du bureau. Cette prétention était excessive. Il est bien vrai que les textes reconnaissent au bureau de bienfaisance le droit de faire des quêtes ou collectes dans les églises (Arr. 5 prair. an XI ; Décr. 12 sept. 1806; Décr. 30 déc. 1809, art. 75; Avis Cons. d'Ét., 10 mars 1908), mais ils ne parlent pas d'un droit exclusif (Avis Cons. d'Ét., 24 mars 1880; Cass., 2 août 1897). Un projet d'avis en sens contraire avait été préparé le 20 octobre 1898, mais le Conseil d'État l'a rayé de son ordre du jour. Le droit de quête existait au profit des fabriques (Décr. 30 déc. 1809, art. 36); il a été maintenu au profit des associations cultuelles (L. 9 déc. 1905, art. 19, § 4), et il existe aussi au profit du curé simple occupant de l'église, sans association cultuelle (V. *supra*); de même, il existe au profit des hôpitaux (L. 7 frim. an V, art. 8). De plus, le maire ne peut pas, par arrêté municipal, interdire les quêtes à domicile (Cass., 14 juin 1884, S., 84. 1. 400).

§ 3. — Les contrats.

Les contrats que les personnes administratives peuvent passer à titre de personne privée sont très nombreux. Rappelons que les *marchés de travaux* passés pour le domaine privé sont des contrats du droit civil ; qu'il en est de même des *marchés de fournitures* passés par les départements, les communes et les établissements publics, et des *emprunts* contractés par les mêmes personnes.

Nous donnons seulement en note quelques indications sur les ventes, les concessions sur le domaine privé et les baux à ferme (1).

---

(1) I. *Vente des biens de l'État.* — a) *Vente d'immeubles.* — Les ventes d'immeubles appartenant à l'État ont été célèbres sous la Révolution et pendant tout le début du XIXe siècle, sous le nom de ventes de biens nationaux. Les biens nationaux étaient, en effet, devenus biens de l'État par la confiscation, et c'est en cette qualité qu'ils étaient vendus. Les ventes de biens nationaux sont arrêtées depuis longtemps, les réclamations et les procès sans nombre auxquels elles avaient donné lieu sont aujourd'hui tombés dans l'oubli; les ventes de biens privés de l'État ne sont plus une opération politique, mais une opération d'administration courante, et, par conséquent, devraient avoir un caractère privé. Mais la législation n'a pas encore été mise en harmonie avec ce nouvel état de choses. En l'an VIII, le contentieux des biens nationaux avait été placé dans la compétence des conseils de préfecture; cette attribution avait été dès le début considérée comme exceptionnelle, elle subsiste encore, alors qu'elle devrait avoir disparu.

Autorités qui décident la vente. — D'une législation assez compliquée, il résulte qu'il faut faire deux catégories de biens :

1° Ceux dont l'aliénation doit être décidée par une loi : immeubles de plus d'un million (L. 1er juin 1864); forêts nationales (L. 22 nov.-1er déc. 1790, art. 8); îles, îlots, châteaux forts ou batteries déclassées du littoral (L. 29 août 1905);

2° Ceux dont l'aliénation doit être décidée par décret; ce sont tous les autres immeubles (L. 15 et 16 flor. an X) et, parmi eux, il convient de citer les lais et relais de la mer, les atterrissements des fleuves, les terrains retranchés de la voie publique par suite d'alignement (L. 16 sept. 1807, art. 41 et 53). Pour les expropriations des biens appartenant à l'État et pour les échanges des mêmes biens, V. L. 6 déc. 1897, art. 1er et art. 6.

Règles de la vente. — Le préfet est chargé de procéder à la vente, mais l'administration des domaines doit intervenir à l'acte. La vente, sauf exception prévue par des

On remarquera, pour tous ces contrats, la même règle que pour les marchés de travaux publics et les marchés de fournitures, l'emploi de l'adjudication publique, qui est destiné à assurer la loyauté de la gestion des patrimoines administratifs.

textes, doit être faite aux enchères avec publicité et concurrence sur mise à prix fixée par expert.

Au point de vue de l'exécution de la vente, l'État a deux droits intéressants : d'abord, la créance peut être recouvrée par contrainte; de plus, si dans la quinzaine de la signification de la contrainte le prix n'est pas payé, l'acquéreur encourt la déchéance, qui n'est autre chose que la résolution de la vente prononcée par l'administration elle-même (par le préfet, sauf recours au ministre et au Conseil d'État). Cette apparition du privilège de l'action d'office semble devoir maintenir les ventes des biens de l'État parmi les opérations de puissance publique.

b) *Vente de meubles*. — La vente est faite aux enchères, avec les mêmes formalités que la vente d'immeubles, sauf la mise à prix par expert; adjudication présidée par un receveur des domaines.

II. *Vente des biens des communes*. — Les ventes des biens des communes, meubles ou immeubles, sont faites habituellement par adjudication publique, bien qu'aucun texte ne le prescrive (Cons. d'Ét., 4 août 1864, *Jellinet*; 23 juin 1911, *Desmons*). — De plus, elles doivent être précédées d'une enquête *de commodo*. Enfin V. art. 1596 C. civ., pour une incapacité qui frappe les autorités municipales et les empêche de se rendre adjudicataires.

III. *Concessions*. — Les concessions sur le domaine privé sont un mode d'aliénation ou tout au moins de constitution de droits réels, en quoi elles se distinguent des concessions sur le domaine public, qui ne donnent jamais au concessionnaire qu'un droit de possession précaire.

Elles se distinguent des ventes domaniales par des caractères variables selon les hypothèses : tantôt parce qu'elles sont faites à titre gratuit; tantôt parce qu'elles concèdent un droit de propriété simplement éventuel; tantôt parce qu'elles concèdent un droit à charge d'un service à remplir ; tantôt parce qu'elles échappent à la règle de l'adjudication publique et sont faites de gré à gré, etc.

Toutes les administrations peuvent faire des concessions, mais c'est l'État surtout qui en use (L. 16 sept. 1807, art. 41 ; Ord. 23 sept. 1825; Décr. 16 août 1853; Décr. 8 sept. 1858 ; L. 6 déc. 1897, art. 5 ; Décr. 25 mai 1898). En Algérie et dans certaines possessions, il y a tout un système organisé de concessions de terres domaniales faites en vue du peuplement, qui entraîne pour le concessionnaire l'obligation de résider et de cultiver sous peine de déchéance. En principe, ces concessions sont gratuites ; cependant, depuis quelques années, l'administration s'efforce d'introduire la pratique de l'adjudication (V. Laferrière, *op. cit.*, t. I, p. 607 ; t. II, p. 149).

Dans la métropole, les concessions sont pratiquées à titre onéreux en vertu de l'article 41 de la loi du 16 septembre 1807, pour les *lais et relais* de la mer; pour les *marais* qui appartiennent à l'État, pour les *accrues* et *atterrissements* des fleuves et rivières navigables et flottables, lorsque ces terrains se sont formés dans des conditions où ils n'accroissent pas aux riverains, notamment à la suite de travaux publics; enfin pour les *endiguements* et les *créments futurs* (V. p. 646).

En la forme, ces concessions se présentent en général comme des ventes; autant que possible, on les fait par la voie de l'adjudication, elles doivent être approuvées par décret; le contentieux est, comme celui des ventes, de la compétence des tribunaux administratifs, mais pas toujours des conseils de préfecture.

IV. *Baux à ferme*. — Au sujet des baux à ferme, deux règles :

Première règle, que nous avons déjà rencontrée plusieurs fois : les biens immeubles des personnes administratives, qui ne sont pas aliénés et qui ne sont pas affectés

Remarquons aussi l'emploi, au point de vue de la rédaction des actes, de la *forme administrative* qui donne à l'acte la vertu d'un titre exécutoire (V. p. 42).

à un service public, doivent en principe être affermés (L. 19 août-12 sept. 1791, art. 8, § 2);

Deuxième règle : la location des biens doit être faite en principe par adjudication ; cette pratique, suivie par l'État (V. L. 6 déc. 1897, art. 7), est simplement recommandée aux communes, car les conseils municipaux sont maîtres de régler les conditions des baux de dix-huit ans et au dessous (L. 5 avril 1884, art. 68, n° 1).

Les baux à ferme sont de la compétence des tribunaux judiciaires, même les baux de chasse dans les forêts de l'État (Trib. confl., 21 mars 1891), même les baux de droit de pêche dans les cours d'eau navigables et flottables ; mais, par exception, les baux de sources minérales de l'État sont de la compétence du conseil de préfecture (Arr. 3 flor. an VIII).

LIVRE V

LE CONTENTIEUX ADMINISTRATIF (1)

On entend par contentieux administratif *l'ensemble des règles relatives aux litiges organisés que suscite l'activité des administrations publiques*, quelles que soient les juridictions devant lesquelles les litiges sont portés (2).

Les administrations publiques en agissant, c'est-à-dire en exerçant leurs pouvoirs et leurs droits, sont exposées, soit à froisser des intérêts respectables, soit à violer des droits des administrés; il en résulte des réclamations. Sans doute, pour donner satisfaction à ces réclamations, on pourrait se borner à les soumettre à l'examen de l'administration centrale par la voie du recours hiérarchique; il y a, dans l'institution de la centralisation et dans la discipline hiérarchique, une vertu de justice qu'il ne faut point dédaigner, car, à bien des époques et dans bien des pays, elle a suffi au fonctionnement de l'État. Néanmoins, ce sera un progrès considérable si, à côté des recours hiérarchiques, il se crée des recours contentieux, c'est-à-dire des recours portés devant un juge public qui s'interpose entre les administrations et les réclamants : 1° l'administration centrale évitera ainsi de jouer le rôle de juge dans sa propre cause, c'est-à-dire de paraître juge et partie; 2° on pourra appliquer les formes ordinaires des litiges organisés, elles permettront au réclamant de

---

(1) *Bibliographie*: E. Laferrière, *Traité de la juridiction administrative et des recours contentieux*, 2 vol, in-8°, 2° édit., 1896; Brémond, *Traité de la compétence*, 1894; Jacquelin, *Principes dominants du contentieux administratif*, 1899; Ussing, *Le contentieux administratif*, traduct. Dareste, 1902.

(2) Il ne faut pas confondre *contentieux administratif* avec *juridiction administrative*; nous verrons plus loin que, dans certains pays, il n'y a pas de tribunaux spéciaux à compétence administrative, et cependant, dans ces pays, il existe un contentieux administratif, par cela seul qu'il existe une administration; chez nous, le contentieux administratif n'est pas entièrement réservé aux tribunaux à compétence administrative, une bonne partie en est abandonnée aux tribunaux ordinaires. Le contentieux administratif, c'est donc l'ensemble des procès suscités par l'activité des administrations, sans que soit posée encore la question de la juridiction.

lutter pour faire triompher ses prétentions, de là le nom de contentieux donné au débat (*contendere*, lutter); la lutte juridictionnelle, avec ses péripéties, ses formalités accoutumées et ses frais, a le don d'apaiser les plaideurs quelle qu'en soit l'issue; 3° enfin, dans la lutte juridictionnelle, les administrations publiques prendront peu à peu la qualité de parties en cause : ce n'est pas contre l'administration, adversaire impersonnel et irresponsable, que l'on plaidera, c'est contre l'État, contre le département, la commune, personnes administratives sans doute, mais personnes responsables ; du moins ce progrès se réalisera-t-il dans le contentieux de pleine juridiction.

Ainsi, le progrès du droit administratif paraît doublement lié à l'existence d'un contentieux administratif. D'une part, parce que cette institution assure plus de paix et de justice ; d'autre part, parce qu'elle favorise le développement du droit proprement dit, soit par les garanties qu'elle crée, soit par l'importance qu'elle donne à la personnalité morale des administrations, c'est-à-dire aux théories subjectives. En fait, c'est grâce au contentieux que le droit administratif français s'est constitué.

L'étude du contentieux administratif doit comprendre les trois objets suivants : 1° les juridictions et la compétence ; 2° les actions et recours ; 3° la procédure (1).

Section I. — Les juridictions et la compétence.

§ 1. — De la juridiction administrative.

Article I. — *Séparation de la juridiction administrative et de la juridiction ordinaire.*

N° 1. — Les raisons de la séparation.

Il existe, dans notre organisation française, des tribunaux à large compétence administrative, distincts des tribunaux ordinaires, et une partie du contentieux administratif leur est réservée. Voilà un fait considérable qui influe sur tout le contentieux administratif, parce qu'il fait naître, pour chaque affaire, la question de savoir si

---

(1) Cette matière ne fait pas double emploi avec celle de l'*administration et les recours contentieux* que nous avons étudiée p. 339 et suivantes. A ce moment-là, il s'agissait de l'exercice extrajuridictionnel des droits de l'administration, les recours étaient envisagés par rapport à la procédure d'action d'office comme une conséquence nécessaire et comme un correctif de cette procédure. Cette fois-ci, il s'agit d'étudier d'une façon principale le contentieux administratif, qu'il soit ou non provoqué par la procédure d'action d'office. C'est l'occasion d'aborder de front l'organisation de la juridiction administrative, les conflits, la procédure suivie devant les tribunaux administratifs, et si, chemin faisant, nous avons à reparler des recours contentieux, ce rappel et cette revision ne seront certes pas inutiles.

elle rentre dans les attributions du juge ordinaire ou bien dans celles du juge administratif. Il s'ensuit : 1° *la nécessité d'un tribunal des conflits* pour départager les deux ordres de juridictions et trancher les conflits d'attribution qui s'élèvent ; 2° *la nécessité de règles d'attribution.*

En présence de la gravité de ces conséquences, on doit scruter les raisons profondes de cette séparation de la juridiction administrative et de la juridiction ordinaire et se demander quelle est sa valeur. Il y a des raisons d'ordre exclusivement juridique qui sont valables dans tous les pays, mais en outre, dans un pays centralisé comme la France, il y a des raisons d'ordre politique et constitutionnel.

A. *Des raisons juridiques qui militent en faveur de l'existence d'une juridiction administrative.* — Elles sont de deux ordres : 1° Il est assez naturel qu'à un genre spécial d'affaires corresponde un juge spécial qui, par son origine, présente des garanties spéciales de compétence (1) ;

2° Ce n'est pas une chose tout à fait naturelle que l'État, puissance publique, soumette à un juge ceux de ses actes contre lesquels on réclame, qu'il consente à courir le risque d'une condamnation, et qu'il supporte ensuite d'exécuter cette condamnation ; il y a là, de la part de l'État, un effort de bonne volonté qui sera facilité si, au lieu du juge ordinaire, il s'agit d'un juge spécial (2).

(1) Le juge ordinaire n'est pas nécessairement un juge universel, il est simplement un homme qui connaît bien les conditions du commerce juridique de la vie ordinaire ; mais, sorti de là, il peut se trouver dangereusement incompétent. C'est pourquoi, pour juger les litiges entre commerçants qui demandent la connaissance des pratiques spéciales du commerce, il existe une juridiction spéciale composée de commerçants. On se demande pourquoi il n'existerait pas aussi bien des tribunaux administratifs, vu que les pratiques de l'administration et le commerce juridique qu'elle entretient avec ses administrés sont certainement très différents du commerce juridique de la vie ordinaire.

(2) La juridiction administrative est assez juridiction pour constater exactement la règle juridique désirable, elle est assez administration pour en faire la concession à *titre de juridiction d'équité*, c'est la concession organisée à jet continu. L'expérience a prouvé que cette organisation était bonne pour les progrès du droit administratif (Cf. Laferrière, *op. cit.*, t. I, p. 11-12 ; Esmein, *Éléments de droit constitutionnel*, 5ᵉ édit., p. 468). Dans aucun pays du monde le droit administratif n'est aussi développé qu'en France et il est certain que ce développement est dû à l'existence de la juridiction administrative et aux continuels sacrifices que le Conseil d'État et le Tribunal des conflits ont demandés à la puissance publique. Quant aux tribunaux judiciaires, dans les quelques matières où ils se trouvent chargés de contrôler la puissance publique, on voit bien qu'ils ne se reconnaissent pas qualité pour faire des concessions, car, au contraire, ils poussent à l'excès les prérogatives de l'administration. Par exemple, dans la matière de l'alignement, la jurisprudence de la Cour de cassation est plus sévère que celle du Conseil d'État (V. p. 672) ; dans la matière des dommages résultant de l'exploitation des mines, elle est moins libérale que celle du Conseil d'État, pour les dommages résultant de travaux publics ; dans l'application des droits d'enregistrement, l'esprit de fiscalité de la Cour suprême est bien connu. —

Il y a beaucoup de pays, même centralisés, qui se sont tenus à cette solution du juge administratif spécialisé, mais non pas complètement séparé du juge de droit commun ; en France, pour des raisons politiques, on est allé plus loin, on a voulu l'indépendance complète de l'administration et du droit administratif vis-à-vis du droit commun.

B. *Des raisons politiques et constitutionnelles particulières à la centralisation française.* — *La séparation de l'autorité administrative et de l'autorité judiciaire considérée comme une séparation des pouvoirs.* — Le point de vue français est que la centralisation et le régime administratif nécessitent l'indépendance absolue de l'autorité administrative vis-à-vis de l'autorité judiciaire qui représente le droit commun. Le régime administratif veut avoir son droit à lui, et pour cela il lui faut s'affranchir du droit commun et du juge de droit commun. C'est une façon d'affirmer l'indépendance du droit public vis-à-vis du droit privé, qui est le droit commun par excellence, et il ne faut pas se dissimuler que cela marque un degré d'étatisme de plus.

Bien qu'elle fût préparée dès la fin de l'ancien régime, c'est au moment de la Révolution de 1789 que fut consommée la *séparation des pouvoirs* entre l'autorité administrative et l'autorité judiciaire.

Dans les pays où la juridiction administrative n'existant pas, l'administration est soumise au juge de droit commun, il faudrait voir de très près les choses pour pouvoir juger si les résultats sont plus satisfaisants ; on peut poursuivre l'administration devant le juge de droit commun, mais la poursuit-on ? N'est-on pas découragé par les complications et les frais de la procédure ordinaire et par le sentiment que l'administration est un gros plaideur contre lequel il ne fait pas bon lutter ? Et puis, en fait, les poursuites contre l'administration ne consistent-elles pas presque uniquement en poursuites contre les fonctionnaires, de telle sorte qu'il manque pratiquement deux des grandes ressources du contentieux administratif français, les moyens d'annulation contre les actes administratifs et les recours en indemnité contre les personnes morales administratives ? Ces réflexions sont suggérées particulièrement par les chapitres si intéressants consacrés par M. Dicey, dans son *Introduction au droit constitutionnel*, au parallèle des institutions anglaises et françaises, sur ce point (traduct. franç., collection Jèze) et par une non moins intéressante critique de ces chapitres due à M. Edm. M. Parker, dans *Harward law Review*, 1905.

Il n'est pas jusqu'aux conflits de compétence qu'entraîne l'existence d'une juridiction administrative spéciale, à côté de la juridiction ordinaire, qui ne soient profitables aux progrès du droit. Pour se disputer les litiges, l'une et l'autre juridictions s'ingénient, elles créent des théories ; pour retenir la compétence dans les cas d'emprise, la Cour de cassation a créé la théorie de l'expropriation indirecte ; pour retenir la compétence dans les cas d'action en responsabilité contre l'État, le Tribunal des conflits et le Conseil d'État ont rejeté la notion étroite de la responsabilité du commettant d'après l'article 1384 du Code civil, ont peu à peu substitué l'idée de la *faute du service* à celle de la *faute de l'agent* et ont ainsi dégagé une conséquence inattendue, mais logique, du fait que les organes d'une personne morale se confondent avec celle-ci dans la ligne de la fonction (V. *supra*, p. 364). Toute situation administrative, passée à ce laminoir de la compétence, finit par exprimer à nu sa véritable substance, son originalité propre.

Les assemblées révolutionnaires, après avoir supprimé les parlements, affirmèrent cette séparation en termes lapidaires dans deux séries de textes :

1° « Les fonctions judiciaires sont distinctes et demeureront toujours séparées des fonctions administratives. Les juges (1) ne pourront, à peine de forfaiture, troubler de quelque manière que ce soit les opérations des corps administratifs » (L. 16-24 août 1790, tit. II, art. 13). — « Les tribunaux... ne peuvent entreprendre sur les fonctions administratives ou citer devant eux les administrateurs pour raison de leurs fonctions « (C. 3 sept. 1791, art. 3);

2° « Défenses itératives sont faites aux tribunaux de connaître des actes d'administration, de quelque espèce qu'ils soient » (L. 16 fruct. an III) (2).

(1) Il est bon de rappeler qu'on entend par tribunaux judiciaires tous ceux qui sont sous la dépendance de la Cour de cassation : cours d'appel, tribunaux d'arrondissement, juges de paix, tribunaux de commerce, tribunaux criminels. Ces tribunaux ont succédé aux parlements et aux juridictions diverses qui dépendaient de ceux-ci.

(2) Ces deux séries de textes contiennent en réalité deux interdictions très différentes qui entraînent, l'une la séparation des fonctions administratives et judiciaires, l'autre la séparation du contentieux :

1° La défense aux tribunaux judiciaires de s'immiscer directement dans les fonctions de l'administration active, soit par des règlements, soit par des injonctions adressées aux administrateurs, entraîne une séparation de la fonction administrative et de la fonction judiciaire et signifie qu'il n'appartient plus aux tribunaux de s'occuper d'administration active comme ils le faisaient sous l'ancien régime;

2° La défense aux mêmes tribunaux de se saisir du contentieux des réclamations formées contre l'action d'office administrative entraîne une séparation du contentieux administratif et du contentieux judiciaire; elle a eu pour conséquence l'institution d'une juridiction administrative, absolument séparée de la juridiction civile et au contraire très rapprochée de l'administration active, tellement rapprochée qu'au point de vue constitutionnel elle fait partie du même pouvoir exécutif.

Le jugement que l'on porte sur ces deux interdictions dépend beaucoup de la façon dont on conçoit le principe de la *séparation des pouvoirs*.

Si l'on y voit une application pure et simple du principe de la division du travail, et, par conséquent, si on l'interprète surtout comme une séparation *des fonctions*, on approuve la première interdiction qui consacre la séparation de la fonction de juger et de la façon d'administrer, mais on blâme la seconde interdiction, parce que dit-on, l'acte de juger des réclamations étant le même dans tous les cas devrait toujours être confié à un seul et même pouvoir, et il ne devrait point y avoir séparation entre deux pouvoirs chargés de juger. V. R. Jacquelin, *La juridiction administrative dans le droit constitutionnel*, 1891, et *Principes dominants du contentieux administratif*; Artur, *Séparation des pouvoirs et séparation des fonctions*, Paris, 1902, extrait de la *Revue du droit public*, 1909-1903.

Mais la séparation *des pouvoirs* ne doit pas être entendue uniquement au sens fonctionnel, elle doit l'être aussi et surtout au sens politique. Si l'on veut dans l'État un pouvoir exécutif constitutionnellement autonome et possédant vis-à-vis des autres pouvoirs des garanties d'indépendance, on doit se rendre compte que c'est une garantie d'indépendance pour lui d'avoir une certaine part de la juridiction, de même que, par le pouvoir réglementaire, il a une certaine part de la législation. — Comme la réalité politique de la séparation des pouvoirs est pratiquement plus importante que sa réa-

N° 2. — Les règles d'attribution.

Les termes des lois révolutionnaires qui ont consacré le principe de la séparation des pouvoirs étaient très absolus, ils signifiaient que le contentieux de toutes les opérations administratives, de quelque nature qu'elles fussent, même des opérations de gestion privée, et celui de toutes les réclamations contre tous les agissements des administrateurs, devaient être soustraits à la compétence des tribunaux judiciaires, et, en effet, jusqu'à la réorganisation du Conseil d'État, ce fut la jurisprudence appliquée. Mais il y avait, dans cette façon de comprendre la séparation des pouvoirs, quelque chose d'exagéré et d'injuste qui ne pouvait s'expliquer que par le souvenir non encore effacé de luttes politiques (1). On avait été préoccupé, visiblement, non pas de faire un partage égal entre les deux pouvoirs, mais de protéger le pouvoir exécutif contre le pouvoir judiciaire. On avait exagéré les droits du pouvoir exécutif, car ce pouvoir n'a besoin d'indépendance que lorsqu'il agit à titre de puissance publique; lorsqu'il agit à titre de personne privée, il n'y a pas de raison pour ne pas le soumettre au juge de droit commun. D'autre part, on avait laissé dans l'ombre les droits de l'autorité judiciaire; celle-ci a des attributions aussi fondamentales que celles du pouvoir exécutif, elle est la gardienne des droits individuels des citoyens, tout au moins de l'état des personnes et de la propriété; ce sont là des attributions qui sont consacrées, non pas par tel ou tel texte, mais par l'ensemble des lois.

Ce sera le très grand honneur des juridictions administratives, et notamment du Conseil d'État, d'avoir compris qu'elles devaient d'elles-mêmes renoncer à profiter de textes excessifs, qu'elles devaient plutôt les interpréter avec souplesse à l'aide du principe de la séparation des pouvoirs sainement entendu. Le Conseil d'État entra dans cette voie dès 1806 et il y a toujours persévéré, soit comme juge administratif, soit comme juge des conflits (2); le Tribunal des conflits, dès qu'il fut organisé à part, y entra lui aussi.

lité fonctionnelle, il ne faut pas s'étonner qu'elle se soit traduite par l'institution d'une juridiction administrative pour le contentieux des réclamations contre l'administration.

(1) Les luttes des Parlements représentant l'ancienne décentralisation nationale contre les intendants représentant la moderne centralisation administrative, luttes dont avaient été témoins tous les hommes de la Révolution et qui les préoccupaient d'autant plus qu'ils entendaient bien continuer l'œuvre de centralisation de la monarchie. Sur l'esprit de centralisation administrative de la Révolution, V. Laferrière, 2ᵉ édit., t. I, p. 183.

(2) Dès 1818, Sirey écrivait ceci : « En général, le Conseil d'État se montre beaucoup plus disposé à restreindre qu'à étendre sa propre juridiction » (*Le Conseil d'État selon la charte*, p. 154).

Le résultat d'un siècle d'efforts, accomplis dans le sens de l'abnégation par les juridictions administratives elles-mêmes, fait qu'aujourd'hui on peut formuler ainsi le principe :

1° *Tout ce qui est appréciation des actes et des opérations de la puissance publique doit être de la compétence des tribunaux administratifs* (V. Confl., 12 nov. 1906, *Sagot du Vauroux*) ;

2° *Tout ce qui n'est pas appréciation des actes et des opérations de la puissance publique doit être laissé aux tribunaux judiciaires*.

En d'autres termes, ce ne sont plus tous les actes de l'administration qui sont réservés aux tribunaux administratifs, mais seulement les actes et les opérations où la puissance publique est en jeu (1). Cet énoncé rectifié du principe de la séparation des pouvoirs ne suffirait pas lui-même pour trancher les conflits d'attribution, c'est-à-dire pour déterminer le domaine réservé aux tribunaux administratifs, car la puissance publique est en jeu dans des hypothèses variées, non seulement dans les décisions exécutoires de l'administration, mais encore dans les opérations d'exécution ; du principe il faut déduire des règles précises qui s'adaptent à la variété des hypothèses.

Il y a lieu de distinguer quatre espèces de contentieux administratif : le contentieux de l'annulation, celui de la pleine juridiction, celui de l'interprétation, celui de la répression.

A. *Le contentieux de l'annulation*. — Il s'agit de faire annuler une décision exécutoire (Recours pour excès de pouvoir. — Recours en forme d'excès de pouvoir contre les délibérations des conseils municipaux, etc.). — Ce contentieux doit être réservé à la compétence administrative pour deux raisons : 1° parce qu'il ne porte que sur les décisions exécutoires qui sont l'expression même de la puissance publique manifestant sa volonté par la voie d'autorité ; 2° parce que ce contentieux est essentiellement disciplinaire ; c'est l'institution administrative elle-même qui juge l'acte au point de vue de la bonne administration. Cette question est, au premier chef, de la compétence du juge administratif et le Conseil d'État, grand juge et grand corps consultatif, sorte de conscience du corps administratif, était tout indiqué pour la trancher ;

B. *Le contentieux de la pleine juridiction*. — Il s'agit de saisir un juge de toute une situation créée par l'exécution d'une opération administrative. C'est ici que se rencontrent les plus grandes difficultés, parce que l'opération ou les mesures d'exécution peuvent conte-

---

(1) Cf. en ce sens, Laferrière, *op. cit.*, t. I, p. 471, p. 7 et s. ; sur un point cependant nous nous séparons de Laferrière : il ne considère pas les opérations administratives d'exécution comme dépendant de la puissance publique, tandis que pour nous elles en dépendent ; il en résulte que pour lui, en principe, elles relèvent du contentieux judiciaire, tandis que pour nous, en principe, elles relèvent du contentieux administratif (Laferrière, t. I, p. 484 ; notre *Précis, supra*, p. 414 et s.).

nir ou ne pas contenir de la puissance publique et que, ce contentieux se rapprochant davantage de celui qui se débat devant les tribunaux judiciaires, le principe d'attribution devient plus délicat à poser; en outre, à ce principe quel qu'il soit, les textes apportent des exceptions assez nombreuses (1).

(1) Pour soulager la mémoire, nous allons procéder par affirmations très dogmatiques :

a) *Règles d'attribution en faveur de la juridiction administrative.* — En principe, la juridiction administrative doit être saisie du contentieux de pleine juridiction soulevé par LES OPÉRATIONS ADMINISTRATIVES, c'est-à-dire par les opérations qui constituent L'EXÉCUTION DES SERVICES PUBLICS (V. p. 452 et s.).

Ce principe est discuté, mais nous avons affirmé déjà à diverses reprises que, si on ne l'admet pas, on condamne à mort le contentieux de la pleine juridiction ; si celui-ci n'est pas le contentieux de l'exécution des services publics et de ses conséquences (tandis que le contentieux de l'annulation est celui de la validité des décisions exécutoires), il n'est rien. D'autre part, il est bien naturel que le fait de l'exécution des services publics, qui est aujourd'hui le fait administratif par excellence, engendre un contentieux administratif pour les opérations par lesquelles il s'accomplit et pour les indemnités qu'il entraîne; or, si ce contentieux n'était pas celui de la pleine juridiction, on ne voit point quel il serait (Laferrière, *Juridiction administrative*, 2e édit., t. I, p. 484, pose, à tort selon nous, une règle inverse, à savoir qu'en principe, pour les opérations, la compétence serait judiciaire).

On doit considérer comme des *applications du principe* : le contentieux administratif des travaux publics, des contributions directes, des marchés de fournitures de l'État, des opérations relatives à la dette publique, des liquidations; le contentieux administratif sur les indemnités pour faute de service, non seulement dans l'administration de l'État, mais dans toutes les administrations publiques, grâce au revirement de jurisprudence signalé à la p. 376; le contentieux administratif des dommages causés sans faute par l'administration (V. *supra*, p. 381); le contentieux sur les traitements et les pensions des fonctionnaires.

On doit considérer comme des *exceptions imposées par les textes* le contentieux judiciaire pour les contributions indirectes (Sur ce contentieux judiciaire des contributions indirectes et ce qu'il a d'excessif, V. ma note sous Cons. d'Ét., 23 mars 1906, *Demoiselle Chauvin, dite Sylviac*, S., 1908. 3. 17, affaire des abonnés au téléphone. Et pour l'expropriation (cette exception-là très intéressante), V. *infra*), — comme des *exceptions purement jurisprudentielles*, le contentieux judiciaire pour les marchés de fournitures et les emprunts des départements et des communes (V. *supra*, p. 793).

b) *Règles en faveur des tribunaux judiciaires.* — 1° *Les tribunaux judiciaires doivent être saisis du contentieux de pleine juridiction soulevé par* LES OPÉRATIONS PRIVÉES DES ADMINISTRATIONS PUBLIQUES, *à moins d'exception consacrée par un texte.* — Cette règle s'applique au contentieux soulevé par les dons et legs, aux questions de propriété relatives au domaine, aux baux ordinaires des biens du domaine privé, aux ventes des biens départementaux et des biens des communes, aux actions en responsabilité pour dommages causés par des opérations privées, aux engagements des administrations publiques qui ne comportent ni organisation de service public, ni délégation de puissance publique, etc. (Cass., 25 juin 1907, *Hospice civil de Lille* c. *Institut catholique de Lille*, convention relative à la fourniture de pièces anatomiques à cet institut). Il y a exception, en vertu des textes, pour les ventes de biens nationaux, pour les concessions sur le domaine privé de l'État, pour les baux des sources minérales appartenant à l'État, dont le contentieux est de la compétence du conseil de préfecture;

2° *Lorsqu'il s'est produit, par le fait de l'administration,* UNE DÉPOSSESSION DÉFI-

C) *Le contentieux de l'interprétation.* — Ce contentieux comporte plusieurs variétés : il y a l'interprétation des décisions administratives avec compétence administrative ; il y a l'interprétation de faits et d'actes de la vie civile avec compétence des tribunaux judiciaires.

a) *Du contentieux de l'interprétation des décisions administratives avec compétence des tribunaux administratifs* (1). — Ce contentieux de l'interprétation existe dans le cas où l'application d'un acte d'administration, dont le sens est obscur ou dont la validité est contestée, forme question préjudicielle. Il faut pour cela deux conditions :

1° Qu'il y ait une décision exécutoire dont le sens soit obscur, ou dont la validité soit attaquée (2) ;

NITIVE ET TOTALE DE PROPRIÉTÉ PRIVÉE, *les tribunaux judiciaires peuvent être saisis de demandes tendant à compenser par une indemnité pécuniaire cette dépossession*, conséquence très intéressante de la compétence attribuée aux tribunaux judiciaires pour l'expropriation. Cette règle s'applique notamment au cas d'emprise occasionnée par une délimitation du rivage de la mer ou d'un fleuve ; elle doit être restreinte au cas où il y a véritablement dépossession d'une propriété privée et emprise de l'administration ou voie de fait (Cons. d'Ét., 16 fév. 1906, *Sauvelet*; 16 mars 1906, *De Ségur-Lamoignon*). Elle ne saurait être étendue, notamment, aux demandes en indemnité formées à la suite de mesures administratives ayant entraîné des violations de domicile (exécution des décrets du 29 mars 1880, Confl., 5 nov. 1880, *Marquigny*. Cf. Brémond, *Traité de la compétence*, nos 750 et s.) ; à plus forte raison, ne saurait-elle être étendue à des demandes en indemnité fondées sur la violation de la liberté individuelle, telles que des mesures d'expulsion, etc. Toutes les violations de droits individuels autres que le droit de propriété et, même, toutes les violations du droit de propriété qui ne vont pas jusqu'à l'expropriation indirecte, constituent, si elles sont le résultat d'un acte administratif légal, des préjudices administratifs de la compétence de la juridiction administrative. Si l'acte administratif n'est pas légal, il y a voie de fait et compétence judiciaire, sauf conflit pour discuter la question de légalité (Cf. Brémond, *op. cit.*, nos 750 et s. ; Laferrière, t. I. p. 471 et s., p. 529, p. 544 et s.).

D'autre part, nous ne croyons pas que l'autorité judiciaire soit compétente pour régler l'indemnité de dépossession en cas d'emprise du domaine public en vue de l'exécution de travaux publics (V. *supra*, p. 623) ;

3° *Les tribunaux judiciaires sont compétents encore pour les poursuites intentées contre les fonctionnaires à raison de leur fait personnel, avec cette réserve que l'appréciation de la nature de la faute est réservée au Tribunal des conflits, si le préfet élève le conflit* (V. p. 367).

Ils sont également compétents pour les actions pénales intentées contre les administrations publiques et pour les actions civiles connexes (Cass., 23 janv. 1914, *Mesureur*, S., 14. 1. 89, note Roux).

(1) Cf. Laferrière, *op. cit.*, t. II, p. 604 et s.
(2) S'il ne s'agit que de constater l'existence matérielle de l'acte et si la validité n'en est pas contestée, le tribunal judiciaire reste compétent ; c'est ainsi que, dans la procédure de l'expropriation pour cause d'utilité publique, le tribunal judiciaire est compétent pour constater l'existence de l'arrêté de cessibilité, mais non pour apprécier sa validité.

Quant à la validité d'un acte administratif, elle peut bien être attaquée d'une façon principale, mais alors c'est par le recours pour excès de pouvoir, dans les délais et avec les formes de ce recours, et elle aboutit à l'annulation de l'acte ; tandis que, par la voie de la question préjudicielle, la validité de l'acte peut être attaquée pendant

2° que la question soit soulevée à l'occasion d'un litige né et actuel (1).

Quant à la compétence sur l'interprétation, elle revient, soit à l'autorité administrative qui a pris la décision ou qui aurait pu la prendre, avec recours au Conseil d'État, soit directement au Conseil d'État (Cons. d'Ét., 16 juill. 1915, *De Noblet la Clayette*) (2);

b) *Du contentieux de l'interprétation des faits et des actes de la vie civile avec compétence des tribunaux judiciaires* (3).

---

trente ans, par un recours en appréciation de validité qui ne bénéficie pas de la dispense d'avocat, et cela n'aboutit qu'à une déclaration d'illégalité qui peut avoir son influence dans le procès, mais qui n'anéantit pas l'acte (V. *supra*, p. 421).

(1) Procès pendant devant un tribunal judiciaire, Cons. d'Ét., 11 déc. 1874, *Canal de Crillon*; 31 mai 1895, *Compagnie générale des eaux*; 26 déc. 1903, *Ville de Paris*. — Procès pendant devant un conseil de préfecture, alors que l'interprétation de l'acte doit être demandée au Conseil d'État, Cons. d'Ét., 8 juin 1894, *Mont-de-Marsan*; 22 mars 1895, *Compagnie française*; 17 juill. 1896, *Le Stir*; — Simple désaccord suffisamment marqué dans les faits, sur les conditions de la substitution de l'électricité au gaz, Cons. d'Ét., 11 mai 1894, *Compagnie genevoise du gaz*; 4 juin 1897, *Gaz de Foix*, 2° espèce; 10 mars 1902, *Compagnie française du gaz*; 14 avril 1905, *Société toulousaine d'électricité*; 9 mars 1906, *Ville de Carpentras*; Cons. d'Ét., 26 déc. 1913, *Brosson*.

On peut se demander s'il était bien nécessaire de réserver à la juridiction administrative la connaissance des actes d'administration lorsqu'ils ne sont qu'un élément accessoire dans un litige dont le fond appartient certainement à un tribunal judiciaire. Ainsi, en matière de mines, les contestations relatives au paiement de la redevance tréfoncière sont de la compétence des tribunaux judiciaires (Ord. 30 août 1820), mais, s'il y a lieu, comme élément de décision, d'interpréter le décret de concession qui a créé la propriété de la mine, cette interprétation ne peut être donnée que par le gouvernement (Cass., Ch. réunies, 16 mai 1893, *Revue d'administration*, août 1893). Ces questions préjudicielles créent certainement des complications, et il serait plus simple d'appliquer la règle *accessorium sequitur principale* (V. Michoud, *Les conseils de préfecture, Revue politique et parlementaire*, XII, p. 267), mais il convient de remarquer que le contentieux de l'interprétation a servi plus d'une fois à couvrir la retraite de la juridiction administrative, qui a renoncé à la compétence sur le fond de certaines affaires, pour ne conserver que l'interprétation des actes de puissance publique qui y seraient intervenus (V. par exemple la jurisprudence relative aux baux des droits de plaçage, abatage, mesurage, Cons. d'Ét., 13 mars 1891, *Médioni*; 17 avril 1891, *Commune de Saint-Justin*, S., 93. 3. 49 et ma note), ou bien à couvrir la retraite de l'administration active qui renonce à se servir de la procédure par décision exécutoire et demande au juge d'interpréter lui-même un contrat de concession ou un marché de travaux (V. *supra*, p. 358); que, par conséquent, il a été utile aux progrès du droit administratif.

(2) Cf. Cons. d'Ét., 21 nov. 1873, *Baudoin*; 9 mars 1877, *Brescon*; 4 avril 1884, *Rivier*; 15 fév. 1895, *Camplong*; Laferrière, *op. cit.*, II. p. 619.

(3) Les juridictions administratives doivent, assez souvent, renvoyer les parties à se pourvoir devant les tribunaux civils pour faire trancher des questions réservées à la connaissance de ceux-ci. Par exemple : 1° s'il est soulevé une question de propriété ou d'existence de privilège (Cons. d'Ét., 28 nov. 1890, *Tramways de Roubaix*, S., 93. 3. 1 et ma note) ou d'existence d'enclave (Confl., 26 mai 1894, *Redor*); 2° s'il est soulevé une question d'état, de capacité, de domicile, de nationalité, par exemple, dans les contentieux électoraux ou encore dans celui des engagements militaires; 3° s'il est soulevé une question de validité du consentement dans un contrat d'enga-

D. *Le contentieux de la répression*. — Les tribunaux judiciaires assument une partie de la répression administrative; il faut signaler les *conseils de guerre* pour la répression des crimes et délits militaires; il convient aussi de rappeler que la sanction des règlements administratifs de police est conférée aux tribunaux de simple police par l'article 471, n° 15, du Code pénal. Il y a aussi des tribunaux administratifs répressifs. On ne signale d'ordinaire que la compétence répressive des conseils de préfecture en matière de contraventions de grande voirie (Cf. Laferrière, *op. cit.*, t. II, p. 630 et s.). Mais il y a lieu de signaler aussi les conseils disciplinaires dont le nombre se multiplie, tels que les *conseils de l'Université* ou le *conseil supérieur de l'Instruction publique*, qui relèvent du Conseil d'État et, par conséquent, sont administratifs.

N° 3. — Les conflits d'attribution et le Tribunal des conflits (1).

Le partage d'attributions entre les tribunaux administratifs et les tribunaux judiciaires entraîne fatalement des conflits de compétence.

Dans le cas qui nous occupe, la lutte de compétence est appelée *conflit d'attribution* parce que les deux autorités en présence sont de deux ordres différents, l'ordre exécutif et l'ordre judiciaire (2).

D'ailleurs, l'institution des conflits n'est pas bilatérale, elle est uniquement pour protéger la compétence de l'autorité administrative : l'hypothèse pratique dans laquelle elle joue est celle où, un

gement militaire (Décr. 27 juin 1905, art. 14, et Circ. min. Guerre, 10 juin 1910, art. 43).

Du contentieux de l'interprétation des décisions contentieuses du juge administratif. — Cette question s'est présentée à propos d'un arrêt du Conseil d'État du 12 janvier 1895 relatif à la durée de la garantie d'intérêts fournie par l'État aux compagnies de chemin de fer. L'administration des travaux publics ne tenait pas compte de la chose jugée par cet arrêt sous le prétexte qu'il n'était pas clair; sur la demande des compagnies intéressées, le Conseil d'État s'est prêté à donner une interprétation de son premier arrêt par un second arrêt (Cons. d'Ét., 26 juill. 1912, Compagnie d'Orléans). — Ce qui justifie cette procédure, c'est la difficulté qu'il y a pratiquement à opposer à l'administration l'autorité de la chose jugée. — Si l'on se fût trouvé en matière civile, pour nier la durée de la garantie d'intérêt, l'administration eût été obligée de prendre le rôle de demandeur et on lui eût opposé l'exception de chose jugée, mais en matière administrative, en vertu du privilège d'action d'office de l'administration, celle-ci n'a pas à prendre le rôle de demandeur, c'est à l'administré à le prendre par le contentieux de l'interprétation.

(1) Des Cilleuls, *Des évocations dans l'ancien droit et des conflits d'attribution dans le droit intermédiaire*, Bulletin des sciences économiques et sociales, 1898; — Maurice Félix, *L'histoire du conflit d'attribution*, 1899; Bavoux, *Des conflits*, 1828.

(2) Dans le cas où la lutte de compétence s'établit entre deux autorités du même ordre, par exemple entre deux tribunaux judiciaires ou entre deux autorités administratives, il y a *conflit de juridiction*. Nous n'avons pas à nous occuper ici du conflit de juridiction.

tribunal judiciaire étant saisi d'un litige que l'autorité administrative estime être de sa propre compétence, celle-ci cherche à dessaisir le tribunal judiciaire. L'autorité judiciaire n'a aucun moyen juridique à sa disposition pour faire dessaisir un tribunal administratif (1).

A. *Les conflits d'attribution sont réglés d'une façon juridictionnelle et cela donne naissance à un contentieux spécial.* — *Caractères généraux du contentieux des conflits.* — a) *Caractère de justice déléguée.* — La question d'attribution de compétence, lorsqu'elle est soulevée par l'autorité administrative, par la procédure du conflit, constitue une question préjudicielle greffée sur le litige principal qui va être réglée d'une façon juridictionnelle. La loi du 24 mai 1872 a définitivement organisé un Tribunal des conflits indépendant devant lequel est portée cette question préjudicielle et a fait du contentieux des conflits une justice déléguée (2).

b) *Caractère constitutionnel.* — Le contentieux des conflits a un caractère constitutionnel, et le Tribunal des conflits est une juridiction constitutionnelle. En effet, il s'agit de régler les rapports de deux pouvoirs publics, et tout ce qui est relatif aux rapports des pouvoirs publics est constitutionnel (3).

(1) L'article 26 de la loi du 24 mai 1872 donne bien aux ministres le droit d'élever le conflit devant la section du contentieux du Conseil d'État, et peut être ce droit pourrait-il être exercé par le ministre de la Justice pour faire respecter la compétence des tribunaux judiciaires, mais il faut remarquer : 1° que le conflit ne pourrait être élevé que devant la section du contentieux du Conseil d'État et non point devant toutes les juridictions administratives ; 2° que cette disposition a beaucoup plutôt pour objet de soustraire certaines décisions gouvernementales à l'appréciation du Conseil d'État (V. p. 431) ; 3° qu'enfin les parties sont toujours libres d'introduire une action devant les tribunaux judiciaires, alors même qu'une instance serait pendante devant les tribunaux administratifs, ce qui renversera les rôles et forcera l'administration à élever le conflit en faveur des tribunaux administratifs.

(2) En effet, le Tribunal des conflits statue *au nom du peuple français* ; il a un président qui est le ministre de la Justice et se choisit lui-même un vice-président (art. 25, L. 24 mai 1872) ; les décisions du tribunal sont signées du président (ou du vice-président) (Règl. 28 oct. 1849, art. 9) ; elles ne sont donc pas signées du chef de l'État, ce ne sont point des décrets en Tribunal des conflits. Cela suffit pour qu'on ne puisse pas dire que la justice est retenue, car il n'y a de justice retenue que celle dont les décisions sont sous la signature du chef de l'État. Pendant longtemps, le contentieux des conflits avait été aux mains du gouvernement lui-même (L. 7-14 oct. 1790 ; L. 21 fruct. an III, art. 27). Lorsque le Conseil d'État fut réorganisé, on lui confia la mission d'examiner les conflits (Règl. 5 niv. an VIII ; arr. 13 brum. an X), mais la décision était toujours signée du chef de l'État, c'est-à-dire que c'était un cas de justice retenue. La Constitution du 4 novembre 1848, article 89, fit une tentative pour organiser un Tribunal des conflits indépendant ; il fut organisé en effet (Règl. 28 oct. 1849 ; L. 4 fév. 1850) et il rendit quelques décisions ; mais le régime de 1852, presque tout de suite, le supprima et revint au système ancien (Décr. org., 25 janv. 1852, sur le Cons. d'Ét., art. 1er).

Laferrière ne se prononce pas expressément sur le caractère de justice déléguée du contentieux des conflits (V. *op. cit.*, t. I, p. 21, 270, 274).

(3) Laferrière ne qualifie pas expressément de constitutionnel le contentieux des

Il faut distinguer, cependant, entre le conflit *positif* et le conflit *négatif;* le premier seul présente un caractère constitutionnel (1).

B. *Organisation du Tribunal des conflits.* — Le Tribunal des conflits se compose : 1° de sept premiers juges désignés de la façon suivante : le garde des Sceaux, président; trois conseillers d'État en service ordinaire élus par les conseillers d'État en service ordinaire; trois conseillers à la Cour de cassation nommés par leurs collègues; 2° de deux autres juges élus par la majorité des sept premiers, total neuf membres. Les membres du Tribunal des conflits sont soumis à la réélection tous les trois ans et indéfiniment rééligibles. Ils choisissent un vice-président au scrutin secret et à la majorité absolue des voix. Ils ne peuvent délibérer valablement qu'au nombre de cinq membres présents au moins (L. 24 mai 1872, art. 25) (2).

« Les fonctions du ministère public seront remplies par deux com-

---

conflits, mais il le qualifie de gouvernemental (V. *op. cit.*, t. I, p. 21). Il est très intéressant, à notre avis, de signaler le caractère constitutionnel de ce contentieux parce que ce serait un jalon posé dans la voie des juridictions constitutionnelles. Cf. en ce sens, Confl., 5 nov. 1880, *Marquigny*.

(1) Il y a conflit positif lorsqu'un tribunal judiciaire s'est saisi d'un litige revendiqué par l'autorité administrative; il y a conflit négatif lorsque les tribunaux judiciaires et les tribunaux administratifs se refusent les uns et les autres à se saisir d'un litige. (V. ma note dans S., 1904. 3. 97, sous Confl., 8 nov. 1902, *Villeneuve-les-Charnod*). Le conflit *négatif* ne porte aucune atteinte à la séparation des pouvoirs, puisque justement les deux autorités refusent de se saisir de l'affaire; le débat n'a donc point d'importance constitutionnelle, il n'y a en jeu que l'intérêt du particulier qui veut trouver un juge. Aussi le conflit constitue-t-il dans ce cas une affaire contentieuse ordinaire, l'État n'y intervient pas, les parties peuvent prendre des conclusions, les jugements rendus donnent lieu à la perception du droit d'enregistrement, ils peuvent contenir condamnation aux dépens.

Le conflit *positif*, au contraire, soulève en plein la question de la séparation des pouvoirs; aussi le débat ne constitue-t-il pas une affaire contentieuse ordinaire : 1° l'État intervient, non pas comme plaideur, mais à titre de puissance publique; 2° les parties privées qui figurent dans le litige, ne sont pas vraiment parties en cause et elles ne seraient pas admises à prendre des conclusions (notamment à fin de récusation, Confl., 4 nov. 1880, *Marquigny*); 3° les décisions ne sont pas des jugements passibles du droit d'enregistrement; 4° elles ne peuvent prononcer aucune condamnation; 5° elles ne sont pas susceptibles d'opposition.

(2) Il y a deux suppléants élus par la majorité des sept premiers juges. On remarquera que, à part les membres élus par les sept premiers juges, le Tribunal des conflits est composé, par égales parties, de représentants du pouvoir judiciaire et de représentants de la juridiction administrative; le garde des Sceaux lui-même a un caractère mixte, puisqu'il est en même temps ministre de la Justice, supérieur hiérarchique des magistrats de l'ordre judiciaire, et président du Conseil d'État. Il était impossible, en effet, de ne pas donner une représentation égale aux deux pouvoirs en présence. Mais, d'un autre côté, il fallait bien les départager; c'est à cette préoccupation qu'on a obéi en introduisant les deux membres élus par la majorité de leurs collègues. C'est un élément qui n'existait pas dans le Tribunal des conflits de 1850 (En fait, les membres élus par la majorité sont le plus souvent pris encore l'un dans le Conseil d'État, l'autre dans la Cour de cassation).

missaires du gouvernement, choisis tous les ans par le président de la République, l'un parmi les maîtres des requêtes au Conseil d'État, l'autre dans le parquet de la Cour de cassation (1).

C. *Procédure du conflit positif d'attribution* (2). — *Marche générale de la procédure du conflit.* — Il faut partir de cette idée, déjà indiquée, que la procédure du conflit est *une procédure de dessaisissement d'un tribunal judiciaire au profit de l'autorité administrative.*

Dès lors, on comprend qu'il y ait deux phases dans la procédure du conflit : 1° la *création et l'élévation du conflit* qui a pour but de créer la contestation sur le point de savoir si le tribunal judiciaire doit être dessaisi, de forcer le tribunal judiciaire à surseoir, et de porter la question d'attribution devant le Tribunal des conflits ; 2° *le jugement du conflit* par le Tribunal des conflits ; le tribunal se renferme dans la question de savoir si, oui ou non, le tribunal ordinaire doit être dessaisi, il répond négativement en annulant l'arrêté de conflit, il répond affirmativement en validant l'arrêté ; dans cette dernière hypothèse le tribunal judiciaire est définitivement dessaisi.

I. *Création et élévation du conflit* (Ord. 1er juin 1828). — C'est le gouvernement, représenté par le préfet, qui a mission de créer et d'élever le conflit (3). Il agit là dans l'intérêt de la puissance publique. Aussi peut-il élever le conflit, non seulement dans les instances où l'État est partie en cause, mais aussi dans celles auxquelles l'État est étranger.

Dans les premières années de la Restauration, il avait été fait un tel abus des conflits que le gouvernement, pour donner une satisfaction à l'opinion publique, fut obligé de restreindre lui-même sa

(1) Il sera adjoint, à chacun de ces commissaires, un suppléant choisi de la même manière et pris dans les mêmes rangs, pour le remplacer en cas d'empêchement. Ces nominations doivent être faites chaque année, avant l'époque fixée pour la reprise des travaux du tribunal » (L. 4 fév. 1850, art. 6).

« Les décisions du Tribunal des conflits ne pourront être rendues qu'après un rapport écrit par l'un des membres du tribunal et sur les conclusions du ministère public » (L. 4 fév. 1850, art. 4). — « Dans aucune affaire, les fonctions du rapporteur et celles du ministère public ne pourront être remplies par deux membres pris dans le même corps » (L. 4 fév. 1850, art. 7). — Les avocats au Conseil d'État et à la Cour de cassation peuvent être chargés, par les parties intéressées, de présenter devant le Tribunal des conflits des mémoires et des observations » (Règl. 1849, art. 4).

Les décisions du Tribunal des conflits portent en tête la mention suivante : *Au nom du peuple français, le Tribunal des conflits....* Elles sont motivées, les noms des membres qui ont concouru à la décision y sont mentionnés, la minute est signée par le président (ou le vice-président), le rapporteur et le secrétaire (Règl. 28 oct. 1849, art. 9). Le Tribunal des conflits siège au ministère de la Justice d'une façon tout à fait intermittente et le nombre annuel de ses décisions est peu élevé ; être juge au Tribunal des conflits ne constitue qu'une fonction accessoire.

(2) Pour la procédure du conflit négatif, V. Règl. 1849, art. 17 à 24.

(3) Un préfet maritime peut élever le conflit, Conseil d'État, 30 mars 1912, *Hennebique.*

liberté d'action. On ne put pas déterminer limitativement les cas de conflit, pour la bonne raison que les actes de puissance publique qui doivent être protégés par le conflit échappent à toute énumération, mais on tourna la difficulté en indiquant certaines juridictions devant lesquelles le conflit ne pourrait être élevé, et en déterminant une procédure rigoureuse. Ce fut l'objet de l'ordonnance du 1er juin 1828 (1).

a) *Des juridictions devant lesquelles le conflit ne peut pas être élevé.* — Le texte de l'ordonnance écarte un certain nombre de juridictions ; de plus, la jurisprudence a admis que, devant certaines autres, le conflit ne pouvait pas être élevé, à raison de l'impossibilité d'accomplir certaines formalités de la procédure. En résumé :

1° Devant les tribunaux criminels, le conflit ne peut pas être élevé (Ord. 1828, art. 1er) (2) ;

---

(1) Si l'on ne peut pas énumérer limitativement tous les cas de conflit, on peut, en revanche, indiquer les principaux. Le conflit peut être élevé dans les catégories d'hypothèses suivantes :

a) Un tribunal judiciaire est saisi d'une difficulté relative à une opération déjà accomplie, dont le caractère administratif est contesté. — Ainsi un tribunal judiciaire est saisi d'une difficulté relative à une offre de concours, c'est-à-dire à un incident des travaux publics, mais c'est qu'on peut se demander, dans l'espèce, s'il y a vraiment offre de concours, ou s'il ne s'agit pas plutôt d'une cession amiable dont le contentieux serait judiciaire (exemple : Confl., 27 mai 1876, *De Chargères*) (V. p. 741) ;

b) Un tribunal judiciaire est saisi d'une action qui tendrait à lui faire accomplir un acte réservé à l'autorité administrative ; tel serait le cas d'une action tendant à faire prononcer par le tribunal civil la délimitation du rivage de la mer (V. p. 665 les décisions citées en la note 1) ;

c) Un tribunal judiciaire est saisi d'une action qui tendrait à mettre obstacle à l'exécution d'une mesure administrative ; c'est le cas des actions formées lors de l'exécution des décrets du 29 mars 1880 et tendant à maintenir ou à réintégrer en possession de leurs immeubles les membres des congrégations religieuses dissoutes (Confl., 15 nov. 1880, *Marquigny*); c'est le cas aussi des actions formées lors des mesures de laïcisation d'écoles et tendant à maintenir ou à réintégrer en possession les instituteurs congréganistes (Confl., 14 janv. 1886, *Frères des Écoles chrétiennes*; 26 mars 1881, *Mounier*; 28 déc. 1878, *Demorgny*, etc. Cf. Brémont, *Traité de la compétence*, nos 187 et s.); les instituteurs laïques ont été installés dans les locaux, sauf à régler ensuite les questions de propriété s'il y en avait ;

d) Un tribunal judiciaire est saisi d'une demande en indemnité contre l'État pour dommage causé dans le fonctionnement d'un service public. — Par exemple, Confl., 8 fév. 1873, *Blanco* ;

e) Un tribunal judiciaire est saisi d'une action tendant à poursuivre un fonctionnaire en responsabilité personnelle, et ce tribunal aurait à apprécier l'acte administratif accompli par ce fonctionnaire pour savoir s'il ne renferme qu'une faute de service ou bien s'il constitue un fait personnel (Confl., 26 juill. 1873, *Pelletier*).

(2) Par conséquent, alors même qu'un acte administratif formerait l'un des éléments d'un débat criminel, il ne saurait y avoir élévation de conflit pour en renvoyer l'appréciation à un tribunal administratif, à titre de question préjudicielle. Mais cela ne s'applique qu'au cas où c'est l'action publique qui est portée devant la juridiction criminelle, non point si c'est une action civile ; en ce cas, au contraire, le conflit peut être élevé (Confl., 22 déc. 1880, *Roucanières*).

2° Devant les tribunaux correctionnels, le conflit ne peut être élevé que dans les deux cas suivants (art. 2) : Lorsque la répression du délit est attribuée par une disposition législative à l'autorité administrative (contraventions de grande voirie) ; lorsque le jugement à rendre par le tribunal dépend d'une question préjudicielle dont la connaissance appartient à l'autorité administrative, en vertu d'une disposition législative (V. au bas de la page précédente, note 1, lettre *e*) ;

3° Devant les tribunaux de simple police, les juges de paix, les tribunaux de commerce, le conflit ne peut pas être élevé parce que le *procureur de la République* figure dans la procédure du conflit et que, devant les tribunaux de simple police, il y a bien un ministère public, mais ce n'est pas le procureur de la République ;

4° Devant la Cour de cassation, le conflit ne peut pas être élevé, mais pour un autre motif, parce que tous les jugements déférés à la Cour de cassation sont en dernier ressort, et que le conflit ne saurait être élevé après des jugements en dernier ressort (art. 4).

Au contraire, le conflit peut être élevé devant les tribunaux d'arrondissement et devant les cours d'appel, c'est là son domaine. Il peut même être élevé devant le président du tribunal civil statuant en référé (Trib. confl., 27 déc. 1880, *Casencuve*).

b) Moment où le conflit peut être élevé. — En principe, il ne peut pas être élevé de conflit après des jugements rendus en dernier ressort ou acquiescés, ni après des arrêts définitifs. Mais le conflit peut être élevé en cause d'appel s'il ne l'a pas été en première instance ou s'il l'a été irrégulièrement » (art. 4).

c) Formes requises pour la création et l'élévation du conflit. — 1° *Création du conflit : Déclinatoire de compétence.* — Le préfet adresse au procureur de la République un mémoire appelé *déclinatoire de compétence* dans lequel sera rapportée la disposition législative qui attribue à l'administration la connaissance du litige. — Le procureur de la République fera connaître, dans tous les cas, au tribunal, la demande formée par le préfet, et requerra le renvoi si la revendication lui paraît fondée (Ord. 1828, art. 6).

Le tribunal rend un jugement sur le déclinatoire, pour l'accueillir ou le rejeter. S'il le rejette, *c'est, à proprement parler, cette décision qui crée le conflit*, c'est-à-dire la contestation sur la compétence, et qui permet au préfet de saisir le Tribunal des conflits (art. 8 et 11) (1).

---

(1) En effet, l'autorité administrative a affirmé ses prétentions en présentant le déclinatoire, l'autorité judiciaire affirme les siennes en rejetant le déclinatoire ; aussi la formalité du *déclinatoire de compétence* est elle essentielle (Ord. 1er juin 1828, art. 5 ; Confl., 13 déc. 1902, *Fabrique du Perrier*), et, alors même que les parties auraient proposé elles-mêmes une exception d'incompétence que le tribunal aurait rejetée, le préfet doit proposer son déclinatoire ; en effet, le préfet *émet la prétention* de la puissance publique, tandis que la partie agissait en son nom privé (Cf. mon article sur les *éléments du contentieux*, Recueil de législation de *Toulouse*, 1905, p. 25).

2° *Élévation du conflit. Arrêté de conflit.* — Le conflit est élevé, c'est-à-dire porté devant le Tribunal des conflits, par un arrêté que prend le préfet dans la quinzaine de l'envoi du jugement à peine de nullité (Confl., 5 mai 1906, *Tournaville*) et qu'il fait déposer au greffe du tribunal avec les pièces à l'appui. Cet *arrêté de conflit* produit par lui même les effets suivants : 1° il constate le conflit ; 2° il émet la prétention de faire dessaisir définitivement le tribunal judiciaire par le Tribunal des conflits ; 3° il oblige le procureur de la République à requérir du tribunal judiciaire le sursis provisoire à toute procédure (1).

II. *Jugement du conflit* (Ord. 1828; Ord. 12 mars 1834; Règl. 28 oct. 1849). — Après une courte procédure, les pièces sont envoyées au ministère de la Justice (2).

Il sera statué sur le conflit dans le délai de deux mois à dater de la réception des pièces audit ministère. — *Si, un mois après l'expiration de ce délai, le tribunal (primitivement saisi) n'a pas reçu notification de la décision, il pourra procéder au jugement de l'affaire* (Ord. 12 mars 1831, art. 7) (3).

---

(1) En effet, si l'arrêté a été déposé au greffe en temps utile, le greffier le remettra immédiatement au procureur de la République, qui le communiquera au tribunal réuni dans la Chambre du Conseil, et requerra que, conformément à l'article 27 de la loi du 23 fructidor an III, il soit sursis à toute procédure judiciaire (art. 12).

(2) « Après la communication ci-dessus, l'arrêté du préfet et les pièces seront rétablis au greffe, où ils resteront déposés pendant quinze jours. Le procureur de la République en préviendra de suite les parties ou leurs avoués, lesquels pourront en prendre communication sans déplacement, et remettre, dans le même délai de quinzaine, au parquet du procureur de la République, leurs observations sur la question de compétence, avec tous les documents à l'appui » (art. 13, Ord. 1828).

« Le procureur de la République informera immédiatement le garde des Sceaux, ministre de la Justice, de l'accomplissement desdites formalités, et lui transmettra en même temps l'arrêté du préfet, ses propres observations et celles des parties, s'il y a lieu, avec toutes les pièces jointes. La date de l'envoi sera consignée sur un registre à ce destiné » (art. 14).

(3) Mais, d'un autre côté, le Tribunal des conflits peut statuer après l'expiration des délais tant que le tribunal civil n'a pas repris l'examen de l'affaire (Confl., 28 janv. 1899, *Compagnie des bateaux à vapeur de la Guadeloupe*).

Voici la procédure devant le Tribunal des conflits : Transmission immédiate du dossier par le ministre au secrétaire du Tribunal des conflits. « Les rapporteurs sont désignés par le ministre de la Justice, immédiatement après l'enregistrement des pièces au secrétariat du tribunal » (Règl. 1849, art. 6);

« Dans les cinq jours de l'arrivée, l'arrêté de conflit et les pièces sont communiqués au ministre dans les attributions duquel se trouve placé le service auquel se rapporte le conflit. La date de la communication est consignée sur un registre à ce destiné. Dans la quinzaine, le ministre doit fournir les observations et les documents qu'il juge convenables sur la question de compétence. Dans tous les cas, les pièces seront rétablies au Tribunal des conflits dans le délai précité » (Règl. 1849, art. 12);

« Les avocats des parties peuvent être autorisés à prendre communication des pièces au secrétariat sans déplacement » (Règl., art. 13);

ARTICLE II. — *Séparation de la juridiction administrative et de l'administration active.*

Il est bon que, pour le contentieux soulevé par les actes et les opérations de la puissance publique, il y ait une juridiction administrative, nous en avons donné plus haut les raisons; mais qu'est-ce qu'une juridiction administrative? Ce ne peut être qu'une juridiction dont les juges appartiennent au personnel administratif. Alors, ne sommes-nous pas dans une impasse? Si le juge administratif appartient au personnel administratif, il ne sera pas un tiers impartial entre l'administration et les administrés, il ne sera donc pas un juge véritable; d'autre part, s'il n'appartient pas au personnel administratif, il n'aura pas la compétence technique voulue et, politiquement, il ne présentera pas de garanties pour l'administration. Il faudrait que le juge administratif fût de l'administration sans en être. Cette condition, qui semble impossible à réaliser, s'est réalisée cependant d'une façon très simple, en utilisant la séparation qui s'est opérée dans l'administration elle-même entre un personnel *actif* et un personnel *consultatif*. C'est le personnel des conseils consultatifs, conseils de préfecture et Conseil d'État, qui a fourni les juges administratifs; ce personnel, participant à l'administration d'une façon consultative, acquiert la compétence technique et ne participant pas à la décision exécutoire, qui est l'affaire de l'administration active, il n'a ni pouvoir, ni responsabilité. Il peut donc être un juge compétent et un juge administratif, sans cependant être partie intéressée dans le procès.

Toutefois, le cantonnement de la juridiction administrative dans les conseils consultatifs et, par conséquent, la séparation de l'administration active et de la juridiction administrative, ne se sont pas opérés sans résistances.

On peut dire que la nécessité de cette séparation est aujourd'hui comprise de tous les partisans d'une juridiction administrative (V. Laferrière, *op. cit.*, t. I, p. 12), mais c'est le résultat d'une lente évolution historique qui s'est produite depuis la Révolution. L'idée des hommes de la Révolution était plutôt que la juridiction devait appartenir aux administrateurs eux mêmes (Laferrière, *op. cit.*, t. I, p. 13) (1).

Dans les vingt jours qui suivent la rentrée des pièces, le rapporteur fait au secrétariat le dépôt de son rapport et des pièces (Règl., art. 14).
Le dossier est communiqué au commissaire du gouvernement.
« Le rapport est lu en séance publique; immédiatement après le rapport, les avocats des parties peuvent présenter des observations orales. Le commissaire du gouvernement est ensuite entendu dans ses conclusions » (Règl. 1849, art. 8).
(1) *Application du principe de la séparation au Conseil d'État et aux conseils de*

§ 2. — Organisation de la juridiction administrative.

Article I. — *Organisation générale de cette juridiction.*

Cette organisation est très particulière et très différente de celle des tribunaux judiciaires.

préfecture. — En tant que la juridiction administrative est confiée au Conseil d'État ou aux conseils de préfecture, on voit tout de suite que la séparation est réalisée ; en effet, ces tribunaux ne sont point des autorités administratives prenant des décisions.

Ils participent, il est vrai, dans une certaine mesure, à l'administration active par leurs avis. Le Conseil d'État peut avoir préparé à titre consultatif le projet d'un décret, et être appelé ensuite à titre contentieux à statuer sur les litiges soulevés par ce décret. Le conseil de préfecture peut aussi avoir donné des avis au préfet dans des matières qui deviennent par la suite contentieuses. Il y a là un léger inconvénient.

Mais, d'une part, dans ces assemblées, du moins au Conseil d'État, des précautions sont prises pour que les mêmes conseillers n'aient pas à statuer, au contentieux, sur les conséquences d'un acte sur lequel ils auraient émis un avis à titre administratif. D'autre part, autre chose est avoir donné son avis sur une décision à prendre, autre chose est avoir pris la décision soi-même ; le conseiller qui ne signe pas ne peut jamais avoir le même amour-propre d'auteur que l'administrateur qui signe et prend la responsabilité de l'acte.

Application du principe de la séparation aux autorités administratives. — Question du ministre juge. — La conséquence rigoureuse du principe de la séparation de l'administration active et de la juridiction est que les *autorités administratives* proprement dites ne sont pas des juges. Donc, ni les ministres, ni les préfets, ni les maires, ni aucune des assemblées délibérantes, conseils généraux, conseils municipaux ne sauraient être des juges (en ce qui concerne le préfet, V. Cons. d'Ét., 24 mars 1889, *Commune de Mussy-sur-Seine*; en ce qui concerne la commission départementale, V. Cons. d'Ét., 28 fév. 1902, *Moureaud*). Une exception doit être faite seulement pour le chef de l'État dans les cas de justice retenue (V. *infra*) (le chef de l'État représente ici le pouvoir exécutif dans ce qu'il a de plus élevé en tant qu'il est la source historique du pouvoir juridictionnel).

Cette doctrine n'a jamais présenté de difficulté qu'en ce qui concerne les ministres ; pendant longtemps, dans la plupart des décisions qu'ils rendaient, ils furent considérés comme étant des juges, non point des administrateurs. La juridiction ministérielle a été une institution régnante pendant presque tout le XIXe siècle et aujourd'hui, bien que condamnée par une jurisprudence du Conseil d'État qui date d'une trentaine d'années (on peut citer, parmi les dernières décisions qui acceptaient l'idée du ministre-juge, un arrêt *Vivarès*, Cons. d'Ét., 28 mars 1885), bien que répudiée par la grande majorité de la doctrine, elle compte encore quelques partisans fidèles (Ducrocq, 7e édit., Artur, article dans la *Revue de droit public*, 1900, 1901, 1902 sur la *séparation des pouvoirs et la séparation des fonctions*). La donnée de la juridiction ministérielle consistait en ce que, dans tous les cas où la décision du ministre était susceptible d'un recours contentieux au Conseil d'État, on affirmait que cette décision était elle-même un premier jugement, et que le recours au Conseil d'État n'était qu'un recours en appel (V. Cabantous, *Répétition de droit administratif*, 4e édit., 1867). C'est surtout dans ces deux cas suivants qu'on voulait voir des jugements dans les décisions ministérielles :

1° *Dans le cas de décisions relatives à une opération administrative* : décision ministérielle liquidant une dette de l'État, arrêté de débet mettant un détenteur de deniers publics en demeure de restituer, etc.

Dans ces hypothèses, la décision ministérielle, qui est exécutoire comme tout acte

Il y a un tribunal administratif fondamental, le Conseil d'État. Ce d'administration, devient définitive si l'on n'a pas formé recours dans le délai, de même qu'un jugement devient définitif par l'expiration des délais d'appel. On tirait de là un argument, mais on oubliait que c'est la condition de tous les actes d'administration; les recours contre ces actes sont enfermés dans des délais très courts, parce que sans cela la marche de l'administration serait entravée.

Dans le cas de l'arrêté de débet, cet arrêté est suivi d'une contrainte délivrée par le ministre des Finances, qui entraîne hypothèque judiciaire comme un jugement; on s'est encore beaucoup appuyé sur cet argument; il est bien mauvais cependant, d'abord parce que ce n'est pas l'arrêté de débet lui-même, où se trouve pourtant la véritable décision, qui entraîne l'hypothèque, mais la contrainte qui n'est qu'une voie d'exécution; ensuite, parce qu'il est naturel que le pouvoir exécutif ait le droit d'employer des voies d'exécution énergiques; n'est-ce point lui qui donne aux jugements eux-mêmes leur force exécutoire?

2° *Dans le cas de décisions sur recours hiérarchique.* — Dans cette hypothèse, disait-on, le ministre statue bien à la façon d'un juge, puisqu'il statue sur un recours. Nous verrons plus bas ce que l'on peut répondre au sujet de cette hypothèse (p. suivante) (Cf. Laferrière, *Traité de la juridiction administrative*, t. I, p. 456, dont la réponse n'est pas bien topique).

— Quoi qu'il en soit, la donnée de la juridiction ministérielle fut pendant longtemps admise par le Conseil d'État dans toutes ses conséquences logiques. On distinguait des décisions ministérielles contradictoires et des décisions par défaut; contre les décisions par défaut, l'appel au Conseil d'État n'était pas possible, tant que la voie de l'opposition n'avait pas été employée devant le ministre lui-même (Cons. d'Ét., 26 mars 1824, *Rey*; 26 fév. 1823, *Mouton*; 22 août 1839, *Giblain*). On alla même jusqu'à admettre des recours *en règlement de juges* portés au Conseil d'État, lorsqu'aucun ministre ne voulait se saisir d'une affaire en première instance (Cons. d'Ét., 10 sept. 1817, *Hasslawer*; 25 fév. 1818, *Héreau*; 26 juill. 1837, *Allard*, et encore Confl., 1er avril 1881, *La Providence*).

L'écueil contre lequel la juridiction ministérielle est venue se briser semble avoir été, d'abord, l'absence d'une procédure contentieuse que les ministères ne surent jamais organiser, ensuite l'impossibilité où l'on se trouva d'interpréter comme des jugements absolument toutes les décisions ministérielles; les unes, parce qu'on les déclara actes de pure administration discrétionnaire; les autres, parce qu'elles étaient rendues dans des hypothèses où l'appel aurait dû être porté devant un conseil de préfecture ou même devant un tribunal civil et que les convenances administratives ou la séparation des pouvoirs s'y opposaient. Il s'accumula tellement d'exceptions dans lesquelles on déclara que le ministre avait statué comme simple administrateur, que la règle, un beau jour, fut retournée. Une fois retournée, la jurisprudence consacra les conséquences suivantes de la donnée purement administrative:

α) Une décision ministérielle rendue par défaut n'est pas susceptible d'opposition et est immédiatement susceptible de recours (Cons. d'Ét., 24 janv. 1872, *Heil*; 20 juill. 1877, *Mathos*; 20 fév. 1880, *Carrière*); même si elle est rendue en matière disciplinaire, car les décisions disciplinaires elles-mêmes ne sont pas des jugements, même si elles sont rendues par le ministre après avis d'un conseil disciplinaire (Cons. d'Ét., 19 avril 1907, *Hylias*); β) Une décision ministérielle peut être rapportée tant qu'elle n'a pas créé de droit acquis au profit d'un tiers, sans qu'on puisse opposer l'autorité de la chose jugée (Cons. d'Ét., 19 août 1867, *Calvo*; 12 août 1879, *Esquino*); γ) Les décisions ministérielles, n'étant pas des jugements, ne sont pas soumises de plein droit à la règle d'après laquelle toute sentence doit être motivée (Cons. d'Ét., 30 avril 1880, *Harouel*; 2 juill. 1880, *Maillard*; 21 juin 1895, *Cames*). — Laferrière est un de ceux qui ont le plus contribué à ruiner la juridiction ministérielle. Dans la première édition de son *Traité de la juridiction administrative*, il admettait encore que les

tribunal cumule toutes les juridictions : a) Il est juge *de droit commun*

ministres étaient juges dans trois cas de contentieux électoral : celui des élections des membres des chambres de commerce (Arr. 3 niv. an XI); celui des élections au conseil supérieur de l'instruction publique et au conseil académique (Décr. 16 mars 1880); celui des élections au conseil supérieur des colonies (Cons. d'Ét., 24 avril 1891, *Raoulx*); mais dans sa deuxième édition, t. I, p. 465, il retire cette concession et il nie que, même dans ces trois cas, les décisions ministérielles soient vraiment contentieuses ; ce sont des décisions administratives que le ministre rend comme supérieur hiérarchique des bureaux électoraux, après lesquelles le débat est porté au Conseil d'État. La séparation entre l'administration et la juridiction devient ainsi complète, et c'est plus logique.

En réalité, les choses ne sont pas aussi simples. Il y a lieu de distinguer les hypothèses où le ministre prend une décision spontanée ou précédée tout au plus d'une sollicitation et celles où il prend une décision précédée d'une réclamation ou d'un recours. Dans le premier cas, sa décision n'a rien de commun avec un jugement, elle n'est que la manifestation de volonté d'une autorité ou d'une partie. Dans le second cas, elle présente certains éléments d'un jugement, puisqu'elle intervient sur une réclamation et que la réclamation est le symptôme d'une contestation.

Ceci se produit : 1° dans les hypothèses d'élections au conseil supérieur de l'instruction publique et au conseil académique ou d'élections au conseil supérieur des colonies, ou d'élections au conseil supérieur du travail (Décr. 14 mars 1903, art. 12 « les protestations sont instruites par le préfet et jugées par le ministre du Commerce ») (pour les élections aux chambres de commerce, la loi du 19 février 1908 a supprimé l'examen du ministre et attribué compétence au conseil de préfecture); 2° à propos des contestations relatives au domicile de secours et à l'admission des enfants assistés dont l'article 40 de la loi du 27 juin 1904 dit qu'elles sont « jugées » par le ministre de l'Intérieur sauf recours au Conseil d'État; 3° dans les hypothèses où le recours hiérarchique est formé, car il n'est pas vrai de dire que l'action hiérarchique soit de même nature quand elle se produit spontanément et quand elle intervient sur recours : dans le premier cas, il n'y a pas contestation et dans le second il y a contestation; 4° dans les hypothèses où une réclamation quelconque contre l'État est formée devant le ministre avec des allures de contestation.

Je dis que, dans ces hypothèses, la décision ministérielle présente certains éléments d'un jugement en ce qu'elle intervient sur une contestation, je ne dis pas qu'elle soit un jugement véritable et voici maintenant ce qui lui manque, c'est qu'*elle n'émane pas d'un juge public*. Le Conseil d'État et les conseils de préfecture sont des juges publics. Le ministre n'est pas et n'a jamais été un juge public; il n'a jamais été qu'un juge hiérarchique, un juge disciplinaire, un juge de service intérieur; en un mot, il n'a jamais été qu'un juge intérieur de l'institution administrative considérée comme quelque chose de distinct de la masse de l'État. La méprise qu'on a commise pendant tout le temps qu'a régné la doctrine du ministre-juge a été de ne pas faire la distinction entre la justice administrative publique et la justice administrative de service intérieur.

Aujourd'hui, depuis que la justice administrative publique est fortement constituée, la distinction s'est opérée et elle s'est faite en ce sens que le Conseil d'État a relégué toutes les décisions ministérielles dans la catégorie des simples décisions administratives; cela ne signifie pas que celles qui sont rendues sur réclamation ne présentent point certains caractères des jugements, mais cela signifie d'une façon très énergique qu'elles ne constituent pas des jugements publics (Cf. mon étude sur *Les éléments du contentieux*, Recueil de législation de Toulouse, 1907).

Justice retenue. Justice déléguée. — On dit que la justice est *retenue* lorsque la décision juridictionnelle est prise sous la signature du chef de l'État, par conséquent, lorsqu'elle est rendue au nom du gouvernement; on dit que la justice est *déléguée*

en premier ressort ; b) Il est en même temps *juge d'appel* ou *juge de*

lorsque la décision juridictionnelle est rendue par des tribunaux institués sous la signature du président du tribunal et *au nom du peuple français.* Il y a des intérêts pratiques à la distinction. Ainsi : 1° tant que le Conseil d'État a exercé une justice retenue, le chef de l'État pouvait retarder indéfiniment la signature d'un décret au contentieux, et cela est arrivé plusieurs fois ; 2° dans les matières répressives, le chef de l'État pouvait exercer son droit de grâce dans la décision elle-même.

Historiquement, pour un ordre de contestations déterminé, la justice commence presque toujours par être retenue, puis plus tard elle est déléguée ; de sorte que, d'une part, la justice actuellement déléguée a été auparavant de la justice retenue, et que, d'autre part, il y a toujours un peu de justice retenue, parce que des contestations nouvelles se révèlent continuellement pour lesquelles, d'abord, la justice n'est pas déléguée. La vérité de ces observations est confirmée par l'histoire générale du droit, elle l'est aussi par l'histoire du développement de notre juridiction administrative en ce siècle.

Actuellement, la justice administrative est presque tout entière déléguée, mais elle a commencé par être retenue. — En effet, jusqu'à la loi du 24 mai 1872, toutes les décisions du Conseil d'État en matière contentieuse étaient prises sous la signature du chef de l'État ; sous l'Empire, cela s'appelait des *décrets en Conseil d'État ;* sous la monarchie, des *ordonnances en Conseil d'État,* cela ne pouvait pas s'appeler des *arrêts du Conseil d'État.* Or, nous le verrons plus loin, le Conseil d'État, par la cassation ou par l'appel, se subordonne toutes les juridictions administratives, de sorte que, par son intermédiaire, toute la justice administrative était retenue ou gouvernementale. De plus, le Conseil d'État étant juge des conflits, la juridiction des conflits était encore de la justice retenue.

Depuis la loi du 24 mai 1872, toutes ces justices sont, au contraire, déléguées. Cette loi donne en effet au Conseil d'État un pouvoir propre en matière contentieuse, de telle sorte que ses décisions ne sont plus signées du chef de l'État, mais du vice-président du Conseil d'État, et qu'elles méritent maintenant le nom d'*arrêts.* De plus, la même loi ayant organisé un Tribunal des conflits distinct, a également donné au président et au vice-président de ce tribunal le droit de signer les arrêts sur conflit. La loi du 24 mai 1872 n'a fait, d'ailleurs, que consacrer législativement ce qui depuis longtemps était passé dans les faits, à savoir que la véritable autorité contentieuse résidait dans le Conseil d'État.

Il subsiste malgré tout une justice administrative retenue. — Au lendemain de la loi du 24 mai 1872, on a été très porté à croire que toute la justice administrative était déléguée, qu'il ne subsistait plus du tout de justice retenue. Cependant, on se trouvait en présence d'un certain nombre de recours qui aboutissaient à des décrets en Conseil d'État, et qui ressemblaient par conséquent beaucoup au recours contentieux d'avant 1872 ; on se borna à les appeler recours *administratifs* ou recours en *annulation administrative* et on affirma que c'étaient des recours administratifs, non point des recours contentieux.

Mais quelques-uns de ces recours ont des formes consacrées qui se rapprochent des formes contentieuses, en ce qu'elles organisent un débat contradictoire, avec cette différence qu'en général il est statué par l'assemblée générale du Conseil d'État qui n'est point une formation contentieuse. Ce serait, croyons-nous, bien comprendre la marche de l'évolution historique, en ces matières, que de considérer la plupart de ces recours comme étant des recours quasi contentieux pour lesquels la justice est retenue. Les recours dits *administratifs,* qui tendent ainsi dès maintenant vers le recours contentieux, sont les suivants : 1° les recours relatifs au privilège de la Banque de France ; 2° les recours des préfets tendant à l'annulation des délibérations des conseils généraux, en vertu des articles 32 et 47 de la loi du 10 août 1871 ; 3° les recours formés en vertu de l'article 13 de la loi du 21 juin 1865, contre les arrêtés des préfets qui créeraient des associations syndicales autorisées en dehors des cas prévus par la loi ;

cassation pour les affaires administratives dont il n'a pas le premier

4° les recours formés contre les décisions du conseil de préfecture en matière d'autorisation de plaider (Cf. mon article sur les *Éléments du contentieux, Recueil de législation de Toulouse*, 1905, p. 19 et s.).

Pouvoirs prétoriens de la juridiction administrative. — En abordant cette question, il est bon d'avertir que l'expression *pouvoirs prétoriens d'un juge* se prend en deux sens différents :

1° Au sens strict, le pouvoir prétorien du juge serait un pouvoir réglementaire, ce serait le droit d'édicter lui-même, à l'avance, un règlement suivant lequel, ultérieurement, il jugerait certaines affaires — ce que faisait le préteur romain en rendant son édit annuel, au moment de son entrée en charge. — En ce sens, là, tout le monde est d'accord que, chez nous, ni le juge civil, ni le juge administratif, n'ont de pouvoir prétorien, l'article 5 du Code civil s'y oppose formellement et cette disposition fonde la séparation entre le pouvoir réglementaire et le pouvoir juridictionnel ; elle est une des formes de la séparation entre la juridiction administrative et l'administration active, de même qu'entre le juge et le législateur. Art. 5 C. civ. : « Il est défendu aux juges de prononcer par voie de disposition générale et réglementaire sur les causes qui leur sont soumises. » Cf. Houques-Fourcade et Baudry, *Tr. de dr. civil*, I, n° 246 ;

2° En un sens plus large, le pouvoir prétorien du juge est un pouvoir de créer le droit par la seule persistance de sa jurisprudence. Y a-t-il une forme pure et simple de la coutume (Cf. Planiol, I, n° 12 et n° 111 ; Lambert, *Du contrat en faveur de tiers*, 1893, introduct., p. VII et s. ; Langlois, *Essai sur le pouvoir prétorien de la jurisprudence*, thèse Caen, 1897), ou bien n'y a-t-il pas aussi une forme dissimulée et subtile du pouvoir réglementaire qui, au lieu de s'exercer par une règle édictée à l'avance, s'exercerait par la persévérance à appliquer à toutes les affaires successives une règle non édictée, mais impliquée dans les premières décisions ? En faveur de cette seconde interprétation, on fera deux remarques : 1° une juridiction est un pouvoir et si ce pouvoir a la volonté d'établir une règle par des décisions successives, on n'exprimera pas toute la situation en disant que de ces décisions successives il résulte une coutume ; on ne fera ainsi jouer aucun rôle à la volonté du juge et à ce qu'on pourrait appeler sa politique jurisprudentielle ; 2° dans l'édit des préteurs romains il y avait une partie qui se transmettait de l'un à l'autre (*edictum translaticium*), qui devenait ainsi traditionnelle et, si l'on veut, coutumière ; n'empêche que cette partie traditionnelle était un mélange de coutume et de règlement ; le même mélange ne se retrouve-t-il pas dans toute jurisprudence persévérante d'une juridiction ? Ce qui est certain, c'est qu'il y a aujourd'hui tendance à admettre ce pouvoir créateur de la jurisprudence et à le faire servir à une plus large adaptation de la loi aux besoins de la pratique (Cf. Geny, *Méthodes d'interprétation et sources en droit privé positif*, 1899, p. 418 et s.).

Si ce pouvoir créateur de la jurisprudence est admis au profit de la juridiction civile, à plus forte raison doit-il l'être au profit de la juridiction administrative pour les motifs suivants :

1° S'il y a, dans le pouvoir créateur de la jurisprudence, ainsi que nous le croyons, une combinaison de la coutume et de la réglementation, le juge administratif, qui fait partie du pouvoir exécutif, est plus proche du pouvoir réglementaire que le juge civil ;

2° En matière administrative, il y a des quantités de règles de droit à créer par abandon des prérogatives de l'administration ou, si l'on veut, par concession ; il y a là, pour le pouvoir créateur de la jurisprudence administrative, un champ immense que n'a point la jurisprudence civile, laquelle n'a point elle des parties qui veuillent se faire les unes aux autres des concessions. Au reste, les preuves abondent du pouvoir créateur de la jurisprudence administrative, tellement que l'on peut dire, de notre droit administratif français, qu'il a été fait par la jurisprudence du Conseil d'État autant que par les lois.

Il nous suffira de citer :

a) L'institution du recours pour excès de pouvoir, qui est tout entière jurispruden-

ressort, et tous les autres tribunaux administratifs lui sont subordonnés par l'une ou l'autre de ces voies (1).

tielle dans la détermination des fins de non-recevoir et des ouvertures et qui donne lieu à une politique jurisprudentielle du Conseil d'État, notamment dans le maniement de la fin de non-recevoir tirée de l'existence d'un recours parallèle ;

b) Le développement des recours contentieux de pleine juridiction, en dehors des textes, spécialement dans la matière des indemnités pour dommages ou pour fautes de service, qui est le résultat d'une jurisprudence récente ;

c) L'affirmation de la règle que le Conseil d'État est le juge de droit commun de premier ressort et, en même temps, la condamnation de la pratique du ministre-juge ;

d) L'organisation de la procédure à suivre devant les conseils de préfecture qui fut élaborée par le Conseil d'État au cours du xix° siècle, avant d'être consacrée par la loi du 22 juillet 1889 ; de même, l'organisation de procédures à suivre devant l'autorité administrative (Cons. d'Ét., 9 mai 1913, *Wisental*, dérogations au repos hebdomadaire) ; de même l'organisation de procédures à suivre par l'administration elle-même, par exemple la procédure à suivre par les villes pour obtenir de leurs compagnies du gaz le service de la lumière électrique (V. *supra*, p. 762) ;

e) L'élaboration de toute la théorie sur l'indemnité due aux riverains au cas de captage et d'adduction de l'eau d'une source par une ville, avant que le principe de d'indemnité ne fût posé par la loi du 8 avril 1898 (nouvel art. 643 C. civ.) (V. *supra*, p. 500 et s.) ;

Si l'on pose par rapport à la loi le problème de ce pouvoir créateur de la jurisprudence administrative, on remarquera que, non seulement le Conseil d'État s'arroge le *jus supplendi* et qu'il en use largement, mais qu'il ne recule même pas devant un certain *jus corrigendi*. Il en a donné plusieurs preuves. Nous citerons les deux exemples suivants :

1° L'interprétation de l'article 4 de la loi de pluviôse an VIII sur la compétence des conseils de préfecture en matière de dommages résultant de travaux publics. Suppression des mots « procédant du fait personnel des entrepreneurs et non du fait de l'administration » ; on a donné de cette modification du texte plusieurs explications (V. *supra*, p. 725), aucune ne paraît bien satisfaisante et il faut en venir à avouer que le Conseil d'État a corrigé un texte mal fait ;

2° L'interprétation de l'article 65 de la loi du 22 avril 1905 relatif à la communication de leur dossier aux fonctionnaires menacés d'une peine disciplinaire. Suppression de cette garantie au cas de grève des fonctionnaires et de cessation concertée du service (Cons. d'Ét., 7 août 1909, *Winkell*, S., 1909. 3. 145 et ma note). Le Conseil d'État, en refusant d'appliquer à cette hypothèse une loi dont le texte ne contient aucune restriction, a certainement corrigé la loi.

Il est clair que, dans un régime de légalité, on ne peut admettre le *jus corrigendi* du juge qu'à la condition de l'enfermer dans des catégories déterminées très strictement : a) le cas de *l'invalidité matérielle du texte* dont l'article 4 de la loi de pluviôse an VIII est un exemple ; b) le cas de *l'inconstitutionnalité des lois*, entendue en ce sens que certaines applications de la loi seraient en contradiction avec les conditions fondamentales d'existence de l'État ; ce serait le cas de l'affaire *Winkell*, car il serait contraire aux conditions fondamentales d'existence de l'État que des fonctionnaires en grève ne pussent pas être immédiatement révoqués. Aux États-Unis, les juges ont le droit de ne pas appliquer une loi qu'ils jugent inconstitutionnelle ; nous ne voyons pas pourquoi ce pouvoir ne serait pas reconnu au profit des juges français. Dans notre note sur l'affaire *Winkell* (loc. cit.), nous avons considéré la décision du Conseil d'État comme un pas fait dans cette voie.

(1) Les conseils de préfecture et les conseils du contentieux des colonies lui sont

Ainsi, tandis que, dans les juridictions civiles, le premier ressort, l'appel et la cassation sont nettement séparés et confiés à des tribunaux superposés, ici, ils sont concentrés au profit d'un même tribunal (1). Ce fait donne à la jurisprudence du Conseil d'État une autorité bien plus grande que n'a celle de la Cour de cassation. Les principales décisions du Conseil d'État sont, en effet, des décisions de juge de premier ressort ou de juge d'appel, qui statue à la fois sur le fait et sur le droit (2).

A. *De la juridiction en premier ressort.* — *Le Conseil d'État est le juge de droit commun en premier ressort.* — Le Conseil d'État est juge en premier ressort dans la matière du contentieux de l'annulation, il est saisi directement du recours pour excès de pouvoir, cela ne souffre aucune difficulté (L. 24 mai 1872, art. 9). Mais il faut admettre aussi qu'il est le juge de droit commun en premier ressort dans la matière du contentieux de la pleine juridiction et qu'il doit être saisi des recours contentieux ordinaires, particulièrement des recours en indemnité, lorsqu'un texte n'attribue pas compétence à un autre tribunal administratif (3).

---

subordonnés par l'appel; les tribunaux à compétence spéciale, série qui comprend la Cour des comptes, les conseils de revision, les conseils de l'instruction publique, qui a compris dans le passé, et qui pourra comprendre dans l'avenir telle ou telle commission administrative plus ou moins éphémère chargée d'un contentieux particulier, lui sont subordonnés par le recours en cassation.

(1) On peut dire que l'organisation des tribunaux civils est d'ordre pyramidal, tandis que celle des tribunaux administratifs est d'ordre concentrique.

(2) Le Conseil d'État a conquis lentement cette haute situation; il a triomphé de tous les obstacles grâce à son organisation de corporation ouverte que nous avons signalée plus haut, p. 201 et s., qui a fait de lui une institution vivante ayant une conception nette de sa mission et de l'esprit de suite, toutes choses qui ne pouvaient que donner la plus grande valeur à sa jurisprudence.

(3) Sauf pour le contentieux administratif des colonies qui appartient en premier ressort au conseil du contentieux de chaque colonie (V. *infra*).

Cette opinion, quoique très raisonnable, ne s'est pas établie sans difficulté. On a longtemps cherché ailleurs le juge de droit commun, soit du côté des conseils de préfecture, soit du côté des ministres.

Les conseils de préfecture auraient l'avantage d'être à proximité des justiciables; mais le texte de l'article 4 de la loi du 28 pluviôse an VIII, sur lequel s'appuie leur compétence, contient une énumération d'affaires qu'il est bien difficile de ne pas considérer comme limitative; ils ne sont que des juges d'attribution (Cons. d'Ét., 9 mai 1913, *Regnaud*; 16 janv. 1914, *Commune d'Aïn-Beïda*).

Le système qui faisait des ministres les juges de droit commun en premier ressort, chacun dans son département, a eu beaucoup plus de partisans et, pendant longtemps, il a été accepté par le Conseil d'État lui-même (V. un bon exposé de cette doctrine dans Cabantous, *Répétitions écrites de droit administratif*, 4e édit., 1867. Cf. Ducrocq, 7e édit.); il était d'une certaine commodité en ce sens que les affaires s'introduisaient comme des recours hiérarchiques, mais il est manifestement condamné aujourd'hui par la doctrine qui veut que le ministre ne soit pas du tout un juge (V. p. 887). Il est clair que s'il n'est pas un juge, il ne saurait être le juge de droit commun.

Reste donc seulement le Conseil d'État, et il faut reconnaître que la doctrine qui en

B. *De l'appel.* — L'institution de l'appel existe pour certains tribunaux administratifs ; ainsi, tous les arrêtés des conseils de préfecture, toutes les décisions des conseils du contentieux des colonies sont des décisions susceptibles d'appel, il en est de même des juridictions disciplinaires de l'Université. Il convient de faire à ce sujet quelques observations :

1° Les appels ne sont pas tous portés au même tribunal, le Conseil d'État reçoit en principe les appels des conseils de préfecture, mais la Cour des comptes reçoit aussi les appels de ces conseils, lorsque ceux-ci jugent les comptes des comptables ; le conseil supérieur

fait le juge de droit commun, en premier ressort, cadre bien avec l'idée de la juridiction administrative, instrument des concessions de la puissance publique. Le seul inconvénient de cette doctrine est que la procédure devant le Conseil d'État est un peu coûteuse, tandis que celle devant le ministre ne l'était pas du tout, mais il faut remarquer que le ministre n'était jamais juge qu'en premier ressort, qu'il fallait aller au Conseil d'État en appel et que, pour ce qui est de la procédure devant le Conseil d'État, des réformes seraient possibles. Le point de départ de l'évolution qui a fait du Conseil d'État le juge de droit commun me paraît être dans les articles publiés par Bouchené-Lefer dans la *Revue pratique du droit français*, sous ce titre : *De la justice administrative*, 1863, t. XV, p. 354 et 308. Nul doute, d'ailleurs, que l'exemple du recours pour excès de pouvoir n'ait été pour beaucoup dans le mouvement qui a poussé le Conseil d'État à revendiquer la juridiction de premier ressort en matière de recours contentieux ordinaire, surtout depuis que le recours pour excès de pouvoir fût admis contre les décisions des autorités administratives inférieures, *omisso medio* (Arrêt *Bansais*, 13 avril 1882).

C'est, d'abord, dans les cas de recours en interprétation, à la suite de questions préjudicielles soulevées devant les tribunaux judiciaires, qu'il a affirmé sa compétence (Cons. d'Ét., 28 avril 1882, *Ville de Cannes*). Puis, il l'a affirmée franchement à propos d'un recours contentieux contre un acte administratif porté directement devant lui (Cons. d'Ét., 13 déc. 1889, *Cadot*) ; un fonctionnaire communal révoqué, le sieur Cadot, avait demandé une indemnité, le conseil municipal avait rejeté sa demande, le Conseil d'État s'était déclaré compétent pour le recours formé contre cette décision. De nombreuses décisions confirmatives sont survenues (Cons. d'Ét., 28 mars 1890, *Drancey* ; 3 fév. 1893, *Ville de Paris* ; 20 avril et 30 nov. 1894, *Département de la Seine* ; 3 août 1894, *Département de la Savoie* ; 3 fév. 1899, *Chiroux* ; 24 mars 1899, *Favril et Flaçon* : « considérant que la contestation soulevée ne rentre dans aucun des cas pour lesquels les textes... ont déterminé la juridiction compétente..., que la demande des requérants a été rejetée par le ministre ; qu'ainsi il appartient au Conseil d'État de statuer sur le litige » ; Cons. d'Ét., 8 août 1899, *Département de la Mayenne* ; 15 déc. 1899, *Adda* ; Cons. d'Ét., 9 fév. 1900, *Commune d'Énencourt*, litige entre l'État et une commune au sujet d'une subvention pour maison d'école ; 28 fév. 1902, *Section du Puy*, litige entre une commune et une section de commune ; 22 mai 1908, *Commune de Colombes*, règlement entre communes à la suite d'une modification territoriale). Enfin le Tribunal des conflits a implicitement confirmé cette doctrine (Confl., 4 juill. 1896, *Bergeon*). Cf. les arrêts cités, p. 420 et s.

Au point de vue des textes, cette doctrine s'appuie sur l'article 52 de la Constitution du 22 frimaire an VIII et sur le règlement du 5 nivôse an VIII. Le Conseil d'État interprète ces textes comme ayant enlevé à son profit aux ministres, qui certainement les avaient eues pendant la Révolution, à la fois la juridiction d'appel et la juridiction de premier ressort.

de l'instruction publique reçoit les appels du conseil de l'Université, du conseil académique et du conseil départemental, etc. ;

2° Là où l'appel existe, le recours en appel peut être formé, quelque minime que soit l'importance de l'affaire, parce qu'un intérêt public est toujours présumé en jeu ;

3° Le recours en appel devant le Conseil d'État n'est pas suspensif de l'exécution du jugement de première instance, à moins que le Conseil d'État, par arrêt spécial, n'accorde un sursis (Décr. 22 juill. 1806, art. 3 ; L. 24 mai 1872, art. 24 ; Cons. d'Ét., 28 déc. 1917, *Dadolle*) ; mais l'administration exécute à ses risques et périls et peut être déclarée responsable si, ensuite, le premier jugement est mis à néant (Cons. d'Ét., 27 fév. 1903, *Zimmermann*, S., 1905. 3. 17) ;

4° Le délai du recours en appel devant le Conseil d'État est de deux mois pour les arrêtés des conseils de préfecture (L. 22 juill. 1889, art. 57). Pour les conseils du contentieux des colonies, il y a des règles spéciales.

C. *De la cassation*. — Cette juridiction appartient exclusivement au Conseil d'État. Toutes les décisions en dernier ressort des tribunaux administratifs qui ne relèvent pas du Conseil d'État par l'appel peuvent être attaquées devant le même Conseil d'État par le *recours en cassation* (1). Ainsi, les arrêts de la Cour des comptes, les décisions des conseils de revision qui sont en premier et en dernier ressort, celles du conseil supérieur de l'instruction publique qui sont en dernier ressort, peuvent être attaqués par le recours en cassation ; il en est de même des décisions de tous les tribunaux ou de toutes les commissions chargés d'un contentieux spécial, qui peuvent être institués, comme celles, par exemple, du tribunal des dommages de guerre institué par la loi du 17 avril 1919 (V. art. 36), ou celles de la commission chargée de déterminer les coefficients applicables aux diverses catégories de contribuables assujettis à l'impôt sur les bénéfices commerciaux et industriels (L. 31 juill. 1917).(2).

(1) Par suite, les décisions des conseils de préfecture, celles des conseils du contentieux des colonies, qui peuvent toujours être frappées d'appel, ne peuvent pas être l'objet d'un recours en cassation. D'ailleurs, par la voie de l'appel, on peut faire valoir contre ces décisions des vices d'incompétence ou d'excès de pouvoir, tout comme on les ferait valoir par le recours en cassation.

(2) Le recours en cassation est un recours en annulation ouvert pendant les deux mois qui suivent la notification de la décision (Décr. 22 juill. 1806, art. 11, modifié par L. 13 avril 1900, art. 24, § 4) ; il diffère du recours en appel en ce qu'il est dispensé du ministère de l'avocat (sur les suites de la cassation, V. Cons. d'Ét., 8 juill. 1904, *Botta*, concl. Romieu dans Lebon, p. 558).

Parenté du recours en cassation et du recours pour excès de pouvoir. — Le recours en cassation et le recours pour excès de pouvoir ont une grande parenté : ce sont deux recours en annulation et tous les deux sont fondés sur l'excès de pouvoir, l'un du juge, l'autre de l'administrateur. De plus, ils trouvent tous les deux leur origine dans les mêmes textes, la loi des 7-14 octobre 1790 et l'article 9 de la loi du 24 mai

ARTICLE II. — *Organisation et compétence des diverses juridictions.*

N° 1. — Le Conseil d'État.

A. *Organisation du Conseil d'État délibérant et statuant au contentieux.* — Cette organisation a été gravement modifiée par la loi du 8 avril 1910, article 96, et par le décret du 31 mai 1910. Ces rema-

1872; il est vrai que le recours en cassation s'appuie en certains cas sur des textes spéciaux, sur l'article 17, § 2, de la loi du 16 septembre 1807 pour la Cour des comptes, sur l'article 32 de la loi du 15 juillet 1889 pour le conseil de revision; mais on a besoin des textes généraux précités pour les cas où il n'y a pas de texte spécial.

Malgré cela, ces deux recours ne se confondent point, et il est à prévoir que, dans l'avenir, ils iront se séparant toujours l'un de l'autre. Le recours pour excès de pouvoir est dirigé contre des actes d'administration, le recours en cassation contre des jugements. On conçoit qu'au début, alors que la décision administrative n'était pas bien distinguée de la décision contentieuse, on ait presque identifié les deux recours, mais maintenant, plus on ira, plus la fonction d'administrateur sera séparée de la fonction de juge, plus, par conséquent, l'acte d'administration s'éloignera du jugement. Déjà, d'ailleurs, il y a des différences graves entre les deux recours, ainsi qu'il va apparaître.

Des ouvertures à recours en cassation. — Le recours en cassation s'appuyant sur l'excès de pouvoir, il s'agit de savoir quand il y a excès de pouvoir du juge. Le Conseil d'État a, jusqu'ici, fait sortir de la notion de l'excès de pouvoir en matière de cassation trois ouvertures à recours : 1° l'incompétence; 2° la violation des formes; 3° quelquefois le détournement de pouvoir.

Chose remarquable, il n'admet pas le motif de *violation de la loi*, à moins qu'il n'y ait un texte, comme dans l'article 32 de la loi du 15 juillet 1889. Cette ouverture à recours n'existe en effet, pour les pourvois à la Cour de cassation, qu'en vertu d'un texte (L. 27 nov.-1er déc. 1790, art. 3), la violation de la loi n'est pas considérée en soi comme une variété de l'excès de pouvoir, peut-être à raison de l'origine disciplinaire de ce recours et parce que le respect de la loi n'entrait pas primitivement dans la conception de la discipline du pouvoir exécutif. Toutefois, dans le recours pour excès de pouvoir, depuis le décret du 2 novembre 1864, la violation de la loi est devenue une variété d'excès de pouvoir. Ce serait donc qu'à partir de cette date le pouvoir exécutif aurait considéré l'obligation d'observer la loi comme faisant partie de sa discipline propre.

Des effets du recours en cassation. — 1° L'effet de l'annulation du jugement est renfermé *inter partes*, comme l'était d'ailleurs l'effet du jugement lui-même; au contraire, un acte administratif annulé à la suite d'un recours pour excès de pouvoir est annulé *erga omnes*;

2° Le tribunal dont le jugement est annulé est obligé de refaire son jugement, car il faut que l'affaire soit jugée; au contraire, une autorité administrative dont l'acte est annulé n'est point tenue de le refaire.

Du pourvoi en cassation dans l'intérêt de la loi. — Les représentants de l'administration ont, aussi bien que les parties, le droit de former des recours en cassation ordinaires, mais les ministres peuvent, en outre, former des pourvois dans l'intérêt de la loi, qui n'aboutissent qu'à une censure purement doctrinale de la décision, sans infirmation de ses effets légaux. Le pourvoi peut être formé même contre une décision qui n'est pas en dernier ressort, même s'il a été formé appel, et il n'y a pas de délai. (Cons. d'Ét., 17 janv. 1913, *Ministre de l'Agriculture*. Cf. Lebon, 1908, p. 411 et s.); il en existe un semblable en matière judiciaire.

niements, venant après ceux de 1900, ont été rendus nécessaires par l'augmentation continuelle du nombre des affaires contentieuses (de nouveaux remaniements devenus nécessaires à la suite de la guerre ont motivé le dépôt par le gouvernement d'un projet de loi (1).

I. *Caractères généraux de l'organisation; unité extérieure, au point de vue de la compétence, du Conseil d'État statuant au contentieux; sa complexité intérieure.* — L'organisation du Conseil d'État statuant au contentieux est très particulière. Il y a, au sein du conseil, plusieurs formations contentieuses, l'*assemblée publique du contentieux*, la *section ordinaire du contentieux* et ses *trois sous-sections*, la *section spéciale du contentieux* et ses *trois sous-sections*; il y a donc en somme plusieurs chambres, c'est-à-dire plusieurs juges, mais tous ces juges ne doivent être considérés que comme des organes de la corporation qu'est le Conseil d'État et, d'une certaine façon, ils sont ramenés à l'unité, de telle sorte que réellement on peut dire, dans toute la force du terme, le *Conseil d'État statuant au contentieux*, et que la compétence du Conseil d'État comparée à celle des conseils de préfecture ou de la Cour des comptes, c'est-à-dire envisagée de l'extérieur, s'entend d'une compétence unique, sans tenir compte de la répartition intérieure des affaires entre les diverses formations (2).

(1) L'ensemble des textes relatifs à l'organisation contentieuse du Conseil d'État est actuellement le suivant : LL. 24 mai 1872, 13 juill. 1879, 13 avril 1900, art. 24; Décret 2 août 1879, 16 juill. et 4 août 1900; L. 8 avril 1910, art. 96; Décr. 31 mai 1910. Un nouveau projet de remaniements a été déposé par le gouvernement le 12 septembre 1918. *J. off.*, annexe, Ch. dép., n° 4976.

(2) Cette réduction des diverses chambres à l'unité s'opère par l'action combinée de deux procédés d'organisation : celui de l'emboîtement du personnel et celui du renvoi des affaires de la sous-section à la section ou de la section ou sous-section à l'assemblée publique du contentieux :

1° L'emboîtement du personnel est un procédé familier à l'organisation administrative; il consiste en ce que les diverses formations contentieuses du Conseil d'État rentrent, jusqu'à un certain point, les unes dans les autres, ayant en partie le même personnel. Ainsi, la section ordinaire du contentieux s'emboîte dans l'assemblée publique du contentieux, car cette assemblée se compose des membres de la section ordinaire du contentieux additionnés d'un certain nombre d'autres conseillers d'État; ainsi encore, les sous-sections spéciales du contentieux s'emboîtent dans la section spéciale du contentieux, car cette section se compose de la réunion de tous les membres des sous-sections;

2° Quant au renvoi des affaires des sous sections spéciales à la section spéciale (Décr. 31 mai, art. 8, § 4) ou bien de l'une des sections ou sous-sections de jugement à l'assemblée publique du contentieux (Décr. 31 mai, art. 19 et 20), renvoi qui est ordonné par le juge lui-même après qu'il a été saisi et qu'il a commencé l'instruction, il est la preuve de l'unité fondamentale du Conseil d'État statuant au contentieux.

Il y a au total, au sein du Conseil d'État, neuf chambres ou formations contentieuses, savoir : l'assemblée publique du contentieux, deux sections du contentieux et six sous-sections.

Pour alimenter ces neuf chambres, il n'y a que trois personnels de conseillers d'État :

Il y a d'ailleurs de l'inégalité entre les formations contentieuses ; en réalité, *il y a, au sein du Conseil d'État, un juge ordinaire ou de droit commun et des juges d'attribution*. Le juge de droit commun est l'assemblée publique du contentieux avec instruction de l'affaire par la section ordinaire du contentieux ; les juges d'attribution sont la section ordinaire du contentieux, la section spéciale du contentieux et les sous-sections de celle-ci, et la détermination de leur compétence d'attribution se trouve dans le décret du 31 mai 1910. Quand l'un quelconque de ces juges d'attribution renvoie l'affaire à l'assemblée publique du contentieux, on peut dire qu'il la renvoie au juge ordinaire (1).

1° le personnel de la section ordinaire du contentieux, qui alimente cette section, ses trois sous-sections, plus, en partie, l'assemblée publique du contentieux ; ce personnel est de 10 conseillers ;

2° 8 conseillers, pris dans les sections administratives pour parfaire le nombre des membres de l'assemblée publique du contentieux ;

3° le personnel de la section spéciale du contentieux qui alimente celle-ci et ses trois sous-sections ; ce personnel est de 13 conseillers.

Au total, 31 conseillers d'État sur 35 sont employés au contentieux, soit d'une façon exclusive, soit d'une façon accessoire, sans compter une multitude de maîtres des requêtes et d'auditeurs.

Ce personnel peut assurer le service des neuf chambres grâce à la règle qui permet à celles-ci de siéger sans être au complet de leurs membres (V. *infra*), grâce aussi à une grande activité et à un horaire qui permet à chaque conseiller de siéger dans plusieurs chambres différentes au cours de la même journée. Ainsi est accompli un labeur énorme. Nous sommes loin du comité du contentieux constitué le 11 juin 1806 et composé de 6 conseillers.

A quelles utilités pratiques répond donc la multiplicité des formations contentieuses du conseil ? Elle a une double utilité :

1° Nous verrons que la procédure administrative comporte une instruction de l'affaire faite par le juge lui-même. Cette particularité permet de distinguer la phase de l'instruction et la phase du jugement ; elle permet aussi, comme dans la procédure criminelle, de confier l'instruction à un juge et le jugement à un autre (chambre des mises en accusation et cour d'assises) ; c'est, en effet, ce qui se produit en principe au sein du Conseil d'État. Ainsi l'assemblée publique du contentieux ne procède jamais elle-même à l'instruction de l'affaire, celle-ci est faite par la section ordinaire du contentieux (Décr. 31 mai 1910, art. 2 et 20) ; pour les affaires que la section ordinaire du contentieux retient et juge, l'instruction est faite dans ses sous-sections (Décr. 31 mai 1910, art. 3, § 3) ; il n'y a que la section spéciale du contentieux et ses sous-sections qui instruisent elles-mêmes les affaires qu'elles jugent (Décr. 31 mai 1910, art. 8).

La participation de deux juges différents pour l'instruction et pour le jugement est une garantie pour le justiciable qui, dans une certaine mesure, remplace l'appel ; il faut songer, en effet, que souvent le Conseil d'État statue en premier et en dernier ressort ;

2° La multiplicité des formations contentieuses, au sein du Conseil d'État, a une autre utilité qui est de permettre l'évacuation plus rapide des affaires en les divisant entre les sections et sous-sections.

(1) Le projet de loi de 1918 prend le grave parti de faire passer la compétence ordinaire aux sous-sections, avec un droit de renvoi à l'assemblée publique qui deviendrait le régulateur par ce moyen du renvoi.

II. *Du juge ordinaire au sein du Conseil d'État; l'assemblée publique du contentieux avec instruction de l'affaire par la section ordinaire du contentieux.* — Le décret du 31 mai 1910 n'a pas modifié l'organisation de cette assemblée, elle se compose : 1° du vice-président du Conseil d'État ou, à son défaut, du président de la section du contentieux; 2° des membres à voix délibérative de la section ordinaire du contentieux au nombre de six ; 3° de huit conseillers en service ordinaire pris dans les sections administratives à raison de deux par section et désignés par le vice-président du conseil délibérant avec les présidents de section, par une délégation qui dure en fait trois ans. Plus, des maîtres des requêtes, des auditeurs et un ministère public composé de quatre commissaires du gouvernement (1).

Comme l'assemblée publique du contentieux est le juge ordinaire (à la condition que les affaires soient instruites par la section ordinaire du contentieux), doivent être portées devant elle obligatoirement toutes les affaires qui n'ont pas été attribuées aux autres formations contentieuses (2).

III. *Des juges d'attribution au sein du Conseil d'État.* — Nous savons qu'il y a trois catégories de formations contentieuses qui n'ont qu'une compétence d'attribution, ce sont : la section ordinaire du contentieux; la section spéciale du contentieux; les sous-sections de la section spéciale du contentieux.

1° *La section ordinaire du contentieux.* — Elle est composée : d'un président et de neuf conseillers d'État en service ordinaire (total dix), plus un nombre de maîtres des requêtes et d'auditeurs de 1re et de 2e classe déterminé par le décret portant règlement intérieur du Conseil d'État (Décr. 31 mai 1910, art. 1er).

Elle ne peut délibérer (sur les mesures d'instruction) ni statuer

---

(1) Elle ne peut délibérer valablement que si neuf membres au moins ayant voix délibérative sont présents. D'autre part, elle ne peut délibérer qu'en nombre impair, de sorte que, lorsque les membres présents sont en nombre pair et supérieur à neuf, le dernier conseiller dans l'ordre du tableau doit s'abstenir.

(2) Notamment : 1° tous les recours pour excès de pouvoir; 2° tous les recours en indemnité pour fautes de service ou pour dommages ne résultant pas de travaux publics; 3° les litiges nés des marchés portant concession de travaux ou de services publics (Décr. 31 mai 1910, art. 3, arg. direct ou *a contrario*). En outre, elle peut être saisie, sur renvoi, de toute affaire attribuée à une autre formation contentieuse : « le renvoi à l'assemblée publique du Conseil d'État statuant au contentieux des affaires de toute nature portées devant la section du contentieux, la section spéciale du contentieux ou leurs sous-sections, a lieu de droit quand il est demandé par le commissaire du gouvernement, par un des conseillers d'État de la section ou de la sous section à laquelle ces affaires sont soumises, par le président de la section ou par le vice-président du Conseil d'État ». — Lorsqu'une affaire soumise à la section spéciale du contentieux ou à ses sous-sections est renvoyée par elles à l'assemblée publique du contentieux, le dossier est immédiatement transmis à la section du contentieux qui est chargée d'en préparer le rapport (art. 19-20 Décr. 31 mai 1910). — Si le ren-

(c'est-à-dire juger) que si cinq conseillers au moins, y compris le président de la séance, sont présents (Décr. 31 mai, art. 4, § 1) (1).

— La section ordinaire du contentieux est divisée *en trois sous-sections*, dont chacune comprend trois conseillers; mais *les sous-sections n'ont pas compétence pour juger;* elles ne font que délibérer sur l'instruction des affaires qui doivent être jugées, soit par la section, soit par l'assemblée publique du contentieux; dans les cas où les sous-sections instruisent les affaires portées à l'assemblée publique, le renvoi de l'instruction à la section a lieu de droit s'il est demandé par un conseiller (art. 2).

2° *La section spéciale du contentieux* est composée d'un président, de douze conseillers d'État (total treize) et d'un nombre de maîtres des requêtes et d'auditeurs de 1re et de 2e classe déterminé par le décret portant règlement intérieur du Conseil d'État; les treize membres de la section spéciale sont pris dans le personnel des sections administratives du Conseil d'État, à la différence des dix membres de la section ordinaire qui ne sont point versés dans les sections administratives (art. 7) (3).

La section spéciale instruit et juge toutes les affaires d'élections et de contributions directes ou taxes assimilées portées devant elle en appel des décisions des conseils de préfecture (c'est le contentieux de beaucoup le plus abondant).

3° *Les sous-sections de la section spéciale du contentieux.* — La section spéciale est divisée en trois sous-sections qui ont les mêmes

---

voi est ordonné par la section ordinaire du contentieux ou l'une de ses sous-sections, il n'y a point lieu de procéder à une nouvelle instruction devant la section ordinaire du contentieux.

(1) Le nombre des commissaires du gouvernement attachés à la section est de six au moins et de huit au plus (art. 1er).

Elle peut siéger en audience publique. Les affaires que la section du contentieux, en audience publique, peut juger, en exécution de l'article 96, § 1, de la loi du 8 avril 1910, sont celles concernant : 1° les marchés de travaux publics ou de fournitures autres que ceux portant concession de travaux ou de services publics; 2° les dommages résultant de travaux publics, les occupations temporaires et les extractions de matériaux relatives aux mêmes travaux; 3° les contraventions de grande voirie; 4° les partages et la jouissance des biens communaux; 5° les établissements dangereux, incommodes et insalubres; 6° les mesures d'assainissement des immeubles prises en exécution de l'article 12 de la loi du 15 février 1902 et la réparation ou la démolition des immeubles menaçant ruine; 7° l'assistance médicale gratuite et l'assistance aux vieillards, infirmes et incurables, quand ces affaires ne sont pas introduites sous la forme de recours pour excès de pouvoir; 8° les pensions (art. 3 Décr. 31 mai).

(2) Les sous-sections ne peuvent délibérer que si trois au moins de leurs membres ayant voix délibérative, dont deux conseillers d'État, sont présents (art. 4, § 2) (le rapporteur de l'affaire a voix délibérative, fût-il un maître de requêtes ou un auditeur).

(3) La section spéciale ne peut délibérer ou statuer que si cinq conseillers au moins, y compris le président de la séance, sont présents (art. 9). Le nombre des commissaires adjoints du gouvernement est fixé à quatre (art. 7).

pouvoirs que la section elle-même et comprennent chacune quatre conseillers; elles ne peuvent délibérer que si trois conseillers au moins sont présents (art. 7 et 9). Ces sous-sections instruisent et jugent les mêmes affaires que la section spéciale avec les mêmes pouvoirs, c'est-à-dire que le contentieux des élections et celui des contributions directes sera jugé, tantôt en sous-section, tantôt en section, ce qui en permettra une évacuation plus rapide; le renvoi des affaires devant la section est de droit quand il est demandé devant la sous-section par le commissaire du gouvernement ou par un des conseillers (art. 8) (1).

B. *Compétence en premier ressort du Conseil d'État.* — Outre que le Conseil d'État est le juge de droit commun en premier ressort lorsqu'il n'y a pas de texte, ce qui s'applique surtout au contentieux des indemnités pour fautes de service et pour dommages, il est juge

---

(1) *Précautions prises pour que les conseillers d'État statuant au contentieux n'aient pas connu au point de vue administratif des affaires qui leur sont soumises.* — Les membres de la section ordinaire du contentieux, bien que théoriquement ils fassent partie de l'assemblée générale, ne connaissent jamais des affaires administratives, mais il n'en est pas de même des membres de la section spéciale du contentieux et de ses sous-sections, ni des membres ajoutés à la section ordinaire du contentieux pour constituer l'assemblée publique du contentieux. S'ils ont connu de l'affaire, ils doivent se récuser et peuvent être récusés par la partie (L. 24 mai 1872, art. 20).

Les commissaires du gouvernement. — Le décret du 31 mai 1910, article 1er, institue auprès de la section ordinaire du contentieux six commissaires du gouvernement au moins et huit au plus, qui sont pris parmi les maîtres des requêtes; dans son article 7, il institue quatre commissaires adjoints du gouvernement qui sont pris parmi les auditeurs de 1re classe et attachés à la section spéciale.

Les commissaires du gouvernement sont une forme de ce ministère public qui existe, en principe, devant toutes les juridictions et qui est chargé de dire son opinion sur les affaires, au nom de l'intérêt public et de la justice.

Il faut croire que l'institution des commissaires du gouvernement a été comprise d'une façon très heureuse au Conseil d'État, car, le plus souvent, ce sont les conclusions du commissaire qui sont transformées en arrêt.

M. Berthélemy remarque (*op. cit.,* p. 950) que les commissaires du gouvernement ne sont pas hiérarchisés, à la différence des membres des parquets et, spécialement, à la différence du parquet de la Cour de cassation, de telle sorte que chaque commissaire agit sous sa responsabilité individuelle. Je serais tenté de croire, comme lui, que cet individualisme est chose heureuse. La hiérarchie administrative a déjà beau jeu devant le Conseil d'État, puisque, dans toutes les affaires interviennent les conclusions d'un ministre; il faut que les commissaires du gouvernement ne représentent pas une autre hiérarchie et ne relèvent que de leur conscience; j'ai la conviction que s'ils étaient hiérarchisés, ils perdraient la haute situation qu'ils ont prise et que, dans la formation de la jurisprudence du Conseil d'État, leur rôle serait diminué.

Les commissaires du gouvernement sont tenus au courant de l'instruction des affaires et préparent des conclusions pour la séance publique; quand la section chargée de l'instruction a délibéré et adopté un rapport, si le commissaire du gouvernement n'adopte pas les conclusions de ce rapport, il avertit le président de la section et celle-ci procède à une seconde délibération.

en premier ressort dans un assez grand nombre de cas prévus par les textes (1).

N° 2. — Les juges subordonnés au Conseil d'État par l'appel.

Ces juges sont les conseils de préfecture et les conseils du contentieux des colonies (2).

---

(1) Sont ainsi de sa compétence : 1° les recours pour excès de pouvoir (L. 24 mai 1872, art. 9); 2° le contentieux des élections des conseils généraux (L. 31 juill. 1875); 3° les déclarations de démissions prononcées en la forme contentieuse, à la requête du ministre de l'Intérieur, contre les conseillers généraux, d'arrondissement et municipaux, en vertu de la loi du 7 juin 1873; 4° les recours formés par les industriels exploitant ou demandant à exploiter des établissements dangereux, insalubres ou incommodes de première ou de seconde classe, contre les arrêtés des préfets qui refusent d'autoriser, ou retirent les autorisations données, ou imposent des conditions d'exploitation contestées par l'industriel (Décr. 15 oct. 1810, art. 7); 5° les réclamations formées par les conseils municipaux ou par toute partie intéressée contre les arrêtés des préfets prononçant l'annulation des délibérations de ces conseils, ou déclarant qu'elles sont nulles de plein droit, ou au contraire refusant d'annuler (L. 5 avril 1884, art. 66 et 67); 6° le contentieux des marchés de fournitures de l'État (Décr. 11 juin 1806, art. 13).

(2) I. *Les conseils de préfecture.* — L'organisation des conseils de préfecture est la même au contentieux qu'en matière administrative (V. p. 213). Faisons remarquer seulement qu'en fait, depuis la loi du 21 juin 1865, les préfets président rarement les conseils quand ceux-ci statuent au contentieux et que c'est presque un cas d'abrogation par le non-usage, que les secrétaires généraux remplissent les fonctions de commissaires du gouvernement, que les arrêtés doivent être rendus par trois conseillers au moins, président compris, que, dans tous les cas, les conseillers doivent être en nombre impair, que les arrêtés sont motivés, que les noms des membres qui ont concouru à la décision sont mentionnés, etc. (L. 22 juill. 1889, art. 47-48).

a) *Caractères généraux de la compétence.* — La compétence des conseils de préfecture présente les caractères suivants :

1° Elle est d'*attribution*, un peu comme celle du juge de paix en matière civile, elle repose en effet sur des textes qui contiennent des énumérations limitatives, notamment la loi du 28 pluviôse an VIII, article 4 (Confl., 27 juin 1903, *Fargère*. V. l'énumération des textes attributifs dans le *Dictionnaire d'administration* de Block);

2° Elle est toujours *en premier ressort*;

3° Elle est territoriale ou *ratione loci*, non pas à raison du domicile du défendeur, mais à raison du lieu où a été faite l'opération administrative d'où naît le litige. Ainsi, les contestations relatives aux travaux publics sont portées, non pas devant le conseil du siège de l'administration ou du domicile de l'entrepreneur, mais devant celui du lieu des travaux. Une exception, cependant, pour le cas où un même travail public est exécuté par le même entrepreneur dans plusieurs départements, surtout pour les concessions de chemins de fer qui couvrent de vastes territoires, on détermine d'avance un seul conseil de préfecture qui sera compétent pour tous les départements; mais c'est une clause du cahier des charges qui n'a d'effet qu'entre le concessionnaire et l'administration, elle n'est pas opposable aux tiers qui réclament des indemnités pour dommages (Cf. Cons. d'Ét., 6 avril 1906, *Mayol*).

b) *Compétences diverses du conseil de préfecture.* — Le conseil de préfecture a plusieurs compétences d'ordre différent :

1° Une compétence *répressive* pour les contraventions de grande voirie (L. 28 pluv. an VIII, art. 4; 29 flor. an X);

2° Une compétence comme *juge des comptes* pour les comptables des communes

N° 3. — Les juges qui dépendent du Conseil d'État par la cassation.

Les principales juridictions de cette espèce sont la *Cour des*

et des établissements publics, lorsque le revenu annuel de ces administrations ne dépasse pas 30.000 francs (Décr. 31 mai 1862, art. 427). L'appel est porté dans ce cas à la Cour des comptes;

3° Une compétence comme juge chargé de donner les *autorisations de plaider* à certains établissements publics; contentieux devenu très rare et qui est de justice retenue, en ce sens que le recours au Conseil d'État est tranché par un décret en Conseil d'État (V. p. 906);

4° Une compétence de *pleine juridiction* pour le contentieux auquel donnent lieu les opérations suivantes : α) les élections au conseil d'arrondissement; toutes les élections municipales, c'est à-dire celles qui concernent les conseils municipaux, les maires et adjoints et les délégués sénatoriaux ; β) les contributions directes (demandes en décharge ou en réduction, etc.); γ) les opérations de travaux publics non seulement pour les difficultés qui s'élèvent entre l'entrepreneur et l'administration, mais même pour les actions en indemnité à raison de dommages causés à la propriété ou aux personnes et, d'une façon générale, pour toutes les conséquences de l'opération qui sont de nature à réfléchir contre l'administration; δ) les ventes de domaines nationaux, etc. Les conseils de préfecture jugent près de 400.000 affaires par an, dont les sept huitièmes sont des affaires de contributions directes.

II. *Les conseils du contentieux des colonies*. — Les conseils du contentieux existent dans toutes les colonies depuis le décret du 7 septembre 1881, l'Algérie n'en a point parce qu'elle a des conseils de préfecture.

Organisation. — L'organisation en a été réglée à nouveau, de même que la procédure, par un décret du 5 août 1881.

Ces conseils sont formés par le *conseil privé*, corps consultatif placé à côté du gouverneur avec des attributions administratives, auquel viennent s'adjoindre deux magistrats de l'ordre judiciaire désignés chaque année par le gouverneur. On voit donc réalisée dans ces conseils, aux colonies, la fusion de l'élément judiciaire et de l'élément administratif si soigneusement séparés dans la métropole; seulement, ce qui vient diminuer la portée du fait, c'est que les magistrats coloniaux ne sont pas inamovibles.

La présidence appartient au gouverneur avec voix prépondérante; à son défaut, à l'inférieur qui vient immédiatement après lui. Les fonctions du ministère public sont remplies par l'inspecteur des services administratifs. Le secrétaire du conseil privé fait office de greffier.

Compétence. — A la différence des conseils de préfecture, les conseils du contentieux ne sont point des juges d'attribution; ils connaissent « en général du contentieux administratif », disent les ordonnances du 21 août 1825 (art. 160) et du 9 février 1827 (art. 76), confirmées par le décret du 5 août 1881.

Par conséquent, ils sont juges de droit commun en premier ressort pour le contentieux administratif soulevé dans la colonie et intéressant la colonie ; là, la compétence en premier ressort du Conseil d'État disparaît, ce qui s'explique suffisamment par la distance. Cette compétence générale leur a fait attribuer le contentieux des contributions directes, celui des traitements des fonctionnaires, etc. Ils ne sont pas compétents en principe pour le contentieux né dans la colonie qui intéresserait l'État, par exemple pour les actions en responsabilité contre l'État (Cons. d'Ét., 13 sept. 1895, *Carassus;* 3 mai 1901, *Cotreau;* 25 mai 1906, *Léontieff*).

Outre cela, une énumération assez longue figure dans les textes : marchés de travaux publics, marchés de fournitures, voirie, etc.

Cette compétence est toujours en premier ressort.

comptes, les conseils de revision, le conseil supérieur de l'instruction publique.

Il a été dit un mot de la Cour des comptes à propos de la comptabilité (V. p. 803). Il a été parlé des conseils de revision à propos du service militaire (V. 568). Pour le conseil supérieur de l'instruction publique, V. la loi du 27 février 1880 et les décrets des 16 mars et 26 juin 1880 (V. commissions spéciales instituées par la loi du 31 mars 1903 pour les pensions des ouvriers mineurs, Lebon, 1906, p. 76).

Section II. — Les actions ou recours.

Le contentieux administratif doit se préoccuper des actions ou recours *intentés par les administrés* contre les administrations publiques ou contre leurs actes, c'est à-dire des actions intentées par les administrés demandeurs; mais il doit prévoir aussi des actions ou recours *intentés par les administrations* à titre de demandeur, car les administrations peuvent, elles aussi, avoir des recours pour excès de pouvoir à intenter, des droits à faire valoir en justice contre des administrés, ou bien l'une contre l'autre, ou bien dans l'intérêt de la puissance publique (1).

(1) A la vérité, vis à-vis des administrés, les personnes administratives sont rarement demanderesses. Cela tient au *privilège de l'action d'office* ou de la procédure par *décision exécutoire* inhérent à la puissance publique, grâce auquel, dans la plupart des cas, elles réalisent leur droit extrajuridictionnellement jusqu'à l'extrême limite, et mettent leur adversaire dans la nécessité d'attaquer. Il est clair, par exemple, que, quand l'État procède lui-même à la délimitation de son domaine public, il met le voisin qui se croit lésé par cet acte dans l'obligation de prendre le rôle de demandeur en attaquant l'acte; de même, quand l'État liquide lui-même ses dettes envers ses fournisseurs. De même, quand une administration (et aujourd'hui toutes ont ce privilège) dresse des états de recouvrement pour certaines de ses créances, elle met le débiteur dans la nécessité de faire opposition.

Cela n'empêche pas, cependant, que quelquefois l'État et les autres personnes administratives ne soient obligés de se porter demandeurs, l'exception confirme la règle.

Les personnes administratives peuvent être demanderesses à l'encontre d'autres administrations publiques ou recourir contre certains actes d'administration : 1° dans des cas de coadministration où elles sont placées sur pied d'égalité et où elles exercent des actions récursoires; par exemple, les départements et les communes qui doivent supporter définitivement les frais de l'assistance médicale des indigents; 2° dans des cas où elles sont administrées par d'autres, c'est-à-dire en tutelle, et où alors elles peuvent recourir contre certains actes de tutelle.

Un certain nombre d'instances sont engagées au nom de la puissance publique, telles sont : 1° les oppositions à ouverture d'écoles libres; 2° les recours en annulation de décisions de conseils généraux formés par les préfets devant le Conseil d'État, en vertu de l'article 47 de la loi du 10 août 1871; 3° les jugements des comptes des comptables, etc.; 4° les élévations de conflit; 5° les recours en cassation du ministre dans l'intérêt de la loi, les recours pour excès de pouvoir du préfet dans le cas où ses pouvoirs de tutelle ne lui permettent pas la procédure par décision exécutoire (V. supra, p. 358, et thèse Cavaré, précitée).

I. *Les actions ou recours intentés par les administrés.* — A. *Les recours contentieux administratifs intentés par les administrés.* — Cette matière a été traitée *supra*, pages 404 et suivantes, à propos de la liaison du contentieux (1).

B. *Les actions judiciaires intentées par les administrés contre les administrations publiques et l'obligation du mémoire* (2). — Lorsqu'un particulier a le droit d'intenter une action judiciaire contre une administration publique, il peut se faire qu'il y ait obligation pour lui de déposer au préalable un *mémoire* entre les mains de l'autorité, en partant de ce principe que l'obligation est exceptionnelle (Cass., 11 mai 1910, S., 12. 1. 465, note Delpech) et sous le bénéfice des distinctions établies en note (3).

Nature du mémoire. — Au fond, c'est un avertissement; il est à remarquer que le dépôt du mémoire se produit pour des actions judiciaires, c'est-à-dire dans des hypothèses où il n'y a pas eu de réclamation suivie d'une décision préalable qui ait averti l'administration.

---

(1) Rappelons seulement la distinction des *vieux contentieux* et des *contentieux récents*.

Les vieux contentieux, par exemple, ceux qui sont attribués aux conseils de préfecture, par exemple le contentieux des travaux publics, donnent lieu à des recours qui peuvent être dirigés *de plano* contre la personne administrative, sans qu'il soit nécessaire de provoquer au préalable une décision administrative, quand il s'agit de réclamations provenant de tiers — notamment de demandes d'indemnité pour dommages permanents — (mais l'entrepreneur, quant à lui est astreint par son cahier des charges à suivre la procédure de la décision préalable). — Au contraire, les contentieux récents, qui sont en principe de la compétence du Conseil d'État juge de droit commun, ne peuvent être engagés que par la procédure de la décision préalable sur laquelle nous nous sommes expliqué (Cons. d'Ét., 30 juin 1905, *Département de la Mayenne*).

(2) Cf. Laferrière, *op. cit.*, t. I, p. 422, 462.

(3) 1° *Actions dirigées contre l'État* (L. 28 oct.-5 nov. 1790, t. III, art. 15). — L'obligation existe pour les actions de toute nature. Sauf pour les actions en responsabilité intentées contre l'État en vertu de la loi du 20 juillet 1899 sur les accidents survenus à l'école. — Cass., 3 juill. 1912, S., 12. 1. 468. La prescription est interrompue par le dépôt du mémoire;

2° *Actions dirigées contre le département* (L. 10 août 1871, art. 55). — L'obligation existe pour les actions pétitoires. L'action ne peut être portée devant les tribunaux que deux mois après la date du récépissé. Le dépôt du mémoire *interrompt* toute prescription, s'il est suivi dans les trois mois d'une demande en justice;

3° *Actions dirigées contre les communes* (L. 5 avril 1884, art. 124 et s.; L. 8 janv. 1905). — L'obligation existe pour les actions pétitoires. L'action ne peut être portée devant les tribunaux qu'un mois après la date du récépissé. Le dépôt du mémoire *interrompt* toute prescription, s'il est suivi dans les trois mois d'une demande en justice. Les actions en indemnité pour accidents du travail contre les départements et les communes ont été dispensées du mémoire par la loi du 22 mars 1902;

4° *Actions dirigées contre les établissements publics.* — Depuis la loi du 8 janvier 1905, la formalité du mémoire préalable est supprimée pour ces actions (Cass., 11 mai 1910, S., 12. 1. 465, note Delpech).

II. *Des actions ou recours intentés par les personnes administratives, autorités administratives, corps administratifs* (Cf. Chauveau, *Code d'instruction administrative*, Revue d'administration, 1900, II, 257, article de M. F. Sanlaville). — Pour la liaison du contentieux, mêmes règles que pour les actions ou recours intentés par les particuliers. Il y a seulement lieu de se préoccuper de la capacité d'ester en justice et du maniement de l'action (1).

(1) A. *L'État.* — 1° *Capacité.* — L'État a pleine capacité pour ester en justice ; 2° *Autorités qui prennent la décision.* — Ce sont les autorités du pouvoir exécutif qui ont le droit de décision pour intenter l'action ; en principe, ce sont les ministres ; 3° *Mandataires « ad litem ».* — Pour savoir quels sont les représentants en justice, il faut des distinctions.

a) *Domaine de l'État.* — Toutes actions concernant le domaine de l'État sont intentées et soutenues au nom du préfet du département dans le ressort duquel se trouvent les objets contentieux (art. 69, § 1 ; C. proc. civ.). Toutefois, l'administration des domaines a le droit d'exercer les actions qui ont pour objet de simples recouvrements de revenus, d'arrérages, de rentes ou de créances, lorsque le fond du droit n'est pas contesté (L. 28 oct.-5 nov. 1790, tit. III, art. 14, et 19 août-12 sept. 1791, art. 4 et 6). Le préfet représente le domaine de l'État même contre le département. Dans ce cas, le département est représenté par un membre de la commission départementale nommé par elle (art. 54 ; L. 10 août 1871). Le préfet représente le domaine de l'État, non seulement devant les tribunaux judiciaires, mais aussi devant les juridictions administratives, même devant le conseil de préfecture bien qu'il en soit président ; il se borne à ne pas siéger comme juge. Cependant, devant le Conseil d'État, c'est le ministre des Finances qui représente le domaine de l'État ;

b) *Pour le domaine militaire*, c'est le ministre de la Guerre qui intente et défend aux actions (L. 10 juill. 1791, tit. IV, art. 1 et 5) ;

c) *Trésor public.* — Le Trésor public procède en justice par le ministère d'un agent spécial, appelé *agent judiciaire du Trésor* (C. proc. civ., art. 69 et 70. Cf. Dumesnil et Pallain, *Législation du Trésor public*) ;

d) *Pour tous les autres droits pécuniaires*, l'État est représenté, soit par le préfet (Cons. d'Ét., 16 janv. 1903, *Ministre des Travaux publics*), soit par les ministres compétents, soit par les directeurs des grandes administrations qu'ils ont sous leurs ordres ; ainsi les administrations de l'enregistrement, des contributions directes, des contributions indirectes, sont représentées par leurs directeurs.

B. *Le Département.* — 1° *Capacité.* — Le département a conquis peu à peu la capacité d'ester en justice sans autorisation, en demandant comme en défendant, pour toutes actions. Sous l'empire de la loi de 1838, il fallait l'autorisation du chef de l'État ; sous l'empire des décrets de 1852, l'autorisation du préfet ; depuis 1865, il y a capacité. C'est un des objets sur lesquels le conseil général statue définitivement (L. 10 août 1871, art. 46, § 15) ; 2° *Autorité qui prend la décision.* — Il faut distinguer : pour l'attaque, en principe, le conseil général ; dans les cas d'urgence, la commission départementale, qui a enlevé ainsi en 1871 une attribution au préfet (L. 1871, art. 46, n° 15). Pour la défense, commission départementale (art. 54) ; 3° *Mandataire « ad litem ».* — Ce mandataire est le préfet, sauf dans le cas où il y a conflit avec l'État, auquel cas la commission départementale délègue un de ses membres (L. 1871, art. 54).

C. *La Commune.* — 1° *Capacité.* — Les communes étaient en principe incapables de plaider sans une autorisation donnée par le conseil de préfecture (L. 5 avril 1884, art. 121 et s.). Cette incapacité a été entièrement supprimée par la loi du 8 janvier 1905, sauf dans l'hypothèse où l'action est intentée par un contribuable (V. *infra*) ; et

Section III. — LA PROCÉDURE CONTENTIEUSE ADMINISTRATIVE (1).

I. *La procédure devant le Conseil d'État* (Décr. 22 juill. 1806; Décr. 18 janv. 1826; Ord. 2 fév.-12 mars 1831; L. 9 mai 1862; Décr.

c'est une grande simplification parce que c'était à celui qui intentait une action judiciaire contre une commune à faire les diligences pour qu'elle fût autorisée à défendre; 2° *Autorité qui prend la décision*. — Le maire, sous le contrôle du conseil municipal (art. 90, § 8), c'est-à-dire qu'il doit être autorisé par une délibération (jurisprudence antérieure à la loi de 1884); 3° *Mandataire* « ad litem ». — Le maire, sauf dans le cas où il a lui-même dans l'affaire des intérêts opposés à ceux de la commune, auquel cas le conseil municipal désigne un autre de ses membres (art. 83).

Action exceptionnelle de l'article 123. — Les contribuables peuvent, en certains cas, exercer les actions de la commune. Cette disposition a été introduite par la loi de 1837. L'article 123 est la reproduction exacte de l'article 49 de la loi du 18 juillet 1837. Il y a quatre conditions : 1° l'action ne peut être exercée que par des contribuables inscrits au rôle; 2° elle est exercée aux frais et risques du contribuable; 3° l'autorisation du conseil de préfecture est nécessaire et maintenue par la loi du 8 janvier 1905; 4° le conseil municipal doit être préalablement appelé à délibérer. L'article 123 s'applique sans difficulté lorsqu'il s'agit de défendre à une action, aussi bien que lorsqu'il s'agit de l'intenter. La commune est mise en cause et le jugement produit effet à son égard. — Mais cette disposition ne permet pas à un contribuable d'exercer les actions d'un établissement communal distinct de la commune, par exemple d'un bureau de bienfaisance (Cons. d'Ét, 17 sept. 1898, *Bezon*).

D. *Les Établissements publics*. — *Capacité de plaider*. — Les établissements publics sont, eux aussi, affranchis en principe de la nécessité de l'autorisation; toutefois, les établissements communaux de charité et de bienfaisance restent assujettis à *l'obligation de demander l'avis des conseils municipaux* sur les actions judiciaires autres que les possessoires qu'ils se proposent d'intenter ou de soutenir. En cas de désaccord entre le conseil municipal et l'établissement, il faut recourir à *l'autorisation du conseil de préfecture* (L. 8 janv. 1905).

Quant à la question de savoir qui décide et qui intente l'action, consulter l'organisation de chaque établissement.

E. *Pour les Corps administratifs*, conseils généraux, conseils municipaux, commissions administratives, qui sont recevables à intenter des recours pour excès de pouvoir, V. *supra*, p. 437.

(1) Les proportions de cet ouvrage ne nous paraissent pas comporter une étude détaillée de la procédure administrative, nous nous bornons à des indications sommaires. On trouvera des renseignements très suffisants dans Laferrière, t. I, p. 327 à 354, pour la procédure devant le Conseil d'État, p. 367-382, pour la procédure devant les conseils de préfecture. Enfin, pour ce qui est du commentaire de la loi du 22 juillet 1889, sur la procédure devant les conseils de préfecture, V. Teissier et Chapsal, *Traité de la procédure devant les conseils de préfecture*; Brémond, *Examen critique de la loi du 22 juillet 1889*. Pour l'histoire, V. R. Jacquelin, *L'évolution de la procédure administrative*, Revue du droit public, 1903.

Caractères généraux de la procédure contentieuse administrative. — A. *Existence indépendante de cette procédure*. — Il existe une procédure contentieuse administrative. A la vérité, il en existe plusieurs, en ce sens qu'il y a une procédure à suivre devant le Conseil d'État, une autre devant les conseils de préfecture, sans parler des tribunaux spéciaux; mais toutes ces procédures, malgré des différences de détail, présentent des caractères communs, de telle sorte qu'on peut en extraire un corps de règles générales.

Cette procédure est distincte de la procédure civile, elle a son génie propre et se

2 nov. 1864; Décr. 2 août 1879; L. 22 juill. 1889; Décr. 16 juill. 1900; Décr. 31 mai 1910). — Conformément aux caractères généraux développe d'une façon indépendante. Lorsque les textes qui la réglementent sont insuffisants, il appartient au juge administratif lui-même d'en formuler les règles. C'est ainsi que le Conseil d'État avait créé, presque de toutes pièces, la procédure à suivre devant les conseils de préfecture qui, jusqu'à la loi du 22 juillet 1889, n'avait guère attiré l'attention du législateur. Et si, dans cette œuvre prétorienne, le juge doit s'inspirer des principes d'équité sur lesquels reposent quelques-unes des dispositions du Code de procédure civile, il n'est point tenu d'appliquer textuellement ces dispositions, même les plus générales, comme les articles 1029 et suivants.

B. *Caractères généraux de la procédure contentieuse administrative.* — Par ses caractères généraux, la procédure administrative se distingue profondément de la procédure civile ; elle appartient, de même que notre procédure criminelle, au type de la procédure *inquisitoriale* où l'instruction de l'affaire est faite par le juge, tandis que la procédure civile se rattache au type de la procédure *accusatoire*, où l'instruction de l'affaire est faite par les parties elles-mêmes sans le concours du juge.

Le type de la procédure inquisitoriale est généralement considéré comme supérieur à celui de la procédure accusatoire ; le concours d'un juge qui dirige l'instruction est, en effet, une garantie contre les surprises d'audience et la multiplication des incidents, par conséquent, contre les lenteurs et les frais. Il est permis de penser, dès lors, que la procédure administrative offre quelques avantages sur la procédure civile et que celle-ci gagnerait à s'en rapprocher. La procédure administrative présente les trois grands caractères suivants :

1° *L'instruction est dirigée par le juge.* — Dès le début, ce caractère apparaît, car l'instance est introduite par une *requête en demande* adressée au juge et non point par un ajournement adressé directement au défendeur. Le défendeur est mis en cause par une ordonnance du juge et la *requête en défense* qu'il présente est également adressée au juge. De plus, tous les incidents donnent lieu à une décision du juge.

Cette initiative du juge n'empêche point que les parties n'aient un rôle à jouer, et qu'elles n'aient besoin, dans une certaine mesure, de conseils ou de représentants rompus aux affaires, comme les avoués. Les parties ou leurs représentants stimuleront le juge, le juge surveillera les parties.

Les choses ont été comprises ainsi dès le début au Conseil d'État, puisqu'il a été créé, auprès de ce conseil, des avocats-avoués dont le ministère est obligatoire, sauf exception. Auprès des conseils de préfecture, la loi du 22 juillet 1889 a facilité l'accès des avoués, en leur reconnaissant formellement le droit de représenter leurs clients sans procuration et en permettant en leur faveur le déplacement des pièces.

2° *La procédure est écrite.* — Cela veut dire : 1° que le juge chargé de l'instruction fait cette instruction sur des pièces écrites qui doivent contenir, non seulement les conclusions des parties, mais tous leurs moyens ; un moyen nouveau ne peut pas être produit pendant le débat oral, ou bien alors il faut recommencer l'instruction (Cons. d'Ét., 15 juin 1883, *Société du matériel agricole*) ; 2° que le juge chargé du jugement juge sur le rapport écrit qui est résulté de l'instruction ; 3° que le commissaire du gouvernement dépose des conclusions écrites. En d'autres termes, en matière administrative, toutes les affaires sont jugées sur rapport, tandis que cette procédure est exceptionnelle en matière civile. Un débat oral peut venir se joindre au rapport écrit pour les affaires jugées en séance publique ; c'est une garantie de publicité, mais il n'est jamais le complément du rapport.

3° *La procédure est en partie secrète.* — Pendant longtemps, la procédure administrative a été complètement secrète, elle ne donnait lieu à aucun débat public et le jugement n'était point rendu en public. Il a été introduit des séances publiques en 1830 au Conseil d'État devant l'assemblée publique statuant au contentieux et le décret

de la procédure administrative qui sont indiqués en note, la procédure devant le Conseil d'État est *inquisitoriale*, c'est-à-dire dirigée du 31 mai 1910 l'a introduite aussi devant la section ordinaire du contentieux, devant la section spéciale du contentieux et ses sous-sections. La publicité a été introduite en 1865, au conseil de préfecture, l'article 44 de la loi du 22 juillet 1889 a même rendu obligatoire, en principe, la séance publique pour toutes les affaires portées devant le conseil de préfecture, mais on ne peut pas dire que la procédure soit complètement publique.

D'abord, les rapports, qui ont sur le jugement définitif une influence considérable, ne sont pas communiqués aux parties (Cons. d'Ét., 9 mai 1913, *Flament*); les jugements sont *lus* à l'audience publique, mais ils ne sont pas *rendus* en audience publique, ils sont tous rédigés dans la chambre du conseil. De plus, au Conseil d'État, il est des affaires qui ne donnent lieu à aucun débat public, ce sont toutes celles qui sont jugées par les *sections* et qui n'ont pas donné lieu à constitution d'avocats, car il n'y a pas débat public sans le ministère de l'avocat; devant les conseils de préfecture, les affaires d'élections et de contraventions ne donnent lieu à débat public que si la partie le demande et les affaires de contributions directes sont redevenues complètement secrètes.

C. *Des privilèges de la puissance publique.* — L'État plaidant devant la juridiction administrative jouit d'un certain nombre de privilèges :

1° Devant le Conseil d'État, les ministres ne sont pas tenus d'employer le ministère d'un avocat pour l'instruction écrite, ils peuvent signer eux-mêmes les pièces; pour le débat oral, il leur faut un avocat;

2° Primitivement, l'État qui perdait un procès ne pouvait pas être condamné aux dépens et c'était un privilège analogue à celui qui fait qu'il ne peut pas être condamné par défaut, du moins devant le Conseil d'État. Le principe subsiste, mais il a reçu de très larges exceptions :

L'État peut maintenant être condamné *aux dépens* quand il s'agit : *a*) des contestations relatives au domaine; *b*) des contestations relatives à l'exécution des marchés passés pour un service public, marchés de fournitures ou marchés de travaux publics et de la réparation des dommages occasionnés par les travaux publics (Décr. 2 nov. 1864, art. 2; L. 22 juill. 1889, art. 63); *c*) des litiges sur les indemnités pour fautes de service (jurisprudence constante); *d*) d'une façon générale, dans tout le contentieux de la pleine juridiction (Cons. d'Ét., 29 juill. 1910, *Brusson*, S., 11. 3. 73 et ma note).

Il y a eu, sur cette question des dépens, des revirements de jurisprudence dont on trouvera l'histoire dans Dufour, 3ᵉ édit., II, p. 394. — A noter que, dans les affaires d'excès de pouvoir, si l'État n'est pas condamné aux dépens lorsque l'acte est annulé, du moins le requérant n'a pas à payer les frais d'enregistrement de sa requête qui sont pour lui, avec le timbre, les seuls frais obligatoires (L. 17 avril 1906, art. 4);

3° Nous savons déjà qu'il n'y a pas d'exécution forcée contre l'État; par conséquent, l'État exécute volontairement les condamnations résultant de jugements, comme il exécute toutes ses obligations. Pour les autres personnes administratives, il ne peut y avoir qu'une exécution par la voie administrative autorisée par l'État.

D. *Notification des pièces par la voie administrative.* — La procédure administrative présente encore ceci de particulier que les décisions et les pièces sont très rarement signifiées par huissier; les pièces sont communiquées sans déplacement au greffe; d'ailleurs, les parties font accompagner les requêtes et les pièces déposées au greffe de copies sur papier libre, certifiées conformes par elles-mêmes, et qui sont notifiées administrativement (L. 22 juill. 1889, art. 3; Décr. 16 juill. 1900, art. 10; Décr. 31 mai 1910, art. 10); les décisions sont notifiées par la voie administrative, c'est-à-dire par les soins des préfets et des maires, ce qui constitue une grande économie.

par le juge; *écrite*, c'est-à-dire que les affaires sont jugées sur rapport; *secrète*, en partie, c'est-à-dire que l'arrêt est toujours rédigé hors de l'audience publique et qu'il n'y a même pas de débat oral pour les affaires jugées par les sections sans ministère d'avocat.

Les avocats au Conseil d'État et à la Cour de cassation. — Bien que la procédure soit dirigée par le juge, cependant il y a, auprès du Conseil d'État, des officiers ministériels qui portent le nom d'avocats au Conseil d'État et à la Cour de cassation, et qui sont à la fois avocats et avoués. Ces officiers ministériels, créés par le décret du 11 juin 1806, ont un monopole; en principe, leur ministère est obligatoire, c'est-à-dire qu'ils ont seuls le droit de signer les requêtes et mémoires présentés par les parties et de produire des observations orales; dans les affaires dispensées du ministère de l'avocat, les parties n'ont pas le droit de présenter des observations orales (Cons. d'Ét., 24 avril 1902, *Élection de Bazoilles*) (1). Toutefois, dans le but de faciliter certains recours au Conseil d'État, des dispenses du ministère de l'avocat ont été établies; les principales affaires dispensées sont : les recours pour excès de pouvoir, les recours en cassation, les recours en matière électorale, les recours en matière de pensions et les recours en matière de contributions directes ou de taxes assimilées.

Les phases de la procédure sont :

1° L'*introduction* et l'*instruction de l'affaire* où il faut remarquer que toutes les pièces de la procédure, les demandes et les défenses, sont adressées au juge, au lieu d'être adressées directement à la partie adverse, et prennent le nom de *requêtes en demande* (2) ou de

---

(1) Sur le caractère de ces officiers ministériels, V. note dans S., 98. 3. 97.

(2) *Formule d'une requête en excès de pouvoir avec quelques indications pratiques sur la manière de l'introduire* :

Formule de requête : Le soussigné... (*nom, prénoms, adresse, profession ou qualité*) défère au Conseil d'État statuant au contentieux un... (*désignation de l'acte administratif attaqué : décret, arrêté, décision, etc.*), du... (*indication de l'autorité dont l'acte émane, président de la République, ministre, préfet, maire, etc.*), en date du..., aux termes duquel (*ou de laquelle*)... (*indication des dispositions de l'acte attaqué qui lèsent le requérant*).

La mesure indiquée ci-dessus a été prise dans les circonstances suivantes :

1° Exposé des faits... (*faire ici un exposé aussi court et aussi précis que possible des circonstances qui ont précédé ou accompagné l'acte attaqué*).

2° Discussion. — L'acte attaqué contient un excès de pouvoir pour tels motifs (*indiquer le motif, l'incompétence ou le vice de forme ou le détournement de pouvoirs*) ou bien il est contraire aux articles... (*de la loi ou du décret ou de l'arrêté du..., faire ici une énumération des moyens de droit allégués à l'appui du pourvoi; diviser la discussion en plusieurs parties distinctes, si l'acte attaqué paraît irrégulier pour plusieurs motifs et contrevient à diverses dispositions réglementaires*).

3° Conclusions. — Par ces motifs, le requérant conclut qu'il plaise au Conseil d'État annuler, comme entaché d'excès de pouvoir, le... (*décret ou arrêté, etc.,*

requêtes en défense; il faut même observer que, dans les affaires du contentieux ordinaire, la requête en demandé n'est communiquée au défendeur que sur une décision prise par le président de la section, après examen sommaire de l'affaire, qui porte le nom d'*ordonnance de soit communiqué* et que le demandeur doit mettre à exécution dans le délai de deux mois. Il appartient à la section de déterminer les pièces qui doivent être produites par le défendeur, le requérant n'a pas à déposer de conclusions sur ce point (Cons. d'Ét., 9 mai 1913, *Flament*) (1).

2° *La rédaction du rapport* et *la communication au ministère public.* — Le rapport, qui est dressé en réalité par un maître des requêtes ou un auditeur, est discuté et arrêté dans ses termes par la section ou par la sous-section du contentieux, qui le fait sien et joue ainsi

---

ci-dessus visé, en date du... en tant qu'il a... (*rappeler la disposition qui fait l'objet du pourvoi*).

4° Pièces produites : 1° Décision attaquée; 2°...; 3°..., etc. (*signature légalisée ou certifiée*).

Indications pratiques : La requête doit être transcrite sur papier timbré. Il faut y joindre obligatoirement la décision attaquée. La décision attaquée ainsi que les autres pièces produites doivent être timbrées ou accompagnées de leur copie sur timbre.

L'introduction du recours comporte deux formalités distinctes :

1° L'enregistrement de la requête qui a lieu, soit au bureau du domicile du demandeur, soit dans un bureau spécial, commun au Conseil d'État et à la Cour de cassation, et situé à Paris, au Palais de Justice, près la Cour de cassation, galerie Saint-Louis;

2° Le dépôt de la requête préalablement enregistrée au secrétariat du Contentieux du Conseil d'État (Palais Royal). Le recours reçoit un numéro d'ordre. C'est du jour du dépôt qu'il prend sa date.

Ces deux formalités peuvent s'effectuer par correspondance; elles sont *sans frais.* Toutefois, après jugement, en cas de rejet total ou partiel de la requête, les droits d'enregistrement (qui s'élèvent à 79 fr. 95) sont recouvrés sur le requérant (L. 17 avril 1906, art. 4).

(1) En vue de faciliter la communication aux parties, l'article 10 du décret du 16 juillet 1900 a introduit la disposition suivante, reproduite dans le décret du 31 mai 1910, article 16 : « Les requêtes, ainsi que les pièces qui y sont jointes, peuvent être accompagnées, en vue des communications, de copies sur papier libre, et certifiées conformes par les requérants. » Une disposition semblable avait déjà été introduite par la loi du 22 juillet 1889, article 3, dans la procédure devant les conseils de préfecture, mais avec un caractère d'obligation. V. *infra.*

Quand le recours est formé contre une décision exécutoire que le ministre soit appelé à défendre, communication est faite au ministre dont on attend les observations. Le décret du 16 juillet 1900, articles 6 et 10, § 2, avait donné à la section du contentieux le droit de fixer un délai après lequel il serait passé outre; le décret du 31 mai 1910, articles 15 et 16, § 2, confirme l'innovation en ces termes : « Les sections et les sous-sections délibèrent sur les communications à faire aux ministres et aux parties et fixent les délais dans lesquels les réponses doivent être produites; — à l'expiration du délai assigné aux ministres et aux parties pour la production des défenses et des observations, le Conseil d'État peut statuer. »

tout entière le rôle de juridiction d'instruction. Tous ces rapports sont écrits (1). Le rapport est communiqué au commissaire du gouvernement et, si celui-ci n'en adopte pas les conclusions, il est d'usage que la section délibère à nouveau ; grâce à cette trituration, l'affaire arrive à l'audience publique très connue du juge.

3° Le *jugement de l'affaire* a lieu en séance publique ou non, selon qu'il y a ou non constitution d'avocat. Quand il y a séance publique, les questions posées par le rapport sont communiquées aux avocats quatre jours au moins avant la séance; après le rapport, les avocats des parties présentent leurs observations orales et le commissaire du gouvernement présente ses conclusions.

4° Enfin, il faut prévoir des voies de recours contre les décisions, mais comme le Conseil d'État est une juridiction souveraine, ce ne peut être que des voies de rétractation. On en admet trois : l'*opposition* en cas de jugement par défaut ; la *revision*, qui est une sorte de requête civile, et la *tierce opposition* (V. *supra*, p. 463).

II. *La procédure devant les conseils de préfecture*. — Cette procédure est régie par la loi du 22 juillet 1889 qui, attendue pendant longtemps, n'a guère fait que consacrer les règles que le Conseil d'État avait élaborées en se fondant sur le décret de 1806, sur la loi du 21 juin 1865 et sur le décret du 12 juillet même année. La procédure ressemble, d'ailleurs, beaucoup à celle devant le Conseil d'État, avec cette différence que l'instruction, au lieu d'être dirigée par une section du conseil, l'est par le conseil tout entier (2).

---

(1) Les parties ne peuvent pas demander communication du rapport (Cons. d'Ét., 9 mai 1913, *Flament*).

(2) *Introduction de l'instance*. — La requête introductive d'instance doit être déposée au greffe du conseil, le secrétaire-greffier délivre aux parties qui en font la demande un récépissé.

Les parties peuvent aussi faire signifier leur requête au greffe par exploit d'huissier; les frais de la signification n'entrent pas en taxe. Ceci est une disposition nouvelle dont le besoin ne se faisait guère sentir, car cela n'enlève pas au conseil le droit de fixer les délais pour les défenses, ni même de prescrire la mise en cause de défendeurs que l'assignation n'aurait pas visés.

La requête doit contenir les nom, profession et domicile du demandeur, les nom et demeure du défendeur, l'objet de la demande, l'énonciation des pièces dont le requérant entend se servir et qui y sont jointes.

La requête doit être accompagnée de copies certifiées conformes par le requérant, destinées à être notifiées aux parties en cause. Ces copies ne sont pas assujetties au droit de timbre (art. 3). Cette disposition nouvelle a pour but d'éviter au défendeur les frais d'un déplacement pour venir consulter au greffe la requête en demande.

Instruction de l'affaire. — Immédiatement après l'enregistrement au greffe des requêtes introductives d'instance, le président du conseil de préfecture désigne un rapporteur, auquel le dossier est transmis dans les vingt-quatre heures.

Notification au défendeur. — Dans les huit jours qui suivent cette transmission, le conseil de préfecture réuni en chambre du conseil règle, le rapporteur entendu, la notification aux parties défenderesses des requêtes en demande. Il fixe le délai pour fournir défense. La notification a lieu par la voie administrative.

Ainsi, il n'y a pas, comme au Conseil d'État, une ordonnance de *soit communiqué* signifiée par huissier, c'est une économie.

Requête en défense et répliques. — La requête en défense et les répliques sont déposées au greffe dans les mêmes conditions que la requête en demande ; le conseil en ordonne communication.

Communication aux parties. — Les parties peuvent prendre connaissance des pièces au greffe sans déplacement. Toutefois, le placement est autorisé au profit de l'administration et au profit des avocats et des avoués des parties. Les avocats et les avoués exerçant dans le département sont désormais admis à représenter les parties *sans procuration* (L. 22 juill. 1889, art. 8 et 50).

Mesures d'instruction. — Le conseil de préfecture a le droit d'ordonner les mesures qu'il juge propres à éclairer, telles que enquêtes, expertises, auditions de témoins, vérifications d'écritures, descentes sur les lieux. Ces différents moyens de vérification sont réglementés dans le titre II de la loi du 22 juillet 1889.

Incidents. — Les incidents sont prévus au titre III (*ibid.*). Notons le référé, qui est possible en matière de travaux publics (art. 24), qui donne lieu à une ordonnance du vice-président susceptible elle-même d'appel au Conseil d'État (Cons. d'Ét., 28 mai 1886, *Peirrichont*, avec les concl. Gauvain ; 29 nov. 1901, *Société du Coudiàt-Aty*).

Rédaction du rapport, communication au ministère public. — Lorsque l'affaire est en état d'être jugée, le rapporteur prépare un rapport. Ce rapport est remis au secrétaire-greffier qui le transmet immédiatement au commissaire du gouvernement.

Jugement des affaires. — Le rôle de chaque séance publique est arrêté par le président du conseil et affiché à la porte de la salle d'audience. Toute partie doit être avertie, par une notification en la forme administrative, du jour où l'affaire est portée en séance publique. Après le rapport, qui est fait sur chaque affaire par un des conseillers, les parties peuvent présenter des observations orales à l'appui de leurs conclusions écrites, soit en personne, soit par mandataire. Le débat oral avait été introduit par la loi du 21 juin 1865, mais n'avait qu'une importance très secondaire ; les parties ne devaient être convoquées que si elles avaient fait connaître leur intention de présenter des observations orales. Aux termes de l'article 44 de la loi du 22 juillet 1889, toute partie doit être avertie du jour où l'affaire sera portée en séance publique, de façon à pouvoir présenter ses observations, sauf en matière de contributions directes, d'élections et de contraventions où l'ancienne règle est conservée. Le commissaire du gouvernement donne ses conclusions sur toutes les affaires. La décision est prononcée à l'audience publique, après délibéré hors la présence des parties.

Voies de recours. — Elles sont au nombre de trois : l'opposition, l'appel et la tierce opposition.

L'opposition. — L'opposition est dirigée contre les décisions par défaut. Est par défaut une décision rendue alors que le défendeur n'a pas fourni de requête en défense, l'absence au débat oral ne suffit pas pour constituer le défaut. L'opposition doit être formée dans le délai d'un mois à partir de la notification de l'arrêté, elle est introduite en la forme ordinaire : elle suspend l'exécution, à moins qu'il n'en ait été autrement ordonné par la décision qui a statué par défaut.

L'appel au Conseil d'État. — Tout arrêté du conseil de préfecture peut être attaqué devant le Conseil d'État dans le délai de deux mois à dater de la notification. Le délai court contre l'État ou les administrations représentées par le préfet, soit à dater du jour où la notification de l'arrêté a été faite par les parties au préfet, soit à dater du jour où la notification a été faite aux parties par les soins du préfet. Ce délai de deux mois est augmenté, conformément à l'article 73 du Code de procédure civile modifié par la loi du 9 mai 1862, lorsque le requérant est domicilié hors de la France continentale.

La tierce opposition. — Cette demande est formée au conseil de préfecture lui-même, contre une décision contradictoire, par un tiers auquel la décision porte préjudice ; elle suit les règles ordinaires du recours.

Des procédures spéciales. — Il existe, en matière de contributions directes, une procédure spéciale (L. 21 avril 1832); il en est de même en matière électorale (L. 5 avril 1884, art. 37 et s.). Il n'est rien innové en ces matières (V. cep. l'art. 11, L. 22 juill. 1889).

Pour les contraventions de grande voirie, *V.* l'art. 10.

ERRATA ET ADDENDA

1º P. 184, *au lieu de* : Chapitre II, *lire* : Titre II.

2º PP. 190-196. *Ministres, sous-secrétaires d'État, secrétaires généraux de ministère, chefs de service dans les administrations centrales.* — Loi du 20 juin 1920, article 8 : « L'article 35 de la loi de finances du 13 avril 1900 sur l'organisation des administrations centrales est complété par le paragraphe suivant : « Les créations de ministère » ou de sous-secrétariat d'État, de postes de secrétaires généraux ou de chefs de service » dans les administrations centrales, sous quelque nom que les créations soient présentées, les transferts d'attributions d'un département ministériel à un autre, ne peuvent être décidés que par une loi et mis en vigueur qu'après le vote de cette loi ».

Des emplois de secrétaire général sont établis ou rétablis au ministère des Affaires étrangères, au ministère de la Guerre, au ministère des Travaux publics (L. 20 juin 1920, art. 4, 5 et 7), au ministère de la Marine (L. 31 juill. 1920, art. 91).

Il y a actuellement 15 ministères : Affaires étrangères, Justice, Finances, Intérieur, Guerre, Marine, Instruction publique, Agriculture, Commerce, Travail, Travaux publics, Colonies, Hygiène, Pensions, Régions libérées; il y a 11 sous-secrétariats d'État.

3º PP. 203 et 208 et s. *Conseillers d'État. Préfets, sous-préfets, secrétaires généraux, conseillers de préfecture. Pensions et traitements.* — Loi du 1er avril 1920 :

« ARTICLE PREMIER. — Sont supprimés les quatrième et cinquième alinéas de l'article 32 de la loi du 9 juin 1853, ainsi conçus : les dispositions de la loi du 22 août 1790 et du décret du 13 septembre 1806 continueront à être appliquées :

» Aux membres du Conseil d'État; aux préfets et sous-préfets » (c'est-à-dire que ces fonctionnaires passent, pour leurs pensions de retraite, sous le régime de la loi de 1853).

« ART. 2. — Les dispositions de l'article 42 de la loi de finances du 25 février 1901 sont étendues aux secrétaires généraux et conseillers de préfecture (traitement de disponibilité) ».

« ART. 3. — Les membres du Conseil d'État, préfets, sous-préfets en exercice au 1er janvier 1919 bénéficieront des dispositions de l'article 33 de la loi du 9 juin 1853 (transition d'un régime à l'autre) ».

4º PP. 212-213. *Bureaux des préfectures. Cabinet du préfet.* — Loi du 1er avril 1920 :

« ARTICLE PREMIER. — Le personnel des bureaux de la préfecture et des sous-préfectures constitue, dans chaque département, un corps d'administration soumis aux dispositions de la présente loi. Il est exclusivement recruté au concours, en dehors des cas prévus par la loi sur le recrutement de l'armée.

» Les conditions du concours d'admission, les règles générales d'avancement et de licenciement, la composition et les attributions des conseils de discipline, seront fixées par un règlement d'administration publique, qui devra intervenir dans les six mois de la promulgation de la présente loi.

» En ce qui concerne le recrutement des employés du service des archives, le concours d'admission comprend, en outre des matières générales, des matières particulières à ce service, et l'archiviste départemental fera partie du jury ».

« Art. 2. — Le personnel des bureaux de la préfecture comprend :

» Le cabinet du préfet ;

» Le personnel des divisions, du greffe du conseil de préfecture, des services d'expédition ou de dactylographie, du service des archives, à l'exclusion de l'archiviste ;

» Les employés départementaux des services d'inspection ou de contrôle de l'assistance et de l'hygiène publiques et du service vétérinaire, à l'exclusion des contrôleurs sur place ou inspecteurs de ces services ;

» Les huissiers, gardiens de bureau et concierges.

» Par dérogation aux dispositions de l'article 1er :

» 1° Le chef, et éventuellement le chef adjoint ou le sous-chef du cabinet du préfet, ne sont pas soumis à l'obligation du recrutement par voie de concours. Ils ne peuvent être nommés ou promus à aucun emploi des bureaux qu'en satisfaisant aux conditions légales et réglementaires ;

» 2° L'archiviste départemental continue à être régi par des dispositions spéciales ».

« Art. 3. — Les seuls grades ou emplois admis pour le personnel dénommé aux §§ 2, 3 et 4 de l'article précédent sont ceux de chef de cabinet, chef adjoint ou sous-chef de cabinet, chef de division, chef de bureau, rédacteur ou rédacteur principal, expéditionnaire, dactylographe.

» Ce personnel est constitué en bureaux et en divisions, à l'exception des employés attachés au cabinet et de ceux visés au § 4 précité quand leur effectif ne comporte pas cette organisation.

» Un bureau comprend un chef de bureau et au moins trois employés, dont deux rédacteurs.

» Une division comprend au moins deux bureaux.

» Dans toute préfecture, à l'exception de celle du territoire de Belfort, il y a au moins deux divisions.

» Le greffe du conseil de préfecture est tenu par un employé du grade de rédacteur, rédacteur principal ou chef de bureau.

» Par dérogation au § 3, le premier employé du service des archives pourra obtenir, sans quitter ce service, le grade de chef de bureau, quel que soit l'effectif du personnel ».

« Art. 4. — Les bureaux des sous-préfectures comprennent au minimum un secrétaire et un rédacteur expéditionnaire ».

» Le grade de secrétaire est assimilé à celui de chef de bureau ».

« Art. 5. — Les cadres effectifs des bureaux de la préfecture et des sous-préfectures seront déterminés, pour chaque département, par un arrêté réglementaire du préfet, pris en conformité d'une délibération du conseil général, et soumis à l'approbation du ministre de l'Intérieur ; cette approbation est subordonnée au vote de la loi de finances ouvrant les crédits afférents à la part de l'État ».

« Art. 6. — La présente loi n'est pas applicable au personnel des bureaux de la préfecture de la Seine et de la préfecture de police ».

Traitements du personnel des bureaux à la charge de l'État ou des départements. Cadres de retraites. — Loi du 20 avril 1920 :

« Art. 2. — Les traitements de chef de cabinet, chef adjoint et sous-chef de cabinet sont en totalité à la charge de l'État.

» Les autres dépenses résultant de la rémunération du personnel des bureaux des préfectures et des sous-préfectures sont supportées par le département et l'État dans les conditions déterminées ci-après :

» En premier lieu, il est déduit du montant de la dépense totale :

» 1° Les sommes affectées, à titre de frais d'administration, à la rémunération des employés chargés de l'exécution de lois spéciales et soumises à un régime financier particulier;

» 2° Les sommes d'origines diverses, provenant notamment de la contribution des différents ministères pour des objets déterminés, des prélèvements sur des frais de contrôle des chemins de fer ou de tramways départementaux, et, en général, toutes sommes afférentes à des travaux spéciaux.

» Ces ressources, groupées en fonds commun, sont affectées à la dotation financière de l'ensemble des services.

» Les déductions opérées, la dépense restante est répartie entre l'État et le département, sans que la participation des départements puisse être, en aucun cas, inférieure à 33 p. 100 ou supérieure à 66 p. 100 de ladite dépense, conformément au barème annexé à la présente loi ».

« Art. 3. — Les employés des préfectures et sous-préfectures continuent à participer aux caisses de retraites établies conformément à l'article 46, n° 21, de la loi du 10 août 1871.

» L'État participera à la constitution des retraites de ces employés au moyen d'un versement forfaitaire de 5 p. 100, calculé sur la partie de leurs traitements qui représente la part de l'État.

» L'employé passant d'un département dans un autre devient de plein droit tributaire de la caisse des retraites de ce dernier département en faisant compter, pour l'établissement du droit à pension et pour la liquidation, ses services antérieurs dans les préfectures et sous-préfectures, avec transfert des retenues qu'il aura subies pour lesdits services, quelles que soient à cet égard les dispositions des statuts des caisses de retraites.

» Si le règlement d'une des caisses intéressées comporte, pour tout ou partie du personnel, le système du livret individuel, le transfert s'applique également aux subventions départementales calculées d'après le règlement qui prévoit ces subventions ».

5° PP. 216-218. *Alsace-et-Lorraine. Budget.* — Loi du 31 juillet 1920, article 72 : « Le budget est préparé par le commissaire général approuvé par un décret contresigné par le président du conseil, le ministre des Finances et celui de l'Intérieur et soumis à la ratification des Chambres ».

Institution d'un conseil consultatif local. — Décret du 15 septembre 1920 : « A titre transitoire, et jusqu'à l'institution d'un conseil régional, un conseil consultatif, composé de représentants de la population, est institué auprès du commissaire général de la République, à Strasbourg ».

6° PP. 520 et s. *Monuments historiques.* — Loi du 31 juillet 1920, article 107 : « Il sera fait, par les soins du ministère de la Guerre, un choix des plus remarquables organisations du front pour être conservées et classées comme monuments historiques; des monuments seront élevés par la nation pour perpétuer la mémoire de la première et de la deuxième victoire de la Marne ».

Loi du 31 août 1920 relative à l'exportation des œuvres d'art :

« Article premier. — Les objets présentant un intérêt national d'histoire ou d'art ne pourront être exportés sans une autorisation du ministre de l'Instruction publique et des Beaux-Arts qui devra se prononcer dans le délai d'un mois à partir de la déclaration fournie à la douane par l'exportateur.

« Ces dispositions sont applicables aux objets d'ameublement antérieurs à 1830, aux œuvres des peintres, graveurs, dessinateurs, sculpteurs, décorateurs, décédés depuis plus de vingt ans à la date de l'exportation, ainsi qu'aux objets provenant de fouilles pratiquées en France ».

« Art. 2. — Les objets auxquels l'autorisation d'exporter aura été refusée seront, par dérogation à l'article 16 de la loi du 31 décembre 1913, inscrits d'office sur la liste de classement.

» Ce classement sera valable pour une période de cinq années et renouvelable ».

« Art. 3. — L'État a le droit de retenir, soit pour son compte, soit pour le compte d'un département, d'une commune ou d'un établissement public, au prix fixé par l'exportateur, les objets proposés à l'exportation ».

» Ce droit pourra s'exercer pendant une période de six mois ».

« Art. 4. — Les objets antérieurs à 1830 et les œuvres de peintres, sculpteurs, graveurs, dessinateurs, décorateurs, décédés depuis plus de vingt ans, et dont l'exportation aura été laissée libre, seront frappés à l'exportation d'un droit de :

» 15 p. 100 de leur valeur jusqu'à 5.000 francs ;

» 20 p. 100 pour la valeur comprise entre 5.000 et 20.000 francs ;

» 25 p. 100 pour une valeur supérieure à 20.000 francs.

» Cette taxe, non plus que les autres dispositions de la présente loi, ne s'appliqueront aux œuvres d'art importées qui auront été déclarées à l'entrée, toute justification devant être fournie par l'importateur ».

« Art. 5. — Quiconque aura exporté ou tenté d'exporter des objets, en fraude des dispositions qui précèdent, sera puni d'une amende au moins égale au double de la valeur desdits objets, lesquels seront saisis et confisqués au profit de l'État. En cas de récidive, le délinquant sera en outre puni d'un emprisonnement de six jours à trois mois.

» L'article 463 du Code pénal est applicable ».

7° P. 767. *Voies ferrées d'intérêt local. Subvention. Électrification.* — *Adde* Loi 13 août 1920.

8° P. 801. — *Adde* Décret 18 octobre 1920 réglant à nouveau la situation et le traitement des préfets, sous-préfets et conseillers de préfecture de l'Algérie. Tout d'abord le décret établit que ces fonctionnaires sont placés sous l'autorité du gouverneur général de l'Algérie, mais continuent à être nommés par décrets. Les préfets d'Alger, de Constantine et d'Oran sont placés dans la 1re classe et leur traitement est fixé à 35.000 francs, plus une indemnité pour frais divers. Dans chaque préfecture il existe deux postes de secrétaires généraux, l'un pour l'administration, l'autre pour les affaires indigènes et la police générale. Les traitements des sous-préfets et secrétaires généraux sont de 17.000 francs pour la 1re classe, 14.500 pour la 2e et 12.000 pour la 3e. Les classes sont personnelles. Les traitements des conseillers de préfecture sont de 12.000 francs pour la 1re classe, 10.000 pour la 2e et 8.000 pour la 3e.

TABLE ANALYTIQUE DES MATIÈRES

Pages

Préface de la dixième édition v

LIVRE PREMIER
LE RÉGIME ADMINISTRATIF FRANÇAIS

CHAPITRE I. — La définition du régime administratif, de l'administration publique et du droit administratif. 1

CHAPITRE II. — Les éléments du régime administratif 13
Section I. L'institution administrative 13
Section II. Le pouvoir administratif 16
Section III. La fonction administrative, les services publics 21

CHAPITRE III. — Les limites du régime administratif du côté de la vie privée 35
§ 1. Caractère limité des droits de l'administration; la voie de fait, la réserve des droits des tiers; l'atteinte au droit de propriété 35
§ 2. La vie privée des administrations publiques; la gestion privée 39
§ 3. Conséquences du caractère exceptionnel du régime administratif . . . 44
Appendice. Caractères spécifiques et valeur pratique du régime administratif français 45

CHAPITRE IV. — Le régime administratif et la légalité 52
§ 1. La légalité, la loi et le règlement 52
Article I. La légalité 54
Article II. La distinction de la loi et du règlement 56
Article III. La loi 60
Article IV. Le règlement 67
§ 2. Les relations de la loi et du règlement 67
Article I. La subordination des règlements aux lois 71
Article II. Emploi du règlement pour assurer l'application volontaire des lois . 77
§ 3. La sanction ou l'exécution forcée des lois et règlements 80
Appendice. La légalité dans les possessions coloniales . . . .

LIVRE II
L'ORGANISATION DE L'INSTITUTION ADMINISTRATIVE

TITRE PREMIER
L'ORGANISATION GÉNÉRALE ET LA CONDITION JURIDIQUE DES ADMINISTRATIONS PUBLIQUES

Pages

CHAPITRE I. — Le caractère institutionnel de l'administration publique, la multiplicité des rouages et leur personnification juridique 82
SECTION I. LE CARACTÈRE INSTITUTIONNEL DE L'ADMINISTRATION ET LA MULTIPLICITÉ DES ROUAGES AUTONOMES. 82
SECTION II. LA PERSONNIFICATION DES ADMINISTRATIONS PUBLIQUES; LEUR CAPACITÉ JURIDIQUE 86

CHAPITRE II. — La centralisation et la décentralisation administratives 97
SECTION I. LA CENTRALISATION ADMINISTRATIVE; LA HIÉRARCHIE. 97
SECTION II. LA DÉCENTRALISATION; LA TUTELLE ADMINISTRATIVE. 109
SECTION III. L'ADMINISTRATION EXÉCUTIVE, DÉLIBÉRANTE ET CONSULTATIVE 121
SECTION IV. L'ORGANISATION ÉLECTIVE 123
§ 1. *Le droit de suffrage* — Article I. Le droit de vote. — Les incapacités électorales. — La liste électorale. — Article II. Les inéligibilités et les incompatibilités 123
§ 2. *Théorie générale des élections*. — Article I. Opérations antérieures au scrutin; détermination de la circonscription électorale; convocation des électeurs; période électorale; déclaration de candidature. — Article II. Opérations du scrutin. — Article III. Le contentieux électoral. 145
§ 3. *Théorie générale des assemblées délibérantes administratives;* organisation et fonctionnement de ces assemblées; sessions et séances; *quorum;* règles des délibérations; caractère juridique des délibérations; condition personnelle des membres des assemblées 165

TITRE II
L'ORGANISATION ADMINISTRATIVE DES ADMINISTRATIONS PUBLIQUES

SECTION I. L'ORGANISATION ADMINISTRATIVE DE L'ÉTAT. — § 1. *Le territoire de l'État; sa personnalité; ses services publics* 184
§ 2. *L'organe exécutif de l'État.* — Article I. Le pouvoir central. — N° 1. Le Président de la République. — A, L'organisation de la présidence. — B. Les attributions du président. — C. Les actes du chef de l'État et les voies de recours 186
N° 2. Les ministères. — I. Le conseil des ministres, les ministres, les sous-secrétaires d'État. — II. Le cabinet du ministre. — III. Les bureaux du ministère 190
N° 3. Les conseils administratifs, le Conseil d'État. 197
Article II. Le pouvoir régional. — N° 1. Les préfectures; le préfet; le cabinet du préfet; le secrétaire général de préfecture et les bureaux; les conseils de préfecture. — N° 2. Les sous-préfectures et les mairies. 206

TABLE ANALYTIQUE DES MATIÈRES 921

SECTION II. L'ORGANISATION LOCALE; L'ALSACE ET LA LORRAINE 216
SECTION III. L'ADMINISTRATION LOCALE (*suite*); L'ORGANISATION DÉPARTEMENTALE.
— § 1. *Le territoire, la personnalité, les services, l'histoire de l'organisation du département.* — § 2. *L'organe exécutif du département, le préfet.*
— § 3. *L'organe délibérant du département.* — Conseil général et commission départementale. — *Article I.* Le conseil général. — N° 1. Règles d'organisation. — N° 2. Les attributions du conseil général. — A. Les délibérations, leur force exécutoire, leurs objets, le budget départemental; les recours et voies de nullité. — B. Les attributions de contrôle. — *Article II.* La commission départementale. — N° 1. Règles d'organisation. — N° 2. Attributions. — N° 3. Du désaccord et du conflit avec le préfet. — Organisation spéciale du département de la Seine. — Départements algériens. — Organisation de l'arrondissement. 219
SECTION III. L'ORGANISATION DE LA COMMUNE. — § 1. *Le territoire et la personnalité, les services, l'histoire de l'organisation de la commune.* — § 2. *L'organe exécutif de la commune.* — *Article I.* Le maire et les adjoints. — N° 1. Règles d'organisation. — N° 2. Les attributions du maire, force exécutoire, contrôle des actes du maire. — *Article II.* Les simples agents de la commune, gardes champêtres, agents de police, commissaires de police. — § 3. *L'organe délibérant, le conseil municipal.* — *Article I.* Les règles d'organisation. — Les élections au conseil municipal; le sectionnement électoral; les inéligibilités et incompatibilités; le fonctionnement des conseils municipaux; les conférences intercommunales et les commissions syndicales de biens indivis; suspension et dissolution des conseils municipaux; délégation spéciale. — *Article II.* Les attributions du conseil municipal. — Les délibérations, leur force exécutoire; leurs objets; les recours et voies de nullité. 249
Régime spécial de Paris, Lyon, Marseille et Toulon. — Communes d'Algérie et des colonies. 292
SECTION IV. L'ORGANISATION DES COLONIES. — La possession coloniale et la métropole. — Organisation administrative des colonies, le gouverneur, le conseil colonial; l'Algérie, les délégations financières. 294

CHAPITRE III. — **Les établissements publics.** — SECTION I. DÉFINITION, PERSONNALITÉ, ÉNUMÉRATION DES ÉTABLISSEMENTS PUBLICS. — SECTION II. ORGANISATION DES ÉTABLISSEMENTS PUBLICS. — N° 1. Les établissements communaux de bienfaisance. — N° 2. Les syndicats de communes. 303

CHAPITRE IV. — **L'administration d'intérêt public.** — § 1. *Généralités.* — § 2. *La reconnaissance d'utilité publique et les autres formes de la personnalité des institutions privées; la mainmorte.* — § 3. *Du procédé de la subvention budgétaire aux institutions et entreprises privées.* — § 4. *Quelques établissements et associations d'intérêt public.* — Les caisses d'épargne; les sociétés de secours mutuels; les syndicats professionnels. 321

LIVRE III

L'EXERCICE DES DROITS DES ADMINISTRATIONS PUBLIQUES PAR LA PUISSANCE PUBLIQUE

CHAPITRE I. — **La gestion publique de l'administration. Les prérogatives qu'elle implique et les responsabilités qu'elle entraîne.** — SECTION I. LA GESTION D'OFFICE ET SES PRÉROGATIVES. — § 1. *L'administration comme exercice des pouvoirs juridiques et des droits en vue de*

l'entreprise de police et gestion. — § 2. *La gestion d'office et ses prérogatives; l'initiative et l'exécution provisoire* 339
SECTION II. LES RESPONSABILITÉS DE L'ADMINISTRATION POUR LA GESTION D'OFFICE. — § 1. *Principes généraux.* — § 2. *Les responsabilités au regard des tiers telles qu'elles résultent du droit commun.* — *Article I.* La responsabilité pour faute (fait personnel du fonctionnaire et fait de service de l'administration). — *Article II.* Les dommages causés sans faute, mais avec enrichissement sans cause. — § 3. *Les responsabilités des administrations publiques vis-à-vis de leurs agents ou de leurs sujets avec obligation légale de garantie spéciale; pensions d'invalidité; accidents professionnels; responsabilité spéciale des communes (L. 16 avril 1914); dommages de guerre.* 361

CHAPITRE II. — **La procédure de la gestion d'office et les conséquences contentieuses qu'elle entraîne.** — SECTION I. LA PROCÉDURE PAR DÉCISION EXÉCUTOIRE ; LA LIAISON DU CONTENTIEUX ET LA DISTINCTION DES CONTENTIEUX. 393
SECTION II. LE CONTENTIEUX DE L'ANNULATION DE LA DÉCISION EXÉCUTOIRE. LE RECOURS POUR EXCÈS DE POUVOIR ; SA RECEVABILITÉ ; SES OUVERTURES, ETC. 420
SECTION III. LE CONTENTIEUX DE LA PLEINE JURIDICTION SUR LES CONSÉQUENCES DES OPÉRATIONS ADMINISTRATIVES 463

LIVRE IV
LES DROITS DES ADMINISTRATIONS PUBLIQUES

TITRE PREMIER
LES DROITS EN VERTU DESQUELS SONT ORGANISÉS ET OPÉRÉS LES SERVICES PUBLICS

CHAPITRE PRÉLIMINAIRE. — Considérations générales ; Caractères généraux des droits de puissance publique 467

CHAPITRE I. — **Les polices de l'ordre public.** — SECTION I. LES POLICES ADMINISTRATIVES GÉNÉRALES. — § 1. *Le but et les moyens de la police administrative.* — § 2. *Les diverses polices administratives générales.* — I. Police générale de l'État, sûreté générale, mesures sanitaires à la frontière. — II. Police municipale. — § 3. *L'état de siège* 471
SECTION II. LES POLICES ADMINISTRATIVES SPÉCIALES. — § 1. *La police des édifices menaçant ruine.* — § 2. *Les polices spéciales de la salubrité.* — *Police sanitaire.* — *Police de la santé publique.* — *Habitations à bon marché, etc.* — § 3. *La police des cours d'eau non navigables ni flottables et la législation des sources.* — § 4. *Police des sources minérales.* — § 5. *Restauration des terrains en montagne.* — § 6. *La police des établissements dangereux, insalubres et incommodes.* — § 7. *La police du repos hebdomadaire.* — § 8. *Police des monuments historiques, des objets d'art et des sites.* — § 9. *La police et le régime des cultes.* — § 10. *Autres polices spéciales* .. 489

CHAPITRE II. — **Les services d'assistance et de prévoyance.** — § 1. *De l'aptitude à bénéficier des avantages de l'assistance publique.* — § 2. *Des services de l'assistance publique : assistance médicale gratuite ; assistance aux vieillards, aux infirmes et aux incurables ; enfants assistés ; indigents valides.* — § 3. *Les services de prévoyance sociale, la loi du 5 avril 1910 sur les retraites ouvrières et paysannes* 544

TITRE II (du livre IV)
LES MOYENS DE GESTION DES SERVICES PUBLICS

Pages

CHAPITRE PRÉLIMINAIRE. — Caractères généraux des moyens de gestion des services publics 563

CHAPITRE I. — La réquisition des hommes et du personnel 565
Section I. Le recrutement militaire et l'inscription maritime. — Section II. Le recrutement des fonctionnaires. Les fonctions publiques. — § 1. *La situation juridique des fonctionnaires et la nature de l'opération de leur recrutement.* — § 2. *Le statut légal, réglementaire et moral des fonctionnaires et l'état des fonctionnaires, les associations de fonctionnaires.* — § 3. *Les droits pécuniaires des fonctionnaires. Traitements et pensions*... 572

CHAPITRE II. — La réquisition des choses immobilières; domaine public; expropriation; travaux publics 615
Section I. Le domaine public. — § 1. *Caractères généraux du domaine public.* — § 2. *La domanialité publique.* — N° 1. Caractères généraux de la domanialité publique; la base de l'affectation. — N° 2. De l'inaliénabilité et de l'imprescriptibilité. — N° 3. Du fait que les dépendances du domaine public sont des propriétés administratives. — § 3. *Les dépendances du domaine public.*—Article I. Du critérium qui permet de les déterminer. — Article II. Énumération des principales dépendances du domaine public. — N° 1. Le domaine public de l'État; les rivages de la mer; les étangs salés; les ports et leur outillage; les phares ou balises; les fleuves et rivières navigables ou flottables; les canaux de navigation; les chemins, routes et rues à la charge de l'État; les bâtiments et terrains affectés aux services publics. — N° 2. Le domaine public départemental. — N° 3. Le domaine public communal, chemins vicinaux et ruraux. — N° 4. Le domaine public colonial. — § 4. *L'administration du domaine public.* — N° 1. L'affectation et la désaffectation, le classement et le déclassement. — N° 2. La délimitation et l'alignement. — I. Délimitation des rivages de la mer, des fleuves et des canaux; voies de recours contre ces actes, théorie des recours parallèles. — II. De l'alignement, des plans d'alignement et des servitudes d'alignement; l'urbanisme, les plans d'extension. — N° 3. La police du domaine public et les servitudes domaniales. — I. Règles de la grande voirie; contraventions de grande voirie; servitudes des riverains des routes; servitudes de chemin de halage et de marchepied; matières assimilées à la grande voirie. — II. Règles de la petite voirie. — N° 4. Les utilisations individuelles du domaine public, le stationnement. — N° 5. Les occupations temporaires du domaine public, concessions et dérivations usinières; permissions de voirie; concessions des eaux de pluie; concessions dans les cimetières 615
Section II. L'expropriation pour cause d'utilité publique. — N° 1. L'expropriation directe. — A. Qui peut exproprier. — B. La procédure. — I. Phase administrative, déclaration d'utilité publique et arrêté de cessibilité. — II. Phase judiciaire, le jugement d'expropriation. — III. Le jury, la fixation de l'indemnité, le grand et le petit jury. — C. La cession amiable. — N° 2. L'expropriation indirecte 693
Section III. Les travaux publics. — Observations préliminaires. — § 1. *L'ouvrage public et les conséquences juridiques qu'entraîne son existence.* — Article I. Des dommages permanents résultant des travaux publics. — Article II. Des accidents aux personnes. — § 2. *L'opération de travaux publics, ses conséquences; la réquisition d'occupation temporaire; les offres*

de concours; la contribution de la plus-value. — § 3. *L'exécution de l'opération de travaux publics.* — *Article I.* L'exécution en régie et par marché de travaux, l'adjudication, le cahier des charges. — *Article II.* La concession de travaux publics; les monopoles de fait qui résultent des concessions; les concessions de tramways et les concessions d'éclairage au gaz; les concessions de chemins de fer.. 719
Appendice. La concession de travaux d'intérêt public (associations syndicales, mines, forces hydrauliques), les distributions d'énergie.............. 769
CHAPITRE III. — **La réquisition des objets mobiliers. Les matières et fournitures**; la comptabilité-matières; les marchés de fournitures; les réquisitions militaires.. 791
CHAPITRE IV. — **La réquisition de l'argent. Les finances publiques.** — § 1. *Les deniers publics;* les deniers comme chose publique; la gestion des deniers; la police des deniers ou comptabilité-deniers; les comptabilités de fait. — § 2. *Les créances publiques, les impôts.* — *Article I.* Législation générale des créances publiques. — *Article II.* Les impôts directs. — N° 1. Notions générales; les nouveaux impôts. — N° 2. Les impôts directs d'État; impôt foncier sur la propriété non bâtie; sur la propriété bâtie; sur les bénéfices industriels et commerciaux; sur les bénéfices des exploitations agricoles; sur les traitements et salaires; sur les bénéfices des professions non commerciales; impôt général sur le revenu; les taxes assimilées; les impôts directs départementaux, communaux, coloniaux, d'établissements publics. — *Article III.* Les impôts indirects. — § 3. *Les dettes administratives et les dettes publiques.* — A. Les dettes administratives, le règlement administratif de ces dettes, la liquidation, l'inscription d'office. — B. Les dettes publiques. — § 4. *L'année financière et le budget.* — Le budget, l'exercice financier, la clôture des exercices, la péremption et la déchéance quinquennale, les comptes du budget; les rapports qui s'établissent entre la comptabilité budgétaire et le fond du droit................................ 800

TITRE III (du livre IV)
LES DROITS ET LES OPÉRATIONS DE PERSONNE PRIVÉE

SECTION PRÉLIMINAIRE. CARACTÈRES GÉNÉRAUX DES DROITS DE PERSONNE PRIVÉE. 850
SECTION I. LE DOMAINE PRIVÉ. — Domaine privé de l'État, du département, de la commune, biens communaux, droits d'usufruit, d'usage, privilèges et hypothèques.. 852
SECTION II. LES MODES D'ACQUÉRIR DE PERSONNE PRIVÉE. — § 1. *Attribution des biens vacants et sans maître, déshérence.* — § 2. *Les dons et les legs :* capacité d'être institué ou gratifié, capacité de recevoir, nécessité d'une autorisation préalable, principe de la spécialité, autorisation d'office, formalités de l'acceptation, emploi, quêtes. — § 3. *Les contrats :* les ventes, les concessions sur le domaine privé, les baux à ferme................. 857

LIVRE V
LE CONTENTIEUX ADMINISTRATIF

Notions générales.. 869
SECTION I. LES JURIDICTIONS ET LA COMPÉTENCE. — § 1. *De la juridiction administrative.* — *Article I.* Séparation de la juridiction administrative et de la

juridiction ordinaire. — N° 1. Le principe de la séparation des pouvoirs. — N° 2. Les règles d'attribution. — N° 3. Les conflits d'attribution et le Tribunal des conflits. — *Article II.* Séparation de la juridiction administrative et de l'administration active. Séparation des juges administratifs et des administrateurs, question du ministre-juge. — § 2. *Organisation de la juridiction administrative.* — *Article I.* Organisation générale : la juridiction en premier ressort, l'appel et la cassation. — *Article II.* Organisation et compétence des diverses juridictions. — N° 1. Le Conseil d'État. — N° 2. Les juges subordonnés au Conseil d'État par l'appel, conseils de préfecture et conseils du contentieux des colonies. — N° 3. Les juges subordonnés par la cassation... 870

Section II. Les actions ou recours. Capacité de plaider. Obligation du mémoire.. 904

Section III. La procédure contentieuse.. 907

Errata et Addenda... 915

TABLE ALPHABÉTIQUE DES MATIÈRES

A

Absence du maire, 264.
Abus du droit, 383.
Académies, 308.
Acceptation provisoire (bénéfice de l'). — V. *Dons et legs.*
Accès. — V. *Aisances de voirie.*
Accidents. — V. *Dommages, Responsabilité de l'État, Travaux publics.*
Accords administratifs, 342.
Actes d'administration, *décisions exécutoires*, 395 et s.
Actes d'exécution, 429.
Actes diplomatiques. — V. *Actes de gouvernement.*
Acte d'autorité. — V. *Décision exécutoire.*
Actes de gouvernement, 431 et s.
Acte discrétionnaire, 431.
Actes nuls ou inexistants, 39.
Actes obligatoires pour l'administration, 349.
Action d'office (procédure d'), 4, 5, 17, 19, 20, 46, 353 et s., 904.
Actions ou recours intentés par les particuliers ou par les personnes administratives, 358, 904.
Actions en indemnité contre l'État, etc., 363 et s.
Action possessoire sur le domaine, 630.
Activité juridique de l'administration, 339 et s.
Adduction d'eau. — V. *Alimentation d'eau.*
Adhésion, 575.
Adjoints, 259 et s.; adjoint spécial, 261.
Adjudication, 745.
Administration publique, 6 et s., 339 et s.
Administration locale, 216 et s.
Administration exécutive, délibérante, consultative, 121, 197.
Administration d'intérêt public, 321.
Administrés (situation des administrés au regard des services publics), 347 ; — droit des administrés de s'immiscer dans le contrôle, 350.
Affaires courantes du public, 21, 23.
Affectation, 616 et s., 657, 661.
Affrètement (contrat d'), 42.
Agents administratifs. — V. *Organes.*
Agents communaux, 272.
Agent judiciaire du Trésor, 906.
Agents de police, 272.
Aisances de voirie, 622.
Algérie. — Le droit de cité des indigènes, 124 ; — organisation, 301 ; — départements algériens, 248 ; — communes d'Algérie, 293 ; — délégations financières, 301.
Aliénés. — V. *Asiles.*
Alignement, 668 ; — demandes d'alignement, 350, 671.
Alimentation d'eau des villes, 499.
Alluvions, 650.
Alsace et Lorraine, 216.
Amalgame (du gouvernement et de l'administration), 17.
Ambulants (police des), 481.
Amers. — V. *Domaine public.*
Amicale de fonctionnaires, 600.
Année financière, 840.
Annulation. — A. des actes par voie administrative. — V. *Tutelle administrative, Préfet, Maire, Conseil général, Conseil municipal*, etc.; — contentieux de l'. — V. *Contentieux* ; — Conséquences de l'a., 462.
Appartenance aux cadres, 581.

TABLE ALPHABÉTIQUE DES MATIÈRES

Appel, 894.
Application des lois, 3, 71 et s., 352.
Application (décisions qui font), 69, 430, 445.
Appréciation de validité (recours en), 421, 877.
Approbation. — V. *Autorisation*.
Appropriation des organes, 88.
Aptitude aux avantages publics, 348, 544 et s.
Arbitrage. — V. *Compromis*.
Armée. — V. *Service militaire*.
Arrêté, une des formes de l'acte d'administration, 398. — V. *Préfet, Maire*; — a. de domanialité, 663; — a. de débet, 807, 888; — a. de cessibilité, 704.
Arrondissement, 248.
Arsenaux militaires, 643.
Article 75 de la constitution de l'an VIII, 47, 367.
Asiles d'aliénés, 310.
Assainissement. — V. *Santé publique*.
Assemblées délibérantes administratives (théorie générale des), 165 et s.
Assemblée du contentieux, 899.
Assiette de l'impôt, 812.
Assistance publique, 544 et s.
Assistance aux vieillards, infirmes et incurables, 550.
Assistance médicale gratuite, 547.
Assistance judiciaire, 443.
Assistés. — V. *Inéligibilité*.
Associations cultuelles, 527 et s.
Associations de fonctionnaires, 600.
Associations de pères de famille, 351.
Associations syndicales, 10, 309, 770 et s.
Assurances. — V. *Retraites ouvrières*.
Astreinte, 360.
Ateliers insalubres. — V. *Établissements insalubres*.
Attache légale. — V. *Liste électorale*.
Attachés au cabinet, 195.
Attachements. — V. *Travaux publics*.
Atteinte au droit de propriété, 37, 383.
Atterrissement. — V. *Alluvions*.
Attributions des autorités administratives. — V. *Président de la République, Ministres, Préfet, Maire, Conseil général, Conseil municipal*, etc.
Attribution contentieuse (règles d'), 875. — V. *Conflit*.
Attroupement. — V. *Responsabilité des communes*.
Auditeurs. — V. *Conseil d'État*.
Authentication (droits d'), 469.
Autonomie juridique de l'administration, 339 et s. — V. *Action d'office*.
Autorisation ou approbation d'un acte, 119. — V. *Préfet, Maire, Conseil général, Conseil municipal*, etc.; — de plaider par le conseil de préfecture, 903; — d'accepter des dons et legs, 860.
Autorisation d'office, 864.
Autorité. — V. *Voie d'autorité*.
Autorités administratives. — V. *Décision exécutoire*.
Auxiliaires. — V. *Salariés*.
Avancement. — V. *Fonctionnaires*.
Avances remboursables. — V. *Offres de concours, Chemins de fer*.
Avantages publics. — V. *Aptitude aux avantages publics*.
Avenues des gares, 651.
Avis. — V. *Conseil général, Conseil municipal, Conseil d'État, Conseil de préfecture*.
Avertissement. — V. *Impôts*.
Avocats au Conseil d'État, 910; — affaires dispensées du ministère d'avocat. — V. *Recours pour excès de pouvoir*.
Avocats et avoués devant les conseils de préfecture, 913 et s.

B

Bacs, 768.
Bains-douches. — V. *Municipalisation des services*.
Bals publics, 485.
Balayage des rues, 482.
Balises. — V. *Phares*.
Banqueroute. — V. *Incapacités électorales*.
Barème. — V. *Subventions*.
Barrages en rivière, 509.
Bâtiments affectés à un service public, sont dépendances du domaine publics, 643, 651.
Bâtiment menaçant ruine, 489.

Baux à ferme, 867.
Bénéfices commerciaux. — V. *Impôts*.
Bibliothèques, 643.
Biens communaux, 854.
Biens créés par le régime administratif, 48.
Biens indivis entre communes, 283.
Biens vacants et sans maître, 857.
Boissons. — V. *Débits de boissons*.
Bourses du travail, 311.
Brigades mobiles, 479.
Bruits nocturnes, 476.
Budget, étude générale, 840 et s.; — b. du département, 234; — b. de la commune, 287.
Bulletin des lois, 80.
Bulletins de vote, 156.
Bureau des assemblées délibérantes, 172.
Bureau d'assistance, 310, 313.
Bureau de bienfaisance, 310, 556.
Bureau électoral. — V. *Élections*.
Bureaux des ministères, 196; — b. des préfectures, 213.
Bureaux de placement, 387.
But (dans le droit), 475.

C

Cabines de bains, 689.
Cabinet du ministre, 195; — c. du préfet, 212.
Cadastre, 819.
Cadres (appartenance aux), 581.
Cadres régionaux. — V. *Hiérarchie*.
Cahier des charges, 747.
Cahier des clauses et conditions générales, 748.
Caisse des dépôts et consignations, 309.
Caisse des écoles primaires, 310.
Caisses d'épargne ordinaires, 330.
Caisse d'épargne postale, 309.
Caisses de retraites départementales et communales, 613.
Caisses de retraites pour députés et sénateurs, 305.
Caisses diverses. — V. *Établissements publics*, 308.
Canaux, 650.
Candidature, déclaration de candidature; candidatures multiples, 149.
Capacité et incapacité des personnes administratives, 90, 94; — en matière de dons et legs, 859; — capacité de plaider, 906 et s.
Capacité électorale, 123.
Capitalisation du pouvoir et de la compétence, 88. — V: *Centralisation, Organes*.
Captage des sources. — V. *Alimentation d'eau des villes*.
Carnet anthropométrique. — V. *Nomades*.
Cartes électorales, 155.
Casier administratif électoral, 127.
Casino municipal, 656, 723.
Cassation, 895.
Cautionnement. — V. *Adjudication, Comptables*.
Centimes additionnels, 237, 289.
Centralisation, 1, 2, 16, 97 et s. — V. *Décentralisation*.
Cérémonies extérieures du culte, 538 et s.
Cessibilité (arrêté de), 704.
Cession amiable, 715.
Chambres climatiques, 311.
Chambres législatives, 186.
Chambres de commerce, 308.
Chemins de fer, 651, 763 et s. — V. *Tarifs*. — Chemins de fer de l'État (administration des), 304, 765.
Chemins de fer d'intérêt local, 767.
Chemins ruraux, 654.
Chemins vicinaux, 31, 631, 653 et s.
Chiens (taxe des), 834.
Chose jugée, dans le recours pour excès de pouvoir, 462; — assujettissement de l'administration à la chose jugée, 360.
Cimetière et servitudes du c., 655.
Cinquante pas du roi, 646.
Circonscriptions administratives. — V. *Services publics*; — électorales. V. *Élections*.
Circulaires, 428, 453.
Circulation (police de la), 483.
Citoyen, 123.
Classement des fonctionnaires, 586.
Classement, déclassement, 657.
Clefs de l'église, 537.
Cloches (sonneries), 541.
Coadministration, 30, 342. — V. *Accords administratifs, Assistance publique*.
Codification. — V. *Loi*.

Coercition administrative, 77, 472.
Collation des grades, 470; — c. d'emploi, 585.
Collectes. — V. *Quêtes*.
Collèges, 308, 311.
Collège de France, 308.
Colonies. — Organisation, 294; — légalité dans les c., 80; — communes des colonies, 293; — domaine public, 657; — impôts, 835; — responsabilité, 378.
Comités consultatifs d'action économique, 114.
Commandement en matière fiscale, 815.
Commerce juridique. — V. *Gestion administrative*.
Commissaires de police, 273, 478.
Commission administrative, hôpitaux, hospices, bureaux de bienfaisance, bureaux d'assistance, 313 et s.
Commission administrative. — V. *Liste électorale*.
Commission coloniale, 300.
Commission départementale, 241 et s.
Commissions d'études, 175. — V. *Assemblées délibérantes*.
Commission sanitaire, 496.
Commission syndicale de biens indivis, 283.
Commissionnés militaires, 570.
Commune. — Organisation, 249 et s.; — police, 482; — domaine public, 652; — impôts, 833; — biens communaux, 854; — responsabilité, 377, 389.
Communication des notes, 598.
Compensation, 837.
Compensation de la plus-value, 713, 741.
Compétence technique (le pouvoir et la c.). — V. *Pouvoir, Capitalisation, Détournement de pouvoir, Concentration, Fonction administrative, Erreur de fait*.
Compétence des tribunaux administratifs, 870 et s.
Compromis, 93.
Comptabilité-deniers, 802; — comptabilité de fait, 804.
Comptabilité-matières, 791.
Comptabilité budgétaire, 840; — rapports entre la comptabilité budgétaire et le fond du droit, 848.
Comptables, 802.

Comptes (Cour des), 803.
Concentration du pouvoir et de la compétence, 99.
Concession, sur le domaine public, 622, 684; — c. sur les cours d'eau, 689; — c. sur le rivage de la mer, 689; — c. dans les cimetières, 691; — c. sur le domaine privé, 867.
Concession de travaux publics, 753.
Concession de travaux d'intérêt public, 769 et s.
Concours et examens administratifs (fonctions publiques), 489, 470, 585.
Concours des administrations à un même service, 30, 342. — V. *Offres de concours*.
Conférence intercommunale, 282.
Conférence interdépartementale, 229.
Confirmatives (décisions), 430, 444.
Confiscation, 36.
Conflit d'attribution, 4; Tribunal des conflits, 879.
Conflits au profit des fonctionnaires, 368.
Conflit de la commission départementale et du préfet, 247.
Congé (délai de), 587.
Congrégations, 37.
Connaissance acquise, 442.
Conseils administratifs, 197 et s.
Conseils d'arrondissement, 248.
Conseil d'État, 198 et s.; — au contentieux, 896.
Conseil de préfecture, 213; — au contentieux, 902.
Conseil du contentieux des colonies, 903.
Conseil privé des colonies, 299.
Conseil général de département, 225.
Conseil général de colonie, 299.
Conseil municipal, 276 et s.
Conseil des ministres, 190.
Conseil de révision, 568.
Conseil supérieur des colonies, 297.
Conservatoire national des arts et métiers, 308.
Contentieux administratif, 869 et s.; — compartimentage et distinction des c., 414 et s.; — c. de l'annulation, 414, 420 et s., 875; — c. de pleine juridiction, 414, 463 et s.; — c. de l'interpré-

TABLE ALPHABÉTIQUE DES MATIÈRES

tation, 877; — c. de la répression, 879; — c. électoral, 158; — liaison du contentieux par la décision exécutoire, 404 et s.
Contraintes administratives, 806.
Contrats. — V. *Marchés.* — C. passés à titre de personne privée, 866; — c. passés en la forme administrative, 42; — le contrat et la fonction publique, 573 et s.
Contraventions de voirie. — Grande voirie, 677; petite voirie, 681.
Contreseing, 192. — V. *Ministre.*
Contribuable (recours du), 440.
Contributions directes ou indirectes. — V. *Impôts.* — C. administrative. — V. *Subventions.*
Contribution de la plus-value, 713, 741.
Contrôle, 106, 350. — V. *Maire, Conseil général, Conseil municipal*, etc.
Conventions de chemins de fer, 763.
Convocations. — V. *Assemblées.*
Convocations successives, 285.
Corps administratif, 2 et s., 23.
Convocation des électeurs. — V. *Élections.*
Corps et communautés. — V. *Établissements d'utilité publique.*
Corporations municipales. — V. *Police municipale.*
Corps constitués, 88. — V. *Organes.*
Cortèges, 477. — V. *Processions.*
Cortèges funèbres, 542.
Cours d'eau non navigables, ni flottables, 498 et s.; — condition légale, 505.
Cour des comptes, 803.
Coutume, 52. — V. *Usages.*
Créances publiques, 805 et s.
Crédits. — V. *Budget.*
Crément futur (concession de), 646.
Crimes électoraux, 164.
Cultes (police et régime des), 524. — V. *Manifestations extérieures.*
Cumul. — V. *Traitements, Pensions, Incompatibilités, Fautes de service.*
Curage des cours d'eau, 506 et s.
Curé (droits du), 536 et s.

D

ébet (arrêtés de), 807, 888.
Débits de boissons, 478, 488.
Décentralisation, 10, 109 et s.
Décharge ou réduction (demande en); 815. — V. *Impôts.*
Déchéance. — V. *Concession de travaux.*
Déchéance quinquennale, 845 et s.
Décision confirmative, 430, 444.
Décision exécutoire, 43, 46, 393 et s.
Décision préalable. — Liaison du contentieux, 404 et s.
Déclaration de volonté (dans la décision exécutoire), 398.
Déclarations à faire à l'administration, 349.
Déclarations de navigabilité, 648.
Déclaration d'utilité publique. — V. *Expropriation.*
Déclinatoire de compétence. — V. *Conflits.*
Déconcentration (décrets de), 210.
Décrets, 189. — V. *Règlement;* — décrets-lois, 70.
Défaut (question de la condamnation de l'administration par), 360, 404.
Délai de congé, 587.
Délais de recours, 442.
Délai dans le cas de recours hiérarchique, 443.
Délégation de la puissance publique, 100.
Délégations financières algériennes, 301.
Délégation spéciale, 284.
Délégué de l'administration, 270.
Délégués sénatoriaux. — V. *Sénat.*
Délibérations des assemblées, 175 et s.; — des conseils généraux, 230; — des conseils municipaux, 285.
Délibérations injurieuses, 173.
Délimitation des rivages et des fleuves, 663.
Délits électoraux, 164.
Demi-interdits. — V. *Inéligibilité.*
Démission, 265.
Denier du culte, 537.
Deniers publics, 800.
Département: — Organisation, 219; — domaine public, 651; — impôts, 833; — responsabilité, 377.
Départements algériens, 248.
Département de la Seine, 247.
Dépendances du domaine public; — critérium, 635 et s.; — énumération, 644 et s.

Dépens, 466, 909.
Dépenses publiques, 345. — V. *Budget*.
— Dépenses obligatoires, 117, 288.
Déplacement des fonctionnaires, 586.
Dépôts de mendicité, 310.
Dépouillement du scrutin, 155.
Dérivation des sources. — V. *Alimentation d'eau des villes*. — D. usinières. — V. *Usines*.
Dérogations. — V. *Repos hebdomadaire*.
Désaccord de la commission départementale et du préfet, 247.
Désaffectation. — V. *Affectation*.
Déshérence, 857.
Désinfection, 497.
Dessèchements. — V. *Association syndicale*.
Desservant. — V. *Ministre du culte*.
Destitution d'emploi. — V. *Incapacités électorales*.
Détournement de pouvoir, 455.
Dettes administratives, 10, 345, 836. — Dettes publiques, 839.
Devancements d'appel. — V. *Service militaire*.
Devis, 748.
Dévolution des biens des personnes morales, 328.
Diplômes et grades, 470.
Discipline, disciplinaire, 584.
Dispensaires d'hygiène sociale, 311, 497.
Dissolution des assemblées, 167. — D. de la chambre, 188 ; — des conseils généraux, 229 ; — des conseils municipaux, 283.
Distinction des contentieux, 414 et s.
Distributions d'énergie, 787.
Domaine privé, 852 et s.
Domaine public, 614 et s. ; — envisagé comme forme de propriété, 626 et s. ; — de l'État, 644 ; — départemental, 651 ; — communal, 652 ; — colonial, 657.
Domanialité publique, 616 et s.
Domestique attaché à la personne. — V. *Inéligibilité*.
Domicile de secours, 547, 550.
Dommages causés sans faute, 381 et s. ; — d. résultant des travaux publics, 724 et s. ; — d. permanents, 383,

725 et s. — V. *Occupation temporaire*. — Dommages aux usines. — V. *Usines*.
Dommages-intérêts moratoires, 360.
Dons et legs, 858 et s.
Dossier (communication du), 598.
Doubles inscriptions. — V. *Liste électorale*.
Droits acquis (violation de la loi et des). — V. *Excès de pouvoir*.
Droits subjectifs, 91.
Droit administratif ; — définition, 10 et s. ; — caractères spécifiques du droit administratif français, 45 ; — sa valeur pratique, 50.
Droit à l'assistance. — V. *Aptitude aux avantages publics*.
Droit commun (question du), 44.
Droit de cité. — V. *Colonies*.
Droits de police, 471 et s.
Droits de puissance publique, 94, 467 ; — droits de personne privée, 92, 850 et s.
Droit des pauvres, 835.
Droits réels administratifs, 623, 688.

E

Eaux publiques et courantes, 498.
Eaux de la ville, 656.
Eaux de pluie, 691.
Éclairage des rues, 483. — V. *Gaz, Électricité*.
École (maison d'), 656.
École de hameau, 656.
Écoles maternelles, 656.
Écoles primaires, 311.
Écoles spéciales, 308.
Édifices du culte, 533 et s. — V. *Églises*.
Édifice menaçant ruine, 36, 39, 489.
Effet de droit des décisions exécutoires, 400 et s.
Églises. — Domanialité publique des bâtiments des églises, 533, 643 et s., 651, 655.
Égout (tout à l'). — V. *Rues de Paris, Police de la santé publique*.
Élargissement. — V. *Alignement, Classement*.
Élections. — Théorie générale, 145 et s. — V. *Conseil général, Conseil municipal*.

TABLE ALPHABÉTIQUE DES MATIÈRES

Électeurs. — Droit de suffrage, 123 et s.; — recours de l'électeur, 440.
Électricité (éclairage), 761.
Éligibilité. — V. *Inéligibilité*.
Emblèmes religieux, 542.
Embranchement (droit d'), 769.
Empire colonial. — V. *Colonies*.
Emplois publics. — V. *Fonctionnaires*.
Emplois réservés aux rengagés, 570.
Employés municipaux (congédiement), 587.
Emprises du domaine public, 623.
Emprise de la propriété privée. — V. *Délimitation du rivage, Expropriation indirecte*.
Emprisonnement par mesure de police, 36.
Emprunts départementaux, 237; — communaux, 289. — V. *Dette publique*.
Encan (vente à l'), 485.
Endigage (concession d'), 646.
Endiguements. — V. *Association syndicale*.
Énergie (distribution de l'), 787.
Enfants assistés, 554.
Engagements militaires, 569.
Enlèvement des ordures ménagères. — V. *Police municipale*.
Enquêtes *de commodo et incommodo*. — V. *Expropriation*.
Enregistrement, 43.
Enrichissement sans cause, 381 et s. — en moins dépensant, 382, 384. — V. *Gestion d'affaires et Plus-value*.
Entreprise administrative. — V. *Régime administratif*.
Entreprise collective. — V. *Personnalité*.
Entreprise. — V. *Travaux publics*.
Epizooties. — V. *Police sanitaire*.
Erreur de droit. — V. *Violation de la loi*.
Erreur de fait, 459.
Établissements dangereux, etc., 476, 512 et s.
Établissements d'utilité publique et d'intérêt public, 305, 325 et s.
Établissements publics, 303, 377 et s.
Étangs salés, 647.
État, organisation administrative de l'État, 184 et s.
État de siège, 486 et s.
État des fonctionnaires. — V. *Fonctionnaires*.

Examens et concours. — V. *Diplômes*.
Excès de pouvoir (recours pour), 421 et s.
Exécution (le point de vue de l'), 339 et s.
Exécution provisoire (prérogative de l'), 353. — V. *Action d'office*.
Exécution volontaire des lois, 21, 71 et s.
Exécution forcée des lois et règlements, 77.
Exercice des droits de l'administration, 46, 339 et s.
Exercice financier, 844.
Existence légale. — V. *Usines*.
Exploitations industrielles et commerciales, 254.
Expropriation pour cause d'utilité publique, 36, 693; — expropriation indirecte, 38, 383, 717.
Expropriation pour plus-value, 743.
Expulsion administrative, 37.

F

Facultés. — V. *Universités*.
Faillite. — V. *Incapacité électorale*.
Failliot (loi), 793.
Faire ce que de droit, 349, 360, 462.
Fait du prince, 758.
Fait personnel du fonctionnaire, 36, 366 et s.
Faits de guerre. — V. *Actes de gouvernement*.
Faits de service (indemnités pour), 373 et s.
Fautes (théorie civile des), 377.
Fidèles (droits comme occupants des églises), 535.
Fins de non-recevoir, 427 et s.
Finances publiques, 800 et s.
Fisc, 564.
Fleuves et rivières navigables et flottables, 37, 648. — V. *Délimitation*.
Foires et marchés. — V. *Conseil général*.
Fonction administrative, définition, 22; — son objet, 21; — ses moyens, 24; — ses limites, 29.
Fonction gouvernementale, 19.
Fonctionnaires. — Recrutement et condition juridique, 341, 572 et s.; —

poursuites, 306 et s.; — statut, 580 et s.; — état, 588 et s.; — occupation des emplois publics, 592; — droits pécuniaires, 601 et s.; — responsabilité personnelle, 366 et s. — V. *Garantie.*
Fonctions publiques, 572 et s. — V. *Emplois, Inéligibilité, Incompatibilité.*
Fontaines des rues, 643.
Force armée, 474.
Force exécutoire des décisions administratives, 397. — V. *Conseil général, Conseil municipal, Commission départementale, Maire.*
Forces hydrauliques (utilisation des), 509, 784.
Force majeure. — V. *Imprévision.*
Force publique, 473.
Forêts de l'État, 853.
Formation historique du régime administratif, 5 et s.
Forme (vice de la), 453.
Forme administrative (contrats en la), 42.
Forme exécutoire, 397.
Formes et délais du recours pour excès de pouvoir, 441.
Forteresses (servitude des). — V. *Grande voirie.*
Fouilles. — V. *Monuments historiques, Occupation temporaire, Expropriation, Sources minérales.*
Fournitures (marché de), 792.
Frais (dispense des). — V. *Recours pour excès de pouvoir.*

G

Garantie des fonctionnaires, 5, 367 et s.
Garantie d'intérêts. — V. *Offres de concours, Chemins de fer.*
Garde champêtre, 272.
Garde-faisans, 476.
Garderies d'enfants, 476.
Gares d'eau, 769.
Gares de chemins de fer, 643.
Gaz (éclairage au), 760.
Gestion administrative, 339 et s., 463.
Gestion d'affaires, 21 et s., 340 et s.; — par individualité sans compétence légale, 344.
Gestion privée, 39 et s.

Gouvernements généraux de colonie. — V. *Colonies.*
Gouvernement (définition du g.), 4, 18; — actes de, 431 et s.
Gouverneur de colonies, 296, 299.
Grâce (décret de). — V. *Actes de gouvernement.*
Grade, 592. — V. *Officiers, Diplômes.*
Grand livre. — V. *Pensions, Dette publique.*
Grèves de fonctionnaires, 577, 600.
Grief (décision faisant), 429.
Gymnastique (sociétés de), 478.

H

Habitant (statut de l'), 348; — (recours de l'), 438.
Habitations à bon marché, 497.
Halage (chemins de), 679.
Halles et marchés, 643, 656.
Hiérarchie, 14, 103 et s.; — recours hiérarchique, 107, 443.
Histoire de l'organisation départementale, 221; — de l'organisation municipale, 259.
Homologation. — V. *Tarifs.*
Honneurs. — V. *Préséances.*
Hôpitaux, hospices, 310, 313 et s.
Hospices privés, 476.
Houille blanche. — V. *Forces hydrauliques.*
Hydrominérales (stations), 311.
Hygiène publique. — V. *Santé publique.*
Hypothèques, 856.

I

Iles et îlots, 649.
Illégalité des règlements, 68 et s.; — des actes. — V. *Violation de la loi;* — des délibérations. — V. *Nullité juridique.*
Immeubles (vente d'), 866.
Immunité parlementaire, 173.
Impôts directs, 808 et s.; — règles générales, la taxation, 812; — les réductions pour charges de famille, 811, 830; — décharge ou réduction, 815; — remise ou modération, 816; — impôt foncier sur propriété bâtie, 818; — sur propriété non bâtie, 819; — sur les bénéfices industriels et commerciaux, 822;

— sur les bénéfices de l'exploitation agricole, 824; — sur les traitements, 825; — sur les bénéfices des professions non commerciales, 825; — *impôt général sur le revenu*, 826; — impôts départementaux, 833; — communaux, 833; — prestations, 834; — coloniaux, 835; — d'établissement public, 835; — — octrois, 289.
Imprescriptibilité, 626. — V. *Inaliénabilité*.
Imprévision (théorie de l'), 758.
Inaliénabilité des dépendances du domaine public, sens et portée, 618 et s.
Incapacité des administrations publiques, 94. — V. *Capacité*; — incapacités électorales, 125; — incapacité d'être élu. — V. *Inéligibilité*.
Incompatibilité, 141.
Incompétence, 454.
Inconvénients de voisinage, 383. — V. *Ateliers insalubres, Dommages permanents*.
Incorporation et appropriation des organes, 88.
Incorporations domaniales, 632.
Indemnités (théorie des), 361 et s.
Indemnités électives et parlementaires, 183.
Indemnité de révocation, 587.
Indigénat, 296.
Indigènes (droits politiques des), 124.
Indigents (listes des), 548, 551.
Individualité administrative. — V. *Corps constitués*.
Individualité de l'ouvrage public, 721 et s.
Inéligibilité, 137 et s.
Inhumation. — V. *Cimetière*.
Initiative de l'administration pour ses actes, 346 et s.
In rem versum. — V. *Enrichissement sans cause*.
Insaisissabilité des biens des personnes administratives. — V. *Voies d'exécution*.
Insalubres (logements). — V. *Santé publique*.
Inscription maritime, 570.
Inscription d'office (au budget), 117, 839.
Instances. — V. *Liaison du contentieux*.

Institut, 309.
Institution administrative (l'), 13 et s.; — son organisation, 82 et s.
Instruction des affaires. — V. *Assemblées délibérantes*.
Instructions ministérielles. — V. *Circulaires*.
Interdiction judiciaire. — V. *Incapacité électorale*.
Intérêt légitime, direct et personnel au réclamant, 437.
Interprétation des actes d'administration. — V. *Contentieux de l'interprétation*.
Invalides de la marine (caisse des). — V. *Établissements publics*.
Isoloirs, 154.

J

Jardins publics, 652.
Jouissance des droits (pour les personnes administratives), 92.
Journal officiel, 81.
Juge (indépendance de l'administration vis-à-vis du), 356.
Juge de droit commun, — en premier ressort, 889.
Juge ordinaire au sein du Conseil d'État, 899.
Jugement d'expropriation, 705.
Juridiction administrative, 11 et s.; — dans les pays étrangers, 15; — histoire de la juridiction administrative dans ses rapports avec l'administration, 59; — juridiction ministérielle, 405; — les juridictions et la compétence, 870 et s.
Jury. — V. *Expropriation*.
Justice. — J. retenue et j. déléguée, 889.

K

Kiosque à journaux. — V. *Stationnement*.

L

Laïcisation d'écoles, 79.
Lais et relais, 646.
Légalité (théorie de la), 52 et s., 67 et s.
Légion d'honneur (ordre de la), 310.
Legs. — V. *Dons et legs*.

Liaison du contentieux, 404 et s.
Libéralités. — V. *Dons et legs.*
Liberté du culte. — V. *Cultes.*
Libertés individuelles (restriction des), 387.
Lieux de culte, 533.
Lieux de séance. — V. *Assemblées délibérantes.*
Lignes télégraphiques et téléphoniques (servitudes). — V. *Grande voirie.*
Limites du régime administratif du côté de la vie privée, 34.
Limite d'âge. — V. *Pensions.*
Liquidation des dettes de l'État, 837.
Liquidation judiciaire. — V. *Inéligibilité.*
Liste d'assistance, 548, 551.
Liste électorale, 128 et s.
Locaux scolaires, 656.
Logements insalubres, 495.
Loi (théorie de la), 56 et s. ; — lois existantes, 74 ; — lois de police et de sûreté, 79 ; — l'administration et la loi, 352 ; — violation de la loi, 448.
Loi du 17 avril 1900, 408 et s.
Lorraine. — V. *Alsace-Lorraine.*
Lycées, 308, 311.
Lyon et l'agglomération lyonnaise, 292.

M

Magasins à poudre. — V. *Grande voirie.*
Magistrats inamovibles, 594.
Mainmorte, 324. — Taxe de —, 832.
Maire, 259 et s.
Mairie, 655.
Maison d'école. — V. *Écoles.*
Maîtres des requêtes. — V. *Conseil d'État.*
Majorité, 146, 151. — V. *Élections, Assemblées délibérantes.*
Maladies (déclaration des). — V. *Santé publique.*
Manifestations extérieures du culte, 538 et s.
Manuels scolaires, 351.
Marais. — V. *Associations syndicales, Plus-value directe.*
Mares (suppression des). — V. *Police rurale.*

Marchandage, 751.
Marchepied. — V *Halage.*
Marché couvert. — V. *Halles.*
Marchés, de travaux publics, 745 et s. ; — de fournitures, 42, 792.
Marseille, régime spécial, 293.
Matières. — V. *Fournitures.*
Maturité. — V. *Alluvions.*
Membres d'assemblées, 181.
Mémoire (dépôt d'un), 905.
Mesures diplomatiques. — V. *Acte de gouvernement.*
Mesures d'exécution, 393 et s.
Mesures de préparation, 428.
Mesures d'instruction, 429.
Mesures sanitaires, 480.
Mètre carré (point de vue du), 617.
Métropole, 294.
Meubles, comme dépendance du domaine public, 643 ; — vente de —, 867.
Mines, 777.
Ministres et ministères, 190 ; — responsabilité des ministres, 370 ; — question du ministre-juge, 405, 887.
Ministres du culte, 525, 533.
Minorité. — V. *Incapacité électorale.*
Mise à la retraite, 586.
Mises en demeure, 429.
Mise en régie. — V. *Marchés de travaux.*
Modifications territoriales des communes, 251.
Monopoles de la boucherie, boulangerie, librairie, 387.
Monopoles financiers, 852.
Monopoles résultant des concessions de travaux publics, 760.
Monts-de-piété, 311.
Monuments historiques, 520.
Monuments publics, 643.
Moralité administrative, 352. — V. *Pouvoir discrétionnaire, Détournement de pouvoir.*
Motifs (des décisions), 456.
Moulins. — V. *Usines.*
Moyens de gestion des services publics, 563.
Municipalisation des services, 257.
Musées, 311, 643 et s.
Mutation d'emploi, 586.
Mutualité. — V. *Société de secours mutuels.*

N

Nature de l'acte (fin de non-recevoir). — V. *Excès de pouvoir.*
Nettoiement, 483.
Nom des communes, 251.
Nomades (police des), 481.
Nomination et collation d'emploi, 585.
Non-cumul des responsabilités. — V. *Fait de service.*
Notaires. — V. *Officiers ministériels.*
Notes individuelles (communication des), 598.
Notifications, 442.
Nullité juridique des décisions exécutoires et délibérations, 420, 461. — V. *Conseils généraux, Commission départementale, Conseils municipaux.*

O

Obéissance passive. — V. *Hiérarchie.*
Objets d'art. — V. *Monuments historiques.*
Objets mobiliers. — V. *Meubles.*
Obligation d'assainir, 496.
Obligation de continuer le service commencé et de le distribuer également, 362. — V. *Gestion administrative.*
Occupant (situation juridique de l'), cultes, 533.
Occupation des fonctions publiques, 592.
Occupations temporaires du domaine, 684.
Occupation temporaire en matière de travaux publics, 735.
Octrois, 289.
Offices dans l'administration centrale, 310.
Offices d'habitations à bon marché, 311.
Offices ministériels, 595.
Officiers (état des), 594. — V. *Pensions.*
Offres de concours, 739.
Omissio medio (recours), 443.
Opérations administratives, 464.
Opérations patrimoniales (responsabilité), 385.

Opposition par l'administration à des projets des administrés, 350.
Oratoires. — V. *Lieux de culte.*
Ordonnancement, ordonnateur, 915. — V. *Liquidation.*
Ordres de service. — V. *Marché de travaux.*
Ordre du jour, 174.
Ordre du tableau, 172.
Ordre public, 471.
Organisation administrative, 82 et s.
Organes (situation juridique des), 88; — organe délibérant, exécutif, 121 et s.
Orphelins. — V. *Veuve.*
Ouvertures à recours, 448.
Ouvrage public, 721 et s.
Ouvriers des entreprises publiques, 751.

P

Paiements, 802.
Palais nationaux. — V. *Bâtiments.*
Parenté ou alliance. — V. *Incompatibilité.*
Paris (organisation municipale), 292.
Parlement. — V. *Chambres.*
Partage. — V. *Règlement d'eau, Biens communaux, Biens indivis des communes.*
Passages d'eau, 768.
Patentes. — V. *Bénéfices commerciaux.*
Pauvres. — V. *Droit des pauvres, Dons et legs.*
Pavage. — V. *Police municipale.*
Paysages. — V. *Sites.*
Pêche, 650, 680. — V. *Inscription maritime.*
Pêcheries, 689.
Pensions de retraites. — P. civiles, 602 et s.; — p. militaires, 612; — p. départementales et communales, 613; — p. coloniales, 613.
Pente de l'eau, 509.
Période électorale, 149.
Permis de bâtir, 350, 495, 672.
Permis de stationnement, 483, 683.
Permissions d'occupation du domaine, 684.
Permissions sur les cours d'eau, 689.
Permissions de voirie, 692.

Personnification et personnalité.
— Personnalité administrative, 86 et s.;
— personnalité de l'État, 185; — des départements, 220.; — des communes, 253; — des établissements publics, 306; — des colonies, 298; — de l'Algérie, 301.

Perspectives monumentales. — V. *Monuments historiques.*

Petite et grande personnalité, 324.

Personnes administratives, 86 et s. — V. *Jouissance des droits.*

Phares et balises, 648.

Plaçage, 683.

Places publiques, 482, 652.

Plans d'alignement, 668.

Plans d'extension et d'aménagement des villes, 673.

Plus-values directes. — V. *Associations syndicales.*

Plus-values indirectes. — V. *Expropriation*, 723; — *Travaux publics*, 741.

Police, 43, 469; — police administrative, 471 et s.; — but et moyens de la police, 471 et s.; — mesures sanitaires à la frontière, 480; — professions ambulantes, 481; — p. municipale, 482 et s.; — police sanitaire des animaux, 480, 491; — p. de salubrité rurale, 491; — p. de la santé publique, 493. — V. *Cultes, Cours d'eau non navigables, Établissements dangereux, Sources minérales, Terrains en montagne, Monuments historiques, Chemins de fer, Voirie, Détournement de pouvoir,* etc., etc.

Politique jurisprudentielle du Conseil d'État, 445. — V. *Actes de gouvernement, Recours parallèles, Pouvoir prétorien.*

Pompes funèbres, 733.

Ponts à péage, 757.

Port du viatique. — V. *Viatique.*

Porter à la connaissance une décision, 442.

Ports, 647.

Ports autonomes, 308, 769.

Ports de raccordement, 769.

Possession coloniale et métropole, 294.

Poursuites. — V. *Fonctionnaires, Impôts.*

Pourvois. — V. *Recours.*

Pouvoir. — L'élément du pouvoir, 16 et s.; 468; — le pouvoir administratif, 16 et s.; — sépar. des pouvoirs au point de vue du contentieux, 872 et s.; — p. central, 186; — p. régional, 206; — p. réglementaire, 61; — p. hiérarchique, 103, 584; — p. disciplinaire, 584.

Pouvoirs juridiques, 339.

Pouvoir discrétionnaire, 346 et s.; 352. — V. *Détournement de pouvoir.*

Pouvoir de volonté. — V. *Personnification et personnalité.*

Pouvoir de décision, 400.

Pouvoirs du juge, 353, 460, 891.

Préalable (privilège du), 346 et s.

Précarité, 622.

Préemption (droit de), 659.

Préfet, préfectures, 205 et s., 222.

Prérogatives de l'administration, 11, 39 et s., 44. — V. *Procédure d'office.*

Presbytère, 79, 526.

Prescription, 851. — V. *Imprescriptibilité, Déchéance quinquennale.*

Préséances, 588.

Président de la République, 186 et s.

Prestations. — V. *Impôts.*

Prétorien (pouvoir du Conseil d'État), 891.

Prévoyance sociale (services de), 557 et s.

Prières publiques, 526.

Prises d'eau, 508.

Privilèges de l'administration. — V. *Prérogatives.*

Privilèges. — V. *Hypothèque, Trésor.*

Procédure administrative contentieuse, 907. — V. *Voie de fait.*

Procédure d'office, 339 et s.

Procédure par décision exécutoire, 393 et s.

Procédure du recours pour excès de pouvoir, 459.

Procès-verbal des assemblées délibérantes, 174.

Processions, 476, 540, 542.

Professeurs de l'enseignement pourvus de chaires, 595.

Professions ambulantes, 481.

Projets de l'administration, 430.

Propriétaire (recours du), 440.

Propriété administrative, 626 et s.

Propriété bâtie, propriété non bâtie. — V. *Impôts.*

Publication (des décisions), 442.
Publicité. — V. *Séances.*
Puissance publique. — V. *Prérogatives.*
Purge des droits réels. — V. *Jugement d'expropriation.*

Q

Qualité du réclamant, 436 et s.
Questions préjudicielles. — V. *Contentieux de l'interprétation.*
Quêtes, 537, 865.
Quorum, 170. — V. *Assemblée délibérante.*
Quotité. — V. *Impôts.*

R

Raccordement des voies ferrées, 768.
Ravitaillement. — V. *Réquisitions militaires.*
Recensement. — V. *Service militaire.*
Recensement de la population, 430.
Recensement des voix, 157.
Récépissés, 350.
Recettes, 802. — V. *Deniers publics, Budget.*
Recevabilité des recours, 427, 466.
Réclamations contentieuses, 405 et s.
Réclamations électorales. — V. *Liste électorale, Élections.*
Reconnaissance d'utilité publique, 325.
Reconnaissance d'établissement public, 306.
Recours. — R. contentieux ordinaire, 414, 463 et s.; — r. contentieux en annulation, 420; — r. en appréciation de validité, 421; — r. pour excès de pouvoir, 421 et s.; — r. gracieux, 107; — r. hiérarchique, 107; — r. *omissio medio*, 443; — r. parallèles, 444, 665; — r. du contribuable, 440; — r. en matière de délimitation du domaine public, 665; — en cassation, 894; — r. de l'article 123 de la loi municipale, 907.
Recours dans l'intérêt de la loi. — V. *Cassation.*
Recours (cas où l'administration agit par la voie des), 358, 904.
Recouvrement des créances publiques, 805.
Recrutement militaire, 565 et s.
Recueils de textes, 80.
Reculement. — V. *Alignement.*
Redevance des mines, 833.
Redevances sur le domaine, 633.
Redressement. — V. *Classement, Alignement.*
Référé, 913.
Referendum, 285.
Réformation des actes. — V. *Annulation.*
Régie (exécution en), 745; — mise en régie, 751.
Régie intéressée, 745.
Régime civil aux colonies, 296.
Régime administratif de l'État, 1 et s.
Régime administratif et régime judiciaire, 5.
Régime laïque. — V. *Cultes.*
Régime des eaux. — V. *Cours d'eau non navigables.*
Région, régionalisme, 113.
Règlement administratif, 60 et s.; — sa subordination à la loi, 67; — règlement d'administration publique, 63, 75; — en forme de r. d'administration publique, 63; — r. temporaire ou permanent, 477.
Règlement d'eau, 508.
Règlements sanitaires, 493.
Règlement des assemblées. — V. *Assemblées délibérantes.*
Remise ou modération, 816.
Remplacement provisoire du maire, 264.
Rengagés. — V. *Engagements militaires.*
Repos hebdomadaire, 517.
Représentation proportionnelle, 147.
Réquisition d'acquisition totale, 710.
Réquisition des hommes et du personnel, 565 et s.; — des choses immobilières, 614 et s.; — des objets mobiliers, 791 et s.; — de l'argent. — V. *Impôt.*
Réquisition de la force publique, 474.

Réquisitions militaires, 794.
Réserve des droits des tiers, 37.
Résiliation. — V. *Cahier des charges.*
Responsabilités de l'État et des administrations publiques comme conséquence des opérations administratives, 361 ; — responsabilité pour les fautes et les accidents de service vis-à-vis des tiers, 363 et s. ; — responsabilité vis-à-vis des agents et des sujets pour risque professionnel ou social, 388 et s. (pensions d'invalidité, accidents professionnels, responsabilité spéciale des communes, dommages de guerre) ; — responsabilité pour les dommages causés sans faute, 381 et s.
Responsabilité civile des administrations, 377.
Responsabilité personnelle des fonctionnaires, 366 et s. — V. *Ministres, Président de la République.*
Retenues de traitements. — V. *Traitements, Pensions.*
Retrait des décisions, 402.
Retrait d'emploi, 586.
Retraites. — V. *Pensions des fonctionnaires.*
Retraites ouvrières et paysannes, 557 et s.
Réunions électorales, 150 ; — réunions cultuelles. — V. *Cultes.*
Revision (liste électorale), 131.
Revision. — V. *Service militaire.*
Révocation, 586. — V. *Fonctionnaires, Suspension, Maires, Adjoints.*
Rigidité du cahier des charges, 760.
Risques (théorie des), 388 et s.
Rivages de la mer, 645. — V. *Délimitation.*
Riverains. — V. *Cours d'eau, Aisances de voirie.*
Riveraineté (droits de), 503.
Rôle. — V. *Impôts directs.*
Rouages administratifs, leur multiplicité, 84.
Roulage (police du), 678.
Routes nationales, 650, 677 ; — départementales, 651, 677. — V. *Classement, Alignement, Voirie.*
Rues, 482, 652. — V. *Classement, Alignement, Voirie ;* — rues de Paris, 653, 678.

S

Salaire normal. — V. *Cahier des charges.*
Salariés (distincts des fonctionnaires), 578, 582.
Salubrité. — V. *Police administrative, Police municipale, Assainissement.*
Sanction des lois et règlements, 77.
Santé publique, 493.
Sapeurs-pompiers, 274.
Scellés administratifs, 36, 79.
Scrutin, 147, 151 ; — scrutateurs, 156 ; — scrutin de liste et d'arrondissement, 147 ; — tours de scrutin, 151.
Séances, 170. — V. *Assemblées délibérantes.*
Secours aux enfants indigents des écoles libres, 329.
Secrétaire général de préfecture, 212. — V. *Colonie.*
Secrétaire de mairie, 272.
Section de commune, 311.
Section de vote. — V. *Scrutin.*
Sections du contentieux, 897 et s.
Sectionnement électoral des communes, 276, 440.
Seine (département de la), 247.
Sénat, 186.
Séparation des pouvoirs, au point de vue de la juridiction administrative, 872.
Séparation de l'administration et de la juridiction, 886.
Séparation des Églises et de l'État, 524 et s.
Service fait, 579. — V. *Traitements.*
Service militaire, 565 et s.
Services départementaux, 220 ; — communaux, 254.
Services publics, 25 et s. ; — caractère juridique de l'exécution des services publics. — V. *Opérations administratives.*
Servitudes d'utilité publique. — V. *Domaine public, Voirie, Alignement, Travaux publics, Forteresses, Zone frontière, Halage, Lignes télégraphiques, Cimetière, Dommages causés sans faute,* etc.
Sessions, 168. — V. *Assemblées délibérantes.*

Silence de l'administration, 408 et s.
Sites. — V. *Monuments historiques*
Situation légale. — V. *Usines, Barrages*.
Situations juridiques créées par les décisions exécutoires, 401 ; — par la gestion administrative 339 et s. ; — par le régime administratif, 48 ; — situation des fonctionnaires, réglementaire et non pas contractuelle, 573 et s.
Société de secours mutuels, 331.
Sociétés musicales, 477.
Soit communiqué (ordonnance de), 911, 913.
Sollicitation d'action. — V. *Initiative de l'administration, Liaison du contentieux*.
Sonneries. — V. *Cloches*.
Sources (législation des), 499 et s.
Sources minérales, 476, 510.
Souscriptions volontaires. — V. *Offres de concours*.
Sous-préfet, 215.
Sous-secrétaire d'État, 195.
Soutiens de famille. — V. *Service militaire*.
Spécialité (principe de la), 861.
Spectacles (taxe sur les), 834.
Stations hydrominérales, 311.
Stationnement, 483, 683.
Statuts administratifs, 348, 544 et s.
Statut des fonctionnaires. — V. *Fonctionnaires*.
Statut des indigents, 545, 547, 550.
Substitution du préfet au maire, 270.
Subvention, 118, 328, 849 ; — s. au culte, 525 ; — proportionnelles au centime. — V. *Assistance médicale*.
Suffrage (droit de), 123 et s.
Sujétion de l'entrepreneur. — V. *Travaux publics*.
Sûreté générale, 478.
Sursis à exécution, 355.
Sursis d'incorporation. — V. *Service militaire*.
Suspension. — S. des délibérations des conseils généraux, 232 ; s. des arrêtés du maire, 270 ; — s. du maire, 263 ; — s. du conseil municipal, 283.
Syndicats de communes, 311, 317 et s. ; — de départements, 224.
Syndicats professionnels, 334. — V. *Fonctionnaires*.

T

Tableau (ordre du), 172.
Tables de café. — V. *Stationnement*.
Talus des routes. — V. *Alignement*.
Tarifs de chemins de fer. — V. *Règlement*.
Taxation (dans l'impôt), 812.
Taxes assimilées, 832.
Taxe du pain et de la viande, 484.
Taxe vicinale, 835.
Terrains en montagne, 511.
Territoire des départements, 219 ; — des communes, 251.
Territoire métropolitain et possession coloniale. — V. *Colonie*.
Textes et recueils officiels, 80.
Théâtres municipaux, 656, 723.
Thèse contractuelle. — V. *Fonctionnaires*.
Tiers (réserve des droits des), 36, 388.
Tiers électeur. — V. *Liste électorale*.
Timbre, 43.
Tir (exercices de). — V. *Réquisitions militaires*.
Titre et emploi, 592.
Titre légal. — V. *Usines, Barrages*.
Titulaires, 593.
Toulon. — V. *Marseille*.
Tour de scrutin (1er et 2e). — V. *Élections*.
Traitements, 692.
Tramways, 652, 767.
Tranquillité et sûreté, 484.
Transaction, 155, 851.
Transports sur la voie publique, 477.
Travaux d'intérêt public, 769 et s.
Travaux publics, 719 et s. ; — travaux publics comme type de l'opération administrative, 720 ; — dommages et accidents, 724 et s.
Trésor public et opérations de trésorerie, privilèges du Trésor, 808.
Tribunal des conflits. — V. *Conflits*.
Tribunaux administratifs. — V. *Juridiction*.
Troncs. — V. *Quêtes*.
Trottoirs, 682.
Tutelle administrative, 116 et s. — V. *Département, Commune*.
Types, règlements, types, etc., 118.

U

Unions. — V. *Syndicats, Sociétés de secours mutuels.*
Universités, 308.
Urbanisme, 673.
Urgence (notion de l'), 79.
Usage exorbitant d'un droit, 383.
Usage et usufruit, 855.
Usage de l'eau, 505.
Usages administratifs. — V. *Coutume.*
Usines, 508, 690.
Usines hydroélectriques, 506, 784.
Usurpation de pouvoir. — V. *Voie de fait.*
Utilisations individuelles du domaine public, 682.
Utilité publique (reconnaissance d'), 325 ; — (déclaration d'). — V. *Expropriation.*

V

Vaccination. — V. *Santé publique.*
Valeur pratique du droit administratif français, 50.
Validité juridique des délibérations. — V. *Nullité juridique.*
Variation dans les prix. — V. *Cahier des charges.*
Vente, 866.
Vente à l'encan, 485.
Vérification des pouvoirs, 158.
Veuve (pension de la), 610.
Viatique (port du), 530, 542.
Vice de forme, 453.
Vices de l'acte d'administration. — V. *Ouvertures à recours.*
Vie privée des administrations publiques, 39.
Vieillards (assistance des), 550.
Villes (plans d'aménagement et d'extension des), 673.
Violation de la loi, 448.
Voie administrative (exécution par la). — V. *Action d'office.*
Voie de fait, 35, 383.
Voie de nullité. — V. *Nullité, Recours.*
Voies d'exécution inapplicables aux administrations publiques, 836.
Voirie et servitudes de voirie, 675 et s.
Voisinage. — V. *Inconvénients de voisinage.*
Vote. — Droit de v., 123 et s. — Opération du v., 154. — V. *Élections.*

Z

Zone frontière (travaux mixtes), 680.

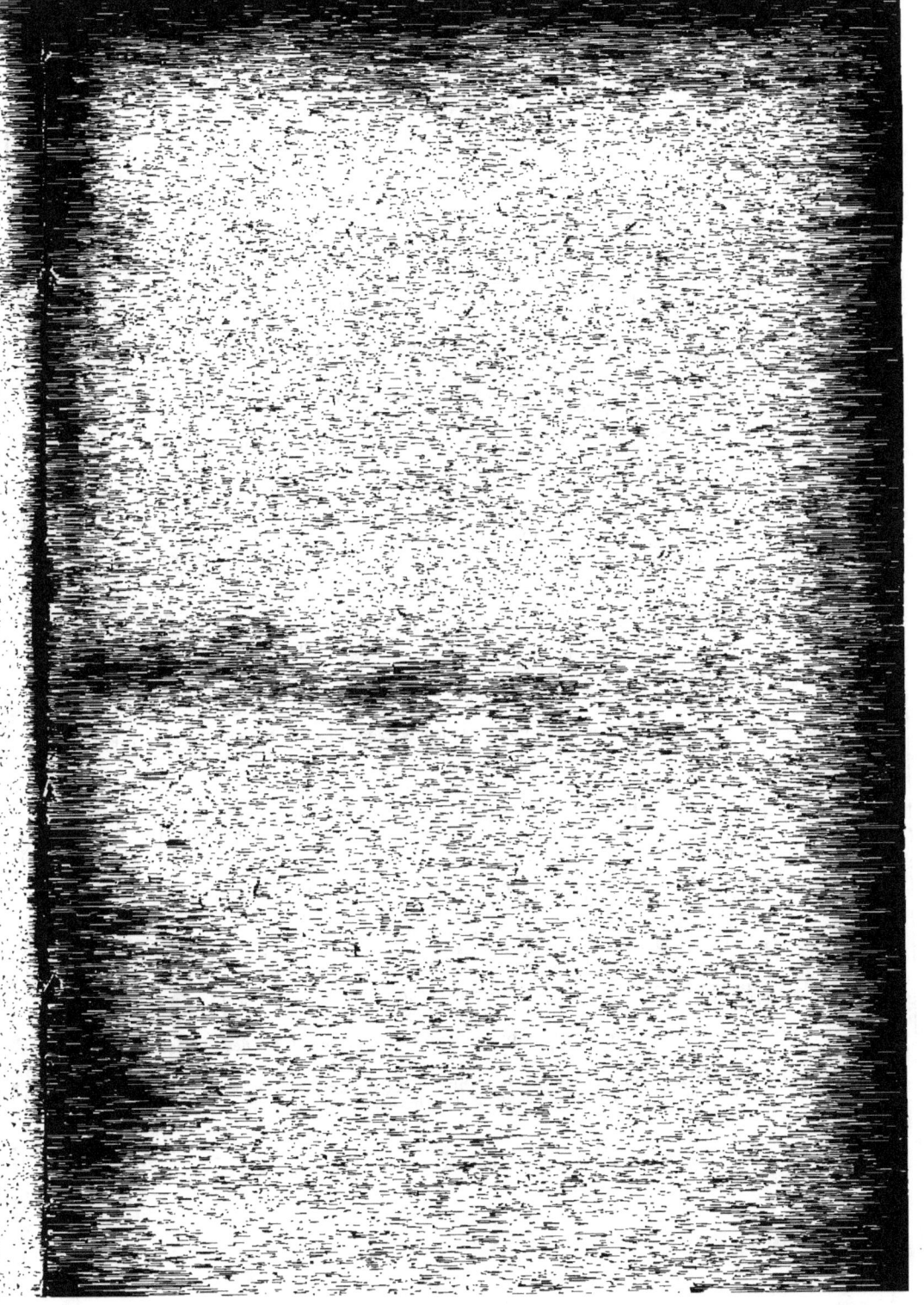

A LA MÊME LIBRAIRIE

Principes de droit public, à l'usage des étudiants en licence, 3ᵉ année, et en doctorat ès sciences politiques, par Maurice Hauriou, professeur de droit administratif à l'Université de Toulouse, doyen de la Faculté, *2ᵉ édition*, 1916, 1 vol. in-8°... br., **20 fr.**; cart., **26 fr. 50**

Précis élémentaire de droit public français, à l'usage des étudiants en droit, par Marcel Moye, professeur à la Faculté de droit de l'Université de Montpellier, *2ᵉ édition*, 1920, 1 vol. in-8°... br., **12 fr.**; cart., **18 fr. 50**

Précis de droit civil, contenant : dans une première partie, l'exposé des principes, et dans une deuxième, les questions de détail et les controverses, suivi d'une table des textes expliqués et d'une table alphabétique très développée, par G. Baudry-Lacantinerie, doyen honoraire de la Faculté de droit de Bordeaux, professeur de Code civil, tome II, *12ᵉ édition*, 1921, 1 fort vol. in-8°............. br., **25 fr.**; cart., **31 fr. 50**

Précis de procédure civile, contenant les matières exigées pour les examens de licence, par E. Garsonnet, professeur à la Faculté de droit de Paris, et Cézar-Bru, professeur à la Faculté de droit de l'Université de Toulouse, *8ᵉ édition*, 1919, 1 vol. in-8°... cart., **26 fr. 50**

Précis de droit criminel, comprenant l'explication élémentaire de la partie générale du Code pénal, du Code d'instruction criminelle en entier et des lois qui ont modifié ces deux Codes, par R. Garraud, professeur de droit criminel à la Faculté de droit de Lyon, *12ᵉ édition*, revue et corrigée, 1919, 1 vol. in-8°... br., **25 fr.**; cart., **31 fr. 50**

Cours élémentaire d'histoire du droit français, à l'usage des étudiants de première année, par A. Esmein, membre de l'Institut, professeur à la Faculté de droit de Paris et à l'École libre des sciences politiques, ouvrage couronné par l'Académie des sciences morales et politiques, *14ᵉ édition*, accompagnée d'une table des matières analytiques et détaillée, 1921, 1 vol. in-8°.. **30 fr.**

Cours d'économie politique, par Ch. Gide, professeur honoraire à la Faculté de droit de l'Université de Paris, *6ᵉ édition*, 1920, 2 vol. in-8°...... br., **44 fr.**; cart., **57 fr.**

Histoire des doctrines économiques, depuis les physiocrates jusqu'à nos jours, par Ch. Gide, professeur honoraire à la Faculté de droit de l'Université de Paris, et Ch. Rist, professeur à la Faculté de droit de l'Université de Paris, *3ᵉ édition*, 1920, 1 vol. in-8°... br., **25 fr.**; cart., **31 fr. 50**

Éléments de droit romain, à l'usage des étudiants des Facultés de droit, par G. May, professeur de droit romain à la Faculté de droit de Paris, *13ᵉ édition*, contenant l'histoire du droit romain, les personnes, les droits réels, les obligations, les successions, la procédure civile et les actions, 1920, 1 vol. in-8°...... br., **20 fr.**; cart., **26 fr. 50**

Cours de droit pénal et de procédure pénale, par J.-A. Roux, professeur à l'Université de Strasbourg, 1920, 1 vol. in-8°.................. br., **25 fr.**; cart., **31 fr. 50**

Le droit des gens moderne. Précis élémentaire de droit international public, par Marcel Moye, professeur à la Faculté de droit de l'Université de Montpellier, 1920, 1 vol. in-8°..................................... br., **15 fr.**; cart., **21 fr. 50**

Cours d'économie politique, par Henri Truchy, professeur à la Faculté de droit de l'Université de Paris, 1919-1921, 2 vol. in-8°. Chaque vol. : br., **20 fr.**; cart., **26 fr. 50**

La bibliothèque de la Faculté de droit de Paris, guide à l'usage des étudiants, par J. Gautier, bibliothécaire, 1919, 1 vol. in-16... **2 fr.**

Notions très sommaires de droit public français, par Georges Renard, avocat à la Cour, chargé de cours à la Faculté de droit de Nancy, 1920, 1 vol. in-8°...... **6 fr.**

38.253. — BORDEAUX, IMPRIMERIE Y. CADORET, 17, RUE POQUELIN-MOLIÈRE.

www.ingramcontent.com/pod-product-compliance
Lightning Source LLC
Chambersburg PA
CBHW071225300426
44116CB00008B/920